# 郭巨街道志

郭巨街道志编纂委员会　编

方志出版社
Publishing House of Local Records

**图书在版编目（CIP）数据**

郭巨街道志 / 郭巨街道志编纂委员会编. — 北京 ：方志出版社，2024.6
ISBN 978-7-5144-6029-2

Ⅰ. ①郭… Ⅱ. ①郭… Ⅲ. ①区（城市）—地方志—宁波 Ⅳ. ① K295.55

中国国家版本馆 CIP 数据核字（2024）第 010123 号

责任编辑：丛珺
责任校对：张玉霞
责任印制：梅中英
出 版 者：方志出版社
地　　址：北京市朝阳区潘家园东里 9 号（国家方志馆 4 层）
邮　　编：100021
网　　址：http://www.zgfzcb.cn
发　　行：方志出版社图书营销中心（010-67110500）
印　　刷：杭州良诸印刷有限公司
开　　本：889 毫米 ×1194 毫米　1/16
印　　张：49.5
字　　数：1571 千字
版　　次：2024 年 6 月第 1 版
印　　次：2024 年 6 月第 1 次印刷
定　　价：488.00 元

# 《郭巨街道志》编纂委员会

# 《郭巨街道志》编纂人员

主　　编：张银康
副 主 编：李建国
编　　辑：朱文龙　汪楚明
摄　　影：吴多泽
统　　稿：李忠民

# 参加郭巨街道志稿评审的领导和专家

## （按姓氏笔画排序）

王无锋　方义强　张立平　郑春光　柳中愉　高训贤　尉　涛

# 《郭巨街道志》资料员名单

## （按姓氏笔画排序）

王优超　冯飞群　李珊娜　李春燕　杨冠波　吴佩申
应夏萍　汪旭儿　汪国定　宋叶红　张　燕　张　璐
张仁安　张汉常　张存良　张安娣　张态浩　张建芬
张娜君　张梦洁　张雪君　张善君　陈利颖　陈玲燕
邵燕娜　周益芬　郑海英　赵毅炜　胡裕杰　钟恒昌
钟振祥　俞金珠　俞银珠　贺　静　贺飞舞　贾　锋
黄素珍　梅亚儿　梅佩莲　傅海珠　曾广江　谢仲慧
赖莲卫　蔡　宁　蔡亿红　薛　莹　戴蓓娇　戴璐淑

# 凡 例

一、本志为北仑区郭巨街道（镇、乡）首部志书。

二、本志以马克思列宁主义、毛泽东思想、邓小平理论、“三个代表”重要思想、科学发展观、习近平新时代中国特色社会主义思想为指导，坚持辩证唯物主义和历史唯物主义的立场、观点和方法，全面系统地记述郭巨街道自然、政治、经济、文化和社会的历史与现状。

三、郭巨街道行政区划几经变动。本志除“政区篇”外，境域范围分别用峙头乡（公社）或峙头境内、郭巨乡（镇、公社）或郭巨境内、郭巨街道或境内（境域）表述原峙头境域、原郭巨境域、现郭巨街道境域。全志贯通古今，记述上限尽可能追溯事物之发端，下限讫至2019年，其中党政领导任免和重大事件延伸至2021年底，卷首彩页采集至定稿时。

四、全志设15篇、74章、308节。首列总述、大事记，总摄全志；专记（附录）随篇（章），丛录殿后。

五、本志体裁采用述、记、志、传、图、表、录，以志为主体。文字表述除引用历史资料照录原文外，采用现代汉语语体文。

六、本志记述人物遵循“生不立传”原则，主要收录郭巨籍或居留境内，对境域有重大贡献或有影响的已故人士，排列以生年为序。特设“革命烈士”专节。对未入传的古代人物、获区级以上劳动模范、市级以上表彰的各类先进生产（工作）者（含高级职称的专业技术人员和郭巨籍人士在境外工作有较大贡献者）则分别列表。

七、中华人民共和国成立前，用历史纪年括注公元纪年，同一段同一年号出现两次以上时只括注首次。志内所称“解放前、后”系指1949年5月29日郭巨境域解放前后。本志中多次使用同一名称时，在每篇首次出现时用全称，括注简称，其后用简称。

八、涉及境域内原政区、地名、单位名称等均依当时名称记述，必要时括注今名；党和政府领导人的职务，亦均依当时实际担任的职务名称记述。

九、本志使用数字和标点符号按照国家标准《出版物上数字用法》和《标点符号用法》。表格内年月日间使用脚点“.”。计量除转引历史资料时保持当时单位外，按国家现行法定计量单位，一般采用公制，适当保留“亩”“斤”的用法。货币单位“元”指人民币，其他币种用全称。表格内分隔号“/”表示该项数据不存在，一字线“—”表示该项数据不详。

十、本志中数据，中华人民共和国成立前取自历史资料，中华人民共和国成立后采用区、街道（公社、镇、乡）统计部门资料，统计部门未作统计的则用主管部门或有关部门（村）提供的资料。

十一、本志资料源自正史、地方志和专业志、档案、文件、报刊、专著、文物、家谱、部门（村）专题资料、有关人士提供的文稿材料及走访采录等，均经考证鉴别后载入。

2010 年 7 月 15 日，时任浙江省委常委、宁波市委书记巴音朝鲁（前排左二）视察工业固废处置有限公司

2020 年 7 月 24 日，时任浙江省委副书记、宁波市委书记郑栅洁（右一）在郭巨街道调研乡村振兴工作

2021 年 7 月，浙江省委常委、宁波市委书记彭佳学（右二）在郭巨街道调研乡村振兴工作

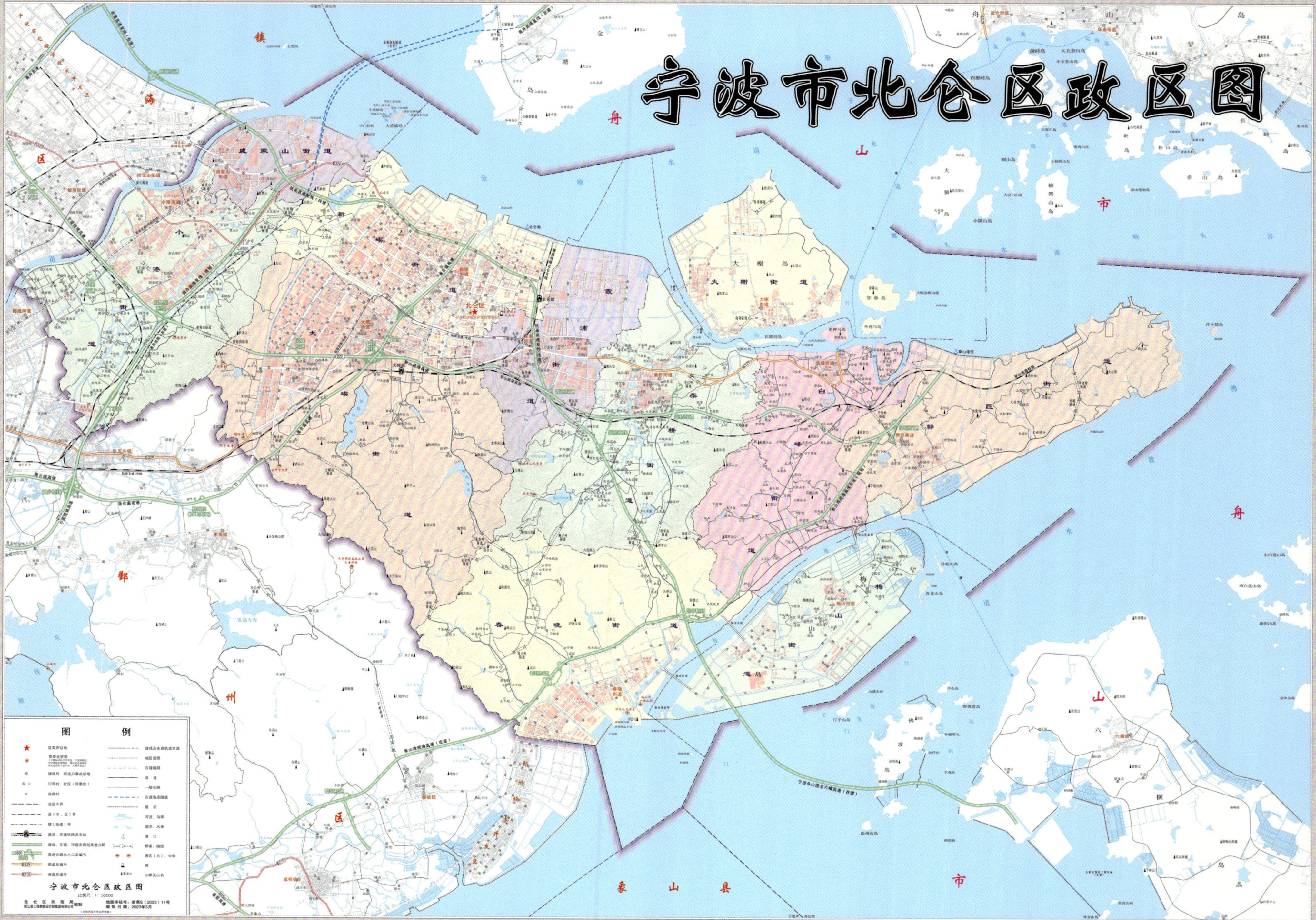

宁波市北仑区政区图
图例
区政府驻地
管委会驻地
镇政府、街道办事处驻地
行政村、社区（居委会）
自然村
设区市界
县（市、区）界
镇（街道）界
建成、在建铁路及车站
建成、在建、待建及规划高速公路
高速公路出入口及编号
国道及编号
省道及编号
建成及在建轨道交通
城区道路
在建道路
县道
一般公路
在建海底隧道
堤坝
河流、沟渠
湖泊、水库
港口
桥梁、隧道
景区（点）、寺庙
碑
山峰及山名
宁波市北仑区政区图
比例尺 1：50000
北仑区民政局
浙江省工程勘察设计院集团有限公司
编制
地图审核号：浙甬S（2023）11号
编制日期：2023年5月
舟山市
象山县
大榭岛
大榭街道
梅山岛
梅山街道
戚家山街道
小港街道
新碶街道
大碶街道
霞浦街道
柴桥街道
白峰街道
郭巨街道
春晓街道

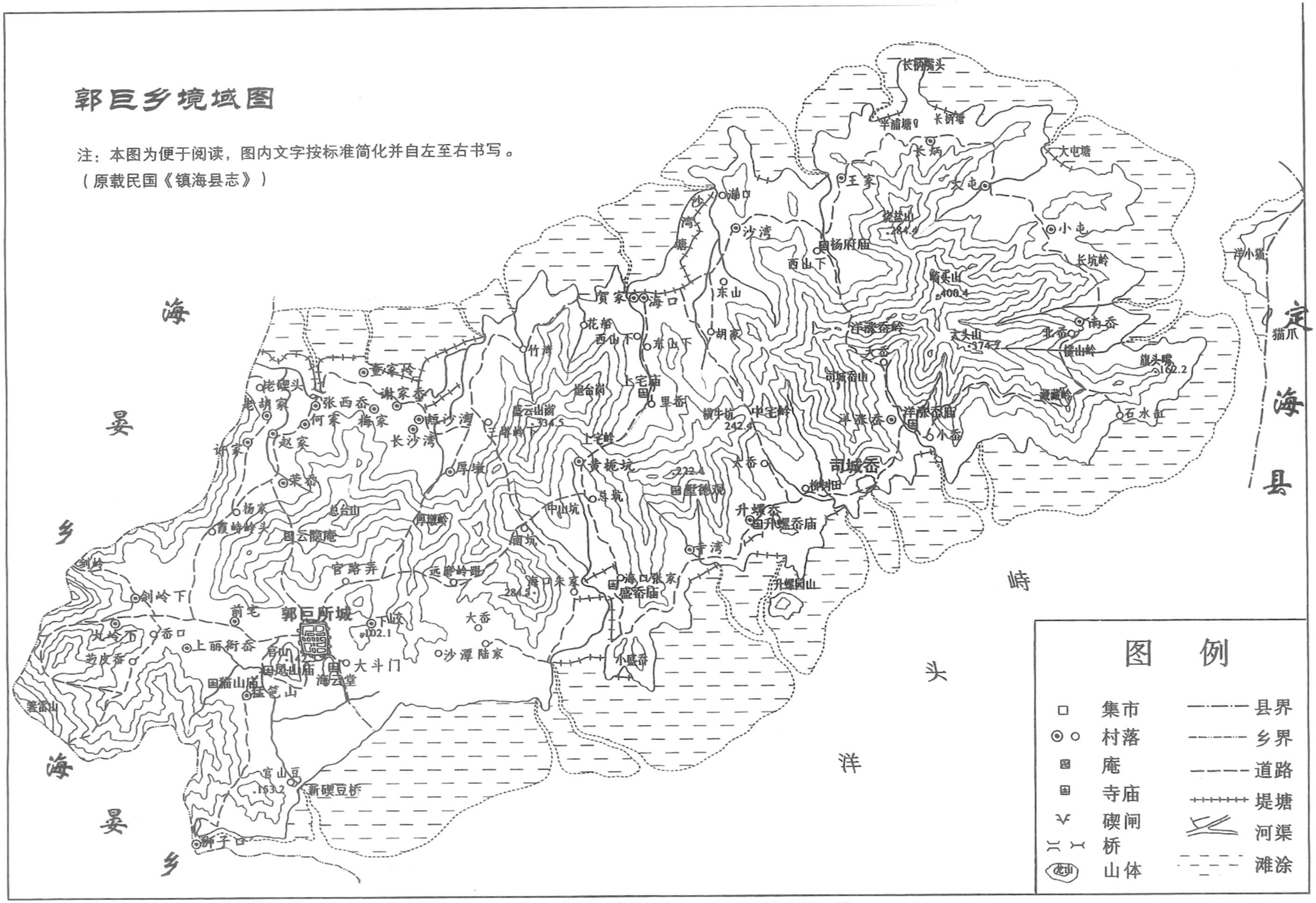


1932年郭巨乡境域图

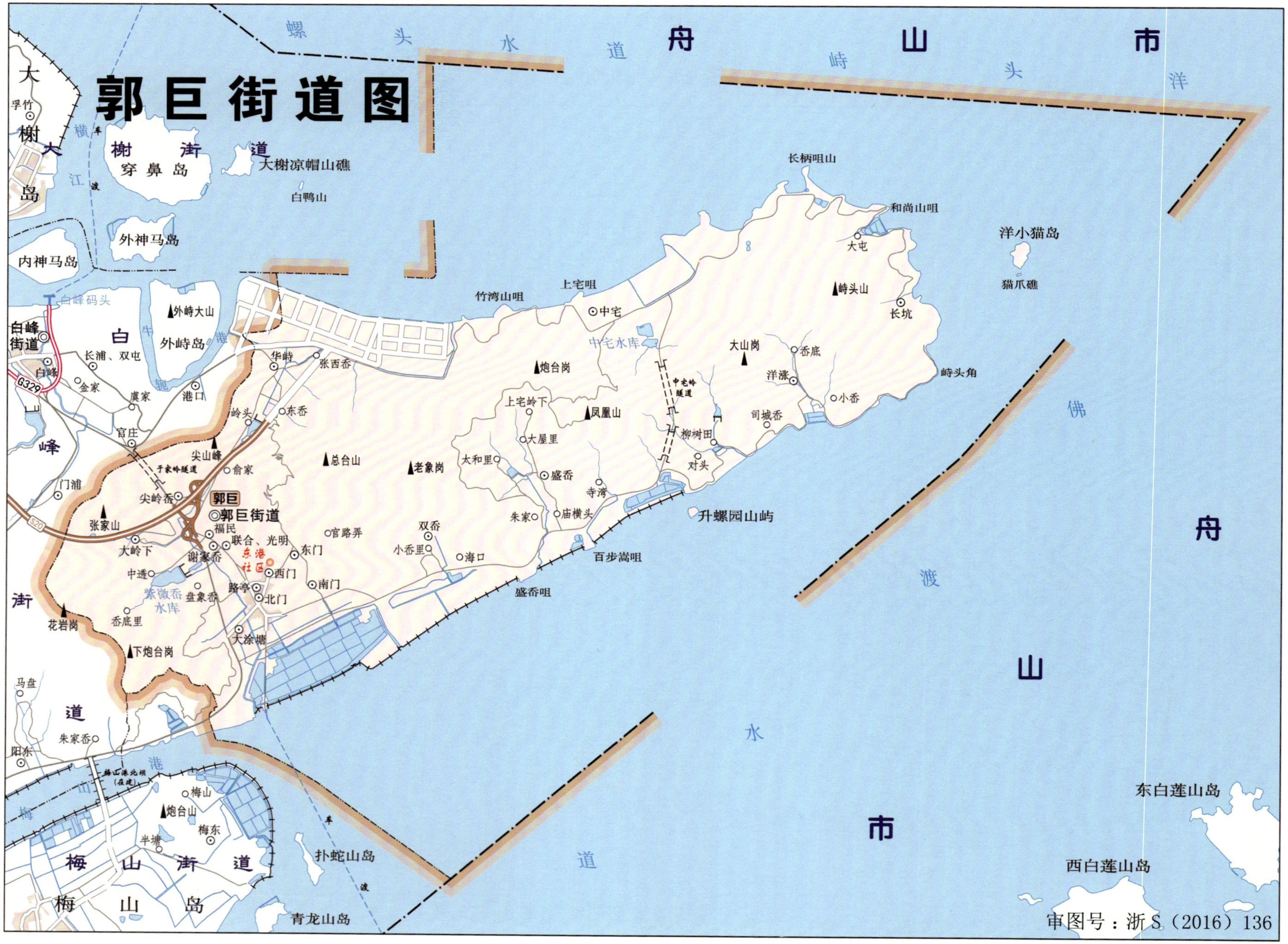


2016年郭巨街道政区图

2016 年，郭巨灯具城门

2019 年，郭巨城门牌楼

2019 年云衢广场

2019 年郭巨街道办事处

2016 年，郭巨城区

2019 年，郭巨新城区（灯具城）

2019 年，盛岙村

2019 年，郭巨老城区（古城区）

2019 年，双岙村

2019 年，大岭下村

2019 年，尖岭岙村

2019 年，福民村狗弯（左）石沿（右）

2010 年，华峙村一角

2016 年，长坑村一角

2019 年，东香茗园

2019 年，峰南社区老年公寓

2019 年，谢家岙新村（前） 华峙村老年公寓（后）

2019 年，峙北新村

2018 年，宁波舟山港穿山港区集装箱码头

2019 年，穿山港区中宅矿石码头

2019 年，穿山港区光明散杂货码头

2019 年，穿山港区液化天然气接卸站

2019 年，穿山港区海靖环保码头（左）港鑫东方燃供仓储码头（右）

2023 年，宁波东方电缆有限公司（北仑东部厂区）

2019 年，光大环保能源（宁波）有限公司

2019 年，北仑环保固废处置有限公司

2020 年 4 月 15 日，宁波舟山港铁路穿山港站正式启用

2019 年，郭巨学校

2010 年，郭巨小学

1988 年，岞头初中

1988 年，岞头乡中心学校

2019 年，郭巨街道社区卫生服务中心

2019 年，宁舟码头

2019 年，郭巨基督教堂

2018 年，元宵踩街

2018 年，鲜香郭巨年俗文化节

2008 年 5 月 22 日，奥运火炬传递宁波站起跑仪式在穿山港区集装箱码头举行

2009 年 4 月 28 日，中央电视台“心连心”艺术团在穿山港区集装箱码头慰问演出

2020 郭巨街道北门村元旦文艺演出暨“我们的村晚”文化礼堂落成典礼

2019 年，郭巨街道新时代文明实践所揭牌

倒涨网

新农村一隅——美丽紫微岙

2019 年 9 月，郭巨中畈塘田百亩香水莲基地，工人们正在采收香水莲花

金色港湾（穿山港区集装箱码头夜景）

尖岭岙特大桥

总台山观日出

望港亭

2018 年，穿山半岛风电风光

省级文物保护单位总台山烽火台

32 步阶

半月井

石鼓弄

南城门遗址

海云寺

郭巨非遗陈列馆

郭巨抬阁

响器木偶

2023 年 6 月 28 日，《郭巨街道志》专家评审会在郭巨街道办事处商会会议室举行。参加评审会的专家和领导有北仑区政协原副主席、《北仑区志》主编高训贤，北仑区党史研究室主任方义强，区委办四级调研员郑春光，区地方志办公室原主任张立平，《北仑区志》副主编柳中愉，区委统战部原常务副部长工无锋，郭巨街道党工委副书记尉涛

郭巨街道领导与《郭巨街道志》编纂办公室人员合影

第一排左起：王凌虹（街道党建综合办副主任、编纂办公室副主任）、张方（街道党工委委员）、孙平波（街道党工委委员）、尉涛（街道党工委副书记、编纂办公室主任）、顾艳艳（街道党工委副书记、办事处主任）、乐伟（街道党工委书记）、柴建军（街道人大工委主任）、乐耀光（街道党工委副书记）、黄经纬（街道党工委委员）、袁兆良（街道人大工委副主任）

第二排左起：张正（街道办事处副主任）、李建国（副主编）、张银康（主编、编纂办公室副主任）、朱文龙、汪楚明

# 序一

古人云:“以铜为鉴,可以正衣冠;以人为鉴,可以明得失;以史为鉴,可以知兴替。”作为一方全史的第一部《郭巨街道志》,历时四年,即将面世,这是郭巨文化史上一大盛事,值得庆贺。

郭巨街道地处宁波市北仑区最东部、穿山半岛东端,三面环海,东、南、北与舟山市定海区、普陀区隔海相望,西与白峰街道相连。全域面积63平方千米,海岸线总长32千米。至中华人民共和国成立时形成23个村,2019年有户籍人口23428人。

郭巨历史悠久,大岭下焦山坑发现有新石器时代后期人类居住遗迹,明洪武二十年(1387)建郭巨千户所城,时人口剧增,先人在这方热土上生息繁衍,沧海桑田,抗倭抗英抗法抗日,创造了农耕文明。中华人民共和国成立后,尤其是党的十一届三中全会以后,郭巨人民勤奋耕耘、砥砺奋进,创造过“一块石(采石业)、一双鞋(塑料业)、一盏灯(灯具业)、一块砖(砖瓦业)、一条鱼(养殖与捕捞)、一朵花(花木种植业)”等特色产业,从此彻底摆脱了贫穷落后的境况。进入21世纪,得益于大自然造就的深水良港独特地理优势,境内的穿山港区已成为宁波舟山港核心港区。如今,呈现在我们面前的是现代化国际港口、山海风情小镇与美丽乡村融为一体,城乡繁荣,人民安居乐业、生活小康富足的景象。

盛世修志,志载盛世。《郭巨街道志》在街道党工委、办事处的高度重视、社会各界热情参与、编纂人员辛勤努力下,数易其稿,即将付梓,它不仅符合新时代赋予的要求,而且是郭巨人民盼望已久的夙愿。编委会邀我写序,深感荣幸,遂研读全志,一段段峥嵘岁月让我难以忘怀,一幕幕奋斗场景让我热血沸腾,一幅幅变迁画卷让我倍感亲切……《郭巨街道志》全面、客观地记述了郭巨境域自然、政治、经济、文化和社会的历史与现状,着重记述了新中国成立以来特别是改革开放以来经济发展、社会进步、文化繁荣、人民幸福之盛况,充分展示和彰显了郭巨悠久的人文历史、社会主义新农村建设和现代化东方大港开发建设的成就,它是一幅展示郭巨沧海变迁的画卷,一部体现郭巨地方特色、具有鲜明时代特征的科学性、综合性、资料性并重的著作。志书内容翔实、资料丰富、行文流畅。在此,请允许我以个人的名义对全体编纂人员以及关心、支持、帮助《郭巨街道志》编纂出版的各级领导、各方面专家、各有关部门、各界人士致以崇高的敬意和衷心的感谢。

地方志乃一方之全史、一地之古今,它铭刻着社会发展轨迹,连接着历史和现实。衷心期望充分发挥志书的“存史、资政、教化”功能,祝愿郭巨以史为鉴、以史明志、以史资治,开拓创新、锐意进取,为这块传统文化与现代文明交相辉映的热土续写更加绚丽夺目的新篇章!

張乾卿

2022年12月

张乾卿,郭巨北门村人,首任中共郭巨镇支部书记,曾任郭巨镇镇长、峙头乡党总支书记、郭巨区委副书记、镇海县副县长、镇海区人大常委会主任。

# 序二

在宁波市北仑区《郭巨街道志》即将出版之际，我们谨代表街道党工委、办事处对首部郭巨志书付梓表示热烈的祝贺。

虽然我们到郭巨任职时间不长，但郭巨悠久的人文历史、秀丽的山海风光、勤劳朴实的人民、丰富多彩的文化都给我们留下深刻的印象。尤其是通过拜读《郭巨街道志》付梓稿，更进一步了解古韵郭巨厚重的历史，受益匪浅。

《郭巨街道志》翔实记述了公元前222年至2019年间郭巨的自然、政治、经济、文化和社会的历史与现状，一方风情，展卷可览。郭巨早在新石器时代，就有先民在此繁衍生息。郭巨人民在改造自然、改造社会的历史长河中，历经艰难困苦、英勇奋斗、勤奋耕耘、拼搏创新，创造了一方文明。总台烽火、千户所城、抗倭抗英，谱写了反对外来侵略的壮丽凯歌。中华人民共和国成立后，从二十世纪五六十年代兴修水利，六七十年代农田基本建设，七八十年代兴办乡（镇）工业，八九十年代民营工商业崛起，形成灯具特色产业和郭巨灯具城。进入21世纪，宁波舟山港穿山港区开发、社会主义新农村建设和小城镇环境综治同步推进，城乡面貌发生翻天覆地的变化，郭巨人民创造了一个又一个的辉煌业绩，书写了一卷又一卷的历史篇章。

中华民族素有编史修志的优秀文化传统，盛世修志，世代相承。首部《郭巨街道志》的问世，不仅对研究郭巨街道的历史有参考价值，而且对郭巨街道今后的发展很有借鉴、启发作用，是街道党工委、办事处科学决策的可靠依据，是海内外各界人士了解郭巨的崭新窗口。其特有的资料性、知识性和地域性为社会主义精神文明建设提供了生动、具体、感人的地情资料，是爱乡爱国主义教育的乡土教材；是传承郭巨人文遗产、保存郭巨历史的重要载体；是郭巨人民宝贵的文化财富，它既可服务当代，又能为后代所用。

编纂街道志是一项十分繁杂、细致、缜密的工作，编纂人员以高度的责任感和事业心，广征博采、求真务实、埋头笔耕、辛勤付出，并蒙专家学者热心指导，终成此著。在《郭巨街道志》定稿之际，我们谨代表街道党工委、办事处并以个人的名义对全体编纂人员，以及关心、支持、帮助《郭巨街道志》编纂出版的各级领导、各方面专家、各有关部门、各界人士，致以崇高的敬意和衷心的感谢。

烽火承古韵，山海秀新港，郭巨的昨天已载入史册，郭巨的明天有待我们去创造。勤劳智慧的新老郭巨人正以奋力拼搏、开拓创新的精神，全力打造宜居宜业宜游、民富民安民乐，现代国际港口和千年古镇共同繁荣发展的浙东山海风情小镇。我们相信，载入未来郭巨志的必将是更加灿烂辉煌的新篇章。

中共宁波市北仑区郭巨街道党工委书记 乐伟

宁波市北仑区人民政府郭巨街道办事处主任 顾艳艳

2023年5月

# 目 录

## 第三篇　城乡基础设施

## 第四篇　穿山港区开发



## 第五篇　农业

## 第六篇　工业

# 第七篇 商业



# 第八篇 现代服务业

## 第九篇　金融　财税



## 第十篇　政治

## 第十一篇 军事 公安 司法

## 第十二篇　教育　科技



## 第十三篇　文化　体育　卫生

# 第十四篇 社会

## 第十五篇 人物 荣誉



## 丛 录

# 总 述

郭巨街道地处浙江省宁波市北仑区东部的穿山半岛，三面环海，东北隔峙头洋与舟山群岛相望，西邻白峰街道，西南与梅山、六横岛相峙，是中国“长三角”地区大陆的最东端。地理坐标为北纬29°01′01″～29°41′36″，东经121°38′50″～122°11′20″。街道办事处驻福民路77号（狗湾），距北仑城区20千米，距宁波中心城区48千米。境域总面积63平方千米，其中陆域面积59.63平方千米，海域（滩涂）面积3.37平方千米。海岸线长32千米，有岛屿3个。2019年末，辖区户籍人口23428人，其中汉族23346人、少数民族16个82人。全街道辖大涂塘、东门、南门、西门、北门、路亭、福民、尖岭岙、大岭下、华峙、谢家岙、双岙、盛岙、联合、洋涨、长浦、双屯、长坑共18个村和东港、峰南2个社区。

郭巨为天台山山脉向东延伸经乌峙山临海而没之余脉。港口资源得天独厚，自然深水岸线26.2千米，前沿水深15米以上，境内的穿山港为宁波舟山港集装箱核心港区。

境域属亚热带海洋性季风气候，四季分明，气候温和湿润，光照充足，雨量充沛，无霜期长。

郭巨历史悠久，1984年考古发现，新石器时代晚期大岭下焦山坑已有人类活动遗迹。唐时，有零星居民散居山麓。南宋建炎四年（1130）始设驿站，时称“霏霭驿”。明洪武二十年（1387），建千户所城。

境域在夏商时代属“东夷”之地，海潮汩没，人烟稀少。春秋时属越国，战国中期属楚国。自秦王政二十五年（前222）立郡县制至2016年设立郭巨街道，区域建置隶属关系多次变动，大致可分为三个时期。第一个时期：秦王政二十五年（前222）至北宋熙宁十年（1077），先后属鄮县、句章县、鄞县管辖。第二个时期：北宋熙宁十年至1985年隶属定海县（1687年更名为镇海县），其间北宋熙宁十年（1077）隶属定海县海晏乡。明洪武二十七年（1394），隶属定海县郭巨千户所。清宣统三年（1911），从镇隅析出郭巨乡，隶属镇海县。民国19年（1930），设郭巨镇、峙南乡、峙北乡。1950年6月，境域置郭巨镇、霞峙乡、峙头乡、盛厚乡。1956年，设郭巨乡、峙头乡。第三个时期：1985年7月撤县分区后至2019年12月，隶属宁波市滨海区（1987年更名为北仑区）。其间，1992年5月峙头乡、郭巨镇合并组建为郭巨镇；2003年8月撤销郭巨镇建制，并入白峰镇；2016年8月撤销白峰镇，复析出郭巨街道。

郭巨历来是海防前哨。南宋嘉定七年(1214)，海内西寨巡检司徙乌崎头(今洋涨司城岙)建巡检司兵寨。明洪武二十年（1387），建郭巨千户所城，设总台山烽火台。明时抗击东南沿海倭寇，清时抗击英国侵略者。1940年，建立中共峙头乡支部，组织民众开展抗日宣传，建立抗日武装，打击境内外日伪势力。抗日战争和解放战争时期，峙头为定象保安总队第五大队、浙东第四自卫纵队、东海游击总队的根据地，江之铭、上宅村贺金财等革命先烈为了人民的解放事业英勇牺牲。中华人民共和国成立后，境内民众在中国共产党领导下，走上社会主义集体化道路，兴修海塘、农田等基础设施；推广农业生产新设备、新技术、新品种；兴办、扶持乡镇企业，发展民营经济，成就了郭巨灯具特色产业，涌现了一批商贾能人，富甲一方；调整产业结构，发展商品经济，建设美丽乡村，营造宜居宜业的人居环境，带领人民群众走上共同富裕道路。

郭巨农耕文明源远流长，传统种植有水稻、番薯、大麦、小麦等粮食作物，以及油菜、棉花、茶叶、柑橘等经济作物，间或从事渔、盐等副业。中华人民共和国成立前，由于土地私有制，“耕者无其田”，耕作工具及技术落后，加之抵御自然灾害的能力低下，农作物产量一直处于低水平状态。中华人民共和国成立后，经过土地改革、互助合作化，境内农民走上了社会主义集体化道路。通过大力兴修农田水利、革新农具、筑塘围涂、改良农作物品种和栽培技术，使农业生产得到较快发展，农作物产量逐年提高，至1967年，郭巨、峙头公社水稻亩均产分别达621.5千克、560.5千克，比中华人民共和国成立初期提高了2倍。1978年中共十一届三中全会后，境内全面实施农村家庭联产承包责任制，再次解放了农村生产力，农民自主经营，生产积极性高涨，又通过农作物新品种、栽培新技术的推广应用，农作物产量及经济效益明显提高。20世纪90年代，政府出台了农业适度规模经营的一系列扶持政策，农户按照市场需求调整种植养殖结构，粮食、瓜果、蔬菜、海产品、花卉等各类种植养殖大户应运而生，境内棉田种植绝大部分调整为海水产品养殖。至21世纪初，境内水稻田种植几乎全部调整为花卉苗木种植。2005年，实施农村股份经济合作制改革，为集体经济在市场经济条件下继续发展注入了新活力。21世纪初，境内宁波港穿山港区北岸、南岸港区基本建成，农田面积大幅减少，至2019年，集体所有农用地总面积4266公顷，占境域面积的67.7%。

境内畜禽养殖有史就有，多为自食。生猪的养殖为中华人民共和国成立后至90年代境内农户家庭副业收入的主要来源，几乎家家户户养猪。自20世纪90年代起，畜禽养殖业逐步走向规模化、专业化，农户散养量逐年减少。

先民渔猎为生，扳网、涨网等简单工具的捕鱼方式至今仍在。中华人民共和国成立后，郭巨渔业大队使用木帆船、机帆船专业从事海洋捕捞业。20世纪80年代初，境内个体涨网业快速发展，大批棉田改为对虾、梭子蟹等海（淡）水产品养殖塘。20世纪90年代，峙头冷冻厂发展海洋远洋捕捞业。进入21世纪，境内海产品养殖塘田和滩涂陆续被征用建设成穿山港区，郭巨渔业大队、峙头冷冻厂解体。1995年开始执行“伏季休渔”制度。2006年12月，为修复象山港海域渔业资源和疏浚梅山港道，拆解涨网船125艘，境内海洋捕捞业、海（淡）水养殖业和滩涂业产品大幅缩减。

郭巨的早期手工业可以追溯到唐朝中后期，当时水上交通和渔业发展，造船业兴起。宋时，境内已有烧窑业。民国前，有油坊、酒坊、豆腐坊、磨坊等粮油加工，以及从事房屋建造、木船修造、农具制作等个体经营。中华人民共和国成立后，50年代组建的各手工业联合社是境内工业企业的雏形，60年代集体所有制的郭巨、峙头农机厂是境内早期代表性企业。1978年中共十一届三中全会后，境内县办大集体企业、乡镇（村）集体企业蓬勃兴起。90年代，个体民营企业迅速崛起，外资企业和港澳台商投资企业陆续入驻，形成了以灯具、橡胶塑料、采矿、砖瓦为主的特色产业，尤其是郭巨灯具名扬省内外，成为地方经济的特色支柱产业。1993年，境内乡镇（村）集体企业逐步转制为个体或股份制民营企业，至2002年乡镇（村）集体企业退出历史舞台。2002年，境内开发建设宁波港穿山港区，一批国有控股现代化临港大企业陆续入驻。自20世纪80年代起，境内逐步形成过灯具、橡胶塑料、采石建材、针织服装、船舶（拆解）修造、盐业、物流仓储、清洁能源中转（生产）、静脉产业等各个时期的工业产业门类。

郭巨商贸始于明盛于清，明洪武二十年（1387）后郭巨古城十字街已是商铺林立，商贸活动频繁。境内渔盐、茶叶、糟酒等产品就地易换，尤至嘉靖初年（1522年前后），已有日本、葡萄牙大批商人船队至双屿港开展商贸活动，于是有了农副产品的出口贸易，随之大量“洋货”也开始涌入境内。20世纪50年代，随着政府对私营工商业的社会主义改造，境内小商小贩被纳入合作商业，供销合作社和集体商业成为商业经济主体，在计划经济指导下进行购销活动，为发展生产、保障供给起到一定的作用。80年代中期，计划经济逐步向市场经济转轨，商贸流通渠道逐渐开放，集市贸易日益活跃。90年代末，供销社等集体、国营商业改制，境内形成了以私营经济为主体，多条流通渠道、多种经营方式的商业新格局，电子商务开始兴起。

境内现代服务业的物流仓储业。随着21世纪初穿山港区集装箱码头及穿山疏港高速公路、宁波穿山港铁路等基础设施的建成投入使用而兴起。2019年，穿山港区集装箱吞吐量实现1030万标准箱，货物吞吐量达 1.15 亿吨。以集卡车为主的境内两个高速公路，日均进出口车流量达 1 万余辆。快递物流已延伸至境内农村。

境内现代房地产业始于 20 世纪 90 年代的郭巨灯具城开发时期。2002 年以后，随着穿山港区的开发建设，境内 14 个村被整体拆迁，从而也推动了境内房地产业的开发与发展。乡村文旅业逐渐在境内兴起，并已形成浙江省美丽乡村风景线之“北仑区山海郭巨风景线”。

**教育迈入现代化** 明清时期，境内已有义塾、私塾。清咸丰二年（1852），里人汪莹等人捐资兴建云衢书院，至民国 36 年（1947）境内有中心国民学校 1 所，保国民学校 4 所。中华人民共和国成立后，扫除青壮年中的文盲工作一直持续到 20 世纪 90 年代末。70 年代，学校办到家门口，境内各大队均办小学，郭巨、峙头公社办中学。70 年代末基本普及初等教育。1986 年秋，开始实施九年制义务教育，1998 年达到高标准普及九年制义务教育和高标准扫除青壮年文盲的要求。2001 年，实现高中教育普及。80 年代中期，开始拆点并校，调整学校布局，2006 年 7 月，峙头学校并入郭巨小学，2012 年 8 月，郭巨小学与郭巨中学合并为九年一贯制的郭巨学校，时境内仅有 1 所郭巨学校。50 年代初，境内各大队始办托儿所，“文化大革命”期间曾一度停办，70 年代初恢复。80 年代初，郭巨、峙头公社开办中心幼儿园，2017 年，境内仅有的 1 所集体性质的郭巨中心幼儿园转制为事业单位。80 年代初，境内 2 所公社中心学校配备专职教师开展成人教育，1997 年，升格开办郭巨镇成人中等文化技术学校。2006 年起，境内全面开展农村社区教育，各村（社区）均建立村民（市民）学校，以提高境内民众的综合素养，所开发的“总台山文化”项目获全国社区教育合格实验项目、宁波市终身教育品牌项目称号。2012 年起，全面开展老年教育。

**文化事业日趋繁荣** 明清时期，境内文化活动已较频繁，民国时期盛衰交替。中华人民共和国成立后，文化事业日趋繁荣，先后建立农村俱乐部、广播站、电影放映队、影剧院、文化站、图书室等文化活动机构设施。进入 21 世纪以后，各村（社区）文化活动中心相继建立。2012 年起，各村（社区）开展农村文化礼堂建设，使之成为一个集思想道德建设、文体娱乐活动、知识技能普及于一体的农村文化综合体。2019 年，西门村获评省五星级农村文化礼堂。2018 年，建成云衢广场后，烽火古韵年俗文化节、非遗一日游、乡村厨艺大赛、村晚、校园文化节等广场文化、村落文化、校园文化丰富多彩；抬阁民俗队、鼓阁民乐队等 37 支群众性业余文艺团队活跃在各村（社区），丰富了境内民众的节日和业余文化生活。抬阁、跳蚤会、马灯、车子灯、响器木偶入选宁波市非遗名录，“郭巨元宵踩街”获“宁波市优秀传统节目文化活动”称号；涌现了农民画家汪宝华等一批草根文化人和非遗传承人，郭巨民俗文化得到了传承和发展。

**体育运动全民化** 中华人民共和国成立后，体育运动越来越受到境内民众的重视，特别是改革开放以后，室外健身器材、文体活动广场、总台山健身游步道、郭巨学校室内外田径运动场等体育设施趋于完善。1982 年，境内两个公社分别举行了首届农民运动会，1999 年，郭巨镇被评为省体育先进乡镇。2019 年，境内各村（社区）有室外健身广场 12 处，有拔河队、老年门球队等 31 个业余体育运动队，承办“烽火•聚力”乡村大力士拔河比赛等街道级及以上体育赛事 8 起，各村（社区）每年举办一次老年人运动会，全民体育运动蓬勃开展。

**卫生事业不断加强** 中华人民共和国成立后，相继建立了乡卫生所和村卫生室，20 世纪 60 年代中期，培养赤脚医生，医疗卫生事业得到较快发展，80 年代中后期的郭巨中心卫生院是当时镇海江南的一所重点医疗机构。同期开展传染病、地方病等疾病的防治和爱国卫生运动；通过二次水改，境内居民都用上了优质卫生的自来水；通过管粪改厕，改善了境内卫生环境，并有效控制了传染病的发生和流行；医疗保障体制逐步建立健全；2019 年境内实施垃圾分类管理。人民群众的卫生、养生意识明显加强，健康水平普遍提高，境内居民死亡平均年龄由 1989 年的 69.2 岁提高到 2019 年的 80.03 岁。

**人民过上小康生活** 中华人民共和国成立前，在封建制度统治下，境内民众过着饥寒交迫的生活。中华人民共和国成立后，人民当家作主，社会安定，人民生活水平逐步提高，特别是 1978 年改革开放以后，经济持续快速发展 40 余年，境内民众过上了小康生活，衣着款式多样时尚，饮食讲究健康营养，住房宽敞明亮舒适，普遍拥有私家轿车，旅游休闲成为时尚。

**城乡设施日新月异** 自元朝至顺四年（1333）筑福民横塘至今的600余年间，境域筑海塘（堤）69条，总长度达45千米，筑塘围田使大陆岸线外延最长处近4千米，造就了广阔膏腴良田。中华人民共和国成立前，境内道路尽是羊肠小道，出村庄就要翻山越岭，货物运输则全靠肩挑背驮。中华人民共和国成立后，1958年，仰（岛）郭（巨）公路建成通车，20世纪70年代初开通的郭（巨）司（城岙）和华（峙）中（宅）公路彻底改变了境内山区半山区交通严重不便的状况。进入21世纪，沿海中线公路、穿好高速公路、宁波穿山港铁路建成，地处半岛的郭巨街道形成了海上水运、陆上铁路、公路、管道运输等门类齐全的运输网络体系。南宋建炎四年（1130）设郭巨驿。明洪武二十年（1387）建总台山烽火台。民国24年（1935），郭巨开通了第一部有线电话。1997年，建设凤凰山GSM900M宏蜂窝基站开启了郭巨的移动通信时代。2019年底，境内有中国移动手机端客户2万户，中国电信手机端客户5250户，以中国电信、中国移动、广电为主的通信运营网络覆盖全境。明时，建郭巨千户所城；20世纪90年代建郭巨灯具城；进入21世纪，昔日的海滨小镇变成了现代化大港，呈现在我们面前的是风景如画“宜居、宜业、宜游”的美丽乡村和浙东山海风情古镇的新气象。

岁月流逝，沧海桑田，在漫长的历史长河中，勤劳、勇敢的郭巨人民坚守疆土，用自己的智慧和双手创造了农耕文明。中华人民共和国成立后，特别是党的十一届三中全会后，郭巨人民在历届乡（镇）党委、政府领导下，建设社会主义新农村取得令人瞩目的成就。今天，烽火承古韵，山海秀新港，郭巨人民正以崭新的姿态全力打造更加宜居、更富特色、更有活力、更显风情的浙东山海小镇。

# 大事记

## 秦

### 秦王政二十五年（前 222）

立郡县制，置会稽郡，辖鄞、鄮、句章三县，境域位于鄮县东境。

## 隋

### 开皇九年（589）

废会稽郡，置总管府，并鄞、鄮、余姚三县入句章，境域仍隶属之。

## 唐

### 武德四年（621）

析句章县，置姚州、鄞州，不设县，境域为鄞州东境。

### 武德八年（625）

废鄞州，置鄮县，境域遂为鄮县东南境。

### 开元二十六年（738）

析越州鄮县置明州，境域隶属明州，为鄮县东境。

## 五代

### 后梁开平元年（907）

钱镠奉后梁为正统，后梁太祖朱温封钱镠为吴越王，统一两浙，辖一军十三州。（安国衣锦军，杭州、

越州、湖州、台州、苏州、秀州、睦州、婺州、明州、处州、温州、衢州、福州）

### 后梁开平三年（909）

为避后梁太祖朱温祖讳，改鄮县为鄞县，境域在鄞县东境。

## 宋

### 北宋庆历七年（1047）

鄞县置 18 个乡，境域属海晏乡。

### 北宋熙宁十年（1077）

划鄞县泰邱、海晏、灵岩三乡归定海县，境域始归定海县。

### 南宋建炎四年（1130）

设郭巨驿。

### 南宋嘉定七年（1214）

海内西寨巡检司移建乌崎头，并建司城，故其地称司城岙。

## 明

### 洪武初年（1368）

郭巨霞峙岭巅，建霞屿寨城。

### 洪武十九年（1386）

**十一月（12 月）** 置郭巨守御千户所城，在三塔山山顶建烽火台。

### 洪武二十年（1387）

郭巨筑千户所城，设武衙门，辖昆亭、梅山、上阳、白峰、峙头、郭巨。22 个指挥使及 1120 个士兵驻扎下来后，境内人口大增。

### 洪武二十七年（1394）

郭巨设武衙门，称千户所，辖昆亭、梅山、上阳、白峰、峙头、郭巨。

### 成化十二年（1476）

巡海副使杨瑄筑郭巨海塘。

## 正德三年（1508）

**七月至次年正月** 境内无雨，谷物无收，民以野菜为食，以致卖儿鬻女。冬又大雪，池冰不化，草木枯死，冻死饿死者甚多。

## 嘉靖十九年（1540）

闽人李光头、歙人许栋自福建越狱出逃入海，盘踞于郭巨所对面之双屿港，与佛朗机（葡萄牙）人、倭人互市，并勾结倭寇出没海上劫掠，濒海地区时复告警。

## 嘉靖二十四年（1545）

旱，大荒。谷价飞涨，银一钱换谷一斗，道路饿殍相望。

## 嘉靖二十七年（1548）

**四月（5月）** 浙江巡抚都御史朱纨命都指挥卢镗等进攻郭巨对面之双屿港，击败李光头、许栋等海盗于九洋山，俘日本人稽天破，擒李光头。

**六月（7月）** 又追俘许栋，栋党王直集余众遁逃。卢镗毁去李、许等在双屿港的设施及船舰，并用木石堵塞双屿港。

## 嘉靖二十八年（1549）

**七月（8月）** 浙江海盗王直、许栋等与倭寇勾结，大掠浙东地区。沿海地区倭寇之患大炽，境内甚烈。

## 嘉靖三十一年（1552）

**二月（3月）** 海盗王直勾结倭寇突入定海关大掠，福建捕盗王端士率兵击退之。倭寇转移至烈港（沥港），流动于温、台、宁、绍间。

**六月（7月）** 海盗王直勾结倭寇又陷郭巨所城，指挥樊懋力战而死，守御魏英督兵夜战至晓，倭寇从北门退逃。

## 明嘉靖三十二年（1553）

**闰三月（5—6月）** 王直勾结倭寇，大举骚扰，台、宁、嘉、湖、苏、松、淮北同时报警。俞大猷等追捣烈港（沥港）贼巢。遣把总张四维屯兵龙山，黎秀屯兵郭巨，遥为声援，王直败走。

**五月（7月）** 倭寇200余人在郭巨登陆，商店被劫一空，城内一片火海，居民未及时避者惨遭杀害。朝廷命张经总督浙东剿倭。

## 嘉靖四十年（1561）

**四月（5月）** 倭寇再犯郭巨、大嵩诸所，以及奉化、象山诸县，计数十处。胡宗宪督各地驻军击败之。

## 清

### 顺治十四年（南明永历十一年）(1657)

清廷为争夺舟山之南鲁明王据地，封锁抗清义军，强迫郭巨千户所、泰邱乡、海晏乡沿海30里居民迁徙内地，并严禁出海采捕。

### 康熙二十二年（1683）

**八月** 清统一台湾后，清廷准沿海居民迁回原地，颁“展复令”，展复滨海弃地。

### 康熙二十三年（1684）

**四月（5月）** 诏令浙江、福建、广东沿海地区依照山东等处例，许百姓500石以下船只可往海上贸易、捕鱼，出海前须预先禀报地方官，登记、具报、给票、烙号。

### 康熙二十六年（1687）

**五月** 改定海县为镇海县，境域属镇隅。

### 雍正元年（1723）

大旱，稻麦尽枯，民不聊生，剥取草根树皮为食，饿死者甚多。

### 雍正九年（1731）

推行庄法，郭巨属三都七图。

### 乾隆初期

始建云隐寺，位于郭巨城北总台山南麓之“云岭山冈”。

### 乾隆二十一年（1756）

英商船泊峙头洋面，要求进宁波港贸易，不准，责令回航广东。

### 道光元年（1821）

夏秋季，霍乱盛行，死者数人。

### 道光二十一年（1841）

**二月廿三日（3月20日）** 盛岙严鹤林、李永杨等乡民活捉英轮“佩斯汤基·伯曼基”号船长威林士德等英军。

**七月廿七日（9月12日）** 盛岙乡民俘获英军侦察船“赖拉”号大副温哩等2人，杀伤数人。

**八月一日（9月15日）** 英轮舰弗莱吉森号抵达盛岙。

**八月二日（9月16日）** 英海军少校格劳弗等率130名侵略军袭盛岙、双岙、郭巨，杀人放火，火烧盛岙大屋里，经守备黄梦赉率兵击退。

### 咸丰二年（1852）

里人汪莹等10人捐资，在郭巨所城崇秀门外枕山之麓建云衢书院。

### 宣统二年（1910）

云衢书院改办云衢学堂。

### 宣统三年（1911）

郭巨乡从镇隅析出，划为郭巨区，辖六图（后所及附近）、七图（郭巨及附近）。
设郭巨区自治公所。

## 中华民国

### 民国元年（1912）

遵南京临时政府令，革除旧制陋习、改用阳历、易冠服、废跪拜、剪除发辫、劝禁缠足、禁鸦片、禁赌博、禁蓄婢宿娼、严禁贩卖人口、解放“堕民”。

### 民国4年（1915）

**12月** 郭巨设邮政代办所。
**是年** 郭巨一带霍乱流行，此疫时长70天，死90余人。

### 民国9年（1920）

因去岁歉收，米价昂贵，饥民相属于道。郭巨等乡贫民结群吃荒，簇拥米店求施。

### 民国11年（1922）

**3月21日** 郭巨、昆亭、三山等地乡民不堪盐税重剥和盐警肆虐，聚众3000余人，攻打柴桥盐局，焚毁警长住舍。次日，盐警调集百余人报复。至28日，对抗中乡民死4人，伤数名。经县知事偕海晏、郭巨两乡自治会长赴盐务总署陈说利害，盐署慑于民愤，降低盐税，事方平息。

### 民国19年（1930）

**夏** 郭巨区撤销，实行乡镇制。郭巨乡建置撤销，境域置郭巨镇、峙南乡、峙北乡，隶属柴桥区。

### 民国20年（1931）

**9月1日** 郭巨福民小学创办。

### 民国21年（1932）

**夏秋** 郭巨、梅山一带海涂出现赤潮，贝藻及鱼虾大批死亡。

## 民国 24 年（1935）

推行保甲制，柴桥区建置撤销，境域置郭巨镇、峙头乡（峙南乡、峙北乡合并）、三境乡。

## 民国 25 年（1936）

郭巨始有有线电话。

## 民国 26 年（1937）

郭巨一带霍乱流行，此疫时长 3 个月，死 120 余人。

## 民国 28 年（1939）

郭巨、峙头通有线电话。

## 民国 29 年（1940）

**5 月** 日本飞机轰炸郭巨城，炸毁房屋 372.5 间，炸死 2 人，炸伤 5 人。

**9 月 1 日** 郭巨华峙小学创办。

**12 月 6 日** 日本军舰从碧澜嘴向郭巨南门开炮 20 余发，炸死 3 人，炸伤 4 人。

## 民国 30 年（1941）

**3 月 28 日** 日机轰炸郭巨城，炸毁房屋达 451 间。

**4 月 24 日** 上午，3 架日本飞机空袭郭巨城，投弹 20 余枚，烧毁民房 347 间，82 户居民无家可归。

**10 月** 盛岙村猎户胡月才等人在峙北上宅村东山大石岩下打死一只重达 40 余千克华南虎。

**是年** 中共峙头乡党支部建立，贺灏群为党支部书记，有党员 3 人。

## 民国 31 年（1942）

郭巨、柴桥一带霍乱流行，此疫时长 2 个月，死 600 余人。

## 民国 32 年（1943）

**9 月 1 日** 郭巨双岙小学创办。

## 民国 33 年（1944）

**10 月** 一架日本侵略军飞机在峙头洋被美国空军击落，飞行员跳伞后，被渔民俘解至郭巨，转解宁海。

## 民国 34 年（1945）

**年初** 盟军美机轰炸舟山日本侵略军营地，一架飞机被日炮击伤，美军飞行员跳伞降落峙头洋，被长坑村渔民张阿可等 4 人救起，第二天护送到镇海县政府。

## 民国 36 年（1947）

**6 月 21 日** 定海除奸大队在峙头改编为中共领导的浙东第四自卫纵队，徐小玉任纵队长。

**9 月 1 日** 峙头盛岙小学创办。

**10 月** 并乡并保，郭巨镇改称郭巨乡，峙头乡并入郭巨乡，辖 12 个保 167 个甲。

## 民国37年（1948）

**2月22日** 江南武工队突袭大碶警察所，队员贺金财（上宅村人）负伤被捕，后被枪杀。

**9月** 政委王起、副总队长江之铭率中共领导的东海游击总队一部抵峙头。

**10月13日** 江之铭及其警卫员徐阿定在峙头花船村被叛徒胡云庭等人杀害。

# 中华人民共和国

## 1949年

**5月29日** 郭巨境域解放。

**7月** 境内设郭巨派出所。

**10月1日** 中华人民共和国成立。

**10月** 废保甲制，郭巨乡人民政府建立，下辖12个村。

**11月22日（农历十月初三）** 3架国民党军飞机，分3批9架次轰炸郭巨城，致大量民房、店铺、公共建筑被毁，北城门倒塌，当场炸死6人。

## 1950年

**6月** 调整区乡建置，郭巨区从柴桥区析出，境内设郭巨、霞峙、峙头、盛厚4个乡，隶属郭巨区公所。

**9月1日** 大涂塘、谢家岙、中宅小学创办。

**11月** 郭巨区成立"土改"大队，开展"土地改革"运动，至次年5月基本完成。郭巨乡镇压地富反坏分子11名。

**是月** 设峙头、盛厚、霞峙通信站。

## 1951年

**1月1日** 郭巨供销社正式开张营业。

**3月** 响应毛主席"抗美援朝，保家卫国"的号召，境内青年踊跃报名参加志愿军。至1953年2月，先后有52人分两批参加中国人民志愿军。

**是月** 郭巨福民村石沿12户农户成立境内第一个互助组，组长蔡伏祥。

**9月1日** 厚墩、洋涨、上宅、沙湾、长浦、长坑、光明7所小学创办。

## 1952年

**2—4月** 境内试办以土地入社分红为形式的初级农业生产合作社。福民村蔡伏祥等12户组成的石沿合作社，为境内最早初级社。

**9月1日** 峙头联合小学、竹湾小学创办。

**是年** 在郭巨西门基督教堂设立郭巨卫生所。

## 1953年

**6月** 郭巨设电话交换所。

**7月1日24时** 全国第一次人口普查截止点，总人口14182人，其中郭巨镇5784人、峙头乡2740人、霞峙乡3446人、盛厚乡2212人。

**9月** 自7月底起连续60余天无雨，水田龟裂。

**是月** 郭巨三村阮中科作为全国先进民兵代表，到北京观国庆典礼。

**是年** 中国人民银行镇海办事处郭巨营业所成立，址设郭巨十字街口（原德生堂）。

## 1954年

**3月** 郭巨镇、峙头乡、霞峙乡、盛厚乡分别召开乡第一届人民代表大会第一次会议。

**7月4日** 郭巨信用社成立，时有入社农户2114户。

**9月1日** 峙头花船小学创办。

**是年** 白峰联合诊所峙头分所在中宅开业。

## 1955年

**4月** 郭巨边防哨所建立。址设新碶头官山岭脚下。

**10月** 各农业生产合作社相继推广脚踏打稻机，历时数千年的稻桶逐渐被废弃。

**12月** 郭巨邮政代办所升为营业处。

**是年** 推广种植连作稻。

## 1956年

**2—3月** 学习宣传《全国农业发展纲要》，境域基本普及初级农业合作社。

**2月** 郭巨区撤销，郭巨由镇改乡。霞峙乡、盛厚乡撤销，并入郭巨乡、峙头乡。

**3月30日** 郭巨紫微岙水库开工，时为镇海县首座水库。

**8月1日** 台风登陆境内，风力12级以上，暴雨大作，境内各海塘冲倒，其中郭巨乡海塘垮塌4500米，25户农户外迁。

**9月** 郭巨初中开办。

## 1957年

**是年** 境内推行“五保户”制度。对无依无靠、无劳动力社员保吃穿住医葬和孤儿保教。

## 1958年

**10月** 郭巨人民公社（大公社）成立，镇乡政府建制撤销，实行“政社合一”的人民公社体制，下设管理区（大队）。境域隶属郭巨人民公社。

**是月** 境内各管理区（大队）先后办起公共食堂、托儿所。

**是月** 白峰仰岛至郭巨公路建成通车。

**11月21日** 国务院批准撤销镇海县建制，并入宁波市。郭巨人民公社由宁波市郊区管辖。

**是年冬** 郭巨公社建立半农半艺公社文工团。

**是年** 郭巨乡42个初级社合并为10个高级社。峙头乡21个初级社合并为8个高级社。

**是年** 建造火力发电厂，解决郭巨城区居民照明用电。

**是年** 郭巨农业机械厂建立。

**是年** 在武衙门、关圣殿旧址，新建郭巨人民大会堂，座位800个。

## 1959 年

**3 月** 县属郭巨区文化站建立。

**是月** 境内 33 名农村青年赴宁夏回族自治区支援经济建设。

**6 月** 郭巨乡广播站建立，站址设在郭巨人民大会堂内。

## 1960 年

**是年** 自然灾害严重，粮食短缺，境内农户见缝插针种蔬菜，采集野菜、红刺根制作代食品。由于营养不良，患浮肿病者有几百人。

## 1961 年

**4—5 月** 贯彻落实《农村人民公社工作条例（修正草案）》，调整生产大队和生产队规模，并重新分配自留地。

**6 月 15 日** 各大队停办公共食堂，社员口粮分配到户。

**9—10 月** 郭巨区复建，设郭巨区委、区公所。撤销大公社和大队（管理区）建制。境内分设郭巨、峙头公社，公社设党委和管理委员会。

**是年** 西门村汪文祥（郭巨民兵联络站站长）出席国庆观礼及全国先进民兵表彰大会，并受赠半自动步枪 1 支。

## 1962 年

**2 月** 人民公社开始以生产队为基本核算单位，贯彻按劳分配政策。

## 1963 年

**1 月 1 日** 郭巨邮电所升为邮电支局。

**1 月** 镇海县建制恢复，郭巨、峙头两个公社隶属镇海县郭巨区。

**是年** 境内各大队开办合作医疗站，培训“赤脚医生”。

## 1964 年

**2 月** 开展“农业学大寨”运动，掀起平整土地、兴修水利的热潮。

**6 月 30 日 24 时** 全国第二次人口普查截止点，总人口 18118 人，其中郭巨公社 12563 人、峙头公社 5555 人。

**9 月** 筑里官山塘，围地 50 亩。

**是年** 郭巨区水利会建立。

## 1965 年

**5 月** 郭巨区撤销，境域归柴桥区管辖。

**9 月** 后墩塘筑成，塘长 1400 米，围地 580 亩。

**10 月** 郭巨区卫生院列入宁波市农村重点卫生院（所）建设行列，抽调宁波市一院内外科医生各一名到郭巨区卫生院工作。

## 1966年

**3月** 向生产大队、民兵连及中小学教职工等分发《毛主席语录》，后普及全民。

**8月** 境内各公社、大队、学校等单位陆续成立“文革小组”。“文化大革命”运动全面开始。

**是月** 公社各大队推广大寨式评工记分。

**12月** 郭巨外塘筑成，塘长2800米，围地2000亩。

**是年** 华峙大队建盐场100亩。

## 1967年

**9月** 境内中小学“复课闹革命”。缩短学制为小学5年制、初中2年制。

**是年** 盛岙大队组织社员到昆亭围塘，1972年告成。

## 1968年

**9月1日** 峙头双屯小学创办。

**9月** 境内公办小学下放到生产大队，公办教师回队任教。

## 1969年

**9月1日** 郭巨南门小学创办。

**是日** 郭巨六大队（今尖岭岙村）小学、岭下（今大岭下村）小学创办。

**是日** 峙头初级中学创办。

**9月** 境内“革命造反派”组织解散。

**1969—1976年** 境内盛岙、洋涨、华峙、南门、双岙、联办小学相继开设附属初中班。

**是年** 新建峙头公社广播站，时广播线路总长54千米，喇叭总数1025只。

**是年** 郭巨区农科站建立。

## 1970年

**5月** 境内公社党委恢复。

**12月** 峙头乡电影放映队成立。

**12月** 郭巨、峙头公社分别成立计划生育办公室。

**是年** 华峙、后墩和谢家岙大队合建盐场300亩。

## 1971年

**1月8日** 华峙至中宅公路建成通车。

**1月10日** 峙头乡电影放映队在长浦大队露天放映第一场电影《伏击战》。

**10月** 郭巨10名知识青年支边到黑龙江梧桐河国营农场。

**是年** 郭巨境内各大队安装低压输电线路，解决了生产和生活用电。

## 1972年

**3月** 镇海邮局第11邮政所（洋涨岙）建立，隶属郭巨邮政支局。

**5月25日** 郭巨至司城岙公路建成通车。

**5月** 郭巨区复设，设中共郭巨区委。

**是年** 110 伏紫微岙变电站竣工投入运行。

**是年** 250 名上海、杭州、宁波等地知识青年在境内插队落户。

## 1973 年

**9 月 1 日** 创办郭巨中学高中部。

## 1974 年

**9 月 1 日** 创办峙头中学高中部。

## 1975 年

**3 月** 新建郭巨公社轮窑厂，厂址在福民村尖山头。

**4 月** 境内引进早稻新品种“广陆矮四号”，取代“矮脚南特号”，成为早稻当家品种。

**11 月** 郭巨食品站设立，并在中宅设郭巨食品站峙头点。

## 1976 年

**9 月** 郭巨边防派出所复设。

## 1977 年

**1977—1986 年** 境内盛岙、洋涨、华峙、南门、双岙、联办小学的附设初中班陆续撤销。

## 1978 年

**3 月 29 日** 峙头公社洋涨四队“浙镇副帆 122”号船装载石子赴沪途中遇大风沉没，8 名船员 7 人遇难。

**7 月** 峙头中学高中部停办。

**暑期** 郭巨中学教学用房（平房）原址拆建成两层教学楼，建筑面积 972 平方米。

## 1979 年

**10 月** 农村开始推行家庭联产承包责任制。

**是年** 境内实行畜病合作医疗制度。

**是年** 郭巨中学建造教工学生三层宿舍楼，建筑面积 837 平方米。

## 1980 年

**是年** 郭巨、峙头公社及所辖大队相继成立计划生育协会（简称计生协会）。

## 1981 年

**6 月** 郭巨公社文化站建立。

**7 月** 境内组织全体党员和各级干部学习《关于建国以来党的若干历史问题的决议》。

**是年** 新《中华人民共和国婚姻法》公布施行，境内推行晚婚晚育。

**是年** 峙头邮电代办所升格为峙头邮电所。

**是年** 峙头公社与浙东针织厂联营开办浙东峙头针织服装厂。

## 1982 年

**3 月** 峙头公社文化站建立。

**7 月 1 日** 全国第三次人口普查，境内总人口 23326 人，其中郭巨公社 16336 人、峙头公社 6990 人。

**9 月 1 日** 郭巨公社中心幼儿园创办。

**9 月 8 日** 下午 1 点 20 分许，郭巨农机厂因汽油爆炸发生火灾，遇难 2 人，烧伤 17 人，烧毁厂房 7 间，直接财产损失 4.1 万元。

**12 月 5 日** 镇海邮局第 11 邮政所（洋涨）撤销。

**是年** 郭巨信用社周玉菊获全国金融系统“红旗手”称号。

**是年** 民办教师队伍考核整顿，辞退民办教师 12 名（其中峙头 6 名、郭巨 6 名）。

## 1983 年

**4 月 12 日** 郭巨自来水厂建成通水，惠及郭巨城区用户。

**4 月** 峙头敬老院开办，地址在盛岙村怨马岭下，时有 12 位“五保”老人入住。

**7 月** 人民公社撤销，境内复设郭巨乡、峙头乡，复建乡人民政府和乡党委，新建各乡经济联合社。各大队改称村民委员会。

**9 月 1 日** 峙头乡中心幼儿园创办。

**10 月 10 日** 郭巨乡北门村荆家失火，烧毁楼房 5 间 2 弄及室内物品，殃及 7 户农家，直接经济损失 4.2 万余元。

**12 月** 境内 25 个村、167 个生产队、6176 户家庭，全面实行家庭联产承包责任制。

**是年** 郭巨乡科学技术协会成立。

**是年** 大华灯具厂注册“大华”商标。

**是年** 郭巨乡、峙头乡共 21 个村举行第一届村民委员会选举。

## 1984 年

**3 月** 境内土地承包期调整，延长土地承包期 15 年。

**7 月** 郭巨大岭下村焦山坑发现古迹遗址，出土石锛等新石器时代晚期文物。

**是年** 峙头拆船厂创办，厂址峙头乡盛岙村小盛岙。

**是年** 峙头冷冻厂创办，厂址上宅村外岙山咀。

## 1985 年

**3 月 23 日** 浙江省民政厅发文，郭巨乡改为建制镇。

**8 月 9 日** 市政府发文《关于调整宁波市滨海区、镇海区行政区划的实施方案》，区划调整后的滨海区辖 5 镇 15 乡，郭巨镇、峙头乡位列其中。

**9 月 10 日** 庆祝第一个教师节。境内各乡镇党政领导分别参加学校的庆祝活动。

**9 月 25 日** 在西门口护城河上搭建的郭巨农贸市场投入使用，面积 1344 平方米。

**9 月** 郭巨镇敬老院建成并投入使用。院址路亭村小涂岙。

**11 月 11 日** 郭巨区委、区公所改称郭巨工委、办事处。办公地点迁至白峰镇。

**12 月 17 日** 郭巨镇西门村黄家弄发生重大火灾事故，烧毁房屋 7 间 2 弄、粮食 1 万余千克，殃及 10 余户，直接经济损失 7 万余元。

**是年** 大华灯具厂获浙江省“劳动模范集体”称号。

## 1986年

**4月20日** 郭巨镇政府办公大楼由原来老三楼迁址到“城隍庙”原郭巨区委办公大楼。

**6月** 东门村戴家祠堂旁，建郭巨镇中心幼儿园二层楼房7间，建筑面积460平方米。

**7月1日** 全面颁发第一代居民身份证。境内年满16周岁及以上的居民领到居民身份证。

**7月** 郭巨中学三层教学实验楼竣工，总投资15万元，建筑面积920平方米。

**8月20日** 峙头乡政府（三层）办公大楼竣工。占地面积3亩，建筑面积1560平方米。

**8月27日** 第15号强台风致郭巨镇，房屋倒塌30间，严重受损182间，柑橘受损583亩，直接经济损失30万元。

**9月1日** 郭巨镇、峙头乡开始实施九年制义务教育。

**9月** 峙头乡初中教学楼和学生宿舍楼建成，建筑面积分别为1000平方米和900平方米。

**10月** 宁波市全面实施九年制义务教育现场会在峙头乡举行。

**是年** 峙头乡党委书记应国来获浙江省“绿叶奖”。

## 1987年

**1月15日** 郭巨工委和办事处撤销，郭巨镇、峙头乡均由滨海区直管。

**3月6日** 23时至23时50分，境内遭雷雨大风袭击，郭巨镇5位村民在碧澜嘴海面上捕捞鳗苗遇难（西门1人、东门1人、南门2人、渔业队1人）。同一时间，外地一运输船也在郭巨镇新碶头海面附近沉没，2人遇难。

**7月** 滨海区更名为北仑区，郭巨镇、峙头乡均隶属之。

**是年** 郭巨邮电支局迁址西门外凤山脚下的邮电大楼。

**是年** 中宅至长坑公路（砂石路面浇注高级混凝土）建成通车，长8.775千米。

## 1988年

**2月中旬** 境内甲型肝炎大流行，2月下旬得到控制。

**是年** 郭巨西门外新建郭巨广播电视大楼。

**是年** 境内中小学开展首次教师职称评定工作。

## 1989年

**5月** 峙头菜市场建成，摊位50个，地址峙头乡政府北侧。

**7月19日** 第9号强台风影响境域，20日24时逢高潮位，碧澜嘴海塘被冲垮10余米，经奋力抢救，转危为安。

**8月26日** 位于西门外的郭巨影剧院竣工启用，有850个座位，建筑面积1130平方米。

## 1990年

**3月30日** 郭巨中学教师宿舍楼竣工，建筑面积1037平方米。

**6月30日24时** 全国第四次人口普查截止点，总人口23334人，其中郭巨镇16658人、峙头乡6676人。

**是年** 郭巨镇电视差转台微型地面站启用，春节开播，可转播中央一台、二台节目。

## 1991年

**9月14日** 晚上8点半，郭巨镇西门村蔡家，一幢5间木结构楼房因电线老化引起火灾，烧毁房屋12间，造成财产损失6万余元。

**10月27日** 北仑区“映月杯”气功武术精英赛在郭巨镇举行，郭巨边防派出所的擒敌拳、倒功荣获集体一等奖，郭巨镇汪根兴、汪国祥分别获得少年组和成年组一等奖。宁波灯具总厂为“映月杯”气功武术精英赛赞助商。

**12月13日** 位于老碶头的郭巨汽车站竣工投用，并开通郭巨至上海十六铺的北仑首条长途客运线路。

**12月27日** 境内普降大雪，气温骤降至零下7℃。

**12月31日** 郭巨至镇南86路公交车始运行。

**是年** 郭巨信用社周玉菊获全国金融系统巾帼劳动模范称号。

## 1992年

**3月** 峙头乡中学与峙头乡中心学校合并为九年一贯制的峙头学校。

**5月13日** 省政府批复《北仑区扩镇并乡方案请示》，峙头乡并入郭巨镇。

**6月29日** 凤山路砂石路面为水泥路面集资改建，路长250米。

**8月30—31日** 第16号台风袭境，风力10级，降雨量161.3毫米，潮位4.8米，致峙头洋涨、光明、长浦等海塘决口，船只损失6艘，房屋损坏15间。

**9月29日** 浙江省委副书记、省长葛洪升，宁波市副市长应中甬，北仑区委书记宋锡康、区长潘朝阳等一行会同外商来郭巨镇峙头中宅，考察港口开发环境。

**12月5日** 冶金部副部长李鸣等一行考察峙头。

## 1993年

**3月8日** 白峰—郭巨砂石路面公路拓宽改沥青路面工程动工，总投资350万元。

**3月26日** 郭巨镇程控电话开通并与区联网。

**4月** 郭巨镇工会工作委员会成立。

**5月7日** 郭巨至六横轮渡码头动工，总投资750万元。

**9月20日** 郭巨镇政府采取捐款、预付等办法集资安装有线闭路电视，总投资50万元，用户达2500户。

## 1994年

**5月16日** 郭巨镇政府机关由郭巨城内姚家弄1号（原城隍庙）搬迁至城外福民村（狗湾甘露庵）。

**5月31日** 民政部原副部长潘友哥等一行7人到双岙村考察领导班子建设情况，并访贫问苦。

**6月24日** 郭巨镇书画协会成立，展出镇业余书画爱好者作品100多幅。

**7月21日** 北仑区副区长周秋龙、区卫生局局长乐信祥等一行4人来镇，为郭巨后墩村7月18日发生的2号病（传染病）召开专题卫生防疫协调会议。

**7月22日** 郭巨镇新农贸市场开业典礼。场址灯具城，占地面积6亩，总投资300万元。

**7月25日** 北仑农业银行郭巨办事处新大楼落成典礼，地址霓虹路。

**9月10日** 郭巨镇戴开燕在省第十届运动会上获得青少年组女子400米和400米栏两枚金牌。

**10月28日** 郭巨至定海县六横汽车渡正式通航，总投资750万元。

**是年** 郭巨镇中心小学荣获全国读书活动银奖。

## 1995年

**2月18日** 柴桥镇穿山村“浙甬18号”船从舟山沈家门返航，在经峙头洋小猫岛附近海面沉没，失踪70人，死亡2人，获救4人。

**3月22日** 郭巨镇华联小学教学楼举行落成典礼。

**4月28日** 北仑区人民法院宣判大会在郭巨镇影剧院召开，对11名严重破坏社会秩序、流氓分子、盗窃惯犯进行宣判。故意杀人犯郭巨镇南门村汪某被判处死刑并执行。

**5月9日** 郭巨镇总台山海防遗址“烽火台”举行立碑仪式，并确定为宁波市爱国主义教育基地。

**7月** 峙头学校初中部停办。

**9月** 郭巨中心幼儿园由东门庄家二楼迁址至校场底原郭巨中学教学楼。

**10月5日** 北仑区政府在郭巨镇召开区长现场办公会议，落实郭巨灯具行业的税率优惠政策，灯具行业税率从14%调整为8%。

**10月21日** 宁波市政协主席叶承垣等来郭巨镇郭巨灯具城考察。

**10月26日** 郭巨镇举行中国宁波郭巨灯具城开业典礼。

**是年** 郭巨镇中心小学评为全国少先队红旗大队。

**是年** 郭巨镇中心小学校长周毓敏获全国优秀教师称号。

## 1996年

**3月29日** 轻工业部市场处处长崔威一行5位领导，来郭巨灯具市场考察调研。

**5月29日** 宁波市乡镇企业专业镇（村）和个私企业现场会在郭巨镇召开。宁波市乡镇企业局授予郭巨“灯具镇”称号，并举行授牌仪式。

**9月1日** 郭巨中学新校舍(址灯具城西侧)投入使用,建筑面积3980平方米,校园面积13300平方米。

**10月16日** 郭巨镇第一届老年体育运动会在原郭巨中学（校场）操场举行。

**10月29日** 郭巨云隐寺第二期工程完工，并举行观世音菩萨开光仪式。

**11月19日** 郭巨镇第一届老年协会代表大会召开。

**11月29日** 郭巨成开海洋捕捞公司赴南太平洋钓鱿鱼船队举行出航仪式。

**12月13日** 中国农函大北仑辅导站郭巨分站开学典礼在镇政府礼堂举行。

**是年** 郭巨小学培育的“蓖麻王”被评为浙江省第三届青少年生物百项活动优秀奖。

## 1997年

**1月1日** 境内开始实施最低生活保障制度。

**2月19日** 邓小平在北京病逝。境内降半旗志哀，深切悼念邓小平同志。

**2月25日** 郭巨镇组织全体机关干部收看中央电视台转播邓小平同志追悼会实况。

**8月19日** 第11号强台风在浙江温岭登陆，境内13条海塘有6300米被冲垮，6000亩良田受淹，直接经济失达5000余万元。

**8月29日** 郭巨总台山烽火台被列为第四批省级文物保护单位。

**9月1日** 郭巨镇成人中等文化技术学校创办，并开设全日制职业高中班。

**9月2日** 北仑区委、区政府组织机关干部和驻仑部队官兵1500余人，到郭巨双岙大塘劳动，修复被台风冲毁的海塘。

**10月** 郭巨供销社完成转制，存续46年的郭巨供销社解体。

**10月8日** 北仑区委常委、副区长王银泽和市农业局领导到郭巨镇沙湾村考察再生稻。

**11月1日** 境内实施殡葬改革，推行遗体火化。

**11月** 郭巨镇举行首届全民运动会。

**11月24日** 被第11号台风冲垮的郭巨、双岙海塘修复工程正式启动。市、区专项拨款1500万元用于该修复工程。

**12 月 8 日** 郭巨镇第二届老年体育运动会在郭巨中学举行。

**是年** 中共郭巨镇委员会党校挂牌成立。

**是年** 郭巨开启移动通信时代。

**是年** “成开冷 2 号”在钓鱿鱼中获单船产量全国第一。

## 1998 年

**4 月 29 日** 郭巨镇通过市教委组织的高标准普及义务教育、高标准扫除青壮年文盲工作的“双高”检查团评估验收。

**6 月 2 日** 郭巨镇计划生育服务站揭牌。

**10 月 18 日** 郭巨镇第三届老年体育运动会在郭巨中学举行。

**11 月 19 日** 郭巨镇成人中等文化技术学校通过浙江省一级成人学校评估验收。

**12 月** 穿山半岛进港公路白峰至童家岭段正式通车，总投资 3042 万元，全长 6.64 千米。

**是年** 北仑邮政储汇分行郭巨邮政储蓄所成立。

## 1999 年

**1 月 20 日** 东门村村民赵文国、郑海波等人在长坑村石水缸溪潭中发现国家二级保护动物小鲵 40 余条，后放归大自然。

**3 月 19 日** 峙头冷冻厂投资经营的昆亭海水养殖塘工程全面启动，总投资 1200 万元，占田面积 10000 亩，为宁波市第二大水产养殖基地。

**6 月 21 日** 海燕 605C 飞机对郭巨、白峰两镇 1667 公顷林区喷洒农药，防治松材线虫病。

**6 月 27 日** 郭巨镇第四届老年体育运动会在郭巨中学举行。

**9 月** 实施第二轮土地承包，土地承包期为 30 年。

**12 月 24 日** 郭巨镇中宅村、沙湾村火叉嘴头山林发生火灾，过火面积 100 余亩，中宅村村长张大夫率先上山扑火，因公殉职。2000 年 11 月 22 日，浙江省人民政府批准张大夫为烈士。

**是年** 郭巨镇被评为省体育先进乡镇。

**是年** 郭巨镇再生稻种植获宁波市科技成果三等奖。

## 2000 年

**1 月 31 日** 北仑申洲集团公司为郭巨镇贫困户设立 30 万元扶贫基金，扶持贫困户发展再生产。每年春节前夕向贫困户发放慰问救济金 3 万元。

**5 月 29 日** 郭巨镇企业工会第一次会员代表大会在镇政府礼堂举行。

**6 月 22 日** 郭巨镇顺利通过宁波市教委组织的教育强镇评估、验收。

**10 月 30 日** 24 时，全国第五次人口普查时间截止点，境内总人口 22799 人。

## 2001 年

**4 月 28 日** 宁波北仑港四期集装箱码头工程启动动员大会在后墩、竹湾山咀工程现场召开。

**5 月 1 日** 郭巨轮渡码头郭巨至桃花岛航线首航。

**8 月 8 日** 郭巨镇居委会更名为郭巨镇东港社区。

**9 月 27 日** 郭巨镇第六届老年体育运动会在郭巨成人学校举行。

## 2002 年

**2 月 26 日** 郭巨镇文化站、镇老年协会、东港社区联合举办闹元宵活动。

**3 月 22 日** 北仑港务局郭巨海事办事处在郭巨镇新碶头挂牌成立。

**7 月 22 日** 北仑区委副书记王银泽等领导到郭巨镇慰问抗美援朝志愿军老战士陈仕良。

**9 月 7 日** 北仑交通公司投入 8 辆豪华中巴车，开通并运行郭巨至柴桥区间路线。

**9 月 24 日** 郭巨镇花木协会成立。

**9 月** 郭巨镇第七届老年体育运动会在郭巨镇成人学校举行。

**9 月 28 日** 郭巨镇商会第一次会员大会在郭巨镇政府礼堂隆重举行。

## 2003 年

**8 月 22 日** 郭巨镇建制撤销，其行政区域并入新组建的白峰镇，辖区共 2 个社区、52 个建制村。镇政府驻地原白峰镇治所。

**11 月** 北仑区出台《北仑区被征地人员养老保障实施细则（试行）》（简称“土保”），个人最高缴费金额不超过 2 万元。境内失地农民享受养老保障待遇。

**是年** 推行新型农村合作医疗制度，境内参保农民每年每人缴纳 20 元，可享受每年最高 2 万元的住院医疗费用报销。

**是年** 郭巨境内发现首例艾滋病人。

## 2004 年

**1 月 1 日** 农业税取消。

**3 月** 双岙垃圾填埋场投入使用。

**4 月 19 日** 白峰镇失土农民首次转岗就业培训在郭巨成人学校开学，南门村等 150 名失地农民参加培训。

**4 月 24 日** 怡峰家园 A 地块安置房分房，安置 159 户。

**5 月** 穿山港区集装箱码头第一个泊位（3 号泊位）建成投入使用。

**9 月 13 日** 郭巨老城隍庙过渡性菜场建成，27 户沿街摊位移到场内。

**9 月 14 日** 白峰司前郑家双屯（大屯自然村）、长浦、光明（王家自然村）老年过渡房和集体用房工程竣工。

**10 月 6 日** 国务院副总理曾培炎一行到穿山港四期码头考察。

**12 月** 东至郭巨、西至鄞州咸祥的沿海中线公路竣工通车。

## 2005 年

**3 月 11 日** 在尖岭岙、北门村设立垃圾收集中转站并启用。

**4 月 4 日** 中宅、花船、后墩、沙湾相继引发大面积山林火灾，过火面积约千亩。

**4 月 8 日** 西门村通过宁波市“东海明珠”工程民间文艺示范村评估。

**7 月 1 日** 郭巨至宁波东站客运公交 589 路线开通。

**7 月 23 日** 双屯村采石场在修路过程中，因放炮落石，造成 3 死 1 伤重大安全事故。

**8 月 5 日** 第 9 号台风“麦莎”在浙江省玉环登陆，强台风带来的特大暴雨 564 毫米，致使境内上宅村一村民死亡，3200 亩农田受淹，2000 亩水产养殖受灾，200 间房屋受损，1200 米海塘等不同程度损坏，直接经济损失 3000 多万元。

**9月2日** 投资60万元修复郭巨总台山烽火台遗址，并举行纪念抗日战争胜利60周年暨烽火台遗址揭牌仪式。

**10月23日** 怡峰家园D地块安置房启用，安置（调产安置户）204户。

**是年** 西门村获宁波市“村落文化建设示范点”称号。

## 2006年

**2月12日** 郭巨片近10个村老年协会自发组织闹元宵，吸引观众约5000人。

**2月25日** 省委书记习近平考察宁波舟山港穿山港区集装箱四期码头。

**4月7日** 郭巨牡丹园园艺展览会隆重开幕。

**5月** 峙南围涂工程海堤兴建，总长5592米，围涂面积148.886公顷，由东向西分别为联合塘、盛岙塘、双岙塘和郭巨塘。

**7月** 位于郭巨长浦村的北仑工业固体废物处置站一期填埋场项目投入使用。占地面积约20公顷，年处理规模为3.8万吨。

**7月27日** 宁波出入境检验检疫局穿山办事处揭牌仪式在穿山港务大楼举行。

**9月1日** 境内学校义务教育段学生全部免除杂费。

**9月** 郭巨第二小学（原峙头学校）并入郭巨小学。

**12月27日** 宁波舟山港实现整合，集装箱吞吐量突破1000万标准箱庆典活动在穿山港集装箱港区举行。省委书记习近平、副省长王永明、宁波舟山两市四套班子领导、海军东海舰队有关领导，以及宁波港集团600余名职工代表参加。10时33分，习近平按下宁波舟山港第700万只集装箱的起吊按钮。

**是年** 郭巨基督教堂落成，地址尖岭岙村俞家岭头，总投资300多万元，建筑面积1600平方米。

**是年** 区域内25个村完成经济合作社股份制改革。

## 2007年

**1月3日** 区政府公布第一批北仑区非物质文化遗产民俗、民间艺术12项，郭巨的车子灯、鼓阁、跳蚤会在列。

**3月** 总台山烽火台遗址被宁波市人民政府列为市级爱国主义教育基地。

**3月3日** 郭巨闹元宵民间文艺大巡游活动在郭巨城区举行。跳蚤会等20支民间文艺队伍表演，吸引了近万名群众现场观看。

**3月30日** 光明、沙湾、中宅社340套老年安置房竣工。

**4月14日** 省委书记赵洪祝在穿山港四期码头听取港口建设汇报。

**6月18日** 盛岙村学生周耀凤以633分的高分成绩成为2007年度宁波市高考文科第一名。

**7月30日** 东港新村命名。东港新村位于白峰镇门浦村隔山王家，为峙北拆迁老年房安置地块。

**10月31日** 郭巨总台山烽火台史迹陈列室在东港社区落成。市委宣传部副部长韩耀康、区委副书记华伟为陈列室揭牌。

**10月** 华峙村900户二次水改安装完工。

**11月28日** 穿山港区四期码头进港公路竣工。全长2.7千米，工程造价5500万元。

**11月28日** 投资300万元，郭巨片9个村3500户居民的自来水管道改造工程竣工。

**是年秋** 境内各村（社区）相继成立村民（市民）学校，农村社区教育全面开展。

**1987—2007年** 境内各村小学陆续撤并，至2007年，境内仅有一所郭巨中心小学。

## 2008 年

**4 月 12 日** 首届江南牡丹花会在北仑现代农业园区开幕。近万株牡丹竞相开放，吸引 2000 多名游客观赏。该牡丹园由郭巨人冯善根建设经营。

**4 月 16 日** 郭巨峙南区块围涂二期工程开工典礼在双岙村举行。市长助理、区委书记陈利幸宣布工程正式开工。二期工程总围涂面积为 121.43 公顷，新建海堤全长 3931 米，新建碶闸 4 座，工程概算投资 2.9 亿元。

**5 月 21 日** 郭巨“5・21”抢劫案成功告破，3 名犯罪嫌疑人全部落网，郭巨边防派出所被宁波市公安局授予“集体三等功”。

**5 月 22 日** 奥运火炬接力活动宁波站起跑仪式在穿山港区集装箱四期码头举行，省委常委、市委书记、市人大常委会主任巴音朝鲁，市委副书记、市长毛光烈等领导和千余名群众出席仪式，北仑区竺士杰等 5 名火炬手参加火炬传递。

**7 月 30 日** 北仑公交公司开通 711 路郭巨至北仑西站区间公交线。

**8 月 26 日** 郭巨大涂塘村下盘洋岙水库发现被列为国家濒危动物、有“水中大熊猫”之称的水母。

**10 月 27 日** 北仑区第二批非物质文化遗产名录公布，郭巨民俗婚俗列入其中。

**10 月 27 日** 北仑区第四届终身学习宣传周系列活动之北仑区首届社区教育才艺比赛在北仑影剧院举行。东港社区《香妃浓妆》（舞蹈）获文娱类一等奖。

## 2009 年

**1 月 22 日** 境内气温低至零下 7℃，为 20 年一遇之低温。

**3 月 2 日** 郭巨城区举行“古蕴、新港”闹元宵文艺大巡游，中断 60 年的西门村抬阁惊艳亮相。

**3 月 6 日** 北仑区白洋线公路改建工程开工。总投资 5.8 亿元，正线一级公路长 10.6 千米，支线二级公路长 2.7 千米和 1.4 千米。

**4 月 20 日** 区政府决定从 2009 年 1 月 1 日起，实行新的征地补偿标准：Ⅳ类区片白峰、春晓、梅山每亩 44200 元。

**4 月 28 日** “扬帆起航”庆“五一”，中央电视台“心连心”艺术团在穿山港区五期码头举行慰问演出，由中央电视台主持人朱军、董卿主持，宁波市领导巴音朝鲁等及千余名码头工人观看演出。

**6 月 12 日** 北仑区公布并表彰第一批非物质文化遗产传承基地共 8 处，其中郭巨西门村的“抬阁”在列。

**6 月** 郭巨南门村碧澜嘴郭巨变电站建成投用。占地面积 4687 平方米，电压等级 110 千伏，输入、输出容量 10 万千瓦。

**10 月 11 日** 峙南围塘工程塘口合龙。

**12 月 30 日** 穿山至好思房高速公路（穿好高速）开工仪式在望娘岗隧道工地现场举行。该工程起于穿山港区的华峙大道，向西经郭巨、大碶至好思房互通与宁波绕城高速公路东段相接。

## 2010 年

**4 月** 西门村获宁波市农村“种文化”活动先进村称号。

**5 月 18 日** 位于东港社区的郭巨公共服务中心成立。中心服务范围辖 6 个村、1 个社区及企事业单位 10 余家。

**9 月** “分股不分山，分利不分林”的林权主体改革全面启动。境内各村集体统管山均股均利量化到户。

**10 月 30 日** 24 时，全国第六次人口普查截止点，境内总人口 24821 人。

**11 月 24 日** 郭巨中学扩建工程动工。总投资 1449 万元。

**12月15日** 双屯至长坑农村公路工程竣工。路长2000米，投资约70万元。

**12月28日** 宁波市北仑环保固废处置有限公司在长浦村落成。该项目占地面积300亩，投资1.6亿元。

**12月22日** 宁波舟山港穿山港区五期集装箱码头建设项目获国务院批准。项目估算总投资60.3亿元，建设用地面积141公顷。

**是年** 郭巨“烽火魂乡土情”被评为全国社区教育第一批特色课程。

## 2011年

**6月8日** 西门村“抬阁”被评为北仑区最受群众喜爱的非物质文化遗产项目。

**9月6日** 穿山半岛风力发电项目第一座1500千瓦风力发电组在盛岙村北山建成，风电塔高65米，风轮直径75米。

**9月12日** 北仑籍旅法学者、教授施展（中宅人）应邀在清华、北大、中科院、浙大等高校和科研机构作学术报告。回乡探亲期间，专程到北仑中学与学生举行交流。

**12月19日** 郭巨新公交车站建成投运，地址在白洋线与云衢路相交处。

**是年** “烽火魂乡土情，总台山文化”获评2011年全国社区教育合格实验项目。

## 2012年

**1月18日** 光明散杂货码头建成投用。

**1月31日** 沿海中线峙北连接线建成通车，主线全长10.56千米。该工程2009年3月6日开工。

**2月21日** 东港社区获“浙江省城市体育先进社区”称号。

**3月** 东香茗园落成投入使用，总占地面积12.8134万平方米，内建商品房54幢755套，配套设施有幼儿园等。

**4月10日** 北仑区调整征地补偿标准，征收耕地的综合地价为：Ⅳ类区片白峰、春晓镇及梅山乡，每亩55360元。各区片综合地价包括土地补偿费和安置补助费，其中安置补助费为每人25000元。

**6月12日** 郭巨北门村耶稣堂被区文体局列为第十三批区级文物保护点。

**7月** 位于峙头境内山冈、浙江省在建的最大风力发电穿山风电场建成投用。安装有30台1.5兆瓦风力发电机组，同步建成110千伏升压变电站1座。该工程于2011年5月开工。

**9月** 双岙村获“2012年度全国示范农家书屋”称号。

**9月1日** 郭巨中学、郭巨小学合并为九年一贯制的郭巨学校。

**9月7日** 郭巨“响器木偶”“抬阁”被列为区级第四批非物质文化遗产名录。

**9月17日** 东港新村（后称峰南社区）公共服务中心正式启用。

**是年** 北仑矿石码头分公司（中宅）码头建成投用，工程于2010年8月20日开工，总投资25亿元，为浙江省规模最大的煤炭专用码头。

**是年** 中海浙江宁波液化天然气接收站码头建成并投入使用。

## 2013年

**2月21日** 郭巨元宵踩街大型民俗文化活动举行。

**2月18日** 西门村汪玉庠、林布安获浙江省第二批“优秀民间文艺人才”称号。

**6月9日** 郭巨非物质文化遗产陈列馆开馆仪式在郭巨公共服务中心举行。区委常委、宣传部部长杨劲等出席。

**6月21日** 郭巨总台山综合户外健身步道正式对外开放。该步道总长24.56千米，起点盛岙村，终点总台山烽火台。

**6月28日** 穿山（华峙）至好思房穿好高速公路（又称疏港高速）通车试运营。

**10月15日** 峰南社区居民委员会成立。同时撤销上宅、中宅、竹湾、沙湾、花船、光明、后墩7个行政村。

**10月** 郭巨二次水改宁波大管网自来水通水。总投资4767万元，受惠14个村（社区）的7616户居民及企业。

**11月9日** 穿山港区五期集装箱码头工程通过竣工验收。建设规模为10万～15万吨级集装箱泊位5个及相应配套设施，码头总长1625米，设计年吞吐能力250万标准箱。

**是年** “郭巨元宵踩街行会”获“宁波市优秀传统节目文化活动”称号。

**是年** 郭巨幼儿园3600平方米原地拆建，投资1200万元。

**是年** 郭巨学校获评省级青春期健康教育基地。

**是年** 郭巨学校新教学楼投入使用，总投资2500万元。

**是年** 郭巨敬老院改造工程完工，新增床位80张。

**是年** 完成境域畜牧环境整治工作。关闭28家养殖场，保留提升2家。

## 2014年

**1月14日** 郭巨总台山森林游步道被宁波市旅游局评定为市级徒步运动休闲旅游基地。

**1月26日** 南门村张伟善出资100万元，设立“张家全”慈善基金。该基金主要用于白峰镇困难群体的助医、助学、助困等。

**2月12日** 双岙村获省“五星级农家书屋”称号。

**10月21日** “郭巨抬阁”“响器木偶”成功申报第四批市级非物质文化遗产名录。

**11月** 南门村台岙后墩变电站工程完工。电压等级220千伏，输入、输出容量48万千瓦。

**12月** 华峙村首批老年安置房225套投用，地址在福民村狗湾安置地块。

## 2015年

**4月** 宁波北仑第三集装箱码头有限公司竺士杰获“全国劳动模范”称号。

**10月12日** 纪昌德、林布安获评宁波市级非遗代表性传承人，西门村、峰南社区被评为宁波市非遗“三位一体”传承基地。

**12月24日** 第四届“欧宜——HOY”奖学（育）金颁奖典礼在郭巨影剧院举行。

**是年** 郭巨村成功申报为宁波市市级历史文化名村。

## 2016年

**4月16日** 白峰镇首届“总台山杯”山地长跑邀请赛在总台山休闲游步道举行，来自宁波各县（市）区户外运动协会的264名运动员参赛。

**5月28日** 2016第三届长三角运动休闲体验季浙江梅山站系列活动之登山项目在总台山举行，来自江苏、安徽、上海、浙江等地的250余名体验嘉宾参加。

**7月13日** 《宁波市人民政府关于北仑区部分行政区划调整的批复》发文，设立郭巨街道。

**8月11日** 郭巨街道成立授牌仪式在街道办事处大会议室举行。市委常委、区委书记马卫光，区人大常委会主任邬志刚，区长胡奎，区政协主席刘新华出席仪式并分别授牌。

**9月28日** 郭巨街道文体协会、书画协会、戏曲曲艺协会、民间文艺协会、写作协会成立。

**10月12日** 郭巨街道总工会成立暨工会第一次代表大会召开。

**11月8日** 郭巨街道文学艺术界联合会成立。

## 2017年

**1月15日** 郭巨街道举行侨台联成立大会。

**3月14日** 郭巨街道司法所举行成立授牌仪式。

**5月10日** 郭巨街道第二届“总台山杯”徒步大会暨“徒步宁波”系列活动在总台山休闲游步道举行，来自宁波各县（市、区）户外运动协会的154名徒步爱好者及33户家庭齐聚总台山。

**8月16日** 兴巨路改造工程开工建设。该项目北起郭巨公交车站北侧三岔路口，南至郭巨边防派出所，全长约1125米，总投资约5000万元。2018年12月完工。

**8月28日** 郭巨妇联组织的纯公益交友平台“乐嫁”红娘铺子挂牌成立。

**9月** 白峰街道社区老年大学成立并在郭巨街道东港社区设立教学点。

**11月6日** 北仑区郭巨综合行政执法中队挂牌成立。

**12月4日** 郭巨街道残疾人联合会成立大会举行。

**12月** 举办首届“烽火古韵”年俗文化节。

**是年** 郭巨中心幼儿园由集体转制为事业单位性质。

**是年** 郭巨街道组织开启一年一度的郭巨“非遗”一日游活动。

## 2018年

**1月19日** 郭巨街道“红十字会”成立暨第一次会员代表大会召开。

**1月19日** 郭巨街道计划生育协会成立暨第一次会员代表大会召开。

**1月24日** 郭巨学校被教育部命名为第二批“全国中小学中华优秀文化艺术传承学校”（传承项目：篆刻）。

**6月5日** 宁波口岸穿山北港区扩大开放通过现场验收。该扩大港区由西向东依次安排建设了中宅煤炭码头、浙江液化天然气（LNG）接卸码头、光明通用码头、港鑫东方码头4个项目。

**6月28日** 郭巨街道举行峙北党群服务中心落成暨“红岸线党建联盟”成立仪式。

**9月3日** 郭巨街道党工委书记张永广带队前往吉林延边鸡冠乡开展帮扶结对活动。

**是年** 新四军研究会郭巨街道分会成立。

**是年** “郭巨民俗”获评2018年全国农村社区教育优秀传统文化特色课程三等奖。

**是年** 郭巨街道视频监控信息应用平台建成运行，全境装有598只高清监控摄像头。

**是年** 在郭巨老碶头新建云衢广场，占地面积6000平方米。

## 2019年

**2月19日** 郭巨街道举行“烽火古韵　欢庆元宵”民间文艺踩街大巡游。活动吸引线下观众2万人，线上观众10万余人。

**3月7日** “鲜香郭巨·烽味”第二届乡村厨艺大赛在云衢广场隆重举行。

**5月30日** 宁波市政府副市长沈敏调研郭巨街道小城镇环境综合整治工作。

**7月23日** 郭巨街道党群服务中心成立。举行党群服务中心（社会组织服务中心）启用暨新时代文明实践所成立仪式。

**10月1日** 《宁波市生活垃圾分类管理条例》正式施行，境内依条例实施垃圾分类。

**11月** 位于云衢路的郭巨城门牌楼开工新建，2020年12月竣工。

**11月** 云衢路开工新建，2020年12月竣工。

**12月** 宁波港穿山港区铁路建成通车。全长29.29千米，境内设穿山站、终点中宅站。2015年12

月开工建设。

**是年** 郭巨街道获浙江省“小城镇环境综合整治省级样板街道”称号。

**是年** 郭巨街道获宁波市“先进乡镇（街道）”称号。

**是年** 路亭村获省级“卫生村”称号。

**是年** 西门村获宁波市“五星级文化礼堂”称号。

# 第一篇　政区

郭巨街道地处浙江省宁波市北仑区穿山半岛东端，政区隶属宁波市北仑区。

郭巨历史悠久，1984 年 7 月在大岭下焦山坑考古发掘出土的新石器时代生产工具和生活用品，说明早在新石器时代晚期境内已有人类生息。文化遗存属河姆渡文化系。

郭巨街道古称海壖之地，有“唐涂宋滩”之说。唐时，周、郭、蔡、郁等姓氏先民们在小馒头山、龙山和凤凰山等半山腰近海繁衍生息，32 步阶遗留至今。元末明初已有筑塘围涂，明洪武二十年（1387）建千户所城，设武衙门。郭巨古城距今已有 632 年历史。

郭巨街道区域在夏、商时代属“东夷”之地，春秋时属越国，战国中期属楚国。自秦王政二十五年（前 222）立郡县制至 2016 年设立郭巨街道，区域建置隶属关系多次变动，大致可分为三个时期。第一个时期，先后属鄮县、句章县、鄞县（均属会稽郡）；第二个时期，隶属镇海县（定海县）；第三个时期，隶属宁波市北仑区（滨海区），下辖大涂塘、东门、南门、西门、北门、路亭、福民、尖岭岙、大岭下、华峙、谢家岙、双岙、盛岙、联合、洋涨、长浦、双屯、长坑 18 个村和东港、峰南 2 个社区。

21 世纪以来，境内的穿山港区已成为宁波舟山港核心港区，郭巨成为一座历史和现代完美融合、国际港口和千年古镇共荣发展的浙东山海风情小镇。

# 第一章　境域　建置

郭巨街道位于浙江省宁波市北仑区东部的穿山半岛。自秦王政二十五年（前 222）置会稽郡迄今，大致可分为三个时期：第一个时期，自秦王政二十五年（前 222）秦置会稽郡至北宋熙宁十年（1077）的 1300 年间，整个境域随鄞县区划变动，先后属鄮县、句章县、鄞县（均属会稽郡）。第二个时期，自北宋熙宁十年境域划归定海县（清康熙二十六年即 1687 年改称镇海县）至 1985 年 7 月镇海县建制撤销，整个境域隶属镇海县（定海县）达 908 年。第三个时期，自 1985 年 7 月至 2019 年 12 月境域隶属宁波市北仑区（1987 年 7 月前称滨海区），为北仑区所辖 10 个街道之一。

## 第一节　境域

郭巨街道位于浙江省宁波市北仑区最东部、穿山半岛东端，三面环海，东、南、北与舟山市定海区、普陀区隔海相望，西与白峰街道相连。地理坐标为北纬 29°01′01″～29°41′36″、东经 121°38′50″～122°11′20″。山体由驼山向东延伸经总台山、乌峙山至长坑临海而没，属天台山余脉，其中以东段乌峙山 391.8 米为最高峰，东西最长距离 15 千米，南北最长距离 6.5 千米。

郭巨街道总面积为 63 平方千米。其中陆地面积 59.63 平方千米，占街道总面积的 94.65%；海域（滩涂）面积 3.37 平方千米，占街道总面积的 5.35%。海岸线自穿山港区北岸牛轭港东口经长坑嘴至南岸新碶头止方门，总长 32 千米。境内有岛屿 3 个。

街道区域属亚热带海洋性季风气候，四季分明，气候温和湿润，光照充足，雨量充沛，无霜期长。

街道办事处驻福民路 77 号（狗湾），距北仑城区 20 千米，距宁波中心城区 48 千米。

## 第二节　建置

郭巨街道在夏商时代属“东夷”之地，海潮汩没，人烟稀少；春秋时属越国；战国中期属楚国。

秦始皇帝二十五年（前 222）置会稽郡，设鄞、鄮、句章等县，其时鄮县辖地为今鄞州区东境及北仑区域。郭巨境域属鄮县（东境）。

两汉、三国、两晋至南北朝，郭巨境域均属鄮县（东境）。

隋开皇九年（589），隋灭陈，置吴州，并鄞、鄮、余姚三县入句章，时句章县辖境集今宁波、舟山两地数十县之广，郭巨境域隶属之。

唐武德四年（621），析句章县，置姚州、鄞州，不设县，郭巨为鄞州东境，隶属越州。武德八年（625），废鄞州，置鄮县，郭巨为鄮县东南境，仍隶属越州。唐开元二十六年（738），析越州鄮县置明州，辖慈溪、奉化、翁山（舟山）、鄮县四县，郭巨为鄮县东境。

五代后，后梁太祖开平三年（909），改鄮县为鄞县。时郭巨隶属鄞县东境。

北宋仁宗庆历七年（1047），鄞县置18个乡，郭巨境域属海晏乡。

北宋神宗熙宁十年（1077），划鄞县东南境之海晏、灵岩、泰邱三乡（今新碶、大碶、霞浦、柴桥、白峰、春晓、梅山、郭巨等街道）归定海县，郭巨境域随属定海县。

南宋建炎四年（1130），设郭巨驿。

元、明时，建置袭宋。

明洪武二十年（1387），因倭寇侵扰东南沿海，信国公汤和拓建定海卫，并在郭巨建千户所城。

明洪武二十七年（1394），郭巨设武衙门，称千户所，辖昆亭、梅山、上阳、白峰、峙头、郭巨。

清康熙二十六年（1687）五月，定海县更名为镇海县，境域属镇隅。

清雍正九年（1731），推行庄法，郭巨属三都七图。

宣统三年（1911），从镇隅析出郭巨乡，辖六图、七图。筹办自治组织，又设郭巨区自治公所，境域郭巨乡隶属之，全县设11区。

民国元年（1912），建里村制。村以下为闾，设闾长，1闾为25户。闾以下为邻，1邻为5户。

民国19年（1930），改为乡镇制，全县并为7区，撤郭巨区，境域设郭巨镇、峙南乡、峙北乡，隶属柴桥区。

民国24年（1935），完成保甲设置，裁撤区公所，减少乡镇公所，境域设郭巨镇、峙头乡、三境乡。

民国35年（1946），全县兼并为49个乡镇，甬江以南为8镇22乡，境域设郭巨镇、峙头乡。

民国36年（1947），缩编乡镇，郭巨镇改称郭巨乡，峙头乡并入郭巨乡。境域设12保，维持到新中国成立。

1949年5月29日，郭巨乡解放，10月建立民主政府。郭巨乡属柴桥区公所，下辖12个村。

1950年6月，调整区、乡（镇）建制，从柴桥区析出郭巨区。郭巨区下辖郭巨镇、霞峙乡、峙头乡、盛厚乡、白峰乡、山江乡、上阳乡、梅山乡。境域设郭巨镇、霞峙乡、峙头乡、盛厚乡。

1956年，为适应农业合作社需要，撤区并乡，郭巨由镇改乡。撤销郭巨区、霞峙乡、盛厚乡；整个霞峙乡及盛厚乡所辖的双岙村归属郭巨乡，盛厚乡归属峙头乡。

1958年10月，人民公社化运动兴起，调整区建制为大公社管理委员会。郭巨大公社下辖郭巨东门、西门、峙北、峙南、华峙、白峰、小门、上阳、下阳、梅西、梅东、渔业12个大队（管理区）。

1961年4月，撤销大公社和管理区，恢复郭巨区公所建制，分设小公社。时从郭巨公社管理委员会析出郭巨公社和峙头公社。隶属郭巨区公所。

1966—1976年"文化大革命"期间，人民公社均成立革命委员会。

1983年10月，实行政社分设，恢复乡镇建制，原人民公社的"社"职能由乡经济联合社承担（一年后联合社也撤销）。至此，"人民公社"这一行政区划概念消失，郭巨、峙头公社恢复乡建制，隶属镇海县郭巨区，原来的生产大队亦改称村。

1985年3月26日，郭巨乡改称郭巨镇。同年7月，撤销镇海县，并入宁波市，设立宁波市镇海区、宁波市滨海区。行政区域按甬江分界，甬江以南为滨海区、甬江以北为镇海区。郭巨镇、峙头乡隶属滨海区。

1987年7月，滨海区更名为北仑区。

1992年5月，北仑区开展扩镇并乡工作，峙头乡并入郭巨镇。郭巨镇辖村增至25个。

2003年8月，撤销郭巨镇建制，其行政区域并入白峰镇。

2016年8月，撤销白峰镇，分设白峰街道和郭巨街道。

## 公元前 222—2019 年境域建置沿革一览

表 1-1-1

| 年代 | 纪年 | 建置沿革 | | | | 说明 |
|---|---|---|---|---|---|---|
| | | 属 | 县（区） | 区 | 建置名称 | |
| 秦 | 秦王政二十五年（前 222） | 会稽郡 | 鄮县（东境） | / | / | 《史记·秦始皇本纪》：始皇帝二十五年，“王翦遂定荆、江南地，降越君。置会稽郡”。会稽郡下有句章、鄮、鄞 3 县，郭巨境域属鄮县 |
| 汉、三国吴、南朝 | — | 会稽郡 | 鄮县（东境） | / | / | 据光绪《鄞县志》《晋书·成帝纪》记载，会稽时有称“国” |
| 隋 | 开皇九年（589） | 吴州 | 句章县（东境） | / | / | 《隋书·地理志》：废会稽郡，并余姚、鄞、鄮入句章，置吴州 |
| | 大业元年（605） | 越州 | | | | 《隋书·地理志》：“大业初，府废，置越。” |
| | 大业三年（607） | 会稽郡 | | | | 宝庆《四明志》：“越州复为会稽郡。” |
| 唐 | 武德四年（621） | 越州 | 鄞州 | / | / | 《新唐书·地理志》：“析句章，置姚州、鄞州。隶属越州。” |
| | 武德八年（625） | 越州 | 鄮县 | | | 鄞州废，更置鄮县隶属越州 |
| | 开元二十六年（738） | 明州 | | | | 《旧唐书·地理志》：于越州鄮县置明州，取四明山为名，领四县：慈溪、奉化、翁山（舟山）、鄮县 |
| 五代后梁 | 后梁开平三年（909） | 明州望海军 | 鄞县 | / | / | 《四明续志》：“朱梁避祖讳，改鄮为鄞。”移县治至三江。《舆地广记》：“梁开平三年，升明州为望海军节度。” |
| 宋 | 建隆元年（960） | 明州奉国军 | 鄞县 | / | / | 《宋史·地理志》：“庆元府，本明州奉化郡，建隆元年升奉国军节度” |
| | 庆历七年（1047） | | | | 海晏乡 | 1996 年版《鄞县志》：“北宋初，鄞县分为 18 乡。”郭巨境域属海晏乡 |
| | 熙宁十年（1077） | | 定海县 | | | 熙宁十年（1077）划鄞县泰邱、海晏、灵岩 3 乡归定海县。自此，境域始归定海县 |
| | 绍熙五年（1194） | 庆元府 | | | | 《宋史·宁宗记》：绍熙五年闰十月壬午，“诏改明年为庆元元年。”十一月辛亥，“升明州为庆元府。” |
| 元 | 至元十四年（1277） | 庆元路 | 定海县 | / | 海晏乡 | 《元史·地理志》：“元至元十三年，改置宣慰司。十四年，改为庆元路总督府。” |
| 明 | 太祖丙午年十二月（元至正二十七年）（1367） | 明州府 | 定海县 | / | 海晏乡 | 明《大政纪》：“改庆元路为明州府。” |

续表 1-1-1

| 年代 | 纪年 | 建置沿革 | | | | 说明 |
|---|---|---|---|---|---|---|
| | | 属 | 县（区） | 区 | 建置名称 | |
| 明 | 洪武十四年（1381） | 宁波府 | 定海县 | / | 海晏乡 | 嘉靖《宁波府志》："鄞单仲友奏，明州同国号，乞改名。上以郡有定海县，海定则波宁，因改为宁波府。" |
| 明 | 洪武二十七年（1394） | 宁波府 | 定海县 | / | 郭巨千户所 | 郭巨设武衔门，称千户所。辖昆亭、梅山、上阳、白峰、峙头、郭巨 |
| 清 | 康熙二十六年（1687） | 宁波府 | 镇海县 | / | 镇隅 | 乾隆《镇海县志》："康熙二十六年，改旧定海县为镇海县。" |
| 清 | 宣统三年（1911） | 宁波府 | 镇海县 | 郭巨区 | 郭巨乡 | 民国《镇海县志》载：筹办自治组织，设郭巨区自治公所，全县共 11 个区。又郭巨乡从镇隅析出，辖六图、七图 |
| 中华民国 | 民国元年（1912） | 宁波府 | 镇海县 | 郭巨区 | 郭巨乡 | 2 月废宁波府，建村里制 |
| 中华民国 | 民国 3 年（1914） | 会稽道 | 镇海县 | 郭巨区 | 郭巨乡 | 设会稽道，宁、绍、台同属，道尹驻宁波 |
| 中华民国 | 民国 16 年（1927） | | 镇海县 | 郭巨区 | 郭巨乡 | 会稽道废，县直隶于省 |
| 中华民国 | 民国 19 年（1930） | | 镇海县 | 柴桥区 | 郭巨镇、峙南乡、峙北乡 | 1930 年改为乡镇制，撤郭巨区 |
| 中华民国 | 民国 20 年（1931） | 第七专署 | 镇海县 | 柴桥区 | 郭巨镇、峙南乡、峙北乡 | 10 月，设浙江省第七行政督察专员公署（简称专署） |
| 中华民国 | 民国 24 年（1935） | 第五行署 | 镇海县 | / | 郭巨镇、峙头乡、三境乡 | 实行保甲制。裁撤区公所，减少乡镇公所 |
| 中华民国 | 民国 25 年（1936） | 第五行署 | 镇海县 | 柴桥区 | 郭巨镇、峙头乡、三境乡 | 1994 年版《镇海县志》：1936 年初建立柴桥、龙山两区署。1945 年 12 月撤销庄市、龙山、长山、柴桥 4 区署（1948 年又陆续恢复） |
| 中华民国 | 民国 35 年（1946） | 第五行署 | 镇海县 | 柴桥区 | 郭巨镇、峙头乡 | 县内乡镇兼并为 49 个，甬江以南为 8 镇 22 乡 |
| 中华民国 | 民国 36 年（1947） | 第三专署 | 镇海县 | 柴桥区 | 郭巨乡 | 1994 年版《镇海县志》："1947 年 10 月起，全县缩编为 34 乡镇，其中甬江以南 19 乡、200 保，2478 甲，维持至 1949 年解放。"境域设 12 保 |
| 中华民国 | 民国 38 年（1949） | 第二专区宁波专区 | 镇海县 | 柴桥区 | 郭巨乡 | 1994 年版《镇海县志》：5 月 26 日，中国人民解放军进驻县城，镇海解放。建立镇海县人民政府。11 月，第二专区改为宁波专区 |
| 中华人民共和国 | 1949 年 | 宁波专区 | 镇海县 | 柴桥区 | 郭巨乡 | 10 月，废保甲制，建立民主政权。下辖 12 个村 |
| 中华人民共和国 | 1950 年 | 宁波专区 | 镇海县 | 郭巨区 | 郭巨镇、峙头乡、霞峙乡、盛厚乡 | 6 月，调整区、乡建制，从柴桥区析出郭巨区 |

续表 1–1–1

<table>
<tr><th rowspan="2">年代</th><th rowspan="2">纪年</th><th colspan="4">建置沿革</th><th rowspan="2">说明</th></tr>
<tr><th>属</th><th>县(区)</th><th>区</th><th>建置名称</th></tr>
<tr><td rowspan="14">中华人民共和国</td><td>1956 年</td><td>宁波专区</td><td>镇海县</td><td rowspan="2">/</td><td>郭巨乡、峙头乡</td><td>2 月，撤区并乡。郭巨乡（4 月前称镇）(由原郭巨镇，原霞峙乡一村、二村和原盛厚乡双岙村合并)。峙头乡（由原峙头乡，盛厚乡和原霞峙乡五村、六村合并）</td></tr>
<tr><td>1958 年</td><td rowspan="2">宁波市</td><td rowspan="2">市郊区</td><td>郭巨人民公社</td><td>10 月，调整区建制为大公社管理委员会。下辖郭巨东门、西门、峙北、峙南、华峙、白峰、小门、上阳、下阳、梅西、梅东、渔业等 12 个大队（管理区）。11 月 21 日，撤县并市置市郊区</td></tr>
<tr><td>1961 年</td><td rowspan="2">郭巨区</td><td rowspan="6">郭巨、峙头公社</td><td>4 月，撤销大公社和管理区，复设郭巨区。从郭巨公社管理委员会析出郭巨公社和峙头公社</td></tr>
<tr><td>1963 年</td><td rowspan="2">宁波专区</td><td rowspan="6">镇海县</td><td>1 月，恢复镇海县建制</td></tr>
<tr><td>1965 年</td><td rowspan="2">柴桥区</td><td>5 月，撤销郭巨区，境域划归柴桥区</td></tr>
<tr><td>1967 年</td><td rowspan="2">宁波地区</td><td>宁波专区改称宁波地区</td></tr>
<tr><td>1972 年</td><td rowspan="4">郭巨区</td><td>5 月，复设郭巨区</td></tr>
<tr><td>1978 年</td><td rowspan="7">宁波市</td><td>7 月 29 日，镇海县从宁波地区划出，成为宁波市辖县</td></tr>
<tr><td>1983 年</td><td>郭巨乡、峙头乡</td><td>10 月，政社分设，废除人民公社名称，恢复乡镇人民政府名称</td></tr>
<tr><td>1985 年</td><td>滨海区</td><td rowspan="2">郭巨镇、峙头乡</td><td>3 月，郭巨乡改称郭巨镇。7 月，撤销镇海县建立镇海区和滨海区，郭巨镇、峙头乡归滨海区</td></tr>
<tr><td>1987 年</td><td rowspan="4">北仑区</td><td rowspan="4">/</td><td>1985 年 11 月，郭巨区委改称郭巨办事处。1987 年 1 月，撤销郭巨办事处。境域由滨海区直管。7 月，滨海区更名为北仑区</td></tr>
<tr><td>1992 年</td><td>郭巨镇</td><td>扩镇并乡，峙头乡并入郭巨镇，下辖 25 个村</td></tr>
<tr><td>2003 年</td><td>白峰镇</td><td>8 月，撤郭巨镇并入白峰镇</td></tr>
<tr><td>2016 年</td><td>郭巨街道</td><td>8 月，郭巨街道从白峰镇析出，下辖 18 个村、2 个社区、1 个渔业队</td></tr>
</table>

## 专记：郭巨千户所掌印总指挥传承记

明洪武二十年（1387），为打击倭寇在定海及其沿海各地抢劫，明太祖派信国公汤和在定海展城立卫。同年，汤和带姚、沈、张、蔡、戴、荆、陆、李、秦、庞、纪、赵、吴、康、汪、林、陈、褚、白、黄、邱、田等 22 姓部下（指挥使）及家属来到郭巨，筑郭巨千户所城。

郭巨千户所第一任掌印总指挥为安徽徽州人汪友敌，他是建筑郭巨城 22 名指挥使之一。千户所掌印总指挥是当地最高的行政、军事长官，负责当地治安、建设等各项事宜，并设有千户所衙门。有正、副总指挥使 2 人，管辖 10 个百户所，统率 1120 人。按朝廷规定，指挥使如称职，可以由其子孙或兄弟等承袭。郭巨千户所城掌印总指挥汪友敌在保卫南京战争中殉国，特赐后代世袭，至明朝灭亡共 12 代。他们分别是：

明洪武二十年至建文四年间（1387—1402），汪友敬一世，被朝廷任命为郭巨千户所第一任掌印总指挥。

永乐至洪熙年间（1403—1425），汪信二世，汪友敬之子，世袭为郭巨千户所第二任掌印总指挥。汪伦三世，汪信之子，世袭为郭巨千户所第三任掌印总指挥。

宣德年间（1426—1435），汪漳四世，汪伦之子，世袭为郭巨千户所第四任掌印总指挥。

正统年间（1436—1449），汪衍五世，汪漳之子，世袭为郭巨千户所第五任掌印总指挥。

嘉靖年间（1522—1566），汪泽六世，汪衍之子，世袭为郭巨千户所第六任掌印总指挥。汪本七世，汪泽之子，世袭为郭巨千户所第七任掌印总指挥。

万历年间（1573—1620）至泰昌元年（1620），汪思忠八世，汪本之子，世袭为郭巨千户所第八任掌印总指挥。汪龙山九世，汪思忠之子，世袭为郭巨千户所第九任掌印总指挥。汪涵十世，汪龙山之子，世袭为郭巨千户所第十任掌印总指挥。

天启年间（1621—1627），汪有声十一世，汪涵之子，世袭为郭巨千户所第十一任掌印总指挥。

崇祯年间（1628—1644）至隆武元年（1645），汪昆十二世，汪有声之子，世袭为郭巨千户所第十二任掌印总指挥，直到明朝灭亡。

## 第三节 治所

明洪武二十年（1387），信国公汤和建郭巨城，明洪武二十七年（1394），郭巨设武衙门，称千户所，辖昆亭、梅山、白峰、上阳、峙头、郭巨。治所设在郭巨北街武衙门（今教师公房）。武衙门正屋三间二层，建筑面积约 360 平方米，占地面积约 312 平方米。

清宣统三年（1911），郭巨乡从镇隅析出，辖六图、七图。治所在北街武衙门。

民国 19 年（1930），实行镇、闾、邻制，郭巨镇下辖 85 个闾。治所在北街武衙门。

民国 24 年（1935），实行保甲制。郭巨设镇，下辖 12 保。治所在北街武衙门。

民国 30 年（1941）农历三月二十八日，日本侵略军四架红头飞机，扔炸弹炸毁大量民房，炸毁北街武衙门和关帝庙，治所转至十字街口西南角，学校办到河边山下。

1949 年 10 月，成立郭巨乡人民政府，办公地点设在赵天房。

1950 年 6 月，析郭巨乡为郭巨镇、霞峙乡、峙头乡、盛厚乡。郭巨镇治所设在西门庄家，霞峙乡治所设在华峙庙，峙头乡治所设在中宅村张三余二楼（此治所使用 22 年）。盛厚乡治所设在盛岙凤巴。

郭巨街道办事处

1954 年 3 月，郭巨镇治所设在郭巨荆家小三楼。建筑面积 150 平方米。

1956 年，郭巨乡治所设在西门庄家。有三间二层办公楼。

1968 年 6 月，郭巨镇治所设在郭巨老三楼（庄宝常三楼），后扩建一幢新三楼，建筑面积 1150 平方米，占地面积 550 平方米。

1968 年，峙头乡政府在张三余旁建一幢工字形办公楼，建筑面积 1050 平方米，占地面积 734 平方米。

1986 年，峙头乡政府治所迁址至中宅村公山北侧白中公路南侧，新建三层办公大楼，建筑面积 1560 平方米，占地面积 2200 平方米。至 1992 年峙头乡并入郭巨镇，此治所使用 6 年。

1994 年，郭巨镇治所迁址福民路（狗湾）77 号。延续 600 多年城内治所迁到了城外。

2003 年 8 月，郭巨镇撤销，并入白峰镇。

2016 年 8 月 12 日，复设郭巨街道，治所仍设福民路（狗湾）77 号。街道办事处建筑面积 4779 平方米，占地面积 5250 平方米。

# 第二章　行政区划

宋时县下辖乡，乡下辖里、村。元时，县下辖乡，乡下设都。明时卫、所、乡建制，郭巨设千户所。清时，郭巨设乡，乡政府驻地称里，乡里下设都，都辖图。民国时期，县内设区，区下设乡或镇，乡镇下辖村里。

中华人民共和国成立后，仍设区、乡（镇），乡（镇）下辖村。1958 年后改为政社合一的人民公社，人民公社下辖生产大队（管理区），生产大队又分若干生产小队。1983 年 11 月，政社分设，恢复乡（镇）、村制。全县划分 6 个区 1 个直属镇，区为县政府派出机构，领导管理若干个乡（镇），乡（镇）下辖村。

## 第一节　民国以前

### 宋代（乡—里）

据宋宝庆《四明志·定海卷》记载，宋熙宁十年（1077），鄞县海晏乡、灵岩乡、泰邱乡划归定海县。其时，定海县在甬江以南（今北仑区，下同），设 4 乡、4 里、20 村。时境域属海晏乡太宁里，设大涂村、小涂村。

### 元明时期（都—里—村）

**元初**　地方分编社、甲。元延祐年间（1314—1320），始编都、图，定海县辖 6 乡、21 都，其中甬江以南地区为 4 乡（崇邱、灵岩、泰邱、海晏）、10 都（崇邱乡辖 4 都，余 3 乡各辖 2 都），都名无记载。时境域属海晏乡，设大涂村、小涂村。

**明朝**　卫、所、乡建制。明洪武二十年（1387）建城后，郭巨设武衙门，称“千户所”，辖昆亭、梅山、上阳、白峰、峙头、郭巨。

### 清代至民国初期（里—庄—都—图）

清初，城隅（含县城及穿山、郭巨两所城）以外设 7 乡 88 里。宣统三年（1911），郭巨乡从镇隅析出，不设都，下辖六图、七图。

六图辖穿山所城、北门、西门、西城脚、东门、穿山所、北门下、西门下、南门、龙睡山、护城山、吉祥山、庄后山、狮子山、阜财山。

七图辖方门、大涂塘、衙下岙、紫微岙、大岭下、剑岭下、干湾、郭巨所城、官儿弄、上下台岙、泥沙潭塘、双岙、里龙潭、盛岙、小盛岙、市湾、时基冈、新螺、柳树头、司城岙、梁蒋岙、小蛟岙、大蛟岙、石水缸、新水、长坑、小屯、大屯、官才湾、长柄、半席浦、黄石门、小黄石门、沙湾、中寨、上寨、花船、竹湾、厚墩、童家池、谢家岙、华峙、两到湾、小山防、司前、白峰、蒋家岙、金家峙、沃家塘、下林、屺峙、百丈塘、张家墩、小亹（门）。

## 第二节 民国时期

民国元年（1912），建村里制。村以下为闾，1闾为25户。闾以下为邻，1邻为5户。时郭巨乡下辖85个闾。民国19年（1930），改为乡镇制，撤郭巨区公所，境域设郭巨镇、峙南乡、峙北乡，隶属柴桥区。民国24年（1935），完成保甲制，撤柴桥区公所，减少乡镇公所，时郭巨设镇，镇域范围包括所城及附近村；峙头设乡，辖寺湾、双岙、盛岙、中宅、上宅、花船等；设三境乡，辖大涂、霞峙、后墩。民国25年（1936），又设柴桥区辖郭巨镇、峙头乡、三境乡等32个乡镇。

民国35年（1946），县内乡镇兼并为49个，甬江以南为8镇22乡，境域设郭巨镇、峙头乡。民国36年（1947）10月起，撤区并乡并保，全县缩编为34乡镇、362保、4481甲，时境域设郭巨乡，由33保缩编为12保167甲，维持至1949年5月境域解放。郭巨乡所辖的12保为：一保（西门村）、二保（南门村）、三保（东门村）、四保（北门村）、五保（大涂塘及庞衙岙）、六保（紫微岙、大岭下及伙弄）、七保（华峙村）、八保（谢家岙、厚墩、竹湾和花船）、九保（上宅、中宅和沙湾）、十保（光明、长浦、双屯和长坑）、十一保（洋涨、柳树田、升螺和寺湾）、十二保（盛岙和双岙）。

## 第三节 中华人民共和国成立后

1949年10月中华人民共和国成立后，废除保甲制，改建村里制。境域属镇海县柴桥区。

1950年6月，调整区乡建制，郭巨区从柴桥区析出，下辖郭巨镇、山江乡、白峰乡、上阳乡、下阳乡、昆亭乡、梅东乡、梅西乡、盛厚乡、霞峙乡、峙头乡11个乡镇。其中境内的郭巨镇辖5个村，盛厚乡辖5个村，霞峙乡辖6个村，峙头乡辖7个村。

郭巨镇辖：一村（西门）、二村（南门）、三村（东门）、四村（北门）、五村（大涂塘）。

盛厚乡辖：一村（双岙）、二村（盛岙）、三村和四村（联合）、五村（洋涨）。

霞峙乡辖：一村（福民、大岭下）、二村（尖岭）、三村和四村（华峙）、五村（谢家岙）、六村（厚墩）。

峙头乡辖：一村（竹湾、花船）、二村（上宅）、三村（中宅）、四村（沙湾）、五村（光明）、六村（长浦、大屯）、七村（长坑、小屯）。

1951年，郭巨镇所辖5个村调整为8个村，原一村未调整，原二村划分为二村和六村，原三村称为七村，原四村划出小涂岙及河边山，把小涂岙、河边山称三村；原五村划出西门外和大山头称为八村。

1954—1956年，农村实现农业合作化，高级农业生产合作社组织取代原村名。

1956年2月，镇海县撤区并乡，撤销霞峙乡并入郭巨镇（是年4月，郭巨镇改称郭巨乡）。撤销盛厚乡，双岙村归属郭巨镇，盛岙村、联合村、洋涨村归属峙头乡。时境内行政区划如下：

郭巨乡辖9个高级社：第一高级社（大涂塘、福民、大岭下）、第二高级社（西门）、第三高级社（东门)、第四高级社（北门)、第五高级社（南门)、第六高级社（尖岭岙)、第七高级社（路亭)、双岙高级社、华峙高级社。

峙头乡辖 8 个高级社：盛联高级社（盛岙)、联合高级社、洋涨高级社、光明高级社（光明、长浦、双屯、长坑)、胜利高级社（中宅、上宅、沙湾)、花船高级社（花船、竹湾)、后墩高级社、五星高级社（谢家岙)。

1958 年，实行政社合一的人民公社制。镇海县甬江以南建长山、大碶、柴桥、三山、郭巨 5 个人民公社（又称大公社)。大公社下辖大队，大队以下初称连、排（称组织军事化)，旋改生产队、生产小队。郭巨大公社下辖 12 个大队，分别是：郭巨东门大队、郭巨西门大队、小门大队、白峰大队、华峙大队、峙南大队、峙北大队、上阳大队、下阳大队、梅东大队、梅西大队和渔业大队。1959 年又改称为管理区，境内有 5 个管理区和 1 个渔业大队，郭巨东门管理区为今南门村、东门村，郭巨西门管理区为今西门村、北门村、路亭村、大涂塘村、福民村、尖岭岙村、大岭下村，华峙管理区为今华峙村、谢家岙村、后墩村、轮江村、外峙村，峙南管理区为今双岙村、盛岙村、联合村、洋涨村，峙北管理区为今花船村、竹湾村、中宅村、上宅村、沙湾村、光明村、长浦村、双屯村、长坑村。

1959 年 7 月，郭巨恢复镇建制。

1961 年 4 月，撤销大公社和管理区，恢复区公所建制，分设小公社，下辖生产大队，大队下设生产队。郭巨区辖郭巨、峙头、白峰、上阳、梅山 5 个公社。时境内行政区划为：

郭巨公社下辖 14 个大队，分别是：一大队（大涂塘)、二大队（西门)、三大队（东门)、四大队（北门)、五大队（南门)、六大队（尖岭岙)、七大队（路亭)、福民大队、岭下大队，华峙大队、后墩大队、五星大队、双岙大队、渔业大队。

峙头公社下辖 12 个大队，分别是：盛岙大队、联合大队、洋涨大队、中宅大队、上宅大队、沙湾大队、光明大队、长浦大队、双屯大队、长坑大队、花船大队、竹湾大队。

1983 年 10 月，政社分设，复建乡人民政府，下属大队改称村民委员会，其中渔业大队仍称大队；郭巨乡所辖的一大队改称“大涂塘村”，二大队改称“西门村”，三大队改称“东门村”，四大队改称“北门村”，五大队改称“南门村”，六大队改称“尖岭岙村”，七大队改称“路亭村”，新民大队改称“福民村”，五星大队改称“谢家岙村”。

1985 年 3 月，郭巨乡改为镇建制。

## 1985 年境内各乡镇行政区划一览

表 1-2-1

| 乡镇名 | 所辖村 |
|---|---|
| 郭巨镇 | 大涂塘、东门、南门、西门、北门、路亭、福民、尖岭岙、大岭下、华峙、后墩、谢家岙、双岙和郭巨渔业大队 |
| 峙头乡 | 花船、竹湾、中宅、上宅、光明、沙湾、长浦、双屯、长坑、盛岙、联合、洋涨 |

1992 年 5 月，扩镇并乡，峙头乡并入郭巨镇，时郭巨镇下辖 25 个村（大涂塘、东门、南门、西门、北门、路亭、福民、尖岭岙、大岭下、华峙、后墩、谢家岙、双岙、花船、竹湾、上宅、中宅、沙湾、光明、长浦、双屯、长坑、盛岙、联合、洋涨）和郭巨渔业大队，总面积 56.82 平方千米，其中原郭巨镇面积 29.42 平方千米，原峙头乡面积 27.4 平方千米。

2003 年 8 月，郭巨镇撤销，并入白峰镇。域境各村归属白峰镇。

2016 年 8 月，郭巨街道从白峰镇析出，下辖大涂塘、东门、南门、西门、北门、路亭、福民、尖岭岙、大岭下、华峙、谢家岙、双岙、盛岙、联合、洋涨、长浦、双屯、长坑 18 个村和东港、峰南 2 个社区。

# 第三章　村　社区

2001年3月，郭巨居民委员会更名为东港社区居委会。2013年10月，设立白峰镇峰南社区居委会，撤销白峰镇上宅村、中宅村、竹湾村、沙湾村、花船村、光明村、后墩村村民委员会。2020年8月，设立岭东社区居委会，撤销长坑村、双屯村。2020年末，街道下辖16个村、3个社区、10个经济合作社，总户数9223户，总人口23428人。

## 第一节　村

### 大涂塘村

大涂塘村位于街道办事处驻地西南1.4千米，东依凤凰山，南面海，西靠山。明朝以前是海洋，即大涂洋，明初建塘围涂而成，故名大涂塘。辖区面积2平方千米。有大涂塘、塘头山嘴、老碶头3个自然村。村委会驻大涂塘，地理坐标为北纬29°50′45″，东经122°1′37″。

1949年10月与今福民村盘象岙和西门村湾里两自然村统称郭巨乡五村，1950年7月称郭巨镇五村，1956年3月与福民、大岭下村合称郭巨乡第一高级社，1961年10月称郭巨公社一大队，1983年10月称郭巨乡大涂塘村，2003年8月称白峰镇大涂塘村，2016年8月称郭巨街道大涂塘村。

20世纪前，农业生产以种植水稻、棉花、番薯等农作物为主，21世纪初以来，以种植花木为主。20世纪80年代起兴办村办企业、个体企业。沿海中线穿村而过。2018年建成的云衢广场位于“家门口”。近几年获得市级卫生村、市级文明村等荣誉。

2019年末，全村有住户333户、人口890人、7个村民小组。2019年村集体可用资金42万元，人均收入12080.54元。集体所有的农用地面积157.8公顷。

### 西门村

西门村位于街道办事处驻地东南1.1千米，因处在郭巨古城西城门附近，故得名。有教场底、湾里、城内、塘东4个自然村。村委会驻大山头，地理坐标为北纬29°50′57″，东经122°1′37″。

1949年10月称郭巨乡二村，1950年7月称郭巨镇二村，1956年3月称郭巨乡第二高级社，1961年称郭巨人民公社二大队，1983年10月称郭巨乡（1985年改镇）西门村，2003年8月称白峰镇西门村，2016年8月称郭巨街道西门村。

20世纪以前，农业生产以种植水稻、棉花、番薯等农作物为主。21世纪初，以种植花木为主。20世纪90年代，大部分劳动力从事灯具业。抬阁、响器木偶、车子灯舞、跳蚤会、跑马灯为市级非遗项目传承基地。省级五星级文化礼堂内设老物件陈列室。

2019年末，全村有住户445户、人口1175人、村民小组12个。村集体可用资金51万元，村民人均收入18500元。集体所有的农用地面积150.7公顷。

## 东门村

东门村位于街道办事处驻地东南 1.4 千米，因地处郭巨古城东城门附近而得名。有东城内、北门外、官路弄、下岭、夹溪新村 5 个自然村。村两委会驻北门外，地理坐标北纬 29° 51′ 13″，东经 122° 2′ 2″。

1949 年 10 月称郭巨乡三村，1950 年 7 月称郭巨镇三村，1956 年 3 月称郭巨乡第三高级社，1961 年称郭巨人民公社三大队，1983 年 10 月称郭巨乡（1985 年 3 月改镇）东门村，2003 年 8 月称白峰镇东门村，2016 年 8 月称郭巨街道东门村。

村域面积 2.8 平方千米，山林 147 公顷，耕地 43 公顷。农业生产历来以水稻、番薯为主，20 世纪 80 年代发展果树种植和海水养殖，21 世纪初以花木种植为主。20 世纪八九十年代兴办村办企业、个体企业。2019 年，整治东门大河并拓宽浇制水泥路面。

2019 年末，全村有住户 502 户、1275 人、12 个村民小组。村集体可用资金 59 万元。集体所有的农用地面积 214.9 公顷。

## 北门村

北门村位于街道办事处驻地东南 1.3 千米。村处郭巨古城北门附近，故得名。有西门外、北城内、北门外 3 个自然村。村委会驻凤山路，地理坐标为北纬 29° 50′ 51″，东经 122° 1′ 43″。

1949 年 10 月与今路亭村小涂岙、河边山两自然村统称郭巨乡四村，1950 年 7 月称郭巨镇四村，1956 年 3 月称郭巨乡第四高级社，1961 年 10 月称郭巨公社四大队，1983 年 10 月称郭巨乡北门村，2003 年 8 月称白峰镇北门村，2016 年 8 月称郭巨街道北门村。

村域内有明代总台山烽火台遗址，被列为省级文物保护单位、市级爱国主义教育基地。

20 世纪以前，以农业生产为主，种植水稻、棉花、番薯等农作物；20 世纪五六十年代曾经营海洋捕捞；80 年代大队先后办起了五金厂等队（村）办企业；90 年代以后，村民多从事灯具业。21 世纪初，村民多从事花木种植和灯具业。

2019 年末，全村有住户 383 户、976 人、村民小组 12 个。村集体可用资金 56 万元，村民人均收入 13200 元。集体所有的农用地面积 140.4 公顷。

## 南门村

南门村位于街道办事处驻地东南 1.8 千米。处于老城南隅，故称南门村。总面积 3.65 平方千米。由城南片、大井跟、埠漕头、小涂田、海云堂下、大斗门、半塘 7 个自然村组成。村委会驻海云堂下 25 号，地理坐标北纬 29° 50′ 57″，东经 122° 2′ 9″。

1949 年 10 月称郭巨乡二村，1951 年分为二、六村，至 1956 年合并为郭巨乡五村，1956 年 3 月称郭巨乡第五高级社，1961 年 10 月称郭巨公社五大队，1983 年 10 月称郭巨乡南门村，2003 年 8 月称白峰镇南门村，2016 年 8 月称郭巨街道南门村。

20 世纪以前，村民以农业生产为主，种植水稻、棉花、番薯等农作物。经济作物有茶叶、柑橘等。21 世纪初起，以种植花木为主。20 世纪 60 年代，大队有 6 艘大捕船从事海洋捕捞。70 年代起，有塑料厂、石子厂等队（村）办企业。1985 年办起了灯具厂。90 年代起，村大部分劳动力从事灯具业，最多时有 700 多人在全国各地从事灯具的生产与销售，至今仍有几百人在广州古镇等地从事灯具业。

2019 年末，全村有住户 771 户、人口 1996 人、村民小组 16 个。村集体可用资金 75 万元，村民人均收入 18500 元。集体所有的农用地面积 239.4 公顷。

## 尖岭岙村

尖岭岙村位于街道办事处驻地北 1.2 千米。处在尖岭脚下，故名。辖袁家、火弄、李家、朱家等 9 个自然村。村两委会驻火弄自然村，地理坐标为北纬 29° 51′ 40″，东经 122° 0′ 50″。

1949 年 10 月与今福民村、大岭下村统称郭巨乡六村，1950 年 7 月至 1956 年 2 月称霞峙乡二村，1956 年 3 月称郭巨乡第六高级社，1961 年 10 月称郭巨公社六大队，1983 年 10 月称郭巨乡（1985 年 3 月改镇）尖岭岙村，2003 年 8 月称白峰镇尖岭岙村，2016 年 8 月称郭巨街道尖岭岙村。

本村交通便捷，穿好高速郭巨收费站位于村境内，白洋公路穿村而过；境内有经营性生态墓园、耶稣教堂、灵峰禅寺白云分寺；2009 年，因建造穿好高速征地拆迁俞家、庵坑岭等自然村，建造有 44 套村老年安置公寓。

一直以来农业生产以种植水稻、番薯为主；20 世纪 90 年代起，村大部分劳动力从事灯具业。90 年代末，垦荒种植茶园 26.7 公顷，主要品种有乌牛早、龙井、白茶等。21 世纪初起，以种植花木为主。

2019 年末，全村有住户 335 户、910 人、9 个村民小组。村集体可用资金 297 万元，村民人均年收入 13000 元。集体所有的农用地面积 149.7 公顷。

## 路亭村

路亭村位于街道办事处驻地南 1.3 千米。西北座总台山、河边山。古时村内有过路凉亭，故名。由郭家山、大山头、小涂岙等 6 个自然村组成。村委会驻西门外凤山路，地理坐标为北纬 29° 50′ 55″，东经 122° 1′ 44″。

1956 年以前，与北门村统称郭巨乡四村，1956 年 3 月称郭巨乡第七高级社，1961 年 10 月称郭巨公社七大队，1983 年 10 月从西门村分设，称郭巨乡路亭村，2003 年 8 月称白峰镇路亭村，2016 年 8 月称郭巨街道路亭村。

20 世纪以前，以农业生产为主，主要种植水稻、棉花、番薯等农作物。20 世纪 80 年代大队先后办起了鞋帮厂、麻厂等村办企业。21 世纪初，村民以种植花木为主，部分村民从事灯具业。

2019 年末，全村有住户 258 户、650 人、6 个村民小组。村集体可用资金 48 万元，村民人均年收入 11560 元。集体所有的农用地面积 102.3 公顷。

## 双岙村

双岙村位于街道办事处驻地东南 3.5 千米。东至盛岙村，南面海，西至南门村，北靠后墩山。因有两个山岙而得名。有大岙里、海口、小岙里 3 个自然村。村委会驻大岙里。地理坐标为北纬 29° 51′ 25″，东经 122° 1′ 39″。

1949 年 10 月与今盛岙村统称郭巨乡十二村，1950 年 7 月称盛厚乡一村，1956 年 3 月称郭巨乡双岙高级社，1961 年 10 月称郭巨公社双岙大队，1983 年 10 月称郭巨乡双岙村，2003 年 8 月称白峰镇双岙村，2016 年 8 月称郭巨街道双岙村。

20 世纪以前，农业生产以水稻、番薯、棉花为主。部分村民从事涨网捕捞业。20 世纪 90 年代起，农业产业结构调整，棉花地改作海产品养殖塘，水稻地改种花木，山地种植果树。部分村民从事灯具行业。

2019 年末，全村有住户 357 户、1025 人、8 个村民小组。村集体年收入 57 万元，村民人均收入 13000 万元。集体所有的农用地面积 223.5 公顷。

## 谢家岙村

原村位于街道办事处驻地东北 3.7 千米，即现在的宁波港四期集装箱码头。有厂里、梅家、童家池、七架屋 4 个自然村，村委会驻厂里。该岙谢姓始居，故名，俗名谢夹岙。今无谢姓，地名依旧。

1949年10月，与今后墩、竹湾、花船统称郭巨乡八村。1950年6月改称霞峙乡五村，1956年3月称峙头乡五星高级社，1961年10月称郭巨公社五星大队，1983年10月改称郭巨乡（1985年3月改郭巨镇）谢家岙村。2003年3月，称白峰镇谢家岙村。2016年8月称郭巨街道谢家岙村。

历来农业生产以种植水稻、番薯、棉花为主。

2002年3月，因北仑港四期码头建设需要，拆村迁居至福民村狗湾安置地块，称谢家岙新村，村委会位于街道办事处驻地西南0.1千米。地理坐标北纬29°52′44″，东经122°7′49″。

2019年末，全村有住户223户、558人、4个村民小组。村集体收入64万元，村民人均年收入10000元。集体所有的农用地面积78.4公顷。

## 华峙村

华峙村位于街道办事处驻地北偏东3千米。东接谢家岙村，西临白峰街道港口村，南接尖岭岙村，北面海。有老胡家、东岙、何家、张西岙、华峙岭头等10个自然村，村委会驻老胡家，地理坐标为北纬29°52′44″，东经122°1′49″。村民主要姓胡，清乾隆年间由柴桥胡家迁入。

1949年10月称郭巨乡七村，1950年7月称霞峙乡三村、四村，1956年3月称郭巨乡华峙高级社，1961年10月称郭巨公社华峙大队，1983年10月称郭巨乡（1985年3月改郭巨镇）华峙村，2003年8月称白峰镇华峙村，2016年8月称郭巨街道华峙村。

村境内交通便捷，郭白公路及白中公路穿村而过；设有穿好高速穿山港区收费站，华峙铁路支线过境并设站。

农业生产历来以种植水稻、番薯、棉花为主，21世纪初，以种植花木为主。20世纪90年代起，部分村民从事灯具的制造与销售。

自2002年始，历经十几次（年）征地拆迁后，村域现已建设为宁波港穿山港区集装箱码头，至2019年，全村仅存26户尚未拆迁，在郭巨福民村石沿建有252套老年安置公寓和村文化活动中心。拆迁村民住房享受货币化方式安置，故居住较分散。

2019年末，全村有住户880户、2264人、19个村民小组。村可用资金212万元。集体所有的农用地面积246公顷。

## 福民村

福民村位于街道办事处驻地西0.05千米，是郭巨街道办事处所在地。有狗湾、盘象岙等7个自然村，村以旧有福民庙得名。村委会驻狗湾，地理坐标为北纬29°51′25″，东经122°1′39″。

1949年10月，与今大岭下、尖岭岙村统称郭巨乡六村。1950年7月与今大岭下村统称霞峙乡一村，1956年与大涂塘、大岭下合称郭巨乡第一高级社，1961年10月称郭巨公社新民大队，1983年称郭巨乡(1985年3月改镇）福民村，2003年8月称白峰镇福民村，2016年8月称郭巨街道福民村。

福民村交通便捷，穿好高速郭巨收费站进出口位于村境内，白洋公路穿村而过，村内的紫薇大道、紫微湖、亲水步道等“寻梦紫微”正成为区域美丽乡村建设示范线。

农业生产历来以种植水稻、番薯为主。20世纪80年代末，以种植花木为主，现全村有50%以上的农户从事花木种植，花木产业收入占村民年总收入的80%以上，成为远近闻名种植花木致富村。

2019年末，全村有住户315户、840人、6个村民小组。村集体可用资金35万元，村民人均年收入9700元。集体所有的农用地面积141.7公顷。

## 大岭下村

大岭下村位于街道办事处西北1.3千米。村处大涂岭下，故名。村委会驻大岭下自然村，地理坐标北纬 29° 52′ 12″，东经 122° 4′ 14″。全村区域面积 1.5 平方千米。

1949 年 10 月与今福民村、尖岭岙村统称郭巨乡六村，1950 年 7 月至 1956 年 2 月与今福民村统称霞峙乡一村，1956 年 3 月与大涂塘村、福民村统称郭巨乡第一高级社，1961 年 10 月称郭巨公社大岭下大队，1983 年 10 月称郭巨乡大岭下村，2003 年 8 月称白峰镇大岭下村，2016 年 8 月称郭巨街道大岭下村。

20 世纪以前，村民以种植水稻、番薯及果木为主，21 世纪初以花木种植为主。20 世纪 80 年代，在郭巨外塘田畈有 5.3 公顷海水养殖基地。21 世纪初，大岭下村自然环境优美，大岭下溪坑整治后集游步道、中心水景公园和生态河埠头于一体，还有百亩桃花林，逐渐成为乡村游景观之一。

2019 年末，全村有住户 150 户、人口 385 人、村民小组 3 个。村集体可用资金 33 万元，村民人均收入 15000 元。集体所有的农用地面积 126.5 公顷。

## 盛岙村

盛岙村位于街道办事处东南 5 千米，有大屋里、上宅岭下、太和里等 10 个自然村，因岙面积大、人口多，故称盛岙。村民多姓张，从霞浦迁入。村委会驻大屋里，地理坐标为北纬 29° 51′ 19″，东经 122° 0′ 29″。

1949 年 10 月与今双岙村统称郭巨乡十二村，1950 年 7 月称盛厚乡二村。1956 年 3 月称峙头乡盛联高级社。1961 年 10 月称峙头公社盛岙大队。1983 年 10 月称峙头乡盛岙村。1992 年 5 月改称郭巨镇盛岙村。2003 年 8 月称白峰镇盛岙村。2016 年 8 月称郭巨街道盛岙村。

20 世纪以前，农业生产以种植水稻、番薯、棉花等农作物为主，经济作物有茶叶、柑橘等。20 世纪 90 年代，外塘棉花田畈改海水养殖塘，至 2008 年白洋公路拓宽项目被征用。21 世纪初起，农用地以种植花木为主。因村濒海，20 世纪 80 年代末起，部分村民从事涨网和涨鳗丝作业，盛行时候船只数量达 18 艘。20 世纪 80 年代中期至 90 年代中期，小盛岙开办过峙头乡拆船厂。

20 世纪 70 年代初至 80 年代中期，在毛弄坑、拍脚里、黄栀坑驻有中国人民解放军部队。

2019 年末，全村有 452 户家庭、1408 人、9 个村民小组。村集体可用资金 57 万元，村民人均收入 22000 元。集体所有的农用地面积 368.3 公顷。

## 联合村

原村位于街道办事处东南 7.2 千米，由寺湾、升螺、柳树田 3 个自然村组成，1956 年 3 月柳树田、升螺、寺湾 3 个自然村联合成立高级社，并以“联合”为社名，后沿作村名。村委会驻升螺，地理坐标为北纬 29° 51′ 45″，东经 122° 0′ 3″，2019 年村委会驻峰南社区联合村老年房安置地块。

1949 年 10 月与今洋涨村统称郭巨乡十二村，1950 年 7 月，称盛厚乡三村、四村，1956 年 3 月称峙头乡联合高级社，1961 年 10 月称峙头公社联合大队，1983 年 10 月称峙头乡联合村，1992 年 5 月称郭巨镇联合村，2003 年 8 月称白峰镇联合村，2016 年 8 月称郭巨街道联合村。

因村濒海，20 世纪六七十年代生产大队有 3 艘木帆船，18 人从事海上运输业。涨网业始自 1958 年，盛行于 20 世纪 80 年代末至 90 年代，最多时候涨网船只数量达 15 艘。80 年代初起，开始有涨鳗丝作业，盛行时候船只数量达 27 艘，从业人数 35 人，网具数量达 950 顶，收入好的年份船只年产值高达 18 万元。

农业生产历来以种植水稻、番薯、棉花等农作物为主。20 世纪 70 年代初至 80 年代中期，在寺湾小岙、柳树田驻有部队，并建有高桩式码头。20 世纪 80 年代中期至 90 年代中期，柳树田开办峙头乡麻纺厂。

2010 年 3 月至 9 月，因白洋线南支线、峙南海洋围涂等项目，全村被整体拆迁。2019 年，村境内建有宁波东方电缆有限公司（北仑东部基地）。村民住房享受货币化方式安置政策，故居住较分散，但多安置于东香茗园。

2019 年末，全村有 285 户家庭、857 人、6 个村民小组。村集体可用资金 67 万元，村民人均收入 30000 元。

集体所有的农用地面积 270 公顷。

### 洋涨村

洋涨村位于街道办事处东南 9.5 千米。有大岙、小岙、岙底 3 个自然村，早居者每见海潮涨至住地附近即回，遂称“洋涨岙”，后成村名。村委会驻大岙，地理坐标为北纬 29° 52′ 51″，东经 122° 6′ 53″。2019 年末，村委会驻郭巨西门。

1949 年 10 月与今联合村统称郭巨乡十二村，1950 年 7 月称盛厚乡五村，1956 年 3 月称峙头乡洋涨高级社，1961 年 10 月称峙头公社洋涨大队，1983 年 10 月称峙头乡洋涨村，1992 年 5 月改称郭巨镇洋涨村，2003 年 8 月称白峰镇洋涨村，2016 年 8 月称郭巨街道洋涨村。

因村濒海，20 世纪七八十年代集体生产队有 9 艘木帆船，43 人从事海上运输业。涨网业盛行于 20 世纪八九十年代，最多时候涨网（涨鳗丝）船只近 40 艘，每艘船只年均产值高达 18 万元。

农业生产历来以种植水稻、番薯、油菜为主。20 世纪 80 年代有村办企业“洋涨塑料胶木厂”。

2017 年 4 月，因采石场开发机制砂项目，全村自愿整体拆迁，村民住房享受货币化方式安置政策，故居住较分散。

2019 年末，全村有 298 户家庭、893 人、5 个村民小组。村可用资金 158 万元，村民人均收入 30000 元，集体所有的农用地面积 304.7 公顷。

### 长浦村

原村位于街道办事处东北 10.8 千米。东邻双屯村，西接光明村，南靠山，北面海，与舟山群岛隔海相望。有长柄、半掘浦两个自然村，以两自然村各取一字得村名。村委驻长柄，地理坐标为北纬 29° 52′ 49″，东经 122° 0′ 3″。

1949 年 10 月与今光明、双屯、长坑村统称郭巨乡十村，1950 年与双屯村大屯自然村统称峙头乡六村，1956 年 3 月属峙头乡光明高级社，1961 年 10 月称峙头公社长浦大队，1983 年 10 月称峙头乡长浦村，1992 年 5 月改称郭巨镇长浦村，2003 年 3 月称白峰镇长浦村，2016 年 8 月称郭巨街道长浦村。

农业生产历来以种植水稻、番薯为主。20 世纪 80 年代以后，从事个体海上运输的船只和人员较多，有“海上运输村”之称。

2003 年 10 月，全村整体拆迁，村民迁建安置于白峰司前村郑家（又称峙北新苑），调产安置于怡峰家园，现村委驻司沿村郑家。原村域建有北仑固废环保处置有限公司、光大环保能源（宁波）有限公司。

2019 年末，全村有 97 户家庭、244 人，居住于峙北新苑的多为老年人，村民居住较分散。村可用资金 30 万元，村民人均收入 33800 元。集体所有的农用地面积 64 公顷。

## 第二节　社区（经济合作社）

### 东港社区

位于郭巨老城区，街道办事处东南 1.3 千米。前身是郭巨居民委员会，2001 年 3 月改建成立。驻郭巨凤山路 2 号。地理坐标为北纬 29° 51′ 2″，东经 122° 1′ 45″。

辖区内有郭巨农贸市场、郭巨学校、郭巨卫生院等 23 家共建单位。社区有总台山烽火台遗址史迹陈列室、郭巨非遗陈列馆、凤凰山公园户外活动场所、文体活动中心等；有巾帼舞龙队等 4 支文体团队。2004 年获浙江省老龄工作先进单位，2012 年获评浙江省城市体育先进社区。

2019年末，有常住总户数981户、1462人、7个居民小组。

**郭巨渔业经济合作社** 1953年组建渔业初级社，1956年合作化时组建成高级社，1958年改称郭巨公社渔业大队，装备了一对机帆船，有18.66公顷海涂养殖蛏子，新碶头有15间房子作为放置渔网的仓库。1985年，有75户家庭，266人，劳动力174人；有木质渔船4艘、机帆船2艘，年捕捞产量248.15吨，劳力人均收入2437元，固定财产17.80万元。1991年改制为经济合作社，渔民或从事个体海洋捕捞或改行。2019年末，有58户家庭、115人。

## 峰南社区

位于街道办事处北2.7千米，白峰街道门浦村隔山王家。地理坐标为北纬29°51′58″，东经122°1′12″。

为了配合建设宁波港穿山港区集装箱码头及天然液化气接收站、固废处理站等重大项目在峙北落户，上宅等7个村整村拆迁，村民大多安置在怡峰家园、东香茗园。2007年7月30日，门浦村隔山王家拆迁村老年人安置地块命名为东港新村。2013年10月15日，北仑区政府发文，设立白峰镇峰南社区居民委员会。撤销白峰镇上宅村、中宅村、竹湾村、沙湾村、花船村、光明村、后墩村7个村民委员会，村民纳入峰南社区居委会管理和服务，保留各村股份经济合作社体制。2016年改称郭巨街道峰南社区。

2019年末，有126户家庭、543人。

**中宅经济合作社** 原中宅村位于街道办事处驻地东北7.6千米。东至沙湾村，南靠峙头山，西至上宅村，北濒海。村委会驻中宅自然村。是原峙头乡政府驻地。村民多姓张，清乾隆年间从霞浦迁入。相传清嘉庆年间（1796—1820）艇匪蔡春于今宫墩头建有上、中、下三寨，后村民以寨地为宅地建房成村。本村为中寨，故称中宅。

1949年10月与今上宅、沙湾统称郭巨乡九村，1950年7月称峙头乡三村，1956年3月称峙头乡胜利高级社，1961年10月称峙头公社中宅大队，1983年10月称峙头乡中宅村，1992年5月称郭巨镇中宅村，2003年9月称白峰镇中宅村，2013年11月撤村，并入峰南社区，保留股份经济合作社，2016年称郭巨街道中宅经济合作社。

20世纪以前，农业生产以种植水稻、番薯、棉花为主。著名人士施展，是世界前沿概率论数学家。1999年12月24日，时任村长张大夫因救山火而牺牲，后追认为烈士。中宅水库为中宅、上宅、沙湾三村共有，80年代为峙头水厂供水。2005年11月，因液化天然气项目，全村被征迁，大多数村民迁入白锋街道怡峰家园、郭巨街道东香茗园，老年人迁居白峰街道门浦东港新村老年公寓。现股份经济合作社驻东港新村（峰南社区服务中心）。原村址建有中海浙江宁波液化天然气有限公司等企业。

2019年末，全社有213户家庭、572人，全社集体可用资金59万元，社员人均收入12000元。集体所有的农用地面积145.7公顷。

**上宅经济合作社** 原上宅村位于街道办事处驻地东北6.7千米。东至中宅村，南靠山，西至花船村，北临峙头洋。由贺家、下湾、外岙、里岙4个自然村组成。村民多姓贺、张。相传清嘉庆年间（1796—1820）艇匪蔡春于今宫墩头建有上、中、下三寨，后村民以寨地为宅地建房成村。该村为上寨，故称上宅。现股份经济合作社驻峰南社区服务中心。

1949年10月与今中宅、沙湾统称郭巨乡九村，1950年7月称峙头乡二村，1956年3月与今沙湾村统称峙头乡胜利高级社，1961年10月称峙头公社上宅大队，1983年10月称峙头乡上宅村，1992年5月改称郭巨镇上宅村，2003年8月称白峰镇上宅村。2006年因矿石煤炭码头建设需要，上宅村被整体拆迁。2013年撤村并入峰南社区，保留上宅股份经济合作社，2016年称郭巨街道上宅股份经济合作社。

20世纪以前，农业生产以种植水稻、番薯、棉花为主。1985年，村民周秀成等人在上宅山嘴合资创办峙头冷冻厂，冷冻仓位达150吨，后又开办鱼片厂、成立远洋捕捞大队、涉及房地产业开发郭巨灯具城等项目近10个，至2006年，穿山港区煤炭码头建设所需企业解体。其间，每年渔汛期，村民基本上均在冷冻厂工作，拣鱼、剥虾。

2019年末，全社有303户家庭、863人、6个村民小组。全社可用资金92万元，社员人均收入32526元。集体所有的农用地面积180.3公顷。

**沙湾经济合作社** 原沙湾村位于街道办事处驻地东北8.6千米，东至光明村，南靠峙头山，西至中宅村，北濒海，由坤房、峙北岙底、小黄石门3个自然村组成，因处海湾多沙而得名。村民多姓张，清乾隆年间从霞浦迁入。原村委会驻坤房。现股份经济合作社驻峰南社区服务中心。

1949年10月与今上宅、中宅统称郭巨乡九村，1950年7月称峙头乡四村，1956年3月称峙头乡胜利高级社，1961年10月称峙头公社沙湾大队，1983年10月称峙头乡沙湾村，1992年5月称郭巨镇沙湾村，2003年9月称白峰镇沙湾村，2013年11月，撤村，并入峰南社区，保留股份经济合作社，称白峰镇沙湾股份经济合作社，2016年8月称郭巨街道沙湾股份经济合作社。

20世纪以前，农业生产以种植水稻、棉花及番薯为主，部分村民从事海上运输业。2005年11月，因中海浙江宁波液化天然气有限公司项目，全村被征迁，大多数村民迁入白峰街道怡峰家园、郭巨街道东香茗园调产安置房，老年人迁居白峰街道门浦东港新村老年公寓。

2019年末，全社有284户家庭、715个、6个村民小组。全社集体可用资金73万元，社员人均收入32000元。集体所有的农用地面积131.8公顷。

**光明经济合作社** 原光明村位于街道办事处驻地东北9.6千米，东邻长浦村，西至沙湾村。旧称黄石门，有大黄石门、小黄石门两个大自然村，大黄石门有王家、中透、岙里厢等自然村，村委会驻大黄石门（大爿地）。村民多姓张，清康熙年间从霞浦上张迁入。现股份经济合作社驻峰南社区服务中心。

1949年10月与今长浦、双屯、长坑村统称郭巨乡十村，1950年7月称峙头乡五村，1956年3月称峙头乡光明高级社（“光明”名称由此开始，一直沿袭至今），1961年10月称峙头公社光明大队，1983年10月称峙头乡光明村，1992年5月称郭巨镇光明村，2003年9月称白峰镇光明村，2013年11月撤村，并入峰南社区，保留股份经济合作社，称白峰镇光明股份经济合作社，2016年8月，称郭巨街道光明股份经济合作社。

20世纪以前，农业生产以种植水稻、番薯、棉花为主。部分村民从事海上运输业。2003年3月，因固废处置项目，王家自然村被征迁，大多数村民在白峰司沿郑家迁建房屋，并建老年公寓。2005年11月，全村因天然液化气接收站项目被征迁，大多数村民迁入白峰街道怡峰家园，老年人迁入白峰街道门浦东港新村老年公寓。

2019年末，全社有202户家庭、572人、4个村民小组。全社集体可用资金59万元，社员人均收入31000元。集体所有的农用地面积190.2公顷。

**花船经济合作社** 原花船村位于街道办事处驻地6.2千米。旧时该村住户多置木帆船，船体彩绘，故有花船之称，后作村名。现花船经济合作社驻峰南社区服务中心。

1949年10月，与今谢家岙、竹湾、后墩统称郭巨乡八村。1950年7月称峙头乡一村。1956年3月与今竹湾统称峙头乡花船高级社。1961年10月称峙头公社花船大队。1983年10月称峙头乡花船村。1992年5月改称郭巨镇花船村，2003年8月称白峰镇花船村，2013年11月撤村，并入峰南社区，保留股份经济合作社。

20世纪以前，村民以种植水稻、番薯、棉花为主。部分村民从事海上运输业。2007年，境域建穿山港区煤炭码头，全村拆迁，安置于白峰官庄峰南社区。村民多姓梅，清乾隆年间从柴桥东山门迁入。

2019年末，全社有79户家庭、193人、2个村民小组。社集体可用资金17万元，人均收入15576元。集体所有的农用地面积54.5公顷。

**竹湾经济合作社** 原竹湾村位于街道办事处驻地东北5.5千米。村委会驻竹湾自然村，村民多姓梅，清康熙年间从柴桥东山门迁入。该村山坡原有竹林，山旁海湾常有船只避风、停泊，故名竹湾。

1949 年 10 月，与今谢家岙、后墩、花船统称郭巨乡八村，1950 年 7 月称峙头乡一村，1956 年 3 月与今花船统称峙头乡花船高级社，1961 年 10 月称峙头公社竹湾大队，1983 年 10 月称峙头乡竹湾村，1992 年 5 月改称郭巨镇竹湾村。2003 年 9 月称白峰镇竹湾村，2013 年 11 月撤村，并入峰南社区，保留股份经济合作社。

20 世纪以前，农业生产以种植水稻、番薯、棉花为主，部分村民从事海上运输业。2006 年 12 月，因穿山港区集装箱码头开发项目，全村被征迁，大多数村民迁入白峰街道怡峰家园、郭巨街道东香茗园，老年人迁入白峰街道门浦东港新村老年公寓。现股份经济合作社驻峰南社区服务中心。

2019 年末，全社有 148 户家庭、371 人、2 个村民小组。全社可用资金 29 万元，社员人均收入 30000 元。集体所有的农用地面积 87.4 公顷。

**后墩经济合作社** 原厚墩村位于街道办事处驻地东北 4 千米，村域面积约 4 平方千米，有庙墩、长沙湾等 10 个自然村，村委会驻庙墩。因村南面山上的 6 条溪流携带的大量泥沙冲刷而下到村子与海潮相遇积成一个厚厚的土墩，因此得村名。因厚与后字音相同，1956 年第一次汉字简化后，村民为书写简便就写成了现在的后墩村。

1949 年 10 月与今谢家岙、竹湾、花船统称郭巨乡八村，1950 年 7 月至 1956 年 2 月称霞峙乡六村，1956 年 3 月称峙头乡后墩高级社，1961 年 10 月称郭巨公社后墩大队，1983 年 10 月称郭巨乡后墩村，2003 年称白峰镇后墩村，2013 年撤村，并入峰南社区，保留股份经济合作社，称白峰镇后墩股份经济合作社，2016 年称郭巨街道后墩股份经济合作社。

20 世纪以前，农业生产以种植水稻、番薯、棉花为主。2006 年因宁波港穿山港区集装箱码头开发建设需要，村子整体拆迁移民，大多数村民迁入白峰街道怡峰家园、郭巨街道东香茗园，老年人公寓安置在门浦隔山王家东港新村。现经济合作社驻峰南社区服务中心。

2019 年末，全社有 463 户家庭、1129 人、10 个村民小组。全社可用资金 85 万元，社员人均收入 30000 元。集体所有的农用地面积 191.8 公顷。

## 峙东社区

位于街道办事处驻地北 2.6 千米，地理坐标为北纬 29° 51′ 24″，东经 122° 1′ 14″。

2020 年 8 月 25 日，北仑区人民政府发文《关于同意郭巨街道优化调整部分行政村规模的批复》，撤销长坑村和双屯村村民委员会，合并设立峙东社区居民委员会，峙东社区居民委员会管辖范围为东香茗园小区、司沿安置地块。

**双屯经济合作社** 原双屯村位于街道办事处驻地东北 11.2 千米。有大屯、小屯两个自然村，故名双屯。村委会驻大屯。

1949 年 10 月与今光明、长浦、长坑村统称郭巨乡十村，1950 年 7 月大屯自然村与长浦村统称峙头乡六村，小屯自然村与长坑村统称峙头乡七村，1956 年 3 月称峙头乡光明高级社，1961 年称峙头公社双屯大队，1983 年 10 月称峙头乡双屯村，1992 年 5 月改称郭巨镇双屯村，2003 年 3 月称白峰镇双屯村，2016 年 8 月称郭巨街道双屯村。2020 年撤村，并入峙东社区，保留股份经济合作社，称郭巨街道双屯股份经济合作社。

原有耕地仅有 2.1 公顷，种植水稻，旱地种植番薯、茶叶。20 世纪 90 年代起改成海产品养殖塘。部分村民从事海上运输业。20 世纪 80 年代后，开办采石场。2003 年，因工业固废处置站项目，大屯组拆迁，村民安置于白峰司前郑家。村委会设在白峰村。2014 年，因峙头山石料项目，小屯组拆迁，在白峰司沿大岙新建老年房 32 套，1 幢文化礼堂。

2019 年末，全村有 75 户家庭、228 人、全社可用资金 67 万元。集体所有的农用地面积 115.1 公顷。

**长坑经济合作社** 原长坑村位于街道办事处驻地东北 12.5 千米。村处穿山半岛峙头山麓北面的半山腰间，为浙东大陆最东端。村庄背山面海，千米长的山坑穿村而过流入峙头洋，故称长坑。村民多姓张，清康熙年间（1662—1722）从霞浦上张迁入。

1949 年 10 月与今光明、长浦、双屯村统称郭巨乡十村，1950 年 7 月与双屯村统称峙头乡七村，1956 年 3 月称峙头乡光明高级社，1961 年称峙头公社长坑大队，1983 年 10 月称峙头乡长坑村，1992 年 5 月改称郭巨镇长坑村，2003 年 9 月称白峰镇长坑村，2016 年 8 月称郭巨街道长坑村，2020 年撤村，并入峙东社区，保留股份经济合作社，称郭巨街道长坑股份经济合作社。

长坑地处穿山半岛最东端，交通极为不便，至 2008 年，才有一条通往中宅的乡级公路。解放后，村民“靠山吃山、靠海吃海”，以卖柴、近海捕捞（溜鳓鱼、撩海蜇）和从事海上运输为生。农业生产以种植番薯、茶叶为主。20 世纪 80 年代后，开办采石场，部分村民外出务工经商。2014 年 4 月，因峙头山石料项目开发整村拆迁，在白峰司沿大岙与双屯村毗邻合建峙北新村，建老年安置房 62 套。

2019 年末，全村 126 户家庭、376 人，村民多分散居住在北仑、镇海等地。全社可用资金 296 万元。集体所有的农用地面积 190.7 公顷。

# 第四章　地名

“霩鶴”地名出现在南宋宝庆年前。境内诸多地名以“岙”来命名。境域因行政区划调整，峙头乡等 7 个乡名废止；因穿山港区开发建设征地撤村，中宅村等 9 个村及升螺等 53 个自然村名废止。

## 第一节　街道名由来

郭，通廓，有外城、郊外、空阔之义；衢，古为四通八达的大道。“霩䨏”两字含有城廓之阔、海廓连天、四通八达之意，与郭衢所处的地理位置相符。

“霩䨏”之地名，何时启用暂无考。但据史料记载，南宋建炎元年（1127）在此设立驿站就被定名为“霩䨏驿”。《汉语大词典》注释为：“䨏”同“衢”，霩䨏为驿站名，宋 1227 年置，在浙江镇海东南。明改为千户所。《明史：兵之三》：“于浙则有六总，一金乡、磐石二卫……一定海卫及霩䨏、大嵩等所”。明郎瑛《七修续稿•国事•浙江省倭寇始末略》作“霩䨏”。在日本出版的清人篆体、隶体字典中也能查到雨字头的霩字。可见“霩䨏”之地名起码出现在南宋宝庆年前。

霩䨏这个地名，原本没有雨字头。相传，当时通往西面的道路崎岖，于是在大山头开山打石岩脚，修建了大路，后此路四通八达。开山打石岩脚时，留下两块 3 米见方的巨石，此巨石似石柜。当地人以柜谓衢、以城谓廓，遂名为“霩䨏”。郭衢虽处典型的海洋性气候，但因陆地面积小，河少水流程短，有山而无川，雨水根本留不住，故沿山之地浇灌，当地老百姓生活用水都得靠天（明时，霩䨏千户所城池内，挖了 72 口井、4 座池塘，便是解决霩䨏缺雨水例证）。为了祈雨、讨彩头，郭衢的老百姓在地名按上雨字头，把郭衢改成“霩䨏”。并一直沿用“霩䨏”为名。20 世纪 50 年代，国家推行简体字，“霩䨏”简化为郭巨。“霩䨏”两字为 51 画，是全国现存笔画最多的一个地名，可谓中国两字地名笔画之最。

“霏霭”地名不仅具有丰富的历史内涵和人文寓意，郭巨又有千年古城遗址、抗倭寇保海疆光荣历史，为不忘历史留住记忆，2009年，郭巨总台山历史文化研究会在凤凰山公园立有“霏霭”一碑（碑文见丛录）。

# 第二节 废止地名

## 废止乡名

**峙南乡** 1930年，设峙南乡，辖盛岙、寺湾、升螺、柳树田、洋涨。1935年，峙南乡撤销，所辖各地归属峙头乡。峙南乡废止。

**峙北乡** 1930年，设峙北乡，辖竹湾、花船、上宅、中宅、沙湾、小黄石门、大黄石门、半掘浦、长柄、大屯、小屯、长坑。乡政府设在中宅。1935年，峙北乡撤销，所辖各地归属峙头乡。峙北乡废止。

**三境乡** 民国24年（1935），设三境乡，辖大涂、霞峙、厚墩等，乡政府设在华峙庙。1947年10月，三境乡撤销，所辖各地归属郭巨镇。三境乡废止。

**霞峙乡** 1950年，设霞峙乡，辖华峙、谢家岙、厚墩、尖岭岙、大岭下、福民、庞象岙。乡政府设在华峙庙。1956年撤区并乡，霞峙乡撤销，下属各地归属郭巨镇。霞峙乡废止。

**盛厚乡** 1950年，设盛厚乡，辖双岙、盛岙、联合、洋涨。乡政府设在盛岙凤巴。1956年撤区并乡，撤销盛厚乡，双岙村归属郭巨镇，盛岙、联合、洋涨归属峙头乡。盛厚乡废止。

**峙头乡** 新碶东偏南25千米。乡政府驻中宅，面积27.4平方千米。境东有乌峙山，其脉入海，尽头处称峙头，乡由是名。1991年底辖12个村，共2520户，7244人。1992年5月扩镇并乡时并归郭巨镇，峙头乡废止。

## 废止村名

**中宅村等7个村** 2013年10月15日，根据《宁波市北仑区人民政府关于同意设立白峰镇峰南社区居委会的批复》《宁波市北仑区人民政府关于同意撤销白峰镇上宅村等8个村民委员会的批复》，成立白峰镇峰南社区居民委员会；撤销上宅村、中宅村、竹湾村、沙湾村、花船村、光明村、后墩村7个村村民委员会，保留各村股份经济合作社体制。

**长坑村 双屯村** 2020年8月25日，根据北仑区人民政府仑政批〔2020〕15号文件《关于同意郭巨街道优化调整部分行政村规模的批复》，撤销长坑村和双屯村村民委员会，合并设立郭巨街道峙东社区居民委员会。

## 废止自然村名

**升螺** 属联合村。村落多山，民宅依山势螺旋上升而布，故称。多姓陈，清顺治年间（1644—1661）从宁波西门外迁入。91户、288人。原村委会驻地。2013年整体拆迁，村民迁入东港新村或散居北仑各地。自然村废止。

**寺湾** 属联合村。村北原有寺庙，寺旁有山湾，故名。多姓唐，清康熙年间（1662—1722）从小港迁入。69户，218人。2013年整体拆迁，村民迁入东港新村或散居北仑各地。自然村废止。

**柳树田** 属联合村。早先村落多柳树，周围有田地，故称柳树田。有王家小地名，多姓吴，清康熙年间（1662—1722）从霞浦迁入。60户、190人。2013年整体拆迁，村民迁入东港新村或散居北仑各地，自然村废止。

**岙里** 属联合村。村处柳树田山岙底端，故称岙里。多姓吴，清康熙年间（1662—1722）从霞浦迁入。

29户、92人。2013年整体拆迁，村民迁入东港新村及散居北仑各地。自然村废止。

**对头** 属联合村。坐落于柳树田东山狮子口对面（俗称对头）。日久遂以为名。多姓吴，清康熙年间（1662—1722）从霞浦迁入。41户、121人。2013年整体拆迁，村民迁入东港新村或散居北仑各地，自然村废止。

**郁家** 属南门村，由姓得名。多姓郁，清宣统年间（1909—1911）从宁波西门外迁入，20户、70人。因村处凤凰山腰，交通不便，村民逐年外迁，现并入埠漕头。自然村废止。

**倒船湾** 属南门村。原为海湾，常有船只在此调头（倒船），故以俗称倒船湾名之。多姓汪，自1962年起从郭巨城内迁入。65户、192人。后并入大斗门，自然村废止。

**大山头** 属路亭村。村处大山下，故名。多姓黄，清乾隆年间（1736—1795）从郭巨城内迁入，26户、68人，后并入大桥下，自然村废止。

**路亭外** 属路亭村。村处古凉亭外，故名，多姓姚，清乾隆年间（1736—1795）从郭巨城内迁入，33户、74人。后并入吊桥河边，自然村废止。

**河边山** 属路亭村。村处古城河小山旁边，故名。多姓贾，明嘉靖年间（1522—1566）从福建迁入，113户、266人。因并入郭家山，自然村废止。

**庵坑岭** 属尖岭村，村北有岭，岭间树高叶茂不见天日，故名暗坑岭；因岭南旧有静山庵，后改称庵坑岭，村以岭得名，多姓俞，清光绪年间（1875—1908）从霞浦水俞村迁入。38户，105人，2012年因疏港高速公路建设整体拆迁，村民迁入东香茗园及尖岭村老年房，自然村废止。

**岭头** 属尖岭村，村处华峙岭头，故名。多姓俞，清光绪年间（1875—1908）从霞浦水俞村迁入，45户、123人，2012年因疏港高速公路建设征用拆迁，村民迁入东香茗园及尖岭村老年房。自然村废止。

**赵家** 属华峙村。由首居者姓氏得名，多姓赵，清乾隆年间（1736—1795）从郭巨南门迁入，50户、138人。原村委会驻地。2012年因疏港高速公路项目整体拆迁，村民迁入华峙老年房或散居北仑各地，自然村废止。

**张西岙** 属华峙村，因张、史两姓早居，称张史岙，后别称张西岙，多姓胡，清乾隆年间（1736—1795）从柴桥胡家迁入，145户、403人。2002年因集装箱码头项目整体拆迁，村民迁至华峙老年房或散居北仑各地。自然村废止。

**崇记里** 属华峙村。旧有"崇记木材行"，后成村名，多姓胡。清康熙年间（1662—1722）从柴桥迁入，180户、407人。2011年因穿山港铁路项目整体拆迁，村民迁入华峙老年房或散居北仑各地。自然村废止。

**东岙** 属华峙村，处华峙村东部山边，故名，多姓黄，清雍正年间（1723—1735）从柴桥东山门迁入，91户、274人。2012年因疏港高速公路项目整体拆迁，村民迁入华峙老年房或散居北仑各地，自然村废止。

**厂里** 属谢家岙村。早先原地有砖窑厂，张姓在厂边定居，故以窑厂为名。多姓张，61户，162人。原村委会驻地。2002年因集装箱码头项目整体拆迁，村民迁入谢家岙新村，自然村废止。

**童家池** 属谢家岙村，村有童家池，以池得名，多姓杨，清乾隆年间（1736—1795）从霞浦河东村迁入，60户、100人。2002年因集装箱码头项目整体拆迁，村民迁入谢家岙新村，自然村废止。

**七架屋** 属谢家岙村，其先祖建七架屋定居，以得名。多姓张，清乾隆年间（1736—1795）从霞浦迁入，56户、148人。2002年因集装箱码头项目整体拆迁，村民迁入谢家岙新村，自然村废止。

**梅家** 属谢家岙村，多姓梅，由姓得名。清乾隆年间（1736—1795）从柴桥东山门迁入，55户，146人。2002年因集装箱码头项目整体拆迁，村民迁入谢家岙新村。自然村废止。

**庙墩** 属后墩村，原地有一庙，村处庙之上方（方言称上方为上墩），故名，68户，215人。原村委会驻地。2006年因集装箱码头项目整体拆迁，村民迁入东港新村、怡峰家园或散居北仑各地。自然村废止。

**长沙湾** 属后墩村。村外有海湾称长沙湾，村以此得名。多姓李，明嘉靖年间（1522—1566）从霞浦后横河迁入。10户、32人。2006年因集装箱码头项目整体拆迁，村民迁入东港新村、怡峰家园或散居北仑各地，自然村废止。

**短沙湾**　属后墩村，村处沙滩湾角，称短沙湾，多姓贺，清初从峙头上宅分迁定居，33户、103人。2006年因集装箱码头项目整体拆迁，村民迁入东港新村、怡峰家园或散居北仑各地，自然村废止。

**西岙**　属后墩村。因处后墩村西部山岙，故名。多姓李，清初从柴桥东山门李家迁入，10户、31人。2006年因集装箱码头项目整体拆迁，村民迁入东港新村、怡峰家园或散居北仑各地，自然村废止。

**黄家塘**　属后墩村。村北有黄家塘，村以塘得名。多姓李，1978年从本村三塔岭下李家移此。24户、87人。原村委会驻地。2006年因集装箱码头项目整体拆迁，村民迁入东港新村、怡峰家园或散居北仑各地。自然村废止。

**上陈家**　属后墩村，以方位与姓氏得名，多姓陈，明嘉靖年间（1522—1566）从郭巨东门迁入，23户、72人。2006年因集装箱码头项目整体拆迁，村民迁入东港新村、怡峰家园或散居北仑各地，自然村废止。

**下陈家**　属后墩村。因位于上陈家下方，故名，多姓陈，明弘治年间（1488—1505）从郭巨东门迁入，95户、301人。2006年因集装箱码头项目整体拆迁，村民迁入东港新村、怡峰家园或散居北仑各地，自然村废止。

**黄家**　属后墩村，多姓黄，由姓得名。明嘉靖年间（1522—1566）从鄞州区天童小白迁入，24户、87人。2006年因集装箱码头项目整体拆迁，村民迁入东港新村、怡峰家园或散居北仑各地，自然村废止。

**三塔岭下**　属后墩村，村处三塔岭脚下，故名。多姓李，明末从柴桥东山门李家迁入。8户、25人。2006年因集装箱码头项目整体拆迁，村民迁入东港新村、怡峰家园或散居北仑各地，自然村废止。

**曹家**　属后墩村，多姓曹，由姓得名。明万历年间（1573—1620）从柴桥曹家迁入，24户、87人。2006年因集装箱码头项目整体拆迁，村民迁入东港新村、怡峰家园或散居北仑各地。自然村废止。

**贺家**　属上宅村。多姓贺，由姓得名。清康熙年间（1662—1722）从大碶镇老贺村迁入。188户、578人。原村委会驻地。2006年因矿石码头项目整体拆迁，村民迁入东港新村、怡峰家园或散居北仑各地，自然村废止。

**里岙**　属上宅村。岙离海较远又紧靠上宅岭山脚尽头，故称。有东山小地名。多姓张，清乾隆年间（1736—1795）从霞浦下浦张迁入，44户、116人。2006年因矿石码头项目整体拆迁，村民迁入东港新村、怡峰家园及散居北仑各地，自然村废止。

**外岙**　属上宅村。村处里岙外首，故名，多姓俞，清乾隆年间（1736—1795）从大碶迁入。33户、80人。2006年因矿石码头项目整体拆迁，村民迁入东港新村、怡峰家园及散居北仑各地，自然村废止。

**下湾**　属上宅村，村处上宅宫墩山嘴与外山嘴间大湾内，且居宫墩山下，故称，多姓胡，清乾隆年间（1736—1795）从霞浦迁入，11户、30人。2006年因矿石码头项目整体拆迁，村民迁入东港新村、怡峰家园或散居北仑各地，自然村废止。

**竹湾**　属竹湾村。自然村山坡原有竹林，山旁海湾常有船只避风、停泊，故名。多姓梅，清康熙年间（1662—1722）从柴桥东山门迁入。131户、398人。原村委会驻地。2007年因集装箱码头项目整体拆迁，村民迁入东港新村、怡峰家园或散居北仑各地，自然村废止。

**花船**　属花船村，多姓梅。清乾隆年间（1736—1795）从柴桥东山门迁入。65户、188人。原村委会驻地。2007年因矿石码头项目整体拆迁，村民迁入东港新村、怡峰家园或散居北仑各地，自然村废止。

**中宅**　属中宅村，相传清嘉庆年间（1796—1820）艇匪蔡春于今宫墩山建有上、中、下三寨，后以寨地为宅地建房成村，因村处居中，故称。多姓张，清乾隆年间（1736—1795）从霞浦迁入，200户、655人。原村委会驻地。2005年因矿石码头和液化天然气项目整体拆迁，村民迁入东港新村、怡峰家园或散居北仑各地，自然村废止。

**屯坑**　属中宅村，因地处偏，村民生活不便，1951年迁入中宅定居，自然村废止。

**老厂后**　属中宅村，曾名里岭岗下，原有村民3户，因生活不便，1951年迁入中宅定居，自然村废止。

**坤房**　属沙湾村，有小跨头，外厂小地名，多姓张，村由张姓房头得名，清乾隆年间（1736—1795）

从霞浦下张迁入，250户、686人。原村委会驻地，2006年因液化天然气项目整体拆迁，村民迁东港新村、怡峰家园或散居北仑各地，自然村废止。

**沙湾岙底** 属沙湾村。因位于北山深处，故称岙底，多姓张，清乾隆年间(1736—1795)从霞浦下张迁入，10户、25人。2006年因液化天然气项目整体拆迁，村民迁入东港新村、怡峰家园或散居北仑各地，自然村废止。

**小黄石门** 属沙湾村，村落散居在靠近沙湾的小黄石门岭脚下，故称，多姓张，乾隆年间（1736—1795）从霞浦上张迁入。5户、13人。2006年因液化天然气项目整体拆迁，村民迁入东港新村、怡峰家园或北仑各地，自然村废止。

**小黄石门岭登** 属光明村，村落散居在靠近大黄石门岭登，故称，多姓张，乾隆年间（1736—1795）从霞浦上张迁入。6户、19人。2006年因液化天然气项目整体拆迁，村民迁入东港新村、怡峰家园或北仑各地，自然村废止。

**王家** 光明村，由姓得名，多姓王，清康熙年间（1662—1722）从塔峙迁入，55户、160人。2003年因固废垃圾项目整体拆迁，村民迁入东港新村、怡峰家园或散居北仑各地，自然村废止。

**顾家** 属光明村。由姓得名，多姓顾，清康熙年间（1662—1722）从大碶塊头迁入，10户、40人。2003年因固废垃圾项目整体征用拆迁，村民迁入东港新村、怡峰家园或散居北仑各地。自然村废止。

**大黄石门** 属光明村。此处山脚下有天然岩石相叠，形似大门，且土壤呈黄色，故称黄石门，为别于他处黄石门，故称大黄石门。居地高处曾建庙，又称庙墩头。多姓张，清康熙年间（1662—1722）从霞浦上张迁入。61户、196人。原村委会驻地。2005年因光明散杂货码头项目整体拆迁，村民迁入东港新村、怡峰家园或散居北仑各地。自然村废止。

**光明岙里** 属光明村。因地处洋涨岭下山坑之底，故称岙里，多姓张，清康熙年间（1662—1722）从霞浦上张迁入。65户、207人。2005年因光明散杂货码头项目整体拆迁，村民迁入东港新村、怡峰家园或散居北仑各地。自然村废止。

**长柄** 属长浦村。居地山嘴狭长，形如刀柄故称。多姓张，清康熙年间(1662—1722)从新碶高塘迁入。48户、135人。原村委会驻地。2003年因固废垃圾项目整体拆迁，村民迁入峙北新苑居住。自然村废止。

**半掘浦** 属长浦村。相传兄弟4人早居于此，曾掘浦半段，故称半掘浦，后有人称半月浦。有大岙、小岙小地名。多姓张，清康熙年间（1662—1722）从霞浦上张迁入，50户、138人。2003年因固废垃圾项目整体拆迁，村民迁入峙北新苑居住。自然村废止。

**大屯** 属双屯村。相传古时山上多藤棚，后藤简作屯，故有大屯、小屯之称，山岙面积大的称大屯。多姓张，清乾隆年间（1736—1795）从霞浦上张迁入。35户、94人。原村委会驻地，2003年因固废垃圾项目整体拆迁，村民迁入峙北新苑居住。自然村废止。

**小屯** 属双屯村。早年由于居处面积和人口少于大屯，故称。多姓张。清乾隆年间（1736—1795）从霞浦上张迁入。39户、131人。2014年因高山移民整体拆迁，村民迁入峙北新村居住，自然村废止。

**长坑** 属长坑村。地形背山面海，有较长山坑，故称。多姓张，清康熙年间（1662—1722）从霞浦上张迁入，133户、379人。原村委会驻地。2014年因高山移民整体拆迁，村民迁入峙北新村居住。自然村废止。

**大岙** 属洋涨村。原称洋涨大岙，有中透、小透小地名，2004年10月中透与小透合并，大岙改为中透。多姓俞，清康熙年间（1662—1722）从大碶石湫村迁入。175户、513人。原村委会驻地。2016年整体拆迁，村民迁入洋涨安置地块，自然村废止。

**小岙** 属洋涨村。地处洋涨大岙支岙，岙小人少，故名。多姓陈，清朝从宁波陶公山迁入。13户、38人。2016年整体拆迁，村民迁入洋涨安置地块，自然村废止。

# 第二篇 自然环境

郭巨位于穿山半岛最东端，东、南、北三面濒临峙头洋，地形呈狭长方形。

境域有大小山冈 60 余座，高程多在 100 ~ 400 米，主要山峦有驼山、总台山、峙头山，其中以 391.8 米的峙头山为最高峰。山脉东北走向，自墩石岩山经驼山（又名紫微岙大山）、总台山、峙头山后直潜峙头洋，为天台山余脉，属东南丘陵带。境内有峙头洋、螺头水道、佛渡水道，其中螺头水道为宁波港穿山港区、大榭港区、北仑港区之主航道。有无人居住岛屿 3 座、礁 3 座。

据 1983 年第二次土地普查，境内有低山丘陵、滨海平原两种地带性土壤群，有红壤、黄壤、潮土、盐土、水稻土五种土类。植被以阔叶林、乔木、亚乔木、灌丛、草丛等次生植被及人工引种植被为主。

郭巨属亚热带季风气候区，四季分明，光照充足，温和湿润，雨量充沛，无霜期长。常有季风交汇影响，气候多变，有台风、旱涝等灾害性天气出现。

境域物产资源丰富，尤以海洋生物、野生动物、野生植物种类繁多。矿产资源以建筑石料为主，金属矿产贫乏。

# 第一章　地质　地貌

境域处于大地构造的华南褶皱系（Ⅰ级），浙东南褶皱带（Ⅱ级），丽水—宁波隆起三级构造单元东侧，浙闽粤中生代火山岩带的北段。穿山半岛最东端，属天台山余脉，有大小山冈 60 余座，山丘岩基主要是凝灰岩和流纹岩组成。境东、南、北三面濒临峙头洋，32 千米海岸线多港湾岬角，形成大小山岙 25 个。

## 第一节　地质

境内出露的地层有中生界上侏罗统和新生界第四系。追溯侏罗纪晚世早期以后的地质史，印支运动以后，区域性北东向构造带已形成，燕山运动早期又形成了北北东向构造。这些构造的强烈活动，导致岩浆沿构造带运移，发生强烈的火山喷发，形成了分布于中国东部的北北东向、北东向展布的火山岩带。境内大面积分布的高坞组晶屑熔结凝灰岩，既是它的产物，也是境内地质发展史的第一页。

### 地质发展

依据所见的不整合面，境内地质发展可分以下几个时期：

**燕山运动早期**　这是火山强烈活动时期，境内经历了两个发展阶段。

第一阶段（侏罗纪晚世早期），早中期，火山活动强烈；晚期火山活动由喷发转为爆溢，岩浆从火山口溢出，在郭巨境域等地冷却凝固，形成厚度巨大的貌似花岗岩的晶屑熔结凝灰岩（$J_3g$）。与上覆砂砾岩假整合面的存在，显示该阶段火山活动强度渐弱，暂告结束。

第二阶段（侏罗纪晚世晚期），相对宁静，处于剥蚀状态，在低洼的河流、溪谷内堆积，该阶段底部的紫红色砂岩、砂砾岩，它代表湿热氧化的环境，标志第二阶段的开始。此后，由于北东向、北北东向构造带再次强烈活动，岩浆急剧上升，在构造带有利部位发生中心式多口火山爆发，火山活动经历了岩浆喷发—宁静—岩浆喷溢—岩浆超浅成侵入—再次岩浆超浅成侵入—火山活动止息的过程。这一系列过程先后形成了分布在境内的上侏罗统西山头组（$J_3x$）火山碎屑流相的火山碎屑岩、茶湾组（$J_3c$）火山沉积岩等岩种。

**燕山运动晚期**　经过早期强烈火山活动后，晚期进入较为宁静的时期，运动方式也发生了变化。伴随构造带的继续运动，境内有微弱的火山活动、较弱的岩浆侵入和明显的垂直差异运动。

第一阶段（白垩纪早期），温州—镇海北北东向断裂带由挤压转为弛张，其东、西侧下降，接受沉积。标志着新火山活动的开始。

第二阶段（白垩纪晚期），境内处于全面隆起剥蚀状态，未留下堆积产物。而伴随隆起的垂直运动，导致岩浆多次侵入，境内盛岙的铁矿是这一时期岩浆期后气液活动和有用元素富集作用的结果。

**喜马拉雅运动时期**　进入新生代后，新构造运动控制了境内的地质发展。第三纪，境内应力场发生重大变化，处于近东西向挤压应力作用下，全面隆起，遭受剥蚀。隆起一直延续到第四纪早更新世，从而缺失了第三系和下更新统地层。第四纪中期起，由全面隆起转为隆起与下陷交替进行，垂直差异运动明显。形成新凹陷，并延续到全新世。在构造运动和气候条件的双重因素作用下，凹陷内出现 4 次海侵，沉积了厚达百余米的海相、河溪相产物，在山麓部位则由冲洪积、坡洪积和坡积组成，形成沟谷小平原。

### 地层

境内出露的地层有中生界上侏罗统和新生界第四系。

**上侏罗统（$J_3$）** 分布在境内丘陵区，由火山碎屑岩、火山熔岩、火山喷发沉积岩等组成，总厚度约 3000 米。根据岩性、岩相、接触关系、岩石化学成分等特征，划分为高坞组（$J_3g$）、西山头组（$J_3x$）、茶湾组（$J_3c$）、九里坪组（$J_3j$）。境内分布的主要有高坞组（$J_3g$）、西山头组（$J_3x$）、茶湾组（$J_3c$）。高坞组岩性为流纹质晶屑熔结凝灰岩，貌似花岗岩。西山头组其下部岩性为流纹质晶屑玻屑熔结凝灰岩、凝灰岩夹不稳定沉凝灰岩，上部岩性为英安质含角砾晶屑玻屑熔结凝灰岩。茶湾组下部岩性为凝灰质砂岩、沉凝灰岩，上部岩性为玻屑凝灰岩夹沉灰岩。

**第四系（Q）** 境内广泛分布，主要在丘陵山麓和沟谷部位。依据岩性与成因类型、接触关系、化石、古气候、古地磁以及年龄等特征，划分为中更新统（$Q_2$）、上更新统（$Q_3$）和全新统（$Q_4$）。中更新统分布在平地底部；上更新统分布在丘陵山麓部位；全新统分布在沟谷浅表部位。

### 岩石

境内岩石属弱碱质—钙碱质岩系，以铝过饱和系列过碱性岩为主。

火山岩有火山碎屑岩、熔岩、潜火山岩 3 类。火山碎屑岩有凝灰岩、熔结凝灰岩、灿角砾（集块）岩和沉凝灰岩 4 类，广泛分布在境内丘陵。熔岩有流纹斑岩分布在峙头角一带。潜火山岩主要分布于高山峭壁。

还有少量侵入岩。围岩为火山碎屑岩，形成时代为燕山晚期，另有花岗斑岩脉分布于境内山地、丘陵地区。

### 构造

境内地质构造以断裂构造和火山构造为主要表现形式。

境域主要为北东向断裂。区域性丽水——奉化北东向大断裂带北段从北仑区境西部通过，对山体展布、侵入岩侵位和地震具有控制作用，总体走向 40° ～ 55°，倾向南东，倾角 70° 左右。境内有郭巨西门畈—华峙断裂，属前第四纪断裂。

境域处于浙东中生代火山喷发带（温州—象山喷发带象山火山活动区）。

## 第二节　地貌

境内有堆积地貌、海蚀地貌、海积地貌等类型。以冲海积平原与侵蚀剥蚀陵为主，其中郭巨西门外、南门外、双岙、盛岙、中宅一带冲海积平原面积相对较大，纵深约在 1 ～ 3 千米，而峙头长坑、双屯、长浦、光明、竹湾、花船为侵蚀剥蚀陵，纵深 1 千米以内。地形呈狭长方形。

32 千米海岸线多港湾岬角，仅峙头境内即有竹湾山咀、花船山嘴、上宅咀、庙山嘴、火叉嘴、沙湾嘴、公鹅嘴、外山嘴、大火叉嘴、涨水潮嘴、长柄咀、和尚山咀、小屯山咀、龙冲、峙头角、小岙嘴、百步嵩咀、盛岙咀等（故有民间传说：峙头十八嘴，嘴嘴窜落水，一嘴勿落水，出个大财主），还有郭巨境内的碧澜嘴。形成大小山岙 25 余个，不断筑塘围地，原有海岸线逐渐变直并成人工海岸线，部分海岸线外延多达近 3 千米。

境内山脉起伏连绵，丘陵区自然坡度一般是 8°～35°，有大小山冈 60 余座。地势由西北向东南倾斜，平均海拔约 250 米以上，最高为峙头山 391.8 米。

境内有无人岛 3 座、明礁 3 座，岛礁面积约 0.12 平方千米。32 千米海岸线上多港湾。

# 第二章 山 岭 岙 岛礁 滩涂

境域有大小山冈 60 余座，其中海拔 200 米以上的占 47%，300 米以上的占 13.3%。岭 18 条，旧时为通往境外的主要通道；有岙 25 个，各岙都有海涂，筑塘围田致海涂面积减少，2006 年峙南围涂工程前，境南侧西自郭巨东至洋涨各村岙均有较大面积的海涂，其中郭巨涂和双岙涂面积达 1.723 平方千米。有无人居住岛屿 3 座、礁 3 座。

## 第一节 山 岭 岙

### 山（冈）

**方门山** 位于郭巨街道西南 2.3 千米处。东连大涂塘新碶头，南临梅山港，西接白峰上阳黎明，北靠下盘象岙。山冈南侧属梅山街道。海拔 217 米。

**凤山** 位于郭巨街道东南 1.4 千米处。山麓旧有凤山庙，故名。俗称凤凰山。旧为郭巨所城之倚山，今四周遍建居民点。海拔 91 米。

**门前山（又名金字山）** 位于郭巨街道西南 1.5 千米处。东连紫微岙，南接紫微岙岙底里，西靠焦山坑，北至大岭下村。处福民和大岭下两村前，故名。海拔 153.2 米。

**张家山** 位于郭巨街道西偏北 1.6 千米处。东接尖岭岙村，南连大岭下村，西至大涂岭，北靠尖岭。以姓得名。海拔 182 米。

**总台山** 原名三塔山，位于郭巨街道东北 2.1 千米处。东起后墩岭，南接官路弄自然村，西至云岭庵（云隐寺）冈，北靠华峙村。山巅明朝时建有烽堠，清朝时升为总台，故名。烽堠总台于 1993 年被定为省级文物保护单位。海拔 309.2 米。

**青坑山** 位于郭巨街道东北 3.6 千米处。东连火坑山，南接双岙村大岙里，西至后墩岭，北靠后墩村上陈家。海拔 230.5 米。

**东山** 位于郭巨街道东 2.9 千米处。东界狮子山，南接碧澜嘴，西连台岙，北靠双岙岭。因处郭巨城东，故名。旧有炮台，故又名东炮台山。海拔 101 米。

**老鹰嘴山** 位于郭巨街道东北 3.5 千米处。东起后墩西岙，南接后墩岭，西界谢家岙梅家，北至长沙湾。海拔 108 米。

**枕山** 位于郭巨街道东 1 千米处。东连路亭村郭家山，南接郭巨北城内，西南至教场底（路），北靠小涂岙。山形似枕头，以形得名。山麓原设云衢书院，后为郭巨中心小学。海拔 85.2 米。

**猫头山** 位于郭巨街道东 4.1 千米处。东接地龙冈，南濒海，西为海口自然村，北靠迷马岭。山形如猫头，故名。海拔 151 米。

**杨家山**　位于郭巨街道东北 1.4 千米处。东起总台山，南接小涂岙，西靠华峙岭头，北连云来岭。以此地早居者姓氏得名。2009 年在山顶建风力发电塔。海拔 233 米。

**大坑山**　位于郭巨街道东北 9.4 千米处。东连峙头山，南至洋涨岙底，西界洋涨岭，北靠石门坑。洋涨岭旁有大坑，因名。2009 年在山顶建风力发电塔。海拔 287.5 米。

**长坑山**　位于郭巨街道东北 8.8 千米处。东连洋涨岭，南接中宅山，西至沙湾岙底，北靠光明岙里。山间有长坑，故名。2009 年在山顶建风力发电塔。海拔 202.2 米。

**花船山**　位于郭巨街道东北 5.7 千米处。东连花船村，南至花船冈，西接竹湾村，北濒峙头洋。海拔 155.8 米。

**天万山**　位于郭巨街道东北 8 千米处。东接窝坑山，西连中宅岭，北靠老鹰石岩山。2009 年在山顶建风力发电塔。海拔 209.8 米。

**火坑山**　位于郭巨街道东北 4 千米处。东麓起盛岙太和里，南接啰鹰山（猫头鹰），北靠三塔岭，西界青坑山。山陇四周层峦叠嶂，夏季山谷深处热如火炉，故名。山间有茅龙坑。2009 年在山顶建风力发电塔。海拔 234 米。

**啰鹰山**　位于郭巨街道东北 4.1 千米处。东起盛岙村，南接迷马岭，西靠老象冈，北连火坑山。形似啰鹰（猫头鹰），故名。海拔 161 米。

**峙头角山**　位于郭巨街道东北 12 千米处。东南临峙头洋，西接沙湾冈，北靠石水缸岙。因形似张开的大嘴下巴，故又名大嘴头。海拔 80.3 米。

**蟾蜍石山**　位于郭巨街道东北 6 千米处。东连寺湾，南至郭巨至洋涨公路，西靠盛岙，北连上宅岭。山冈岩石形如蟾蜍，故名。2009 年在山头建风力发电塔。海拔 156.2 米。

**老虎岩山**　位于郭巨街道东北 6.7 千米处。东连联合升螺，南至郭巨至洋涨公路。西界联合寺湾，北靠凤凰山。山上有岩石形似老虎，故名。2009 年在山顶新建风力发电塔。海拔 167 米。

**大山头山**　位于郭巨街道东北 8.6 千米处。东起洋涨岙，南至柳树田王家，西连天万山，北接大山冈。又称窝坑山。海拔 259 米。

**顾坑山**　位于郭巨街道东北 10 千米处。东起峙头山，南连石门坑，西靠原大黄石门自然村，北界半掘浦山。20 世纪 70 年代部队在此建造水库。海拔 272 米。

**插牛坑山**　位于郭巨街道东北 7.2 千米处。东起中宅岭，南接升螺岙，西连寺湾，北临中宅水库。海拔 216.9 米。

**峙头山**　位于郭巨街道东北 10.6 千米处。又名七县山，其西侧为乌峙山，海拔 391.8 米，为境内最高之山峰。

**龙冲山**　位于郭巨街道东北 11.6 千米处。东临峙头洋，西接峙头山，南连牛头冈，北陇至长坑村。海拔 86.1 米。

**中山冲山**　位于郭巨街道东北 5.2 千米处。东起盛岙乾坑，南连农田，西靠盛岙水库，北接大屋里。处盛岙中间，故称中山冲。海拔 56.2 米。

**滩里山**　位于郭巨街道东北 10.8 千米处。东接大屯，南连大屯坑，西靠顾坑山，北濒峙头洋。山上建有导航台。海拔 193.4 米。

**老鹰石岩山**　位于郭巨街道东北 8.2 千米处。东接洋涨岭，南连联合村柳树田，西连中宅峧里，北至火叉嘴。北坡岩石耸立，从南坡仰望形似老鹰，故名。海拔 214 米。

**馒头山**　位于郭巨街道东北 5.2 千米处。东靠竹湾村，南接马叶头冈，西至公路，北界竹湾山咀。山顶形似馒头，故名。海拔 95.2 米。

**凤凰山**　位于郭巨街道东北 6.3 千米处。东连晒网滩，南界寺湾，西连寺湾，北靠上宅岭下。2009 年在山顶建风力发电塔。海拔 278.2 米。

**驼山** 位于郭巨街道西南1.3千米，马盘岭西北，海拔268米。东北麓为紫微岙，又名紫微岙大山。

**龙王宫山** 在郭巨街道西南。海拔250米。东近下炮台冈，西接花岩冈，北靠马盘岭。

**墩石岩山** 郭巨街道西南2千米。东南靠花岩山，西北接日头山。海拔400米。山顶数块岩石矗立，故名。

**大涂岭山** 位于郭巨街道西北1.9千米，海拔93米。山间有大涂岭，西北起自门浦，北抵郭巨大岭下村。

**乱石坑山** 位于郭巨街道西北1.7千米。尖岭与大涂岭间，海拔159.8米。西为门浦村，西北有新家岙。

**狗湾山** 古称湾山。位于郭巨街道西0.2千米，西门外老鹰嘴冈西麓。湾内旧有甘露寺。山麓现驻郭巨街道办事处。

**竺岭山** 位于郭巨街道西0.7千米，海拔36米。东陇称马头冈，海拔58米；冈北麓为大坑岙，山南为狗湾，柴郭公路绕经山麓。

**尖山峰山** 位于郭巨街道北1.4千米处。东接华峙岭，有郭巨至白峰公路过境，南至庵坑岭，西靠大潭冈和扇子山，北连轮江大山。以山峰尖得名。海拔144米。

**旗山** 位于郭巨街道东南侧，海拔17米。明洪武年后期建有海云寺。

**狮子山** 位于郭巨街道东3.2千米双岙口，海拔27米。东侧隔田有乌龟山，海拔21米。20世纪80年代修建洋白公路辟为平地。

**鼓山** 又名鼓锣山，位于郭巨街道东南侧，处旗山南。南麓有小斗门塘。20世纪80年代建造洋白公路时废。

**鲤鱼山** 位于郭巨街道东1.5千米处。台岙东，海拔53米。北陇称狗山，海拔67米。

**三塔山** 位于郭巨街道东北2.9千米，青坑岭东，海拔234米。

**碶头山** 位于郭巨街道西北3.3千米，海拔94米。东麓旧有老碶，故名。山脊之西属白峰轮江村，北麓有巨石耸峙，称墩石岩。其东南麓有岙，为华峙老胡家。今柴郭公路绕经山麓而过。

**乌峙山** 位于郭巨街道东南11.4千米。其峰处司城岙北，洋涨岭西北，海拔300.2米。其东脉称峙头山。

**东山** 在峙北，位于郭巨街道东9.8千米上宅村，东接中宅水库，西连上宅里岙自然村，北近公路。海拔152.9米。处上宅村东，故名。

**中宅山** 又名宫山。郭巨街道东北10千米处。海拔214米。东北为中宅村。旧有天后宫。

**沙湾山** 又名下宅山，嘉靖《定海县志》作下泽山。在峙北，位于郭巨街道东北9.1千米，海拔66米。西为沙湾村，北濒海，呈岬角入海，称公鹅嘴。南有天凡山，海拔202.2米，两山间有沙湾岭通小黄石门。

**半掘浦山** 在峙北，位于街道东北11.2千米。大黄石门岭东与长浦间，海拔68.2米。中有岭，北为长柄咀。

**长柄嘴山** 在峙北，位于街道东北12.2千米峙头嘴北缘，海拔21米。山体长约500米，插入峙头洋。

**花船山** 位于街道东北6千米。海拔155.8米。南坡有花船岭，西抵竹湾，东北麓有花船岙。

**老象冈** 位于街道东北3.3千米处，东连青坑岭，南至双岙岭，西连总台山，北靠后墩村。远看山形如大象，以形得名。2009年，山顶建有风力发电塔。海拔268米。

**上炮台冈** 位于郭巨街道东北0.7千米处。东接小涂岙，南靠石沿，西至老鹰嘴冈，北连总台山。山上旧有炮台，故名。为区别于盘象岙下炮台冈，故称上炮台冈。海拔166米。

**老鹰嘴冈** 位于郭巨街道东北0.4千米处。东接上炮台冈，南靠福民石沿，北近大坑岙，西连马头冈。冈形似老鹰嘴部，故名。海拔138米。

**焦山坑冈** 位于郭巨街道西南2千米处。东起门前山，南接杉树坑，西靠里坑，北连大岭下。海拔229米。

**下炮台冈** 位于郭巨街道西南2.3千米处。东起下盘象岙，西接马盘岭，南连长坑方门山，北靠紫微岙。山上曾建烽堠，故名。海拔244.6米

**地龙冈** 位于郭巨街道东4.4千米处。东连盛岙，南临海边，西接双岙，北靠呣鹰山。若从盛岙口远眺山冈，活像一条卧龙，故称。2009年在山顶建有风力发电场。海拔216.2米。

**牛头冈**　位于郭巨街道东北10.8千米处。北濒峙头洋，南至大礁岙，西接峙头山，北至小屯。状如牛头，以形得名。海拔129.1米。

**大山冈**　位于郭巨街道东北9千米处。东连洋涨岙，南接窝坑山，西近天万山，北靠洋涨岭。因山形较大，故名。海拔300.2米。

**盛岙炮台冈**　位于郭巨街道东北5.8千米处。东麓起上宅外岙，南接盛岙，西连花船冈，北靠花船村。明嘉靖年间（1522—1566）山巅建有烽堠，故名。2009年在山顶建风力发电塔。海拔314.7米。

**花船冈**　位于郭巨街道东北5.5千米处。东连炮台冈，南接黄栀坑，西至三塔岭，北靠花船山，海拔301.2米。以花船山得名。2009年在山顶建风力发电塔。

## 岭

**官山岭**　位于郭巨街道南2.6千米处。处方门山与官山头之间。东北起自官山头，西北迄方门山，折南通方门岙。原为郭巨通上阳、梅山便道。长0.5千米。

**大涂岭**　位于郭巨街道西北1.5千米处。西起白峰门浦村，东抵郭巨大岭下村。岭东昔为郭巨大海涂，故名。是郭巨通柴桥五岭中第一岭。长约2千米。

**尖岭**　位于郭巨街道西北1.3千米处。西起白峰门浦隔山王家，东抵郭巨街道尖岭岙。因岭巅尖而得名。长0.5千米。

**霞峙岭**　位于郭巨街道西北1.2千米，处尖峰山和杨家山之间。北起华峙，南抵尖岭岙。以华峙旧称霞峙得名。又称华峙岭。20世纪60年代通郭（巨）白（峰）公路。长0.3千米。

**云来岭**　位于郭巨街道东北1.4千米处。处总台山和杨家山之间。南起小涂岙，北抵华峙东岙。长1.5千米。岭巅有望江亭，岭西南侧建有云隐寺。

**后墩岭**　位于郭巨街道总台山和老象冈之间。东北起自后墩上陈家，西南抵台岙。长2.5千米。昔为后墩通郭巨山道。

**三塔岭**　位于郭巨街道东北5.2千米处。北起后墩三塔岭下，南抵盛岙冈墩分岔折西南至太和里，折东南至黄栀坑。旧时岭上建有两塔，岭下亦建一塔，故名。长1.4千米。

**双岙岭**　位于郭巨街道东北3.5千米处。东起双岙大岙里，西抵郭巨东门官路弄自然村，中间穿越台岙。岭起双岙，故名。长1.5千米。

**迷马岭**　位于郭巨街道东北4千米处。处小天洞和㑇鹰山之间。西南起双岙村大岙里，东北抵盛岙村太和里，故又称盛岙岭。长1.6千米。系双岙通盛岙山道。

**上宅岭**　位于郭巨街道东北6千米处。处盛岙炮台冈与凤凰山之间。东北起上宅里岙，西南抵盛岙村岭后。以村得名，又称盛岙岭。长1.6千米。

**洋涨岭**　位于郭巨街道东北9千米处。分西、北两岭，西岭由洋涨岙底经中宅岐里，北岭由洋涨岙底老鹰石岩山东侧，折北至沙湾岙底。以村得名。总长3千米。

**中宅岭**　位于郭巨街道东北7.8千米处。处插牛坑与天万山之间。北起中宅岐里，南抵联合村柳树田岙底。由起点中宅得名。长0.9千米。海拔250米。2011年12月建有中宅岭隧道。

**憧憧岭**　位于郭巨街道东北11千米处。东起长坑，西抵洋涨小岙里。拾级而上，突兀间巨石峭壁横亘眼前，似乎到了绝处，转瞬间又呈现蜿蜒山岭，故称。长3千米。

**冤家岭**　又名于家岭。位于郭巨街道西北1.2千米处。海拔84米，东南起郭巨尖岭岙火弄黄家，西北至官庄王家。长约1.2千米，昔日为官庄、司前通郭巨山径。岭南侧有天打洞，故称冤家岭。

**庵坑岭**　位于郭巨街道西北1.5千米霞峙山南侧。西北起白峰仰岛湾，东南接霞峙岭脚，海拔108米。岭南麓坑内旧有静山庵（现名白云寺）。

**青坑岭**　位于郭巨街道东南3.2千米，海拔234米。处青坑山与大坑山之间。东南起双岙大岙里，西北抵后墩村上陈家。全长 1.7 千米。原为台岙与后墩山间通道，现废弃。由山得名。

**寺湾岭** 有 3 条，岙口东有山径至升螺岙口；岙口西有石弹路抵盛岙；岙底北有山径达上宅。

**升螺岭** 有 4 条，岙底有岭抵峙北上宅里岙；岙口西有升螺岭通寺湾；升螺水库向东至升螺岭墩后分岔折东北至柳树田岙底，折东南至柳树田对头；升螺岙口东经升螺跳至柳树田岙口。

## 岙

**石水缸岙** 位于郭巨街道东北 11.6 千米处，为境内最东端之岙。处牛头冈与峙头角中间。三面环山，东临峙头洋，西有横岭通长坑村，南有幢幢岭可抵大礁岙。岙内有块岩石，上部凹形如水缸，故名。现为石矿开采场。

**大礁岙** 位于郭巨街道东北 11 千米处。东接沙湾冈，西近小礁岙，南濒峙头洋，北有山岭通长坑村。

**小礁岙** 在峙南，位于郭巨街道 11.2 千米峙头嘴南缘。岙北称大山头，海拔 330.2 米。

**洋涨岙** 在峙南，位于郭巨街道东南 10 千米司城与小礁岙间。岙近海洋，涨涂成地，为峙南大岙之一。有下团、中团、岙底等自然村。岙底有洋涨岭达峙北沙湾岙里，东有幢幢岭抵长坑。2018 年拆迁。

**司城岙** 位于郭巨街道东南 9 千米处。东近小司基，南濒峙头洋，北靠窝坑山。宋时曾设巡检司，并筑有司城，故名。20 世纪 70 年代，驻军在山脚建有营房。

**柳树田岙** 位于郭巨街道东南 7.8 千米处。处联合村与司城岙间。岙内有王家、对头、岙里等居民点。北有山岭通中宅。以柳树田得名。郭巨至洋涨公路经过岙口，2011 年 12 月开通中宅岭隧道。

**升螺岙** 古名新螺岙。在峙南，位于郭巨街道东南 8.6 千米寺湾与柳树田间。岙后有岭抵峙北上宅里岙，白（峰）洋（涨）公路从岙口通过。2010 年拆迁，沿海中线峙北连接线将岙一分为二，建有升螺隧道。2016 年升螺塘田建东方电缆，塘外建有东方电缆企业专用码头。

**寺湾岙** 位于郭巨街道东南 6.2 千米处。湾后山称寺基冈，西有寺湾岭抵盛岙，北有山径达上宅。沿海中线峙北连接线从岙口通过。2010 年拆迁。2016 年寺湾泥涂建东方电缆。

**盛岙** 位于郭巨街道东南 5.2 千米处。东连凤凰山脚，南临海，西靠火坑山、哃鹰山，北近炮台冈。以其岙面积较大、人口较多而得名。岙北有上宅岭通上宅、三塔岭通后墩。白（峰）洋（涨）公路从岙口通过。

**双岙** 位于郭巨街道东南 3.6 千米处。东靠猫头山迷马岭，南临海，西接南门村，北靠后山老象冈。以岙内有两个山岙得名。2009 年在山顶建风力发电场。

**台岙** 位于郭巨街道东南 2.5 千米处。东连双岙和双岙岭，南侧岙口有郭巨至洋涨公路，西接鲤鱼山、狗山，北为台岙水库。因处总台山东南，故名。山中建有上台岙公墓地。

**小涂岙** 位于郭巨街道东南 1.4 千米处。东接倒石坑，南接北门外，西迄炮台冈，北倚杨家山。早年岙内有小海涂，故名。岙内有街道敬老院。

**盘象岙** 位于境西南 1.6 千米处。东靠大涂塘村，南连方门山。形似盘卧大象，故名。

**紫微岙** 位于郭巨街道西南 1.3 千米处。岙底有马盘（婆）岭，南抵马盘村。为境内最西端之岙。旧时岙内多野兽，伤害人畜，为祈吉利，故名。内有紫微岙、中透两个居民点。1956 年岙口建水库。

**尖岭岙** 位于郭巨街道西北 0.6 千米处。东至华峙霞峙岭岭巅，西邻大岭下村，北接白峰门浦隔山王家。白（峰）洋（涨）公路、穿好高速公路穿村而过。

**张西岙** 位于郭巨街道北 3.5 千米处。总台山北陇，属华峙村，岙面北朝海。2010 年拆迁，建成穿山港区集装箱码头。

**东岙** 位于郭巨街道东北 2.3 千米处。东、南、北三面环山，西接农田。处华峙岙东，故名。2010 年拆迁，建成穿好高速公路进出口站。

**谢家岙** 位于郭巨街道东北 3.6 千米处。东靠老鹰山，界原后墩村，西接谢家岙山，北濒峙头洋。华峙至中宅公路通过岙口。2003 年拆迁，建成穿山港区集装箱码头。

**后墩岙**　位于郭巨街道东北4.3千米处。东靠竹湾山咀和馒头山，西接短沙湾及老鹰山嘴，南连青坑山，北为华峙至中宅公路。岙底东有三塔岭，抵盛岙；中有青坑岭，达双岙；西有后墩岭至官路弄、台岙。2006年拆迁，建成穿山港区集装箱码头。

**竹湾岙**　位于郭巨街道西北5.2千米，花船冈北麓，三面环山，朝北面海，湾东为花船山，西为馒头山与后墩村界，竹湾山咀伸入海。白（峰）中（宅）公路穿岙而过。2008年拆迁，2012年建有集装箱码头。

**上宅岙**　位于郭巨街道东北7千米处。处炮台冈和东山中间。南有上宅岭，西有上宅里岭，分别通向盛岙和花船。华峙至中宅公路穿岙而过。2009年在山顶建有风力发电场。2006年拆迁，建成穿山港区煤炭矿石码头。

**弓船湾岙**　位于郭巨街道东北11千米处。处滩里山东北。三面环山，东北濒峙头洋。有山岭通长柄。岙两头翘中间凹，形似船，故名，俗名棺材湾。

**大屯岙**　位于郭巨街道东北11.6千米处。处滩里山和峙头山东麓。三面环山，北濒峙头洋。西有山岭通弓船湾至长柄咀。2003年，因固废垃圾处理项目拆迁。

**小屯岙**　位于郭巨街道东北11.8千米处。处小屯山咀与长坑岙之间。三面环山，北濒峙头洋，西有山岭通大屯岙。以小屯得名。2019年，因石矿开采拆迁移民。

**长坑岙**　位于郭巨街道东北11.6千米处。处峙头山东麓。岙内长坑村处北仑区最东缘。岙外曰龙冲，伸入峙头洋。西有长坑岭通小屯岙。2019年，因石矿开采拆迁移民。

## 第二节　岛礁

### 洋小猫岛

洋小猫岛位于郭巨街道东北角13.4千米。形如小猫，伏在峙头洋上，故名。为北仑区最东端之岛屿。地理坐标为北纬29°53′54″，东经122°09′00″。长0.45千米，宽0.29千米，岛屿面积0.088平方千米，滩涂面积0.023平方千米。系火山凝灰岩构成，最高海拔41米。植物有茅草、少量马尾松，动物有蛇、鼠。无人定居。岛上有航标灯塔。

### 升螺圆山（岛）

升螺圆山（岛）又名升螺山。位于郭巨东南角7.5千米，小礁东1千米，原升螺自然村南，形圆，故名。

洋小猫岛

升螺圆山

地理坐标为北纬 29° 51′ 36″，东经 122° 05′ 54″。长 0.22 千米，宽 0.17 千米，岛屿面积 0.024 平方千米，滩涂面积较小，岸线长 637.2 米。系火山凝灰岩构成，最高点海拔 46.80 米。无人定居。

### 涨水潮岛

涨水潮岛位于郭巨街道东北角 11 千米，长柄山嘴西 600 米。地理坐标为北纬 29° 54′ 30″，东经 122° 06′ 36″。人处岛上，涨潮时能远闻潮水之声，故名。岛屿长 0.06 千米，宽 0.05 千米，面积 0.002 平方千米，无滩涂，岸线长 184 米，系火山凝灰岩构成，最高点海拔 6 米。植物有茅草，无人定居。2006 年岭北开发时填埋水道连接大陆。

### 猫爪礁

猫爪礁位于郭巨街道东北角 13.5 千米，洋小猫岛南 80 米。明礁。系火山凝灰岩构成。干出高约 3 米。因位于洋小猫岛南，形似猫爪，故名。俗称猫尾礁，今作别名。为航行险段。地理坐标为北纬 29° 53′ 42″，东经 122° 09′ 00″。经浙江省地名委员会 1985 年 1 月批准命名。

### 小礁

小礁位于郭巨街道东南角 6.5 千米，升螺圆山西 950 米。明礁。系火山凝灰岩构成。干出高约 2.2 米。该礁北面原有个大礁，因比大礁小，故得名小礁。大礁已被升螺塘围垦在内。地理坐标为北纬 29° 51′ 30″，东经 122° 05′ 12″。经浙江省地名委员会 1985 年 1 月批准命名。

### 门官礁

门官礁位于郭巨街道东北角 12 千米，长坑村龙冲山北 370 米。明礁。系火山凝灰岩构成。长 15 米，宽 4 米，面积 60 平方米，干出高约 3 米。处门官山下，故名。地理坐标为北纬 29° 53′ 42″，东经 122° 08′ 00″。经浙江省地名委员会 1985 年 1 月批准命名。

## 第三节　滩涂

滩涂历来分布于境内各村岙间门口，明朝洪武五年（1372）时，郭巨西门外便是一片大滩涂，故称大涂。由于筑塘围涂，滩涂变桑田，然潮涨潮落、年复一年，海水冲击泥沙沉积，致陆岸不断外延。1966 年前，境内面积最大的要算郭巨涂，它位于北纬 29° 49′～29° 51′，东经 122° 01′～122° 04′，处境东南沿海，西起官山东至盛岙咀，由郭巨涂和双岙涂组成。长 4.8 千米，宽 0.4 千米，面积 1.723 平方千米。涂产资源有跳鱼、虾、毛蚶、青蟹、泥螺等，人工养殖有蛏子、毛蚶，此涂已围垦地 187 公顷（现称郭巨外塘田畈）。2002 年始，随着穿山港区码头的开发建设，境北面西起华峙东至长浦一带，今筑海塘或防洪堤，海涂面积大为减少。2000 年，境南沿海东起洋涨西至新碶头海涂总面积约 200 公顷，2006—2012 年，峙南及司城岙等围涂工程共围田 186.67 公顷，2019 年境南海涂面积已甚少。

# 第三章　气象　水文

境内地处亚热带季风气候区，四季分明，光照充足，温和湿润，雨量充沛，无霜期长，经常会出现台风、暴雨、干旱等灾害性天气。夏秋季节的热带风暴，能不同程度地缓解旱情。

## 第一节　四季特征

按候（5天为一候）平均气温在10℃～22℃为春、秋季，高于22℃为夏季，低于10℃为冬季。

### 1971—2018年境内四季平均起讫日期和天数一览

表2-3-1

| 季节 | 初日 | 终日 | 天数（天） | 平均气温（℃） |
|---|---|---|---|---|
| 春季 | 3月26日 | 5月31日 | 67 | 16.5 |
| 夏季 | 6月1日 | 9月24日 | 116 | 26.0 |
| 秋季 | 9月25日 | 11月30日 | 67 | 16.9 |
| 冬季 | 12月1日 | 3月25日 | 115 | 7.1 |

### 春季

气温开始波状回升，风向由偏北转向偏南，雨量逐渐增多。冷暖空气交替频繁，气温变化大，天气变化快，容易出现连阴雨天气，雨期长，雨日多，但雨量不是很大。偶有倒春寒和晚霜出现。所谓“乍暖还寒”，俗谚也有“冬冷勿算冷，春冷冻煞犢（小牛）”之说。雷雨、大风、冰雹等灾害性天气均会发生。据1971—2018年气象资料记载，平均气温4月14.9℃，5月19.5℃，4—5月雨量231毫米，雨日29天。入春最早是2010年2月22日，最迟是2011年3月28日。春季连阴雨是3月下旬到4月底期间，连续4天或以上降水大于等于0.0毫米，且日照小于2小时的阴雨过程。1971—2018年，境内春季连阴雨平均每年1.1次，最多的有4次，出现在1983年。平均每次维持5.3天，最长的10天，出现在1975年4月10—19日。

### 夏季

盛行东南风，是气温最高季节。初夏6月冷暖空气往往交汇于长江中下游一带，水气充足，有一段明显雨季（梅雨期），出现较集中的阴沉多雨天气过程，雨日多、雨量大，时有暴雨，是洪涝灾害多发季节。1971—2018年气象资料记载，24小时最大雨量136毫米，出现在1984年6月13—14日。7—9月由单一的西太平洋或大陆高压控制，多连续晴热天气。在受台风和东风波等热带天气系统影响时，常出现大的降水过程，因降水不均，气温高、蒸发大，有不同程度干旱。最热7月平均气温28.0℃，极端最高气温

40.5℃。大于等于35℃的高温天数年平均为9.8天，最多34天，出现在2003年。夏末秋初常受台风和冷空气影响，形成雨量相对集中的“秋雨期”。本季是一年中降水量比较集中的季节之一，又是一年中灾害性天气最频繁的季节，主要有台风、暴雨、洪涝、干旱和高温。入夏最早是2018年5月12日，最迟是2010年6月11日。

### 秋季

一般为秋高气爽天气，气候宜人，吹西南风，多晴天。受极地南下的变性冷高压控制，形成晴朗少雨、温度适中、日夜温差大的所谓“十月小阳春”气候。随着冷空气势力逐渐加强，侵袭频繁，气温不断下降，有初霜冻出现。1971—2018年气象资料记载，季平均雨量147毫米，平均气温10月19.3℃，11月13.9℃。入秋最早是1981年9月10日，最迟是2006年10月23日。

### 冬季

盛行西北风，气候干燥寒冷，是一年中降水量较少季节。1971—2018年气象资料记载，最冷月为1月，月平均气温5.4℃，极端最低气温零下6.6℃，出现在1977年1月31日。本季常见的气象灾害有寒潮和大雪。入冬最早是1976年11月14日，最迟是2010年12月15日。

## 第二节　日照　气温

### 日照

日照时数与海拔高低、天气、昼夜长短和空气污染有关。受地形、地貌影响，沿海地区日照时数大于丘陵地带。境域又处穿山半岛最东端，日出时间早。据镇海县气象台和区气象局1971—2018年气象资料统计，境内年平均日照时数1800.0小时，年日照百分率41.7%，月日照时数以7月最多，为232.4小时，2月最少，为102小时。年际变化以1971年最多，为2302.0小时，2015年最少，为1353.6小时。月际分布基本呈单峰型，7—8月最多，1—2月最少。

**1971—2018年境内各月平均日照时数和极值一览**

表2-3-2　　单位：小时

| 月份 | 1 | 2 | 3 | 4 | 5 | 6 | 7 | 8 | 9 | 10 | 11 | 12 | 年 |
|---|---|---|---|---|---|---|---|---|---|---|---|---|---|
| 平均日照时数 | 103.2 | 102.0 | 123.9 | 148.7 | 159.8 | 135.3 | 232.4 | 221.3 | 157.7 | 153.3 | 121.7 | 122.4 | 1800.0 |
| 最多 | 175.9 | 178.2 | 199.4 | 205.1 | 225.1 | 217.9 | 349.3 | 330.3 | 223.7 | 264.6 | 206.6 | 217.7 | 2302.0 |
| 最少 | 53.0 | 37.6 | 45.2 | 93.6 | 87.0 | 56.5 | 139.7 | 105.3 | 78.5 | 49.8 | 46.4 | 22.9 | 1353.6 |

### 气温

气温受地形特点和海拔高度影响，一般每上升100米，气温递减0.2℃，且随季节变化略有差异，如9月递减0.3℃，为最大，12月无变化。

**平均气温**　据镇海县气象台和北仑区气象台1971—2017年的观测资料，年平均气温为16.9℃，年际变动一般在15.8℃～18.3℃，变幅为2.5℃。20世纪70—80年代，年平均气温为16.3℃，年际变幅仅1.5℃；

90年代以后，因受全球气候变化影响，境内气候有明显变暖趋势，年平均气温17.1℃，1998年，年平均气温达17.8℃。而2007—2017年11年间，年平均气温达17.7℃。特别是2007年、2016年、2017年，年平均气温均达18.3℃。常年最热月出现在7月和8月，月平均气温最高为30.3℃和29.2℃，最冷月出现在1月和2月，月平均气温最低为2.2℃和3.4℃。

## 1971—2006年境内各月平均气温一览

表2-3-3　　单位：℃

| 月份 | 1 | 2 | 3 | 4 | 5 | 6 | 7 | 8 | 9 | 10 | 11 | 12 | 年均 | 年较差 |
|---|---|---|---|---|---|---|---|---|---|---|---|---|---|---|
| 平均 | 5.4 | 6.3 | 9.5 | 14.9 | 19.5 | 23.7 | 28.0 | 27.8 | 24.1 | 19.3 | 13.9 | 7.9 | 16.7 | 22.6 |
| 最高 | 7.9 | 9.1 | 13.2 | 17.8 | 21.9 | 25.3 | 30.3 | 29.2 | 26.8 | 22.1 | 16.3 | 10.5 | 18.0 | 22.4 |
| 最低 | 2.2 | 3.4 | 7.0 | 13.0 | 18.0 | 22.1 | 25.6 | 25.6 | 22.3 | 17.4 | 10.0 | 5.7 | 15.8 | 23.4 |

**平均最高（低）气温**　1971—2006年，境内年平均最高气温20.2℃，年平均最低气温13.8℃，月平均最高气温出现在7月，最高值为32.0℃，年际极值35.4℃（2003年7月），月平均最低气温出现在1月，最低值为2.7℃，年际极值0.2℃（1977年1月）。气温日较差年平均6.4℃，月际变化1—2月和9月最小，4月、7月最大。

## 1971—2006年境内各月平均最高（低）气温及日较差一览

表2-3-4　　单位：℃

| 月份 | 1 | 2 | 3 | 4 | 5 | 6 | 7 | 8 | 9 | 10 | 11 | 12 | 年平均 |
|---|---|---|---|---|---|---|---|---|---|---|---|---|---|
| 平均最高 | 8.5 | 9.5 | 13.0 | 18.8 | 23.3 | 27.3 | 32.0 | 31.3 | 27.1 | 22.4 | 17.3 | 11.4 | 20.2 |
| 最高 | 12.1 | 13.3 | 17.2 | 22.7 | 26.8 | 29.8 | 35.4 | 34.3 | 29.9 | 25.5 | 20.0 | 13.4 | 21.5 |
| 最低 | 4.3 | 5.3 | 9.5 | 16.7 | 21.0 | 25.1 | 28.6 | 28.2 | 24.9 | 19.7 | 13.5 | 8.9 | 19.0 |
| 平均最低 | 2.7 | 3.7 | 6.7 | 11.6 | 16.5 | 21.0 | 25.0 | 25.0 | 21.4 | 16.2 | 10.6 | 4.8 | 13.8 |
| 最高 | 4.5 | 5.9 | 10.3 | 13.9 | 18.1 | 22.5 | 26.4 | 26.6 | 24.0 | 18.0 | 13.0 | 8.2 | 15.2 |
| 最低 | 0.2 | 1.1 | 4.9 | 9.6 | 14.8 | 19.1 | 23.3 | 23.4 | 19.4 | 13.9 | 6.7 | 2.4 | 13.0 |
| 日较差 | 5.8 | 5.8 | 6.3 | 7.2 | 6.8 | 6.3 | 7.0 | 6.3 | 5.7 | 6.2 | 6.7 | 6.6 | 6.4 |

**气温的极值**　1971—2018年，境内大于等于35.0℃的高温天数平均为11.6天，最多的有39天，出现在2013年和2017年。多数出现在7—8月，占全年的89%，其中7月为最多，占60%。最早出现在1980年6月17日，最迟出现在9月7日（1995年和2003年）。持续天数最长16天，出现在1988年7月7日。极端最高值为40.6℃，出现在2013年8月5日，是有史记载以来极端最高的气温。

## 1971—2010年境内≥35.0℃的高温平均日数及极值一览

表2-3-5

| 月份 | 6 | 7 | 8 | 9 | 年 |
|---|---|---|---|---|---|
| 平均日数（天） | 0.9 | 6.2 | 3.1 | 0.2 | 10.5 |
| 极值（℃） | 37.9 | 40.5 | 40.3 | 36.4 | 40.5 |

小于等于 0℃的低温天数平均为 16 天，最多的有 28 天（1971 年），多数出现在 12 月下旬到 2 月上旬，占全年的 73%。其中 1 月下旬到 2 月上旬为最多，占 32%。最早出现在 1979 年 11 月 19 日，最迟出现在 1978 年 3 月 13 日。持续天数最长 13 天，出现在 1971 年 1 月 29 日到 2 月 10 日。极端最低气温零下 6.6℃，出现在 1977 年 1 月 31 日。又据史料记载，1931 年 1 月 30 日和 1937 年 2 月 13 日，曾出现 -10℃的极端低温天气。

### 1971—2010 年境内≤ 0℃低温平均日数及极值一览

表 2-3-6

| 月份 | 11 | 12 | 1 | 2 | 3 | 年 |
|---|---|---|---|---|---|---|
| 平均日数（天） | 0.1 | 4.4 | 6.6 | 4 | 0.6 | 16 |
| 极值（℃） | −1.4 | −5.9 | −6.6 | −4.9 | −2.5 | −6.6 |

### 2008—2017 年境内基本气象情况

表 2-3-7

| 年份 | 最高气温（℃） | 最低气温（℃） | 平均气温（℃） | 雨日（天） | 降水量（毫米） | 日照时数（小时） | 相对湿度（%） |
|---|---|---|---|---|---|---|---|
| 2008 | 37.6 | −3.9 | 17.4 | 143 | 1543.6 | 1726.9 | — |
| 2009 | 40.1 | −6.4 | 17.7 | 147 | 1633.2 | 1579.8 | 73 |
| 2010 | 38.7 | −4.6 | 17.4 | 170 | 1425.7 | 1603.2 | 72 |
| 2011 | 37.9 | −4.9 | 17.1 | 141 | 1420.2 | 1640.9 | 73 |
| 2012 | 38 | −3.9 | 17.2 | 165 | 2117.9 | 1557.3 | 73 |
| 2013 | 40.6 | −2.5 | 18 | 130 | 1559.3 | 1805.4 | 74 |
| 2014 | 38.6 | −3.3 | 17.5 | 149 | 1471.2 | 1424.4 | 73 |
| 2015 | 37.5 | −4.2 | 17.5 | 169 | 1353.6 | 1353.6 | 73 |
| 2016 | 37.8 | −6.3 | 18.3 | 179 | 2244.6 | 1499.6 | 73 |
| 2017 | 39.8 | −2.7 | 18.3 | 146 | 1629.6 | 1676.1 | 72 |

### 2010—2018 年境内极端天气情况

表 2-3-8

| 年份 | 极端最高气温（℃） | | 高温日数（天） | 极端最低气温（℃） | | 低温日数（天） |
|---|---|---|---|---|---|---|
| 2010 | 8 月 12 日 | 38.7 | 17 | 1 月 14 日 | −4.6 | 4 |
| 2011 | 7 月 3 日 | 37.9 | 17 | 1 月 31 日 | −4.9 | 4 |
| 2012 | 7 月 11 日 | 38 | 12 | 1 月 26 日 | −3.9 | 3 |
| 2013 | 8 月 5 日 | 40.6 | 39 | 12 月 29 日 | −2.9 | 4 |
| 2014 | 7 月 12 日 | 37.6 | 3 | 1 月 23 日 | −3.3 | 3 |
| 2015 | 6 月 30 日 | 37.5 | 13 | 2 月 10 日 | −4.2 | 4 |
| 2016 | 7 月 28 日 | 37.8 | 23 | 1 月 25 日 | −6.3 | 4 |
| 2017 | 7 月 24 日 | 39.8 | 39 | 2 月 12 日 | −2.7 | 3 |
| 2018 | 6 月 27 日 | 37.6 | 11 | 1 月 13 日 | −5.1 | 4 |

# 第三节　降水　蒸发

## 降水

据历史气象观测资料记载，境内最大年降水量为清光绪十四年（1888）的2135.1毫米，最小为1957年的630.2毫米。1960—2006年，郭巨雨量站测得最大日降水量为2005年8月6日的425.2毫米。二十世纪七八十年代，年平均降水量为1298.6毫米，最大为1983年的1578.7毫米，最小为1979年的797.3毫米。1957—2006年，最大年降水量是1998年的1801.4毫米，最小年降水量是1957年的630.2毫米；多年平均降水141天，多年平均年降水量1300.8毫米。全年第一雨季在3月至7月中旬，雨日在70天左右，雨量592.8毫米，占全年雨量的46.4%，其中，3—4月为春雨期，雨日多，降水强度小；6—7月为梅雨期，降水强度增大，多暴雨。第二雨季在8—9月，受冷空气南下和北上台风及热带风暴共同影响，狂风暴雨天气多，雨日在30天左右，平均雨量为325.6毫米，占全年雨量的25.5%。

1971—2006年，境内年平均梅雨期24天，最多为43天，最少为5天。1971—2018年，年平均降水1403.5毫米，最多为2219.9毫米，最少为797.3毫米。各月最长连续降水日数，最多为22天（2009年），最少为7天（1971、2003、2007、2008年）。各月雨量最多为1994年6月的436.8毫米，最少为1987年12月的0毫米。

### 1971—2006年境内入梅和出梅日期、天数和雨量一览

表2-3-9

| 项目 | 入梅日 | 出梅日 | 天数（天） | 梅雨量（毫米） | 暴雨次数（次） |
|---|---|---|---|---|---|
| 平均 | 6月13日 | 7月7日 | 24 | 230 | 1 |
| 最早（多） | 5月26日 | 6月18日 | 43 | 435 | 4 |
| 最迟（少） | 6月23日 | 7月22日 | 5 | 29 | 0 |

### 1971—2018年境内各月平均雨量、极值一览

表2-3-10　　单位：毫米

| 月份 | 1 | 2 | 3 | 4 | 5 | 6 | 7 | 8 | 9 | 10 | 11 | 12 | 年 |
|---|---|---|---|---|---|---|---|---|---|---|---|---|---|
| 平均 | 71.1 | 75.8 | 115.9 | 107.5 | 125 | 199.3 | 133.3 | 165.3 | 176.7 | 91.9 | 77.6 | 64 | 1403.5 |
| 最多 | 224.9 | 158.1 | 261.7 | 192.7 | 271.3 | 483.1 | 414.3 | 448.0 | 536.9 | 303.3 | 302.0 | 215.4 | 2219.9 |
| 最少 | 12.3 | 18.9 | 31.9 | 37.1 | 35.5 | 29.5 | 0.6 | 20.8 | 31.1 | 0.5 | 3 | 0 | 797.3 |

### 1971—2018年境内各月最长连续降水日数、雨量一览

表2-3-11

| 月份 | 1 | 2 | 3 | 4 | 5 | 6 | 7 | 8 | 9 | 10 | 11 | 12 | 年 |
|---|---|---|---|---|---|---|---|---|---|---|---|---|---|
| 日数（天） | 11 | 15 | 18 | 19 | 8 | 14 | 16 | 14 | 18 | 12 | 10 | 16 | 19 |
| 雨量（毫米） | 155.5 | 117 | 207.8 | 216.9 | 50.7 | 275.3 | 234.3 | 269.5 | 251.3 | 277.6 | 119 | 73.1 | 216.9 |
| 年份 | 1998 | 2009 | 1996 | 1996 | 1977 | 2011 | 2014 | 2009 | 1990 | 2017 | 2015 | 2001 | 1996 |

### 蒸发

1971—2016 年，境内年平均蒸发量为 1478.1 毫米，年际变化以 1971 年最大，为 1831.9 毫米；1999 年最小，为 1253.2 毫米。月际变化 2 月最小，为 62.8 毫米，7 月最大，为 213.8 毫米，9 月起随着日照及气温的变化蒸发量递减。

**1971—2010 年境内各月平均蒸发量和极值一览**

表 2-3-12　　　　单位：毫米

| 月份 | 1 | 2 | 3 | 4 | 5 | 6 | 7 | 8 | 9 | 10 | 11 | 12 | 年平均 |
|---|---|---|---|---|---|---|---|---|---|---|---|---|---|
| 平均 | 64.7 | 63.0 | 84.9 | 117.2 | 140.3 | 138.8 | 215.5 | 200.6 | 148.6 | 132.2 | 99.9 | 81.0 | 1486.7 |
| 最多 | 129.8 | 87.6 | 121.8 | 174.2 | 216.9 | 214.9 | 293.0 | 271.2 | 210.7 | 205.4 | 151.0 | 149.2 | 1831.9 |
| 最少 | 40.5 | 33.9 | 40.8 | 79.2 | 89.4 | 90.2 | 138.6 | 129.1 | 108.2 | 90.1 | 53.0 | 44.7 | 1253.2 |

## 第四节　风　雷　雾　霜　雪

### 风

**风向及频率**　境内是典型的季风气候区。夏季盛行东南风，冬季多西北风，春秋两季为冬夏季风交替期，风向多不稳定。春季多偏东风，秋季则多偏南风。

**风的年月变化**　境内 1971—2019 年年平均风速为 5.0 米 / 秒，最大风速为 6.0 米 / 秒，最小风速为 4.5 米 / 秒。11 月至翌年 2 月平均风速都大于 5.5 米 / 秒，相对大些；而 4—8 月都小于 5 米 / 秒，相对小些，以 6 月为最小。

**1971—2006 年境内各月平均风速一览**

表 2-3-13　　　　单位：米 / 秒

| 月份 | 1 | 2 | 3 | 4 | 5 | 6 | 7 | 8 | 9 | 10 | 11 | 12 | 年 |
|---|---|---|---|---|---|---|---|---|---|---|---|---|---|
| 平均风速 | 5.9 | 5.5 | 5.0 | 4.5 | 4.2 | 3.9 | 4.2 | 4.9 | 5.2 | 5.4 | 5.7 | 5.9 | 5.0 |
| 最大 | 7.8 | 8.0 | 6.6 | 5.5 | 5.4 | 4.7 | 6.5 | 6.9 | 6.2 | 6.7 | 7.7 | 8.0 | 6.0 |
| 最小 | 4.9 | 4.0 | 3.9 | 3.7 | 3.6 | 3.1 | 3.1 | 3.1 | 3.6 | 4.1 | 4.2 | 4.5 | 4.5 |

**最大风速、极大风速与大风日数**　境内最大风速各月均在 22 米 / 秒以上（9 级风力），风向各个方向都有，但多数出现在偏北和偏东方位。最大风速多出现在 8 月、9 月。主要是台风影响所致。极大风速一般发生在强对流天气和台风天气。年最大风速（2 分钟平均）为 34.3 米 / 秒，出现在 1988 年 8 月 8 日，年极大风速（瞬间）大于 40 米 / 秒，出现在 1981 年 9 月 1 日、1986 年 8 月 28 日和 1988 年 8 月 7 日。年平均大风（大于等于 7 级）日数 40.6 天，最多的有 69 天，出现在 1990 年。

## 1971—2006 年境内各月大风日数一览

表 2-3-14　　单位：天

| 月份 | 1 | 2 | 3 | 4 | 5 | 6 | 7 | 8 | 9 | 10 | 11 | 12 | 年平均 |
|---|---|---|---|---|---|---|---|---|---|---|---|---|---|
| 最大风速 | 24 | 22 | 22 | 25 | 23 | 33 | 26 | 34 | 34 | 24 | 29 | 24 | 34.3 |
| 平均大风日数 | 4.9 | 3.3 | 3.0 | 2.6 | 1.6 | 1.8 | 2.6 | 3.6 | 3.3 | 3.2 | 5.2 | 5.6 | 40.6 |
| 最多大风日数 | 10 | 7 | 7 | 5 | 5 | 8 | 8 | 8 | 9 | 8 | 11 | 10 | 69 |

**风能资源**　风能是空气运动所具有的动能。风能的不稳定性是由风速随时间变化而引起的，常受气压、地形、海陆等因素影响。境内总台山至乌峙山一带山顶已于 2012 年安装风电发电机 30 台。2012—2019 年已累计完成发电量 826 亿千瓦时。

### 雷

雷暴一般出现在 3—9 月，主要集中在 6—8 月，7 月最多。1971—2006 年年平均雷暴天数 27.1 天，最多的有 44 天，出现在 1980 年，最少的仅 8 天，出现在 1978 年。常年平均初雷出现在 3 月 1 日，最早出现在 2002 年 1 月 15 日，最迟出现在 2001 年 4 月 29 日。常年平均终雷出现在 10 月 6 日，最早出现在 1974 年 8 月 12 日，最迟出现在 1979 年 12 月 19 日。

## 1971—2006 年境内各月雷暴日数及初终期一览

表 2-3-15　　单位：天

| 月份 | 1 | 2 | 3 | 4 | 5 | 6 | 7 | 8 | 9 | 10 | 11 | 12 | 年 | 初 | 终 |
|---|---|---|---|---|---|---|---|---|---|---|---|---|---|---|---|
| 平均日数 | 0.06 | 0.22 | 2.44 | 2.39 | 2.06 | 4.28 | 7.08 | 5.89 | 2.28 | 0.31 | 0.03 | 0.11 | 27.1 | 3 月 1 日 | 10 月 6 日 |
| 最多（早） | 1 | 2 | 8 | 8 | 7 | 9 | 14 | 14 | 8 | 2 | 1 | 1 | 44 | 1 月 15 日 | 8 月 12 日 |
| 最少（迟） | 0 | 0 | 0 | 0 | 0 | 1 | 1 | 0 | 0 | 0 | 0 | 0 | 8 | 4 月 29 日 | 12 月 9 日 |

### 雾

雾是水汽在低层大气中的凝结现象，水平能见度小于 1000 米，对高速交通、海运危害很大。1971—2006 年，年平均雾日 27.7 天，出现最多的是 1997 年和 1999 年，有 49 天；最少的 1975 年，仅 8 天，1—5 月和 12 月出现雾的频率较高，尤以 3—4 月最多，8 月最少。

## 1971—2006 年境内各月平均雾日一览

表 2-3-16　　单位：天

| 月份 | 1 | 2 | 3 | 4 | 5 | 6 | 7 | 8 | 9 | 10 | 11 | 12 | 年 |
|---|---|---|---|---|---|---|---|---|---|---|---|---|---|
| 平均 | 3.6 | 3.3 | 4.4 | 4.2 | 2.8 | 1.3 | 0.5 | 0.3 | 0.5 | 1.3 | 1.9 | 3.6 | 27.7 |
| 最多 | 10 | 11 | 13 | 13 | 7 | 9 | 3 | 3 | 4 | 6 | 6 | 13 | 49 |
| 最少 | 0 | 0 | 0 | 0 | 0 | 0 | 0 | 0 | 0 | 0 | 0 | 0 | 0 |

## 霜

一般出现在11月下旬至次年3月中旬。1971—2018年，境内出现初霜的平均日期为11月21日，最早出现在1996年11月9日，最迟出现在2008年1月3日。终霜的平均日期为3月22日，最早出现在2007年2月4日，最迟出现在1993年4月9日。年平均无霜期246天，最多的是1999年，为278天，最少的1993年，为214天。

### 1971—2018年境内各月霜日及初终日期一览

表2-3-17　　单位：天

| 月份 | 11 | 12 | 1 | 2 | 3 | 初霜时间 | 终霜时间 | 无霜期 |
|---|---|---|---|---|---|---|---|---|
| 平均日数 | 2.2 | 13.6 | 19.9 | 15.1 | 5.8 | 11月21日 | 3月22日 | 246 |
| 最多（早） | 13 | 23 | 30 | 24 | 13 | 11月9日 | 2月4日 | 278 |
| 最少（迟） | 0 | 6 | 10 | 3 | 0 | 1月3日 | 4月9日 | 214 |

## 雪

降雪一般出现在11月至次年3月，1971—2018年，境内年平均降雪日数6.1天，最多的1984年有18天，最少的1995年、2007年无降雪。平均初雪日为1月3日，最早降雪出现在1994年11月21日，最迟出现在2014年和2017年2月9日。平均终雪日期为2月26日，最早的出现在1999年1月12日，最迟的出现在2010年3月27日。平均积雪日数1.5天，最多的1977年有13天。积雪深度大于等于3厘米都发生在12月至次年3月，主要集中在1—2月，最大积雪深度14厘米，出现在1977年1月30日。

### 1971—2018年境内降雪情况

表2-3-18

| 月份 | 11 | 12 | 1 | 2 | 3 | 年雪日 | 年积雪 | 日期 | 初雪日 | 终雪日 |
|---|---|---|---|---|---|---|---|---|---|---|
| 平均日数（天） | 0.1 | 0.7 | 2.5 | 1.9 | 0.7 | 6 | 2 | 平均 | 1月4日 | 2月26日 |
| 最多（天） | 2 | 4 | 10 | 8 | 5 | 18 | 13 | 最早 | 11月21日 | 1月12日 |
| 最少（天） | 0 | 0 | 0 | 0 | 0 | 0 | 0 | 最迟 | 2月9日 | 4月2日 |
| 积雪深度(厘米) | 0 | 7 | 14 | 12 | 3 | — | — | — | — | — |

## 附：气象谚语

小寒暖　立春雪
小寒寒　惊蛰暖
小寒无雨　立春必旱
小寒天气热　大寒冷莫说
大寒勿寒　春分勿暖
大寒勿冻　冷到芒种
雷打立春节　惊蛰雨不歇
雷打雨水节　二月落不歇
惊蛰闻雷　谷米不贵
春分落雨到清明　清明有霜梅雨少
清明断雪　谷雨断霜
芒种雨涟涟　夏至火烧天
小暑一个雷　黄梅倒转来
大暑不热　五谷不结

小暑不见日头　大暑晒开石头
立春之日雨淋淋　阴阴湿湿到清明
雨水阴　夏至晴
梅里西风做大水
春分不暖　秋分不凉
春分刮大风　刮到四月中
芒种火烧天　夏至水满田
芒种刮北风　天旱断秧根
过了白露节　夜寒日里热
立冬落雨会烂冬　吃得柴尽米粮空
冬至晴一天　春节雨夹雪
冬至落雨星不明　大雪纷纷步难行
小寒大寒寒得透　来年春天天气暖
日落胭脂红　明朝雨夹风
日落云里走　雨在半夜后
天上鱼鳞斑　晒谷勿用翻
东闪风水来（雷光闪）　南闪火门开
西闪猛东风　北闪雨就来
蚂蚁搬家山戴帽　倾盆大雨就要到
几日南风几日暴　雷响一声台风跑
海水发臭潮夹变　发风打暴在眼前
春雾雨　夏雾火　秋雾凉风冬雾雪
东风漫浪涌上山　搓转西风雨打弹
冬至月头买被卖　牛冬至月中日风夜风
五月端午晴　烂草刮田塍
吃过端午粽　还要冻三冻
雪登加霜　还要犯枉
日头落山一个洞　明天雨滴吃纳缝
夏至西北风　晒煞河底老虾公
日晕长流水　夜晕百草枯
西边黑云起　风暴在眼前
日晕三更雨　月晕午时风
雷响惊蛰前　四十九日不见天
春霜勿露白　露白要赤脚
太阳上山吹横箫　有了今朝吃明朝
燕子低飞蛇挡道　出门雨伞不可忘
鲤鱼跳龙门　大雨后面跟
冬冷勿算冷　春冷冻煞犡（小牛）
热在三伏　冷在三九
泥鳅水上泡　大雨即刻到
雷响头顶过　有雨也勿大
干净冬至邋遢年　邋遢冬至晴过年
重阳一朝雾　晚稻要烂腐
蜻蜓飞得低　吃纳好天气
一九二九　滴水勿流
三九四九　冰开捣臼
五九四十五　冰溶河水流
六九五十四　笆头出嫩枝
七九六十三　破衣二头甩
八九七十二　黄狗困阴地
九九八十一　犁耙一齐出

## 第五节　潮汐与潮流

境内海域位于穿山半岛东端，属非正规半日潮型，昼夜有两个高潮两个低潮，涨潮、落潮间时差为6小时左右。因属非正规半日潮、台风及平时多种天气变化影响，涨潮、落潮时间不规则，当日上下午涨潮时间较昨日迟35分钟左右，初八廿三小水头潮涨潮时间较昨日迟60分钟左右。峙头角涨潮时间较升螺圆山迟5分钟。

**升螺圆山涨潮时刻一览**

表 2–3–19

| 日期 | 上午潮 | 下午潮 | 日期 | 上午潮 | 下午潮 |
|---|---|---|---|---|---|
| 初一 | 4：03 | 16：27 | 廿三 | 8：32 | 20：51 |
| 十六 | 4：10 | 16：33 | 初九 | 9：19 | 21：50 |
| 初二 | 4：39 | 17：03 | 廿四 | 9：40 | 22：02 |
| 十七 | 4：45 | 17：06 | 初十 | 10：19 | 22：48 |
| 初三 | 5：15 | 17：38 | 廿五 | 10：38 | 23：00 |
| 十八 | 5：18 | 17：40 | 十一 | 11：01 | 23：28 |
| 初四 | 5：48 | 18：12 | 廿六 | 11：27 | 13：14 |
| 十九 | 5：52 | 18：14 | 十二 | 1：13 | 13：58 |
| 初五 | 6：23 | 18：48 | 廿七 | 1：25 | 13：58 |
| 廿十 | 6：26 | 18：47 | 十三 | 2：05 | 14：35 |
| 初六 | 6：57 | 19：25 | 廿八 | 2：17 | 14：42 |
| 廿一 | 7：00 | 19：20 | 十四 | 2：53 | 15：19 |
| 初七 | 7：37 | 20：05 | 廿九 | 2：57 | 15：20 |
| 廿二 | 7：40 | 20：00 | 十五 | 3：34 | 15：56 |
| 初八 | 8：22 | 20：53 | 三十 | 3：34 | 15：59 |

潮位、潮差、潮速、潮向与波浪详见第四篇穿山港区开发第一章港区环境第一节自然条件中的水文气象目。

### 波浪

附近海域由舟山群岛环抱而形成半封闭海区，外海来流影响较小，波浪以流内自生风浪为主，各月平均波高 0.3 ～ 0.7 米，最大波高 1.7 ～ 2.8 米；东部峙头角附近海域受外海波浪影响，台风时最大波高可达 3.5 米，常年主要浪向北岸为北偏西，南岸为东、东北向。

## 第六节　水文服务

大屯水文观测站

20 世纪 90 年代初和 21 世纪 10 年代初，国家海洋局第二海洋研究所分别在郭巨碧澜嘴碶闸外和大屯山嘴设海洋水文观测站。1996 年后，开始建立水雨情自动化遥测站，从第一代的超短波通信方式发展为基于公众移动通信平台的第二代移动数据传输方式。至 2006 年，境内有雨水情自动化遥测站 3 座，分别设在小（二）型的紫微岙水库、华峙水库、上台岙水库。境内西门河、南门河设有 2 个水位站。2018 年 7 月 3 日，坐落于郭巨小涂田的国家基本雨量站通过标准化验收。观测场地面貌一新，传统自记雨量替换为遥测自动雨量计。

# 第四章　土壤　植被

境内有低山丘陵、滨海平原二种地带性土壤群，有红壤、黄壤、潮土、盐土、水稻土五种土类。

境内植被属中亚热带常绿阔叶林地缘亚地带，浙闽山区甜槠、木荷林区。历史上森林植被屡遭摧残，原始植被几乎绝迹，代之以针叶林、阔叶林、灌丛、草丛等次生植被及人工引种植被。

境内植被有沿海滩涂草本植被、沿海丘陵针叶林植被、沿海丘陵阔叶林植被、沿海丘陵下木层植被和人工植被5类。

## 第一节　土壤

1981年，郭巨为镇海县第二次土壤普查的试点公社，土壤普查技术人员在26平方千米的郭巨公社境内土地上，共挖土坑58个，平均648亩挖土坑1个，其中在9753亩平原地里挖坑16个，27837亩山地里挖坑29个，共取标本土壤58份，对34袋土壤进行了全量分析，形成下述土壤普查分析报告。峙头公社虽无土壤普查数据报告，但土壤类型、分布、特性类同郭巨公社。

说明：本节所述的土地面积及所占比例均指郭巨公社所属范围。

### 土壤类型

境内土壤分为红壤、黄壤、潮土、盐土、水稻土五个土类，六个亚类，八个土属，九个土种。其中水田为一个土类，一个亚类，三个土属，四个土种，旱田土壤为二个土类，二个亚类，二个土属，二个土种，山地土壤为一个土类，三个亚类，三个土属，三个代表性土种。

**红壤类**　分布于海拔400米以下低山丘陵区。土体风化深刻，呈红色或红黄色，土质黏重。土层深度一般在山麓缓坡处有30～60厘米，山脊陡坡处为5～10厘米。土壤呈酸性反应，潜在酸度大，pH值为4.7～4.9。有机质含量多在1.38%～1.82%，缺磷缺钾严重。本类土壤大部为薪炭林地，山麓缓坡地已被垦为用材林地、果园地、茶地和其他园地。

**潮土类**　分潮土与钙质潮土，潮土分布于溪谷两侧。成土母质为溪流洪积物或古海岸沙堤堆积物，土体多为沙砾泥混杂，肥力差，爽水，漏水漏肥。土壤呈微酸性反应，pH值为5.5～6.5，有机质含量为2%～2.5%。钙质潮土分布于江滨、海滨狭长地段。成土母质为近代浅海沉积物，土体深厚，通体呈浅棕色。土壤呈碱性反应，pH值为7.7～8.1，有机质含量为1.5%～2.2%。

**盐土类**　主要分布于20世纪70年代后新围塘地和未围垦潮间带。成土母质为近代浅海沉积物和江潮淤泥，土体深厚，上下均现浅棕色或灰褐色。土壤呈碱性反应，pH值为8.28～8.6，有机质含量为1%～1.5%。

**水稻土类**　广布于低丘和沿海平原。经长期水耕熟化，犁底层发育，表土容重降低为1.03克/厘米$^3$，改善了酸碱性状，pH值多在6.4～6.6。有机质含量丰富，一般为3.89%～4.81%，全氮含量为

0.255%～0.279%，全磷含量为0.04%～0.07%，速效磷平均含量为8.2PPM，缺磷较普遍。

### 境内土壤分类及分布情况

表2-4-1

| 土类 | 亚类 | 土属 | 土种 | 地类 | 主要分布地区 |
|---|---|---|---|---|---|
| 红壤 | 黄红壤 | 黄泥土 | — | 山地 | 全街道各山区、半山区 |
| | 侵蚀性红壤 | 石沙土 | — | 山地 | 全街道低丘上部山区 |
| | | 岩秃 | — | 山地 | 长坑双屯一带 |
| 黄壤 | 黄壤 | 山地黄泥土 | — | 山地 | 尖岭岙老鹰山、联合升螺跳等低山凹坡处 |
| | 侵蚀性黄壤 | 山地沙石土 | — | 山地 | 山顶 |
| 潮土 | 潮土 | 洪积泥沙土 | 洪积泥沙土 | 旱地 | 全街道丘陵区各溪流两侧与出谷洪积扇上 |
| | | | 砾塥洪积泥沙土 | 旱地 | 各溪流两侧与出口处 |
| | 钙质潮土 | 淡涂泥 | 直塥夜阴土 | 旱地 | 全街道沿海带 |
| 盐土 | 滨海盐土 | 涂沙土 | 盐白泥 | 盐场 | 华峙、谢家岙、后墩、光明等原盐场两侧 |
| | | | 涂泥土 | 海涂 | 沿海海涂滩地 |
| | 潮土化盐土 | 咸泥土 | 中咸泥土 | 旱地 | 全街道沿海 |
| 水稻土 | 渗育型 | 黄泥田 | 沙质黄泥土 | 水田 | 中宅水库山坡梯田 |
| | 潴育型 | 洪积泥沙田 | 洪积泥沙田 | 水田 | 郭巨西门畈、南门台岙畈、东门畈 |
| | | | 焦塥洪积泥沙田 | 水田 | 盛岙、联合、洋涨溪流两则 |
| | | | 砾塥洪积泥沙田 | 水田 | 华峙、后墩、联合、盛岙溪流两侧 |
| | | 黄泥沙田 | 黄泥沙田 | 水田 | 双岙、盛岙、洋涨地山垄、山坡田 |
| | | | 砾塥黄泥沙田 | 水田 | 山区、半山区的山垄、山坡上部田 |
| | | | 焦塥黄泥沙田 | 水田 | 山垄、山坡上部田 |
| | | | 白心黄泥沙田 | 水田 | 沿山麓坡田 |
| | | | 青泥心黄泥沙田 | 水田 | 沿海麓平原田 |
| | | 淡涂泥田 | 直塥黄泥翘田 | 水田 | 盛岙、联合、洋涨 |
| | 潜育型 | 烂滃田 | 冷水田 | 水田 | 山区山边田 |

## 土壤分布

**滨海平原** 根据1米土体脱盐钙的程度不同，自海边向内，分布着咸泥土、淡涂泥、淡涂田、粉泥田四个土属，包括咸泥土、广土、黄泥翘田、黄松田等四个土种。面积8902亩，占土地总面积的25.5%。

**低山丘陵区** 包括海拔200米以下的丘陵和400米以下的低山。参照海拔高程和沙泥的含量情况，从山脚到山顶，垂直分布着红壤、幼红壤、黄红壤三个土壤的亚类，其代表性土属为沙质红土、石沙土、黄泥沙土。面积24638亩，占土地总面积的70.7%。

**山谷山垄地** 从山垄开始分布着黄泥沙田的土属，包括黄泥沙田、青心黄泥沙田两个土种，面积1290亩，占土地总面积的3.7%。

## 土壤特性

咸性土区的土壤土体内大量夹杂溶性盐类；碱性土壤土粒分散，土体糊烂、黏滑、有机质极易碱介肥力；地下水位高；氮素水平低。

**滨海平原土壤**　咸泥土，面积2007亩，占郭巨公社土地面积的5.34%。主要性状：幼年土壤剖面近似海涂地，土体分化很弱，土色上下匀一，灰褐、棕褐、青灰，表土厚，粉化壤黏土质地，耕性差，心土无锰类或极少量锰点淀积弱状结耕。土壤含盐量0.1%～0.39%，表土带见蜂窝状积盐层，地下水位66厘米上下，一遇干易返盐，威胁棉花生长，pH值8.3，是一种碱性重咸性足、地力低的土壤。

**圹土**　淡涂泥土属的一个代表性土种，主要分布在郭巨老棉地，双岙、华峙棉地。面积750亩，占全社总面积0.8%。主要性状是耕作时间较长，土层开始分化多呈ABC型，表土层14厘米碎块结构，有少量锰点淀积，通透性优良，以利土壤脱盐脱碱的进行，土色上下均一，呈淡褐、灰褐，粉沙性强毛管发达，返潮性好。

**黄泥翘田**　主要分布在西门畈、东门畈、台岙畈、华峙、双岙、盛岙等地。面积1652亩，占全社土地面积33.83%。主要性状：幼合水稻土，剖面多呈APW耕型，表土厚14.6厘米，淡棕灰褐黏壤质地，pH7.5，属中性反应，犁底层比较坚实，心土分化较差，土呈棕色，少量锰点可见，弱柱状结构，地下水位68.10厘米，土壤含盐量0.062%，表土无石灰反应，心底土尚有微弱的泡沫反应，土质黏液有机质含量较少，僵性足，耕性较差，土湿时黏糊，而韧滑咬锄头，土干时大块开裂，紧密而坚硬，表土因云母较高，泡水时，浆块多，软化慢。

**粉泥田**　主要土种有黄松田。面积555亩，占全社土地面积的13.6%。主要分布在轮窑厂大岭下的横路下等。主要性状：黄松田剖面量A、P、W1型，表土棕灰色，黏壤质地，表土厚14厘米，小块结构，土壤软润。犁底层灰色，比较密，厚10厘米，心土为浅黄色，厚50～60厘米，是三氧化物淀积层。黄松田为碎块结构，是水分上下运行、干湿交替变化的长期作用产物，心土的黄化是氧化足、土性熟的主要标志。土体脱盐脱钙完全，肥力较好，并且有机质有足够沉淀现象。泡水后，微团聚体含量较高，耕性好，翻耕时爽口破泥。

**低山丘陵土壤**　低山丘陵多系非中耕区。

黄泥沙田：主要分布在双岙、台岙、官路弄、尖岭岙、大岭下、华峙东岙、大涂塘台岭等沿山坡地或低丘垄田，面积360亩。主要特性：二元结构涂色黄，黄泥沙田剖面A、P、W、C结构型，多为上层泥沙，下层砾石泥沙。由于深度厚，尽见泥沙层，土体颜色以黄为主。表土在水耕、施肥等人为因素影响下，黄色退淡甚至白灰。心土在淋溶、淀积作用下，向棕褐色至灰色发展。土层浅，沙性重，由于坡地或山垄地形复杂，高低悬殊。一般表土不足13厘米，含沙率50%～60%。

**青心黄泥沙土**　主要分布在大涂塘台岭脚下，面积40亩，占总面积0.1%。主要特性：青灰泥层是本土种的定性土层，出现在表土40厘米以下，地下水漫渍下流动，土壤高度厌气化，土壤的磷元素与有机质作用，产生蓝色有机磷化合物，致使土色发青。青灰泥土层的特点是潜育严重。亚铁丰富，土性冷，是低产土壤的障碍层次。

**沙质红土**　主要分布在华峙水库墩大平地一带。母质为花岗岩，含石英较多的凝灰岩、流纹岩、石英岩等酸性岩风化物，含石英砂在30%以上，土体在高湿多雨气候下，发生了强烈的红化作用。盐基养分大量流失，铁、钙、硅氧化物残留积聚起来，使土体呈深红色，土质黏重，酸性大，养分贫乏，形成红壤特有的“红、黏、酸、瘦”的土壤特征。主要性状，土壤剖面为A（B）铁、铝氧化物积聚层（B）构当深厚，质地沙黏，土色深红，pH值4.5～5.5。

**黄泥沙土**　主要分布在各大队番薯地，面积3327亩，占山地总面积的8.07%，是境内分布较广的山地土壤。黄泥沙土的成土母质系凝灰岩的坡积物或原积物。由于坡度大，侵蚀作用强，细黏物质流失过多，石英沙子残留积聚。因此，沙性重，土色浅，在海拔高度影响下，促进了氧化物的水化过程，促使土体发黄，形成了黄泥沙土所特有的“沙、黄、酸、瘦”四大特点。主要性状，土壤剖面为A（B）C型，土深厚，一般在60厘米以上，土色黄棕，沙壤质地，土壤pH值4.5～5.5。黄泥沙土在山地上，以种植番薯、柑橘为主。

***石沙土*** 主要分布在全社各松树山、茶树地及柴山、荒地，海拔要比黄泥沙土的高，面积 5881 亩，占山地总面积的 13%，是境内山地面积分布很广的一个土种。母质为凝灰岩残积物，在人为开垦种植影响下，引起强烈的淋刷作用，细黏物质被流失，大量沙粒、碎屑残留原地，形成了土层浅、粗骨性的不良土性，在农业生产上，多为种植松树或茶树，但生长差，产量不高。主要性状是土壤剖面呈 AC 或 AD 型，土层一般不足 40 厘米，粗沙含量很高，人们称为亮眼沙。

### 土壤改良措施

加固海塘，修建碶闸，防止咸潮倒灌。掺加客土，改善土壤结构。种好绿肥、增施有机质肥料。科学使用化肥，补施磷肥、钾肥。开沟排水，降低地下水位。合理轮作，改善土壤理化性状。适当施用石灰，调节土壤酸碱度。

## 第二节　植被

郭巨地处亚热带，属亚热带常绿阔叶林亚地带，现原始植被几乎绝迹。在人类垦植长期影响下，无论低山丘陵或滨海平原地带，皆多为次生林和人工栽培覆盖。由于漫长的人类活动对植被造成极大破坏，同时受到沿海地区特殊地理环境影响，故境内植被类型特点既不同于内陆又相似于内陆。现存的多是阔叶林、乔木、亚乔木、灌丛、草丛等次生植被及人工引种植被。

### 沿海滩涂草本植被

沿海滩涂草本植被稀少，品种单一，常见塘堤两侧芦苇丛生，塘下滩涂地有麓草、盐地碱蓬、野塘蒿、小飞蓬和少量引种的田菁等群落。草本植被覆盖率在 70%。二十世纪五六十年代，在沿海海涂开展大规模围塘种植棉花或建盐场、海水养殖等，滩涂草本植被受到严重破坏。进入 21 世纪，境内沿海滩涂或开发建设成码头或筑塘围田等，这一带的天然草本植被已基本消失。

### 沿海丘陵针叶林植被

二十世纪五六十年代，沿海丘陵针叶林植被约占境内林地的 45% 以上，可分暖性针叶林与温性针叶林两种。暖性针叶林有马尾松、黑松、国外松、杉木 4 个群系，以马尾松为主。后因松材线虫病害和人为破坏，此类型针叶林已基本绝迹。温性针叶林主要为柳杉、金钱松、日本扁柏、短叶松 4 个群系，在境内仍少量分布。

### 沿海丘陵阔叶林植被

沿海丘陵阔叶林植被多为次生阔叶林，保存较好的有紫微岙周边和大岭下、小涂岙、双岙、盛岙、洋涨岙等坡地。其中落叶阔叶林包括化香、枫香、麻栎、沙朴等乔木植物群落，以峙头山、老象冈、青坑等山上树林较典型。常绿、落叶阔叶林由石栎、青冈、苦槠、枫香、短柄枹等树种为主组成，分布较普遍。常绿阔叶林分布于沟谷者，其建群主要树种为樟科浙江楠、紫楠、红楠、华东楠等，乌峙山周边和挈网滩峰、总台山一带植物群落较典型；分布于山坡者，其建群主要树种为山毛榉科、山茶科植物青冈、木荷、赤皮椆、丝栗栲、云山椆等，多见于驼山、峙头山、幢幢岭等深山区。

### 沿海丘陵下木层植被

沿海丘陵还有一类下木层植被。土壤贫瘠的山坡，常生长蕨、芒、白茅等草本植被。山坡常绿阔叶林下层有连蕊茶、檵木、乌饭、映山红等。沟谷常绿阔叶林下木层有朱砂根、蔷薇莓、鳞毛蕨，且常伴中华常青藤、紫藤、野木瓜等。针叶林下木层常有檵木群丛、芝萁群丛等。

### 人工植被

境内人工植被主要有三种：人工林，多为竹、茶、果树林，分布在低丘缓坡，平原有少量果树林。竹以毛竹林为主，淡竹、乌竹、金竹、龙须竹、青皮竹等常与乔木混生，20 世纪 90 年代后，引种雷竹、哺鸡竹。平原植被，多为人工栽培农作物，主要有粮食、油料、棉花、蔬（瓜）、花卉等。城镇绿化植被，主要是道路绿化带和行道树、公共绿地、公园绿地和单位、庭院植绿。人工植被，大多植于土壤深厚、肥沃的黄红壤亚类泥土属，多为竹林植被。人工竹林常与香樟、木荷等混种。

# 第五章　自然资源

境内有平原、丘陵、港湾、浅海、岛屿等地貌，自然资源主要有土地资源、水资源、港口资源、矿产资源、海洋资源、野生动植物资源、山林资源等。其中港口资源得天独厚，被誉为“黄金海岸”。海洋资源蕴藏着丰富的海洋（涂）水产及海洋能。境内气候温和湿润、雨量充沛，然属丘陵独立水系，丰水期径流直排入海，枯水期易旱，淡水资源短缺。土地资源适宜开发，但数量有限。矿产资源中建筑石料丰富，可满足基础设施建设需要，其他矿种开采价值低。境内山林资源主要是低山丘陵植被。已知野生动物 7 类 153 种，其中国家一级保护动物 4 种、国家二级保护动物 23 种。已知野生植物 5 类 201 种，列入国家一级保护植物的有银杏、南方红豆杉，国家二级保护植物的有金钱松、榉树、香樟、浙江楠、杜仲、鹅掌楸。旅游资源有爱国主义教育基地总台山烽火台，得天独厚的深水良港，百亩香水莲、百亩桃园、百亩花园基地等。

## 第一节　土地资源

20 世纪 90 年代以后，贯彻执行“十分珍惜和合理利用每寸土地，切实保护耕地”的国策，结合土地资源与人口增长、穿山港口开发实际，统筹兼顾农业和各项非农建设用地，执行土地资源的宏观调控政策，实行资源管理和资产管理并重的方针，使有限的土地资源发挥最大经济效益。

### 土地面积

1985 年，郭巨镇域面积 29.42 平方千米，峙头乡域面积 27.4 平方千米。2019 年，郭巨街道总面积 63 平方千米。

**土地开垦与面积变更**　境内自古以来有“唐涂宋滩”之说，境南北 32 千米海岸线有大量滩涂。据史料记载，郭巨围垦造地始于元至顺四年（1333）的横塘。从南宋至元明先后建成横塘、半塘、大涂塘、台岙塘等，围海造田约2380亩，至清中后期又建郭巨老外塘、华峙棉花田塘、双岙塘、盛岙塘、中宅里塘等，围垦造地1200公顷。中华人民共和国成立后，农民组织起来走集体化道路，开展大规模的海涂围垦作业，新（续）建郭巨大塘、五星塘、后墩塘、竹湾至光明塘（竹湾塘432米、花船塘420米、中宅塘1460米、光明塘666米）等，中华人民共和国成立以来至20世纪70年代末，全境计围地666.7公顷。2002年以后，随着境内穿山港区的开发建设，穿山港区四期（五期）集装箱等码头修筑防洪堤（塘）。2006年至2012年，峙南洋涨至双岙段实施大型围涂工程。2002年至2012年期间，全境围田超过200公顷。围垦海涂，是境域增加土地面积的主要途径。

**土地资源详查** 1981年4月，郭巨公社进行了土地普查试点（土壤分类、分布、特性详见本篇第四章土壤植被）。1990年至1993年8月，北仑区完成土地利用现状调查，查清土地家底，编写调查报告，建立档案。其详查成果在郭巨境内开发利用、地价测算、地名调查、编制行政区域图等方面得到应用。1998年境内土地资源为耕地面积1019.6公顷、园地581.8公顷、林地3979.73公顷，2019年境内耕地面积292.53公顷、园地面积194.93公顷、林地3733.53公顷。

**土地分类面积** 据1984年镇海县土地利用现状调查，境内土地总面积56.82平方千米（合5680公顷），耕地面积1100公顷，占境内土地总面积的19.37%；山地面积3005公顷，占境内土地总面积的52.93%。

### 1984年郭巨镇、峙头乡土地分类面积一览

表2-5-1　　单位：公顷、%

| 境域 | 总面积 | 耕地 | | 山地 | |
|---|---|---|---|---|---|
| | | 面积 | 占总面积 | 面积 | 占总面积 |
| 郭巨镇 | 2941 | 777 | 26.44 | 1125 | 38.26 |
| 峙头乡 | 2739 | 323 | 17.78 | 1880 | 68.67 |
| 境内 | 5680 | 1100 | 19.37 | 3005 | 52.93 |

进入21世纪以后，境内山地尤其是地势较高山地大部分退耕还林，又大规模地在穿山港区和交通道路建设，西起穿山港区北岸的华峙村、东至长坑村，再绕过峙头嘴至穿山港区南岸洋涨村和联合村的峙北、峙南共14个村的耕地均已全部征用。2002年至2019年，共征用建设用地1166公顷，其中，穿山港区北岸西起四期码头东至大屯的固废处置站，征地730公顷；穿山港区南岸洋涨村、联合村和盛岙村的大型海洋围涂工程征地55公顷（除联合地块已入驻东方电缆外，其余现为待出让地块）；穿山疏港高速公路、沿海中线公路等交通道路建设征地214公顷；郭巨外畈待出让地167公顷。2002年至2019年，境内各年份、各村、各企业征用地情况可详见第四篇穿山港区开发第五章支援开发建设第一节征地。2019年，境内土地总面积63平方千米（合6297公顷），集体所有农用地总面积4266公顷，占境内土地总面积的67.7%；其中耕地面积292.5公顷，占境内土地总面积的4.6%；园地面积194.9公顷，占境内土地总面积的3.1%；林地面积3733.5公顷，占境内土地总面积的59.3%；养殖水面面积21.8公顷，占境内土地总面积的0.35%；其他面积23公顷，占境内土地总面积的0.36%。

## 2019 年郭巨街道各村（合作社）集体所有农用地面积一览

表 2-5-2　　单位：公顷

| 序号 | 村（社）别 | 总面积 | 其中 | | | | |
|---|---|---|---|---|---|---|---|
| | | | 耕地 | 园地 | 林地 | 养殖水面 | 其他 |
| 合计 | | 4265.7 | 292.5 | 194.9 | 3733.5 | 21.8 | 23.0 |
| 1 | 大涂塘 | 157.8 | 25.1 | 17.4 | 115.3 | — | — |
| 2 | 西门村 | 150.7 | 15.5 | 11.6 | 123.6 | — | — |
| 3 | 东门村 | 214.9 | 42.2 | 12.6 | 160.1 | — | — |
| 4 | 北门村 | 140.4 | 18.4 | — | 118.7 | — | 3.3 |
| 5 | 南门村 | 239.4 | 35.7 | 15.3 | 180.4 | 6.0 | 2.0 |
| 6 | 尖岭岙 | 149.7 | 31.0 | 0.0 | 114.7 | 3.3 | 0.7 |
| 7 | 路亭村 | 102.3 | 14.5 | 8.0 | 79.7 | — | — |
| 8 | 双岙村 | 223.5 | 24.9 | 2.0 | 192.3 | 2.9 | 1.3 |
| 9 | 谢家岙 | 78.4 | 8.4 | — | 70.0 | — | — |
| 10 | 华峙村 | 246.1 | — | — | 229.3 | 3.3 | 13.4 |
| 11 | 福民村 | 141.7 | 6.9 | 0.7 | 133.1 | 1.1 | — |
| 12 | 大岭下 | 126.5 | 26.4 | 11.7 | 88.5 | — | — |
| 13 | 盛岙村 | 368.3 | 31.8 | 5.0 | 324.3 | 4.8 | 2.3 |
| 14 | 联合村 | 270.0 | / | / | 270.0 | / | / |
| 15 | 洋涨村 | 304.7 | / | 11.9 | 292.5 | 0.3 | / |
| 16 | 长浦村 | 64.0 | / | / | 64.0 | / | / |
| 17 | 双屯村 | 115.1 | / | 10.7 | 104.4 | / | / |
| 18 | 长坑村 | 190.7 | / | / | 190.7 | / | / |
| 19 | 后墩社 | 191.8 | 10.7 | / | 181.1 | / | / |
| 20 | 中宅社 | 145.7 | / | 4.7 | 141.0 | / | / |
| 21 | 竹湾社 | 87.4 | / | 6.7 | 80.7 | / | / |
| 22 | 花船社 | 54.5 | 1.0 | 4.0 | 49.5 | / | / |
| 23 | 上宅社 | 180.3 | / | 63.0 | 117.0 | / | / |
| 24 | 沙湾社 | 131.8 | / | / | 131.8 | / | / |
| 25 | 光明社 | 190.2 | / | 9.3 | 180.9 | / | / |

### 土地保护与管理

中华人民共和国成立前，境内大多农田高低不平，坟墓遍布，荆棘丛生，河道淤浅，水利失修，“草绳塘”“盆子河”“烂荡田”举目可见，难以有效抗旱防涝。中华人民共和国成立后，政府重视农田水利建设，组织农民群众开展加固海塘、建造标准海塘、平整土地、开渠挖沟、整治河溪、封山育林、改造冷水田、修造渠道、建设园地化农田和建立基本农田保护区等一系列水土保护整治工作。

**平整土地**　1958 年起平整土地。1964 年后，采取山、水、田、林、路综合治理，推行农田园地化建设。至 1978 年，境内农田基本上改造成了方格田，机耕路、水渠、低压线配套，成为粮食高产田块；山麓砌石驳梯田，主要种植金橘、茶叶、小水果等经济作物。

**退耕还林**　据宁波市“九五”期间森林资源调查，境内荒芜山地主要分布于低山丘陵地带。这类荒芜地20世纪末前是种植番薯、玉米等杂粮的山地，因收益低致弃耕还林。2000年后，全面推行坡度25度以上山地退耕还林，山麓种植黄花梨、橘子、桃子、杨梅等小水果，低山缓坡地种植茶树等经济作物。2000—2012年，扶育幼林、辟防火隔离带1600千米。至2019年，境内有林地3733公顷，14个拆迁村低山丘陵地带基本上退耕还林，山麓山地（现称园地）种植有番薯、玉米及水果、茶叶、花木等作物，此类作物种植的园地面积195公顷，占林地面积的5.2%。

**基本农田保护** 1991—1993年，实施基本农田保护规划，颁布《基本农田保护区通告》，各村退耕还林。制定村规民约，乡、村两级签订农田保护责任状。控制非生产用地，严格建房审批制度，严控占用农田。这一时期，乡镇企业及公用事业用地极少，耕地面积增减不大，1975年为1153.6公顷，1995年为1055.3公顷，20年间仅减少98.3公顷。

**建设用地管理** 中华人民共和国成立后，建设用地管理大致可分为三个时期：第一个时期为1950—1974年，以土地为自然物，将土地使用权无偿并无限期提供给使用单位。建设用地管理先后由原镇海县民政科、计委兼管，注重保护耕地和节约使用耕地，用地由县长审批，无审批程序。第二个时期为1975—1985年，原镇海县人大常委会根据国务院和省政府有关文件精神，于1981年8月和1982年9月，先后发布《镇海县土地管理实施办法（试行）》和《镇海县村镇建房用地管理实施细则》，对国家建设用地、社队企业用地的申请手续、审批程序、审批权限等都作出具体规定，并且规定用地单位必须缴纳造地费（乡镇、村企事业单位为2500元/亩，国家单位5000元/亩，耕地占用税开征后造地费减半征收）。第三个时期为1985年镇海撤县扩区之后，国家对建设用地的管理实行宏观调控，优化配置，合理利用土地资源，切实保护耕地，培育土地市场，强化土地执法监察，对土地资源管理和资产实行并重管理。

1991年6月，依据《中华人民共和国土地管理法》《中华人民共和国城镇国有土地使用权出让和转让暂行条例》《外商投资开发经营成片土地暂行管理办法》，区域内开始对外商投资企业用地实行有偿划拨。1992年10月起，对“三资”企业用地全面实行有偿出让。是年至2001年间，北仑区土地管理局和宁波开发区依照市场经济规律，设立土地评估事务所，依法建立土地市场，规范土地使用权出让行为，确定国土使用权出让金必须以基准地价和标定地价为基础修正议定，如工业用地为每亩12万～18万元，2006年为12万～23万元。

国家建设用地管理主要分两种类型，对非营利性用地，如国家机关、军事设施、城市基础设施和公益事业用地，国家重点扶持的能源、交通、水利建设项目用地，采用无偿、无限期征拨使用方式。

对经营性企业、商店和商品房建设等用地，采取先征地、后出让，出让方式先以协议出让为主；2000年试行招标、拍卖、挂牌等形式；2002年起，对经营性项目用地一律采用招标、拍卖、挂牌出让，工业项目用地也于2006年9月6日起实行挂牌出让。但无论是征、拨用地还是有偿出让用地，区土地管理部门实行审批全程管理。

**农村个人建房用地管理** 1982年前，农村个人建房多为原拆原建或利用杂地，所以用地不多。1982年，镇海县人大常委会制定《关于村镇建房用地实施细则》，规定：“村镇建房必须尽量节约用地，凡能利用荒山、宅基、杂地的，不得占用耕地；凡能就地改造的，就充分利用原有宅基地、空闲地进行翻造、扩建；大力提倡建造楼房，一般不搞独家独户建房。”又规定私人宅基地限额（包括原有住房面积在内），“每人控制在20～28平方米。小户（3人以下）不超过80平方米；中户（4～5人）不超过120平方米；大户（6人以上）不超过140平方米。不准批少用多，不准多报人数，不准变相分户”。超过用地面积部分，按违章建筑予以取缔。是年11月起，村民建房用地须填表申请，经村委会审查同意。非耕地由乡镇政府批准，耕地报县（区）政府审批。批准后由乡镇建房领导小组会同村建房小组负责人到现场定点放样，发放建房许可证，收取押金，并定期检查验收。农村专业户、个体工商户和从事非农业生产需要借用集体所有制土地的，由个人或村经济联合社提出申请，经所在地乡镇政府审核，按规定的审批权限审批。专业生产停止后，土地必须归还集体，不得擅自转让。

## 第二节　水资源

境域属山区独立水系，丘陵有效集雨面积小，多小型水库山塘，河流窄、浅、短，拦蓄水能力差，历来属严重缺水型地区。

### 地表水

主要来自天然降水形成的径流量，山丘地表水和平原地表水互相联系、相互转化。1960—2006 年，境内年均降水量为 1300.8 毫米，其中峙头角为 1360.15 毫米。径流主要为降水补给，降水分布月际变化大。3—9 月降水量占全年降水量的 75%，其中 3—5 月为春雨期，雨量占 24.6%；6—7 月为梅雨期，雨量占 14.6%；7 月下旬至 9 月上旬为台风频发期，雨量占 35.8%。

蓄存地表水主要靠河道和水库，分布于西门大河、东直河、华峙河、中宅河、上宅河、沙湾河、双岙河、盛岙河、洋涨河、紫微岙水库、台岙水库、华峙水库等。据 1984 年调查，自 1956 年起，建有小（2）型水库 3 座、小（2）型以下水库 12 座、山塘 49 座，总蓄水量 138.04 万立方米，灌溉农田 297.84 公顷。2019 年，境内主要河道 13 条，长 29.96 千米，水面面积 35.5 万平方米，总蓄水量 96.4 万立方米，灌溉农田 844.24 公顷。抗旱能力为 60 ～ 80 天。

### 地下水

地下水资源指浅层地下水和深层孔隙承压地下水两种。浅层地下水是指与大气降水、地表水体有密切联系的一种地下水资源，是人们能开采利用的地下水。而深层孔隙承压地下水，虽有一定的储量，但一般埋藏深、补给周期长、开采难度大，若开采不当，极易造成海水侵入。因此，这部分地下水资源只能作为一种储存资源。地下水资源分布：冲积、洪积沙砾石层潜水，主要潜布在河谷、溪流中，含水层 3 ～ 10 米；全新统湖积、海积亚砂土、亚黏土孔隙潜水，主要潜布在平原及海岸地带；由上更新统的冲积，洪积沙砾石含黏土组成的孔隙承压水，主要分布在各河谷出口处，平原边缘地带、滨海的海积沙堤地带；由上更新统中、下部的冲积，洪积沙砾石层，上层水质多为咸水，下层多为淡水，如郭巨西门外、小涂田南侧田畈一带的地下水；基岩裂隙水，分布于山区岩脉接融带，如长坑的岩井泉水。

境内丘陵区和山壑沟谷区地下水埋藏浅，易开采，自古以来居住在山脚边的峙头住民掘灶边井取饮用水。郭巨老城区内有“半月井”“双眼井”等 72 口井，水井一般要深挖至隔层（即见沙石），若未见隔层纯是蛏子泥（即海涂泥），则井水因碱性重、有咸味，不可作饮用水或作物灌溉用水。20 世纪 60 年代，境内郭巨东门官路弄畈、盛岙等稻田打机井十几口，井深十几米至二十几米，用以抗旱灌溉农田。

## 第三节　海洋资源

境域地处穿山半岛，中华人民共和国成立前，临近海域有很多随外洋海潮而来的大黄鱼、小黄鱼、带鱼、鲈鱼、鲳鱼、海蜇等，现已罕见。涨网作业还能捕到鲳鱼、黄鲫、梅童鱼、龙头鱼、虾等，但数量已大为减少。海洋水产资源可分为海水鱼类、甲壳类、贝藻类和其他水产品 4 大类 100 余种。以下列述常见的 64 个海洋水产品种。

### 海水鱼类

**大黄鱼**　石首鱼科。俗称大黄花鱼、大鲜，因脑部有齿形“耳石”，又称石首鱼。干制为黄鱼鲞，鳔更珍贵，为主要经济鱼类。清乾隆、嘉庆年间，峙头洋系大黄鱼渔场，1976—1979年夏汛，峙头洋大黄鱼重发。今野生稀有。

**小黄鱼**　石首鱼科。形、色似大黄鱼体略小，肉质鲜嫩。今近海零星有捕。

**鮸鱼**　石首鱼科。亦称米鱼，近海有产。

**褐毛鲿鱼**　石首鱼科。鮸鱼亚种，形似鮸鱼，体大，尾重30千克左右。鳔极珍贵。中华人民共和国成立前长坑嘴、石水缸前之海域甚多，今偶见。

**棘头梅童鱼**　石首鱼科。亦称梅童鱼、大头梅鱼。形、色似幼小黄鱼。

**白姑鱼**　石首鱼科。俗称白果子、白米子、白米鱼。

**黄姑鸡**　石首鱼科。俗称“黄婆鸡”。群体密集，伴有“咕咕”叫声。

**鲐鱼**　鲭科。俗称青鲇鱼。肉质紧实，含脂丰富，可鲜食和腌制。

**短吻三刺鲀**　革鲀科。俗称橡皮鱼或马面鱼。

**鳗**　鳗科。俗称海蜒，体近圆筒形，背黛色，腹白色。常干食。

**弹涂鱼**　弹涂科。俗称弹胡或跳干。体长侧扁似鳅，阔口快齿，灰褐色呈蓝色星斑。善跳跃、展鳍张口形凶猛，喜栖海涂泥中挖穴而居，退潮时跳跃于涂面觅食，资源丰富。

**带鱼**　带鱼科。头尖齿锐，呈银白色，体扁长似带状，故名。性凶猛，食小鱼虾，亦自相残食，繁殖力强，年产卵2～3次。属暖水性上、中层洄游鱼群。鱼汛期自立冬至大寒。为主要经济鱼类。

**鲳鱼**　鲳科。体扁圆，头短口小，尾似燕尾，细鳞。呈银白色者称银鲳、白鲳；呈褐色、鳍长者称长令、婆子，中上层鱼类，初夏洄游至近海产卵，境内涨网捕获多系白鲳。为主要经济鱼种。

**蓝点马鲛**　鲛科。俗称马鲛鱼，口大齿锐，性凶猛，背呈蓝黑，腹银白色，常栖息于上、中层水域。20世纪70年代前近海盛产，为主要经济鱼种。

**鳓鱼**　鲱科。形似菜刀，故又名刀鱼。20世纪80年代前峙头洋盛产，今量少。

**鲚鱼**　鲱科。体扁长、梭形，头尖眼小，尾似凤尾，亦称凤尾鱼。雄性体大，称刀鲚，雌性体小，称玉鲚。资源丰富，沿海港湾四季皆产，尤以夏季为旺。

**尖头银鱼**　银鱼科。长及手指似面条，故又名面条鱼，全身白色，仅见两点黑小眼。

**网裸胸**　海鳝科。形似河黄鳝，俗称海黄。

**真鲷**　鲷科。俗称铜盆鱼，肉味佳美，为中国名贵鱼之一。

**扁头哈那鲨**　六鳃鲨科。外海主要经济鱼种，有角鲨、书生鲨、直鲨等。肝可提炼鱼肝油，鳍干为鱼翅。

**孔鳐**　鳐科。又称鯆鱼，有黄鯆、黑鯆。

**竹荚鱼**　鲹科。亦名山鲳鱼。

**肉鳎**　舌鳎科。亦称鳎鳗。眼小口侧、体扁、眼鼻均在体上，色黄腹白，因其形似舌，故名；属底层鱼类，品种多，有粗鳞、细鳞、左手肉鳎、花肉鳎等。海洋捕获者粗鳞居多，海涂串网、涨网捕获者均属细鳞。

**江鳅**　虎鱼科。俗称“赤鲴”，体长圆略扁，头大吻短，口阔齿尖，无鳞多黏液，背、臀、尾鳍相连，常在海涂穴居。呈蓝色者称蓝赤，淡红色者称红头赤鲴，海涂有产。

**雄鱼**　虎鱼科。亦名海黄颡，俗称“雄铁头”。口巨有须，背部及左右鳍各长一尖刺。与内河黄颡相似，但体呈银色。麦黄季节洄游至近海产卵，境内海域有产。

**鲈鱼**　鮨科。口巨齿尖，体侧扁、灰白色，有黑星斑点。性凶猛，食鱼虾，常游至港湾碶口，潜入塘河亦适应，可养殖。

**鲻梭鱼**　鲻科。俗称“鲻鱼”。头大而扁，身长、红眼、鳞大、骨软，呈银白色。品种分黄眼、乌鲻、三棱鲻鱼等。栖上、中层水域，成群逆水洄游于港湾，常随潮进入海涂觅食。性急躁，喜跳跃，胆小，受惊逃窜敏捷。潜入内陆水域后，变深褐色，生长快，俗称“淡水大头”，可供养殖。

**河豚** 鲀科。俗称河豚。体圆筒形，皮粗无鳞，颔、肚下多刺绒，背蓝呈黄褐色斑纹，股腹似球，发出“咕咕”之声。肝脏、血液有毒素，人误食而殒命。

**海鳗** 海鳗科。俗称“狗鳗”。栖深水海底，体圆长，形似蛇；尾侧扁，无鳞、皮光滑、腹白色，背、臀、尾鳍相连，无腹鳍，尖嘴狼齿，性凶猛，食鱼虾；含脂高，味美，列上等食用鱼类。近海皆产。

**（中华）乌塘鳢鱼** 塘鳢科。俗称涂鳗。阔口尖齿，体圆短，无鳞多黏液，背黑褐、腹浅黄。海涂挖穴而居，涨潮时出穴觅食。

**矛尾复虎鱼** 虎鱼科。挖穴而居，潮至出穴觅食。

**中华须鳗** 蛇鳗科。形似河鳗。海涂有之。

**曼氏无针乌贼** 头足纲。俗称墨鱼、乌贼。软体动物。

**龙头鱼** 龙头鱼科。形似蛟龙，俗称虾孱。骨软、无鳞、色白，资源丰富，沿海盛产，尤以秋季最多。晒燥称龙头烤。

**泥鱼** 虎鱼科。体大及指，头大口阔，背黄腹白，常穴居，潮至出穴觅食，沿海皆产，以梅季为肥。

**烂稻索** 虎鱼科。形似泥鱼，然体长而大，各海涂皆产，多产海水养殖塘；春季产卵期量多、体肥。

## 甲壳类

**三疣梭子蟹** 蝤蛑科。其形似梭子，故名，亦称白蟹，体分头部、胸部、腹部，甲壳中间圆两端尖，四对足行动，两大螯捕食，善游能爬，性好斗，浅深海皆生，秋季为旺汛。雌性脐圆、短粗，雄性脐三角形、螯细长。10月后育膏肥壮，味鲜美。盐渍后称卤炝蟹。2004年前境内有人工养殖。

**锯缘青蟹** 蝤蛑科。体扁厚椭圆形，壳光滑呈青黄色，双螯粗硬，前三对足指尖，第四对足形似桨，潮兴出游觅食，潮退蛰居涂泥，夏秋多且肥。2004年前境内有人工养殖。

**红螯相手蟹** 方蟹科。俗称螃元蟹。栖于高潮区海涂，挖穴而居。体大如拇指，壳银白色，双螯粗圆，清明时最肥。

**红钳蟹** 沙蟹科。栖于高潮区海滩，挖穴而居，双螯一大一小，大螯超越蟹体，呈紫红色，夏秋时最肥，多搡蟹浆而食。

**沙蟹** 沙蟹科。退潮爬行涂面觅食。量多似散沙，故名。梅季数量多且肥，俗称“黄梅沙蟹”。多腌食。

**和尚蟹** 和尚蟹科。壳圆硬，光滑似秃头，故名。泥涂皆生。

**哈氏仿对虾** 对虾科。俗称滑皮虾，盛产。2010年前境内有人工养殖。

**刀额新对虾** 对虾科。因色黄，故又名黄虾。产于台风季节，又名台虾。今多养殖。

**日本对虾** 对虾科。有彩色条纹，跳跃有劲，亦称强盗虾、跳虾。

**对虾** 对虾科。又称明虾，今系海水养殖主要品种。2010年前，境内有人工养殖。

**中国毛虾** 单肢虾科。俗称“糯米饭虾”。体透明，栖于泥沙底的浅海。

**脊尾白虾** 长臂虾科。色白、半透明，又称白虾、水虾、白水虾。清明季节盛产。

**细螯虾** 玻璃虾科。体大如麦秆，又于麦黄时发汛，又名麦秆虾。境内海域盛产。

**中华管鞭虾** 管鞭虾科。俗称红虾，烧熟后称红烤虾。

## 贝藻类

**缢蛏** 蛏科。俗称蛏子。体如手指，壳薄呈灰白色，生长纹明显。壳闭合时两端仍开，头有两管吸吐食物。栖于中低潮海涂，挖穴而居，夏浅冬深。2010年前境内广泛养殖。

**泥蚶** 蚶科。俗称蚶子、银蚶、血蚶。体小形如斧，灰褐色，壳厚而坚，外表有突起条纹。原野生，今多为人工养殖。境内海涂历来有天然蚶苗繁殖。

**毛蚶**　蚶科。形似蚶子，体大有绒毛，故名。今多人工养殖。

**青蛤**　蛤蜊科。俗称蛤皮、圆蛤。体圆扁，壳面有蓝褐色、淡黄色等。栖中低潮区，挖穴而居，属野生，四季可采，梅季最肥。

**彩虹明樱蛤**　樱蛤超科。俗称黄蛤，体如指甲，壳呈粉红色，形似瓜子，又俗称海瓜子，梅季最旺肥，又称梅蛤。栖于中潮区海涂，沿海皆有，资源丰富，为境内主要涂产品。

**泥螺**　阿地螺科。体似大豆，呈拖鞋状。壳圆薄而脆，色灰黄。栖中潮区，退潮时在涂面爬行觅食，活动能力弱，易捕捉，9月产卵，形似透明白球，俗称“泥螺蛋”，资源丰富，各海涂皆产。多腌制成咸泥螺。20世纪为郭巨特产。

**斑玉螺**　玉螺超科。俗称肉螺、香螺。

**香蛳螺**　锥螺科。体呈尖锥形，似螺蛳，壳厚，色灰褐。栖于中潮区海涂，退潮时在涂面觅食，嗅觉灵敏，易捕捉，以夏秋为多，其味鲜香，故又名“割香螺”。有毒禁食。

**铁蛳螺**　锥螺科。形似香蛳螺，其体略尖长，螺纹明显，栖于高潮区，资源极丰富，各海涂皆生，味微苦。

**贻贝**　贻贝超科。又名淡菜，体楔形。去壳晒干，称淡菜干、贡干。

**长牡蛎**　牡蛎科。俗称蛎蝗。附着于礁岩，冬季采拾。壳可制石灰。

**紫菜**　红毛菜科。藻体呈带形，色紫故名。含碘多。20世纪70年代，郭巨海域曾人工养殖。

**海带**　海带科。晒干成淡干，加盐晒干为咸干，供食用。20世纪70年代，郭巨海域曾人工养殖。

**条浒苔**　石莼科。俗称苔条。

## 其他

**海蜇**　钵水母类。即水母。腔肠动物，无胃肠，用体腔消化。形如降落伞。游泳力弱，随潮、风向漂浮，升于海面时，常有虾类寄居其体，遇惊虾逃逸而海蜇下沉，故有“海蜇虾当眼”之说。夏秋为旺汛。20世纪70年代，郭巨、岭头海域旺发。

**中国鲎**　肢口纲。由头胸、甲腹和尾部组成，头甲呈半月形，腹甲三角形，甲壳似钢盔，眼生于背两侧。尾如柄，细长而坚硬，能自由转动，口足皆藏腹下。栖于低潮区海底，雌雄相伴。沿海皆产，尾数不多。可食用、药用、观赏。

**长蛸**　头足纲。俗称章干，栖于深海，常随潮入涂，形似目鱼，体略小，八腕足特长，由吸盘行动、拾食。境内涂产皆有。

**望潮**　头足纲。形似章干，在海涂挖穴而居，因其乘潮而兴，潮退而蛰，故名望潮，各海涂皆生。

**江豚**　鼠海豚科。哺乳类动物，因体似猪，又称“海猪”。在海面时起时伏，头圆无喙，眼小无背鳍，皮乌滑。食鱼虾、乌贼等，喜三五成群洄游于咸淡水交界处，故亦名拜江猪。常在岭头、郭巨及周边海域出现。

# 第四节　野生动物

境内野生动物资源丰富，种类繁多。近年来若干野生动物已经或正在向人工养殖转化，还有从外地引进的动物。

## 淡水水母

**桃花水母**　笠水母科。国家一级保护动物、有“水中大熊猫”之称。外形像一把撑开的伞，如矿泉水瓶盖大小、通体透明、柔软如绸、薄如蝉翼。因在桃花盛开的季节会成群繁殖而得名。2008年8月26日，在郭巨大涂塘村下盘象岙水库发现过且数量较多。

## 兽类

**华南虎**　猫科。国家一级保护动物。《镇海县志》（1994年版）有载，民国30年（1941）10月，盛岙村猎户胡月才等人上山打猎。在峙北上宅村东山大石岩下，见一只老虎晒太阳，于是猎人勇敢围攻，虎终被戳死。此虎背呈黑色斑纹，肚白色，重40余千克，正处“青年期”。今境内绝迹。

**豹**　猫科。又名拖鸡豹、狸猫。境内山区有分布，今偶见。

**小灵猫**　灵猫科。俗称“香狸猫”。旧时境内有见。

**狼**　犬科。体棕灰色，重25～30千克，今偶见。

**貉**　犬科。俗称田狗、狸。体色棕黄，重20千克左右。中华人民共和国成立前山区常见，今偶见。

**豺**　犬科。俗称豺狗，体色棕黄，重20千克左右，中华人民共和国成立前山区常见，今偶见。

**狐**　犬科。亦名草狐、或称竹狗。居近山区和丘陵，今仍有见。

**獐**　鹿科。别名河麂，俗称獐呒郎，有黄獐、白獐之分，今峙头山区仍有出没。

**小麂**　鹿科。别名黄麂，俗称带角麂。

**野猪**　猪科。别名山猪，丘陵地带繁殖，今境内仍常见。

**鬣羚**　牛科。别名苏门羚，俗称木羊、野山羊。

**豪猪**　豪猪科。别名箭猪，栖山区岩洞中，偶见。

**兔**　兔科。别名野兔，山区有繁殖。

**松鼠**　松鼠科。山区松林间有见。

**穿山甲**　穿山甲科。又名鲮鲤，有铁甲、铜甲之分。深山区有见。

**刺猬**　刺猬科。山坡、田野有见。

**猪獾**　鼬科。形如猪，穴居，多栖海江塘洞穴中，今少见。

**黄鼬**　鼬科。俗称黄鼠狼。村宅、田间常见。

**青鼬**　鼬科。俗称“两头乌”，形如猫又似豹，体重4千克左右，在山区群居群行。今偶见。

**鼬獾**　鼬科。又名山老鼠、猸子，似鼠形大，穴居山坡。少见。

**水獭**　鼬科。别名水狗。半水栖。内陆水域偶见。

**蝙蝠**　蝙蝠科。喜栖屋檐下、墙壁缝隙，捕食蚊类。20世纪70年代后，随房屋结构改变，渐减。

## 鸟类

**鸢**　鹰科。亦称老鹰，今罕见。

**雀鹰**　鹰科。体比鸦小，因常倚篱笆捕食小鸟雀，俗呼“篱笆枪”。

**赤腹鹰**　鹰科。喜开阔林区，捕小鸟、青蛙为食。国家二级保护动物。

**白肩雕**　鹰科。国家一级保护动物。冬候鸟。体长75厘米左右，栖于开阔原野。从其他猛禽处劫掠食物。

**苍鹰**　鹰科。国家二级保护动物。

**鸿**　鸱鸮科。俗称逐魂、猫头鹰。栖深山区。

**小嘴乌鸦**　鸦科。形似鸦稍小，高山林间偶见。

**乌鸦**　鸦科。俗称白头颈老鸦。今偶见。

**寒鸦**　鸦科。俗呼乌老鸦。候鸟，隆冬时节偶见群鸦，常为降雪征兆。

**喜鹊**　鸦科。俗称丫鹊，多筑巢村舍高树上。民间有“喜鹊叫，喜事到”之说。

**红嘴蓝鹊**　鸦科。俗称红嘴绿鹦哥，山区有见。

**勺鸡** 雉科。形同雉鸡，飞翔时，竖有一撮棕色毛冠。今山区偶有见。

**环颈雉** 雉科。俗称“雉鸡”“田鸡”“野鸡”，喜栖丘陵低山，今山区有见。

**鹌鹑** 雉科。亦称地鹁鸪，栖于田野、芦丛间。今野生鹌鹑已很少，人工饲养很多。

**灰胸竹鸡** 雉科。俗名华南竹鹧鸪，栖于山间平原。

**竹鸡** 雉科。栖山区竹林间，今仍有。

**稻鸡** 秧鸡科。栖芦丛、稻田，重不足 0.5 千克，夏秋在稻田有见。

**红脚苦恶鸟** 秧鸡科。俗称风箱鸟。常在水田觅虫、螺或种子为食，鸣声作“苦恶、苦恶”。

**白胸苦恶鸟** 秧鸡科。亦称白胸秧鸡。

**画眉** 画眉科。山区常见。

**小隼** 隼科。亦称猪隼、打雕童。栖于低山林地，性猛，能振翼疾飞，捕食小鸟。

**白头鹎** 鹎科。俗称“白头翁”，山区偶见。

**大雁** 雁亚科。候鸟，秋分后自北南归，春天北归。20 世纪 70 年代前后，秋风一起常见雁群，今已鲜见。

**金腰燕** 燕科。俗称“蛇燕”。候鸟，形比家燕稍大，腰羽赭黄色，栖于村舍，筑泥窝于墙角楼板下。今仍有见。

**家燕** 燕科。候鸟，春分时从南方飞来，衔泥筑巢于屋檐下，哺育幼雏，以昆虫为食，秋分南迁。现因城乡木结构房屋逐渐改建，筑巢场所锐减，家燕数量明显减少。

**黑脊燕尾** 燕科。体长 22 厘米，背黑、胸白，常栖于溪旁。

**翠鸟** 翠鸟科。俗称“钓鱼郎”，分河翠、山翠两种，山翠体略大，河翠栖河边，山翠栖山区，均以鱼虾为食。今仍有见。

**斑鸠** 鸠鸽科。有山斑鸠、灰斑鸠等，多栖村边竹林，清晨常鸣，平原偶见。

**伯劳** 伯劳科。亦作博劳，俗称“黄刀”“黄伯党”，善鸣，性猛，喙锐利，攫猎小雀、蛙、蜥蜴等大昆虫为食。山边村落有见。

**苍鹭** 鹭科。俗称“长脚鹭鸶”，候鸟，背部和尾部都呈苍灰色，高 80 ～ 90 厘米。捕鱼虾为食，山塘、水库宽阔处的草丛边偶有见。

**小鸊鹈** 鸊鹈科。俗称“水凫儿”“潜水鸟”，栖内河、池塘中，营浮巢于芦苇丛，喜潜水，山塘、水库偶有见。

**海鸥** 海鸥亚科。俗称江猫，多栖海岛，翱翔海空。船行峙头洋面常有海鸥尾随。

**山鹪莺** 莺科。有形长的凸形尾，叫声似锯片被磨刀石打磨的声音。

**红胁蓝尾鸲** 莺科。橘黄色，两肋与白色腹部及臀部成对比，栖于湿润山地森林及次生林低处。

**黄腹柳莺** 莺科。比灰柳莺体小，腹部色浅多黄色。

**黄眉柳莺** 莺科。国家林业局列入保护、有科学研究价值的陆生野生动物。

**红嘴相思鸟** 莺科。嘴赤红色，上体灰绿色，羽毛艳丽，观赏鸟类。

**啄木鸟** 啄木鸟科。栖于山区林间，啄食树木害虫，山区有见。

**八哥** 椋鸟科。亦称鸲鹆，杂食果实、种子和昆虫。雄鸟喜鸣，经笼养训练，能学人语。今山区仍有见。

**红头山雀** 山雀科。长尾，体黑腹白，栖高山林间，偶见。

**山麻雀** 文鸟科。似麻雀，略小，山区皆有。

**麻雀** 文鸟科。亦称家雀，城乡皆有，数量多。

**戴胜** 戴胜科。俗称山和尚，候鸟。棕栗色羽冠，颈、胸同色而淡，下背和肩羽色褐杂棕、白色斑，尾羽黑色，中俱白斑。初夏偶见。

**暗绿绣眼鸟** 绣眼鸟科。性温顺，鸣声婉转，观赏鸟。山区有之。

**黑枕黄鹂亚种** 黄鹂科。树栖鸟，喜集群，主食昆虫。

**黑枕黄鹂**　黄鹂科。又称黄莺。今偶见。

**大杜鹃**　杜鹃科。俗称谷鸪、郭公、布谷鸟。形似白头翁，体色暗灰，两翼暗褐。春耕时鸣声“谷鸪”，过夏无声。

**四声杜鹃**　杜鹃科。又称杜鹃、子规、怨鸟。候鸟。形似谷鸪。

**鸬鹚**　鸬鹚科。又名鱼鹰、水老鸭，体如鹰似鹭，钩喙而长，善潜水，可驯化捕鱼。

**白鹭**　鹭科。又称鹭鸶，候鸟，沿海一带有见。

**凤头䴙䴘**　䴙䴘科。形似小䴙䴘。

**绿头鸭**　鸭科。俗称野鸭，因头绿色而名。

**白眉鸭**　鸭科。雄性嘴黑，眉纹白色，宽而长，成群活动于江河等水中，以食植物为主。

**青头潜鸭**　鸭科。体圆头大，少鸣叫，擅潜水。

**斑嘴鸭**　鸭科。体长 50 ～ 64 厘米，体重 1 千克左右，常栖息于淡水湖畔。

**豆雁**　鸭科。冬候鸟，体形瘦长，嘴细长。栖于湖泊、农田中。

**白额雁**　鸭科。体小、色暗、额白，叫声为嘈杂的“咯咯”声。

**小天鹅**　鸭科。体形同大天鹅，颈脖长，羽白。栖于多芦苇的湖泊。

**凫**　鸭科。俗称“野鸭”“水鸭”，候鸟，初冬至此，成群栖游于水库、海涂浅水处，山塘、水库常有见。春后离去。

**鸳鸯**　鸭科。雌雄偶居不离，常栖水面。

**白琵琶**　鹮科。大型涉禽，体长 70 ～ 95 厘米，体型像一把琵琶。

**黑脸琵鹭**　鹮科。有一张似琵琶或汤匙状长嘴。体白，嘴、脚、额、眼为黑色。

**白鹤**　鹤科。国家一级保护动物。体白嘴黄，以食水生动植物为主。

**灰鹤**　鹤科。体石板灰色，栖于沼泽草甸，杂食性鸟禽。

**海鸥**　鸥科。多栖海岛，常见翔鸣海空。

**褐河乌**　河乌科。羽深褐色。栖于山涧河谷溪流裸露的岩石上。

**凤头鹀**　雀科。细长羽冠，叫声响面尖，冬季于稻田取食。

**三道眉草鹀**　雀科。俗名山麻雀。栖于高山丘陵的开阔丛。

**燕雀**　雀科。胸棕腰白，喜跳跃和波状飞行。

**灰头鸦雀**　雀科。体大的褐色鸦雀，头灰色，嘴橘黄。

**红尾水鸲**　雀科。小型鸲科鸟类，尾红色，以昆虫为食。

## 爬行类

**蝮蛇**　蝮蛇科。土名芝麻烂毒蛇、狗屙扑，各地皆有。有毒。

**五步蛇**　蝮蛇科。又名蕲蛇，亦称尖吻蝮蛇，剧毒。深山区有见。

**翠青蛇**　游蛇科。形似竹叶青蛇，无毒。

**竹叶青蛇**　蝮蛇科。亦称“一步倒”，剧毒。山区林间有见。

**烙铁头**　蝮蛇科。亦称假蕲蛇，善捕鼠，又名老鼠夹蛇，有毒。

**滑鼠蛇**　游蛇科。又称草锦蛇、松壳板。无毒。省重点保护动物。

**乌梢蛇**　游蛇科。俗称大秤杆，其色稍黄者称黄乌梢蛇。无毒，山麓田野有见。

**赤链蛇**　游蛇科。亦称火赤链蛇，俗称“烂田水扑”，无毒。

**水赤链蛇**　游蛇科。栖田野，背黑腹红，无毒，各地常见。

**黑眉锦蛇**　游蛇科。亦称黄颔蛇，俗称家蛇，无毒。

**红点锦蛇**　游蛇科。亦称水蛇，无毒，田野、水泽常见。

**王锦蛇** 游蛇科。又名菜籽花蛇，黄蟒蛇。

**棕黑锦蛇** 游蛇科。俗称赤峰锦蛇。

**灰鼠蛇** 游蛇科。无毒蛇，性温驯，一般不主动袭击人。

**眼镜蛇** 眼镜蛇科。俗称犁镵头，剧毒，激怒时前身竖起，颈部膨大，“呼呼”作声。山麓、田野偶见。

**银环蛇** 眼镜蛇科。俗称寸白蛇，剧毒。山区、田野偶见。

**颈棱蛇** 游蛇科。外形像蝮蛇。

**紫灰锦蛇** 游蛇科。无毒蛇，背部紫铜色。以小型哺乳类小动物为食。

**玉斑锦蛇** 游蛇科。别名美女蛇、玉带蛇。

**宁波滑蜥** 石龙子科。背呈古铜色，可随温度与光照变化而改变。

**蓝尾石龙子** 石龙子科。长尾巴，为鲜艳的蓝绿色。分布广。

**北草蜥** 蜥蜴科。尾为体长的2倍多，以昆虫为食。

**脆蛇蜥** 蛇蜥科。俗名“蜥蛇”。四肢退化。

**蹼趾壁虎** 壁虎科。俗称壁蜥，食蝇、蚊。尾易断，能再生。

**蝘蜓** 石龙子科。俗称“四脚蛇”，栖庭园或郊外石缝，入药称铜石龙子。

**龟** 龟科。背甲乌，称乌龟，背甲略黄，俗称“王八”。

**平胸龟** 龟科。又称鹰嘴龟、大头龟，头不能缩入壳内。系省重点保护动物。

**黄喉水龟** 龟科。俗名石龟、水龟，系水系龟类。是优良龟类。

**黄绿闭壳龟** 龟科。缘盾黄色，由此得名。

**鳖** 鳖科。亦称甲鱼、王八，今多养殖。

## 两栖类

**黑斑蛙** 蛙科。又名青蛙、田鸡，益虫。背泥黑色，体略小者称芝麻蛙。多生长在稻田、池塘，也在旱地生活，以捕食各种小虫为生。

**虎纹蛙** 蛙科。背有黄绿棕色斑纹，黑色称石戆（音 gàng）。山区溪涧有见。

**棘胸蛙** 蛙科。亦称棘蛙、山鸡，俗称石戆，山区溪涧偶见。

**日本林蛙** 蛙科。两栖动物，栖山区草间、水塘及水田周围。

**中国雨蛙** 雨蛙科。又称华雨蛙，山间常见。

**中华蟾蜍** 蟾蜍科。俗称癞蛤蟆，又称蛤蚆，村宅旁常见。

**大树蛙** 树蛙科。别称斑腿树蛙、变色树蛙，栖草、树、竹上。系省重点保护动物。

## 昆虫类

**蜻蜓** 蜻科和蜓科的总称。蜻蜓目。种类繁多，原来到处可见，近年逐渐减少。

**蝴蝶** 蝴蝶科。蝶类的统称，属鳞翅目。种类繁多，主要有蛱蝶、粉蝶、凤蝶等。各种花丛间常见。

**斑蝥** 芫菁科。食豆花、豆叶。有毒，称斑蝥毒。常见。

**螳螂** 螳螂科。俗称“吃发郎”。山地、田间常见。

**天牛** 天牛科。俗称“牵牛郎”“锯树郎”，幼虫古称蝤蛴。为常见之害虫。山林、桑树、果木中常见。

**蟋蟀** 蟋蟀科。又名促织、吟蛩，常见。

**蝼蛄** 蝼蛄科。别名土狗，旱地作物害虫。常见。

此外还有萤火虫、纺织娘、蝉等。

### 鱼类（淡水）

**小鲵**　小鲵科。1999年1月20日，郭巨镇东门村村民赵文国、郑海波等人在郭巨镇长坑村打猎时，在该村石水缸溪潭中发现一群稀有小动物40余条。据浙江省自然博物馆有关专家考察后，认定是国家二级濒危保护动物小鲵。全国只有在东北、福建、浙江义乌等地发现过。北仑只有紫石、瑞岩寺林场也曾发现此珍稀动物，但群体数量没有长坑石水岗溪潭中数量之多。现放归大自然。

**鲤鱼**　鲤科。今多为人工养殖，主要经济鱼种。

**青鱼**　鲤科。亦称螺蛳青，20世纪50年代引入，主要经济鱼种。

**草鱼**　鲤科。亦称草青，20世纪50年代引入，主要经济鱼种。

**鲢鱼**　鲤科。亦称白鲢。20世纪50年代引入，主要经济鱼种。

**鳙鱼**　鲤科。俗称花鲢、胖头鱼，20世纪50年代引入，主要经济鱼种。

**团头鲂**　鲤科。即武昌鱼，俗称鳊鱼，20世纪70年代引入三角鳊，主要经济鱼种。

**鲫鱼**　鲤科。分布广，主要经济鱼种。

**鲌鱼**　鲤科。俗称翘嘴鲌鱼。有青条、白条之分。

**乌鱼**　鳢科。俗称乌鳢鱼。主要经济鱼种。

**中华鳑鲏鱼**　鳑鲏亚科。鱼体侧扁，头小。受精卵在河蚌内孵化。

**沙塘鳢**　塘鳢科。亦称塘鳢、土鯆鱼。

**鳜鱼**　鮨科。亦称桂鱼，野生名贵食用鱼种之一。

**鲇鱼**　鲇科。亦作鲇。

**鳗鲡**　鳗鲡科。俗称河鳗，今多人工养殖。

**鳝鱼**　合鳃科。俗称黄鳝。

**泥鳅**　鳅科。20世纪60年代列为经济鱼类，20世纪80年代开始养殖。

### 甲壳类

**中华绒螯**　方蟹科。亦称毛蟹、河蟹、大闸蟹。

**溪蟹**　溪蟹科。栖流涧间。

**河虾**　长臂虾。俗称青虾。20世纪50年代后因广用农药，数量渐少今多人工养殖。

### 贝类

**无齿蚌**　蚌科。俗称河蚌，栖河、池、湖库中。

**珠蚌**　蚌科。亦名旗蚌，野生偶有，20世纪60年代始人工养殖育珠。

**黄蚬**　蚬科。亦名河蚬，资源丰富。

**中华圆田螺**　田螺科。栖河、池及水田中。

**螺蛳**　田螺科。俗称蛳螺，繁殖力强，多生长在河、池中。

## 第五节　野生植物

境内野生植物资源丰富，有古老的物种，也有新发现的物种，其中有中华人民共和国成立后引进的150余个品种。国家二级保护植物有金钱松、香樟。

山地植物主要有树木类、果木类、竹类三个群系，其次是药用植物、花卉植物，还有盐地植物和水生植物。

### 树木类

**马尾松** 松科。常绿乔木，叶两针一束，为境内主要植被树。

**黑松** 松科。常绿乔木，叶两针一束，中华人民共和国成立后引入。

**五针松** 松科。常绿灌木，叶五针一束，中华人民共和国成立后引入，多作观赏树种。

**雪松** 松科。常绿灌木，叶五针一束，中华人民共和国成立后引入，多作观赏树种。

**金钱松** 松科。山地造林良种，亦用作观赏。常绿灌木，国家二级保护植物。

**柳杉** 杉科。用材树，城镇公园、庭园及村前屋后绿化观赏树。

**杉木** 杉科。亦称刺杉，用材树种。

**水杉** 杉科。珍贵树种，广作速生造林树种、农田防护林及“四旁”绿化树种。

**池杉** 杉科。又名池柏。能在沼泽地生长，为平原水网绿化树种。

**南方红豆杉** 红豆杉科。用材及园林绿化树种。国家一级保护植物。

**柏木** 柏科。别名璎珞柏，用材树，枝、叶可提取芳香油。

**扁柏** 柏科。常见园林绿化树种。

**桧柏** 柏科。常见有金叶桧、龙柏等栽培品种，庙宇、陵墓多植，谓“松柏长青”。

**罗汉松** 罗汉松科。又称土杉，系观赏树种，广栽于公园、庭院。

**垂柳** 杨柳科。俗称杨柳。多系行道、护堤树种。

**苦槠** 壳斗科。常绿乔木，用材树。

**米槠** 壳斗科。常绿乔木，用材树。

**麻栎** 壳斗科。常绿乔木，用材树。

**栓皮栎** 壳斗科。用材树种。树皮发达，栓皮层可制软木。

**榉树** 榆科。国家二级保护植物。

**朴树** 榆科。俗称沙朴树。

**白榆** 榆科。俗称田柳树，今多植村庄、公路两旁。

**香果树** 茜草科。用材树。落叶乔木，沿山平地、路旁、溪岸常见。

**梓树** 紫葳科。用材树。

**构树** 桑科。亦称楮，茎皮供造纸及制绳索用，叶可饲猪。

**柘树** 桑科。亦名黄桑，俗称柞树。果可食或酿酒，叶饲蚕。

**桑** 桑科。叶饲蚕、果可食。蚕丝业的主要树种。

**薜荔** 桑科。又称木莲，常绿藤本，攀附树、墙、山崖上。果实可制食用凉粉，称木莲糊。

**鹅掌楸** 木兰科。亦称马褂木，庭园观赏树。国家二级保护植物。

**厚朴** 木兰科。落叶乔木，分布量少。

**香樟** 樟科。为主要绿化、行道、用材树种。为宁波市市树。国家二级保护植物。

**檫树** 樟科。用材树，落叶乔木，散生于山地、林缘杂木林中。

**浙江楠** 樟科。园林树。国家二级保护植物。

**红楠** 樟科。高龄树。

**枫杨** 胡桃科。俗称溪口树，亦称榉柳、麻柳、元宝树。多栽于溪边及河谷低处。

**海桐** 海桐花科。多作庭园观赏树。

**枫香** 金缕梅科。亦称枫树。秋叶艳红，称红枫，作观赏树。高龄树，树冠雄伟。

**二球悬铃木**　悬铃木科。又称法国梧桐，为主要行道树之一。
**杜仲**　杜仲科。树皮药用。国家二级保护植物。
**皂荚**　豆科。又称皂角，落叶乔木，多分布于山坡疏林。
**槐树**　豆科。变种有龙爪槐，为常见庭园观赏树。
**刺槐**　豆科。通称洋槐。为行道、观赏及沙地造林树种。
**花梨木**　豆科。木材坚重，纹理美观，系高级用材树。
**臭椿**　苦木科。亦称樗。落叶乔木。
**楝树**　楝科。又称苦楝。20世纪60年代末引入。
**乌柏**　大戟科。又称柏子树。落叶乔木，散生于田野及低山杂木林中。
**油桐**　大戟科。又称桐子树。落叶小乔木。
**黄杨**　黄杨科。又称瓜子黄杨，常绿灌木，多栽庭园绿化。
**枸骨**　冬青科。俗称刺老虎、猫儿刺。常绿灌木或小乔木。
**大叶冬青**　冬青科。异名苦丁茶。
**冬青卫矛**　卫矛科。又名大叶黄杨。常作绿篱或园林绿化。
**鸡爪槭**　槭树科。亦称鸡爪枫，红枫、赤枫、青枫为其变种。作观赏树种。
**爬山虎**　葡萄科。又称爬墙虎、地锦，落叶藤本，常攀缘墙壁或岩礁。为垂直绿化植物。
**梧桐**　梧桐科。又称青桐，系用材、绿化、观赏树种。
**油茶**　山茶科。20世纪50年代由常山县引入，山区广植。
**茶义**　山茶科。名茗。主要经济作物、特产。
**木荷**　山茶科。常绿乔木，散生于山区林间。
**芫花**　瑞香科。可供观赏，花蕾入药。
**喜树**　蓝果树科。又称旱木莲，多植庭园作观赏。
**楤木**　五加科。亦称鹊不踏。落叶灌木或小乔木，山区有分布。
**女贞**　木犀科。又称冬青树。为常见绿化或绿篱树种。
**络石**　夹竹桃科。亦称白花藤。属常绿木质藤本。
**大青**　马鞭草科。落叶灌木。
**白花泡桐**　玄参科。亦称白桐。
**栀子**　茜草科。又名黄栀花、山栀，作盆景观赏。
**棕榈**　棕榈科。其皮可打绳，做蓑衣，衬睡床，又作观赏树。

## 果木类

**橘**　芸香科。常绿灌木或小乔木，统称柑橘，传统品种有凤仙橘、朱红橘，中华人民共和国成立后引入新品种多。
**金柑**　芸香科。亦称金橘，系郭巨著名果品，品种有金弹、牛奶金柑等。
**枸橘**　芸香科。即枳。其苗可作柑橘嫁接砧木。
**杨梅**　杨梅科。可食鲜果，或浸酒食用。
**梅**　蔷薇科。落叶乔木，多散栽。
**杏**　蔷薇科。灌叶小乔木，零星种植。
**李**　蔷薇科。境内栽培多。
**野山楂**　蔷薇科。落叶灌木，生山谷阳坡、溪边、疏林、灌丛中。
**沙梨**　蔷薇科。落叶灌木，各地均种植。

**中华猕猴桃** 猕猴桃科。亦名杨桃、阳桃。山区野生，今有成片种植。

**柿** 柿树科。有大方柿、小方柿、铜盆柿，稍小者，称吊红（蒂红）。

**枇杷** 蔷薇科。多栽于庭院，渐扩栽成枇杷园。

**葡萄** 葡萄科。俗称紫葡萄，木质藤本。20 世纪 60 年代后引入品种较多，发展成葡萄园，为主要经济作物。果可鲜食或酿酒。

**桃** 蔷薇科。本地以红桃、夏白桃为主，后引入新品种，大岭下村种植有百亩桃园。

**枳椇** 鼠李科。又称拐李、金钩子。山坡、沟谷常见。

**枣** 鼠李科。又名白蒲枣。

**栗** 壳斗科。亦称板栗，野生称毛栗。

**无花果** 桑科。落叶乔木或小乔木，居宅庭院偶植。

**银杏** 银杏科。亦称白果树、公孙树。落叶乔木，国家一级保护植物。

**石榴** 安石榴科。落叶灌木或小乔木。

## 竹类

**毛竹** 禾本科。亦称猫竹，栽培广，为主要经济竹种。

**桂竹（刚竹）** 禾本科。俗称龙须竹。主要经济竹种。

**乌竹** 禾本科。为主要笋用竹种，多栽于低坡土壤深厚处。

**淡竹** 禾本科。中型散生竹种，分布广，面积大，为境内主要竹种。

**金竹** 禾本科。旧称筋竹，为境内主要竹种。

**雷竹** 禾本科。春雷动时出笋，故名。1985 年引入，系主要笋用竹种。

**早竹** 禾本科。出笋早，故名。零星植于山区宅旁。

**高节竹** 禾本科。外地引入，高产笋用竹种。

**斑竹** 禾本科。又名湘妃竹，桂竹变型。

**青皮竹** 禾本科。原为华南地区优良丛生竹，20 世纪 60 年代引植。因耐寒性弱，现仅丘陵山脚和房前屋后零星栽植。

**哺鸡竹** 禾本科。俗称“赖孵鸡娘竹”，20 世纪 90 年代初引进，主要笋用竹种。

**水竹** 禾本科。野生和人工培育并有，多分布于河岸、山麓。

**石竹** 禾本科。多野生。

**漫竹** 禾本科。野生小型竹，笋不能食用。

**石角竹** 禾本科。俗称（桃枝竹）丛生型竹种，笋不能食用。

**撑蒿竹** 禾本科。亦称撑竹。郭巨南门村方门山有之。

**甲竹** 禾本科。野生小型竹种，笋可食用。

**箭竹** 禾本科。灌木型竹类，多野生。

**苦竹** 禾本科。亦称伞柄竹。笋味苦，不堪食用。

**箬竹** 禾本科。竹叶大，可制作笠帽和裹粽子。

**少穗竹** 禾本科。（大黄苦竹）野生小型竹，大山区皆有。

## 药用类

**白术** 菊科。多年生草本。今以种植为多。

**菊叶三七** 菊科。（三七草）俗名见肿消。多年生草本，植村落园地间。

**泽兰** 菊科。多年生草本，生于山坡、溪边。

**蒲公英**　菊科。又名黄花地丁。生于山野、堤塘边。
**千里光**　菊科。多年生草本，生于山野田间。
**茵陈蒿**　菊科。多年生草本，生于山脊、田野、海塘。
**黑皮三叶青**　葡萄科。又名金丝吊葫芦、蕲蛇药。多年生攀缘草本，产高山岩间及深涧。
**天门冬**　百合科。多年生攀缘草本，产林间及山坡。
**百合**　百合科。多年生草本，生于山间茅草丛中。
**黄精**　百合科。多年生草本，山区林间有之。
**玉竹**　百合科。多年生草本，生于山间阴处沙溪土壤处。
**芦荟**　百合科。矮状草本。
**垂盆草**　景天科。别称鼠牙半枝莲。多年生肉质草本，生于阴湿石壁、残墙处。
**白花蛇舌草**　茜草科。亦称二叶葎。其根可浸烧酒。一年生纤弱坡散草本。
**东南茜草**　茜草科。俗称地苏木，亦称血见愁，其根可浸烧酒。
**益母草**　唇形科。一年或两年生草本，田野常见。
**丹参**　唇形科。多年生草本，生于山坡、林下或溪边。
**夏枯草**　唇形科。亦称散血草、筋骨草。中药。
**天南星**　天南星科。有毒草本。生丘陵、竹园。
**菖蒲**　天南星科。多年生草本，具香气。可驱蚊蝇。
**石菖蒲**　天南星科。水生草本。生于山谷溪涧。
**金樱子**　蔷薇科。常绿蔓性灌木，生于山野。
**仙鹤草**　蔷薇科。即龙牙草。
**茯苓**　多孔菌科。产于山坡松林间。
**七叶一枝花**　百合科。多年生草本，生于高冈深山土壤肥沃处。
**忍冬**　忍冬科。又称金银花。多年生半常绿缠绕灌木，生于山坡、田野间。
**灵芝**　多孔菌科。产高山松树、枫树间。今青坑岭、方门山偶见。
**石斛**　兰科。多年生常绿草本，产于高山阴处。
**平菇**　多孔菌科。种植广泛的食用菌，营养丰富。
**香菇**　多孔菌科。食用历史悠久，味道鲜美，营养丰富，喻为“菇中之王”。
**银耳**　多孔菌科。又称白木耳。性平、味甘，具有润肺生津、滋阴养胃等作用。
**紫珠**　马鞭草科。落叶直立灌木，生于山坡丛林中。
**平地木**　紫金牛科。即紫金牛，俗称老弗大。常绿小灌木，产于山坡、林荫、溪边。
**竹叶花椒**　芸香科。常绿多刺灌木，产于山坡及竹、木丛中。
**过路黄**　报春花科。又名对座草。多年生草本，生于山野草丛中。
**败酱草**　败酱科。俗名火管草。多年生草本，生于山坡草丛中。
**紫花地丁**　堇菜科。多年生草本，生于山坡、丘陵、竹园。
**何首乌**　蓼科。又名夜交藤。多年生缠绕草本，生于林间溪涧。
**半边莲**　桔梗科。多年生小草本，湿地生长较多。
**腹水草**　玄参科。多年生草本，生于阴湿岩壁间。
**骨碎补**　骨碎补科。亦称猴姜。蕨类附生植物，生于田野草丛间。
**威灵仙**　毛茛科。亦称铁脚威灵仙。半常绿藤本，生于山坡丘陵。
**细辛**　马兜铃科。多年生草本，生山谷溪林阴湿处。
**羊踯躅**　杜鹃花科。亦称闹羊花。落叶灌木，山区皆有。

**穿心莲** 爵床科。亦称一见喜、苦草。

**五加** 五加科。根皮和茎皮称五加皮。灌木，喜长山麓灌丛中。

**山鸡椒** 樟科。又名山苍树、木姜子。分布较广。适于100米以上向阳丘陵和山地的灌木丛或树林中。根、叶及果实均可入药，有祛风散寒、消肿止痛功效。

### 花卉类植物

**梅花** 香薇科。有白梅、红梅、蜡梅等多种。落叶乔木，深山间偶有野生。

**樱花** 香薇科。落叶乔木。花每枝三五朵，呈伞状，有白色、红色。

**野薇** 香薇科。落叶乔木。

**玫瑰** 香薇科。落叶乔木。其花可提炼香精玫瑰油。

**月季** 香薇科。又称月月红。落叶乔木，品种多。

**白梨** 香薇科。亦名玉梨花。落叶乔木。

**红花檵木** 金缕梅科。叶互生，卵形金缘，嫩叶淡红色，花紫色，4～8朵簇生于总花梗上，花期在4—5月，喜阴，耐旱，耐瘠薄。

**迎春花** 木犀科。又名玉卮。落叶乔木。

**茉莉** 木犀科。亦名鬘华。常绿攀缘灌木。

**桂花** 木犀科。常有金桂、银桂、四季桂等。各地皆有。

**金叶女贞** 木犀科。半绿小灌木，多用作广场绿化树种。

**牡丹** 毛茛科。落叶小乔木，今盛岙花园有栽培。

**芍药** 毛茛科。多年生草本。今盛岙花园有栽培。

**兰花** 兰科。多年生常绿草本，有剑兰、草兰、九头兰等，野生高山深谷及涧边。

**菊花** 菊科。品种繁多。多年生草本。

**大丽菊花** 菊科。亦称大理菊、天竺牡丹。多年生草本。

**安徽小檗** 小檗科。树枝、树皮可入药。

**华东小檗** 小檗科。中国特有植物，生长在山沟边、山坡灌丛中。

**珠兰** 金粟兰科。即金粟兰，亦称珍珠兰。落叶小乔木。

**四季秋海棠** 秋海棠科。肉质草本。

**水仙** 石蒜科。又名雅蒜，广作盆景。

**广玉兰** 木兰科。亦称荷花玉兰。常绿乔木。

**白玉兰** 木兰科。落叶小乔木。

**含笑花** 木兰科。俗称香蕉花。常绿灌木。

**石榴花** 石榴科。俗称金庞。常绿灌木或小乔木。

**紫薇** 千屈菜科。俗称“百日红”。落叶小乔木。

**紫荆花** 豆科。又名紫珠花。落叶小乔木。

**合欢** 豆科。亦称马缨花。落叶乔木。

**含羞草** 豆科。落叶灌木。

**野茉莉** 野茉莉科。别名齐墩果，常绿乔木类，观赏花类。

**满山红** 杜鹃花科。落叶乔木，花期4—5月。

**映山红** 杜鹃花科。落叶灌木，生于山坡、灌木丛等处。

**山茶花** 茶科。又名茶花。花姿丰盈、端庄高雅，是中国十大传统名花之一。

**木槿** 锦葵科。常作绿篱或观赏用。

**木芙蓉**　锦葵科。俗称芙蓉花。

**绣球花**　虎耳草科。亦称松团花、八仙花。

**夹竹桃**　夹竹桃科。常绿灌木。

**长春花**　夹竹桃科。亦称雁来红。一年生直立草本。

**凤仙花**　凤仙花科。亦称指甲花，俗称满堂红。旧时妇女常作手指甲染红之用。

**玉簪花**　百合科。多年生草本。

**吊兰**　百合科。宿根草本，多作室内观赏花。

**百合**　百合科。俗称山丹。花的颜色多种，常见的有白色、粉色、红色以及黄色等。是中药材。

**鸡冠花**　苋科。一年生草本，花期从 7 月开到 12 月。

**虞美人花**　罂粟科。亦称丽春花。一年生草本。

**芭蕉**　芭蕉科。亚热带植物，今多栽植。

**苏铁**　苏铁科。即铁树，亦称凤尾松，常绿乔木。观赏树种。

### 盐地植物

芦苇，草本樨群落，分布在海塘边；盐角草—细叶结缕草群落，分布在海塘、盐场围堤内侧。山边潮上有葡径苦卖菜、狗尾草、小飞篷、海三棱藨草、酢浆草、狗牙根、艾蒿等。

### 水生植物

茭白、荸荠、莲藕、紫萍、稗草、芦苇、荷花、睡莲、香水莲、水葫芦、绿萍、鱼腥草等。

## 第六节　矿产资源

境内矿产资源以非金属为主，金属矿产贫乏。已发现有建筑石料、磁铁矿、黏土矿、萤石 4 个矿种，其中建筑石料丰富，其他矿产资源量少，开采利用价值小。

### 磁铁矿

磁铁矿位于境内盛岙村大屋里 200 米处，北纬 29°52′12″，东经 122°04′14″。矿点出露地层为上侏罗统高坞组流纹质晶屑玻屑熔结凝灰岩，旁侧有安山玢岩脉和潜流纹斑岩产出，控矿构造为北东东向张扭性与北东向张性断裂。磁铁矿 TFe（全铁）。品位变化大，矿体规模小，无利用开发价值。

### 黏土矿

黏土矿位于境内盛岙村大屋里 200 米处，北纬 29°52′12″，东经 122°04′14″。矿点出露地层为上侏罗统高坞组流纹质晶屑玻屑熔结凝灰岩，旁侧有安山玢岩脉和潜流纹高龄土矿点产出，控矿构造为北东东向张扭性与北东向张性断裂。开发价值低。

### 建筑石料

建筑石料广泛分布于峙头东北部、东南部大（小）礁岙，岩性为灰色晶屑玻屑熔结凝灰岩，岩石呈块状，致密、坚硬、性脆（易破碎，适宜加工碎石），广泛用于海塘、桥梁等重大工程混凝土碎石料。资源储量 70 亿吨。20 世纪 80 年代前，各生产大队因海塘、道路、水利、农田基本建设或社员建房需要，少量开采建筑石料。20 世纪 80 年代初始开采加工成石子外销，石子加工全通过人们繁重的体力劳动完成，较大石块由石匠用抛持榔头敲击石块为砖块大小，再由妇女劳力用手持榔头和食指大的石子榔头敲击碎石为约 2 厘米见方的石子，人力肩挑装运至船上，销往上海崇明、秦皇岛等地。80 年代中后期始，采用轧石机，筛选装置，运输带等机械替换了人力碎石和肩挑装运石子的繁重体力劳动，且成品石子、瓜子片规格基本一致。产能大为提高。80 年代中后期，境内小屯石子厂石子破碎加工能力仅为 30 万吨 / 年，2015 年产量达 1500 万吨。20 世纪 80 年代起至 2000 年，境内竹湾、光明、双屯、长坑、洋涨、盛岙、郭巨新碶头、碧澜嘴等地都开办过石子厂，80 年代以大队、公社集体办为主，90 年代后以个体、私营合资办为主。进入 21 世纪，国家实行矿产资源开采许可证制度，改变了境内石料无序开采状况，境内矿山企业整合为 5 家，其中规模最大的为雄镇采石场，总投资 500 万元，年生产能力 600 万吨，实际生产 1500 万吨。2006—2015 年，境内开采建筑用石料山地面积约 1.87 平方千米。至 2015 年，因矿产资源开采审批额度用完，雄镇采石场歇业。几家规模小的企业从外地进石料，加工成石子后再销售。

### 沙

沙分海沙、陆沙两种。海沙主要分布于峙头洋小猫东北角螺头水道约 30 米等深线水域中，为浅海底流沙堆积，储量不定，20 世纪 80 年代末期开采，至 2003 年基本采尽。时境内有成开公司采沙船在此海域开采。

# 第六章　自然灾害

郭巨街道位于穿山半岛东端，地处温带和亚热带交接处的濒海地带。既有西风带天气系统影响，又受热带系统影响，气候复杂多变。境内自然灾害主要以台风为主，以及由台风引起的洪涝灾害，另外干旱、寒潮等灾害也较为常见。解放后，影响境内较严重的台风灾害是 1956 年 8 月 1 日的 12 号台风和 2005 年 8 月的麦莎台风。

## 第一节　台风

台风（含热带风暴平均风力 8 ～ 9 级、强热带风暴平均风力 10 ～ 11 级、台风平均风力 12 ～ 13 级、强台风平均风力 14 ～ 15 级、超强台风平均风力 16 级以上）是影响境域的重大灾害性天气系统。台风所经之处常有狂风暴雨、风暴潮，可冲毁海塘，淹没农田、村庄，对工农业生产、航运交通、国防建设和人民生命财产安全造成损失。然而高温干旱季节，台风带来的降水可以缓解或解除旱情。

### 影响境内的台风

过程雨量大于等于 50 毫米或者出现风速大于等于 17 米 / 秒的台风称为影响台风。过程雨量大于等于 100 毫米或者风速大于等于 30 米 / 秒的台风称为严重影响台风。

**台风的年月变化**　1971—2012年，共有影响台风104次，平均每年2.5次。最多年6次（1989年），最少年1993年，基本无台风影响。其中严重影响台风35次，平均每年0.8次。影响境内台风发生的季节在6—10月，其中8月最多，占总数的40%，其次是9月占27%，7月占20%。最早影响台风是2006年5月18日的0601号“珍珠”台风。最迟的是2004年12月4日的0428号“南玛都”台风。其中严重影响台风以8月最多，占48.6%，9月次之，占37.1%。8月下半月至9月中旬为台风多发期，占73%。

## 1971—2012年影响及严重影响台风月分布一览

表2-6-1

| 项目 | 5月 | 6月 | 7月 | 8月 | 9月 | 10月 | 11月 | 12月 |
|---|---|---|---|---|---|---|---|---|
| 影响台风次数 | 1 | 2 | 21 | 42 | 28 | 9 | / | 1 |
| 影响台风频率（%） | 1.0 | 1.9 | 20.2 | 40.4 | 26.9 | 8.9 | / | 1.0 |
| 严重影响台风次数 | / | / | 2 | 17 | 13 | 3 | / | / |
| 严重影响台风频率(%) | / | / | 5.7 | 48.6 | 37.1 | 8.6 | / | / |

**影响境内台风的风雨强度**　台风的降水强度强、雨量大是形成台风洪涝灾害的直接原因。1971—2012年，在严重影响境内的35次台风中以大风（风力大于等于11级）为主的有16次，其中1983年9月25—28日的8310号台风近海北上，大于等于8级大风持续44小时，最大风速30米/秒，极大风速37米/秒。1988年8月8日在象山登陆，8807号台风最大风速34.3米/秒，极大风速40米/秒。以大暴雨（雨量大于等于100毫米）为主的有15次，其中1977年8月21日，近海北上的7707号台风雨量达228.9毫米。风、雨皆有之的有4次，1974年8月19日在三门登陆的7413号台风极大风速33米/秒，雨量133.7毫米；2000年9月13日近海北上的14号台风“桑美”，8级以上大风持续68小时，极大风速30米/秒，雨量153.4毫米。2005年8月6日在玉环登陆的0509号台风“麦莎”极大风速32.9米/秒，雨量370.9毫米，2005年9月11日在台州登陆的0515号台风“卡努”极大风速29.6米/秒，雨量253.3毫米。

## 1971—2012年严重影响境内台风一览

表2-6-2

| 年份 | 台风编号 | 登陆点或近海转 | 影响日期 | 雨量（毫米） | 风速（米/秒） | | 风向 |
|---|---|---|---|---|---|---|---|
| | | | | | 最大 | 极大 | |
| 1971 | 7122 | 福建惠安 | 9月18—20日 | 130.9 | 20 | 25 | NNE |
| 1972 | 7209 | 浙江平阳 | 8月16—18日 | 92.3 | 22 | 35 | E |
| 1974 | 7413 | 浙江三门 | 8月19—23日 | 133.7 | 27 | 33 | N |
| 1976 | 7615 | 近海转 | 8月21—22日 | 193.2 | 21 | 26 | NW |
| 1977 | 7707 | 近海转 | 8月21—23日 | 228.9 | 22 | 24 | N |
| 1977 | 7708 | 上海崇民 | 9月9—11日 | 76.0 | 27 | 33 | WNW |
| 1979 | 7910 | 舟山普陀 | 8月23—25日 | 54.0 | 28 | 36 | NNE |
| 1981 | 8114 | 近海转 | 8月30日至9月3日 | 75.4 | 34 | 40 | NW |

续表 2-6-2

| 年份 | 台风编号 | 登陆点或近海转 | 影响日期 | 雨量（毫米） | 风速（米/秒） | | 风向 |
|---|---|---|---|---|---|---|---|
| | | | | | 最大 | 极大 | |
| 1983 | 8310 | 近海转 | 9月25—28日 | 17.4 | 30 | 37 | NW |
| 1985 | 8519 | 近海转 | 10月4—5日 | 71.3 | 23 | 30 | N |
| 1986 | 8615 | 近海转 | 8月26—28日 | 15.4 | 30 | 40 | NW |
| 1987 | 8712 | 福建晋安 | 9月9—11日 | 140.2 | 17 | 20 | ESE |
| 1988 | 8807 | 浙江象山 | 8月7—8日 | 22.4 | 34 | 40 | E |
| 1989 | 8923 | 浙江温岭 | 9月15—17日 | 101.1 | 17 | 21 | ESE |
| 1990 | 9015 | 浙江椒江 | 8月30至9月1日 | 89.0 | 31 | 37 | E |
| 1992 | 9216 | 福建长乐 | 8月29至9月1日 | 125.3 | 18 | 25 | ESE |
| 1992 | 9219 | 浙江平阳 | 9月22—24日 | 93.7 | 22 | 30 | E |
| 1994 | 9417 | 浙江瑞安 | 8月21—22日 | 72.0 | 21 | 28 | E |
| 1997 | 9711 | 浙江温岭 | 8月18—20日 | 80.4 | 24 | 34 | NE/SE |
| 1998 | 9806 | 舟山普陀、宁波北仑 | 9月19—20日 | 19.8 | 25 | 34 | NNW |
| 1999 | 9914 | 福建龙海 | 10月9—11日 | 100.8 | 13 | 17 | WNW |
| 2000 | 0012 | 近海转 | 8月29—31日 | 44.2 | 22 | 32 | N |
| 2000 | 0014 | 近海转 | 9月13—15日 | 153.4 | 23 | 30 | N |
| 2001 | 0119 | 近海转 | 9月26—30日 | 123.1 | 16 | 22 | N |
| 2002 | 0205 | 近海转 | 7月4—5日 | 45.7 | 25 | 35 | N |
| 2004 | 0421 | 浙江温州 | 9月12—13日 | 127.6 | 13 | 20 | NW/E |
| 2005 | 0509 | 浙江玉环 | 8月5—7日 | 370.9 | 19 | 33 | E |
| 2005 | 0515 | 浙江台州 | 9月11—12日 | 253.3 | 18 | 30 | E |
| 2007 | 0713 | 浙江苍南 | 9月17—19日 | 130.9 | 12.9 | 23.4 | WNN |
| 2007 | 0716 | 浙江苍南 | 10月6—9日 | 217.3 | 19 | 25.7 | NNE |
| 2008 | 0808 | 福建福清 | 7月28—31日 | 107.9 | 12.6 | 22 | SE |
| 2008 | 0815 | 闽中沿海 | 9月29—30日 | 167.2 | 6.4 | 14.8 | NNW |
| 2009 | 0908 | 台湾花莲转福建霞浦 | 8月7—10日 | 153.6 | 8.8 | 16.2 | SE |
| 2012 | 1211 | 象山县鹤浦镇 | 8月6—9日 | 313.1 | 13.2 | 24.1 | NE |

说明：台风编号，前两位数为台风发生年份，后两位数为当年台风编号。

## 台风风暴潮

台风风暴潮是因台风强风和气压骤降引起的海面升高现象，又称台风增水。风暴潮导致潮水浸滥、毁塘决堤，破坏力极大，若强台风登陆时诱发的风暴潮恰遇天文大潮，两者叠合，常引起异常高潮位，如1997年的9711号强台风8月18日在温岭登陆时，恰遇天文大潮，风、雨、潮三碰头，最高潮位6.68米，系百年一遇。2000年的0014号台风“桑美”，9月13—15日，近海缓慢北上转向，风、雨、潮三碰头，大于等于8级大风持续68小时，最高潮位5.01米。2005年的0509号“麦莎”台风极大风速32.9米/秒，最高潮位4.27米，强台风带来的特大暴雨，峙头降雨量达586毫米，郭巨达512毫米，致峙头境内1人死亡，213公顷农田受淹，133公顷水产养殖受灾，200间房屋受损，1200米海塘、2000米溪坑及水库、碶闸不同程度损坏，经济损失3000万元。2005年的0515号“卡努”台风极大风速29.6米/秒，最高潮位3.78米，郭巨降水量213毫米，峙头降雨量208毫米，造成部分农田受淹。

## 境内历史上台风灾害情况

表2-6-3

| 时间 | 灾害情况 |
|---|---|
| 宋淳熙四年（1177）五月、七月、九月 | 五月、七月江潮大溢，九月初一、初二，连日大风雨，驾海潮，坏堤100余丈，漂民田庐 |
| 元至正四年（1344）七月 | 飓风大作，海啸、塘崩、海溢，伤禾成灾 |
| 明隆庆三年（1569）秋 | 淫雨、飓风大作，海啸，居民惶惧，塌房、漂没人畜无算 |
| 明崇祯六年（1633）六月 | 飓风，雨如注，民庐倒塌，民船、战船漂没损坏十之八九，民众沉溺不计其数 |
| 清康熙四年（1665）七月 | 淫雨、飓风大作，拔木折屋 |
| 清雍正七年（1729） | 飓风、涌潮坏塘堤 |
| 清乾隆十四年（1749）七月二十八日 | 飓风拔木，房舍多塌 |
| 清道光二十三年（1843）八月初七、初八 | 大风雨，牲畜溺死，庐舍崩坏，棺木漂流甚多 |
| 清道光三十年（1850）八月初六 | 大风雨，平地水涨2尺 |
| 清同治三年（1864）六月初十 | 大风拔木，覆舟 |
| 清光绪九年（1883）七月初一 | 飓风大作，海溢坏塘 |
| 民国4年（1915）7月16日 | 飓风雨甚，潮沸，海塘稻棉摧残殆尽 |
| 民国8年（1919）7月5日 | 狂风挟雨，历3昼夜，折木倒房，海潮泛滥，损早稻、禾棉。饥荒，郭巨遇难9人 |
| 民国11年（1922）夏秋间，10月18—20日 | 飓风、淫雨 |
| 民国17年（1928）9月 | 水、风为灾，田禾、棉花损失甚巨，冲毁塘堤 |
| 民国22年（1933）年9月 | 暴风淫雨，咸潮入灌，毁屋，淹田地 |
| 民国38年（1949）7月24日 | 4906号台风在普陀登陆，风力12级以上，狂风暴雨袭击，淹农田、毁屋 |
| 1952年7月19日 | 5207号台风在温岭登陆后西行，受暴雨影响稻田受淹 |
| 1956年8月1日24时 | 5612号台风在象山登陆。中心气压923百帕，凌晨2时风力最大达12级，浪高8.05米，短时间内暴雨量大，过程雨量121.5毫米，境内郭巨大塘、双岙外塘、盛岙外塘、联合塘等都被冲塌，农田全部受淹，郭巨碧澜嘴三艘大捕船被风潮推进到塘内。为有史记载之影响损失最严重之台风 |
| 1961年10月4日7时 | 6126号台风在三门登陆，穿过宁波、杭州湾及嘉兴东部入海。风力12级以上，田地受淹，房屋受损 |
| 1962年9月6日 | 6214号台风在福建连江登陆，伴大暴雨，4—6日总雨量219.2毫米，晚稻被淹，倒塌房屋 |
| 1963年9月12日21时 | 6312号台风在福建连江登陆，移动缓慢，造成特大暴雨。11—13日连续暴雨，郭巨降雨量达660毫米，山洪暴发，毁坏水利工程、冲毁耕田、损坏民房，农田受淹 |
| 1966年9月7日 | 6615号台风在福建霞浦登陆。5—7日雨量462.6毫米。受暴雨侵袭水深过膝，农田受淹 |
| 1971年9月18—24日 | 接连遭7122、7123号二次台风影响，平均日降雨量163.1毫米，毁坏水利工程多处 |
| 1983年9月26日14时 | 8310号台风正面袭击境内，8级以上大风持续24小时，海塘决堤数处，决口数十米 |

续表 2-6-3

| 时间 | 灾害情况 |
| --- | --- |
| 1988 年 7 月 25 日 | 8807 号台风象山港口风速达 43 米 / 秒，11 级以上风力持续 2.5 小时，峙头潮位 4.4 米，日降雨量 100 毫米以上。农田受淹，房屋倒毁，盛岙昆亭盐场、华峙盐场原盐损失 |
| 1989 年 7 月 19 日 | 8909 号热带风暴于 7 月 19 日形成并直袭象山港，20 日 23 时，郭巨潮位达 5.5 米。由于持续时间长、风力大、潮位高，普降大暴雨致峙头局部山洪暴发，交通中断，民房进水，碧澜嘴海塘被海浪冲垮 10 余米。8 月 22 日，境内大暴雨，山洪暴发，紫微岙水库溢洪道滑坡塌方堵塞，农田，棉地受淹 |
| 1992 年 8 月 30—31 日 | 9216 号台风猛袭境内，风力 10 级，降雨量 161.3 毫米，潮位 4.8 米，境内洋涨海塘决堤 170 米，光明、长浦海塘决堤，船只损失 6 只，房屋损失 15 间，被淹水稻田 56 公顷、棉田 32 公顷、茭白地 13 公顷、橘子地 0.7 公顷 |
| 1992 年 9 月 23 日 | 9219 号台风在浙江乐清登陆，境内风力 10 级，降雨 157 毫米，积水 80 厘米以上，双岙海塘决堤 15 米，受淹水稻 267 公顷、棉花田 100 公顷、其他作物 67 公顷 |
| 1996 年 7 月 21 日 | 9608 台风 8 月 1 日在福建登陆，郭巨潮位高达 5.2 米。损坏海塘多条 |
| 1997 年 8 月 18 日 | 9711 号台风于 8 月 18 日夜在温岭登陆。台风强度大、范围广，瞬间风速达 38 米 / 秒，潮位达 6.92 米，为历史最高潮位。正值大潮、暴雨、强风三碰头，台风过境雨量达 180 ～ 300 毫米。郭巨大塘、双岙塘等 13 条海塘被冲垮 6300 米，400 公顷良田受淹，晚稻、棉花、蔬菜、花卉等绝收 34 公顷，直接经济损失 5000 万余元 |
| 1998 年 9 月 19 日 23 时 | 9806 号台风于 19 日晚上 23：40 分在舟山普陀区登陆，最大风力 11 ～ 12 级，境内有不同程度损失 |
| 2000 年 9 月 12—15 日 | 0014 号“桑美”台风于 9 月 3 日在关岛以东洋面形成，移动缓慢，影响郭巨是在 12—15 日间。境内普降大到暴雨，局部大暴雨，平均雨量 270 毫米。农作物受灾 |
| 2005 年 8 月 5—7 日 | 0509 号台风“麦莎”在浙江省玉环登陆，恰逢大潮，出现强风、暴雨、大潮三碰头，峙头降雨量达 586 毫米，郭巨达 512 毫米，致峙头境内 1 人死亡，213 公顷农田受淹，133 公顷水产养殖受灾，200 间房屋受损，1200 米海塘、2000 米溪坑及水库、碶闸不同程度损坏，经济损失 3000 万元 |
| 2005 年 9 月 11 日 | 0515 号台风“卡努”袭境，郭巨降雨量 213 毫米，峙头降雨量 208 毫米，造成部分农田受淹 |
| 2012 年 8 月 8 日 3 时 | 1211 号台风“海葵”于凌晨 20 分在象山登陆，24 小时降雨量达 150 毫米，受台风影响，境内部分农田花木被淹 |

## 第二节　旱涝

### 干旱

旱情一年四季都可发生，危害重的则属出梅后的夏秋干旱，若前期梅雨量偏少或空梅则干旱更加严重。任意连续大于等于 6 旬总雨量距平百分率小于等于 -60%，或任意连续 3 ～ 5 个旬总雨量距平百分率小于等于 -70%，为干旱；任意连续 6 旬总雨量距平百分率小于等于 -70%，为大旱。

**干旱年间变化及时间分布**　1967—2012 年，受干旱影响的年份有 23 年，其中较重的有 9 年（1967 年、1971 年、1978 年、1982 年、1988 年、1991 年、1996 年、2004 年、2011 年），最长连续干旱为 3 年，最长连续无干旱亦为 3 年。在时间分布上由于历年梅雨结束有早迟、梅雨量多寡，故干旱开始日期也不同，早的年份 6 月下旬就开始，迟的年份 7 月下旬才开始。境域多现伏旱，若伏旱不明显，纯属秋旱，则开始时间更迟，如 1991 年 10 月上旬才开始。历年夏秋干旱结束日期同样相差甚大，早者 8 月上旬结束，迟者 12 月下旬结束。1967 年大旱持续时间较长，郭巨从 6 月 22 日至 11 月 9 日长达 137 天未下透雨。

## 1971—2011 年境内干旱出现日期及雨量一览

表 2-6-4

| 年份 | 天数（天） | 雨量（毫米） | 起讫日期 | 年份 | 天数（天） | 雨量（毫米） | 起讫日期 |
|---|---|---|---|---|---|---|---|
| 1971 | 72 | 85 | 6 月 24 日至 9 月 3 日 | 1994 | 58 | 40.0 | 6 月 24 日至 8 月 20 日 |
| 1972 | 43 | 39 | 7 月 3 日至 8 月 15 日 | 1995 | 48 | 24.0 | 7 月 7 日至 8 月 23 日 |
| 1976 | 37 | 17 | 7 月 15 日至 8 月 20 日 | 1996 | 86 | 162.0 | 7 月 14 日至 10 月 6 日 |
| 1978 | 75 | 121 | 6 月 25 日至 9 月 9 日 | 2000 | 52 | 79.0 | 6 月 25 日至 8 月 3 日 |
| 1979 | 33 | 38 | 7 月 12 日至 8 月 14 日 | 2001 | 34 | 51.0 | 7 月 1 日至 8 月 3 日 |
| 1982 | 65 | 86 | 9 月 1 日至 11 月 4 日 | 2003 | 40 | 26.0 | 6 月 30 日至 8 月 8 日 |
| 1983 | 34 | 13 | 7 月 19 日至 8 月 22 日 | 2004 | 68 | 67.0 | 9 月 1 日至 11 月 7 日 |
| 1984 | 46 | 60 | 7 月 2 日至 8 月 16 日 | 2005 | 47 | 60.0 | 7 月 15 日至 8 月 31 日 |
| 1986 | 33 | 16 | 7 月 23 日至 8 月 24 日 | 2006 | 36 | 33.0 | 7 月 27 日至 8 月 31 日 |
| 1988 | 98 | 34 | 9 月 25 日至 12 月 3 日 | 2007 | 61 | 27.1 | 10 月 11 日至 12 月 10 日 |
| 1990 | 34 | 35 | 7 月 4 日至 8 月 6 日 | 2010 | 31 | 20.8 | 8 月 1 日至 8 月 31 日 |
| 1991 | 80 | 42 | 10 月 5 日至 12 月 24 日 | 2011 | 120 | 178.4 | 2 月 1 日至 5 月 31 日 |

## 境内历史上干旱灾害情况表

表 2-6-5

| 时间 | 灾害情况 |
|---|---|
| 宋熙宁八年（1075） | 旱，疫疠大作，藉尸郊野 |
| 宋淳熙九年（1182） | 旱，夏六月不雨，至秋八月黍稷枯死，大饥 |
| 宋淳熙十四年（1187） | 不雨，禾黍无收，百姓采野菜为食，仍难以生 |
| 宋绍熙五年（1194） | 旱，大饥，取草木为食 |
| 元泰定元年（1324） | 旱，翌年二月饥，赈粮 |
| 明正德三年（1508）六至十二月 | 旱，成灾 |
| 明嘉靖二十四年（1545） | 大旱，大荒，道有饿死者 |
| 明万历十六年（1588） | 夏秋亢旱，大饥，瘟疫流行 |
| 明崇祯七年（1634） | 旱饥，民取白泥为食 |
| 明崇祯十三年（1640） | 大旱，民取白泥充饥 |
| 清顺治元年（1644） | 旱，城郭内外所在填尸枕藉 |
| 清顺治三年（1646） | 自四月不雨至秋七月，大旱 |
| 清顺治十一年（1654） | 大旱，河底龟坼 |
| 清顺治十六年（1659） | 大旱，禾稼枯焦 |
| 清顺治十八年（1661） | 五月不雨至七月，大旱 |

续表 2-6-5

| 时间 | 灾害情况 |
| --- | --- |
| 清康熙元年（1662） | 夏大旱 |
| 清康熙十年（1671） | 夏大旱 |
| 清康熙三十五年（1696） | 大旱，自去秋至五月始雨，早禾尽萎，晚禾薄收 |
| 清雍正元年（1723） | 秋旱，稻麦尽枯，民以草根树皮为食，饿死者甚多 |
| 清乾隆十六年（1751） | 自闰五月至秋八月不雨，夏大旱，田禾受灾十分之七 |
| 清嘉庆二十五年（1820） | 大旱，自五月至七月不雨，河水涸赤，禾稼尽枯 |
| 清道光二十七年（1847） | 春旱，自正月不雨至四月 |
| 清同治三年（1864） | 秋、冬旱，五月不雨 |
| 清同治十一年（1872） | 夏大旱，早禾尽死，河枯舟楫不通 |
| 清光绪五年（1879） | 夏大旱，河皆龟裂，禾尽枯 |
| 民国 23 年（1934） | 自初夏至秋无雨，田土龟坼，秋收绝望 |
| 民国 29 年（1940） | 夏秋 80 余天无雨，早稻歉收，晚稻无收，又因干旱引起霍乱流行，死亡甚众 |
| 民国 31 年（1942） | 夏干旱，早稻黄熟期遇强干飓风袭击，损失惨重 |
| 民国 33 年（1944） | 夏旱严重，收成轻者四成至五成，严重的颗粒无收。翌年灾荒 |

## 1951—2011 年境内干旱灾害情况表

表 2-6-6

| 年份 | 日期 | 天数（天） | 灾害情况 |
| --- | --- | --- | --- |
| 1951 | 7—8 月 | 33 | 稻田断水，受灾严重 |
| 1953 | 6 月下旬至 8 月底 | 70 | 旱，小河干涸见底，水田龟裂 |
| 1955 | 7 月 31 日至 9 月 12 日 | 44 | 农田受旱，生活用水困难 |
| 1958 | 5 月 19 日至 8 月下旬 | 97 | 农作物干死，社员挖井、挖池潭抗旱 |
| 1961 | 6 月 15 日至 9 月 4 日 | 81 | 农作物干死，河道断流，水库干涸 |
| 1963 | 年初至 4 月 17 日，7 月 12 日至 9 月 6 日 | 100 | 无法种植早晚稻 |
| 1964 | 6 月 29 日至 9 月 14 日 | 79 | 农田受灾 |
| 1967 | 夏旱连秋，至次年清明后 | 120 | 农田受灾，果树、幼林枯死，生活用水困难 |
| 1971 | 6 月 24 日至 9 月 3 日 | 72 | 大小河断流，塘库干涸，生活用水困难 |
| 1978 | 6 月 25 日至 9 月 9 日 | 75 | 生活用水困难，竹木枯死，秋粮大面积减产 |
| 1988 | 9 月 2 日至 12 月 30 日 | 98 | 农地龟裂，冬种作物死苗，生活用水困难 |
| 1991 | 10 月 5 日至 12 月 24 日 | 80 | 影响冬种作物播种 |
| 1994 | 6 月 24 日至 8 月 20 日 | 58 | 高温干旱致早稻高温逼熟，生产受影响 |
| 1996 | 7 月 14 日至 10 月 6 日 | 86 | 用水发生困难 |
| 2003 | 6 月 30 日至 8 月 8 日 | 40 | 持续高温干旱，严重影响作物生长和人民生活 |
| 2004 | 9 月 1 日至 11 月 7 日 | 68 | 水库蓄水不足，用水紧张 |
| 2005 | 7 月 15 日至 8 月 30 日 | 47 | 干旱缺水，对农作物生长不利 |
| 2006 | 7 月 27 日至 8 月 31 日 | 36 | 影响部分农作物生长 |
| 2007 | 10 月 11 日至 12 月 10 日 | 61 | 影响秋冬作物生长 |
| 2010 | 8 月 1 日至 8 月 31 日 | 31 | 影响作物生长和人民生活 |
| 2011 | 2 月 1 日至 5 月 31 日 | 120 | 部分水库、河网干涸枯竭，用水紧张，土壤失墒严重，经济作物枯萎 |

## 洪涝

洪涝主要集中在5—7月（出梅前）的梅汛期和出梅后7—9月的台汛期。

**梅汛期洪涝**　5—7月总雨量正距平大于25%或6月、7月任意一月雨量比常年同期偏多7成以上，则成洪涝。形成梅汛期洪涝主要有3种类型：梅期长，长时间连续阴雨，且雨量明显偏多；连续几天大雨或暴雨，雨量过于集中；前期雨量偏多，水位偏高，进入汛期后雨量又明显偏多。1973—2006年，5月份进入汛期后，较明显的洪涝有13年，洪涝发生的时间主要集中在6月下半月到7月上旬。

### 1973—2002年境内梅汛期洪涝一览

表2-6-7　　单位：毫米

| 年份 | 1973 | 1980 | 1981 | 1983 | 1984 | 1988 | 1989 | 1993 | 1994 | 1997 | 1999 | 2001 | 2002 |
|---|---|---|---|---|---|---|---|---|---|---|---|---|---|
| 月份 | 5—7 | 5—7 | 7 | 5—7 | 6 | 6 | 7 | 5—7 | 6 | 7 | 6 | 6 | 7 |
| 雨量 | 643.8 | 587.2 | 256 | 632.9 | 335 | 341.8 | 261 | 573 | 436.8 | 318.4 | 365.5 | 343.3 | 222.2 |
| 距平百分率（%） | 47 | 34 | 92 | 44 | 83 | 87 | 96 | 31 | 139 | 139 | 100 | 88 | 67 |

**台风洪涝**　出梅后7—9月，境内洪涝的发生是台风、东风波等热带天气系统影响所致。8月、9月任意一月雨量比常年同期偏多7成以上，或任意10天雨量大于200毫米为洪涝，1971—2005年较明显的洪涝有11年。

### 1971—2005年境内台汛期洪涝一览

表2-6-8　　单位：毫米

| 年份 | 1971 | 1973 | 1975 | 1976 | 1977 | 1980 | 1981 | 1989 | 1997 | 1998 | 2005 | |
|---|---|---|---|---|---|---|---|---|---|---|---|---|
| 月份 | 9 | 9 | 9 | 8 | 8 | 8 | 9 | 9 | 8 | 9 | 8 | 9 |
| 雨量 | 332.6 | 269.7 | 290.3 | 251 | 375.7 | 258.7 | 293.1 | 333.4 | 248 | 312.9 | 431.4 | 258.1 |
| 距平百分率（%） | 107 | 68 | 81 | 68 | 151 | 73 | 83 | 108 | 66 | 95 | 188 | 61 |

### 历史上境内洪涝灾害情况表

表2-6-9

| 时间 | 灾害情况 |
|---|---|
| 宋淳熙八年（1181）五月 | 大水 |
| 明正德六年（1511） | 海溢，漂溺居民 |
| 明万历二十六年（1598）九月 | 水灾 |
| 明万历三十九年（1611）六月 | 大水 |
| 清康熙二十九年（1690）九月 | 大雨连旬，平地水深5尺，漂没田禾，倾坏民居 |
| 清雍正三年（1725）七月十八日 | 大雨海溢，民登至屋脊或大树上避水 |
| 清乾隆十二年（1747）七月 | 海溢，冲决城塘并溃，民居多漂没坍塌 |
| 清同治元年（1862）八月初 | 大水，坏民房、田禾 |
| 清光绪二十五年（1899）六月十三、十四日 | 狂风暴雨昼夜不息，田禾庐舍多被淹没 |
| 民国4年（1915）七月十六日 | 大风雨为患 |

续表 2-6-9

| 时间 | 灾害情况 |
| --- | --- |
| 1949 年 10 月 | 暴雨成涝，水稻受淹 7 天，造成严重减产 |
| 1954 年 5—7 月 | 雨量 838.1 毫米，洪涝为灾，早稻受淹。8 月高温干旱，稻瘟病猛发 |
| 1956 年 9 月中旬 | 暴雨成灾，过程雨量 314.9 毫米，农作物受淹 |

**1973—2005 年境内洪涝灾害情况表**

表 2-6-10　　单位：毫米

| 年份 | 月份 | 雨量 | 雨量距平 | 灾害情况 |
| --- | --- | --- | --- | --- |
| 1973 | 5 月 | 244 | 123 | 5 月雨日 21 天，9 月雨日 20 天，淫雨为灾，影响农作物生长 |
| | 9 月 | 270 | 110 | — |
| 1975 | 9 月 | 290 | 130 | 21 日大暴雨，农田短时受淹 |
| 1976 | 6 月 | | | 28 日 6 ~ 12 小时雨量 100 ~ 200 毫米，造成严重洪涝，水深 40 ~ 50 厘米，农田受淹，冲垮山塘，倒房 |
| 1977 | 8 月 | 376 | 226 | 22 日受 7 号台风影响，普降大暴雨农田受淹冲毁道路 |
| 1980 | 8 月 | 259 | 109 | 雨日 22 天，长期阴雨凉夏，夏收稻谷霉烂 |
| 1981 | 7 月 | 256 | 123 | 30 日大暴雨，农田受淹 24 小时 |
| | 9 月 | 293 | 133 | 23 日大暴雨，农田短时受淹 |
| 1983 | 5—7 月 | 633 | 195 | 持续阴雨寡照，雨水过多，早稻病虫害旺发，棉田积水根系霉烂死苗。对农业生产影响很大 |
| 1984 | 6 月 | 335 | 157 | 13—14 日大暴雨，农田受淹，农作物不同程度遭到损失 |
| 1988 | 6 月 | 342 | 159 | 18—20 日连降大到暴雨，造成内涝，农作物受淹，损失严重 |
| 1989 | 7 月 | 261 | 128 | 连续阴雨天气，造成早稻成熟期推迟 |
| | 9 月 | 333 | 173 | 16 日大暴雨，3 小时雨量达 243 毫米，山洪暴发，沙石盖没农田，冲毁山林、桥梁，农田受淹，民房倒塌 |
| 1993 | 5—7 月 | 573 | 135 | 农田短时受淹 |
| 1994 | 6 月 | 437 | 254 | — |
| 1997 | 7—8 月 | 566 | 283 | 9711 号台风影响，海塘决口，农作物受淹 |
| 1998 | 9 月 | 313 | 153 | 11 日大暴雨，冲垮山塘、桥梁，山体滑坡，农田受淹 |
| 1999 | 6 月 | 365 | 182 | 阴雨寡照影响早稻孕穗抽穗 |
| 2002 | 7 月 | 222 | 89 | 受 0205 号台风影响，农作物受灾 |
| 2005 | 8—9 月 | 689 | 378 | 受 0509 号台风“麦莎”和 0515 号台风“卡努”影响，普降特大暴雨，洪涝灾害，台风“麦莎”致境内 1 人死亡，3200 亩农田受淹，2000 米溪坑不同程度损坏 |

# 第三节　倒春寒　寒潮

## 倒春寒

立春后，北方冷空气势力逐渐减弱，暖气流缓慢增强，天气开始转暖，气温呈波浪式上升，但有的年份在清明以后还有强冷空气侵袭，使气温又大幅度下降。通常把 4 月 5 日以后，日平均气温连续 3 天或以上小于等于 11℃的天气过程称倒春寒。1971—2012 年，境内出现倒春寒的有 11 年，计 15 次，平均每三四年一遇。20 世纪 80 年代出现频率较高，10 年中出现 5 次。一年中出现两次的有 1980 年、1984 年、1993 年、1996 年。倒春寒通常发生期为 4 月 6—26 日，多数年代发生在 4 月 16 日之前。平均每次维持 4 天，最长的 8 天，出现在 1996 年 4 月 8—15 日。1997—2012 年近 16 年间基本无倒春寒天气出现，仅 2010 年 4 月 13—16 日出现一次倒春寒，反映了气候变暖趋势。

**1972—2010 年境内倒春寒出现年份及日期一览**

表 2-6-11

| 年份 | 出现日期 | 天数（天） | 年份 | 出现日期 | 天数（天） |
|---|---|---|---|---|---|
| 1972 | 6—11 | 6 | 1988 | 6—8 | 3 |
| 1976 | 6—10 | 5 | 1989 | 11—13 | 3 |
| 1977 | 7—9 | 3 | 1993 | 6—9 | 4 |
| 1980 | 13—15 | 3 | | 11—14 | 4 |
| | 24—26 | 3 | 1996 | 8—15 | 8 |
| 1984 | 6—8 | 3 | | 19—21 | 3 |
| | 10—12 | 3 | 2010 | 13—16 | 4 |
| 1987 | 11—16 | 6 | | | |

### 寒潮

寒潮是指冷空气南下，气温骤降，日平均气温在 24 小时内下降大于等于 8℃或 48 小时内下降大于等于 10℃，且最低气温小于等于 5℃。北仑区遭寒潮侵袭多发生在 11 月到翌年 3 月，以 3 月最多。1971—2012 年共有 41 次寒潮侵袭，平均每年有 1 次。年际分布不均，最多的 2004 年有 4 次，有 14 年无寒潮影响，其中 1983—1987 年连续 5 年无寒潮影响。每次寒潮影响一般都有 8 ～ 10 级偏北大风。寒潮影响 48 小时内降温最大的有 16.4℃，出现在 2010 年 1 月 22—23 日。

**1971—2012 年 11 月至次年 3 月境内寒潮影响一览**

表 2-6-12

| 月份 | 11 | 12 | 1 | 2 | 3 | 合计 |
|---|---|---|---|---|---|---|
| 影响次数 | 6 | 7 | 6 | 10 | 12 | 41 |
| 频率（%） | 14.6 | 17.1 | 14.6 | 24.4 | 29.3 | 100 |

## 第四节　雷击

夏秋季节时有落地雷击中民宅、建筑物，造成居民家庭财产损害及人员伤亡。20 世纪 70 年代至 21 世纪初被雷电击中，累计死伤 2 人；居民家庭财产损毁主要为家用电器及马头墙等。每年雷暴时期，均有数次落地雷，击中高压线路、变压器等电力设施，造成跳闸、断线等事故。进入 21 世纪以来，各高大建筑物、居住小区住宅楼均安装有避雷针等设施，以减轻落地雷损害。

## 1974—1998年境内主要雷暴损害一览

表2–6–13

| 时间 | 地点 | 损害情况 |
|---|---|---|
| 1974.8.5 | 郭巨新碶头棉花地 | 路亭生产队一社员遭雷击死亡 |
| 1991.9.11 | 新碶横浦高潮砖瓦厂 | 大岭下村一村民遭雷击死亡 |
| 1995.8.18 | 尖岭岙村尖岭下袁家 | 一村民家的电器、马头墙、墙体受损 |
| 1998.5.28 | 东门村官路弄 | 一村民家的马头墙、墙体、电器受损 |

# 第三篇　城乡基础设施

郭巨历史悠久，早在唐时，先民依山傍水（海滩），建舍筑庐，遂成村落。明洪武二十年（1387）建千户所城，形成繁华的郭巨十字商街。时间轴线渐近21世纪，改革开放大潮孕育了郭巨灯具特色产业，建成了名扬省内外的郭巨灯具市场。当时间轴线刚跨入21世纪，伴随着宁波舟山港穿山港区开发建设的推进，境内14个村被征迁，城镇化进程加速，“宜居、宜业、宜游”的美丽乡村建设兴起。2018年，小城镇环境综治获省级样板称号，郭巨逐渐呈现出一派风景如画的美丽乡村和浙东山海风情古镇的新气象。

郭巨街道属山区半山区且东、南、北三面濒海。千百年来，陆上交通落后，郭巨人到柴桥赶集要翻越五座山岭，峙头人出村庄就要翻山越岭。明时，虽有镇海南至司城岙的驿道，但全是崎岖的羊肠小道，货物运输全靠肩挑背驮。明嘉靖年间，郭巨狮子口（方门）至梅山梅东，是境内最早的水上客运航段。中华人民共和国成立后，1958年，仰（岛）郭（巨）段公路建成通车，标志着境内公路运输的开端；20世纪70年代初开通的郭（巨）司（城岙）和华（峙）中（宅）线公路彻底改变了境内山区半山区交通严重不便的状况。80年代，出现了以木帆船（后机帆船）为主要运输工具的海上运输专业村——长浦村；以拖拉机、农用车为主要运输工具的陆上货运。进入21世纪，沿海中线公路、穿好高速公路、宁波穿山港铁路和宁波舟山港穿山港区码头陆续建成投用，境内交通设施不断改善，出现了公路集装箱、槽罐车运输货运模式，形成了海运、陆上铁路、公路、管道运输等门类齐全的运输网络体系。

南宋建炎四年（1130）建郭巨驿，明洪武二十年（1387）建三塔山烽堠台。清末郭巨设信柜，民国4年（1915），设郭巨邮政代办所。民国24年（1935），安记店账房间兼镇办公室安装境内第一部手摇磁石电话。1993年，境内开通程控电话；1997年，开通移动通信。2019年，境内通信网络硬件基础设施建设实现光纤通大楼、进小区、到农村；以中国电信、中国移动、广电为主的通信运营网络覆盖全境，移动互联网络、智能手机终端已成为人们生活、工作、学习不可或缺的基础性设施和设备。

境域，海壖之地，有“唐涂宋滩”之说。围塘筑堤，开发滩涂；置碶造坝，阻咸蓄淡；疏浚河道，建库蓄水等水利建设历代为地方官吏、社会贤达和广大百姓所重视。自元朝至顺四年（1333）筑福民横塘至21世纪初的700年间，境域筑海塘（堤）69条，筑塘围田使大陆岸线外延最长处达2000余米，造就了广阔膏腴良田。二十世纪五六十年代，党和政府发动群众兴建水库、修造碶闸，疏浚河道，提高了抗旱防涝能力。进入21世纪，大批涂地已成为闻名世界的宁波舟山港核心港区——穿山港区。

1973年，境内各大队通上农用电，普及电力照明。

# 第一章　城镇建设

明洪武二十年（1387）建郭巨千户所城，城区面积 0.27 平方千米。1930 年郭巨乡改镇。1985 年集镇面积 0.84 平方千米。1994 年开发建设郭巨灯具城，城区面积增至 1.18 平方千米，2003 年郭巨镇并入白峰镇，城镇建设减缓。2016 年 8 月，成立郭巨街道，开展小城镇综合整治，城镇功能得到进一步提升。

## 第一节　郭巨古城

建炎元年（1127），宋高宗（赵构）南迁建都杭州，随着政治、经济、文化重心南移，中原大量臣民涌入东南各地，南方沿海（明州、定海）地区人口迅速增长。到南宋末元初时，海晏乡（郭巨）人口大增，形成集镇。元朝至明朝，倭寇频繁抢劫东南沿海，杀人放火，奸淫掳掠，民不聊生。为防倭寇侵扰，明洪武二十年（1387），朝廷派信国公汤和主持平倭大业，委姚、沈、张、荆、李、吴等 22 名指挥使，并从外地调来大批民工，建郭巨千户所城，历时 9 年，于 1396 年建成。

### 古城

古城北靠总台山，三面环山，南面海。古城面积 409 亩（合 27 万平方米），东西长 1 里、南北长 1 里半。设 4 城门，城中设官署（武衙门），有十字街，26 条支巷小弄，4 条城下弄，纵横贯通如棋盘，呈椭圆形。1951 年，郭巨镇政府对古城区内的 4 个村占地面积进行丈量确认：东门村 5.752 万平方米（合 85.8 亩），南门村 5.779 万平方米（合 86.7 亩），西门村 7.994 万平方米（合 122.5 亩），北门村 7.495 万平方米（合 114 亩）。1985 年集镇面积 0.84 平方千米。1960 年、1970 年、1991 年集镇住房面积分别为 15.84 万平方米、20.24 万平方米、31.2 万平方米。其中古城区住房建筑密度为北仑区域内最大。

郭巨古城区

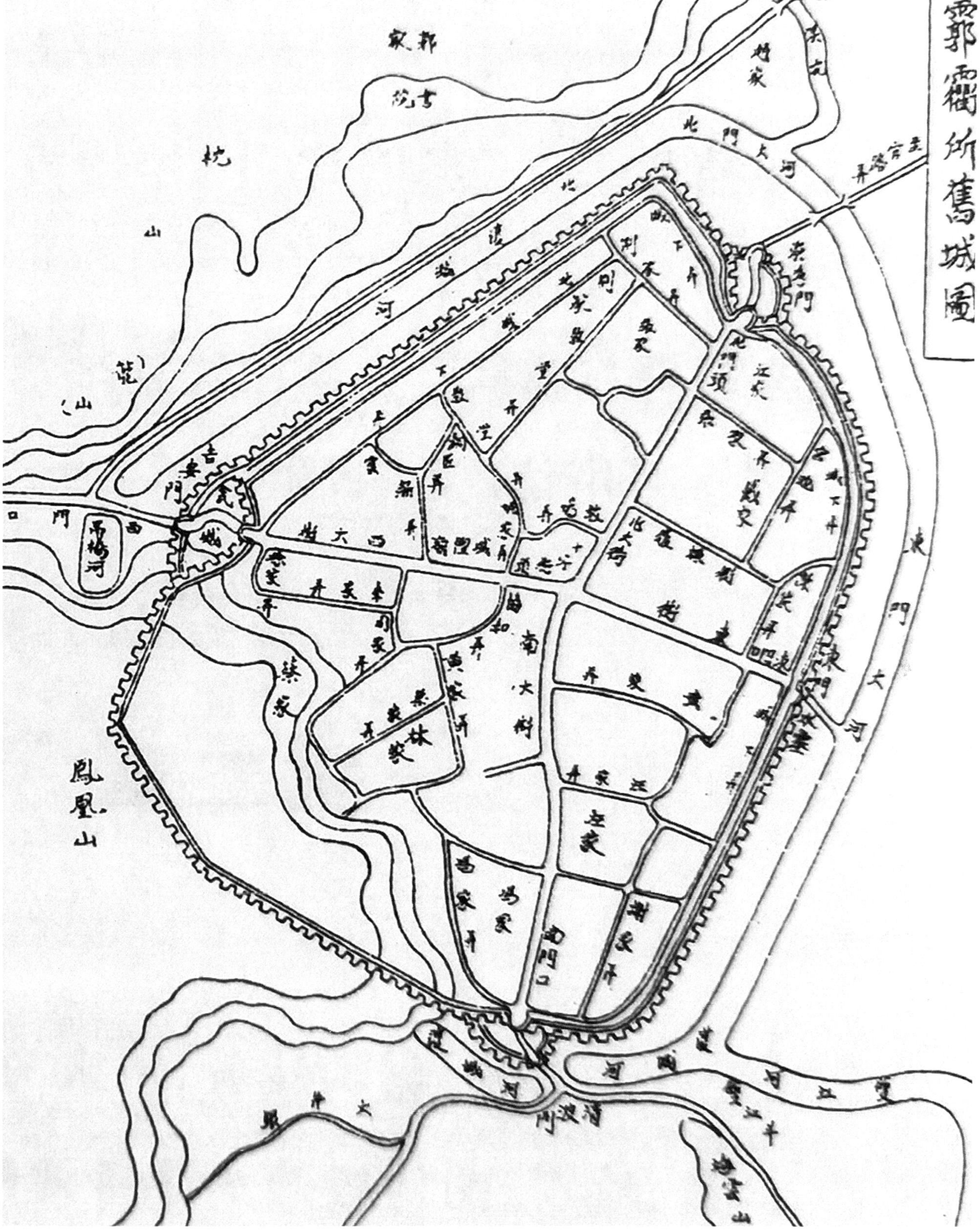

郭巨所旧城图（清·《光绪镇海县志》）

## 城门　城墙　护城河

古城南门遗址

**城门**　古城设东、西、南、北四门，东门地势较低，为“水门”，永乐十五年（1417），都指挥使谷祥令，淤塞东水门，下开拱形石洞，全城之水由此出；南门面海洋，祈波涛平静，故称“徵波门”；西门为进出要道，祈吉祥平安，故称“吉安门”；北门临巍巍崇山，四季山清水秀，故称“崇秀门”。南、西、北门上有城楼，为里城门，里城门外又筑有半月形瓮城并设外城门，瓮城面积约有700平方米，城门两旁均用条石砌成，结构十分坚固。南、西、北城门护城河上有吊桥，以方便出入，亦可防止敌人进入。2019年，“崇秀门”“吉安门”门匾完好留存民间，门匾长80厘米、宽35厘米、厚18厘米，红石板材质。

**城墙**　城墙周长488丈，高1.9丈，基宽1丈，面阔8尺，由专用官砖砌筑，官砖长40厘米、宽20厘米、厚12厘米，青色，印有“官磚”二字，为黏土烧制而成，质地十分坚固；城墙上设有凹凸形雉堞923个，警铺13所，敌楼9个；城西设有瞭望台；城西北角，建有钟楼、鼓楼（为抢劫、防火告警）。

崇秀门门匾

吉安门门匾

官磚

**护城河**　自凤凰山脚（冯家）起过南城门，向东折东北过水门，后折西北过北门，至赵天房折西南过西门讫吊桥河，离城墙3丈外掘堑壕（即护城河），宽10丈、深1丈、长506丈（合1519米）。20世纪80年代前，河水清澈，之后城内兴建大量民房，遂被污染、堵塞成小河沟。1985年，西城段护城河被填平，改建为西门菜场，剩下东城段的东门河。至2019年，政府投入大量资金，对东门河水系、河道、环境进行全面整治，东门大河水质提标，面貌焕然一新。

## 古城街弄

**街**　古城内有4条大街，即东街、南街、西街、北街。东西、南北街相交，形成十字街，东、西街长175米、287米，宽1.5丈；南、北街长302米、277米，宽1.2丈。

**弄**　城内有4条城下弄和26条支巷小弄（俗称弄）。4条城下弄环绕古城墙联东南西北门和城内支巷小弄，是出入古城的主道，其中南门至西门段，因城墙环凤凰山东坡山腰而建，故无城下弄之通道。26条支巷小弄命名各有特色，有以居住地居民姓氏命名的，如戴家弄、张家弄、汪家弄、黄家弄、荆家弄、冯家弄等；有以标志性建筑物命名的，如教堂弄、石鼓弄、石地栿弄、官池弄、营房后弄等；有以店铺、场所命名的，如云新弄、协和弄、校场弄、铜匠弄等。古城众多弄堂，尤以汪家弄最长，且有前、后汪家弄之分，是因为汪氏一直是明代郭巨城里的最高指挥使，俗称“掌印指挥使”。弄堂路面多为石板或卵石铺设，且卵石铺成花纹或图案，内侧有“阴沟”排水，现基本上都改为混凝土路面。

## 郭巨古城弄堂（弄）分布一览

表 3–1–1　　　　　　　　　　　　　　　　　　　　　单位：米

| 分类 | 弄名 | 位置（区域） | 长度 | 宽度 | 路面现况 |
|---|---|---|---|---|---|
| 城下弄 | 东城下弄 | 东门口至北街 | 280 | 2 | 混凝土，小段卵石 |
| | 南城下弄 | 南街至东街 | 198 | 2 | 混凝土，小段卵石 |
| | 北城下弄 | 西街至北城子墩 | 211 | 2 | 混凝土 |
| | 西北城下弄 | 北门至北城子墩 | 75 | 2 | 混凝土 |
| 按居住地居民姓氏命名 | 张家弄 | 西起北街，东迄该弄底 | 25 | 1.5 | 混凝土 |
| | 汪家弄 | 西起南街，东迄南城下弄 | 106 | 2 | 混凝土 |
| | 汪家后弄 | 西起南街，折南迄南城下弄 | 106 | 2.6 | 混凝土 |
| | 荆家弄 | 东起北街，北迄下串河 | 104 | 2 | 混凝土 |
| | 荆家后弄 | 东起北街，折南迄荆家弄 | 98 | 2 | 石板 |
| | 冯家弄 | 东起南街，折南转东，西至南街 | 40 | 3 | 混凝土 |
| | 周家弄 | 北起协和弄，南迄周家弄底 | 10 | 3 | 混凝土 |
| | 姚家后弄 | 南起西街，北迄姚家后弄底 | 65 | 3 | 混凝土 |
| | 徐家弄 | 北起西街，折西迄徐家弄底 | 30 | 2.5 | 混凝土 |
| | 李家弄 | 北起西街，折西迄徐家弄 | 40 | 2.5 | 混凝土 |
| | 黄家弄 | 北起协和弄，折西迄蔡家弄 | 60 | 3 | 混凝土 |
| | 黄家后弄 | 西起南街中段，折北迄东街底 | 140 | 1.5 | 混凝土，小段卵石 |
| | 蔡家弄 | 西起凤凰山东侧，折南转东黄家弄 | 300 | 2 | 混凝土 |
| | 陈家弄 | 南起东街，北迄后横街 | 60 | 2 | 混凝土 |
| | 谢家弄 | 南起南城下弄，北迄后汪家弄 | 120 | 2 | 混凝土 |
| 按标志性建筑命名 | 石鼓弄 | 东起南街，西迄石鼓弄底 | 30 | 2 | 混凝土，弄口一对石鼓 |
| | 石地栿弄 | 西南起云新弄，东北迄该弄底 | 28 | 2 | 混凝土 |
| | 官池弄 | 南起后横街，北迄东城下弄 | 90 | 2 | 混凝土，曾有一官池 |
| | 营房后弄 | 东起北街中段，西折东迄北街 | 88 | 1.5 | 混凝土 |
| | 教堂弄 | 东南起姚家后弄，北迄北城下弄 | 200 | 2.5 | 混凝土 |
| 按店铺场所命名 | 云新弄 | 南起西街，折西迄北城下弄 | 115 | 2 | 混凝土 |
| | 协和弄 | 北起西街，南迄黄家弄 | 40 | 3 | 混凝土 |
| | 校场弄 | 西起姚家后弄，东迄北街 | 54 | 2 | 混凝土，北段石板 |
| | 铜匠弄 | 西南起云新弄，东北迄该弄底 | 22 | 2 | 混凝土 |
| | 菜场后弄 | 南起西街，北迄上串河 | 114 | 2 | 泥石 |

## 古城庙宇

郭巨古城内外建有众多庙、寺、观、堂。东有石公庙，南有林府庙，西（城中心）有城隍庙，北有东岳宫，十字街口有鲁班殿，南门外观妙山上有海云堂，西门外有永庆庵，老碶头有凤山庙，北门外有化子庙，总台山腰有云隐庵，还有三官堂、关圣殿，其中负有盛名的是城隍庙（旧时的宁波府范围内只有海曙、镇海、郭巨三座城隍庙）。详见第十四篇第八章宗教第一节佛教。

## 古城井池

**古井** 古城背靠总台山，环山面海，地下水资源丰富，古水井为郭巨城里厢人饮用水主要来源，以至造就了古城的另一大特征——水井多。史志记载郭巨古城内有 72 口水井，并留下了诸如“化子井”“半月井”等不少关于井头的传说。2019 年城内仍保存完好的古井及遗址有 38 口。

### 郭巨古城古井遗址分布一览

表 3–1–2 单位：米

| 区域 | 古井名称 | 地点 | 深度 | 口径 | 备注（井口形状） |
|---|---|---|---|---|---|
| 城东南 | 枹池井 | 枹池（黄家）弄 | 5 | 0.8×1.2 | 长方形 |
| | 汪家祠堂井 | 原汪家祠堂 | 5 | 0.8 | 圆形 |
| | 汪家井 | 后汪家弄 | 4.5 | 0.8 | 圆形 |
| | 汪家五房井 | 汪家五房 | 4.5 | 0.6 | 圆形 |
| | 汪家七房井 | 汪家七房大院 | 5 | 0.6 | 圆形 |
| | 赵家井 | 赵家院内 | 5 | 0.8×0.8 | 正方形 |
| 南城外 | 大井 | 大井跟 | 5.5 | 0.8×1.2 | 长方形 |
| | 下湾井 | 下湾 | 5 | 0.8×1.2 | 长方形 |
| 城西南 | 黄家井 | 冯家弄 | 4 | 0.6 | 圆形 |
| | 张家井 | 冯家弄 | 5 | 0.8 | 圆形 |
| | 冯家井 | 冯家院内 | 4 | 0.6 | 圆形 |
| | 蔡家井 | 城隍庙下 | 2 | 0.8 | 圆形 |
| | 蔡家井 | 蔡家弄 | 5 | 0.8 | 圆形 |
| | 半月井 | 石地楸弄 | 5 | 0.6×0.6 | 半月形 |
| | 石鼓弄井 | 石鼓弄 | 5 | 0.8 | 圆形 |
| | 纪家井 | 纪家院内 | 5 | 0.8 | 圆形 |
| | 凉亭庙井 | 凉亭庙 | 4.5 | 0.6 | 圆形 |
| | 胡家井 | 胡加义家院内 | 4.5 | 0.6 | 圆形现已填没 |
| 西城外 | 方水井 | 吊桥河边 | 6 | 1.2×1 | 方形 |
| | 双眼井 | 吊桥河西端北侧 | 7 | 1 | 圆形 |
| 城西北 | 城下井 | 姚家弄口 | 5 | 0.8 | 已盖上隐井盖 |
| | 姚家井 | 教堂弄 | 5 | 0.8 | 已换气压井 |
| | 荆家井 | 荆家弄 | 5 | 0.8 | 圆形 |
| | 教堂井 | 教堂弄 | 5 | 0.8 | 已换气压井 |
| | 黄家井 | 黄家大院 | 5 | 0.8×0.8 | 正方形 |
| | 铜匠弄井 | 铜匠弄 | 5 | 0.6 | 圆形 |
| | 张家井 | 北张大院 | 5 | 0.8×0.8 | 正方形 |
| | 罗家井 | 罗家大院 | 5 | 0.6 | 圆形 |
| | 姚家井 | 姚家大院 | 5 | 0.8×0.8 | 正方形 |
| 北城外 | 化水井 | 小涂岙 | 6 | 1.2×1 | 长方形 |
| | 枕山井 | 老小学内 | 7 | 0.8 | 圆形现已填没 |
| | 官路弄井 | 官路弄 | 5 | 1.2×1 | 长方形 |
| | 黄吉岙井 | 黄吉岙 | 4.5 | 1.2×1 | 长方形 |

续表 3-1-2

| 区域 | 古井名称 | 地点 | 深度 | 口径 | 备注（井口形状） |
| --- | --- | --- | --- | --- | --- |
| 城东北 | 后横街井 | 后横街 | 4 | 0.6×0.6 | 现已填没 |
| | 官池弄井 | 官池弄 | 5 | 0.7×1.2 | 长方形 |
| | 戴家井 | 戴家老宅 | 5 | 0.6 | 圆形 |
| | 戴家井 | 戴家祠堂后 | 4 | 0.7×1 | 长方形 |
| | 庄家井 | 庄家弄 | 4 | 0.7×0.7 | 正方形 |

**水池**　古城内有水池 4 个，东北角官池弄的官池，西北角营房弄的营房池，东南角黄家弄的枹池，西南角一池，池名无考。水池除了蓄水供居民洗漱之用外，更重要的是保证消防用水和战备用水。

## 古城商铺

郭巨古城历经明、清两朝至民国时，十字街头商家店铺一家挨着一家，尤以南大街、西大街为多，东街、北街少些。南大街由北向南有恒丰肉店、冯鲁利染坊、南货店、贳器店、棉布店、烟酒百杂店、米店、豆腐店等店铺 22 家；西大街由东向西有戴记恒兴五金杂货店、汪记亨太百货起作店、烟酒店、南货店、德生堂药店、剃头店、张记饭店、协和综合商店、铜匠店等 21 家；东大街自西向东有大德堂、怀德堂、剃头店、棉布店 4 家；北大街有许记箍桶店、张记铁匠铺、戴恒新杂货店等 7 家。除了上述街面店铺之外，还有剃头挑子、补缸匠、“骗鸡”（阉公鸡）等流动手工匠在街上吆喝。每月逢五逢十是郭巨集市日，附近乡民携带各种农副产品、海货、山货等前来赶集。时古城热闹非凡，商贸兴旺，呈现一派繁荣景象。

## 古城损毁

明嘉靖三十二年（1553）五月，倭寇 200 余人进犯郭巨，守将黎秀正在芦花港（今普陀）剿倭，郭巨城内只有几十个守兵，倭寇烧、抢、杀、掠，郭巨城陷入一片火海之中，防御设施遭毁。清顺治十四年（1657）城毁，清康熙十八年（1679）起修复。

1937 年前，郭巨古城城墙、城门、城内古建筑基本保存完好。倭患平息后，百姓安居乐业，千户所城的军事设施也慢慢失去了原先的功能。后来由于战事和人为因素，城墙、城门、吊桥、护城河等古城军事设施渐渐遭受损毁而消失。

抗日战争期间，日本侵略军飞机多次对郭巨古城进行狂轰滥炸，民国 29 年（1940）11 月，日本侵略军飞机三次轰炸郭巨城。1941 年 3 月 28 日，又一次轰炸郭巨城，炸毁房屋 451 间，武衙门、关帝庙等多处古城设施遭损毁。解放战争期间，1949 年农历十月初三，3 架国民党军机，分三批九架次轰炸郭巨城，

南街高阳

汪家走马楼

致大量民房、店铺、古城建筑设施被毁，北城门当即倒塌夷为平地。

至中华人民共和国成立初，古城墙受损现 2 个缺口，南城门完好，西城门门楼损毁，城门遗迹尚在，古城墙基本尚存。解放后，庙宇等部分古建筑改作公用房产，如城隍庙改作粮站、凉亭庙改作南门村办公用房。20 世纪 50 年代起，为解决古城内人多、房少矛盾和公用设施建设的需要，古城墙（门）等古建筑设施逐渐被拆除。1958 年至 1962 年，南城墙（门）、东城墙（门）一带拆除后的土地多用于建造民房；北城墙（门）、西城墙（门）一带拆除后的土地建造了大队仓库和晒场等。至 20 世纪 60 年代末，郭巨古城城墙、城门荡然无存。80 年代中期，吊桥河（即西门护城河）上建起了西门农贸市场。

2019 年，凤凰山北麓有约 150 米长的城墙残垣，南城门遗址城门石条尚在；2019 年在西城门发掘出了若干块城墙官砖，红石板材质的北城门和西城门门匾幸存民间。古城尚存老街高阳（人民公社化期间，西门生产大队有个高阳生产队）、汪家走马楼、雕花石窗、石鼓弄、32 级台阶、半月井等古时建筑，城内尚存近二分之一的清代民房建筑。时过境迁，繁华古城已成了郭巨百姓心中挥之不去的记忆。

## 第二节　郭巨灯具城

1992 年，镇政府根据郭巨灯具业快速发展的势头，为繁荣郭巨灯具市场，形成郭巨灯具特色产业，集资兴建郭巨灯具城。1995 年 10 月 26 日，全省第一座灯具城在郭巨正式落成，并隆重举行了灯具城开业典礼。郭巨灯具城在宁波乃至省内都有较大影响，1996 年，郭巨镇被宁波市乡镇企业局命名为“灯具镇”。

灯具城坐落在西门外，东南至凤凰山、大涂塘，西至西门大河，北至大山头田畈。占地面积 0.343 平方千米。

灯具城建设分五期实施，由镇房地产建设公司开发，成开公司负责承建。主要建设项目有白洋公路（兴巨路段中部）两旁的三层楼商住房及后进二层楼的仓库和其他生活用房，教场路两旁的四层楼商住房；在凤山路东侧（凤凰山脚下）建有郭巨影剧院，中段建有郭巨农贸市场，西南侧建有郭巨信用社；凤山路与教场路口建有邮电大楼和广播电视大楼；靠近老碶头的兴巨路西侧为郭巨中学，靠近大山头的兴巨路西侧为镇政府集资房；霓虹路西侧建有郭巨供销社采购商店，东侧建有农业银行郭巨支行大楼。形成了兴巨路、教场路、凤山路和霓虹路 4 条灯具城内主街道。南北走向的兴巨路和东西走向的教场路交叉口成了灯具城新的十字街头，并建有灯具城门楼。门楼为欧式风格，面南北向，钢筋混凝土结构，分上、中、下三层，每层门顶盖有棕红色琉璃瓦，中层南、北面有“郭巨灯具城”铜字牌，4 根正方形柱子，柱面贴有红色大

郭巨灯具城门楼

灯具城区

理石，门楼宽 19 米，高 9.4 米，（寓意建造于 1994 年），正门 1 个，两侧附门各 1 个，车辆、行人分道通行。整座门楼雄伟、气派，每到节假日，城门插上彩旗、挂上彩灯，蔚为壮观，门楼成了当时郭巨灯具城的标志性建筑。

灯具城商住房建设采用先集资后造房的策略，总投资 3149 万元（其中政府筹资 1330 万元、集体和个人集资 1415 万元、项目开发商成开公司向银行贷款 404 万元），房地产开发占地总面积 3.1003 万平方米，建筑面积 4.3725 万平方米。

**郭巨灯具城商住房开发建设（1993—1997 年）分期实施情况表**

表 3-1-3

| 工程分期 | 开发时间 | 占地面积（平方米） | 建筑面积（平方米） | 投资金额（万元） | | | |
|---|---|---|---|---|---|---|---|
| | | | | 总额 | 镇自筹 | 集资 | 贷款 |
| 合计 | | 31004 | 43725 | 3149 | 1330 | 1415 | 404 |
| 一期 | 1993.4 | 5918 | 8000 | 556 | 150 | 125 | 54 |
| 二期 | 1994.11 | 8489 | 11000 | 853 | 180 | 120 | 80 |
| 三期 | 1995.6 | 8282 | 11500 | 818 | 250 | 470 | 100 |
| 四期 | 1997.4 | 1982 | 3000 | 196 | 300 | 400 | 76 |
| 五期 | 1997.4 | 6333 | 10225 | 726 | 450 | 300 | 94 |

说明：开发时间为土地征用批复时间，实际建设时间比上述开发时间早。

其间，教育、金融、交通、邮电、文化、市场等各行业单位也都陆续从老城区迁址至灯具城。

**郭巨农贸市场**　1992 年开工建设，1994 年 7 月 19 日剪彩营业，总投资 300 万元，占地面积 6400 平方米。有街面房 65 间，建筑面积 1600 平方米。摊位 400 个，停车位 1000 平方米，有公共厕所、垃圾亭等附属设施。

**郭巨影剧院**　位于凤山路东侧凤凰山脚下，1988 年建成，政府投资 45 万元，建筑面积 1130 平方米，可容纳观众 867 人。

**郭巨车站**　1991 年由大山头迁址大涂塘老碶头，占地 2000 平方米，建筑面积 325 平方米，投资 18 万元。2012 年 12 月，为缓解城区交通压力，又迁至北门村地块（大山头西北侧）。

**郭巨中学**　1993 年，由区、镇政府投资 250 万元，易地在灯具城西侧（教场路）新建校区，1997 年 9 月，新校区建成并投入使用，校园占地面积 13300 平方米、建筑面积达 3980 平方米。

**郭巨邮电大楼**　1987 年建成，三层楼房，建筑面积达 1400 多平方米，投资 16 万元。

**郭巨信用社**　1994 年，迁至老碶头（兴巨路 120 号）新建营业大楼，占地面积 989.72 平方米，建筑面积 1572.93 平方米。

## 第三节　小城镇建设

2016 年 8 月，设立郭巨街道，2017 年 5 月 12 日，北仑区政府发文《关于同意郭巨等四个街道小城镇环境综合整治规划的批复》。此始，郭巨街道被列为北仑区第二批创建浙江省小城镇建设成员单位。2017—2019 年间，小城镇建设共组织实施了三大类 20 多个建设项目，主要有城区道路“白改黑”（水泥路面改沥青路面）；城区道路两旁墙立面统一美化、统一店招；新建（扩建）停车场 14 处；铺设地下综合

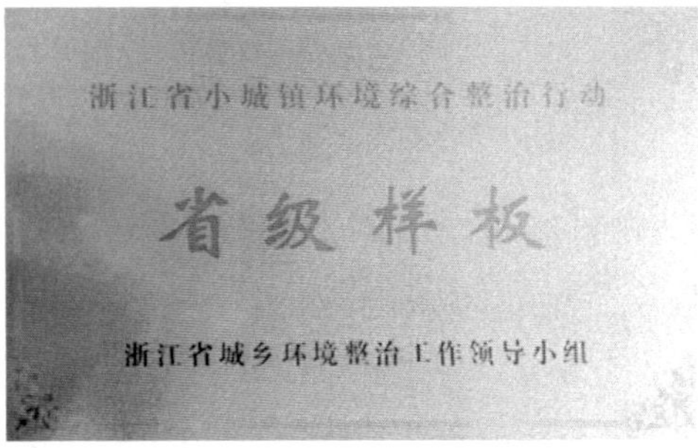


2019年1月，郭巨街道获2018年浙江省小城镇环境综合整治行动省级样板称号

管道3.98千米，实行雨、污水管分离，“三线”（电力、通信、广电线）上改下（落地）；全线安装路灯；新建云衢广场、休闲公园、背街小巷景观15处，尽显郭巨古韵风貌。项目总投资达1.32亿元，其中，环境卫生类投入960万元，城镇秩序类投入10557万元，乡容镇貌类投入1535万元。小城镇面貌焕然一新。

2019年1月，浙江省城乡环境整治工作领导小组《关于2018年度全省小城镇环境综合整治工作考核验收结果的通报》（浙城乡环治[2019]1号）发文，公布了2018年度小城镇环境综合整治达标名单和2018年度小城镇环境综合整治省级样板名单，郭巨街道榜上有名，不仅达标，更是成为省级样板之一。

## 2017—2018年郭巨街道小城镇环境整治主要项目一览

表3-1-4 单位：万元

| 序号 | 项目名称 | 建设规模及主要内容 | 开（竣）工时间 | 投资 |
|---|---|---|---|---|
| 1 | 城区公厕、污（雨）水处理池改造 | 城区8个公厕改造提升（改建5个，新建3个）；垃圾收集点整治、污水处理池改造等 | 2017.4—2018.10 | 100 |
| 2 | 南门村大井根停车场工程 | 大井根老停车场改建，绿化配套，雨、污水管道、局部村道改造等 | 2018.3—2018.6 | 40 |
| 3 | 郭巨菜市场综合整治工程 | 菜场外围道路房屋立面局部整治，雨污管疏通、修复，粮管所环境整治。菜场内雨污管疏通改造、老公厕内外整治、停车场及自产自销交易点环境整治。3. 教场路房屋立面、市政管网、人行道改造 | 2018.7—2018.11 | 520 |
| 4 | 城南片区生活污水治理工程 | 城南片区污水管网铺设，其中主管长度约2.34 km，终端1个，接户96户 | 2018.3—2018.9 | 300 |
| 5 | 兴巨路沿线区域综合整治项目 | 云衢路与兴巨路交叉口区域房屋立面整治，拆除废旧厂房改建停车场。老渔业队地块改建停车场。3. 兴巨路沿线街景综合整治，统一店招、墙立面美化、丰富绿化 | 2017.6—2018.12 | 1922 |
| 6 | 白洋线穿镇段（兴巨路）改造工程 | 道路“白改黑”，人行道改造，雨污、市政管线网、路灯、绿化、交通安全设施等沿线设施提升 | 2017.09—2018.12 | 3195 |
| 7 | 沿海中线沿线环境综合整治工程 | 沿海中线盘象岙等沿线自然村建筑外立面及环境整治、绿化提升，建造文化墙等 | 2017.8—2018.9 | 330 |
| 8 | 紫薇大道通信线路整治工程 | 道路沿线通信线路（广电、电信、移动、联通）下地改造，土建排管铺设，线路改迁 | 2017.5—2017.9 | 60 |
| 9 | 霓虹路沿线综合整治工程 | 路灯、人行道改造，沿线立面局部整治，三线整治 | 2018.7—2018.11 | 250 |
| 10 | 老白洋线综合整治工程 | 老白洋线湾里段、南门段沿线建筑立面局部整治，道路、雨污水管修复、改建，三线整治，停车场及周边环境整治 | 2018.7—2018.12 | 1050 |
| 11 | 凤山路（兴巨路—东港社区）沿线综合整治工程 | 路面改造，雨污管修复改造，沿线立面局部整治，绿化小景观设置，老西门村停车场改造，凤山路危旧房拆除、场地整治、厕所改造 | 2018.7—2018.12 | 900 |
| 12 | 郭巨大涂塘路改造工程 | 路面改造，雨污管疏通、修复、改建，沿线立面局部整治，绿化小景观设置 | 2018.7—2018.12 | 2550 |

续表 3-1-4

| 序号 | 项目名称 | 建设规模及主要内容 | 开（竣）工时间 | 投资 |
|---|---|---|---|---|
| 13 | 郭巨紫微大道整治工程 | 紫微岙进村道路“白改黑”，包括景观、路灯、绿化等工程 | 2018.6—2018.10 | 300 |
| 14 | 郭巨湿地花田入口区及停车场工程 | 白洋线与码头公路连接线路口景观提升，停车场改造，绿化种植 | 2017.12—2018.5 | 385 |
| 15 | 东门河沿线景观提升工程 | 东河塘路面拓宽修复，河塘加固，护栏安装。丰富河岸绿化，房屋外墙立面整治、景观提升 | 2017.4—2018.6 | 120 |
| 16 | 郭巨敬老院周边综合整治工程 | 敬老院周边环境整治，慢行步道建造，池塘周边停车场环境整治，污水终端建造 | 2017.4—2018.5 | 180 |
| 17 | 户外架空线路整治工程 | 街道对外联系道路以及城内主要道路沿线弄堂、老镇政府集资楼、背街小巷通信线路整理、美化（含兴巨路未实施改造路段） | 2018.3—2018.12 | 400 |
| 18 | 背街小巷墙面、绿化及非遗小品修复等零星整治 | 背街小巷墙面粉刷、花坛改造、绿化小品提升等零星整治；城区内古建筑、古构筑物等修复 | 2018.4—2018.12 | 350 |
| 19 | 标志标线整治 | 城区内所有停车场、道路停车位画标志标线，设置停车牌，更换破损、不符合要求的标牌 | 2018.3—2018.12 | 100 |

## 小城镇环境整治项目选介

**兴巨路**　2017 年 8 月 16 日开工改造，2018 年 12 月竣工。总投资 5000 万元。北起郭巨公交车站北侧三岔路口，南至老碶头郭巨边防派出所路段（长 1125 米、宽 8 ～ 12 米）路面“白改黑”，两车道，双向划设停车位 130 个，全线人行道大理石铺设；雨、污水分流，建雨水井 184 个，污水井 80 个，雨水管 2000 米，污水管 1850 米；沿线电力、通信网络、广电线路“上改下”3870 米；新装路灯 138 盏；绿化、背街小巷特色景观 5 处，安装智能监控设施。道路两侧房屋外立面得到统一改造。

兴巨路菜场段改造前

兴巨路菜场段改造后

**凤山路**　2018 年 2 月改造，9 月竣工，长 500 米，宽 5 米的路面“白改黑”，新置、整修、疏通各类管道 1000 米。置路灯 13 盏，绿化、背街小巷特色景观 2 处，建设停车场 3 个（车位 30 个），新建公厕一座，项目总投资 950 万元。

**霓虹路** 2018年3月改造，7月竣工，长300米，宽6米的路面全线整修、提升，新建停车场1个（车位18个），疏通各类管道400米，置涵洞2个，两侧房屋墙立面、路灯环境改造提升，项目总投资150万元。

**教场路** 2018年5月改造，9月竣工。长350米，宽8米，道路全线开挖，疏通雨、污水管850米；电力、通信网络、广电等强弱电管线上改下（落地），两侧人行道铺设大理石。单向划设停车位12个，安装智能监控等设施。项目总投资200万元。

郭巨城门牌楼、云衢路

**郭巨城门牌楼 云衢路** 云衢路2019年11月开工新建，2020年12月竣工。该路东西走向，位于郭巨社区卫生服务中心南侧，东起兴巨路，西至沿海中线，路长450米，宽24米，沥青混凝土路面，双向四车道（标准断面车行道18米，两侧人行道各3米），桥梁1座，名“吉安桥”，长26米，宽28米，桥梁西侧下穿U型槽游步道，净宽3.3米。靠近沿海中线路口，置郭巨新城门牌楼1座（混凝土柱木斗拱屋盖牌楼），高15.26米，为“三间四柱五檐”门楼，正上方东西两面塑有“郭巨”两字。项目总投资9559.87万元。

**大涂塘路** 2018年8月改造，2019年3月竣工，路长680米，宽5米，全线“白改黑”铺注沥青路面，置窨井60个、景观路灯89盏、改造桥梁1座，设停车场2个（车位35个），项目总投资1065万元。

**老白洋线（湾里段）** 南、北两端均接兴巨路（谓兴巨路复线），2018年5月动工，2019年3月竣工，路长340米，宽7米，全线铺注沥青路面，有污水井18个、雨水井16个、路灯14盏，工程项目投资310万元。

## 配套设施改造新建

**云衢广场** 位于兴巨路与大涂塘路交叉口西北角，新建于原区塑厂危旧厂房拆除地块，2018年8月动工修建，2019年3月竣工。占地面积6000平方米。地面铺置大理石，广场西北侧建有200平方米演出舞台，北沿置背景墙，西侧建有木结构凉亭2座和文化长廊。配套建设有停车场、公厕等设施。项目总投资1300万元（含地块拆迁、征地费用）。

**郭巨菜场** 2018年，政府又投资200余万元，提升菜场环境与设施，新建停车场2100平方米，菜场及周边安装32个摄像头监控设施，菜场内供水、供电、摊位等综治后环境得到优化和提升。

**郭巨街道社区卫生服务中心** 项目位于兴巨路西，云衢路以北地块，2018年动工，2020年12月竣

云衢广场

郭巨菜场内

工投用。占地面积4949平方米，建筑面积3200平方米，项目总投资5300万元（含土地费2200万元），该工程为2018年北仑区十大民生实事工程之一。

# 第二章　乡村建设

按照“生产发展、生活富裕、乡风文明、村容整洁、管理民主”和“宜居、宜业、宜游”的新农村建设目标，实施乡村振兴战略。打造寻梦紫微湖等“一村一特”美丽乡村示范片区；拆（迁）村建社、完善公共服务设施，提高公共服务水平，提升农村人居环境。

## 第一节　拆村建社

至2019年，境内14个村因穿山港区的开发建设等项目，被整体征用拆迁，拆迁村老年人集中安置在白峰门浦隔山王家、司沿郑家、司沿大岙等地块，在司沿、官庄村地块分别建怡峰家园、东香茗园商住房住宅区，并于2013年、2020年分别设立峰南社区、峙东社区，拆村建社极大提升了拆迁村民的人居环境；提高了文化礼堂、休闲公园等公共服务设施利用率；方便了百姓办事、节约了村（社）行政费用、提高了办事工作效率。新社区环境优美、卫生整洁、公共服务设施齐全，拆迁村的村民享受着城镇化人居环境所带来的获得感、幸福感。

### 峰南社区

因穿山港区开发建设，至2006年，峙北光明、沙湾、中宅、上宅、花船、竹湾、后墩7个村先后被整体拆迁，在门浦隔山王家建各村办公用房、老年文化活动中心、老年公寓等，并在白峰官庄建东香茗园拆迁安置小区。2013年10月15日，北仑区委、区政府批复同意撤销白峰镇上宅村、中宅村、竹湾村、沙湾村、花船村、光明村、后墩村7个村村民委员会，保留各村股份经济合作社体制，设立白峰镇峰南社区居民委员会，下辖上述7个经济合作社、东香茗园、门浦隔山王家老年公寓。设立峰南社区服务中心，各经济合作社合署办公，原建的各村办公楼用于开办爱心食堂、老年人文化活动室等，社区内幼儿园、休闲公园、农村文化礼堂、影剧院、农村卫生服务站、生活用品超市、公交车站等文化、生活、交通设施齐全。

### 峙东社区

长坑、双屯两个拆迁村分别安置在白峰司沿郑家、司沿大岙和东香茗园。2020年8月，撤销上述两村村民委员会，保留各村股份经济合作社体制，设立郭巨街道峙东社区，有社工10人，下辖上述两个经济合作社、峙北新苑、峙北新村，社区办公地址白峰枫江路455号，辖区内建有农村文化礼堂、老年人活动中心、农村卫生服务站、公交车站、生活用品超市等设施。

## 第二节　美丽乡村建设

2002 年 11 月党的十六大以后，新农村建设提升到了全党工作“重中之重”的位置，2013 年，中共中央总书记习近平在中央农村工作会议上提出，美丽乡村建设成为新农村建设升级版。近几年来，郭巨街道大力推进美丽乡村示范片区建设，全力打造寻梦紫微岙、桃源大岭下、兰美尖岭等“一村一特”美丽乡村田园综合体建设。

### 新农村建设

2005 年 10 月，中国共产党十六届五中全会提出要按照“生产发展、生活富裕、乡风文明、村容整洁、管理民主”的要求，扎实推进社会主义新农村建设。境内新农村建设主要包括现代化农业基地及农田水利建设、农村道路等基础设施建设、湿地保护和建设等生态环境建设、文化礼堂等农村文化设施建设、农村污水治理和村民房屋墙立面美化等村容村貌整治等项目，并以点带面逐步推进。自开展新农村建设以后，已有福民村、大岭下村、西门村、尖岭岙村列入新农村建设行列；各村全面推开建设的项目有农村污水治理、“厕所革命”、农村二次水改、垃圾分类收运、人居环境治理提升；盛岙花园等现代化农业基地建设，山塘、溪坑农田水利建设和总台山游步道等健身娱乐场所建设。

**2017—2019 年郭巨街道小城镇（乡村）建设经费一览**

表 3-2-1

| 年份 | 项目数（个） | 工程项目分类（万元） | | | | | | | 合计金额万元 |
|---|---|---|---|---|---|---|---|---|---|
| | | 水利 | 道路 | 污水治理 | 市改环卫 | 公共设施 | 美丽乡村 | 文化教育 | |
| 合计 | 103 | 930.7 | 999.5 | 11876.3 | 434.2 | 812.0 | 2286.4 | 799.0 | 18138.2 |
| 2017 | 29 | 306.9 | 209.8 | 683.9 | 76.1 | 225.1 | 252.5 | 17.8 | 1772.0 |
| 2018 | 41 | 426.4 | 744.4 | 77.5 | 182.3 | 341.3 | 1947.3 | 339.6 | 4058.8 |
| 2019 | 33 | 197.4 | 45.3 | 11114.9 | 175.9 | 245.6 | 86.6 | 441.6 | 12307.4 |

**现代农业基地建设**　新农村建设以来，境内建成郭巨外畈塘田的百亩香水莲、盛岙百亩花园、大岭下百亩桃园、总台山崇秀林木场、总台山日华牧场、双石蘑菇农场、千亩稻田等现代生态农业基地，这些现代农业基地集农业生产、农事体验（观赏）乡村游、农产品加工于一体，成为境内农村产业振兴的样板。

**农田水利设施建设**　2017 年至 2019 年，先后投资 930 万元，用于农田、河流、溪坑等水利基础设施建设，其中 800 多万元实施西门大河、埠头下河、石灰厂河等河道水环境整治及水库、山塘加固与清淤工程，130 万元用于生态河埠头建设。

**人居环境整治优化**　2009 年 5 月至 2012 年 4 月，政府投入 300 余万元，新建凤凰山公园，建设有长 980 米水泥路面游步道、健身休闲广场、凉亭、坐栏、健身器材、景观灯、绿化、卫生设施等建筑；2010 年 8 月，投资 100 万元，拆除原镇政府办公用房（原东门庄氏楼屋）建面积为 400 平方米的街心公园，设有凉亭一座、绿化、景观灯等设施，为老城区居民提供休闲活动场所；2015 年，投资 200 万元，提升东门大河沿线景观；2016 年，郭巨外畈塘地改建为湿地公园，内有百亩油菜花、百亩香水莲、百亩养殖塘、千亩水稻、千亩芦苇荡等湿地，并配有游步道、凉亭、垂钓、观景平台等基础设施，公园面积2700亩。2018年，又投资369万元，进一步提升湿地公园周边环境，主要项目有沿海中线岭北连接线与宁舟路岔口设“山海郭巨”标识；建设游步道300米；建生态停车场，面积约14000平方米，可供泊位125个；建旅游星级厕所一座，占地65平方米；绿化、景观灯等“整洁田园”整治点位215个。投资120万元，修建紫微岙、大岭下、尖岭岙等田园游步道。2019年，先后投入1020万元，修建紫微湖环湖游步道1.3千米及沿线景观。

郭巨学校西北角污水处理终端

推进各村危旧房改造，2016年至2019年，分别对列入新农村建设的福民村、大岭下村、尖岭村及郭巨新老城区沿街居民的房屋墙立面进行美化，建设生态河埠头；开展“三改一拆”（旧住宅区、旧厂区、城中村改造，拆除违法建筑）、“五水共治”（治污水、防洪水、排涝水、保供水、抓节水）、“两整两提”（市场综合整治、小微企业整治、河道水标提质、居住环境提升）等专项治理，2017年1月至2019年底，全域有6个村、片区进行农村污水治理，建污水处理终端19座，铺设污水主管道30.769千米，覆盖1321户，入户率为91.78%，总投资3584.8万元。农村人居环境得到全面整治和优化。

## 2019年境内完成农村污水治理情况

表3-2-2

| 村、区块名 | 投资（万元） | 主管长度（千米） | 接入户数（户） | 入户率（%） | 完成时间 |
|---|---|---|---|---|---|
| 合计 | 3584.8 | 30.78 | 1321 | 91.78 | / |
| 紫微岙 | 161.0 | 1.92 | 110 | 90.9 | 2017.1 |
| 尖岭岙村 | 531.0 | 6.47 | 218 | 89.0 | 2018.12 |
| 大岭下村 | 239.0 | 3.40 | 94 | 96.0 | 2018.12 |
| 城南片区 | 299.0 | 1.72 | 84 | 88.4 | 2018.11 |
| 南门村 | 1350.0 | 11.13 | 603 | 92.6 | 2019.12 |
| 福民村 | 590.0 | 6.14 | 212 | 93.8 | 2019.12 |
| 东门双岙终端 | 130.1 | — | — |  | 2019.12 |
| 华峙东港终端 | 284.7 | — | — | — | 2019.12 |

说明：主管长度指直径在160毫米以上的管线。

**生态河埠头** 2016年以后，政府投入专项资金400万元，在人居集中的河流、溪坑、水库（池塘）岸边兴建生态河埠头，既美化环境、保护水质，又方便群众生活。2019年末已建造投用生态河埠头16座，在建12座。

**生活设施提升** 2013年6月，区、镇二级政府启动郭巨境内二次水改二期工程，总投资4767万元，解决了境内14个村（社区）的7616户居民及企业的用水难问题。10月中旬，宁波市自来水公司大管网自来水在双岙村、盛岙村开始试通水，境内居民全都用上了自来水。

开展“厕所革命”，不断推进公厕新建（改造）。至2019年，境域共有标准级公共厕所18座。（详见第十三篇第三章第三节公共卫生）。

2018年4月起，境内实行生活垃圾分类回收，至2019年底，城区设立垃圾投放点68处，投放垃圾桶168只，投放垃圾智能回收箱7个，垃圾清运车9辆，聘用卫生保洁员34名。盛岙等13个村共聘用村级保洁员29人。农村建设停车场20多处，泊位400多个。

**传承非遗文化，提升文化设施** 至2019年，建设农村文化礼堂11家，其中四星级1家，三星级6家，二星级1家；编纂《郭巨民俗》社区教育读本，建设古城墙遗址等古韵郭巨景观；建设总台山烽火台遗址陈列馆、郭巨非遗陈列馆、老物件陈列馆，传承抬阁、响器木偶等郭巨非遗文化，创建宁波市第二批非遗小镇。在激活乡村文化活力的同时，留住乡音，守护乡韵，记住乡愁。

大岭下村生态河埠头

## “一村一特”田园综合体建设

**寻梦紫微岙** 福民村在紫微岙片区通过整治人居环境，改善村容村貌，开发乡村旅游，建设美丽乡村。2018—2019年，分两期投资1020万元，建设紫微岙水库亲水游步道；改造农村污水处理，入户率达93%；紫薇岙大道“白改黑”，长2000米、宽4～5米；建造乡村旅游标准公厕2座，坑位20只，建筑面积126平方米；“三线”（电力、电视、电讯线）落地改造2000米；建停车场5个，泊位130个；建盘象岙暗山头至山寺坑森林游步道，全长4.5千米。村内还有赵家“三多”坊古建筑门楼、古香樟（300多年树龄），吸引宁波职业技术学院创客团队入驻，“寻梦紫微岙•青年音乐节”“书记加油•百强支部PK赛”等活动在紫微岙成功举办。

紫微岙

花木是该村的特色产业，已有40多年种植历史，技术成熟，全村有54%农户从事花木种植，主要种植有紫鹃、毛鹃、珊瑚、石楠、茶花等品种；有50多农户在境外租地（田）种植花木，规模都在百亩以上；有十几户花木经纪人在宁波、萧山、常州等地开设花木市场，形成产、供、销“一体化”花木产业链，花木收入占村民年收入的80%以上。特色产业、紫微湖成为该村“寻梦紫微岙”美丽乡村建设的亮点。

**桃源大岭下** 村内有观光农业百亩桃园、百亩茶园、百亩竹园、百亩柑橘、杨梅等水果基地；花木、水果种植是该村的特色产业，每到开花与水果成熟季节，都会吸引境内外众多游客前来观赏与采摘；新农村建设项目有溪坑游步道、中心水景公园和生态河埠头，房屋立面统一美化、村道改造提升等，亭子、流水、竹林小道、青山绿水景色别致的花园式村落，是宜居、宜游、宜业的好地方。2017年获评市级生态示范村，2020年获评省级美丽乡村特色精品村。

### 第三节　乡村振兴

2017 年 10 月 18 日，中国共产党第十九次代表大会提出了“乡村振兴”战略。乡村振兴涵盖乡村产业振兴、人才振兴、文化振兴、生态振兴、组织振兴五个方面，总要求和方针是“产业兴旺、生态宜居、乡风文明、治理有效、生活富裕”。2018 年 9 月，中共中央、国务院印发了《乡村振兴战略规划（2018—2022 年）》，2021 年 4 月 29 日，十三届全国人大常委会第二十八次会议表决通过《中华人民共和国乡村振兴促进法》。郭巨街道成立后，积极组织实施“乡村振兴”战略，出台鼓励全域乡村旅游设施建设（开办民居民宿、农家乐）的优惠政策，建设盛岙百亩花园、埠头下百亩香水莲、大岭下百亩桃园等现代农业基地，培育“阿姐宁”年糕、“海婆婆”水产品等本地特色品牌为旅游产品，实施产业振兴；设立郭巨学校“欧宜—HOY 奖学（育）金”，鼓励大学生回乡就业，培养有技术、懂经营农村产业带头人，实施“烽火雏鹰”年轻干部培养计划，实施人才振兴。建设农村文化礼堂，传承郭巨非遗文化，创建非遗小镇，实施乡村文化振兴；整治东门大河、西门大河，实行“河长制”，实施生活垃圾分类收集，实施生态振兴；整合强化基层组织，实行书记一肩挑（村书记选举兼任村主任），实施组织振兴。

## 第三章　城乡管理

20 世纪 90 年代初，境内城区管理滞后于城区建设。1995 年，设立郭巨环卫站，负责城区环境卫生管理。2003 年 7 月，设立综合行政执法中队，郭巨城区管理开始步入专业化、法制化管理阶段。2016 年，街道复设综合行政执法中队、环卫站、公共设施管理站等管理机构。创建专业管理、群众自理和行政执法“三位一体”的长效管理机制，城乡管理档次显著提升。

### 第一节　城区管理

20 世纪 90 年代初，城区管理滞后于城区建设，机构、人员、经费、设施都不能适应城区发展需要。1994 年前，由于当时条件限制，老百姓卫生意识淡薄和管理体系不够完善，老城区曾有“猪屙街”之称。1995 年，设立郭巨环卫站，2003 年 7 月，设立综合行政执法中队，2016 年 8 月，成立郭巨街道城管综合执法中队、公共设施管理站、环卫站。

#### 郭巨街道环卫站

郭巨街道环卫站主要职能是城乡环境卫生保洁、垃圾分类收运、污水（粪便）吸取。2003 年至 2016 年，白峰镇环卫站配备 2 名专职管理员，聘用环卫工人 18 人，负责郭巨城区环境卫生保洁和市政设施养护。2016 年 8 月，单独成立郭巨街道环卫站。负责城乡环境卫生保洁、城区路面保洁和内河保洁。路面保洁有人工动态保洁和城区主道（含部分村道）机扫车（含洒水车）保洁两种。内河保洁由街道聘请 6 名专职保洁员，对境内 19 条河道分 6 个片段，实行责任包干，保洁面积 3.5 平方千米，确保河道干净整洁，水质达标。实行垃圾分类收运。1995 年，选址双岙村建垃圾填埋场，收运城区生活垃圾统一作填埋处理。2013 年始，生活垃圾收运至长浦光大国际回收处理。2018 年结合小城镇建设，开展“三行郭巨党员争先”（洁行里弄、善行乡村、知行集镇）活动，多次组织机关干部、学校师生、企业员工、村社区党员、村民等清理卫生死角，提升市容村貌。2019 年，街道机关共组织洁行里弄活动 12 次，出动 658 人次，清除各类垃圾 75 吨。各村、社区、单位也每月定期组织相应活动，清理垃圾，整洁环境，美化家园。是年，贯彻实施宁波市生活垃圾分类管理条例，生活垃圾分类管理走上法制化轨道。

2019 年，街道环卫站共有职工 73 人，其中管理人员 5 人，环卫工人 35 人，公厕管理 4 人，农村保洁员 29 人。

**2019 年郭巨街道环卫设施设备一览**

表 3–3–1

| 环卫设施 | | | 环卫设备（辆） | | | | | | |
|---|---|---|---|---|---|---|---|---|---|
| 公厕（座） | 污水处理池（个） | 垃圾房（间） | 登高车 | 高压冲洗车 | 垃圾压缩车 | 吸粪车 | 洒水车 | 垃圾机扫车 | 垃圾收运车 |
| 18 | 15 | 62 | 1 | 1 | 1 | 2 | 1 | 1 | 11 |

**2016—2019 年郭巨境内垃圾收运情况表**

表 3–3–2

| 年份 | 垃圾收运（万吨） | 粪污清运（万吨） | 签订环卫服务协议单位数（家） |
|---|---|---|---|
| 2016 | 0.55 | 0.12 | — |
| 2017 | 0.62 | 0.14 | 21 |
| 2018 | 0.69 | 0.16 | 24 |
| 2019 | 0.74 | 0.73 | 33 |

### 郭巨街道公用设施管理站

2016 年，成立郭巨街道公用设施管理站，建立市政设施日常检修及夜间巡查制度。管理的市政设施设备主要有城区路灯 314 盏、光源控制开关 12 只、景观灯 58 盏、电源接入箱 18 座；管理养护城区主道 8.6 千米及白洋线、福民大道等村道 2.5 千米；管理养护 8.8 千米长的雨、污管道，350 个雨、污窨井，做到定期检查，及时修复损坏路面、更换破损窨井盖，疏通、清淤雨污排放管道。

### 郭巨街道城管综合执法中队

2016 年 8 月，从北仑区白峰综合行政执法中队抽调 4 名正式执法人员，招聘 16 名城管队员，组建郭巨综合行政执法中队。2017 年 1 月 6 日，北仑区郭巨综合行政执法中队正式挂牌成立，隶属北仑区综合行政执法局、郭巨街道双重领导。设队长、指导员、副中队长各 1 名，城管队员共 25 名，其中正式在编队员 10 名，局聘队员 6 名，街道临聘（自配）队员 9 名。履行城区管理综合行政执法职能，对影响市容和环境卫生、损坏绿化和市政公用设施、建筑工地施工噪声和饮食服务业油烟污染排放等行为进行教育并实施必要的行政处罚，及时拆除境内违章建筑物和阻止各类违章、违法行为。主要装备有 1 辆公务车、

1 辆皮卡车、3 辆电瓶巡逻车等。2018 年 4 月，中队办公场所由东港社区搬迁至原郭巨广电大楼（凤山路 98-10 号）。

**制度建设**　2016 年起，以城区主要路段与村为单位划分网格，实行每个队员分片包干管理，建立 12 小时监察机制。至 2019 年，先后制定有绩效考核制度、网格责任制、首问责任制度、巡查制度等制度。强化公众参与监督，聘请 2 名城管监督员，组建 45 名城管义工队伍，引导群众了解城管、支持城管、参与城管。

城管中队

**市容执法**　2016 年起，开展境域违章巡查，重点抓好城区“脏乱差”综合治理，尤其是在 2018 至 2019 年郭巨街道创建浙江省小城镇综合环境整治中，整改市政基础设施；加强停车位等公共场所的行政执法；疏导摊位，强化常态保洁，有效改善了市容环境。2016 年至 2019 年，中队重点加强对学校、菜场、车站、码头周边的管理，共制止或疏导占道设摊 5000 余人次，违章停车 561 起，店面超占人行道设摊 78 起。

## 2016—2019 年郭巨街道城区市容市貌行政执法情况表

表 3-3-3

| 年份 | 查处无证流动设摊（起） | 处理横幅、广告牌（起） | | | 查处乱倒垃圾（起） | | 查处破坏市政绿化（起） | 查处违停车辆（辆） |
|---|---|---|---|---|---|---|---|---|
| | | 横幅及小广告 | 户外广告 | 乱挂晒衣物 | 生活垃圾 | 建筑垃圾 | | |
| 合计 | 178 | 115 | 67 | 182 | 14 | 23 | 0 | 561 |
| 2016 | 6 | 3 | 8 | 10 | 1 | 2 | 0 | — |
| 2017 | 22 | 25 | 16 | 55 | 2 | 5 | 0 | — |
| 2018 | 35 | 33 | 20 | 65 | 5 | 8 | 0 | — |
| 2019 | 115 | 54 | 23 | 52 | 6 | 8 | 0 | 561 |

**违章执法**　2016—2019 年，共查处各类违章建筑等案件 155 起，其中现场强制拆除 49 起，制止（发放停工通知）62 起，自行拆除 33 起。清理违章堆放集装箱 10 起，清理违章堆填场（平宕渣、弃土、堆沙）若干起，清理违建码头 1 起，占查处违章总数的 100%。

## 2016—2019 年查处违章建筑等行为案件一览

表 3-3-4

| 年份 | 查处违章建筑（起） | | | | 查处其他违章行为（起） | |
|---|---|---|---|---|---|---|
| | 小计 | 现场强拆 | 现场制止 | 自行拆除 | 清理集装箱 | 清理违章堆填、自筑码头 |
| 合计 | 155 | 49 | 62 | 33 | 10 | 1 |
| 2016 | 15 | 1 | 12 | 2 | 0 | 0 |
| 2017 | 30 | 8 | 15 | 5 | 2 | 0 |
| 2018 | 42 | 20 | 13 | 6 | 3 | 0 |
| 2019 | 68 | 20 | 22 | 20 | 5 | 1 |

## 第二节　乡村管理

### 村民委员会

1983 年 10 月，废除人民公社制，复建乡镇人民政府，大队改称村，选举产生村民委员会，下设村民小组。村民委员会是村民自我管理、自我教育、自我服务的基层群众性自治组织。由主任、副主任和委员三至七人组成。村民委员会主要职责有组织村民发展经济，管理本村集体所有的土地和财产，举办和管理本村公共事务和公益事业，兴修水利、道路等基础设施，依法调解民间纠纷等工作。

### 社区服务中心

2014 年起，各村（社区）设立社区服务中心，配套建设村民（市民）服务大厅，由书记任中心主任，脱产的村（社区）妇女主任、文书、社工等为服务员，主要服务项目有农村新型合作医疗保险参保等社会保障服务；计划生育服务；建房土地申请服务；救灾救济、农村低保对象申报等民政事务服务；代办金融业务等。

### 乡村治安管理

解放初，由各村民兵兼管本村治安工作。村普遍建立治安保卫小组，维护社会治安。公社化时期，各生产大队设治保组，维护乡村社会治安。20 世纪 60 年代初，学习“枫桥经验”，努力做到“矛盾不上交，就地解决”，确保境内社会稳定。“文化大革命”后，各生产大队恢复治保组织，后期乡、镇（公社）建立联防队，各大队（村）设兼职治保主任。80 年代中期，乡镇设人民调解委员会，村（社区）设人民调解员。派出所与各村治安、调解组织组成网络，建立村、企业夜巡护村（厂）队，共同维护社会治安。

# 第四章　交通

明时，有镇（海）南经郭巨所城北门至司城岙的驿道。1958 年，仰（岛）郭（巨）段公路建成通车，标志着境内公路运输的开端。20 世纪 70 年代初开通的郭（巨）司（城岙）和华（峙）中（宅）线公路改变了境内山区半山区交通严重不便的状况。进入 21 世纪，沿海中线公路、穿好高速公路、宁波穿山港铁路和宁波舟山港穿山港区码头的建成投用，形成了海上水运，陆上铁路、公路、管道运输等门类齐全的运输网络体系。2019 年，过境郭巨街道境域的国家、省、区级公路 5 条，总长 44.36 千米；过境区间公交客运线路 10 条，总运营里程 237.5 千米；穿山港区与世界 100 余个国家及国内 30 多个港口都有海上货运业务往来，2019 年，穿山港区货物吞吐量达 1.15 亿吨，集装箱吞吐量达 1035 万标准箱。

# 第一节　公路

## 公路建设

**穿山疏港高速公路**　又名穿好高速。从华峙村穿山港区入口，经郭巨—柴桥—大碶—好思房，在好思房以互通形式与宁波绕城高速公路东段相接，线路总长 33.3 千米，总投资为 72.36 亿元。2009 年 12 月 30 日开工建设，2013 年 6 月建成通车。穿好高速境内路长 3 千米，途经华峙村、尖岭岙村、大岭下村至大涂岭隧道，有长 980 米的大岭下大桥，长 1070 米的尖岭岙特大桥，在尖岭村、华峙村分别设有“郭巨”“穿山港区”收费站。

**白（峰）洋（涨）公路（县、区道）**　起点为白峰街道司沿村，终点郭巨街道洋涨村，从司沿起经仰岛、华峙、郭巨、双岙、盛岙、联合、司城岙抵洋涨岙，全长 22.84 千米。由司（前）至仰（岛）、仰（岛）至郭（巨）、郭（巨）至司（城岙）、司（城岙）至洋（涨岙）4 段划并而成。司仰段 1.54 千米，1957 年建成通车；仰郭段 8.6 千米，1958 年 10 月建成通车；郭司段 10.66 千米，为军用公路，1972 年 5 月 25 日建成通车；司洋段 2.04 千米，1984 年建成通车，始建路基宽 6.5 ～ 8.5 米，泥结碎石路面，路面宽 3.5 ～ 6 米，桥梁 2 座，涵洞 81 处，除司洋段外其余均为四级公路。白洋公路接 1955 年（通车）新建的 7 千米长的穿（山）白（峰）国防公路，穿白国防公路接宁穿公路（宁穿公路：1949 年 8 月，由支前民工抢修，年底通大碶，次年 5 月达穿山）。

1986 年完成司城岙至洋涨岙段 2.04 千米砂石路面改建，投资 1.5 万元。1993 年 8 月完成白洋线司沿村至轮江路面改建，路基宽 7.5 米，次高级沥青路面，宽 5.5 米，造价 23 万元。1993 年 12 月完成轮江至郭巨长 8.6 千米路面改建，路基宽 7 米，沥青路面，宽 5.5 米，造价 230 万元。2000 年 11 月完成狗湾至老碶头长 1.77 千米路面改建，路基宽 9 米，混凝土路面，路面宽 7 米，造价 185 万元。2003 年 5 月完成 10K+56 至 13K+484 长 3.43 千米路面改建，路基宽 7.5 米，混凝土路面，宽 6 米，造价 313 万元。2004 年 8 月完成 4K+414 至 8K+124 沥青路面改建，路基宽 7.5 米，混凝土路面，宽 6.5 米；10K+568 至 13K+460 原砂石路面改建，长 2.89 千米，路基宽 6 米，混凝土路面，宽 6 米。2006 年 8 月，完成仰岛湾

穿山疏港高速沿海中线白洋线寺湾段

路面改建全长2.407千米，沥青路面，宽5米，投资320万元。2009年3月6日，白洋线公路改建工程开工，2012年1月31日建成正式通车。总投资5.8亿元，郭巨街道西南侧沿海中线平交路口处至终点与白中线交接处（中宅嘴头）为正线一级公路10.6千米，此段又称沿海中线峙北连接线。

**白（峰）中（宅）公路（县道）** 起点白峰街道白峰停车场，终点郭巨街道中宅村，长9.221千米。其中双车道二级公路0.508千米，单车道四级公路8.713千米，为高级混凝土路面，有永久性桥梁4座，涵洞20处。白峰至华峙段为白（峰）洋（涨）线重复段，华峙至中宅段长8.3千米，1971年1月8日建成通车，路基宽5.5米，泥结碎石路面，宽3.5米，属等外级公路，原为乡道，后划入白峰至中宅进港公路，为县道。2000年12月完成路面改建，路基宽5.5米，混凝土路面宽4.5米，造价300万元。

**沿海中线** 起点白峰街道白峰段230K+000处，终点三山印子山。长25.99千米，双向4车道，一级公路，高级砼路面，总宽22.5米，主车道宽3.75米×4。有桥梁11座，总长456米，其中于家岭隧道长505米。2004年12月建成通车。途经境内尖岭岙村至大涂塘村，境内路长4.6千米。2017年，沿海中线郭巨段拓宽工程开工，拓宽工程起于穿山疏港高速郭巨互通，终于梅山水道北堤坝顶公路（北堤互通），道路全长约4000米。路基宽度由22米拓宽至35.5米，由原双向4车道拓宽至双向6车道；断面布置为2米中央分隔带+2米×0.5米路缘带+2米×3米×3.75米车行道+2米×4.25米硬路肩+2米×0.75米土路肩，桥梁1座，平面交叉口3处。总投资约2亿元。

**沿海中线峙北连接线** 起点位于郭巨街道西南侧沿海中线平交路口处，路线依峙南山沿海而行，经狮子山、乌龟山、小盛岙咀垭口、中宅水库，终点接白中线。主线全长10.56千米，隧道二座，一级公路标准，设计速度60千米/小时，路基宽23米（其中起点段2100米，宽27米）；北港区连接线与主线连接，呈东西走向，通往天然液化气接收站，全长1430米，二级公路标准，设计速度40千米/小时，路基宽度12米。该工程由市、区二级政府共同出资建设，总投资5.7520亿元，于2009年3月6日开工，2012年1月31日建成通车。是北仑区东部的一条主要通道，将峙北的穿山港区中宅煤码头、光明散杂货码头、浙能天然液化气接收站等一批临港大工业项目联系起来。

**中宅至长坑公路（专用道）** 起点中宅相交X807线13.983千米处，终点长坑村，长8.775千米。为单车道四级公路，高级混凝土路面，有涵洞15处，1987年建成通车。2009年12月，光明至长浦段公路一、二期改建通车，一期工程全长741米、宽12米，二级公路，总投资3153.75万元；二期工程全长898米、宽12米，二级公路，总投资2434.17万元。2010年6月13日，双屯—长坑农村公路工程开工建设，该道路长约2200米、主路面平均宽度3.5米，投资约70万元，工期历时100天。

**郭巨老碶头至新碶头码头公路（乡道）** 起点郭巨相交X802线9.900千米处（老碶头），终点新碶头码头，长1.418千米，1995年11月新建，路基宽11.5米，路面宽7米，为双车道三级公路，次高级路面，永久性桥梁1座，长13延米，涵洞7处。2005年12月改建，造价210万元。

**华峙至童家峙公路（乡道）** 起点华峙车站相交X802线5.1千米处，终点童家峙相交X807线6.640千米处，长0.879千米，为单车道四级公路，中级混凝土路面，永久性桥梁1座，长40米，涵洞6处。1998年新建，造价100万元。

**云衢路** 东起兴巨路，西至沿海中线，路长450米，宽24米，沥青混凝土路面，双向四车道（标准断面车行道18米，两侧人行道各3米），设计车速40千米/小时。桥梁1座（单跨15.5米），长26米，宽28米。投资9559.87万元，2019年11月开工新建，2020年12月竣工。

## 2019年底境内国家、省、区级公路建设情况表

表3-4-1

| 线路名称 | 线路等级 | 总里程（千米） | 境内里程（千米） | 路面结构 | 境内桥梁（座） | 隧道涵洞（个） | 新建竣工时间 | 最后改建时间 |
|---|---|---|---|---|---|---|---|---|
| 穿好高速 | 国道 | 33.30 | 3.00 | 沥青 | 2 | 隧1 | 2013.6 | / |
| 沿海中线 | 省道 | 25.99 | 4.60 | 沥青 | 1 | 隧1 | 2004.12 | 2020 |
| 沿海中线峙北延长线 | 省道 | 10.56 | 10.56 | 沥青 | 1 | 隧2 | 2012.1.31 | / |
| 白洋公路 | 区道 | 22.60 | 17.90 | 沥青 | 2 | 涵10 | 1955、1986 | 2011 |
| 华峙—中宅 | 区道 | 8.30 | 8.30 | 混凝土/沥青 | 4 | 涵20 | 1971.1.8 | 2000 |
| 中宅—长坑 | 专用道 | 10.80 | 10.80 | 混凝土/砂石 | / | 涵15 | 1987 | 2009 |

## 2019年底境内街道级公路建设情况表

表3-4-2

| 起讫地点 | 路长（米） | 路宽（米） | 结构等级 | 桥（座）/涵洞（处） | 造价（万元） | 新（改）建时间 |
|---|---|---|---|---|---|---|
| 老碶头—新碶头 | 1.42 | 11.0 | 双车道三级公路、次高级沥青路面 | 1/7 | 210 | 2005年改建 |
| 华峙车站—童家峙 | 0.89 | 3.5 | 单车道四级公路、中级砼路面 | 1/6 | 100 | 1998年新建 |
| 长浦—双屯 | 2.14 | 5.0 | 四级公路 | — | 350 | 2007年改建 |
| 盛岙—白洋线 | 2.33 | 5.0 | 四级公路 | 3/5 | 155 | 2009年改建 |

## 公路桥梁

**碧澜嘴碶桥** 1964年建，单孔浆砌石台钢筋水泥板梁，跨径5米，桥长7.1米，行车道宽8.5米，荷载汽-10。

**小岙桥** 位于双岙村白洋线上。2013年建成。长22米，宽23米。预应力钢筋混凝土空心板梁。

**盛岙桥** 位于盛岙村白洋线上。1964年建，单孔浆砌石台钢筋水泥板梁，跨径5.2米，桥长10米，行车道宽8.9米，荷载汽-10。2014年改建。长25米，宽22.5米。预应力钢筋混凝土空心板梁。

**寺湾桥** 位于联合村寺湾白洋线上。2014年建成。长19米，宽22.5米。预应力钢筋混凝土空心板梁。

**司城岙桥** 位于司城岙白洋线上。2014年建成。长19米，宽13米。预应力钢筋混凝土空心板梁。

**吉安桥** 位于云衢路的西门大河上，2019年11月建成。长26米，宽28米，梁桥西侧下穿U型槽游步道。

吉安桥

## 2019 年境内公路桥梁情况表

表 3-4-3　　单位：米

| 桥梁名称 | 桥梁基本情况 | | | | 桥梁分类 | | 修（改）建时间 |
|---|---|---|---|---|---|---|---|
| | 所属线路名称 | 桥梁全长 | 跨径总长 | 桥梁全宽 | 按跨径分 | 设计荷载等级 | |
| 碧澜溪桥 | 白峰至洋涨 | 9 | 5 | 8.5 | 小桥 | 公路Ⅱ级 | 1980（改） |
| 小岙桥 | 白洋线 | 22 | — | 23.0 | 小桥 | 公路Ⅰ级 | 2013 |
| 盛岙桥 | 白峰至洋涨 | 25 | — | 22.5 | 小桥 | 公路Ⅰ级 | 2014（改） |
| 寺湾桥 | 白洋线 | 19 | — | 22.5 | 小桥 | 公路Ⅰ级 | 2014 |
| 司城岙桥 | 白洋线 | 19 | — | 13.0 | 小桥 | 公路Ⅰ级 | 2014 |
| 华峙一号桥 | 白峰至中宅 | 8 | 6 | 13.0 | 小桥 | 公路Ⅱ级 | 1998 |
| 华峙新桥 | 华峙至童家峙 | 40 | 33 | 7.0 | 中桥 | 公路Ⅰ级 | 2004 |
| 福民桥 | 沿海中线 | 24 | 20 | 7.5 | 小桥 | 公路Ⅰ级 | 2004.12 |
| 大岭下大桥 | 穿好高速 | 997 | 980 | 16.8 | 大桥 | 公路Ⅰ级 | 2013.6 |
| 尖岭岙特大桥 | 穿好高速 | 1070 | 1070 | 16.8 | 特大桥 | 公路Ⅰ级 | 2013.6 |
| 吉安桥 | 云衢路 | 26 | 16 | 28.0 | 小桥 | — | 2020.12 |

## 公路隧道

**于家岭隧道**　沿海中线白峰至郭巨段。M 形联体隧道，长 505 米，宽 19.4 米，双向各 2 车道，车道宽 4 米 ×4；人行道 1.7 米 ×2，净高 5.5 米，2004 年 12 月建成。总投资 4300 万元。

**升螺隧道**　升螺至柳树田公路，分左右隧道，均长 325 延米，净宽 10.5 米，净高 5 米。2011 年 12 月建成。

**中宅隧道**　柳树田至中宅公路，分左右隧道，左隧道长 725 延米，净宽 10.5 米，净高 5 米；右隧道长 690 延米，净宽 10.5 米，净高 5 米。2011 年 12 月建成。连拱式隧道，中隔墙采用类心式曲墙。

**狮子岭（山）隧道**　位于花船至上宅公路上，长 325 米，宽 7 米，高 5.5 米。2011 年 8 月建成。

**大涂岭隧道**　在穿好高速大涂岭段，长 208 米。

于家岭隧道

升螺隧道

中宅隧道

## 2019年境内公路隧道情况表

表3-4-4

| 隧道名称 | 所属线路路段 | 长度（左/右）（米） | 宽度（米） | 车道净宽（米） | 高度（米） | 建成时间 |
|---|---|---|---|---|---|---|
| 于家岭隧道 | 沿海中线白峰至郭巨段 | 505/505延米 | 19.4 | 4×4 | 5.0 | 2004.12 |
| 升螺岭隧道 | 沿海中线峙北延长线升螺至柳树田段 | 325延米 | 10.5 | 10.5 | 5.0 | 2011.12 |
| 中宅岭隧道 | 沿海中线峙北延长线柳树田至中宅段 | 725/690 | 10.5 | 10.5 | 5.0 | 2011.12 |
| 狮子岭隧道 | 白中公路花船至上宅段 | 325 | 7.0 | — | 5.5 | 2011.8 |
| 大涂岭隧道 | 穿好高速大涂岭段 | 208/208 | — | 14.3 | 5.0 | 2013.6 |

### 公路养护及道班

**峙头道班**　1985年，有道班农工3名，无专用道班房。养护自华峙至中宅的泥结碎石公路路面计8.3千米。1997年4月，并入北仑区公路管理段。

**盛岙道班**　1985年，道班班房设在盛岙村小盛岙，占地面积200平方米，建筑面积120平方米。有道班工人5名，养护自郭巨至司城岙的沙石公路路面计11千米。至1990年，道班工人减少为3名。1997年4月，并入北仑区公路管理段。

## 第二节　乡村道路

自古民间行旅多为步行或乘小船，官吏、名医、富户以及民间急病求医，多坐摇篮、风凉花轿，叫人用肩抬着行走。20世纪60年代末，境内始有人力手拉车。70年代初，始有自行车代步，生产队始有拖拉机（四轮式和手扶式两类）在农闲时营运。80年代，始见摩托车和农用车。90年代，始有电力助动车、私家轿车。随着经济和交通事业的发展，人民生活水平的提高，交通工具不断更新换代，从而促进乡村道路、桥梁的不断改建或新建，质量不断提升，路网不断完善。现存古道多已改建或废弃或成为居民爬山健身和旅游观赏的通道。

### 民间道路

**民间古道**　旧时，因境内属山区、半山区，居民散居村落岙间，山岭古道串联起了境内的大小村落及与境外的联系。山岭古道狭窄崎岖，路面宽一般为1～1.5米，鹅卵石路面，故称石弹路，又叫山路。采用卵石嵌黄土，或整齐排列，或铺成图案，既牢固坚实，又不积水，防滑且美观。民间古道还有一种是乡村间平坦地段的古道（俗称“小路”），小路路面宽一般为0.5米，多为石板路或卵石路，也有少量泥结砂石路。20世纪60年代后拖拉机、汽车迅速发展，古道遂多被改建为机耕路、公路。

据民国《镇海县志》所记，清末、民国初，镇海县境内主干道路过境内的有2条。

干路一：自江南起，东南行，经芦江塘、长山桥、布阵岭南麓、大碶、施罟桥、清水桥、泥堰、杨木堰桥、柴桥镇、洋沙溪、小门中岭、大涂岭、郭巨所北门、泥沙岭、双岙村、盛岙村、司城岙、泥城嘴，抵峙头角海滨。（此为驿道），全程45千米。另有支路自郭巨所城，经官山岭、上梅山市、朱家碶、马嘴碶、五眼碶、大眼岗岭、昆亭村前、沙塘、慈岙村，与鄞县分界，这是一条县南的边海道路。

干路二：自江南东行，过大岭，经义成桥、青峙岭、算山碶、三眼碶、备碶、新碶、西碶、太和东碶、三山浦口、林大山、双礁碶、东关山西北麓、舞岭、穿山碶、穿山所北门、东门碶、白枫（峰）村、竹山碶、大岙岭、华峙碶、后墩碶、上宅碶、王前碶、大屯村，至泥城嘴。全程 46.5 千米。这是一条县东南的边海道路。

20 世纪 60 年代前，镇海县城通郭巨的干线为：江南道头经燕山碶、江家山越布阵岭，过干家、赛灵岩、大碶头、牌门桥、清水桥、霞浦、洞桥、柴桥头、黄泥岭、洋沙溪、山防、大涂岭抵郭巨西门，路面石板、沙石、卵石间隔，宽 1.52 米，长 41.4 千米。再经境内双岙往峙南盛岙、升螺、司城岙、洋涨至长坑。另一支路是经境内大涂岭、华峙岭头、后墩，再往峙北的竹湾、中宅、光明、小屯、长坑。

20 世纪 60 年代前，郭巨境内通往境外的区乡间主要山岭古道有 3 条：

柴桥头经穿山碶，越后所岭，过白峰、华峙、竹湾、上宅、大屯至长坑，沿山傍海，路面沙石、卵石间隔，宽 1.5 ～ 2 米，长 29.1 千米。

郭巨西门经大涂塘、官山（狮子口过渡，达梅山岛）、钟家湾、上阳道头、虾康、昆亭、龙头岙至三山，沿山傍海，路面砂石、卵石间隔，宽 1.5 米，长 22.9 千米。

郭巨南门经双岙、盛岙、寺湾、升螺、柳树田、司城岙、洋涨岙至长坑，多为山路，砂石路面，卵石间隔，宽 1.5 ～ 2 米，长 13.8 千米。

20 世纪 60 年代前，郭巨境内村落间主要行人的山岭古道有 26 条。

长坑岭、幢幢岭、洋涨岭（又名沙湾岭）、升螺岭（又名柳树田岭）、升螺跳、寺湾岭、上宅岭、迷磨岭（俗称迷马岭，又名双岙岭，亦称怨妈岭）、双岙岭、青坑岭、官山岭、大涂岭、尖岭、于家岭、庵坑岭、霞峙岭（又名华峙岭）、后墩岭（又名台岙岭）、三塔岭（又名后墩岭）、竹湾岭、花船岭、上宅岭（又名盛岙岭）、中宅岭（又名柳树田岭）、沙湾岭、小黄石门岭墩、大屯岭（又名小屯岭）、云来岭。

**手拉车路** 20 世纪 50 年代，手拉车逐渐代替人力肩挑背驮运输，古道已不适应车辆行驶的条件，乡间各村（生产大队）陆续改建或拓宽乡村间小路，兴建手拉车路。手拉车路多系沙砾路面，个别路段为石板路面，路面宽 2 米。至 60 年代，境内新建和改建的手拉车路主要有郭巨至新碶头等，砂石路面，宽度 2 ～ 3 米。

**机耕路** 20 世纪 70 年代起，自行车渐增，各生产大队纷纷购置和使用农用拖拉机耕作或运输，手拉车路已不适应拖拉机行驶，遂将手拉车路先后拓建为机耕路（简易公路），与已开通的白洋公路、白中公路相接。机耕路为沙砾路面，宽 3 米。至 80 年代，乡间机耕路通畅衔接，成为民间交通干道。境内主要机耕路干道有：郭巨至新碶头；官路弄水库经小涂岙门口、北城门，沿东门大河至白洋公路，长 2 千米；峙头沙湾碶头经火叉嘴至沙湾山前（乾房），长 1.2 千米；盛岙岙底经凤巴、庙边至盛岙码头，长约 2 千米；大岭下山塘下经福明小学至郭白公路尖山头，长约 2 千米；80 年代起，随着各种农用汽车的增加，机耕路已不适应车辆行驶，遂将机耕路改建为简易公路，境内有 1986 年建成通车的中宅至长坑的简易公路，长 10.8 千米。

## 民间凉亭

凉亭是与民间道路相配套的服务设施，又名茶亭、路亭、路廊，建在尼庵、庙宇边的则称茶庵。旧时民间道路上，设五里一短亭，十里一长亭，专供行人纳凉、避雨、小憩，以解旅途劳顿。也有常年或季节性供茶水，或有挂草鞋、灯笼之类，免费舍予，以助行者之难。

路亭格局大致有二：或坐落于村口、路边、岭间；或独立于路中，有石弹（板）路穿亭而过，亭路相合，遂为有顶之通道，俗称穿心路廊，境内的路亭村名由位于西门外的路亭庵旁边路上所建的穿路凉亭而得名。路亭渗透着浓厚的民族文化，稍有规模者建有石亭碑，刻亭记及助银者名录；亭内刻（塑）菩萨佛像，意在保佑一方平安，庇荫乡里；石柱刻警句、妙联，大多出自当地文人墨客之手，谐趣横生。

1985 年，《镇海县交通志》记境内有路亭 8 座。

碧澜亭：1953 年重修，1 楹。现拆除。

南门凉亭：位于郭巨南门村，建于明清时期，民国 35 年（1946）重修，2 楹。1974 年，原址再次重修。

新碶凉亭：1978 年建，2 楹。已拆除。

山嘴凉亭：址在中宅村，2 楹。已拆除。

碶边凉亭：址在沙湾村，2 楹。已拆除。

柳树田凉亭：2 楹。现拆除。

盛岙凉亭：位于郭巨盛岙村上宅岭墩，1972 年重修，1 楹。现存。

垒石岗凉亭：址在竹湾村，1970 年建，1 楹。现存。

21 世纪以后，在乡村游步道和农村文化乐园建设中，又新建了一批凉亭，据 2019 年调查，境内除上述 2 座现存凉亭外，还有凉亭 13 座。

三塔岭凉亭：址在三塔岭墩，内有菩萨塑像，2 楹。

积德亭：址小涂岙至云隐寺游步道半山腰，1989 年建造，1 楹。

望江亭：址华峙至云隐寺游步道半山腰，1 楹。

览城阁：址小涂岙至总台山烽火台游步道半山腰上部，2008 年建造，2 楹。

望港亭：址总台山烽火台，2008 年建造，1 楹。

清波亭：址大斗门公园内，2008 年建造，1 楹。

清沁幽亭：址尖岭村牛头山公园，2009 年建造，1 楹。

憩亭：址尖岭岙生态墓园。2010 年建造，1 楹。

迁居亭：址谢岙家新村，2006 年建造，1 楹，2019 年经改造后取名为家风亭。

双岙村凉亭：址小岙庙岗墩，建于 2006 年 7 月，1 楹。

怨妈岭凉亭：址怨妈岭墩，随风电和总台山游步道的开发，2012 年新建。

功德亭：址东港新村上宅地块，2016 年建造，1 楹。

大岭下凉亭长廊：址大岭下溪坑边，2016 年建造，木质凉亭 1 楹，回廊 3 楹。

望港亭

览城阁

大岭下凉亭长廊

## 民间（古）桥梁

修路造桥造福桑梓，乃民俗淳风，为历代称颂。境内岙间溪流纵横，为便行人，民间桥梁颇多。民间旧时建桥，多为官倡民助，众人捐银建桥遍于乡里。也有家底殷实者独资建之。境内民间古桥盛行采石建之，结构多为石平板桥或石拱桥。石板桥，车行平坦；石拱桥，造型美观，显示先人之智慧。20 世纪 70 年代以后，经兴修水利、改造溪流、修筑公路和村道，民间古道上的石板桥、石拱桥多数或废弃或改造或改建成钢筋混凝土桥。

**1989 年境内民间桥梁一览**

表 3-4-5

| 乡镇名 | 小桥 | | | 桥 | | | 合计 | | |
|---|---|---|---|---|---|---|---|---|---|
| | 座（个） | 孔（个） | 长度(米) | 座（个） | 孔（个） | 长度(米) | 座（个） | 孔（个） | 长度(米) |
| 合计 | 67 | 77 | 271.8 | 4 | 8 | 48 | 71 | 85 | 319.8 |
| 峙头乡 | 21 | 22 | 78.7 | 1 | 1 | 6 | 22 | 23 | 84.7 |
| 郭巨镇 | 46 | 55 | 193.1 | 3 | 7 | 42 | 49 | 62 | 235.1 |

说明：单跨净孔 2 米以上者为小桥，单孔跨径大于等于 5 米、多孔跨径大于等于 8 米的为桥。

### 境内主要民间桥梁

**福民桥** 位于大涂庙旁的大方池上，条石平板桥，约宽 2.5 米，长 10 米，建于明朝。1962 年，修建时造碶闸一门。今已拆除。

**庙后桥** 位于大涂庙旁的长河上，条石平板桥，宽 2 米，长 8 米余，建于明朝。今已拆除。

**大涂桥** 位于凤山庙旁，今称老碶头。条石平板碶闸桥，宽 3 米，长 15 米，建于明朝。今已拆除。

**安澜桥** 位于郭巨赵天房小涂岙溪坑上，石拱桥，宽 2 米，长 6 米余，建于明朝。今存。

**大屋门口洞桥** 位于盛岙村大屋门口溪坑上，宽 2 米，长 8 米余，建于清朝康熙十七年（1678），石拱桥，1 孔，2005 年受“麦莎”台风影响，被大水冲毁，2007 年改建为钢筋混凝土结构的平板桥。长 15 米，宽 4 米。今存。

**上宅岭下洞桥** 位于盛岙上宅岭下，石拱桥，1 孔，建于清朝康熙四年（1665），2005 年受“麦莎”台风影响，被大水冲毁，2007 年重建，改为水泥混凝土平板桥。长 10 米，宽 2.8 米，载荷 10 吨。今存。

## 第三节 铁路

### 宁波穿山港铁路

宁波穿山港铁路起点大碶站，经柴桥站、穿山港站至终点中宅站，线路全长 29.29 千米，其中境内 7 千米，为单线铁路。2015 年 12 月开工建设，2019 年 12 月建成通车。设计运量预测至 2025 年约 700 万吨 / 年，至 2035 年约 840 万吨 / 年，设计行车速度 100 千米 / 小时，工程总投资 31 亿元。穿山港铁路的投用，打通了宁波舟山港最大的“千万箱级”集装箱码头——穿山港区集装箱码头和长三角地区最大的在建矿石码头——中宅 30 万吨级矿石中转码头海铁联运“最后一公里”，集装箱货物和大宗散货可通过火车进出穿山港区，使货物运输在穿山港区实现无缝衔接，进一步提升了港口集疏运能力，同时有效缓解当地的公路集疏运网络压力。

铁路穿山港站

### 铁路站

**穿山港站** 位于穿山港集装箱作业区南侧，站内 4 条到发线和 2 条装卸线，有效长 850 米。配备 4 台轨道式龙门吊、1 台调车机车，可满足海铁联运集装箱整列取送和装卸，近、远期设计海铁联运作业能力分别为 60 万标准箱和 80 万标准箱。

**中宅站** 位于穿山港中宅矿石码头堆场南侧，车站到发线兼机走线 2 条、货物装卸线 1 条，到发线及装卸线有效长 850 米。

### 铁路隧道

**屋后山隧道** 华峙张西岙至谢家岙，长 0.8 千米。

**庙后山隧道** 谢家岙至后墩，长 1.1 千米。

**美女山隧道** 后墩美女山至上宅外岙，长 2.8 千米，其中二车道 2 千米，其余均为一车道，高 6 米，宽 5.5 米。

## 第四节 交通设施

### 公交车站

**郭巨（公交）车站** 1959 年设站，址在西门村大山头，1967 年造平房 6 间，占地面积 1930 平方米，建筑面积 171 平方米，职工 12 人。1984 年翻建为 2 层楼房 4 间，建筑面积 240 平方米（停车棚 54 平方米，候车室 50 平方米，票房 10 平方米，其他用房 111 平方米）。1985 年有站务人员 12 人，日接发客车 9 班次，过站客车 1 个班次，年客流量 28.2 万人次。1991 年，迁址大涂村老碶头，占地面积 2000 平方米，建筑面积 325 平方米，投资 18 万元。2011 年 12 月 18 日，郭巨新公交站迁址西门外湾里，云衢路东南侧。用地面积 5077 平方米，总建筑面积 551 平方米，其中停车坪面积 3500 平方米，总投资 445.51 万元。新公交站具备 40 多辆公交车的调度、停放能力。

郭巨新公交站

2019 年底，有站务人员 100 人，投放公交车辆 48 辆，其中过站车辆 5 辆；开设区间公交客运线路 10 条，其中过站线路 2 条；日接发公交车辆 336 班次，其中过站公交车辆 35 班次，年客流量 27.5 万人次。

**中宅车站** 1977 年设站，址峙头中宅火叉嘴头。站屋 4 间、车库 1 间、停车棚 1 个，占地面积 350 平方米，建筑面积 175 平方米（停车棚 39 平方米，候车室 54.4 平方米，售票房 13.6 平方米，其他用房 68 平方米）。1985 年有站务人员 1 人，日接发客车 2 班次，年客流量 3.32 万人次。2002 年，因宁波至中宅、镇南至中宅的公交车线路停运，居民出行改用农用车，车站停用。

**华峙车站** 1968 年设站，址郭巨华峙老胡家。站屋 2 间、80 平方米。1985 年，日过站客车 11 班次，年客流量 2.21 万人次。2002 年，车站改停靠站。

**司城岙车站** 1973 年建站，址峙头司城岙。建筑面积 115 平方米（停车场 39 平方米，候车室 50 平方米，售票室 12.5 平方米，其他用房 22.5 平方米）。1985 年，有站务人员 1 人，日接发客车 1 个班次，年客流量 2.76 万人次。1986 年车站停用。

## 穿好高速境内收费站

**穿好高速郭巨收费站** 位于尖岭岙村境内，2013 年 6 月 29 日正式开通，占地面积 6300 平方米，建筑面积 1560 平方米，出口车道 4 个，进口车道 3 个。2019 年，站务人员 20 人，进口日均车流量 4030 车次，出口日均车流量 1344 车次。

**穿好高速穿山港区收费站** 位于穿好高速东终端华峙村境内，2013 年 6 月 29 日正式开通，占地面积 10700 平方米，建筑面积 3560 平方米，出口车道 10 个，进口车道 5 个。2019 年，站务人员 22 人，进口日均车流量 1872 车次，出口日均车流量 3196 车次。

穿好高速郭巨收费站

穿好高速穿山港区收费站

### 2013 年 6 月至 2019 年穿好高速境内收费站车流量一览

表 3-4-6　　单位：车次

| 年份 | 郭巨收费站 | | 穿山港区收费站 | |
| --- | --- | --- | --- | --- |
| | 进口 | 出口 | 进口 | 出口 |
| 2013 | 203538 | 256327 | 86269 | 165977 |
| 2014 | 661455 | 490556 | 259904 | 547192 |
| 2015 | 828941 | 490560 | 286559 | 570005 |
| 2016 | 1195054 | 490462 | 582482 | 856348 |
| 2017 | 1318489 | 490560 | 613223 | 940068 |
| 2018 | 1229014 | 490514 | 636840 | 1001212 |
| 2019 | 1471119 | 490552 | 683162 | 1166424 |

## 码头

**货（主）运码头** 在郭（巨）白（峰）公路、华峙至长坑和郭巨至洋涨公路开通之前，境内居民都是用船作运输工具与外界进行大宗货物的交易，故郭巨新碶头及峙南、峙北各生产大队都建有用块石砌筑的重力式简易码头，用来靠泊货物运输船、涨网船、渔船。20 世纪 70 年代，驻境内部队在洋涨岙建设了高桩梁板式军用码头。80 年代以后，随着峙北、峙南一带石料矿产资源的开采，各采石场都建设有沙石装卸专用的干砌块石岸壁式码头。进入 21 世纪，随着宁波港穿山港区的大规模的建设开发，集装箱码头、中宅煤炭码头、中宅液化天然气码头、光明大宗散货码头相继建成投产。

## 1985 年、2006 年境内货主码头一览

表 3–4–7

| 码头名称 | 码头结构 | 建设年份 | 靠泊能力 | | 泊位长度（米） | 泊位宽度（米） | 前沿水深（米） | 堆场面积（平方米） | 说明 |
|---|---|---|---|---|---|---|---|---|---|
| | | | 吨级 | 泊位 | | | | | |
| 郭巨搬运站杂货码头 | 干砌块石岸壁式 | 1956 | 50 | — | — | — | — | 500 | 1985 年统计数据 |
| 郭巨区水利会壳灰厂码头 | 干砌块石岸壁式 | 1982 | 100 | — | — | — | — | 300 | |
| 华峙盐场码头 | 干砌块石突堤式 | 1978 | 50 | — | — | — | — | — | |
| 郭巨冷冻厂码头 | 重力式 | 1991 | 100 | 1 | 35 | — | — | 1830 | 2006 年统计数据 |
| 宁波成开海洋渔业有限公司码头 | 浮码头 | 1992 | 500 | 1 | 40 | 9 | — | — | |
| 郭巨南门村石场码头 | 岸壁式 | 2000 | 200 | 1 | 73 | — | 10 | — | |
| 竹湾沙石码头 | 重力式 | 2002 | 500 | 1 | 70 | — | 6 | — | |
| 盛全冷冻厂码头 | 浮码头 | 2003 | 500 | 1 | 40 | 9 | 3.5 | 2000 | |
| 宁波市雄镇建材实业有限码头 | 高桩梁板式 | 2005 | 2000 | 1 | 112 | 12 | 8 | 10000 | |
| 宁波北仑宁舟汽渡站码头 | 浮码头 | 1994 | 1000 | 3 | 122 | 8 | 4.7 | 6886 | 2006 年统计数据 |
| 郭巨交通码头 | 浆砌块石岸壁式 | 1956 | 200 | 1 | 50 | — | 1 | — | |

说明：数字来自《北仑区交通志》。

## 2019 年境内码头一览

表 3–4–8

| 港口企业或码头单位 | 码头名称 | 码头结构 | 投产年份 | 靠泊能力（万吨） | 泊位 | | | 前沿水深（米） | 堆场面积（平方米） | 使用海域面积（公顷） |
|---|---|---|---|---|---|---|---|---|---|---|
| | | | | | 数量（个） | 长度（米） | 宽度（米） | | | |
| 北仑第三集装箱公司 | 穿山港区四期集装箱码头 | 高桩梁板 | 2004 | 5×15 | 5 | 1730 | 55 | −15.4 ～ −17 | — | 82.99 |
| 北仑第三集装箱公司 | 穿山港区五期集装箱码头 | 高桩梁板 | 2005 | 6×15 | 6 | 2010 | 55<br>112.5 | −17 ～ −17.6 | — | 63.08 |
| 北仑矿石码头分公司 | 穿山港区中宅煤炭码头 | 高桩梁板 | 2012 | 5+15 | 2 | 872 | 23<br>36 | −13.7 ～ −19.6 | 256000 | 78.826 |
| 中海浙江宁波液化天然气有限公司 | LNG 接收、工作船码头 | 高桩梁板 | 2012 | 15+0.3 | 2 | 550 | — | −7− ～ −16 | — | 77.426 |
| 宁波光明码头有限公司 | 光明码头 1# ～ 3# 泊位 | 高桩梁板 | 2008 | 3.5+2+10 | 3 | 739 | 18<br>30 | −13.9 ～ −17.3 | 96000 | 23.78 |

续表 3-4-8

| 港口企业或码头单位 | 码头名称 | 码头结构 | 投产年份 | 靠泊能力（万吨） | 泊位 | | | 前沿水深（米） | 堆场面积（平方米） | 使用海域面积（公顷） |
|---|---|---|---|---|---|---|---|---|---|---|
| | | | | | 数量（个） | 长度（米） | 宽度（米） | | | |
| 宁波港鑫东方燃供仓储有限公司 | 港鑫东方油品码头 | 高桩梁板 | 2009 | 5 | 1 | 192 | 18 | −16 | 90000 | 26 |
| 雄镇建材实业有限公司 | 雄镇码头 | 高桩梁板式 | 2005 | 2000 | 1 | 112 | 12 | −8 | 10000 | 0.2868 |
| 宁波市龙佰矿业有限公司 | 龙佰码头 | 高桩码头 | 2005 | 0.1 | 1 | 50 | — | −4 | — | — |
| 宁波海湾重工有限公司 | 通用、出桩泊位 | 高桩码头 | 2013 | 0.5+0.5 | 2 | 230 | — | −10.2 | — | — |
| 盛岙村 | 盛全冷冻厂码头 | 浮码头 | 2003 | 500 | 1 | 40 | 9 | −3.5 | 2000 | 0.97 |
| — | 新碶码头沙场 | 干砌石岸壁式 | 1956 | 50 | — | — | — | — | 500 | 0.2539 |
| 大涂村 | 大涂塘村渔船码头 | 干砌石岸壁式 | 1982 | 100 | — | — | — | — | 300 | 0.32 |
| — | 东宝冷冻码头 | 干砌石岸壁式 | — | — | — | — | — | — | — | 0.8312 |
| — | 东宝物资码头 | 干砌石岸壁式 | — | — | — | — | — | — | — | 0.519 |
| 南门村 | 南门村运沙码头 | 岸壁式 | 2000 | 200 | 1 | 73 | — | −10 | — | 0.2889 |
| 北仑宁舟汽渡 | 宁舟汽渡站码头 | 浮码头 | 1994 | 1000 | 3 | 122 | 8 | −4.7 | 6886 | 5.65 |
| — | 成开渔业有限公司码头 | 浮码头 | 1992 | 500 | 1 | 40 | 9 | — | — | 0.31 |

说明：穿山港区自西向东的四期集装箱码头至港鑫东方油品码头的详情数据见第四篇第二章第二节码头泊位开发。

**北仑宁舟汽渡站码头**　位于郭巨新碶头，1994 年 10 月 28 日建成投用，总投资 750 万元。汽渡站占地面积 6670 平方米，其中停车场面积 5252 平方米。使用海域面积 5.65 公顷。码头泊位 3 个，泊位总长度 150 米，宽度 8 米，前沿水深 -3.6 ～ -3.9 米，经营郭巨至舟山六横岛、桃花岛、虾峙岛水路车客滚装运输业务。

### 宁舟汽渡（客滚）码头一览

表 3–4–9

| 泊位名称 | 结构型式 | 主要用途 | 投产年份 | 前沿水深（米） | 泊位长度（米） | 靠泊能力（万吨） |
|---|---|---|---|---|---|---|
| 码头西辅趸船 | 浮码头 | 客货滚装泊位 | 2004 | −3.6 | 40 | 0.05 |
| 码头主趸船 | | | 1994 | −3.9 | 60 | 0.10 |
| 码头东辅趸船 | | | 1994 | −3.8 | 50 | 0.05 |

### 加油站

**郭巨群星加油站**　位于郭巨石沿，是 1975 年投入使用的原郭巨供销社生产商店加油站，于 1999 年转制为个人独资企业。2019 年，加油站占地面积 3000 平方米，经营 0 号柴油和 92 号汽油，可加散装汽油。有容量为 150 吨 / 只的储油罐 2 个、加油机 2 台、加油枪 3 支。

郭巨加油站

**郭巨农机服务站加油点**　位于郭巨老碶头，始于 20 世纪 80 年代中期，为集体所有制性质，1996 年转制为个人独资企业。2019 年，占地面积 80 平方米，经营 0 号柴油，有容量为 150 吨 / 只的储油罐 1 个、加油机 1 台、加油枪 1 支，年销售量 120 吨。

## 第五节　民间交通工具

民间交通运输工具从人力（畜力）到柴油（汽油）机到电力驱动，种类颇多，由原始的扁担、抬杠、人力车辆、畜力车辆、木帆船发展到现代的自行车、摩托车、电瓶助动车、家用轿车等，经历了漫长的发展变化过程。

### 人力交通工具

**扁担　抬杠**　为最古老、最基本的人力运输工具。旧时有脚夫，为沿海各码头和各家商店、商行挑运、装卸货物，使用的主要工具就是扁担、抬杠（配绳索等物）。至今，仍未废弃。

**手拉车**　两轮以钢圈、钢丝辐条和胶胎充气为其主要特征，一般能载 300 千克。二十世纪六七十年代发展较快，在改变农村人担肩挑的原始运输方式中起了重要作用。据 1978 年统计，境内的郭巨公社和峙头公社搬运队有从业人员 41 人，手拉车 35 辆，可见手拉车是当时搬运队的主要运输工具。自 80 年代农村家庭联产承包责任制以后，约 30% 家庭拥有手拉车。当时农村自建楼房盛行，手拉车更是搬运楼板、砖块等建材的主要工具；90 年代，郭巨灯具城兴旺时期，每天满街可见在搬运灯具及配件的手拉车。自 20 世纪 90 年代后期，乡镇集体搬运企业转制为个体经营，又运输工具逐步机动化，手拉车数量逐渐减少。

**三轮车** 中华人民共和国成立后始见，钢圈、钢丝辐条、胶胎充气、链条传动，由人力蹬踏。分载货和载客两种。载货车俗称“黄鱼车”，能载200千克；载客车一般载客2人。境内城区客运三轮车在20世纪90年代随灯具业兴起开始发展，中期激增。2019年，为消除交通安全隐患，北仑城区的客运三轮车被禁止，因郭巨车站距老城区距离较远，尚未禁止人力三轮车载客，仍有约40辆客运三轮车在车站与老城区及周边村间载客。

**自行车** 俗称脚踏车，二轮，钢圈、钢丝辐条、胶胎充气、链条转动，由人力蹬踏。境内20世纪70年代开始有之，80年代成为结婚嫁妆之一，是当时人们出行的主要交通工具，基本上家家户户都有。进入21世纪，逐渐被电瓶自行车取而代之。

**船** 境域临海且境内各村落均有河流，船自然成为民间水上的重要交通运输工具。旧时为木船，船型小，一般载重300千克左右，由1人在船尾划桨兼掌舵（方向），1人在首反划桨。此船多为农（渔）民用，农忙时运载肥料、谷物等，农闲时作内河捕鱼、挖河泥船用。20世纪50年代后，农村生产队集体修造大木船，能载重1吨左右。20世纪70年代后，水泥船（用水泥钢丝网浇制，船型为平底、鸭尾、小圆头）代替了内河木船。从事捕捞的个体渔民拥有小型木船，多为涨网船，小型木船一般也都装有由机器作动力的螺旋桨推进器。

**轿** 又名轿子。作为一种运输工具，世代相沿，历史悠久。旧时，境内轿子主要有2种，一种叫元宝篮（俗称摇篮），竹制，因形似元宝，故名。由2人抬之，用以接送病人、产妇于医院；年老者出门访客；乘者可躺可坐，轻巧舒适，为民间所乐用。二十世纪二三十年代各自然村皆备以供公用，也有自备家用的。到六七十年代，元宝篮的数量逐渐减少。另一种叫花轿，为婚娶专用。由4人抬之。轿身上下装满雕饰和玻璃绘屏，人物场景栩栩如生；全轿朱色为基调，加以彩漆添金，十分华丽。中华人民共和国成立前，境内曾有汪七房贯器店有花轿租赁。土改后移风易俗渐废，20世纪60年代中期，“文化大革命”中作为“四旧”被烧而绝。

手拉车

三轮车

轿

手扶拖拉机

## 机动交通工具

**拖拉机** 拖拉机分为轮式与手扶式两类。轮式一般载重2～5吨，手扶式载重0.75吨。20世纪60年代农村集体开始购置拖拉机，专为农用。20世纪70年代以后，以其价格低廉、油易购、道路易修、操作方便等优点，被用来作货物运输。1981年开放了运输市场，又1983年国家允许私人购买拖拉机搞运输，拖拉机数量增加较快。据1993年调查，境内手扶拖拉机数量达160台。

1993 年 11 月郭巨镇各村手扶拖拉机调查情况

表 3-4-10　　单位：辆

| 村名 | 数量 | 村名 | 数量 | 村名 | 数量 | 村名 | 数量 |
|---|---|---|---|---|---|---|---|
| 大涂塘 | 9 | 双岙 | 7 | 路亭 | 10 | 中宅 | 5 |
| 西门 | 6 | 后墩 | 6 | 双屯 | 1 | 上宅 | 5 |
| 东门 | 3 | 谢夹岙 | 26 | 光明 | 3 | 竹湾 | 3 |
| 北门 | 4 | 华峙 | 20 | 长坑 | 1 | 洋涨 | 4 |
| 南门 | 9 | 福民 | 4 | 沙湾 | 10 | 联合 | 6 |
| 尖岭岙 | 4 | 大岭下 | 1 | 花船 | 3 | 盛岙 | 10 |

2019 年，境内拥有轮式拖拉机 15 台，手扶式拖拉机 6 台。

**助动车**　分燃油助动车和电力助动车两种。20 世纪 90 年代后期盛行燃油助动车，20 世纪 80 年代中期，峙头乡政府有 8 台轻便摩托车供干部下乡使用。因燃油助动车废气排放量大，污染环境，1999 年 10 月起限制销售，数量得到控制逐渐淘汰。电力助动车，又称电瓶车。因其清洁无污染又轻便为广大居民所乐用，21 世纪初盛行，2019 年底，境内登记领照的电力助动车为 4850 辆，占家庭户数的 53%。

**摩托车**　分为二轮和三轮（含侧三轮、后三轮）两种。始见于 20 世纪 60 年代，初为邮电和公安部门公用。70 年代发展至交通等其他部门；80 年代起，逐渐有个人购买；90 年代以后，个人购买激增，个体专业经营户也用于载物带人。2019 年，境内有轻便二轮摩托车约 200 辆。

**三卡**　载重 0.35 ～ 1.5 吨，有前驱动和后驱动之分。又可分为燃柴油和燃汽油两种。盛行于 20 世纪 80 年代，民间个体载客带货的运输工具，主要运行于境内郭巨至洋涨、华峙至中宅、中宅至长坑、新碶头码头至郭巨车站的线路上，据调查统计，1984 年，境内有三卡约 50 辆。由于无证营运的三卡存在着安全隐患，于 20 世纪 80 年代被强制淘汰。

三轮摩托车

# 第六节　交通运输

## 道路客运

1958 年，仰（岛）郭（巨）段公路建成通车，标志着境内公路运输的开端。1978 年 2 月，镇海县汽车站所辖的郭巨辅导站下辖白峰、上阳、华峙自设站，中宅、司城岙、仰岛代办站，小门、门浦、阮家、夹塘、短沙湾、垒石岗、盛岙、升螺、双岙停靠站。1986 年设洋涨停靠站。

1991 年 12 月，迁址老碶头的郭巨汽车站竣工后，先后开通郭巨至镇南 86 路公交车及郭巨至上海十六铺的北仑首条长途客运线路。

2002 年 3 月，郭巨至宁波、郭巨至镇南（即 86 路）转制为个体客运经营班车并挂靠企业转制成立的北仑汽车运输有限公司。

2005年7月1日起宁波市公交总公司各公交线运营，同时原挂靠北仑汽车运输有限公司的郭巨至宁波、郭巨至镇南个体客运班车停运。

## 客运班车营运线

**宁波至郭巨** 1958年10月开通。中间停靠民乐、湖塘、徐洋、大碶、清水、陈华、霞浦、东山门、穿山、后所、小门、白峰、仰岛、华峙14站，全程56千米。日行5个班次。

**宁波至司城岙** 1972年5月开通。中间停靠民乐、湖塘、徐洋、大碶、清水、陈华、霞浦、东山门、穿山、后所、小门、白峰、仰岛、华峙、郭巨、双岙、盛岙、升螺18站，全程67千米。日行1个班次。

**镇南至郭巨** 1959年开通。中间停靠小港、林塘、青峙、高塘、大碶、清水、陈华、霞浦、东山门、穿山、后所、小门、白峰、仰岛、华峙15站，全程45千米。日行2个班次。

**镇南经北仑至郭巨** 1982年开通。中间停靠小港、林塘、青峙、算山、北仑、下史、霞浦、东山门、穿山、后所、小门、白峰、仰岛、华峙14个站，全程41千米。日行2个班次。

**镇南至中宅** 1971年1月8日开通。中间停靠小港、林塘、青峙、高塘、大碶、清水、陈华、霞浦、东山门、穿山、后所、小门、白峰、仰岛、华峙、斗沙湾、垒石岗17站，全程49千米。日行2个班次。

### 2006年郭巨客运班车线路一览

表3-4-11

| 序号 | 起讫地点 | 经营单位 | 车辆（辆） | 客位/车 | 班次/日 | 里程（千米） | 类别 |
|---|---|---|---|---|---|---|---|
| 1 | 郭巨—上海 | 宁波公运集团北仑分公司 | 1 | 38 | 1/2 | 480 | 跨省 |
| 2 | | | 1 | 46 | 1 | | |
| 3 | 郭巨—无锡 | 宁波公运集团北仑分公司 | 1 | 34 | 1/2 | 485 | 跨省 |
| 4 | 郭巨—骆驼 | 北仑长途汽车运输有限公司 | 1 | 18 | 3 | 63 | 跨县区 |
| 5 | 郭巨—红联渡口 | 北仑公路运输公司 | 1 | 18 | 不定班 | 49 | 区内 |
| 6 | 中宅—江南客运站 | 北仑公路运输公司 | 1 | 18 | 不定班 | 45 | 区内 |
| 7 | 郭巨—江南客运站 | 北仑长途汽车运输有限公司 | 4 | 18 | 不定班 | 49 | 区内 |

## 区间公交客运线

2010年，郭巨客运站有公交线路4条，总营运里程130千米。2019年，有公交线路6条，总营运里程171.5千米，投入营运车辆43辆，日接发291班次，日均客流量719人次。过境公交线路2条，总营运里程56千米，投入营运车辆5辆，日接发35班次，日均客流量44人次。

### 2010年郭巨区间公交线路一览

表3-4-12

| 路线 | 起讫点 | 里程（千米） | 开通年月 | 投放车辆（辆） | 日发班次 | 日客流量（人次） |
|---|---|---|---|---|---|---|
| 711 | 北仑公交西站—郭巨客运站 | 36 | 2008.9 | 16 | 72 | 6338 |

续表 3-4-12

| 路线 | 起讫点 | 里程（千米） | 开通年月 | 投放车辆（辆） | 日发班次 | 日客流量（人次） |
|---|---|---|---|---|---|---|
| 711-1 | 郭巨客运站—洋涨 | 13 | 2006.3 | 1 | 7 | 154 |
| 715 | 芦渎学校场站—郭巨客运站 | 27 | 2008.1 | 4 | 16 | 377 |
| 759 | 郭巨客运站—宁波汽车东站 | 54 | 2009.11 | 10 | 30 | 1963 |

## 2010 年北仑区间公交线路经停境内停靠站设置情况表

表 3-4-13

| 路线 | 停靠站 |
|---|---|
| 711 | （郭巨客运站—杨家新村站—福民站—尖山头站—尖岭村站—俞家站—岭头站—西岸边站—华峙站—老碶头站—四期码头站）—江口村站—外峙渡口站—轮仰站—官庄站—仰岛湾站—大岙站—司前新村站—司前站—白峰中学站—白峰镇站—下岭站—百丈站—屺峙站—小门站—海口站—华光厂站—后所站—柴桥工业区站—新江厦站—柴桥医院站—同盟站—烂田汪站—霞南站—霞浦派出所站—山前站—九峰小区站—君临广场—行政中心站—开发区医院站—横河路站—中河路站—新大路站—凤洋路站—松花江路站—银杏社区站—北仑公交西站 |
| 715 | （郭巨客运站—杨家新村站—福民村站—尖山头站—盘象岙站—大涂塘站）—梅东渡口站—黎明村站—马盘村站—外马盘村站—阳东村站—钟家湾站—凉亭站—上王村站—虾康村站—千岙村站—昆干线站—邬溪站—上刘村站—上车门站—王家麓站—朱家漕村站—四合村站—河头站—高村站—陈胜站—老街南站—柴桥新站—柴桥老站—新江厦站—柴桥菜场站—芦渎学校场站 |
| 759 | 宁波汽车东站—福明街道站—引发工业小区站—羊毛衫市场站—项家村站—五乡中学西站—五乡农贸市场站—五乡行政中心站—宝幢站—宝幢菜场站—育王站—阿育王寺站—民乐站—湖塘站—新安站—徐洋站—人民路站—大碶站—清水站—倪家弄站—东城花园站—陈华站—宝新站—霞浦站—下张村站—东山门站—穿山站—后所站—华光站—海口站—小门村站—屺峙村站—下林站—白峰镇站—司前村站—大岙站—仰岛站—官庄村站—轮仰村站—外峙渡口站—［四期码头站—老碶头站—华峙村站—东岙（西岸边）站—俞家站—尖岭站—尖山头站—福民村站—郭巨站］ |
| 711-1 | （郭巨客运站—西门站—郭巨码头站—南门—东山—小岙站—蛇山—双岙西边—朱家—杨家府—太和里—凤巴—盛岙—外碶湾站—寺湾—升螺站—柳树田站—洋涨站） |

说明：括号内表示境内站点。

## 2019 年郭巨区间公交线路一览

表 3-4-14

| 路线 | 起讫点 | 里程（千米） | 开通年月 | 投放车辆（辆） | 日接发班次 | 日均流量（人次） |
|---|---|---|---|---|---|---|
| 711 | 郭巨客运站—北仑公交西站 | 36.0 | 2008.9 | 16 | 94 | 357 |
| 711-1 | 郭巨客运站—洋涨岙 | 13.0 | 2006.3 | 2 | 24 | 25 |
| 711-2 | 峰南社区—四期码头 | 7.5 | 2018.3 | 3 | 47 | 40 |
| 711-3 | 郭巨客运站—峰南社区 | 3.5 | 2019.10 | 1 | — | — |
| 711-4 | 郭巨客运站—华峙 | 3.5 | 2018.2 | 1 | — | — |
| 715 | 芦渎学校场站—郭巨客运站 | 27.0 | 2008.1 | 4 | 28 | 62 |
| 759 | 郭巨客运站—公交东环南路站 | 54.0 | 2009.11 | 10 | 50 | 106 |
| 771 | 郭巨客运站—北仑公交西站 | 34.0 | 2012.7 | 8 | 48 | 129 |

续表 3-4-14

| 路线 | 起讫点 | 里程（千米） | 开通年月 | 投放车辆（辆） | 日接发班次 | 日均流量（人次） |
|---|---|---|---|---|---|---|
| 726 | 徐家—郭巨客运站—半塘 | 12.0 | 2013.8 | 2 | 28 | 25 |
| 873 | 公交松花江路站—郭巨客运站—梅山客运站 | 44.0 | 2016.3 | 3 | 7 | 19 |

## 2019 年北仑区间公交线路经停境内停靠站设置情况表

表 3-4-15

| 路线 | 停靠站 |
|---|---|
| 711 | （郭巨客运站—杨家新村—福民—于家岭—官庄—东香茗园）—白峰中学站—白峰镇站—峰城路牛头山路口—百丈—屺峙—小门—白峰海口—华论工业园—后所—柴桥工业区—万景山路环镇北路口—柴桥医院—同盟—北仑集运基地—霞南—霞浦—山前—霞浦地铁站—九峰小区—北仑富邦广场—北仑行政服务中心东—开发区医院—横河路—中河路—新大路—明州路凤洋—路口—凤洋二路—松花江路站—银杏社区站—北仑公交西站 |
| 711—1 | （郭巨客运站—西门站—郭巨码头站—南门—东山—小岙站—蛇山—双岙西边—朱家—杨家府—太和里—凤巴—盛岙—外碶湾站—寺湾—升螺站—峙北社区—光明码头—北仑环保固废—光明码头—峙北社区—柳树田站—码头站—后勤站—洞桥跟站—洋涨站） |
| 711—2 | 峰南社区—山防—白峰卫生院—峰城路牛头山路口—白峰中学站—司前—司前新村—大岙—仰岛湾—官庄村—轮仰—外峙渡口—四期码头 |
| 711—3 | 郭巨客运站—杨家新村—福民郭巨街道办事处—于家岭—官庄—东香茗园—峰南社区 |
| 711—4 | 郭巨客运站—福民郭巨街道办事处—尖岭—于家岭头—西岸边—华峙 |
| 715 | （郭巨客运站—杨家新村—福明—盘象岙站—大涂塘站）—梅东渡口—黎明—马盘站—外马盘站—阳东—钟家湾—凉亭站—下阳—上王—虾庳—千岙—下庙站—柴门口—蓝瑞桥（昆亭）—桂池站—燕湾站—邹溪—上刘站—上车门站—东山—王家麓站—朱家漕站—四合—高村站—陈胜桥—老街南站—柴桥客运站—柴桥中学站—万景山路环镇北路口—柴桥菜场—学校场站 |
| 759 | 公交东环南路站—五乡中学西站—五乡农贸市场站—五乡行政服务中心—宝幢—宝幢市场—育王—阿育王寺站—民乐—湖塘—新安—鄞隘地铁站—徐洋站—俞王—人民路站—大碶—烟墩—牌门—清水—倪家弄站—东城华园—陈华—山前—河西—霞浦—霞南—北仑集运基地—同盟—柴桥工业区—后所—华论工业园—白峰海口—小门—屺峙—峰城路牛头山路口—白峰镇站—白峰中学—（东香茗园—官庄—于家岭—福民—郭巨客运站） |
| 771 | ［郭巨客运站—福民（郭巨街道办事处）—于家岭］—官庄—东香茗园—白峰中学—峰城路牛头山路口—屺峙—小门—白峰海口—后所—柴桥工业区—柴桥街道办事处—万景山路环镇北路口—柴桥菜场—盟光路万景山路口—霞南—霞浦—河西—山前—通山站—废旧物资市场—东城华园—东泰家园—北仑中学（北仑人民医院南）—黄金海岸—庐山中学—北仑图书馆—江星公寓—庐山中路—庐山西路—庐山路钱塘江路口—大碶交警队—甬江路—天目山路甬江路口—天目山路富春江路口—高塘社区—甬江路黄山路口—公交客运西站 |
| 726 | 徐家—小门村委会—沃家—郑家—小门—屺峙—峰城路牛头山路口—白峰中学—（东香茗园—官庄—于家岭—福民—郭巨客运站—西门站—埠漕头—南门—半塘） |
| 873 | 公交松花江路站—中河路地铁站—长江路地铁站—霞浦地铁站—山前—霞浦—同盟—柴桥医院—万景山路环镇北路口—后所—小门—屺峙—百丈—峰城路牛头山路口—白峰中学—（东香茗园—官庄—于家岭—福民—郭巨客运站—西门站）—黎明—阳东—钟家湾—凉亭站—下阳—虾庳—梅山保税港区管委会—梅山客运站 |

说明：括号内表示境内站点。

## 水上客运

**梅东渡（狮子口渡）** 郭巨狮子口（方门）至梅山梅东村，是境内最早的水上客运航段。始设于明嘉靖年间（1522—1566），时称梅山渡，航程约406米，木质人力渡船。20世纪70年代初，两岸渡口均为垒石砌口、条石铺面的石路形道头，长60米，宽2米。1977年，始置30千瓦载重23吨木质机动渡轮1艘，定员100人。1985年，两岸渡口建块石浆砌阶梯形固定码头，长39.6米，宽22米，职工5人，年客流量约10.22万人次，归梅山村经营。1993年3月，弃用木质机动船，投入钢质渡轮“梅东渡1号”，参考载重量4吨，主机功率29千瓦，核定40客位。梅山水道北坝建成通车，2018年6月30日停航。

**西（浪嘴）—郭（巨）—梅（山）线** 1964年开通，航程7海里。1985年始由舟山六横龙山乡西浪嘴大队“普民交19”号轮营运（50客位）。1990年起，该轮由佛渡乡经营。郭巨泊联运码头，梅山泊盘峙码头，1994年10月停航。

**佛（渡）—梅（山）—郭（巨）—沈（家门）线** 1967年开通，航程23海里。1967年佛渡公社始航，1985年，由93吨位、150客位的佛渡乡“普民交5”号轮营运，后改名“佛渡号”，日往返2次。梅山泊盘峙码头，郭巨泊联运码头。后改郭巨至沈家门，1航次／日。

**郭（巨）—栅（棚）—六（横）虾（峙）线** 1977年6月开通，航程22海里。1985年由54吨位、146客位的黄石乡“普民交16”号轮营运，日往返1次。郭巨泊联运码头，1998年底停航。

**郭巨—六横线** 2004年1月开通，航程42海里。由六横运输总公司“双屿1”号、“双屿3”号、“双屿5”号、“双屿6”号、“双屿8”号、“双屿10”号轮投入该航线营运，共1185客位。日发17航次。

**郭巨—桃花** 2004年1月开通，航程16海里。由桃花客轮公司“东海神珠”号、“桃花渡1”号轮投入该航线营运，共404客位。秋冬季日发1航次，春夏季日发2航次。

**郭巨—虾峙** 2004年1月开通，航程13海里。由虾峙运输公司“虾峙渡3”号轮投入该航线营运，180客位，日发1航次。

**北仑宁舟汽渡站** 位于郭巨新碶头，1994年10月28日建成投用，首航郭巨至六横，总投资750万元。1989年9月建成的上阳汽渡停弃。2001年5月1日首航郭巨至桃花岛，另有郭巨至佛渡，梅山—郭巨—沈家门两条航班（线）。2004年1月，改制成立北仑宁舟汽渡站，并由舟山市普陀区交通投资发展公司、北仑区郭巨街道、北仑区经济建设投资有限公司分别控股50%、28.6%、21.4%。2016年6月，郭巨至佛渡、郭巨—沈家门两条航班（线）停航。2018年改称宁波北仑宁舟汽渡有限公司，股权变更为北仑区经济建设投资有限公司、舟山市普陀区交通投资发展公司各占股50%。2019年，汽渡站占地面积6670平方米，建筑面积402平方米，其中候船厅126平方米，停车场面积5252平方米，使用海域面积5.65公顷。码头泊位3个，泊位总长度180米，船舶7艘；有职工38人，航线3条，郭巨至六横日单向20班，郭巨至桃花日单向2班，郭巨至虾峙日单向1班。年车流量165859辆车次，年客流量318899人次。

宁舟汽渡站

## 2010 年郭巨汽渡（客滚）船舶一览

表 3-4-16

| 航线 | 轮渡号 | 载重（吨） | 客位（座） | 营运单位 | 航线 | 轮渡号 | 载重（吨） | 客位（座） | 营运单位 |
|---|---|---|---|---|---|---|---|---|---|
| 郭巨至六横 | 双屿 1 | 198 | 206 | 六横运输总公司 | 郭巨—桃花 | 东海神珠 | 497 | 198 | 桃花客轮公司 |
| | 双屿 3 | 487 | 200 | | 郭巨—桃花 | 桃花渡 1 | 198 | 206 | |
| | 双屿 5 | 497 | 201 | | 郭巨—虾峙 | 虾峙渡 3 | 493 | 180 | 虾峙运输公司 |
| | 双屿 6 | 497 | 198 | | 郭巨—佛渡 | 佛渡轮 | — | 56 | — |
| | 双屿 8 | 493 | 180 | | 郭巨—沈家门 | 佛渡轮 | — | 98 | — |
| | 双屿 10 | 1783 | 200 | | — | — | — | — | — |

## 2019 年北仑宁舟汽渡（客滚）船舶一览

表 3-4-17

| 船名 | 客位（席） | 车辆位（辆） | 载货量（吨） | 航线 | 营运单位 |
|---|---|---|---|---|---|
| 双屿 3 号 | 200 | 14 | 487 | 郭巨—六横 | 六横运输总公司 |
| 双屿 5 号 | 201 | 16 | 497 | | |
| 双屿 6 号 | 198 | 16 | 497 | | |
| 双屿 8 号 | 180 | 14 | 493 | | |
| 双屿 10 号 | 200 | 38 | 1783 | | |
| 东海神珠 | 198 | 16 | 497 | 郭巨—桃花 | 桃花客轮公司 |
| 虾峙 3 号 | 180 | 16 | 493 | 郭巨—虾峙 | 虾峙运输公司 |

2004 年，车流量单向约 36000 辆，2004 年至 2009 年，以年均约 15% 的速度递增，2009 年至 2014 年年均增速降至约 5%。

## 2014 年、2017 年、2019 年宁舟汽渡站客人（车辆）单向流量一览

表 3-4-18

| 年份 | 郭巨至六横 | | 郭巨至桃花 | | 郭巨至虾峙 | | 合计 | |
|---|---|---|---|---|---|---|---|---|
| | 载车（辆） | 载人（人） | 载车（辆） | 载人（人） | 载车（辆） | 载人（人） | 载车（辆） | 载人（人） |
| 2014 | 148960 | 277419 | 7830 | 33806 | 2722 | 9369 | 159512 | 320594 |
| 2017 | 144260 | 280650 | 8850 | 45150 | 3230 | 9400 | 156340 | 335200 |
| 2019 | 156382 | 285485 | 5848 | 24150 | 3629 | 9264 | 165859 | 318899 |

### 公路货运

20 世纪 50 年代，手拉车逐渐替代了以前肩挑人抬的运送货物方式。境内货运企业始于 1953 年，是年组建郭巨公社搬运队（集体办），峙头公社搬运队（集体办）组建于 1968 年。1978 年，郭巨公社搬运队有从业人员 35 人，手拉车 30 辆，拖拉机 4 辆，总吨位 9 吨。峙头公社搬运队有从业人员 6 人，手拉

车 5 辆，拖拉机 1 辆，吨位 1 吨。

60 年代至 70 年代，开始以拖拉机等机动车逐步代替人力搬运，为提高运力，后又开始购置汽车。20 世纪 70 年代后期至 80 年代中期，是境内集体运输企业经营最为兴旺时期。1981 年，国家开放运输市场，集体办、合伙企业、个体专业运输户得以发展，1979 年、1983 年、1984 年白峰至郭巨公路（代表里程 9.6 千米）机动车日均通过量分别为 240 辆、535 辆、635 辆。80 年代至 90 年代，是境内个体运输业最为兴旺时期，1997 年，私有运输企业（户）达 337 家，占全镇私有企业总数的 20%。进入 21 世纪，随着境内宁波港四期、五期集装箱码头、中宅液化天然气接收站码头等港口码头的建设投用，公路集装箱运输、LNG 槽罐车运输量大增，同时集物资中转、仓储、搬运、包装、流通、加工、信息活动于一体的现代物流业快速兴起。2019 年，在境内注册的公路货运企业有 30 家，其中集装箱道路运输企业 12 家，普通货物道路运输企业 12 家，装卸搬运企业 6 家。

### 海上货运

20 世纪 50 年代至 70 年代，境内许多生产大队、小队有集体运输船，时称副业船，以木帆船为主，吨位多在 10 吨至 70 吨之间，吨位较大的一般有三道桅杆，生产小队的运输船吨位相对较小，航行于舟山、宁波、象山、温州、上海等港口。1965 年，郭巨航运大队 40 余人和 10 艘帆船，载重计 241 吨，加入镇海县外海运输合作社。据调查，20 世纪 70 年代期间，境内集体所有的以木帆船为主的运输船有 74 艘，计吨位 1765 吨，从业人员 356 人，其中联合大队 61 吨位的“甬副 1 号”（联合大队称之为 3 号船）为那个年代镇海县境内吨位最大的木帆船。

运输船

### 20 世纪 70 年代境内公社（大队、小队）集体运输船只一览

表 3-4-19

| 大队 | 数量（艘） | 载重量（吨） | 从业人数 | 大队 | 数量（艘） | 载重量（吨） | 从业人数 |
|---|---|---|---|---|---|---|---|
| 大涂塘 | 3 | 30 | 9 | 长浦 | 9 | 207 | 35 |
| 北门 | 2 | 36 | 9 | 双屯 | 5 | 127 | 30 |
| 南门 | 1 | 48 | 8 | 长坑 | 4 | 85 | 18 |
| 尖岭岙 | 1 | 8 | 6 | 上宅 | 2 | 68 | 8 |
| 双岙 | 1 | 16 | 4 | 沙湾 | 4 | 147 | 26 |
| 华峙 | 1 | 10 | 3 | 光明 | 9 | 210 | 38 |
| 福民 | 4 | 25 | 20 | 花船 | 2 | 53 | 8 |
| 大岭下 | 1 | 20 | 4 | 竹湾 | 7 | 170 | 38 |
| 盛岙 | 1 | 18 | 5 | 后墩 | 4 | 108 | 27 |
| 联合 | 3 | 138 | 18 | 渔业队 | 1 | 25 | 3 |
| 洋涨 | 9 | 216 | 43 | 合计 | 74 | 1765 | 356 |

20 世纪 80 年代以后，国家允许个体（私营）经营海上运输业务，境内海上货运业务也由集体转为个

体，船只多为机帆船和铁壳船，总吨位有了大幅度的增加，据调查统计，1990年，境内私有运输船只76艘，计吨位8732吨，从业人员248人。那个时期，只有百户家庭的长浦村却拥有运输船只42艘，计吨位6662吨，从业人员126人，从事海上运输人数占全村男女老少人数的57%，故当时的长浦村有“海上运输村”之称。20世纪90年代后，木帆船退出了海上运输舞台，后铁壳货船也逐渐取代了机帆船。

## 20世纪90年代境内个体运输船只一览

表3-4-20

| 村 | 数量（艘） | 载重量（吨） | 从业人数 | 村 | 数量（艘） | 载重量（吨） | 从业人数 |
|---|---|---|---|---|---|---|---|
| 联合村 | 1 | 200 | 5 | 沙湾村 | 19 | 1190 | 60 |
| 长浦村 | 42 | 6662 | 126 | 光明村 | 2 | 56 | 6 |
| 双屯村 | 4 | 79 | 15 | 花船村 | 1 | 25 | 3 |
| 长坑村 | 3 | 60 | 13 | 竹湾村 | 4 | 100 | 20 |

进入21世纪以后，境内宁波穿山港区的开发建设，集装箱码头的启用及运输航线的开通与发展，中宅煤炭码头、中宅液化天然气接收码头、光明散杂货码头的投用，境内的穿山港区与国内30余个港口和世界100个国家港口都有海上货运业务往来，2019年，穿山港区货物吞吐量达11535万吨，集装箱吞吐量达1035万标准箱。

### 附记：重大海损事故

1967年10月，盛岙大队运输船装松毛至郭巨新碶头，途经双岙附近海面遭大风倾覆，2人生还，3人遇难。

1978年8月29日，峙头公社洋涨4队副帆122号船载重42吨，由洋涨装石子驶沪，途经铜沙浅滩遇大风偏离航道刮滩，船舱进水沉没，1人获救，7人遇难。

1981年10月30日，光明村二组一个体运输船，满载烧石灰用的贝壳，途经洋涨附近海面遭西北大风袭击沉没，3人遇难。

1982年，盛岙大队个体涨网船从三山装涨网用毛竹至盛岙，途中遭大风沉没，3人遇难。

1987年3月6日，郭巨镇5位村民在碧澜嘴附近海面捕捞鳗苗时遭雷雨大风不幸遇难，其中西门村1人、东门村1人、南门村2人、渔业队1人。

1989年7月11日，双岙村2位村民驾涨网船去洋涨附近海面倒涨网货途中，因雾被玉环县运输公司0083号机动货船撞沉，1人受伤，1人遇难。

1989年10月，盛岙村个体涨网船在洋涨附近海面倒涨网货时遭大风沉没，2人遇难。

### 管道运输

2012年建成并投用的从中宅天然气接收站至春晓的天然气管道，管路由中宅起点至春晓，再延伸至绍兴、杭州等地，为各地城市提供天然气，由浙江能源集团建设并运行。其中中宅至春晓段长30千米，其中24千米为隧道，输气管直径1.2米，设计年输气量2000亿立方米。

# 第七节　运输企业

1997年，境内私有交通运输企业337家，2002年有248家。2019年，境内注册的交通运输企业31家，其中集装箱道路运输企业12家，普通货物道路运输企业12家，港口运输企业1家，装卸搬运企业6家。其中注册资金500万以上、1000万以下的有12家，1000万以上的有4家。

**宁波迅远危险品运输有限公司**　创建于2010年，注册资本200万元，专业从事经营性危险货物运输。公司以宁波港为依托，对接宁波永港海安物流公司等企业，强化集中管理、安全经营理念，企业规模逐年扩大，由成立初期的5辆危化品运输专用车发展到2019年的51辆，营业收入1600万元。

### 2019年注册地在境内的部分物流运输企业一览

表3-4-21

| 企业名称 | 成立日期 | 注册资本（万元） | 经营范围 | 经营地址 | 车辆数（辆） | 2019年营业收入（万元） |
|---|---|---|---|---|---|---|
| 宁波正和装卸服务有限公司 | 2015 | 100 | 搬运服务、普通货物仓储、普通货运 | 路亭村菜场路221号5幢2–3号楼 | 2 | 100 |
| 北仑区穿港货运有限公司 | 2019 | 500 | 道路货物运输（不含危险货物） | 南门村大井跟29号 | 25 | 500 |
| 宁波怡轩国际物流有限公司 | 2019 | 800 | 货物专用运输（集装箱）、普通货物仓储、装卸、搬运服务 | 路亭村菜场路221号3幢1–2号楼206室 | 4 | — |
| 宁波雷闻物流有限公司 | 2019 | 800 | 货物专用运输（集装箱）、普通货物仓储、装卸、搬运服务 | 路亭村菜场路221号3幢1–2号楼203室 | 5 | — |
| 宁波智堃物流有限公司 | 2019 | 800 | 货物专用运输（集装箱）、普通货物仓储、装卸、搬运服务 | 路亭村菜场路221号5幢2–3号楼101室 | 6 | — |
| 宁波弘图物流有限公司 | 2019 | 800 | 货物专用运输（集装箱）、普通货物仓储、装卸、搬运服务 | 路亭村菜场路221号5幢2–3号楼104室 | 10 | — |
| 宁波沃龙斌物流有限公司 | 2018 | 50 | 普通货运、普通货物仓储、装卸、搬运服务 | 双岙村小岙里32号 | 2 | 160 |
| 宁波市安速物流有限公司 | 2015 | 150 | 普通货运、普通货物仓储、货物装卸、搬运、包装服务 | 郭巨北街8号8幢307室 | 2 | 80 |
| 宁波市北仑区林立货物装卸有限公司 | 2018 | 150 | 货物装卸、搬运服务 | 上宅村综合楼2号（门浦） | 12 | 2000 |
| 宁波迅远危险品运输有限公司 | 2010 | 200 | 普通货运、货物专用运输（集装箱）、经营性危险货物运输 | 谢家岙村 | 51 | 1600 |
| 宁波义正物流有限公司 | 2018 | 500 | 道路货物运输、普通货物仓储 | 路亭村菜场路221号1幢3号楼 | — | — |

续表 3-4-21

| 企业名称 | 成立日期 | 注册资本（万元） | 经营范围 | 经营地址 | 车辆数（辆） | 2019 年营业收入（万元） |
|---|---|---|---|---|---|---|
| 宁波盈泰物流有限公司 | 2018 | 500 | 普通货运、货物专用运输（集装箱、罐式）、普通货物仓储、装卸、配载 | 路亭村菜场路 221 号 1 幢 3 号楼 204 室 | — | — |
| 宁波港供海运有限公司 | 2010 | 500 | 浙江省内沿海成品油船运输 | 郭巨北街 8 号 8 幢 305 室 | — | — |
| 宁波国弘国际物流有限公司 | 2019 | 800 | 货物专用运输（集装箱）、普通货物仓储、装卸、搬运服务 | 路亭村菜场路 221 号 5 幢 2–3 号楼 105 室 | 3 | — |
| 宁波飞亿物流有限公司 | 2019 | 800 | 货物专用运输（集装箱）、普通货物仓储、装卸、搬运服务 | 路亭村菜场路 221 号 2 幢 2–3 号楼 201 室 | 2 | — |
| 宁波英红国际物流有限公司 | 2019 | 800 | 货物专用运输（集装箱）、普通货物仓储、装卸、搬运服务 | 路亭村菜场路 221 号 5 幢 2–3 号楼 114 室 | 7 | — |
| 宁波巢安物流有限公司 | 2019 | 800 | 普通货运、货物专用运输（集装箱）、普通货运仓储、装卸、搬运服务 | 路亭村菜场路 221 号 5 幢 2–3 号楼 103 室 | 6 | — |
| 宁波安迅达集装箱运输有限公司 | 2019 | 1000 | 货物专用运输（集装箱） | 路亭村菜场路 221 号 2 幢 2–3 号楼 205 室 | — | — |
| 宁波华安恒盛物流有限公司 | 2005 | 2000 | 经营性危险货物运输、货物专用运输（集装箱）、道路普通货运 | 路亭村菜场路 221 号 1 幢 3 号楼 102 室 | — | — |
| 宁波市华源物流有限公司 | 2003 | 3000 | 普通货运、仓储服务、散装水泥中转、码头装卸服务 | 路亭村菜场路 221 号 2 幢 2–3 号楼 203 室 | — | — |

# 第五章　邮政

南宋建炎四年（1130），建郭巨驿。明洪武二十年（1387），建三塔山烽堠台。清末郭巨设信柜，民国 4 年（1915），设郭巨邮政代办所，1955 年 12 月代办所改为营业处，1963 年升为邮电支局。1987 年迁址郭巨西门外凤山脚下的邮电大楼。2019 年，有职工 10 人。

## 第一节　机构网络

### 邮驿　烽堠

**邮驿**　南宋建炎四年（1130），建郭巨驿。明朝天顺年间（1457—1464），境内有郭巨铺舍（邮舍）。清光绪年间（1875—1908），铺舍改称驿（邮）站，邮驿人员由兵卒充任，传递衙署往来公文。宣统三年（1911）

撤驿站，衙署公文概由邮局传递。1912—1913 年驿铺邮制裁撤无遗。

**烽堠**　为古代边防用烽燧报警通信联络的海防设施。明洪武二十年（1387），郭巨北门外的三塔山顶修建烽堠台，取名“三塔山烽火台”，海拔 309 米。清升总台，下辖高山、土泽、观山、梅山、虾庚 5 个烽火台，改称总台山烽火台。台基用沙土夯成，呈梯形，（上边 7 米，下边 8 米，高 3.7 米）台基中部建石屋，开南门，设有瞭望孔。

## 民信局

民信局又称民局，为传递民间书信、物品和办理汇款的私营商业组织。创始于明永乐年间（1403—1424），以宁波为中枢，下伸各邑。清道光后渐趋兴盛，至光绪时鼎盛。民局多设于隘巷小街，高悬招牌。信、物由脚夫或民船投送。急件烧其一角或插鸡毛一片，以示火速。各埠民局有相互传递关系。清咸丰二年（1852），柴桥设民信局全盛分局。清同治七年（1868），设柴桥永义昶分局，郭巨境内业务多有全盛分局和永义昶分局代班。民局组织于民国 23 年（1934）取缔。

## 邮政机构

**郭巨邮政支局**　光绪二十二年（1896）在县城南门永安街创设镇海邮政局，称大清邮政。光绪三十年（1904）建柴桥邮局，清末郭巨设有信柜。民国 4 年（1915），柴桥邮局成立，为三等局，是年设柴桥邮局郭巨邮政代办所，地点为“安记”商店。民国 28 年（1939），安记商店将邮政代办所移交给东门“陈祥泰”布店，每天过五条岭到柴桥徒步挑领邮件。民国 35 年（1946），陈祥泰布店邮政代办人陈财炳调到柴桥邮电所，郭巨邮政代办所移交给广货店“汪祯茂”。1951 年 11 月邮政、电信合并，1952 年 6 月 28 日，广货店汪祯茂将邮政代办所移交给郭巨供销社，来往邮件由洪福祥至柴桥徒步挑领。1955 年 12 月，改郭巨邮政代办所为营业处，租用十字街口冯鲁生之屋，时职工 4 人，所长车丙衡。1958 年 12 月，改郭巨邮电营业处为邮电所。1963 年 1 月 1 日，升郭巨邮电所为邮电支局。1965 年，邮电所迁至北门村，位于现北街左首，工作人员 11 人。1969 年 12 月 1 日，邮电分设，1973 年 11 月 15 日，邮、电重新合并。1972 年 3 月，建镇海邮局第 11 邮政所（洋涨岙），隶属郭巨邮政支局，1982 年 12 月 5 日撤销。1986 年开办邮政储蓄业务。1987 年 9 月 15 日起，全国启用统一的邮政编码，郭巨邮政支局、峙头邮政所邮政编码分别为 315814 和 315833。是年，在郭巨西门外凤山脚下建造三层楼邮电大楼，建筑面积达 1400 多平方米，投资 16 万元。2004 年邮电分营，设郭巨邮政支局。2019 年底，郭巨邮政支局有职工 10 人，其中从事邮政业务 4 人。主要有储蓄业务；警邮通、邮务收寄、投递等邮政业务。

郭巨邮电大楼

**峙头邮政所**　1950 年 11 月，设盛厚、峙头通信站。20 世纪 50 年代设立峙头邮电代办所。1963 年，峙头邮电代办所住所设时峙头公社办公楼。1981 年，改峙头邮电代办所为邮电所。1984 年，住所迁址峙头乡工办 13 间屋一楼，时有职工 3 人，所长鲁彩娣。1988 年，迁址峙头乡政府办公楼左侧新建的邮电所二层楼房，投资 2 万元。2005 年，中宅村域因 LNG 项目被征地拆迁，峙头邮电所随之撤销。

## 邮路

**峙头邮路**　20 世纪 70 年代，邮路二条：一条是经中宅、沙湾、光明、长浦、双屯、长坑至洋涨，返回中宅，邮路长度约 20 千米，邮件以步班投递为主；另一条是经中宅、联合、盛岙、竹湾、花船至上宅，返回中宅，邮路长度约 23 千米，邮件以骑自行车投递为主。1983 年始，二条邮路作了调整，一条为峙北线；另一条为峙南线，从郭巨邮电所取邮件，经双岙（郭巨镇）、盛岙、联合至洋涨。均以骑自行车投递为主。

**郭巨邮路** 20 世纪 60 年代前邮件投递以步班投递为主，60 年代至 70 年代，以骑自行车投递为主，80 年代后骑三轮摩托车投递为主。邮路三条：一条是出西门口，经福民、大岭下、尖岭岙、华峙、谢家岙、后墩，原路返回。邮路长度约 10 千米；第二条是城内及周边、大涂塘、新碶头、方门；第三条是出南门至双岙。1983 年始，此条邮路延伸至峙南洋涨，峙头邮电所的峙南邮路划归郭巨邮电所经营。

## 第二节　邮政业务

### 邮政函件

函件寄递是邮政基本业务，函件分信函、明信片、印刷品和盲人读物 4 种，按寄递手续又可分平常函件和给据函件。进入 21 世纪后，随着现代信息技术的发展，智能手机的普及，以致传统函件业务大幅缩减。

### 邮政包件

邮政包件业务分普通包裹、快递小包、航空包裹、保价包裹和商品包裹等。包件业务资费按收寄包件的种类、重量、体积和寄达地点的距离及交通运输等因素，由省邮政管理局核定，颁发包裹资费价，据以计费。1990 年，开办特快专递业务。2019 年，郭巨邮政支局快递揽件量 3215 件，营业额 35849 元。

### 邮政汇兑

1993 年 8 月 11 日，区邮电局在宁波开发区人民银行设立邮政汇兑资金往来户，在各支局设立邮政汇兑资金户，每 5 天将汇兑户余额或差额上划人民银行汇兑往来户，区局每月将人行的汇兑户余额或差额上划省局，加强汇兑资金的安全管理。1998 年后，区邮政局先后开办一批汇款新业务，2001 年开办特快汇款业务，2002 年推出汇款回执业务，2003 年全局、所网点推广电子汇款业务，并开办实时汇款业务。

### 报刊发行

1989 年起，逐步建立社会报刊发行站，便利单位、群众的“集订分送”报刊订阅新方法。2019 年，郭巨邮政支局报刊发行量 7541 份，共完成报刊业务收入 9.27 万元。

### 集邮

集邮业务是一项以出售纪念邮票、特种邮票、首日封、集邮明信片及集邮用品的邮政轻型业务。1988 年郭巨支局开办集邮业务，均由邮政营业员兼职。为加强集邮邮票的计划供应，开始采用集邮预订制度，用户凭预订卡购买邮票和首日封。

### 邮政储蓄

1986 年 4 月 1 日，中国邮政开办邮政储蓄业务。1987 年，郭巨邮电支局开办居民储蓄业务。1990 年 1 月 1 日，邮政储蓄业务由委办改为自办，将吸收的储蓄存款由缴存改为转存中国人民银行，以利差获得业务收入。2019 年，郭巨邮政储蓄所余额吸蓄 2.76 亿元。

# 第六章 电信

民国24年（1935），郭巨始有电话。1953年6月，设电信电话交换所。1993年开通程控电话。1997年开启移动通信，2006年底，中国移动、中国电信的移动网络信号已覆盖全境。2019年，智能手机基本普及。

## 第一节 机构 设备

### 郭巨电信支局

1953年6月，郭巨设电信电话交换所，1955年12月，郭巨邮政代办所升格为郭巨邮电营业处，租用十字街口冯鲁生之屋，所长车丙衡，话务员俞士星。1958年12月，改郭巨邮电营业处为邮电所。1963年1月1日，升郭巨邮电所为邮电支局。1965年，邮电支局迁至北门村现北街左首，工作人员11人。1969年12月1日，邮电分设，郭巨设电信所。1973年11月15日，邮、电重新合并。1987年，迁址郭巨西门外凤山脚下的邮电大楼，2004年，邮电分营，设郭巨电信支局，住所为邮电大楼南侧。2019年，郭巨电信支局职工3人。

民国28年，完成柴桥至郭巨、峙头线路架设任务。1953年6月，有手摇磁石电话机和10门西门子磁石交换机1部，实装5门。1956年，有20门磁石交换机1部。1963年，装备60门磁石式农话交换机后，境内大部分村通电话。1975年，60门磁石扩容为100门磁石交换机。1985年11月，设有共电交换机，1993年3月开通程控电话。

### 峙头邮电所

1963年，峙头邮电代办所装备有磁石式农话交换机，境内大部分村通电话。1981年前邮电代办所外线工由广播站外线工兼任，此后由邮递员兼任，1983年，有1名专职外线工，职工3人，所长兼话务员鲁彩娣。1990年，峙头邮电所设有共电交换机，1993年，集资100万元，开通程控电话。2005年，峙头邮电所撤销。

## 第二节 电报

1963年，郭巨邮电支局有电报业务。时电报业务种类按服务对象和业务性质划分为：防空、天气、事故、水情、军政、新闻、书信、公益、邮汇，采用韦氏波纹收报机，人工手发。1978年8月，开通载波电报电路。1984年，国内电报种类调整为：天气、水情、公益、政务、新闻、普通电报、汇款、公务电报8类，并开办特急、加急、邮送3种特别业务，电报投递均由邮政投递员兼投。1989年10月28日，开通电传电路。随着其他电信业务的发展，电报业务量日趋减少，2004年，电报业务停办。

## 第三节　电话

民国24年（1935），安记老板荆志范当镇长，安记账房间作镇办公室装进电话，这是郭巨电话的开端。1965年，郭巨邮电支局迁至北门村北街左首，时年，各单位都安装电话。1993年3月26日，郭巨镇、峙头乡程控电话开通并与区联网，实现交换程控化、传输数字化。统一使用宁波长话区号“0574”，1992年电话号码升至7位，2001年5月18日，固定电话号码升8位。1994年前，开通长途电话BP机寻呼。1996年末，境内实装程控电话1407部。2005年，境内小灵通网络覆盖，2012年全停转。随着手机的普及，固定电话用户大幅减少，2019年底，境内有电信固定电话用户2700户。

## 第四节　移动通信

1997年6月，移动通信业务从邮电局剥离，开通郭巨凤凰山基站GSM900M宏蜂窝基站，至2006年底，移动通信信号覆盖了境内除洋涨等个别村庄外的所有村庄。至2021年，境内共建有20个5G网络基站，移动通信信号覆盖面达100%，其中穿山港集装箱港区建有8个5G网络基站。2019年底，境内有中国移动手机端客户2万户，中国电信手机端客户5250户。

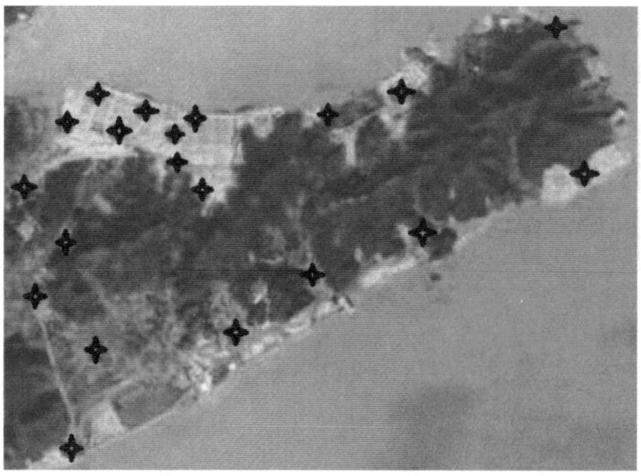

2020年末境内5G基站站点分布（四星形标注）

# 第七章　信息化

2019年初，街道综合信息指挥中心正式运行，全境598只高清摄像头全天候监控，配备3名专职信息管理员，29名网格员队伍，及时为政府采集社情民意信息；政务、教育信息化同步推进，以中国电信、中国移动、广电为主的通信运营网络覆盖全境。

# 第一节　信息化建设与管理

## 信息化建设

2019年，境内网络硬件基础设施建设实现光纤通大楼、进小区、到农村，网络带宽充足，以中国电信、中国移动、广电为主的通信网络覆盖全境，其中中国电信网络用户2000户。广电网络用户687户。

2019年初，街道综合信息指挥中心正式运行，中心建有覆盖境内每一个村、社区的综合信息网格化组织，浙江省电子政务视联网平台接入街道综合信息指挥中心及村、社区便民服务中心。2019年，街道投入90余万元信息化基础设施建设和信息化管理经费，有专职信息管理员3名。

## 信息化管理

街道按照“努力建设服务型政府”精神，坚持把推行电子政务作为转变政府职能和创新管理方式的重要手段，提高政府的监管能力和服务水平。健全信息化工作体系，成立由办事处主任任组长的街道信息化领导小组，下设综合信息指挥室，指挥室成立以来，结合公安天眼系统，安装维护视频监控点位598个，打造全方位立体式视频监控体系，成为北仑区第一个完成雪亮工程任务的街道；建立信息业务网络化组织和管理制度。明确了综合信息指挥室工作流程、工作机制和工作职责；建立了一支由29名各村（社区）社工组成的专职网格员队伍，先后制定《郭巨街道网格管理工作考核办法》《郭巨街道“四个平台”建设工作制度》《网格员季度例会制度》《监控录像回放、查阅管理制度》等规章管理制度，严厉打击各类电信诈骗犯罪活动。

开展多层次的信息化培训，自2001年开始至2012年，成人学校对境内居民开展百万家庭计算机网络普及工程培训，受训学员达3000余人；2017年至2019年，在境内各村（社区）设点，开展中老年人智能手机操作技能普及培训250余人；每年对农村远程教育站点管理员、综合信息平台网格员进行网络信息业务培训；举办机关人员、农村社工信息化专题培训班；境内干部群众的信息化知识技能及时得到了普及和提升，同时也营造了信息化建设的良好氛围。

# 第二节　政府信息化

## 办公自动化

2002年，郭巨镇政府接入北仑政务专网。2016年，建成政务视频会议系统，实现与区政府、市政府的交互、实时的视频会议功能。2018年，综合信息平台29名网格员配备专用智能手机，统一安装并使用宁波市基层社会服务管理综合信息系统，及时为政府采集社情民意信息。

## 郭巨城事公众号

2016年，推出郭巨城事微信公众号，设郭巨政务（下设政务动态、微观郭巨、最多跑一次、我要咨询、我为大督查提建议5个子栏目）、休闲旅游（下设山海景致、东方大港、非遗文化3个子栏目）和精彩回顾三个栏目。成为政务信息窗口，内容更新及时，具有信息互动功能。2019年，又推出了郭巨城事微信视频号。

## 第三节　教育信息化

2004年3月，郭巨小学、郭巨中学建成学校门户网站，2012年中、小学合并成郭巨学校后，沿用郭巨小学的网站，原郭巨中学网站于2012年9月关停。学校网站开设的主要栏目有：学校概况、校务公开、新闻中心、德育之声、云衢学堂、文化走廊、教师之窗、学生天地、家校互动、资源中心。2016年，郭巨学校网站关停。2017年3月推出“北仑区郭巨学校”微信公众号，主要栏目有：学校概况（学校简介、校园风光）、至善风采（校园公告、新闻快报）、家校互动（校园直播、一周菜单）。2004年开始逐步推进多媒体（计算机、实物展示台、电视机或数字投影）进教室工程，实现以计算机多媒体为核心的现代信息技术在教育领域的普及与运用，建成校园网系统，依托北仑教育网资源，推进网络的普及和运用以及远程教育工程多媒体教室建设，教育信息化促进教育观念的转变，加快教学模式、教学过程、教学手段和方法的改革步伐。

街道综合信息平台屏幕

郭巨城事微信视频号截屏

# 第八章　电力

1972年，在紫微岙建成110千伏穿山变电所，1973年，境内各大队始通上农用电。

# 第一节　电力设施

## 变电所

**110 千伏穿山变电所**　原勘所址穿山，因国防需要改址郭巨紫微岙。1972 年建成，属宁波电业局管辖。主变容量 31500 千伏安。110 千伏输电线路由 220 千伏奉化变电所出线，经鄞县横溪到达穿山变电所。1972 年建成国防用 10 千伏头岗线。1973 年建成民用 10 千伏郭巨、白峰两线，供郭巨、上阳、梅山、三山、昆亭、白峰、柴桥、霞浦等地电力。1976 年建成国防用 10 千伏穿山、神马、大榭线。1974 年 5 月主变减容为 15000 千伏安。2009 年移至碧澜嘴。

**110 千伏郭巨变电所**　位于郭巨碧澜嘴，2009 年 6 月建成投入使用。占地面积 4687 平方米。电压等级 110 千伏，输入、输出容量 10 万千瓦。为无人值守变电所。供境内电力。

**220 千伏后墩变电所**　位于郭巨台岙，2014 年 11 月建成投用。电压等级 220 千伏，输入、输出容量 48 万千瓦。为无人值守变电所。供六横、白峰、梅山、春晓等地电力。

## 国电宁波穿山风电场

国电宁波穿山风电场位于北仑区穿山半岛，郭巨街道总台山至峙头乌峙山一带山顶，装机容量 45 兆瓦，是宁波风电的第一个风电项目，也是国电电力在浙江的第一个风电项目，为典型的沿海高山风电场。项目总投资 4.3 亿元，占地面积约 3 万平方米，安装 30 台 1.5 兆瓦风力发电机组（塔筒底直径 4.5 米，顶端 2.56 米，轮毂高度 65 米，转轮直径 77 米，塔筒总重量 116 吨。额定发电功率 1500 千瓦。当高于 3 米／秒即约 2 级自然风时，风电机组自动投入运行，当风速达到 11 米／秒即约 6 级风时，发电机达到额定出力，当风速超过 25 米／秒即约 10 级风时，风电机组自动停运以保护设备），于 2012 年 2 月并网发电，同步建设 110 千伏升压变电站 1 座。风场年平均风速 665 米／秒，年均设备利用时间 2796 小时，2012—2019 年已累计完成发电量 826 亿千瓦时，风电场全场年均等效利用小时数超过 2800 小时，平均可利用率达到 99.8%，单台机组平均无故障间隔时间超过 1200 小时。年均净资产收益率 2267%。每年可为 5 万户居民提供绿色电力保障。穿山风电场与同容量火电厂相比，年可节约标煤约 5.4 万吨，减少二氧化碳排放约 13.45 万吨。后又投入 3500 多万元专项资金，用于风电场水土保持和植被复绿。

国电电力宁波穿山风电场

国电电力穿山风电机组

### 光大环保能源（宁波）有限公司发电项目

光大环保能源(宁波)有限公司发电项目位于郭巨街道长浦，利用生活垃圾焚烧发电，年发电量可达 2.1 亿千瓦时，年输送绿色电力约 1.6 亿千瓦时，至 2020 年底，实现发电量 14.40 亿千瓦时，输送绿色电力 12.19 亿千瓦时。

### 北仑工业固体废物处置站发电项目

北仑工业固体废物处置站发电项目位于郭巨街道长浦，采用先进的常规余热发电装置 +ORC 螺杆膨胀发电技术（二级发电）和合理的工艺，项目满负荷运行时，年可节约标准煤 1593 吨，减少二氧化碳排放量 3784 吨。

## 第二节　用电

### 用电结构

1973 年，110 千伏穿山变电所建成民用 10 千伏郭巨线，境内各大队始通上农用电，使用电动打稻机脱粒、水泵灌溉农田；农户使用电力照明，80 年代起，家用电器进入家庭，生活用电剧增。20 世纪 80 年代起，乡村办企业兴起，工业用电大幅增加。

### 用电管理

**计划用电**　20 世纪 80 年代，电力供应除计划供电不足，还存在用电负荷率低，峰谷差大等问题。1977 年建立“县三电办公室”，对各乡镇、各系统和大用户进行负荷、电量分配，按照计划用电工作要求，进行考核和管理，以缓解供需矛盾，保证工农业生产用电和人民生活用电，县三电办公室采取“包干使用，谁超限谁”办法，当市调度室要求拉闸限荷时，就实行谁超限谁。每年春灌和“双夏”高峰季节，采取调整上班时间和保、调、停、限等措施，如三班制连续用电单位避晚峰，安排停产检修企业在“双夏”检修；安排热处理、锯板机、轧石机等大功率用电设备深夜用电，部分乡镇企业让电支农。鉴于用电供需矛盾突出，经常停电，境内农机厂等企业、广播站等单位装有柴油发电机组，此类机组容量不大，也不并网运行，但遇线路突然停电或高峰限荷时，可迅速启动供电。

**农村用电管理**　电力公司于 1978 年始在境内各公社配设 2 名专职电工，各大队（村）均配设兼职电工，逐步建立专职农村电工队伍。1984 年郭巨、峙头公社建立农电管理站，郭巨、峙头农电管理站分别有职工 5 人和 2 人。2005 年 3 月，北仑区农电总站改制并归北仑供电局管理，各乡镇农电管理站撤销。1989 年洋涨村林某某、1992 年福明村陆某某违章偷电捕鱼触电遇难。

# 第九章　水利

郭巨境域古称海壖之地，有“唐涂宋滩”之说。由于长期受潮汐作用，泥沙淤积，古人趋地形之利，筑塘御潮围涂，捍卤蓄淡之法造地。自元朝至顺四年（1333）筑福民横塘至今的700年间，境域筑海塘（堤）69条，总长度达45千米，筑塘围田使大陆岸线外延最长处达近4千米，造就了广阔膏腴良田。进入21世纪，大批涂地已成为闻名世界的宁波舟山港核心港区——穿山港区。至今众多地名带有“墩”“浦”“塘”“涂”等名词，记录了郭巨筑塘围涂、沧海变桑田的历史轨迹。

元明清以来，居民皆以挖塘掘井潴水灌溉和饮用。20世纪50年代后引导群众整修山塘、新建一批水库，1958年1月建成总库容96万立方米的镇海县内第一座小(二)型水库郭巨紫微岙。境内水库山塘分布面广，数量多，规模小，几乎遍及每村山岙。至2019年，境内建有小（二）型水库3座、小（二）型以下水库12座，山塘30多座。

在古代，境内已形成大岭下溪、台岙溪、盛岙溪、华峙溪等自然泄洪溪。唐宋以来，历代有为官吏和社会贤达热衷于开挖和疏导河溪，为民造福。至清末民国初，已形成纵横交错的溪河网。21世纪10年代期间，对境内溪坑进行全面整治，护岸普遍采用浆砌石挡墙，防洪标准至少10年一遇；小维水体实行河长制管理，境内河道、溪坑基本实现“水清、流畅、岸绿、景美”的总体目标。至2019年，境内有大小河道20余条、较大溪坑30余条、各类水井50余口、自然潭1处。

境内历来依靠人力和畜力使用龙骨车灌溉农田。中华人民共和国成立后，机电排灌发展迅速，1958年，部分生产队基本实现机械排灌。1975年后，郭巨、峙头公社基本实现电力排灌。

# 第一节　筑塘围涂

## 海塘

**横塘**　元朝至顺四年（1333）建。位于福民村。东起狗湾山嘴，西至紫微岙口，塘长561米，围田500亩左右，后人称大涂庙下“横塘”。现为紫微岙大道路基。

**半塘（大斗门塘）**　位于南门村东南，东起鲤鱼山嘴，西至海云堂。明洪武元年（1368），由地方官杨公发动指导，动工兴建，塘长357米，宽4米，高2.5米，围田300亩左右，西端海云山脚下置碶闸，称大斗门碶。塘建成10余年后，塘基下沉，后人称半塘。现作机耕路。

**小斗门塘**　位于南门村大井跟。继半塘之后兴建。东起鼓锣山，西至埠漕头，塘长408米，宽4.5米，高2米，围田100亩（后称小涂田），造小碶一座，称小斗门碶。后塘废改作白洋公路路基。

**大涂塘**　位于大涂塘村。明朝洪武五年(1372)兴建。东起凤凰山，南至塘头山嘴。塘长643米、宽5米，高2米，围田1200亩。现为大涂塘村道。

**沿巴山塘**　位于大涂塘村塘头山嘴外，继大涂塘之后兴建，北起大涂塘西端，向西南，绕沿巴山折至山脚，塘成八形，围田30亩左右。后塘废。

**台岙塘**　南起东山，西到鲤鱼山，明朝洪武十年（1377）兴建。塘长306米，宽2.5米，高1.7米，围田250亩。后塘废。

**郭巨老塘（山安塘　西安塘）**　建于清嘉庆二十年（1815）。东起碧澜嘴石灰道头，向西经倒跳浦头（此段称山安塘，又称直塘，占全塘长的70%，由郭巨人戴廷选等所围），折向西南至新碶头［此段称西安塘，占全塘长的30%，由镇海人王穆根独资所建，道光十四年（1834），把塘内的723亩荡田廉价卖给了郭巨人］。全塘长2750米，西南端置碶闸，围入田2000亩。后塘废。

**新塘**　位于台岙塘外，南门吴姓纠集族人担饭围塘，故又名冷饭塘，当时仅用几个月时间就围成。塘长306米，围田80亩。后塘废。

**里官山塘**　位于大涂塘里官山，东起船厂，西南至方门山嘴。长365米，高6.0米，面宽3米。后塘废。

**方门塘**　东起方门山嘴，西至狮子渡口，长200米。防浪墙顶高程（吴淞）6.2米。后塘废。

**双岙沙塘**　东起陆家，西至村委后狮子山。长300米，约建于清光绪前。

**双岙里塘**　前称东成塘，东起海口，经老鼠山，西至狮子山口。现为白（峰）洋（涨）公路路基，围田300亩。

**双岙外塘**　东至双岙碶，西起碧澜嘴，长1600米。道光二十三年（1843）由曹楚英发起，围田162亩。中华人民共和国成立前几经台风冲毁，1956年“8·1”强台风全塘倒塌，1964开始修复。1976年列入宁波地区重点塘建设。1997年遭11号台风损坏，1998年2月，按10年一遇御潮标准重建，塘体断面折坡式，防浪墙顶高程7.9米，阔0.6米，塘面高程7.1米，宽3米。1999年1月竣工，投资626万元。2010年峙南围涂二期工程时加固。

**盛岙老塘**　东起塘角里，西至老碶头。修筑于清乾隆十四年（1749），由张天德、乐有章等所筑。长九十六丈（合320米）。围垦高低田数百亩。西端置碶石，现为机耕路。

**盛岙矮塘**　南起中塘角，北至老碶头，长200米。乾隆二十年（1755），由王维周等筑，后塘坏并入中塘。现为村西侧主道一部分。

**盛岙中塘**　东起庙横头，与老塘平行至西边直角南转约50米又西转（碶闸一门）至现锯板厂。清乾隆四十六年（1781）张昊彩等筑，长八十丈（合266米）。西端置碶闸。

**盛岙直塘**　南起东沙角，北至庙横头。清嘉庆元年（1796）由张挺文筑，长七十五丈（合250米），围垦田数十亩。现为村东侧主道的一部分。

**盛岙外塘**　东起东沙角，西至外碶头，清嘉庆十年（1805）张兆仑筑，长九十二丈（合306米）。防浪墙顶高程（吴淞）5.4米，现为白（峰）洋（涨）公路路基。

**小盛岙塘**　东起百步冲，西至小盛岙山嘴，民国年间建。全长165米，墙顶高程（吴淞）5.5米。

**寺湾老塘**　东起寺湾西至西北边，长310米。防浪墙顶高程（吴淞）5.5米。

**升螺沙塘**　东起东山外柳树田岭脚，西迄西山寺湾岭脚，长150米，约建于清早期，70年代初废改白（峰）洋（涨）公路路基。

**升螺老塘**　东起升螺跳宫，西迄东山嘴，长800米，约建于清中期。

**联合升螺塘**　东起升螺跳碶闸，经大礁折北迄寺湾小岙山嘴，长1291米，高8米。约建于晚清。1982年加固。2001年除险加固。

**柳树田塘老塘**　东起王家山，西至对头山，长220米。防浪墙顶高程（吴淞）5.8米。

**洋涨沙塘**　东起后勤山嘴，西至外岭脚下，长120米。

**洋涨塘**　东起窑厂，西至下团山嘴，长300米。

**华峙棉花田塘**　东起童家峙，西至牛轭江，长900米，建于清光绪年间。塘内另有更早年代（年代无考）所筑的旧塘2条，堰塘：老胡家至下赵家，长约450米，横塘：西岸边至东岙，长约400米。

**谢家岙永兴塘**　童家池至短沙湾嘴。约建于清光绪年间。

**后墩横塘**　东起三塔岭下，西至西岙馒头山嘴。长300米，建于清光绪前。

**后墩中塘**　东起狗爬岭脚，西至短沙湾嘴。长500米，建于清光绪前。

**后墩永宁塘**　东起竹湾山咀，西接永兴塘，长980米，建于光绪二十五年（1899）。由胡振棣等人修建，蓄田692亩。1932年，受台风损毁垮塌，一直无人问津，1954至1956年，由6个高级社联合修复。

**竹湾里塘**　长300米，建于清朝。后塘废。

**花船里塘**　东起东塘角，西至竹湾岭脚碶头，长365米，建于清朝。后塘废。

**上宅老沙塘**　东起庙里坑，西至竹坑，长300米。建于清朝。后塘废。

**上宅里塘**　南起宫墩山，北至外东山，长400米，建于清朝。后塘废，改作白中公路路基。

**上宅中塘**　东南起中宅山嘴，西北至下湾山嘴，长600米，约建于晚清。

**中宅里塘**　东接沙湾外塘，西至上宅山嘴，长450米，约建于晚清。

**沙湾中塘**　东起三岔路口，西至火叉嘴头，长约500米，建于清朝。

**沙湾外塘**　西南接中宅里塘，东北至沙湾外碶头，长约400米，建于清朝。

**小黄石门塘**　东起外山嘴，西至公鹅嘴，长450米，围涂田100亩。约建于民国。

**大黄石门塘**　东起王家外山嘴，西至小黄石门外山嘴，长380米，围涂田120亩。建于清末民国初。

**光明小塘**　东起大爿地，西至小碶跟，长150米，围涂田20亩。建于清康熙年间（1662—1722）。后改村主道。

**郭巨大塘**　东起碧澜嘴，西至新碶头，长2955米，塘面宽3米，塘顶高程6.9米，防浪墙顶高程7.9米。围入田2200亩。初建于1964年，1976年列入宁波地区重点塘建设，1982年基本建成。1997年遭11号台风损坏，同年列入市标准海塘建设项目，工程设计等级3级，御潮标准为20年一遇。1999年竣工。保护西门、南门畈农田1万亩。2015年5月26日至2017年12月5日，维修加固海塘实际长度为1763米，其中宁舟汽渡站以西老海塘加固137米，以东老海塘加固1564米，K1+795～K1+857段新建海塘62米。配套扩建埠头下碶（海塘K1+295～K1+304），设2孔，每孔3米；新碶头碶（海塘K0+000～K0+037），设4孔，每孔4米。新建新碶头排涝泵站（海塘K0+100背坡护塘地上），泵站设计流量为2×4米$^3$/秒，备用发电机为800千瓦，泵站边新建一座节制闸。御潮标准50年一遇。同时实施护塘河水环境整治工程，对宁舟汽渡站以东至K1+795段海塘内侧进行景观提升，其中红色透水砼路长约1453米，景观面积约3632平方米。维修加固工程价款约4119.6万元，北仑区财政拨款，由浙江艮威水利建设有限公司承建。为一线海塘。

**双岙新外塘**　东起盛岙外山嘴新碶闸，西至碧澜嘴外海湾重工码头，长2300米，防浪墙顶高程6.8米，塘顶高程6米，堤和水闸按50年一遇御潮标准设计。为2008—2011年建成的峙南围涂二期工程海堤的一部分。为一线海塘。

**盛岙新外塘**　东起百步冲嘴，西至外山嘴新碶闸，长894.6米，防浪墙顶高程6.8米，塘顶高程6米，西端置外山嘴碶闸，闸净宽1孔×4米，排涝泵站规模9米$^3$/秒，工程等级3级，为2008—2011年建成的峙南围涂二期工程海堤的一部分。为一线海塘。

**联合新塘**　东起升螺跳老闸，西至百步冲嘴东侧。2006年5月兴建，土石混合结构，御潮标准50年一遇。堤（塘）长1642.6米，设计潮位4.12米，堤顶高程6米，防浪墙高程6.8米，堤顶路面宽5米，围涂面积411.9亩。工程决算金额3727万元，2008年12月建成，由南京市水利建筑工程有限公司承建。为2011年建成的峙南围涂一期工程。为一线海塘。

**柳树田新塘**　位于郭巨街道联合村。塘长654米，围涂面积160亩。塘顶高程5.7米，防浪墙高0.8米，塘顶宽5米。土石混合结构，御潮标准50年一遇，为一线海塘。东端置碶闸1座，闸净宽1孔×4米。河道1条，长371米，宽5米。建造时间2009年至2011年。为一线海塘。

**司城岙塘**　位于司城岙。海堤长368米，围涂面积56.5亩。海堤迎海坡为上直下斜带平台的复合式堤型，堤顶路面宽5.0米，堤顶高程为5.70米，防浪墙高0.8米，顶高程为6.50米。1孔×2.5米出海涵闸。配套河道长213米，面宽5米，河底高程为2.50～3.00米，河道护岸直立式M10浆砌石挡墙，河底15厘米厚C25砼护底。北仑区财政拨款投资834.38万元（工程部分），由浙江艮威水利建设有限公司承建，工期为2011年3月1日至2012年12月12日。为一线海塘。

**洋涨外大塘**　东起小岙山嘴，西至大岙山嘴，长361米，建于20世纪80年代，90年代初建成。为一线海塘。

**大礁岙塘**　位于长坑村大礁岙，东山至小礁岙间，长172米，建于20世纪60年代，2011年加固。为一线海塘。

**华峙盐场塘**　东起童家峙，西至轮江盐场。长1350米，塘高6.5米，面宽3米，始建于20世纪60年代，

1987 年 11 月加固。

**五星塘** 位于谢家岙村，东接后墩永宁塘，西至童家峙，长 747 米，塘顶高 6.5 米，面宽 2.5 米。始建于 20 世纪 60 年代。1984 年加固。

**后墩塘** 东起竹湾山咀，西至五星塘，长 980 米，高 7.5 米，面宽 2 米。建于 20 世纪 60 年代。

**竹湾塘** 东起垒石岗，西至竹湾山咀，长 432 米，高 6.5 米，面宽 2.5 米。西端置碶闸，始建于 20 世纪 60 年代，1984 年加固。

**花船塘** 东起上宅山嘴，西至花船山嘴，长 420 米，高 7.7 米，面宽 2.5 米。始建于 20 世纪 60 年代，1984 年加固。西端置碶闸。

**中宅塘** 东起沙湾山嘴，西至上宅山嘴，长 1460 米，始建于 20 世纪 60 年代，由中宅、上宅、沙湾、花船四个大队投入劳力所筑。1976 年列入重点塘建设。1980 年加固，塘顶高 6.9 米，防浪墙顶高 8 米，面宽 2.5 米。

**光明塘** 东起王家山嘴，西至公鹅嘴，长 666 米。建于 20 世纪 60 年代，1984 年加固，防浪墙顶高程 8 米。塘面宽 2.5 米。

**大火叉塘** 东起半月浦，西至大火叉西侧，长 208 米，塘顶吴淞高程 6.3 米，围涂田 83 亩。建于 20 世纪 70 年代。

**半月浦塘** 东起半月浦西至湾里，长 188 米，塘顶吴淞高程 6.7 米。

**湾里塘** 东起湾里西至长柄，长 172 米，塘顶吴淞高程 7.0 米。

**长柄塘** 东起大樟树山，西至长柄山，长 250 米。防浪墙顶高程（吴淞）7.1 米。

**大屯塘** 东起小屯山，西至大屯山嘴，长 318 米。防浪墙顶高程（吴淞）6.8 米。

**港鑫东方防洪堤** 位于郭巨街道长柄自然村北面沿海。全长 498.84 米，其中老大堤加固 295.2 米，新建大堤 203.64 米。堤身结构为抛石斜坡堤。堤顶标高为 5.10 米，挡浪墙顶标高 6.10 米，工期 2008 年 7 月至 2009 年 11 月。

**光明码头防洪堤** 位于郭巨街道光明村王家山嘴至小黄石门外山嘴。堤长 250 米，土石混合结构。堤顶标高为 5.10 米，挡浪墙顶标高 6.10 米，工期 2008 年 7 月至 2011 年。

**液化天然气接收站防洪堤** 位于中宅村至沙湾村。属中海浙江宁波液化天然气有限公司专用防洪堤（塘），故名。堤长 1029.3 米，堤顶起终点高程 3 ～ 7 米，堤高 8.5 米，堤顶宽 6.9 米。土石混合结构，御潮标准百年一遇。2007 年 3 月建成。

**中宅矿石码头防洪堤** 东接液化天然气接收站防洪堤，西至花船山嘴。堤长 1200 米，堤起终点高程 9 ～ 11 米，土石混合结构。工期 2009 年至 2012 年。

**穿山港四期（五期）集装箱码头防洪堤** 位于郭巨街道华峙村北面沿海。东起竹湾山咀岸段，西至牛轭江华峙碶，堤（塘，下同）长 4952 米，堤起终点高程 8.85 ～ 9.02 米，塘高 10.6 ～ 11.65 米，塘顶宽 3.2 ～ 3.7 米。土石混合结构，御潮标准百年一遇，为一线海堤（塘）。2001 年 5 月至 2007 年 3 月由宁波港集团公司投资 8000 万元建成，故名。新建西区塘 2126 米，其中 752 米由老海塘加固利用，2003 年新建东区塘 1608.9 米。2007 年 3 月建成，新堤（塘）建成后，原华峙盐场塘、五星塘、后墩塘均成为内塘。

**峙南围涂工程海堤** 2006 年 5 月兴建，总长 5592 米，围涂面积 2233.29 亩（148.886 公顷），土石混合结构，御潮标准 50 年一遇。分两期建成：一期工程（联合新塘：西起百步冲嘴东侧，东至联合老闸）位于郭巨街道联合村，工程包括海堤、水闸、河道、交通、房屋建筑等，堤（塘）长 1642.6 米，设计潮位 4.12 米，堤顶高程 6 米，防浪墙高程 6.8 米，堤顶路面宽 5 米，新建 2 孔 ×2.2 米水闸一座，设计流量 16.3 米$^3$/ 秒，围涂面积 411.9 亩。工程决算金额 3727 万元，2008 年 12 月建成，由南京市水利建筑工程有限公司承建。二期工程海堤东起联合西塘，西至双岙碶闸，长 3931 米，围涂面积 121.4 公顷，新建水闸 4 座。工程概算 2.9 亿元。堤和水闸按 50 年一遇御潮标准设计。工期为 2008 年 4 月至 2011 年 9 月。

## 境内海塘（堤）修筑情况表

表 3–9–1

| 序号 | 名称 | 所在位置 | 建造时间（年代） | 长度（米） | 围涂面积（亩） |
|---|---|---|---|---|---|
| 1 | 横塘 | 福民狗湾山嘴至紫微岙口 | 元朝至顺四年 | 561 | 500 |
| 2 | 半塘 | 鲤鱼山嘴至海云堂 | 明洪武元年 | 357 | 300 |
| 3 | 大涂塘 | 凤凰山至塘头山嘴 | 明洪武五年 | 643 | 1200 |
| 4 | 小斗门塘 | 鼓锣山至埠漕头 | 明代 | 408 | 100 |
| 5 | 沿巴山塘 | 大涂塘西端沿巴山至山脚 | 明洪武五年 | 200 | 30 |
| 6 | 台岙塘 | 南门东山到鲤鱼山 | 明洪武十年 | 306 | 250 |
| 7 | 新塘 | 南门台岙塘外 | 清嘉庆二十年 | 306 | 80 |
| 8 | 郭巨老塘 | 碧澜嘴至新碶头 | 清嘉庆二十年 | 2750 | 2000 |
| 9 | 郭巨大塘 | 碧澜嘴海湾重工至新碶头 | 1964 年 | 2955 | 2200 |
| 10 | 方门塘 | 方门山嘴至狮子渡口 | 清朝 | 200 | — |
| 11 | 里官山塘 | 船厂至方门山嘴 | 清朝 | 365 | — |
| 12 | 双岙沙塘 | 陆家至村委后狮子山 | 清朝 | 300 | — |
| 13 | 双岙里塘 | 狮子山口经老鼠山至海口 | 清朝 | 600 | 300 |
| 14 | 双岙外塘 | 双岙碶至碧澜嘴 | 清道光二十三年 | 1600 | 162 |
| 15 | 双岙新外塘 | 盛岙外山嘴闸至海湾重工 | 2008—2011 年 | 2300 | — |
| 16 | 盛岙老塘 | 塘角里至老碶头 | 清乾隆十四年 | 320 | — |
| 17 | 盛岙矮塘 | 老碶头至中塘角 | 乾隆二十年 | 200 | — |
| 18 | 盛岙中塘 | 庙横头至现锯板厂 | 清乾隆四十六年 | 266 | — |
| 19 | 盛岙直塘 | 庙横头至东沙角 | 清嘉庆元年 | 250 | — |
| 20 | 盛岙外塘 | 东沙角至外碶头 | 清嘉庆十年 | 306 | — |
| 21 | 小盛岙塘 | 百步冲嘴至小盛岙山嘴 | 民国 | 165 | — |
| 22 | 盛岙新外塘 | 百步冲嘴至外山嘴碶闸 | 2008—2011 年 | 894 | — |
| 23 | 寺湾老塘 | 寺湾西至西北边 | 晚清 | 310 | — |
| 24 | 升螺沙塘 | 东山至西山寺湾岭脚 | 清朝 | 150 | — |
| 25 | 升螺老塘 | 升螺跳宫至东山嘴 | 清中期 | 800 | — |
| 26 | 联合升螺塘 | 升螺跳碶闸经大礁折北至小岙山嘴 | 晚清 | 1291 | — |
| 27 | 联合新塘 | 升螺跳碶闸至百步冲嘴 | 2006—2008 年 | 1643 | 412 |
| 28 | 柳树田塘老塘 | 王家山至对头山 | 清朝 | 220 | — |
| 29 | 柳树田新塘 | 柳树田东山嘴至西山嘴 | 2009—2011 年 | 654 | 160 |
| 30 | 司城岙围涂工程 | 洋涨村西司城岙 | 2012—2013 年 | 368 | 57 |
| 31 | 洋涨沙塘 | 后勤山嘴至外岭脚下 | 清朝 | 120 | — |
| 32 | 洋涨塘 | 窑厂至下团山嘴 | 清朝 | 300 | — |
| 33 | 洋涨外大塘 | 小岙山嘴至大岙山嘴 | 20 世纪 80 年代 | 361 | — |
| 34 | 大礁岙新塘 | 长坑村东山至小礁岙 | 20 世纪 60 年代 | 172 | — |
| 35 | 华峙横塘 | 东岙至西岸边 | 清光绪前 | 400 | — |
| 36 | 华峙堰塘 | 下赵家至老胡家 | 清光绪前 | 450 | — |
| 37 | 华峙棉花田塘 | 牛轭江至童家峙 | 清光绪年间 | 900 | — |

续表 3-9-1

| 序号 | 名称 | 所在位置 | 建造时间（年代） | 长度（米） | 围涂面积（亩） |
| --- | --- | --- | --- | --- | --- |
| 38 | 华峙盐场塘 | 童家峙至轮江盐场 | 20 世纪 60 年代 | 1350 | — |
| 39 | 集装箱码头防洪堤 | 竹湾山咀至牛轭江华峙碶 | 2001 年 | 4952 | — |
| 40 | 谢家岙永兴塘 | 短沙湾嘴至童家池 | 清光绪年间 | 600 | — |
| 41 | 五星塘 | 后墩塘至童家峙 | 20 世纪 60 年代 | 747 | — |
| 42 | 后墩横塘 | 三塔岭下至西岙馒头山嘴 | 清光绪前 | 300 | — |
| 43 | 后墩中塘 | 狗爬岭脚至短沙湾 | 清光绪前 | 500 | — |
| 44 | 后墩永宁塘 | 竹湾山咀至永兴塘 | 光绪二十五年 | 980 | — |
| 45 | 竹湾里塘 | 垒石岗至狗爬岭 | 清朝 | 300 | — |
| 46 | 竹湾塘 | 垒石岗至竹湾山咀 | 20 世纪 60 年代 | 432 | — |
| 47 | 花船里塘 | 东塘角至竹湾岭脚 | 清朝 | 365 | — |
| 48 | 花船塘 | 上宅山嘴至花船山嘴 | 20 世纪 60 年代 | 420 | — |
| 49 | 上宅老沙塘 | 庙里坑至竹坑 | 晚清 | 300 | — |
| 50 | 上宅里塘 | 上宅宫墩山至外东山 | 晚清 | 400 | — |
| 51 | 上宅中塘 | 下湾山嘴至中宅山嘴 | 晚清 | 600 | — |
| 52 | 中宅矿石码头防洪堤 | 液化天然气接收站防洪堤至花船山嘴 | 2008—2012 年 | 870 | — |
| 53 | 中宅里塘 | 沙湾外塘至上宅山嘴 | 晚清 | 450 | — |
| 54 | 中宅塘 | 沙湾山嘴至上宅山嘴 | 20 世纪 60 年代 | 1460 | — |
| 55 | LNG 接收站防洪堤 | 沙湾山嘴至中宅村 | 2007 年 | 1029 | — |
| 56 | 沙湾中塘 | 三岔路口至火叉嘴头 | 晚清 | 500 | — |
| 57 | 沙湾外塘 | 沙湾外碶头至中宅里塘 | 晚清 | 400 | — |
| 58 | 小黄石门塘 | 外山嘴至公鹅嘴 | 民国 | 450 | 100 |
| 59 | 光明小塘 | 大爿地至小碶跟 | 清康熙年间 | 150 | 20 |
| 60 | 大黄石门塘 | 王家山嘴至小黄石门山嘴 | 清末民国初 | 380 | 120 |
| 61 | 光明塘 | 王家山嘴至公鹅嘴 | 20 世纪 60 年代 | 666 | — |
| 62 | 光明码头防洪堤 | 王家山嘴至小黄石门山嘴 | 2008—2011 年 | 600 | — |
| 63 | 大火叉塘 | 半月浦至大火叉 | 20 世纪 70 年代 | 208 | 83 |
| 64 | 半月浦塘 | 半月浦至湾里 | 20 世纪 60 年代 | 188 | — |
| 65 | 湾里塘 | 湾里至长柄 | 20 世纪 60 年代 | 172 | — |
| 66 | 长柄塘 | 大樟树山至长柄山 | 20 世纪 60 年代 | 250 | — |
| 67 | 港鑫东方防洪堤 | 长柄自然村沿海 | 2008—2009 年 | 499 | — |
| 68 | 大屯塘 | 小屯山至大屯山嘴 | 20 世纪 60 年代 | 318 | — |

## 碶闸

碶闸乃水利之锁钥。据民国《镇海县志》记载，民国时期，境内已有海塘碶闸 34 座。中华人民共和国成立后，20 世纪 60 年代至 80 年代，境内掀起筑塘围涂、重修海塘、碶闸的高潮。至 1985 年，境内规模较大的碶闸有新碶头碶、碧澜嘴碶、双岙碶、盛岙外碶、联合碶、华峙新碶、后墩外碶、上宅东风碶、沙湾碶、光明碶、五星碶等。

境内古（近）代碶闸均为石砌结构，木桩支承，叠梁式木板挡水，人力启闭。20 世纪 50 年代初，开始把叠梁式木板闸门改装为角钢焊接成整体闸门板，与钢螺旋杆启闭机连接，用人力推动启闭，能启闭速度和阻水效率大为提高。60年代后，采用折板式钢丝网水泥闸门板替代木质闸门板，闸门向大孔径发展，钢索卷扬机启闭，启闭动力采用人力、电动两用。进入21世纪，在穿山港区码头防洪堤、峙南围涂工程海堤建设的同时，与新筑海塘（堤）相配套的新型碶闸泵站同时完成，这些碶闸结构新、泵站配置排涝水泵，排涝能力大为提高，并建有碶闸泵站专用管理房。至2019年，境内有海塘碶闸24座。主要有碧澜嘴碶、埠头下碶、盛岙外山嘴碶、双岙碶、华峙新碶、联合升螺碶等。

**郭巨大碶**　位于郭巨新塘西端。为郭巨规模最大的碶闸，故称郭巨大碶。始有大涂碶建在大涂塘上，自郭巨大塘围建后，为解决西门畈排涝，1969年移建至西塘角山嘴，建郭巨大碶，3孔，每孔净宽2.5米，碶底高程-1.9米。闸底高程（吴淞标高）0.1米，闸门用钢螺旋杆启闭。

**碧澜嘴碶**　位于郭巨南门碧澜嘴。1964年始建，闸置2孔，净宽5米，排涝流量10米$^3$／秒。2011年初拆旧建新，同年10月竣工。新碶置4孔，每孔净宽4米，总净宽16米，碶底高程-1.61米，按百年一遇御潮排涝标准设计，御潮排涝最大过闸流量153.5米$^3$／秒，钢筋混凝土结构。

**埠头下碶**　位于郭巨街道南门村，以旁边有下涂埠头得名。1978年9月建，置碶2孔，净孔径5米，闸底高程-3.16米。按20年一遇挡潮排涝标准设计。采用钢砼平板、螺旋杆启闭，受益面积0.22万亩。2017年初拆旧建新，同年12月竣工。新碶置4孔，过闸流量56.5米$^3$／秒，按50年一遇御潮排涝标准设计，钢筋混凝土结构。

**双岙碶**　建于1972年，2孔，闸孔总净宽4米，碶地黄泥为基础，碶体浆砌砼，碶门板钢筋砼平板，螺旋杆启闭，受益面积0.05万亩。

**盛岙外山嘴碶闸**　建于2011年，闸净宽1孔×4米，泵站规模9米$^3$/秒，建有管理房。

**联合碶**　位于郭巨街道联合村，故名。1977年1月建。碶置1孔，净宽2.5米，碶底高程-1.95米，按20年一遇御潮排涝标准设计，设计御潮排涝最大过闸流量26.5米$^3$/秒。钢筋混凝土结构。

**华峙外碶**　位于郭巨街道华峙村，故名。1974年建。2003年12月筑集装箱港区防洪堤时重建，改2孔为3孔，每孔净宽2.5米，总净宽7.5米，碶底高程-0.79米，按100年一遇挡潮排涝标准设计，挡潮排涝过闸流量91.96米$^3$/秒。钢筋混凝土结构。

**后墩新碶**　位于郭巨街道后墩村，故名。1971年建，2008年12月筑穿山港集装箱港区防洪堤时重建，闸门由2孔总净宽3.6米改为3孔总净宽7米，碶底高程-1.64米，按100年一遇挡潮排涝标准设计，设计挡潮排涝过闸流量66米$^3$/秒。钢筋混凝土结构。

**柳树田碶**　位于郭巨街道联合村。1956年建。碶置1孔，净宽2米，2011年12月改1孔，净宽4米，碶底高程-2.57米，按50年一遇挡潮排涝标准设计，设计挡潮排涝过流量21.82米$^3$/秒。钢筋混凝土结构。

**沙湾碶**　位于郭巨街道沙湾，故名。1966年12月建，1976年10月改建，由1孔净宽2.3米改建为2孔，总净宽4米，碶底高程-1.3米，按100年一遇挡潮排涝标准设计，设计挡潮排涝过闸流量32.16米$^3$/秒，钢筋混凝土结构。

**寺湾碶**　位于郭巨街道联合村。原碶置1孔，净宽0.8米，始建年代不详。2011年12月原址拆旧建新，碶置2孔，每孔净宽2.2米，总净宽4.4米，碶底高程-0.66米，按50年一遇挡潮排涝标准设计，设计挡潮排涝过闸流量46.64米$^3$/秒。钢筋混凝土结构。

**中宅碶**　位于郭巨街道中宅村，故名，原名东方红碶。1966年建。碶置2孔，净宽5米。采用钢砼平板、螺旋杆启闭，受益面积0.07万亩。2011年10月改建。新碶置2孔，每孔净宽3.5米，总净宽7米，碶底高程-1.17米，按100年一遇挡潮排涝标准设计，设计挡潮排涝过闸流量73米$^3$/秒。钢筋混凝土结构。

**小岙里碶**　位于郭巨街道双岙村小岙，故名。1972年建。碶置2孔，每孔净宽2米。2010年12月改建为1孔，净宽4米。碶底高程-0.21米，按50年一遇挡潮排涝标准设计设计，挡潮排涝过闸流量32.2米$^3$/秒。钢筋混凝土结构。

**新中碶（内河节制闸）** 位于郭巨内塘，1955年建碶一座2孔，1976年4月增孔一门成3孔，闸孔总净宽8.00米，碶闸采用钢砼平板、螺旋杆启闭，受益面积0.35万亩，是境内水系的主要排涝设施。

**倒挑浦节制闸** 位于郭巨西塘角。1979年建碶一座。2孔，闸孔总净宽5.00米，采用钢砼平板、螺旋杆启闭，受益面积0.22万亩。

**中宅塘节制闸** 位于中宅西山嘴头，1979年9月建成。碶门2孔，闸孔总净宽5.00米，采用钢砼平板、螺旋杆启闭，受益面积0.07万亩。

**盛岙外碶（内河节制闸）** 位于盛岙泥沙头，建于清朝，1974年改建，2孔，闸孔总净宽4.00米，2010年12月重建，新碶置闸1孔，净宽4米，碶底高程-0.70米，按50年一遇挡潮排涝标准设计，设计挡潮排涝过闸流量27.36米$^3$/秒，钢筋混凝土结构，采用钢砼平板、螺旋杆启闭，受益面积0.02万亩。2011年，盛岙外山嘴碶闸建成后成内河节制闸。

**盛岙中碶** 位于盛岙朱家，1974年建成。碶闸一座，2孔，闸孔总净宽4.00米，采用木叠梁碶板、人力启闭。受益面积0.06万亩。

**盛岙里碶** 位于郭巨街道盛岙村老碶头。碶置1孔，净宽2.2米，碶底高程-0.7米，按10年一遇节制闸洪水标准设计，设计洪水过闸流量13.98米$^3$/秒，钢筋混凝土结构。

**丰畴碶（内河节制闸）** 位于华峙张西岙，1976年建成。闸孔总净宽5.00米，碶地黄泥为基础，碶体浆砌砼，碶门板钢筋砼平板，螺旋杆启闭，受益面积0.15万亩。

**碧澜嘴内碶** 位于郭巨街道南门村。1975年4月建，同年10月竣工。碶置2孔，每孔净宽2.5米，总净宽5米，碶底高程-1.61米，按20年一遇节制闸洪水标准设计，设计洪水过闸流量39.88米$^3$/秒。钢筋混凝土结构。

**埠头下里碶** 位于郭巨街道凤凰山下里塘田中畈。1976年10月建。碶置1孔，总净宽2.5米，碶底高程-1.54米，按10年一遇节制闸洪水标准设计，设计洪水过闸流量18.35米$^3$/秒。钢筋混凝土结构。

**埠头下上碶** 位于郭巨街道南门村里塘田下畈。碶置2孔，净宽2.5米，碶底高程-1.16米，按10年一遇节制闸洪水标准设计，设计洪水过闸流量15.94米$^3$/秒。钢筋混凝土结构。

**埠头下节制闸** 位于郭巨埠头下外塘田，1979年8月建碶闸一座，3孔，闸孔总净宽9.00米，采用钢砼平板、螺旋杆启闭，受益面积0.30万亩。境内水系的主要排涝设施。

**大涂塘中畈碶** 位于郭巨街道西门村。1998年10月建。碶置3孔，每孔净宽3.03米，总净宽9.09米，碶底高程-1.49米，按20年一遇节制闸洪水标准设计，设计洪水过闸流量69.79米$^3$/秒。钢筋混凝土结构。

**中畈节制闸** 位于郭巨中畈田。1979年建闸一座。3孔，闸孔总净宽9.00米，采用钢砼平板、螺旋杆启闭，受益面积0.30万亩，是郭巨境内水系的主要排涝设施。

**华峙内碶** 位于郭巨街道华峙村。2006年12月建成。碶置2孔，每孔净宽2.5米，总净宽5米，碶底高程-0.79米，按20年一遇节制闸洪水标准设计，设计洪水过闸流量30.66米$^3$/秒。钢筋混凝土结构。

**老鼠山内碶** 位于郭巨街道双岙村。2011年6月建成。碶置2孔，每孔净宽2.35米，总净宽4.7米，碶底高程-0.94米，按20年一遇节制闸洪水标准设计，设计洪水过闸流量32.69米$^3$/秒。钢筋混凝土结构。

**双岙内碶** 位于郭巨街道双岙村。1976年12月建成。碶置2孔，每孔宽1.84米，总净宽3.68米，碶底高程-0.21米，按10年一遇节制闸洪水标准设计，设计流量20.64米$^3$/秒。钢筋混凝土结构。

## 2019 年境内部分水闸参数一览

表 3-9-2

| 水闸名称 | 地理位置 | | 竣工年月 | 工程规模 | 设计洪水标准（年） | 闸孔数 | 过闸流量（米³/秒） |
|---|---|---|---|---|---|---|---|
| | 纬度（北纬） | 经度（东经） | | | | | |
| 联合碶 | 29° 50′ 24.7″ | 122° 3′ 35″ | 1971.1 | 小（一）型 | 20 | 1 | 26.5 |
| 碧澜嘴碶 | 29° 50′ 33.9″ | 122° 2′ 56.7″ | 2011.1 | 中型 | 100 | 4 | 153.5 |
| 新碶头碶 | 29° 49′ 51.2″ | 122° 1′ 39.8″ | 2017.2 | 中型 | 50 | 4 | 177 |
| 后墩新碶 | 29° 53′ 15.1″ | 122° 3′ 31.8″ | 2008.12 | 小（一）型 | 100 | 3 | 66 |
| 华峙外碶 | 29° 53′ 8.6″ | 122° 1′ 20.6″ | 2003.12 | 小（一）型 | 100 | 3 | 91.96 |
| 柳树田碶 | 29° 52′ 7.3″ | 122° 6′ 24.7″ | 2011.12 | 小（一）型 | 50 | 1 | 21.82 |
| 沙湾碶 | 29° 53′ 57.2″ | 122° 5′ 36.9″ | 1976.10 | 小（一）型 | 100 | 2 | 32.16 |
| 寺湾碶 | 29° 51′ 21.5″ | 122° 4′ 57.1″ | 2011.12 | 小（一）型 | 50 | 2 | 46.64 |
| 中宅碶 | 29° 53′ 39″ | 122° 5′ 14.8″ | 2011.10 | 小（一）型 | 100 | 2 | 73 |
| 光明碶 | 29° 54′ 4.1″ | 122° 6′ 34.5″ | 1978.5 | 小（一）型 | 10 | 1 | 17 |
| 埠头下上碶 | 29° 50′ 44.″ | 122° 2′ 23.2″ | 1976.10 | 小（二）型 | 10 | 2 | 15.94 |
| 埠头下碶 | 29° 50′ 26.2″ | 122° 3′ 3.8″ | 2017.12 | 小（一）型 | 50 | 4 | 56.5 |
| 小岙里碶 | 29° 40′ 41.6″ | 122° 3′ 33.4″ | 2010.12 | 小（一）型 | 50 | 1 | 32.2 |
| 外山嘴碶 | 29° 51′ 7.3″ | 122° 4′ 23.3″ | 2010.12 | 小（一）型 | 50 | 1 | 37.3 |
| 碧澜嘴内碶 | 29° 50′ 33.9″ | 122° 2′ 56.7″ | 1975.10 | 小（一）型 | 20 | 2 | 39.88 |
| 埠头下里碶 | 29° 50′ 36.2″ | 122° 2′ 27.5″ | 1976.10 | 小（二）型 | 10 | 1 | 18.35 |
| 华峙内碶 | 29° 52′ 53.3″ | 122° 1′ 54.6″ | 2006.12 | 小（一）型 | 20 | 2 | 30.66 |
| 老鼠山内碶 | 29° 51′ 13.2″ | 122° 3′ 28.5″ | 2011.6 | 小（一）型 | 20 | 2 | 32.69 |
| 盛岙里碶 | 29° 51′ 34.1″ | 122° 4′ 28.5″ | 1974.12 | 小（二）型 | 10 | 1 | 13.98 |
| 双岙内碶 | 29° 51′ 6.3″ | 122° 3′ 29″ | 1976.12 | 小（一）型 | 10 | 2 | 20.64 |
| 新中碶 | 29° 49′ 58.4″ | 122° 1′ 34.1″ | 1976.40 | 小（一）型 | 20 | 3 | 56.8 |
| 窑厂边内碶 | 29° 50′ 47.1″ | 122° 2′ 49.8″ | 1976.10 | 小（一）型 | 20 | 2 | 26.41 |

说明：水闸规模最大过闸流量 Q：小（二）型 $Q < 20$ 米³/秒，小（一）型 $20 \leqslant Q < 100$ 米³/秒，中型 $100 \leqslant Q < 100$ 米³/秒。

郭巨新碶头碶闸泵站

郭巨新大塘和碧澜嘴碶闸

盛岙外山嘴碶闸和盛岙新外塘

### 围涂利用

境内耕地多系筑塘围涂而成。据旧志记载，唐宋以后，依山而居的越人和后由中原迁入的汉人，一批批迁入境内海边，煮海为盐，竭泽而渔。元明清以后，海涂发育，先民开始筑塘围涂，阻咸蓄溪，经过多代经营，将广袤涂田改造为良田沃畈。

20世纪60年代，政府出台民办公助政策，大力支持地方群众围垦海涂，境内掀起大规模筑塘围田高潮，筑起了长2995米的郭巨大塘、长1460米的中宅塘，还有五星塘、竹湾塘、花船塘、光明塘等。至1978年，境内共计围塘长度约8700米，其中围田面积最大的为郭巨塘，达146.67公顷。20世纪80年代后转入加固配套阶段，新围垦的涂地面积不多。

元明清以来，朝朝筑塘围田，大量所围涂田以作盐田和农耕为主。因所围海塘田属盐碱地，20世纪70年代，规定涂田“可种粮不种棉，可种棉不晒盐”，故海塘田内多种植棉花。80年代，开展倡导多种经营，提倡因地制宜利用海涂，“宜耕则耕、宜盐则盐、宜养则养”，最大限度地提高所围海涂的利用率。围垦的涂田除少量种植棉花、水果等农作物外，其余均作海水产品养殖塘，主要养殖对虾、梭子蟹等。

进入21世纪，随着穿山港区的开发建设，集装箱码头防洪堤、液化天然气接收站防洪堤（塘）、峙南围涂工程海堤建设几乎重绘了境内海疆岸线的地理位置。2001年5月，宁波穿山港区四期、五期集装箱港区围海造地工程开工，2005年7月10日竣工。所围涂地成为可接纳第六代超大型集装箱船舶的11个集装箱泊位码头及港区集装箱堆场，工程总投资估算37亿多元。2007年3月建成的液化天然气接收站防洪堤（塘），堤长1029.3米，所围涂地用于液化天然气接收站及储罐堆场。2011年完工的峙南围涂工程，围涂面积2233.29亩（148.886公顷），其中联合村地块已入驻宁波东方电缆股份有限公司，其他地块现为待用工业用地。至2019年，先后有北仑第三集装箱有限公司、中海浙江新能源有限公司、宁波舟山港股份有限公司北仑矿石码头分公司、宁波海湾重工有限公司等9家企业入驻穿山港区，投资办厂。

## 第二节　水库　山塘

### 水库

**小（二）型水库**　1956年3月10日，郭巨乡在紫微岙率先始建镇海县第一座水库，即紫微岙水库，1958年1月建成，集雨面积1.8平方千米，总库容96万立方米，灌溉面积260公顷。1982年，水库坝

紫微岙水库

盛岙水库

下建郭巨水厂，水库水除灌溉外还用作郭巨城区自来水。21 世纪 10 年代，库区建设有亲水游步道、垂钓等设施景观，紫微湖已成为“北仑区山海郭巨风景线”一美丽景点。

至 2019 年，境内共有小（二）型水库 3 座，集雨总面积 3.61 平方千米，总库容 118 万立方米，总蓄水量 108 万立方米，可灌溉总面积 200.7 公顷。

## 2019 年底境内小（二）型水库一览

表 3-9-3

| 水库名称 | 水系 | 所在地 | 集雨面积（平方千米） | 坝高（米） | 总库容（万立方米） | 蓄水量（万立方米） | 灌溉面积（亩） | 水面面积（亩） | 建成年份 |
|---|---|---|---|---|---|---|---|---|---|
| 紫微岙 | 山区独立水系 | 紫微岙 | 1.80 | 11.5 | 96.0 | 80.0 | 2010 | 204 | 1958 |
| 华峙 | | 华峙岭头 | 0.81 | 7.7 | 22.6 | 16.9 | 400 | 30 | 1959 |
| 台岙 | | 上台岙 | 1.00 | 11.5 | 17.0 | 12.0 | 600 | 20 | 1962 |

**小（二）型以下水库**　多为均质土坝或沙壳心墙坝，库容在 10 万立方米以下。2019 年，境内有小（二）型以下独立水库有 12 座，集雨总面积 2.37 平方千米，总蓄水量 24.08 万立方米，可灌溉总面积 72 公顷。另柳树田鳓鱼坑水库，20 世纪 70 年代初，由部队修建。

## 2019 年底境内小（三）型水库一览

表 3-9-4

| 水库名称 | 所在地点 | 集雨面积（平方千米） | 蓄水量（万立方米） | 大坝 | | | 溢洪道 | | 放水设备 | | 受益面积（公顷） | 建成年份 |
|---|---|---|---|---|---|---|---|---|---|---|---|---|
| | | | | 坝型 | 高（米） | 长（米） | 宽（米） | 深（米） | 结构 | 启闭方式 | | |
| 合计 | — | 5.04 | 42.54 | — | — | — | — | — | — | — | 114.31 | — |
| 尖岭岙 | 尖岭下 | 0.28 | 4.40 | 心墙土坝 | 8.1 | 140 | 4.5 | 1.3 | 水泥管 | 扇格 | 13.33 | 1989 |
| 大岭下 | 大岭下 | 0.42 | 2.85 | 心墙土坝 | 9.8 | 147 | 11.0 | 1.5 | 浆砌石 | 扇格 | 8.67 | 1962 |
| 王吉岙 | 王吉岙 | 0.34 | 3.10 | 心墙土坝 | 10.6 | 79 | 7.9 | 1.3 | 浆砌石 | 扇格 | 10.00 | 1985 |
| 官路弄 | 官路弄 | 0.10 | 2.12 | 心墙土坝 | 8.6 | 180 | 4.5 | 1.5 | 浆砌石 | 扇格 | 6.67 | 1966 |
| 双岙 | 双岙 | 0.14 | 2.42 | 心墙土坝 | 8.9 | 150 | 7.4 | 0.8 | 浆砌石 | 扇格 | 6.67 | 1962 |
| 岭头 | 尖岭岭头 | 0.24 | 2.14 | 心墙土坝 | 7.5 | 140 | 3.0 | 0.9 | 浆砌石 | 扇格 | 6.67 | 1966 |
| 谢家岙 | 谢家岙 | 0.51 | 2.10 | 心墙土坝 | 4.4 | 180 | 4.0 | 1.2 | 浆砌石 | 扇格 | 6.67 | 1961 |
| 山塔岭 | 山塔岭 | 0.16 | 2.16 | 心墙土坝 | 8.2 | 145 | 4.8 | 1.5 | 钢筋混凝土 | 扇格 | 5.30 | 1967 |
| 后墩 | 后墩 | 0.18 | 3.11 | 心墙土坝 | 10.2 | 125 | 4.0 | 1.5 | 浆砌石 | 扇格 | 6.00 | 1966 |
| 中宅 | 中宅 | 0.97 | 7.30 | 心墙土坝 | 2.8 | 180 | 6.0 | 0.5 | 浆砌石 | 扇格 | 21.33 | 1970 |
| 上宅 | 上宅 | 0.28 | 1.90 | 心墙土坝 | 8.1 | 84 | 4.0 | 1.4 | 浆砌石 | 扇格 | 6.67 | 1973 |
| 升螺 | 升螺 | 0.26 | 2.50 | 心墙土坝 | 5.0 | 120 | 2.0 | 1.2 | 水泥管 | 扇格 | 5.00 | 1961 |
| 花船 | 花船 | 0.15 | 2.00 | 心墙土坝 | 4.0 | 66 | 2.0 | 1.2 | 浆砌石 | 扇格 | 4.00 | 1967 |
| 盛岙 | 盛岙 | 1.01 | 4.44 | 心墙土坝 | 4.2 | 142 | 7.0 | 0.6 | 浆砌石 | 扇格 | 7.33 | 1976 |

### 山塘

山塘俗称池塘，蓄水量一般在2万立方米以下。1985年，境内共有山塘49座，总蓄水量约5.96万立方米，水面总面积约5公顷，可灌溉总面积25.14公顷。

**1985年郭巨镇、峙头乡山塘一览**

表3-9-5

| 乡镇名 | 数量（座） | 蓄水量（万立方米） | 灌溉面积（公顷） | 水面面积（公顷） |
|---|---|---|---|---|
| 合计 | 49 | 5.96 | 25.14 | 5.0 |
| 郭巨镇 | 33 | 4.18 | 13.87 | 3.4 |
| 峙头乡 | 16 | 1.78 | 11.27 | 1.6 |

**2019年境内部分山塘一览**

表3-9-6　　单位：平方米

| 山塘名称 | 所在地 | 建造年代 | 水面面积 | 山塘名称 | 所在地 | 建造年代 | 水面面积 |
|---|---|---|---|---|---|---|---|
| 台岭 | 大涂塘台岭 | 50 | 3800 | 石沿 | 福民 | 50 | 2800 |
| 屙缸池 | 西门校场底 | 60 | 2600 | 梅家 | 谢夹岙 | 50 | 3900 |
| 官路弄小河 | 官路弄 | 60 | 2800 | 上陈家 | 后墩 | 50 | 3600 |
| 岭头上 | 华峙 | 60 | 2600 | 山嘴头 | 光明 | 60 | 3000 |
| 岭头下 | 华峙 | 50 | 3000 | 鰤鱼坑 | 联合 | 70 | 4200 |
| 东岙 | 华峙 | 50 | 3000 | 凤巴 | 盛岙 | 50 | 4000 |
| 尖岭下 | 尖岭岙 | 50 | 3200 | 乾坑 | 盛岙 | 50 | 1800 |
| 大洋坑 | 尖岭岙 | 50 | 2600 | 上泥鳅 | 双岙 | 60 | 3600 |
| 小洋坑 | 尖岭岙 | 50 | 2000 | 阮家墩 | 双岙 | 50 | 3500 |
| 铜盘山 | 福民 | 50 | 3200 | — | — | — | — |

说明：2019年境内部分山塘建造时间均在20世纪。

## 第三节　河溪　井泉

### 河道

境内河道护岸形式多为坡式和岸墙式，砼砌石勾缝。总长29.506千米，水面面积35.5万平方米，蓄水量达96.4万立方米。

## 2019 年底境内大小河道一览

表 3–9–7

| 河道名称 | 长度（米） | 宽度（米） | 堤顶高程（米） | 正常水面宽度（米） | 水域面积（平方米） |
|---|---|---|---|---|---|
| 合计 | 29506 | — | — | — | 355281 |
| 西门畈河 | 3200 | 10 ~ 20 | 3.1 | 16.5 | 52800 |
| 西登河 | 2600 | 15 | 3.1 | 13.2 | 34320 |
| 外塘河 | 2500 | 15 | 3.1 | 13.2 | 33000 |
| 东门河 | 2320 | 10 ~ 20 | 2.6 | 16.0 | 37120 |
| 双岙河 | 2120 | 10 | 2.6 | 8.2 | 17384 |
| 华峙河 | 5200 | 10 | 3.1 | 8.2 | 42640 |
| 后墩河 | 2500 | 10 ~ 15 | 2.6 | 12.5 | 31250 |
| 上宅河 | 2300 | 10 ~ 15 | 3.1 | 12.5 | 28750 |
| 中宅河 | 920 | 10 | 2.6 | 8.0 | 7360 |
| 沙湾河 | 1000 | 10 ~ 15 | 2.1 | 13.2 | 13200 |
| 盛岙河 | 1500 | 10 | 2.2 | 8.0 | 12000 |
| 洋涨河 | 800 | 10 | 2.0 | 8.0 | 6400 |
| 四期码头 | 1500 | 15 | 1.8 | 13.5 | 25250 |
| 南门河 | 1046 | 15 | 1.8 | 13.2 | 13807 |

**西门直河**　位于郭巨西门外，起自旧福民庙前，向南经大涂塘桥、中畈碶，出官山东新碶注入梅山港，由大岭下、狗湾、大坑岙、紫微岙、上下盘象岙等溪流汇集而成。1977 年、2016 年 10 月两次重浚截直，2018 年实施西门大河整治工程，投资 800 万元对埠头下河、石灰厂河、养殖塘河实施环境整治工程。干流长 3.892 千米，宽 10 ～ 20 米。

**西登河**　北起凤凰山南麓老碶头，中有分支称里塘河，流至海口合外塘河，长 2.6 千米，宽 15 米，20 世纪 70 年代围建鼓锣山外海塘时所开。

**外塘河**　西起官山下新碶头，沿外海塘流向东北，中间汇合西登河出埠头下碶。长 2.5 千米，宽 15 米，1975 年至 1976 年围塘时所开。

**东门河**　古称郭巨城东濠河，开掘于明初。自北门外接小涂岙、官路弄诸溪水，沿城东经旗山折东至鲤鱼山碶桥后又接台岙水，东南过碧澜嘴出朝阳碶（现名碧澜嘴碶）入海，长 2.32 千米，宽 10 ～ 20 米。2016 年，整治东门河，两护岸砼砌石勾缝，河塘两边路面浇制水泥道路，筑护栏。

**双岙河**　位于双岙村境内东，源青坑山诸溪，至大岙后成河，在乌龟山南麓汇合外塘河，东出双岙碶注入峙头洋；外塘河西起狮子山，东至猫头山南麓接双岙河，长 0.938 千米，宽 10 米。塘河养殖塘至出海闸，河道全长 2.487 千米。

**华峙河**　自华峙水库经公路桥折向东北，沿张西岙过丰畴碶桥北出华峙外碶注入峙头洋；丰畴碶下有分支外塘河，西至白峰轮江下唐家入牛轭江，长 5.2 千米，宽约 10 米。

**四期码头排洪渠**　位于华峙村，华峙张西岙至华峙外海碶，河道全长 1.500 千米，宽 15 米。

**后墩河**　源青坑山、三塔山诸溪，出后墩岙口后成河，经公路桥在竹湾山咀后墩碶注入峙头洋；北有外塘支河，自西向东同出后墩碶，长 2.5 千米，宽 10 ～ 15 米。

**上宅河**　起自上宅村杨府庙，经公路桥绕贺家出东风碶注入峙头洋。源凤凰山、炮台冈、插牛坑诸溪坑，全长 2.3 千米，宽 10 ～ 15 米。东风碶头有分支称外塘河，东起沙湾山西麓，北沿海塘，同出东风碶。

**中宅河** 起自中宅村水库下，南北向，经外西山碶头，流入外塘河，出东风碶注入峙头洋。源天万山、插牛坑、中宅山诸溪，长 920 米，宽 10 米。另有分支二条，东西向，一条至公山外（80 年代中期填没为地）、一条沿中宅塘（白中公路）至火叉嘴头。

**沙湾河** 位于境内沙湾村，源乌峙山北坡诸溪，至岙外成河，北出沙湾碶注入峙头洋。长 1 千米，宽 10 ～ 15 米。

**盛岙河** 位于盛岙村中山冲至外山嘴闸。源黄栀坑、茅龙坑、上宅岭下诸溪坑，由四号河（东西向，100 米长）、里河（70 年代中期折直）、中河（另有一条在中碶头至庙边沿中塘的横河）、外塘田河（另有一条沿外塘的横河）和 2006 年峙南围涂后新外河五段构成，全长 2.5 千米，宽 10 米，四号河系季节性河流。

**洋涨河** 源乌峙山、峙头山诸溪，经洋涨岙口外成河，出洋涨碶注入峙头洋，长 800 米，宽 10 米，部分系季节性河流。

**南门河** 起自东门河，终点至碧澜嘴河，河道全长 1.046 千米，宽 15 米。

## 溪坑

**紫微岙大溪坑** 位于福民村岙底，源头有两处：东侧溪坑从驼山流入岙底、小庵至紫微岙水库，长约 1200 米；西侧溪坑源于墩石岩山脚下，流经变电所、岙底、小庵入紫微岙大水库，长约 1500 米。溪坑坡度大，弯道多，坑底不平。1972 年建造变电所时局部截弯取直，岸墙重力式干砌勾缝，溪底设砼护坡及消力坝，修建桥梁 2 座。

**紫微岙岙门口溪坑** 紫微岙岙门口水库下至大方池塘，长约 600 米。可将来自上游大山的坑水、水库溢洪及农田的排水通过大方池经西门大河排涝入郭巨新碶入梅山港。

**华峙东岙溪** 始总台山经东岙流入长河，长约 1500 米。

**华峙张西岙溪** 由张西岙、张忠房流入海，全长 1000 米。局部截弯取直，岸墙重力式干砌勾缝，溪底设砼护坡及消力坝，于 2010 年 8 月 25 日竣工。

**小涂岙溪坑** 位于北门村，源自大岙底和青坑底，由北向东经北门村到东门大河后流入大海，长约 2000 米。常因暴雨泛滥成灾，冲毁堤田，对民宅威胁甚大。1986 年 11 月，截弯取直后到西山脚下，全长 1500 米，其中主溪长 1200 米，底宽 4.5 米，深 1.8 米，干砌重力式挡水墙。设置跌水和消力池 6 个，配套拱桥 1 座（紫微桥），钢筋砼平板桥 3 座。1989 年两次大暴雨，毁岸墙 160 米，跌水池 5 个，当年修复。2008 年 12 月整治主溪，增设砼护坡，防冲浆砌地梁，岸墙重力式干砌勾缝。

东门河

**后墩溪坑**　溪坑两条，一条由东从火烧坑山脚下起，流经曹家、后屋、到大会堂；另一条从郭巨台岙岭脚下起，经陈家至大会堂汇合流入后墩新河。

**沙湾溪坑**　源于洋涨岭，流经平石头、深泥滩、大头跟，由南向北流入沙湾河，长约2500米。

**西门校场底溪坑**　源自炮台冈，经校场底、卫生院、牡丹园、穿过兴巨路，流入西门大河，长约1500米。

**西门紫金庵溪坑**　源自红岙头，经灯具总厂、湾里，流入西门大河，长约500米。

**中宅沙枫岙溪坑**　源自青龙山，由东向西流入中宅水库，长约600米。

**中宅里西山溪坑**　源自西岙岗和里西山脚，由南向北流入中宅水库，长约800米。

**中宅屯坑溪坑**　源自中宅南岗和柴坑山脚，由南向北流入中宅水库，长约600米。

**联合寺湾溪坑**　源自寺基岗，流经村庄穿过公路到寺湾海塘入海，约500米。

**联合升螺溪坑**　源自上宅岗，沿西山山脚自北向南穿过公路入海，约700米。

**联合柳树田溪坑**　源头有两处，东溪坑源自鳓鱼坑；西溪坑源自中宅岗，两路溪流汇入岙里洞桥处，穿过公路入峙头洋。长约2000米。

**上宅里岙溪坑**　源自盛岙岭登，沿西山山脚由西南向东北，至沙塘口与东坑水库泄洪道汇合，向东北至里河，长约400米。

**上宅外岙竹坑溪坑**　源自炮台冈，由西向东流入里河，长约300米。

**长坑溪坑**　源自仰天山头，途经外敞井头，由西南至东北流入峙头洋，长1100米。

**大岭下溪坑**　源自大岭下水库，流经村庄至沿海大通道，全长1400米。2018年，溪道整治全长662米，整治标准十年一遇，溪道采用直立式断面处，宽4.0米，挡墙高1.75米；溪道采用二级挡墙断面处，宽6.0米，二级挡墙高1.10米，一级挡墙高0.65米，以满足游步道及景观需求。配套改建桥梁7座（人行桥3座，简支桥4座），新建拦水堰22座，设五处景观节点，投资603.34万元。

**上台岙溪**　位于东门村，起点上台岙水库，终点南门村鲤鱼山河。2012年，对阻水的约550米溪坑拓宽拓深、重建2座交通桥及配套机耕路维修等，投资150万元。

**盛岙中山冲溪坑**　源头有两处，东侧上宅岭下野猪窠与上宅岭下石门坑，长700米；西侧黄栀坑，于小岭后东侧山脚下汇合，由北向南沿中山冲山东侧流入四号河；长约900米。2019年12月修建，防洪标准10年一遇，等级为Ⅳ等，长度450米，宽度3米。溪坑护岸采用浆砌石挡墙，高度2.1米。投资707650元。

**盛岙太和里溪坑**　源自椅子山，沿毛弄坑由北向南流入盛岙大水库。全长500米。

**响水溪坑**　又名盘象岙溪，老虎石岩下至西门大河，全长约2000米，源头上游从老虎石岩汩汩流水到庞象岙居民点，后用水泥石块砌成长600米，宽1.2米，深1.2米的溪坑。盘象岙村民间流传着“响

小涂岙溪坑

大岭下溪坑

水溪坑不改名，盘象岙（庞家人）不绝种”的说法。

**尖岭溪坑** 自尖岭脚下由西北向东南流经上李家、袁家、朱家、七角屋，直至流入长河，全长1500米。后通西门大河出新碶头流入梅山港。

**尖岭岙岭头溪坑** 自岭头大岙山途经庵坑岭、大坑岙、小山脚下，流入长河，全长1600余米。

**花船溪坑** 由南往北经过村庄，穿过公路流入河，长300米。

**光明王家溪坑** 源于小长坑山谷，南北向，流经王家河后至大河。全长800米。

**光明石门头溪坑** 源于龙冲墩，南北向，流经石门头、大屋里，流入东河。全长1600米。

**竹湾溪坑** 源自竹湾山，流经石坑、小坑、乾坑，三坑水汇入竹湾大河，总长约500米。

**长柄溪坑** 位于长浦村，流经大山头与双屯岗峡谷，再过公路流入横河，长约2000米。

**双岙村青坑** 源自老洋岗，由南向北流入松毛湫，长约500米。

**双岙村迷马岭溪坑** 自盛岙岭下，流入中河，长约600米。

**双岙村尖坑岭溪坑** 自后墩岭下，流入中河，长约700米。

**双岙村杨家坑** 源自杨家坑山岗墩，由西向东流入小岙横河，长约1000米。

**洋涨大溪坑** 自藤棚坑，流经下团、后勤、双跟桥，流入河脑头，全长约1000米，宽4米。

## 水井 井泉

郭巨古城内有七十二口水井，有半月井、化子井等，只因郭巨自古以来缺地表水，流入城内的水流只有一条，即小涂岙溪坑，并且也没有完全流入城里，而是流入了东门护城河，清代郭巨诗人徐文彬甚至在诗文里求雨：“分司镇邑东南地，永作衢城雨露天。”但郭巨古城北座总台山，三面环山，南临海，掘井汲取地下水资源历史悠久。

古时，境内人工挖掘水井，多用于饮用及日常生活用水。20世纪60年代开始，推行一村一塘（井）和打灶边井，境内各自然村落都至少挖有一井作饮用水。60年代末至70年代初，政府号召打井挖泉灌溉农田，1967年秋旱，郭巨水利会邀请镇海水文站打井队到境内各生产大队打机井，机井采用大锥机具，开孔直径1米，井深10米至30米，用直径40厘米的砼圆管作井管，用无沙砼作滤水管，有记载的境内机井钻掘数量有7口，实则有水稻种植的大队几乎都打过机井；70年代，盛岙驻军在老碶头打机井，设泵站，铺设自来水管，汲取地下水，解决部队用水问题。之后，由于未出现过特大干旱，加之新建水利工程，至80年代，机井灌溉随之弃用。80年代初，利用紫微岙水库水建造郭巨水厂，郭巨城里人的用水难问题得以缓解。2013年，郭巨二次水改二期工程完工，境内居民喝上干净放心的宁波大管网自来水，饮用水井逐渐弃用，至2019年，境内较有名水井47口。

### 境内有记载的机井钻掘情况表

表3-9-8

| 大队名 | 井深度（米） | 建成时间 | 备注 |
|---|---|---|---|
| 谢家岙 | 11 | 1968.10 | 水泵型号4×4，日出水量1万立方米，有益面积40亩 |
| 沙湾 | 10 | 1968.12 | 日出水量0.01万立方米，有益面积10亩 |
| 双岙 | 15 | 1968.10 | |
| 东门 | 11 | 1968.10 | |
| 北门 | 26 | 1971.9 | |
| 路亭 | 19 | 1971.9 | |
| 上宅 | 12 | 1968.12 | |

**2019 年底境内水井分布一览**

表 3-9-9　　　　单位：口

| 村名 | 水井 | 村名 | 水井 |
|---|---|---|---|
| 合计 | 47 | 福明村 | 1 |
| 大涂塘村 | 2 | 大岭下村 | 1 |
| 西门村 | 4 | 后墩村 | 1 |
| 东门村 | 1 | 盛岙村 | 2 |
| 北门村 | 2 | 洋涨村 | 4 |
| 南门村 | 8 | 长坑村 | 2 |
| 尖岭岙村 | 5 | 中宅村 | 2 |
| 路亭村 | 1 | 上宅村 | 3 |
| 双岙村 | 3 | 沙湾村 | 1 |
| 谢家岙村 | 1 | 光明村 | 1 |
| 华峙村 | 2 | — | — |

长坑地下泉井，位于长坑村外敞路墩，源自仰天山，山脉及溪流的地表水渗入外敞潭、里仓，由于仰天山下的地下石谷相连接，地表渗入水无法继续渗入地下，就在地势较低的潭处冒出，形成地下泉水，常年不涸。潭的地下泉水冬暖夏凉，常年水温保持在 19℃～20℃。20 世纪 70 年代初，为解决村民饮用水，在外敞潭炸石掘井，建造 6 米深、直径 2 米的泉井一口，20 世纪 70 年代末重新扩建泉井，深 8 米、宽 6 米。后又多次修整改造。至 2019 年，潭面积达 226 平方米，主要用于村民日常用水和农作物灌溉。

## 排灌工程和水利管理

**抽水机站**　1958 年 10 月，境域部分生产大队配有抽水机。部分生产小队在河口牛车埠使用畜力车水。1961 年贯彻“三级所有，队为基础”政策，各生产队抽水机归生产大队管理。1964 年郭巨、峙头公社成立抽水机站。1975 年后，抽水机站更名电动排灌站。另郭巨、峙头公社各大队共配机电流动排灌机具（河船机）12 台，固定机埠 60 余处，可灌溉沿河农田。1985 年，郭巨镇排灌机械电动机 96 台（248.1 千瓦），柴油机 30 台（128 马力），农用水泵 120 台；峙头乡排灌机械电动机 34 台（92 千瓦），柴油机 2 台（6 马力），农用水泵 34 台，喷灌机械 2 套；1993 年，境内排灌机械电动 78 台（397 千瓦），农用水泵 78 台。2019 年，境内有固定抽水机埠若干处，农户多用电动潜水泵抽水灌溉花木。

**渠道**　随着水库和机电排灌站建成，各类灌溉渠道也随之陆续兴建。1956—1989 年境内先后建成紫微岙水库、华峙水库、上台岙水库等，利用渠道自流灌溉。20 世纪 70 年代，境内各生产队兴修渠道，扩大机电灌溉面积。20 世纪 90 年代后，水渠质量不断提高，由泥质为水泥、砖石砌筑及 U 字型水泥预制渠道，渠道进出水口装有活动插板或启闭阀门，排灌方便。进入 21 世纪，境内农田渠道网日趋合理完善。

## 排涝泵站与管理

**排涝泵站**　境内沿海海塘建有排涝碶闸，但在顶潮时不能启闸排水，易造成内涝，影响农作物生产。20 世纪 70 年代在低洼地区建造排涝泵站，及时排除积水。进入 21 世纪后，境内重要河道和碶闸处修建了排涝泵站，至 2019 年共有翻水排涝泵站 5 座。

碧澜嘴碶泵站位于郭巨街道南门村上台岙灌区。2010 年 12 月建成。水泵 3 台，装机流量 12 米$^3$/ 秒，装机功率 540 千瓦，设计扬程 2.5 米。

华峙排涝站位于郭巨街道华峙村华峙灌区。2010 年 10 月建成。水泵 3 台，装机流量 9 米$^3$/ 秒，装机功率 540 千瓦。

盛岙碶 T- 泵站位于郭巨街道盛岙村盛岙畈灌区。2010 年 12 月建成。水泵 2 台，装机流量 8 米$^3$/ 秒，装机功率 360 千瓦。

小岙里闸 T- 泵站位于郭巨街道双岙村双岙畈灌区。2011 年 12 月建成。水泵 2 台，装机流量 8 米$^3$/ 秒，装机功率 360 千瓦。

新碶头排涝泵站位于郭巨街道大涂塘村紫微岙水库灌区。1975 年建成，2 台 110 千瓦电动机，排涝受益面积 3000 亩。2017 年 12 月改建，装机流量 8 米$^3$/ 秒，装机功率 560 千瓦。

### 2019 年境域翻水排涝泵站一览

表 3–9–10

| 排涝泵站名称 | 地点（村） | 地理位置 | | 装机容量（千瓦） | 设计流量（米$^3$/ 秒） | 水泵扬程（米） | 水泵台数 | 竣工年月 |
|---|---|---|---|---|---|---|---|---|
| | | 纬度（北纬） | 经度（东经） | | | | | |
| 碧澜嘴泵站 | 碧澜嘴 | 29° 50′ 24.2″ | 122° 3′ 4.7″ | 540 | 12 | 2.5 | 3 | 2010.12 |
| 新碶头泵站 | 新碶头 | 29° 49′ 53.9″ | 122° 1′ 41″ | 560 | 8 | 3.5 | 2 | 2017.12 |
| 小岙里闸泵站 | 双岙 | 29° 50′ 41.3″ | 122° 3′ 32.9″ | 360 | 8 | 2.5 | 2 | 2011.12 |
| 外山嘴排涝泵站 | 盛岙 | 29° 51′ 7.3″ | 122° 4′ 23″ | 360 | 8 | 2.5 | 2 | 2010.12 |
| 华峙排涝泵站 | 华峙 | 29° 53′ 8.7″ | 122° 1′ 22.2″ | 540 | 9 | 3.2 | 3 | 2010.10 |

**排灌站管理** 1966 年前，农村抽水机埠一般配有抽水机手 1 名，由公社水利会和各生产大队管理。自 1975 年电灌基建开始，每个生产大队培训一二人参加施工，回村后大部分成为村电工，并负责各排灌站机电工作。1984 年郭巨、峙头乡分别建立农电管理站，负责排灌供电工作，各排灌站分别设立专职或兼职管理员（抽水机手）1 名。至 2019 年，全街道有排涝站 6 座，并配备专职管理员。

## 水利管理

水利管理历来为各级地方官吏和政府所重视。中华人民共和国成立后，随着水利事业的发展，水利管理工作日趋完善。1956 年起，郭巨、峙头公社（镇、乡）水利会成立。

**塘闸管理** 中华人民共和国成立前，沿海碶闸由受益户公雇一二人管理，称碶夫。公立蓄泄标准，按水准启闭闸门，碶石铭刻水则，以凭启闭闸门之规章。碶夫按农事季节所需水位蓄泄，每名碶夫年给银 3 两，后改拨管碶田自耕、自种、自收，复征受益田亩稻谷，此制沿至中华人民共和国成立初。农业合作化后，管碶闸社员参加社队评工记分。由公社打社务工给管碶社员，凭此参加生产队收益分配。1984 起，塘闸由乡（镇、街道）管理，配备专（兼）职管理人员。现在的郭巨新碶头、郭巨埠头下、郭巨碧澜嘴、双岙小岙里、盛岙外山嘴、联合升螺、华峙排涝站七处碶闸（排涝泵站）为专人管理，管理人员工资均由乡（镇、街道）政府从地方财政收入中支出。

**水库管理** 中华人民共和国成立以后，1956 年 3 月 10 日开工建设的郭巨紫微岙水库是镇海县境内第一座水库工程，水库建成后，公社制定了水库管理规章制度，指定专人管理。各生产队放水需到公社申报放水数量，专管人员根据批准的放水量放水。1978 年起，实行县、区、公社、大队、生产队五级管理，公社所属水库配专、兼职管理员。至 2019 年，有专（兼）职水库、河道、池塘管理员 15 名，管理员工资由街道财政支付。

**“三防”管理** 为做好常年性防汛、防旱、防台工作，自20世纪70年代初起，公社（乡、镇）设“三防领导小组”，由政府主要领导人任组长。每年4月前进行“三防”检查，发现海塘及碶闸、水库、溪坑等设施中“病危点”，及时抢修或采取安全度汛措施，消除事故隐患。出台抗台预案，尤以5—6月梅雨汛期，6—8月伏旱，8—9月台风季节防汛、防旱最为突出。1985年后，由乡（镇）政府每年拨出“三防”专项经费，以维修水库、海塘、碶闸等。

# 第四篇　穿山港区开发

穿山港区位于穿山半岛沿岸，是中国南北海运和长江东西水运的“T”形交汇点，2004年，穿山港区作为国家一类对外开放口岸正式对外开放。港口资源得天独厚，自然深水岸线26.2千米；螺头水道、佛渡水道、峙头洋环绕港区的北东南面；港区交通便捷，高速公路、铁路直抵港区南北岸；可规划建设万吨级以上泊位22个，其中已建能靠泊15万吨级国际集装箱船泊位11个，已建成各类生产性物流码头9座，共有泊位22个，泊位总长达6760米；优质的深水海岸线和广袤的内陆腹地使郭巨成了大项目大产业的集聚地，宁波北仑第三集装箱有限公司、浙江液化天然气接卸站、国电电力穿山风电场、光大环保能源宁波有限公司、东方电缆等一批大型企业落户港区，构成了港口物流产业群、清洁能源产业群、静脉产业群、机械制造矿石开采群。2019年，穿山港区与100多个国家（地区）和国内30多个港口通航，有70余条国际集装箱远洋、近洋航线，宁波港北仑第三集装箱有限公司集装箱吞吐量达1035万标准箱，占宁波舟山港集装箱年吞吐总量的37.6%，货物年吞吐量居全国第一，穿山港区为宁波舟山港核心港区。

随着穿山港区大规模开发建设的推进，境内村庄房屋拆迁和土地征用同步进行。至2019年底，累计拆迁总面积97.6万平方米，征用农村集体土地1184公顷，14个村被整体拆迁。建设有怡峰家园、东香茗园安置小区和峰南社区东港新村等地的老年人安置房。

# 第一章　港区环境

穿山港区位于穿山半岛沿岸，港口资源得天独厚。是中国南北海运和长江东西水运的“T”形交汇点，西邻北仑港区，北与大榭港区隔海相望，西南邻梅山港区；自然深水岸线26.2千米，前沿水深15米以上，陆域面积12.48平方千米，可规划建设万吨级以上泊位22个；螺头水道、佛渡水道、峙头洋环绕港区的北东南面；港区交通便捷，穿山疏港高速公路、宁波穿山港铁路直抵港区南北岸；港区东端设有峙头导航站。

## 第一节　自然条件

### 交通

穿山港区海陆域腹地广阔。陆上交通便捷，穿山疏港高速公路和穿山港铁路直抵穿山港区北岸；白峰至中宅进港公路沿线便是港区北侧岸段，接329国道通沪杭甬高速公路、沈（阳）海（口）高速等多条高等级公路，接集装箱货运第二通道通北仑港区、大榭港区；沿海中线峙北连接线沿线便是港区南侧岸段，沿沿海中线可抵梅山港区、穿好高速公路郭巨入口。半小时至2小时交通圈内有宁波栎社、杭州萧山、上海虹桥、上海浦东4个国际机场及舟山机场。海路西北经金塘水道、册子水道达上海及北方各沿海港口，进长江口可达长江沿岸各港口，东南经虾峙门水道、佛渡水道可抵中国东南沿海及世界各大港口。

### 地质地貌

港区岸段由基岩海岸和淤泥质海岸两种类型组成。基岩由上侏罗统凝灰岩组成，岩石完整、坚硬、抗压强度大，一般在1000千克／厘米$^2$以上。第四系地层直接覆盖其上。在凹入陆地隐蔽部分有多个小港湾，湾头发育成沙砾滩，被充填后常形成小片平原。

**北岸段水陆域**　北岸段最大水深18米，5米等深线迫近滩边，10米等深线离岸30米。峙北岸段离岸10～50米距离的水深一般在10米以上。穿山港水域面积11.5平方千米，峙头岸段濒峙头洋，水域较为宽阔。峙头附近有螺头水道，最浅12米，最深91米。大榭岛与穿鼻岛之间有横江，长1.8千米，宽0.7千米，港内置浮标、灯塔，为良好避风港和深水航道。在穿山港东口南侧，外峙岛与大陆之间有牛轭港，全长4千米，平均宽度150米，面积0.615平方千米。

穿山港以东多为角间小型港湾，陆域条件相对较差，纵深只在几十米以内。陆域表层土质，主要由全新世海积亚黏土组成，允许承载力6～8吨／米$^2$，可作为一般建筑地基持力层。

**南岸段水陆域**　自峙头至郭巨岸线为基岩角海岸。海域宽，佛渡水道在附近通过，离岸1050米距离的水深一般在10米以上。滩涂过狭，陆域条件较差。

### 水文气象

**北侧岸段水文气象**　沿岸潮汐属不规则半日潮，潮流多往复流，落潮历时略大于涨潮历时，涨潮历时比落潮历时短约1小时。历年最高潮位4.85米（按吴淞基准面，下同），最低潮位0.04米，平均高潮位 2.94 米，平均低潮位 1.12 米，平均潮位 2.03 米。历年最大潮差 3.36 米，最小潮差 0.30 米，平均潮差 1.83 米，北岸潮差小于南岸。涨潮流向由东向西，落潮流向反之。涨潮平均流速为 1.5 米 / 秒，落潮流速为 1.04 米 / 秒，即涨潮流速大于落潮流速，北侧岸段 20 米等深线以内水下岸坡受落潮流控制，落潮流速大于涨潮流速。波浪为风浪、涌浪和二者的混合浪，以风浪为主，频率 88.53%，涌浪、混合浪为 11.47%。台风季节涌浪较大，因有岛屿的屏蔽作用波浪不大。当 11 级大风持续 4 小时、瞬时风速 42 米 / 秒时，波高仅 2 米。全年平均一至二级浪，占 98%。7—10 月常因台风带来暴雨，9 月份降雨量约占全年的 25%。冬季雨量较少。夏季多东南风，冬季多西北风。常风向为西北及北向，强风（含台风）时风向为东北偏北和北向，最大风速分别为 38 米 / 秒和 37 米 / 秒；多年平均大风日（瞬时风速≥ 17.2 米 / 秒）11 天。

每年冬春季节早晨多发雾，一般上午 10 时前消散。年平均雾日（能见度小于 1000 米）28 天，夏、秋季少雾，8 月无雾。水域无冰冻，冬季可照常通航。

**南侧岸段水文气象**　沿岸潮汐属不规则半日潮。历年平均潮差 2.66 米。平均高潮位 3.83 米，平均低潮位 1.17 米。历年最高潮位 5 米，最低潮位 -0.04 米。潮流流向总体上呈西南—东北走向。涨潮流速小于落潮流速，涨潮平均流速为 1.42 米 / 秒，落潮流速为 2.7 米 / 秒。且南岸海域潮流流速自东向西还具有逐渐趋缓的特点。东北大风时，也有涌浪，但不大于 1 米。多年平均气温 16.5℃，月最高气温在 8 月为 27.6℃，极端最高气温 38.0℃，月最低气温在 1 月为 5.1℃，极端最低气温 -6.9℃。多年平均降雨量 1221.3 毫米，雨量集中在 5—6 月，7—9 月为台风季节，带来降水。11 月至次年 1 月少雨。历年日降水量≥ 25 毫米日数 18 天，历年日最大降雨量 261.4 毫米。多年平均雾日 17.2 天，多在 4—6 月。8—9 月少雾，11 月至次年 3 月多西北风，7—8 月多偏南风，常风向为北和西北，频率 12% ～ 13%。东南偏南风频率 11%。历年≥六级风平均日数 55 天。

潮速、潮向主要变化规律是：夏季流速大于冬季流速，最大流速发生在高（低）潮后 2 ～ 4 小时内；涨、落潮主流向与地形等深线基本一致。

**螺头水道的流场分布**　分水道主轴的主流区、水道主轴南侧的回流区及边滩崎头间的次生回流区。

主流区：位于螺头水道主轴 75 ～ 120 米深水区，是水道主要的潮流通道。据主流区内历史资料统计分析，该水域潮流湍急，长柄咀的北部最大流速可达 3 米 / 秒以上。涨潮流速一般大于落潮流速，落潮流历时长于涨潮流历时。

回流区：位于螺头水道主轴南侧水域。主流区为涨潮流，回流区呈落潮流向，形成回流，在涨潮时段出现的以落潮流的形态表现的一种涨潮形式的流动。该水域落潮流速强于涨潮流速，落潮流历时明显长于涨潮流历时，该水域这种“回流”现象的形成主要由穿山半岛及其长柄咀等地形对水流作用所致。

次生回流区：位于公鹅嘴至长柄咀间的小海湾，属边滩崎头间水域。它与回流区相反，是由回流的潮流动力形成的“次生回流”，次生回流区为涨潮流向，而其外侧为落潮流向，形成“次生回流”的涡旋，“次生回流区”涨潮流速强于落潮流速，涨潮流历时明显长于落潮流历时。该区域这种“次生回流”现象的形成，主要由穿山半岛的公鹅嘴岬角地形对“回流”二次作用所致。

## 第二节　海岸线

境内海岸线自穿山港区北岸牛轭港东口经长坑嘴至南岸方门，总长 32 千米，其中牛轭江东口至港鑫东方 12.147 千米，港鑫东方至南侧升螺圆山 9.073 千米，南侧升螺圆山至峦里闸 4.324 千米，峦里闸至郭巨汽渡码头 3.3 千米，郭巨汽渡码头至方门 3.298 千米。根据舟山港总体规划（2014—2030 年），境内自然深水岸线 26.2 千米，其中牛轭江东口至馒头山西 4 千米，馒头山至沙湾嘴 2.6 千米，沙湾嘴至公鹅嘴东 0.7 千米，公鹅嘴东至港鑫东方罐区西侧 0.95 千米，港鑫东方罐区西边界至双屯 1.7 千米，穿山半岛东侧双屯至司城岙段 7.5 千米，司城岙段至升螺圆山 0.75 千米，穿山半岛南侧升螺圆山至新碶头段 7.6 千米。

北岸多为自然岸线，北岸东部多为角间小型港湾。南岸多为人工岸线，升螺圆山至新碶头段陆域条件相对较好，尤其是人工岸线郭巨大塘内陆域纵深较广阔。

## 第三节　航道　水道

### 航道

**南口深水航道**　由虾峙门经峙头洋直抵南港区，再经螺头水道抵北港区。虾峙门航道（俗称桃花港）位于舟山东南方，指桃花岛灯塔与虾峙雷达站至上溜网重岛灯桩连线的可航水域，航道呈西北—东南走向，全长 6.6 海里，宽 0.9 ～ 2.8 海里。潮汐属规则半日潮，潮流随航道走向，最大流速为落水流 4 ～ 5 节，水深 50 米以上，航道最窄处为下栏山灯桩海面，可航宽度 400 米，水深 92 ～ 123 米，泥及岩石底质。虾峙门航道有拦门沙，水深 17.6 米，浅段长约 3 千米，15 万吨以内船舶无须候潮便可进出。2007 年 6 月开始，由宁波港集团、中石化股份公司和舟山港务局共同投资 4.85 亿元，疏浚整治虾峙门口外航道，2008 年 2 月竣工，航道水深由原先的 -18.2 米加深到 -22.5 米，30 万吨船舶不必卸载或候潮可直抵穿山港区，从国际航线或南路航线来的特大型船舶，必须由虾峙门入口，经峙头洋、螺头水道抵穿山港区，是中国第一条全天候超大型船舶通航的天然深水航道。

**南口浅水航道**　在深水航道内侧。凡南路航线来的 2.5 万吨级以下船舶，可经牛鼻水道、佛渡水道、条帚门水道直抵南港区，向东北绕过穿山半岛，抵达北港区。

**北口浅水航道**　进港船舶不得超过 2.5 万吨级。凡北路来的 2.5 万吨以下船舶，可穿越杭州湾外的玉盘洋、灰鳖洋，经金塘水道或册子水道入螺头水道直抵北港区，向东南绕过穿山半岛，抵达南港区。至于北来的 25 万吨级以上的船舶，必须行走外道，即绕过舟山岛，由虾峙门入口的西口深水航道进入。

**穿山港道**　又名黄峙港，位于北纬 29° 53′ ～ 29° 55′，东经 121° 54′ ～ 122° 00′。处穿山半岛北部，介于大榭岛与大陆之间，系避风、贸易良港。港区水域东西长 7.2 千米，有西、北、东及外神马与穿鼻岛间 4 个进出口，以西口、东口为主。向西航道深 7 ～ 33 米，宽 278 ～ 463 米；向东航道深 14 ～ 48 米，宽 185 ～ 370 米；港内有灯塔 12 座，浮标 5 个。大榭、里神马、穿鼻等岛构成天然屏障。风浪小，冬季西北向大风时有涌浪，波高 1 米左右。岸坡陡，水深流顺，属往复潮，不淤，岸坡稳定无需疏浚，15 万～ 20 万吨级船舶能自由出入。

**梅山港道**　位于北纬 29° 44′ ～ 29° 49′，东经 121° 54′ ～ 122° 01′，处穿山半岛南端，介于梅山岛与大陆之间，东口为佛渡水道，长 15 千米，均宽 500 米。岛陆之间港道隐蔽，长约 7 千米。分南、北两口门，北口门向东北，宽 500 米，水深 7 米；南口门朝西南，与象山港相接，宽约 800 米，水深 3 米。港内海域大部分水深 8 ～ 9 米，泥质底。大陆侧岸滩 60 米，5 米左右深水线离岸边约 30 米，岛侧岸滩较宽，5 米左右深水线离岸边约 100 米。水深 5 米以上水面宽度 300 ～ 400 米。该港水深条件好，属复往流，基本不淤，利于避风浪。2018 年，梅山港道东北口、西南口堤坝碶闸筑成，港道废弃。

### 水道

**峙头洋**　位于北纬 29° 41′ ～ 29° 57′，东经 122° 01′ ～ 122° 16′，西起穿鼻山，东至舟山普陀蚂蚁岛，西南起梅山岛，东北至普陀区小干岛。东西长 25 千米，南北宽 15 千米，呈马蹄形，总面积 298.5

平方千米。经穿山至峙头得名。属北仑、定海、普陀3区共有。洋西深东浅，北深南浅，最深处为峙头角东北约4千米处，深度119米。底质大部分为泥及泥沙。因周围岛屿，洋中潮流回转，流向复杂，涨潮流向西，落潮流向东，属不规则半日型潮，也有属规则半日型潮者。年均水温18度左右，年均盐度27‰左右。因海域较深宽，大风时涌浪较大。年均风速4.5米/秒，最大风速35米/秒。夏季多东南风，冬季多西北风。强风向西北偏北，常风向偏南偏北。7—9月为台风季节，3—6月为雾季。洋内有两条水道，东西向名螺头水道，东北—西南向为佛渡水道。洋中岛屿、礁石不多，主要有白鸭山、洋小猫岛礁。周围航道众多，大小船只过往频繁。进出航道主要有四条：西经螺头水道入穿山港和金塘水道；北经普陀沈家门水道入莲花洋；东经虾峙门入东海，十万吨级船舶无须候潮进出；南经佛渡水道、牛鼻子水道入磨盘洋、大目洋。大屯山嘴建有导航台；大猫岛、摘箬山、洋小猫岛、点灯山等处有灯桩。产黄鱼、鲳鱼、鳓鱼等，近年产量锐减，现以产虾、蟹为主。

**螺头水道**　介于大猫山、摘箬岛与大榭岛、穿鼻岛、穿山半岛之间，呈东西走向，长约17千米，宽约4.5千米，最窄处1.6千米，水深35～112米，是宁波舟山港核心港区重要航道。潮汐属正规半日潮，潮流随水道走向，涨潮流向西，落潮流向东，流速2～3节。该水域风随季节变化较大，冬季多偏北风，夏季多偏南风，春秋为两种季风过渡期。冬季风较大，夏季较小。总体来说由于其处于穿山半岛和舟山列岛之间，风受到岛屿天然屏障的减弱，情况较为良好。助航标志有洋小猫岛灯塔、长柄咀灯桩、螺头角灯桩。螺头角附近水流湍急，流向多变，流急时旋涡遍布。

**佛渡水道**　位于上溜网重岛、东西白莲山、六横岛、穿山半岛与梅山岛之间，北接螺头水道和峙头洋，南接双屿门、青龙门和汀子门，东连青滋门、虾峙门和条帚门，水道周边岛礁众多。潮汐属正规半日潮，潮流多为往复流。7—9月易受热带风暴影响，台风平均每年3.9次，其中强台风占82%。助航标志有洋小猫岛灯塔、上溜网重岛灯桩、桃花岛灯塔。升螺圆山东西南水域、梅山岛东侧沿岸及青龙门水道常有涨网现象，在鳗鱼苗捕捞季节尤其严重，航行船舶须保持正规瞭望，注意避让。

**宁波舟山港核心港区深水航路船舶定线制**　2016年8月1日起，新版宁波舟山港核心港区深水航路船舶定线制、报告制、定线制管理规定（简称“两制一规”）正式实施。新建成投用的条帚门航道和佛渡水域被纳入船舶定线制管理，这意味着大型船舶进出北仑港域核心港区有了第二条通道。2016年4月28日13时许，“商船三井真诚”轮通过条帚门航道，顺利靠上梅山港区集装箱码头1号泊位，标志着条帚门航道首次试航成功。

## 第四节　锚地

穿山港域附近船舶锚地，因各时期进出港船舶构成、港区范围、水域水深、码头条件各异，时有变动。根据《浙江沿海及主要港口航行指南》《宁波金塘七里屿锚地定点锚泊管理规定》，港域有6处主要船舶锚地。

### 虾峙门锚地

虾峙门锚地位于虾峙岛东面，为引航、待泊锚地。分4处，总面积38.31平方千米。其中虾峙门口外矿船锚地面积4.12平方千米，外油船锚地面积7.89平方千米。虾峙门北锚地面积15平方千米，南锚地面积11.3平方千米。

### 马峙锚地

马峙锚地位于马峙岛西南、小干岛西，为避风、待泊及联检锚地。分3处，总面积20.9平方千米。

马峙 1 号锚地 16.9 平方千米，2 号锚地 2.7 平方千米，危险品作业锚地 1.3 平方千米。

### 岙山锚地

岙山锚地 1#、2#、3# 锚位位于岙山岛东侧水域，为待泊及联检锚地。4# 锚位位于岙山岛西侧，为待泊、避风锚地。联检锚地位于桃花岛西侧，为外轮提供联检及待泊。面积 5.9 平方千米。

### 穿山港锚地

穿山港锚地位于穿山港长腰剑岛南侧水道，南靠白峰街道，为一片半封闭狭长水域。水深 7 ～ 14 米，长约 3 千米，泥底，锚抓力良好，可供千吨级船舶避风，是宁波、舟山等地海洋捕捞船和小型运输船传统避风锚地。

港区另设置供船舶待泊、作业使用的锚泊点 9 个。

### 七里锚地

七里锚地位于七里屿灯塔东北，为引航、避风、待泊锚地。设置锚泊点 23 个，面积 13.7 平方千米。

### 金塘锚地

金塘锚地位于金塘岛西南，为引航、避风、待泊锚地。设置锚泊点 11 个，面积 5 平方千米。

**穿山港域主要锚地情况表**

表 4–1–1

<table>
<tr><th>名称</th><th>地点</th><th>位置（下列各点连线范围）<br>北纬 / 东经</th><th>面积<br>（平方千米）</th><th>用途</th><th>流速<br>（海里 / 时）</th><th>水深（米）<br>及底质</th><th>说明</th></tr>
<tr><td rowspan="4">虾峙门锚地</td><td rowspan="4">虾峙岛东面</td><td>口外矿船锚地<br>29° 45.3′ N/122° 33.6′ E<br>29° 45.3′ N/122° 34.9′ E<br>29° 44.2′ N/122° 34.9′ E<br>29° 44.2′ N/122° 33.6′ E</td><td>4.12</td><td rowspan="4">引航待泊</td><td rowspan="2">3</td><td rowspan="2">28 ～ 30<br>泥底</td><td rowspan="4">避风条件较差，东风、东南风时风浪较大，常有涌浪侵入</td></tr>
<tr><td>口外油船锚地<br>29° 43.9′ N/122° 33.6′ E<br>29° 43.9′ N/122° 34.9′ E<br>29° 41.8′ N/122° 34.9′ E<br>29° 41.8′ N/122° 33.6′ E</td><td>7.89</td></tr>
<tr><td>北锚地<br>29° 46.5′ N/122° 20.5′ E<br>29° 46.5′ N/122° 23.0′ E<br>29° 44.5′ N/122° 23.0′ E<br>29° 44.5′ N/122° 20.5′ E</td><td>15.00</td><td>2 ～ 4</td><td>16 ～ 26<br>泥底</td></tr>
<tr><td>南锚地<br>29° 43.5′ N/122° 20.0′ E<br>29° 42.2′ N/122° 23.0′ E<br>29° 41.6′ N/122° 23.0′ E<br>29° 41.6′ N/122° 20.0′ E</td><td>11.30</td><td>2 ～ 4</td><td>19 ～ 24<br>泥底</td></tr>
</table>

续表 4–1–1

| 名称 | 地点 | 位置（下列各点连线范围）北纬 / 东经 | 面积（平方千米） | 用途 | 流速（海里 / 时） | 水深（米）及底质 | 说明 |
|---|---|---|---|---|---|---|---|
| 马峙锚地 | 马峙岛西南、小干岛西面 | 1 号锚地<br>29° 55.5′ N/122° 12.7′ E<br>29° 55.5′ N/122° 16.5′ E<br>29° 54.0′ N/122° 16.5′ E<br>29° 54.0′ N/122° 12.7′ E | 16.90 | 避风待泊联检 | 2 ~ 4 | 10 ~ 22 泥底 | 避风性能好，涌浪小 |
| | | 2 号锚地<br>29° 53.3′ N/122° 12.5′ E<br>29° 53.3′ N/122° 13.5′ E<br>29° 52.5′ N/122° 13.5′ E<br>29° 52.5′ N/122° 12.2′ E | 2.70 | | | 15 ~ 45 泥底 | |
| | | 危险品锚地<br>29° 55.8′ N/122° 14.5′ E<br>29° 55.8′ N/122° 15.2′ E<br>29° 55.8′ N/122° 16.0′ E<br>29° 55.5′ N/122° 16.0′ E | 1.30 | | | 12 ~ 15 泥底 | |
| 七里锚地 | 七里屿灯塔东北 | 29° 59.5′ N/122° 46.5′ E<br>29° 59.5′ N/122° 47.5′ E<br>29° 02.5′ N/122° 47.5′ E<br>29° 02.5′ N/122° 45.6′ E<br>29° 00.5′ N/122° 46.5′ E | 13.70 | 引航避风待泊 | 2 ~ 3 | 6 ~ 10 泥底及泥沙 | 西北至东北风六至七级以上，涌浪较大 |
| 金塘锚地 | 金塘岛西南 | 30° 00.0′ N/121° 49.1′ E<br>30° 00.0′ N/121° 49.5′ E<br>30° 00.5′ N/121° 50.0′ E<br>30° 02.0′ N/121° 50.0′ E<br>30° 02.5′ N/121° 49.5′ E<br>30° 02.5′ N/121° 48.6′ E<br>30° 00.5′ N/121° 50.0′ E<br>30° 00.5′ N/121° 48.6′ E | 5.00 | 引航避风待泊 | 4 ~ 6 | 15 ~ 23 泥底 | 水域宽阔，可避东北至东南风六至七级 |

# 第五节　导航设施

## 雷达导航站

穿山港区有宁波港配套导航设施，即 1982 年建成的虾峙、峙头、大榭 3 个雷达导航台，形成自虾峙门引水锚地至穿山港区、金塘锚地至穿山港区航道上连续覆盖的雷达链，可实施对航道、海域上船舶动态监视、导航与必要的控制功能，对提高港口效率和船舶周转率、保障船舶航行安全等方面能起到重要作用。

峙头雷达导航站

**峙头雷达导航站** 位于境内双屯村，北纬 29° 54′ 17.26″，东经 122° 07′ 39.38″，导航站海拔 53.7 米，导航台主楼高 9.7 米，导航半径 6.5 海里。该处居高临下，可分别与虾峙、大榭两雷达站相通视。主要覆盖区向西为螺头水道，向东为虾峙水道西端桃花岛西头。分别与两个相邻的雷达站覆盖范围搭接。正向为马峙锚地。此外，螺头、佛渡、虾峙 3 条水道汇集、过往船只频繁的峙头洋，也在此站监视范围之内。主要设备有：X 波段收发机、16 英寸 PPI 显示器、数字扫描转换器台卡接点和 19 英寸高亮度显示器。1982 年设立。占地面积 2500 平方米，建筑面积 500 平方米。

**虾峙雷达导航站** 此段为进港航道的口门，东濒大海，并无遮挡，可监视外海来船和引水锚地上的船舶动态。向西可与峙头雷达站覆盖区相衔接。

**大榭雷达导航站** 覆盖北向金塘水道、册子水道来船，东与峙头雷达站覆盖范围相搭接。

## 系统功能

港口雷达导航系统的主要功能有：监视锚地、进港航道、港池或船舶转头地的船舶动态，向港务局、作业区等有关管理部门提供船舶信息。在能见度不良（因雨、雾、雪等各种原因）的条件下，向船舶提供咨询和实施导航，发出船舶相遇、横穿航道时避碰和船舶可能搁浅、触礁的告警。在风浪大，引水船无法驶出虾峙门的条件下，引导船舶驶入口门，沿虾峙水道行驶到风浪比较平稳处，由引水船靠系大船，送上引水员。对虾峙水道的大双山狭窄航段，必要时实施单向通行控制。监视船舶执行有关港口水上交通管理规章制度的情况，如是否在非锚地区域抛锚，是否在禁锚区抛锚，是否船速过高以及是否违反有关避碰规则等。根据需要，向船舶发布锚地、航道码头等处船舶动态，航行标志或其他助航设施移动、变化情况以及必要的风速、风向、潮位、流速、流向、波浪、能见度等有关水文、气象等情报，在船舶无线通信设备因故不能与海岸电台通话的紧急情况下，协助海岸电台实施某些非导航性质的港口业务通信中继、代转功能。

洋小猫岛灯塔

## 助航设施

穿山港区设有灯塔、灯桩、灯浮等助航航标设施，有灯塔 1 座、灯桩 5 座、灯浮 1 个。其中外神马电力灯桩（代）、浙江液化天然气接收站灯桩为业主单位所建。

**穿山港区部分助航设施一览**

表 4–1–2

| 编号 | 名称 | 位置 | 灯质 | 灯高（米） | 射程（海里） | 构造 |
|---|---|---|---|---|---|---|
| 2473 | 洋小猫岛灯塔 | 29° 53′ 54.3″ N<br>122° 09′ 04.5″ E | 闪（2）白<br>10 秒 | 53.5 | 15 | 白色圆柱形混凝土；14.6 |
| 2446 | 小白鸭礁灯桩（鸭爪礁、管门礁） | 29° 54′ 14.7″ N<br>122° 01′ 50.0″ E | 闪白 3 秒<br>0.5+2.5 | 7.7 | 6 | 黑色圆柱形混凝土；10.1 |
| 2446.6 | 长柄咀灯桩 | 29° 54′ 38.2″ N<br>122° 06′ 59.1″ E | 闪白 6 秒<br>0.5+5.5 | 21.1 | 4 | 白色圆柱形超高分子量聚乙烯；5.9 |
| 2433.3 | 白鸭山北（凉帽山北）灯桩 | 29° 54′ 47.5″ N<br>122° 01′ 31.8″ E | 闪白 2 秒 | 13.7 | 4 | 白色圆柱形混凝土；7.3 |

续表 4–1–2

| 编号 | 名称 | 位置 | 灯质 | 灯高（米） | 射程（海里） | 构造 |
|---|---|---|---|---|---|---|
| 2446.2 | 外神马东灯浮 | 29° 54′ 03.2″ N<br>122° 01′ 19.0″ E | 快（3）白<br>10 秒 | — | — | 黑黄黑横带柱形，顶标为两个黑色锥形，锥底相对 |
| 2446.3 | 外神马电力灯桩（代） | 29° 54′ 02.1″ N<br>122° 01′ 07.3″ E | 莫（C）黄<br>12 秒 | 10.4 | 3 | 黄色圆柱形玻璃钢，顶标为黄色“X”形，标体明显处漆黑色水中构筑物标记；7.7 |
| 2446.55 | 浙江 LNG 接收站灯桩 | 29° 54′ 01.4″ N<br>122° 05′ 34.7″ E | 闪（2）白<br>6 秒 | 11.0 | 4 | 白色圆柱形钢管结构；7.0 |

说明：经向船长咨询和航海学资料，不必对此作表下“注”说明，是航海学中的术语。

# 第二章　港区建设

港区北岸已建 15 万吨级集装箱四期、五期码头，有泊位 11 个，集装箱年吞吐量可达 1000 万个标准箱；液化天然气接卸及大宗散货码头 4 座、泊位 8 个，年吞吐量可达 3000 万吨，已建码头泊位总长达 6093 米。港区南岸东方电缆码头正在建设中。进港公路、高速公路、铁路等基础设施建设已建成投用。北仑第三集装箱有限公司、中海浙江宁波液化天然气有限公司等一批大型临港产业企业落户港区。海关、海事、边检等机构进驻港区，履行监管服务职能。

## 第一节　港区规划　布局

### 港区规划

据《宁波—舟山港总体规划（2014—2030 年）》、《浙江省海洋功能区划》（2006 年）、《宁波市海洋功能区划》（2007 年）规划，港区陆域范围为整个穿山半岛沿海，西起龙睡宫、南全新碶头。港区北岸划分为西部（含外峙岛）、中部、东部共 3 个作业区；南岸分穿山南港郭巨作业区、圆山作业区。

### 港区布局

**中部作业区**　牛轭江东口至馒头山以西自然岸线长 4 千米，规划为集装箱码头区，码头岸线 3710 米，可布置 10 万吨级及以上集装箱泊位 11 个，陆域纵深 700 ～ 1200 米，陆域面积 330 万平方米。自 2002 年 8 月开工建造，至 2012 年 2 月陆续建成 15 万吨级集装箱泊位 10 个（2 号至 11 号泊位），15 万吨级的 1 号泊位于 2018 年 12 月开工建造，2020 年 7 月建成，是具有国际第六代集装箱船装卸条件的专用泊位，由北仑第三集装箱公司经营。

**东部作业区**　大宗干散货及液化天然气码头区：馒头山至沙湾嘴岸线长 2.6 千米，自西向东已建成中宅 15 万吨级和 5 万吨级散货泊位各 1 个，由宁波舟山港股份有限公司北仑矿石码头分公司经营，规划将中宅煤炭码头向两侧延伸，布置 30 万吨级、5 万吨级和 3.5 万吨级散货泊位各 1 个。已建成液化天然气接卸站配套的 26.6 万立方米液化天然气接卸泊位和 3000 吨级工作船泊位各 1 个。

预留液化天然气码头区：有液化天然气码头东侧约 700 米岸线及后方陆域规划为预留液化天然气码头区。下阶段，结合专题论证，确定适宜布置的码头功能及具体平面方案。

通用散货码头区：自公鹅嘴东至港鑫东方罐区西侧，约 950 米自然岸线，已建光明 10 万吨级、3.5 万吨级和 2 万吨级散货泊位各 1 个，规划向东延伸将现有 10 万吨级和 1 万吨级泊位，升级改造为 15 万吨级和 3.5 万吨级，在西侧新建 1 个 5 万吨级散货泊位。

液体散货码头区：港鑫东方罐区西边界至双屯，约 1.7 千米自然岸线，已建港鑫东方 5 万吨级成品油泊位 1 个，东侧规划布置 5 万吨级油品泊位 2 个。

**穿山半岛东侧作业区** 双屯至司城岙段，港口岸线 7.5 千米，部分已进行开山采石，是港口预留发展区，结合开山围填及建港条件研究，专题论证作业区的功能及平面布置方案。

**穿山南港岸线** 升螺圆山至新碶头段，港口岸线 7.6 千米，该段为陆域围填的人工岸线，利用习惯航路进出，岸线开发使用前应征求相关部门意见，并与浙江省海洋功能区划、近岸海域环境功能区划及环境功能区划所确定的功能定位相协调。该段由两部分组成：从郭巨汽渡码头以北 400 ～ 440 米（盛岙外山嘴）处岸线为穿山南港郭巨作业区，岸线全长 4000 米，已建海湾重工 500 吨级码头 1 个。盛岙外山嘴以北 1400 米至升螺圆山附近岸段为穿山南港圆山作业区，岸线长 1600 米，在建的有东方电缆码头。

## 第二节 码头泊位开发

2002 年 8 月起，穿山港区北岸进入现代化码头开发建造阶段，重点建造万吨级以上生产性专用泊位。至 2020 年，穿山港区北岸共建成各类码头 6 座，泊位 19 个，泊位总长 6093 米。其中 10 万吨级以上泊位 14 个，设计年货物吞吐能力 4040 万吨；建成 15 万吨级的集装箱泊位 11 个，泊位总长 3740 米；建成中宅散货（煤炭）码头泊位 2 个，泊位总长 872 米，设计年货物吞吐能力 1330 万吨；建成液化天然气接收站配套 26.6 万立方米液化天然气泊位和 3000 吨级泊位各 1 个；建成光明 10 万吨级、3.5 万吨级和 2 万吨级散货泊位各 1 个，泊位总长 739 米，设计年货物吞吐能力 1650 万吨；建成港鑫东方 5 万吨级成品油泊位 1 个，设计年成品油吞吐能力 158 万吨。

### 2019 年穿山港区北岸码头泊位一览

表 4-2-1

| 码头名称 | 泊位 | 性质 | 靠泊能力（万吨） | 泊位长度（米） | 泊位宽度（米） | 前沿水深（米） | 码头结构 | 吞吐能力 | 投用时间 |
|---|---|---|---|---|---|---|---|---|---|
| 集装箱四期码头 | 四期 1 号泊位 | 集装箱装卸 | 15 | 330 | 55 | −15.4 | 高桩板梁式 | — | 2020.7 |
| | 四期 2 号泊位 | | 15 | 300 | 55 | −16 | | — | 2007.9 |
| | 四期 3 号泊位 | | 15 | 300 | 55 | −17 | | 40 万标准箱 | 2004.5 |
| | 四期 4 号泊位 | | 15 | 385 | 55 | −17 | | 40 万标准箱 | 2004.8 |
| | 四期 5 号泊位 | | 15 | 415 | 55 | −17 | | 40 万标准箱 | 2005.3 |
| | 四期 6 号泊位 | | 15 | 300 | 55 | −17 | | 40 万标准箱 | 2005.8 |

续表 4-2-1

| 码头名称 | 泊位 | 性质 | 靠泊能力（万吨） | 泊位长度（米） | 泊位宽度（米） | 前沿水深（米） | 码头结构 | 吞吐能力 | 投用时间 |
|---|---|---|---|---|---|---|---|---|---|
| 集装箱五期码头 | 四期 7 号泊位 | 集装箱装卸 | 15 | 385 | 55 | −17 | 高桩板梁式 | 40 万标准箱 | 2006.2 |
| | 五期 8 号泊位 | | 15 | 285 | 55 | −17.3 | | — | 2006.9 |
| | 五期 9 号泊位 | | 15 | 340 | 55 | −17.3 | | — | 2006.9 |
| | 五期 10 号泊位 | | 15 | 355 | 112.5 | −17.6 | | — | 2012.6 |
| | 五期 11 号泊位 | | 15 | 345 | 112.5 | −17.4 | | — | 2012.6 |
| 中宅煤炭码头 | 卸船泊位 | 散货接卸 | 15 | 520 | 36 | −19.6 | 高桩板梁式 | 900 万吨 | 2012.5 |
| | 装船泊位 | | 5 | 352 | 23 | −13.76 | | 430 万吨 | 2012.5 |
| 浙江 LNG 接卸码头 | 工作船码头 | 其他泊位 | 0.3 | 110 | — | 7.0 | 高桩码头 | — | 2012 |
| | LNG 码头 | 液化天然气 | 15 | 440 | — | 16.0 | | 900 万吨 | 2012 |
| 光明通用码头 | 1 号泊位 | 通用泊位 | 3.5 | 240 | 18 | −13.9 | 高桩板梁式 | 531 万吨 | 2014.1 |
| | 2 号泊位 | | 2 | 189 | 30 | −17.3 | | 289 万吨 | 2012.1 |
| | 3 号泊位 | | 10 | 310 | 30 | −17.3 | | 832 万吨 | 2015.5 |
| 港鑫东方码头 | 1 号泊位 | 油品 | 5 | 192 | 18 | −16 | 高桩板梁式 | 158 万吨 | 2009.10 |

## 第三节　码头及码头企业选介

### 码头选介

**宁波舟山港集团穿山港区集装箱码头**　位于穿山港区北岸中部作业区、郭巨华峙、后墩至竹湾村一带，共 11 个集装箱泊位，分属宁波穿山码头经营有限公司（1# 泊位）、宁波港吉码头经营有限公司（2# ～ 4# 泊位）、宁波意宁码头经营有限公司（5# ～ 6# 泊位）、宁波远东码头经营有限公司（7# ～ 9# 泊位）、宁波北仑第三集装箱码头有限公司（10# ～ 11# 泊位），由宁波北仑第三集装箱码头有限公司统一负责穿山港区集装箱生产运营的管理。码头岸线长 3740 米，前沿水深 -17 至 -22 米，陆域面积 359 万平方米，堆场面积 183.7 万平方米，使用海域面积 146.07 公顷，2019 年集装箱吞吐量达 1035 万标准箱，主营航线总数 70 余条。穿山港区（四期、五期）集装箱码头是至 2019 年全国前沿水深最深、泊位等级最大、装卸设施最先进的集装箱码头之一，可接卸至 2019 年全球的最大集装箱船。自 2017 年起，年集装箱吞吐量连续四年超千万，成为全球第二大单体集装箱码头。

穿山港区集装箱码头

## 专记：习近平总书记考察宁波舟山港穿山港区

2020 年 3 月 29 日，习近平总书记来到宁波舟山港穿山港区，冒雨察看码头现场集装箱作业场景，听取港区情况和复工复产情况汇报，同港口职工代表亲切交流。桥吊司机竺士杰作为代表向总书记汇报工作。

看到港口职工精神昂扬，习近平总书记称赞说："港口是支撑经济发展的基础性、枢纽性设施，你们是一支非常硬核的突击力量。"总书记对宁波舟山港提出殷切期望："要坚持一流标准，把港口建设好、管理好，努力打造世界一流强港，为国家发展作出更大贡献。"

宁波舟山港集团董事长毛剑宏向总书记汇报："去年我们宁波舟山港完成货物吞吐量 11.2 亿吨，已经连续 11 年位居世界第一，集装箱吞吐量 2753.5 万标准箱，跃居全球港口第三位。"总书记说："这真是了不起的成绩！"

"你们既抓疫情防控，又抓恢复生产，港口正常作业恢复得很好。从目前看，各方面数据在第二季度保持比较大幅度的回升还是具备条件的。我看好你们！"总书记勉励道。

总书记十分清醒："现在，更严重的问题发生在国际上。国内防疫是上半场，国际防疫是下半场。疫情之下，任何一个经济体、一个国家都不能独善其身，即便国内打赢了，国际疫情形势也可能影响我们，所以要积极参与到国际疫情防控合作中去，未雨绸缪，做好防范应对的预案。"

"祝宁波舟山港全体员工一切顺利！希望大家在战胜各种困难之后，仍然能够取得优异的成绩，打造世界一流强港，为祖国和人民作出新的贡献。"话音刚落，掌声热烈响起。（摘自新华网新华社通讯稿）

**中宅煤炭码头** 位于穿山港区北岸东部作业区、螺头水道南部郭巨中宅村。一期工程于 2010 年 8 月 20 日开工建造，2012 年建成投用，项目总投资 24.57 亿元，建成 15 万吨级煤炭接卸泊位 1 个，码头水工结构按 20 万吨级设计，可在限定条件下减载靠泊 25 万吨级散货船，设计年接卸能力 900 万吨；5 万吨级装船泊位 1 个，年设计装船能力 430 万吨；泊位总长度 872 米，设计年总吞吐量 1330 万吨。后方 1#～6# 堆存场地有效面积 25.6 万平方米，设计堆存能力 200 万吨。2018 年 11 月，二期工程开工建设，将新建 30 万吨级卸船泊位 1 个，5 万吨级和 3.5 万吨级装船泊位各 1 个，年设计吞吐量达 2000 万吨。该工程是目前浙江省规模最大的煤炭专用码头，建成后北仑第二港埠公司煤码头改为集装箱码头，从而减少码头煤炭扬尘对城区的影响。2019 年，码头货物吞吐量 3700 万吨。

中宅煤炭码头

**光明通用码头** 位于穿山港区北岸东部作业区、螺头水道南部郭巨光明村。2007 年 9 月 26 日开工，2012 年 1 月 18 日通过竣工验收。总投资 11.36 亿元。项目使用陆域面积近 30 公顷，海域使用权面积 268 公顷，岸线 836 米，建设 2 万吨级（2# 泊位）、3.5 万吨级（1# 泊位）和 10 万吨级（3# 泊位）通用泊位各 1 个，泊位总长度 739 米，前沿水深 17 米，码头设计年吞吐量 1654 万吨，有堆场 4 个，面积总计为 96000 平方米，堆存能力以煤炭计 50 万吨。主要用于煤炭、矿石、粮食等散杂货物水水中转。2011 年 7 月 29 日，从秦皇岛港运载 1.8 万吨煤的"宁丰 1"轮顺利靠泊 2 万吨级散杂货码头，标志该码头投入运营。2019 年，码头货物吞吐量 971 万吨。

**宁波港鑫东方燃供仓储码头**　位于穿山港区北岸东部作业区、光明散杂货码头东侧。2007 年 7 月开工，2009 年 10 月建成投产，为北仑区首个由民营资本投资兴建的万吨级燃供油码头。项目使用陆域面积近 9.457 公顷，海域使用权面积 26 公顷，岸线 365.5 米，项目总投资 4.5 亿元，建成可靠泊 5 万吨级或同时靠泊 2 艘 5000 吨级油品船舶专用码头 1 座，码头设计年吞吐量 158 万吨；配置有总库容 31.8 万立方米的储油罐、功能罐共 28 座。为中外用户提供油品装卸、中转和存储服务。2019 年，码头货物吞吐量 134 万吨。

**浙江液化天然气接卸码头**　位于穿山港区北岸东部作业区、螺头水道南部郭巨沙湾村。项目总占地面积 46.9 公顷，海域使用权面积 77.4257 公顷。一期工程投资 70 亿元，包括建设可停靠 8 万～26.6 万立方米液化气运输船的单泊位接卸码头及工作船码头各一座和 3 座 16 万立方米混凝土全容罐。工作船码头呈“L”形，设计等级为 2000 吨级（兼靠 300 吨）。泊位总长度为 550 米，引桥长 169 米、宽 8 米，采用高桩梁板结构，桩基采用直径 800PHC 桩。设计年接卸液化天然气 600 万吨。2012 年 9 月接卸第一船。2019 年，接卸来自卡塔尔（亚洲）拉斯拉凡港和澳大利亚（澳洲）格拉德斯通港的液化天然气 527 万吨。

光明通用码头

浙江液化天然气接卸码头

## 码头企业选介

### 2019 年穿山港区主要码头企业一览

表 4-2-2

| 单位名称 | 成立时间 | 注册资金（亿元） | 主营项目 | 吞吐量（万吨） | 产值（亿元） | 职工（人） |
|---|---|---|---|---|---|---|
| 北仑第三集装箱码头有限公司 | 2004.6 | 19.5 | 码头及港口设施服务，港口货物装卸、驳运、仓储、集装箱拆拼箱服务等 | 1035 万标准箱 | 30.58 | 4172 |
| 宁波港吉码头经营有限公司 | 2004.12 | 1.2 亿美元 | | | | |
| 宁波意宁码头经营有限公司 | 2005.12 | 1 亿美元 | | | | |
| 宁波港远东码头经营有限公司 | 2006.7 | 25 | | | | |
| 宁波穿山码头经营有限公司 | 2018.8 | 1.268 | | | | |
| 中海宁波液化天然气有限公司 | 2005.3 | 16.0741 | LNG 运输、储存、销售 | 527 | 12.85 | 230 |
| 北仑矿石码头分公司码头 | 2012.5 | 24.57 | 煤炭、矿石中转 | 3700 | — | — |
| 宁波光明码头有限公司 | 2007.1 | 4 | 煤炭、粮食中转仓储 | 971 | 0.98 | 218 |
| 宁波港鑫东方燃供仓储有限公司 | 2006.5 | 2030 万美元 | 燃油中转仓储 | 134 | 0.36 | 74 |

**宁波北仑第三集装箱有限公司**　省属国企宁波舟山港下属公司，成立于 2004 年 1 月，注册资本 19.5 亿元人民币。公司主营码头和其他港口设施服务；在港区内从事货物装卸、驳运、仓储、集装箱拆拼箱服务；

港区供水、供电服务；港口设施设备租赁服务；统一负责穿山港区集装箱生产运营的管理。经营宁波舟山港穿山港区集装箱码头 10# ～ 11# 泊位。

2019 年，公司所管理的宁波舟山港穿山港区集装箱码头配有桥吊 49 台、龙门吊 153 台。建立了通往世界各大洲集装箱航线网络，拥有欧洲、地中海、美西、美东、黑海、南美、中东和中国香港等 70 余条航线。2020 年 4 月 15 日，宁波舟山港铁路穿山港站正式启用，穿山港站与国铁无缝连接，货物可通过火车进出港区，铁路运输通向全国 15 个省份，实现“21 世纪海上丝绸之路”与“丝绸之路经济带”的无缝对接。

公司自 2004 年投产以来，充分发挥自身距离航道近、水深条件好、码头岸线长的自然优势，不断拓展市场航线资源，配套完善港区硬件设备设施，已发展成宁波舟山港航线数量最多、集装箱处理能力最强的集装箱码头，自 2017 年起，公司年集装箱吞吐量连续四年超“千万”，成为全球第二大单体集装箱码头。公司重视利用信息化系统对港内运输生产的实时监控和分析，不断提升生产作业效率，并成功上线 n-TOS 系统，结束中国“千万级”集装箱码头依赖国外系统历史。此外，还发挥劳模先进的引领作用，在全面推广“竺士杰桥吊操作法”和“汪增锋龙门吊操作法”的同时，通过开展立功竞赛和技术比武活动，不断提升工人的操作技能水平。

2006 年 12 月 27 日，宁波舟山港实现整合，集装箱吞吐量突破 1000 万标准箱庆典在宁波港穿山港区集装箱码头举行，浙江省委书记习近平按下宁波舟山港第 700 万只集装箱的起吊按钮。2008 年 5 月 22 日，奥运火炬接力活动宁波站起跑仪式在穿山港区集装箱四期码头举行，公司全国劳模竺士杰等 5 名火炬手参加火炬传递。2009 年 4 月 28 日，“扬帆起航”庆“五一”，中央电视台“心连心”艺术团在穿山港区集装箱五期码头举行慰问演出。

2019 年，公司完成集装箱吞吐量 1035 万标准箱，占宁波舟山港集装箱年吞吐总量 2753 万标准箱的 37.6%。实现营业收入 30.58 亿元，实现利润 9.54 亿元，从业人数 4172 人。2004—2019 年，集装箱累计装卸量 9531.32 万标准箱。

**宁波港吉码头经营有限公司**　2004 年 12 月，宁波港集团北仑第三集装箱有限公司与地中海亚洲（香港）航运公司合资成立，注册资本 1.2 亿美元，出资比例 5∶5。经营宁波舟山港穿山港区集装箱码头 2# ～ 4# 泊位，主要设备有起重量 61 吨、外伸距 63 米的岸边桥吊 16 台、轮胎龙门起重机 40 台、堆高机 6 台、集卡车 110 辆和叉车等各类集装箱专用装卸机械 148 台，2004 年 6 月 30 日投产，当年完成集装箱吞吐量 1.5 万标准箱。

**宁波意宁码头经营有限公司**　2005 年 12 月，宁波港集团北仑第三集装箱有限公司与（台湾）长荣集团意大利海运公司合资成立，注册资本 1 亿美元，出资比例 5∶5。经营宁波舟山港穿山港区集装箱码头 5# ～ 6# 泊位。

**宁波远东码头经营有限公司**　2006 年 7 月 12 日，宁波港集团北仑第三集装箱有限公司与东方海外货柜（宁波）码头有限公司、中远码头（宁波北仑）有限公司、国投交通有限公司合资设立，总投资 7.8 亿元，出资比例 5∶2∶2∶1。经营宁波舟山港穿山港区集装箱码头 7# ～ 9# 泊位，7 号泊位于 2004 年 8 月开工建造，2006 年 12 月 8 日投入生产。码头主要设备有岸边桥吊 4 台，轮胎龙门起重机 12 台，正面吊 1 台，堆高机 3 台，集卡 30 辆等。

**宁波穿山码头经营有限公司**　由宁波舟山港股份有限公司投资，2018 年 8 月注册成立，注册资本 1.268 亿元，经营宁波舟山港穿山港区集装箱码头 1# 泊位。

**宁波光明码头有限公司**　位于宁波港穿山港区北岸东部作业区、螺头水道南部郭巨光明村，2007 年 1 月注册成立，注册资本为 4 亿元，其中宁波舟山港股份有限公司出资比例为 51%，宁波开发投资集团有限公司出资比例为 49%。码头占地 29.7 万平方米，公司建有 2 万吨级装船泊位、3.5 万吨级装卸船泊位和 10 万吨级卸船泊位各一个，按“L”形布置，岸线 836 米，设计年吞吐量 1654 万吨。2019 年码头有堆场 4 个，面积总计为 9.6 万平方米，堆存能力以煤炭计 50 万吨。码头配置 4 台 1250 吨／小时的桥式抓斗卸船机，1台2500吨/小时移动式装船机，1台2000吨/小时的装船机；堆场配置3台2500吨/小时斗轮机。公司主要经营煤炭、铁矿石、粮食等各类散杂货装卸、水水中转及配煤等业务。2012年正式投产。2019年，货物吞吐量971.6万吨，其中外贸货物吞吐量325.3万吨，营业额9798万元，上缴税收102万元，从业人员218人。

**北仑矿石码头(中宅)分公司**　位于穿山港区北岸东部作业区、螺头水道南部郭巨中宅村。总投资(一期)26.8亿元，拥有15万吨级煤炭接卸泊位、5万吨级装船泊位各1个，堆存场地有效面积25.6万平方米，设计堆存能力200万吨。港区配备地磅系统，配备了4台桥式抓斗卸船机，额定接卸能力为2500吨/小时；3台移动式装船机，额定装船能力为5000吨/小时；3台斗轮堆取料机，额定堆取料能力均为5000吨/小时；三大机之间由23台带式输送机(皮带机)连通，额定输送能力为5000吨/小时，最大能力为6250吨/小时。2012年5月1日投用以来，各项生产、安全、环保、质量管理等工作平稳有序开展。2019年完成货物吞吐量3700万吨。

## 第四节　基础设施建设

### 道路建设

**进港公路白峰至(华峙)童家峙**　1998年4月开工，1998年12月正式通车，总投资3042万元，二级公路，混凝土路面，全长6.64千米，路基宽17米。

**穿山港区四期码头进港公路**　2006年9月动工，2007年11月竣工，起自白峰官庄，沿老路并接拓宽，在华峙老碶头与四期码头港区道路相接，全长2.7千米，一级公路，双向四车道，路基宽25.5米，设计时速60千米，工程造价5500万元。

**北仑集装箱货运第二通道公路**　2008年3月开工，2009年10月通车。起自规划的滨海快速路(骆霞公路与创业路交叉口)，终点接大榭公铁立交桥接线，全长8.2千米，一级公路，总投资5.52亿元。该公路是东部穿山港区连接西部北仑片港区的重要通道。

**沿海中线峙北连接线**　2009年3月开工，2012年1月正式通车。总投资5.752亿元，工程起点位于郭巨街道西南侧沿海中线平交路口处，路线依峙南山沿海而行，经狮子山、小盛岙咀垭口、中宅水库，终点接白中线，主线全长10.56千米，一级公路标准，设计速度60千米/小时，路基宽23米。北港区连接线与主线连接，通往液化天然气接收站，全长1430米，二级公路标准，设计速度40千米/小时。

**白中线光明至长浦公路**　2009年12月通车，全长1639米、宽12米，二级公路，总投资5587.92万元。

**穿山疏港高速公路**　又名穿好高速公路，2009年12月开工，2013年6月通车。自穿山港区经郭巨至好思房，全长34.976千米，其中高速公路33.501千米，一级公路1.475千米，设计车速120千米/小时。总投资72.36亿元，双向六车道。

**宁波穿山港铁路**　2015年12月开工，2019年12月通车，自大碶站经柴桥站、穿山港站至终点中宅站，线路全长29.29千米，为单线铁路，行车速度100千米/小时，总投资31亿元。穿山港区继北仑港区、镇海港区后，成为宁波舟山港第三个铁路直通的港区，为宁波舟山港海铁联运的快速发展提供更有力的支撑。

### 服务设施建设

**宁波穿山海事处**　址在郭巨谢家岙村。2008年8月25日挂牌运行，负责辖区内121平方千米水域的水上交通安全监管工作，包括通航环境监管、水上水下作业监管、船舶进出口查验与安全检查、船载危险品货物安全管理、水上防污染管理、海事调查处理。

峙北党群服务中心

**北仑海关驻穿山办事处** 驻北仑区白峰集翔路8号港务大楼，2019年1月设立，负责穿山港区监管场站及货主码头人工查验、检验、检疫工作和运输工具及人员、集装箱、监管场所、卡口等海关现场实际监管工作。

**穿山港区消防中队** 址在郭巨谢家岙村，占地面积1500平方米，建筑面积3000平方米，2004年设立。拥有3辆消防车，其中泡沫水管消防车、干粉水管消防车、水管消防车各1辆。

**峙北党群服务中心** 驻地原沙湾村岙底，2018年6月设立。为峙北各企事业单位开展各类服务，诸如社会治理、青年联谊、志愿服务、政策宣传、公共服务、党建等。

# 第三章 港口运输

2004年5月21日，随着穿山港集装箱港区3号泊位建成投用，与国内外通航的港口逐年增多，2019年，穿山港区与100余个国家（地区）和国内30余个港口通航，有70余条集装箱航线，集装箱吞吐量达1035万标准箱，占宁波舟山港集装箱年吞吐总量2753万标准箱的37.6%。穿山港区进出港主要货物品种有集装箱、液化气、煤炭、成品油、液体化工品、化学品及粮食等。2019年，货物吞吐量11535万吨。

## 第一节 航线

2019年，穿山港区与100个国家（地区）和国内30个港口通航，发生贸易往来。穿山港区已形成近洋航线、国际远洋干线共70余条集装箱航线的海上运输网络，其中近洋航线21条、国际远洋干线共49条。

**2019年穿山港区集装箱航线一览**

表4–3–1

| 类别 | 航区 | 条线（条） | 航线名称 | 航线编码 |
|---|---|---|---|---|
| 远洋干线 | 澳洲 | 2 | 马士基澳洲线（AUS） | MARAAN |
| | | | 地中海澳洲线（AUS—MSC） | MSCAAN |
| | 地中海 | 3 | 2M地中海1线（AM1） | 2M2WMW |
| | | | 2M地中海2线（AM2） | 2M2JAD |
| | | | 2M亚德里亚线 | 2M2ADR |
| | 东非 | 4 | 马士基东非线 | MAREAF |
| | | | 长荣中远海东非线（AEF） | E&CEAF |

续表 4-3-1

| 类别 | 航区 | 条线（条） | 航线名称 | 航线编码 |
| --- | --- | --- | --- | --- |
| 远洋干线 | 东非 | 4 | 太平东非线 | PILEAF |
| | | | 以星东非线（CEA） | ZIMEAF |
| | 黑海 | 1 | 2M 黑海 1 线（AM4） | 2M2BLS |
| | 红海 | 1 | 地中海红海线（RES—MSC） | MSCFRS |
| | 美东 | 3 | 2M 美东 2 线（USEC2） | 2M2USE |
| | | | 2M 美湾线（USEC4） | 2M2US4 |
| | | | 马士基美东 1 线（TP20） | MARUSE |
| | 美西 | 4 | 2M 美西 3 线（USWC3） | 2M2SW3 |
| | | | 2M 美西 6 线（USWC6） | 2M2SW6 |
| | | | 马士基美西 1 线（TPX） | MARSWX |
| | | | 海洋联盟美西 3 线（PNW3） | OCESW3 |
| | 南非 | 3 | 马士基南非线（SAF） | MARSAF |
| | | | 地中海南非线（INGWE） | MSCSAC |
| | | | 中远 & 长荣南非线（FAX） | C&ESAF |
| | 南美东 | 2 | 马士基南美东线（ASIA2） | MARSAS |
| | | | 马士基地中海南美东线（ASAS—1） | MSCSES |
| | 南美西 | 6 | 马士基中南美 2 线（AC2） | MARAC2 |
| | | | 马士基中南美 3 线（AC3） | MARAC3 |
| | | | ONE/MSC/HLC 南美西 1 线（SL1） | SHESL1 |
| | | | ONE/MSC/HLC 南美西 2 线（SL2） | SHESL2 |
| | | | ONE/MSC/HLC 南美西 3 线（SL3） | SHESL3 |
| | | | 达飞南美西 3 线（ASPA—3） | CMAWSW |
| | 欧洲 | 7 | 2M 欧 1 线 | 2MNEU1 |
| | | | 2M 欧 2 线 | 2MNEU2 |
| | | | 2M 欧 3 线（NEU3） | 2M2EU3 |
| | | | 2M 欧 4 线（NEU4） | 2M2EU4 |
| | | | 2M 欧 5 线（NEU5） | 2M2EU5 |
| | | | 2M 欧 6 线（NEU6） | 2M2EU6 |
| | | | 2M 欧 8 线 | 2MNEU8 |
| | 西非 | 1 | 地中海西非线（AFRICA） | MSCWAA |
| | 印度 | 11 | 高丽印度 2 线（AIS4） | KMDIN2 |
| | | | 高丽印度线（FIX） | KMDIND |
| | | | 以星高丽百达印度线（NIX） | ZIMIND |
| | | | 万海印度线（CI6） | WHLIN6 |
| | | | WHL/COS/CSC 合营印巴线（PMX） | COSINB |
| | | | WHL/COS/IAL/OOCL/SCO 印度线 CI3 | WHLIN3 |
| | | | WHL/IAL/PIL 印度线（CI2） | WHLIN2 |
| | | | 阳明东方海外印巴线（CPX） | YMLINB |
| | | | 美总印巴线 | APLAS1 |
| | | | 中远海万海合营印度线（CI1） | COSIND |
| | | | 格飞驰印度线（CSC） | GFSIND |

续表 4-3-1

| 类别 | 航区 | 条线（条） | 航线名称 | 航线编码 |
|---|---|---|---|---|
| 远洋干线 | 中东 | 1 | 地中海中东线（FALCON） | MSCMID |
| | 小计 | 49 | | |
| 近洋航线 | 东南亚 | 12 | 地中海东南亚（SEABO） | MSCSEA |
| | | | 中联新鑫海合营海防线 | CULSHX |
| | | | 长荣印尼线（CIT） | EMCCIT |
| | | | 长荣泰国线 | EMCCTX |
| | | | 长荣马来线（NCS） | EMCNCS |
| | | | 长荣海防线（KCV） | EMCHF1 |
| | | | 中远 & 宏海合营泰越 2 线 | C&RBC2 |
| | | | 亚海海防线 HHX | ASLSEA |
| | | | 马士基阳明德翔海防线 | M&THF1 |
| | 东南亚 | 12 | 海丰高丽宏海边航合营马来线 NCXH | KMDNCX |
| | | | 东方海外印尼线 | OOLCIP |
| | | | CYH 越南线 | COSCYH |
| | 俄罗斯 | 1 | 地中海俄罗斯线 | MSCGHS |
| | 日本 | 4 | 中远关东线（CJ29） | COSJPN |
| | | | 宁远关西关东线 NYGD | NLHGXD |
| | | | 宁远关东线 NYGD2 | NLHGD2 |
| | | | 宁远关西线 NYGX2 | NLHGX2 |
| | 台湾 | 4 | 中远东方海外台湾 1 线（CTW1） | C&OTWN |
| | | | 宁波远洋台湾线 | NOSTWN |
| | | | 宁波远洋台湾二线（TWN2） | NOSNTX |
| | | | 洋浦中诚台湾线（HDT） | CULTWN |
| | 小计 | 21 | | |

## 2019 年与穿山港集装箱港区贸易通航的国家（地区）及港口一览

表 4-3-2

| 洲别 | 国家（地区） | 通航港口 | 洲别 | 国家（地区） | 通航港口 |
|---|---|---|---|---|---|
| 亚洲 | 韩国 | 釜山　仁川　光阳　蔚山 | 亚洲 | 塞浦路斯 | 利马索尔港 |
| | 泰国 | 林查班等 | | 斯里兰卡 | 科伦坡港　亭可马里港 |
| | 越南 | 吴志明　岘港　海防等 | | 黎巴嫩 | 贝鲁特港　特里波利港等 |
| | 日本 | 横滨　神户　大阪　名古屋　东京等 | | 卡塔尔 | 拉斯拉凡港 |
| | 约旦 | 亚喀巴 | | 也门 | 亚丁港　荷台达港等 |
| | 新加坡 | 新加坡 | | 伊拉克 | 乌姆盖斯港　阿巴克港 |
| | 伊朗 | 阿巴丹　阿巴斯　不什尔 | 美洲 | 古巴 | 圣地亚哥港等 |
| | 菲律宾 | 马尼拉等 | | 巴西 | 维多利亚港　里约热内卢港等 |
| | 马来西亚 | 巴生港等 | | 智利 | 圣安东尼奥港等 |
| | 印度 | 坎德拉港　科钦港等 | | 美国 | 旧金山港　洛杉矶港　休斯敦港　西雅图港等 |

续表 4-3-2

| 洲别 | 国家（地区） | 通航港口 | 洲别 | 国家（地区） | 通航港口 |
|---|---|---|---|---|---|
| 亚洲 | 文莱 | 文莱港 | 美洲 | 加拿大 | 温哥华港　丘吉尔港等 |
| | 印度尼西亚 | 雅加达港　格雷西等 | | 巴拿马 | 巴拿马城港　科隆港等 |
| | 土耳其 | 伊斯肯德仑港等 | | 阿根廷 | 澳尔科特港　布兰卡港等 |
| | 科威特 | 科威特港等 | | 哥伦比亚 | 图科马港　卡特赫纳港等 |
| | 沙特阿拉伯 | 吉达港　达曼港等 | | 洪都拉斯 | 洪都拉斯港等 |
| | 阿曼 | 萨拉莱港　马斯喀特港 | | 墨西哥 | 墨西哥城港等 |
| | 巴基斯坦 | 卡拉奇港 | | 萨尔瓦多 | 阿卡胡特拉港等 |
| | 阿拉伯联合酋长国 | 迪拜港　杰布阿里港等 | | 巴哈马 | 自由港等 |
| | 柬埔寨 | 磅逊港 | | 牙买加 | 金斯顿港等 |
| | 缅甸 | 仰光港 | | 委内瑞拉 | 卡北略港　巴霍格兰德港 |
| | 孟加拉 | 吉大港等 | | 多米尼加 | 曼萨尼约港　海纳港等 |
| | 以色列 | 阿什杜德港　海法港 | | 危地马拉 | 圣何塞港等 |
| 美洲 | 乌拉圭 | 蒙德维的亚港等 | 欧洲 | 俄罗斯 | 海参崴港　圣彼得堡港等 |
| | 圭亚那 | 乔治敦港等 | | 葡萄牙 | 锡土巴尔港　波尔图港等 |
| | 苏里南 | 帕拉马里博港等 | | 阿尔巴尼亚 | 都拉斯港等 |
| | 秘鲁 | 开罗港　圣尼古拉斯港等 | | 德国 | 汉堡港　基尔港等 |
| | 尼加拉瓜 | 科林托港等 | | 西班牙 | 巴塞罗那港　瓦仑西亚港等 |
| | 厄瓜多尔 | 瓜亚基尔港等 | | 挪威 | 博多港　奥斯陆港等 |
| 非洲 | 刚果（布） | 黑角港　哲诺油码头等 | | 丹麦 | 丹麦港等 |
| | 南非 | 开普敦港　伊丽莎白港 | | 英国 | 伦敦港　泰晤士港等 |
| | 埃及 | 亚历山大港等 | | 意大利 | 拉文纳港　安科纳港等 |
| | 莫桑比克 | 莫桑比克港　克利马内港等 | | 荷兰 | 鹿特丹港　阿姆斯特丹港等 |
| | 利比亚 | 马萨勃利加港　班加西港等 | | 罗马尼亚 | 康斯坦萨港等 |
| | 吉布提 | 吉布提港等 | | 保加利亚 | 瓦尔纳港等 |
| | 利比里亚 | 蒙罗维亚港等 | | 法国 | 巴波依拉特港　布伦港 |
| | 阿尔及利亚 | 奥兰港　阿尔及尔港等 | | 波兰 | 什切青港格　丁尼亚港等 |
| | 突尼斯 | 斯法克斯港等 | | 比利时 | 安特卫普港　泽布吕赫港 |
| | 毛里求斯 | 路易港等 | | 瑞典 | 哥德堡港等 |
| | 马达加斯加 | 塔马塔夫港等 | | 芬兰 | 赫尔辛基港等 |
| | 坦桑尼亚 | 达累斯萨拉姆港等 | | 冰岛 | 雷克雅未克港等 |
| | 肯尼亚 | 蒙巴萨港等 | | 希腊 | 雅典港等 |
| | 塞内加尔 | 达喀尔港　佛得角港等 | | 克罗地亚 | 里耶卡港等 |
| | 尼日利亚 | 拉各斯港　阿卡萨港等 | | 马耳他 | 马耳他港等 |
| | 加纳 | 特马港　海岸角港等 | | 斯洛文尼亚 | 科佩尔港等 |
| | 加蓬 | 利伯维尔港　奥文多港 | | 乌克兰 | 伊丽柴夫斯基港等 |
| | 安哥拉 | 罗安达港　卡宾达港等 | 大洋洲 | 澳大利亚 | 黑德兰港　悉尼港等 |
| | 刚果（金） | 马塔迪港 | | 新西兰 | 纳皮尔港　奥克兰港等 |
| | 索马里 | 摩加迪沙港 | | 关岛 | 关岛港 |
| | 苏丹 | 苏丹港 | | 巴布亚新几内亚 | 莫尔兹比港等 |

### 2019 年与穿山港区中宅矿石、中海油 LNG、港鑫东方码头贸易通航的国家（地区）及港口一览

表 4–3–3

| 洲别 | 国家（地区） | 通航港口 |
| --- | --- | --- |
| 亚洲 | 韩国 | 昂山 |
| | 越南 | 茶庄 |
| | 新加坡 | 新加坡 |
| | 马来西亚 | 丹绒浪莎港 |
| | 印度尼西亚 | 格雷西 |
| | 卡塔尔 | 拉斯拉凡港 |
| 大洋洲 | 澳大利亚 | 黑德兰港　丹皮尔港　布里斯班　博特尼湾　汤斯维尔　格拉德斯通港 |
| 非洲 | 南非 | 理查德湾 |
| 南美洲 | 巴西 | 图巴朗港 |

### 2019 年与穿山港区通航的国内港口一览

表 4–3–4

| 地区 | 通航港口 |
| --- | --- |
| 大陆 | 上海　青岛　厦门　汕头　大连　营口　盘锦　大连　天津　黄骅　蓬莱　东营　龙口　烟台　江阴　泰州　南京　如皋　镇江　重庆　池州　舟山　镇海　宁波　温州　莆田　泉州　海口　洋浦　长江沿岸码头 |
| 台湾 | 高雄　台中　基隆　台北 |
| 香港 | 香港 |

## 第二节　港口业务

### 货物吞吐

2004 年，穿山港区集装箱码头 3 号、4 号泊位建成通航，当年完成港口货物吞吐量 96.5 万吨。此后，集装箱其他泊位及液化天然气接卸码头、光明通用码头、港鑫东方码头、中宅煤炭码头等陆续建成投产，货物吞吐量连年增长，尤其是集装箱吞吐量大幅增长。货物进出港主要品种有煤炭、石油、天然气、金属矿石、钢铁、粮食等。2006 年突破 1600 万吨，2014 年突破 1 亿吨，2019 年实现 1.73445 亿吨，其中煤炭及制品 444.6208 万吨，石油、天然气及制品 642.3785 万吨，金属矿石 3652.707 万吨，钢铁 247.4342 万吨，矿建材料 452.9426 万吨，水泥 5.0257 万吨，非金属矿石 980 吨，粮食 101.3174 万吨、其他 1.17527446 亿吨，集装箱吞吐量 1035.0368 万标准箱。成为宁波舟山港核心港区，已跻身国家大型港口行列。

## 2004—2019 年穿山港区货物吞吐量一览

表 4-3-5

| 年份 | 货物（万吨） | 其中 | | | | | |
|---|---|---|---|---|---|---|---|
| | | 危险货物（万吨） | 煤炭（万吨） | 集装箱（万标准箱） | 中宅矿石码头（万吨） | 光明码头（万吨） | 港鑫东方（万吨） |
| 2004 | 96.50 | — | — | 11.50 | — | — | — |
| 2005 | 771.98 | — | — | 84.50 | — | — | — |
| 2006 | 1603.34 | — | — | 195.10 | — | — | — |
| 2007 | — | — | — | 265.10 | — | — | — |
| 2008 | — | — | — | 378.00 | — | — | — |
| 2009 | — | — | — | 352.97 | — | — | — |
| 2010 | — | — | — | 503.06 | — | — | 22.8 |
| 2011 | 4810.00 | — | — | 515.40 | — | 48.44 | 28.3 |
| 2012 | — | — | — | 635.90 | 1124 | 134.71 | 36.3 |
| 2013 | 9053.25 | 1798.63 | — | 700.13 | 2416 | 154.18 | 29.6 |
| 2014 | 10842.35 | 2075.07 | — | 791.48 | 3486 | 235.68 | 28.1 |
| 2015 | 10500.00 | 1364.66 | — | 862.30 | 3575 | 711.04 | 30.6 |
| 2016 | 8753.47 | — | — | 577.87 | 3094 | 843.97 | 41.2 |
| 2017 | 10500.00 | 1223.10 | 742.96 | 621.37 | 3413 | 907.44 | 77.2 |
| 2018 | 12814.43 | 1590.38 | 578.96 | 1035.00 | 3674 | 1134.43 | 104.9 |
| 2019 | 17344.50 | 1032.28 | 444.62 | 1035.04 | 3700 | 971.59 | 134.0 |

### 集装箱运输

2004 年 5 月 21 日，穿山港区四期集装箱码头 3 号泊位建成投用，当年完成集装箱吞吐量 11.5 万标准箱。2004—2012 年，穿山港区四期、五期集装箱码头 2 至 11 号泊位陆续建成投运，集装箱吞吐能力实现跨越

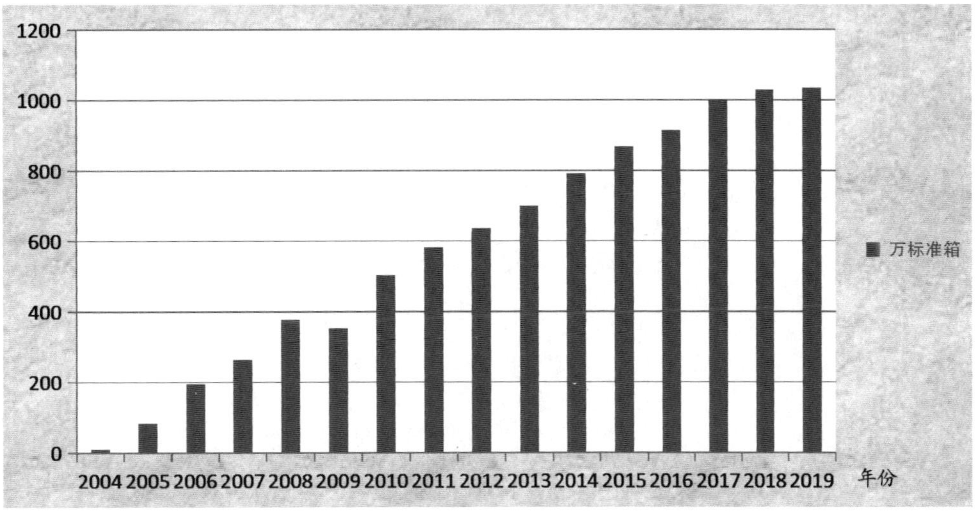


图 1　2004—2019 年穿山港区集装箱吞吐量柱形图

式发展。2006 年 12 月 27 日，在宁波港穿山港区举行宁波舟山港实现整合，集装箱吞吐量突破 1000 万标准箱庆典，浙江省委书记习近平按下宁波舟山港第 700 万只集装箱的起吊按钮。2006 年，宁波舟山港集装箱吞吐量达 1006 万标准箱，其中穿山港区 195.1 万标准箱。2015 年 12 月 24 日，宁波舟山港第 2000 万标准箱集装箱起吊仪式在穿山港区集装箱码头 6 号泊位举行，浙江省委书记、省人大常委会主任夏宝龙按下起吊按钮，宣告宁波舟山港年集装箱吞吐量首次超过 2000 万标准箱，成为继上海港、新加坡港、深圳港、香港港之后全球港口“超 2000 万俱乐部”的第 5 个成员。2017 年，穿山港区集装箱吞吐量达 1000.4 万标准箱，成为全球为数不多的“千万箱级”单体集装箱码头。是年 5 月 24 日，新一代全球最大集装箱船“东方香港”轮顺利靠泊北仑第三集装箱有限公司集装箱码头。该轮载箱量 2.1413 万标准箱，是全球首艘超 2.1 万标准箱集装箱船，也是 2013 年以后宁波舟山港迎来的第 7 艘破全球最大集装箱船纪录船舶。2019 年，穿山港区集装箱吞吐量达 1035 万标准箱，占宁波舟山港集装箱年吞吐总量 2753 万标准箱的 37.6%。2004—2019 年，穿山港区累计集装箱装卸 9531.32 万标准箱。

**2004—2019 年穿山港区集装箱吞吐量一览**

表 4-3-6　　　　单位：万标准箱

| 年份 | 数量 | 年份 | 数量 | 年份 | 数量 |
|---|---|---|---|---|---|
| 2004 | 11.5 | 2010 | 503.1 | 2016 | 916.0 |
| 2005 | 84.5 | 2011 | 582.7 | 2017 | 1000.4 |
| 2006 | 195.1 | 2012 | 635.9 | 2018 | 1030.0 |
| 2007 | 265.1 | 2013 | 699.5 | 2019 | 1035.0 |
| 2008 | 378.0 | 2014 | 791.5 | — | — |
| 2009 | 353.0 | 2015 | 870.1 | — | — |

# 第四章　口岸监管

2004 年以后，穿山港区码头泊位相继建成投用，交通部明确穿山港区正式对外开放，为国家一类对外开放口岸。2004 年 7 月，穿山出入境边防检查站进驻穿山港区。2008 年 8 月 25 日，宁波穿山海事处挂牌试运行，负责辖区内水上交通安全监管工作。2019 年 1 月，北仑海关驻穿山办事处设立。

## 第一节　海事

### 机构

宁波穿山海事处 2008 年 8 月 25 日挂牌试运行，2012 年 8 月 27 日被交通部正式批复为宁波海事局派出机构，负责辖区内水上交通安全监管工作。2019 年，穿山海事处驻郭巨谢家岙村，在岗在编 56 人，拥有 2 艘执法船艇，其中 40 米级中型巡逻船 1 艘，30 米级玻璃钢巡逻船 1 艘；码头 2 座。内设部门 6 个：

综合办公室、海事监管科、远东海巡执法大队、光明海巡执法大队、郭巨海巡执法大队、峙头海巡执法大队。根据宁波海事局《关于部分海事处管辖水域及职责调整的通知》文件，穿山海事处（筹）管辖水域为穿山港区、螺头水道和佛渡水道 29° 50′ N 线（西至郭巨客运码头，东至上溜网重岛灯桩）以北水域，即西与大榭海事处在穿山东口接壤，南与梅山海事处在佛渡水道 29° 50′ N 线接壤的宁波海事局管辖水域。穿山海事处所辖水域涵盖宁波、舟山两市的行政区划，两市行政区划的界定于 2006 年经市人民政府代表签字确定。

穿山海事处

辖区内水域面积 121 平方千米，岸线长度达 27 千米。生产码头 26 座，其中万吨级以上码头 17 座，客运码头 1 座（客渡运航线 3 条）；通航水域海底管线 1 条，临时锚泊点 1 处。

## 监管职能

**通航环境监管** 海事部门对辖区海域通航环境监督管理的主要职能有：组织通航水域日常巡航、对船舶的现场检查、水上施工的审批及监管、海上突发事件的应急处理和助航标志的监督检查等，以维护航道的通航秩序，支持保障穿山港区码头等辖区重大水工项目建设。深化客运监管服务 365 机制，每年平均保障宁舟汽渡站安全靠泊客船 2.13 万艘次，运送旅客 83 万余人次，进出车辆 27 万余辆。主动服务浙江液化天然气登陆中心建设，每年累计挂靠液化天然气船 60 余艘次，接卸液化天然气 400 万余吨。

### 2011—2019 年穿山港海域通航环境监管一览

表 4-4-1

| 年份 | 出动巡逻艇（艘次） | 巡航里程（海里） | 检查船舶（艘次） | 查处、纠正违章行为（起） |
|---|---|---|---|---|
| 2011 | 211 | 7520 | — | 立案查处 105 起，处罚金额 239.71 万元 |
| 2012 | 334 | 10818 | 3844 | 立案查处 710 起，处罚金额 62.21 万元 |
| 2013 | 377 | 11470 | 811 | 立案查处 319 起 |
| 2014 | 223 | 10165 | 4019 | 立案查处 241 起，处罚金额 84.72 万元 |
| 2015 | 453 | 10788 | — | 立案查处 276 起 |
| 2016 | 482 | 11159 | 1393 | 立案查处 179 起，处罚金额 110.88 万元 |
| 2017 | 445 | 11376 | 1851 | 立案查处 424 起，处罚金额 223.6 万元 |
| 2018 | 416 | 9300 | 3841 | 立案查处 497 起，处罚金额 212 万元 |
| 2019 | 450 | 8946 | 3766 | 立案查处 397 起，处罚金额 245 万元 |

**水上水下作业监督管理** 建设者或施工者在辖区水域内设置、拆除水上水下设施，修建码头、船坞、船台、闸坝，构筑各类堤岸或人工岛，架设桥梁、索道，构筑水下隧道，打捞沉船、沉物等一系列物品，涉及通航安全的水上水下施工作业过程中，需事先经海事部门审批，并在现场监督管理下作业，以确保施工作业水域的安全。

**船舶监督管理** 船舶进出口查验：国际航行船舶进出口岸，须接受海事部门查验，签发国际航行船舶进口岸手续办妥通知单和出口岸许可证后，方可上下旅客、装卸货物和进出口岸。2016—2019 年，累计国际航行船舶进出口查验 24629 艘次。船舶安全检查：检查对象为进出穿山港域的船舶，从事营业性运输的军用、公安、渔业和体育运动船舶。检查内容有船舶证书及有关文件、资料，船员配备，救生设备，消防设备，船员对其岗位职责相关的设施设备的实际操作能力等。

## 2011—2019 年境内海域 200 总吨以上船舶安全检查一览

表 4-4-2

| 年份 | 船舶安全检查（艘次） | 发现缺陷（项） | 滞留船舶（艘次） |
|---|---|---|---|
| 2011 | 64 | 646 | 4 |
| 2012 | 62 | — | — |
| 2013 | 65 | 578 | — |
| 2014 | 114 | — | — |
| 2015 | 115 | — | — |
| 2016 | 102 | 857 | 5 |
| 2017 | 101 | 963 | 6 |
| 2018 | 128 | 1625 | 7 |
| 2019 | 293 | 871 | 3 |

**船载危险品货物安全管理** 穿山港域船载危险品货物主要品种有固体散装化学品、液体散装化学品、油类、液化气，包装危险品货物等。船舶运载危险品货物进港、出港、过境、停留及包装、装船、卸船均须经海事部门查验。2018 年、2019 年，共检查运载危险品船舶 154 艘次、235 艘次。

**水上防污染管理** 任何船舶及其相关作业不得违反有关规定向海洋排放污染物、废弃物、压载水、船舶垃圾及其他有害物质。船舶在港区水域内进行有可能造成水面污染作业，须经海事部门核准，并接受监管。船舶发生油类、油性混合物和其他有毒有害物质造成污染海域事故，应立即采取措施，控制和消除污染，尽快向海事部门报告，接受调查处理。境内港区油品、化工品等吞吐量大，海事机构按照严格监管、严谨杜微要求推进船舶防污、水面防污管理。

海事执法监管

**海事调查处理** 海事部门接到水上交通事故报告并详细了解事故具体情况后，立即向宁波海上搜救中心报告，并按照指令作出应急反应，组织必要的现场抢险或搜救。船舶、设施在辖区水域发生水上交通事故，或在辖区以外发生海上交通事故后，本港为第一到达港时，应向本港海事主管机关报告，并接受海事主管机关的调查。海事主管机关查明事故原因，判明责任。2016—2019 年，辖区海域共发生水上交通事故 8 起，沉船 2 艘，死亡或失踪 3 人。

## 2010—2019 年穿山港海域海事监管一览

表 4-4-3

| 年份 | 办理船舶进出港签证 | 国际航行船舶进出口查验 | 危险品船舶检查(艘次) | 规费征收(万元) | 水上交通事故(起) | 直接经济损失(万元) | 事故海损情况 |
|---|---|---|---|---|---|---|---|
| 2010 | 47094 | 5787 | 448 | — | — | — | — |
| 2011 | 49060 | 5724 | 1012 | 2768 | — | — | — |
| 2012 | 58546 | 5551 | 137 | — | 7 | 460 | 沉船 5 艘，死亡失踪 4 人次 |
| 2013 | 62117 | 6068 | 402 | — | 3 | 94 | 沉船 2 艘 |
| 2014 | 63851 | 6231 | 483 | 42200 | 2 | 162 | 沉船 1 艘 |
| 2015 | 60940 | 6765 | 354 | 37200 | 2 | 48 | — |
| 2016 | 53193 | 6312 | 804 | 21285 | 3 | 5 | — |
| 2017 | 68751 | 6201 | 1079 | 21944 | 2 | 18 | — |
| 2018 | 89104 | 5996 | 863 | 27619 | 0 | — | — |
| 2019 | 85006 | 6120 | 293 | 22000 | 2 | — | 沉船 1 艘，死亡失踪 3 人次 |

## 1981—2019 年郭巨境内海域主要海难海损事故一览

表 4-4-4

| 时间 | 发生地点 | 事故原因 | 事故情况 |
|---|---|---|---|
| 1981.10.30 | 洋涨附近海面 | 遭西北大风 | 光明村二组一个体运输船，满载烧石灰用贝壳，遭西北大风袭击，在洋涨海面附近沉没，3 人遇难 |
| 1987.3.6 | 碧澜嘴附近海面 | 遭雷雨大风 | 在碧澜嘴附近海面捕捞鳗苗的郭巨镇五位村民遇难死亡、船损。其中西门村 1 人，东门村 1 人，南门村 2 人，渔业队 1 人 |
| 1987.3.6 | 新碶头附近海面 | 遭雷雨大风 | 一外地运输船在郭巨新碶头附近海面沉没，2 人遇难 |
| 1995.2.18 | 峙头洋小猫岛附近海面 | 浪损 | 柴桥穿山村“浙甬渔 18”船从舟山沈家门返航，在洋小猫岛附近海面沉没，失踪 70 人，死亡 2 人，乘客均为鱼商贩 |
| 1998.6.27 | 峙头洋小猫水域 | 触礁搁浅 | 福建莆田“南山 105”装货 40 吨航行中触礁搁浅沉没 |
| 2001.5.25 | 峙头洋小猫水域 | 碰撞 | “浙定 58086”与“浙鄞货 0199”碰撞,“浙鄞货 0199”沉没,5 人落水，3 人失踪 |
| 2003.3.29 | 峙头水域 | 自沉 | 舟山市定海区临城街道朱某等人所属无证无名运沙船在峙头水域并靠采沙船“瑞昌 318”装沙作业时，因装载不当而翻沉，船上 4 人全部落水 |
| 2003.4.14 | 峙头水域 | 自沉 | 象山县谢某等人所属的运沙船“荣宁 99”在峙头水域（29° 52.3′ N/122° 10.0′ E）靠泊吸沙船“浙普工 81”装沙过程中，船体向左侧倾并翻转沉没，7 名船员落水 |
| 2003.4.26 | 峙头水域 | 碰撞 | 舟山籍运沙船“浙岱 66069”与台州籍运沙船“浙椒 86”在长柄咀附近水域浓雾中发生碰撞，造成“浙岱 6069”沉没，3 人失踪 |
| 2003.12.17 | 峙头水域 | 自沉 | 台州籍运沙船“浙椒机 997”在峙头水域（29° 54.9′ N/122° 09.2′ E）靠采沙船“浙岭采 3”右舷装沙，由于该船严重超载、装载不当和排水不及时等原因，致船体左倾货舱进水，3 时 30 分左右沉没 |

续表 4–4–4

| 时间 | 发生地点 | 事故原因 | 事故情况 |
|---|---|---|---|
| 2004.2.7 | 峙头水域 | 自沉 | 运沙船“浙甬 58”从采沙船“浙岭采 1”上装载黄沙后，因严重超载，空气舱破损进水，在峙头水域（29° 52.5′ N/122° 09.1′ E）沉没，船上 4 人全部落水 |
| 2004.4.15 | 峙头水域 | 自沉 | 林某内河运输船“芜湖联顺 151”，从峙头装载海沙后驶往宁波途中沉没,沉没位置在北仑 R3 雷达站附近水域（29° 53.9′ N/122° 08.5′ E），5 名船员落水 |
| 2004.5.22 | 峙头水域 | 自沉 | 临海市川南乡四份村金某所属的运沙船“浙三机 317”，从峙头水域采沙船“浙岭采 3”装载海沙后，驶往宁波途中沉没，船上 7 人全部落水。沉没位置在峙头附近水域（29° 48.5′ N/122° 09.2′ E） |
| 2004.5.30 | 峙头水域 | 碰撞 | 浙江洞头县东海船务有限公司“静涛 28”与温岭市永吉船务有限公司运沙船“浙岭机 619”，在峙头水域洋小猫岛附近（29° 55.1′ N/122° 06.9′ E）雾中碰撞,“静涛 28”船体破损进水沉没，船上 8 人全部落水。“浙岭机 619”船头严重破损 |
| 2005.1.24 | 洋小猫水域 | 自沉 | 个体内河船“浙宁波货 0106”轮从舟山点灯山附近水域作业的吸沙船“浙普工 85”轮上装完海沙，开往穿山港。3 时 14 分，航行至洋小猫附近水域（29° 52.906′ N/122° 09.282′ E），因货舱大量进水沉没。3 名船员落水 |
| 2005.10.25 | 峙头水域 | 自沉 | 舟山市普陀区峧头镇中心居委贺某的“浙普 23137”轮在峙头水域（29° 51.439′ N/122° 09.651′ E）靠“浙三采 5”轮进行装沙作业过程中，因船舶超载和积载不当，造成船体向右倾覆，3 名船员落水 |
| 2006.4.23 | 峙头水域 | 自沉 | 安徽芜湖红扬水上运输公司“国良 71”轮在峙头采沙点满载黄沙返回宁波，航经峙头雷达站对开水域时，发生自沉事故，船上 7 名船员全部落水 |
| 2006.5.15 | 螺头水道 | 自沉 | 舟山市恒达海运有限公司“恒达 128”轮从峙头采沙点满载黄沙后开往金塘岛，航经螺头水道长柄咀对开水域时，发生自沉事故，船上 7 名船员全部落水 |
| 2006.11.2 | 峙头水域 | 自沉 | 舟山籍运沙船“浙普 16025”轮从峙头采沙点载运黄沙后返航，在航经长柄咀附近水域时，因船舶超载，遇他船兴浪后货舱大量进水，最终导致沉没（29° 54.701′ N/122° 07.136′ E），船上 2 名船员落水 |
| 2007.1.14 | 峙头洋水域 | 碰撞 | 23 时 38 分左右，宁波个体林某等两人所有的运沙船“浙奉 107”轮与舟山个体刘某所有的运沙船“浙普 23020”轮在峙头洋水域发生碰撞,造成“浙普 23020”轮船体破损进水倾覆,“浙奉 107”轮船艏受损。6 名船员全部获救 |
| 2007.2.11 | 峙头洋水域 | 超载 | 13 时 45 分左右，个体运沙船“顺行海 62”轮在峙头水域并靠“浙临采 19”轮进行装沙作业过程中，在船舶超载的情况下遇他船兴浪，造成货舱进水沉没。3 名船员全部获救 |
| 2007.3.6 | 峙头洋水域 | 超载和积载不当 | 17 时 30 分，台州市玉环县珠港镇个体谢某等两人所有的“浙玉机 221”轮，在北仑峙头水域装完沙开航时因船舶严重超载和积载不当等原因，造成船体向右倾覆。8 名船员全部获救 |
| 2007.3.11 | 峙头洋水域 | 空气舱破损进水沉没 | 13 时 47 分左右,个体运沙船“鄞通顺 97”轮在峙头水域靠采沙船“隆泰 1”轮装沙作业时，因左舷空气舱破损，进水沉没。4 名船员全部获救 |

续表 4–4–4

| 时间 | 发生地点 | 事故原因 | 事故情况 |
|---|---|---|---|
| 2007.12.14 | 峙头洋水域 | 碰撞 | 18 时 45 分左右，浙江象山县荣宁船务公司“荣宁 2”轮在峙头水域与一锚泊船发生碰撞造成轮艏尖舱破损进水，由于技术状况差、采取的应急措施不力等原因，于 20 时在佛渡水道沉没 |
| 2008.3.12 | 洋小猫岛西南侧水域 | 碰撞 | 22 时 16 分，连云港宇航海运有限公司所属的干货船“神州 58”轮从张家港驶往广州途中，在峙头洋小猫岛西南侧水域雾航中与宁波大榭开发区顺行航运有限公司所属的从峙头水域采沙点返航宁波途中的自卸式运沙船“顺行海 53”轮发生碰撞。造成“顺行海 53”轮沉没，“神州 58”轮艏尖舱破损进水。船员获救 |
| 2008.3.12 | 长柄咀水域 | 碰撞 | 9 时 30 分，宁波市林龙海运公司经营的“浙甬 1879”轮从峙头采沙点驶往宁波三区码头途中，在长柄咀水域与宁波市鄞州区通顺海运有限公司经营的“鄞通顺 78”轮发生碰撞，导致“鄞通顺 78”轮沉没 |
| 2009.8.20 | 洋小猫岛东北侧水域 | 超载沉没 | 01 时 30 分左右，温岭市兴旺海运有限公司所属的运沙船“浙岭机 686”轮满载黄沙，在从峙头洋小猫岛东北侧水域驶往温岭松门途中，因船舶超载等原因沉没。（沉船概位：29° 543′ N/122° 095′ E） |
| 2009.11.7 | 峙头水域 | 货物积载不当而沉没 | 19 时 13 分左右，鄞州区通顺海运有限公司等所有的“浙鄞州货 0019”轮，在峙头水域系靠采沙船“海阳 7”进行装沙作业过程中，因货物积载不当发生倾覆，事故造成“浙鄞州货 0019”轮沉没、“海阳 7”轮艉部左侧舷墙及上层建筑受损。“浙鄞州货 0019”轮 7 名船员获救 |
| 2009.11.9 | 长柄咀水域 | 碰撞 | 19 时 10 分左右，“邦宏 68”轮满装石子从象山石浦开往上海奉贤，航经北仑长柄咀水域时，与宁波开往峙头水域的“林龙 21”轮发生碰撞，造成“邦宏”轮左舷船首舷墙局部受损，“林龙 21”轮左舷驾驶台前局部破损 |
| 2009.11.25 | 峙头角附近水域 | 碰撞 | 04 时 50 分左右，舟山普陀区东港街道忻某所有的“浙普 01515”轮从峙头采沙点装沙后驶往佛渡水道临时锚泊点途中，在峙头角附近水域与从福建平潭驶往江阴途中的烟台明升船务公司所有的“富洋 8”轮发生碰撞，导致“浙普 01515”轮船首局部受损 |
| 2009.12.6 | 峙头水域 | 货物积载不当而沉没 | 02 时 50 分，舟山市卫鑫船务有限公司所属的运沙船“浙普 23111”轮，在峙头水域系靠舟山市瑞昌采沙有限公司所属的采沙船“瑞昌 27”轮装沙作业过程中，因积载不当，船舶尾倾幅度过大，导致机舱等尾部舱室进水，造成“浙普 23111”轮沉没、“瑞昌 217”轮船体局部受损。“浙普 23111”轮 7 名船员获救 |
| 2010.1.31 | 峙头角以南水域 | 碰撞 | 1 时 30 分左右，温岭市长安海运有限公司所属的干货船“长安 153”轮从芜湖装载散装水泥驶往福州途中，与宁海驶往舟山长白岛的舟山市定海海上运输有限责任公司所属的干货船“浙定 56038”轮在峙头角南约 0.5 海里处水域发生碰撞，导致“浙定 56038”轮货舱进水沉没，船上 4 名船员全部获救 |
| 2010.4.2 | 洋小猫水域 | 自沉 | 20 时左右，奉化市通达海运有限公司经营的运沙船“浙奉 81”轮，在洋小猫水域系靠采沙船“谊和工 19”进行装沙作业过程中沉没 |
| 2010.4.6 | 峙头角西南水域 | 碰撞 | 舟山永鸿海运有限公司所属“永鸿 16”轮与舟山市东靖船舶运输有限公司所属“浙普 01528”轮在峙头角西南水域雾航中发生碰撞，造成“浙普 01528”轮船艏变形，“永鸿 16”轮左舷外板局部变形 |

续表 4–4–4

| 时间 | 发生地点 | 事故原因 | 事故情况 |
|---|---|---|---|
| 2010.5.8 | 中宅煤炭码头前沿水域 | 碰撞 | 11 时 20 分左右，河南沈丘县泓翔航运有限公司所属的干货船“豫泓翔 83”轮与姜堰市三航运输有限公司所属的干货船“润泰号”轮在螺头水道中宅煤炭码头（预建）前沿水域锚泊期间发生碰撞，事故造成“豫泓翔 83”轮货舱破损进水沉没 |
| 2010.6.22 | 洋小猫岛东北侧水域 | 碰撞 | 10 时 1 分，香港裕丰船务有限公司所属“裕丰 6”轮从镇海驶往台湾麦寮，航经峙头洋小猫岛东北侧水域时，与正在采沙的芜湖海顺航运有限公司所属“海阳 5”轮发生碰撞，造成“海阳 5”轮吸沙管和系靠在该轮左舷的运沙船“顺行海 5”轮、“金达 30”轮输送带受损，“裕丰 6”轮左舷外板局部破损变形 |
| 2010.9.10 | 洋小猫岛西北侧水域 | 自沉 | 8 时 27 分，宁波籍自卸式运沙船“顺行海 87”轮从峙头水域装载黄沙后驶往北仑白峰华埠物流沙场码头途中，在洋小猫岛西北侧水域沉没，7 名船员获救 |
| 2016.12.9 | 佛渡水道 | 自沉 | 浙普 01850 自沉（沉没） |
| 2017.4.17 | 穿山港四期集装箱码头 3# 泊位 | 碰撞 | “和洋”轮与“地中海埃马纽拉”轮碰撞 |
| 2017.5.26 | 佛渡水道峙头角西南水域 | 碰撞 | “海阳 618”与“浙椒机 1153”碰撞 |
| 2018.1.1 | 宁波舟山港船舶定线制 1# 警戒区与第二通航分道制边界水域 | 碰撞 | “富宏 11”与“浙奉渔 10018”碰撞 |
| 2018.11.1 | 佛渡水道 | 碰撞 | “闽连渔运 60907”与“鄞通顺 223”碰撞 |
| 2018.12.16 | 港鑫东方码头西端系缆平台 | 触碰 | “臻冉”触碰港鑫东方码头 |
| 2019.1.14 | 峙头水域 | 其他 | “汇通 2 号”轮，人员落水失踪 |
| 2019.2.22 | 穿山龙佰码头北侧坡堤 | 自沉 | “凯旋工 999”轮自沉（沉没） |

# 第二节　海关

## 机构

北仑海关驻穿山办事处设立于 2019 年 1 月。2006 年 7 月 27 日设立宁波出入境检验检疫局穿山办事处，2018 年 12 月撤销并入北仑海关驻穿山办事处。2019 年内设科室 8 个，分别为综合科、查验一科、查验二科、查验三科、查验四科、船管一科、船管二科、场站监管科。关员 77 名，办事处驻北仑区白峰集翔路 8 号港务大楼 6 楼和 9 楼，另查验三科和查验四科在港区内现场驻点。

## 监管

穿山办事处主要负责北仑穿山港区相关监管场站以及货主码头人工查验、检验、检疫工作和运输工具及人员、集装箱、监管场所、卡口等海关现场实际监管工作。

北仑海关穿山办事处办公大楼

穿山卡口

# 第三节　边防检查

## 机构

穿山出入境边防检查站前身为穿山边检执勤组，于 2004 年 7 月进驻宁波港穿山港区，2009 年 11 月经国务院批准成立穿山边防检查站，为武警边防部队暨公安边防部队序列，正团级编制，2018 年 12 月转制为人民警察。现址宁波市北仑区大碶街道倪家弄 166 号。内设办公室、边防检查处、政治处、后勤保障处四个处室，下设 6 个正科级执勤队。有正式民警 90 名，事业工勤编人员 4 名。获全国公安边防执法示范单位、省级青年文明号等荣誉，涌现了维和英雄团队、全国公安边防优秀共产党员、优秀人民警察等一批先进典型集体和个人。

穿山边检站大楼

## 执法与监管

穿山出入境边防检查站主要担负穿山港区集装箱码头、北仑矿石码头分公司中宅煤炭码头、宁波光明码头、液化天然气接卸码头、港鑫东方燃供仓储有限公司的 5 座码头、18 个泊位的出入境（港）船舶、人员边防检查、国际航行船舶在港期间监护管理、口岸开放项目管理和维护口岸安全稳定等工作。年均检查出入境（港）船舶近 6300 艘次、员工近 13 万余人次、集装箱 1000 万标准箱，边检业务总量位居全省海港边检前三，人均业务量位列第一。

**2004—2019 年穿山港区出入境（港）船舶和人员边防检查一览**

表 4-4-5

| 年份 | 出入境（港）船舶（艘次） | 出入境（港）人员（人次） | 集装箱吞吐量（万标准箱） | 违法违规案事件（起） |
|---|---|---|---|---|
| 2004 | 199 | 4366 | 10.8 | 1 |
| 2005 | 925 | 19425 | 84.6 | 3 |
| 2006 | 1757 | 36897 | 159.1 | 7 |
| 2007 | 2808 | 66379 | 251.0 | 6 |
| 2008 | 4158 | 101214 | 360.0 | 10 |
| 2009 | 4245 | 102687 | 353.0 | 0 |
| 2010 | 5960 | 131378 | 504.0 | 0 |
| 2011 | 5856 | 132471 | 582.0 | 0 |
| 2012 | 5686 | 131015 | 635.0 | 1 |
| 2013 | 6175 | 143588 | 700.0 | 16 |
| 2014 | 6363 | 147680 | 790.1 | 13 |
| 2015 | 7325 | 168113 | 885.0 | 60 |
| 2016 | 6895 | 156636 | 916.0 | 41 |
| 2017 | 6487 | 147715 | 1000.0 | 27 |
| 2018 | 5993 | 136613 | 1030.0 | 23 |
| 2019 | 6248 | 142238 | 1035.0 | 18 |

# 第五章　支援开发建设

随着穿山港区大规模开发建设推进，境内村庄房屋拆迁和土地征用同步进行，镇（街道）成立支援大工程建设指挥部（简称支大办、后又称开发办）。至 2019 年底，累计拆迁非住宅单位 143 家，居民住宅 3269 户，总面积 97.5873 万平方米。建设怡峰家园、东香茗园安置小区和峰南社区东港新村老年安置房等，共实施房屋安置 3269 户，其中，迁建安置 79 户，调产安置 747 户，货币安置 2443 户，建造老年房 1337 套。累计征用农村集体土地 1184 公顷。14 个行政村被整体拆迁。

## 第一节　征地

土地征收与开发建设同步。镇（街道）支大办和区人民政府有关部门按照《宁波市北仑区阳光征地一张图》规则，开展征地工作。

2002年至2019年，累计征收土地1184公顷。开发征地重点区域在穿山港区北岸至南岸，即港区北岸西起华峙村东至长坑村，再绕过峙头嘴至洋涨村和联合村，共14个村的耕地均已全部征用。

征地面积最多的年份是2006年，达3454亩；征地面积最多的项目是宁波港四期、五期、六期码头项目，达5612亩；征地面积最多的村是后墩村，达1449亩；大规模开发建设征地最早的项目是2002年的宁波港穿山港区集装箱四期码头项目。

## 征地流程

征地流程按工作内容共分10项。

### 按工作内容划分的征地流程一览

表4-5-1

| 序号 | 工作内容 | 参与单位 | 工作内容说明 | 要求及注意事项 |
| --- | --- | --- | --- | --- |
| 1 | 告知征地事项 | 区征迁办、街道（镇乡） | 告知拟征土地位置、补偿安置政策等 | 告知书要求在村务公开栏张贴，拍照存证，同时启动征地调查 |
| 2 | 召开村民代表会议 | 街道（镇乡）、被征地村 | 召开会议通报拟征地面积用途、补偿标准、安置途径 | 形成会议纪要，纳入征地档案 |
| 3 | 发布征收土地公告 | 区政府、区征迁办、街道（镇乡）、被征地村 | 被征土地所有权人、使用权人在公告发布10个工作日内，以村为单位到公告指定地点办理补偿登记。在规定时间内未来登记的，征地补偿以调查数据为准 | 在政府门户网站或媒体进行公告，并在所在地村张贴，拍照记录并收集资料保存，需符合法定证据要件 |
| 4 | 调查征地情况 | 区征迁办、街道（镇乡）、被征地村 | 调查拟征土地范围内的青苗、地上附着物状况和权属 | 要求现场拍摄影像资料存档 |
| 5 | 确认征地调查结果 | 区征迁办、街道（镇乡）、被征地村 | 告知勘测定界成果、土地使用权调查结果、青苗和地上附着物调查结果，无异议的，视为确认 | 确认情况纳入征地档案 |
| 6 | 签订征地协议 | 区征迁办、街道（镇乡）、被征地村 | 告知、确认等程序完成后，签订征地补偿协议 | |
| 7 | 发布征地补偿安置方案公告 | 区征迁办、街道（镇乡）、被征地村 | 若对方案中的补偿标准有争议的，由区级以上人民政府协调；协调不成，由批准征收土地的人民政府裁决，征地补偿安置争议不影响征收方案的实施 | 在政府门户网站或媒体进行公告，并在所在地村张贴，拍照记录并收集资料保存，需符合法定证据要件 |
| 8 | 拟订征地补偿安置方案请示 | 区政府、区征迁办 | 在征地补偿安置方案公告结束后，拟订征地补偿安置方案的请示，并报同级政府批复 | |
| 9 | 拨付征地补偿费 | 区财政局、区征迁办、被征地村 | 按规定时间足额支付征地补偿费。征地补偿费用足额支付到村后，村集体经济组织根据规定，制定征地补偿分配方案发放征地补偿费 | 征收补偿费自征地补偿安置方案批准之日起3个月内全额支付 |
| 10 | 办理社会保障 | 区人社局、被征地村 | 被征地人员办理参保手续 | |

## 征地补偿

各个时期的征地补偿标准根据市场物价和其他因素变化而作适度调整。1993 年，执行北仑区人民政府仑政〔1993〕86 号文件《关于进一步完善征地安置政策的通知》。2004 年，执行北仑区人民政府转发《区国土资源局关于征地安置补助费发放办法指导意见》的通知。2009 年，执行北仑区人民政府《关于北仑区（开发区）征收集体所有土地补偿标准及人员安置的实施意见》。2012 年，执行北仑区人民政府《关于调整征地区片综合地价及青苗补偿费指导标准的通知》。2018 年 2 月 13 日，出台《关于调整征地补偿安置政策的通知》。

2009 年，北仑区人民政府《关于北仑区（开发区）征收集体所有土地补偿标准及人员安置的实施意见》及 2012 年、2018 年调整征地补偿安置政策的文件主要内容如下：

征收土地的补偿费用包括征地区片综合地价、地上附着物补偿费和青苗补偿费，征地区片综合地价包括土地补偿费和安置补助费。

**土地补偿费** 征收耕地（包括园地）的，不低于耕地平均年产值的 10 倍（即 27600 元 / 亩）；征收林地和未利用地的，为耕地标准的 50%；征收其他农用地、建设用地的，参照耕地标准。涉及市、区蔬菜基地的，增加补偿 7400 元 / 亩。土地补偿费归农村集体经济组织所有。2009 年 1 月 1 日起实行的新的征地补偿标准：Ⅰ级区片新碶街道最低价每亩 48300 元；Ⅱ级区片大碶、霞浦、小港每亩 46900 元；Ⅲ级区片柴桥每亩 45600 元；Ⅳ级区片白峰、春晓、梅山每亩 44200 元。2012 年 1 月 1 日起实行的新的征地补偿标准：Ⅰ级区片新碶街道每亩 60550 元；Ⅱ级区片大碶、霞浦、小港、戚家山街道，每亩 58820 元；Ⅲ级区片柴桥街道，每亩 57090 元；Ⅳ级区片白峰、春晓镇及梅山乡，每亩 55360 元。征地区片综合地价包括土地补偿费和安置补助费，其中安置补助费为每人 25000 元。2018 年 2 月 13 日，出台《关于调整征地补偿安置政策的通知》。北仑区征地区片由 4 个调整到 3 个，调整后的区片划分：一级区片为新碶街道；二级区片为小港街道、大碶街道、柴桥街道、霞浦街道、戚家山街道；三级区片为春晓街道、梅山街道、白峰街道、郭巨街道。各区片的征地区片综合地价调整为：征收耕地（包括园地）的，一级区片 82000 元 / 亩，二级区片 80000 元 / 亩，三级区片 78000 元 / 亩。征收林地和未利用地的补偿标准为耕地标准的 50%。征收其他农用地、建设用地的补偿标准参照耕地执行。征收市、区级蔬菜基地再增加补偿 30 元 / 亩。征地区片综合价包括土地补偿费和安置补助费，其中安置补助费为 36000 元 / 亩，由被征地单位直接发放至被征地人员，取消按月发放生活费的安置方式。因户籍制度改革，在实施征地中，不再按照被征地单位人土比对其征地区片综合价进行调整，并取消仑政办〔2004〕49 号《转发区国土资源局关于征地安置补助费发放办法指导意见的通知》文中关于全村提前安置及山旱地同比例计发安置补助费此两项安置补助费结算方法。被征地人员参加养老保险名额按被征耕地、园地面积结合被征地单位 2016 年人土比进行核定。

**安置补助费** 征收耕地（包括园地）的，按照需要安置的农业人口数计算，需要安置的农业人口数按照被征收的耕地（包括园地）数量除以征地前被征地单位人土比计算，每一个需要安置的农业人口的安置补助费为 22080 元 / 人，安置补助费每亩最高限额为平均年产值的 18 倍、最低为 6 倍；征收林地和未利用地的，为耕地标准的 50%，不产生安置人口；征收其他农用地、建设用地的，参照耕地标准，不产生安置人口。

土地承包户被征地人员如已安置完的，承包土地面积超出部分安置补助费归村级集体经济组织所有，对土地承包户发给适当的土地承包收益补偿金，额度由各村根据村民代表会议讨论决定。安置补助费具体发放办法按照区有关文件执行。

**地上附着物补偿费** 对被征地范围内零星树木、机耕路和防旱排涝灌溉渠道等农田水利设施、简易桥梁和河埠头等构筑物，统一按被征耕地（不包括山旱地）面积平均 1500 元 / 亩补偿。大型水利设施、地上地下管线以及厂房、住宅等永久性建筑物按有关规定另行处理。地上附着物补偿费归附着物所有者所有。

**青苗补偿费**　根据“有苗补苗，无苗不补”的原则，按照征地时实际种植的当季作物，根据品种、规格、密度、大小等给予适当补偿。超过合理的种植密度部分，不作为补偿依据。

## 开发征地

用地项目主要有 6 类：道路等基础设施建设。港口码头及堆场项目。企业开发、峙头山石料开发和东部工业开发（待出让地块）。峙南大型海洋围涂工程。拆迁安置房建设。公园、文化广场等民生工程项目。2002—2019 年，境内各村开发征地总计 1184 公顷（合 17754 亩）。

### 2002—2014 年境内历年重大项目征地一览

表 4–5–2　　单位：亩

| 征地年份 | 项目名称 | 征地村 | 征地面积 | 年度征地面积合计 |
|---|---|---|---|---|
| 2002 | 宁波港务局四期码头 | 华峙　谢家岙　西门 | 1974.4 | 1974.4 |
| 2003 | 东部工业开发待出让地块 | 北门　尖岭岙　南门　路亭　大涂塘　双岙　东门 | 2505.7 | 3419.44 |
| | 工业固废处置站 | 光明　双屯　长浦 | 629.46 | |
| | 沿海中线公路 | 尖岭岙　西门　路亭　大涂塘 | 284.25 | |
| 2004 | 东部工业开发待出让地块 | 福民 | 190.15 | 217.01 |
| | 沿海中线公路 | 福民 | 26.86 | |
| 2005 | LNG 接收站 | 沙湾　中宅　光明 | 2477 | 2573.93 |
| | 北仑易斯达造船公司造船台 | 大涂塘 | 39.93 | |
| | 宁波港务局四期、五期 | 谢家岙 | 57 | |
| 2006 | 开发区东区（昆亭西塘） | 盛岙 | 320.5 | 3454.42 |
| | 宁波港务局四期、五期 | 后墩　竹湾 | 1680 | |
| | 宁波港务局六期码头 | 上宅 | 1302 | |
| | 宁波港务局四期码头 | 华峙 | 151.92 | |
| 2007 | LNG 接收站 | 花船 | 18.08 | 463.34 |
| | 宁波港务局六期码头 | 花船 | 445.26 | |
| 2008 | 白洋线公路 | 北门　南门　西门　路亭　大涂塘　双岙　盛岙　联合 | 944.68 | 1392.63 |
| | 峙南大型海洋围涂工程 | 北门　南门　西门　路亭　双岙　盛岙　东门 | 447.95 | |
| 2009 | LNG 接收站 | 北门　大涂塘 | 26.29 | 611.87 |
| | 穿山疏港高速公路 | 福民　尖岭岙　华峙　西门　大岭下 | 585.58 | |
| 2010 | 穿山疏港高速公路 | 尖岭岙　华峙 | 77.18 | 775.94 |
| | 沿海中线南支线 | 联合 | 250.6 | |
| | 峙南大型海洋围涂工程 | 联合 | 448.16 | |
| 2011 | 穿山疏港高速公路 | 尖岭岙　华峙　东门 | 642.63 | 642.63 |
| 2014 | 峙头山石料开采 | 双屯 | 177.35 | 177.35 |

## 2016—2019年郭巨街道境内历年项目征地一览

表4–5–3　　单位：亩

| 征地年份 | 项目名称 | 征地村 | 征地面积 | 年度征地面积合计 |
|---|---|---|---|---|
| 2016 | 宁波穿山港铁路工程 | 华峙　后墩　谢家岙 | 366.72 | 368.64 |
| | 宁波港务局五期码头 | 后墩　谢家岙 | 1.92 | |
| 2017 | 集装箱堆场（待出让地块） | 华峙 | 285.41 | 958.93 |
| | 土地提前征收 | 洋涨 | 611.03 | |
| | 沿海中线拓宽 | 大涂塘　南门　西门　路亭　福民 | 62.49 | |
| 2018 | 部队置换用地 | 联合 | 169.06 | 251.6 |
| | 郭巨街道安置地块 | 西门　北门 | 54.78 | |
| | 郭巨街道海云路 | 东门 | 12.34 | |
| | 郭巨云衢路 | 北门　路亭 | 11.85 | |
| | 云巨广场 | 北门　大涂塘 | 3.57 | |
| 2019 | 集装箱堆场（待出让地块） | 华峙 | 414.23 | 454.09 |
| | 宁波穿山港铁路工程 | 华峙 | 3.4 | |
| | 王家安全填埋场 | 光明 | 36.46 | |

## 2002—2019年境内各村集体土地征收一览

表4–5–4　　单位：平方米

| 征地村名 | 征地面积 | 征地村名 | 征地面积 | 征地村名 | 征地面积 |
|---|---|---|---|---|---|
| 大涂塘村 | 271228 | 谢家岙村 | 485309 | 双屯村 | 199874 |
| 西门村 | 335808 | 华峙村 | 2161624 | 中宅村 | 610003 |
| 东门村 | 355261 | 福民村 | 152714 | 上宅村 | 868004 |
| 北门村 | 249388 | 大岭下村 | 48847 | 沙湾村 | 561336 |
| 南门村 | 544816 | 盛岙村 | 485609 | 光明村 | 652309 |
| 尖岭岙村 | 415282 | 联合村 | 886024 | 花船村 | 308894 |
| 路亭村 | 226074 | 洋涨村 | 407355 | 竹湾村 | 154667 |
| 双岙村 | 163107 | 长浦村 | 332490 | 后墩村 | 965851 |

## 2002—2019年境内若干项目征地一览

表4–5–5　　单位：亩

| 征地项目 | 征地面积 | 征地时间 | 被征地村 |
|---|---|---|---|
| 宁波港务局四期码头 | 2031.4 | 2002 | 谢家岙　华峙　西门 |
| 工业固废处置站 | 665.92 | 2003 | 光明　双屯　长浦 |
| 沿海中线公路 | 562.7 | 2003 | 大涂塘　双岙　福民 |
| 东部工业开发（待出让地块） | 2505.73 | 2003—2004 | 北门　尖岭岙　南门　路亭　大涂塘　双岙　福民　东门 |
| 液化天然气接收站 | 2521.37 | 2005 | 沙湾　中宅　光明 |
| 宁波港务局五期码头 | 1833.84 | 2006 | 后墩　华峙　竹湾 |

续表 4-5-5

| 征地项目 | 征地面积 | 征地时间 | 被征地村 |
|---|---|---|---|
| 宁波港务局六期码头 | 1747.26 | 2006—2007 | 上宅　花船 |
| 白洋线公路 | 944.68 | 2008 | 北门　南门　西门　路亭　大涂塘　双岙　盛岙　联合 |
| 峙南大型海洋围涂工程 | 825.12 | 2008 | 双岙　盛岙　联合 |
| 穿山疏港高速公路 | 1274.38 | 2009—2011 | 福民　尖岭岙　华峙　西门　大岭下 |
| 宁波穿山港铁路工程 | 366.72 | 2016 | 华峙　后墩　谢家岙 |
| 沿海中线拓宽 | 62.49 | 2017 | 大涂塘　南门　西门　路亭　福民 |
| 集装箱堆场（待出让地块） | 703 | 2017—2019 | 华峙 |
| 郭巨街道安置地块 | 54.78 | 2018 | 西门、北门 |

## 第二节　拆迁

支援开发建设的房屋拆迁与土地征收同步。镇（街道）支大办和区人民政府有关部门按照《宁波市县（市）区征收集体所有土地房屋阳光拆迁一张图》规则，开展拆迁工作。

2002 年至 2019 年，累计房屋拆迁非住宅单位 143 家，居民住宅 3269 户，拆迁总面积 97.5873 万平方米。

房屋拆迁重点区域在穿山港区北岸至南岸，即港区北岸西起华峙村东至长坑村，穿山港区南岸的洋涨村和联合村，共 14 个村的房屋被整体拆迁，其中整体拆迁最早的是谢家岙村，拆迁于 2002 年；境内最早被拆迁的群体是谢家岙全村的 177 户和华峙村的 14 户住户，拆迁于 2002 年。

房屋拆迁用地主要项目有道路桥梁等基础设施建设、投资企业落户及预留地等。

### 拆迁流程

拆迁流程按工作内容共分 20 项。

**按工作内容职责划分的拆迁流程一览**

表 4-5-6

| 序号 | 名称 | 责任部门 | 工作内容与职责 | 具体要求 |
|---|---|---|---|---|
| 1 | 履行征地二公告及实偿费到位程序 | 区政府及国土局 | 区政府履行征地方案公告，区国土局履行补偿安置方案公告并拨付征地补偿费 | — |
| 2 | 落实拆迁安置资金 | 拆迁人 | 将拆迁补偿安置资金打入专用账户，并由银行出具证明 | 补偿安置资金应当根据资金预算专户确认、储存，安置用房和迁建用地可以折价计入 |
| 3 | 拆迁委托 | 拆迁人 | 拆迁人可以委托具有相应拆迁能力的单位实施拆迁，并签订书面拆迁委托协议 | — |

续表 4–5–6

| 序号 | 名称 | 责任部门 | 工作内容与职责 | 具体要求 |
| --- | --- | --- | --- | --- |
| 4 | 制定折迁实施方案 | 折迁人 | 实施方案内容包括：折迁范围、补偿安置的对象和条件、不予补偿安置的情形、补偿安置的方式和标准、补偿安置资金预算和落实、安置用房和迁建用地的安排、搬迁期限等 | 镇、街道及折迁单位以及村应做好配合 |
| 5 | 审核折迁实施方案，组织必要的听证 | 区国土局 | 房屋折迁实施方案在审核时应告知被折迁人和其他利害关系人，被折迁人和其他利害关系人有要求听证的权利 | 听证会代表的产生一般不得超过5人，由所在地村村民委员会推荐，报国土局确定。规定时间内未提出听证的，将折迁实施方案报经审批 |
| 6 | 批准折迁实施方案 | 区政府 | 由区政府批准折迁实施方案并发文 | — |
| 7 | 发布折迁公告及折迁项目评估公告 | 区国土局 | 房屋折迁实施方案批准之日5日内发布房屋折迁公告，项目要求评估的，要发布折迁项目评估公告 | 折迁项目评估采用登报方式公告，折迁公告应在折迁所在地张贴，并拍照记录，张贴位置要有明显标志物 |
| 8 | 公布房屋折迁补偿安置的具体方案 | 折迁人 | 折迁人应当向被折迁人做好宣传解释工作 | 具体方案应在折迁所在地张贴，并拍照记录，张贴位置要有明显标志物 |
| 9 | 测绘、评估单位的产生 | 区国土局、折迁人 | 测绘由专业单位进行。测量单位有2家以上评估单位竞标的，由国土局审核评估单位资质，抽签时间、地点以公告形式告知折迁人和被折迁人 | 由公证部门现场抽签决定结果 |
| 10 | 测绘、评估委托 | 折迁人 | 折迁人与测绘、评估专业单位签订委托测绘、评估协议 | 测量评估时，镇、街道、折迁单位以及村做好配合工作 |
| 11 | 入户调查、分户测量评估 | 测绘、评估单位 | 调查附属设施情况、测绘房屋面积、评估房屋价格和装修价格 | 测量评估时，镇、街道、折迁单位以及村做好配合工作 |
| 12 | 测量与评估复核 | 区国土局 | 在公示期间内，被折迁人可对测绘、评估结果向原测绘、评估单位申请复核；对评估复核结果有异议的，可申请国土局裁决 | — |
| 13 | 可补偿安置面积调查及结果公示 | 折迁人、国土及规划部门 | 折迁人应当对被折迁房屋的权属和可补偿安置面积在折迁范围内予以公示；未经公示的，不得作为补偿安置依据。国土、规划等部门应履行各自职责 | 公示时间不少于10天。对张贴的情况进行拍照记录，并由折迁人存档 |
| 14 | 评估及评估结果公示 | 评估单位 | 评估单位应将评估结果（姓名、评估因素、评估依据）在被折迁房屋所在地村公示张贴，评估结果应提供整体评估报告和分户报告 | 公示时间不少于10天。对张贴的情况进行拍照记录，并由折迁人存档 |
| 15 | 可补偿安置面积复核程序 | 规划、国土等部门 | 公示期内，对公示内容有异议的，异议人可向当地土地、规划等行政管理部门提出，有关部门应当予以核查并依法确认房屋权属和可补偿安置面积 | 规划、国土等部门应向被折迁人做好政策解释工作 |

续表 4–5–6

| 序号 | 名称 | 责任部门 | 工作内容与职责 | 具体要求 |
|---|---|---|---|---|
| 16 | 评估复核程序、评估复核异议裁决程序 | 评估单位评估专家委员会 | 拆迁当事人对评估结果有异议的，应当在公示期内向原评估机构书面申请复核，原评估机构出具书面复核结果；当事人对复核结果仍有异议的，可以在收到复核结果后10日内向土地行政管理部门书面申请裁决。裁决部门受理裁决申请后，可提请房地产价格评估专家委员会对评估结果进行鉴定，房地产价格评估专家委员会出具的鉴定结论可作为裁决依据 | 原评估机构应当在收到书面申请后5个工作日内出具书面复核结果。裁决部门应当自受理裁决之日起30日内作出书面裁决 |
| 17 | 住房困难家庭审批及可安置面积确定 | 镇、街道等 | 被拆迁人向拆迁人领取并填写《低限标准安置申请表》，经所在地村（居）民委员会签署意见报镇人民政府和街道办事处同意后，由拆迁人公示 | 公示时间不少于10天。对张贴的情况进行拍照记录，并由拆迁人存档。对公示结果有异议的，拆迁人应当予以查实 |
| 18 | 签订房屋拆迁协议 | 拆迁人、被拆迁人 | 街道拆迁办与被拆迁人签订补偿安置协议，协议应当载明补偿标准、金额、支付期限、安置方式、安置用房地点和面积、安置用房交付期限、搬迁期限、过渡方式、过渡期限、搬家补助费和临时安置补助费、违约责任以及当事人认为需要订立的其他条款 | 签订协议时应收回原土地使用证 |
| 19 | 批准有产权纠纷房屋的补偿安置方案 | 区国土局 | 拆迁有所有权纠纷或因其他原因产权不明的房屋，在拆迁公告确定的搬迁期限内未能解决纠纷或确认产权的，由拆迁人提出补偿安置方案，报区土地行政管理部门批准后依法实施拆迁 | 拆迁人应当就被拆迁房屋的有关事项，向公证机构办理证据保全 |
| 20 | 行政裁决 | 区政府 | 当事人在规定搬迁期限内达不成协议的，向所在区人民政府申请裁决。区人民政府应当自收到裁决申请书之日起5个工作日内作出是否受理的决定，自受理裁决申请之日起30日内依法作出裁决。裁决程序按法规规定 | — |
| 21 | 司法强制执行 | 人民法院 | 当事人逾期拒不履行裁决确定的义务又不申请行政复议或提起行政诉讼的作出裁决的机关可以申请人民法院强制执行 | — |

## 房屋拆迁补偿政策

房屋拆迁按照2006年5月24日宁波市第十二届人代会第二十七次常委会通过的《宁波市征收集体所有土地房屋拆迁条例》《宁波市征收集体所有土地房屋拆迁条例实施细则》《关于开展征地拆迁阳光工程建设的实施方案》《宁市征收集体所有土地房屋“阳光拆迁”实施细则》《征地拆迁阳光工程建设督查方案》和北仑区人民政府制定的有关政策文件执行。

**房屋设施补偿费**　农村集体或私人房屋拆迁，根据原房屋拆迁适当补偿的原则，可以实行包干拆迁费办法；也可经房产管理部门评估，采取赎买的办法；包干拆迁采用房屋拆迁的重置完全价结合成新和残值估算的办法。补偿定价按北仑区内各乡镇房地产市价测算，确定划分A、B、C、D四等，境内为第四等，具体价格区间，经第三方评估，确定补偿价。

房屋拆迁安置必须符合总体规划要求，逐步推行建造公寓式住房落实安置，确需易地迁建的，需执行《中华人民共和国土地管理法》规定的面积标准。拆迁房安置地块的水、电、路、通信、广播等及场地平整由拆迁部门负责支付配套费的，原有拆迁地块的各项水、电、路、通信、广播等设施不再补偿。拆迁安置户户内户外各项配套由拆迁部门按照实际应支付的费用按实列支，计入拆迁费成本。采用公寓式住房安置的，按照大、中、小户标准，建筑造价加管理费，减去原房估价残值，差价与安置户按实结算。

**地上、地下管线补偿费** 拆除采取残值补偿，改道采取重置完全价减去残值补偿。重置完全价按现行造价确定。

**树木补偿费** 根据《宁波市城市绿化收费办法》，一般成材树（系指10厘米口径以上杉木以及30厘米口径以上松树等）按木材价格计；不成材树按薪炭林处理；小树按树秧价格计；果树按照不同树种计算。

**坟墓迁移或深埋费** 坟墓迁葬费每穴200～250元，深埋费每穴50～100元。

**其他补偿** 变压器、碶闸、机耕路、河流改道等补偿标准由征地单位与产权单位商定。

以上各项补偿费标准将根据市场物价和其他因素变化而适度调整。上述以外的其他设施补偿费用由区土地管理部门按照重置完全结合成新合理评定，但对征用土地上的违章建筑以及被征地单位接到征地通知后擅自抢种的树木和抢建的设施不予补偿。

房屋拆迁前，拆迁人（单位）和被拆迁人双方应订立房屋拆迁补偿协议书。

## 房屋拆迁

房屋拆迁面积和户数最多的年份是2006年，拆迁面积达355603平方米，拆迁户数达939户；房屋拆迁面积和户数最多的项目是宁波港穿山港区集装箱四期、五期、六期码头项目，拆迁面积达448887平方米，拆迁户数达943户；房屋拆迁面积最多的村是上宅村，达160895平方米；房屋拆迁户数最多的村是华峙村，达669户。

### 2002—2019年境内历年房屋拆迁一览

表4-5-7

| 年份 | 拆迁总面积（平方米） | 房屋拆迁分类 | | | |
|---|---|---|---|---|---|
| | | 非住宅单位（家） | 拆迁面积（平方米） | 住宅户（户） | 拆迁面积（平方米） |
| 合计 | 975873 | 143 | 49443 | 3269 | 926430 |
| 2002 | 36255 | 7 | 1733 | 176 | 34522 |
| 2003 | 25012 | 12 | 4420 | 149 | 20592 |
| 2004 | 2739 | 1 | 147 | 19 | 2592 |
| 2005 | 38757 | 0 | 0 | 134 | 38757 |
| 2006 | 355603 | 45 | 15801 | 894 | 339802 |
| 2007 | 129910 | 16 | 8771 | 299 | 121139 |
| 2008 | 3351 | 2 | 125 | 10 | 3226 |
| 2009 | 47115 | 12 | 2638 | 141 | 44477 |
| 2010 | 52481 | 12 | 2822 | 163 | 49659 |

续表 4-5-7

| 年份 | 拆迁总面积（平方米） | 房屋拆迁分类 | | | |
|---|---|---|---|---|---|
| | | 非住宅单位（家） | 拆迁面积（平方米） | 住宅户（户） | 拆迁面积（平方米） |
| 2011 | 48176 | 3 | 1655 | 181 | 46521 |
| 2012 | 24695 | 11 | 2032 | 109 | 22663 |
| 2013 | 10684 | 9 | 3730 | 28 | 6954 |
| 2014 | 27606 | 4 | 755 | 221 | 26851 |
| 2015 | 2981 | 3 | 2313 | 4 | 668 |
| 2016 | 72028 | 1 | 409 | 302 | 71619 |
| 2017 | 47836 | 5 | 2092 | 200 | 45744 |
| 2018 | 40438 | 0 | 0 | 187 | 40438 |
| 2019 | 10206 | 0 | 0 | 52 | 10206 |

## 2002—2019 年境内农村房屋拆迁一览

表 4-5-8

| 村名 | 建设项目 | 拆迁年份 | 拆迁面积（平方米） | 拆迁面积小计（平方米） | 拆迁户数（户） | 拆迁户数小计（户） | 说明 |
|---|---|---|---|---|---|---|---|
| 谢家岙 | 港务局四期码头 | 2002 | 33725 | 33725 | 177 | 177 | 全村拆迁 |
| 华峙 | 港务局四期码头 | 2002—2003 | 4809 | 160802 | 14 | 669 | 全村拆迁 |
| | 疏港高速 | 2011—2014 | 63974 | | 256 | | |
| | 穿山铁路支线 | 2016—2019 | 92019 | | 399 | | |
| 后墩 | 港务局四期码头 | 2006—2008 | 142366 | 143092 | 402 | 406 | 全村拆迁 |
| | 港务局五期码头 | 2010—2014 | 726 | | 4 | | |
| 长浦 | 固废处理 | 2003—2005 | 9212 | 9212 | 79 | 79 | 全村拆迁 |
| 双屯 | 固废处理（大屯） | 2003 | 3823 | 19363 | 33 | 94 | 全村拆迁 |
| | 峙头山石料矿（小屯） | 2014 | 15540 | | 61 | | |
| 光明 | 固废处理（王家） | 2003—2004 | 8334 | 62251 | 54 | 240 | 全村拆迁 |
| | 光明码头 | 2012 | 98 | | 1 | | |
| | LNG 接收站 | 2005—2012 | 53819 | | 185 | | |
| 大涂塘 | 沿海中线公路 | 2003 | 3100 | 8378 | 11 | 38 | — |
| | 沿海中线拓宽 | 2016—2018 | 5278 | | 27 | | |
| 沙湾 | LNG 接收站 | 2005—2013 | 38120 | 38120 | 123 | 123 | 全村拆迁 |
| 中宅 | LNG 接收站 | 2006—2010 | 42435 | 42435 | 119 | 119 | 全村拆迁 |
| 竹湾 | 港务局五期码头 | 2006—2007 | 62891 | 62891 | 176 | 176 | 全村拆迁 |
| 花船 | 港务局五期码头 | 2007—2009 | 43475 | 43475 | 97 | 97 | 全村拆迁 |
| 上宅 | 港务局五期码头 | 2009 | 1660 | 160895 | 4 | 350 | 全村拆迁 |
| | 港务局六期码头 | 2006—2008 | 159235 | | 346 | | |
| 尖岭岙 | 疏港高速 | 2009—2011 | 12902 | 12902 | 53 | 53 | 拆庵坑岭俞家岭头 |
| 大岭下 | 疏港高速 | 2010—2012 | 7074 | 7074 | 36 | 36 | — |

续表 4–5–8

| 村名 | 建设项目 | 拆迁年份 | 拆迁面积（平方米） | 拆迁面积小计（平方米） | 拆迁户数（户） | 拆迁户数小计（户） | 说明 |
|---|---|---|---|---|---|---|---|
| 盛岙 | 白洋线公路 | 2009 | 2019 | 3986 | 9 | 16 | — |
| | 沿海中线南支线 | 2010 | 426 | | 2 | | |
| | 岭南围塘 | 2014 | 1541 | | 5 | | |
| 联合 | 白洋线公路 | 2009 | 1560 | 80849 | 4 | 257 | 全村拆迁 |
| | 沿海中线南支线 | 2009—2010 | 26362 | | 82 | | |
| | 大型海洋工程 | 2009—2015 | 52927 | | 171 | | |
| 福民 | 疏港高速 | 2012 | 633 | 1849 | 2 | 2 | — |
| | 沿海中线公路 | 2013 | 1216 | | 0 | | |
| 路亭 | 疏港高速 | 2010 | 390 | 390 | 1 | 1 | — |
| 北门 | 沿海中线公路 | 2003 | 160 | 160 | 1 | 1 | |
| 洋涨 | 沿海中线南支线 | 2013—2014 | 2285 | 75496 | 10 | 331 | 全村拆迁 |
| | 自愿拆迁 | 2016—2019 | 73211 | | 321 | | |
| 长坑村 | 峙头山石料矿 | 2014 | 8527 | 8527 | 147 | 147 | 全村拆迁 |

## 2002—2019 年境内若干项目用地拆迁房屋一览

表 4–5–9

| 年份 | 建设项目 | 拆迁地点（村） | 拆迁数 | | | 拆迁面积（平方米） |
|---|---|---|---|---|---|---|
| | | | 非住宅户（家） | 住户（户） | 总户数 | |
| 2002—2008 | 港务局四期码头 | 谢家岙　华峙　后墩 | 30 | 568 | 598 | 181403 |
| 2003—2004 | 固废处置站 | 双屯　长浦　光明 | 3 | 163 | 166 | 21369 |
| 2003—2004 | 沿海中线公路 | 大涂塘　福民　北门 | 10 | 2 | 12 | 4476 |
| 2005—2013 | LNG 接收站 | 中宅　沙湾　光明 | 27 | 401 | 428 | 134374 |
| 2006—2014 | 港务局五期码头 | 竹湾　花船　后墩 | 17 | 263 | 280 | 108249 |
| 2006—2008 | 港务局六期码头 | 上宅 | 13 | 332 | 345 | 159235 |
| 2009 | 白洋线公路 | 联合　盛岙 | 0 | 13 | 13 | 3579 |
| 2009—2014 | 疏港高速 | 大岭下　尖岭岙　华峙 | 13 | 331 | 344 | 84973 |
| 2009—2014 | 沿海中线南支线 | 联合　盛岙　洋涨 | 9 | 85 | 94 | 29073 |
| 2009—2015 | 大型海洋工程 | 联合 | 13 | 158 | 171 | 52927 |
| 2012 | 光明码头 | 光明 | 1 | 0 | 1 | 98 |
| 2014 | 建材石料开采 | 长坑　双屯（小屯） | 0 | 208 | 208 | 24068 |
| 2014 | 岭南围塘 | 盛岙　联合 | 1 | 4 | 5 | 1541 |
| 2016—2018 | 沿海中线拓宽 | 大涂塘 | 0 | 27 | 27 | 5278 |
| 2016—2019 | 穿山铁路支线 | 华峙 | 6 | 393 | 399 | 92020 |
| 2016—2019 | 自愿拆迁 | 洋涨 | 0 | 321 | 321 | 73211 |

# 第三节　安置

## 住房安置

住宅用房的拆迁补偿安置，可以实行调产安置，也可以实行货币安置，对符合市和县（市）、区人民政府规定条件的被拆迁人，还可以实行迁建安置。被拆迁人有权选择具体的补偿安置方式。

调产安置是指由拆迁人提供住宅用房作为产权调换，安置被拆迁人。货币安置是指由拆迁人提供相应的补偿资金，被拆迁人自行选购安置用房。迁建安置是指由拆迁人提供迁建用地和费用，被拆迁人自行建造安置用房。

拆迁户腾空房屋后，自行解决暂住房，选择货币安置和迁建安置的发给相应的暂住房过渡费 6 个月；选择调产安置的，暂住房过渡费发放月份为自腾空房屋后至安置户经抽签选房，结算后入住小区安家，再增加 4 个月。

### 2002—2019 年境内拆迁户房屋安置一览

表 4-5-10

| 安置年份 | 迁建安置（户） | 调产安置（户） | 货币安置（户） | 合计（户） | 安置范围 |
|---|---|---|---|---|---|
| 合计 | 79 | 747 | 2443 | 3269 | — |
| 2002 | 17 | 159 | — | 176 | 谢家岙村　华峙村张西岙和老碶头 |
| 2003 | 41 | 107 | 1 | 149 | 长浦村　双屯村大屯组　光明村王家 |
| 2004 | 16 | 3 | — | 19 | 长浦村　双屯村大屯组　光明村王家 |
| 2005 | 2 | 106 | 26 | 134 | 中宅村　沙湾村　光明村 |
| 2006 | — | 220 | 674 | 894 | 上宅村　竹湾村　花船村　后墩村 |
| 2007 | 1 | 7 | 291 | 299 | 上宅村　竹湾村　花船村　后墩村 |
| 2008 | — | 9 | 1 | 10 | 上宅村 |
| 2009 | 2 | 36 | 103 | 141 | 联合　大岭下　尖岭岙　华峙（岭头东岙　赵家何家自然村） |
| 2010 | | 25 | 138 | 163 | 联合　大岭下　尖岭岙　华峙（同上） |
| 2011 | — | 11 | 170 | 181 | 联合　大岭下　尖岭　华峙（同上） |
| 2012 | — | 1 | 108 | 109 | 华峙村（同上）大涂塘村部分 |
| 2013 | — | 1 | 27 | 28 | — |
| 2014 | — | — | 221 | 221 | 长坑村　双屯村小屯自然村 |
| 2015 | — | — | 4 | 4 | — |
| 2016 | — | 3 | 299 | 302 | 华峙村老胡家和西岸边　洋涨村 |
| 2017 | — | 1 | 199 | 200 | 华峙村（同上）洋涨村 |
| 2018 | — | 6 | 181 | 187 | 华峙村（同上）洋涨村 |
| 2019 | — | 52 | — | 52 | 华峙村（同上） |

**迁建安置**　2002—2009 年，白峰街道分别提供两个地块采用迁建方式安置固废和穿山港集装箱港区

四期码头项目被拆迁群体，共迁建安置 79 户。其中，固废项目被拆迁群体长浦村、双屯村（大屯组）、光明村（王家）村民安置在白峰司沿村郑家（现称峙北新村），迁建安置 62 户，被拆迁群体村民在该地块实际自建房屋 59 户。穿山港集装箱港区四期码头项目被整体拆迁的谢家岙村民安置在郭巨石沿（现称谢家岙新村），迁建安置 17 户，被拆迁群体村民在该地块实际自建房屋 24 户。

## 2004—2014 年境内迁建安置房一览

表 4–5–11

| 安置地名称 | 安置时间 | 安置户数 | 本村村民实际自建房户数 | 所在村 |
|---|---|---|---|---|
| 小计 | — | 79 | 83 | — |
| 白峰街道司沿村郑家 | 2004 年 | 25 | 20 | 长浦村 |
| 白峰街道司沿村郑家 | 2004 年 | 16 | 12 | 双屯村大屯自然村 |
| 白峰街道司沿村郑家 | 2004 年 | 21 | 27 | 光明村王家 |
| 谢家岙新村 | 2014 年 | 17 | 24 | 谢家岙村 |

**调产安置** 2002—2019 年，采用调产方式安置拆迁户共 747 户。白峰街道分别在白峰的司沿村和官庄村建造怡峰家园和东香茗园安置小区，共建造调产安置房 79 幢 2786 套。其中怡峰家园共建造 25 幢 1031 套，总建筑面积 10.7102 万平方米，配套设施有幼儿园，A、B、C 地块分别于 2005 年 1 月、2005 年 12 月、2006 年 11 月建成入住，安置有光明村、长浦村、双屯村、中宅村、上宅村、沙湾村、花船村、竹湾村、后墩村调产安置拆迁户。东香茗园于 2012 年 3 月建成投用，总占地 12.8134 万平方米，建筑用地 3.8 万平方米，建筑面积 19.1854 万平方米，调产安置房 54 幢、1755 套。配套设施有幼儿园，安置有联合村、光明村、中宅村、上宅村、沙湾村、花船村、竹湾村、后墩村、华峙村拆迁户。

东香茗苑

## 2005—2012 年境内调产安置房一览

表 4–5–12

| 安置地名称 | 入住时间 | 住宅幢数 / 套数 | 建筑面积（平方米） | 所在村 |
|---|---|---|---|---|
| 怡峰家园 A 地块 | 2005.1 | 10/447 | 42488 | 光明　长浦　双屯　中宅　上宅　沙湾　花船　竹湾　后墩 |
| 怡峰家园 B 地块 | 2005.12 | 8/313 | 38818 | |
| 怡峰家园 C 地块 | 2006.11 | 7/271 | 25796 | |
| 东香茗园 | 2012.3 | 54/755 | 380000 | 联合　光明　中宅　上宅　沙湾　花船　竹湾　后墩　华峙 |

**货币安置** 2002—2019 年，采用货币方式安置拆迁户共 2443 户。

**老年房安置** 2002 年，在福民村石沿建设谢家岙村老年房；2004 年 9 月，在白峰司前郑家的光明、长浦、双屯三村老年过渡房和集体用房工程竣工投用；2005 年 12 月始，在白峰门浦村隔山王家建设后墩、竹湾、花船、上宅、中宅、沙湾、光明及联合村的老年人安置房，该地块面积200亩左右，2007年3月，光明、沙湾、中宅村的老年房和集体用房建成投用，其他各村老年房后陆续建成投用；2009年，尖岭岙村老年房在尖岭村于家岭脚下建成投用；2014年12月，在福民村狗湾建成华峙村老年房；2017年，长坑村、双屯村小屯自然村在白峰司前大岙的老年房建成投用。2002年至2017年，共建成老年房1337套。老年房每套面积华峙村为近70平方米，其他各村为45平方米。

峰南社区东港新村老年公寓

谢家岙新村（前）华峙村老年公寓（后）

## 2002—2017年境内老年安置房一览

表4-5-13

| 安置房名称 | 安置地名称 | 安置时间 | 住宅套数 |
|---|---|---|---|
| 后墩村老年房 | 门浦隔山王家 | 2008.1 | 168 |
| 中宅村老年房 | 门浦隔山王家 | 2007.7 | 107 |
| 沙湾村老年房 | 门浦隔山王家 | 2007.7 | 93 |
| 竹湾村老年房 | 门浦隔山王家 | 2008.1 | 56 |
| 光明村老年房 | 白峰司前郑家 | 2004 | 22 |
| 光明村老年房 | 门浦隔山王家 | 2007.7 | 76 |
| 上宅村老年房 | 门浦隔山王家 | 2008.8 | 128 |
| 花船村老年房 | 门浦隔山王家 | 2009.12 | 32 |
| 联合村老年房 | 门浦隔山王家 | 2012.12 | 148 |
| 长坑村老年房 | 白峰司沿大岙 | 2017.6 | 62 |
| 双屯村大屯组老年房 | 白峰司前郑家 | 2004 | 20 |
| 双屯村小屯组老年房 | 白峰司前大岙 | 2017.2 | 32 |
| 长浦村老年房 | 白峰司前郑家 | 2004 | 40 |
| 谢家岙村老年房 | 谢家岙新村 | 2002 | 80 |
| 华峙村老年房 | 福民村狗弯 | 2014.12 | 225 |
| 尖岭岙村老年房 | 尖岭村于家岭脚下 | 2009 | 44 |
| 大岭下村老年房 | 大岭下村山头泽 | 2011.12 | 4 |

## 劳动力安置

政府对土地征用人员就业安置坚持社会化、市场化原则，以被征地人员自主择业为主，政府管理部门推荐、介绍就业为辅，提倡和鼓励自谋职业。

2003年11月，为促进区域经济社会协调发展，解决被征地人员的后顾之忧，按照“个人自愿，分级负担”及“同一平台起步、同一比例缴费、同一标准享受”的原则，制定出台《北仑区被征地人员养老保障实施方案》。方案规定，被征地人员养老保障基金由个人、集体、政府三方共同负担，其中区级政府和集体分别负担30%、个人负担40%，个人最高缴费金额不超过2万元。参保人员男性年满60周岁、女性年满55周岁后开始按月享受养老保险待遇。2013年12月，按《北仑区被征地人员养老保障实施方案》的参保人员，根据自愿原则，在缴纳补差费后可转为城镇职工养老保险。

针对被征地农民缺乏职业技能、就业竞争力相对弱的现状，北仑区人民政府出台《被征地人员开展职业培训工作的若干意见》，建立劳动就业培训中心，整合社会资源，建立培训网络，对被征地农民开展转岗再就业职业技能培训，对培训对象予以培训费和培训期间的生活费补贴，提高被征地人员的再就业竞争力。

# 第五篇 农业

境域农耕历史悠久，早在新石器时代晚期，先民们已有渔猎活动；唐宋时，煮海为盐；先民向来以农业为主，农产品以番薯、麦、水稻、油菜为主。

中华人民共和国成立前，农业生产基础设施差，抵御自然灾害能力薄弱，种养殖技术落后，生产力水平低下，至民国时期，粮食生产难以自给。中华人民共和国成立后，经土地改革和农业社会主义改造，翻身做主人的农民依靠集体的力量，兴修农田水利，推广新型农机具、新技术、新品种，农业生产获得发展。20 世纪 80 年代初，推行家庭联产承包责任制，解放了农村生产力，农业生产再次得到快速发展，进而也推动了农村商品经济的快速发展。1985 年，境内农林牧渔总产值 57.272 万元，其中农业 22.164 万元，占 38.7%；林牧渔业 35.108 万元，占 61.3%。

进入 20 世纪 90 年代以来，调整农业产业结构，改变单一的“粮、棉、油”生产格局，实施土地的多种经营、适度规模经营和集约化经营，家庭农场、家庭牧场、果木场、种植养殖专业大户应运而生，逐渐形成了种植养殖并举的粮食作物生产、经济作物生产、畜禽养殖、渔业、林业新格局。进入 21 世纪以来，随着境内穿山港区的开发建设，境内大批耕地、盐田、滩涂被征用，农业产业人员向第二、第三产业转移，旱地抛荒现象较为普遍，从事种植养殖业人员又多为老年人，粮食生产不足现状已经开始引起了重视和改进。

中华人民共和国成立前，境内农田多沿山冷水田、低洼烂荡田和沿海咸碱田，中华人民共和国成立后，坚持不懈地开展农田基本建设，平整土地、修筑沟渠，开展园田化、标准化农田建设和低产田改良。

大岭下焦山坑出土过新石器时代后期石锛等渔猎农具。传统农具以手工制作的居多。20 世纪 50 年代，推广使用诸如脚踏打稻机、手拉车等以人力、畜力为动力的新式农具。六七十年代以来，逐渐由柴油机、电动机为动力的农机具所取代。90 年代以来，联合收割机、微耕机等新型农业机械广泛应用，农业实现机械化。

# 第一章　农业生产关系变革

中华人民共和国成立前，为封建土地所有制，土地属私人所有。中华人民共和国成立后，进行一系列生产关系变革，改变了土地所有制性质。1950 年 11 月开展土地改革，土地归农民所有，1951 年组织农业生产互助组，随后，组织初级农业生产合作社、高级农业合作社，至 1958 年成立人民公社，实行土地集体所有制。1983 年底，境内实行家庭联产承包责任制，使土地所有权和经营权分离。农业生产关系的每一次变革，都不同程度地调动了农民的生产积极性，解放了农村生产力，推动了农业生产的发展。

## 第一节　土地私有制

### 土地改革前的土地占有情况

中华人民共和国成立前，郭巨境内土地为私人所有，部分为会地、祀田、祠田和学田等公共土地。地主和富农人少但占地多，雇农、贫农和中农则无地或少地，据 1951 年土地改革（简称土改）资料记载，土改前，境内郭巨乡、峙头乡、盛厚乡、霞峙乡共有 3158 户，总人口 15090 人，可耕田地面积 14892 亩，人均可耕田地面积是 0.99 亩，其中地主 35 户，187 人，占有土地面积 936 亩，人均 5 亩，雇农 247 户，650 人，占有土地面积 116 亩，人均 0.18 亩，贫农 1280 户，5375 人，占有土地面积 1416 亩，人均 0.26 亩，占境内总户数 0.99% 的地主，却占有 6.3% 的可耕田地面积；人均占地是雇农 28 倍，贫农的 19 倍。无地或少地的贫雇农只得向地主、富农租地耕种，或沦为雇工，以出卖劳力谋生。

### 租佃关系

在封建土地私有制时期，农民少地或无地耕种，靠耕种地主的租田为生。地主则以出租土地收取地租盘剥农民。地租一般以缴纳稻谷为主，辅以货币。境内地租有定租、分租、预租、便田 4 种。

**定租**　也叫“死租”，或称剪刀租，地主按土地的远近和土质优劣，规定每年的租额，不分年景丰歉，租额固定不变。

**分租**　俗称“议租”，地主与佃户（租出人与租借人）按每熟确定比例分成，有对半分成和三七分成两种。对半分成，即地主与佃户各出肥料、种子的一半，田间劳作由佃户承担，收获各得半。三七分成者，即由地主出肥料、种子的全部，佃户劳作，收获粮食地主得七成，佃户得三成。

**预租**　又称“上头租”，农民租种地主田地，须头年付租，第二年种田，若遇到灾年，颗粒无收，农民负债挨饿，而地主地租已收，又可向官府申报豁免田赋。

**钱租**　俗称“便田价”，租额按货币计算，多用于出租低产田地，租额较一般田地低。

### “二五减租”制

民国 16 年（1927），国民政府颁布“二五减租暂行办法”。办法规定，缴租稻谷占总收获量的 50% 为最高额，按最高租额减租 25%。民国 19 年（1930）成立镇海县佃业仲裁委员会，该项工作由仲裁委员会和境内农民协会共同负责。统一减租后，每亩租额稻谷 75 千克左右，占实产的 35% ～ 38%，但“二五减租”屡遭封建势力的抵制，时而被推翻。抗日战争时期，境内农民协会在共产党支持下，继续推行“二五减租”。民国 36 年（1947），镇海县农会推行“地价缴租法”，根据土地优劣分为 11 个等级确定地价，最好田每亩地价稻谷 800 千克，中等田 400 千克，最差田 200 千克，缴租额以地价的 8% 计算。郭巨境内“地价缴租法”在民国 37 年（1948）实现，较“二五减租”减轻 20% ～ 50%。中华人民共和国成立后，贯彻实施《华东新区减租减息法令》，租田按人民政府规定议租，在境内沿袭千年的封建地租制终被废除。

## 第二节　土地改革

1950 年 10 月，郭巨成立土地改革大队，开展土地改革运动。根据《中华人民共和国土地改革法》和《关于划分农村阶级成分的决定》的规定，贯彻中央“土改”运动中严肃执行“依靠贫农、雇农，团结中农，中立富农，有步骤地有区别地消灭封建剥削制度，发展农业生产”的路线和政策。整个运动经历发动群众、划分阶级、没收征收、分配果实、整顿乡村政权等阶段，至 1951 年 5 月基本完成。根据中共中央、国务院《关于划分农村阶级成分的决定》，境内，各村农会评出地主 35 户（25 亩以上土地的家庭划分为地主），富农 33 户。土改共没收征收土地 7219 亩，其中没收地主土地 831 亩，征收工商业者土地 59 亩，征收富农土地 173 亩，征收公共土地 6151 亩。将 6932 亩没收征收的土地纳入分配。土改后，境内雇农户均占有土地 3.05 亩，比土改前增加 2.87 亩，贫农户均占有土地 4.5 亩，比土改前增加 4.24 亩，通过土改对土地的重新分配，彻底摧毁了封建的土地所有制，使全境 3518 农户、15090 个农村人口都分得了土地，使农民土地的占有状况趋于合理，从而实现了“耕者有其田”的夙愿。

### 土地改革前后郭巨乡各阶层土地占有情况表

表 5–1–1

| 阶层名称 | 户数 | | 人数 | | 土地改革前 | | | 土地改革后 | | | 土地改革后亩数变化情况（亩） |
|---|---|---|---|---|---|---|---|---|---|---|---|
| | 户数（户） | 占总户数之比（%） | 人口（人） | 占总人口之比（%） | 田亩数（亩） | 占总田亩的比重（%） | 人均亩数（亩/人） | 田亩数（亩） | 占总田亩的比重（%） | 人均亩数（亩/人） | |
| 总计 | 1404 | 100 | 6479 | 100 | 5818.8 | 100 | 0.90 | 6098.5 | 100 | 0.94 | 279.7 |
| 封建地主 | 14 | 1.0 | 85 | 1.3 | 483.8 | 8.3 | 5.69 | 16.0 | 0.3 | 0.19 | −467.8 |
| 工商业者 | 9 | 0.6 | 54 | 0.8 | 66.1 | 1.1 | 1.22 | 34.0 | 0.6 | 0.63 | −32.1 |
| 雇农 | 79 | 5.6 | 233 | 3.6 | 30.5 | 0.5 | 0.13 | 257.0 | 4.2 | 1.10 | 226.6 |
| 贫农 | 420 | 29.9 | 1953 | 30.1 | 383.2 | 6.6 | 0.20 | 2031.3 | 33.3 | 1.04 | 1648.1 |
| 中农 | 315 | 22.4 | 1726 | 26.6 | 1415.4 | 24.3 | 0.82 | 2300.0 | 37.7 | 1.33 | 884.6 |
| 大佃农 | 2 | 0.1 | 12 | 0.2 | 18.0 | 0.3 | 1.50 | 21.1 | 0.3 | 1.76 | 3.2 |
| 富农 | 11 | 0.8 | 68 | 1.0 | 250.5 | 4.3 | 3.68 | 149.9 | 2.5 | 2.20 | −100.6 |
| 工人 | 134 | 9.5 | 556 | 8.6 | 144.5 | 2.5 | 0.26 | 218.1 | 3.6 | 0.39 | 73.6 |
| 手工业者 | 92 | 6.6 | 411 | 6.3 | 32.4 | 0.6 | 0.08 | 132.9 | 2.2 | 0.32 | 100.5 |
| 小贩 | 47 | 3.3 | 231 | 3.6 | 72.3 | 1.2 | 0.31 | 140.4 | 2.3 | 0.61 | 68.1 |
| 小商 | 69 | 4.9 | 374 | 5.8 | 164.3 | 2.8 | 0.44 | 206.6 | 3.4 | 0.55 | 42.4 |

续表 5-1-1

| 阶层名称 | 户数 | | 人数 | | 土地改革前 | | | 土地改革后 | | | 土地改革后亩数变化情况（亩） |
|---|---|---|---|---|---|---|---|---|---|---|---|
| | 户数（户） | 占总户数之比（%） | 人口（人） | 占总人口之比（%） | 田亩数（亩） | 占总田亩的比重（%） | 人均亩数（亩/人） | 田亩数（亩） | 占总田亩的比重（%） | 人均亩数（亩/人） | |
| 职员 | 37 | 2.6 | 185 | 2.9 | 69.9 | 1.2 | 0.38 | 104.9 | 1.7 | 0.57 | 35.0 |
| 自由职业 | 7 | 0.5 | 45 | 0.7 | 74.9 | 1.3 | 1.66 | 63.4 | 1.0 | 1.41 | −11.5 |
| 贫民 | 120 | 8.5 | 347 | 5.4 | 84.5 | 1.5 | 0.24 | 229.7 | 3.8 | 0.66 | 145.2 |
| 渔民 | 40 | 2.8 | 169 | 2.6 | 22.0 | 0.4 | 0.13 | 92.7 | 1.5 | 0.55 | 70.7 |
| 游民 | 3 | 0.2 | 15 | 0.2 | 1.7 | 0.0 | 0.11 | 6.9 | 0.1 | 0.46 | 5.2 |
| 宗教职业者 | 5 | 0.4 | 15 | 0.2 | 0.6 | 0.0 | 0.04 | 9.3 | 0.2 | 0.62 | 8.7 |
| 其他 | — | — | — | — | — | — | — | — | — | — | — |
| 公共土地 | — | — | — | — | 2504.4 | 43.0 | 38.65 | 11.6 | 0.2 | — | −2492.7 |
| 保留机动地 | — | — | — | — | — | — | — | 72.7 | 1.2 | — | 72.7 |

说明：数据来源于镇海县档案馆1951年度档案土地改革案卷。

## 土地改革前后盛厚乡各阶层土地占有情况表

表 5-1-2

| 阶层名称 | 户数 | | 人数 | | 土地改革前 | | | 土地改革后 | | | 土地改革后亩数变化情况（亩） |
|---|---|---|---|---|---|---|---|---|---|---|---|
| | 户数（户） | 占总户数之比（%） | 人口（人） | 占总人口之比（%） | 田亩数（亩） | 占总田亩的比重（%） | 人均亩数（亩/人） | 田亩数（亩） | 占总田亩的比重（%） | 人均亩数（亩/人） | |
| 总计 | 564 | 100 | 2273 | 100 | 2540.4 | 100 | 100 | 2814 | 100 | 1.238 | 273.6 |
| 封建地主 | 8 | 1.42 | 44 | 1.9 | 175.3 | 8.68 | 4.29 | 43.8 | 1.45 | 1.00 | −131.5 |
| 工商业者 | — | — | — | — | — | — | — | — | — | — | — |
| 雇农 | 63 | 11.17 | 163 | 7.7 | 33.9 | 2.02 | 0.33 | 200.2 | 7.63 | 1.23 | 166.3 |
| 贫农 | 236 | 41.84 | 961 | 42.3 | 365.0 | 22.95 | 1.81 | 1036.1 | 39.05 | 1.08 | 671.1 |
| 中农 | 153 | 27.13 | 774 | 34.1 | 826.3 | 52.37 | 3.49 | 1055.7 | 39.73 | 1.36 | 229.4 |
| 大佃农 | 1 | 0.18 | 5 | 0.2 | 5.6 | 0.33 | 0.06 | 5.9 | 0.23 | 1.19 | 0.3 |
| 富农 | 9 | 1.60 | 47 | 2.1 | 153.1 | 8.70 | 2.13 | 138.1 | 4.84 | 2.94 | −15 |
| 工人 | 23 | 4.08 | 74 | 3.3 | 17.7 | 1.09 | 0.12 | 41.9 | 1.50 | 0.57 | 24.2 |
| 手工业者 | 17 | 3.01 | 62 | 2.7 | 13.7 | 0.80 | 0.15 | 30.6 | 1.15 | 0.49 | 16.9 |
| 小贩 | 4 | 0.71 | 14 | 0.6 | 7.7 | 0.06 | 0.66 | 9.3 | 0.22 | 0.67 | 1.7 |
| 小商 | 4 | 0.71 | 16 | 0.7 | 11.3 | 0.43 | 0.46 | 15.2 | 0.41 | 0.95 | 3.9 |
| 职员 | — | — | — | — | — | — | — | — | — | — | — |
| 自由职业 | 2 | 0.36 | 8 | 0.4 | 3.0 | 0.19 | 0.02 | 6.5 | 0.25 | 0.82 | 3.5 |
| 贫民 | 31 | 5.50 | 68 | 3.0 | 61.9 | 1.74 | 3.46 | 77.8 | 2.70 | 1.14 | 15.8 |
| 渔民 | 3 | 0.53 | 11 | 0.5 | 2.6 | 0.16 | 0.02 | 5.7 | 0.22 | 0.52 | 3.1 |
| 游民 | 10 | 1.77 | 26 | 1.1 | 11.9 | 0.48 | 0.46 | 19.0 | 0.62 | 0.73 | 7.1 |
| 宗教职业者 | — | — | — | — | — | — | — | — | — | — | — |
| 其他 | — | — | — | — | — | — | — | — | — | — | — |

续表 5-1-2

| 阶层名称 | 户数 | | 人数 | | 土地改革前 | | | 土地改革后 | | | 土地改革后亩数变化情况（亩） |
|---|---|---|---|---|---|---|---|---|---|---|---|
| | 户数（户） | 占总户数之比（%） | 人口（人） | 占总人口之比（%） | 田亩数（亩） | 占总田亩的比重（%） | 人均亩数（亩/人） | 田亩数（亩） | 占总田亩的比重（%） | 人均亩数（亩/人） | |
| 公共土地 | — | — | — | — | 851.4 | 33.5 | — | 23.6 | 0.84 | — | 827.8 |
| 保留机动地 | — | — | — | — | — | — | — | 104.4 | 3.71 | — | 104.4 |

说明：数据来源于镇海县档案馆 1951 年度档案土地改革案卷。

## 土地改革前后峙头乡各阶层土地占有情况表

表 5-1-3

| 阶层名称 | 户数 | | 人数 | | 土地改革前 | | | 土地改革后 | | | 土地改革后亩数变化情况（亩） |
|---|---|---|---|---|---|---|---|---|---|---|---|
| | 户数（户） | 占总户数之比（%） | 人口（人） | 占总人口之比（%） | 田亩数（亩） | 占总田亩的比重（%） | 人均亩数（亩/人） | 田亩数（亩） | 占总田亩的比重（%） | 人均亩数（亩/人） | |
| 总计 | 689 | 100 | 2849 | 100 | 2996.0 | 100 | 1.05 | 2969 | 100 | 1.03 | −85.8 |
| 封建地主 | 6 | 1.01 | 28 | 1.2 | 171.3 | 6.4 | 6.12 | 17.46 | 0.6 | 0.62 | −153.8 |
| 工商业者 | 2 | 0.3 | 13 | 0.5 | 26.7 | 0.9 | 2.06 | 0.16 | 0.1 | 0.01 | −26.6 |
| 雇农 | 55 | 7.98 | 150 | 5.1 | 29.4 | 0.5 | 0.20 | 161.8 | 5.5 | 1.08 | 132.4 |
| 贫农 | 294 | 42.67 | 1224 | 42.9 | 363.9 | 12.1 | 0.30 | 1251 | 42.1 | 1.02 | 886.7 |
| 中农 | 165 | 24 | 848 | 29.8 | 790.3 | 26.4 | 0.93 | 1078 | 36.3 | 1.27 | 288.1 |
| 大佃农 | — | — | — | — | — | — | — | — | — | — | — |
| 富农 | 9 | 1.31 | 48 | 1.7 | 138.0 | 3.9 | 2.87 | 111.6 | 3.8 | 2.33 | −26.3 |
| 工人 | 98 | 14.078 | 372 | 13.0 | 160.6 | 5.9 | 0.43 | 200 | 6.6 | 0.54 | −39.5 |
| 手工业者 | 8 | 1.16 | 25 | 0.9 | 9.4 | 0.3 | 0.38 | 11.83 | 0.4 | 0.47 | 2.4 |
| 小贩 | 6 | 0.87 | 19 | 0.7 | 3.3 | 0.1 | 0.18 | 4.809 | 0.2 | 0.25 | 1.5 |
| 小商 | 11 | 1.61 | 46 | 1.6 | 17.1 | 0.6 | 0.37 | 19.89 | 0.7 | 0.43 | 2.8 |
| 职员 | 7 | 1.01 | 22 | 0.7 | 15.2 | 0.5 | 0.69 | 12.83 | 0.4 | 0.58 | −2.4 |
| 自由职业 | — | — | — | — | — | — | — | — | — | — | — |
| 贫民 | 18 | 2.61 | 25 | 0.9 | 30.6 | 1.0 | 1.22 | 36.09 | 1.2 | 1.44 | 5.5 |
| 渔民 | — | — | — | — | — | — | — | — | — | — | — |
| 游民 | 10 | 1.4 | 29 | 1.0 | 5.9 | 0.2 | 0.20 | 17.73 | 0.6 | 0.61 | 11.8 |
| 宗教职业者 | — | — | — | — | — | — | — | — | — | — | — |
| 其他 | — | — | — | — | — | — | — | — | — | — | — |
| 公共土地 | — | — | — | — | 1234.4 | 41.2 | — | 5.2 | 0.2 | — | −1229.2 |
| 保留机动地 | — | — | — | — | — | — | — | 40.54 | 1.4 | — | 40.5 |

说明：数据来源于镇海县档案馆 1951 年度档案土地改革案卷。

## 土地改革前后霞屿乡各阶层土地占有情况表

表 5-1-4

| 阶层名称 | 户数 | | 人数 | | 土地改革前 | | | | 土地改革后 | | | 土地改革后亩数变化情况（亩） |
|---|---|---|---|---|---|---|---|---|---|---|---|---|
| | 户数（户） | 占总户数之比（%） | 人口（人） | 占总人口之比（%） | 田亩数（亩） | 占总田亩的比重（%） | 户均亩数 | 人均亩数（亩/人） | 田亩数（亩） | 占总田亩的比重（%） | 人均亩数（亩/人） | |
| 总计 | 861 | 100 | 3489 | 100 | 3537 | 100 | 4.1 | 1.01 | 4188 | 100 | 1.20 | 651 |
| 封建地主 | 7 | 0.81 | 30 | 0.86 | 106.1 | 3.0 | 15.2 | 3.54 | 27.8 | 0.66 | 0.93 | −78 |
| 工商业者 | 1 | 0.12 | 8 | 0.23 | 27.3 | 0.8 | 27.3 | 3.41 | 27.3 | 0.65 | 3.41 | 0 |
| 雇农 | 50 | 5.81 | 104 | 2.98 | 22.2 | 0.6 | 0.4 | 0.21 | 135.4 | 3.23 | 1.30 | 113 |
| 贫农 | 330 | 38.33 | 1237 | 35.45 | 304 | 8.6 | 0.9 | 0.25 | 1388 | 33.15 | 1.12 | 1085 |
| 中农 | 367 | 42.62 | 1753 | 50.24 | 1258 | 35.6 | 3.4 | 0.72 | 2263 | 54.03 | 1.29 | 1005 |
| 大佃农 | — | — | — | — | — | — | — | — | — | — | — | — |
| 富农 | 7 | 0.81 | 40 | 1.15 | 107 | 3.0 | 15.3 | 2.68 | 75.8 | 1.81 | 1.90 | −31 |
| 工人 | — | — | — | — | — | — | — | — | — | — | — | — |
| 手工业者 | 64 | 7.43 | 238 | 6.82 | 47.8 | 1.4 | 0.7 | 0.20 | 110.9 | 2.65 | 0.47 | 63 |
| 小贩 | 2 | 0.23 | 10 | 0.29 | 1.2 | 0.0 | 0.6 | 0.12 | 5.4 | 0.13 | 0.54 | 4 |
| 小商 | 1 | 0.12 | 3 | 0.09 | 10.5 | 0.3 | 10.5 | 3.49 | 8.5 | 0.20 | 2.82 | −2 |
| 职员 | 3 | 0.35 | 11 | 0.32 | 13.7 | 0.4 | 4.6 | 1.25 | 9.9 | 0.24 | 0.90 | −4 |
| 自由职业 | 1 | 0.12 | 6 | 0.17 | — | — | 0.0 | 0.00 | 3.1 | 0.07 | 0.52 | 3 |
| 贫民 | 22 | 2.56 | 31 | 0.89 | 18.2 | 0.5 | 0.8 | 0.59 | 34.7 | 0.83 | 1.12 | 17 |
| 渔民 | — | — | — | — | — | — | — | — | — | — | — | — |
| 游民 | 3 | 0.35 | 13 | 0.37 | 2.4 | 0.1 | 0.8 | 0.19 | 5.6 | 0.13 | 0.43 | 3 |
| 宗教职业者 | 3 | 0.35 | 5 | 0.14 | 1.0 | 0.0 | 0.3 | 0.20 | 6.1 | 0.15 | 1.22 | 5 |
| 其他 | — | — | — | — | — | — | — | — | — | — | — | — |
| 公共土地 | — | — | — | — | 1618 | 45.8 | — | — | 17.1 | 0.41 | — | −1601 |
| 保留机动地 | — | — | — | — | — | — | — | — | 69.3 | 1.65 | — | 69 |

说明：数据来源于镇海县档案馆 1951 年度档案土地改革案卷。

# 第三节　农业合作化

### 农业生产互助组

土改后，分得土地的农民生产积极性空前高涨，但由于经济基础薄弱，生产工具不全，尤其是无大中型农具、耕畜等，致使生产无法正常进行。特别是贫雇农民，更缺少必要生产工具、经营资金，而且一家一户的小农经济无力抗拒自然灾害侵袭，一遇天灾人祸往往被迫借高利贷，出卖劳力、土地，以解困危。时县、乡人民政府因势利导，发出“组织起来，发展生产”的号召，1951 年，福民村石沿 12 户农户根据“自愿互利、等价交换、民主管理”的原则，成立境内第一个以劳力互助形式组织生产的互助组，组长蔡伏祥，有正、副劳动力 36 人，耕地 6.4 公顷，组内耕牛、农具、人力相互借用调剂。当年夏，旱情严重，互助组在抢农事和抗旱中发挥了重要作用，为缺劳力、畜力和大型农具的农户解决了实际困难，体现了互助组的优越性。时有民谣云：“互助合作是金桥，天大困难都不怕；单干户，像根草，大风一来就吹倒。”互助组有临时互助组（亦称季节性互助组）和常年互助组两种形式。临时互助组是忙时组织闲时散，主要以亲朋好友、田边乡邻为主要对象，采用以工换工或以大型农具变工，群众称为“劳力农具两搭档”。常年互助组按照“自愿互利、等价交换”的原则，调剂劳动力与农具余缺矛盾，土地仍归各自种植与收获，收支自负盈亏。互助组一般四五户为一组，亦有十几户为一组的。至1953年6月，参加互助组的农户占总农户数的比例：岵头乡为23.5%，郭巨乡为62.9%。

## 1953年6月境内建立互助组情况表

表5-1-5

| 类别 | 互助组个数（个） | 其中（个） | | 参加家庭（户） | 其中（户） | | 参加人数（人） | 其中（个） | |
|---|---|---|---|---|---|---|---|---|---|
| | | 郭巨 | 岵头 | | 郭巨 | 岵头 | | 郭巨 | 岵头 |
| 常年性互助组 | 29 | 26 | 3 | 364 | 322 | 42 | 1565 | 1385 | 180 |
| 季节性互助组 | 95 | 72 | 23 | 878 | 644 | 234 | 3470 | 2464 | 1006 |

### 初级农业生产合作社

互助组的生产关系是粗放型的原始生产组织形式，具有不稳定性，往往出现“春组织，夏垮台，息一息，明年再来”的现象。1953年，中共中央发布《关于农业生产互助合作的决议》，据此境内试办以土地入社分红为特点的初级农业生产合作社。农户仍保留土地所有权，大型农具折价入社，耕牛采用租用统一使用方法，劳力统一调配，实行评工记分，收益按土地和劳力比例分配（土地占40%，劳力占60%），初级农业生产合作社的组织形式对发展生产力起了明显的作用，也吸引了更多的农民要求入社，出现了办农业合作社的高潮。1955年4月前后，贯彻中共浙江省委关于农业合作社“全力巩固、坚决收缩”的方针，缩小合作社规模，停办一些初级社，并允许社员自愿退社。是年8月，贯彻毛泽东《关于农业合作化问题》的指示，批判“坚决收缩”的方针和“小脚女人走路”的工作方法。执行“全面规划，加强领导”的方针，秋后农业合作化运动再次进入高潮。至1955年底，境内有初级社63个，入社农户约占总农户的60%。

## 1954—1955年境内农业生产初级合作社一览

表5-1-6

| 村别 | 初级社名称 | 社长姓名 | 村别 | 初级社名称 | 社长姓名 |
|---|---|---|---|---|---|
| 大涂塘村 | 老碶社 | 朱志久 | 华峙村 | 霞众社 | 何炳财 |
| | 大涂社 | 虞财信 | | 霞明社 | 孙官英 |
| 西门村 | 巨中社 | 周惠章 | | 霞丰社 | 孙明振 |
| | 仓岭社 | 赵文云 | 谢家岙村 | 联丰社 | 梅森富 |
| | 中南社 | 周云祥 | | 五星社 | 张松全 |
| 东门村 | 官路弄社 | 江其明 | 后墩村 | 丰郑社 | 戴才根 |
| | 东门社 | 阮中科 | | 明星社 | 周水全 |
| 北门村 | 城北社 | 张章友 | | 明塔社 | 李财香 |
| | 辛城社 | 张金贵 | | 光明社 | 张和法 |

续表 5-1-6

| 村别 | 初级社名称 | 社长姓名 | 村别 | 初级社名称 | 社长姓名 |
|---|---|---|---|---|---|
| 北门村 | 互联社 | 徐明财 | 后墩村 | 短沙湾社 | 谢志香 |
| | 西城社 | 袁银祥 | 双岙村 | 海口社 | 吴增云 |
| | 城建社 | 黄裕庆 | | 建明社 | 沃安庆 |
| 南门村 | 亭西社 | 冯家旺 | | 永远社 | 严永信 |
| | 亭东社 | 汪善章 | 盛岙村 | 盛岙一社 | 张全魁 |
| | 南胜社 | 张仁夫 | | 盛岙二社 | 张林德 |
| | 联勤社 | 李尧水 | | 盛岙三社 | 张才信 |
| | 联和社 | 乐庆元 | | 盛岙四社 | 张三旺 |
| | 联丰社 | 夏仁生 | 联合村 | 柳树田社 | 顾阿法 |
| | 亭中社 | 汪谱孝 | 洋涨村 | 西山社 | 俞学利 |
| 尖岭岙村 | 福东社 | 朱明惠 | | 东山社 | 俞永香 |
| | 联幸社 | 李祝林 | 长坑村 | 长坑社 | 张惠州 |
| | 民隆社 | 黄其香 | 双屯村 | 双屯社 | 李信才 |
| | 福岭社 | 戴阿祥 | 长浦村 | 长浦社 | 张佐康 |
| 路亭村 | 路亭社 | 徐根木 | 光明村 | 光明社 | 张哉行 |
| 福民村 | 福民社 | 蔡伏祥 | 沙湾村 | 光胜社 | 张小金 |
| | 足霖社 | 张月明 | | 沙湾社 | 黄官生 |
| 大岭下村 | 岭下社 | 黄谒华 | 中宅村 | 上山社 | 张明亨 |
| 华峙村 | 霞岭社 | 赵阿宝 | 上宅村 | 庙前社 | 贺政清 |
| | 霞西社 | 赵惠卿 | | 三境社 | 贺永宁 |
| | 霞胡社 | 胡宝香 | 花船村 | 花船社 | 贺宝康 |
| | 霞东社 | 陆银生 | 竹湾村 | | |
| | 何丰社 | 胡信土 | — | — | — |

### 高级农业生产合作社

1954年春，在普遍发展初级社的同时，试办以取消土地入社分红，实行完全按劳分配为特点的高级农业生产合作社（以下简称“高级社”）。1955年10月，中共中央七届六中全会通过《关于农业合作化问题的决议》，在农村宣传贯彻后，境内掀起初级社向高级社过渡的高潮。1956年3月，境内共成立18个高级社。同时，按照中共镇海县委发出的《关于接收地主、富农、反革命分子入社的意见》，将境内的地主、富农、反革命分子分批接收入社。

高级社是组织生产的经济实体，生产资料土地归集体所有，按国家规定划出占总面积的3%～5%作为社员自留地。社员家庭所养的耕畜和大中型农具作价归公，取消按土地分红，实行按劳分配，初级社在全年净收入中提取10%～12%的公积金和1%～2%的公益金，用于扩大再生产和社员集体福利事业。1958年，入社农户约占总农户的85%以上，初步完成农业社会主义改造。

### 1956 年 2 月郭巨乡高级农业生产合作社一览

表 5-1-7

| 所属区域 | 高级社名称 | 社长姓名 | 所属区域 | 高级社名称 | 社长姓名 |
|---|---|---|---|---|---|
| 福民　大岭下　大涂塘 | 郭巨乡第一高级社 | 乐振年 | 南门村 | 郭巨乡第五高级社 | 吴林夫 |
| 西门村 | 郭巨乡第二高级社 | 蔡志荣 | 尖岭岙 | 郭巨乡第六高级社 | 黄其香 |
| 东门村 | 郭巨乡第三高级社 | 阮中科 | 路亭村 | 郭巨乡第七高级社 | 徐才章 |
| 北门村 | 郭巨乡第四高级社 | 黄裕庆 | 双岙村 | 郭巨乡双岙高级社 | 冯宝科 |

说明：所属区域系指 2019 年。

### 1956 年 2 月峙头乡高级农业生产合作社一览

表 5-1-8

| 所属区域 | 高级社名称 | 社长姓名 | 所属区域 | 高级社名称 | 社长姓名 |
|---|---|---|---|---|---|
| 华峙村 | 白峰乡华峙高级社 | 赵惠卿 | 沙湾　上宅 | 峙头乡胜利高级社 | 史阿才 |
| 谢家岙村 | 峙头乡五星高级社 | 梅森富 | 光明　长浦　双屯　长坑 | 峙头乡光明高级社 | 张哉行 |
| 后墩村 | 峙头乡后墩高级社 | 谢志香 | 盛岙村 | 峙头乡盛联高级社 | 张品夫 |
| 竹湾　花船 | 峙头乡联胜高级社 | | 柳树田　升螺　寺湾 | 峙头乡联合高级社 | 顾祖英 |
| 中宅村 | 峙头乡中宅高级社 | 张明亨 | 洋涨村 | 峙头乡洋涨高级社 | 俞万庆 |

说明：所属区域系指 2019 年。

## 第四节　人民公社

1958 年 8 月，中共中央公布《关于在农村建立人民公社问题的决定》。在此之前，中共镇海县委已组织工作组在境内创建人民公社的试点，境内的 18 个高级社和乡手工业社、供销社、信用社等合并，至月底建立郭巨人民公社。10 月，撤销区署和乡镇政府建制，实行政社合一的人民公社体制。

公社下辖生产大队（后称管理区）以及供销社、信用社、医院、学校、工厂，以大队为单位划分若干生产队。管理上实行“组织军事化、行动战斗化、生活集体化”，将生产组织改为军事组织，公社建立团，下设营、连、排，以生产队为排，分配上实行以“吃饭不要钱”为主体的半“供给制”，以连（大队）为单位大办集体食堂，同时，建立托儿所、幼儿园、敬老院、洗衣组、缝纫组、理发室等福利组织，为社员提供免费服务。人民公社的“一大二公”（一是规模大，二是生产资料公有化）“一平二调”（搞平均主义，无偿调用生产队耕牛、农具和社员财物）共产风，导致社员私有财产和集体财产浪费损失严重，又有广大干部群众在“一天等于二十年”“跑步进入共产主义”等口号激励下，随之在生产上出现“瞎指挥风”“浮夸风”，放高产卫星，劳民伤财之风盛行，致使生产关系遭到严重破坏，严重挫伤了农民的生产积极性，粮食生产急剧下降。

1959 年 3 月后，贯彻中共中央郑州会议精神，调整人民公社生产关系一级所有为三级所有，实行公社、大队二级核算，开展清查“一平二调”账目，退赔原有农业社被公社及其他单位占有的土地、自留地、粮食、农具、畜禽、房屋、物资、家具和劳务工资等。

1961年4月，中央下达《农村人民公社工作条例（草案）》（简称“六十条”）和《关于改变农村人民公社基本核算单位问题的指示》确立三级（公社、大队、生产队）所有，以生产队为基本核算单位的管理体制。并对人民公社规模进行调整，恢复原建制。

“文化大革命”期间，分配制度上全面推行“大寨政治评分制”，搞平均主义，改变按劳分配原则，出现了“出工一条龙，干活大呼隆，收工一窝蜂，评工闹哄哄”的不良局面，农民生产积极性再次遭受挫伤。同时又起“割资本主义尾巴”风，收回农民自留地，禁止社员养畜禽等。1972年后，始逐步纠正。1982年，境内有2个公社，26个生产大队，169个生产队。1983年10月政社分设，境内复建郭巨乡和峙头乡人民政府，原有公社行政区划不变，三级所有经济体制不变。生产大队改建为村民委员会和村级经济合作社，生产队改为村民小组，长达25年之久的人民公社制度结束。

**1982年底郭巨、峙头公社基本情况表**

表5–1–9

| 公社 | 生产大队（个） | 生产队（个） | 参加人民公社粮食和经济分配 | | | 年末耕地数（公顷） | | |
|---|---|---|---|---|---|---|---|---|
| | | | 户数（户） | 人口数（人） | 劳动力数（人） | 合计 | 集体所有土地数 | 社员自留地数 |
| 合计 | 26 | 169 | 6176 | 21464 | 12043 | 16070 | 1028.9 | 71.4 |
| 郭巨 | 14 | 120 | 4279 | 14623 | 8274 | 11667 | 727.3 | 50.1 |
| 峙头 | 12 | 49 | 1897 | 6841 | 3769 | 4403 | 301.7 | 21.3 |

## 第五节　家庭联产承包责任制

### 一轮土地承包

1978年12月，中共十一届三中全会后，推行农村经济体制改革，将集体所有土地等生产资料或其他专业经营项目发包给农户（或承包者）经营，出现联产到劳、专业承包联产计酬责任制等多种形式。1979年10月，贯彻《中共中央关于加快农业发展若干问题的决定》，农村经济模式开始突变，1982年底，境内逐步推行以集体土地为基础，农户家庭分散经营与集体统一经营相结合的双层经营体制，即家庭联产承包责任制，1984年，贯彻《中共中央关于一九八四年农村工作的通知》《关于延长土地承包期，鼓励农民增加投入、培养地力、实行集约经营》文件精神，在峙头乡试点基础上，于11月完成土地承包权发证工作，把承包期统一延长15年，是年，25个村经济合作社167个生产队实行家庭联产承包，承包农户6176户，承包土地面积1071公顷。

## 1983 年底郭巨、峙头乡实行家庭联产承包责任制情况表

表 5-1-10

| 乡名 | 基本情况 | | | | | | | | 承包合同有效期 | | | | | |
|---|---|---|---|---|---|---|---|---|---|---|---|---|---|---|
| | 村（个） | 生产队（个） | 承包户数（户） | 承包户人口（人） | 劳动人口（人） | 承包集体耕地 | | | 3 年以内 | | 4—5 年 | | 5 年以上 | |
| | | | | | | 合计面积（公顷） | 其中 | | | | | | | |
| | | | | | | | 水田（公顷） | 棉地（公顷） | 队（个） | 户数（户） | 队（个） | 户数（户） | 队（个） | 户数（户） |
| 合计 | 25 | 167 | 6176 | 21464 | 12043 | 1071 | 472 | 377 | 137 | 5185 | 7 | 285 | 23 | 706 |
| 郭巨 | 13 | 118 | 4279 | 14623 | 8274 | 778 | 373 | 280 | 101 | 3760 | — | — | 17 | 519 |
| 峙头 | 12 | 49 | 1897 | 6841 | 3769 | 293 | 98 | 97 | 36 | 1425 | 7 | 285 | 6 | 187 |

说明：来源于《镇海县农业志》2001 版。

## 1984 年底郭巨、峙头乡承包土地 15 年以上发放土地使用证情况表

表 5-1-11

| 乡名 | 承包 15 年以上生产队数（个） | 发放土地使用证户数（户） | 承包土地面积 | | | | | | | |
|---|---|---|---|---|---|---|---|---|---|---|
| | | | 合计面积（公顷） | 水田面积（公顷） | 棉地面积（公顷） | 旱地面积（公顷） | 经济特产地面积 | | | |
| | | | | | | | 集体承包 | | 农户承包 | |
| | | | | | | | 生产队（个） | 面积（公顷） | 户数（户） | 面积（公顷） |
| 合计 | 162 | 5875 | 1179.3 | 455.4 | 357.2 | 240.1 | 1 | 2.1 | 693 | 124.6 |
| 郭巨 | 118 | 4243 | 872.1 | 374.1 | 260.9 | 139.8 | — | — | 367 | 97.3 |
| 峙头 | 44 | 1632 | 307.2 | 81.3 | 96.3 | 100.3 | 1 | 2.1 | 326 | 27.3 |

说明：来源于《镇海县农业志》2001 版。

## 二轮土地承包

1999 年 9 月，实施第二轮土地联产承包责任制，土地承包 30 年不变。承包到户面积 776 公顷，承包农户 7337 户。

2019 年，郭巨街道家庭承包经营的耕地面积 3477 亩，承包经营的农户 3244 户，承包耕地流转总面积 2440 亩，其中流转入农户的面积 2208 亩。

## 1999 年底郭巨镇第二轮土地承包基本情况表

表 5–1–12

| 村名 | 耕地总面积 | | | 其中 | | | | | | 承包耕地 | | |
|---|---|---|---|---|---|---|---|---|---|---|---|---|
| | 合计 | 其中 | | 承包耕地面积 | | | 机动地面积 | | | 队组（个） | 户数（户） | 人数（人） |
| | | 水田（亩） | 棉地（亩） | 小计（亩） | 其中 | | 小计（亩） | 其中 | | | | |
| | | | | | 水田（亩） | 棉地（亩） | | 水田（亩） | 棉地（亩） | | | |
| 合计 | 11931.71 | 6537.30 | 5394.41 | 11653.43 | 6412.04 | 5241.40 | 278.31 | 152.76 | 108.33 | 167 | 7337 | 21571 |
| 大涂塘 | 578.88 | 370.41 | 208.47 | 546.38 | 367.91 | 178.47 | 32.5 | 30.00 | 2.50 | 7 | 330 | 971 |
| 西门 | 868.49 | 584.85 | 283.64 | 849.49 | 565.85 | 283.64 | 19.00 | 19.00 | 0 | 8 | 491 | 1377 |
| 东门 | 877.66 | 575.98 | 301.68 | 859.35 | 565.55 | 293.8 | 18.32 | 10.43 | 7.89 | 12 | 563 | 1555 |
| 北门 | 654.91 | 383.92 | 270.99 | 638.97 | 369.89 | 269.08 | 15.94 | 14.03 | 1.91 | 12 | 412 | 1132 |
| 南门 | 1279.10 | 726.23 | 552.87 | 1258.05 | 717.21 | 540.84 | 21.05 | 9.02 | 12.03 | 16 | 797 | 2329 |
| 尖岭岙 | 512.58 | 361.58 | 151.00 | 489.69 | 345.27 | 144.42 | 22.89 | 16.31 | 6.58 | 9 | 295 | 848 |
| 路亭 | 579.64 | 423.06 | 174.58 | 568.84 | 394.26 | 174.58 | 28.80 | 28.80 | 0 | 6 | 285 | 757 |
| 双岙 | 548.40 | 301.32 | 247.08 | 535.02 | 297.10 | 237.92 | 13.39 | 4.22 | 9.17 | 8 | 287 | 939 |
| 后墩 | 716.10 | 241.22 | 474.88 | 716.10 | 241.22 | 474.88 | 0 | 0 | 0 | 10 | 382 | 1194 |
| 谢家岙 | 395.53 | 152.48 | 243.05 | 386.03 | 146.98 | 239.05 | 9.51 | 5.50 | 4.01 | 4 | 197 | 650 |
| 华峙 | 1493.69 | 651.55 | 842.14 | 1476.47 | 651.55 | 824.92 | 17.22 | 0 | 0 | 19 | 698 | 2103 |
| 福明 | 373.44 | 209.31 | 164.13 | 368.44 | 209.31 | 159.13 | 5.00 | 0 | 5.00 | 6 | 269 | 883 |
| 大岭下 | 190.87 | 137.53 | 53.34 | 190.87 | 137.53 | 53.34 | 0 | 0 | 0 | 1 | 134 | 394 |
| 中宅 | 397.40 | 104.59 | 292.81 | 373.40 | 104.59 | 268.81 | 24.00 | 0 | 24.00 | 6 | 200 | 644 |
| 盛岙 | 458.36 | 374.55 | 83.81 | 457.19 | 373.38 | 83.81 | 1.17 | 1.17 | 0 | 8 | 440 | 1322 |
| 联合 | 216.70 | 216.70 | 0 | 216.70 | 216.70 | 0 | 0 | 0 | 0 | 6 | 244 | 777 |
| 洋涨 | 110.94 | 110.94 | 0 | 110.94 | 110.94 | 0 | 0 | 0 | 0 | 5 | 220 | 670 |
| 长浦 | 74.75 | 28.48 | 46.27 | 74.75 | 28.48 | 46.27 | 0 | 0 | 0 | 1 | 85 | 238 |
| 双屯 | 75.68 | 32.00 | 43.68 | 75.68 | 32.00 | 43.68 | 0 | 0 | 0 | 2 | 80 | 204 |
| 长坑 | 0 | 0 | 0 | 0 | 0 | 0 | 0 | 0 | 0 | 2 | 0 | 0 |
| 竹湾 | 232.86 | 86.86 | 146.00 | 220.20 | 84.11 | 136.09 | 12.66 | 2.75 | 9.91 | 2 | 131 | 207 |
| 花船 | 121.35 | 50.74 | 70.61 | 109.75 | 39.61 | 70.14 | 11.60 | 11.13 | 0.47 | 2 | 66 | 182 |
| 上宅 | 463.77 | 165.82 | 297.95 | 441.72 | 165.82 | 275.90 | 22.05 | 0 | 22.05 | 6 | 276 | 806 |
| 沙湾 | 403.81 | 67.18 | 336.63 | 400.60 | 66.78 | 333.82 | 3.21 | 0.40 | 2.81 | 6 | 265 | 767 |
| 光明 | 288.80 | 180.00 | 108.80 | 288.80 | 180.00 | 108.80 | 0 | 0 | 0 | 4 | 190 | 622 |

## 2019 年郭巨街道农村土地承包经营及管理情况表

表 5-1-13

| 村经济合作社名称 | 家庭承包耕地情况 | | 家庭承包耕地流转情况 | | 家庭承包耕地流转去向 | | 承包和流转形成的规模经营面积（10 亩以上）（亩） |
|---|---|---|---|---|---|---|---|
| | 承包经营的耕地面积（亩） | 承包经营的农户数（户） | 承包耕地流转总面积（亩） | 流转出承包耕地农户数（户） | 流转入农户的面积（亩） | 流转入农户的户数（户） | |
| 合计 | 3477 | 3244 | 2440 | 2292 | 2208 | 880 | 326 |
| 大涂塘村 | 370 | 246 | 268 | 165 | 194 | 125 | 74 |
| 西门村 | 232 | 374 | 180 | 270 | 180 | 68 | — |
| 东门村 | 484 | 388 | 380 | 260 | 380 | 80 | — |
| 北门村 | 320 | 330 | 257 | 245 | 257 | 90 | 123 |
| 南门村 | 536 | 610 | 470 | 490 | 455 | 156 | 15 |
| 尖岭岙村 | 171 | 171 | 74 | 65 | 74 | 51 | 24 |
| 路亭村 | 218 | 208 | 160 | 190 | 140 | 95 | — |
| 双岙村 | 350 | 273 | 250 | 208 | 180 | 60 | 70 |
| 福民村 | 98 | 231 | 35 | 75 | 35 | 50 | — |
| 大岭下村 | 223 | 112 | 118 | 112 | 65 | 15 | — |
| 盛岙村 | 475 | 301 | 248 | 212 | 248 | 90 | 20 |

说明：数据来源于 2019 年郭巨街道农村经济年报。

## 2019 年郭巨街道集体所有农用地一览

表 5-1-14　　单位：亩

| 村名 | 总面积 | 其中 | | | | |
|---|---|---|---|---|---|---|
| | | 耕地 | 园地 | 林地 | 养殖水面 | 其他 |
| 合计 | 63986 | 4388 | 2924 | 56003 | 327 | 344 |
| 大涂塘村 | 2367 | 376 | 261 | 1730 | — | — |
| 西门村 | 2260 | 232 | 174 | 1854 | — | — |
| 东门村 | 3223 | 633 | 189 | 2401 | — | — |
| 北门村 | 2106 | 276 | — | 1780 | — | 50 |
| 南门村 | 3591 | 536 | 229 | 2706 | 90 | 30 |
| 尖岭岙村 | 2245 | 465 | — | 1720 | 50 | 10 |
| 路亭村 | 1534 | 218 | 120 | 1196 | — | — |
| 双岙村 | 3352 | 374 | 30 | 2885 | 44 | 19 |
| 谢家岙村 | 1176 | 126 | — | 1050 | — | — |
| 华峙村 | 3691 | — | — | 3440 | 50 | 201 |
| 福民村 | 2126 | 103 | 10 | 1996 | 17 | — |
| 大岭下村 | 1898 | 396 | 175 | 1327 | — | — |
| 盛岙村 | 5525 | 477 | 77 | 4865 | 72 | 34 |

续表 5-1-14

| 村名 | 总面积 | 其中 | | | | |
|---|---|---|---|---|---|---|
| | | 耕地 | 园地 | 林地 | 养殖水面 | 其他 |
| 联合村 | 4050 | — | — | 4050 | — | — |
| 洋涨村 | 4570 | — | 179 | 4387 | 4 | — |
| 长浦村 | 960 | — | — | 960 | — | — |
| 双屯村 | 1727 | — | 161 | 1566 | — | — |
| 长坑村 | 2860 | — | — | 2860 | — | — |
| 中宅社 | 2185 | — | 70 | 2115 | — | — |
| 上宅社 | 2705 | — | 950 | 1755 | — | — |
| 沙湾社 | 1977 | — | — | 1977 | — | — |
| 光明社 | 2853 | — | 139 | 2714 | — | — |
| 花船社 | 817 | 15 | 60 | 742 | — | — |
| 竹湾社 | 1311 | — | 100 | 1211 | — | — |
| 后墩社 | 2877 | 161 | — | 2716 | — | — |

说明：数据来源于2019年郭巨街道农村经济年报。

## 第六节　现代农业经营体制

### 农村股份经济合作社

2005年3月，经区政府批准，白峰镇政府对所辖村经济管理体制进行改制，在试点基础上于年底在境内建立26个产权清晰、利益共享、风险共担的农业股份经济合作社，下设董事会。农业股份经济合作社将集体经营性资产折股，按照在册社员及其家庭成员的人口和在本村工作的年限，量化到人，作为股东（社员）的股权。股权分为人口股和农龄股两种，股权量化到人后，实行静态管理，今后不因人口变动而变动。在股份制改革中，集体资产所有权不变，量化到户（人）的集体资产股权只作为收益分配依据，农业股份合作制明确了集体资产为全体股东共有和股东在集体经济中所占份额，从而化解了部分干部群众怕并村或拆迁后集体资产被平调、居住地变更后集体资产被别人占有等忧虑，使社员利益与集体经济的利益更紧密地联系在一起。农村股份合作制改革为维护境内农民合法权益、增加农民财产性收入起到了至关重要的作用，进而也维护了农村社会的和谐稳定，为集体经济的持续发展注入了新的活力。

2019年，郭巨街道有25个村（股份）经济合作社，拥有资产总额2.0624亿元，总收入2118万元。社员股东2.5046万人，社员总持股99.0396万股。

**2019年郭巨街道村经济合作社产权情况表**

表 5-1-15

| 村经济合作社名称 | 资产总额（万元） | 其中经营性资产总额（万元） | 社员股东人数（人） | 股本总数（股） | 其中个人股本数 | |
|---|---|---|---|---|---|---|
| | | | | | 人口福利股 | 劳动力贡献股 |
| 合计 | 20624.76 | 10994.39 | 25046 | 990396 | 555023 | 435376 |
| 大涂塘村 | 659.46 | 617.00 | 1180 | 43372 | 23819 | 19553 |

续表 5-1-15

| 村经济合作社名称 | 资产总额（万元） | 其中经营性资产总额（万元） | 社员股东人数（人） | 股本总数（股） | 其中个人股本数 | |
|---|---|---|---|---|---|---|
| | | | | | 人口福利股 | 劳动力贡献股 |
| 西门村 | 656.89 | 562.00 | 1509 | 45506 | 24351 | 21155 |
| 东门村 | 568.75 | 293.00 | 1750 | 72948 | 43750 | 29198 |
| 北门村 | 570.55 | 157.00 | 1181 | 52640 | 28423 | 24217 |
| 南门村 | 1213.69 | 703.00 | 2295 | 98630 | 53650 | 44980 |
| 尖岭岙村 | 1440.20 | 359.00 | 1041 | 38523 | 21955 | 16568 |
| 路亭村 | 403.74 | 267.00 | 741 | 32388 | 17450 | 14938 |
| 双岙村 | 668.32 | 387.00 | 961 | 42255 | 23737 | 18518 |
| 谢家岙村 | 1163.99 | 900.00 | 784 | 28695 | 16413 | 12282 |
| 华峙村 | 623.57 | 533.33 | 2800 | 105000 | 55000 | 50000 |
| 福民村 | 528.80 | 477.00 | 888 | 39096 | 22200 | 16896 |
| 大岭下村 | 411.01 | 162.00 | 462 | 17313 | 9756 | 7557 |
| 盛岙村 | 1288.44 | 357.65 | 1227 | 56680 | 32398 | 24282 |
| 联合村 | 1904.62 | 775.83 | 952 | 38080 | 22500 | 15580 |
| 洋涨村 | 256.30 | 83.58 | 946 | 34762 | 19811 | 14951 |
| 长浦村 | 450.00 | 260.00 | 280 | 11025 | 6525 | 4500 |
| 双屯村 | 237.64 | 183.00 | 414 | 11724 | 7414 | 4310 |
| 长坑村 | 166.81 | 128.00 | 275 | 11667 | 5338 | 6329 |
| 中宅社 | 812.56 | 462.00 | 644 | 29420 | 16100 | 13320 |
| 上宅社 | 2099.61 | 736.00 | 916 | 38366 | 22566 | 15800 |
| 沙湾社 | 873.89 | 49.00 | 983 | 34216 | 20384 | 13832 |
| 光明社 | 1630.14 | 855.00 | 795 | 24670 | 14166 | 10504 |
| 花船社 | 712.88 | 646.00 | 264 | 9319 | 5268 | 4051 |
| 竹湾社 | 601.77 | 269.00 | 484 | 18498 | 10576 | 7922 |
| 后墩社 | 1209.93 | 772.00 | 1274 | 55603 | 31473 | 24130 |

## 2019 年郭巨街道村经济合作社财务收入一览

表 5-1-16　　单位：万元

| 经济合作社名称 | 收入合计 | 经营收入 | | 农业承包上交收入 | 投资收益 | 上级拨款收入 | 其他收入 |
|---|---|---|---|---|---|---|---|
| | | 租赁收入 | 服务收入 | | | | |
| 合计 | 2118.16 | 720.24 | 332.15 | 540.58 | 199.95 | 272.36 | 40.20 |
| 大涂塘村 | 42.07 | 26.84 | — | 0.74 | 0.90 | 12.97 | 0.62 |
| 西门村 | 50.52 | 29.92 | 0.91 | 1.11 | 8.10 | 9.99 | 0.49 |
| 东门村 | 59.38 | 21.20 | 3.47 | 17.37 | 4.48 | 10.97 | 1.89 |
| 北门村 | 55.62 | 42.96 | 0.68 | 5.85 | 0.90 | 4.36 | 0.90 |
| 南门村 | 75.46 | 38.85 | 1.81 | 16.08 | 4.50 | 13.68 | 0.54 |
| 尖岭岙村 | 297.23 | — | 283.71 | — | 7.64 | 5.47 | 0.41 |
| 路亭村 | 47.92 | 17.95 | 1.20 | 0.74 | 10.95 | 15.55 | 1.53 |
| 双岙村 | 56.84 | 17.54 | 4.37 | 14.51 | 5.87 | 14.25 | 0.30 |

续表 5-1-16

| 经济合作社名称 | 收入合计 | 经营收入 | | 农业承包上交收入 | 投资收益 | 上级拨款收入 | 其他收入 |
|---|---|---|---|---|---|---|---|
| | | 租赁收入 | 服务收入 | | | | |
| 谢家岙村 | 63.82 | 33.10 | — | — | 19.62 | 9.27 | 0.17 |
| 华峙村 | 212.27 | 102.97 | 28.30 | 0.09 | 34.91 | 32.19 | 13.81 |
| 福民村 | 34.63 | 7.29 | — | — | 13.25 | 11.50 | 0.99 |
| 大岭下村 | 33.12 | 6.14 | — | — | 14.84 | 11.37 | 0.77 |
| 盛岙村 | 57.38 | 28.77 | 3.76 | — | 11.27 | 12.55 | 1.03 |
| 联合村 | 66.90 | 53.02 | — | 0.75 | 6.75 | 3.84 | 2.54 |
| 洋涨村 | 158.10 | 1.63 | 0.00 | 129.50 | 16.79 | 5.83 | 4.31 |
| 长浦村 | 30.20 | 15.41 | 0.08 | 0.50 | 10.00 | 5.06 | 0.15 |
| 双屯村 | 66.74 | 11.67 | — | 52.00 | — | 2.66 | 0.41 |
| 长坑村 | 296.85 | 6.47 | 0.83 | 279.09 | 8.12 | 2.00 | 0.34 |
| 中宅社 | 58.67 | 35.75 | 0.56 | 3.12 | 3.30 | 15.82 | 0.12 |
| 上宅社 | 91.88 | 72.61 | 0.14 | 3.00 | 8.57 | 6.74 | 0.82 |
| 沙湾社 | 72.67 | 32.38 | 1.53 | 8.61 | 2.24 | 27.80 | 0.11 |
| 光明社 | 58.94 | 34.12 | 0.70 | 2.70 | 0.90 | 15.48 | 0.04 |
| 花船社 | 17.23 | 9.87 | 0.06 | — | 1.09 | 6.15 | 0.06 |
| 竹湾社 | 28.87 | 14.51 | — | 4.82 | — | 6.19 | 3.35 |
| 后墩社 | 84.85 | 59.27 | 0.04 | — | 4.96 | 10.67 | 4.32 |

### 农民专业合作社

农民合作社是农户之间通过土地、劳动力、资金、技术或者其他生产资料采取一定合作方式的经营联合体，其生产、加工到销售都有专门的团队负责，生产效率也因此得到提高。2006 年 10 月，《中华人民共和国农民专业合作社法》颁布，明确农民专业合作社是坚持以家庭承包经营为基础，由同类农产品的生产经营者或者同类农业生产经营服务的提供者、利用者组成，其组织性质和功能是自愿联合、民主管理的互助性经济组织。同时，还从服务对象和服务内容角度规定了农民专业合作社的边界，即“农民专业合作社以其成员为主要服务对象，提供农业生产资料的购买，农产品的销售、加工、运输、贮藏以及与农业生产经营有关的技术、信息等服务”。2014 年 7 月，境内华峙村冯晔、何军科等农民注册成立了北仑区第一家农民专业合作社——白峰品禾农产品专业合作社。2007 年至 2019 年，中共中央多个文件均提到要大力发展农民专业合作社，2014 年 8 月，农业部、财政部等九部委发布《关于引导和促进农民合作社规范发展的意见》中指出：“农民合作社在建设现代农业、促进农民增收、建设社会主义新农村发挥了重要作用。”农民专业合作社通过集中境内有限的农业资源，发挥资源优势，组织农民进入市场、发展产业集约化经营来提高农业竞争力、增加农民收入、更好地抵御市场风险。截至 2019 年底，郭巨街道有农民专业合作社 2 个。

### 农业企业　家庭农场

1979 年以后，随着改革、开放和农村商品经济的发展，出现集生产、加工、销售紧密结合的多种形式的农林牧副渔业农业企业。2019 年，境内注册的农业企业近 90 家。

1988 年，省政府出台《关于经济发达地区推行土地适度规模经营的若干政策规定》，在坚持土地公有制不变、家庭联产承包责任制不变的前提下，实行土地所有权、承包权、经营权三权分离，对从事乡镇工业或其他非农生产农民，在自愿前提下，允许转包土地，也可以退包给村，由村出包或村办集体农场，如尖岭岙村，20 世纪 90 年代期间，在低山缓坡旱地连片开发茶园面积约 33 公顷，承包给三元公司经营，由村每年付给原承包户一定的土地使用补助费。据 2000 年 10 月统计，境内在二轮土地承包前有 0.7 公顷以上承包大户 1 户，承包面积 2.07 公顷；1999 年 10 月二轮土地承包后，有种植养殖承包大户 155 户，承包面积 306.7 公顷，占境内承包耕地总面积 1065 公顷的 28.8%。90 年代，境内种植养殖大户主要是将棉地改海水养殖塘的对虾、梭子蟹等养殖产业。郭巨、双岙、盛岙、联合、洋涨的三四百公顷外畈海水养殖塘集中在几十户养殖大户中，规模大的养殖大户承包的养殖塘面积达百余亩；进入 21 世纪以来，花木种植产业兴起，境内水稻田集中到了花木种植专业户中，许多农户还在境外承包土地上百亩种植花木。至 2019 年，境内花木种植专业 1007 户，种植面积 521.93 公顷。2006 年，有蔬瓜种植专业户 6 户。2006 年，水果种植面积在 0.67 公顷以上的专业户有 8 户。

2008 年，党的十七届三中全会第一次把家庭农场作为规模经营主体之一提出。2013 年，中共中央一号文件《关于加快发展现代农业进一步增强农村发展活力的若干意见》又提出，坚持依法自愿有偿的原则，引导农村土地承包经营权有序流转，鼓励和支持承包土地向专业大户、家庭农场、农民合作社流转，发展多种形式的适度规模经营。家庭农场可谓是种植养殖大户的升级版，它集专业化的农产品生产、加工、流通、销售为一体，可涵盖到第一、第二、第三产业。2019 年，境内有丰鑫农场、总台山木莲醇休闲农庄等十几家家庭农场、种植养殖专业大户。

## 2019 年郭巨街道境内注册农业企业一览

表 5-1-17

| 企业名称 | 成立时间 | 企业名称 | 成立时间 |
|---|---|---|---|
| 北仑区白峰镇福民德绿慈苗圃 | 2001.6 | 北仑白峰老鹰山农业开发有限公司 | 2013.7 |
| 北仑新丰制冰有限公司 | 2002.7 | 北仑区炮台冈家庭农场 | 2013.9 |
| 北仑区白峰繁荣水产养殖场 | 2004.10 | 北仑区白峰雷蒙花木场 | 2013.9 |
| 北仑区白峰利民花木场 | 2006.7 | 北仑区白峰阳义花木场 | 2013.11 |
| 北仑区白峰海国花木场 | 2006.7 | 北仑区白峰盛旺花木场 | 2014.4 |
| 北仑区白峰世兴花木场 | 2006.8 | 北仑区白峰袁露花木场 | 2014.4 |
| 北仑区白峰星宇养蝎场 | 2006.9 | 北仑区白峰菊飞花木场 | 2014.4 |
| 北仑区郭巨丰鑫家庭农场 | 2007.8 | 北仑区白峰伟存花木场 | 2014.4 |
| 北仑区白峰余成水产养殖场 | 2007.11 | 北仑区白峰冬萱花木场 | 2014.4 |
| 北仑区白峰贵诚花木场 | 2009.3 | 北仑区白峰德恩花木场 | 2014.4 |
| 北仑如康园林工程有限公司 | 2010.5 | 北仑区白峰宏远花木场 | 2015.1 |
| 北仑区白峰怡盼花木场 | 2010.7 | 北仑区白峰月军花木场 | 2015.3 |
| 北仑区白峰佳杉花木场 | 2010.9 | 北仑区白峰秋帆花木场 | 2015.8 |
| 北仑区白峰豪润海产品养殖场 | 2010.10 | 北仑区白峰永军花木场 | 2015.9 |
| 北仑区白峰秘驹花木场 | 2010.10 | 北仑区白峰荣林花木场 | 2015.11 |
| 北仑区白峰金飞茶场 | 2010.10 | 北仑区白峰瑜静花木场 | 2016.3 |
| 北仑区白峰芳菲休闲农庄 | 2010.10 | 北仑区郭巨晓盛花木场 | 2016.8 |
| 北仑区白峰杨桐花木场 | 2010.10 | 北仑区郭巨素竹年糕厂 | 2016.10 |
| 北仑区白峰崇秀林木场 | 2010.11 | 北仑区郭巨麟志榨油坊 | 2016.12 |
| 北仑区白峰利林花木场 | 2010.11 | 北仑区郭巨创亚丽花木场 | 2016.12 |

续表 5-1-17

| 企业名称 | 成立时间 | 企业名称 | 成立时间 |
|---|---|---|---|
| 北仑区白峰紫函花木场 | 2010.11 | 宁波市大唐苗木发展有限公司 | 2017.1 |
| 北仑区白峰盛太休闲农庄 | 2010.12 | 北仑区郭巨泽泽食品厂 | 2017.3 |
| 北仑区白峰永莹花木场 | 2011.1 | 北仑区郭巨宽泉花木场 | 2017.6 |
| 北仑区白峰锡常水产养殖场 | 2011.3 | 北仑区郭巨友恩蔬菜店 | 2017.6 |
| 北仑区白峰阿左花木场 | 2011.5 | 北仑区郭巨力鱼坑家庭农场 | 2017.7 |
| 北仑区白峰福信水产养殖场 | 2011.7 | 北仑区郭巨坑弄家庭农场 | 2017.7 |
| 北仑区白峰映山花木场 | 2011.8 | 北仑区郭巨洪恩花木场 | 2017.7 |
| 北仑区白峰欣苗花木场 | 2011.8 | 北仑区郭巨正娥花木场 | 2017.9 |
| 北仑区白峰妍开花木场 | 2011.12 | 宁波郭巨海婆婆农业发展有限公司 | 2017.12 |
| 北仑区白峰信碧水产养殖场 | 2012.1 | 北仑区郭巨紫枫潭酒厂 | 2018.1 |
| 北仑区白峰李群水产养殖场 | 2012.2 | 北仑区郭巨喜阳阳花木场 | 2018.2 |
| 北仑区白峰桑桑花木场 | 2012.2 | 浙江万钟农业开发有限公司 | 2018.4 |
| 北仑区白峰善存水产养殖场 | 2012.3 | 宁波莲韵生技农业发展有限公司 | 2018.5 |
| 北仑区白峰来盈淡水养殖场 | 2012.5 | 北仑区郭巨兴丰花木场 | 2018.8 |
| 北仑区白峰亚维花木场 | 2012.7 | 北仑区郭巨海伟家庭农场 | 2018.10 |
| 北仑天勤农业开发有限公司 | 2012.7 | 北仑区郭巨洪明面食店 | 2018.12 |
| 北仑区白峰盛乾花木场 | 2012.12 | 北仑区郭巨花雾果木场 | 2019.1 |
| 宁波优耐特农业科技发展有限公司 | 2013.3 | 宁波群创农业发展有限公司 | 2019.3 |
| 北仑区白峰小天童花木场 | 2013.4 | 北仑区郭巨赛群花木场 | 2019.4 |
| 北仑区白峰峰艳花木场 | 2013.5 | 北仑区郭巨森琛休闲农庄 | 2019.4 |
| 北仑区白峰国存花木场 | 2013.6 | 北仑区郭巨科伟花木场 | 2019.6 |
| 北仑区白峰凯凯花木场 | 2013.7 | 北仑区郭巨同盛花木场 | 2019.7 |
| 北仑区白峰国常果木场 | 2013.7 | 北仑郭巨泽林花木场 | 2019.9 |

## 2019 年底郭巨街道境内部分家庭农场情况表

表 5-1-18

| 农场名称 | 农场主姓名 | 地址 | 确认时间 | 从业人数（人） | 季节性人数（人） | 面积（亩） | 主要产品 | 产值（万元） | 收入（万元） |
|---|---|---|---|---|---|---|---|---|---|
| 丰鑫农场 | 张金岳 | 盛岙村凤巴 | 2015 | 1 | 6 | 100 | 杨梅、葡萄、桃子 | | |
| 崇秀林牧场 | 姚宏勋 | 北门村 | 2016 | 2 | 8 | 80 | 杨梅、桃子、枇杷、樟树、桂花树、巴西参 | 50 | 30 |
| 景榆农场 | 李银国 | 尖岭岙村 | 2018 | 1 | 8 | 80 | 李子、樱桃、水蜜桃、枇杷 | 20 | 20 |
| 新明水果种植场 | 张善君 | 盛岙 7 组 | 2009 | 2 | 10 | 148 | 杨梅、桃子、枇杷、橘子等瓜果 | 50 | 30 |
| 木莲醇休闲农庄 | 黄南天 | 总台山 | 2012 | 2 | 6 | 30 | 巴西人参 | — | — |
| 坑弄家庭农场 | 吴振存 | 双岙大岙 | 2016 | 2 | 6 | 38 | 桃子、李子、杨梅 | 12 | 12 |
| 大涂塘 | 袁昌群 | 宁舟汽渡边 | 2004 | 1 | 6 | 55 | 螃蟹 | 35 | 20 |

续表 5-1-18

| 农场名称 | 农场主姓名 | 地址 | 确认时间 | 从业人数（人） | 季节性人数（人） | 面积（亩） | 主要产品 | 产值（万元） | 收入（万元） |
|---|---|---|---|---|---|---|---|---|---|
| 快乐水果种植场 | 胡国富 | 盛岙大屋里 | 2018 | — | — | 5 | 瓜果 | 8 | 6 |
| 群创农业发展有限公司 | 徐群 | 路亭村菜场路 | 2013 | 5 | 30 | 168 | 中草药、茶叶、水果 | 100 | 30 |
| 圆町农场 | 张旭亮 | 华峙老年房 | 2018 | 2 | 10 | 102 | 果蔬、鸡、鸭 | 45 | 30 |
| 炮台冈家庭农场 | 徐国成 | 双岙大岙 | 2015 | 3 | 3 | — | 鸡、鸡蛋 | 28 | 20 |
| 信碧水产养殖场 | 姚信碧 | 老碶头 | — | 2 | 5 | 40 | 螃蟹 | — | |
| 千棵果木场 | 徐善福 | 西门大岙里 | 2010 | 1 | 50 | 25 | 瓜果、花木 | 25 | 15 |

# 第七节　山林权属

1984 年，郭巨、峙头乡分别完成山林确权，划定村民自留山。25 个村经济合作社承包 3993.7 公顷山林地，其中自留山面积 852.47 公顷。

2006 年 8 月，根据市政府《关于认真开展延长山林承包期工作的通知》，进行延长山林承包期工作，至 11 月完成，境内共延长 3952.4 公顷山林承包期，核发林权证 5875 本，其中自留山发证面积 1401 公顷。

## 2006 年境内各村山林延长承包一览

表 5-1-19

| 序号 | 经济合作社名称 | 山林面积（亩） | 统管面积（亩） | 自留山面积（亩） | 林权证本数（本） |
|---|---|---|---|---|---|
| 合计 | | 59286.4 | 35411.5 | 21023.3 | 2533 |
| 1 | 大涂塘村 | 1729.7 | 1729.7 | — | 1 |
| 2 | 西门村 | 1854.3 | 1854.3 | — | 1 |
| 3 | 东门村 | 2400.7 | 2400.7 | — | 1 |
| 4 | 北门村 | 1779.5 | 1779.5 | — | 1 |
| 5 | 南门村 | 2868.3 | 2868.3 | — | 1 |
| 6 | 尖岭岙村 | 1799.1 | 973.8 | 825.3 | 240 |
| 7 | 路亭村 | 1316.2 | 1316.2 | — | 1 |
| 8 | 双岙村 | 2915.8 | 2915.8 | — | 1 |
| 9 | 谢家岙村 | 1049.6 | 666.2 | 383.4 | 136 |
| 10 | 华峙村 | 3541.4 | 1130.4 | 2411.0 | 480 |
| 11 | 福明村 | 1995.7 | 709.1 | 1286.6 | 210 |
| 12 | 大岭下村 | 1337.7 | 1337.7 | — | 1 |
| 13 | 盛岙村 | 4899.0 | 1517.0 | 3382.0 | 313 |
| 14 | 联合村 | 4663.0 | 1153.4 | 3509.6 | 189 |
| 15 | 洋涨村 | 4387.5 | 638.5 | 3749.0 | 170 |
| 16 | 长浦村 | 1071.0 | 957.8 | 113.2 | 64 |

续表 5-1-19

| 序号 | 经济合作社名称 | 山林面积（亩） | 统管面积（亩） | 自留山面积（亩） | 林权证本数（本） |
|---|---|---|---|---|---|
| 17 | 双屯村 | 2105.0 | 2105.0 | — | 1 |
| 18 | 长坑村 | 3039.0 | 2428.5 | 610.5 | 89 |
| 19 | 中宅村 | 2155.0 | 2155.0 | — | 1 |
| 20 | 上宅村 | 2712.5 | 2712.5 | — | 1 |
| 21 | 沙湾村 | 1964.5 | 368.1 | 1596.4 | 181 |
| 22 | 光明村 | 2851.5 | — | — | — |
| 23 | 花船村 | 801.5 | 39.4 | 762.1 | 56 |
| 24 | 竹湾村 | 1333.0 | 124.5 | 1208.5 | 95 |
| 25 | 后墩村 | 2715.9 | 1530.2 | 1185.7 | 299 |

# 第二章　粮食作物生产

郭巨濒临东海，自宋代始，境内筑塘围垦，耕种业渐兴。农民仰赖充沛的雨水和肥沃的土壤等有利条件，在水田发展稻作生产，在沿山旱地广植黍、粟、菽、麦、高粱等旱粮。约在明朝中期，引入高产易种的番薯品种，在山旱地大量种植。境内地形多为山沟滩涂，粮食生产抗灾能力弱，又逢战乱不绝年代，故粮食产量长期处于低而不稳的状态，遇天灾人祸虽岁耕而不能自给。历史上境内百姓取草木为食，卖儿鬻女换粮等饥馑惨剧屡有发生。

中华人民共和国成立后，党和政府十分重视农业和粮食生产，并将粮食生产提高到“以粮为纲”的战略地位。经过“土改”“合作化”和“家庭联产承包责任制”等一系列生产关系的变革，耕作制度的调整，农田水利基础设施的完善，新品种、新农艺的推广应用，机械化的普及等系列措施，农业生产发生前所未有的变化，特别是粮食生产成效显著。20 世纪 50 年代早期，境内粮食基本达到自给。至 1964 年，郭巨公社水稻亩产达到 531.5 千克，峙头公社达到 400.5 千克，均提前 3 年实现《全国农业发展纲要》所规定的亩产 400 千克目标。1966 年，郭巨公社早稻、晚稻种植面积和产量分别为 266 公顷、284 公顷和 1590 吨、974 吨。1967 年，峙头公社早稻、晚稻种植面积和产量分别为 94 公顷、79 公顷和 530 吨、196 吨。郭巨、峙头水稻亩均产分别达 621.5 千克、560.5 千克。时境内从历史上的缺粮乡镇，一跃成为自给富庶的余粮乡镇。1984 年，郭巨乡水稻平均亩产提高到 796.5 千克 / 亩，总产量为 4071 吨，为有史以来水稻平均亩产和总产量最高的年份，是年，也是有史以来峙头乡水稻种植面积、平均亩产、总产量均为最多的年份，分别达到 180 公顷、737.5 千克 / 亩、997 吨。20 世纪 90 年代起，随着开发建设和种植业结构调整，境内粮食作物种植逐年缩减，至 21 世纪 10 年代，水稻田几乎都种植花卉苗木为主的经济作物。2019 年，境内无水稻生产，山旱地大部分抛荒还林，沿山低坡地有少量番薯等旱地粮食种植。

# 第一节　面积产量

境内属山区、半山区，人多耕地少。1985 年，境内共有耕地面积 16499 亩，其中郭巨镇 11661 亩，峙头乡 4838 亩，农业人口人均占有耕地 0.734 亩 / 人（俗称人土比，即在册农业人口与耕地面积的比值 1∶0.734），其中郭巨为 1∶0.757，峙头为 1∶0.683。至 2016 年，人土比明显下降。

### 2016 年郭巨街道各村（社）人土比一览

表 5-2-1

| 村（社）名称 | 人土比 | 村（社）名称 | 人土比 |
|---|---|---|---|
| 大涂塘村 | 1∶0.655 | 盛岙村 | 1∶0.489 |
| 西门村 | 1∶0.719 | 联合村 | 1∶0.530 |
| 东门村 | 1∶0.803 | 洋涨村 | 1∶0.439 |
| 北门 | 1∶0.500 | 竹湾社 | 1∶0.755 |
| 南门村 | 1∶0.532 | 花船社 | 1∶0.608 |
| 尖岭岙村 | 1∶0.666 | 上宅社 | 1∶0.644 |
| 路亭村 | 1∶1.059 | 中宅社 | 1∶0.916 |
| 双岙村 | 1∶0.459 | 沙湾社 | 1∶0.774 |
| 后墩社 | 1∶0.837 | 光明社 | 1∶0.634 |
| 谢家岙村 | 1∶0.957 | 长浦村 | 1∶0.705 |
| 华峙村 | 1∶0.629 | 双屯村 | 1∶0.668 |
| 福民村 | 1∶0.607 | 长坑村 | 1∶0.167 |
| 大岭下村 | 1∶0.628 | — | — |

## 水稻

中华人民共和国成立后，党和政府始终把粮食生产放在首要位置。1951 年政务院发布《关于 1951 年农林生产的决定》，提出增产粮食与发展工业原料的有关政策和措施。1956 年公布《1956 年至 1967 全国农业发展纲要（草案）》，纲要规定粮食亩产达到 400 千克。经过土地改革、互助合作生产关系的变革和治水治土、更换品种、改变耕作制度特别是 1954 年推广双季稻等一系列措施，水稻产量稳步增长。至 1964 年，郭巨公社水稻亩产达到 531.5 千克，峙头公社达到 400.5 千克，均提前 3 年实现《全国农业发展纲要》40 条所规定的亩产 400 千克的指标。1966 年，郭巨公社水稻亩产提高到 621.5 千克 / 亩，1968 年，峙头公社水稻亩产提高到 560.5 千克 / 亩。"文化大革命"期间，郭巨公社水稻亩产量有所下降，1967 年至 1977 年间，加权平均为 550 千克 / 亩（算术平均为 549 千克 / 亩）。1978 年 12 月，贯彻党的十一届三中全会通过的《中共中央关于加强发展农业若干问题的决议（草案）》。1983 年，全面实行家庭联产承包责任制，充分调动了农民种粮积极性，粮食生产进入全面大发展的时期，水稻产量也稳步上升。1984 年，郭巨公社水稻种植面积 681 公顷，平均产量提高到 796.5 千克 / 亩，总产量为 4071 吨，为有史以来水稻平均亩产和总产量最高的年份。水稻种植面积最多的是在 1990 年，为 706 公顷。是年，也是有史以来峙头公社水稻种植面积、平均亩产、总产量均为最多的年份，分别达到 180 公顷、737.5 千克 / 亩、997 吨。

20 世纪 70 年代以来，境内部分土地肥沃、管理精细的高产水稻田，丰产年常有单季亩产超千斤的，也有早晚稻双季超双千斤的。20 世纪 90 年代以来，水稻种植面积逐渐减少，主要原因有三：一是改种单季晚稻；二是改种其他经济作物，特别是水稻田改种苗木的逐渐增多；三是穿山港区开发建设，峙北一带耕地均被征用。2002 年，境内早稻种植面积 186.53 公顷，总产 1124 吨，晚稻 170 公顷，总产 1074 吨，水稻种植面积由 1992 年（峙头乡并入郭巨镇）的 780 公顷降至 2002 年的 356 公顷，2003 年更是降至 104 公顷，2009 年降至 9.8 公顷，至 2016 年，境内仅晚稻种植面积 3.33 公顷，总产量 22.5 吨。2017 年至 2019 年，境内已无水稻种植。

## 1963—1991 年郭巨公社（乡、镇）水稻种植面积及产量一览

表 5–2–2

| 年份 | 早稻 | | | 晚稻 | | |
|---|---|---|---|---|---|---|
| | 面积（公顷） | 平均产量（千克 / 公顷） | 总产量（吨） | 面积（公顷） | 平均产量（千克 / 公顷） | 总产量（吨） |
| 1963 | 267.6 | 4461 | 1193.9 | 276.4 | 2457 | 679.1 |
| 1964 | 265.7 | 5197 | 1380.8 | 284.7 | 2854 | 812.5 |
| 1965 | 264.9 | 5758 | 1525.4 | 282.6 | 3511 | 992.3 |
| 1966 | 265.9 | 5980 | 1590.1 | 284.0 | 3428 | 973.7 |
| 1967 | 262.0 | 5743 | 1504.7 | 241.5 | 2980 | 719.7 |
| 1968 | 260.9 | 5478 | 1429.1 | 284.1 | 2976 | 845.5 |
| 1969 | 262.0 | 5096 | 1335.2 | 288.0 | 3612 | 1040.2 |
| 1970 | 276.6 | 5802 | 1604.9 | 284.1 | 2981 | 847.1 |
| 1971 | 275.1 | 5250 | 1444.2 | 279.5 | 2212 | 618.3 |
| 1972 | 268.6 | 5832 | 1566.5 | 284.8 | 3138 | 893.8 |
| 1973 | 273.67 | 5666 | 1550.8 | 299.7 | 3622 | 1085.6 |
| 1974 | 271.3 | 6289 | 1706.1 | 299.1 | 2723 | 814.5 |
| 1975 | 270.1 | 5495 | 1484.2 | 301.6 | 3295 | 993.8 |
| 1976 | 287.7 | 5695 | 1638.4 | 319.6 | 2590 | 827.9 |
| 1977 | 287.9 | 4990 | 1486.7 | 319.0 | 2428 | 774.5 |
| 1978 | 291.9 | 5335 | 1557.3 | 322.9 | 3697 | 1193.8 |
| 1979 | 286.5 | 6347 | 1818.5 | 320.8 | 4180 | 1341.1 |
| 1980 | 274.8 | 5700 | 1566.3 | 318.1 | 4489 | 1427.9 |
| 1981 | 276.5 | 6525 | 1804.2 | 317.3 | 2097 | 665.5 |
| 1982 | 297.2 | 5875 | 1746.1 | 341.1 | 4556 | 1553.9 |
| 1983 | 317.5 | 5079 | 1612.6 | 362.0 | 2761 | 999.5 |
| 1984 | 318.5 | 6583 | 2096.6 | 363.0 | 5439 | 1974.5 |
| 1985 | 317.5 | 5887 | 1869.3 | 359.5 | 4567 | 1642.1 |
| 1986 | 301.7 | 6535 | 1971.5 | 351.9 | 4116 | 1448.4 |
| 1987 | 305.8 | 5485 | 1677.3 | 355.0 | 4207 | 1493.7 |
| 1988 | 303.4 | 5534 | 1679.1 | 355.0 | 4752 | 1686.9 |
| 1989 | 305.5 | 5435 | 1660.3 | 364.6 | 5783 | 2108.4 |
| 1990 | 308.7 | 5914 | 1825.6 | 397.6 | 4299 | 1709.5 |
| 1991 | 308.9 | 6211 | 1918.6 | 393.2 | 5423 | 2132.5 |

## 1977年、1984年郭巨公社（乡）各大队（村）早稻、晚稻面积及产量一览

表 5-2-3

| 大队（村） | 1977年 | | | | 1984年 | | | |
|---|---|---|---|---|---|---|---|---|
| | 早稻 | | 晚稻 | | 早稻 | | 晚稻 | |
| | 面积（公顷） | 总产量（吨） | 面积（公顷） | 总产量（吨） | 面积（公顷） | 总产量（吨） | 面积（公顷） | 总产量（吨） |
| 合计 | 287.9 | 1486.7 | 319.0 | 774.5 | 318.6 | 2096.6 | 363.0 | 1974.5 |
| 大涂塘 | 18.2 | 94.9 | 20.9 | 51.9 | 21.8 | 142.4 | 24.1 | 131.8 |
| 西门 | 27.5 | 138.4 | 31.1 | 75.8 | 40.2 | 269.6 | 43.9 | 240.9 |
| 东门 | 28.2 | 168.3 | 31.6 | 81.4 | 31.3 | 204.7 | 35.1 | 200.8 |
| 北门 | 27.4 | 128.2 | 31.4 | 74.2 | 32.3 | 206.1 | 36.3 | 198.9 |
| 南门 | 39.9 | 210.5 | 44.5 | 117.1 | 44.8 | 316.1 | 52.3 | 279.5 |
| 尖岭岙 | 23.7 | 111.0 | 23.6 | 57.9 | 22.1 | 141.4 | 25.9 | 140.8 |
| 路亭 | 22.1 | 106.9 | 25.1 | 56.8 | 23.6 | 151.5 | 27.0 | 128.2 |
| 双岙 | 17.6 | 87.5 | 18.1 | 39.4 | 18.4 | 121.0 | 20.5 | 105.6 |
| 谢家岙 | 8.2 | 39.8 | 9.3 | 22.6 | 8.7 | 88.2 | 15.1 | 84.8 |
| 华峙 | 39.3 | 198.7 | 44.1 | 90.6 | 42.3 | 56.5 | 10.1 | 53.9 |
| 福明 | 14.3 | 77.2 | 16.2 | 45.3 | 12.8 | 270.4 | 48.4 | 273.4 |
| 大岭下 | 8.0 | 44.0 | 8.2 | 24.5 | 7.3 | 82.1 | 14.9 | 84.0 |
| 后墩 | 13.5 | 81.7 | 14.9 | 37.2 | 13.1 | 46.8 | 9.3 | 51.8 |

## 1967—1991年峙头公社（乡）水稻种植面积及产量一览

表 5-2-4

| 年份 | 早稻 | | | 晚稻 | | |
|---|---|---|---|---|---|---|
| | 面积（公顷） | 平均产量（千克/公顷） | 总产量（吨） | 面积（公顷） | 平均产量（千克/公顷） | 总产量（吨） |
| 1967 | 95.27 | 5409 | 515 | 69.27 | 317 | 14 |
| 1968 | 94.00 | 5644 | 531 | 78.73 | 2488 | 196 |
| 1969 | 93.47 | 4956 | 463 | 86.87 | 3278 | 284 |
| 1970 | 95.60 | 5850 | 559 | 81.47 | 2989 | 244 |
| 1971 | 92.47 | 5229 | 483 | 65.73 | 1737 | 114 |
| 1972 | 89.80 | 5577 | 501 | 80.93 | 2713 | 219 |
| 1973 | 82.27 | 6075 | 499 | 87.67 | 3559 | 312 |
| 1974 | 81.40 | 6596 | 537 | 87.67 | 2944 | 258 |
| 1975 | 82.93 | 5633 | 467 | 87.87 | 3044 | 268 |
| 1976 | 83.07 | 5932 | 493 | 87.87 | 3172 | 278 |
| 1977 | 83.00 | 5409 | 449 | 88.53 | 2798 | 248 |
| 1978 | 83.27 | 5491 | 457 | 87.67 | 3659 | 321 |
| 1979 | 86.60 | 6359 | 551 | 88.27 | 3593 | 317 |

续表 5-2-4

| 年份 | 早稻 | | | 晚稻 | | |
|---|---|---|---|---|---|---|
| | 面积（公顷） | 平均产量（千克/公顷） | 总产量（吨） | 面积（公顷） | 平均产量（千克/公顷） | 总产量（吨） |
| 1980 | 84.00 | 5838 | 490 | 94.60 | 3580 | 339 |
| 1981 | 83.80 | 6677 | 560 | 92.13 | 1953 | 180 |
| 1983 | 83.33 | 5148 | 429 | 92.80 | 2749 | 255 |
| 1984 | 84.00 | 6402 | 538 | 96.13 | 4586 | 441 |
| 1985 | 83.87 | 5796 | 486 | 94.67 | 5175 | 489 |
| 1986 | 83.33 | 6147 | 512 | 65.73 | 3428 | 225 |
| 1987 | 83.07 | 5537 | 459 | 93.33 | 3437 | 321 |
| 1988 | 83.13 | 5118 | 426 | 93.07 | 4328 | 403 |
| 1989 | 83.13 | 5355 | 445 | 93.27 | 4346 | 405 |
| 1990 | 83.33 | 5633 | 469 | 92.00 | 4185 | 385 |
| 1991 | 83.80 | 5949 | 499 | 92.00 | 4143 | 381 |

## 1977 年、1984 年峙头公社（乡）各大队（村）早稻、晚稻面积及产量一览

表 5-2-5

| 大队（村） | 1977 年 | | | | 1984 年 | | | |
|---|---|---|---|---|---|---|---|---|
| | 早稻 | | 晚稻 | | 早稻 | | 晚稻 | |
| | 面积（公顷） | 总产量（吨） | 面积（公顷） | 总产量（吨） | 面积（公顷） | 总产量（吨） | 面积（公顷） | 总产量（吨） |
| 合计 | 83.00 | 449.0 | 88.53 | 247.7 | 84.00 | 537.6 | 96.20 | 440.9 |
| 盛岙 | 18.80 | 111.2 | 21.40 | 61.1 | 21.27 | 158.2 | 25.20 | 137.4 |
| 联合 | 13.07 | 61.9 | 12.53 | 34.0 | 12.20 | 76.0 | 13.80 | 56.5 |
| 洋涨 | 6.60 | 39.3 | 7.00 | 17.7 | 6.47 | 39.6 | 7.13 | 32.5 |
| 竹湾 | 4.80 | 23.3 | 4.80 | 13.3 | 4.53 | 31.2 | 5.87 | 25.7 |
| 花船 | 2.87 | 15.8 | 3.00 | 7.7 | 2.93 | 18.9 | 2.93 | 13.1 |
| 上宅 | 9.67 | 48.6 | 10.67 | 26.2 | 10.20 | 60.6 | 11.13 | 47.8 |
| 中宅 | 7.13 | 44.6 | 7.27 | 25.7 | 7.13 | 45.8 | 7.80 | 35.1 |
| 沙湾 | 3.93 | 24.5 | 4.47 | 14.6 | 3.93 | 21.4 | 4.60 | 13.8 |
| 光明 | 10.93 | 53.5 | 12.00 | 32.8 | 10.47 | 59.6 | 12.00 | 54.0 |
| 长浦 | 3.20 | 16.6 | 3.53 | 10.2 | 3.07 | 16.1 | 3.60 | 16.5 |
| 双屯 | 2.00 | 9.8 | 1.87 | 4.6 | 1.80 | 10.2 | 2.13 | 8.6 |
| 长坑 | 0 | 0 | 0 | 0 | 0 | 0 | 0 | 0 |

### 1992—2016 年部分年份境内水稻种植面积及产量一览

表 5-2-6

| 年份 | 早稻 | | | 晚稻 | | |
|---|---|---|---|---|---|---|
| | 面积（公顷） | 平均产量（千克 / 公顷） | 总产量（吨） | 面积（公顷） | 平均产量（千克 / 公顷） | 总产量（吨） |
| 1992 | 391.20 | 6040 | 2363 | 389.40 | 4936 | 1922 |
| 1993 | 331.53 | 4965 | 1646 | 417.33 | 5528 | 2307 |
| 1994 | 324.00 | 5491 | 1779 | 401.53 | 5723 | 2298 |
| 1995 | 312.67 | 4234 | 1324 | 400.20 | 3308 | 1324 |
| 1996 | 259.80 | 5677 | 1475 | 389.47 | 5294 | 2062 |
| 1997 | 242.67 | 5266 | 1278 | 351.40 | 4969 | 1746 |
| 1998 | 213.33 | 5105 | 1089 | 405.53 | 5351 | 2170 |
| 1999 | 136.80 | 5073 | 694 | 275.93 | 6273 | 1731 |
| 2000 | 316.07 | 5581 | 1764 | 311.33 | 5583 | 1738 |
| 2001 | 213.20 | 6585 | 1404 | 211.80 | 6601 | 1398 |
| 2002 | 186.53 | 6026 | 1124 | 170.00 | 6318 | 1074 |
| 2003 | 0 | — | 0 | 104.00 | 5846 | 608 |
| 2004 | 0 | — | 0 | 62.80 | 6522 | 409 |
| 2005 | 0 | — | 0 | 78.88 | 5779 | 456 |
| 2006 | 0 | — | 0 | 34.93 | 6676 | 233 |
| 2007 | 0 | — | 0 | 13.19 | 6541 | 86 |
| 2008 | 0 | — | 0 | 12.91 | 6589 | 85 |
| 2009 | 2.07 | 7198 | 15 | 7.73 | 7135 | 55 |
| 2010 | 0 | — | 0 | 3.47 | 7176 | 25 |
| 2011 | 0 | — | 0 | 3.47 | 6329 | 22 |
| 2012 | 0 | — | 0 | 2.90 | 7500 | 22 |
| 2013 | 0 | — | 0 | 3.30 | 6818 | 23 |
| 2014 | 0 | — | 0 | 3.47 | 6744 | 23 |
| 2016 | 0 | — | 0 | 3.33 | 6757 | 22 |

## 番薯

明朝中期，境内已引入番薯种植，是 20 世纪 80 年代前境内农民的主粮之一。除了鲜食、晒薯干外，还将部分鲜薯加工制成山（薯）粉或粉干外销。据 1910 年 10 月 14 日《四明日报》报道，时年郭巨农民销售山粉达万担以上。薯藤、薯粉渣还是农家主要的养猪饲料。郭巨境内有记载的番薯最高产量年份是在 1972 年，平均公顷产量 10285 千克，总产量 2251 吨，面积 218.87 公顷。中华人民共和国成立后至 80 年代中期，峙头境内番薯种植面积在 100 ～ 120 公顷间，1978 年，种植面积 103.67 公顷，总产量 1235 吨，平均公顷产量 11913 千克，为有记载的平均公顷产量最高年份。据镇海县农业志记载，北仑区种子公司据 1991 年峙头乡种植的 1840 亩番薯统计，平均亩产鲜薯 3618 千克，其中最高 1.25 亩，亩产达 5057 千克。二十世纪七八十年代，“峙头人种大番薯”小有名气。20 世纪 80 年代中期起，番薯种植面积逐渐减少，主要原因有三：一是水稻产量大幅度提高，粮食形势好转，口味较差的番薯干不再是境内农民的主粮之一；二是种植番薯经济效益低下，旱地改种其他经济作物和橘子等果木；三是山旱地抛荒。2019 年，种植面积仅有 3.47 公顷，产量 21.58 吨，主要为鲜食。

## 1963—1991 年郭巨公社（乡、镇）番薯种植面积及产量一览

表 5-2-7

| 年份 | 面积（公顷） | 平均产量（千克 / 公顷） | 总产量（吨） | 年份 | 面积（公顷） | 平均产量（千克 / 公顷） | 总产量（吨） |
|---|---|---|---|---|---|---|---|
| 1963 | 388.67 | 5004 | 1945 | 1978 | 212.67 | 7979 | 1697 |
| 1964 | 305.27 | 6984 | 2132 | 1979 | 166.40 | 6406 | 1066 |
| 1965 | 301.47 | 5692 | 1716 | 1980 | 142.60 | 6095 | 869 |
| 1966 | 259.20 | 7400 | 1918 | 1981 | 144.53 | 6035 | 872 |
| 1967 | 286.53 | 2440 | 699 | 1982 | 134.87 | 4589 | 619 |
| 1968 | 266.60 | 7689 | 2050 | 1983 | 154.60 | 5999 | 927 |
| 1969 | 274.53 | 7864 | 2159 | 1984 | 115.00 | 7832 | 901 |
| 1970 | 265.93 | 7017 | 1866 | 1985 | 99.47 | 5920 | 589 |
| 1971 | 278.27 | 5847 | 1627 | 1986 | 96.07 | 5653 | 543 |
| 1972 | 218.87 | 10285 | 2251 | 1987 | 112.00 | 6058 | 679 |
| 1973 | 259.13 | 8328 | 2158 | 1988 | 89.80 | 5490 | 493 |
| 1974 | 219.87 | 8464 | 1861 | 1989 | 102.13 | 5703 | 582 |
| 1975 | 223.67 | 7234 | 1618 | 1990 | 107.27 | 6254 | 671 |
| 1976 | 212.40 | 7321 | 1555 | 1991 | 110.80 | 6264 | 694 |
| 1977 | 220.93 | 8306 | 1835 | | | | |

## 1977 年、1984 年郭巨公社（乡）各大队（村）番薯种植面积及产量一览

表 5-2-8

| 村别 | 1977 年 | | | 1984 年 | | |
|---|---|---|---|---|---|---|
| | 面积（公顷） | 平均产量（千克 / 公顷） | 总产量（吨） | 面积（公顷） | 平均产量（千克 / 公顷） | 总产量（吨） |
| 合计 | 208.87 | 8593 | 1794.9 | 116.80 | 7711 | 900.7 |
| 大涂塘 | 12.33 | 8868 | 109.4 | 3.67 | 5994 | 22.0 |
| 西门 | 19.93 | 7594 | 151.4 | 9.40 | 7223 | 67.9 |
| 东门 | 18.20 | 9445 | 171.9 | 8.93 | 7877 | 70.4 |
| 北门 | 10.87 | 9006 | 97.9 | 3.73 | 6152 | 22.9 |
| 南门 | 26.67 | 8271 | 220.6 | 13.33 | 8964 | 119.5 |
| 尖岭岙 | 22.13 | 5655 | 125.2 | 12.00 | 8795 | 105.6 |
| 路亭 | 11.80 | 8427 | 99.5 | 8.00 | 6750 | 54.0 |
| 双岙 | 14.13 | 11794 | 166.6 | 13.20 | 7606 | 100.4 |
| 谢家岙 | 12.27 | 5525 | 67.8 | 4.13 | 6380 | 26.4 |
| 华峙 | 22.33 | 10597 | 236.6 | 19.20 | 9000 | 172.8 |

续表 5-2-8

| 村别 | 1977 年 | | | 1984 年 | | |
|---|---|---|---|---|---|---|
| | 面积（公顷） | 平均产量（千克/公顷） | 总产量（吨） | 面积（公顷） | 平均产量（千克/公顷） | 总产量（吨） |
| 福明 | 15.27 | 7815 | 119.4 | 6.80 | 6375 | 43.4 |
| 大岭下 | 5.73 | 9223 | 52.8 | 1.60 | 6000 | 9.6 |
| 后墩 | 17.20 | 10223 | 175.8 | 12.80 | 6710 | 85.9 |

## 1967—1990 年部分年份峙头公社（乡）番薯种植面积及产量一览

表 5-2-9

| 年份 | 面积（公顷） | 平均产量（千克/公顷） | 总产量（吨） | 年份 | 面积（公顷） | 平均产量（千克/公顷） | 总产量（吨） |
|---|---|---|---|---|---|---|---|
| 1967 | 118.60 | 3221 | 382.0 | 1978 | 103.67 | 11913 | 1235.0 |
| 1968 | 119.60 | 9173 | 1097.2 | 1979 | 92.47 | 9560 | 884.0 |
| 1969 | 119.93 | 10401 | 1247.4 | 1980 | 87.00 | 9606 | 835.7 |
| 1970 | 119.87 | 8433 | 1010.8 | 1981 | 91.20 | 7263 | 662.4 |
| 1971 | 118.13 | 6851 | 809.3 | 1983 | 104.27 | 7284 | 759.5 |
| 1972 | 109.07 | 10711 | 1168.3 | 1984 | 102.27 | 9651 | 987.0 |
| 1973 | 106.87 | 11157 | 1192.4 | 1985 | 83.33 | 7050 | 587.5 |
| 1974 | 106.47 | 11816 | 1258.0 | 1986 | 91.00 | 6546 | 595.7 |
| 1975 | 105.60 | 8787 | 927.9 | 1987 | 86.00 | 9990 | 859.1 |
| 1976 | 105.60 | 8961 | 946.3 | 1988 | 85.73 | 7729 | 662.7 |
| 1977 | 105.60 | 10934 | 1154.6 | 1990 | 81.60 | 8686 | 708.8 |

## 1977 年、1984 年峙头公社（乡）各大队（村）番薯种植面积及产量一览

表 5-2-10

| 村别 | 1977 年 | | 1984 年 | |
|---|---|---|---|---|
| | 面积（公顷） | 总产量（吨） | 面积（公顷） | 总产量（吨） |
| 合计 | 105.60 | 1154.6 | 102.27 | 987.5 |
| 盛岙 | 17.53 | 197.8 | 19.67 | 210.7 |
| 联合 | 10.87 | 127.4 | 10.47 | 54.9 |
| 洋涨 | 8.87 | 123.8 | 7.20 | 64.9 |
| 竹湾 | 4.60 | 47.5 | 5.33 | 24.0 |
| 花船 | 3.33 | 31.9 | 2.07 | 15.5 |
| 上宅 | 13.73 | 124.0 | 14.27 | 117.2 |
| 中宅 | 12.53 | 139.7 | 13.00 | 146.3 |
| 沙湾 | 9.40 | 103.8 | 10.80 | 90.7 |
| 光明 | 11.07 | 105.9 | 9.40 | 105.0 |
| 长浦 | 4.53 | 52.7 | 4.33 | 49.0 |
| 双屯 | 4.47 | 41.2 | 2.33 | 40.0 |
| 长坑 | 4.67 | 59.1 | 3.40 | 69.4 |

## 1992—2019 年部分年份境内番薯种植面积及产量一览

表 5-2-11

| 年份 | 面积（公顷） | 平均产量（千克 / 公顷） | 总产量（吨） | 年份 | 面积（公顷） | 平均产量（千克 / 公顷） | 总产量（吨） |
|---|---|---|---|---|---|---|---|
| 1992 | 182.93 | 4000 | 73.2 | 2006 | 13.01 | 5719 | 74.4 |
| 1993 | 147.53 | 1508 | 222.5 | 2007 | 13.10 | 10412 | 136.4 |
| 1994 | 88.60 | 6005 | 532.0 | 2008 | 16.67 | 10498 | 175.0 |
| 1995 | 67.53 | 5538 | 374.0 | 2009 | 14.53 | 16772 | 243.7 |
| 1996 | 60.93 | 6598 | 402.0 | 2010 | 12.60 | 16325 | 205.7 |
| 1997 | 46.07 | 6599 | 304.0 | 2011 | 16.93 | 2766 | 46.8 |
| 1998 | 37.00 | 6838 | 253.0 | 2012 | 18.40 | 2578 | 47.4 |
| 1999 | 30.20 | 9106 | 275.0 | 2013 | 11.93 | 4744 | 56.6 |
| 2000 | 25.20 | 7063 | 178.0 | 2014 | 8.67 | 5905 | 51.2 |
| 2001 | 29.47 | 5565 | 164.0 | 2016 | 7.00 | 5886 | 41.2 |
| 2002 | 27.73 | 5373 | 149.0 | 2017 | 3.53 | 6006 | 21.2 |
| 2003 | 24.87 | 5267 | 131.0 | 2018 | 3.67 | 5995 | 22.0 |
| 2004 | 14.24 | 5702 | 81.2 | 2019 | 3.47 | 6219 | 21.6 |
| 2005 | 21.20 | 14184 | 300.7 | — | — | — | — |

### 春粮秋粮

20 世纪 60 年代初，境内因连续三年自然灾害影响，大力开展春粮秋粮作物种植，主要有大小麦、蚕豆、番薯、玉米、马铃薯等。为保证粮食安全，境内各大队还普遍种植高粱、荞麦、大豆、芋艿等夏秋杂粮。1954 年后，在低产作物改高产的号召下，郭巨、峙头山区开始发展种植玉米，特别是伏旱严重，连作晚稻无法移植时，即播种秋玉米。1960 年，郭巨三大队 27 亩山旱地开创“三熟制”套种试验，粮食亩产达 698.8 千克。1961 年 2 月 7 日《宁波报》报道了郭巨三大队这一成功的经验。二十世纪六七十年代，郭巨境内“三熟制”种植面积稳定在 932.7 ～ 830 公顷，80 年代年均约 773.1 公顷，但高粱、荞麦种植面积逐年减少。1975 年，境内春、秋粮种植面积明显扩大，时年，郭巨、峙头境内主要春秋粮种植面积分别为：大小麦 99.87 公顷、92.07 公顷；蚕豆 91 公顷、0.27 公顷；玉米 3 公顷、0.13 公顷；马铃薯 19.1 公顷、10.2 公顷。1983 年实行家庭联产承包责任制后，境内主粮水稻和番薯产量大幅度提高，农户不再种植粗粮大小麦。80 年代中后期，郭巨镇和峙头乡套种玉米面积保持在 200 公顷左右。1987 年，境内玉米种植面积达 277 公顷（其中郭巨镇 160 公顷，峙头乡 117 公顷），产量达 1006 吨，为境内玉米种植面积最大、产量最多的年份。90 年代，境内玉米种植面积开始逐年下降，至 1999 年仅有 12 公顷，2019 年为 2.8 公顷，作鲜食。

## 1956—1991年部分年份郭巨公社（乡、镇）大小麦、蚕豆、玉米种植面积及产量一览

表5-2-12

| 年份 | 大小麦 | | | 蚕豆 | | | 玉米 | | |
|---|---|---|---|---|---|---|---|---|---|
| | 面积（公顷） | 均产（千克/公顷） | 总产量（吨） | 面积（公顷） | 均产（千克/公顷） | 总产量（吨） | 面积（公顷） | 均产（千克/公顷） | 总产量（吨） |
| 1956 | 35.67 | 827 | 29.5 | 50.93 | 847 | 43.2 | — | — | — |
| 1957 | 36.33 | 1674 | 60.8 | 46.20 | 985 | 45.5 | — | — | — |
| 1961 | 121.20 | 1042 | 126.3 | 87.87 | 788 | 69.3 | — | — | — |
| 1962 | 111.67 | 1570 | 175.4 | 126.80 | 1304 | 165.3 | — | — | — |
| 1963 | 79.13 | 1504 | 119.1 | 111.60 | 1189 | 132.7 | — | — | — |
| 1964 | 79.80 | 1563 | 124.8 | 105.47 | 1523 | 160.7 | — | — | — |
| 1965 | 67.20 | 2193 | 147.4 | 111.93 | 1781 | 199.4 | — | — | — |
| 1966 | 94.00 | 1547 | 145.5 | 98.13 | 1402 | 137.6 | — | — | — |
| 1967 | 133.67 | 1945 | 260.0 | 74.67 | 1197 | 89.4 | — | — | — |
| 1968 | 137.13 | 2145 | 294.2 | 66.27 | 1329 | 88.1 | — | — | — |
| 1969 | 106.47 | 1453 | 154.7 | 69.40 | 1307 | 90.7 | — | — | — |
| 1970 | 94.13 | 1703 | 160.4 | 79.00 | 1709 | 135.1 | — | — | — |
| 1971 | 94.07 | 2801 | 263.5 | 104.40 | 2321 | 242.4 | — | — | — |
| 1972 | 113.80 | 2377 | 270.5 | 89.40 | 2202 | 196.9 | — | — | — |
| 1973 | 143.60 | 1453 | 208.6 | 95.60 | 1238 | 118.4 | — | — | — |
| 1974 | 131.27 | 2182 | 286.5 | 92.07 | 3109 | 286.3 | — | — | — |
| 1975 | 99.87 | 1413 | 141.2 | 91.00 | 1585 | 144.2 | 3.00 | 2517 | 7.6 |
| 1976 | 119.00 | 1737 | 206.7 | 86.93 | 1960 | 170.4 | 2.27 | 2533 | 5.8 |
| 1977 | 114.47 | 1277 | 146.2 | 87.80 | 1387 | 121.8 | 6.60 | 1371 | 9.1 |
| 1978 | 116.47 | 1829 | 213.0 | 81.87 | 2877 | 235.6 | 5.93 | 2985 | 17.7 |
| 1979 | 227.47 | 1858 | 422.6 | 0.47 | 1702 | 0.8 | 5.93 | 2664 | 15.8 |
| 1980 | 186.27 | 1581 | 294.5 | — | — | — | 8.13 | 2097 | 17.1 |
| 1981 | 131.87 | 1483 | 195.6 | — | — | — | 1.93 | 1606 | 3.1 |
| 1982 | 158.53 | 1585 | 251.3 | 0.73 | 3425 | 2.5 | 29.07 | 3681 | 107.0 |
| 1983 | — | — | — | 4.00 | 675 | 2.7 | 45.33 | 2391 | 108.4 |
| 1984 | — | — | — | 5.40 | 1500 | 8.1 | 48.40 | 3163 | 153.1 |
| 1985 | — | — | — | 46.07 | 1180 | 54.4 | 77.40 | 2083 | 161.2 |
| 1986 | — | — | — | 44.47 | 876 | 38.9 | 89.33 | 4611 | 411.9 |
| 1987 | — | — | — | 51.73 | 1257 | 65.1 | 160.7 | 3834 | 616.0 |
| 1988 | — | — | — | 58.13 | 1311 | 76.2 | 138.7 | 3311 | 459.2 |
| 1989 | — | — | — | 75.00 | 873 | 65.5 | 146.0 | 3828 | 559.0 |
| 1990 | — | — | — | 73.07 | 794 | 58.1 | 152.3 | 2738 | 417.1 |
| 1991 | — | — | — | 63.67 | 921 | 58.65 | 90.67 | 3774 | 342.2 |

## 1967—1990 年部分年份峙头公社（乡）大小麦、蚕豆、玉米种植面积及产量一览

表 5-2-13

| 年份 | 大小麦 | | | 蚕豆 | | | 玉米 | | |
|---|---|---|---|---|---|---|---|---|---|
| | 面积（公顷） | 均产（千克/公顷） | 总产量（吨） | 面积（公顷） | 均产（千克/公顷） | 总产量（吨） | 面积（公顷） | 均产（千克/公顷） | 总产量（吨） |
| 1967 | 51.93 | 1264 | 65.7 | 32.00 | 666 | 21.3 | — | — | — |
| 1968 | 69.00 | 1579 | 108.9 | 24.53 | 901 | 22.1 | 0.27 | 741 | 0.2 |
| 1969 | 64.87 | 1065 | 69.1 | 26.67 | 1125 | 30.0 | — | — | — |
| 1970 | 50.27 | 1063 | 53.5 | 30.80 | 2036 | 62.7 | — | — | — |
| 1971 | 57.13 | 1520 | 86.9 | 40.87 | 1266 | 51.8 | — | — | — |
| 1972 | 60.00 | 1835 | 110.1 | 5.67 | 891 | 5.1 | — | — | — |
| 1974 | 106.33 | 1522 | 161.8 | 1.00 | 300 | 0.3 | — | — | — |
| 1975 | 92.07 | 1043 | 96.1 | 0.27 | 556 | 0.2 | 0.13 | 1923 | 0.3 |
| 1976 | 99.47 | 1491 | 148.3 | — | — | — | — | — | — |
| 1977 | 92.00 | 917 | 84.4 | — | — | — | — | — | — |
| 1978 | 98.73 | 1485 | 146.7 | — | — | — | — | — | — |
| 1979 | 90.73 | 1553 | 140.9 | — | — | — | 9.33 | 2701 | 25.2 |
| 1980 | 56.13 | 1341 | 75.3 | — | — | — | 6.40 | 1820 | 11.7 |
| 1981 | 46.13 | 1387 | 64.0 | 0.20 | 1000 | 0.2 | — | — | — |
| 1983 | — | — | — | 2.07 | 1014 | 2.1 | 34.80 | 2704 | 94.1 |
| 1984 | — | — | — | 2.07 | 1256 | 2.6 | 63.87 | 3495 | 223.2 |
| 1985 | — | — | — | 11.40 | 1079 | 12.3 | 78.40 | 3314 | 259.9 |
| 1986 | — | — | — | 32.07 | 945 | 30.3 | 88.13 | 4411 | 388.8 |
| 1987 | — | — | — | 19.00 | 832 | 15.8 | 117.87 | 3313 | 390.5 |
| 1988 | — | — | — | 54.27 | 1129 | 61.3 | 141.00 | 2339 | 329.9 |
| 1990 | — | — | — | 42.93 | 785 | 33.7 | 77.13 | 1531 | 118.1 |

## 1992—2019 年部分年份境内大小麦、蚕豆、玉米种植面积及产量一览

表 5-2-14

| 年份 | 大小麦 | | | 蚕豆 | | | 玉米 | | |
|---|---|---|---|---|---|---|---|---|---|
| | 面积（公顷） | 均产（千克/公顷） | 总产量（吨） | 面积（公顷） | 均产（千克/公顷） | 总产量（吨） | 面积（公顷） | 均产（千克/公顷） | 总产量（吨） |
| 1992 | 29.47 | 2002 | 59 | 88.33 | 1189 | 105 | 66.00 | 3167 | 209 |
| 1993 | 10.67 | 3188 | 34 | 131.07 | 534 | 70 | 61.33 | 3506 | 215 |
| 1994 | 8.00 | 2000 | 16 | 176.40 | 1497 | 264 | 29.93 | 2873 | 86 |
| 1995 | 9.33 | 1607 | 15 | 136.80 | 1711 | 234 | 23.53 | 2975 | 70 |
| 1996 | — | — | — | 138.00 | 2181 | 301 | 13.73 | 3642 | 50 |
| 1997 | — | — | — | 154.00 | 1448 | 223 | 17.33 | 2943 | 51 |
| 1998 | 4.33 | 2077 | 9 | 170.67 | 1617 | 276 | 10.93 | 3202 | 35 |

续表 5-2-14

| 年份 | 大小麦 | | | 蚕豆 | | | 玉米 | | |
|---|---|---|---|---|---|---|---|---|---|
| | 面积（公顷） | 均产（千克/公顷） | 总产量（吨） | 面积（公顷） | 均产（千克/公顷） | 总产量（吨） | 面积（公顷） | 均产（千克/公顷） | 总产量（吨） |
| 1999 | — | — | — | 176.67 | 1472 | 260 | 11.53 | 3296 | 38 |
| 2000 | — | — | — | 195.33 | 1398 | 273 | 14.33 | 3140 | 45 |
| 2001 | — | — | — | 192.00 | 1224 | 235 | 17.20 | 3314 | 57 |
| 2002 | — | — | — | 143.53 | 1533 | 220 | 16.53 | 3025 | 50 |
| 2003 | — | — | — | 138.80 | 1412 | 196 | 13.60 | 3015 | 41 |
| 2004 | — | — | — | 168.07 | 1803 | 303 | 11.28 | 3298 | 37 |
| 2005 | — | — | — | 43.53 | 1303 | 57 | 12.00 | 3350 | 40 |
| 2006 | — | — | — | 56.08 | 1826 | 102 | 10.32 | 4186 | 43 |
| 2007 | — | — | — | 36.13 | 1893 | 68 | 14.03 | 3727 | 52 |
| 2008 | — | — | — | 26.07 | 1554 | 40 | 15.73 | 4196 | 66 |
| 2009 | — | — | — | 20.80 | 2100 | 44 | 16.93 | 4324 | 73 |
| 2010 | — | — | — | 17.87 | 2048 | 37 | 16.53 | 4194 | 69 |
| 2011 | — | — | — | 15.67 | 2252 | 35 | 15.93 | 4431 | 71 |
| 2012 | — | — | — | 8.20 | 2402 | 19 | 18.47 | 3102 | 57 |
| 2013 | — | — | — | 9.13 | 2235 | 20 | 9.33 | 4143 | 39 |
| 2014 | — | — | — | 3.73 | 2145 | 8 | 4.53 | 4592 | 21 |
| 2016 | — | — | — | 2.00 | 2000 | 4 | 5.67 | 4409 | 25 |
| 2017 | — | — | — | 1.13 | 2124 | 2 | 1.67 | 4491 | 8 |
| 2018 | — | — | — | 0.07 | 1429 | 0.1 | 1.53 | 4510 | 7 |
| 2019 | — | — | — | — | — | — | 2.80 | 5000 | 14 |

## 第二节 耕作制度

境内历史上有单季早稻、单季中稻、单季晚稻、间作稻、连作稻及三熟制（麦—稻—稻或油菜—稻—稻）等水稻种植制度。

单季早稻，种植在山岙沙砾又称沿山冷水田，境内各大队（村）或多或少都有之，早稻收一季，秋后种植旱作物。

单季中稻，或称中汛稻，俗称“湖泊稻”，为迟插早熟的一年一熟制，境内沿海深水烂塘田种植，20世纪60年代，水利建设沟渠修筑，改造烂塘田后，70年代，单季中稻基本上消失。

单季晚稻，凡较富裕的农户，每年均安排1～2亩种植单季晚稻，其品种一是做年糕用的梁湖糯之类晚粳，另一种是桂花糯之类晚糯，用于酿酒或做糕团。二十世纪七八十年代，境内单季晚稻种植面积极少。20世纪90年代后，境内种植面积又有大幅度增加。

间作稻，俗称“双季稻”，即早稻移植旬后在行间嵌插晚青（晚青为间作晚稻专用品种名称），经共生2个月后收割早稻，这是充分利用天时地利，省工节本，适合于小农经济生产力的理想栽培制度。但晚青收割期在立冬以后，常有霜冻出现，故要求冬季排水灵通，达到燥田割晚稻为先决条件。故在境内，间作稻主要分布在西门畈、南门畈、北门畈、东门畈、华峙畈、双岙畈、盛岙畈、中宅、上宅、沙湾等地势较平坦且水源充裕地带。据清光绪《鄞县志》记载："鄞地稻收早熟，以清明前下种，芒种莳苗，稀行密莳，先莳早苗，旬日后复莳晚苗于行间。俟立秋成熟，割去早禾，乃锄理培壅其晚青，盛茂秀实，然后收其再熟。"详细记载了当时间作稻的栽培方法。20世纪50年代开始，稻热病和螟害率上升，特别是具有暴发性的第三代螟虫年年肆虐晚青；早稻收割时为保护晚青，只能用老式稻桶下田，限制了新式打稻机的推广应用，间作稻生产局限性逐渐明显。1963年，进一步推行全面连作化，至1967年，间作稻耕作消失。

连作稻，又称翻稻，据清康熙《余姚县志》记载："蚤（早）稻割后再种者谓之翻稻。"1955年，境内试种的连作稻比其他稻作每亩增产100余千克，充分显示连作稻增产的优越性。1956年春，进一步提出以扩大连作稻为中心的"四改"口号，即大力推广连作稻，相应缩小间作稻面积，适当轮作晚粳稻，迅速消灭单季中汛稻和单季糯稻。1966年，郭巨境内水稻平均公顷产量9322千克，其中早稻种植面积266公顷，平均公顷产量5980千克，连作晚稻种植面积284公顷，平均公顷产量3427千克，为历史上平均公顷产量最高年份。1967年开始，连作稻取代间作稻，成为水稻种植制度的主体，年种植面积均在90%以上，其余占10%左右面积为单季早稻和单季晚稻。

"三熟制"，1973年大面积推广新三熟制，新三熟制主要有两种形式，一是大麦—连作早稻—连作晚稻，二是油菜—连作早稻—连作晚稻。20世纪80年代"三熟制"发展迅速，1985年，油菜—连作早稻—连作晚稻约占水稻田面积的28%。

中华人民共和国成立前，近海涂地以植棉为主，刚围垦时一年一熟，后逐渐一年两熟。中华人民共和国成立初推行春粮—棉花两熟制。

中华人民共和国成立前，旱地多以种植番薯和大、小麦为主，间有嵌种草籽、春粮或番薯套种小杂粮。20世纪50年代，推广春粮—番薯两熟制。1954年后，试推低产改高产作物，郭巨、峙头山区开始种植本地小玉米，常年种植面积千亩左右。60年代以来，积极试验旱地三熟制。1960年，郭巨三大队27亩旱地采用蚕豆—马铃薯—番薯三熟制套种，亩产698.8千克，其中2.2亩单产889千克。在连作晚稻遇旱年失种时，发展秋玉米，形成麦—稻—玉米的三熟制。20世纪90年代后，套种减少，基本是夏秋番薯、玉米、豆类、芝麻、花生，冬季油菜、豆类、蔬菜等。

## 第三节　粮食品种

清代以前，境内种植的粮食作物均是地方传统品种，且仅在民间调换，优劣并存。民国时也有少量从外地引种，中华人民共和国成立后，各级农业部门有计划地引种试种培育良种，提高新品种覆盖率，缩短更新周期。

### 水稻品种

水稻品种始为野生稻，经过长期的人工培育而逐渐形成了各种品种。据南宋《宝庆四明志》记载："五谷熟而人民育，地产莫贵于此。明（州）之谷有早禾，有中禾，有晚禾。早禾以立秋成，中禾以处暑成，中最富，早次之。晚禾以八月成，视早益罕矣。"明嘉靖《定海县志》（1563）记载：稻种仅有糯粳之分，所谓黏者为糯稻，不黏者为粳稻。清康熙《定海县志》记载：粳型稻有早中晚之分，夏熟曰早禾，秋熟曰中禾，冬熟曰晚禾。糯型稻其类有有芒无芒、色红色白不同之分。

历史上的《镇海县志》所记载的水稻品种数量较多，自南宋至清末的800余年间，共记有品种百余个。古代对稻作品种的定名，以生理现象为主要依据，尚未纳入植物分类的粳型、籼型范畴。在明嘉靖县志和清乾隆县志中记载得比较清楚，按米质软硬分糯稻、粳稻；按熟期差异分早稻、中稻、晚稻；按谷色或秆色分白、乌、青、紫；按茎秆长短粗细，有粗秆、细秆或短脚等。此外，还有从原产地引入定名的。

**早稻** 清康熙《定海县志》记载，境内早稻品种有六十日、救公饥、早黄、早白、早王米；民国 17 年（1928）《镇海县政专刊》记有火稻六十日、罗江尖、余姚种黄大粒等；民国后期，由浙江省农改所选育的早稻以五〇三为主。中华人民共和国成立初期 20 世纪 50 年代，早稻品种有余姚火稻、二季、叶下钻、矮铜柱、矮脚黄、五〇三、金塘矮、黄大粒等，尤以五〇三评价最佳。1958 年推广有芒早粳、铁杆青、南特号新品种。20 世纪 60 年代初期，要求早稻品种向矮秆化（株高 80 厘米左右）发展。是时，引入有莲塘早、团粒矮、浙南 11、矮脚南特号、陆财号等，其中矮脚南特号占境内早稻面积的 80% 以上。70 年代开始，矮脚南特号趋向退化，随之引入有二九南 1 号、二九青、矮南早 1 号、广陆矮 4 号，其中广陆矮 4 号取代矮脚南特号成为早稻的当家品种，占早稻面积的 60% 以上。1986—1989 年以二九丰 305 为主，搭配庆莲 16、科庆 47、广陆矮 4 号、浙辐 7 号等，同时引入浙辐 9 号。90 年代初期，以浙辐 9 号为主，搭配二九丰 305、嘉籼 758、科庆 47 等，同时引进嘉育 293。1993—1999 年以嘉育 293 为主，搭配浙辐 9 号、90-15、浙辐 7 号、嘉育 948 等。2000 年后，以嘉育 293 和嘉育 280 为主栽品种。

**晚稻** 间作晚青和中汛稻（湖泊）属籼型，单季晚稻和糯稻属粳型。间作晚青分细秆、中秆、粗秆。单季晚粳有水底清、梁湖糯、色六袋等。晚糯主要是桂花糯。1955 年试种连作稻后，引入的晚粳品种主要有余姚红须粳、绍兴黄光头、诸暨猪毛簇，以及从嘉兴、苏州等地引入的金谷黄、老来青、10509 等。1962 年引入试种农垦 58 获得成功。20 世纪 70 年代初，农垦 58 退化，推广晚粳农虎 6 号、加湖 4 号。80 年代，引进 79-66、矮粳 23、洋湖 24、81-47、秀水 21、秀水 48、双糯 4 号等。1988—1991 年间，以晚粳秀水 11 当家。1994—1999 年以晚粳丙 1067 当家。2000 年后，主要有甬粳 18、糯稻台糯 1 号等。

**杂交水稻** 20 世纪 90 年代后期，引入甬优 1 号、2 号、6 号等系列杂交晚粳组合。

## 春粮品种

**大麦** 据南宋嘉泰元年《会稽志》记载："立夏前熟曰早大麦，穗子长而籽多；与小麦齐熟曰六棱麦，曰中早熟麦、曰红黏糯麦。堪作酒，皆大麦之别。"民国时期，郭巨境内传统大麦品种有皮大麦和裸大麦（米麦）之分，又有四棱、六棱、有芒、无芒之别。20 世纪 40 年代初，引入两棱大麦，俗称"洋大麦"或"篦箕麦"。民国 36 年（1947）试种浙农 17，获得成功，20 世纪 60 年代，境内种植的大麦品种有两棱扁麦、加拿大大麦、六棱大麦、矮白洋、本地米麦等。70 年代引入的大麦新品种有早熟 3 号、新农 12、奉矮两棱、青芒、矮白洋、半早两棱等。80 年代初期，仍以早熟 3 号为主。1986 年，主要品种有舟麦 1 号、早熟 3 号、沪麦 6 号及浙皮 1 号。1988 年引进浙农大 3 号和沪麦 10 号，随之淘汰老品种。1991 年，引进甬麦 1 号、甬麦 2 号，其中甬麦 2 号抗倒伏、抗病，早熟高产，1992 年以后成为郭巨镇唯一种植的大麦品种。

**小麦** 南宋《会稽志》也记有："小满前熟曰早白麦、曰松蒲麦、芒秃如松房、曰娜麦、穗如大麦，皆小麦之别。"中华人民共和国成立前，品种只有早迟之分，有芒、无芒之别。1955 年引入矮粒多和南大 2419，以后矮粒多为主要品种。20 世纪 60 年代，有丽水三月黄、本地小麦、湖南小麦，以丽水三月黄为

水稻

大麦

小麦

主。70 年代推广 908、矮秆红及浙农光芒等。80 年代后期起，品种多以 908 和扬麦 4 号为主。

### 秋粮品种

**番薯** 又名甘薯。明朝徐光启在《甘薯蔬》记载：“一名番薯，自海外得此种。”又据清康熙《定海县志》记载：“甘薯即今番薯，其根似芋，亦有巨魁，大小不同，剥去紫皮，内色正白如肌，乡人以当米谷果食，蒸炙皆香美，初时甚甜，经久得内稍淡……海中之人多寿，亦由不食五谷而食甘薯故也。”境内早在明朝中期引入，清初已广泛种植，赖以番薯为主粮。据 2001 年《镇海县农业志》记载：“植薯重点在郭巨、峙头诸乡，山农除了鲜食之外，大多为晒薯干贮藏，掺和米饭，充当口粮。”

番薯品种，据民国《镇海县志》记：“案甘薯种类有二，肤色红紫而小者曰小种，肤色黄白而大者曰大种。大种甘薯三十余年来自南甸，亦名南甸番薯，以其收成较丰，故山农广行种植；而小种者渐稀。盖种大汁多，以法制成薯粉，亦多故也。”中华人民共和国成立初期，番薯品种有红皮白心、白皮红心、红皮黄心三种，以红皮白心为主。1957 年调入胜利百号薯种，因该品种产量高、质量好、出粉多，得以迅速推广，老品种多被取代。20 世纪 70 年代，新引入的番薯品种有 60-13-8（红头 8 号）、64- 港胜 4 号、广州白、临平藤等。80 年代又引进舟薯 1 号、丽群 6 号。1988 年从浙江省农科院引入瑞薯 1 号。1995 年，又从省农科院引入 392（红皮白肉）。2000 年，境内的番薯种植品种以丽群 6 号为主。

**玉米** 俗称六谷，又名玉蜀黍。原称御麦，出自西番，相传作贡品进入中国，故名。因属五谷（稻、稷、麦、豆、麻）以外，故称六谷，或呼陆谷。中华人民共和国成立前仅为小数农户在屋边园地零星种植，蒸熟闲食。是境内重要旱粮作物之一，本地原栽种白玉米。20 世纪 80 年代，种植引入的旅曲 1 号、苏玉 1 号等杂交玉米为主，本地种白玉米亦占一定面积。1988 年，从辽宁丹东农科所引进丹玉 13，1991 年，引入高产良种掖单 12 作为主栽品种。此后，由饲用型向鲜食型糯性玉米转变，1993 年引入苏玉糯 1 号、渝糯 1 号、渝糯 2 号和冀承单 3 号等鲜食品种，加之本地种白玉米，至 2019 年，这些鲜食品种仍占据着境内玉米的主栽地位。

**高粱** 又名芦穄，“似黍而不黏，俗呼芦穄，形如芦荻故名”（《谷谱》），为农家古老品种，早在宋代已有种植记载。按其腻度，有粳米芦穄和糯米芦穄之分。芦穄是比较耐瘠耐旱夏秋作物，20 世纪 90 年代前，多数农户均有少量种植。境内农家有春芦穄年糕习惯，而后用黄糖镬贴当点心，滋味特异；有的还烧高粱白酒，视为酒类上品。境内现仍有少量种植。

**荞麦** “七月种九月熟，然畏霜，得霜辄枯，秋无霜则荞大熟”（宋嘉泰《会稽志》），籽粒三棱，白花黑壳白肉。荞麦亦为境内古老品种，在山旱地种植，也作为伏旱后稻田救灾作物补种，种植面积甚少。时在处暑间种植，翻耕作畦打孔点播，出苗后中耕除草施肥霜降至立冬收获，亩产 70 千克左右。荞麦籽磨粉出壳做汤果吃，其味柔腻。

**小粟** 又称小米粟，系古老品种，中华人民共和国成立前农家时有少量种植，户不多。秋收后用捣臼脱壳，其粟米煎粥之用，柔腻而香喷，口味特好。

番薯

玉米

高粱

# 第四节　栽培技术

## 水稻栽培

**育秧**　传统以秧子桶催芽，大水秧田育秧，每亩秧田播种子谷 100 ～ 150 千克，1953 年推行窄式秧田，秧畈宽 1.5 米，并推广晒种、盐（黄泥）水选种、稀播育秧等技术。1956 年推广半旱秧田育秧。1964 年推广小杠棚塑料薄膜保温（青苔覆盖）育秧。改箩桶孵种催芽为焦泥灰拌种地上堆孵，改长芽播种为短芽播种，改秧田水耕水作为燥耕燥作，改有棚秧板为无棚狭畦秧板，改水播为燥播搭谷以泥护谷等技术减少早播烂秧。20 世纪 70 年代推广板田或场地育秧，短龄密播，小苗带土带肥、带药移栽技术。70 年代中期至 80 年代初，杂交稻和部分晚粳稻推行两段育秧（秧田和寄秧田两段）。1987 年起使用多效唑，控长增蘖，提高秧苗素质。90 年代，推广盲谷播种。21 世纪初，试行轻型栽培直播技术，即种子吐白后直接播撒，具有减轻劳动强度、提高生产效益、节省成本等诸多优点。

**耕作**　板田行冬耕，绿肥地谷雨前后翻耕，一般“二耕二耙横直耖”，底肥多用绿肥（芘花、草籽），20 世纪 50—70 年代普遍种植。自推广水田三熟制和化学肥料的使用，绿肥逐步淡出，也少量使用猪肥、人粪、河泥等。50 年代后，深耕细作，耕作层厚度达 12 ～ 15 厘米，80 年代后多用机耕取代牛耕。

**插秧**　早稻立夏前后，单季稻夏至边，连作晚稻立秋前后一般不超过立秋日。大株稀植，亩播约万丛，多至 5 万～ 6 万苗。1954 年起，增丛减本，20 世纪 60 年代推行合理密植，亩插 2 万丛左右，17 万～ 18 万苗。70 年代提倡多插基本苗，争多穗，亩插 3 万丛，25 万～ 30 万苗。80 年代后，根据密植争多穗，小株争大穗的高产要求，穗粒兼顾，个体发育与群体结构兼顾，亩插 2 万～ 2.5 万丛，18 万～ 20 万苗，每丛 4 ～ 5 本。90 年代后，部分应用抛秧与直播。

**管理**　旧时耘田两三次，插秧后长期满灌，耕作制度改革后，推行浅灌勤灌、微水管理，开丰产沟，根据水稻各个阶段的生理变化，适时搁田，使稻秆硬朗，防止倒伏。20 世纪 90 年代后，大部分田块用除草剂代替人工耘田除草。

**施肥**　以人畜粪便及黄花草籽、芘花等绿肥为主，其次是土杂草、草木灰、鱼卤肥等。施肥早稻重于晚稻，一般早稻每亩施绿肥或人畜肥 500 ～ 600 千克，晚稻每亩施人畜肥 300 ～ 400 千克。20 世纪 50 年代中期起广种紫云英，大部分田块冬季种绿肥，亩均折合有机肥 3500 千克。60 年代初以来，以氨水等氮肥的使用作补充，化肥用量也逐步增加，并重视氮、磷、钾肥的配合使用。80 年代后，重化肥轻有机肥，推广氮、磷、钾二元或三元复合肥，主施尿素、碳铵、过磷酸钙、氯化钾、复合肥。从此，绿肥种植面积锐减，到 90 年代已基本消失。施肥技术甚为讲究，50 年代提倡化肥深施，先施肥后耘田，减少肥料流失。后随着化肥量不断增加，施肥方法也有改进。早稻提倡施基肥，以迟效有机肥为主，早施追肥，以速效肥为主，看苗补施壮穗肥。70 年代后期，应用土壤普查成果，推广早稻施磷肥，晚稻施钾肥，水稻产量得以大提高。1987 年起，结合高产模式栽培，实施配方施肥（即以土定产、以产定氮、缺啥补啥）。

## 大、小麦栽培

中华人民共和国成立前，种麦采用翻耕作畦，打孔点播，人粪尿滴孔，上盖细泥或草木灰的方法。20 世纪五六十年代，晒种浸种，适时早播，合理密植，增施肥料。70 年代起，水田麦翻耕开沟，碎土平整后播种，堑籽覆盖，改以往窄畦、宽沟、浅沟为宽畦、窄沟、深沟，改点播为撒插、条播，土地利用率达 80% 以上，施肥推广“施足基肥，早施苗肥，重施腊肥，早施春肥”。旱地麦播种方式为条播和密点播，播期在立冬至小雪间，亩播麦籽 10 ～ 15 千克。80 年代兴“稻板麦”，逐步形成“免耕、撒播，化学除草、适时播种，促前控中、补后施肥”的高产高效模式，改重施精肥为控制腊肥，改早施春肥为补施穗肥，早施分蘖肥。亩施肥量从50年代初的500千克左右人畜肥，改为碳铵70千克，过磷酸钙20～25千克。

### 番薯栽培

中华人民共和国成立前，境内番薯栽培在每年清明前下种，冷床育苗。中华人民共和国成立后，推广冬季套绿肥，深掏地，加生泥，半热孵育长藤，浅平插，施足基肥，早施苗肥，施好夹边肥，适施裂缝肥的高产经验。20世纪60年代推行半热孵苗法（温床育苗），床底垫牛厩料、茅草等酿热物，上盖稻草。1966年始用塑料薄膜覆盖保温育苗，下种时间提前至惊蛰前后，播种季节从芒种至夏至提前到小满前后。

番薯栽培为直插或斜插，也有育苗移栽。20世纪五六十年代，每亩用400～500千克绿肥（草籽）或猪牛粪料打基肥。70年代，推广磷肥做基肥，施钾肥，插后即以淡人粪肥滴孔，盖草木灰，成活后施稀薄苗肥，薯块膨大时，除草松土及开沟培土，适施裂缝肥，以氮肥为主，适当理藤、提藤，凡套种玉米者，在玉米收后，早施秋补肥。80年代后，因有机肥锐减，一般亩施10千克尿素，插种密度一般控制在每亩2300株左右，行距100～130厘米，株距7寸。

### 玉米栽培

20世纪70年代初，推广番薯地套种玉米，逐步形成冬作带状布局，深翻整地，适时播种争三苗（全苗、匀苗、壮苗），宽窄行合理密植，施足基肥，早施苗肥，适施壮秆肥，重施穗肥栽培模式，1995年后提倡用塑料薄膜育苗移植，抢季节、争全苗，亩施碳铵60～70千克或尿素20～30千克。

## 第五节　作物保护

### 病虫害与防治

**病虫害**　常见病虫害有水稻的纹枯病、白叶枯病、稻瘟病、稻虱、叶蝉、稻螟虫。番薯的黑斑病、蔓割病。玉米的大小斑病、玉米螟。麦类的赤霉病、锈病、网斑病、白粉病、黏虫等。

偶发性病虫害，水稻有小球菌核病、恶苗病，矮缩病、胡麻叶枯病、稻蓟子、稻蝗，麦类有黄花叶病、红蜘蛛，玉米有金龟子、地老虎，番薯有软腐病、卷叶螟、旋花大蛾等。

**防治**　民国年间，曾用采摘卵块、点灯诱蛾、灌水杀螟、掘毁稻根、插烟茎治螟和盐水浸种等防治方法。20世纪50年代初，贯彻“人工防治为主，药剂除治为辅”的方针，人工捉虫、点灯诱蛾、滴油打蝻、灌水杀螟、拔除病株、冷浸日晒、石灰水浸种、冬耕板田，除草灭虫。50年代中期使用高毒高残留农药，如六六六、DDT（二二三）乳剂，有机汞类农药西力生、赛力散。50年代末至60年代初，曾用苦楝树叶和鸡尿树叶浸出液汁防治病虫。70年代使用甲、乙氯杀螟粉，因长期使用高毒高残留化学农药，病虫抗毒性增强，防治效果下降，人畜中毒时有发生。1974年起，对“三虫二病”（二化螟、纵卷叶螟、蛔虫、稻瘟病、白叶枯病）实行“两查两定”（查病虫发生，定防治对象，查发育进度，定防治时间）。1975年，贯彻“预防为主，综合防治”方针，大队配植保员，注意农药交替使用和有效低浓度防治，减少用药次数和用量，协调运用农药、生物、化学防治功能。1983年起停止使用高毒高残留农药，推广高效低毒低残留农药。次年，实行病、虫、草、鼠综合防治，开展群众性春季灭鼠运动。1990年春，郭巨和峙头供销社设“庄稼医院”，由乡镇政府和供销社生产资料部门有关人员组成领导小组，组织植保技术人员坐堂“门诊”，对症配药，方便而有效地防治植物病虫害。近年来，使用杀虫杀螨剂、除草剂、灭鼠剂、植物生长调节剂等高效低毒农药，防治病虫害取得良好效果。

### 草害与防除

**草害** 稻田杂草：1976 年前，稻田前期杂草以牛毛草、稗草、鸭舌草为主，中期以异型莎草、球茎三棱草等为主。1985 年后，因多年单一使用除草醚和丁草胺，田间杂草群落发生变化，总的趋势是牛毛草、单子叶杂草减少，双子叶类杂草成为稻田杂草的主体，占杂草总量的 80% 以上；以异型莎草为主的莎草科杂草占 10% 左右；以稗草为主的禾本科杂草占 5% ～ 10%；牛毛草基本不发生危害。

麦田杂草：据 1976 年普查，麦田杂草种类有看麦娘、繁缕、大巢菜、蓼草、画眉草、早熟禾、稻槎菜、猪殃殃、碎米荠、细累子草、荩草等，以前四种为主，20 世纪 80 年代末，麦田的主要草害为看麦娘（日本看麦娘为主）、巢菜、猪殃殃，但硬草发生面呈逐渐扩大趋势，在不少田块已成为优势草种。番薯地杂草和玉米地杂草与麦田杂草基本相同。

**防除** 稻田除草：20 世纪 70 年代前，稻杂草主要靠人工防治。70 年代，开始试用化学除草剂，推广范围不大。80 年代，农业生产趋于高效、低耗、省工、简化，大面积使用化学药剂除草，稻田主要用除草醚，同时推广二甲四氯防治莎草类和阔叶杂草。1990 年推广苄嘧磺隆防治莎草类和阔叶类杂草。为兼治稗草，90 年代初又推广丁草胺、苄嘧磺隆复配剂。

麦田除草：70 年代中期开始试用绿麦隆化学除草，至 80 年代中期全面普及。

番薯地和玉米地除草原多为手工作业。20 世纪 80 年代后，玉米地也用化学药剂除草，如除草醚等。番薯地仍多为手工除草。

## 第六节 肥料

早在秦汉时期，人们对肥料的概念已有了认识。最初的肥料是粪肥，以后才发展到青草、河泥和杂肥。清末到民国初期，始在稻田种植紫云英（又名红花草），随后就有了草塘泥肥料，中华人民共和国成立初期至 20 世纪 70 年代，粪肥、绿肥、泥肥等农家肥仍是境内农作物的主要肥料，还有豆饼肥、菜饼肥及少量的化学肥料（俗称“肥田粉”），80 年代初期大量使用化学肥料，80 年代中后期开始推广复合肥。

### 自然肥料

自然肥料俗称“农家肥”，是粮食作物的主要肥料，有人畜粪肥、绿肥、泥肥和其他杂肥。

1966 年前普遍种植紫云英，每亩能产 5 吨左右。使用方法有几种，一种是把紫云英割掉，然后与猪泥、河（池）泥、稻柴等翻潭作水稻基肥，或把紫云英直接埋在刚罱的河（池）泥里，等水分去掉后，挑入田间作肥料。另一种是把割下的紫云英用铡刀铡细后直接撒放在大田里，然后再耕翻土地、灌水，过 6 ～ 7 天腐烂后，再耕作莳秧。后来因扩种双季稻挤占了紫云英的挂茬口，紫云英种植面积逐渐减少。

20 世纪 70 年代以前，草塘泥是粮食作物的主要肥料。农家一般在冬天或春天罱池泥，春天割野草或将红花草直接埋在河（池）泥里作肥料。有的在大田的一角开一只潭，内径大约为 4 米，深约 1 米，然后将野草或红花草、稻草、猪泥等与池泥一起搅拌埋在潭内，在移栽前施入田间。

种植双季稻后，基肥任务较重，开始制造堆肥。堆肥是用草皮、杂草、猪泥、人粪等混合堆积成土墩在路边，表面用河（池）泥密封，任其自然发酵。在播种大、小麦前挑入大田，作为麦田的底肥或盖子肥。

20 世纪 60 年代新增绿萍为肥源，绿萍是一种繁殖快而自生自灭的水生有机肥料，一般在 4—5 月放养，在水稻移栽时，可以直接放养在稻田里，每亩放 500 千克左右，7 天过后，可以封满田面。半月过后，可排水干田，倒萍入土，作为单季稻的基肥和追肥，肥效较好。由于绿萍生长在水面一层，还可以抑制和除去稻田杂草。后因种植双季稻，稻在田间的生长时间缩短，放养绿萍不便而淘汰。

### 化学肥料

化学肥料俗称“肥田粉”。20 世纪 50 年代始用，60 年代后期用量迅速增加。双季稻种植期间，除前季稻施些有机肥料外，后季稻肥料基本以化肥为主，氮肥既可作基肥，又可作追肥。单季水稻每亩用量为碳酸氢氨 40 千克、尿素 25 千克、复合肥 40 千克，全年每亩氮肥的用量标准为 90 千克。麦田一般每亩用碳酸氢氨 25 千克、过磷酸钙 25 千克，拌匀后施在麦田面上。80 年代始用复合肥，复合肥既可作基肥，又可作追肥。

# 第三章　经济作物

境内经济作物主要有棉花、油菜、茶叶、果木、蔬菜、花卉苗木等。

## 第一节　棉花

棉花古称吉贝，据清光绪《镇海县志》引旧志记：“按山田多产棉，色白者上，淡黄色者下，邑人称木棉（实为亚洲棉，或称中棉、本棉），业称花者尤洛阳牡丹也。”

### 面积产量

中华人民共和国成立前，境内棉地耕作粗放，终年不耕不翻，绿肥面施，立夏小满播种，满畦撒播，仅靠刮子削地，松土除草撒苗，但不治病虫，多数不施追肥，产量很低。

中华人民共和国成立后，党和政府重视棉花生产，举办棉农培训班，大力推广棉花深沟高畦、条播培土、合理增施肥料、选种留种、防治病虫为主要内容的五大技术。1956 年受“八一”台风袭击，境内海塘被毁，土地遭咸，后部分受灾稻田改种棉花。20 世纪 60 年代建成峙头中宅外塘，1969 年中宅外畈塘田开始种植棉花，峙头公社棉花种植面积由 1968 年的 76 公顷增加到 1969 年的 120 公顷，是年为峙头境内有史以来棉花种植面积最多的年份。1964 年始建的郭巨大塘建成后，1967 年，郭巨第四畈塘田开始种植棉花，郭巨公社的棉花种植面积由 1965 年的 202 公顷增加到 1967 年的 268 公顷。围海造地，使境内的棉地不断增加，至 1977 年，郭巨公社棉花种植面积达 384 公顷，是年为郭巨境内有史以来棉花种植面积最多的年份。20 世纪 70 年代，郭巨南门外等部分棉田改种水稻，至 80 年代起，调整农业产业结构，境内棉地部分改种果木（如联合升螺棉田改种植橘子），更多的是改建对虾、梭子蟹等海水产品养殖场，至 1987 年，峙头境内棉花种植

棉花

面积锐减至 2.5 公顷，郭巨境内棉花种植面积锐减至 13 公顷。2019 年，境内无棉花种植。

20 世纪 60 年代围海所造的塘田具有咸碱性，所种植的棉花产量较低，特别是刚开始种植的头几年产量更低，1975 年，尖岭村、大岭下村、福民村在郭巨外畈塘田所种植的棉花的平均亩产只有 9.5 千克、4 千克、3.5 千克。境内棉花亩产一般在百斤上下，峙头境内只三个年份的亩产超过百斤，1972 年、1978 年、1982 年分别是 59 千克、54 千克、58.5 千克，1967 至 1990 年间，加权平均公顷产量为 601 千克（40 千克 / 亩）。郭巨境内 1964 年至 1968 年，连续 5 年亩产超过《农业发展纲要（草案）》所规定的亩产百斤的指标，1968 年，亩产达 76.9 千克，为境内棉花均产最高的年份，1963 至 1991 年间，加权平均公顷产量为 687 千克（46 千克 / 亩）。

## 1963—1991 年郭巨公社（乡、镇）棉花种植面积及产量一览

表 5-3-1

| 年份 | 总面积（公顷） | 平均产量（千克 / 公顷） | 总产量（吨） | 年份 | 总面积（公顷） | 平均产量（千克 / 公顷） | 总产量（吨） |
|---|---|---|---|---|---|---|---|
| 1963 | 203.73 | 689.39 | 140.45 | 1978 | 312.13 | 720.53 | 224.90 |
| 1964 | 203.20 | 945.62 | 192.15 | 1979 | 326.40 | 570.01 | 186.05 |
| 1965 | 202.40 | 1071.15 | 216.80 | 1980 | 326.40 | 579.04 | 189.00 |
| 1966 | 220.60 | 825.93 | 182.20 | 1981 | 332.67 | 671.09 | 223.25 |
| 1967 | 268.27 | 795.47 | 213.40 | 1982 | 305.33 | 900.66 | 275.00 |
| 1968 | 262.00 | 1153.82 | 302.30 | 1983 | 260.87 | 597.81 | 155.95 |
| 1969 | 269.00 | 731.60 | 196.80 | 1984 | 217.53 | 950.67 | 206.80 |
| 1970 | 268.87 | 715.77 | 192.45 | 1985 | 151.33 | 592.41 | 89.65 |
| 1971 | 238.53 | 706.83 | 168.60 | 1986 | 112.27 | 461.83 | 51.85 |
| 1972 | 264.40 | 551.82 | 145.90 | 1987 | 13.33 | 712.68 | 9.50 |
| 1973 | 304.67 | 499.89 | 152.30 | 1988 | 19.87 | 558.63 | 11.10 |
| 1974 | 243.33 | 712.20 | 173.30 | 1989 | 18.27 | 588.40 | 10.75 |
| 1975 | 351.27 | 665.57 | 200.40 | 1990 | 21.20 | 471.70 | 10.00 |
| 1976 | 336.80 | 437.05 | 147.20 | 1991 | 51.13 | 727.56 | 37.20 |
| 1977 | 383.93 | 313.99 | 120.55 | — | — | — | — |

## 1975 年、1981 年、1985 年、1987 年郭巨公社（镇）各大队（村）棉花种植面积及产量一览

表 5-3-2

| 村名 | 1975 年 | | 1981 年 | | 1985 年 | | 1987 年 | |
|---|---|---|---|---|---|---|---|---|
| | 总面积（公顷） | 总产量（吨） | 总面积（公顷） | 总产量（吨） | 总面积（公顷） | 总产量（吨） | 总面积（公顷） | 总产量（吨） |
| 合计 | 351.27 | 200.4 | 332.68 | 233.3 | 151.30 | 90.5 | 13.34 | 9.2 |
| 大涂塘村 | 29.33 | 16.2 | 24.47 | 16.9 | 12.33 | 8.3 | 1.00 | 0.9 |
| 西门村 | 28.93 | 19.8 | 26.07 | 17.6 | 11.00 | 7.0 | 0.67 | 0.5 |
| 东门村 | 29.67 | 20.3 | 26.53 | 18.6 | 11.33 | 6.8 | 1.00 | 0.6 |
| 北门村 | 24.40 | 17.8 | 24.47 | 16.9 | 9.67 | 5.9 | 0.67 | 0.4 |
| 南门村 | 55.20 | 41.2 | 51.53 | 46.2 | 18.60 | 11.8 | 1.33 | 0.7 |

续表 5-3-2

| 村名 | 1975 年 | | 1981 年 | | 1985 年 | | 1987 年 | |
|---|---|---|---|---|---|---|---|---|
| | 总面积（公顷） | 总产量（吨） | 总面积（公顷） | 总产量（吨） | 总面积（公顷） | 总产量（吨） | 总面积（公顷） | 总产量（吨） |
| 尖岭岙村 | 12.67 | 1.8 | 10.07 | 7.4 | 8.67 | 5.7 | 1.33 | 0.8 |
| 路亭村 | 18.53 | 5.5 | 16.67 | 11.2 | 8.67 | 6.0 | 0.67 | 0.5 |
| 双岙村 | 18.40 | 10.0 | 20.47 | 11.4 | 8.00 | 4.5 | 1.00 | 0.8 |
| 谢家岙村 | 19.87 | 17.9 | 21.60 | 14.7 | 11.00 | 5.5 | 0.67 | 0.4 |
| 华峙村 | 59.20 | 43.1 | 59.20 | 37.2 | 18.60 | 9.8 | 2.00 | 1.5 |
| 福明村 | 8.87 | 0.6 | 10.07 | 6.6 | 8.00 | 6.4 | 1.33 | 1.2 |
| 大岭下村 | 5.20 | 0.3 | 4.53 | 2.7 | 4.13 | 2.5 | — | — |
| 后墩村 | 41.00 | 6.1 | 37.00 | 25.9 | 21.33 | 10.4 | 1.67 | 0.9 |

## 1967—1990 年峙头公社（乡）棉花种植面积及产量一览

表 5-3-3

| 年份 | 总面积（公顷） | 平均产量（千克 / 公顷） | 总产量（吨） | 年份 | 总面积（公顷） | 平均产量（千克 / 公顷） | 总产量（吨） |
|---|---|---|---|---|---|---|---|
| 1967 | 68.60 | 733.3 | 50.3 | 1979 | 103.33 | 584.0 | 60.3 |
| 1968 | 76.40 | 936.6 | 71.6 | 1980 | 107.73 | 491.5 | 52.9 |
| 1969 | 119.93 | 520.3 | 62.4 | 1981 | 106.40 | 457.2 | 48.7 |
| 1970 | 102.53 | 679.1 | 69.6 | 1982 | 102.87 | 874.9 | 90.0 |
| 1971 | 105.53 | 436.4 | 46.1 | 1983 | 105.33 | 426.3 | 44.9 |
| 1972 | 66.60 | 888.1 | 59.1 | 1984 | 96.80 | 553.0 | 53.5 |
| 1973 | 116.13 | 543.4 | 63.1 | 1985 | 65.67 | 405.8 | 26.6 |
| 1974 | 115.93 | 568.4 | 65.9 | 1986 | 5.33 | 352.7 | 1.9 |
| 1975 | 109.93 | 727.3 | 79.9 | 1987 | 2.53 | 612.6 | 1.6 |
| 1976 | 107.07 | 651.4 | 69.7 | 1988 | 1.47 | 476.2 | 0.7 |
| 1977 | 106.73 | 318.1 | 33.9 | 1989 | 1.47 | 476.2 | 0.7 |
| 1978 | 106.53 | 808.7 | 86.2 | 1990 | 2.00 | 475.0 | 0.9 |

## 1969 年、1975 年、1980 年、1984 年峙头境内各大队（村）棉花种植面积及产量一览

表 5-3-4

| 村名 | 1969 年 | | 1975 年 | | 1980 年 | | 1984 年 | |
|---|---|---|---|---|---|---|---|---|
| | 面积（公顷） | 产量（吨） | 面积（公顷） | 产量（吨） | 面积（公顷） | 产量（吨） | 面积（公顷） | 产量（吨） |
| 合计 | 119.94 | 62.40 | 109.93 | 79.95 | 107.73 | 52.95 | 96.80 | 53.54 |
| 盛岙 | 8.07 | 5.25 | 6.67 | 5.35 | 6.67 | 2.25 | 1.67 | 2.05 |
| 联合 | 5.87 | 3.90 | 5.33 | 2.75 | 2.40 | 0.55 | 1.20 | 0.35 |
| 长浦 | 1.07 | 0.65 | 1.93 | 1.10 | 1.93 | 0.40 | 1.93 | 0.20 |
| 双屯 | 3.67 | 1.85 | 3.40 | 2.30 | 3.20 | 1.00 | 3.40 | 0.14 |
| 长坑 | 1.67 | 0.95 | — | — | — | — | — | — |

续表 5-3-4

| 村名 | 1969 年 | | 1975 年 | | 1980 年 | | 1984 年 | |
|---|---|---|---|---|---|---|---|---|
| | 面积（公顷） | 产量（吨） | 面积（公顷） | 产量（吨） | 面积（公顷） | 产量（吨） | 面积（公顷） | 产量（吨） |
| 中宅 | 19.53 | 11.05 | 19.40 | 17.30 | 20.40 | 10.40 | 20.40 | 13.00 |
| 上宅 | 29.00 | 7.85 | 25.80 | 13.65 | 27.33 | 14.25 | 24.33 | 13.10 |
| 沙湾 | 25.60 | 15.8 | 24.67 | 20.40 | 23.40 | 13.70 | 23.40 | 14.00 |
| 光明 | 7.53 | 3.70 | 7.60 | 5.90 | 7.27 | 3.45 | 6.33 | 2.05 |
| 花船 | 6.13 | 1.45 | 5.13 | 2.70 | 5.13 | 2.80 | 4.13 | 1.90 |
| 竹湾 | 11.8 | 9.95 | 10.00 | 8.50 | 10.00 | 4.15 | 10.00 | 6.75 |

**1992—2012 年部分年份境内棉花种植面积及产量一览**

表 5-3-5

| 年份 | 面积（公顷） | 平均产量（千克 / 公顷） | 产量（吨） | 年份 | 面积（公顷） | 平均产量（千克 / 公顷） | 产量（吨） |
|---|---|---|---|---|---|---|---|
| 1992 | 102.73 | 564.59 | 58.0 | 2002 | 22.80 | 1039.47 | 23.7 |
| 1993 | 99.27 | 946.91 | 94.0 | 2003 | 20.53 | 925.47 | 19.0 |
| 1994 | 69.53 | 805.41 | 56.0 | 2004 | 13.40 | 1343.28 | 18.0 |
| 1995 | 68.40 | 672.51 | 46.0 | 2005 | 27.20 | 2179.78 | 59.3 |
| 1996 | 76.73 | 1107.78 | 85.0 | 2006 | 11.60 | 1293.10 | 15.0 |
| 1997 | 84.07 | 487.69 | 41.0 | 2007 | 4.00 | 1375.00 | 5.5 |
| 1998 | 116.27 | 782.66 | 91.0 | 2008 | 3.87 | 1291.99 | 5.0 |
| 1999 | 84.27 | 652.66 | 55.0 | 2009 | 3.73 | 1018.77 | 3.8 |
| 2000 | 24.40 | 860.66 | 21.0 | 2011 | 1.00 | 1260.00 | 1.3 |
| 2001 | 27.07 | 1366.83 | 37.0 | 2012 | 0.40 | 1500.00 | 0.6 |

## 棉花品种

民国前期，棉花品种以亚洲棉（中棉）为主，并以大苞棉（又名大菩或大树）占绝大多数，民国 23 年（1934），曾推广美国引入的脱字棉；民国 36 年（1947），由农林部棉产改进处上海分处分配从美国引入的德字棉种、珂字棉 100 号棉种。

中华人民共和国成立后，棉花品种不断更新，1954—1957 年，用岱字棉 15 号取代德字棉、珂字棉和中棉；1965—1967 年，主要种植镇棉 1 号（岱字棉 15 号复壮种），更换退化的岱字棉；1981 年至 1982 年，主要推广沪棉 204 和宁青 6 号，取代岱字棉和其他品种。

## 耕作制度

1983 年，棉花地膜覆盖栽培新技术在境内推广应用。该技术具有提高土温，促进根系发达，叶面积增大，改善土壤理化性状，促进棉花生长发育，壮苗早发、早结桃、早熟、棉桃大，节省劳动力等优点，并增加皮棉产量 27.2%。

1985 年以后，境内棉田种植结构大幅度调整，原有大面积连片种植棉花的格局被打破，大批棉田改养殖海水产品，少量改种蔬菜、瓜果等。80 年代后期，本地承包户劳力大量转移，取而代之由众多的外来户承包种植。外来户承包植棉，多数为白地过冬，有的种些蚕豆摘鲜出售。棉花播种前用拖拉机翻耕，现翻现播，耕作较为粗放。

## 第二节 油菜

油菜

油菜是境内的主要油料作物，栽培历史悠久。据明成化《四明郡志》记载："宁波油共五品，麻、菜、豆、桐、桕。"说明乡人早已食用菜油。清康熙《定海县志》记："芸薹，即今油菜，秋冬下种，初春采苔心为茹，最佳；结荚收籽榨油，燃灯甚明远，多获油利，种者甚广。"境内稻田种植的，冬种油菜，夏栽单季晚稻，一年两熟；山旱地种植的，冬种油菜，夏栽番薯，一年两熟；棉田种植的，冬种油菜或大麦，夏栽棉花，一年两熟。

### 面积产量

中华人民共和国成立前，品种均为白菜型本地油菜，吃菜、打蕻和采籽兼用，但以收籽榨油为主。每户种植几分或一亩，榨油一车，菜油自食，是典型性的自给性生产。

中华人民共和国成立以后，党和政府重视发展油菜生产，不断扩大种植面积，推广优良品种，改进栽培技术，不断提高单位产量，一般来说，稻田种植平均亩产比旱地高。1967 年至 1979 年间，境内油菜种植每年平均面积为 68 公顷，加权平均公顷产量为 861 千克。1980 年至 2000 年间，种植面积增加至每年平均 179 公顷，加权平均公顷产量增加至 1409 千克。2001 年，种植面积达 306 公顷，为境内油菜种植面积最大的年份，平均公顷产量为 1715 千克。80 年代中期起，境内棉地大面积改海水产品养殖，棉地套种油菜面积减少，进入 21 世纪，境内稻田大面积种植花卉，稻田套种油菜面积锐减。至 2019 年，境内种植油菜农户甚少。

**1963—1991 年郭巨公社（乡、镇）油菜种植面积及产量一览**

表 5-3-6

| 年份 | 总面积（公顷） | 平均产量（千克 / 公顷） | 总产量（吨） | 年份 | 总面积（公顷） | 平均产量（千克 / 公顷） | 总产量（吨） |
|---|---|---|---|---|---|---|---|
| 1963 | 49.13 | 915 | 45.00 | 1973 | 36.20 | 532 | 19.25 |
| 1964 | 65.67 | 1120 | 73.55 | 1974 | 48.87 | 1057 | 51.65 |
| 1965 | 43.53 | 910 | 39.60 | 1975 | 47.53 | 766 | 36.40 |
| 1966 | 43.33 | 849 | 36.80 | 1976 | 50.60 | 818 | 41.40 |
| 1967 | 43.47 | 892 | 38.65 | 1977 | 59.13 | 646 | 38.20 |
| 1968 | 12.00 | 1012 | 12.15 | 1978 | 77.20 | 1009 | 77.90 |
| 1969 | 34.13 | 870 | 29.70 | 1979 | 85.33 | 768 | 65.55 |
| 1970 | 37.73 | 1012 | 38.20 | 1980 | 82.33 | 1104 | 90.95 |
| 1971 | 45.07 | 1181 | 53.25 | 1981 | 135.60 | 1557 | 211.20 |
| 1972 | 32.20 | 783 | 25.20 | 1982 | 123.60 | 1686 | 208.40 |

续表 5-3-6

| 年份 | 总面积（公顷） | 平均产量（千克/公顷） | 总产量（吨） | 年份 | 总面积（公顷） | 平均产量（千克/公顷） | 总产量（吨） |
|---|---|---|---|---|---|---|---|
| 1983 | 131.47 | 1202 | 158.10 | 1988 | 134.07 | 1517 | 203.50 |
| 1984 | 102.27 | 1377 | 140.85 | 1989 | 81.73 | 855 | 69.85 |
| 1985 | 94.00 | 1507 | 141.70 | 1990 | 128.80 | 1335 | 172.05 |
| 1986 | 95.33 | 1594 | 152.05 | 1991 | 142.20 | 1741 | 247.65 |
| 1987 | 119.53 | 1684 | 201.40 | — | — | — | — |

## 1975 年、1985 年、1990 年郭巨境内各大队（村）油菜种植面积及产量一览

表 5-3-7

| 村名 | 1975 年 | | 1985 年 | | 1990 年 | |
|---|---|---|---|---|---|---|
| | 总面积（公顷） | 总产量（吨） | 总面积（公顷） | 总产量（吨） | 总面积（公顷） | 总产量（吨） |
| 合计 | 47.53 | 36.4 | 94.00 | 141.7 | 128.20 | 172.1 |
| 大涂塘 | 2.73 | 1.8 | 4.67 | 6.3 | 6.67 | 5.0 |
| 西门 | 3.13 | 2.2 | 10.67 | 18.6 | 12.33 | 11.1 |
| 东门 | 6.47 | 3.9 | 7.27 | 10.7 | 9.53 | 12.9 |
| 北门 | 3.47 | 2.5 | 6.00 | 14.8 | 10.67 | 16.0 |
| 南门 | 5.00 | 3.2 | 6.00 | 7.3 | 17.33 | 23.4 |
| 尖岭岙 | 4.13 | 3.7 | 10.93 | 13.1 | 7.33 | 8.3 |
| 路亭 | 3.27 | 2.7 | 5.00 | 9.9 | 8.00 | 12.0 |
| 双岙 | 2.20 | 2.4 | 4.40 | 10.6 | 7.33 | 11.0 |
| 谢家岙 | 1.00 | 0.8 | 3.93 | 3.9 | 4.00 | 4.5 |
| 华峙 | 6.27 | 4.8 | 13.33 | 20.0 | 20.00 | 30.0 |
| 福明 | 4.00 | 2.7 | 4.13 | 4.7 | 8.00 | 13.2 |
| 大岭下 | 1.93 | 1.7 | 2.33 | 3.5 | 2.00 | 2.3 |
| 后墩 | 3.93 | 4.0 | 15.33 | 18.4 | 15.00 | 22.5 |

## 1967—1990 年部分年份峙头公社（乡）油菜种植面积及产量一览

表 5-3-8

| 年份 | 总面积（公顷） | 平均产量（千克/公顷） | 总产量（吨） | 年份 | 总面积（公顷） | 平均产量（千克/公顷） | 总产量（吨） |
|---|---|---|---|---|---|---|---|
| 1967 | 20.07 | 787 | 15.8 | 1975 | 22.07 | 831 | 18.4 |
| 1968 | 6.27 | 925 | 5.8 | 1976 | 25.60 | 656 | 16.8 |
| 1969 | 12.07 | 862 | 10.4 | 1977 | 24.73 | 655 | 16.2 |
| 1970 | 14.67 | 1063 | 15.6 | 1978 | 38.93 | 912 | 35.5 |
| 1971 | 22.00 | 1159 | 25.5 | 1979 | 36.67 | 941 | 34.5 |
| 1972 | 16.07 | 585 | 9.4 | 1980 | 45.87 | 1066 | 48.9 |
| 1973 | 18.33 | 608 | 11.2 | 1981 | 67.33 | 1194 | 80.5 |
| 1974 | 19.27 | 1074 | 20.7 | 1983 | 66.13 | 1175 | 77.7 |

续表 5-3-8

| 年份 | 总面积（公顷） | 平均产量（千克/公顷） | 总产量（吨） | 年份 | 总面积（公顷） | 平均产量（千克/公顷） | 总产量（吨） |
|---|---|---|---|---|---|---|---|
| 1984 | 48.80 | 1014 | 49.5 | 1987 | 56.13 | 1648 | 92.6 |
| 1985 | 53.93 | 1264 | 68.2 | 1988 | 67.20 | 1565 | 105.2 |
| 1986 | 45.87 | 1388 | 63.7 | 1990 | 71.80 | 1197 | 85.9 |

## 1971 年、1981 年、1990 年峙头公社（乡）各大队（村）油菜种植面积及产量一览

表 5-3-9

| 村名 | 1971 年 | | 1981 年 | | 1990 年 | |
|---|---|---|---|---|---|---|
| | 总面积（公顷） | 总产量（吨） | 总面积（公顷） | 总产量（吨） | 总面积（公顷） | 总产量（吨） |
| 合计 | 22.00 | 25.50 | 67.33 | 80.45 | 71.80 | 85.95 |
| 盛岙 | 3.73 | 4.00 | 14.80 | 16.45 | 14.67 | 17.95 |
| 联合 | 2.27 | 2.45 | 6.07 | 9.90 | 8.00 | 7.20 |
| 洋涨 | 2.07 | 2.65 | 6.93 | 8.35 | 5.33 | 5.90 |
| 长浦 | 0.33 | 0.35 | 2.67 | 2.10 | 2.80 | 3.25 |
| 双屯 | 1.07 | 1.35 | 1.67 | 1.85 | 1.60 | 2.75 |
| 长坑 | 0.67 | 0.70 | 1.20 | 1.70 | 1.00 | 1.35 |
| 中宅 | 3.00 | 3.50 | 6.93 | 8.50 | 6.67 | 9.00 |
| 上宅 | 3.13 | 3.30 | 9.13 | 10.15 | 10.27 | 11.95 |
| 沙湾 | 2.93 | 3.50 | 7.07 | 8.00 | 6.00 | 6.75 |
| 光明 | 1.80 | 2.30 | 5.53 | 7.75 | 7.33 | 11.00 |
| 花船 | 0.40 | 0.45 | 2.67 | 2.75 | 4.13 | 4.05 |
| 竹湾 | 0.60 | 0.95 | 2.67 | 2.95 | 4.00 | 4.80 |

## 1992—2014 年部分年份境内油菜种植面积及产量一览

表 5-3-10

| 年份 | 总面积（公顷） | 平均产量（千克/公顷） | 总产量（吨） | 年份 | 总面积（公顷） | 平均产量（千克/公顷） | 总产量（吨） |
|---|---|---|---|---|---|---|---|
| 1992 | 225.73 | 1307 | 295.0 | 2003 | 83.67 | 896 | 75.0 |
| 1993 | 173.47 | 1429 | 248.0 | 2004 | 115.93 | 1354 | 157.0 |
| 1994 | 181.00 | 1160 | 210.0 | 2005 | 101.53 | 487 | 49.4 |
| 1995 | 253.47 | 1428 | 362.0 | 2006 | 14.16 | 1836 | 26.0 |
| 1996 | 218.80 | 1649 | 361.0 | 2007 | 10.07 | 1404 | 14.1 |
| 1997 | 170.60 | 2315 | 395.0 | 2008 | 5.67 | 1587 | 9.0 |
| 1998 | 220.53 | 1161 | 256.0 | 2009 | 1.33 | 1503 | 2.0 |
| 1999 | 306.67 | 1715 | 526.0 | 2010 | 2.33 | 1159 | 2.7 |
| 2000 | 292.00 | 1548 | 452.0 | 2011 | 1.33 | 2263 | 3.0 |
| 2001 | 218.67 | 1706 | 373.0 | 2014 | 0.33 | 2121 | 0.7 |
| 2002 | 157.00 | 1242 | 195.0 | — | — | — | — |

### 油菜品种

中华人民共和国成立前，境内油菜品种皆为白菜型本地种，历史久远。白菜型油菜调羹叶，叶面黄绿，油光色；分枝节位低，分叉力强。开春摘蕻，俗称“打菜蕻”，摘的部位很低；其蕻及菜株作蔬菜，有油味香，食味极佳；5月底成熟；病害较多，故产量不高。亩产菜籽40千克左右。

中华人民共和国成立后至20世纪50年代中期，逐渐引入一些外地优良土种，时有萧山矮大秆、金华红籽、长秆白及苏州藏籽等，但仍是白菜型品种，产量没有很大提高。1957年引入甘蓝型胜利油菜，在油菜品种上有了质的突破，比原有的白菜型油菜产量高且稳定，故种植面积迅速扩大。胜利油菜原产美国，后传入日本，再从日本引入中国。甘蓝型油菜分枝节位高，故不宜打蕻，只能在后期摘顶花，且蕻食味差，不宜食用。70年代后期，境内全面推广成熟期早、抗病力强的甘蓝型高产良种92-13系列品种，使油菜单位面积产量大幅提高。

### 油菜栽培

油菜生育期长，从播种至收获约需230天，经历秋冬春和初夏。播种后将遇秋旱、烂冬、冰霜严寒，早春多雨寡照、冰雹甚至后期高温逼熟等种种复杂的灾害性天气，往往对油菜生长发育带来不利影响。因此，油菜栽培需要一定的技术，才能获得丰收。

境内农民在寒露至霜降育苗，小雪边移栽油菜。20世纪70年代，改在秋分至寒露间播种，立冬前后移栽。稻田种植宽畦深沟，宽窄行或等行距条播，亩栽0.8万～1万株。

农民对油菜田间管理较为重视，在年前削草松表土1次，施追肥1～2次；并用猪牛粪泥铺行覆盖，以防冻保暖。铣坑1～2次，达到深沟高畦，出水灵通。开春以后，除清沟排水外，中耕除草1次，追施人粪肥1～2次。2月下旬油菜开始上蕻，待蕻长6～7寸时，紧靠基部摘掉正蕻。打蕻基本结束，侧蕻迅速上长，一般要追肥1次；待盛花期时，重施化肥，俗称“挨菜花”，对角果发育、增粒增重作用极大。5月下旬，油菜角果呈黄绿色被视为成熟期，开始收获。

20世纪80年代前，油菜种植以秧苗移栽为主，工序复杂，但产量仍然不高。1998年秋冬，采用以点带面的方法推广直播栽培技术，郭巨镇推广1800亩，其中示范畈（谢家岙村）42.85亩，平均亩产137.4千克。经郭巨镇农技站对谢家岙村示范畈效益核算：按每百斤240元销售价计，每亩产值329.6元；若不计劳务工资，只除去种子、肥料、农药等成本89.9元，则每亩收入有239.72元。直播油菜很适宜于规模经营的农户，其经济效益更佳。

## 第三节　茶果特产

### 茶叶

郭巨产茶历史悠久，已有400余年历史，明清时，境内茶叶投售于柴桥，清后期，茶叶已为大宗出口商品之一。民国26年（1937），境内茶叶产量达近2000担（50千克/担），民国27年（1938），抗日战争波及浙江，茶叶无人问津，农民毁茶园种粮。中华人民共和国成立前，境内仅有少量小规模成片茶园，多为零星野生茶树，茶叶均为手工制作。

**面积产量**　境内为茶叶主产区，1958年至80年代的公社化时期，境内各大队都建有山林队，成片种植茶园，培育并为各生产小队提供茶树苗。常规茶园面积不断增加，郭巨公社境内由20世纪60年代初的10公顷发展到60年代末的20公顷，70年代末的100公顷左右并持续稳定至90年代初。峙头公社境

茶树

内茶园面积为60年代末的70公顷至80年代末的80公顷之间。茶叶分春茶、夏茶、秋茶，年可产三茬，年产量受树形大小（一般六七年的老茶树要作根部修剪，次年就成小茶树形，产量少）和秋茶产量影响较大（秋旱年份，秋茶产量少）；又90年代前，手工采茶，90年代后，常规茶树改种密植茶树，采摘前一般施催肥，采用机采，丰产年份，每茬鲜茶叶亩产可达千斤。而90年代后发展的乌牛早等早茶，一般制作成绿茶，只摘春茶，且上好的茶叶采摘标准是一叶一芽，故亩产一般只有二三百斤。郭巨公社境内种植面积最大的是1978年，达141.27公顷，产量82.55吨；产量最高的是1989年，达141吨；1961年至1979年间，加权平均公顷产量为605千克，1980年至1990年间，加权平均公顷产量为926千克。峙头公社境内种植面积最大的是1972年的97公顷，产量为15吨，产量最高的年份是1981年的62吨；1970年至1979年间，加权平均公顷产量为338千克，1980年至1990年间，加权平均公顷产量为696千克。2011至2019年间，境内茶园以密植茶为主，产红茶，加权平均公顷产量为3723千克。1985年后，国家放开茶叶内外销市场，境内逐年引进乌牛早等早茶叶新品种，1999年，尖岭岙村在低山缓坡上成片开发荒山及荒废的山旱地，与北仑商业公司合资注册成立北仑区三元茶叶公司（北仑商业公司占股51%，尖岭岙村占股49%），种植乌牛早等七种优质早茶树500亩。

**品种** 20世纪90年代初，路亭村最早引进“乌牛早”等优良早茶品种，后在境内各村推广，2000年，优质龙井茶叶面积增至100余亩。2001年，北仑区三元茶叶公司在尖岭岙村开发优质早茶园500亩，有乌牛早、浙农113、菊花春、平湖特早、白茶等七种优质茶树，推动茶叶提早上市，为境内茶农带来显著的经济效益。

## 1952—1990年部分年份郭巨公社（乡、镇）茶叶种植面积及产量一览

表5-3-11

| 年份 | 总面积（公顷） | 均产（千克/公顷） | 总产量（吨） | 年份 | 总面积（公顷） | 均产（千克/公顷） | 总产量（吨） |
|---|---|---|---|---|---|---|---|
| 1952 | — | — | 1.15 | 1963 | 10.00 | 480 | 4.80 |
| 1953 | — | — | 1.85 | 1964 | 13.33 | 435 | 5.80 |
| 1955 | — | — | 4.30 | 1965 | 13.33 | 476 | 6.35 |
| 1956 | — | — | 0 | 1966 | 13.33 | 570 | 7.60 |
| 1957 | — | — | 8.35 | 1968 | 16.67 | 552 | 9.20 |
| 1959 | — | — | 11.75 | 1969 | 20.00 | 537 | 10.75 |
| 1961 | 10.00 | 580 | 5.80 | 1970 | 26.67 | 643 | 17.15 |
| 1962 | 10.00 | 545 | 5.45 | 1971 | 43.33 | 523 | 22.70 |

续表 5-3-11

| 年份 | 总面积（公顷） | 均产（千克 / 公顷） | 总产量（吨） | 年份 | 总面积（公顷） | 均产（千克 / 公顷） | 总产量（吨） |
|---|---|---|---|---|---|---|---|
| 1972 | 53.33 | 709 | 37.85 | 1982 | 124.20 | 1073 | 133.35 |
| 1973 | 84.20 | 586 | 49.40 | 1983 | 128.93 | — | — |
| 1974 | 101.73 | 568 | 57.80 | 1984 | 119.87 | 798 | 95.70 |
| 1975 | 119.07 | 504 | 60.05 | 1985 | 119.40 | 743 | 88.70 |
| 1976 | 105.60 | 650 | 68.65 | 1986 | 100.00 | 885 | 88.50 |
| 1977 | 103.20 | 655 | 67.60 | 1987 | 119.87 | 593 | 71.15 |
| 1978 | 141.27 | 584 | 82.55 | 1988 | 100.00 | 728 | 72.80 |
| 1979 | 117.87 | 739 | 87.20 | 1989 | 113.00 | 1248 | 141.10 |
| 1980 | 101.00 | 928 | 93.75 | 1990 | 109.00 | 1171 | 127.70 |
| 1981 | 110.07 | 1099 | 121.00 | — | — | — | — |

## 1985 年、1987 年、1989 年、1990 年郭巨镇各村茶叶种植面积及产量一览

表 5-3-12

| 村名 | 1985 年 | | 1987 年 | | 1989 年 | | 1990 年 | |
|---|---|---|---|---|---|---|---|---|
| | 面积（公顷） | 产量（吨） | 面积（公顷） | 产量（吨） | 面积（公顷） | 产量（吨） | 面积（公顷） | 产量（吨） |
| 合计 | 119.44 | 132.8 | 233.72 | 140.3 | 112.99 | 141.1 | 109.00 | 127.7 |
| 大涂塘 | 9.67 | 11.8 | 9.67 | 8.5 | 7.33 | 14.1 | 7.33 | 5.9 |
| 西门 | 9.13 | 24.8 | 9.20 | 4.5 | 8.67 | 3.8 | 8.67 | 7.9 |
| 东门 | 7.67 | 22.2 | 7.73 | 2.2 | 5.33 | 1.5 | 2.00 | 1.0 |
| 北门 | 6.87 | 6.1 | 6.93 | 7.5 | 7.07 | 11.1 | 7.07 | 11.5 |
| 南门 | 9.93 | 12.8 | 9.93 | 9.0 | 12.93 | 35.3 | 12.93 | 19.5 |
| 尖岭岙 | 8.27 | 7.3 | 8.33 | 7.5 | 15.33 | 13.5 | 15.33 | 9.4 |
| 路亭 | 7.73 | 5.4 | 7.73 | 7.5 | 8.67 | 7.6 | 8.67 | 13.0 |
| 双岙 | 6.67 | 3.5 | 6.73 | 2.5 | 7.53 | 5.3 | 7.53 | 6.0 |
| 谢家岙 | 5.87 | 0.7 | 5.93 | 2.0 | 4.67 | 2.0 | 4.67 | 1.8 |
| 华峙 | 14.47 | 3.8 | 14.47 | 4.0 | 13.47 | 4.1 | 13.47 | 9.5 |
| 福明 | 13.96 | 9.7 | 13.93 | 7.5 | 11.33 | 13.2 | 11.33 | 15.3 |
| 大岭下 | 5.60 | 3.2 | 5.60 | 3.0 | 7.33 | 0.5 | 6.67 | 4.0 |
| 后墩 | 7.60 | 2.8 | 7.67 | 3.5 | 3.33 | 3.9 | 3.33 | 3.3 |
| 茶场 | 6.00 | 18.8 | 119.87 | 71.2 | — | 25.5 | — | 19.7 |

## 1967—1990年部分年份峙头公社（乡）茶叶种植面积及产量一览

表5-3-13

| 年份 | 面积（公顷） | 均产（千克/公顷） | 产量（吨） | 年份 | 面积（公顷） | 均产（千克/公顷） | 产量（吨） |
|---|---|---|---|---|---|---|---|
| 1967 | — | — | 3.50 | 1978 | 81.33 | 488 | 39.65 |
| 1968 | — | — | 3.25 | 1979 | 81.40 | 577 | 47.00 |
| 1969 | 54.27 | 85 | 4.60 | 1980 | 74.87 | 712 | 53.30 |
| 1970 | 70.80 | 313 | 22.20 | 1981 | 80.40 | 779 | 62.65 |
| 1971 | 86.33 | 120 | 10.40 | 1983 | 79.40 | 751 | 59.60 |
| 1972 | 97.67 | 157 | 15.35 | 1984 | 77.07 | 695 | 53.55 |
| 1973 | 55.80 | 287 | 16.00 | 1985 | 77.07 | 551 | 42.45 |
| 1974 | 64.40 | 342 | 22.00 | 1986 | 77.07 | 706 | 54.45 |
| 1975 | 77.47 | 314 | 24.30 | 1987 | 75.27 | 687 | 51.70 |
| 1976 | 77.60 | 4004 | 31.05 | 1988 | 76.27 | 734 | 56.70 |
| 1977 | 80.00 | 411 | 32.85 | 1990 | 75.20 | 636 | 47.85 |

## 1971年、1981年、1990年峙头公社（乡）各大队（村）茶叶种植面积及产量一览

表5-3-14

| 村名 | 1971年 | | 1981年 | | 1990年 | |
|---|---|---|---|---|---|---|
| | 面积（公顷） | 总产量（吨） | 面积（公顷） | 总产量（吨） | 面积（公顷） | 总产量（吨） |
| 合计 | 86.34 | 10.40 | 80.40 | 62.65 | 75.20 | 47.85 |
| 盛岙 | 13.80 | 3.50 | 17.60 | 12.60 | 22.00 | 16.50 |
| 联合 | 25.27 | 1.20 | 4.73 | 6.40 | 4.60 | 2.00 |
| 洋涨 | 5.47 | 0.60 | 8.07 | 3.90 | 8.33 | 2.25 |
| 竹湾 | 2.13 | 0.05 | 4.00 | 0.55 | — | — |
| 花船 | 1.00 | 0.25 | 1.33 | 0.75 | 1.40 | 0.05 |
| 上宅 | 6.00 | 0.15 | 7.33 | 4.10 | 4.27 | 1.50 |
| 中宅 | 4.67 | 0.90 | 6.00 | 4.65 | 4.27 | 0.10 |
| 沙湾 | 15.33 | 0.15 | 6.47 | 5.50 | 5.53 | 4.60 |
| 光明 | 8.20 | 2.25 | 10.73 | 10.65 | 11.80 | 17.00 |
| 长浦 | 1.67 | 0.45 | 2.67 | 2.45 | 3.40 | 0.50 |
| 双屯 | 2.00 | — | 4.60 | 1.95 | 3.67 | 0.85 |
| 长坑 | 0.80 | 0.90 | 6.87 | 9.15 | 5.93 | 2.50 |

## 1995—2019 年部分年份境内茶叶种植面积及产量一览

表 5-3-15

| 年份 | 面积（公顷） | 均产量（千克 / 公顷） | 产量（吨） | 年份 | 面积（公顷） | 均产量（千克 / 公顷） | 产量（吨） |
|---|---|---|---|---|---|---|---|
| 1995 | 128.60 | 1018 | 131.00 | 2008 | 66.40 | 1385 | 92.00 |
| 1996 | 122.87 | 1001 | 123.00 | 2009 | 73.49 | 804 | 59.10 |
| 1997 | 120.47 | 954 | 115.00 | 2010 | 66.60 | 915 | 60.92 |
| 1998 | 118.40 | 971 | 115.00 | 2011 | 47.67 | 3567 | 170.07 |
| 1999 | 106.07 | 886 | 94.00 | 2012 | 28.60 | 5751 | 164.49 |
| 2000 | 120.93 | 678 | 82.00 | 2013 | 26.73 | 5770 | 154.25 |
| 2001 | 135.73 | 619 | 84.00 | 2014 | 22.07 | 4560 | 100.65 |
| 2003 | 89.67 | 429 | 38.45 | 2016 | 24.67 | 1534 | 37.85 |
| 2004 | 95.07 | 249 | 23.75 | 2017 | 16.67 | 2873 | 47.90 |
| 2005 | 81.27 | 353 | 28.70 | 2018 | 27.33 | 2378 | 65.00 |
| 2006 | 72.87 | 399 | 29.11 | 2019 | 21.33 | 2840 | 60.58 |
| 2007 | 82.40 | 705 | 58.10 | — | — | — | — |

**加工制作** 茶叶加工分绿茶、红茶。1958 年后的公社化时期，境内各大队的山林队都建有茶叶（红茶）粗制所，山林队及各生产小队采摘的茶叶都交由茶叶粗制所加工成红茶，红茶粗制主要有萎凋、揉捻、发酵、烘干等工序。萎凋是将采下的鲜叶在日光下晾晒颜色至暗绿色。揉捻是将萎凋后的生叶揉成条状，适度揉出茶汁，这道工序茶叶粗制所由揉捻机加工完成，也可人工揉捻。发酵是将揉捻叶置于木桶或竹篓中，加力压紧，盖湿布在日光下捂晒，并散发茶香，即成毛茶湿坯。发酵是红茶制作的独特阶段，是决定红茶品质的关键，发酵室温控制在 30℃以下，经过发酵叶色转红，形成红茶红叶红汤的品质特点。烘干是将湿坯用太阳晒，遇阴雨天用炭火烘焙，至五六成干，俗称毛茶。供销社将收购的毛茶再送穿山茶厂作筛分、拣剔、再烘干、包装等工序精制加工。20 世纪 80 年代中后期，茶叶市场开放后，也有个体户自行烘制红茶销售。绿茶加工主要有杀青、揉捻、干燥三个步骤，且有烘青、炒青之分，而烘青和炒青的区别在于干燥工艺，炒青是利用文火（现用电热丝锅）在锅中使茶叶萎凋的手法，通过人工的揉捻令茶叶水分快速蒸发，阻断茶叶的发酵，并使茶汁的精华完全保留的工序。烘青是将杀青、揉捻后的茶叶在烘笼上或链板式烘干机中烘焙干燥的工序。境内绿茶以炒青手工制作为主。

**销售** 中华人民共和国成立后至 1991 年，茶叶由供销社茶站收购。1985 年，茶叶销售价格放开，次年，茶叶收购价上调 15% ～ 20%，乡村茶厂向茶农返利 7%，出现茶厂、供销社、客户收购和茶农自销等多渠道流通局面。1989 年，受红茶质量影响，毛茶收购降级压价，低档茶滞销。1991 年，供销社茶站停收毛茶（粗制茶），茶叶销售全面推向市场。

### 金柑

金柑是郭巨的传统名果，也是外销的食品之一。明嘉靖《浙江通志》中记有："宁波金豆橘形似豆，味甘香，胜于大橘。"清《花镜》记载："金柑一名金橘，多产于江南太仓与浙江宁波。"清光绪《镇海县志》记："吾县所产金弹味最甘，曰牛奶次之。" 可见金柑栽培距今已有四五百年历史。清嘉庆四年（1799），镇海金柑自海道传入日本静冈县，被称为宁波金柑。金柑主产区在郭巨、峙头、三山、白峰等一带。郭巨金柑种植有 300 年历史，民国 17 年（1928）穿山开埠，郭巨金柑由商贩运销苏州上海，很是畅销，民国年间，

金柑

年产曾跃增至3000担，1938年，抗日战争波及浙江，穿山封埠，产量骤减。

金柑宜鲜食，且可加工、贮藏。鲜果香甜可口，有开胃通气、止渴解醒，化痰镇咳、辟臭润肺之功效。还可制成果汁、果酒、可乐饮料等。

境内金柑品种有金弹、牛奶、罗纹3种。以金弹为佳，圆形、皮薄、肉厚、汁多。

1984年，境内种植金柑面积135.27公顷，1988年，峙头公社金柑总产量达17.65吨，郭巨70吨。2000年后，金柑种植面积逐年滑坡。2008年后，因收购价格从2005年的每斤0.8～1.1元跌至0.2元左右，农民积极性大减，出现抛荒、毁树现象。至2019年底，境内金柑种植面积不到0.2公顷。

### 橘子

橘子民国时已有种植，中华人民共和国成立初所存甚少，只有个别农户园中植一二株。20世纪60年代初，郭巨公社部分生产大队种植橘子面积17公顷，当时品种以晚熟大叶尾张为主，适宜加工和鲜食。由于栽培技术和管理水平不过关，结果甚少，20世纪70年代未能得到推广发展。80年代初，境内橘子种植再度发展，时公社农办配有柑橘技术辅导员，成人文化技术学校经常举办柑橘栽培技术培训班，栽培技术和管理水平不断提高。至1984年，郭巨、峙头公社境内橘子种植面积和产量分别为100公顷产量280吨、10公顷59吨。至1999年，橘子面积97.2公顷，产量939吨，为有史以来境内橘子产量最高的年份。21世纪始，因橘子鲜食销售有限，外地其他优质水果涌入，种植橘子经济效益低，种植面积和产量逐年减少，并出现抛荒和毁林现象。2019年，境内橘子种植面积20.47公顷，产量170吨，其中西门村8.5公顷。

橘子

橘子品种按成熟时间有早橘和晚橘之分，早橘以“宫川”和“兴津”为主，其次有“883”“特早熟本地早”等；晚橘以大叶尾张、小叶尾张为主。20世纪90年代，境内先后引进温州蜜橘、椪柑、甜橙、杂柑类、柚类等新品种，其中胡柚70亩，宫内柚柑25亩。

#### 1961—1990年郭巨公社（乡、镇）柑橘（金柑·橘子）种植面积及产量一览

表5-3-16

| 年份 | 总面积（公顷） | 均产（千克/公顷） | 总产量（吨） | 年份 | 总面积（公顷） | 均产（千克/公顷） | 总产量（吨） |
|---|---|---|---|---|---|---|---|
| 1961 | 13.33 | 667 | 8.9 | 1968 | 10.00 | 980 | 9.8 |
| 1962 | 16.67 | 699 | 11.7 | 1969 | 10.00 | 1260 | 12.6 |
| 1963 | 16.67 | 443 | 7.4 | 1970 | 6.67 | 2571 | 17.2 |
| 1964 | 16.67 | 1196 | 19.9 | 1971 | 6.67 | 2218 | 14.8 |
| 1965 | 16.67 | 1451 | 24.2 | 1972 | 6.67 | 2271 | 15.2 |
| 1966 | 16.67 | 1314 | 21.9 | 1973 | 6.67 | 4130 | 27.6 |
| 1967 | 13.33 | 499 | 6.7 | 1974 | 7.00 | 5935 | 41.6 |

续表 5-3-16

| 年份 | 总面积（公顷） | 均产（千克/公顷） | 总产量（吨） | 年份 | 总面积（公顷） | 均产（千克/公顷） | 总产量(吨) |
|---|---|---|---|---|---|---|---|
| 1975 | 6.67 | 6019 | 40.2 | 1983 | — | — | 70.9 |
| 1976 | 10.67 | 3903 | 41.7 | 1984 | 99.73 | 2807 | 279.9 |
| 1977 | 13.33 | 4171 | 55.6 | 1985 | — | — | 399.3 |
| 1978 | 18.87 | 4472 | 84.4 | 1986 | — | — | 40.0 |
| 1979 | 27.73 | 3128 | 86.8 | 1987 | 129.00 | 4752 | 613.1 |
| 1980 | — | — | 109.6 | 1988 | — | — | 70.0 |
| 1981 | 32.70 | 2201 | 72.0 | 1989 | — | — | 872.5 |
| 1982 | — | — | 133.9 | 1990 | — | — | 568.0 |

## 1980 年、1985 年、1990 年郭巨境内各大队（村）柑橘（金柑·橘子）产量一览

表 5-3-17　　单位: 吨

| 村别 | 1980 年 | 1985 年 | 1990 年 |
|---|---|---|---|
| 合计 | 109.6 | 395.3 | 878 |
| 大涂塘 | 4.8 | 35.3 | 65 |
| 西门 | 0 | 13.5 | 45 |
| 东门 | 52.8 | 66.5 | 175 |
| 北门 | 22.7 | 55.0 | 70 |
| 南门 | 2.1 | 54.0 | 90 |
| 尖岭岙 | 1.5 | 21.0 | 35 |
| 路亭 | 5.0 | 24.0 | 85 |
| 双岙 | 1.1 | 7.5 | 37 |
| 谢家岙 | 0 | 4.5 | 18 |
| 华峙 | 1.5 | 14.0 | 38 |
| 福明 | 9.6 | 48.5 | 130 |
| 大岭下 | 8.5 | 46.0 | 65 |
| 后墩 | 0 | 5.5 | 25 |

## 1967—1990 年部分年份峙头公社（乡）柑橘（金柑·橘子）种植面积及产量一览

表 5-3-18

| 年份 | 总面积（公顷） | 平均产量（千克/公顷） | 总产量（吨） | 年份 | 总面积（公顷） | 平均产量（千克/公顷） | 总产量（吨） |
|---|---|---|---|---|---|---|---|
| 1967 | — | — | 0.4 | 1975 | — | — | 1.8 |
| 1970 | 0.80 | — | — | 1976 | — | — | 1.5 |
| 1971 | 0.80 | 1000 | 0.8 | 1977 | — | — | 0.9 |
| 1972 | 0.33 | 3788 | 1.25 | 1978 | — | — | 3.6 |
| 1973 | — | — | 1.3 | 1979 | — | — | 4.5 |
| 1974 | — | — | 1.5 | 1980 | — | — | 10.3 |

续表 5-3-18

| 年份 | 总面积（公顷） | 平均产量（千克 / 公顷） | 总产量（吨） | 年份 | 总面积（公顷） | 平均产量（千克 / 公顷） | 总产量（吨） |
|---|---|---|---|---|---|---|---|
| 1981 | — | — | 17.7 | 1986 | 12.80 | 11824 | 151.4 |
| 1983 | 10.33 | 2217 | 22.9 | 1987 | 13.00 | 14730 | 191.5 |
| 1984 | 10.33 | 5712 | 59.0 | 1988 | 20.40 | 11264 | 229.8 |
| 1985 | 10.33 | 12464 | 128.7 | 1990 | 20.47 | 13348 | 273.3 |

## 1980 年、1985 年、1990 年峙头公社（乡）各大队（村）柑橘（金柑·橘子）产量一览

表 5-3-19　　单位：吨

| 村别 | 1980 年 | 1985 年 | 1990 年 |
|---|---|---|---|
| 合计 | 10.3 | 128.8 | 273.3 |
| 盛岙 | 0.7 | 36.0 | 52.5 |
| 联合 | 5.5 | 23.0 | 80.0 |
| 洋涨 | 1.0 | 29.0 | 29.7 |
| 长浦 | — | 1.0 | 1.8 |
| 双屯 | 0.3 | 8.0 | 11.5 |
| 长坑 | 1.2 | 9.0 | 5.0 |
| 中宅 | — | 3.5 | 30.5 |
| 上宅 | 0.7 | 0.8 | 2.0 |
| 沙湾 | — | — | 7.0 |
| 光明 | 1.0 | 17.0 | 47.0 |
| 花船 | — | 1.5 | 0.3 |
| 竹湾 | — | — | 6.0 |

## 1992—2019 年部分年份境域柑橘（金柑·橘子）种植面积及产量一览

表 5-3-20

| 年份 | 总面积（公顷） | 平均产量（千克 / 公顷） | 总产量（吨） | 年份 | 总面积（公顷） | 均产（千克 / 公顷） | 总产量（吨） |
|---|---|---|---|---|---|---|---|
| 1992 | — | — | 75 | 2004 | 44.80 | — | — |
| 1993 | — | — | 720 | 2005 | 68.33 | 6732 | 460 |
| 1994 | 75.60 | — | — | 2006 | 67.53 | 8966 | 605.5 |
| 1995 | 104.27 | 8689 | 906 | 2007 | 68.50 | 15956 | 1093.0 |
| 1996 | 98.53 | 8911 | 878 | 2008 | 43.00 | 18709 | 804.5 |
| 1997 | 94.80 | 15274 | 1448 | 2009 | 52.60 | — | — |
| 1998 | 95.53 | 4229 | 404 | 2010 | 42.40 | 5028 | 213.2 |
| 1999 | 97.20 | 9660 | 939 | 2011 | 37.60 | 7271 | 273.4 |
| 2000 | 89.27 | 4727 | 422 | 2012 | 29.47 | 6365 | 187.6 |
| 2001 | 81.13 | 4733 | 384 | 2013 | 35.53 | 6687 | 237.6 |
| 2003 | 72.67 | 7390 | 537 | 2014 | 36.40 | 6607 | 240.5 |

续表 5-3-20

| 年份 | 总面积（公顷） | 平均产量（千克 / 公顷） | 总产量（吨） | 年份 | 总面积（公顷） | 均产（千克 / 公顷） | 总产量（吨） |
|---|---|---|---|---|---|---|---|
| 2016 | 29.43 | 5959 | 175.4 | 2018 | 21.80 | 7959 | 173.5 |
| 2017 | 18.90 | 8846 | 167.2 | 2019 | 20.47 | 8305 | 170.0 |

## 其他水果

**桃** 境内种植历史悠久，面积和产量仅次于柑橘。主要品种有早熟种春蕾、早霞露、砂子、岗山早生等；中熟种以白桃为主，迟熟种以玉露桃为主。1992 年从农科院引进油桃，由裂果等因素，导致失败。2000 年境内桃园面积 8.4 公顷。2019 年，境内桃园面积 8.5 公顷，其中大岭下村玉露桃 5 公顷。

**梨** 20 世纪 60 年代在各村少量种植，品种以铁头、明月、今村秋等中、晚熟为主。由于 8 月成熟期，往往遭受台风的侵袭，影响品质和产量，至 80 年代少有种植。20 世纪 90 年代初开始，镇农技站引进高产、高效益水果新品种黄花梨、翠冠梨、宫内柚柑等，丰富了境内的果品，至 90 年代末，境内科技示范基地有黄花梨 125 亩。并对西门村种植的黄花梨进行栽培技术试验，实施矮化栽培，台湾式开心型整形技术修剪和果子套袋管理，提高了境内生产的黄花梨的质量和产量，平均株产净增 5 千克，且果子汁多味甜，圆浑硕大，色泽好，硬钉少，质量优，经北仑区科委、农技总站等单位联合考评论证，该项技术在区内推广。翠冠梨、黄花梨等品种可于 7 月下旬成熟，避免遭受台风的侵袭。至 2000 年，境内种植梨 8.7 公顷。2019 年，梨园面积 2.4 公顷。

**杨梅** 历史上杨梅为农家散生种植，主栽于低山缓坡的酸性山地。品种主要有本地种盘松、白杨梅。20 世纪 80 年代后，从慈溪、黄岩等地引入荸荠种等优质杨梅良种 100 亩，进一步丰富杨梅的品种结构。1984 年境内种植杨梅 1.6 公顷，至 2000 年，境内种植杨梅 6.3 公顷。2019 年，境内杨梅园面积 2.6 公顷，主要分布在大岭下、盛岙村。

**柿** 境内种植已有 100 多年的历史，主要品种有小方柿、大方柿、桐盆柿。方柿结实性好，产量高，10 月上旬成熟，20 世纪 80 年代境内种植户纷纷从塔峙引种。80 年代后期，从浙江农科院引种甜柿子，由于砧木亲和力不强，引种失败。至 2000 年境内种植柿子树面积 5.6 公顷。

**李** 由于花期经常遭受晚霜影响，产量很不稳定。品种有金塘李、鸡心李和黄皮李。1997 年从诸暨引种美国黑李 40 亩。至 2000 年境内种植李子 12 亩。

**葡萄** 20 世纪 80 年代中期，随着农业产业结构的调整，境内发展葡萄种植。品种从省农科院、金华

杨梅

葡萄

等地引进，主要品种有早熟种康拜尔、黑奥林、藤稔、京亚；中熟种有巨峰、红富士、伊豆锦、红瑞宝等。现农家散生种植。

**枇杷** 历史上有少量枇杷在院庭内种植。2018 年，境内主栽品种为宁海白枇杷 40 亩，其中盛岙村种植枇杷 20 亩，尖岭岙村 20 亩，农家散生种植白枇杷、大红袍等。

### 2019 年郭巨街道水果种植一览

表 5-3-21

| 村别 | 果园面积（亩） | | | | | 水果总产量（吨） | | | | | |
|---|---|---|---|---|---|---|---|---|---|---|---|
| | 柑橘园 | 梨园 | 桃园 | 杨梅园 | 其他果园 | 柑橘 | 梨 | 桃 | 杨梅 | 猕猴桃 | 其他水果 |
| 合计 | 324 | 36 | 128 | 39 | 32 | 170 | 4.5 | 11.9 | 7.8 | 40 | 23.1 |
| 大涂塘 | 44 | — | — | — | — | 25 | — | — | — | — | — |
| 西门 | 127 | 2 | 4 | — | 2 | 27 | 1 | 2 | — | — | — |
| 东门 | 8 | — | — | — | — | 4 | — | — | — | — | — |
| 北门 | 20 | — | — | — | — | 32 | — | — | — | — | — |
| 南门 | 18 | — | — | — | — | 25 | — | — | — | — | — |
| 尖岭岙 | 15 | | 25 | 1 | 10 | 4 | — | 3 | 1 | — | 5 |
| 路亭 | — | — | — | — | — | — | — | — | — | — | — |
| 双岙 | 12 | 4 | 3 | 2 | 2 | 8 | 1 | 1 | 1 | | 15 |
| 谢家岙 | — | — | — | — | — | — | — | — | — | — | — |
| 华峙 | 30 | — | — | — | — | 15 | — | — | — | — | — |
| 福明 | — | — | — | — | — | — | — | — | — | — | — |
| 大岭下 | 30 | — | 76 | 20 | — | 2 | — | 1 | 1 | — | — |
| 后墩 | — | — | — | — | — | — | — | — | — | — | — |
| 盛岙 | 20 | — | 20 | 15 | 18 | 28 | — | 4.9 | 3.8 | 40 | 3.1 |
| 联合 | | 30 | — | 1 | — | — | 2.5 | — | 1 | — | — |

板栗

## 干果

**板栗** 在沿山村落均有散种。主要品种有红毛板栗和双季板栗，品种从诸暨、新昌引入，由于种后管理粗放，产量甚低。

**银杏** 境内有零星散种的银杏树，郭巨校场底 1 棵银杏树栽于 20 世纪 50 年代，为境内树龄最长的银杏树。2010 年后，兴巨路、尖岭岙村疏港公路大转盘旁栽有成片银杏。

## 麻

**苎麻** 种植历史悠久，南宋《宝庆四明志·定海卷》就有麻布记载。明嘉靖《定海县志》记有黄麻、苎麻、络麻品种。苎麻主要用途为渔业编织渔网原料和绳索，境内有少量种植。但自 20 世纪 70 年代以来，随着化纤工业的发展，渔网具及绳索多为塑料所替代，故苎麻滞销，价格下跌，种植面积减少。苎麻是麻类中纤维品质最好的一种，纤维长，富有韧性，强力大，伸缩性小，脱胶后洁白有丝光。苎麻还是编织草席等辅助原料。用它织成的布料，具有挺括、滑爽、快干、透气性能好等特点。麻根含有多种有机酸，有滤尿、止血、安胎等功效。苎麻是宿根性植物，主要采用翻蔸繁殖。上年翻蔸繁殖，第二三年就可投产收麻。一年刈麻三次。第三次收麻后，麻行间深掏，施上有机肥，能提高翌年头麻产量。

**黄麻**　俗称络麻，种植悠久而面广，中华人民共和国成立前，几乎每一农户都要少量种植，为生产农具垛绳索所用。品种以传统的青皮类，秆高约2米，4—5月育秧移栽，9—10月秆老时皮呈黄绿色。剥皮后浸在河中腐烂几天，用木槌敲除皮浆，洗净晒燥收藏。20世纪50年代初期，国家为改变旧中国黄麻麻袋依赖进口的局面，创建浙江麻纺厂，时为麻纺厂原料所需，政府号召扩种黄麻。境内利用沿山一带旱杂地改种黄麻。

### 蚕桑

南宋《宝庆四明志》记载田赋中征有绢、绸、绵等物品，证实镇海在古代已有蚕桑生产。民间少量饲养春蚕、夏蚕，谓称眠蚕，由眠上、眠二、眠三上缫作茧。境内无成片桑树栽种，仅少量零星散植。

中华人民共和国成立后，于1957年为响应省人民委员会“大力发展蚕桑生产”的号召，又开始栽桑养蚕。郭巨从嘉兴引入的湖桑品种成片种植。自1968年至1975蚕桑生产再度恢复，至1980年，郭巨公社后墩大队桑园面积达50亩以上，1986年，郭巨后墩村开采桑园43亩，养春蚕15张（一张蚕种28600粒），产茧0.2吨。至1987年后，境内已无蚕桑生产。

## 第四节　蔬菜

### 面积

自古以来多为农家少量种植，自食或作牲畜饲料。20世纪80年代实行土地承包责任制以来，境内出现蔬菜种植专业户，又随着城镇人口剧增，党和政府把发展蔬菜生产实施菜篮子工程建设列入议事日程，成立政府直管的蔬菜办公室，乡镇农办负责技术指导，成人学校负责技术培训，种植户栽培技术不断提高，蔬菜产量也随之提高，品种增多，蔬菜生产步入新的发展阶段。1985年，郭巨镇境内蔬菜种植面积达228.45公顷。1992年，种植面积增加到310.2公顷，1997年蔬菜种植面积为299公顷。2012年，蔬菜种植面积106.8公顷，总产599吨。2019年境内蔬菜种植面积201.6公顷，总产4022吨。相对耐旱的竹笋类、马铃薯、生姜、花生、瓜类等是境内山旱地蔬菜的主要品种，1985年前后，生姜常年种植面积500亩以上，又郭巨外畈等棉地改种蔬菜，致蔬菜种植面积骤增。

### 品种演变

中华人民共和国成立前，一年四季有20多个蔬菜品种。中华人民共和国成立后，古老品种被逐渐更替，新品种不断增加，特别是进入21世纪以来，在外来人口流入的同时也带来了全国各地各种品种的蔬菜，如西葫芦、秋葵等。至2019年时，境内蔬菜品种达13大类，近300余个品种。

**根菜类**　有白萝卜、胡萝卜、大头菜等，历来以本地品种为主。由于境属丘陵，沿山地重沙质，沿海田呈咸碱两种土壤适宜萝卜生长。

20世纪50年代至60年代初期，境内各大队种植萝卜，加工成萝卜干。80年代后随着市场需求减少而种植面积下降。胡萝卜在各地有零星种植，但面积不大。1995年来，随着国内外新品种的不断引入，改变了过去萝卜只能秋冬季采收上市的习惯。从日本、韩国引入的耐抽薹春萝卜，有白玉春、大棚大根、9646（省农科院引进命名）等品种。韩国萝卜单只重达5千克。后从武汉引入的夏抗40、泰国引进的夏长白二号萝卜，耐高温，能在夏季生长，采拔时间可提前到8—9月。

**白菜类** 分结球白菜和不结球白菜。结球白菜主要是大白菜，又名胶菜。20世纪60年代初，从慈溪、山东引入福山包大白菜。产量高，品质好，系中熟品种，可在11月上市。随后从山东引进城阳青胶菜，为迟熟品种，在春节前后上市。70年代，相继引入小青口、青杂中丰、青杂3号、81-5、城青2号等品种。90年代，由山东引入改良青杂3号、87-114、青研1号等。这类品种多为杂交一代抗逆性较强，取代了原来的福山包、城阳青老品种。随着品种更新，大白菜栽培季节也发生变化。不结球白菜主要有黑油冬、三月青、四月青、塌棵菜、矮抗青、高脚白菜等，大部分为本地品种。矮抗青是1984年从上海引入，因抗性强、品质好、产量高，在夏淡季节作小白菜栽培，成为主要不结球白菜品种。

**甘蓝类** 包心菜，20世纪60年代引入迟熟的牛心包，70年代引入鸡心包。80年代从北京引入的京丰一号平包。90年代从日本引入的强力50、夏光等品种，主要在夏季种植，占有一定的种植面积。

花椰菜，又名花菜，20世纪70年代从福建、杭州等地引入试种。90年代从温州引入的杂交40天、50天，上海的杂交100天等花菜品种产量高，品质优于其他品种，种植面较广。

西兰花，又名青花菜、绿花菜，20世纪90年代初引入种植。

**芥菜类** 以本地传统品种为多，有雪里蕻、天菜、榨菜、弥陀菜等。黄叶种雪里蕻可作冬雪菜栽培，黑叶种作春雪菜栽培为宜，雪菜加工成咸菜，俗称咸齑，系传统的农家常年性菜肴，家家农户每年都自己腌制，21世纪以来，被征地的多数农户转向市场购买咸菜。榨菜主要用于加工成腌制榨菜，20世纪60年代初开始发展，70年代大面积种植，多数运往外地加工，产区以梅山、郭巨为主。80年代，分地到户，养殖业兴起，榨菜种植面积锐减，近年仍有少量农户散种。

**绿叶蔬菜类** 有芹菜、菠菜、莴苣笋（香乌笋）、苋菜等。芹菜，20世纪60年代后期从外地引入。1997年引进泰国正大脆芹和美国西洋芹试种。菠菜原有圆叶品种，80年代从绍兴引入尖叶菠菜。90年代从香港引进的全能菠菜，因其抗性强、产量高、品质优，遂成为主栽品种。莴苣笋有尖叶、圆叶两种，80年代，从四川引进的二白皮、春秋青尖叶莴苣笋，已成为主栽品种。

**茄果类** 有茄子、番茄、辣椒等。茄子，历史上境内种植的茄子为宁波黑茄品种，1984年，引入杭州红茄，1992年引入杭茄1号杂交早熟种，已成为主栽品种。1995年引进台湾农友长茄，有少量种植。

番茄，中华人民共和国成立后才引入，20世纪六七十年代的主要品种为北京早红，1988年从西安引入早丰，1993年从上海引入903，已成为主栽品种。1985年境内大面积种植番茄，1990年达到高峰，1987年，郭巨境内种植面积达535亩，1990年，峙头境内种植面积达360亩，曾出现男女老少摘番茄、销售车队二三里长的场面。由于番茄销售加工依靠宁波、奉化、舟山等地罐头厂，后受到外贸出口等制约，以后逐年减少。

辣椒，有灯椒（甜椒）、尖椒、羊角椒。因当地人无食辣习惯，过去种植很少。1970年后，从上海、杭州等地引入做菜用的灯椒，至80年代，市场供需菜椒已较普遍。1993年以后，灯椒的主栽品种有嘉配3号、嘉配5号、明星等，尖椒有吉林X鸡爪，羊角椒有保椒2号、早杂2号。

**瓜类** 有黄瓜、西瓜、冬瓜、南瓜、长瓜、丝瓜、蒲瓜和各种甜瓜等，品种繁多，种植历史悠久。

黄瓜当地种植以黄皮黄瓜为主，1978年，从天津引入津研2号、3号、4号、7号等青皮黄瓜。1988年后，又引进新泰密刺、津春2号、津优1号等青皮黄瓜品种。

西瓜当地品种以黑皮瓜为主，少量花皮西瓜。20世纪60年代引入“解放瓜”。1975年后相继引进华东18、华东24、中育1号等新品种。1984年又引入新澄1号、浙蜜1号、新红宝等优良杂交一代。

冬瓜以当地老品种白皮冬瓜为主，至90年代，引进黑皮冬瓜。

南瓜俗称“饭瓜”，杂地零星种植，每户农家必种几株。1995年，引进台湾东升西洋南瓜，因其粉质、香甜，品质好，受消费者欢迎。

甜瓜，境内历史上种植黄金瓜、海冬青、脆瓜为主，1993年引进日本的伊丽莎白、西薄洛托及中国台湾的洋香瓜等，用大棚栽培。

西瓜

冬瓜

南瓜

**豆类** 农家传统豆类品种繁多，主要有毛豆（黄豆）、梅豆、豇豆、带豆、蚕豆、豌豆、绿豆、刀豆（布日豆）等。

毛豆，因嫩时荚壳生绒毛而名之；老熟因豆粒色黄，时称黄豆；学名统称大豆。嫩时采青豆作菜，常按农历收获季节划分品种，有六月豆、七月豆、八月豆、九月豆等，一般都是本地老品种，越迟熟品质越好，最好为11月收的乌眼豆。1985年后从外地陆续引入新品种。20世纪80年代末从上虞引入5月豆矮脚早。至1998年，以台湾292、75及辽鲜1号等品种为主。农户皆种。

梅豆，又名四季豆，有矮性（又称落地梅豆）、蔓性（又称上棚梅豆）之分，在20世纪60年代引入种植，1998年后，以美国引进的矮性梅豆为主。农户皆种。

豇豆，中华人民共和国成立前，多数农户均有少量种植，以养老豆为主，作金团馅子和补品，少量鲜吃。

带豆，又名长豇豆，豆长尺余，带状，故名；俗语称羹豆，系传统品种，摘青炒菜之用，农户皆种。1982年引入之豇28-2，荚长高产，成为主栽品种。

蚕豆，俗称"倭豆"。每户皆种，境内以旱杂地为主，也有棉地整丘种植，品种系古老大白蚕，又称牛踏扁。20世纪80年代初期，从慈溪引入日本品种陵西一寸豆，现为当家品种。

豌豆，又名罗汉豆，亦为农家皆种的品种，但面积不多，以鲜摘为主。

小青豆，又名小豌豆。于20世纪80年代从杭州引入。

**葱蒜类** 有韭菜、大蒜、洋葱、小葱、藠头等。韭菜是境内名产之一，以韭菜芽为主，清末民国初已成为主产品而闻名。传统品种为细叶韭。20世纪80年代初，引入四川阔叶韭及贵州汉中冬韭菜。旧时采用覆土法遮光，使韭芽嫩白，现多用覆黑膜。

大蒜，有慈溪大蒜、上海大蒜两种。70年代末从山东引入大蒜。80年代后期，引入四川早熟紫皮硬叶大蒜种，已成为主栽品种。

藠头，系新品种引进试种，1998年，郭巨镇引进荞头新品种，试种面积17公顷，总产量86吨，总收入8.6万元，由峙头罐头厂加工成腌制品，销售产值达65万元。

**薯芋类** 有芋艿、马铃薯、生姜等，多数系当地传统品种。

水芋艿，湿地栽种，种植历史悠久，品种有乌脚尖、广芋艿。

香梗芋，相似品种有红顶芋，湿田旱作，旧时每户几乎都种。

山芋艿，多数种在山旱地，品种似香梗芋，头大籽小，多数农民都有少量种植。

芋艿

生姜

马铃薯，又名土豆，中华人民共和国成立前境内已有少量种植，20 世纪 50 年代开始逐渐扩种，品种系土种洋番薯，俗称洋芋艿。1958 年引进荷兰种和甘肃马铃薯种等。90 年代从黑龙江省引入东农 303、克新 4 号。

生姜，已有数百年历史，品种是祖传“铁姜老种”。境内生姜在宁波、镇海、舟山小有名气，1985 年前后，境内种植面积在 500 亩以上。现农家散种数量不多。

蕉藕，20 世纪 60 年代初粮食困难时期，曾从南方引入蕉藕品种，农家利用旱杂地种植。50 千克蕉藕，能磨制淀粉 5 ～ 7.5 千克，并且质量好，随着粮食富庶而逐渐淘汰。

**多年生蔬菜类** 主要有竹笋和芦笋。竹笋有毛笋、哺鸡笋、龙须笋、乌笋、刚笋、淡笋等。20 世纪 80 年代中期引进雷竹笋品种。

芦笋，20 世纪 80 年代新发展的特产，1986 年境内种植芦笋 494 亩。1989 年 9 月以后连续阴雨，导致茎枯病旺发，死苗较多。20 世纪 90 年代后由于外贸形势不好，面积逐年减少。目前境内以散种为主。

**水生蔬菜类** 有茭白、藕、荸荠等。

茭白，传统品种有白种和迟种，多年生，一般 2 ～ 3 年一茬。20 世纪 70 年代后引入四九茭白和无锡茭白等品种，境内种植面积不广。

莲藕，藕在过年时煮熟出售，色粉红，深受消费者青睐，亦可生食当水果。境内散户有少量种植。

荸荠，历史上作为果品年有种植，但面积不多。

水菱，又称老菱，种植在池塘里，历史上均有少量种植，供应市场。在 20 世纪 60 年代，各农业生产大队在发掘多种经营潜力时，利用池塘发菱较普遍，面积大增，80 年代以后面积大为减少。

**食用菌类** 有蘑菇、平菇、香菇、金针菇等。

蘑菇，自 1984 年在境内种植，除小部分市场鲜销外，大部分由宁波食品厂收购外销。后因外销受阻，蘑菇生产一落千丈，至 20 世纪 90 年代只有少量种植，全部鲜销。

平菇、香菇、金针菇，均在 20 世纪 80 年代引进的新种，种养面积小，全部作蔬菜鲜销。

2011 年，华峙村何军科在白峰阳东村马盘棉地建立蘑菇基地 1 万平方尺，2019 年，蘑菇基地扩大到 11 万平方尺，占地 35 亩。基地采用现代化温控技术设备设施，主要生产“双石”牌“双孢”蘑菇、香菇。2018 至 2019 年，近 30 万菌棒香菇销往韩国。2019 年，蘑菇、香菇的菌种生产能力达 50 万棒，其中 80% 菌种销售至省内各地，10 万棒蘑菇、香菇销往宁波市各超市及市场，其中线上团购销售占年销售总量的 10%，为宁波市北仑最大、最先进的蘑菇生产基地。2014 年为宁波市菜篮子商品供应基地。“双石”牌“双孢”蘑菇获“2019 年浙江精品鲜菇”金奖。

2002 年，盛岙村村民张金岳始种植蘑菇，2019 年，张金岳经营的郭巨丰鑫家庭农场种植的菌类主要有鸡腿菇、绣珍菇、姬菇等，年生产能力 15 万棒，实际生产 7 万棒。

## 栽培技术

**蔬菜的反季节栽培** 郭巨境内蔬菜设施栽培始于 20 世纪 80 年代初，从地膜覆盖开始。地膜覆盖栽培一般能比露地提早播种 15 ～ 20 天，上市提早 7 ～ 10 天。以后逐步采用小拱棚、中棚、大棚式栽培。

1983 年以来，境内试种、推广秋番茄、秋黄瓜、秋梅豆，7—8 月播种，9—12 月采收上市，调剂秋淡季市场，增加菜农收益。1989 年后，随着大棚面积的扩大，反季节栽培有更大发展。不少菜种做到全年栽培，全年供应，如茄子往年仅在 5—7 月采收上市，1993 年开始，大棚茄子采收时间从 12 月至次年

6月结束；露地春茄子采收时间在6—8月；秋茄子9月下旬至12月，达到全年供应。又如胶菜，以往仅在11月至次年3月上市，目前春胶菜可在4—6月上市，夏胶菜在7—10月上市，改变了过去只能在冬季吃大白菜的历史。包心菜过去只有在5—7月采收上市，20世纪90年代推广夏包心菜、秋冬包心菜的栽培，遂一年四季种植应市。90年代，还推广夏番茄、秋冬番茄、秋冬瓜、秋南瓜、秋西瓜、秋甜瓜、夏秋黄瓜、秋马铃薯、大棚冬芹菜、冬莴苣笋等。大力提倡反季节蔬菜栽培后，使夏菜冬吃、冬菜夏吃成为现实，大大丰富了城乡居民的菜篮子。

**蔬菜的植保技术**　20世纪80年代推广高效低毒的菊酯类速灭杀丁防治蔬菜害虫，代替残毒量大的甲胺磷农药；推广瑞毒霉、乙磷铅防治蔬菜霜霉病、疫病等；农用链霉素、敌克松防治白菜软腐病。90年代以来重视应用农业防治，如选用抗病品种、开沟排水、增施有机肥、适时插种等，有效地降低病虫害的发生。1997年，还引进防虫网覆盖技术。同时，积极采用对人体无毒的生物农药防治，如BT或VBT、7051杀虫素、爱福丁、虫螨光、灭虫灵等生物农药防治菜青虫、小菜蛾等害虫；高效低毒农药锐劲特、一遍净、好年冬、康福多等防治蚜虫、蓟马、小菜蛾等害虫；用达科宁、百菌清、托布津、多菌灵、速克灵、甲霉灵、万霉灵防治灰霉病、炭疽病、黑斑病等。1992年后推广化学除草剂，有丁草胺等，减少菜农除草用工，提高劳动效率。

## 第五节　花卉苗木

### 面积

境属亚热带季风气候区，气候温和湿润，四季分明，雨量充沛，正是这得天独厚的自然条件，孕育了境内花卉苗木生产悠久的历史。郭巨的花卉苗木种植起源于明清时代，起步于20世纪50年代，兴起于80年代末，1996年境内花卉苗木种植面积73公顷，2000年为82公顷。20世纪80年代初福民村已成为花卉种植专业村。2002年9月，郭巨镇科协组织成立了郭巨镇花木协会，组织花农开展花木栽培技术、花木新品种及市场行情趋势分析、花木经纪人培训，抱团开拓花木市场。2019年，境内注册的花木种植、销售企业（个体工商户）达49家；境内水稻田几乎都种植花木，花木种植面积270公顷；留在村子里务农的几乎都有花木种植，花木种植户达1467户；甚至不乏前往区外、省外种植花木，规模大的种植户租地数百亩，境内花农在境外种植花木达390公顷。

**2019年境内花木种植、销售企业（工商户）情况表**

表5-3-22　　单位：万元

| 企业名称 | 成立时间 | 注册资本 | 经营范围 | 经营地址 |
|---|---|---|---|---|
| 北仑白峰镇福民德绿慈苗圃 | 2001.6 | 10 | 花木种植、销售 | 郭巨街道福民村 |
| 北仑区白峰利民花木场 | 2006.7 | 10 | 花木种植、销售 | 福民村岙门口19号 |
| 北仑区白峰海国花木场 | 2006.7 | 10 | 花木种植、销售 | 盛岙村黄栀坑 |
| 北仑区白峰世兴花木场 | 2006.8 | 5 | 花木种植、销售、租摆 | 福民村中团29号 |
| 北仑区白峰贵诚花木场 | 2009.3 | 1 | 花木种植、销售 | 福民村紫微岙150号 |
| 北仑如康园林工程有限公司 | 2010.5 | 100 | 花木种植、苗木培育；花木批发、零售 | 盛岙村八组21-2号 |

续表 5-3-22

| 企业名称 | 成立时间 | 注册资本 | 经营范围 | 经营地址 |
| --- | --- | --- | --- | --- |
| 北仑区白峰崇秀林木场 | 2010.11 | 15 | 水果、花木种植；林业产品销售 | 福民村一组 44 号 |
| 北仑区白峰永莹花木场 | 2011.1 | 80 | 花木种植、销售 | 北门村教堂弄 15 号 |
| 北仑区白峰阿左花木场 | 2011.5 | 50 | 花木种植、销售 | 盛岙村上宅岭下 8 号 |
| 北仑区白峰映山花木场 | 2011.8 | 5 | 花木种植、销售 | 尖岭岙村大坑岙 8 号 |
| 北仑区白峰欣苗花木场 | 2011.8 | 5 | 花木种植、销售 | 尖岭岙 112 号 |
| 北仑天勤农业开发有限公司 | 2012.7 | 30 | 蔬菜、瓜果、苗木种植；苗木培育 | 福民村岙门口 52 号 |
| 宁波优耐特农业科技发展有限公司 | 2013.3 | 200 | 种苗繁育，花卉种植、批发、零售 | 盛岙村大屋里 34 号 |
| 北仑区白峰小天童花木场 | 2013.4 | 100 | 花木种植、销售 | 郭巨兴巨路 2 号 |
| 北仑区白峰峰艳花木场 | 2013.5 | 20 | 花木种植、销售 | — |
| 北仑区白峰凯凯花木场 | 2013.7 | 100 | 花木种植、销售 | 郭巨教场路 117 号 |
| 北仑区白峰国常果木场 | 2013.7 | 0 | 水果、花木种植及销售 | 双岙村大岙里 100 号 |
| 北仑区白峰雷蒙花木场 | 2013.9 | 300 | 花卉种植、销售 | 尖岭岙村李家 50 号 |
| 北仑区白峰盛旺花木场 | 2014.4 | 20 | 花木种植、销售 | 盛岙村六组 40 号 |
| 北仑区白峰袁露花木场 | 2014.4 | 2 | 花木种植、销售 | 大涂塘村 63 号 |
| 北仑区白峰菊飞花木场 | 2014.4 | 2 | 花木种植、销售 | 盛岙村太和里 5-1 号 |
| 北仑区白峰伟存花木场 | 2014.4 | 10 | 花木种植、销售 | 大涂塘村塘东 43 号 |
| 北仑区白峰冬萱花木场 | 2014.4 | 80 | 花木种植、销售 | 双岙村小岙里 68 号 |
| 北仑区白峰宏远花木场 | 2015.1 | 20 | 花木种植、销售，园林绿化服务 | 郭巨霓虹路 90 号 |
| 北仑区白峰月军花木场 | 2015.3 | 7 | 花木种植、销售 | 盛岙村太和里 28 号 |
| 北仑区白峰秋帆花木场 | 2015.8 | 5 | 花木种植、销售 | 双岙村海口 81 号 |
| 北仑区白峰永军花木场 | 2015.9 | 10 | 花木种植、销售 | 双岙村海口 50 号 |
| 北仑区白峰荣林花木场 | 2015.11 | 10 | 花木种植、销售 | 福民村狗湾 44 号 |
| 北仑区白峰瑜静花木场 | 2016.3 | 30 | 花木种植、销售 | 华峙西岸边 60-2 号 |
| 北仑区郭巨晓盛花木场 | 2016.8 | 10 | 花木种植、销售 | 福民村紫微岙 30 号 |
| 北仑区郭巨创亚丽花木场 | 2016.12 | 2 | 花木种植、销售 | 大涂塘村 55 号 |
| 宁波市大唐苗木发展有限公司 | 2017.1 | 100 | 林产品批发、花卉种植、园艺作物种植 | 盛岙村二组 38 号 |
| 北仑区郭巨宽泉花木场 | 2017.6 | 1 | 花木种植、销售 | 福民村中团 28 号 |
| 郭巨勒鱼坑家庭农场 | 2017.7 | 200 | 花木种植、销售 | 联合村安置房 16-2 |
| 北仑区郭巨坑弄家庭农场 | 2017.7 | 10 | 水果种植、销售 | — |
| 北仑区郭巨洪恩花木场 | 2017.7 | 5 | 花木种植、销售 | 郭巨教场路 14-404 |
| 北仑区郭巨正娥花木场 | 2017.9 | 2 | 花木种植、零售 | 福民村中团 27 号 |
| 北仑区郭巨喜阳阳花木场 | 2018.2 | 100 | 花木、草坪种植及销售 | 北门村云新弄 3-1 号 |
| 浙江万钟农业开发有限公司 | 2018.4 | 3000 | 中草药、花卉、苗木种植及销售 | 路亭村凤山路 107 号 |
| 宁波莲韵生技农业发展有限公司 | 2018.5 | 500 | 花卉种植，礼品花卉销售 | 路亭村菜场路 221 号 1 幢 3 号楼 |
| 北仑区郭巨兴丰花木场 | 2018.8 | 2 | 花木种植、销售 | 街民村紫微岙 9 号 |
| 北仑区郭巨海伟家庭农场 | 2018.10 | 500 | 水果、花木、农产品种植、销售 | 福民村紫微岙 127 号 |
| 北仑区郭巨花雾果木场 | 2019.1 | 1 | 水果、花木种植、销售 | 盛岙杨家府 16-2 号 |

续表 5-3-22

| 企业名称 | 成立时间 | 注册资本 | 经营范围 | 经营地址 |
|---|---|---|---|---|
| 宁波群创农业发展有限公司 | 2019.3 | 500 | 苗木、花卉、水果、中草药种植、销售 | 路亭村菜场路 221-2 |
| 北仑区郭巨赛群花木场 | 2019.4 | 10 | 花木种植、销售 | 双岙村小岙里 69 号 |
| 北仑区郭巨森琛休闲农庄 | 2019.4 | 50 | 农业休闲观光服务，花木种植、销售 | 福民村中团 18 号 |
| 北仑区郭巨科伟花木场 | 2019.6 | 40 | 花木种植、销售 | 双岙村海口 69 号 |
| 北仑区郭巨同盛花木场 | 2019.7 | 50 | 花木种植、销售 | 福民村紫微岙 51 号 |
| 北仑郭巨泽林花木场 | 2019.9 | 5 | 花木种植、批零，花卉租赁，园林绿化服务 | 福民村中团 22 号 |

## 1997—2019 年部分年份境内花卉、观赏和绿化苗木种植面积一览

表 5-3-23　　单位：公顷

| 年份 | 合计 | 花卉苗木 | 观赏和绿化苗木 | 年份 | 合计 | 花卉苗木 | 观赏和绿化苗木 |
|---|---|---|---|---|---|---|---|
| 1997 | 49.67 | 49.67 | — | 2008 | 112.60 | 105.27 | 7.33 |
| 1998 | 82.40 | 82.40 | — | 2009 | 286.67 | 278.00 | 8.67 |
| 1999 | 93.20 | 93.20 | — | 2010 | 137.40 | 132.53 | 4.87 |
| 2000 | 82.00 | 82.00 | — | 2011 | 203.87 | 202.67 | 1.20 |
| 2001 | 133.47 | 125.13 | 8.34 | 2012 | 161.20 | 155.00 | 6.20 |
| 2002 | 170.33 | 157.60 | 12.73 | 2013 | 234.00 | 213.47 | 20.53 |
| 2003 | 183.27 | 176.40 | 6.87 | 2014 | 214.00 | 145.13 | 68.87 |
| 2004 | 202.27 | 184.27 | 18.00 | 2016 | 272.07 | 49.20 | 222.86 |
| 2005 | 154.47 | 143.27 | 11.20 | 2017 | 271.93 | 49.20 | 222.73 |
| 2006 | 169.27 | 127.93 | 41.33 | 2018 | 286.93 | 40.27 | 246.67 |
| 2007 | 110.67 | 104.67 | 6.00 | 2019 | 294.27 | 41.47 | 252.80 |

## 1999 年、2009 年、2019 年境内各村花卉苗木种植面积一览

表 5-3-24　　单位：公顷

| 村名 | 1999 年 | 2009 年 | | | 2019 年 | | |
|---|---|---|---|---|---|---|---|
| | | 合计 | 花卉 | 观赏和绿化苗木 | 合计 | 花卉 | 观赏和绿化苗木 |
| 合计 | 93.20 | 286.66 | 278.00 | 8.66 | 269.93 | 41.46 | 228.52 |
| 大涂塘 | 2.00 | 18.33 | 18.33 | — | 28.01 | 7.33 | 20.73 |
| 西门 | 10.00 | 18.00 | 18.00 | — | 13.33 | — | 13.33 |
| 东门 | 0.80 | 30.00 | 30.00 | — | 34.40 | 14.00 | 20.40 |
| 北门 | 8.53 | 22.67 | 22.67 | — | 35.73 | — | 35.73 |
| 南门 | 7.33 | 43.33 | 38.00 | 5.33 | 31.33 | 13.33 | 18.00 |
| 尖岭 | 12.00 | 45.33 | 42.00 | 3.33 | 21.33 | — | 21.33 |
| 路亭 | 10.00 | 20.67 | 20.67 | — | 19.93 | — | 19.93 |

续表 5-3-24

| 村名 | 1999 年 | 2009 年 | | | 2019 年 | | |
|---|---|---|---|---|---|---|---|
| | | 合计 | 花卉 | 观赏和绿化苗木 | 合计 | 花卉 | 观赏和绿化苗木 |
| 双岙 | 1.33 | 13.33 | 13.33 | — | 23.33 | 1.33 | 22.00 |
| 后墩 | 8.00 | — | — | — | — | — | — |
| 谢家岙 | 2.00 | — | — | — | 0.67 | | 0.67 |
| 华峙 | 8.00 | 37.33 | 37.33 | — | 32.80 | 5.47 | 27.33 |
| 福民 | 10.00 | 16.67 | 16.67 | — | — | — | — |
| 大岭下 | 7.47 | 15.33 | 15.33 | — | — | — | — |
| 盛岙 | 1.67 | 5.67 | 5.67 | — | 29.07 | | 29.07 |
| 联合 | 0.20 | — | — | — | — | — | — |
| 竹湾 | 1.00 | — | — | — | — | — | — |
| 上宅 | 0.20 | — | — | — | — | — | — |
| 中宅 | 2.67 | — | — | — | — | — | — |

## 2019 年境内花木种植户及境内外种植面积一览

表 5-3-25

| 村名 | 种植户（户） | 境内种植面积（公顷） | 境外种植面积（公顷） |
|---|---|---|---|
| 合计 | 1467 | 269.93 | 391 |
| 大涂塘村 | 150 | 28.01 | 13 |
| 西门村 | 250 | 13.33 | 10 |
| 东门村 | 230 | 34.40 | 13 |
| 北门村 | 32 | 35.73 | 10 |
| 南门村 | 39 | 31.33 | 2 |
| 尖岭岙村 | 105 | 21.33 | 66 |
| 路亭村 | 78 | 19.93 | 6 |
| 双岙村 | 72 | 23.33 | 16 |
| 谢家岙村 | 10 | 0.67 | 8 |
| 华峙村 | 60 | 32.80 | 20 |
| 福民村 | 180 | — | 120 |
| 大岭下村 | 80 | — | 27 |
| 盛岙村 | 128 | 29.07 | 3 |
| 联合村 | 10 | — | 5 |
| 洋涨村 | 5 | — | — |
| 中宅社 | 5 | — | 2 |
| 上宅社 | 10 | — | 12 |
| 沙湾社 | 4 | — | 11 |
| 光明社 | 4 | — | 7 |
| 后墩社 | 15 | — | 40 |

## 品种

境内常规种植的杜鹃花有毛鹃、紫鹃等。1996 年，引入红花檵木、龟甲冬青后大量繁育。1999 年，引入深山含笑、乐昌含笑、石楠、金叶黄杨等品种。还有珊瑚、罗汉松、海棠花、茶花、茶梅等花木品种。2005 年，郭巨冯善根引进试种 4.2 亩近 100 个品种的洛阳牡丹，2019 年在盛岙迷马岭 120 亩的盛岙花园里，牡丹花发展到涵盖红、黄、蓝、粉、白等 9 个色系，有太阳、紫云殿、火鸟、七福神等 150 多个品种。

2019 年 8 月，郭巨中畈塘田香水莲种植基地，工人们在采收香水莲花

宁波莲韵生技农业发展有限公司集种植、加工、销售、文旅于一体，2018 年投资 700 万元，开发引进台湾可食用的香水莲花产业。2019 年，公司拥有香水莲花种植基地 100 余亩，在郭巨东门村建有 2 台低压微波干燥设备加工厂，年产干花 2000 千克，鲜花 50 万朵，销售收入 70 万元，从业人员 10 人。种苗移栽前，水塘每亩施生石灰 20 ～ 30 千克杀菌，每年 5 月移植种苗至莲池，合理密植，保持水质洁净，每年 11 月下旬，将香水莲根移至保温大棚内进行种苗育冬。6—7 月为营养生长期，施复合肥少而多次。8—11 月为生殖生长期，重施花蕾肥，每亩 15 千克优质长效复合肥（高钾型）。实施生物防治病菌（虫）害，发病初期摘除病叶或病盘，携出销毁或深埋。8—11 月为采收期，一般每天采收一次。采收后的鲜香水莲花剪去花柄，采用低压微波技术烘干，真空包装销售。

杜鹃花

茶花

红花檵木

牡丹花

## 栽培管理

近四十年来，境内生产的花卉苗木多以毛鹃、紫鹃和珊瑚等苗木为主。毛鹃、紫鹃苗木的种植需经历剪枝、插苗、移植、中耕除草、追肥、灌溉等工序，故栽培管理较为精细。

**插苗** 分春插、秋插两种。春插一般在子叶长出后的 4—6 月进行，先从母本长出新苗后，将母本中的嫩枝剪下来，然后将枝头插入整理好的田地；秋插在每年的 9—10 月进行。

**移植** 移植起苗应在苗床土壤不特别干燥时进行，以防伤根。裸根移植的苗，起苗时将土壤成块掘起，然后将根群从土块中松动拉出，不强硬拉，以免伤根。带土移植的苗，先用手铲在苗四周将土铲开，再在底部一铲将苗铲起，勿使土团碎开，无论带土或裸根起出的苗，都应迅速移植，防止根部枯萎，影响成活。移植应选无风阴天，在降雨前后植移成活率更高。定植和移植方法一致，将起出的苗按一定株行距种植于花地（坛）中，栽植时要使植株根系自然，不能弯曲，种植不宜过深，否则不发棵。

**整形** 摘心。除枝梢顶芽，称为摘心。它能抑制枝条生长，促使植株矮化，延长花期。除芽剥蕾。除芽的目的在于除去过多的腋芽，限制枝条的花蕾数，提高开花品质。剥蕾通常是摘除侧蕾，保留顶蕾或除去早发生的花蕾。立枝柱。有的花卉植株高大易倒伏，应及时设立柱，用绳轻轻扎，立柱工作最好在浇水前或中午前后进行。

**修剪** 修剪是为了调节生长和发育，对花卉的局部或某一器官的具体剪理措施，可分为重剪、中剪和轻剪。重剪后给足水分，令其重发新枝。中剪多半是剔除徒长枝和病虫害枝以及畸形枝。轻剪用于剔除多余的侧枝和生长不整齐的枝条，以调整花卉的株形，常用于花坛、花丛的主体种植。

**中耕除草** 是在花卉苗木生长期间疏松植株根际土壤的工作。通过中耕可切断土壤表面的毛细管，减少水分蒸发，可使表土中孔隙增加，多含空气；并可促进土壤中养分分解，有利于根系对水分、养分的利用。在阵雨或大量灌水后以及土壤板结时，应予中耕。除草多用手工锄，尤其是移栽后的幼苗期，一般采用人工拔草。现也多用化学除草剂。

**追肥** 追肥现常用尿素、过酸磷钙、复合肥等化学肥料。施肥的原则是薄肥勤施，肥量应随植株大小及土壤湿度等不同面有所区别，小苗更应注意。施肥后第二天清晨须再浇一次水称“还水”，防止烂根。地栽花卉可追肥 5 至 6 次，以芽前、芽后、花前、花后及结果前后最为理想。现蕾时忌施肥，否则引起落花。有病虫害的植株不宜施肥，杀灭之后再施薄肥，使之恢复生长。

### 销售

花卉苗木销售价格随行就市。2019 年，平均亩产销售收入可达 3 万元。花卉苗木销售除了境内十几名经纪人奔走在田间与花木市场，还有近 10 家种植规模较大的花农或经纪人在江苏常州、苏州等地设立销售门市部（批发部）。花卉苗木产品辐射浙江、上海、江苏、贵州、四川等全国十几个省市区。花卉苗木种植成了境内花农三十多年来最主要的收入来源。

# 第四章 林业

郭巨街道地处穿山半岛最东端的低山丘陵区，山多地少，东南北面海。境内众山相拥，群峰竞翠。自西向东驼山、总台山、乌峙山等群山横卧在峙头洋上。山虽不高，最高峰乌峙山海拔 391.8 米，然山林资源丰富。

1984 年，镇海县人民政府进行林业资源调查和林业区划定，确定山林面积占全乡总面积的 80% 以上为全山区；50% ～ 70% 为半山区；50% 以下为少山区。时划定峙头乡为全山区、郭巨乡为半山区。

中华人民共和国成立前，沿海丘陵针叶林植被占境内林地的 40% 以上。1997 年发生松材线虫病后，松木林逐年锐减，未几基本绝迹。20 世纪 90 年代后期起，植被以阔叶林为主，树种多为青冈、木荷、杉、枫、樟、麻栎、米槠、朴等及竹类 70 余种常绿树。

## 第一节 森林资源

清代以前，境内森林较为繁茂，后因战乱、自然灾害和开荒垦地，森林资源遭严重破坏。

境内木林分布，一是宗祠山中的祖墓林，栽以成片松柏，世代禁伐。二是寺庙周围的宗教林，拥有大批名贵树木和毛竹，使殿宇隐蔽于茂林修竹之中，如甘路庵、白云庵、大善寺等周围古木参天。三是位于岙（村）口的风水林，栽以成排香樟、枫香、柏树、栓皮栎等大乔木，如紫微岙、大屯岙岙门口的香樟树。四是护岸林，溪坑两旁，栽沙朴、枫香及小竹等树种；河流两岸则多营造楝树、柳树等树种。五是薪炭林，成片栽植松木，每隔 15 ～ 16 年砍伐更新。六是经济林，多在低山、山麓及村落周围种植，以毛竹、橘子、金柑、桃子和茶叶为主。

1984 年，镇海县人民政府进行林业资源调查和林业区划定，确定山林面积占全乡总面积的 80% 以上为全山区；50% ～ 70% 为半山区；50% 以下为少山区。时划定峙头乡 12 个村和郭巨乡的双岙村、福明村、大岭下村均属全山区；郭巨乡为半山区，其中：山林总面积 50% 至 79% 为半山区，郭巨乡有 8 个村；山林总面积占 50% 以下为少山区，郭巨乡有 3 个村。确定境内山地面积为 3993. 73 公顷，林业用地 3060. 87 公顷，其中有林地 1746 公顷，占林业用地面积的 57. 05%。境内茶园面积 197 公顷，其中郭巨乡 120 公顷，峙头乡 77 公顷。境内水果种植面积 179 公顷，其中郭巨乡 101 公顷，峙头乡 78 公顷。

## 1984 年底郭巨、峙头乡森林资源一览

表 5–4–1　　单位：公顷

| 林业用地分类 | | 境内合计 | 其中 | |
|---|---|---|---|---|
| | | | 郭巨 | 峙头 |
| 山地面积 | | 3993.7 | 1888.0 | 2105.7 |
| 合计 | | 3060.0 | 1314.5 | 1746.4 |
| 有林地 | 小计 | 1746.0 | 760.1 | 985.9 |
| | 用材林 | 1728.2 | 745.0 | 983.2 |
| | 经济林 | 1.4 | 1.4 | — |
| | 竹林 | 17.0 | 14.3 | 2.7 |
| 灌木林 | | 0.2 | — | 0.2 |
| 园地 | | 422.2 | 289.9 | 132.3 |
| 疏林 | | 80.9 | 23.3 | 57.6 |
| 未成林造林地 | | 5.4 | 5.27 | 0.13 |
| 无林地 | 小计 | 805.5 | 235.2 | 570.3 |
| | 荒山荒地 | 760.8 | 190.5 | 570.3 |
| | 开垦地 | 44.7 | 44.7 | — |
| | 火烧迹地 | 0.07 | — | 0.07 |

## 1984 年郭巨、峙头乡水果资源一览

表 5–4–2　　单位：公顷

| 乡镇名 | 合计 | 柑橘 | | | 其他水果 | | | |
|---|---|---|---|---|---|---|---|---|
| | | 小计 | 金柑 | 橘子 | 小计 | 桃 | 梨 | 杨梅 |
| 郭巨乡 | 101.40 | 99.73 | 68.73 | 31.00 | 1.67 | 0.20 | 0.67 | 0.80 |
| 峙头乡 | 77.67 | 76.80 | 66.53 | 10.27 | 0.87 | — | 0.07 | 0.80 |
| 境内合计 | 179.07 | 176.53 | 135.26 | 41.27 | 2.54 | 0.20 | 0.74 | 1.60 |

## 第二节　品种资源

### 品种

境内森林植被属浙闽山丘甜槠、木荷林区，属典型的常绿阔叶林带，品种资源丰富。木属类有松、柏、杉、樟、杨柳、沙朴、棕榈等50余种，主要树种是马尾松，60年代从舟山引入黑松。竹类品种有淡竹、毛竹、乌竹、龙须竹、芦竹、水竹等20余种。二十世纪五六十年代，为发展笋用竹，多次从外地引进哺鸡竹等新品种，90年代引入雷竹等优质笋用竹。果属类有金柑、橘子、桃子、杨梅、梨、葡萄等20余种。50年代中后期从常山等县引入油茶，郭巨、峙头、柴桥是时县境内重点发展区，种植最多时面积达到464公顷，其中峙头为最多。由于油茶生长慢，结果迟、产量低、经济效益差，逐年淘汰。绿化类品种有雪松、香樟、红枫、五针松、罗汉松、龙柏等常绿乔木，常绿灌木有含笑、南天竹、苏铁、大叶黄杨、夹竹桃、珊瑚树等。落叶灌木有蜡梅、木槿等。藤本植物有紫藤、葡萄、爬山虎、凌霄等。此外还有花卉植物，如广玉兰、杜鹃花（映山红）、茶花、木芙蓉等许多品种。

### 育苗

中华人民共和国成立前，一般都是个人自育自种，境内没有专门苗圃，主要培育马尾松（俗称“本松”）、棕榈、油桐、乌桕、檫树、杉树、毛竹等。农业合作化后，贯彻“自采种、自育苗、自造林”方针，开展群众性采集本地林木种子，各农业社陆续建立育苗基地。20世纪60年代中期，普遍由各生产大队山林队育苗，每个大队山林队都建有1～2亩苗圃。

1978年，境内有苗圃2.3公顷。80年代出现花木专业户67户，主要培育龙柏、五针松、黄杨、铁树、兰花、茶花、杜鹃、樟树等10多种苗木，另有个人零星少量嫁接柑橘、桃子、杨梅等果苗。1998年，境内有11个村700多农户种植苗木，苗木种植面积113.3公顷。2019年，全街道有苗木种植户1067户，育苗基地533.9公顷。主要品种有紫鹃、毛鹃、珊瑚等。

## 第三节　造林育林

中华人民共和国成立前，境内山地植树造林属农民自发行为，称之为“靠山吃山”。在大岭下、双岙、洋涨、盛岙、联合、光明、长坑等主山区有定期营造薪炭林的制度，树种多为马尾松，成片等距地挖孔种植，每隔15年左右砍伐一次，制作柴爿销往舟山等地，再迹地更新，反而复之。

民国4年（1915）定清明节为植树节。1931年，为纪念孙中山，将3月12日即孙中山忌日定为植树节。是年起，每到植树节，境内机关团体、学校等会开展植树活动。

20世纪50年代，绿化荒山仅以薪炭林为主，土地改革后，农民在分得的山地上零星种植。1954年，贯彻“谁种谁有，社种社有，村种村有”政策。1956年2月，郭巨镇和峙头乡分别成立绿化委员会，开展“绿化造林运动月”，营造“共青林”“国防林”“三八林”。1958年人民公社化，山林折价归集体。是年起，各生产大队（村）设1～2名专职护林员巡查山林，防火盗伐。同时建立林业队，专事育苗、造林、管护山林。1960年号召“大办粮食”，许多生产队毁林开荒种粮，林业队员被召回种田。1964年，各大队恢复和建立林业专业队（简称“山林队”），实施封山育林，“造、封、管、护”一齐抓，薪炭林蓄积，栗子、杨梅等木本果树从无到有。

20 世纪 70 年代，各大队先后建立茶叶、杉木、毛竹林基地。80 年代，以保护现有山林为重点，合理调整林业结构，大力发展果木经济林，先后引进早橘（东门村）、黄花梨（西门村）黄岩蜜橘等新品种，1984 年，境内果木经济林柑橘、桃梨等面积达 180 公顷，1989 年，境内茶叶种植面积达 185 公顷。

### 1989 年郭巨镇、峙头乡茶叶生产面积一览

表 5-4-3 单位：公顷

| 所属乡镇 | 村 | 面积 | 所属乡镇 | 村 | 面积 |
|---|---|---|---|---|---|
| 境内合计 | | 185.12 | 郭巨镇 | 大涂塘村 | 7.33 |
| 峙头乡 | 盛岙村 | 22.00 | | 西门村 | 8.67 |
| | 联合村 | 4.60 | | 东门村 | 2.00 |
| | 洋涨村 | 8.33 | | 北门村 | 7.07 |
| | 长浦村 | 3.40 | | 南门村 | 12.93 |
| | 双屯村 | 3.67 | | 尖岭岙村 | 15.33 |
| | 长坑村 | 5.93 | | 路亭村 | 8.67 |
| | 中宅村 | 4.27 | | 双岙村 | 7.53 |
| | 上宅村 | 5.33 | | 谢家岙村 | 4.67 |
| | 沙湾村 | 5.53 | | 华峙村 | 13.33 |
| | 光明村 | 11.80 | | 福民村 | 11.33 |
| | 花船村 | 1.40 | | 大岭下村 | 6.67 |
| | 竹湾村 | 0 | | 后墩村 | 3.33 |

1989 年，响应区政府提出的“一年准备，四年消灭荒山，八年绿化北仑”的号召，郭巨镇和峙头乡都制定绿化责任状和领导绿化造林任期目标考核制度，并实行工程式管理。1991 年，境内宜林荒山地基本完成绿化。次年，提前一年达到“四年消灭荒山”目标，并在郭巨、峙头等沿海地段营造芦竹基地。1999 年开始，境内实施退耕还林工程，区政府采取一次性减免农业税政策，加快了退耕还林进程，现境内的低山缓坡旱地大部分已退耕还林。

20 世纪 90 年代末，路亭村、尖岭岙村等引进发展乌牛早等名优早茶品种基地，其中尖岭岙村的名优早茶品种基地达 33.33 公顷。

2003 年以来，开展四旁植树和道路绿化，先后完成沿海中线郭巨段和白洋公路峙南段绿化 18 千米，疏港高速公路郭巨段四旁植树和道路绿化 15.8 余公顷，种植乔木、灌木 13.7 万余株。2008 年植树节期间，团委组织在总台山营造了一片红枫等树种的爱国林；2012 年，在凤凰山、郭巨千亩湿地道路两旁等地营造了一片片由四明山引进的樱花树林。

## 第四节 森林保护

### 森林管理

民国时期，省政府曾颁布森林保护法规，规定伐木要申请登记，禁伐树龄 25 年以上树木。

中华人民共和国成立前，境内无专业森林管理机构。在封建社会，全凭封建宗法和习惯势力形成对

森林的保护制度，对盗砍宗祠、祖坟山的树木，某些宗族族规有以死罪治之。对偷砍灌木、薪柴者，一般作必要处罚，而发现柴中夹有松树或其他乔木者，则必重罚不贷。这样严厉的护林制度沿袭上千年，才造就了大面积的高龄森林群落。

中华人民共和国成立至初级社时，乡村建有青年民兵组织的护林小组(队)。1958年起，各生产大队(村)设1～2名专职护林员巡查山林，防火防盗伐。公社化后，凡山林较多大队均建有山林专业队（山林队），负责育林、护林和山林管理。1977年，公社设林技站，配专职林技员。1978年，郭巨、峙头两公社有林业专业队25个。80年代初，农村实行家庭联产承包责任制后，各大队的林业队解体，一度又出现乱砍滥伐现象。1984年，国家颁布《中华人民共和国森林法》，实施依法治林，乡镇建有林特站，各村重配护林员。2005年，境内共配护林员29名。林木实行限量砍伐，由区核定年采伐限额指标，落实到村，由村根据需要数量报乡镇在采伐限额指标内核实、批准发给木材采伐许可证，征收少量育林基金，方可砍伐。2016年至2019年，境内配专职护林员8人，月工资3000元。清明、冬至期间，各村配3～5名护林巡查员。

## 封山育林

中华人民共和国成立前，在山权属于私有制的年代里，除部分无主荒山外，宗祠山、祖坟山均落实到户，有人管理，自然形成封山育林的制度。1954年，郭巨乡、峙头乡的机动山分别实行封山育林，以后，集体山实行封山区轮换划分，每隔4年轮换一次，通过封山，培植森林资源。1984年，浙江省与各县（区）签订封山护林合同，凡荒山、疏林，包括社队集体经营山和农户承包山、自留山，如进行联户封山育林的，必须办理落实山林权、发证入册，具备封山条件，建立护林组织，拟定制度，落实生产责任制，连续禁封4年以上，每块面积20亩以上，每亩每年由省补贴0.25元。峙头乡与区林业局签订（首批）在境内实施封山护林的合同，1985年，封山育林的合同扩大至郭巨镇。1992年扩镇并乡后，郭巨镇又与区农林局签订封山护林合同，1992年底，通过省级荒山绿化达标验收。

1981年11月，在县林业“三定”领导小组的领导下，郭巨镇、峙头乡先后开展稳定山林权、划定社员自留山、确定林业生产责任制的林业“三定”工作，至1984年3月，“三定”工作全面结束。同时贯彻执行中共中央《关于一九八四农村工作的通知》，进一步放宽林业政策，开展补划自留山工作和颁发社员自留山证书，以调动林农的积极性。2010年8月30日，区政府召开推进集体林权主体改革工作会议。推出“分股不分山，分利不分林”的主体改革，境内集体统管山均股均利量化到户。

### 1984年底郭巨、峙头乡山林“三定”责任制建立情况

表5-4-4　　单位：公顷

| 乡名 | 山林村数 | 山地面积 | 现有山林面积 | | | | 林木山责任制建立 | | | 经济林责任制建立 | |
|---|---|---|---|---|---|---|---|---|---|---|---|
| | | | 有林山面积 | 疏林山面积 | 荒山面积 | 经济林面积 | 已划自留山面积 | 已划承包山面积 | 统管山面积 | 分户平包面积 | 专业组承包面积 |
| 合计 | 25 | 3913 | 1110 | 565 | 1472 | 383 | 852 | 249 | 366 | 111 | 120 |
| 郭巨乡 | 13 | 1782 | 530 | 481 | 268 | 227 | 698 | — | 266 | — | 117 |
| 峙头乡 | 12 | 2131 | 580 | 84 | 1203 | 155 | 153 | 249 | 100 | 111 | 3 |

## 病虫害防治

据1981年县农林局在郭巨、峙头境内各村普查表明，山林主要虫害有马尾松毛虫、松褐、天牛、松梢螟、松梢卷叶蛾、杉梢小卷蛾、竹笋夜蛾、黄刺蛾、星天牛、樟树瘤丛螟以及果木中杨梅毛虫、柑橘

红蜘蛛、潜叶蛾、桃蛀螟、桃李蚜虫、李梨小食心虫等。主要病害有毛竹枯梢病、竹丛枝病、毛竹筒卷病、泡桐丛枝病、松杉苗木立枯病；果林中有桃缩叶病、李果袋病、柑橘疮痂病、杨梅水肿病、葡萄黑痘病。

上述病虫害一旦发生，迅速蔓延，不几日即可毁坏成片林木。中华人民共和国成立前，因各种原因，难以救治，或任其毁灭，或放火烧山。中华人民共和国成立后，政府倡导使用各种药物防治，或辅以养护森林害虫天敌以克害虫，即生物防治。据普查，境内山区主要害虫天敌有大山雀、中华大刀螂、大草蛉、七星瓢虫、黑点瘤姬蜂、平腹小蜂、松毛虫黑卵蜂、松毛虫赤眼蜂、蚕饰腹寄蝇等。20 世纪 60 年代初，发生马尾松毛虫，用农药“六六六”粉、A-601 烟熏剂防治。1977 年后，发生毛竹枯梢病，用人工钩梢及喷托布津农药防治。1978 年，马尾松毛虫普发，林木受害，发动群众人工捕捉，政府拨款收购松毛虫。20 世纪 80 年代后，用白僵菌农药喷粉防治。1997 年，部分松林发现松材线虫病，后境内 25 个村林地普遍受害，镇政府组织专业队砍除病树并现场烧毁。1999 年 6 月 21 日，海燕 605C 飞机在郭巨、白峰两街道林区喷洒农药，防治 2.5 万平方米山林的松材线虫病。2006 年起采用化学防治及人工清理病死疫木相结合的方式防治，但效果均不佳，至 2019 年，境内山林松材所剩无几。

## 山林防火

中华人民共和国成立前，山权属私人所有，管理严密，山林火灾甚少发生。中华人民共和国成立后，为防止森林火灾，各级政府制定森林防火规章制度，特别是 20 世纪 60 年代初期，山林队普遍建立后，山林制度、人员落实完善，因此未发生重大森林火灾事故。

1984 年，山林生产责任制调整以后，山林经营多数分散到户，再加上山祭祖扫墓人数大增，森林火灾隐患剧增。1988 年，郭巨镇、峙头乡分别成立森林防火领导小组，各村相应成立森林防火小组。1996 年，贯彻区政府印发的《北仑区森林防火综合治理工程实施意见》，并与各村委会签订责任书。是年境内有专职护林员 29 人及应急山林扑火小分队 50 人。山林防火得到进一步加强。

1999 年 12 月 24 日，中宅火叉丸发生山火，过火面积 12 公顷，中宅村村委会主任张大夫为扑灭山火而献出了自己的生命。2005 年 2 月 22 日，后墩村、花船村发生山林火灾，过火面积 10 公顷。2005 年 4 月 4 日，中宅、花船、后墩、沙湾相继引发大面积山林火灾，过火面积 66.7 公顷，是境内 20 年一遇的山林大火。2009 年 4 月 9 日，双岙村发生山林火灾，造成该村村民史君龙（男，55 岁）死亡。

## 古树名木保护

古树名木有着上百年的树龄，由于各种原因，易于衰老。若养护管理措施不当，轻者树势衰弱，生长不良，影响其观赏和研究价值；严重时会导致死亡。中华人民共和国成立后，各级政府和当地村（大队）重视并加强对古树名木的复壮和养护管理，避免造成无法补救的损失。主要做法：一是对古树树体上的伤疤或空洞及时填充修补，防止进水腐烂；二是古树高耸且电荷量大易遭受雷电袭击，超过一定高度的树安置避雷针，若雷击，将伤处刮平，涂抹保护剂；三是干旱季节灌水防旱，雨季注意排水，冬季浇水防冬；四是古树长期在同一地点生长，土壤肥力下降，进行合理施肥；五是古树易招虫致病，根据不同季节积极防治病虫害；六是根据实际情况给古树设置围栏加以保护，严禁砍伐、擅自移植和转让买卖；七是凡影响古树名木生长的新建、改建、扩建工程，必须做出避让和保护措施；八是禁止在古树名木上刻画、张贴或者悬挂物品，禁止在施工等作业时，借古树名木作为支撑物或者固定物；九是禁止在古树名木上攀爬、折枝、挖根、采摘果实种子或者剥损树枝、树干、树皮；十是禁止在古树名木下或树冠外 5 米区域兴建建筑物、构筑物及临时建筑设施，禁止倾倒有害污水、污物垃圾、动用明火、排放烟气和在古树 3 米内埋设地下管线、挖坑取土。

2002 年 5 月，省林业厅对全省名木进行普查，2003 年，设立保护标牌和石牌。配备专职管护人员，加强复壮管理，对部分生长衰弱的，采取设置保护性栅栏、支架支撑防治病虫害、灌水施肥措施。境内

紫微岙岙口古樟树

有古树名木（樟树）5 棵，一棵胸围 3.60 米，高 22 米，庇荫面积有 1 亩余，树龄 300 年以上，另一棵胸围 2.20 米，高 25 米，庇荫面积有 1 亩余，树龄 300 年以上。两棵树都在郭巨福明村紫微岙岙底，属国家二级古树。另两棵在紫微岙岙口，树龄 200 年以上，胸围都在 2.80 米，高 23 米左右，庇荫面积有 0.6 亩余，大屯塞拉门有香樟树一棵，树龄 200 年以上。1984 年被镇海县列为古树名木，并加以重点保护。柳树田沙朴树一棵，树龄百年以上，郭巨梁山（西门村旁边）有 4 棵上百年的沙朴树。1984 年被镇海县列为古树名木。

**2019 年境内古树名木一览**

表 5-4-5

| 保护级别 | 树名 | 地址 | 小地名 | 树龄 |
| --- | --- | --- | --- | --- |
| 国家二级 | 樟树 | 福民 | 紫微岙岙底 | 319 年 |
| 国家二级 | 樟树 | 福民 | 紫微岙岙底 | 319 年 |
| 国家二级 | 樟树 | 双屯 | 塞拉门 | 200 年以上 |
| 国家二级 | 香樟 | 福民 | 紫微岙岙口 | 200 年以上 |
| 国家二级 | 香樟 | 福民 | 紫微岙岙口 | 200 年以上 |
| — | 沙朴树 | 联合 | 柳树田 | 100 年以上 |
| — | 沙朴树 | 凤凰山西北山脚 | 梁山 | 100 年以上 |
| — | 沙朴树 | 凤凰山西北山脚 | 梁山 | 100 年以上 |
| — | 沙朴树 | 凤凰山西北山脚 | 梁山 | 100 年以上 |
| — | 沙朴树 | 凤凰山西北山脚 | 梁山 | 100 年以上 |

# 第五章　畜牧业

旧时禽畜养殖量较少，多为自食，少量出售。中华人民共和国成立后，境内农户普遍以农副产品番藤、米糠、菜籽饼及紫云英、革命草等为饲料养殖猪、鸡、兔等畜禽，养殖量逐年增多，尤其是猪的养殖成为中华人民共和国成立后至 90 年代前境内农户家庭副业收入的主要来源，放学后割猪草、兔草也成为那个时代小学生每天必做的一项家务劳动，有史以来境内生猪饲养量最多的年份是 1975 年，达 10884 头。20 世纪 90 年代始，畜禽养殖逐步趋向规模化、专业化，农户散养量逐渐减少。1992 年境内有各类畜禽养殖专业户 28 户，1999 年增至 35 户，2000 年后逐年递减，2019 年尚有 2 户畜禽养殖专业户。

# 第一节　畜禽生产

## 猪

猪

民国时期及中华人民共和国成立初期，境内各村为主要生猪产地。1956年,采取生猪“派购派养”政策。贯彻私养公助和公养与私养并举，以私养为主的两条腿走路方针，20世纪50年代中期，农村养猪业得到较大发展。1956年郭巨乡生猪饲养年末存栏2402头。1958年人民公社时，将社员私养的生猪平调入社，大队成立副业队建造百头养猪场，由于管理不善,50千克以上的肉猪一般要饲养1年以上,母猪产仔率低，加上三年困难时期，粮食连年歉收，农民口粮低标准，饲料不足，致生猪饲养量大幅度下降，1960年郭巨公社生猪饲养年末存栏仅有418头。1962年后，根据中央关于《农村人民公社工作条例修正草案》的指示精神，给社员划分饲料地，集体按饲养量分给饲料粮，国家按出售一头猪发放奖售粮，猪粪肥按质论价，参加分配，生猪饲养量迅速上升。1965年，郭巨公社生猪饲养年末存栏量达到3825头。“文化大革命”期间，批判农户多养猪是走资本主义道路，实行每户限量养猪，母猪被迫宰杀，造成苗猪紧缺，饲养量下降。1975年，中央颁发了《关于大力发展养猪事业的通知》，公社拨款建立猪种场，并引进优良品种，推广人工授精方法，公社兽医站对全社养猪户实行合作兽医保健制度，由于政策的落实，农户养猪积极性提高，基本上每户家庭建有猪舍，境内生猪全年饲养量10884头，户均养猪2.1头,为有史记载以来境内生猪饲养量最多的年份。因郭巨城内各家各户都养猪,有的甚至放养，故时常有猪跑上街头，时人们一提起郭巨，嬉称郭巨猪屙街，20世纪80年代初，开展“五讲四美”活动期间，镇政府专项行动治理“猪屙街”，郭巨“猪屙街”的名气才逐渐淡出。农村实行家庭联产承包责任制后，社队企业兴起，劳动力向第二、第三产业转移，饲料价格上涨，养猪成本高，收益低，散养户生猪的饲养量下降，至1988年，境内生猪饲养量仅5120头。1990年开始，养猪业向规模化、专业化发展，养猪专业户兴起，境内养猪5226头。2012年境内有养猪专业户10户，生猪饲养量1617头。后因人居环境整治，一批造成水污染等又环境治理不合格的养猪场被关闭，至2014年末境内生猪存栏数为零。

20世纪60至80年代，境内农户养猪多放养，后逐渐改为栏圈养，体型小，生长慢，饲养一头70千克左右的肉猪，一般需要7～8个月的时间。农户出售生猪大多在早稻汛前（年中用钱需要）或番薯落脚后（番薯收获季节，猪食丰盛，养膘了），过年时，一般五六户农家拼宰一头猪自食。生猪均由郭巨供销社食品站收购，并以肉膘为主要指标给猪估级。估级员通过一看（看猪品种、体型），二摸（摸背脊上的肉膘、两肋、胯下及肚皮）评定猪的（等）级数（1～10级）。大多猪的评级数在3～7级间，1～2级猪甚少，若猪实在太瘦，收购站会拒收。

中华人民共和国成立前，养土种黑猪，俗称“本膛”猪。1954年起引进“约克夏”等。20世纪60年代，陆续引入“长白猪”“苏白猪”“中型约克夏”等。70年代，引进“杜洛克”“海普夏”等瘦肉型良种公猪及“金华两头乌”“湖南花猪”等母猪，培育成“长嘉”“大嘉”两个杂交母猪群。饲料历来为米糠结合鲜（干）革命草等喂养。俗有“猪吃百样草，看你找不找”“寸草切三刀，无料也长膘”之说。在饲料调制上，采用煮熟、糊薄型喂养。饲养方法大多采用“两头精、中间粗”的“穷养猪”方式，即仔猪一般以米粥或麦粥为主；待长到30千克以上，则以青粗饲料为主，名为“拉骨架”；重量达50千克以上，则精料、粗料并重；待将要出栏时，以番薯干或大麦、米糠等精料为主，进行肥育。

## 1956—1991 年部分年份郭巨、峙头乡（镇、公社）生猪饲养量一览

表 5-5-1　　单位：头

| 年份 | 全年饲养量 | | | 年末存栏数 | | | 年末存栏数其中母猪 | | |
|---|---|---|---|---|---|---|---|---|---|
| | 合计 | 郭巨 | 峙头 | 合计 | 郭巨 | 峙头 | 合计 | 郭巨 | 峙头 |
| 1956 | — | — | — | 2402 | 2402 | — | 175 | 175 | — |
| 1958 | — | — | — | 166 | 166 | — | — | — | — |
| 1959 | — | — | — | 643 | 643 | — | — | — | — |
| 1960 | — | — | — | 418 | 418 | — | — | — | — |
| 1961 | — | — | — | 846 | 846 | — | — | — | — |
| 1962 | — | — | — | 826 | 826 | — | 53 | 53 | — |
| 1963 | — | — | — | 3016 | 3016 | — | 192 | 192 | — |
| 1964 | — | — | — | 5046 | 5046 | — | 269 | 269 | — |
| 1965 | — | — | — | 3825 | 3825 | — | 166 | 166 | — |
| 1966 | — | — | — | 3880 | 3880 | — | 168 | 168 | — |
| 1967 | — | — | — | 6343 | 3899 | 2444 | 179 | 122 | 57 |
| 1968 | — | — | — | 4621 | 2934 | 1687 | 216 | 166 | 50 |
| 1969 | 5576 | 4007 | 1569 | 6323 | 4007 | 2316 | 318 | 218 | 100 |
| 1970 | 9554 | 5156 | 4398 | 8109 | 5156 | 2953 | 440 | 310 | 130 |
| 1971 | 10717 | 5585 | 5132 | 8938 | 5586 | 3352 | 456 | 341 | 115 |
| 1972 | 9182 | 4636 | 4546 | 7552 | 4636 | 2916 | 381 | 277 | 104 |
| 1973 | 9812 | 4907 | 4905 | 7907 | 4907 | 3000 | 371 | 260 | 111 |
| 1974 | 10357 | 4975 | 5382 | 8235 | 4975 | 3260 | 446 | 289 | 157 |
| 1975 | 10884 | 4907 | 5977 | 8279 | 4907 | 3372 | 444 | 274 | 170 |
| 1976 | 9371 | 4280 | 5091 | 7493 | 4280 | 3213 | 405 | 241 | 164 |
| 1977 | 7220 | 3797 | 3423 | 5894 | 3797 | 2097 | 457 | 274 | 183 |
| 1978 | 7737 | 4165 | 3572 | 6597 | 4165 | 2432 | 865 | 422 | 443 |
| 1979 | 9044 | 4521 | 4523 | 6692 | 4521 | 2171 | 407 | 288 | 119 |
| 1980 | 8964 | 4094 | 4870 | 6326 | 4094 | 2232 | 312 | 233 | 79 |
| 1981 | 7666 | 2968 | 4698 | 5018 | 2968 | 2050 | 206 | 138 | 68 |
| 1982 | — | 5895 | — | — | 2420 | — | — | 146 | — |
| 1983 | 9852 | 5705 | 4147 | 4517 | 2661 | 1856 | 203 | 130 | 73 |
| 1984 | 9177 | 5524 | 3653 | 3630 | 1990 | 1640 | 208 | 143 | 65 |
| 1985 | 7722 | 4603 | 3119 | 2924 | 1390 | 1534 | 201 | 156 | 45 |
| 1986 | 6449 | 3740 | 2709 | 2767 | 1521 | 1246 | 184 | 86 | 98 |
| 1987 | 4910 | 2985 | 1925 | 1964 | 1052 | 912 | 85 | 69 | 16 |
| 1988 | 5120 | 3101 | 2019 | 2340 | 1456 | 884 | 164 | 128 | 36 |
| 1989 | — | 3527 | — | — | 1768 | — | — | 84 | — |
| 1990 | 5226 | 3457 | 1769 | 2774 | 1869 | 905 | 107 | 86 | 21 |
| 1991 | 3048 | 3048 | — | — | 1594 | — | — | — | — |

## 1992—2014 年部分年份境内生猪饲养量一览

表 5-5-2　　单位：头

| 年份 | 全年饲养量 | 年末存栏 | 年份 | 全年饲养量 | 年末存栏 |
| --- | --- | --- | --- | --- | --- |
| 1992 | 4732 | — | 2006 | 1388 | 455 |
| 1993 | 2578 | 1180 | 2007 | 1464 | 848 |
| 1994 | 2541 | 1083 | 2008 | 2575 | 1226 |
| 1995 | 2541 | 1083 | 2009 | 5350 | 3009 |
| 1996 | 2048 | 719 | 2010 | 2458 | 1566 |
| 2000 | 4651 | 1117 | 2011 | 2105 | 2125 |
| 2001 | 4762 | 1221 | 2012 | 1617 | 330 |
| 2002 | 4682 | 1241 | 2013 | 385 | 170 |
| 2003 | 2820 | 920 | 2014 | 170 | — |
| 2005 | 1798 | 1021 | — | — | — |

## 牛

**耕牛**　是境内农业耕作的主要畜力，它可犁田、耙田、车水等，俗有“小小一头牛，性命在里头”之俗语。因为耕牛是农民的主要伙伴，旧时大多数农家忌食牛肉，甚至牛死后实行土葬。民国时期，仅经济较富裕的农户才有饲养，多为黄牛。中华人民共和国成立后，耕牛仍一度被称“农家宝”而得以发展。1956 年农业合作化时期，耕牛全部折价入社，由专人饲养，集体使用，每个生产队一般 2 ～ 3 头。1957 年，境内拥有耕牛 334 头，1969 年为 417 头。20 世纪 70 年代，随着农业机械化程度的逐步提高，耕田逐渐被手扶拖拉机取代，耕牛饲养量有所减少。1979 年，境内所存耕牛 302 头，1989 年 137 头，1999 年 42 头。

黄牛

境内耕牛多在春耕前由牛贩子从天台、黄岩等县输入，退役老牛再由牛贩贩往三北，习惯上称兑牛，即新牛换老牛。耕牛的饲养以桩养和放牧相结合，入冬进行关养，俗称“关冬”，喂以早稻草和棉籽饼；春分以后，天晴晒太阳取暖，开始放春，增膘复壮，投入春耕。春耕开始，给牛食补，灌喂黄酒、红糖冲鸡蛋或喂土人参、棉籽饼、糯米粥等，壮补体质。春夏期间，白天劳役强度大，多夜喂青草；夏秋酷暑，中午荫处息昼；入秋后，野草结籽，营养丰富，是耕牛放牧的重要季节。

**奶牛**　20 世纪 80 年代初期，郭巨公社开办奶牛场（场址设紫微岙水库坝下），宁波牛奶公司在公社奶牛场设点收购，时境内大力发展奶牛养殖，养殖户一般养殖 1 ～ 3 头，尖岭岙、大岭下、福民、华峙等大队养殖户较多，1987 年末，境内奶牛存栏量 246 头。

**菜牛**　2009 年，华峙村村民冯晔在白峰勤山村“戴家岙”开办日华农业有限公司并注册“总台山”品牌，养殖菜牛 22 头。实行圈养后养殖数量逐年增加，至 2015 年发展到 156 头，主要品种有鲁西黄牛、西门塔尔、夏洛兰、北沙牛等。2019 年，菜牛饲养量达 215 头，由日华农业有限公司屠宰并线上销售，销售量达 100 头。

**北沙牛**　北沙牛是宁波市特有的地方畜禽良种，具有适应性强、体形高大、肉质鲜美等特点。自 20 世纪 90 年代中期以来，随着北沙牛耕作、运输等役用功能日益减弱，养殖数量急剧减少，种群濒临灭绝。

2005年，区畜牧总站与华峙村养殖户何军科签订协议，将散养在郭巨的9头北沙牛收购交由何军科进行集中养殖与繁育，2006年北沙牛增加到15头。2009年4月已发展扩大到60头。2019年，有北沙牛27头，由日华农业有限公司饲养在勤山村戴家岙。

## 1956—2013年部分年份境内耕牛饲养量一览

表5-5-3 单位：头

| 年份 | 年末存栏 | 耕牛 | 年份 | 年末存栏 | 耕牛 |
|---|---|---|---|---|---|
| 1956 | 234 | 179 | 1987 | 464 | 147 |
| 1957 | 235 | 204 | 1988 | 322 | 103 |
| 1967 | 150 | 78 | 1989 | 313 | 85 |
| 1968 | 137 | — | 1990 | 35 | 99 |
| 1969 | 417 | — | 1991 | 326 | 61 |
| 1970 | 116 | — | 1992 | 310 | 85 |
| 1971 | 118 | 82 | 1994 | 76 | 38 |
| 1972 | 111 | 80 | 1999 | 42 | — |
| 1973 | 112 | 83 | 2002 | 37 | — |
| 1974 | 381 | 85 | 2003 | 53 | — |
| 1975 | 363 | 259 | 2004 | 18 | — |
| 1976 | 349 | 259 | 2005 | 60 | — |
| 1977 | 317 | 221 | 2006 | 3 | — |
| 1978 | 307 | 218 | 2007 | 4 | — |
| 1979 | 312 | 223 | 2008 | 8 | — |
| 1980 | 309 | 241 | 2009 | 19 | — |
| 1981 | 281 | 221 | 2010 | 26 | — |
| 1982 | 307 | 195 | 2011 | 44 | — |
| 1983 | 315 | 213 | 2012 | 41 | — |
| 1984 | 359 | 195 | 2013 | 41 | — |
| 1985 | 343 | 231 | — | — | — |

## 1981—1991年郭巨公社（乡、镇）奶牛饲养量一览

表5-5-4 单位：头

| 年份 | 年末存栏 | 年份 | 年末存栏 |
|---|---|---|---|
| 1981 | 15 | 1987 | 246 |
| 1982 | 66 | 1988 | 182 |
| 1983 | 82 | 1989 | 171 |
| 1984 | 106 | 1990 | 210 |
| 1985 | 94 | 1991 | 240 |
| 1986 | 107 | — | — |

## 羊

山羊

境内养羊历史悠久，多以农户散养为主，少的养一二只，多的十几只，缺少规模化养殖。品种以本地山羊居多，除冬天青草枯萎季节圈养外，白天基本都拴放在溪、河旁岸边或山地上，以青草、树叶为食。饲养方便、成本较低，大多数自宰自食。20世纪80年代始，逐渐有农户规模化养殖本地山羊，多至几十只、近百只，放牧长坑、盛岙野猪窠等山上。养羊既可积肥，又可食用，还可剪毛，收益较好。

1964年从湖州引入湖羊（绵羊），可剪毛，境内农户散养湖羊，后因农户无圈养习惯，且湖羊疾病多，饲养量逐年减少，不久被淘汰。

1997年，通过浙江省农科院引进一只南非波尔山羊第一代种羊饲养在东门村，该项目列入北仑区科协“金桥工程”。1999年又从省农科院引进9只南非波尔山羊第二代种羊，总价值6万元。连同1997年引进的种羊在后墩村饲养并与本地山羊繁育。2000年，南非波尔山羊专业养殖户已发展至5户，其中最多的一户养殖了200只。南非波尔山羊体重可达125千克至150千克，且肉质鲜、品质好，经济效益较高。通过引入优良品种，推广优质饲料黑麦草，提高本地及波尔山羊的生长速度，带动了养羊业的发展。至2001年末，境内波尔山羊和本地山羊规模化养殖存栏量达820只，有记载的饲养量最多的年份是在2003年，达1204只。境内养羊多在峙北山上，由于穿山港区开发建设，后墩及峙北各村相继被整体拆迁，养羊专业户锐减，至2013年，山羊存栏量仅125只。

### 1956—2014年部分年份境内山羊饲养量一览

表5-5-5　　单位：只

| 年份 | 饲养量 | 年份 | 饲养量 | 年份 | 饲养量 |
|---|---|---|---|---|---|
| 1956 | 588 | 1982 | 473 | 2003 | 970 |
| 1957 | 570 | 1983 | 381 | 2004 | 382 |
| 1967 | 73 | 1984 | 526 | 2005 | 1204 |
| 1968 | 13 | 1985 | 510 | 2006 | 567 |
| 1969 | 13 | 1986 | 373 | 2007 | 375 |
| 1973 | 76 | 1987 | 642 | 2008 | 650 |
| 1974 | 105 | 1988 | 875 | 2009 | 793 |
| 1975 | 183 | 1989 | 1052 | 2010 | 594 |
| 1976 | 112 | 1990 | 1145 | 2011 | 277 |
| 1977 | 197 | 1991 | 339 | 2012 | 230 |
| 1978 | 338 | 1994 | 1089 | 2013 | 125 |
| 1979 | 594 | 2000 | 200 | 2014 | 99 |
| 1980 | 439 | 2001 | 820 | — | — |
| 1981 | 454 | 2002 | 909 | — | — |

## 兔

中华人民共和国成立前，境内农户养兔很少。中华人民共和国成立后，仅有极少部分农户开始饲养

兔

家兔，品种多为本地白兔，以食用为主。20 世纪 50 年代末，各大队都建立副业队，开始集体养兔，并改养青紫蓝肉兔。60 年代中期，从宁海引进长毛兔，种兔以安哥拉为主。70 年代至 80 年代中期，境内多数农户都养长毛兔，一般每户养七八只至十几只，养兔养猪是那个时代农户的一项重要家庭副业收入来源，割猪草、兔草也是那个时代学生每天放学后的一项必做的家务劳动。长毛兔最多存栏数是在 1985 年，达 16588 只。时兔毛收购价格每斤达 75 元，最好的一级兔毛每斤超过 100 元，后由于兔毛外销受国际市场影响，1986 年兔毛滞销，价格暴跌，饲养量明显下降，1988 年长毛兔年末存栏量降至 8600 只，2016 年，尚有长毛兔存栏量 60 只。

1998 年，引进瑞士獭兔 50 对，其皮毛价格昂贵，供外贸出口。2000 年，养殖规模达 1000 只以上，至 2001 年，獭兔养殖大户 15 户，规模达 1 万只以上，其中养殖最多的农户养殖量达 2000 只以上，是年，还专题举办了特种动物獭兔养殖技术培训班。

## 1956—1991 年部分年份境内兔饲养量一览

表 5-5-6　　单位：只

| 年份 | 合计存栏数 | 郭巨 | | | 峙头 | | |
|---|---|---|---|---|---|---|---|
| | | 存栏数 | 其中 | | 存栏数 | 其中 | |
| | | | 肉兔 | 长毛兔 | | 肉兔 | 长毛兔 |
| 1956 | 205 | 92 | — | — | 113 | — | — |
| 1957 | 1936 | 1648 | — | — | 288 | — | — |
| 1973 | — | — | — | — | 2119 | — | 2119 |
| 1974 | — | — | — | — | 1515 | 1515 | — |
| 1975 | 5554 | 5397 | — | — | 157 | 157 | — |
| 1976 | 6622 | 5101 | — | — | 1521 | 1521 | — |
| 1977 | 5878 | 4833 | — | — | 1045 | 1045 | — |
| 1978 | 6773 | 5608 | — | — | 1165 | 1165 | — |
| 1979 | 7946 | 6576 | — | — | 1370 | 1370 | — |
| 1980 | 8833 | 6020 | — | — | 2813 | 2813 | — |
| 1981 | 8995 | 5704 | — | — | 3291 | 3291 | — |
| 1985 | 16588 | 9760 | — | 9760 | 6828 | — | 6828 |
| 1986 | 12432 | 5932 | — | 5932 | 6500 | — | 6500 |
| 1987 | 8600 | 5450 | — | 5450 | 3150 | — | 3150 |
| 1988 | 4807 | 2550 | — | 2550 | 2257 | — | 2257 |
| 1989 | 5626 | 2938 | — | 2938 | 2688 | — | 2688 |
| 1990 | 3499 | 2160 | — | 2160 | 1339 | — | 1339 |
| 1991 | 2569 | 1568 | — | 1568 | 1001 | — | 1001 |

## 1992—2015 年部分年份境内兔饲养量一览

表 5-5-7　　单位：只

| 年份 | 存栏数 | 其中 | | 年份 | 存栏数 | 其中 | |
|---|---|---|---|---|---|---|---|
| | | 肉兔 | 长毛兔 | | | 肉兔 | 长毛兔 |
| 1992 | 3456 | — | 3456 | 2006 | 550 | 350 | 200 |
| 1993 | 2270 | — | 2270 | 2007 | 270 | 70 | 200 |
| 1994 | 833 | — | 833 | 2008 | 200 | — | 200 |
| 1995 | 275 | 10 | 265 | 2009 | 150 | — | 150 |
| 1996 | 833 | — | 833 | 2010 | 150 | — | 150 |
| 2000 | 2610 | 1630 | 980 | 2011 | 150 | — | 150 |
| 2001 | 5700 | 4690 | 1010 | 2012 | 150 | — | 150 |
| 2002 | 1055 | 320 | 735 | 2013 | 80 | — | 80 |
| 2003 | 600 | — | 600 | 2014 | 60 | — | 60 |
| 2004 | 1526 | — | 1526 | 2015 | 60 | — | 60 |
| 2005 | 1300 | — | 1300 | — | — | — | — |

### 特种动物

2000 年，后墩村新建特种动物养殖示范区，从江苏南通引进第一批海狸鼠 100 对进行养殖，海狸鼠集药材、工业皮革制品、制作画笔及油刷和食用于一体，用途广泛，经济效益高，该项目列入区级科技星火致富项目。特种动物养殖示范区内还有南非波尔山羊 10 只，獭兔 200 只，美国七彩山鸡 800 只，红蚂蚁等。2001 年，示范区有波尔山羊 20 只，海狸鼠 150 只，獭兔 1000 只。该特种动物示范园区北仑区内尚属首家。

### 鸡鸭鹅

**鸡**　饲养鸡、鸭、鹅是农家传统副业，尤其是鸡，家家皆养，每户少则 2 ～ 3 羽，多至 10 余羽，采用放养形式。禽肉和蛋品以自食为主，多余的逢年过节向市场出售，品种为土种草鸡。20 世纪 50 年代后引进三黄鸡、白洛克等新品种鸡。

**鸭**　在水塘、溪边有少数农家散养鸭，但数量不多。二十世纪八九十年代，专业的养蛋鸭户各村均有，群养量约百羽，品种以本地麻鸭为主，蛋品销往郭巨、柴桥等地。70 年代初引进北京鸭等新品种。

**鹅**　境内养鹅农户数量不多。分清明鹅和年鹅两期，圈养和放养相结合，多数养鹅农户只养一二羽，

鸡

鸭

鹅

自食，也有规模较大养 10 ～ 30 羽供出售的，品种多为本地白鹅，80 年代初引进太湖鹅等新品种。饲养母鹅的农户数量更少，一般是有祖传经验的农户专孵雏鹅出售。清明时节，青草茂盛，以青草为食的清明鹅最为肥美。

饲养家禽是千家万户的副业，饲养量比较稳定。20 世纪 80 年代中后期，出现养禽专业户，20 世纪 90 年代以来，随着居住环境的变化，家禽散养农户逐年减少。1998 年，境内有养禽专业户 97 户，其中养鸡专业户 65 户，饲养量 1.74 万羽；养鸭专业户 32 户，饲养量 2560 羽。2012 年饲养量 39060 羽。

### 1984—2019 年部分年份境内家禽饲养量一览

表 5-5-8

| 年份 | 饲养量（羽） | 其中 | | | 年份 | 饲养量（羽） | 其中 | | | |
|---|---|---|---|---|---|---|---|---|---|---|
| | | 鸡（羽） | 鸭（羽） | 禽蛋产量（吨） | | | 鸡（羽） | 鸭（羽） | 鹅（羽） | 禽蛋产量（吨） |
| 1984 | 172 | — | — | — | 2003 | 9319 | 8529 | 767 | 23 | 11.80 |
| 1985 | 20192 | — | — | — | 2005 | 12068 | 10223 | 1825 | 20 | 16.33 |
| 1986 | 13106 | — | — | — | 2006 | 9743 | 9167 | 576 | — | 3.17 |
| 1987 | 31820 | — | — | — | 2007 | 7908 | 7026 | 882 | — | 3.29 |
| 1988 | 39260 | — | — | — | 2008 | 6228 | 5990 | 238 | — | 26.15 |
| 1989 | 198 | — | — | — | 2009 | 5450 | 5200 | 250 | — | 35.75 |
| 1990 | 201 | — | — | — | 2010 | 6020 | 2840 | 2080 | — | 19.54 |
| 1991 | 136 | — | — | — | 2011 | 7050 | 6700 | — | — | 8.60 |
| 1992 | 20600 | — | — | 35.0 | 2012 | 39060 | 36350 | — | — | 5.93 |
| 1993 | 20000 | — | — | — | 2013 | 3840 | 4820 | — | — | 1.14 |
| 1994 | 13000 | 10180 | 2820 | 28.0 | 2014 | 1610 | 3770 | — | — | 6.68 |
| 1995 | 13000 | — | — | 28.0 | 2015 | 7720 | 7720 | — | — | 7.82 |
| 1996 | 18927 | 9276 | 1682 | 10.2 | 2016 | 758 | 758 | — | — | — |
| 1997 | 10958 | — | — | — | 2017 | 360 | 350 | — | — | 10.00 |
| 2000 | 5555 | — | — | 12.0 | 2018 | 2710 | 1100 | — | — | 8.20 |
| 2001 | 5014 | 3063 | 1951 | — | 2019 | 1931 | 1931 | — | — | 12.86 |
| 2002 | 3544 | 2877 | 667 | — | — | — | — | — | — | — |

## 其他

**蜂** 民国时期，个别乡民养土蜂。土蜂俗称“本蜂”，亦称“中华蜂”，筑巢于古墓或古树的洞穴缝隙，山农多把野蜂引入桶养。用蒸巢取蜂蜜、黄蜡办法，即要轮流毁巢，此类养蜂习惯在 20 世纪 60 年代已基本被淘汰。70 年代，境内养蜂业有较大发展，并引入意大利新品种，故蜂种多为意蜂和中蜂。蜜源主要是春季的紫云英和油菜花，秋季的茶花等，但花期短而集中，个别养蜂大户于每年 4 月后将蜂群向外运迁寻找蜜源。1986 年养蜂 298 箱。90 年代有所减少，均在 212 箱左右，1995 年，产蜂蜜 1660 千克、蜂皇浆 210 千克；2009 年养蜂 300 箱，至 2019 年末，街道内仍有少量养蜂户，其中尖岭村一农户养蜂 8 箱。

蜜蜂

**梅花鹿** 2002年，华峙村冯晔从吉林省公主岭市鹿场引进梅花鹿40头，总投资50万元，养殖圈栏面积约2亩，通过精心饲养，当年产仔鹿2头。

## 第二节 疫病防治

### 疫病种类

境内畜禽主要疫病：

**猪病** 猪瘟、猪肺疫、猪丹毒、仔猪副伤寒、仔猪白痢、仔猪黄痢、乙型脑炎、口蹄疫、猪流感、猪气喘病、猪血痢（密螺旋体）、猪水肿病、猪破伤风、猪传染性胃肠炎、猪寄生虫病等。1953年，郭巨镇200余头猪发猪瘟病。

**牛羊病** 牛炭疽、牛结核病、牛流感、水牛传染性脑脊炎、黄牛膀胱炎、山羊传染性胸膜炎、羊块疫病等。

**禽病** 鸡新城疫、鸡法氏囊病、鸡马立克病、禽沙门氏杆菌病、鸭病毒性肝炎、鸭瘟、小鹅瘟、禽出败、鸡支原体病、鸡球虫病等。

**兔病** 兔瘟、兔魏氏梭菌病、兔伪结核病、兔球虫病、兔疥癣等。

**蜂病** 囊状幼虫病、美洲腐臭病、麻痹病、螨病等。

在众多疫病中，属于大流行的有猪瘟、牛流感和鸡新城病，属地方性流行的有猪气喘病、猪丹毒、猪肺疫、仔猪副伤寒、禽出败、鸡法氏囊病、鸡呼吸道疾病等；属散发性的有猪水肿病。

### 主要疫病发生与防治

中华人民共和国成立前，防治畜禽疫病缺医少药，对耕牛吊脚痧病采用活血放瘀疗法，结合内服中药治疗，其他畜禽疫病，只能采取隔离措施，有的甚至采用愚昧迷信办法，如遇猪丹毒旺发，认为是“鬼打印”，在猪栏上挂米筛、棕板或铁器等以示驱鬼驱邪。

中华人民共和国成立后，疫病防治工作被列为发展畜禽的首要任务，对严重危害畜禽生产的猪丹毒、牛炭疽、猪瘟、鸡新城疫等主要疫病进行预防注射。1956年，郭巨区农业技术推广站配畜牧兽医干部1人，建有基层兽医站，开展门诊和巡回医疗。1970年试行牲畜合作医疗，1976年全面推行牲畜疫病合作防治制度，郭巨、峙头公社分别建有兽医站，各配畜牧兽医业务人员1人。1990年，区内试行生猪定点屠宰，实行检疫。1996年，执行国务院对上市生猪实施定点屠宰规定，设专职检疫员进行流通检疫。2019年，境内畜禽防治仍由白峰兽医站负责，业务人员2人。

**猪瘟** 俗称“烂肠瘟”，是危害最严重传染病之一。1953年10月，郭巨发病200余头，死亡130头，1965年郭巨发病死亡850头。1970年，峙头和郭巨又发猪瘟病200余头。1980年后，进行春秋两季注射疫苗，达到基本控制。

**猪丹毒** 俗称“鬼打印”。20世纪50年代，此病境内常年发病率在10%～15%。60年代始，应用抗生素和疫苗防疫，使病情得到控制，死亡率大为减少。

**猪肺疫** 俗称“锁喉风”，零星散发。

**鸡新城疫** 俗称“鸡瘟”，病史已久，流行广泛。20世纪50年代鸡瘟病死亡率4%左右。1963年后，重视雏鸡免疫措施，采用新城疫Ⅱ系苗滴鼻和新城疫Ⅰ系苗，在阉割时穿刺防疫，有较好效果，发病率2%左右。

**禽出败** 又名巴氏杆菌病、禽霍乱，俗称“摇头瘟”。病史悠久，属多散发性，危害鸡、鸭和鹅等。1964年郭巨境内多次发生，80年代后随着家禽数量增多发病也渐增。发病死亡率高达40%。

**鸭瘟** 俗称“大头瘟”，是急性败血性传染病，死亡率可高达100%。

## 第三节 畜禽饲料

境内农户养殖畜禽所需饲料，历来以番藤、米糠、棉籽饼等各种农副产品为主，结合鲜（干）革命草料喂养。1953年实行粮食统购，每头猪留饲料粮57.5千克。1955年，农村实行粮食“三定”，在农户“三留”（口粮、种子、饲料）粮中留有饲料粮，平均每头猪57.5千克。1956年全面推广紫云英（俗称芘花）鲜贮发酵饲料；1958年4月起，利用玉米秆、玉米芯、油菜籽壳、瘪谷、豆秆等加工饲料；1964年开始发展养殖“三水一绿”（水葫芦、水浮莲、水花生、绿萍）等水生饲料。70年代初推广“703”发酵曲种制作糖化饲料。同时再次发展“三水一绿”饲料。1979年推广复合饲料。1982年推广配（混）合饲料。1985—1990年，境内家畜饲料主要以配合饲料为主，1990年以后，推广全价颗粒饲料，主要用于仔猪。1996年养猪形势趋好时，中猪、大猪均喂全价颗粒饲料。农村中也有喂泔渍等下脚料的专业户。

家禽以配合饲料为主。1986年开始有部分苗禽喂颗粒饲料。1990年全面推广全价饲料，尤其是饲养期短的AA鸡及种鸡，全过程喂食全价饲料。

20世纪90年代，配合料以农户自配为主。中猪配合料有糠、四号粉、玉米、豆粕等，适当加抗生素。肉鸡配合料有糠、四号粉、玉米、豆粕、鱼粉、沸石粉等，适当加抗生素和饲料添加剂。蛋鸭配合料有四号粉、清糠、酒糟、豆粕、鱼粉、贝壳粉等，适当加些微量元素、AD3E、高效精料等。全价饲料主要有猪、鸡以及蛋鸭的产前、产后全价料。

兔的饲料以草料为主，精料为辅，占30%～50%。具有一定规模的专业户都配备颗粒饲料机，自己配方制全价颗粒料。兔的全价料主要由玉米、大麦、麸皮、豆饼、菜籽饼、麦芽根、草籽粉、骨粉、食盐等配成，适当加些赖氨酸等微量元素和止泻、防球虫等药。

# 第六章 渔业

境内渔业历史悠久，新石器时代晚期，栖居大岭下沿海一带的先民以渔猎为生。从徒手在滩涂采拾贝、藻，逐步发展到插芦秆拦鱼，后又使用推挈、串网等简单工具。宋《宝庆四明志》称之为“人物阜繁，鱼盐富衍”。明嘉靖《定海县志》有“利近东海，民资渔罟出没，衣食之源，过于农耕”的记载。然因历代战乱兵燹，重税苛捐，渔业生产屡遭摧残。

中华人民共和国成立后，渔业生产复苏并发展，20世纪50年代，境内组建渔业合作社，后改名郭巨渔业大队，专业从事海洋捕捞和涂业生产。20世纪80年代初，境内近海滩涨网业快速发展，透骨新鲜的涨网货成了郭巨一张亮丽的名片；大批棉田改对虾、梭子蟹等海水产品养殖塘，水产品产量大幅上升，1988年，郭巨镇、峙头乡水产品年产量分别达1564吨、4762吨，其中养殖产品分别为632吨、282吨，海水产品分别为1292吨、4740吨。20世纪90年代以来，境内峙头冷冻厂（成开公司）发展海洋远洋捕捞业。2000年，境内海洋捕捞产品达8477吨，海（淡）水养殖产品达近500吨。进入21世纪以来，随着穿山港区的开发建设，境内养殖塘田和滩涂陆续被征用，又郭巨渔业大队改制解体，成开公司注销，境内海洋捕捞、海（淡）水养殖和涂业产品大幅度缩减。2014 年，境内海洋捕捞产品仅有 160 吨，海（淡）水养殖产品仅有 20 吨。

自 20 世纪 80 年代以来的渔业生产中的乱捕滥捞；大规模筑堤围垦，影响鱼类生存环境并缩减了海涂面积；工业废水排入江河海洋，污染水体，危及内河及浅海鱼类生存；多方因素导致海洋主要经济鱼类资源枯竭。进入 21 世纪以来，国家实行休渔期规定，海洋经济鱼类资源逐渐有所回升。

## 第一节 渔业生产关系

### 中华人民共和国成立前的渔业体制

历史上，渔业生产自用船、网工具后，渔民开始合伙捕鱼，按人平分实物，久而演变为人、船、网折股（脚）按脚分配。明末出现大型渔船，拥有生产工具者雇用渔工，成为渔东老板，俗称“长元”。在生产经营中出现多种体制形式并存，而以长元制为主要形式。

**长元制** 长元又称掌元，即为渔东老板，拥有一定数量船网等工具和资本，经营一至几艘渔船。长元制，即雇佣制。由长元出资雇工捕鱼，渔工按汛领取固定工资，不负盈亏责任。其间不另谋职业，遇落水伤亡、病死等事故除棺殓埋葬外不予赔偿。

**硬脚制** 渔民合伙经营的一种形式。渔船租入，网具自备，渔民参加劳动。生产按汛结算，收入减除成本后按脚分摊盈亏，称之“舱板凳分铜钿，硬碰硬”。该项方法，在境内较为普遍。

**拔份制** 船、网、工具和劳力皆折股（脚），按净收入拔份。此法使渔民收入与生产直接挂钩，利于调动渔民生产积极性。

**个体经营** 即为单户经营，自筹船网工具和资金，作业以近海岸涨网居多，自产自销，自己劳动，不雇用别人。

### 中华人民共和国成立后的生产关系变革

中华人民共和国成立后，党和政府领导渔民对渔业生产关系进行多次改革。中华人民共和国成立初期，引导渔民走互助合作道路，成立渔业合作社，后为适应生产力发展，又作多次变革。

**劳资分成** 1950 年冬，推行在“长元制”基础上，把固定工资改成“劳资分成”，即长元出资经营，负盈亏责任，渔民出劳力捕鱼，收入按比例分成，资方得 68%，劳方得 32%。

**渔业互助组** 1953 年，根据中共中央《关于发展农业互助合作的决议》精神，按自愿互利原则；1954 年郭巨渔民组织渔业互助组。始以一个生产单位组成季节性临时互助组，同年冬汛开始，由几个季节性互助组联合组成高级互助组。

**渔业生产合作社** 1956 年，农业合作化高潮时，低级渔业互助组升为高级互助组即渔业生产合作社。郭巨福明大队、一大队（大涂塘）、五大队（南门村）、六大队（尖岭岙村）等联合组建郭巨海洋渔业高级社，该社成立的外洋渔业队和涂业队，专门从事外洋捕捞和海涂作业。基本实现了渔业合作化。

**人民公社渔业大队** 1958 年，贯彻中共中央《关于在农村建立人民公社的决议》，是年秋冬，实现人民公社化。郭巨海洋渔业高级社改称为郭巨渔业大队，并将“记工评分”按劳分配的原则，改为基本工资加奖励的供给制度。渔业生产责任制在各个不同时期各有侧重。20 世纪 50 年代以“三包二奖”为主，即一汛或一年，根据不同作业的船只、工具、技术等条件确定不同的产量、工分、成本指标。“两奖”是超产奖和节支提成奖。60 年代，以“除成本比例分成”为主，即收入除去成本后的净收入按比例分成。一般核算单位得 30%，生产单位得 70%。80 年代，推行“定额包干”，即属大队集体所有的船、网等生产工具给作业单位使用。作业单位有生产经营、产品处理、收益分配等自主权，每年向大队包干上交折旧费、大修理费、公共积累（公积金、公益金）和管理费，简称四费。生产资金及盈亏均由作业单位自负。

### 渔业实体组织

**郭巨渔业大队** 前身是1956年组建的郭巨海洋渔业高级社，时社址郭巨镇南门，社长汪夫生，渔船4艘，社员42户。1958年改称郭巨渔业大队。1985年，郭巨渔业大队共有75户，人口266人，劳动力174人，有木船4艘、机帆船2艘，126吨位，年产量248.15吨，分配总额12万元，户均收入3704元，人均收入1044元，劳力人均收入2437元，固定财产17.80万元。1994年，撤销郭巨渔业大队，保留郭巨渔业经济合作社体制至今。

**宁波成开海洋渔业有限公司** 位于原峙头乡上宅村，其前身为1983年建立的峙头冷冻厂，主营海产品收购与销售、加工、捕捞。1985年，建成200吨级冷库和码头。1988年开办马面鱼加工厂。1992年涉郭巨灯具城开发建设并更名为宁波成开海洋渔业有限公司，并购入6艘功率为441千瓦渔轮。1993年6月，成开公司海洋远洋捕捞公司远征北太平洋钓鱿鱼。1994年购入2000吨级冷藏船1艘。1996年11月，购入735千瓦冷藏加工船2艘。1997年11月，组成鱿钓船队赴柬埔寨、巴布亚新几内亚捕捞。是年成开冷2号船在鱿钓中获单产全国第一，产量4200吨。船均产量居全国第二。1999年7月31日，浙江省舟山水产联合集团在舟山普陀朱家尖成立，宁波北仑成开海洋渔业公司成为浙江舟山水产联合集团分公司。2003年，成开公司有员工535人，总资产9743.78万元，产值9100余万元，利润1000余万元。水产养殖基地267公顷。是年，被评为市级农业龙头企业。2006年，因宁波港穿山港区开发建设的需要，码头、加工厂、冷库及水产养殖基地被征用。成开海洋渔业有限公司注销解体。

## 第二节 海洋捕捞

### 峙头洋渔场

峙头洋在境东南北部，东经122°8′～122°13′，北纬29°50′～29°57′之间。总面积285.9平方千米，其中境属面积约100平方千米。主产大黄鱼、鳓鱼、鲳鱼、鮸鱼、毛鲿鱼等。清乾隆、嘉庆年间，峙头洋系大黄鱼渔场，流网船可在洋小猫岛海域放网捕鱼。光绪年间，峙头洋鱼群改道洄游象山县南韭山一带，遂不成鱼汛。中华人民共和国成立后成小杂鱼渔场，常有郭巨、峙头等地百余艘大小渔船在此捕捞，每艘年产量10吨左右。20世纪60年代末期，鳓鱼资源回升。1970—1974年，郭巨、峙头等地有30余艘小流网船在此捕捞，每汛单产鳓鱼15吨左右，此后鳓鱼逐年减少。1976—1979年夏汛，峙头洋大黄鱼重发，洋小猫岛海域至双峙港一带黄鱼与从桃花港进入的新鱼群汇集，鱼发面广，汛对产大黄鱼近5吨，总产500吨。尔后大黄鱼仅少量散发。

峙头洋历来盛产海蜇，每年5月初，峙头洋至金塘港、灰鳖洋一带海面常出现海蜇幼体群，生长迅速。6月初开捕，沿海农民纷纷驾农船出海撩捞，旺汛季节渔（农）船多达数百艘。汛期长为3个月半。20世纪50年代前，年产海蜇2000吨左右，50年代平均年产减至1000吨，60年代平均年产150吨。70年代末期产量骤降，至1985年海蜇基本绝迹。70年代后，峙头洋的大黄鱼、毛鲿鱼基本消失，鮸鱼、鳓鱼、鲳鱼等资源亦明显减少，而梅童鱼、鲻梭鱼、虾孱和梭子蟹等却有增加，形成新的渔场。近几年象山港马鲛鱼（俗称川乌）资源回升，每年的3—4月，有十几艘小流网船（游丝网）在盛岙至洋涨洋面捕捞马鲛鱼，产量高的船年捕捞量能达1吨。常年在盛岙至洋涨洋面主要为涨网作业场所。（详见本章第八节郭巨海鲜涨网货）。

## 渔具

**渔船**　境内历史上捕鱼均使用木帆船，行驶靠风力、潮流推进。木帆船出海生产全赖木质向盘定航向，看天和潮汐测气象，竹篙沉锤探海深，观看山头判船位，全凭经验和手工操作。20世纪50年代郭巨渔业队建造一对机帆船288马力，126吨。1968年新造渔船2艘，船只吨位增大，实现机帆化。1960年初始用立式起锚机，60年代中期，渔业队带头船均装置无线电报话机，定时与渔业指导部总台联系。1966年起，机帆船始装鱼群探测器，寻找大黄鱼、带鱼、马面鱼等上层鱼类，兼测水位深浅，1978年起，部分大型机帆船配备劳兰（双曲线）定位仪。1979年，渔船使用超短波无线电对讲机，至1985年，境内机帆船普遍使用对讲机联络生产，部分机帆船亦安装单边单电台。渔民终年海洋作业，过去经常发生船翻人亡、葬身鱼腹的惨剧，故渔民感叹："三寸板内是娘房，三寸板外见阎王。"中华人民共和国成立后，加强海洋气象预报与收听，60年代开始安装罗经仪，70年代推广定位仪等导航设备，海损事故逐年减少。1984年9月起，境内机帆船都配置救生圈和救生衣。

帆船

钢质渔轮

**渔网**　中华人民共和国成立前与中华人民共和国成立初期，网具系苎麻编织吸水易烂，且栲网、血网等防腐工序繁杂。20世纪50年代末，因苎麻短缺，一度改用棉纱。1963年，渔网原料始用聚乙烯、维尼龙等合成纤维。70年代实现"塑料化"，塑料网具具有布水少、拖速快、省力、耐用等优点。沉子原用泥陶柱和石柱，后用橡胶沉子，石柱沿用至今。旧时，浮子用桐木或毛竹制成，现用塑料浮子。

## 捕捞作业

境内多海涂，且渔场就在门口港外。中华人民共和国成立前，海洋捕捞业除了沿海的涨网、串网以外，主要是流网、大捕和大对作业。20世纪50年代后机帆船兴起，传统流网作业改为对网、拖网作业。1970年引进底拖网作业，捕获量高。80年代始发展拖虾和拖蟹作业。

**流网作业**　流网作业亦称"溜网"，属流刺网类单船作业。网具由数十爿至数百爿（顶）网衣连接，放入海洋中随风、潮漂流，以网衣挂刺缠络鱼、蟹，可常年生产，捕获鱼体大且匀称。根据不同水层，分上中层流网和底层流网；按渔船大小和渔场远近，有大、小流网之别；按捕捞对象分，有鲷鱼流网、鮸鱼流网、黄鱼流网、鳓鱼流网、鲨鱼流网、肉鲳流网、毛鲿流网和蟹流网等。境内传统为小流网作业。小流网船载重2～3吨，每船渔民2～5人，境内渔民习惯在峙头洋捕鱼，北水从峙头洋小猫岛附近出网，至虾峙东、西白莲外起网；南水从东、西白莲外出网，返回洋小猫岛附近起网，每船带网30～40爿，汛单产1.5吨左右。渔汛期自农历三月下旬至五月下旬，约60天，夏至前后为旺汛，渔获物主产鳓鱼。80

年代资源渐减，鱼群分散，仅少量捕获。

**对网作业** 对网是用两艘船（煨船、网船）共同作业，主要捕大黄鱼、小黄鱼、带鱼、墨鱼等经济鱼类，根据渔船和网具规格及捕捞对象不同，又有大对、小对、背对和机帆船对网之分。境内主要以小对、背对作业为主。1957 年，郭巨外洋渔业队启用机帆船对网作业。

小对作业：以捕获夏季产卵大黄鱼为主，每对船员 8 人，网船 4 人，煨船 4 人；船形不一，多数为“带角船”，长约 7 米，无鳖壳，载重量 1.5 ～ 2 吨，以布帆、橹、桨为动力，宜近海作业，日升出海，日落归里；捕带鱼拖拽约半个小时，大黄鱼约 15 分钟。

背对作业：冬汛专捕带鱼，以大捕船为母船，“单背对”背舢板（子船）2 只，渔民 13 人；“双背对”背舢板 4 只，渔民 22 人；渔网渔法与小对相仿。

机帆船对网作业：为单一对网作业；用煨船、网船捕捞一种鱼类为主，兼获蟹虾及其他鱼类；渔网渔法与大、小对作业略同，船、网较大；20 世纪 70 年代后期，试验双网作业，即一船起网取鱼，一船放网入海，轮流交叉作业。

**拖网作业** 利用渔船动力或天然风力拖拽网具前进，属过滤性拖动作业，有双船拖网和单船拖网两大类，主要有机帆船底拖网、墨鱼拖、虾拖等类。

底拖网作业：亦称“大拖风”，系双船作业；底拖风网具与对网相似，翼网较短，呈凹形；每拖拽 3 ～ 4 小时起网一次；渔场自长江口至闽东，主产带鱼，次为黄鱼、鳗、虾、蟹等中底层鱼类。此作业捕获量高，但对幼鱼及产卵鱼资源杀伤极严重；1979 年国务院规定禁渔线，线内全年禁止底拖网作业。

墨鱼拖作业：系单船底桁杆拖网，境内及周边海域均有此作业，1984 年后因墨鱼资源衰退，经济效益低而淘汰。墨鱼拖无固定船型，一般船长 6 米，阔 1.4 米，载重 1 ～ 2 吨，每船 3 人；网具呈三角形，有囊无翼，由腹网和背网缝合而成，长 8 米；渔法，掷网沉入海底，背网张口，渔船由外向里或逆水拖拽，墨鱼触及拖网，习惯后跃而入网，15 ～ 20 分钟起网一次。

拖虾作业：多系小型单船捕捞，为境内渔民传统作业，每船 3 人。渔场在象山港口。渔期春秋两汛，秋汛为旺；渔获物主产中华管鞭虾，俗称“红虾”；每船汛产 2 ～ 2.5 吨，多制成咸烤虾。拖网由囊网、盖网、缘网组成。

## 涨网作业

**高桩涨网** 详见本章第八节郭巨海鲜涨网货。

**大捕作业** 亦写作“大蔀”，或称抛钉，单船作业，习惯捕夏、秋两汛。20 世纪 50 年代中期仿大对方式，郭巨福民村、大涂塘村、南门村、尖岭岙村各有一艘船，春汛双船捕小黄鱼，夏、秋汛单船涨大捕，冬汛背舢板捕带鱼。船型与大对相似，长 15 米，宽 3 ～ 3.2 米，载重 13 ～ 14 吨，每船五六人。中华人民共和国成立后，船体增大至 18 吨左右，人员七八人。网具由缘网、网身和囊网组成，主要渔获物有黄鱼、鳗、鲳鱼，其次是梅子、鲚鱼、虾孱、黄鲒、带丝等，汛产 12.5 吨左右。

**挑捕作业** 亦作“挑蔀”，单船作业，网具呈三角锥体形。渔场在象山港湾一带海域，主产白虾，捕获后加工成咸虾出售。20 世纪 50 年代后因经济效益不佳被淘汰。

**反捕涨网** 亦作“反蔀”，由上下左右 4 支毛竹扎成方锥形网架，捕捞时将拴有根绳竹桩打入海底，框架中挂渔网，四角边索连接辘轴，随潮自动转向。渔场主要在港湾或沿岸海域。每船网 6 ～ 8 顶，主产小型鱼、虾、蟹类，年产 10 吨左右。

**三杠涨网** 在反捕网架上增置三脚竹筐，每船网 20 ～ 30 顶，以捕捞上层小型鱼虾为主，单船年产约 12.5 吨。

**海蜇涨网** 为境内渔业传统作业。春夏之交时有幼海蜇随潮漂入境内海域，以峙头海域为界，灰鳖洋至峙头北首海蜇从浙北漂来；峙头洋海蜇自浙南漂来。南北海蜇为两股群体。鱼汛自芒种至秋分 3 个半月。芒种至小暑为初发期，称“霉蜇”，小暑后至立秋为旺发期，称“伏蜇”，立秋后至秋分为后发期，称“秋蜇”。汛期换稀网或草绳网涨捕海蜇。境内渔民、农民有擦捞海蜇传统，汛期将农船越塘入海擦捞，由2人驾小船一只，一人摇橹，一人用长柄擦盆擦捞。1974年海蜇旺发，1976年始海蜇资源锐减，今已少有。

### 涨鳗丝

鳗丝又称鳗鲡，主要产区在长江口。鳗鲡栖息环境淡咸水交融处。鳗丝苗长约5厘米，浑身透明，一根鱼脊清晰可见，身体粗的和细粉丝相仿，细的如同绣花针，1千克鳗鱼苗约有9000条。每年1—5月份为涨鳗丝汛期，20世纪80年代初，岐南联合、洋涨、盛岙、双岙等村村民在近海泥涂口外始有涨鳗丝苗作业，盛于90年代，时涨鳗丝船只数达150艘之多，有的甚至用竹筏、汽车内胎、塑料泡沫替代船只，鳗丝网具数量多达4500顶，从业人数约200人，产量高的船只年产值高达18万元。80年代，鳗丝苗由县外贸公司统一收购，供应给养殖基地。90年代始，福建等商人来境内上门收购，鳗丝价格始上涨，鳗丝苗收购按条计，价格从80年代的十几元1条，涨到90年代末的三四十元1条；1996年出口鳗苗35千克，产值约450万元。今境内涨鳗丝的人仍有二三十人。

#### 1991—2000年部分年份境内鳗苗产量一览

表5-6-1

| 年份 | 产量（千克） | 价值（万元） | 年份 | 产量（千克） | 价值（万元） |
|---|---|---|---|---|---|
| 1991 | 7 | 7 | 1997 | 7 | 56 |
| 1993 | 30 | — | 1998 | 4 | 1 |
| 1994 | 10 | 150 | 1999 | 8 | 40 |
| 1995 | 24 | 360 | 2000 | 8 | 40 |
| 1996 | 35 | 450 | — | — | — |

#### 1975—1991年部分年份郭巨公社（乡、镇）水产品分类产量一览

表5-6-2　　单位：吨

| 年份 | 水产品合计 | 其中： | 一、海水产品 | | (1) | (2) | (3) | (4) | 二、淡水产品 | | (1) | (2) | (3) |
|---|---|---|---|---|---|---|---|---|---|---|---|---|---|
| | | 养殖 | 小计 | 其中：养殖 | 鱼类 | 虾蟹类 | 贝类 | 藻类 | 小计 | 其中：养殖 | 鱼类 | 虾蟹类 | 贝类 |
| | 1=3+9 | 2 | 3=5+6+7+8 | 4 | 5 | 6 | 7 | 8 | 9=11+12+13 | 10 | 11 | 12 | 13 |
| 1975 | 403.4 | 10.4 | 400.4 | 7.4 | 373.2 | 19.6 | — | 7.6 | 3.0 | 3.0 | 3.0 | — | — |
| 1976 | 335.8 | — | 334.3 | 8.6 | 291.0 | 38.2 | — | 5.1 | 1.5 | — | 1.5 | — | — |
| 1977 | 557.1 | — | 555.9 | 1.4 | 518.8 | 35.5 | — | 1.6 | 1.2 | — | 1.2 | — | — |
| 1979 | 374.6 | — | 373.3 | 24.3 | 335.3 | 35.6 | — | 2.4 | 1.3 | — | 1.3 | — | — |
| 1980 | 372.2 | — | 372.2 | 0.7 | 253.9 | 117.6 | — | 0.7 | — | — | — | — | — |
| 1981 | 430.4 | — | 430.4 | 2.5 | 293.4 | 134.5 | — | 2.5 | — | — | — | — | — |
| 1982 | 376.2 | — | 375.3 | 0.2 | 201.8 | 171.9 | — | 1.6 | 0.9 | — | 0.9 | — | — |
| 1983 | 1058.8 | 3.9 | 1056.0 | 1.1 | 452.0 | 601.6 | 0.5 | 1.9 | 2.8 | 2.8 | 0.3 | 2.5 | — |
| 1984 | 765.1 | 31.0 | 763.2 | 29.2 | 319.7 | 442.0 | 0.3 | 1.2 | 1.9 | 1.8 | 1.9 | — | — |
| 1985 | 1482.5 | 80.0 | 1450.0 | 50.0 | 400.0 | 1000.0 | 45.0 | 5.0 | 32.5 | 30.0 | 30.0 | 2.5 | — |
| 1986 | 673.6 | 19.6 | 658.8 | 4.8 | 365.7 | 290.6 | 1.1 | 1.4 | 14.8 | 14.8 | 14.8 | — | — |

续表 5-6-2

| 年份 | 水产品合计 | 其中：养殖 | 一、海水产品 小计 | 一、海水产品 其中：养殖 | （1）鱼类 | （2）虾蟹类 | （3）贝类 | （4）藻类 | 二、淡水产品 小计 | 二、淡水产品 其中：养殖 | （1）鱼类 | （2）虾蟹类 | （3）贝类 |
|---|---|---|---|---|---|---|---|---|---|---|---|---|---|
| | 1=3+9 | 2 | 3=5+6+7+8 | 4 | 5 | 6 | 7 | 8 | 9=11+12+13 | 10 | 11 | 12 | 13 |
| 1987 | 523.1 | 37.2 | 498.1 | 14.2 | 317.6 | 171.0 | 8.0 | 1.5 | 25.0 | 23.0 | 24.5 | 0.5 | — |
| 1988 | 1305.7 | 31.6 | 1292.0 | 18.0 | 411.0 | 861.0 | 20.0 | — | 13.7 | 13.6 | 13.6 | 0.1 | — |
| 1989 | 545.8 | 35.8 | 533.0 | 23.0 | 412.0 | 102.0 | 19.0 | — | 12.8 | 12.8 | 11.9 | 0.1 | 0.8 |
| 1990 | 549.9 | 115.5 | 541.3 | 108.9 | 350.2 | 102.6 | 88.5 | — | 8.6 | 6.6 | 7.6 | 0.5 | 0.5 |
| 1991 | 257.3 | — | 231.0 | — | 76.0 | 39.0 | 116.0 | — | 26.3 | 26.0 | 26.0 | 0.3 | — |

说明：数据来源于郭巨公社（乡、镇）历年农业统计年报表。

## 1971—1990 年部分年份峙头公社（乡）水产品分类产量一览

表 5-6-3　　　　单位：吨

| 年份 | 水产品总计 | 其中：养殖 | 一、海水产品 合计 | 一、海水产品 其中：养殖 | （1）鱼类 | （2）虾蟹类 | （3）贝类 | （4）藻类 | 二、淡水产品 合计 | 二、淡水产品 其中：养殖 | （1）鱼类 | （2）虾蟹类 | （3）贝类 |
|---|---|---|---|---|---|---|---|---|---|---|---|---|---|
| | 1=3+9 | 2 | 3=5+6+7+8 | 4 | 5 | 6 | 7 | 8 | 9=11+12+13 | 10 | 11 | 12 | 13 |
| 1971 | 13.9 | — | 13.9 | 0.2 | 9.4 | 4.5 | — | — | — | — | — | — | — |
| 1972 | 41.4 | — | 41.4 | — | 41.0 | 0.4 | — | — | — | — | — | — | — |
| 1973 | 87.0 | — | 87.0 | — | 75.0 | 12.0 | — | — | — | — | — | — | — |
| 1974 | 75.7 | — | 75.1 | — | 30.1 | 45.0 | — | — | 0.6 | 0.6 | 0.6 | — | — |
| 1975 | 72.8 | — | 71.0 | — | 55.7 | 15.3 | — | — | 1.8 | 1.8 | 1.8 | — | — |
| 1976 | 81.0 | — | 81.1 | — | 48.1 | 33.0 | — | — | — | — | — | — | — |
| 1977 | 91.7 | — | 90.8 | — | 74.8 | 16.0 | — | — | 0.9 | 0.9 | 0.9 | — | — |
| 1978 | 22.1 | — | 19.7 | — | 11.9 | 7.8 | — | — | 2.4 | 2.4 | 2.4 | — | — |
| 1979 | 68.1 | — | 68.1 | — | 26.0 | 42.1 | — | — | — | — | — | — | — |
| 1980 | 31.9 | — | 31.6 | — | 24.6 | 7.0 | — | — | 0.3 | 0.3 | 0.3 | — | — |
| 1981 | 44.7 | — | 44.5 | — | 31.7 | 12.8 | — | — | 0.2 | 0.2 | 0.2 | — | — |
| 1983 | 142.8 | — | 142.9 | — | 23.5 | 119.4 | — | — | — | — | — | — | — |
| 1984 | 126.3 | — | 117.8 | — | 47.2 | 70.6 | — | — | 8.5 | 8.5 | 8.5 | — | — |
| 1985 | 179.1 | — | 178.1 | — | 93.8 | 84.3 | — | — | 1 | 1.0 | 1.0 | — | — |
| 1986 | 244.1 | 43.3 | 242.1 | 41.3 | 90.0 | 152.1 | — | — | 2 | 2.0 | 2.0 | — | — |
| 1987 | 250.0 | 25.3 | 247.1 | 22.9 | 122.5 | 124.6 | — | — | 2.9 | 2.9 | 2.9 | — | — |
| 1988 | 238.2 | 14.0 | 237.1 | 13 | 87.3 | 149.8 | — | — | 1.1 | 1.1 | 1.1 | — | — |
| 1990 | 164.6 | 13.7 | 162.4 | 11.5 | 80.7 | 66.7 | 15.0 | — | 2.2 | 2.2 | 2.2 | — | — |

说明：数据来源于峙头公社（乡、镇）历年农业统计年报表。

## 1994—2019 年部分年份境内海洋捕捞水产品分类产量一览

表 5-6-4　　单位：吨

| 年份 | 合计 | 鱼类 | | | | | | | | | | 甲壳类 | | | | | | | | | 贝类合计 | 头足类 | | | 其他类 | | |
|---|---|---|---|---|---|---|---|---|---|---|---|---|---|---|---|---|---|---|---|---|---|---|---|---|---|---|---|
| | | 合计 | 小黄鱼 | 带鱼 | 鲳鱼 | 马鲛鱼 | 鳗鱼 | 鲐鱼 | 马面鱼 | 蓝园鲹 | 其他 | 合计 | 虾类 | | | | 蟹类 | | | | | 合计 | 鱿鱼 | 其他 | 合计 | 海蜇 | 其他类 |
| | | | | | | | | | | | | | 小计 | 对虾 | 毛虾 | 其他 | 小计 | 青蟹 | 梭子蟹 | 其他 | | | | | | | |
| 1994 | 4424 | 3453 | 1 | 763 | 15 | 1 | 8 | — | 1198 | 871 | 596 | 371 | 320 | 3 | 250 | 67 | 51 | 1 | — | 50 | — | 160 | — | 160 | 440 | — | 440 |
| 1995 | 3204 | 565 | — | 97 | 4 | — | 5 | — | 96 | 6 | 357 | 483 | 303 | 3 | 300 | | 180 | 6 | — | 174 | 2150 | — | — | — | 6 | 6 | — |
| 1996 | 3038 | 509 | 2 | 50 | 1 | 6 | — | — | — | — | 450 | 438 | 412 | 7 | 15 | 390 | 26 | 2 | 24 | — | — | 1900 | — | 1900 | 191 | 17 | 174 |
| 1997 | 3661 | 2029 | 30 | 559 | 84 | 35 | 10 | 739 | 22 | — | 550 | 343 | 282 | 2 | | 280 | 61 | 5 | 36 | 20 | 1166 | — | — | — | 123 | 23 | 100 |
| 1998 | 5296 | 674 | 20 | 50 | — | — | — | 150 | — | — | 454 | 610 | 397 | 4 | 19 | 374 | 213 | 3 | 210 | — | 4000 | — | — | — | 12 | 12 | — |
| 1999 | 6038 | 504 | — | 5 | 20 | — | — | — | — | — | 479 | 352 | 212 | 3 | 69 | 140 | 140 | 2 | 128 | 10 | 5170 | — | — | — | 12 | 12 | — |
| 2000 | 8477 | 959 | — | 8 | 25 | 3 | 4 | — | — | — | 919 | 398 | 230 | 3 | 72 | 155 | 168 | 2 | 166 | — | 7120 | — | — | — | — | — | — |
| 2001 | 670 | 535 | — | 535 | — | — | — | — | — | — | — | 135 | — | — | — | — | 135 | — | — | 135 | — | — | — | — | — | — | — |
| 2002 | 8167 | 526 | — | 526 | — | — | — | — | — | — | — | 7641 | 7500 | — | — | 7500 | 141 | — | — | 141 | — | — | — | — | — | — | — |
| 2005 | 7544 | 209 | 2 | 152 | 8 | 5 | 2 | — | 5 | — | 35 | 63 | 39 | — | 39 | — | 25 | — | 11 | 14 | — | 7272 | 7272 | — | — | — | — |
| 2006 | 671 | 122 | 3 | 98 | 8 | 5 | | — | — | — | 8 | 123 | 86 | — | 86 | — | 37 | — | 20 | 17 | — | 420 | 420 | — | 8 | 8 | — |
| 2007 | 581 | 262 | — | 150 | 15 | 7 | 75 | — | — | — | 15 | 238 | 188 | 188 | — | — | 50 | — | — | 50 | 6 | — | — | — | 75 | — | 75 |
| 2008 | 313 | 226 | — | 113 | 49 | 19 | 45 | — | — | — | — | 45 | 15 | — | — | 15 | 30 | 30 | — | — | — | 23 | — | 23 | 19 | 19 | — |
| 2009 | 274 | 199 | — | 180 | 5 | 6 | 8 | — | — | — | — | 75 | 35 | — | — | 35 | 41 | — | — | 41 | — | — | — | — | — | — | — |
| 2010 | 372 | 264 | — | 229 | 30 | 5 | — | — | — | — | — | 55 | 29 | 18 | 11 | — | 27 | 9 | 18 | — | — | — | — | — | 53 | 23 | 30 |
| 2011 | 247 | 184 | — | 143 | 41 | — | — | — | — | — | — | 63 | 39 | 26 | 14 | — | 24 | — | 24 | — | — | — | — | — | — | — | — |
| 2012 | 302 | 207 | — | 114 | 41 | 12 | 40 | — | — | — | — | 95 | 47 | 31 | 16 | — | 48 | — | 48 | — | — | — | — | — | — | — | — |
| 2013 | 185 | 145 | 2 | 89 | 21 | 11 | 22 | — | — | — | — | 40 | 18 | 18 | — | — | 22 | — | 22 | — | — | — | — | — | — | — | — |
| 2014 | 102 | 102 | — | 64 | 12 | 5 | 21 | — | — | — | — | — | — | — | — | — | — | — | — | — | — | — | — | — | — | — | — |
| 2016 | 128 | 102 | — | 64 | 12 | 5 | 21 | — | — | — | — | 26 | 13 | 13 | — | — | 13 | — | 13 | — | — | — | — | — | — | — | — |

# 第三节　涂业生产

## 分布

境内各岙门口外都有海涂(俗称泥涂)。面积较大的是郭巨涂和双岙涂,总面积330余公顷,海岸线长4.8千米。海涂由淤泥粉细沙组成,泥质柔软,浮游生物丰富,宜生长梅蛤、螂蛤、圆蛤、泥螺、香螺、铁蛳螺、蛏子、蚶子、牡蛎、青蟹、沙蟹、红钳蟹、泥鱼、弹涂、赤鳎、涂鳗、望潮等鱼、蟹、贝类及随潮进入觅食的鲻梭鱼、鲈鱼、鲬鱼、梅鱼、鲚鱼、肉鳎鱼、鳗、梭子蟹、虾等。

涂民多系兼业者,农忙务农,农闲下涂捕捉,多达数百人。1954年,境内专业涂民20余户,常年生产涂产品35余吨,多鲜销于就近郭巨、柴桥市场。

## 工具及作业方法

涂业生产有工具捕捞和赤手捕捉两类。工具捕捞用扳罾、拉钩、推挈、串网、竹管、篾笼、横网等。板罾、推挈、串网工具及作业方法详见本章第九节《郭巨海鲜泥涂货》。拾梅蛤、抲弹涂、扽沙蟹、撮泥螺、撮香螺、拾蛤皮等赤手捕捉详见本章第九节《郭巨海鲜泥涂货》。

**钩拉作业**　系用金属钩拉钓鱼类。渔绳上拴鱼钩,间隔8厘米置钩一枚,每105枚钩为一夹,一般放钩10～20夹,多系独人作业。操作方法:退潮时将钩平放涂面成长带形,南北两端各插竹竿一根作桩,中间每夹钩间插竹夹代桩,上浮竹管,使拉钩直竖于涂面,迎风顺流漂动。随潮进出鱼类触钩即扎住鱼体,次晨退潮时驾泥马船取之,日产5～7.5千克。用船捕捞者,渔民2～3人,多在港湾或浅海作业,每放拉钩40～50夹,日产10～15千克,高时近百斤。渔获物多系鲻梭鱼、鲈鱼、鲬鱼、肉鳎之类。

**扽蛏子**　蛏子生长在肥软海涂,居于软泥穴中,以养殖为主。捕捉者跋涂而行,或用泥马船向前滑行,到蛏场用手直捕,赤臂直插蛏穴10～13厘米扽捉,而后将捉的蛏子放在竹篓或挈档(木制盛器)中。蛏子肉肥味美,可鲜食,也可腌制。腌蛏子系郭巨特产之一。

**泥马船**　推挈、撩串网、拾泥螺等海涂作业多在中低潮区,跋涂费力行程又多。涂民在长期生产实践中,创造在涂中驰骋如意的泥马船,人皆用之。相传,明嘉靖年间,戚继光等将领驻镇时,为在涂中追击制服倭寇,发明以船代马,故曰泥马船。泥马船形似靴底,由木板制成,长约2米,船头阔约15厘米,中、尾部阔25～30厘米,板厚约1.5厘米,两侧用舷板相围,船头中、尾部各置小块梁木作撑,中梁木两侧竖木档各一根,高60厘米,上置扶手档。后梁木呈半月形,供跪脚膝。操作时,左足跪在后梁上,双手握住中梁扶手档,右足不断作跑步式向后牮推,使泥马船向前滑行,速捷似飞,时速可达15千米。独人操作,可载重百余斤或载乘一人,返程时则可载回渔获物,为涂民称心之交通工具。

泥马船

# 第四节　淡水捕捞

境内水库、山塘众多，均是淡水鱼类生长繁育的较好场所。淡水捕捞多属农闲时的副业，因渔具和渔获物不同，故作业方式繁多。

### 打网作业

俗称"旋网"，有用船和不用船两种。网高 6 米，口呈圆形，直径 4 米，沿网绳间隔置锡柱 90 颗，网总重 7 千克。用船打网多为 2 人操作，一人撑船，一人撒网。无船打网，即人立于河岸，撒网入水域，然后收网上岸取鱼。

### 大丝牵网作业

俗称"强盗网"，原为捕捞天然鱼类的网具，后经过多次改进，已成为捕捞养殖鱼的主要工具。外荡大牵网每爿长 10 余米至几十米，上拴浮子，下置沉砫。

### 游丝网作业

系丝结成网，网目按不同鱼类规格而编，根据不同鱼类栖息的水域，放网于上、中、底水层。原用于捕捞野生鱼，今已成为牵捕养殖鱼的主要工具。

### 跃进斗作业

俗称"倒箈笼"，1966 年由绍兴引入。网用聚乙烯编成，网腹内用竹圈作撑骨，网形似长喇叭，网长 10 米余，网目紧密，大小鱼、虾、蟹入网则不能出。对水产资源影响严重，已被列为禁捕网具。

### 徒手摸鱼

利用隆冬鲫鱼活动呆木的特点徒手摸捉。一船 2 人，一人后艄划桨，一人伏在前艄，先用桨柄甩水驱鱼入河岸石洞或河边草蓬下，再用双手入水摸捉。因冬天寒冷，船上有烤甏可取暖。

### 耥蛳螺

该作业是人站在岸边，左手持竹制的三角形蛳螺网斗，将斗插入河底，右手捏耥粑柄将蛳螺扒入斗内，然后收斗上岸，捡螺入篓。

### 捣乌鳢鱼

工具为铁制鱼戳，尖刺一排 6 枚，有倒扎钩，置于长柄竹竿上。多在夏季利用乌鳢鱼领幼仔浮于水面之机，用鱼戳对准鱼体捣去刺获。捣乌鳢鱼多系当地农民副业。

### 撮田螺

20 世纪 60 年代前，境内水稻田中田螺甚多，尤其是春夏季节，田螺旺发，农民耘田时腰拴刀笼箈，将所获田螺随时放入，每每满载而归。60 年代后，因农田广施农药，田螺逐年减少，现已基本绝迹。

### 虾笼网作业

该网口方形，长 10 余米，夜卧于近岸河底，清晨鱼虾入瓮，晨取之。

### 弶黄鳝

黄鳝笼系竹制小笼（后用塑料编织带仿制），长 30 厘米左右，大头直径 10 厘米，内有倒栓，尾稍小，笼内用一小竹棒串上蚯蚓，用木盖塞住笼尾口，傍晚置于水沟、水田、河滨或池塘。鳝见饵而入，入则不能出，次日早晨收捕之。

### 鱼罩捣鱼

鱼罩用竹片编制，高约 1 米，圆形，上口小，底口大。捣鱼一般在夏秋河水较浅时进行。一人操作，手提一只鱼罩，随步向前，一上一下捣去，鱼被罩入后用手摸捉。

### 自然捕捉

河流、水库和池塘一般都有落差，捕鱼前将水自然放流，直至不能放出，再用水车或水泵将余水抽尽，即可捕获全部鱼类。境内各地常在农历过年前和夏天使用该法捕鱼。

## 第五节　海水养殖

境域沿海海涂潮流平缓，底栖硅藻丰盛，面宽且平坦，是贝类、藻类栖息、生长、繁殖的优良场所。20 世纪 60 年代紫菜养殖成功，70 年代试养淡菜（贻贝）、牡蛎，80 年代，调整棉田种植为对虾、梭子蟹养殖，形成了以对虾、梭子蟹为主体，贝类（蛏子）、藻类（海带、紫菜）相结合的养殖结构。21 世纪初，随着穿山港区的开发建设，境内海水养殖塘和海涂被陆续征用，海水养殖面积和产量大幅缩减。

### 贝类养殖

**蛏子**　蛏子养殖区主要在境内郭巨、双岙。养蛏方法：惊蛰至清明间，择肥沃松软海涂作蛏田，每块田 0.5 ～ 1 亩不等，四周插小竹或树枝作界。用耙将蛏田疏松、耥平，上缘筑小堤埂，左右开排水沟，防淡水流入，然后播蛏苗于涂田。播苗量根据季节而定，每亩撒 30 ～ 60 千克。蛏苗落田后，用足挖穴，栖息洞中，夏浅冬深。不投料，以浮游生物为食。一年捕者，称“当年蛏”，每亩产量 300 ～ 500 千克，每斤 50 ～ 60 只；次年收获为“二年蛏”，每亩产量 500 ～ 750 千克。每斤 30 ～ 35 只。采取整田、育苗、治虫害等精管措施后，每亩产量可达 1000 ～ 1500 千克。20 世纪 80 年代，对虾塘混养蛏子，因养料丰富，产量更高。拾捕期为春、夏、秋三季，端午至中秋为旺期。4 月蛏肉质最肥、味道最鲜。寒露产卵，产后体瘦，俗有“九月蛏，剩根筋”之说。

**泥蚶（蚶子）**　据 2001 年版《镇海县农业志》记载：郭巨海涂历来有天然泥蚶繁殖，当地群众有自捕自食习惯，也有少数涂民采苗养殖。20 世纪 70 年代大量引入毛蚶养殖。

**毛蚶**　郭巨海涂历来有少量野生毛蚶。20 世纪 80 年代后，境内群众开始养殖。为解决苗种不足，县水产公司派员赴山东省采苗供应养殖户，后改为采购成品毛蚶寄养于海涂。毛蚶寄养能保证鲜活，起到调节市场供应作用，但不增加重量。

**牡蛎**　牡蛎俗称“蛎黄”，附生于沿海高潮区岛礁、碶闸、石砌海塘等处，原系天然滋生，每逢潮退牡蛎露出水时，沿海群众用工具凿开上壳，取肉作食或出售于市；其壳又为烧制石灰之上等原料。1968 年，峙头联合村养殖户，赴宁海西店学习牡蛎养殖，继而郭巨镇双岙亦去宁海学习。随后在当地海涂抛石附苗试养，但因涂质深软，抛石大都沉陷泥中，达不到附苗繁殖要求而未获成功。1982 年，县人民政府亦拨款 1 万元扶持峙头盛岙村，采用水泥柱从宁海西店附苗，但因运输不及时，途中附苗死去 70% 而中断试验。1998 年，郭巨后墩村投资 25 万元，试养太平洋牡蛎，养殖 75 万串，成活率 90% 左右。1999 年 6 月，郭巨镇政府出资 20 万元在新碶头外浅海放养太平洋牡蛎 3 万串，苗种从福建购入，因不明船舶闯入，养殖网绳断裂缠绕，导致试养中断。

**贻贝** 贻贝俗称淡菜。1974 年县水产局投资 4000 元，由郭巨渔业队从舟山沈家门海洋研究所购入贻贝苗绳 20 根，进行试养。每绳夹苗 2.5 千克，挂拴在竹筏架上，竹筏长 2.5 ～ 3 米，放养于碧澜嘴海上。但该处因潮水浑浊、航船往返多，生长不快。此后未曾复养。

## 藻类养殖

**海带** 海带科。形似长带，故名。呈橄榄色，干品为黑褐色。分固蒂器、柄、叶三部分。晒干成淡干，加盐晒干为咸干，供食用；也可提炼褐藻胶、碘等，为工业和医药原料。

境内原无海带资源。1958 年春，县组织郭巨、新碶等渔业队去青岛学习海带养殖，于 1958 年冬，从大连引进海带苗种，在政府重视下将梅山江划为放养区，参加放养的单位有郭巨、上阳、梅山以及 6418 部队等。年产海带干货最高达 4000 担，后产品滞销，于 1974 年停止养殖。

**紫菜** 红毛菜科。藻体呈肾或长带等多形，色紫、光泽，故名。营养丰富，含碘多，可治疗甲状腺肿病。原野生于中高潮区岛礁岩石处，今为人工养殖。

1970 年，郭巨海带队用竹筏式网帘养殖紫菜，因定亩密，抗风力强，亩产 65 千克，随后发展迅速。1972 年，郭巨海带队成立紫菜育苗厂，向舟山海洋研究所引入人工繁殖紫菜孢子技术，建育苗室 3 间，苗池 40 平方米。投产第一年用文蛤贝壳 4 万只，培育紫菜苗 120 亩，达到苗种自给有余，还供应六横等地。1976 年，境内紫菜养殖面积 50 亩，年产 9 吨。1978 年，因紫菜品种退化，产品滞销，养殖面积减少，苗种供大于求。1984 年，郭巨紫菜育苗厂停办，养殖户需要苗种，向鄞县球山购入。

郭巨紫菜养殖采收

紫菜生长快，半月后生长至 12 厘米左右，即开始收割。方法多用剪采，留下根部继续生长，年收割约 5 ～ 6 次。紫菜多制成干品出售。方法简便，将收割之鲜紫菜放入盛有淡水盆中，用水拍成饼形，取出晾晒即成干品。

## 对虾养殖

对虾学名中国对虾，原产黄海、渤海。1983 年县水产局投资在峙头联合村升螺海塘内棉地滩涂围堤里挖对虾养殖池塘 78 亩。当年 5 月放仔虾 113.6 万尾，同时混养鲻梭鱼苗 5000 尾，尼罗罗非鱼苗 1000 尾。成活率高，生长良好，年产 36.1 担。其中对虾 17.5 担，鲻鱼 17.6 担，罗非鱼 1 担，总产值 1.3 万元。

1985 年，养殖区域扩大至郭巨外畈塘地、双岙及峙头盛岙等村。后又扩展到华峙、洋涨、竹湾、双屯等村，境南岸自洋涨至郭巨海塘内棉花地几乎都改成了对虾养殖塘，后又在对虾养殖塘混养蛏子、花蛤、青蛤、文蛤、泥蚶、毛蚶等海产品。2001 年，境内海产品养殖专业户达 100 户，养殖面积 3288.35 亩。其中中国对虾养殖面积 150 亩，南美白对虾养殖 120 亩，日本对虾养殖 550 亩，长毛对虾 1808 亩，对虾养殖 120 亩，蛏子养殖 360 亩，泥蚶 30 亩，蛤类 150 亩。2002 年后，境内开始开发建设穿山港区，海水养殖塘逐渐被征用，2003 年，养殖塘面积减少为 2879 亩（合 192 公顷）。2005 年境内养殖 31 户。养殖面积 101.267 公顷。2015 年，郭巨外畈塘地养殖塘养殖对虾 7 吨、蟹类 7 吨、鱼类 5 吨、贝类 2 吨。2016 年，境内仅存的郭巨外畈塘地海水养殖塘改种油菜和水稻。

## 2001 年境内海水养殖区域、品种、数量一览

表 5-6-5

| 池塘养殖对虾 | | | | | | | |
|---|---|---|---|---|---|---|---|
| 中国对虾 | | 南美白对虾 | | 日本对虾 | | 长毛对虾 | |
| 面积（亩） | 放苗量（万尾） | 面积（亩） | 放苗量（万尾） | 面积（亩） | 放苗量（万尾） | 面积（亩） | 放苗量（万尾） |
| 150 | 180 | 120 | 60 | 550 | 550 | 1800 | 1800 |
| 塘河（沟）、咸水库等养殖品种 | | | | | | | |
| 对虾 | | 蛏子 | | 泥蚶 | | 蛤类 | |
| 面积（亩） | 放苗量（万尾） | 面积（亩） | 放苗量（万尾） | 面积（亩） | 放苗量（千克） | 面积（亩） | 放苗量（千克） |
| 120 | 60 | 360 | 7200 | 30 | 900 | 150 | 3750 |
| 虾塘混养品种放苗量 | | | | | | | |
| 蛏子（千克） | 花蛤（千克） | 文蛤（千克） | 泥蚶（千克） | 青蛤（千克） | 毛蚶（千克） | — | — |
| 28250 | 55000 | 32000 | 13000 | 2250 | 4000 | — | — |
| 滩涂养殖贝类 | | | | | | | |
| 泥螺 | | | | 蛏子 | | | |
| 面积（亩） | | 放苗量（千克） | | 面积（亩） | | 放苗量（千克） | |
| 300 | | 1250 | | 350 | | 6000 | |

## 2003 年境内各村海水养殖塘面积一览

表 5-6-6　　单位：亩

| 村名 | 面积 | 村名 | 面积 |
|---|---|---|---|
| 大涂塘 | 123 | 大岭下村 | 54 |
| 西门村 | 194 | 双岙村 | 216 |
| 东门村 | 235 | 双岙畈 | 358 |
| 北门村 | 125 | 盛岙村 | 84 |
| 南门村 | 525 | 联合村 | 168 |
| 尖岭岙村 | 134 | 洋涨村 | 50 |
| 路亭村 | 142 | 华峙村 | 145 |
| 福民村 | 88 | 后墩谢家岙 | 150 |
| 围塘 | 68 | 双屯村 | 20 |

## 1993—2014 年部分年份境内海水产品养殖一览

表 5-6-7　　单位：吨

| 年份 | 合计 | 鱼类 | 虾蟹类 | | | | 贝类 | | | | | | | | 藻类 |
|---|---|---|---|---|---|---|---|---|---|---|---|---|---|---|---|
| | | | 合计 | 对虾 | 青蟹 | 其他 | 合计 | 蛏子 | 蚶子 | 牡蛎 | 贻贝 | 蛤 | 扇贝 | 其他 | |
| 1993 | 138 | 13.0 | 13.0 | 13 | — | — | 112.0 | 38 | 1 | 27 | — | 37 | — | 9 | — |
| 1994 | 110 | 6.0 | 13.0 | 8 | 5 | — | 91.0 | 36 | 2 | — | 8 | 25 | — | 20 | — |
| 1995 | 65 | 8.0 | 11.0 | 6 | 2 | 3 | 46.0 | 13 | 1 | — | 20 | 10 | — | 2 | — |
| 1996 | 109 | 15.0 | 30.0 | 8 | 22 | — | 64.0 | 18 | 3 | — | — | 32 | — | 11 | — |
| 1997 | 79 | 6.0 | 9.0 | 7 | 2 | — | 64.0 | 16 | — | — | — | 34 | — | 14 | — |
| 1998 | 235 | — | 25.0 | 15 | — | 10 | 210.0 | 77 | — | — | — | 95 | — | 38 | — |
| 1999 | 279 | 25.0 | 47.0 | 18 | 2 | 27 | 207.0 | 84 | — | — | — | 105 | — | 18 | — |
| 2000 | 413 | 30.0 | 87.0 | 25 | 62 | — | 296.0 | 225 | — | — | — | 51 | — | 20 | — |
| 2005 | 204 | 8.9 | 115.0 | 25 | 90 | — | 80.0 | 38 | 16 | — | — | 19 | — | 6 | — |
| 2006 | 301 | 18.9 | 119.0 | 29 | 90 | — | 86.5 | 41 | 16 | — | — | 20 | — | 10 | 77 |
| 2007 | 113 | 19.5 | — | — | — | — | 93.0 | 41 | 23 | — | — | 26 | — | 3 | — |
| 2008 | 268 | 15.6 | 52.0 | 13 | 39 | — | 166.0 | 52 | 58 | — | — | 52 | — | 4 | 34 |
| 2009 | 300 | 43.6 | 71.5 | 39 | 7 | 26 | 138.0 | 34 | 65 | — | — | 39 | — | — | 47 |
| 2010 | 264 | 37.1 | 74.8 | 39 | 3 | 33 | 103.0 | 39 | 39 | — | — | 25 | — | — | 49 |
| 2011 | 135 | 22.1 | 29.1 | 16 | 0.7 | 123 | 64.5 | 16 | 32 | — | — | 16 | — | — | 19 |
| 2012 | 102 | 8.5 | 30.3 | 16 | — | 143 | 42.9 | 13 | 14 | — | — | 16 | — | — | 20 |
| 2013 | 312 | — | 175.0 | 78 | 97 | — | 23.4 | 19 | — | — | — | 4 | — | — | 114 |
| 2014 | 20 | 3.3 | 9.2 | 5 | — | 5 | 1.3 | 0.7 | — | — | — | 0.7 | — | — | 6 |

# 第六节　淡水养殖

中华人民共和国成立前，境内无淡水养殖。20 世纪 70 年代后，境内各大队在各自的水库里养殖淡水鱼，品种有青鱼、草鱼、鲤鱼、鲫鱼、白鲢等。80 年代后，部分农民租水库、池塘、承包田发展淡水鱼养殖，因承包田养殖成本高，经济效益低，后逐渐停养。21 世纪境内水库、山塘、河道淡水鱼养殖多系承包户散养。

## 1993—2016 年部分年份境内淡水产品养殖一览

表 5-6-8　　单位：吨

| 年份 | 合计 | 鱼类 | | | | | | | | | 虾蟹类 | 贝类 |
|---|---|---|---|---|---|---|---|---|---|---|---|---|
| | | 小计 | 青鱼 | 草鱼 | 鲢鱼 | 鲫鱼 | 鳊鱼 | 鲤鱼 | 河鳗 | 其他 | | |
| 1993 | 50.7 | 50.7 | 4 | 6.0 | 26.0 | — | 5.0 | 4.0 | 0.7 | 5.0 | — | — |
| 1994 | 40.0 | 39.0 | 1 | 2.0 | 26.0 | 3.0 | 1.0 | 1.0 | — | 5.0 | 1.0 | — |
| 1995 | 13.0 | 13.0 | — | 2.0 | 2.0 | 4.0 | 1.0 | 2.0 | — | 2.0 | — | — |
| 1996 | 24.0 | 24.0 | — | 3.0 | 5.0 | 8.0 | 2.0 | 6.0 | — | — | — | — |

续表 5-6-8

| 年份 | 合计 | 鱼类 | | | | | | | | | 虾蟹类 | 贝类 |
|---|---|---|---|---|---|---|---|---|---|---|---|---|
| | | 小计 | 青鱼 | 草鱼 | 鲢鱼 | 鲫鱼 | 鳊鱼 | 鲤鱼 | 河鳗 | 其他 | | |
| 1997 | 67.0 | 64.0 | — | 5.0 | 12.0 | 10.0 | 4.0 | 2.0 | 1.0 | 30.0 | 3.0 | — |
| 1998 | 64.0 | 56.0 | — | 8.0 | 22.0 | 15.0 | 6.0 | 5.0 | — | — | 3.0 | 5.0 |
| 1999 | 69.0 | 67.0 | — | 15.0 | 26.0 | 12 | 6.0 | 7.0 | 1.0 | — | 2.0 | — |
| 2000 | 72.5 | 69.5 | — | 15.5 | 26.0 | 21.0 | 5.0 | 2.0 | — | — | 3.0 | — |
| 2005 | 39.3 | 30.3 | 1.8 | 5.4 | 6.6 | 8.4 | 3.6 | 4.5 | — | — | 4.5 | 4.5 |
| 2006 | 35.4 | 31.8 | 2.4 | 7.2 | 6.6 | 8.4 | 3.6 | 3.6 | — | — | 3.6 | — |
| 2007 | 34.8 | — | — | — | — | — | — | — | — | — | 34.8 | — |
| 2008 | 63.5 | 59.0 | — | 1.5 | 4.5 | 51.5 | — | 1.5 | — | — | 4.5 | — |
| 2010 | 31.5 | 27.6 | — | 1.5 | 7.5 | 8.1 | — | 1.2 | — | 9.3 | 3.9 | — |
| 2011 | 8.7 | 8.7 | — | 0.6 | 4.5 | 2.1 | — | 1.5 | — | — | — | — |
| 2012 | 13.8 | 13.8 | 0.3 | 1.5 | 6.0 | 4.5 | — | 1.5 | — | — | — | — |
| 2013 | 9.0 | 9.0 | — | 0.6 | 6.3 | 0.6 | — | 0.9 | — | 0.6 | — | — |
| 2014 | 6.4 | 6.4 | — | 0.6 | 4.0 | 1.2 | — | 0.6 | — | — | — | — |
| 2016 | 3.0 | 2.7 | — | 0.6 | 0.6 | 0.9 | 0.3 | 0.3 | — | — | 0.3 | — |

# 第七节 水产品保鲜加工

早在明清时期，境内渔民已有将捕获之黄鱼、鳓鱼、乌贼等在船上盐渍或劈鲞晒干等方法加工贮存。清末民国初，境内鱼商用同样的方法大量加工水产品远销宁波、上海等地。大黄鱼鲞、新风炝蟹、三鲍鳓鱼是境内传统名菜，备受人们喜爱。

## 保鲜方法

**船上保鲜** 其法有二：用盐保鲜曰“咸鲜”或曰“抄咸”，用冰保鲜曰“冰鲜”。保鲜用的冰由冰厂供应，穿山港两岸常设冰厂20余家，盛时达50余家。1983年后改用冷库机制冰。

**冷库保鲜** 1985年1月，峙头冷冻厂建成投用，日速冻10吨，一次冷藏300吨，日制冰11吨，一次贮冰70吨。1985年12月，郭巨新碶头冷库建成投用，投资84万元，日速冻15吨，一次冷藏200吨，一次贮冰100吨，今仍在使用。90年代，盛岙小盛岙也开办过制冰厂。大量水产品进入冷库保鲜。冷冻法逐步替代腌咸、晒干等加工法。

**盐渍保鲜** 分干盐渍和盐水渍两种，前者直接将盐撒于水产品上，后者将水产品浸泡于盐水中。品种有咸鱼（大小黄鱼、带鱼、鳗、墨鱼、鲳鱼、马鲛鱼等）、咸蟹（沙蟹、磅元蟹、梭子蟹、炝蟹等）。其中炝蟹是宁波、舟山传统特产，为当地酒席必备菜肴。

**脱水保鲜** 借助日光、风吹或人工烘、烤、煮使之脱水，制成干品。产品有鱼鲞（大小黄鱼、墨鱼、鱿鱼、鳗、鲫鱼）、鱼烤（鲚鱼、黄鲒、梅子、带鱼丝、虾孱、蛏干、虾干、海蜒等）。脱水法分淡加工和咸加工两法。淡加工法，不需用盐；咸加工法，先用盐渍后再风干、晒干脱水，如咸鳗鲞。也可用盐直接煮干，如咸烤虾。

**糟醉保鲜** 用白酒、黄酒加调味浸泡或用酒糟加盐入坛密封贮藏。产品有醉泥螺、醉香螺、醉虾仔、糟带鱼、糟鲳鱼、糟马鲛鱼、糟鳗等。用糟醉法加工的水产品味香醇，系宁波特产之一。

## 传统特产加工工艺

**醉泥螺** 将捕获之鲜活泥螺洗净，放入少量盐卤和味精拌匀，诱泥螺伸头食鲜味而渍死。然后洗去黏液及杂质，加盐腌渍，3～5天取出，加糖、酒、香料、味精，后装入小瓶出售。郭巨海婆婆的“四月半醉泥螺”闻名沪、甬各地。年产数10担，以不含泥晶为佳。

**鱼烤** 将鲜杂小鱼洗净，按品种分类，分别放在竹帘或篾簟上晒，勤翻，晒干后即成各种淡鱼烤，咸鱼烤同样须先将鲜杂小鱼洗净，按品种分类，分别加盐20%腌渍，用上述方法成干。

**糟鱼** 按不同品种分类，剖腹去内脏，洗净后切成段片，用盐腌渍成咸鱼后放酒糟，用五香粉等辅料拌匀，一层鱼一层糟，放入缸或甏内，用坛泥封口，一两个月后，用小瓶分装，糟鱼味鲜美，尤以糟鲳鱼最佳。

**炝蟹** 把捕获的鲜活梭子蟹，放入水盐之比为1∶0.8的盐卤中，腌渍三四天即成。蟹壳两端呈现明显白色圆圈，俗称“蟹眼”，美称“红膏炝蟹”。用少量盐腌渍1～2天的蟹称“新风炝蟹”，其味鲜美。但蟹容易变质不能久藏。雌蟹肚脐半圆形，俗称“门蟹”；雄蟹肚脐三角形，俗称“浜蟹”。也可将鲜活梭子蟹斩碎，加盐制成蟹浆（蟹糊），其味亦佳。

**鳗鲞** 选重1千克左右的鲜鳗为宜，洗净揩干，从头到尾沿背脊骨侧部剖开，挖去内脏、血渍，撒少量盐或盐卤浸渍半天，然后用竹片撑开鳗体，迎西北风吹干（风干）或日光下晒干，即成鳗鲞。以冬季活雄鳗自然风干为最佳，太阳晒干次之。

**三鲍鳓鱼** 渔民将捕获的鲜活鳓鱼按鱼重的15%盐量，正反两面撒盐，左手捏住鱼头，掀起鱼鳃，右手抄盐自鱼尾部逆鳞用力向头部推擦，直至鳃部；再用大拇指把盐从鱼鳃下塞入鱼腹，后将鱼背朝下，鱼肚向上，依次排放，一层鱼一层盐入舱，最上层加封盐，面铺竹帘，用石块加压，10天后称“头鲍鳓鱼”。头鲍鳓鱼运上岸后，再加20%盐，用上述方法再腌一次放入缸或桶内，3天后见卤汁出现，面铺竹帘，用重石加压，1个月后即成“二鲍鳓鱼”。将二鲍鳓鱼翻缸或翻桶，再加10%盐，一层鱼一层盐腌渍，2个月后即成“三鲍鳓鱼”。经蒸煮食用，味美腌香，畅销杭、甬、沪等地。腌渍时渗出的卤汁称“三鲍鳓鱼卤”，其味也鲜美。用三鲍鳓鱼卤蘸海蜇，海蜇脆鲜可口，别有一番风味。

**大黄鱼鲞** 又称白鲞。将捕获鲜活黄鱼洗净，用刀从鱼的肛门与臂鳍之背侧，沿背脊骨剖至头部成曲线弧形取出内脏，用盐20%～25%，用力自头部推向鱼尾，使盐紧贴鱼肉，盛入缸或桶中，上加封盐，3天后加压石，使盐卤易渍入鱼体。7天后取出洗去污迹，肉面朝下晒于竹帘上，三四天即成鲞，其鱼膘晒干成鱼胶，是珍贵的滋补品。

**螟晡鲞** 又称乌贼鲞。将鲜活的目鱼从嘴沿腹部至尾一刀剖开，曰“单刀”；也有三刀剖开的称“三刀”。然后刺破双眼珠，挖出内脏及墨囊，用海水洗净，鱼背朝上，晒于竹帘或岩石上半晒。日翻2次，结合整形，3天后干燥，体呈半透明，表面发“白花”即成鲞。再晒5～7天后，用稻草包装入库以免返潮变质。另一种加工方法：不剖腹，不去内脏，将鲜活目鱼用25%～30%的盐腌在缸内或桶内，上加压石，2～3天后取出晒干即成，俗称“乌贼浑子”。将乌贼体内取出的墨囊和内脏入缸或入桶，加盐25%，拌匀腌渍成“乌贼瓢肠”，畅销城乡。

**三矾海蜇** 海蜇分头蜇（口腔部）和蜇皮（伞状部）两部分。加工档次分头矾、二矾、三矾。因蜇体水分特多，明矾对蛋白质能起凝固作用，故用明矾和盐混合腌渍，使海蜇蛋白质等成分凝固，加速脱水。把捕获的海蜇头与皮切开分别入舱，蜇头加矾4%，蜇皮加矾6%，5个小时后分别洗去血水和污物，再分别加矾2%即成头矾海蜇，俗称“水泡头”。可食用，但味不佳。二矾海蜇：将头矾海蜇沥去辣卤水入缸或入桶，用盐20%和矾0.25%混合拌匀，一层海蜇一层盐和矾，10天后即成二矾海蜇。三矾海蜇：把二矾海蜇再加盐20%和矾3%，混合拌匀，一层海蜇一层盐和矾，1个月后即成三矾海蜇。

# 第八节 郭巨海鲜涨网货

涨网，系一种古老的近海捕捞作业，桁地置地鱼、虾、蟹类较为宜集的水域或洄游通道，利用潮水涨落冲流，使渔获物入网而捕获。涨网作业种类繁多，主要有流动和定置两大类，流动性涨网分大捕和挑捕两种。1953年成立的郭巨渔业互助组（后称渔业队）为大捕船拖网作业，1985年，郭巨渔业队有四艘木帆船、二艘机帆船大捕船拖网作业，捕捞产量248吨，至1994年境内大捕船拖网作业消失。定置涨网因网形与敷设水层不同，有“反捕”“三杠”“高桩”和“海蜇”涨网之别，而高桩涨网是境内兴盛不衰的主要涨网作业。20世纪50—70年代，高桩涨网船为集体所有，80年代起，个体涨网船只得到快速发展，90年代，峙南洋涨、联合、盛岙、双岙等村的个体涨网船约达近200艘，透骨新鲜的郭巨涨网货成了北仑以至宁波等周边地区人们喜爱有加的海鲜产品。进入21世纪，为了保护象山港海域渔业资源，境内涨网业在政府主导下开始转产，2006年，由政府收购拆解147艘，致涨网船只数量锐减，至2019年仅剩19艘，郭巨涨网货更成了紧俏货。

倒涨网货

## 高桩涨网

境内高桩涨网桁地多在盛岙至洋涨离岸5千米至10千米洋面，深度多在15至20米处。用12寸以上大毛竹（上梁）或用长木桩打入海底，每桩保持间距，用绳索相互攀连，桩上端高出水面，网拴于两桩之间，三桩置两网。20世纪60—80年代，人力起网，每船置网4至6顶，90年代后，使用起网机，每船能置网20余顶，船舶总功率一般为12马力，总吨位为1.5～2吨。

倒涨网货要候潮水，平潮和落泽潮时，潮流平缓，潮力小，是倒涨网货的最佳时机，驾小船至桁地，用人力（后用起网机）起网袋筒至船上，倒出渔获物，再把袋筒绳系上，将网放回海中。每月有二潮大水二潮小水，每昼夜二涨二落，一般每昼夜倒二潮货，而渔汛期（如七八月份）大水头潮时，一般每昼夜要倒三潮，而当潮涨网货如鳗鱼、蟹、虾基本上还是活的。

## 渔汛期 涨网货

每年三四月份涨网货优质品种较多，有鲳鱼、马鲛鱼、鮸鱼、梅鱼、鲚鱼、虾孱、虾、蟹等；七八月份的涨网货产量为最大，大水头潮时有的船一潮水就有近千斤，有时因量太大，船装载不下，只好放“直通”，量大的品种以虾孱为主，虾、蟹、虾蛄（俗称虾捕弹）、海蜇等较多，也有鳗、肉鳎、梅鱼等少量杂鱼；冬月起至次年四月份，涨鳗苗（丝）同时，有较多的饭虾（俗称糯米饭虾）涨入；腊月货虽少点，但货品好，有十六枚、狗鳗、梅童等。

## 销售

20世纪50—70年代，涨网船为集体所有，涨网货以供应周边村民为主，七八月份渔汛期时，涨网货会用手拉车、自行车、手扶拖拉机运到柴桥、大碶、五乡、宁波等地去卖，下脚货卖给穿山等地养鸡场。

20 世纪 80 年代至 21 世纪 10 年代是境内涨网业最为兴旺的时期，有许多涨网货贩子，他们将虾孱晒烤、盐渍红烤虾和新鲜涨网货贩销至北仑、宁波等城区菜场，而涨网货则成了郭巨农贸市场的特色货，亦成了郭巨一张亮丽的名片，每天当涨网船一靠岸，渔民不顾饥饿和疲劳，立即争先恐后地蹬着自行车赶往郭巨农贸市场，以满足早早等候的鮸客们，同时图个好价钱；若遇渔汛期倒三潮水货时，以尽快出货，也好赶回去再倒下潮水涨网货。另一景象是货一到市场，鮸客们便蜂拥而至，唯恐买不到涨网货。特别是节假日，只要涨网货一到菜场，还没等货摆上摊头，鮸客们便不论价格先下手抢货，尤春节期间“十六枚”，要卖到每斤近 500 元。平时，人们为了吃到涨网货，北仑甚至宁波等周边来的鮸客会坐公交车或自驾车慕名来郭巨买涨网货，有的直接到码头等买。涨网货成了郭巨特色海鲜之一，扬名北仑以至宁波等周边地区。

## 第九节 郭巨海鲜泥涂货

境内海岸线长达 26.2 千米，各村门口都有泥涂，20 世纪 90 年代，尤双岙和郭巨海涂面积最大，达 1.723 平方千米。海涂系淤泥粉细沙组成，泥质柔软，浮游生物丰富，宜于栖息、生长、繁殖各种鱼、蟹、贝类及随潮进入觅食之鲻鱼、梭子蟹、虾等各种鱼类。海涂历来是人们捕捉海产品的天然场所，从赤手捕捉贝、蟹、鱼类为食开始，演变为插芦秆拦鱼，继之使用推挈、串网等工具捕捞。涂民多系兼业者，农忙务农，农闲下涂捕捉，泥螺旺汛期，晚上在双岙和郭巨涂撮泥螺的涂民有时多达近千人。涂产品常年多鲜销于就近市场和自己食用。郭巨泥涂货种类繁多，营养价值高且味道又好的要算菜花鲻鱼、望潮、章鱼、弹涂、青蟹、虾和蛏子等。进入 21 世纪，随着峙南围涂和宁波港穿山港区的开发建设，境内海涂面积大幅度减少，赤手捕捉的涂民锐减，但自沙湾绕半岛最东端长坑嘴头至盛岙岸边的扳罾作业未减反增，2019 年扳罾网不下 30 顶。透骨新鲜、活蹦乱跳的泥涂货仍是远近闻名的郭巨特色海鲜之一。

### 汛期 泥涂货

**汛期** 涂产品的盛衰取决于涂面浮游生物之多寡。捕捞时亦受气候之制约。初春气温回升，涂民开始下涂采捕；夏季为旺汛，妇孺皆下涂；秋风海浪涂泥和浮游生物走失，产品渐减；寒冬腊月，涂民蹲膝而休。

**泥涂货** 郭巨涂货种类繁多，常被捕捉食用的就有四十多种。其中蟹类有：青蟹、梭子蟹、沙蟹、和尚蟹、红旗蟹、螃元蟹等；贝壳类有：蛏子、圆蛤、扁蛤、黄蛤（海瓜子）、花蛤、蚶子、毛蚶、香螺、乌螺、芝麻螺、铁丝螺等；鱼类有：鲻鱼、泥鱼、鲈鱼、鮸鱼、沙鳗、小尖鳗、杜鳗、寨鱼、弹涂、梅鱼、肉鲳等；软体动物有：望潮、章鱼、泥螺；虾类：竹节虾、水虾、红虾、台虾等；节肢动物有鲎等。

### 工具及捕捞作业

涂业生产种类繁多，方法各异，可分徒手捕捉和用工具捕捞两类。用工具捕捞有板罾、撬罾、拉钩、推挈、串网、竹管、篾笼、横网等。

**扳罾作业** 网具大小不等，多边长 8～10 米，网目上大底密，呈四方形，用竹四根绑成十字架，四端拴住网口四角，使网撑开，十字架中间置长竹竿和拉网绳各一根，竹竿后端搁于岸上，一人执竿拉绳，控制网具起落，网地择沿岸礁石、碶闸边潮水流动处，网放入潮中，每隔几分钟起网一次，见鱼即用撩盆取之。常年作业，夏秋季为盛，渔获物多为鲻鱼、鲈鱼等。

掰鱼

**推挈作业** 挈网长3米，口阔2米，尾0.5米，呈扇形网目密。两侧各置3.5米小竹（乌竹）一支作边杠；竹尖各拴木制“小脚”一只，形似撬，用于涂面滑行。两侧边杠竹近尾部，横置撑档竹一根，长50厘米，把左右边杠竹和网具撑开，呈三角形。独人操作，肩背驮篓（鱼箩），左手扶挈网横档竹，右手握边杠竹，在潮位深及脚膝盖至胸部间，跋涂逆水推网前进。每3～5分钟起网一次，见鱼物即用竹撩盆挽入鱼篓，渔获物多为寨鱼、梅鱼、鲚鱼以及虾、蟹等小水产品。一般日产5～10斤，夜产高于日产。

**串网** 分高串和矮串两种。高串又称流动串，用3～4吨渔船一艘，渔民5～6人，流动在各海涂串捕，还常至舟山群岛诸海涂作业。网具高2.5米，长6米，每船150顶连成一槽，总长1000米左右；每间隔2米拴串竹一根，高3米，操作方法：择“鱼口”（鲻梭鱼食浮游生物后在涂面留下之痕迹）多的海涂，涨潮时把网下纲和串竹一起插入涂中。竹竿入泥30厘米左右，网与竹竿直竖于涂面，呈大弧形，待潮退网露时撩鱼。渔获物以鲻鱼、寨鱼、白蟹、水虾居多。矮串又称“座串”，多系全年固定作业。网具一般高2.2米。长6米，每20～30顶连成一槽，总长120～180米。规模较小，系独户经营居多。操作方法：网基择于低潮区，网位布成北低南高，面向陆岸，呈斜月牙形。网下纲埋入泥15厘米，间隔1.5米插串竹一根长2.5米，下端入泥20厘米。竹与网上下纲紧拴作为网架，使串网直竖于涂面。网北端低处置鱼斗（网袋）1～2个。潮涨高时，竹、网全没入水中，退潮时渐露出水面直至全部露出。随潮而进之鱼、虾、蟹类，则被拦入网中，渔民用撩盆或赤手获之。日捕两次，渔获物有鲻鱼、寨鱼、泥鱼、梅童鱼、肉鳎、鳗及蟹、虾等。以夏秋为旺汛，春季次之，寒冬休渔。

**地笼** 在低潮区置地笼，全年固定作业，一般网长8～10米，待潮水全部退出地笼网后，渔民即可从笼网中捞鱼、水虾、青蟹等渔获物。

**倭网** 倭网约2米高，数十米长，网纲绳下沿吊有沉柱，全组共5人。其中2人在潮水边拉住一端网纲绳；另一组3人，两人逆水快速摇船，另一人把网撒向海里，船作半圆状快速向涂边靠拢。然后5人同时快速收网。渔获物为寨鱼、水虾、梭子蟹等，倭网捕捉只能在退潮时进行。

**柯弹涂** 弹涂又称弹胡，或称跳鱼，涂中挖穴而居，深60～80厘米，有进出两洞。退潮时出穴觅食，善跳跃，穴口留有鳍迹。捕捞方法分诱捕和钩钓两种。诱捕法：将弹涂洞口用泥筑围成废穴，俗称“做窝子”，另在穴旁插入竹管筒或小篾笼伪装进洞，以假乱真，弹涂回归时误入伪穴而不能出，取筒管或篾笼而获之。系独人操作，可循环往复诱捕，每次放竹管筒150只或篾笼100只左右。钩钓法：用小竹竿一根，长4～5千米，竹尖拴尼龙丝一根，与竹竿同长，线另一端拴金属钩4枚，呈“倒伞”形。独人操作，手提竹竿，肩背鱼篓，朝日光缓步而行，避免跳鱼发觉人影而逃逸。见跳鱼即甩竿放钩拉扎鱼体而获之。弹涂是涂货中的佼佼者，味鲜、蛋白质含量高，虽“卖相”不好看，但郭巨人对弹涂的评价是“弹涂黑是黑，味道喷是喷”。

**拾梅蛤** 梅蛤生在中潮区，栖息涂泥上层，善“绘花”于涂面，有鞋头花、梅花斑、铁丝斑、芝麻斑等花纹。梅蛤蛰居“花下”，春深夏浅，入泥10～12厘米。全年均可采拾，清明后产渐高，夏季为旺汛，尤以梅季最盛肥，故称“梅蛤”。入秋消瘦，寒冬少捕。操作方法简便：右手循“花纹”插入涂泥，触及梅蛤即捕起。

**扽沙蟹** 沙蟹挖穴而居，春浅秋深，退潮时出洞觅食，洞口皆留有足迹。迹粗蟹大、细则蟹小。捕捉方法，有手捕和网捕两种。手捕法，俗称“扽沙蟹”，右袖口挽起或赤臂，右手循穴而入，浅者近尺，深则尺余，触及蟹即获之入桶。在1958年“大跃进”及以后一段时期，少许人滥用农药捕捉沙蟹，其方法是将“六六六”药粉撒于涂面，大小沙蟹闻药味难受而出洞，昏迷在涂面而拾之，用海水浸洗则复活。此法系竭泽而渔，严重破坏资源，且人食之有毒害，属禁捕作业。

**撮泥螺** 泥螺壳软，常爬行涂面觅食（浮游生物），系数量多、易捕捉的涂产品之一。捕捉方法有手撮和网捕两种。手撮法，左手提盛器，跋步而行，择其大者用右手捕入桶，春秋两季最盛，俗称“三月桃花泥螺”和“八月桂花泥螺”，肉肥味美。旺汛时提灯夜捕，夜产高于日产。网捕法，用小横网一顶，俗呼泥螺网。长60厘米，阔20厘米，用两根竹片缚成十字架，竹片四端拴住网四角，把网撑开，呈长

撮泥螺

方形。操作方法，步行或驾驶泥马船至中、低潮区，见泥螺即横入网，捴去涂泥，将泥螺倒入桶。还有用推挈网在浅潮区推捕者，产量也极高，但大小皆入网，影响资源。

**撮香螺**　香螺蛰居于软泥中，退潮后爬出泥觅食。捉捕者跋涂而行，见之即徒手撮之。煮熟后，割尾而食，其味香美，俗称“割香螺”。近年防疫部门提出该螺含有毒素，被禁止食用。

**拾蛤皮**　蛤皮又名圆蛤，多栖于低潮区，挖穴而居，洞深水清。捕捉者常右臂赤露，循穴而入，深达30余厘米，触及时即获之，俗称“扽蛤皮”。当辨认不清洞穴时，则用泥马船在涂面横向外推，蛤皮受警后喷吐清水出穴，高近60厘米，拾者视之循洞捕捉，此法俗称“粑蛤皮”。

## 第十节　海洋资源保护

长期以来，由于超强度的开发利用海洋生物资源，对近海区域的酷渔滥捕，致海洋渔业资源严重衰减；以及海洋环境空间不适当地利用，导致海域污染的发生和生态环境的恶化。

为了加强海洋生态环境的保护，实现海洋资源的可持续利用，1995年，开始执行“伏季休渔”制度，东海休渔期时间一般在每年的四五月份，为期一般为四个月左右。2004年7月，禁止使用小于最小网目尺寸的网具进行渔业生产。为保护象山港海域的渔业资源和梅山港道的畅通，2006年12月，北仑海事局郭巨海事处对象山港海域从事涨网作业的渔船实施补偿性拆解，每艘船平均补偿6.7万元（含网具），境内洋涨、联合、盛岙、双岙等村共拆解涨网船125艘。

2014年8月起，为修复振兴浙江渔场，浙江省人民政府开展浙江渔场“一打三整治”即依法打击涉渔“三无”船舶（指用于渔业生产经营活动，无船名号、无船籍港、无船舶证书的船舶）和违反伏休规定等违法生产经营行为，全面开展渔船“船证不符”（指船舶实际主尺度、主机功率等与相应证书记载内容不一致）整治、禁用渔具整治和污染海洋环境行为整治专项执法行动，海事、渔政、边防等部门多次联合执法，在郭巨近海、滩涂、佛渡水道、梅山港道的违规、违禁网具进行全面清理，并在村居民集中点、码头、菜场、饭店等重点区域地张贴伏季休渔与幼鱼保护的宣传海报，以加大海洋环境和渔业资源的保护力度。目前，境内已基本建立起海洋渔业资源科学养护、合理利用、有效管控的治理体系，为浙江渔场修复振兴奠定基础。

# 第七章　农田基本建设

郭巨街道境内农田多沿山冷水田、低洼烂荡田、高低不平的墩地（坟墩地）和沿海咸碱田，地下水位高，土壤通透性差，排水不畅，耕作不便，产量低下。1954年后，境内实现互助合作社、人民公社的集体化生产，广大农民在党和人民政府领导下，坚持不懈地开展大规模的农田综合治理和低产田改良。

# 第一节　农田综合治理

## 平整土地

中华人民共和国成立前，农田多坟丘，高低不平且荆棘丛生，蛇鼠出没。中华人民共和国成立后，互助合作化之初即开始平高墩、填洼地、拆坟墩、除荆棘、造梯地的土地平整工作。“大跃进”“人民公社化”运动时，兴起平整土地高潮。1964年至1974年，平整土地是境内冬季农业生产的主要内容，年复一年坚持不懈。当时，境内平土地，整田块，布渠路，标准虽不高，但对春花作物、绿肥生长、扩大三熟制种植面积、提高单位面积产量收到明显效果，同时扩大了山旱地的种植面积，也为农田的园地化建设奠定了基础。

## 园田化建设

在平整土地基础上，1974年至1979年，境内开展园地化农田建设。1977年，镇海县政府抽调水利、农业、交通等有关部门到郭巨蹲点划样，提出园地化农田建设的要求是田成方、路成行，高低一样、方向一致，路渠配套、灌排分线、自立门户、水旱两利。其间，境内各大队对大多数河流、溪坑开展截弯取直工程，并筑机耕路、抽水和排水渠道，以适应机械化耕作。到1979年，郭巨公社、峙头公社分别建成园地化农田面积382.5公顷、80.5公顷，占应建耕田面积的50.5%、25.5%。

## 标准农田建设

1998年，推行稻田连片成方、路渠绿化成网、排灌灵通防渗的标准农田建设。每公顷标准农田配套水泥渠道和出水沟各120米，做到“三面光”、砼防渗。每公顷配套75米机耕路，两边砌石。区补助每公顷标准农田1.5万元，至2006年，境内建成标准农田420公顷。

# 第二节　低产田改良

## 沿山冷水田改良

沿山冷水田泛指排水不畅的山垄、山坡、溪边田。由于长期受地形、山泉水和山坡侧渗水影响，土体终年积水；光照少、土温低、沙性重、漏水漏肥，里半块烂田，外半块晒煞田（因漏水），影响作物的生长发育。冷水田多分布在全山区的峙头各村及郭巨的北门、大岭下、福民、尖岭岙、双岙、后墩等村沿山一带。这些农田的共同特点是：山泉潜水、地下水位高、冬季不能种植绿肥，夏季由于水温低，生产成熟期推迟，产量比一般农田要低三成左右，农业集体化以后，各社采取挖冷水沟排山泉潜水，借以降低水位和提高水温；治理溪流、修建山塘水库；加客土（黄泥土）增加犁底层黏性土壤；营造梯田、扩种绿肥等措施，改造沿山冷水田。通过几年的努力，沿山冷水田在水利角度上基本达到治理。

## 沿海咸碱田（地）改良

沿海咸碱田（地）主要指新围塘或近代塘地的改制田。这些农田（地）土壤盐分含量高，石灰质丰富，地下水矿化度大。干旱季节，表土容易积聚盐分，引起返咸返碱，对作物危害严重。1954年起，沿海各村采取蓄淡洗盐、冬季深耕、种大绿肥、夏季松土、覆盖稻草、加客土等措施进行改良，至20世纪

60 年代末，境内近代所围塘地均改良为可种植棉花的耕地，皮棉亩产可达百斤。

### 烂荡田改良

烂荡田在大涂塘、南门村半塘、双岙村里塘内、联合升螺的汽车路内、盛岙老塘外等田畈周边都有不同程度的分布。这些田畈地势形似“镬肚脐”，周边高中间成低洼田，因排水不畅，土壤终年积水，土体糊烂，无硬塥层，只能种单季中汛稻，亩产仅 100 ～ 150 千克。1964 年，郭巨、峙头公社在县农业部门指导下开展改造烂荡田工作，采取冬季开挖深沟排水；修建排水渠溪；削高填低客土，消除“镬肚脐”；增施磷钾肥；播种绿肥，培肥地力等措施，改善了烂荡田畈的生产条件，使之能种连作稻，粮食产量也跃上了一个新的台阶。

据《镇海县农业志》记载，1983 年镇海县低产稻田、棉地面积统计数据显示，郭巨、峙头低产（400 公斤 / 亩）稻田面积分别为 145 亩、96 亩，低产稻田面积占稻田总面积的比例分别下降至 2.96%、6.56%。低产（30 公斤 / 亩）棉地面积分别为 1250.3 亩、730 亩，低产棉田面积占棉地总面积的比例分别下降至 26.71%、46.65%。

# 第八章　农机具

郭巨有着悠久的农业历史。早在新石器时代后期，已经出现石锛等农耕用具。商周时期，逐渐出现青铜器农具。在漫长的社会发展过程中，农业生产工具种类不断增多、更新换代。至清朝中晚期，境内出现能下水田进行直接稻谷脱粒的稻桶。

中华人民共和国成立前，传统农具以手工制作的居多，并世代相传。中华人民共和国成立后，传统农具多由铁匠、木匠、簟匠使用铁、木、竹等材料制作而成；20 世纪 50 年代，大量推广以人力、畜力为主的新式农具，特别是脚踏打稻机、喷雾器、手拉车等农机具的普及，进一步提高了农业生产力。60 年代开办农机厂生产农机具。70 年代，逐渐为机电动力农机具所取代。90 年代后，国家实施对农机的补贴政策，微耕机、茶叶采摘机、农用运输车等新型农业机械广泛应用，农机装备水平显著提高。

## 第一节　古代农具

1984 年 7 月，发现新石器时代后期的郭巨大岭下村焦山坑遗址，在遗址的 2.5 ～ 3 米深处，出土有石锛等文物。证明早在新石器时代后期，境内已有人类生息使用石器进行渔耕生产。

**石犁**　石犁为史前农业的起土、耕作农具，用石板制成三角形犁铧，上面凿钻圆孔，装上木把柄即可操作。

**石刀（双孔石刀）**　为收割农具。表面鼓起，有 2 个小圆孔，背面平。

**石锛（有段石锛）**　为翻地、松土农具。一端略薄，另一端削平，似刀刃状。

**石戈**　为切削农具。刀头略尖，刀后部有曲折形，尾部安装柄。

**石镞**　为渔猎工具。有柄，镞腹起棱，头尖。

## 第二节 传统农具

### 整地工具

整地工具包括翻耕、碎土、整地、平土等系列工序中的工具，是诸农具的大类。境内通用的约有10余种。

**木犁** 耕田用。由木制部分的犁底、犁梢和铸铁部分的犁馋头组成。一牛牵引，一人手扶犁梢前进。

**平耙** 耙平水田之用，以待插秧。铁木结构，长约2米。一牛牵引，操作者两脚跨踏在耙梃上，加重平耙压力，以平伏泥土，有利插秧。

**耖耙** 又称而字耙，用锻铁铸成，其形状像"而"字，多数用于沿山烂荡田平整之用。一牛牵引，操作者双手把握耙柄，对高低不平之水田，扒土平整、碎泥效果显著。

**滚耙** 俗称擂滚耙，用于较硬泥土田块插秧前整田，即把表土滚糊。滚耙分为镬铲钉和平齿两种。

木犁

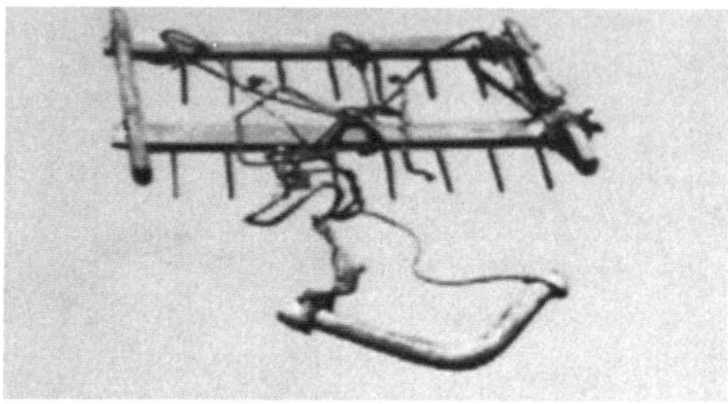
平耙

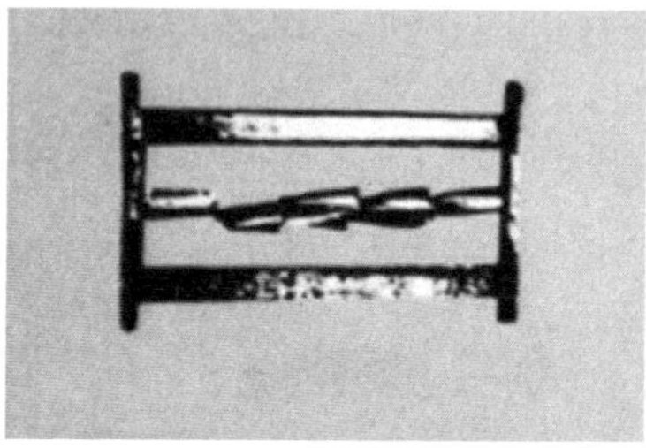
滚耙

**耥单** 亦称耥杆。用于做秧田板面之用。形似"T"字，用小竹竿做成，20世纪80年代后被淘汰。

**锄头** 为最普遍的整田工具，锄草、碎土用，农民几乎人手一把。

**钉耙** 扒土搂粪或水田平整使用的锻制农具。分扁齿钉耙和尖齿钉耙两种，尖齿钉耙多用于旱地翻土、平整。

**板锄** 熟铁锻打而成，形似锄头而身长。一般为开垦山地之用，山农用它掏柴根，多数农户备有一把。

**坑铣** 熟铁锻打而成，铣坑撬泥或横芘花之用，每家农户均备。

**芘花横刀** 形似坑铣，略长些，两边刃口向内弧弯，置以木柄，系春耕时横（割）芘花专用。

**铧锹** 熟铁锻打而成，形似镬铲，上置"T"字形木柄。田地开沟和棉区切沟之用。棉农每户必备。

**避漏榔头** 木制，形似一块砖头，置以木柄，在春耕发水前，用此密敲近河溪边田塍揉实泥土，堵塞漏洞。

**甩锨** 掏运河（腐）泥的农具。上部置有"T"字形的圆木握手，下部是一块凹面的木块。

**木拖** 木制，形似一块板，头略翘，置绳索拖拉。水田里拖运泥土、稻草、秧苗的一种简易运输工具。

### 戽水农具

境内戽水工具主要为龙骨水车，在民国时期尚有少量戽斗或拗棚之类的提水工具。龙骨水车，亦称翻车，系东汉末年毕岚首创。龙骨水车多以人、畜作动力，至中华人民共和国成立初期，分有牵车和牛车两类。

**水车** 由车壳（水槽）、车骨（龙骨）、车板（戽水板）、上下水塔（拨水轮）和车担组成，长度视扬程高低所需。操作时，一人直立，双手紧握车担，旋转驱动，多用于秧田或小块稻田提水，俗称车水。

**牛车** 系大型畜力戽水工具，在旧式农具中堪称最为先进和复杂的大农具。牛车由驱动轮的车盘、传动结构地轴和水车三部分组成。一部牛车可日灌水 15 ～ 20 亩。

水车

牛车

## 中耕农具

水旱作物的中耕农具并不多。稻田除草主要依靠双手耘田，故工具只有耠田耙；旱地除草称削地，一般用锄头，棉地除草则用刮子。

**落田耙** 当地人习惯用拖板落田粑，用樟木做成，长 5 ～ 6 米；另一种亮眼落田耙，多从外地购入。

**推苗** 竹篾制成。第三遍耘田时套在脖子上，将早稻苗推开，以防稻叶刺伤耘田人眼睛。

**锄头** 亦是传统的中耕除草工具，按用途不同，分阔口锄头和鸭蛋鞒锄头。前者削地除草较为轻巧，后者多用于棉地中耕松土。

**削花刮子** 铁制，呈“▲”形。削棉花专用工具。此工具自余姚、慈溪引进。

## 种植农具

**豆撬** 熟铁锻制，长约 30 厘米，口阔 5 厘米，上置“T”字形木柄，一般在硬板地凿孔放蚕豆种子所用，多数农户备有。

**麦戳孔** 俗称“麦戳”，为种油菜、蔬菜或点播大小麦打孔之用。早期大多用石凿成，尔后多数由铸铁翻铸成形。上置“T”字形木柄，一般为农户必备。

**棉花移苗器** 亦称补苗器，用铁制成圆筒。置有手柄。缺苗（株）处打洞取土，后将苗移入洞穴内。20 世纪 60 年代初推广，棉农几乎每家必备。

## 收获工具

水稻为主产品的收获农具种类繁多，以竹木制品为主，少量铁器；竹器农具年损耗量较大，在生产成本支出中占有一定比重。

**番薯笠** 俗称番笠，长方形，用粗篾片编织而成，山区专用于晒番薯干。

**山粉筲箕** 俗称大筲箕，竹篾编织而成，滗山粉用。配套工具有山粉刨、米桥、滗桶、淀桶等。

**簸箕** 畚谷类之用，用细篾片编结而成。因形似马头，其形小者故俗称“马嘴”；形大者又称畚斗；而置有挈手柄的又称稻桶畚斗，专为稻桶脱粒时出谷所用。

**茶篓** 系盛茶叶的工具，用毛竹细丝编制。

**柴刀** 俗称“茅刀”，有小茅刀、倭刀、勾刀之分。熟铁锻打而成。小茅刀又称草刀，割草、割麦用；倭刀砍柴用，勾刀砍树枝用，每户必备。

**沙镲** 割稻、割麦的专用农具，熟铁锻打而成，形似新月，长约 6 寸，刀口开有细密锯齿，置短木柄握手，每户劳动者人手一把。

**稻桶** 稻谷麦子等谷物的脱粒工具，由木桶、稻桶床、稻桶篷组成。桶呈棱台形，盛谷物，稻桶床用来摔打稻把谷子，篷挡谷子飞溅出去。

**风箱** 系谷类产品的筛选谷粒工具，木制，上置风箱斗，后套竹编风箱罩，人力手摇鼓风。风箱制作工艺较高，旧时有专制风箱作坊制作出卖，并常有风箱师傅串门修理。

**竹箩** 系盛谷物的工具，用毛竹篾编制。竹箩种类很多，在境内大多有单丝箩，即单层篾丝编成，可盛稻谷百斤，以粗用为主；双夹箩，制作精细，里层用细篾片编成，外层再罩篾丝，一般专盛米麦及菜籽之用。棉区摘花箩，比单丝箩略高，口大底小。

**篾簟** 用毛竹篾片编结而成，阔约 3 米、长 4 米，摊在晒场上，每爿可晒一箩稻谷。旧时，农家多数雇簟匠编结，精度有二花和细三花之分，也有从市场购入的。

**摊谷耙** 木耙竹柄，耙档钉即排竹钉，专在篾簟上摊谷之用。

**晒谷笊** 用篾丝编结而成，直径约 70 厘米，筛孔六角形，孔较大，在晒场地扬谷所用。一面借助自然风力，将草沫子瘪谷吹掉。

沙镲

风箱

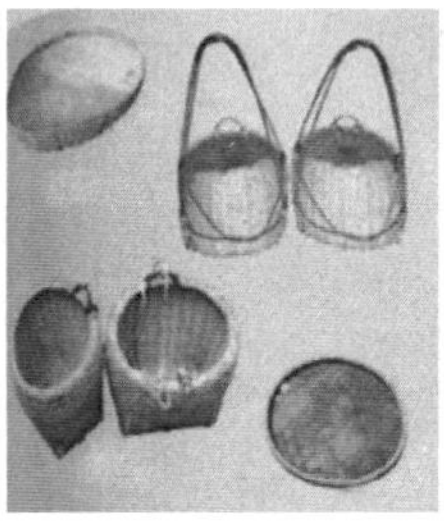
篾箩、土箕、米筛

稻谷筛、夹箩

**地箩** 由竹篾片编织，上圆下方，口径约 35 厘米，高 40 厘米。摘棉花专用盛具。

**棉花钩** 铁棒下端锻成“U”形钩，上端置握手柄，是棉农拔棉花秆的专用工具。

**背篓** 用竹篾编成的盛器具。是推缉网的配套工具，推缉网者把篓筐背在背后，捕捉到小海鲜后把它们放进背篓里。

**斧子** 俗称斧头，楔形，锻铁制成的利器，是木工的主要工具之一。山区每家农户配备，作砍树、劈柴爿之用。

## 积肥工具

**铣盘** 形似坑铣，用木凿成，上置竹柄，用于掏河撬泥之用。

**罱篰** 铁夹竹篰，竹置两根长柄，捻河泥专用工具。

**肥桶** 盛运人粪便的工具，用杉木板箍制，一桶可盛粪便 25 ～ 30 千克。肥桶环一般用竹片劈成，山区多为杉木硬环。

**料勺** 挽粪浇便的工具，用杉木板箍成，置以竹柄。有嘴的称料勺，无嘴形小些的叫泼料，大的称挽料。

**土笥** 毛竹片编织而成，底像大土箕，上置三角环，积肥挑土，用途广泛，一般成双使用，每只盛土 30 ～ 40 千克。

## 加工工具

以稻谷、大米为加工主体的农副产品加工工具，种类繁多，历史悠久，并具有地方特色，是劳动人民长期创造的结果。

**番薯刨**　刨番薯丝的工具。木质长方形刨板，长约 90 厘米，宽 25 厘米，刨板中间凿孔，装由铜片冲铸而成的刨片。

**踏碓**　古代捣谷搡米工具，由石凿成。由捣臼、骑马、踏杆、捣子头组成。踏碓多数安装祠堂前等公共场地，约在清代中期以后逐渐被碾子取代。

**搡米榔头**　下部是一圆柱状木块即榔头，上部为握手木柄，与石臼配合使用。在石臼里倒上谷子，用搡米榔头搡谷子，米就从谷子里脱出来，分成米糠和大米。

**捣臼**　石凿雕而成，为米食加工工具。按用途分有：搡米捣臼，其形最大，口向外仰，以防米粒溅出，是木砻的配套工具；搡年糕粉捣臼，臼形比搡米捣臼矮小。

**碾子**　又称螺碾，为稻谷加工的大型工具，安装在碾坊里。圆柱体，直径约 5 米，石板并合而成。牛力驱动，一天能碾谷 250 ～ 300 千克。碾子擂盘、碾板雕有螺纹，故称螺碾。

**碾谷砻**　亦称“砻”，碾谷农具之一。树木箍成。凿有碾谷的沟槽片、竖轴、（即砻心）、横档、砻轭、砻担（作动力用）、砻脚（也称砻床）。

**石磨**　米、麦等磨粉工具，石雕而成。由上盘（旋转）、底盘（固定）、牵手（磨单）组成。石磨形式多，不但有大小之分，且有带嘴磨（底盘四沿带槽有嘴）和无嘴磨之别，还有越磨（小型用手摇）和牵磨两种。

**米筛**　用竹丝编成，工艺精良，直径约 65 厘米。网眼很细用于去米珠糠斑之用；网眼稍大的用于筛米去砻糠之用。

**大白篮**　由竹篾片、篾丝编织而成，形如坦碗，直径约 1.3 米，高 0.3 米，凹面分里外两层，里层用光滑的竹篾无缝隙编织成，外层用篾丝编织，以保护里层。筛米（筛选去米中的谷粒）时用来盛米，也用于晒谷物等。

**饭蒸**　用木板箍成的无底桶，上稍大而下略小，中间有用丝瓜络或纱布缝制的斗笠状可透蒸汽的饭伞。蒸米饭或蒸米粉用。

肥桶

石碾子和石臼

大磨和小磨

## 第三节　新型农机具

### 耕作、排灌农机具

**五一犁**　又称轻便犁，在原有老木犁基础上进行改良，形似老木犁且稍轻，弯曲犁辕由铸铁翻成，耕地深浅可随意调节，一牛牵引，翻土性能良好。20 世纪 60 年代开始推广，随之取代老木犁。至 70 年代，几乎每个生产队都有 2 ～ 3 部，均由慈城家具厂生产。

**双轮双铧犁**　1958 年，境内引进若干台双轮双铧犁进行试耕。由于犁体笨重，阻力过大，调头转角困难，耕地效果差，实际使用很少，至年底已被搁置。农民戏称:“双轮双铧犁，摆在弄堂前，小孩当马骑，大人出眼泪。”

**拖拉机** 20世纪60年代中期，境内引进“工农—12”型手扶拖拉机，1970年后，引进“东方红—24”中型拖拉机，均用于耕田和货物运输，机引配套农具主要有旋耕机，还有犁、耙。拖拉机以悬挂旋耕机进行翻耕作业，操作方便且适宜于水稻田耕作，70年代中后期，境内大量购进手扶拖拉机，农忙时用于耕田，农闲时搞运输，成为境内主要的农田耕作机械，用牛耕田的历史由此基本结束。1985年，郭巨镇境内拥有中型拖拉机8台，手扶拖拉机84台，峙头乡境内拥有中型拖拉机1台，手扶拖拉机33台；全境拥有机引配套农具旋耕机45台、犁4台、耙3台。至1991年，郭巨镇境内拥有四轮中型拖拉机8台，手扶拖拉机119台，其中纯农田作业的拖拉机有13台；峙头乡拥有手扶拖拉机51台，其中纯农田作业的拖拉机有10台；境内拥有机引配套农具旋耕机48台、秸秆还田机24台、开沟机1台。时农田翻耕实现了机械化。至2019年，境内用于耕地作业的大型拖拉机尚有6台，配套机引农具旋耕机6台、开沟机5台。

**微耕机** 由工作部件、机架、传动系统和动力（柴油机、汽油机）系统等部分组成。配套的工作部件可完成旋耕、犁耕、碎土、开沟、播种、脱粒、喷药等多项作业。21世纪初引进，境内规模较大的花木种植专业户均有配置。

手扶拖拉机

四轮中型拖拉机

微耕机

**水泵** 亦称抽水机，1958年公社化后，各大队以柴油机为动力的船泵（抽水机），沿河边农田组织联灌。70年代，各生产队基本上都建有机泵站，配置有柴油机为动力的离心式水泵。1975年后，电动机逐渐替代了柴油机动力。1983年以后，为适应家庭联产承包的土地经营方式，小型农用潜水泵增多。至1985年，郭巨镇境内拥有农用水泵126台，其中电动机动力水泵96台；峙头乡境内拥有农用水泵36台，其中电动机动力水泵34台。2019年，境内拥有农用排灌机具约752台。

## 栽植、植保农机具

**机动插秧机** 1988年，境内引进吉林延吉产的2ZT-7358型机动插秧机，因该机存在壅泥、漏插等问题而未能扩大机插面积，后被淘汰。

**喷雾器（机）** 1985年，境内拥有机动喷雾（粉）机24架，后因农业联产承包到户后，已不适应使用而逐年减少至全部淘汰。人力喷雾（粉）器是境内主要植保机具，1985年拥有量为5506台，时几乎每一农户都配有一架人力喷雾器。现花木种植虽仍需防病治虫，但使用频率比水稻种植要小，喷雾器拥有量大为减少，2019年，有背负式电动喷雾喷粉机（机动）16台，担架式喷雾机（机动）11台。

## 收获、加工农机具

**打稻机** 1955年境内开始使用脚踏打稻机，至1958年，脚踏打稻机基本取代稻桶脱粒。20世纪60年代以来，脚踏打稻机改汽（柴）油机为动力，试行3马力柴油打稻机，后大面积推广。70年代中期，农电覆盖境内各村，电动打稻机取代了汽（柴）油机为动力的打稻机。至1985年，境内有电（机）动脱粒机 385 台，其间，仅在偏僻地块保留有脚踏打稻机 131 台，基本实现脱粒机械化。至 1991 年，电（机）动脱粒机数量为 372 台，脚踏打稻机全部淘汰。

**联合收割机** 20 世纪 90 年代中后期，境内陆续购入半喂履带式收割机 5 台，2006 年，南门村纪国平引进一台日本产洋马牌半喂入式联合收割机，该机能满足倒伏作物、湿烂田块等不同条件下水稻收割的需要。2019 年，境内有半喂履带式收割机 1 台。

机动插秧机

喷雾器（机动）

脚踏打稻机

联合收割机

**碾米机** 俗称“轧米机”，20 世纪 50 年代中期，农村实现集体化后，境内碾米机逐渐普及，至 1985 年，境内拥有碾米机 27 台，村村都有轧米厂，90 年代后，以手拉车为运输工具的流动性碾米机增加，碾米机拖至农户门口轧米，1993 年，境内碾米机增至 49 台，进入 21 世纪，境内农田调整为种植花木，已无稻谷种植，境内碾米机全部淘汰。

**茶叶揉捻机** 70 年代，境内引入揉捻机、烘干机等茶叶加工机械，加工红茶。1985 年，郭巨镇境内拥有茶叶揉捻机 13 台，峙头乡境内 32 台，1993 年，境内有茶叶揉捻机 45 台，2019 年，仍有 8 台。

**磨粉机** 俗称“小钢磨”。1960 年以后，各生产大队陆续购买磨粉机，主要用于年糕加工。1970 年，郭巨农机厂生产 310 型粉碎机（磨粉机）近 300 台。1985 年，境内年糕加工坊有磨粉机 42 台，1993 年增至 75 台。2019 年，境内仅有“阿姐宁”等 5 家年糕加工坊。

**山粉机** 山粉机是将番薯轧成渣并从中获取淀粉（俗称山粉）的加工机械。20 世纪 70 年代，境内各生产小队基本上都配有 1 台山粉机。1985 年，峙头境内有山粉机 32 台，1993 年，境内有山粉机 26 台，2019 年仍有若干台山粉机在作业。

**榨油机** 1985 年，峙头乡引进榨油机 3 台，进行以油菜籽为主要原料的食用油品加工生产，1991 年，境内榨油机增至 9 台。

**轧花机** 棉花脱籽加工机械。1986 年，境内有轧花机 21 台。

碾米机

磨粉机

农用汽车

## 运输机械

**手拉车** 1958 年“大跃进”时，在农村推广运输“车船化”“轴承化”后，手拉车有了较快发展。1978 年，郭巨公社搬运队有手拉车 30 辆，峙头公社搬运队有 5 辆。1985 年，境内有手拉车 2551 辆，20

世纪 90 年代后，随机动运输车辆的增加而减少。

**农用拖车和农用（货运）汽车** 1964 年 10 月，郭巨公社搬运队有 1 辆驻仰岛部队赠送的载重量为 3 吨的“解放”牌货车。1978 年，郭巨公社搬运队有拖拉机 4 辆，峙头公社搬运队有 1 辆。1985 年，有农用运输汽车 9 辆，四轮拖拉机拖车 8 辆，手扶拖拉机拖车 114 辆。1993 年，有农用载重汽车 41 辆，纯运输作业的手扶拖拉机 145 辆，农用机动三轮车 112 辆。2019 年，境内有运输型拖拉机 40 辆。

## 1986 年郭巨镇、峙头乡主要农机具拥有量表

表 5-8-1

| 项目分类名称 | 项目名称 | 数量（台、辆、套） | | 项目分类名称 | 项目名称 | 数量（台、辆、套） | |
|---|---|---|---|---|---|---|---|
| | | 郭巨镇 | 峙头乡 | | | 郭巨镇 | 峙头乡 |
| 耕作机械 | 大中型拖拉机 | 9 | 1 | 农产品初加工机械 | 磨粉机 | 18 | 21 |
| | 手扶拖拉机 | 105 | 47 | | 棉花轧花机 | 21 | |
| | 机引旋耕机 | 42 | 12 | | 茶叶揉捻机 | | 31 |
| | 机引犁 | 3 | 1 | | 榨油机 | 12 | 1 |
| 收获机械 | 机（电）动打稻机 | 301 | 48 | | 饲料粉碎机 | 9 | |
| | 人力打稻机 | 64 | 32 | | 番薯粉碎机 | | 20 |
| 排灌机械 | 农用水泵 | 96 | 35 | 运输机械 | 农用运输车 | 10 | |
| 植保机械 | 机动喷雾喷粉机 | 16 | 5 | | 农用木船 | 6 | |
| | 人力喷雾喷粉机 | 3626 | 1780 | | 农用小拖车 | 95 | 49 |
| 农产品初加工机械 | 轧米机 | 18 | 19 | | 胶轮手拉车 | 1996 | 161 |

## 2019 年境内主要农机具拥有量表

表 5-8-2

| 项目分类名称 | 项目名称 | 数量（台、辆、套） | 项目分类名称 | 项目名称 | 数量（台、辆、套） |
|---|---|---|---|---|---|
| 耕作机械 | 大中型拖拉机 | 6 | 畜牧机械 | 饲料加工机械 | 1 |
| | 手扶拖拉机 | 7 | 水产机械 | 增氧机 | 3 |
| | 旋耕机 | 12 | | 投饲机 | 10 |
| | 开沟机 | 5 | 茶叶机械 | 修剪机 | 25 |
| | 耙 | 2 | | 采摘机 | 1 |
| | 田园管理机 | 220 | | 揉捻机 | 8 |
| | 微耕机 | 15 | | 扁形茶炒制机 | 24 |
| 排灌机械 | 农用水泵 | 752 | | 杀青机 | 5 |
| | 节水灌溉类机械 | 1 | 食用菌机械 | 杀菌设备 | 1 |
| 植保机械 | 背负式机动喷雾喷粉机 | 16 | | 粉碎机 | 1 |
| | 担架式喷雾机（机动） | 11 | 运输机械 | 运输型拖拉机 | 40 |
| 农产品初加工机械 | 油料加工机械 | 4 | 农田基本建设机械 | 推土机 | 1 |
| | 粮食加工机械 | 4 | | 挖掘机 | 2 |

# 第六篇　工业

境内早期手工业可以追溯到宋朝。宋时，境内已有烧窑业。明清时期，有农副产品加工业。民国时期，有榨油坊、酿造、个体工匠等手工业生产者。明洪武二十年（1387），郭巨建城时，建筑造城的能工巧匠及民工就达5000多人，庞大的建筑工程涵盖建筑行业的材料与工艺，带动并辐射各手工业的蓬勃兴起，涌现了一批本地能工巧匠。

中华人民共和国成立后，20世纪50年代组建的各手工业联合社是境内工业的雏形。六七十年代，集体所有制郭巨、峙头农机厂是境内早期代表性企业。1978年党的十一届三中全会后，境内乡镇（村）集体企业蓬勃兴起，并在90年代形成了以灯具、橡塑、采矿为主要特色的工业产业。1996年，境内乡镇（村）集体企业转制为私有个体或股份制民营企业，乡镇（村）集体企业退出历史舞台，个体民营（股份制）企业大量涌现。2002年，随宁波港穿山港开发建设，一批国有控股现代化临港大企业相继落户境内。

境内形成过盐业、农副产品加工、机械、金属制品、灯具、电器、橡胶塑料、采石建材、针织服装、船舶（拆解）修造、物流仓储、能源中转、静脉产业等各个时期的工业产业门类，至2019年，境内注册民营企业发展到涵盖17个行业，330家企业，从业职工5800人。

# 第一章　工业所有制结构

中华人民共和国成立前，境内农副产品加工、手工业作坊等均为个体私营企业。

境内集体企业始于20世纪50年代初的手工业合作社，80年代开始，乡镇（村）集体企业快速发展，同期，境内有县第二轻工业局属下的大集体企业4家，1993年，据郭巨工办企业统计报表显示，乡镇、村集体、个体企业分别占全镇工业总产值比重的54.25%、13.37%、32.39%，90年代中期，集体企业转制，个体经济、股份制民营经济蓬勃发展，境内逐步形成以民营企业为主体的工业体制。

随着境内穿山港区的开发建设，宁波北仑第三集装箱码头有限公司等一批区、市、省、中央所属的国有（全资）及国有控股企业落户境内。2019年底，境内注册企业338家，涉及17个行业。其中，国有及国有控股企业8家，占2.4%，民营企业330家，占97.6%；注册资本在500万元以上企业有43家，占企业总数的12.7%；年产值在2000万元规模以上的企业（简称规上企业）7家，占工业企业总数的2.1%。

## 第一节　国有企业

穿山港区开发建设前，境内无县级及以上国有及国有控股企业。2002年，随着穿山港区的开发建设，峙头成了一片投资热土。宁波北仑第三集装箱码头有限公司于2004年6月注册落户境内，它是省属国企宁波舟山港股份有限公司一下属公司，负责宁波舟山港穿山港区的一体化运营管理。至2019年，中海浙江宁波液化天然气有限公司、中海油工业气体（宁波）有限公司、光大环保能源（宁波）有限公司、北仑工业固体废物处置站、国电宁波北仑风力发电有限公司等一批区、市、省、中央所属的国有（全资）及国有控股企业落户境内（详见本篇第三章主要工业门类和第五篇第二章第三节码头及码头企业选介）。

**2019年境内国有（控股）企业一览**

表6-1-1　　单位：亿元、人

| 单位名称 | 性质 | 成立时间 | 注册资金 | 营业场所 | 主营项目 | 产值 | 职工 |
|---|---|---|---|---|---|---|---|
| 中海浙江宁波液化天然气有限公司 | 央企（控股51%） | 2005.3 | 16.074 | 沙湾 | 液化天然气运输、储存、销售 | 12.850 | 230 |
| 中海油工业气体（宁波）有限公司 | 央企（全资） | 2011.5 | 1.6396 | 中宅 | LNG冷能空分技术生产液氧、液氮、液氩等产品 | 1.200 | 17 |
| 光大环保能源（宁波）有限公司 | 央企（全资） | 2012.6 | 7.5 | 长浦 | 生活垃圾焚烧发电 | 1.577 | 100 |

续表 6-1-1

| 单位名称 | 性质 | 成立时间 | 注册资金 | 营业场所 | 主营项目 | 产值 | 职工 |
|---|---|---|---|---|---|---|---|
| 中海油浙江新能源有限公司 | 央企（控股 55%） | 2013.10 | 0.2995 | 中宅 | 燃气汽车加气站（LNG） | 0.995 | 67 |
| 宁波北仑第三集装箱码头有限公司 | 省属国有 | 2004.6 | 19.5 | 后墩 | 码头及港口设施服务，港口货物装卸、驳运、仓储、集装箱拆拼箱服务等。（注：北三集司统一负责集装箱码头经营管理，其产值、职工数包含了港吉、远东、穿山码头公司） | 30.580 | 4172 |
| 宁波港吉港码头经营有限公司 | 省属（控股 49%） | 2004.12 | 1.2 亿美元 | 华峙 | | 8.114 | 526 |
| 宁波港远东码头经营有限公司 | 省属（控股 50%） | 2006.7 | 25 | 后墩 | | 8.412 | 463 |
| 宁波穿山码头经营有限公司 | 省属国有 | 2018.8 | 1.268 | 华峙 | | — | — |
| 宁波北仑绿能物流发展有限公司 | 市属（全资） | 2012.6 | 0.1746 | 中宅 | LNG 槽罐车停车、安检、运管网信息录入等服务 | 0.107 | 27 |
| 国电宁波北仑风力发电有限公司 | 市属（控股 51%） | 2010.6 | 0.76 | 盛岙 | 风力发电 | 0.612 | 7 |
| 宁波市北仑环保固废处置有限公司 | 区属国有 | 2007.9 | 0.25 | 长浦 | 固废处置 | 2.027 | 119 |

## 第二节　城镇集体企业

境内县属大集体所有制企业，其前身均为始于 20 世纪 50 年代初的手工业合作社。1978 年后，县农林、农机、教育、劳动等部门相继开办了一批县属大集体企业。20 世纪 80 年代中期，郭巨境内有北仑区第二轻工业局属下的大集体企业 4 家，分别是宁波灯具总厂、宁波橡胶塑料厂、宁波工艺塑料厂、宁波缝纫机厂。1987 年上述 4 家企业有职工 761 人，年工业产值 2132 万元，实现利润 97 万元。2003 年后相继转制为私营企业。

### 宁波灯具总厂

郭巨家用电器厂 1982 年组建，1987 年更名宁波灯具总厂，2003 年转制解体。（详见本篇第二章第二节灯具企业选介）。

### 宁波橡胶塑料厂

郭巨胶木五金厂 1982 年组建，1987 年更名宁波橡胶塑料厂，2003 年转制解体。（详见本篇第二章第三节橡胶塑料业）。

### 宁波工艺塑料厂

郭巨塑料模具厂 1974 年 5 月成立。1987 年 3 月，更名为宁波工艺塑料厂。2003 年转制为私营企业。（详见本篇第二章第三节橡胶塑料业）。

### 宁波缝纫机厂

宁波缝纫机厂地址西门外湾里。其前身是1953年组建的棕漆社、服装社和鞋业社。1970年，鞋业社、棕漆社、缝纫社三社合并组建郭巨日用品社，1973年改称郭巨五金日用品厂，1975年改称郭巨缝纫机厂。1963—1969年，主营缝纫机零配件生产。1970年12月，始生产缝纫拷边机整机。1985年，更名为宁波缝纫机厂，与上海针织六厂联营生产工业缝纫机、GN-2宝塔线机、拷边机。年产缝纫拷边机3500台，产值达100多万元，有职工300多人。2003年转制为私营企业。

**1987年境内四家县属城镇集体企业基本情况表**

表6-1-2

| 企业名称 | 宁波灯具总厂 | 宁波橡胶塑料厂 | 宁波工艺塑料厂 | 宁波缝纫机厂 |
| --- | --- | --- | --- | --- |
| 占地面积（平方米） | 4011 | 7285 | 9896 | 5200 |
| 建筑面积（平方米） | 3840 | 4540 | 5600 | 2600 |
| 职工人数（人） | 180 | 240 | 225 | 116 |
| 其中技术人员（人） | 3 | 10 | 4 | 1 |
| 主要产品 | 民用灯具 | 拖鞋、童车胎 | 拖鞋、童鞋 | 缝纫机三线机 |
| 年产值（万元） | 700 | 800 | 480 | 152 |
| 年利润（万元） | 40 | 35 | 10 | 12 |

**1985—1988年境内四家县属城镇集体企业产值、从业人数一览**

表6-1-3　　单位：万元、人

| 年份 | 宁波灯具总厂 | 宁波工艺塑料厂 | 宁波橡胶塑料厂 | 宁波缝纫机厂 |
| --- | --- | --- | --- | --- |
| 1985 | 501.1 | 381 | 302 | 137.9 |
| 1986 | 557.5 | 420 | 339 | 168.8 |
| 1987 | 701.7 | 360 | 501 | 173.6 |
| 1988 | 800.2 | 402 | 810 | 180.5 |
| 年均从业人数 | 108 | 160 | 123 | 141 |

## 第三节　乡镇集体企业

1983年11月前称社（公社）队（大队）集体企业，之后称乡镇（村）集体企业。20世纪50年代的各手工业社是社队集体企业的雏形期。60年代的社办企业主要是为农业生产服务的农机具等产品的生产，时郭巨、峙头公社均办起了农机厂、砖瓦厂等企业。70年代，根据“环绕农业办工业，办好工业促农业”方针，逐步突破“就地取材、就地加工、就地销售”局限，扩大工业产业门类，增加产品种类，社办企业数量逐年增加，至1981年，郭巨公社有社办集体企业20家，职工1026人，年产值395.22万元。峙头公社有社办集体企业14家，职工652人，年产值162.61万元，缴税3.92万元，利润总额19.72万元。80年代中期至90年代中期，境内乡镇（村）办企业数量继续增加，规模不断扩大并开始形成地方特色工业，郭巨形成了灯具、橡塑特色产业，峙头形成了拆船、针织服装、采石特色产业，时为境内乡镇集体企业最为兴旺发达时期。至 1993 年，郭巨镇有镇办集体企业 25 家，职工 1199 人，年产值 6908 万元，销售收入 5097 万元，纳税 32 万元，利润总额 40 万元。90 年代，随着民营企业的发展壮大，1998 年开始，按照中央、省、市、区经济体制改革的步骤，乡镇集体企业逐步实行承包制、租赁制和股份合作制，2000 年后，镇办企业有的倒闭，更多的是转制为个私企业。2019 年，街道无集体办工业企业。纵观乡镇集体工业发展历程，“一盏灯”“一双鞋”“一块砖”“一条鱼”“一块石”形象地概括了灯具、塑料、砖瓦、捕捞、采石为这一时期境域乡镇工业特色产业。

**郭巨镇（乡、公社）集体企业**　1952 年起，郭巨先后成立有竹业、木业、铁业、泥业、船业、砖业 6 个行业合作小组。1953 年，由合作组组建成 10 个行业手工业低级社，时竹业社 36 人、木业社 13 人、铁业社 58 人（固定资产 5 万元）、泥业社 16 人、石业社 13 人、服装社 11 人、制鞋社 8 人、棕漆社 20 人、船业社 10 人、砖瓦社 28 人，共有职工 213 人，是境内工业企业的雏形。

1956 年组建手工业联合社，属乡办集体企业。1958 年郭巨公社农机厂首建火力发电装置办起发电厂。时年，大办钢铁办起“小高炉”，全民参与炼钢铁。兴办郭巨农机具修配厂（农机厂）、土化肥厂、石灰厂、砖瓦厂等，职工 215 人。

1959 年成立公社建筑大队，职工 70 人，1961 年解散。至 1962 年调整人民公社规模后，各手工业社有的合并，有的歇业。至 1964 年郭巨境内仅存郭巨农机厂、郭巨砖瓦厂。1971 年，木业、铁业社合并建立郭巨塑料胶木五金厂，1978 年开始为上海伟力灯具厂配套生产灯具胶木底座，1983 年更名为“宁波大华灯具厂”，1984 年，产值近 1000 万元，成为郭巨灯具特色产业的龙头企业。80 年代中期，郭巨社办企业“产、销、利”稳步上升，涌现了大华灯具厂、农机厂、轮窑厂、塑料厂等年利润上百万元的镇办企业，1981 年，郭巨公社有社办集体企业 20 家，职工 1026 人，年产值 395.22 万元。1985 年，镇办集体企业增至 23 家，职工 1067 人，年总产值 1468.96 万元。到 90 年代中期，镇办企业发展达到峰值。1997 年郭巨镇办企业 21 家、从业职工 1955 人。2002 年，郭巨镇政府根据经济体制改革步骤与各企业实际情况，镇办集体企业分批转为民营企业，至 2003 年完成转制，乡镇企业称谓逐渐消失。2019 年，境内无街道办集体企业，多为民营工商企业、个体工商户。

## 1980—1991 年郭巨公社（乡、镇）集体企业基本情况表

表 6-1-4

| 年份 | 企业个数（个） | 职工人数（个） | 工业总产值（万元） |
|---|---|---|---|
| 1980 | — | — | 241.41 |
| 1981 | 15 | 1149 | 352.68 |
| 1982 | 15 | 1094 | 395.22 |
| 1983 | 20 | 1237 | 522.00 |
| 1984 | 20 | 1288 | 930.00 |
| 1985 | 21 | 1070 | 1468.96 |
| 1986 | 23 | 1187 | 1000.47 |
| 1987 | 22 | 1067 | 1254.08 |
| 1988 | — | 1630 | 1331.00 |
| 1989 | — | — | 1836.00 |
| 1990 | 19 | 951 | 2049.41 |
| 1991 | 16 | 740 | 3634.00 |

## 1993—2002年境内乡镇集体企业基本情况表

表6-1-5

| 年份 | 企业个数（个） | 职工人数（个） | 工业总产值（万元） |
|---|---|---|---|
| 1993 | 25 | 1199 | 6908 |
| 1994 | 23 | 1067 | 5669 |
| 1995 | 22 | 737 | 6474 |
| 1996 | 20 | 730 | 4713 |
| 1997 | 21 | 803 | 8051 |
| 1998 | 21 | 1256 | 4986 |
| 1999 | 21 | 974 | 5029 |
| 2000 | 21 | 859 | 8150 |
| 2001 | 19 | 809 | 6295 |
| 2002 | 19 | 821 | 8314 |

## 1993年境内乡镇集体企业情况表

表6-1-6

| 企业名称 | 开业时间 | 占地面积（平方米） | 建筑面积（平方米） | 职工人数（人） | 完成产值（万元） | 固定资产（万元） | 经营地址 |
|---|---|---|---|---|---|---|---|
| 宁波浙东针织厂北仑峙头联营厂 | 1981.1 | 1955 | 1503 | 94 | 47 | 9 | 中宅 |
| 中国标准缝纫机公司北仑零件厂 | 1982.2 | 4242 | 1800 | 117 | 265 | 40 | 郭巨 |
| 宁波北仑鱼片厂 | 1989.1 | — | — | 144 | 326 | 78 | 上宅 |
| 郭巨拆船厂 | 1993.8 | 3412 | 630 | 45 | 800 | 41 | 郭巨 |
| 宁波北仑郭巨包装用品厂 | 1978.12 | — | — | 18 | 12 | 1 | 尖岭 |
| 宁波北仑针织服装二厂 | 1991.12 | 1403 | 867 | 46 | 185 | 21 | 西门 |
| 峙头采石场 | 1988.1 | — | — | 14 | 10 | 3 | 竹湾 |
| 宁波北仑郭巨砖瓦厂 | 1976.1 | 24544 | 3791 | 80 | 105 | 23 | 尖山头 |
| 北仑东海拆船厂 | 1993.5 | — | — | 60 | 845 | 41 | 郭巨 |
| 宁波北仑郭巨灯具配件厂 | 1992.1 | 3267 | 1958 | 8 | 3 | 8 | 郭巨 |
| 宁波北仑郭巨电镀厂 | 1982.2 | 1223 | 854 | 70 | 58 | 6 | 郭巨 |
| 宁波牛奶公司郭巨服务站 | 1982.7 | 1638 | 1060 | 9 | 29 | 18 | 郭巨 |
| 上海起重运输机械厂宁波分厂 | 1985.3 | 948 | 1238 | 66 | 147 | 30 | 西门口 |
| 宁波北仑线带机械厂 | 1962.12 | 3611 | 3027 | 104 | 381 | 98 | 郭巨 |
| 宁波北仑郭巨自来水厂 | 1983.4 | 2020 | 592 | 11 | 11 | 25 | 西门外 |
| 宁波北仑郭巨印刷厂 | 1973.6 | — | — | 7 | 4 | 2 | 西门外 |
| 郭巨标准件配件厂 | 1991.4 | — | — | 60 | 268 | 29 | 西门外 |
| 宁波北仑峙头建材厂 | 1989.6 | — | — | 40 | 16 | 6 | 洋涨 |
| 宁波北仑郭巨塑料电器制品厂 | 1993.7 | — | — | 7 | 32 | 5 | 郭巨 |
| 峙头纸箱包装用品厂 | 1983.5 | — | — | 33 | 73 | 24 | 中宅 |
| 峙头自来水厂 | 1992.1 | 396 | 390 | 5 | 5 | 31 | 中宅 |

续表 6–1–6

| 企业名称 | 开业时间 | 占地面积（平方米） | 建筑面积（平方米） | 职工人数（人） | 完成产值（万元） | 固定资产（万元） | 经营地址 |
|---|---|---|---|---|---|---|---|
| 峙头冷冻厂 | 1985.11 | 4455 | 1542 | 94 | 3222 | 391 | 上宅 |
| 宁波北仑轻工冷气附件厂 | 1993.7 | — | — | 12 | 12 | 6 | 洋涨 |
| 北仑灯具塑料厂 | 1991.7 | — | — | 24 | 26 | 3 | 西门外 |
| 宁波北仑峙头电控设备厂 | 1992.7 | — | — | 31 | 26 | — | 郭巨 |

**峙头乡（公社）集体企业** 20 世纪 50 年代初，境内先后创办砖瓦厂、铁匠铺、综合厂等。70 年代初，创办峙头公社农机厂。进入 80 年代，峙头充分利用境内港口、石料矿产和丰富的劳动力等资源优势，兴办劳动密集型企业，1972 年开办峙头石子厂，1981 年与宁波浙东针织厂联营开办峙头针织厂，1984 年开办峙头拆船厂，1985 年开办峙头冷冻厂等。针织服装、织带、塑料、拆船、采石等规模较大企业成了当时峙头乡办企业的支柱产业。1992 年扩镇并乡前，峙头乡乡办企业 13 家，年产值 2770 万元。

## 1981—1991 年峙头公社（乡）集体企业基本情况表

表 6–1–7

| 年份 | 企业个数（个） | 职工人数（个） | 工业总产值（万元） |
|---|---|---|---|
| 1981 | 14 | 652 | 162.61 |
| 1982 | 11 | 491 | 142.50 |
| 1983 | 14 | 604 | 146.00 |
| 1984 | 13 | 682 | 589.00 |
| 1985 | 14 | 617 | — |
| 1986 | 15 | 504 | — |
| 1987 | 13 | 485 | 283.00 |
| 1990 | 15 | 759 | — |
| 1991 | 13 | 711 | 2770.00 |

## 1981 年峙头公社社办企业主要经济指标一览

表 6–1–8 单位：万元、人

| 企业名称 | 职工 | 总产值 | 销售收入 | 销售税金 | 利润总额 | 固定资金原值 | 主要产品名称 |
|---|---|---|---|---|---|---|---|
| 合计 | 652 | 162.61 | 90.18 | 3.92 | 19.72 | 48.69 | — |
| 农机厂 | 38 | 9.30 | 8.44 | 0.28 | 1.46 | 12.00 | 五金零件 |
| 综合厂 | 65 | 5.17 | 6.31 | 0.01 | 0.42 | 2.56 | 铁、木业产品 |
| 采石场 | 37 | 6.02 | 8.95 | 0.34 | 0.19 | 4.93 | 石子 |
| 美术厂 | 13 | 3.70 | 3.89 | 0.19 | 0.44 | 0.02 | 商标 |
| 预制厂 | 5 | 2.01 | 3.17 | 0.07 | 0.29 | — | 水泥预制件 |
| 灯泡厂 | 17 | 6.38 | 5.38 | 0.52 | 0.44 | 2.97 | 高压荧光汞灯 |
| 织带厂 | 46 | 20.84 | 22.56 | 1.47 | 2.52 | 11.65 | 鞋带 |
| 皮鞋厂 | 16 | 4.39 | 4.08 | 0.06 | 0.66 | 0.15 | 皮鞋 |
| 皮件厂 | 54 | 9.26 | 9.81 | 0.31 | 1.70 | — | 童鞋 |

续表 6-1-8

| 企业名称 | 职工 | 总产值 | 销售收入 | 销售税金 | 利润总额 | 固定资金原值 | 主要产品名称 |
|---|---|---|---|---|---|---|---|
| 皮毛厂 | 11 | 2.40 | 2.77 | — | 0.67 | 0.41 | 兔皮褥子 |
| 绣服厂 | 160 | 28.70 | 2.80 | 0.01 | 0.10 | — | 绣花 |
| 塑料厂 | 74 | 50.57 | 33.50 | 0.64 | 9.01 | 9.59 | 塑料凉鞋 |
| 针织服装 | 106 | 12.17 | 11.50 | — | 1.75 | 0.99 | 涤纶裤 |
| 搬运队 | 10 | 1.70 | 1.70 | 0.02 | 0.07 | 3.42 | 运输 |

## 乡镇集体企业选介

***峙头拆船厂*** 1984 年创办。地址峙头乡盛岙村小盛岙。利用滩涂资源，建有万吨级冲滩船坞 1 个，船坞面积 19257 平方米，租用部队（毛弄坑）空弃的大会堂及营房约计面积 4112 平方米作为仓库，新建厂房 630 平方米，作为办公室、食堂、寝室等。拥有大型船舶拆解吊装设备和重型运输车辆，任命峙头乡党委委员张荣斌为厂长，职工 80 人（进厂职工每人投资 500 元）。1985 年开始第一艘船的拆解，时年，职工增至 128 人，固定资产 57.3 万元，销售金额 324 万元，利润 37.4 万元。1986 年与湖南长沙造船厂联营，湖南长沙造船厂占股 50% 以上。1993 年 7 月 19 日，一次性成功冲滩的拆解船（外轮）“金山号”，自重 1.2 万吨，当年拆船产值 280 万元，利润 25 万元。其间共拆解轮船 5 艘，总自重 3.3 万吨，（其中另 4 艘总自重 2.1 万吨，分别为 0.2、0.7、0.8、0.4 万吨）。1995 年破产倒闭。

***郭巨农机厂*** 创建于 1958 年。主要生产铁锨、耙齿、铁犁等农具及农机具的维修，为农业生产机械化服务，后因业务需要，在福民狗湾新设翻砂车间。1959 年，建立发电车间，配置设备有 60 匹柴油机 1 台、30 千瓦发电机 1 台，发电时间为晚上六点至九点，为郭巨城区 1600 户居民和企事业单位的夜间照明供电。1970 年，生产 310 型粉碎机 150 台。到 20 世纪 80 年代末，转产专业生产宝塔线带机，为 80 年代前境内重点社办企业。1993 年，线带机销往义乌、绍兴、江苏、山东等地，有职工 104 人，厂房等建筑面积 3027 平方米，固定资产 98 万元，年产值 381 万元。2002 年，转制为民营企业。据 1959 年 2 月 19 日《宁波报》报道：郭巨公社机械修配厂（农机厂），制造雷公耙、连坐耙、深耕犁、河泥机、割草机等新式农具 3279 件，并将大批旧农具修制一新，给春耕生产准备了“刀枪”。工厂内部大搞技术革新，采用半机械化锯板、打眼等机械，生产效率提高了五到十倍，工人生产积极性空前高涨，相互开展劳动竞赛，车间战报栏写道：“战鼓敲得连天响，鼓足干劲上战场。师徒团结决心强，高举手臂当刀枪。制出农具尖又亮，为农服务日加夜，农业丰收靠大家。”

***峙头公社采石场*** 创办于 1972 年，厂址盛岙外山嘴，借用部队空弃简易军用码头，用钢钎打炮眼、石子榔头拷石子、人工肩挑装船运至各地，整个生产过程全是繁重的手工体力活，年产量在 5000 吨左右，大部分销往上海崇明。1975 年，迁址沙湾村（小黄石门）公鹅山嘴，开始采用小型柴油机作动力的轧石机、风钻打炮眼的机械作业，年产量在 1 万～ 1.5 万吨，1987 年，迁址竹湾村垒石岗，采用中型轧石机，后又配置石子装运输送带，机械化作业程度更高，生产效率随之大幅度提高，年产量 2 万吨以上。1994 年转制为个私企业，更名雄镇建材石料厂。

***峙头冷冻厂（成开公司）*** 1985 年 1 月 1 日开业，厂址上宅村外岙山咀，公司建有“冂”形码头一座，千吨冷库一座。1989 年开办鱼片厂。1992 年更名为成开公司，1993 年，成立了房地产公司，开发承建总建筑面积 4.3725 万平方米的郭巨灯具城，是年，置铁壳捕捞船 4 对，组建远洋捕捞大队，远征北太平洋、南太平洋、柬埔寨、秘鲁、巴布亚新几内亚等海域钓鱿鱼，有船员 316 名。1992—1995 年，先后投入 2000 万元，购置 5 艘总吨位为 1.27 万吨的冷冻船，捕捞船也增至 10 对。1995 年，鱿钓产量达 1.3 万吨，产值 1.7 亿元，创鱿钓历史最高纪录。1997 年，“成开冷 2 号”在鱿钓中，获单（船）产（量）全国第一

名，产量4200吨，公司钓鱿鱼船均产量居全国第二名。1998年，成立海水产品养殖公司，租赁承包被“麦莎”“卡努”双台风（1993年）冲垮海塘的昆亭盐场400公顷盐田，改建成海水产品养殖基地，养殖梭子蟹、对虾、贝壳类等品种。2002年始，开发吸海沙产业，先后投资9744万元，购置、打造总吨位1万余吨的吸沙船5艘，有员工535人，在峙头洋小猫一带海域吸沙。年产值达9100余万元，利润1000余万元。

至2002年，峙头冷冻厂（后更名为成开公司）涉及海水产品冷冻、加工、生产与销售（天津及西安等地开设有海水产品销售部）、远洋捕捞、房地产开发、吸沙、船舶修理、纸箱包装等产业。为境内涉及行业最多、规模最大的乡镇企业，分别于1995年、2003年被评为北仑区、宁波市农业龙头企业。

2006年，因宁波舟山港穿山港区开发建设所需，公司码头、冷库、岸线、加工厂及水产养殖基地等不动产“打包”拆迁补偿，其下属企业塑料袋厂、纸箱厂、舟山修船厂、方门油库码头等分公司转制为个私企业，成开公司注销。

## 乡镇集体企业转制

1993年2月，北仑区经济体制改革办公室与区乡镇企业局联合印发《北仑区乡镇企业股份合作制试行办法》，明确“股份合作企业，坚持入股自愿、股权平等、同股同利、风险共担、利益共享”的基本原则，实行“自主经营、自负盈亏、自我发展、自我约束”。1994年4月，区政府印发《北仑区镇（乡）、村集体企业拍卖试行意见》，区计经委转发省委办公厅、省政府办公厅《关于进一步完善乡镇集体企业产权制度改革的若干意见》。1998年，区政府印发《关于推进北仑区乡镇企业产权制度改革意见的通知》，在改革方式上坚持因地制宜、因厂制宜，选择各自合适的和便于操作的方式，予以分类指导。在继续推行兼并、联营、股份合作、中外合资、组建集团、拍卖出售等改制形式的同时，重点推行投资主体多元化，优化资本结构。2002年，境内成立由郭巨镇党委书记任组长的镇集体企业转制领导小组，确定镇集体企业第一批转制7家；第二批转制8家，保留9家；注销2家，由郭巨镇政府（工业办公室）发文，郭巨资产经营管理公司组织实施。因2003年郭巨镇并入白峰镇，后续镇集体企业转制具体情况资料缺失，但约在2005年时境内乡镇集体企业全部完成转制，长达半个世纪的乡镇集体企业退出历史舞台。

### 2002年境内第一批转制乡镇集体企业一览

表6-1-9　　　　单位：平方米

| 转让方 | | | 受让方名称 | 债权债务处置及转让价 |
|---|---|---|---|---|
| 企业名称 | 土地面积 | 房屋面积 | | |
| 郭巨机械设备制造厂 | 1202 | 713 | 郭巨晶鑫砖瓦厂 | 债权债务均由郭巨资产经营管理公司处理 |
| 峙头针织联营厂 | 1953 | 1190 | 新碶旭峰制衣厂 | 转让价24.8万元，债权债务均由郭巨资产经营管理公司所有和承担 |
| 郭巨液化气站 | 1962 | | 繁荣灯具有限公司江金康 | 债权债务均由郭巨资产经营管理公司处理 |
| 郭巨砖瓦厂 | 21296 | 3500 | 冯胜平 | 债权债务均转 |
| 峙头冷冻厂 | 31898 | 13653 | 张嘉树 | 债权债务均转 |
| 标准工业集团宁波北仑零件厂 | 1070 | 621 | 黄志安等合伙人 | 转让价12万元，债务由合伙人承担 |
| 标准工业集团宁波北仑零件厂 | 2860 | 1290 | 郭巨资产经营管理公司 | |

## 2002 年境内第二批转制乡镇集体企业一览

表 6-1-10

| 企业名称 | 负责人 | 注册资金（万元） | 发照日期 | 贷款（万元） | 土地面积（平方米） | 房屋面积（平方米） |
|---|---|---|---|---|---|---|
| 北仑线带机械厂 | 黄信定 | 135 | 1993.6 | 46 | 3611 | 3088 |
| 缝零厂 | 黄志安 | 22 | 1981.1 | 64 | 4241 | 1801 |
| 起配厂 | 戴善哉 | 46 | 1985.2 | 40 | 982 | 1238 |
| 郭巨盛全冷冻厂 | 张　义 | 30 | 1996.6 | — | 4454 | 1542 |
| 郭巨电镀厂 | 江金康 | 24.3 | 1982.5 | — | 1223 | 854 |
| 成开公司 | 周秀成 | 160 | 1999.7 | 1308 | 25000 | 5000 |
| 郭巨砖瓦厂 | 冯胜平 | 41 | 1982.5 | 42 | 17873 | 4000 |
| 港前沙石经营有限公司 | 邬孝勇 | 50 | 2001.6 | — | — | — |

## 2002 年境内保留乡镇集体企业一览

表 6-1-11

| 企业名称 | 负责人 | 注册资金（万元） | 发照时间 | 贷款（万元） | 土地面积（平方米） | 房屋面积（平方米） |
|---|---|---|---|---|---|---|
| 郭巨镇农业服务公司 | 张立成 | 10 | 1993.3 | 160 | — | — |
| 郭巨镇资产经营管理公司 | 邬孝勇 | 380 | 1994.6 | — | — | — |
| 郭巨宁舟汽渡站 | 方金宏 | 350 | 1994.1 | — | — | — |
| 郭巨房地产建设开发公司 | 曹静权 | 50 | 1993.3 | 450 | — | — |
| 郭巨自来水厂 | 赵信立 | 21.4 | 1993.1 | 35 | 4918 | 592 |
| 峙头自来水厂 | 赵信立 | 19.5 | 1992.2 | 8 | 400 | 100 |
| 顺欣针织制衣厂 | 陶红琴 | 30 | 2000.5 | — | 500 | 1000 |
| 郭巨峙头纸箱包装用品厂 | 张岳祥 | 40 | 1991.5 | 17 | 200 | 500 |
| 郭巨橡塑电器五金厂 | 胡汉裕 | 20 | 1998.1 | 6 | 180 | 96 |

## 2002 年境内注销乡镇集体企业一览

表 6-1-12　　单位：万元

| 企业名称 | 负责人 | 注册资金 | 发照时间 | 贷款 |
|---|---|---|---|---|
| 北仑摩托车制动件厂 | 黄佐国 | 225 | 1991.2 | 160 |
| 郭巨镇建筑工程队 | 张国成 | 30 | 1994.11 | 64 |

### 村（队）集体企业

境内村办工业企业（1984 年前称队办），萌发于 20 世纪 50 年代农业合作化时期，多以传统、简易的农副产品加工为主。至二十世纪六七十年代，各大队普遍办有轧米厂、茶叶加工厂（俗称茶叶粗制所）、砖瓦厂（俗称窑厂）、石灰厂等。

1978年后，随着农村经济体制改革的深入推进，村（队）办工业开始大发展，涉及行业也不再局限于农副产品加工。80年代以后，峙头境内村办企业多为采石场，1998年达13家。郭巨境内村办企业多为橡胶塑料、五金配件、灯具配件等行业。1981年，境内有村办企业34家，职工840人，年总产值186万元。1987年，村办企业发展到44家，职工1040人，年总产值517.44万元。1993年，境内村办工业企业68家，年总产值1662万元、从业人数1047人。90年代末，村办企业倒闭的倒闭、转制的转制，退出历史舞台。

## 1981—1991年境内村（队）集体企业主要经济指标一览

表6-1-13

| 年份 | 企业个数（个） | | | 工人数（人） | | | 工业总产值（万元） | | |
|---|---|---|---|---|---|---|---|---|---|
| | 合计 | 郭巨 | 峙头 | 合计 | 郭巨 | 峙头 | 合计 | 郭巨 | 峙头 |
| 1981 | 34 | 28 | 6 | 840 | 698 | 142 | 185.67 | 169.91 | 15.76 |
| 1982 | 27 | 23 | 4 | 678 | 625 | 53 | 180.37 | 162.16 | 18.21 |
| 1983 | 22 | 19 | 3 | 664 | 569 | 95 | 182.00 | 160.00 | 22.00 |
| 1984 | 26 | 21 | 5 | 926 | 787 | 139 | 320.00 | 291.40 | 29.00 |
| 1985 | 32 | 28 | 4 | 1115 | 989 | 126 | 473.74 | 411.58 | 62.16 |
| 1986 | 47 | 38 | 9 | 1028 | 866 | 162 | — | 504.09 | — |
| 1987 | 44 | 37 | 7 | 1040 | 875 | 165 | 517.44 | 438.12 | 79.32 |
| 1990 | 60 | 45 | 15 | 911 | 681 | 230 | — | — | — |
| 1991 | 51 | 39 | 12 | 743 | 555 | 188 | 613.00 | 518.00 | 95.00 |

## 1993—1996年境内村集体企业主要经济指标一览

表6-1-14

| 年份 | 企业个数（个） | 工人数（人） | 工业总产值（万元） |
|---|---|---|---|
| 1993 | 68 | 1047 | 1662 |
| 1994 | 51 | 1187 | 2157 |
| 1995 | 36 | 958 | 1806 |
| 1996 | 39 | 793 | 2160 |

## 1993年境内村集体企业产值、职工人数一览

表6-1-15

| 企业名称 | 完成产值（万元） | 职工人数（人） | 企业名称 | 完成产值（万元） | 职工人数（人） |
|---|---|---|---|---|---|
| 新碶石场 | 4 | 17 | 华联玛瑙 | 16 | 14 |
| 南门石场 | 2 | 25 | 球环玛瑙 | 9 | 8 |
| 盛岙石场 | 11 | 18 | 标准件厂 | 97 | 35 |
| 双屯四石场 | 7 | 15 | 保险箱厂 | 6 | 12 |
| 双屯一石场 | 13 | 20 | 五金冲压 | 14 | 16 |
| 洋涨石场 | 8 | 20 | 机械模具 | 20 | 12 |
| 洋涨二石场 | 5 | 12 | 灯饰五金 | 27 | 12 |

续表 6-1-15

| 企业名称 | 完成产值（万元） | 职工人数（人） | 企业名称 | 完成产值（万元） | 职工人数（人） |
|---|---|---|---|---|---|
| 长坑石场 | 10 | 13 | 速印机配件 | 6 | 12 |
| 饲料加工 | 8 | 8 | 新业塑料 | 48 | 11 |
| 华峙盐场 | 4 | 4 | 甬仑童车 | 25 | 10 |
| 内衣制线 | 2 | 4 | 灯塑电器 | 20 | 10 |
| 线带绣服 | 17 | 12 | 灯具五金 | 8 | 14 |
| 纺织用品 | 43 | 9 | 制冷配件 | 9 | 8 |
| 羊毛衫厂 | 40 | 15 | 气动元件 | 136 | 27 |
| 国益针织 | 9 | 10 | 紧固件一厂 | 22 | 10 |
| 南门针织 | 10 | 15 | 紧固件二厂 | 23 | 10 |
| 针织内衣 | 17 | 8 | 华峙电化 | 6 | 11 |
| 服装塑料 | 20 | 27 | 空心砖厂 | 6 | 12 |
| 龙凤童装 | 12 | 16 | 五星砖瓦 | 30 | 34 |
| 童车服装 | 23 | 23 | 后墩砖瓦 | 23 | 22 |
| 宁墩制衣 | 38 | 13 | 汽车五金配件 | 167 | 85 |
| 新兴针织 | 39 | 14 | 船舶修造 | 4 | 8 |
| 城中综合 | 20 | 20 | 电控设备 | 51 | 12 |
| 月光纸盒 | 23 | 20 | 机电配件 | 10 | 12 |
| 大涂纸箱 | 10 | 12 | 电器灯具 | 23 | 20 |
| 三星纸箱 | 22 | 16 | 华海灯具 | 75 | 20 |
| 工艺印制 | 6 | 8 | 五星灯具 | 60 | 10 |
| 热处理厂 | 34 | 18 | 双丰灯塑 | 10 | 13 |
| 金属轮管 | 2 | 3 | 照明器材 | 9 | 14 |
| 榔头工具 | 10 | 21 | 星光塑料 | 10 | 15 |
| 模具塑料 | 25 | 30 | 金星灯具 | 19 | 13 |
| 胶木压制 | 30 | 15 | 灯具电器 | 15 | 9 |
| 脂油化工 | 7 | 11 | 光华灯具 | 12 | 7 |
| 材料公司 | 115 | 17 | — | — | — |

## 外贸（出口）企业

20 世纪 80 年代中期起，峙头针织厂生产外贸针织服装产品，出口欧洲、东南亚各国。90 年代初，成开公司鱼片厂生产的鱼片出口至日本等国，1993 年，出口鱼片 79 吨，产值 722 万元；缝纫机零件厂通过西安进出口公司出口缝纫机零件。据统计 1993—2002 年最高年份有外贸出口企业 4 家，从业职工 677 人。外贸产品交货总值 1993 年为 628 万元，2002 年达到 2420 万元。

1994 年郭巨镇工业报表显示，境内出口企业 4 家（其中水产类 1 家、服装类 2 家、其他制造业类 1 家），从业职工 371 人，出口产品总值 675 万元（其中直接出口 553 万元、间接出口 244 万元）。

## 1993—2002 年境内出口企业经营情况

表 6-1-16

| 年份 | 企业个数（个） | 年末职工数（人） | 出口产品生产总值（万元） | 交货总值（万元） |
|---|---|---|---|---|
| 1993 | 3 | 351 | 638 | 637 |
| 1994 | 4 | 371 | 675 | 797 |
| 1995 | 4 | 172 | 271 | 362 |
| 1996 | 4 | 343 | 943 | 909 |
| 1997 | 4 | 530 | 1085 | 1085 |
| 1998 | 3 | 494 | 1430 | 1430 |
| 1999 | 3 | 677 | 1450 | 1450 |
| 2000 | 3 | 539 | 1832 | 1802 |
| 2001 | 2 | 494 | 1920 | 1920 |
| 2002 | 2 | 361 | 2420 | 2420 |

## 1993 年境内企业出口产品情况

表 6-1-17

| 企业名称 | 职工人数（人） | 出口渠道 | 出口产品名称 | 出口数量 | 总产值（万元） | 向外贸部门交货值 |
|---|---|---|---|---|---|---|
| 宁波浙东针织厂北仑联营厂 | 94 | 宁波外贸公司 | 全棉衣裤 | 24.45 万件 | 47 | 51.52 |
| 中国缝纫机公司宁波北仑零件厂 | 113 | 西安进出口公司 | 缝纫机零件 | 1050 万只 | 265 | 269.00 |
| 成开公司鱼片厂 | 144 | 镇海外贸公司 | 橡皮鱼鱼片 | 79 吨 | 326 | 317.00 |

## 部门集体企业

20 世纪 70 年代中期，郭巨区委、郭巨学校、郭巨区供销社等单位相继创办部门集体企业。

1976 年，郭巨区委筹办区塑厂，时招职工 80 人，每人投资 5000 元，厂房建筑面积 2100 平方米。主要生产塑料鞋，销往云、贵、川西南地区，连续三年产值破百万元。1980 年，厂长胡学荣携企业管理团队、技术骨干、生产工人 40 人，赴四川内江开办分厂，扶持当地乡镇企业的发展。三年后，分厂转制为当地乡镇企业。不久后，区塑厂由个人租赁承包经营，90 年代后期倒闭。

1973 年，郭巨中学始办镇海县郭巨中学五七工厂，主营电视器材修配；1985 年，主营胶木配件生产。1989 年，主要生产塑料粉笔盒、吸尘粉笔揩等产品，年产值 6.12 万元，利润 0.458 万元。1977 年郭巨联办小学校办厂生产铁丝弹簧，当年总产值为 1768 元，纯收入 908 元。郭巨公社南门学校“五七”工厂主营塑料袋印制加工；1976 年，峙头中学开办校办厂，生产管形白炽电灯泡。1984 年 7 月，峙头公社中心学校开办塑料胶木厂，生产多孔电源插座、电热杯等电器产品。20 世纪 80 年代中后期，各校办工厂转制或停办。

1980 年，郭巨供销社开办食品加工厂、塑料厂，1985 年，又投资 84 万元，在新碶头租地 823 平方米，建成供销社冷库。次年，冷库产值 26.9 万元，利润 19 万元，从业人员 41 人。

部门集体企业的开办，既安置了部门职工子女就业，又增加了单位集体经济收入。1994 年后，部门集体企业或注销或转制为个体私营企业。

## 第四节　民营企业

中华人民共和国成立前，境内有榨油坊、砖瓦窑、铁匠铺等小型私人作坊。中华人民共和国成立后，开始走合作化道路，境内铁业、木业、泥业等行业纷纷组织合作社，从事民间合作经营，是境内始办民营工业的“雏形”。“文化大革命”时期，把民营经济视为“资本主义尾巴”加以批判和取缔。

1978年12月，党的十一届三中全会以后，党和政府就发展民营经济问题制定了一系列方针政策。1979年，宪法重新确定民营经济的地位、作用，境内民营工商业得到恢复和发展。一批善经营、会管理的农村劳动力兴办个体企业。1982年，双岙村宋庆华兄弟3人，率先审办个私企业，是境内第一家持有营业执照的个体私营企业，厂址双岙村大会堂，注册名称双岙工艺塑料厂，有职工72人，主要生产、加工塑料配件。20世纪80年代末，老二宋庆华看到企业发展商机，退股迁至宁波海曙独立开办公司，经过30多年的艰苦创业，企业得到快速发展，至2019年，公司旗下辖4个分公司，主要生产新能源汽车等高强度塑料配件和运动鞋系列原料产品。年产值超20亿元。1987年10月，贯彻实施国务院颁布的《城乡个体工商户管理条例》。1988年6月，贯彻实施国务院颁发的《私营企业暂行条例》，1992年，根据邓小平南方谈话精神，各级政府逐步取消了不适当的条框规定，制定鼓励民营经济发展的政策和措施。1993年4月30日，宁波市人民政府发出《关于鼓励支持个体、私营经济进一步健康发展的通知》，为民营经济的发展大开“绿灯”。据1995年《郭巨镇各村个体企业汇总登记》，有工商登记注册的民营（私人）企业（厂、店）达283家，其中东门村14家、南门村84家、西门村33家、北门村23家、大涂塘23家、华峙村17家、其他各村17家，开店72家，从业人数达1500多人。另据，郭巨镇工业办公室年度统计报表显示，1993年境内私营（个体）企业109家，1994年迅速增加到1447家，这1447家中多是未经工商登记注册的家庭作坊式的个体户。时境内个私企业的快速发展，与郭巨灯具业的兴起有密切的关联，家庭作坊式的个体户多为当时境内二大灯具龙头企业（大华灯具厂和宁波灯具总厂）提供灯具配件的生产与组装。1997年9月，中共十五大报告明确指出，民营（个私）经济，是社会主义所有制经济的有益补充和重要组成部分，符合“三个有利于”（有利于发展社会主义生产力、有利于增强社会主义国家的综合国力、有利于提高人民生活水平）的标准。1998年3月19日，北仑区人民政府印发《关于加快发展个体私营等非公有制经济的若干意见》，出台了放宽生产经营范围，减少审批办证环节，拓展多渠道发展途径、多层次融资、税收优惠等12个方面扶持民营经济发展的政策，引导非公有制经济持续、健康、有序发展。

2002年，境内镇集体工业企业改制，集体企业相继转制为民营（或股份制）企业，民营经济得以快速发展。是年，境内民营企业在灯具行业迁移（迁徙）至广州古镇的情况下仍有1274家。至2019年，境内注册的民营工商企业达1553家，其中民营工业企业330家，涵盖17个行业。其中注册资金在500万元以上的有35家。

### 1993—2002年境内民营企业主要经济指标一览

表6-1-18

| 年份 | 企业个数（人） | 职工人数（人） | 销售总值（万元） | 营业收入（万元） | 利润总额（万元） | 实缴税金总额（万元） | 年末固定资产原值（万元） |
|---|---|---|---|---|---|---|---|
| 1993 | 109 | 440 | 4124 | 2121 | 118 | 131 | 94 |
| 1994 | 1447 | 3125 | 12995 | 11255 | — | — | — |
| 1995 | 1596 | 3459 | 20262 | 17461 | 2200 | 478 | 738 |

续表 6-1-18

| 年份 | 企业个数（人） | 职工人数（人） | 销售总值（万元） | 营业收入（万元） | 利润总额（万元） | 实缴税金总额（万元） | 年末固定资产原值（万元） |
|---|---|---|---|---|---|---|---|
| 1996 | 1724 | 3695 | 16100 | 31682 | 2443 | 650 | 925 |
| 1997 | 1726 | 3727 | 50772 | 41660 | 3242 | 600 | 998 |
| 1998 | 1861 | 3760 | 63300 | 63300 | 3651 | 644 | 1000 |
| 1999 | 1723 | 3527 | 65300 | 65300 | 4410 | 710 | 1000 |
| 2000 | 1297 | 2874 | 48900 | 48900 | 3370 | 310 | 1000 |
| 2001 | 1297 | 2914 | 60621 | 58726 | 4220 | 235 | 1200 |
| 2002 | 1274 | 2747 | 65732 | — | — | — | — |

## 2019 年境内注册民营工业企业行业分类一览

表 6-1-19

| 企业行业名称分类 | 企业个数（家） | 企业行业名称分类 | 企业个数（家） |
|---|---|---|---|
| 合计 | 330 | 模具制造 | 12 |
| 船舶制（修）造业 | 4 | 生产生活用品制造 | 7 |
| 灯具制造 | 13 | 塑料橡胶业 | 19 |
| 电力生产 | 2 | 天然气生产供应 | 2 |
| 电子电器制造 | 10 | 土建工程施工 | 73 |
| 纺织服饰制造 | 40 | 文体礼仪用品制造 | 3 |
| 机械工业 | 39 | 物流道路运输业 | 32 |
| 建筑材料制造 | 10 | 纸制品制造 | 16 |
| 金属制造 | 40 | 农产品加工 | 8 |

## 2019 年境内注册资本在 500 万元以上的民营企业一览

表 6-1-20 单位：万元

| 企业名称 | 法人代表 | 成立时间 | 注册资本 | 经营范围 | 经营地址 |
|---|---|---|---|---|---|
| 宁波飞亿物流有限公司 | 吴勇伟 | 2019.3.6 | 800 | 道路运输业 | 路亭村 |
| 快特润（宁波）机械工程有限公司 | 吴　燕 | 2018.9.18 | 500 | 机械工程设计施工 | 双吞村 |
| 宁波沃隆生态环保科技有限公司 | 张　岚 | 2019.8.13 | 510 | 环保工程和技术研究和试验发展 | 路亭村 |
| 宁波海桥重工有限公司 | 许　敏 | 2017.12.21 | 2188 | 钢压延加工 | 尖岭岙 |
| 宁波北仑沃隆环境科技有限公司 | 徐　斌 | 2016.3.22 | 500 | 工程和技术研究和试验发展 | 路亭村 |
| 宁波市进源再生资源科技有限公司 | 江海林 | 2019.11.28 | 500 | 工程和技术研究和试验发展 | 东门村 |
| 宁波安迅达集装箱运输有限公司 | 徐红霞 | 2019.4.15 | 1000 | 集装箱道路运输 | 路亭村 |
| 宁波怡轩国际物流有限公司 | 张继岗 | 2019.8.14 | 800 | 集装箱道路运输 | 路亭村 |
| 宁波国弘国际物流有限公司 | 陈志彬 | 2019.9.11 | 800 | 集装箱道路运输 | 路亭村 |
| 宁波义正物流有限公司 | 夏　成 | 2018.6.25 | 500 | 普通货物道路运输 | 路亭村 |
| 宁波市北仑区穿港货运有限公司 | 顾平国 | 2019.5.15 | 500 | 普通货物道路运输 | 南门村 |
| 宁波英红国际物流有限公司 | 吴言红 | 2019.11.27 | 800 | 普通货物道路运输 | 路亭村 |
| 宁波华安恒盛物流有限公司 | 宋业文 | 2005.7.22 | 2000 | 普通货物道路运输 | 路亭村 |

续表 6-1-20

| 企业名称 | 法人代表 | 成立时间 | 注册资本 | 经营范围 | 经营地址 |
|---|---|---|---|---|---|
| 宁波雷闸物流有限公司 | 张红雷 | 2019.7.29 | 800 | 普通货物道路运输 | 南门村 |
| 宁波巢安物流有限公司 | 马紫嫣 | 2019.8.20 | 800 | 普通货物道路运输 | 路亭村 |
| 宁波智堃物流有限公司 | 梁旭力 | 2018.2.6 | 800 | 普通货物道路运输 | 路亭村 |
| 宁波盈泰物流有限公司 | 梁旭力 | 2018.2.6 | 500 | 普通货物道路运输 | 路亭村 |
| 宁波弘图物流有限公司 | 田萌萌 | 2019.8.27 | 800 | 其他道路货物运输 | 路亭村 |
| 翌昇新能源（宁波）有限公司 | 李沪捷 | 2016.5.16 | 2000 | 其他电池制造 | 北街 |
| 宁波宏层基础建设工程有限公司 | 钟叔兵 | 2019.8.26 | 600 | 其他建筑安装 | 兴巨路 |
| 宁波北仑兴升混凝土有限公司 | 陈善振 | 2009.6.25 | 1580 | 其他建筑材料制造 | 泥沙头 |
| 宁波球霸机械有限公司 | 陈家利 | 2018.1.30 | 500 | 其他金属加工机械制造 | 路亭村 |
| 宁波三胜建筑基础工程有限公司 | 魏献华 | 2018.7.18 | 880 | 其他土木工程建筑施工 | 路亭村 |
| 宁波市华源物流有限公司 | 张和平 | — | 3000 | 其他运输代理业 | 路亭村 |
| 宁波顺畅科技服务有限公司 | 周粉小 | 2018.9.3 | 1000 | 道路货物运输（不含危险货物） | 长江国际商务大厦 |
| 宁波祥易汽车维修有限公司 | 易天山 | 2019.9.17 | 500 | 汽车修理与维护 | 凤山路 |
| 宁波市北仑区白峰祥荣石料厂 | 周成浩 | 2003.10.16 | 3000 | 水泥、石灰和石膏制造 | 南门村 |
| 宁波市北仑郭巨塘湾石料厂 | 张　义 | 2005.1.28 | 780 | 土砂石开采 | 南门村 |
| 宁波港供海运有限公司 | 赵星宇 | 2010.8.20 | 500 | 沿海货物运输 | 北街 |
| 宁波星品建筑装饰工程有限公司 | 程立新 | 2015.7.17 | 1000 | 住宅装饰和装修 | 北街 |
| 宁波珉钧物流有限公司 | 袁　青 | 2013.9.5 | 1000 | 装卸搬运 | 大涂塘村 |
| 浙江万钟农业开发有限公司 | 黄小波 | 2018.4.28 | 3000 | 稻谷种植 | 路亭村 |
| 宁波市北仑区郭巨海伟家庭农场 | 赵海伟 | 2018.10.9 | 500 | 花卉种植、销售 | 福民村 |
| 宁波莲韵生技农业发展有限公司 | 朱俊轶 | 2018.5.4 | 500 | 农业科学研究和试验发展 | 路亭村 |
| 宁波雄镇矽业有限公司 | 刘　震 | 2019.3.8 | 500 | 建材生产批发 | 长坑村 |

# 第二章　地方特色产业

20 世纪 70 年代末，郭巨灯具、橡塑产业起步。80 年代，随着乡镇企业的快速发展，逐渐形成了郭巨地方特色产业——灯具和橡塑业。

灯具特色产业兴盛于八九十年代，其间，宁波灯具总厂、大华灯具厂成为郭巨灯具行业的“龙头”企业，郭巨灯具城名扬省内外，郭巨灯具店遍及国内各大中城市。进入 21 世纪初，郭巨灯具业迁徙至广东中山古镇，2008 年，境内从事灯具业的人数达到高峰。2019 年，郭巨人在全国各大城市的灯具销售批发店约有 680 余家，海外约有 10 余家，5000 余名郭巨灯具人活跃在国内外灯具市场，销售额约占全国三成以上。“郭巨灯具人”成为境内先富起来、最富有的一个群体。

橡胶塑料业是 20 世纪 70 年代末兴起的特色产业之一，80 年代为兴盛时期，以宁波橡胶塑料厂为“龙头”的橡胶塑料企业达几十家，主打产品为塑料凉鞋和灯具电器塑料配件。

# 第一节　灯具业

郭巨灯具业，始于20世纪80年代初，兴盛于八九十年代，成为时郭巨地方工业经济的特色支柱产业，郭巨镇曾获宁波市灯具镇称号，郭巨灯具城名扬省内外，郭巨灯具人垮域经商，灯具店遍及国内各大中城市，乃至涉外30多个国家和地区。进入21世纪初，郭巨灯具企业大量迁徙至广东中山古镇。

郭巨灯具发展史，按时间维度大致分为兴起、兴盛、迁徙三个阶段。

## 兴起

20世纪70年代末，中国开启改革开放大幕，人民生活水平逐渐提高，农民自己造楼房，城镇商品房大量开发，时境内社办企业郭巨塑料胶木五金厂、县属大集体企业镇海县家用电器厂等企业负责人敏锐地意识到，普通白炽灯已不能满足农村楼房、城镇商品住宅房的照明需求，新颖灯具或将迎来广阔的市场。捕捉到了这一商机的企业家们，立马下决心转产、开发灯具，从而开启了郭巨灯具特色产业的序幕。

1978年，郭巨塑料胶木五金厂，承接上海伟力灯具厂配套生产灯具底座业务，开发生产灯具胶木底座配件、各类灯具附件配件。1980年，投入灯具成套产品的仿制与研发，第一批成品灯具经宁波五交化旗下的柜台商铺销往全国各地，当年灯具产值达50万元。

1981年，境内镇海县家用电器厂（县属二轻企业）领导敏锐地看中灯具业发展趋势，果断转产灯具。为此，在宁波五交化公司买了几盏灯具样品，仿制灯具并贴上自己厂名标签，到浙江省二轻厅红太阳展览馆展出，一举成功。是年，灯具产品被列入省二轻厅扶持项目，给予钢材指标上的支持；县二轻局也拨给5万元无息贷款，开始了结构简单的吸顶灯生产，投放市场后深受消费者欢迎。从此，企业生产规模不断扩大。1984年，镇海县家用电器厂更名为宁波灯具电器厂，工人由70人增加到200多人，销售收入超过500万元。上述两厂的灯具产品研发生产的成功，使郭巨灯具业发展步入了“快车道”。

## 兴盛

1983—1996年，是郭巨灯具业兴盛时期。以大华灯具厂、宁波灯具总厂为代表的灯具企业，生产规模、产值、销售逐年扩大，灯具经济占全镇工业经济的半壁江山，灯具企业成为郭巨工业行业的“龙头”。个体灯具厂、家庭配件店、合资经营部等从事灯具生产企业如雨后春笋应运而生，灯具业的发展又带动境内第三产业的蓬勃兴起，由此形成郭巨灯具特色产业。

**集体企业行业引领**　1987年，宁波灯具电器厂更名为宁波灯具总厂。1991年与香港著名财团“新鸿基”合资，业务由以民用灯具为主转向生产工程灯，形成工厂工矿灯、庭园景观灯、马路高杆灯、豪华水晶灯等十大系列产品，并注册“映月”商标，形成自己的灯具品牌。1993年，产值2000万元，利税49.8万元。

1984年，郭巨塑料胶木五金厂，更名宁波大华灯具厂，并注册“大华”商标。职工由30余人增加到140余人，年产值增加到1000万元。

据1985年镇工办年报统计，注册登记灯具集体企业7家。其中镇办5家，村办2家，从业职工448人，灯具产值855.1万元，利税150.6万元，利润16万元，分别占全镇工业企业产值的55.3%、利润的76.8%。到1993年，注册登记灯具企业增加到146家，其中镇办5家，村办32家，个体企业109家，从业职工增至658人，灯具产值增至1126万元，营业收入962万元，营业税及附加税67万元。

“宁灯”“大华”这两家集体企业大厂，在郭巨灯具发展历史上，起到了引领、示范作用。不仅培养了一批灯具生产技术人才，而且为郭巨灯具走向全国乃至走出国门，培养了一批走南闯北的灯具供销员、经纪人。

## 1993年郭巨镇（村）灯具企业经营情况表

表6-2-1

| 企业名称 | 企业性质 | 总产值（万元） | 营业收入（万元） | 营业税及附加（万元） | 年末固定资产原值（万元） | 就业人数（人） | 经营范围 |
|---|---|---|---|---|---|---|---|
| 合计 | — | 1126 | 962 | 67 | 229 | 658 | — |
| 郭巨灯具配件厂 | 镇办 | 3 | 3 | — | 12 | 5 | 灯具配件 |
| 郭巨印刷厂 | 镇办 | 4 | 4 | — | 4 | 6 | 印刷品 |
| 郭巨灯具塑料厂 | 镇办 | 23 | 26 | 2 | 9 | 24 | 灯头 |
| 郭巨电镀厂 | 镇办 | 55 | 60 | 3 | 22 | 75 | 配件电镀 |
| 纸箱厂 | 镇办 | 111 | 119 | 8 | 29 | 34 | 纸箱 |
| 郭巨城中孙合五金厂 | 村办 | 16 | 14 | 1 | 10 | 20 | 五金 |
| 郭巨月光纸盒厂 | 村办 | 23 | 23 | 2 | 2 | 20 | 纸箱 |
| 郭巨大涂纸箱厂 | 村办 | 12 | 6 | 0 | 0 | 12 | 纸箱 |
| 郭巨三星纸箱厂 | 村办 | 21 | 29 | 2 | 12 | 24 | 纸箱 |
| 郭巨工艺美术厂 | 村办 | 6 | 6 | 0 | 3 | 8 | 印刷 |
| 郭巨热处理厂 | 村办 | 34 | 31 | 2 | 6 | 18 | 电煅 |
| 郭巨西门榔头工具厂 | 村办 | 10 | 9 | 1 | 3 | 18 | 榔头 |
| 郭巨金属软管厂 | 村办 | 3 | 2 | 0 | 2 | 3 | 软管 |
| 郭巨模具塑料厂 | 村办 | 25 | 28 | 2 | 3 | 30 | 灯塑 |
| 郭巨胶木压制厂 | 村办 | 30 | 29 | 2 | 2 | 15 | 配件 |
| 郭巨标准件厂 | 村办 | 97 | 89 | 7 | 28 | 35 | 螺丝 |
| 郭巨五金冲压件厂 | 村办 | 14 | 10 | 1 | 1 | 16 | 冲件 |
| 郭巨机械模具厂 | 村办 | 20 | 18 | 1 | 0 | 12 | 配件 |
| 郭巨灯饰五金厂 | 村办 | 27 | 24 | 2 | 5 | 13 | 五金 |
| 郭巨兴业塑料制品厂 | 村办 | 48 | 39 | 3 | 9 | 10 | 配件 |
| 郭巨灯塑电器厂 | 村办 | 20 | 27 | 2 | 1 | 10 | 童车配件 |
| 郭巨灯具五金厂 | 村办 | 8 | 0 | 0 | 0 | 14 | 螺丝 |
| 郭巨紧固件厂 | 村办 | 22 | 19 | 1 | 3 | 10 | 光导线 |
| 郭巨紧固件2厂 | 村办 | 23 | 22 | 2 | 2 | 9 | 螺丝 |
| 华峙电化厂 | 村办 | 6 | 6 | 0 | 3 | 7 | 螺丝 |
| 郭巨汽车五金配件厂 | 村办 | 167 | 157 | 11 | 35 | 85 | 螺丝 |
| 郭巨电控设备厂 | 村办 | 51 | 39 | 3 | 1 | 12 | 调速器 |
| 郭巨机电配件厂 | 村办 | 19 | 8 | 1 | 2 | 12 | 配件 |
| 郭巨电器灯具厂 | 村办 | 18 | 21 | 1 | 4 | 20 | 灯具 |
| 郭巨华海灯具厂 | 村办 | 75 | 5 | 0 | 0 | 20 | 灯具 |
| 郭巨五星灯具厂 | 村办 | 60 | 13 | 1 | 0 | 10 | 灯具 |
| 郭巨双丰灯具厂 | 村办 | 10 | 11 | 1 | 2 | 13 | 灯具 |

续表 6-2-1

| 企业名称 | 企业性质 | 总产值（万元） | 营业收入（万元） | 营业税及附加（万元） | 年末固定资产原值（万元） | 就业人数（人） | 经营范围 |
|---|---|---|---|---|---|---|---|
| 花船照明器材厂 | 村办 | 9 | 10 | 1 | 0 | 14 | 灯具 |
| 郭巨星光塑料制品厂 | 村办 | 10 | 9 | 1 | 3 | 15 | 灯具 |
| 郭巨金星灯具厂 | 村办 | 19 | 12 | 1 | 1 | 5 | 灯具 |
| 郭巨灯具电器厂 | 村办 | 15 | 17 | 1 | 7 | 2 | 灯具 |
| 郭巨光华灯具厂 | 村办 | 12 | 17 | 1 | 3 | 2 | 灯具 |

**个私企业快速发展** 伴随国家对个体私营经济政策的放开，郭巨的个私灯具业以两种形态得到了快速发展。一是头脑活络敢想敢闯又不满足于企业固定收入的一部分人（其中包括一部分集体企业的供销员），率先尝试外出开灯具店，这批人在外地市场租柜台，从集体大厂里赊一批灯去卖，时国内各地包括各大、中城市的灯具用品还较少，不愁销路，这批人成为郭巨个体灯具业发展的最先“吃螃蟹者”，又是这批人带领亲戚朋友外出开灯具店，从事灯具业经营的人数越来越多。1988 年起，郭巨人到外地开灯具店形成了第一波高潮。而此时，郭巨个体灯具配件一条龙生产线已形成，灯具城满街都是个体灯具配件店。至 90 年代，郭巨灯具店遍及全国，国内各大、中城市几乎都有郭巨灯具人的身影，有的甚至跨出国门。西门村担任过生产队长的赵召成和担任过大华灯具厂厂长的赵召康兄弟四人率先开办个私灯具厂（店），走南闯北在全国各地开设灯具销售店，至 1995 年，四兄弟及所带领的亲朋好友在全国各地设了 18 个销售窗口，年销售达 5000 万元。二是个私企业大增，灯具配件生产、加工、组装都以家庭作坊形式开展上下游合作，自愿组合，分工明确，有时为赶工期，生产工人往往是“白”加“黑”，可谓是“挑灯夜战”。从玻璃熔制到五金淬炼，从配件制作到电镀，从装配成品到纸箱包装，灯具的各个生产环节在郭巨灯具城遍地开花。据郭巨工业办公室统计报表显示，1993 年，在册登记的个私灯具配件生产加工企业就达 104 家，至 1994 年，注册登记和大量未注册登记的个私企业达 1447 家，1998 年更是达到了 1861 家，其中绝大部分是灯具及相关产业。时灯具城“三角形”街路旁店面全是灯具样品及配件店，后进房子是组装车间和仓库；不少企业（单位）职工，白天在厂里上班，下班后在家里组装配件“赚外快”是常态。至 1997 年，全镇有大大小小灯具配件厂（店）1000 余家，在境内专职从事灯具生产、经营人员 3000 余人，灯具总产值 3.4 亿元（不计家庭小工场），上缴国家税利 112 万元，个私灯具业占全镇个私经济比重达 85.93%。个私经济的快速发展，为郭巨灯具业的发展注入了活力，大大提高了郭巨灯具业的产能，拓展了国内外市场，助推了郭巨灯具城的开发和郭巨灯具特色产业的形成。

**第三产业蓬勃兴起** 郭巨灯具市场的建设与发展，带动了境内交通运输业、旅馆餐饮业、文化娱乐业、邮电通信业等第三产业的兴起，时灯具城每天从早到晚，可见装满灯具配件的货车开往外地、发往宁波火车站。城区内配送灯具成品或配件的拉手拉车也上百人，还有大量的三卡（三轮机动车）、三轮车往来于周边的城外各村，配送灯具成品或配件；时郭巨的十几家旅馆基本上是夜夜爆满，十多家餐饮店、各类小吃店生意火爆；至 20 世纪 80 年代末，郭巨城内还办起了 2 家舞厅，1 家溜冰场，洗头房、美容美发店、茶室、棋牌室等各种休闲娱乐场所，也伴随灯具业的兴盛而兴起；程控电话的装机容量不断扩容，就连郭巨中心小学外地户籍学生也至少增加了 10% 以上。那时的郭巨人，尤其是城区六个村及周边村的农民，几乎都转行到了灯具的生产、销售及相关产业链中，从事灯具行业的劳动力超万人，宁波、舟山等地的居民都会慕名前来郭巨灯具城购买灯具，每天都有几十（货）车灯具发往全国各大中城市。灯具的兴起，带动郭巨服务业的发展，据郭巨工商所统计资料显示，1995 年，一季度平均每三天就有两家个体灯具及相关企业开业。

## 迁徙

90年代后期，随着国内改革、开放的不断深入，经济体制改革逐步推进，允许多种经济成分并存，给个私企业的发展注入了活力，提供了合法依据，创造了广阔天地。而宁波大华灯具厂、宁波灯具总厂等集体企业的经营管理体制已严重的制约、阻碍了企业的自主生产、灵活经营与发展。又因个私经济的发展，使企业部分骨干纷纷下海单干，导致企业经营管理人才流失，使集体企业经受重创。1992年，宁波大华灯具厂倒闭。1993年开始，境内灯具企业开始纷纷迁徙境外广东中山古镇等地。

### 1993年境内注册登记的灯具相关企业经营情况表

表6-2-2

| 企业名称 | 总产值（万元） | 营业收入（万元） | 营业税及附加税（万元） | 利润总额（万元） | 固定资产原值（万元） | 就业人数（人） | 经营范围 |
|---|---|---|---|---|---|---|---|
| 宁波灯具总厂 | 2000 | — | — | — | 300 | 270 | 灯具 |
| 郭巨城中孙合五金厂 | 16 | 14 | 1 | 0 | 10 | 20 | 五金 |
| 郭巨热处理厂 | 34 | 31 | 2 | 1 | 6 | 18 | 电煅 |
| 郭巨金属软管厂 | 3 | 2 | 0 | 0 | 2 | 3 | 软管 |
| 郭巨五金冲压件厂 | 14 | 10 | 1 | 0 | 1 | 16 | 冲件 |
| 郭巨机械模具厂 | 20 | 18 | 1 | 0 | — | 12 | 配件 |
| 郭巨灯饰五金厂 | 27 | 24 | 2 | 1 | 5 | 13 | 五金 |
| 郭巨速印机配件厂 | 6 | 0 | 0 | 0 | — | 12 | 配件 |
| 郭巨兴业塑料制品厂 | 48 | 39 | 3 | 1 | 9 | 10 | 配件 |
| 郭巨电器灯具厂 | 18 | 21 | 1 | 0 | 4 | 20 | 灯具 |
| 郭巨华海灯具厂 | 75 | 5 | 0 | 0 | — | 20 | 灯具 |
| 郭巨五星灯具厂 | 60 | 13 | 1 | 0 | — | 10 | 灯具 |
| 郭巨双丰灯具厂 | 10 | 11 | 1 | 1 | 2 | 13 | 灯具 |
| 花船照明器材厂 | 9 | 10 | 1 | 0 |  | 14 | 灯具 |
| 郭巨星光塑料制品厂 | 10 | 9 | 1 | 0 | 3 | 15 | 灯具 |
| 郭巨金星灯具厂 | 19 | 12 | 1 | 1 | 1 | 5 | 灯具 |
| 郭巨灯具电器厂 | 15 | 17 | 1 | 1 | 7 | 2 | 灯具 |
| 郭巨光华灯具厂 | 12 | 17 | 1 | 1 | 3 | 2 | 灯具 |

2003年，宁波灯具总厂改制解体。至此，境内集体所有制灯具企业，基本上倒闭的倒闭、改制的改制。郭巨集体企业灯具生产开始走向衰落。灯具进货人也逐渐转到温州、常州等地，境内灯具市场萧条。1996年，广东中山古镇镇政府投入2500万元举办首届灯饰博览会，出台优惠政策向全国招商。郭巨灯具人闻讯后，陆续迁至古镇投资办厂。几年时间，古镇灯具产业崛起，形成上规模的灯具生产、批发配送、货运中转基地，而原本到郭巨灯具城进货的商家也涌向古镇。而迁徙古镇的郭巨灯具人也越来越多，生意越做越大，开始向海外市场进军。至2000年前后，郭巨灯具人在古镇基本上站稳了脚跟，2008年，郭巨人在古镇及国内外从事灯具业的人数达到高峰。2012年，郭巨灯具经营户在古镇注册的就有2100余家，后因灯具内销逐渐饱和，郭巨人在古镇的灯具经营户和人数逐渐减少，至2019年，尚有50余家灯具生产批发商，其中经营较好的有：大涂塘村黄建军的“共赢灯饰”生产LED系列灯泡，职工200人，产值超亿元。

花船村梅康如的“元皆灯饰”，主营中式系列灯具，职工 50 人，产值上千万元。还有转迁安徽的华峙村杨利忠绿叶灯具厂等。郭巨人在全国各大城市的灯具销售批发店约有 680 余家，海外约有 10 余家，5000 余名郭巨灯具人活跃在国内外灯具市场，销售额约占全国三成以上。其中年产值（销售）上千万元的约有 20 余家，上亿元的有 5 家。郭巨灯具店遍及中东、美洲、印度、阿联酋、迪拜、俄罗斯、阿尔及利亚等 30 多个国家和地区。恒庆灯饰于 1994 年搬迁到广东中山古镇，2014 年迁址江西武宁，引进数码机床，开发生产 LED 新光源，年销售额上亿元，利润上千万元。南门村汪布章，1994 年迁徙到古镇，招聘懂外语的大学生 20 余名，注重新产品的开发，引进先进的数码机床 20 余台，生产的灯具光源由白炽灯到荧光灯再转产到 LED 灯珠，产品批发、销售到美洲、印度、中东等国家和地区，2019 年，有厂房 2.4 万平方米，员工 400 余人，年产值达 3 亿余元。华峙村赵兆亮、赵兆明二兄弟也是郭巨早期的灯具人之一，1994 年迁徙至古镇，开有灯具厂和门市批发部，几年后产值销售上亿元，并进军海外赴阿联酋迪拜、阿尔及利亚等国际市场，主营豪华吊灯系列，2019 年，有店面、厂房 1400 余平方米，职工 40 余人。2002 年，张惠芬夫妇南下古镇，创办雷蒙照明电气有限公司，以照明、电气两大关联领域作为核心产业，经过艰苦创业，其照明产品获“中国名优产品”“行业十佳知名品牌”“国家质量信誉示范企业”“商业照明最受欢迎品牌”等称号，电子产品曾获欧洲工业设计大奖。产品线覆盖家居、商业、工程、建筑电气等领域，成为国内知名的灯具生产企业之一。2005 年，严仕波在古镇注册开办仕达电器厂，专业生产电子变压器、镇流器，后开发环保、节能的新型光源产品，其大功率节能灯推向国际市场，是国内首家获得 45 瓦～ 100 瓦大功率节能灯美国 ETL 认证企业。尖岭村的黄春月、黄维新、谢家岙村梅立军、华峙村张方军、胡修国、东门村张伟等曾都是郭巨灯具进军国内外经营的“领军人物”。“郭巨灯具人”成为境内先富起来、最富有的一个群体。

## 第二节　灯具企业选介

### 大华灯具厂

大华灯具厂前身是“郭巨胶木五金厂”，为镇办集体企业，厂址甘露庵。1978 年，从上海伟力灯具厂承接一批灯具底座业务，开始灯具生产，有职工 30 余人。1979 年 6 月，成立灯具试制小组，仿造简易壁灯、吸顶灯等灯具产品。1980 年 1 月，第一批灯具产品仿制成功后，租赁宁波五交化站旗下的柜台、商铺远销各地。当年产值五六十万元。1981 年，灯具产品从仿制型向自主创新型转变，研发了吊灯、花色系列灯等产品，并为宁波五交化公司提供流行灯样品，拓展销售市场，创下年产值 100 万元的佳绩。1983 年，注册“大华”商标，更名为“大华灯具厂”。随着新品种的不断开发和产能的增加，企业在全国各地发展经销商店，在各大城市承租柜台，销售网络拓展到云南、贵州、四川等经济不发达的边远省份。上海灯具总店、北京灯具总会成了大华灯具厂的特约经销商（店）。至 1985 年产值超千万元，销售 890 万元，利润 140 万元，职工人数增至 243 人。上缴镇政府利润 19 万元。时大华灯具厂业务外协单位 43 个。企业被评为浙江省劳动模范集体。80 年代末，大华灯具厂终因缺乏技改投入、产品技术含量低、技术人才流失、经营管理体制僵化、产品缺乏市场竞争力；又因材料产品积压、货款拖欠量大、资金周转困难，导致严重亏损负债。1993 年，大华灯具厂正式宣布倒闭。

### 宁波灯具总厂

宁波灯具总厂的前身是“郭巨家用电器厂”，为县属二轻系统大集体企业。1980 年，县二轻局拨给郭巨家用电器厂 5 万元无息贷款，研发、试制灯具产品一举成功，产品销往全国各地的五交化公司及国内各大城市的商场，宁波的第一、第二百货公司，上海的城隍庙，北京的王府井等，灯具产品也被列入

1980年省二轻厅扶持项目。为扩大产能，1982年，郭巨家用电器厂与镇海县日用电器厂合并成立镇海县家用电器厂，职工从70人增到200人，销售超过500万元。随着产品的不断升级和产能销售的不断扩大，1984年改称宁波灯具电器厂，1985年，产值达到1200万元。1987年改称宁波灯具总厂，并注册“映月”商标。是年，灯具总厂获中国轻工业部灯具金奖。“映月牌”灯具连年获部优，获全国城乡民用产品首届精英大赛精英奖、全国首届创新灯具“玉兔杯”二等奖。1990年，年产值达到2000万元。1991年，与香港财团“新鸿基”合资，更名为宁波天安照明有限公司。随着郭巨个体灯具业的崛起，民用灯具业务逐渐被个体灯具户占领，灯具总厂（宁波天安照明有限公司）转向工程灯系列新产品的研发与生产，包括工厂工矿灯系列、日光格栅灯系列、庭园景观灯系列、马路高杆灯系列、应急诱导灯系列、豪华水晶灯系列等十种系列产品。直到2000年，随着私营灯具企业的迅速崛起，集体企业由于体制、机制的束缚及郭巨灯具行业迁移至广东古镇等因素影响，宁波灯具总厂（后称宁波天安照明电器有限公司）开始衰落。2003年转制解体。

## 第三节　橡胶塑料业

橡胶塑料业是20世纪70年代末兴起的郭巨境内特色产业之一。80年代初，开始流行塑料凉鞋，时境内相继开办了郭巨公社塑料一厂、郭巨模具塑料厂、郭巨橡胶厂、郭巨区塑厂、峙头塑料厂、郭巨供销社塑料鞋厂、知青塑料厂等，主要产品有塑料鞋、塑料袋、轮胎，泡沫塑料、灯具配件等橡胶塑料制品。塑料鞋价廉物美、实用耐穿，是当时新开发的一个生活消费品，它迎合了当时消费者特别是农村消费者的消费水平，故投放市场后很受消费者的青睐。产品销往全国各地，特别是西南地区更多。80年代初，又伴随境内灯具业的兴起，所需的灯具塑料配件量也大增，境内橡胶塑料行业发展到了高峰期，大大小小橡胶塑料厂及相关联产业多达几十家。1980年，郭巨区塑厂还去四川内江开办分厂。1982年，境内乡镇（村）、大集体（部门）橡胶塑料工业企业职工912人，产值1260万元。橡胶塑料业率先成为80年代郭巨地方工业的一大特色产业。

### 1982年郭巨境内橡胶塑料企业情况表

表6-2-3

| 企业名称 | 职工人数（人） | 产值（万元） | 企业性质 | 厂址 |
|---|---|---|---|---|
| 郭巨公社塑料一厂 | 68 | 230 | 镇办 | 大山头 |
| 郭巨南门塑料厂 | 25 | 156 | 村办 | 南门 |
| 大涂塘鞋厂 | 20 | 19 | 村办 | 大涂塘 |
| 凤凰塑料拉粒厂 | 40 | 12 | 村办 | 大涂塘 |
| 郭巨供销社塑料厂 | 70 | 40 | 集体（部门） | 石沿 |
| 模具塑料厂家属厂 | 191 | 75 | 集体（部门） | 新碶头 |
| 郭巨区塑厂 | 181 | 163 | 区办集体 | 兴巨路 |
| 郭巨模具塑料厂 | 169 | 342 | 大集体 | 新碶头 |
| 郭巨橡胶厂 | 123 | 165 | 大集体 | 凤凰山下 |
| 郭巨兴亚塑料制品厂 | 10 | 48 | 村办 | 新碶头 |
| 郭巨星光塑料制品厂 | 15 | 10 | 村办 | 老鹰山 |

80 年代末，随着人们生活水平的提高，塑料鞋产品市场需求量逐渐减少，又自 1993 年开始，郭巨灯具企业开始迁往广东中山古镇，境内橡胶塑料行业产能过剩，橡胶塑料企业开始产业结构调整或转产。1993 年镇工办统计报表显示，全镇涉及橡胶塑料行业企业，乡镇办 3 家、村办 12 家。产值 850 万元。

### 宁波橡胶塑料厂

宁波橡胶塑料厂地址郭巨南门外。其前身是由 1953 年组建的石业社（1951 年组建石匠互助组，时有石匠 13 人。1953 年，与郭巨泥石工程队合并组建石业社，1971 年，在盛岙开办轧石厂，不久迁至郭巨新碶头）和 1954 年组建的船业社（1973 年开办船业橡胶制品厂）合并而成。1975 年，轧石厂与船业橡胶制品厂合并组建镇海县橡胶制品厂，并迁址到郭巨凤凰山南麓，1982 年更名为镇海模具塑料厂，开发有橡胶泡沫和橡胶配件 2 个系列产品，生产“双狮”牌商标的凉鞋、拖鞋和橡胶礼帽等，年产值达 165 万元，职工 160 人。1987 年改名为宁波橡胶塑料厂，专业生产三角胶带及汽车橡胶配件。1988 年，更名为北仑飞跃橡胶塑料厂。2003 年转制为私营企业。

### 宁波工艺塑料厂

宁波工艺塑料厂地址新碶头。其前身是 1953 年成立的郭巨砖瓦互助组（由南门组 14 人，西门组 13 人两组合并组建），1956 年，成立郭巨砖瓦社，有职工 36 人，社址在东门外大佛堂。1974 年 5 月，砖瓦和竹业两社合并，成立郭巨塑料模具厂，后改称镇海县塑料模具厂，1982 年职工增到 160 人，产值 342 万元。1987 年 3 月，更名为宁波工艺塑料厂，主要产品有聚氯乙烯发泡厚拖鞋、PE 轻塑童鞋等。2003 年转制为私营企业。

# 第三章　主要工业门类

境内工业门类众多，自 20 世纪 80 年代起，逐步形成了灯具、橡胶塑料、采石建材、针织服装、电子电器、包装用品、船舶（拆解）修造、金属制品、物流仓储、能源中转、静脉产业等各个时期的工业门类及规模。

## 第一节　机械　金属制品

### 机械工业

民国时期，境内有打铁铺 4 家，从业人员 13 名，主要生产铁制农具和农家生活用品。1956 年，以铁匠铺为主的个体手工业户合并建立郭巨手工业联社。20 世纪 60 年代末至 70 年代初，郭巨、峙头公社先后开办了农机厂，这是境内最早的两家从事机械制造的集体企业，承接各类铁制农具的制造和维修，特别是在农忙（“双抢”“三秋”）季节，厂里组织修理小分队，下村上门修理柴油机、打稻机、电动机、水泵、耙、犁等农机具；研发、生产半机械化农具，提高了农业生产力。郭巨农机厂生产磨粉机（俗称小钢磨），1985 年产量达 410 台。80 年代，郭巨、峙头先后创办起机电配件厂、线带机械厂、标准件配件厂、工业缝纫机厂等多家企业，以生产加工五金机械零配件为主，生产设备主要有车床、刨床、冲床、钻床、铣床、磨床等，1989年，从业人员达368人。宁波工业缝纫机厂生产缝纫三线拷边机，1985年产量达3500台，年产值约175万元，90年代转产宝塔线机。嗣后，郭巨农机厂转制转产更名为郭巨线带机械厂，生产宝塔线带机。2018年，境内有机械工业企业9家，年产值837万元。

### 2018年第四次经济普查郭巨街道境内机械企业一览

表6-3-1

| 企业名称 | 成立时间 | 从业人数（人） | 固定资产（万元） | 资产总计（万元） | 产值（万元） | 税金及附加税（万元） | 应缴增值税（万元） |
|---|---|---|---|---|---|---|---|
| 宁波博蕴精密机械有限公司 | 2018.7 | 3 | — | 1.4 | 2.9 | 0.03 | 0.26 |
| 宁波鸿庆机械有限公司 | 2018.5 | 3 | — | 5.4 | 4.6 | 0.08 | 0.10 |
| 北仑恺含起重机械有限公司 | 1990.7 | 2 | 29.3 | 97.9 | 19.2 | 0.87 | 1.14 |
| 北仑区郭巨恒发线带机械厂 | 2015.11 | 5 | 38.5 | 51.9 | 20.5 | 0.08 | 0.14 |
| 宁波铁汉线带机械有限公司 | 2017.12 | 12 | 30.7 | 386.0 | 116.6 | 1.54 | 2.66 |
| 标准工业集团北仑零件厂 | 2002.7 | 25 | 158.1 | 508.4 | 372.6 | 6.33 | 30.90 |
| 宁波海湾重工有限公司 | — | 103 | — | 34.7 | 4.1 | 0.12 | — |
| 宁波市北仑洪泽机械厂 | 2015.11 | 5 | 29.3 | 119.8 | 248.6 | 5.69 | 13.70 |
| 北仑亮普汽车部件有限公司 | 2017.12 | 4 | — | 30.4 | 48.5 | 0.03 | — |

**宁波海湾重工有限公司** 2002年成立，公司总部于2014年由北仑小港迁址郭巨碧澜嘴，占地面积165亩，厂区建筑面积2.98万平方米，拥有5000吨级龙门吊码头泊位2个，179米长的专用海岸线。2019年，产值1.5352亿元。公司生产的焊接钢管及以钢管为主体的钢结构产品，可广泛应用于港口码头、桥梁等重大交通工程，电厂设备等能源工程，远距离城市供、排水等市政工程，海上风电、光伏、潮流能等新能源工程。公司专注于大中口径、超长焊接钢管的生产制造，生产的焊接钢管最大口径达6米。杭州湾跨海大桥单根桩管最长达90米的5165根不等壁厚超长钢管桩由该公司生产制造，还先后承接珠港澳大桥、澳洲、荷兰等国外桥梁工程项目。

**标准工业集团北仑零件厂** 位于狗湾山嘴，2002年7月成立。其前身是1977年创办的镇属集体企业金钣厂，后更名为北仑缝纫机零件厂，1995年有员工100多人，转制为私有合伙企业，2002年转为个体私有企业。占地面积4000平方米，建筑面积2300平方米。企业成立以来一直生产缝纫机零件，现有车、刨、洗、磨机床80余台，其中数控机床10台，自动仪表车床20多台，多为西安标准工业股份有限公司、兄弟机械西安有限公司（日资企业）、标准缝纫机菀坪机械有限公司（江苏）、台州杰克股份有限公司等三四十家工业缝纫机生产企业定制缝纫机零件，每年生产不同类型及规格的缝纫机零件达五六百种。2019年，有员工26人，产值500万元。

## 金属制品工业

中华人民共和国成立前，境内金属制品工业仅为分布乡村的铜匠、铁匠、锡匠、白铁匠等个体手工业户。20世纪50年代初期，有一批外地手工匠，拖家带口来到境内安家落户，从事个体手工金属制品行业。1956年，手工业社主要生产铁制农具、炊具、锡制品、铅桶、水勺等生产生活用具。70年代末，境内兴办五金加工厂10余家，以生产机器零配件、螺丝螺帽等标准件紧固件为主。北仑区郭巨紧固件厂于1993年1月投产，是年有职工22人，产值1938万元。2002年建立北仑区郭巨标准件厂，注册资金72万元，专业生产紧固件，2015年关闭。90年代，郭巨农贸市场周边开办了2家金银饰品店，其中一家称玲玲打金店，制作项链、耳环、戒指、手镯等金银饰品，为客户定制金银饰品，需消耗的金锭最好年份平均每月可达 1 千克，月产值达近 10 万元。21 世纪以来，金银饰品定制渐少，金银饰品店也仅此一家。2016 年，开办乾楠系统门窗厂，厂房面积 500 平方米，职工 8 人，主要生产制作高端铝合金门窗系列，2019 年产值 800 万元。

**宁波市北仑惠业机械有限公司** 1990 年创办，公司前身为大涂塘村海港五金厂，生产缝纫机零件，1997 年挂村办企业牌子为福利企业，更名郭巨橡塑五金厂，职工 40 人，其中残疾人 10 人。2005 年退出福利厂，更名宁波市 4 北仑惠业机械有限公司，忙季时有职工 50 人。2015 年 5 月，公司迁至白峰工业园区，占地面积 6300 平方米，建筑面积 6000 平方米。2019 年，公司拥有全自动数控车床、铣床、线切割机、油压机、平外圆磨床等设备，主要生产系列缝纫机零件。产值 1500 万元，其中外贸产值 500 万元。

宁波市北仑惠业机械有限公司

**宁波缝纫机厂** 其前身是 1952 年组建的服装缝纫小组，职工 11 人。1958 年吸纳各大队有缝纫基础的妇女入服装社，并开设服装制作、修补等业务，职工 50 人。1962 年与制鞋，棕漆两个合作社合并，称郭巨日用品社。1970 年改称镇海县缝纫机厂。1982 年有职工 141 人，产值 135 万元。1985 年后称宁波缝纫机厂，生产工业缝纫机、GN-2 宝塔线机、拷边机。2003 年 6 月倒闭。

## 第二节 农副产品加工业

### 农产品加工

**榨油** 系季节性加工业，又称油坊或油车。境内油坊始于明朝。民国时期有木制榨油坊 2 家。中华人民共和国成立后境内兴办了几家机器榨油厂。1993 年，盛岙、西门等 9 个村各有 1 台榨油机加工生产菜籽油。

**轧米** 碾米起源于私营米商开设的作坊，使用木砻、石臼等工具，加工大米销售。20 世纪 50 年代，郭巨、峙头开办机器轧米厂，至 60 年代境内各大队都有集体性质的轧米厂。80 年代，各村轧米厂关闭，轧米由个体户用手拉车拉着小型轧米机走村串户上门轧米，1993 年，境内有碾米机 49 台。

**磨粉** 中华人民共和国成立前，用石磨人力磨米粉，20 世纪 60 年代，始用柴油机作动力小钢磨磨米粉等，用于制作年糕、馒头、汤果等。1993 年有磨粉机 75 台。2017 年成立的又鸣年糕加工坊注册“阿姐宁”商标并更名为“阿姐宁食品作坊”，专业加工各式年糕，是年，境内有“阿姐宁”等 5 家年糕加工坊。60 年代前，人力刨山粉（即将番薯磨成渣）再滗山粉生产番薯淀粉、粉丝，60 年代后，用柴油机（电动机）作动力的山粉机轧番薯渣。1985 年，峙头境内有山粉机 32 台。

**茶叶粗制** 1951 年，郭巨、峙头开办茶叶初制所（专制红茶），采用日光萎凋、手工单桶揉捻、发酵框发酵、火灶热风烘干制作工艺。1955 年，揉捻机改手摇为足踏，1958 年，引进动力木质揉捻机。60 年代起，境内各大队都建有茶叶粗制所，1970 年，引进柴桥农机厂制造的“71 型”红茶揉捻机，1993 年，境内有茶叶揉捻机 45 台。红茶制作工艺流程为：采用日晒或阴雨天风干让鲜茶萎凋（俗称杀青）、揉捻机揉捻、高湿度发酵、烘干。至 2019 年，境内无红茶、绿茶加工企业，但有绿茶加工生产，且以个体手工加工、自己饮用为主。

### 副食品加工

20 世纪 70 年代中期，郭巨公社与郭巨供销社合资开办凤山食品加工厂，公社占 40%、供销社 60% 股份，主要生产糖果、糕饼等。1989年，食品加工厂由双岙村蔡氏承包经营。2001年正式转制为私人企业，食品加工厂引进半机械化设备，生产月饼、麻饼、蛋糕、油绳、糖果、糕饼，加工金橘、柿子、梅等蜜饯。2010年，更名为白峰裕山食品公司，2016年关闭。二十世纪七八十年代，南门大队开办有索面厂，90年代转制由个人经营。

### 海产品加工

20世纪80年代中期，郭巨供销社投资84万元建冷冻厂，主要收购各种鱼类及海鲜品冷藏供应市场，1985年产值达130万元，利润18万元，1994年转制为民营冷冻厂。1985年开办峙头冷冻厂，收购海鲜产品冷冻加工供应市场。1989年，投资195万元创办鱼片厂和罐头厂，鱼片厂主要生产生、熟橡皮鱼鱼片、鱿鱼丝。罐头厂生产罐头蟹糊、醉泥螺等。1994年8月转产，鱼片厂转制由徐氏经营，厂址迁至镇海、舟山等地，继续进行海产品加工。

20世纪70年代，郭巨公社水产品加工厂生产鱼粉，为镇海县最早的饲料加工工业。1987年至2000年，在司城岙开办峙头鱼粉饲料厂，年产量150吨。2017年，注册成立宁波郭巨海婆婆农业发展有限公司，主要加工传统的炝蟹、蟹糊、醉泥螺、糟鱼、黄鱼鲞、鳗鲞等海产品外，还开发加工韩式口味、风味小吃系列海产品，并通过电商天猫平台开店，年总销售额七八百万元。

**2019年郭巨街道境内农产品加工企业一览**

表6-3-2　　单位：万元

| 企业名称 | 成立时间 | 注册资本 | 行业 | 经营地址 |
|---|---|---|---|---|
| 北仑新丰制冰有限公司 | 2002.7.9 | 118 | 农副食品加工 | 郭巨新碶头 |
| 宁波莲韵生技农业发展有限公司 | 2018.5.4 | 500 | 莲花加工 | 郭巨街道东门村 |
| 郭巨海婆婆农业发展有限公司 | 2017.12.29 | 300 | 海产品加工 | 郭巨西街107号 |
| 阿姐宁食品作坊 | 2017 | 100 | 年糕加工 | 福民石沿19号 |
| 北仑区郭巨紫枫潭酒厂 | 2018.1.3 | 50 | 白酒制造 | 福民村岙口12号-1 |
| 北仑区郭巨素竹年糕厂 | 2016.10.10 | 30 | 米、面制品制造 | 大岭下村112号 |
| 北仑区郭巨洪明面食店 | 2018.12.19 | 5 | 米、面制品制造 | 郭巨菜市场C1营业房 |
| 北仑区郭巨麟志榨油坊 | 2016.12.7 | 5 | 食用植物油加工 | 郭巨华峙村 |
| 北仑区郭巨老滕棉絮加工店 | 2017.9.22 | 1 | 棉絮加工 | 郭巨镇新碶码头 |
| 北仑区郭巨泽泽食品厂 | 2017.3.3 | 1 | 糕点、面包制造 | 西门村湾里23号 |

## 第三节　建筑　建材工业

### 建筑（土建施工）业

建筑工匠散居农村各地，多为木匠、泥水匠、石匠、漆匠等个体手工业者。以技术高、信誉好著名者为首（俗称“包作头”）召集组队、承揽工程，工完散伙。也有父带子、师带徒承揽零星建筑者。晚清至民国初期，木匠“包作头”江祥生建造庄宝常三层楼，该楼为全木结构建筑，其结构精巧、工艺考究，为当时境内标志性建筑，闻名远近。1954—1956年，手工业者组织起来，成立木、泥、竹业合作社，在合作化运动中合并为手工业社。境内有郭巨乡、峙头乡2个手工业合作社，各合作社对外承接建筑工程，后改组称公社综合厂，为社办企业。20 世纪 70 年代末，从综合厂分离出来单独成立公社建筑工程队，以承接企事业单位用房为主。80 年代，境内大量的木匠、泥水匠、漆匠等个体建筑工匠为生活富裕起来了的境内农民翻建二层楼住房。80 年代末，境内有木匠 250 人、泥水匠 300 人、漆匠 70 人。1992—1995 年，成开公司建筑工程公司承建灯具城，建设用地 34 万平方米，完成建筑面积 33 万平方米。进入 21 世纪，随着穿山港区开发建设的推进，境内注册土建工程队的有限责任公司和个体工商户有明显增加。2019 年，境内注册土建工程施工的由自然人投资或控股的有限责任公司 9 家，个人独资企业 2 家，工商户 58 家，合计 69 家。

## 建材工业

境内建材工业可上溯至宋代，明时已有烧窑、烧石灰和手工采石，产品有青砖、本瓦、石灰、块石等。20 世纪 70 年代末，始有水泥预制构件。青砖、本瓦经过工艺改革，多改产红砖、平瓦等建材。80 年代始，境内兴办大量采石场，石子、块石、石粉、石渣不仅满足境内及周边基建需要，而且大量海运销往上海、崇明等地。

***砖瓦窑厂***　烧窑业作为建材业的重要门类之一，始于宋代，多以个体或联户合办，50 年代合作化后改集体经营。20 世纪 60 年代，境内有盛岙海口、联合升螺跳、碧澜嘴、新碶头、大涂塘、华峙、中宅、上宅等处集体砖瓦窑厂 10 余座，80 年代改个人承包经营，每座窑均有工人 10 余人，分挑泥、制坯、装窑、点火(烧窑)、焖窑、出窑等工序。一般烧窑 7 天 7 夜，焖窑 4 天 4 夜。制砖瓦以田土为原料，柴爿为燃料，(70 年代起改燃料由煤替代柴爿)，手工制作并烧制青砖、瓦片、皮砖、压栋砖、龙骨砖等，少量烧制连四进、大方八、封檐瓦、滴水瓦等大户人家及寺院庙宇等建筑物专用产品。

1975 年 3 月，郭巨公社在福民村尖山头新建轮窑厂，有 22 门轮窑，烟囱高达 46 米，并配有煤渣粉碎机、半机械化制砖机、平瓦机等设备，多以墩地胶泥、涂泥为原料，以烧制“二五十”红砖为主，日产量可达 4.5 万～5 万块，最高年份产量达 1600 万块，当时每块红砖平价 3.35 分，议价 5 分。轮窑厂分制坯、装窑、烧窑、出窑四个班组，正式职工 220 人，旺季时招聘手拉车拉泥工计达 400 人。1984 年，由个人承包经营。1996 年，转制为个体企业，2002 年，因环境污染和泥土使用控制被关闭。

20 世纪 90 年代，周边城市房地产业兴起，1992 年，福建长乐来了一批窑师与本地人合作兴办私营轮窑厂，时境内有福民、大涂塘、华峙、东门、后墩、谢家岙、竹湾、上宅、中宅、沙湾、双岙等村兴办 11 家轮窑厂，产品为空心砖和实心砖，销往北仑、宁波、舟山等地，大多用于房地产开发。90 年代末，空心砖销售价格每块 0.37 元，实心砖销售价格每块 0.27 元。2002 年后，因穿山港区开发建设和国家对耕田（地）的严格保护政策而相继被关闭拆除。继而在盛岙（占草田）留有一家水泥砖厂，生产销售各种规格的空心水泥砖。

***石灰窑***　民国年间境内有石灰窑 8 座，时石灰用量较少。20 世纪 80 年代农村开始大量建房（砖混结构）发展至 20 座，更有农民建房自行临时挖窑烧石灰，90 年代末，建材市场水泥敞开供应，石灰用量逐渐减少，石灰窑先后全部关闭。

***水泥预制场***　20 世纪 70 年代末，郭巨、峙头公社分别办起水泥预制场。以预制五孔水泥楼板为主，兼制少量桁条、天盘、小径板等。80 年代中期起，境内农民开始普遍翻建二层楼房，五孔水泥楼板预制件需求量大增，郭巨南门、尖岭、新碶头，峙头沙湾（小黄石门）、上宅等地兴办由个人承包经营的水泥预制场，时五孔水泥楼板预制件为紧俏商品，需预订、等待浇制。90 年代末，预制楼板由现场浇制替代，预制场关闭。

***采石场***　境域石矿资源丰富。居民建房多以自行开采石块作为墙基、墙体材料，少量采用青砖筑墙。中华人民共和国成立后，石块砌墙渐少，但筑墙基、铺地坪仍以石块、沙石为主。随着建筑业的发展，农村自建楼房地坪基础、框架结构构件（俗称地箍、腰箍、顶箍、立柱、大梁）均采用混凝土浇筑，

故各类规格的石子需求量大增，开辟了新碶头、碧澜嘴、公鹅嘴3家公社采石场，时多以人工开采块石、拷石子为主。20世纪80年代初，各村开始兴办村级采石场，先后有长坑、双屯、洋涨、盛岙、光明、竹湾、南门、大涂塘等10多家村级采石场，也逐渐由轧石机、传输带等机械替代了拷石子、挑石子等繁重的体力劳动。进入90年代，随着国家、地方开发建设力度加大，各类规格的石子、块石供不应求，境内各采石场也均转制由个体户承包或合伙经营，其开采的石料除内销外多海运销往上海、崇明等地。1998年，有采石场18家，从业职工265人，年总产值110万元。2003年7月，投资3000万元合伙组建雄镇大型轧石场。至2012年，因未取得新的国家矿山资源开采许可配额而停业。至2019年境内尚存3家采石企业，但生产石子所需的石料均由外地采购运入。

**2018年经济普查郭巨街道境内建材企业一览**

表6-3-3　　单位：万元、人

| 企业名称 | 成立时间 | 从业人数 | 固定资产 | 资产总计 | 产值 | 税金及附加 | 应缴增值税 |
|---|---|---|---|---|---|---|---|
| 北仑砼匠新型材料有限公司 | 2016.3 | 5 | 19.2 | 215.4 | 86.3 | 130.0 | — |
| 北仑兴升混凝土有限公司 | — | 83 | — | 3.7 | 11.7 | 499.0 | — |
| 宁波弘龙建材有限公司 | 2018.5 | 6 | — | 265.5 | 194.5 | 2.2 | — |
| 北仑福龙建材有限公司 | 2006.12 | 6 | 2.8 | 118.3 | 434.5 | 3.4 | 39.2 |
| 北仑区白峰祥荣石料厂 | 2003.10 | 25 | 480.7 | 3239.7 | 1699.0 | 6.2 | 50.9 |
| 北仑区玛冠石材有限公司 | 2015.1 | 11 | — | 80.9 | 37.6 | 0.2 | 0.2 |
| 宁波市龙佰矿业有限公司 | 2003.9 | 16 | — | 1472.3 | 146.0 | 1.4 | 4.4 |
| 宁波雄镇建材实业有限公司 | 2003.5 | 30 | — | 19543.0 | 8217.0 | 295.9 | 246.5 |

**宁波北仑兴升混凝土有限公司**　2009年6月成立，址在郭巨双岙村泥沙头1-3号，总投资1580万元，大型主要设备有38、46、59米泵车各1台，3.5、3立方米生产流水线各1套，拖泵3台，车载泵1台，搅拌车23辆等，职工25人，主要生产商品混凝土，产品销往原柴郭地区10余个乡镇。2018年总产值1.169亿元，利润453万元，固定资产原值2257.6万元。

**北仑玛冠有限公司**　2017年创办郭巨（尖岭）玛冠石料厂，2019年5月迁至白峰工业园区，更名北仑玛冠有限公司，占地面积1300平方米，职工8人，主要设备有大型行车，桥切机、水刀雕刻机、放型机、车磨边机等，主打产品为花岗岩、大理石系列制品加工，用于高档会所、商务大楼、别墅等装饰。2019年产值800万元。

## 第四节　纺织服装

早在明清时期，民间有手工木制自纺自织腰机。棉农多自植棉、自纺纱、自织布，俗称“自做布”。中华人民共和国成立前，境内无服装工业，仅有个体裁缝匠为附近乡亲来料加工缝制服装；春节过年前或家有喜事（小孩出生、姑娘出嫁）时，人们会请裁缝师傅上门做针线活。20世纪50年代，郭巨公社社员自带脚踏缝纫机，创办缝纫合作组，生产服装、鞋帽，后来合并至综合社。

80年代初，郭巨、峙头办有绣花厂，境内20%～30%的妇女特别是姑娘都去绣花厂领取的确良布、绸布等布料和各色纱线，在家绣花，后将产品回收至绣花厂，绣花一天收入十几元，产品多出口。郭巨公社在狗湾办起针织二厂，职工 60 人，主要生产针织产品。西门外办起线厂，职工 40 人，主要生产“宝塔牌”棉纱线等产品。1981 年岐头公社与浙东针织厂联营开办岐头针织服装厂，产品主要为针织内衣并出口，有职工 110 人。1993 年转制解体。

### 1995 年境内服装企业一览

表 6-3-4

| 企业名称 | 开办年份 | 职工人数（人） | 总产值（万元） | 固定资产（万元） | 应缴增值税（万元） |
|---|---|---|---|---|---|
| 浙东针织厂岐头联营厂 | 1981 | 51 | 35 | 27 | 7 |
| 中宅服装塑料厂 | 1985 | 15 | 30 | 9 | 3 |
| 上宅针织服装厂 | — | 5 | 22 | 7 | 2 |
| 郭巨国益针织厂 | 1991 | 10 | 15 | 1 | 1 |
| 北仑针织服装二厂 | 1991 | 46 | 20 | — | — |
| 岐头联合针织内衣厂 | 1989 | 8 | 15 | — | — |
| 郭巨龙凤童装厂 | 1991 | 16 | 12 | — | — |

2006—2016 年，郭巨教场路（中学门口）办过童氏针织服装厂，有职工 40 人；还有一家顺欣针织服装厂，职工 50 人。岐北拆迁后，有 2 家私营针织服装厂迁址白峰。2019 年境内纺织服饰制造企业 40 家，其中个体羊毛、羊绒衫加工作坊（店）3 家，棉毛衫裤加工店 3 家，个体服装加工店 14 家，纺织、服装生产加工厂 20 家。

## 第五节　化工　塑料　橡胶制品

### 化工工业

1980 年，华岐、福民两村投资 20 万元，联办华联电镀厂，厂址华岐碶头，有职工 20 余人，1983 年由公社接管为社办企业，改称郭巨电镀厂，又投资 100 万元，在郭巨新碶头新建厂房，与缝纫机零件厂合并，主要电镀缝纫机零件等产品。1985 年两厂分开（缝纫机厂另建厂房迁至福民村狗湾），电镀厂有职工 70 人，主要电镀灯具配件产品。1995 年转制为个体企业，2000 年关闭。

### 塑料、橡胶制品工业

1974 年郭巨凤凰山南麓办起郭巨橡胶制品厂，专业生产三角胶带及汽车橡胶配件，并开发橡胶泡沫产品。20 世纪 80 年代初，由于塑料制品广泛用于生产、生活各个领域，市场需求量剧增，境内乡镇（村）部门办塑料制品工业得到了快速发展。郭巨、岐头都办起了公社塑料厂，部门办起区塑厂、供销社塑料厂，各村也纷纷投资办起小型塑料厂。二轻局在新碶头办起镇海模具塑料厂，并注册“双狮”商标生产凉鞋、拖鞋和橡胶礼帽。区塑厂 1985 年生产塑料制品 2275 吨，产品销往全国各地，并赴四川内江县白马镇联营办塑料厂。各橡胶塑料制品厂主要产品有全塑凉鞋、拖鞋、鞋底、泡沫及塑料灯具配件、塑料编织袋等。塑料、橡胶业是八九十年代郭巨的一个特色支柱产业。曾有郭巨人在上海逛商场买了双塑料鞋，回家打开一看竟是郭巨塑料厂生产的趣事。至 2019 年，境内从事塑料、橡胶行业企业 19 家。

### 2018 年经济普查郭巨街道主要橡胶塑料企业一览

表 6-3-5

| 企业名称 | 开办年份 | 从业人数（人） | 固定资产（万元） | 资产总计（万元） | 产值（万元） | 税金及附加税（万元） | 应缴增值税（万元） |
|---|---|---|---|---|---|---|---|
| 北仑飞跃橡塑厂 | 2000 | 5 | 7.72 | 58.33 | 44.32 | 0.67 | 3.51 |
| 北仑白峰万琏科技塑胶厂 | 2015 | 13 | 33.00 | 266.60 | 340.40 | 1.50 | 3.50 |
| 宁波宇信轮胎再生有限公司 | 2012 | 26 | 47.43 | 392.38 | 1512.42 | 6.62 | 49.13 |

## 第六节　电器　电子仪表

1975 年前，境内无电器、电子仪表工业企业。1976 年 8 月，峙头中学兴办峙头灯泡厂，投资 5 万元，职工以峙头高中 76 届毕业生为主 10 余人，并从杭州富阳聘请技术师傅，主要生产管形白炽灯泡。20 世纪 80 年代初，峙头校办工厂开发橡胶塑料电器产品，生产电源插座、插头、电热水杯等电器产品，80 年代末转产塑料制品。

20 世纪 80 年代末，随着郭巨灯具业兴旺发展，电器、电子工业企业应运而生，产品从开始的白炽灯、日光灯，发展到 LED 灯、LED 智能灯，LED 芯片广泛应用在各式灯具。1997 年，郭巨轮窑厂旧址开办北仑郭巨绿叶灯具厂，生产荧光节能灯管，职工 260 名，至 2010 年因穿山疏港高速公路建设用地迁至广东中山古镇和安徽芜湖。北仑耐良光电有限公司生产 LED 小灯珠、LED 芯片。2019 年，境内注册电子、电器件制造工业企业 10 家。

### 2018 年经济普查郭巨街道电子电器企业一览

表 6-3-6

| 企业名称 | 成立时间 | 从业人数（人） | 固定资产（万元） | 资产总计（万元） | 产值（万元） | 税金及附加税（万元） | 应缴增值税（万元） |
|---|---|---|---|---|---|---|---|
| 宁波启科电子有限公司 | 2017.11 | 5 | — | 1.3 | 63.6 | 0.5 | 0.3 |
| 北仑东方照明电器有限公司 | 2017.6 | 2 | 58.2 | 874.1 | 12.6 | 2.0 | 0.4 |
| 北仑耐良光电有限公司 | 2017.5 | 7 | 5.1 | 13.7 | 126.3 | 0.6 | 4.9 |
| 宁波易升机电制造有限公司 | 2018.3 | 5 | 21.8 | 160.8 | 400.4 | 0.3 | 23.0 |
| 宁波众川光电科技有限公司 | 2018.6 | 4 | — | 101.2 | 182.2 | 0.2 | — |

**宁波市北仑耐良光电有限公司**　个体私营企业，20 世纪 80 年代末成立，址设东门村小山沿，为热处理加工厂。1990 年，迁址至郭巨新碶头，转型客房灯系列的灯具产品生产，更名为永旺灯饰厂。2004 年，再次转型生产荧光节能灯管。2012 年，产品升级生产 LED 小灯珠，并更名为北仑耐良光电有限公司，投资 500 余万元，添置了 LED 芯片封装技术的平面焊线机等自动化生产设备 27 台。2019 年，从业人员 16 人，年产值 2000 万元。

**宁波东方电缆有限公司**　股份制上市公司，宁波东方电缆东部（北仑）基地位于郭巨街道联合村（峙南围涂工程升螺、寺湾地块），2019 年筹建，占地面积 500 亩，投资 25 亿元，建有 2 万吨级海缆专用码头，通过柔性产线的整体布局，智能装备的配套应用，信息系统的集成运行，实现大长度高等级光电复合海底电缆从生产到装运、从车间到码头的智能化联动，实现传统制造向数字化的成功转型，为浙江省首批数字化“未来工厂”，2021年9月8日正式投产。预计年产能600余千米，产值100亿元。是全国最大海底电缆智能化生产基地。东方电缆“未来工厂”建成投用，将助力企业实现传统制造向数字化转型，打造了国内电缆行业的智能智造新模式，推动电缆行业与工业互联网产业高质量协同发展，提升中国海洋领域高端能源装备的国际核心竞争力。

宁波东方电缆有限公司鸟瞰

## 第七节　船舶制（修）造　拆解

郭巨三面临海，海上运输业、捕捞业发达，从木质船发展到铁壳船，运输船、大捕船、涨网船各类船舶众多。20世纪90年代前，沙湾、竹湾（后墩）、联合、新碶头均办过修船厂，甚至有些村请船匠在村口滩涂修船，船舶都是木质帆船，一般一年一小修，二三年一大修。所修船只吨位大小不一，最大有60多吨。船匠有大木、小木之分（大木把握整船结构、形状、尺寸；小木负责整船列装、装饰、成形）。修造船工具、材料、工艺都比较落后且均为传统手工作业，没有船坞，修船底时，叫来几十个壮劳力，将船舶侧翻90度角，搁置于铺上松毛（柴草）的滩涂上，固定好船只，修理船的底部。而村口滩涂制造船只一般只是一些小型的涨网船，大吨位船只制造（俗称打船）都在造船厂进行。90年代后，木质船逐渐淘汰，境内木质船修造厂相继关闭。

1984年，在盛岙村小盛岙开办过峙头公社拆船厂，拆解钢质船舶共5艘，拆解船只总自重2.1万吨。1986年与湖南长沙造船厂搞联营，1993年7月，拆解自重1.2万吨“金山号”外轮，拆船厂于1995年关闭。2005年7月，境内开办北仑易斯达造船有限公司，址在大涂塘村小方门，总投资1.5亿元，占地面积93138平方米（含滩涂），厂房面积700平方米，有3万吨级船坞2个，船厂等级为A类，经营范围：甲类钢质船舶建造、修理；5000吨以下趸船及钢质趸船建造、修理；船舶预制构件制造；注册资金1230万元，固定资产总值9199万元，职工200人。2011年关闭。

## 第八节　包装用品工业

20世纪70年代起，随着郭巨塑料、灯具行业的兴起和峙头冷冻厂的开办，境内印刷包装用品企业逐步得到发展。1977年，郭巨公社工艺美术厂开始为郭巨塑料制品企业生产包装用纸箱，设印刷和包装两个车间，时产品主要有橡胶厂生产的童车包装箱、缝纫机零件厂的零配件包装箱、塑料厂鞋包装盒和柴桥蜜饯厂产品包装盒等等，是郭巨地区生产纸质包装箱（盒）最早的企业之一。随后境内的区塑厂开办“五金塑料包装用品厂”的家属企业，专业生产塑料鞋包装纸盒。1987年，开办郭巨灯饰纸箱厂（次年更名为郭巨三星纸箱厂），为宁波灯具总厂等灯具企业及个体户生产灯具包装用纸箱，90年代更名为“康达彩印纸箱包装厂”，为镇海江南钢折叠椅厂生产出口折叠椅包装纸箱。八九十年代，塑料、灯具行业及冷冻厂兴旺时期，境内有包装用品企业9家，后随塑料、灯具行业的衰落而关闭或转产。2002年，开办北仑区郭巨图腾包装用品厂，主要产品为外贸公司生产缝纫机包装纸箱，2015年，开办北仑区冠廷纸品包装有限公司，生产文具、服装等外贸产品包装纸箱、礼品盒等，有印刷机2台。2018年经济普查资料显示，境内有包装用品企业7家，从业人员66人，年总产值3000万元，上缴国家税金及附加费12万元。

**2018年经济普查郭巨街道包装用品企业一览**

表6-3-7

| 企业名称 | 成立时间 | 从业人数（万元） | 固定资产（万元） | 资产合计（万元） | 产值（万元） | 税金及附加税（万元） | 缴增值税（万元） |
|---|---|---|---|---|---|---|---|
| 北仑友利包装材料有限公司 | 2018.8 | 10 | — | 347.6 | 68.0 | 0.02 | — |
| 宁波明恒兴纸制品有限公司 | 2017.2 | 6 | — | 183.3 | 174.1 | 0.17 | 2.8 |
| 北仑鼎凯纸箱包装用品有限公司 | 2008.11 | 15 | 103.0 | 434.9 | 1066.0 | 5.25 | 0.7 |
| 北仑区冠廷纸品包装有限公司 | 2015.9 | 5 | 18.0 | 157.9 | 444.8 | 1.00 | 6.7 |
| 北仑区郭巨金睐包装用品厂 | 2003.11 | 2 | 97.8 | 146.4 | 53.6 | 0.77 | 3.6 |
| 北仑区郭巨图腾包装用品厂 | 2002.2 | 6 | 67.2 | 193.5 | 175.1 | 1.01 | 5.5 |
| 北仑区林奎包装材料有限公司 | 2009.12 | 22 | 35.4 | 1106.0 | 1024.0 | 3.84 | 28.0 |

**北仑鼎凯纸箱包装用品有限公司** 其前身为1989年开办的峙头纸箱包装用品厂，厂址设峙头中宅，是峙头冷冻厂的一家附属企业，也是一家吸纳残疾人就业的社会福利企业，专为峙头冷冻厂生产冷冻海鲜品及鱼片厂产品包装用纸箱、塑料袋等，1996年转制为个体企业。2006年因穿山港区开发拆迁至郭巨狗湾，并更名为北仑鼎凯纸箱包装用品有限公司，2016年迁址至原郭巨橡胶厂（埠漕头20号），专业生产各类彩印包装纸箱，2018年，厂房面积约3000平方米，职工18人，产值约1000万元。

## 第九节　灯具制造业

境内灯具制造业始于20世纪70年代末，八九十年代为兴盛时期，以大华灯具厂和宁波灯具总厂这二家集体企业为龙头，个体灯具配件加工、生产、组装的厂（店）遍布郭巨灯具城及周边村，90年代末，灯具制造加工企业逐渐外迁（详见本篇第二章地方特色产业第一节灯具业）。

2019年，境内注册的照明灯具加工、生产企业、个体工商户7家。

**2019年境内注册的灯具加工业一览**

表6-3-8　　单位：万元

| 企业名称 | 成立时间 | 注册资本 | 一般经营项目 | 经营地址 |
|---|---|---|---|---|
| 北仑娣燕灯饰有限公司 | 2015.12 | 50 | 灯饰制造、加工 | — |
| 北仑区白峰飞明灯饰厂 | 2015.9 | 5 | 灯具的制造、加工 | 福民村狗湾1号 |
| 北仑白峰孟耀灯具装配店 | 2014.4 | 3 | 灯具装配 | 西门外大山头 |
| 北仑白峰钢领水晶灯具厂 | 2011.2 | 20 | 水晶灯具制造、销售 | 双岙小岙26号 |
| 北仑白峰周得水晶灯具厂 | 2014.8 | 20 | 水晶灯具制造、加工 | 盛岙凤巴10号 |
| 北仑郭巨赛英灯具配件厂 | 2019.4 | 50 | 灯具配件制造加工 | 盛岙上宅岭下 |
| 北仑白峰艺培水晶灯具厂 | 2011.2 | 20 | 水晶灯具制造、零售 | 冯家弄22号 |

# 第十节　能源中转业

21世纪穿山港区开发建设以来，形成了能源中转及生产的临港产业带。至2019年，中海浙江宁波液化天然气有限公司、中海油浙江新能源有限公司、宁波舟山港股份有限公司北仑矿石码头分公司、宁波港鑫东方仓储燃供有限公司等能源储运企业先后建成投产。现境内拥有世界上最大的单体液化天然气接收站，年处理能力可达600万吨液化天然气，是华东地区乃至全国重要的液化天然气资源中心和交易中心。储罐总数34个，其中：液化天然气储罐6个，储油罐28座。中宅矿石（煤炭）码头和光明通用码头堆场的堆存能力250万吨，2019年完成货物储运量4671万吨。

## 2019年境内能源中转业主要企业一览

表6-3-9

| 企业名称 | 企业性质 | 设立年份 | 总投资（亿元） | 组成项目 | 主要中转品 | 2019年储运量（万吨） |
|---|---|---|---|---|---|---|
| 中海浙江宁波液化天然气有限公司 | 央企控股 | 2005 | 70 | 8万～26.6万立方米LNG接卸码头1个，工作船码头1个，16万立方米LNG储罐6座 | 液化天然气 | 527 |
| 中海油浙江新能源有限公司 | 央企控股 | 2013 | 0.23 | 七座加气站及24辆LNG集卡 | 液化天然气 | |
| 北仑矿石码头中宅分公司 | | 2009 | 0.27 | 15万吨级煤炭接卸泊位1个、5万吨级装船泊位1个 | 矿石 | 3700 |
| 宁波光明码头有限公司 | 民营 | 2007 | 4 | 2万吨级、3.5万吨级和10万吨级通用泊位各1个 | 粮食煤炭 | 971 |
| 宁波港鑫东方仓储燃供有限公司 | 甬港合资 | 2006 | 0.45 | 5万吨级泊位一个，功能储罐28座 | 油品 | 158 |

中海油浙江新能源有限公司

**中海浙江宁波液化天然气有限公司**　公司位于宁波市北仑区郭巨街道白中线峙北段388号。由央企中海石油气电集团有限责任公司（占股51%）、省企浙江能源天然气集团有限公司（占股29%）和市企宁波开发投资集团有限公司（占股20%）三方股东共同投资组建，于2005年3月注册登记成立。项目占地面积46.917公顷。公司主营液化天然气运输、储存、销售。一期工程投资70亿元，于2009年12月开工，建成接卸8万～26.6万立方米液化天然气船舶码头1个，工作船码头1个，16万立方米液化天然气储罐3座，2012年9月接卸第一船；二期项目于 2018 年 6 月开工建设，2020 年 12 月建成 16 万立方米液化天然气储罐 3 座并投用。现年处理能力为 600 万吨液化天然气。2019 年，接卸来自卡塔尔（亚洲）拉斯拉凡港和澳大利亚（澳洲）格拉德斯通港的液化天然气 527 万吨，销售总额 12.85 亿元，利润总额 7.799 亿元，资产总额 41.092 亿元，有员工 230 余人。

**中海油浙江新能源有限公司** 公司由中海石油气电集团有限责任公司与宁波舟山港股份有限公司共同出资组建的清洁能源公司，双方股比为 55%、45%。2013 年 10 月 8 日注册成立，注册资本 2995 万元。2011 年 8 月 22 日，浙江天然气中宅加气站投入试运行，首批 40 立方米 24 辆液化天然气槽罐车同步投用。标准大气压下日加气量达 3 万立方米，每天可为 200 辆以上液化天然气集卡提供服务，属目前国内港口规模最大的液化天然气加气站。公司依托浙江 LNG 接收站稳定的资源保障优势，致力于推进清洁能源液化天然气在宁波区域的推广应用，并开发江、浙、沪、赣、皖等周边省市液化天然气市场，在省内布点建设液化天然气华峙等加气站 7 座，把液化天然气物流的业务拓展至以北仑为中心的 400 ～ 1000 千米的半径范围。2019 年，在宁波区域投产运营液化天然气加气站七座，储罐 10 台，总容量 600 万立方米，日均加气量 48 吨。境内每天有 500 余辆槽罐车进出境内，全年销售收入达 9953 万元，完成利润 607 万元，上缴税金合计 296 万元，从业人数 67 人。

浙江天然气中宅站

中海油液化天然气华峙加气站

## 2019 年末液化天然气加气站建设情况表

表 6-3-10

| 项目名称 | 项目类型 | 投用时间 | 日均加气量 | 储罐规模 |
|---|---|---|---|---|
| 北仑二期码头加气站 | 箱式站 | 2014.4.10 | 5 吨 | 60 立方米（1 台） |
| 北仑集运公司加气站 | 箱式站 | 2014.9.17 | 3 吨 | 60 立方米（1 台） |
| 白峰集翔路加气站 | 箱式站 | 2014.9.26 | 7 吨 | 60 立方米（1 台） |
| 北仑穿好连接线 LNG 加气站 | 常规站（二级） | 2018.6.1 | 13 吨 | 60 立方米（2 台） |
| 大榭招商码头 LNG 加气站 | 常规站（二级） | 2016.1.1 | 5 吨 | 60 立方米（2 台） |
| 镇海服务区（北区）LNG 加气站 | 常规站（二级） | 2016.6.28 | 7 吨 | 60 立方米（2 台） |
| 镇海服务区（南区）LNG 加气站 | 常规站（三级） | 2017.9.28 | 8 吨 | 60 立方米（1 台） |

**宁波港鑫东方仓储燃供有限公司** 公司是香港星光控股的甬港合资企业，2006 年成立，注册资金

2030 万美元，项目总投资 4.5 亿元。配置有总库容 31.8 万立方米的储油罐、功能罐共 28 座，拥有可靠泊 1 艘 5 万吨级或同时靠泊 2 艘 5000 吨级船舶码头 1 座，为中外用户提供油品装卸、中转和存储服务。2019 年，各类油品吞吐量达 158 万吨，总产值 3638 万元，利润 5619 万元，上缴税金 96 万元，从业人数 69 人。

中海油新能源冷能空分液氮（氧）储罐

**中海油工业气体（宁波）有限公司**　公司位于北仑区郭巨街道中宅，由中海油能源发展股份有限公司和宁波能源集团有限公司共同出资，于 2011 年 5 月 26 日注册成立。厂区占地面积约 3 万平方米，总投资约 150 亿元，液化天然气冷能空分一期项目于 2015 年 1 月试产，项目依托浙江液化天然气接收站稳定的资源保障优势，采用国内开发、中海油拥有自主知识产权的液化天然气冷能空分技术，生产液氧、液氮、液氩等产品，生产设计产能为液氧：300 吨 / 天，液氮：300 吨 / 天，液氩：14.5 吨 / 天。2019 年，有员工 17 人。累计开工 332 天，生产并销售产品 21.08 万吨，实现销售收入 12021 万元，利润总额 4455 万元，缴纳税费 2711 万元。

### 2016—2019 年企业经济指标一览

表 6-3-11

| 主要经营指标 | 2016 年 | 2017 年 | 2018 年 | 2019 年 |
|---|---|---|---|---|
| 开机率（%） | 80 | 82 | 88 | 91 |
| 生产量（万吨） | 14.61 | 18.40 | 19.68 | 21.08 |
| 销售量（万吨） | 14.63 | 18.56 | 19.45 | 21.07 |
| 营业收入（万元） | 6964 | 10681 | 13645 | 12021 |
| 利润总额（万元） | 36 | 2581 | 6126 | 4455 |
| 缴纳税费（万元） | 48 | 331 | 2342 | 2711 |

## 第十一节　静脉产业

20 世纪 80 年代以来，随着工业特别是区域内化工工业的发展和城镇化程度的提高，产生了大量的工业危险废物、生活垃圾和医疗废弃物等。2003 年 2 月，宁波经济技术开发区控股有限公司在郭巨长浦村投资筹建北仑工业固废处置站，2006 年 6 月一期填埋场和一期焚烧处置设施投入运行，成为省内首个综合处置工业废物的环境基础设施。2014 年，光大环保能源（宁波）有限公司在长浦村投资建成浙江省内唯一一家 AAA 级生活垃圾焚烧发电厂，从而形成了岭北静脉产业园区。

光大环保能源（宁波）有限公司

**光大环保能源（宁波）有限公司**　位于郭巨街道长

浦村一号，2012 年 6 月 25 日成立，占地 75 亩、总建筑面积约 73194 平方米，一期项目注册资本 1.86 亿元，二期项目注册资本 6333.33 万元，总投资 7.5 亿元。配置 3 台 500 吨 / 日机械炉排焚烧炉、1 台 20 兆瓦汽轮机组、1 台 12 兆瓦发电机组，配套渗滤液处理站规模 650 吨 / 日。渗滤液经处理实现“全回用、零排放”。全年可处理垃圾 54.75 万吨，设计年上网电量 2.4 亿千瓦时。

公司的生活垃圾焚烧发电项目，对北仑区、江东区的生活垃圾进行“无害化、减量化、资源化”综合处理。垃圾焚烧发电机组日处理生活垃圾 1500 吨，年发电量可达 2.1 亿千瓦时，年输送绿色电力约 1.6 亿千瓦时，年处理生活垃圾逾 60 万吨。

公司持续深入开展环保设施公众开放日活动，接纳社会各界人士的参观，普及垃圾焚烧发电工艺技术，提高公众环境保护意识，截至 2020 年底，共计接待参观 931 批次、19235 人次。

公司积极打造“绿色环保生态典范”“环保教育基地”。获国家级“生活垃圾焚烧行业绿色发展标杆企业”、浙江省“AAA 级生活垃圾焚烧厂”“宁波市生态文明教育基地”等称号。

至 2020 年底，共接收处置生活垃圾 378.82 万吨，实现发电量 14.40 亿千瓦时，输送绿色电力 12.19 亿千瓦时，全量处理渗滤液 71 万吨。2019 年，总产值 15772.47 万元、利润总额 5938.35 万元、上缴税金 780.83 万元、工业增加值 8226.85 万元、职工人数 101 人。

## 2014—2019 年垃圾处置和发电量一览

表 6-3-12

| 年份 | 垃圾进场量（吨） | 垃圾入炉量（吨） | 垃圾用于发电量（吨） | 炉渣量（吨） |
|---|---|---|---|---|
| 2014 | 347089.95 | 271802 | 111127500 | 52566.96 |
| 2015 | 498065.08 | 411114 | 185372400 | 68921.97 |
| 2016 | 673340.39 | 542775 | 240958900 | 79790.45 |
| 2017 | 628723.59 | 520105 | 233083900 | 72574.70 |
| 2018 | 586714.90 | 494170 | 222084800 | 70677.10 |
| 2019 | 590537.44 | 491570 | 223086300 | 77595.42 |

**北仑环保固废处置有限公司** 位于北仑区郭巨街道长浦村，2007 年注册成立，注册资金 2500 万元，区属国有企业，占地面积 15 万平方米，是省内首个综合处置工业废物的环境基础设施。

2006 年 6 月一期填埋场投入运行，2008 年 6 月一期焚烧处置设施（30 吨 / 天）投入运行；2013 年底危险废物焚烧处置二期工程（50 吨 / 天）建成并投入运行；2017 年底危险废物焚烧处置项目三期工程（100 吨 / 天）建成并投入运行。项目总投资逾 4.62 亿元。

至 2019 年，公司核心业务包括危险废物处置、医疗废物处置、病害动物无害化处理。拥有危险废物的收集、运输、贮存、物化、焚烧、稳定 / 固化、污水处理、安全填埋和余热发电装置等全套设施。许可处置国家危险废物名录 46 类中的 40 类。核定总处置规模约 12 万吨 / 年，包括填埋处置能力 2.88 万吨 / 年，焚烧处置能力 5.49 万吨 / 年，污泥干化处置能力 0.8 万吨 / 年，物化处置能力 0.56 万吨 / 年，医疗废弃物干化学消毒处置能力 1.58 万吨 / 年，废弃电器电子产品处理能力 1 万吨 / 年，动物无害化处理能力 0.2 万吨 / 年。填埋场采用

北仑环保固废处置有限公司

七八层保护膜，总库容量 55.75 万立方米，设计服务年限 25 年，全部填满后加土覆盖、绿化，并进行长期监控。余热采用先进的常规 +ORC 螺杆膨胀发电技术（二级发电）和合理的工艺发电装置。

2006 年 6 月一期填埋场和一期焚烧处置设施投入运行以来，累计处置固废 39.52 万吨。2019 年，总产值 2.027 亿元，职工人数 119 人。

### 2006—2019 年北仑环保固废处置有限公司处置固废数量一览

表 6–3–13

| 年份 | 数量（吨） | 年份 | 数量（吨） |
| --- | --- | --- | --- |
| 2006 | 428 | 2013 | 17711 |
| 2007 | 2160 | 2014 | 39796 |
| 2008 | 2609 | 2015 | 48465 |
| 2009 | 2818 | 2016 | 52469 |
| 2010 | 5670 | 2017 | 52711 |
| 2011 | 9044 | 2018 | 72375 |
| 2012 | 16437 | 2019 | 72515 |

## 第十二节　盐业

### 盐场

宋置穿山盐场，境内大岭下、尖岭岙一带设厂，煮海水烧盐。

1966 年，按民办公助原则，华峙、后墩和谢家岙大队建华峙盐场。1985 年，有盐业工人 39 人。20 世纪 70 年代，光明大队在大火叉建小型盐场，而盛岙大队社员去昆亭筑海塘历时 8 年，围田 21 公顷建成盐场。21 世纪第一个 10 年，随着穿山港区的开发建设，盐场盐田全部废转。

### 1966—1970 年郭巨、峙头公社民办公助盐场围田建场情况表

表 6–3–14

| 场名 | 动工时间 | 围成时间 | 围田面积（公顷） | 建滩投产年份 |
| --- | --- | --- | --- | --- |
| 华峙盐场 | 1966 | 1969 | 19.00 | 1969 |
| 光明盐场 | 1968 | 1972 | 2.54 | 1976 |
| 昆亭盐场 | 1970 | 1978 | 21.37 | 1978 |

### 1995 年底境内集体盐场情况表

表 6–3–15

| 场名 | 场址 | 企业性质 | 职工人数（人） | 盐田面积（公顷） | 年产盐量（吨） |
| --- | --- | --- | --- | --- | --- |
| 华峙 | 华峙 | 集体 | 10 | 12.00 | 480 |
| 光明 | 大火叉 | 村办 | 4 | 2.54 | — |
| 昆亭 | 昆亭 | 集体 | 8 | 19.24 | — |

## 盐场设施与设备

板晒时，盐场多系自然滩涂，靠筑墩头为生产场地，设备及生产工具简陋，纯靠人工操作，劳动强度大。古有“苦卤苦水苦扁担，一双脚底磨泥滩。披星戴月出门槛，回家身矮三寸三”之谣。实行滩晒后，改进设施和逐步应用机电设备，盐民劳动强度锐减。

**海塘** 中华人民共和国成立前，刮泥淋卤之泥场均在挡潮海塘外。春冬受潮淹设，夏秋刮泥制卤。1966 年 12 月，建成郭巨华峙盐场，建塘后，关塘建滩，投产晒盐。昆亭盐场东塘始建于 1968 年 1 月，1971 年 10 月围成，1972 年建滩投产。昆亭盐场西塘始建于 1971 年 10 月，1976 年围成，1979 年建滩投产。

**纳潮河及渠道** 过去靠挖浦引潮、滩晒，以后为引海水直入滩田。1968 年，华峙盐场在滩田上面筑纳潮河 800 余米，河下筑有渠道 4.6 千米，供各付滩田纳潮而用。

**咸水库** 板晒时，靠挖增水潭在潮水涨时引海水储存，用于泼泥制卤。推广滩晒后，华峙盐场于 1968 年建小型咸水库 1 座，库容量近 150 立方米；既能储存海水，又能澄清海水，利于提高盐的质量。

**保卤设施** 旧时用卤桶和卤缸保卤。滩晒后，建石砌向天卤池或地下平顶卤池以保卤。

**结晶设备** 板晒时，结晶靠盐板。实现滩晒后，始用泥滩、沥青滩、盐砖滩涂等。1979 年推行薄膜覆盖生产大粒工业盐，后因技术管理不善停止。1982 年，华峙盐场和昆亭盐场相继推广用黑色塑料薄膜垫底结晶。

**机电设备** 板晒全靠人工劳动，滩晒始置机电设备。20 世纪 70 年代后，昆亭盐场有 12 马力双飞轮柴油机 2 台，带动水泵 2 台以抽海水，后用电动机作动力。

## 制盐方式

**煎熬制盐** 古时，制盐工艺非常原始，把滩涂上泛着盐花的表土刮来，淋下卤水，再把卤水倒入竹镬里，然后放在盐灶上煎熬，待蒸发浓缩，即结晶为盐。操作时，先将黄泥与卤水拌和，捣细碾实后涂抹在竹镬的里外两面，使篮子篾片间的缝隙被黄泥嵌得密不透水。然后将镬子放置在盐灶上，倒入卤水，用文火蒸烤，边煎边搅拌，盐卤浓缩结晶就煎成盐了。煎一锅卤水约需 2 个小时，每锅可产盐 10 千克余；此时期也有用铁盘煎熬的。

清末民国初，境内盐民曾用锅煎煮制盐。煎煮方法：先将鲜卤倾满锅中，徐徐煎烧，经 2 个小时后，卤渐燥，锅中渐有成盐，再将鲜卤加满，1 个小时后，复注满卤再烧 2 个小时，锅中已完全成盐，此时需用铁铲拌炒，以防锅底结块破裂。拌炒半小时，至盐炒燥即出锅。再倾鲜卤于锅，重行开煎，一昼夜可煎 3 次，一灶昼夜可制盐 150 ～ 300 千克。

**板盐** 清嘉庆年间，岱山盐民王金邦发明木板结晶（板盐）。清道光年间，板盐在郭巨境内推广。晒板用杉木做成，形似门板，板面平滑，周围木框，壳灰涂塞缝隙，板底用 4 根横档加固，两头有柄，便于提杠。民国 19 年（1930），盐场公署规定板长 8 尺（营造尺，每尺合 0.32 米，下同），阔 3 尺 2 寸，厚 6 分，框缘高 2 寸，面积约 2 平方米，每亩泥场配盐板 10 块。开晒时，板内注卤，上午入卤，下午结晶。夏秋之际，每板每天可产盐 2.5 千克，淡季一般有 0.25 ～ 0.75 千克。

板晒操作主要为制卤、结晶两大步。制卤需经过辟场、筑增、纳潮、粑泥、整增淋卤、验卤、掘增挑泥渣等工序，制成符合晒盐要求的咸卤。为检验卤的咸度，旧时采用鸡蛋验卤，蛋浮则卤咸，浮得越高卤越咸。中华人民共和国成立后，推广波美表验卤。一般头缸卤为 22 ～ 23 波美度，二缸卤为 18 波美度左右，这些卤均储入卤桶或卤缸备晒，波美 7 度左右的为淡卤，不能晒盐，只能作灌增水用。

板晒较煎煮法有进步，但劳动强度仍很大。产百斤盐，盐民要挑泥、海水和卤约百担（每担约 150 市斤），“刮泥淋卤苦连天，百担烂泥换担盐”，盐民都有肩、背、腰、眼、膀、腿、脚“七痛”之苦，有“十个盐民九个驼”之谚。

**滩晒**　1966年，华峙盐场采用滩晒工艺制盐，将制卤和结晶合二为一。据地形将全场盐田分为5副单元滩，每滩面积均为3.8公顷左右。每单元滩分12步（格），第1～10步为制卤区，每步落差4～6厘米（其中第10步为调节区，即制成饱和卤区），第11～12步为结晶区。旺季卤水充足，第10步也成为结晶区。70年代建成的昆亭盐场东、西塘建滩方法亦然。结晶滩始用泥底板结晶池，后逐步使用青砖、沥青板、缸爿等硬底，80年代始用黑色塑料薄膜垫底结晶。旺季（7—9月）晴天，一般2天收盐一次；平淡季视卤蒸发情况，酌情延长3～5天。收盐时间在早晨，以减少蒸发损失，平淡季在傍晚。低温季节采取“高温收盐”的办法。

滩晒比刮淋卤板晒工艺先进，具有产量高、质量好、成本低、收益高和盐民劳动强度低的优点。

滩晒制盐主要环节有：纳潮、扬水、制卤、结晶、收盐、整滩。

纳潮：碶闸管理员准确记录潮位及海水浓度，及时纳入高浓度海水，供应滩田。连晴天纳潮头，阴雨天纳潮中潮尾，平时纳潮心。

扬水：工区机埠扬水站，根据盐田用水需要，及时扬水送水。

制卤：由滩长或走水员负责，看天走水，一步（格）一卡，定深定度。旺季第一步深4厘米，末步保持1.5厘米；淡季以不露顶为原则，尽量做到一天一次走水，晒水不晒滩；连晴天实行早晚走水；单晴半晴天跳步提卤，薄晒勤跑，并格倒扬；不稳定天采用浅漂海水，保养滩田。

结晶：根据季节气候，备足饱和卤水，量卤灌格开晒，灵活控制深度，杜绝老卤混晒，及时施卤打花。收盐时，保持盐不露顶。卤水要分级开晒，一般分为三级：24.5波美度～27.5波美度；27.5波美度～29.5波美度；29.5波美度～31波美度。及时撤换老卤，坚持做好卤水、滩格、工具、手脚、口子、盐坨等清洁工作。

收盐：旺季一般在每天凌晨收一次，平淡季多为傍晚收盐。

整滩：坚持四季整滩，常年保养。每年十一二月至次年3月进行年度大整修；刮青皮泥，铲高填潭，压滩杀虫，卤池排淡沟取淤，池埝整修，铺设黑膜等，达到“平整、坚硬、不漏”。

## 产量　质量

**产量**　清道光年间至民国时期，境内晒盐均用盐板。中华人民共和国成立初期，置苦卤厂，亦以盐板晒盐，然工艺落后，产量低微。20世纪60年代筑塘围涂，建造盐场，产量上升。1966年，建成华峙盐场19.00公顷，次年产盐36吨，平均亩产0.126吨。20世纪70年代，总产盐量达480吨，亩产1.68吨。1983年，推广黑色塑料薄膜垫底结晶，年均产盐1311吨，平均亩产4.6吨。

**质量**　民国前，盐的质量仅以色味等物理观感定咸、淡、苦、白、苍、粗、湿、燥等指标，要求不掺卤掺杂。板晒盐，夏秋产伏盐，色洁白，有光泽，粒粗如沙，咸味浓；冬盐色略黑，粒小，质较坚；春盐色虽白，颗粒松，含卤汁较多。1930年6月公布全国《检查食盐章程》，始定质量标准。1965年7月，浙江省规定集体盐场所产原盐实行分等计价收购。1974年，盛岙昆亭盐场和华峙盐场均建立简易化验室，培训化验员，坚持质量分析，制定《盐业生产操作规程》。20世纪80年代以来，原盐优一级品率保持在90%以上。

### 1977年部版各级盐化学指标按湿基百分比表

表6-3-16

| 指标名称 | 优级 | 一级 | 二级 | 三级 |
|---|---|---|---|---|
| 氯化钠不少于（%） | 94 | 92 | 88 | 83 |
| 水不溶物不多于（%） | 0.4 | 0.4 | 0.6 | 1.0 |
| 水溶性杂质不多于（%） | 1.4 | 2.2 | 4.0 | 5.0 |
| 水分不多于（%） | 4.2 | 5.4 | 7.4 | 11.0 |

### 原盐购销

**收购**　官收，唐代至明代，官府包揽盐的收购与销售，实行官收政策。明洪武元年（1368），始规定每引（约 200 千克）盐给工本米 1 石，灶户每年缴纳定额盐课。清初推行“官督商销”，经官府特许的盐商向官府领引票。民国 31 年（1942）后实施盐专卖，盐场产盐全部官收。

商收，明弘治五年（1492），尚书叶淇改变盐法，由商人纳银于运司，赴盐场购盐，并对余盐开禁，商人与灶户直接交易。清初实行按引购盐，商人持单下场收盐，经场官查验无弊，方许出场。民国初年改引单为盐运执照，采用专商引岸制度。民国 35 年（1946）盐务总局规定，实行委托商收及公家贷款收仓。

统购，中华人民共和国成立后，国家对原盐实行统购包销，不准商收。1950 年，盐全部由镇海县盐业公司经销。1976 年，县盐业公司对集体盐场的原盐收购采用“量方预付、放销结账”办法，以每立方米折算 1 吨付给 80% 盐价款，余额按实放数结清。1995 年，北仑区盐业公司以每立方米 1 吨付给 70% 盐价款，余额按实放数结清。2006 年预付比例从 70% 提高到 80%。

**销售**　官卖，宋承五代旧制，产盐全部官卖，百姓计口授盐。元以商销为主。明洪武年间（1368—1398）计口月给 1 斤，永乐二年（1404）起儿童减半。此后配额迭有变换。统销，中华人民共和国成立后国家对原盐统购统销，不准商收销售。1978 年改革开放后，取消食盐统销，食盐市场全面放开。

# 第四章　传统手工业

郭巨山林竹木资源充足，故手工业起步较早。早期的手工业可以追溯至宋朝，当时境内已有从事竹木业、泥匠业的个体工匠，亦工亦农。明清时期，郭巨就有油坊等多家农副产品加工作坊和铁匠铺、石灰窑等。中华人民共和国成立后，境内手工业发展时起时伏。1978 年党的十一届三中全会后，手工业得到恢复和发展，传统手工业工艺得到传承和发扬。

## 第一节　发展概况

境内手工业历史悠久，明洪武年间，大批筑城工匠在郭巨安居乐业，繁衍生息，一代一代传承手工工艺。民国时期，境内多有手工业作坊或走乡串村的铜匠等手工匠。郭巨老碶头的老榨油坊毁于 1941 年的日本侵略军飞机轰炸，后在埠漕头又新建了一家榨油坊；古城十字街头店铺多为手工作坊，南大街有吴记轧棉店、冯复泉染坊、汪记豆腐作坊，北大街有许记箍桶店，西大街有胡家铜匠店等。境内有制盐、磨粉、制酱、酿酒、制茶、糖果、成衣、轧（弹）花、串棕棚、绱鞋、锯板、钉秤等手工业加工作坊，篁匠、铁匠、船匠、铜匠、木匠、泥水、漆匠、箍桶等手工匠颇多。

中华人民共和国成立后，政府对手工业采取扶持的政策，传统手工业得以蓬勃发展。1954—1956 年，中央实行“一化三改造”（实现国家工业化，并逐步实现国家对农业、手工业和资本主义工商业的社会主义改造）的总路线，手工业者纷纷组织起来，成立木业社、泥业社、竹业社、铁业社等。在合作化运动中，合并为手工业合作社，后改称为综合厂。

在20世纪六七十计划经济年代，农村生产队按社员劳动工分和家庭人口分配口粮，手艺人（从事手工业者）需向生产队买工分，交集体公积金，方能分得家庭全年口粮。1966年“文化大革命”开始后，又把个体手工业者视为“资本主义尾巴”加以批判和取缔，时手工业者大多或歇业或回队劳动当社员。

党的十一届三中全会后，手工业重新崛起，许多丢弃手艺多年的手工匠重操旧业，从业人数较多的有木匠、泥水（匠）、漆匠等。至2019年，境内有从事各类手工业工匠1263人。

## 第二节　竹木业

### 竹业

从事竹业的称竹匠，俗称“篳匠”。其生产工具大体与木匠、箍桶匠相同，也是锯、刀、刨、钻等。制作产品主要有畚箕、箩筐、番笠、篾簟等农具和团箕、白篮、饭篮、竹席等生产、生活用具。本地竹匠散于乡间，以务农为主，闲时出门做工。

### 木业

境内木业比较发达，具体分“圆作”“方作”两行。圆作俗称“箍桶”，方作俗称“木匠”，其中锯大树（板）的称锯匠，修造船的称船匠。

箍桶（匠）制作的原料多为圆木，产品多为木桶、木盆、马桶、饭桶、拗斗、脚桶、提桶，施肥用的粪桶、粪勺，滠山粉（番薯淀粉）用的滠桶、淀桶等农民日常生活、生产用具。箍桶匠有的在自己家中或集市街道开作坊，既接来料加工，又制作成品销售；有时挑着工具担上农户家里做箍桶。

木匠有“大木”“小木”之分。大木主要建造房屋、制作农具（水车、犁、耙等）、锯大树（板）等。小木以家具制作为主。大多数木匠大、小木技术都擅长。木匠一般都背（挑）着木匠工具上门干活，造房子或做家具。

箍桶匠、木匠农忙时种田，农闲时做工。他们一般都领招学徒1～2名，学徒拜了师傅后，吃住在师傅家，平时做木工，农忙时帮师傅家种田。学徒期3～6年，期满后办谢师酒，几年后自己也招徒弟，一代传一代。

## 第三节　铁瓦棕业

### 铁业

打制铁器的人称铁匠，打制铁器的场所叫铁匠铺。铁匠铺内有烧煤炉灶、手拉木风箱、铁钳及大大小小的铁锤等工具，打铁时，师傅称上手，拿小铁锤把关敲打，下手或徒弟拿大铁锤锻打，两人合作把烧红的铁块锻打成各式产品，主要是农用生产工具，如镰刀、锄头、铁耙等。边生产边出售，也兼营维修业务。

### 泥瓦业

指泥水匠、石匠造房子（俗称起屋）、打灶、做坟，瓦师做砖瓦。明清时期，境内已有烧窑制砖瓦业，生产砖头和瓦片等。

### 棉棕业

境内棉棕业历史悠久，有纺纱织布（带）、轧花、弹花、染布的工匠，有串棕棚、蓑衣的棕棚匠。

另外，境内还有做衣服的裁缝，制鞋的鞋匠（或鞋师），补镬、配钥匙的铜匠。后来有一种称“外国铜匠”专修机器，打铸镴祭器、镴酒壶以及锡瓶、镴饭盂等器具。

以上手工业者多为个体经营，随叫随到，上门服务。小作坊一般设备简陋，小本经营，多以父子兄弟、夫妻搭档为主，也有少数作坊人手不够，雇用一些工人。

## 第四节　油酒豆制坊业

### 油坊

榨油的称油坊，境内油坊始于明朝。油坊也称“油车”，设备简陋，有石制碾砣、槽、榨油床、竹制油箍、铁炒锅、蒸锅等。用牛作为动力，牵动碾砣，碾碎菜籽、黄豆或其他油料，由人力用榔头击树榫，硬挤（榨）出油。

### 酒业

酿酒的称酒坊，也称酒作，设备简陋，有老虎灶、吊锅、酿缸、榨床。原料有大麦、糯米、番薯干、高粱等。酿制黄酒和米酒，也吊白酒。生产出来的各种酒品供自己享用为主，很少有人上市出售。旧时民间百姓办喜事、逢年过节，多用自酿米酒。现郭巨街头有几家烧酒坊，原料有糯米、高粱、五谷杂粮等，烧出来的白酒散装供应市场。民国期间，郭巨安记店酿造木莲醇酒并出售。现在，北门村黄振波传承祖（父）辈木莲醇酒秘制技艺，酿造并储有 1 年至 15 年不等的木莲醇酒 3.5 万千克，价格 30 ～ 60 元 / 千克。郭巨木莲醇休闲农庄“郭巨米酒酿制”技艺获北仑区第六批非遗传统技艺项目和传承基地。郭巨木莲醇酒是一种养生药酒，主要原料为糯米和本地木莲果及其他药材。

### 豆腐坊

做豆腐的称豆腐坊。旧时，多为前店后坊，以人力或畜力推磨、扯浆、加工豆腐，销售靠集市设摊或串乡走村。产品视季节而定，平时生产嫩（老）豆腐、豆腐干（香干）、粉皮、百叶（千层），冬季增加油豆腐，夏季增加豆浆。

# 第五章　工业管理

工业管理包括经营管理、劳动力管理、劳动保障、劳动保护、工商行政管理等多方面，涉及多个部门。本章主要记述管理机构、经营管理、劳动力管理、安全生产管理四个方面。

## 第一节　管理机构

民国24年（1935），境内的工业、手工业由行业工会自行管理，归镇海县建设科领导。

1954—1956年，人民政府对农业、手工业和资本主义工商业进行社会主义改造，引导走合作化道路，时境内建有郭巨、峙头两个手工业合作社。1956年2月社会主义改造基本完成后，各乡政府设手工业干事1名，由县手工业联社对口管理。1957年后改由县手工业局和县工业局管理。1958年8月实行人民公社制度，郭巨、峙头人民公社成立工业办公室，设干事1名、会计1名。“文化大革命”期间，人民公社设立生产指挥组，由革命领导小组成员兼任生产指挥组负责人分管工业。1983年4月，政、社分设，郭巨、峙头乡分别成立乡镇企业办公室，主管辖区内乡、村集体办企业，并向县报送乡、村集体企业统计表。2016年8月，成立郭巨街道设有经济发展服务办公室，负责境域的工业管理。

## 第二节　经营管理

20世纪60年代，实行计划经济体制，社队企业按“就地取材、就地加工、就地销售”的方针生产，产品归当地供销社部门销售。70年代，社队企业向县外销售产品，须获得“准运证”，由运输部门承办托运。80年代起，取消“准运证”等多种限制措施，企业可以自产自销，自主通过市场采购原材料、销售产品，时供销员（俗称跑外勤）队伍悄然兴起。供销员凭企业介绍信，外出“跑业务、订合同”，成为当时企业发展的关键因素。私人个体户不能独立开展经营活动，普遍挂靠乡（镇）、村集体办企业，或注册所有制性质为集体的、实为私人投资及经营的戴帽企业，如80年代开办的境内规模较大的峙头冷冻厂，便是由四位合伙人投资起家的。乡（镇）工业办公室对挂靠、戴帽者实行统一记账、统一盖公章、统一纳税金，并且承担经济合同纠纷责任，在服务中收取一定的管理费。90年代中期起，计划经济逐步向社会主义市场经济体制过渡，企业销售产品一改过去依赖供销员“跑业务”的做法，在全国各地设立供销网点，形成供销网络，或召开商品展销会推销商品，或通过外贸公司出口商品。进入21世纪，随着（移动）互联网和智能手机等现代信息技术的普及与应用，产品销售更是快捷到从工厂直接到用户的转变。企业的生产经营管理追求自动化、信息化、智能化。

## 第三节　劳动力管理

### 劳动力构成

20世纪50年代初，境内手工业者既是手工业社社员，又是农业社社员，有工做工，无工务农。1958年8月人民公社化后，劳动力由社队调配，部分集体企业和手工业职工下放给公社管理。60年代初，少数劳动力自发外流经商或从事家庭工业。“文化大革命”期间，以“弃农经商”“地下工厂”等名目对此加以限制，“农业学大寨”时期，提倡“劳动力归队，人心向田”，对劳动力管控尤紧。

1978年后，允许农村富余劳动力逐步向工业、建筑业、运输业、商业等行业转移。境内妇女劳力多进入服装加工、商贸服务等行业工作。进入21世纪以后，农村劳动力已大规模向第二、第三产业转移，从事农业的劳动力越来越少。

### 用工制度

民国期间，私营企业用工实行雇佣制，工商业主和工人职员属雇佣关系。小手工业者实行学徒契约制，以师带徒，学艺期间一般不付工资，出师后自立门户。

中华人民共和国成立初期，企业职工由政府统筹安排就业。1959年起，县属企事业单位逐步建立编制定员定额标准，人事部门按计划下达招工指标，人员由乡和村推荐。1958年“大跃进”时，劳动计划失控，导致1961年大批职工精简下放。1965年实行亦工亦农制度，从农村招收的亦工亦农职工，工资由企业与生产队结算，或由职工领取工资向生产队交钱记工，参加分配。70年代初，社办企业招工，由大队推荐，优先安排困难户。80年代，个私企业以请帮工、带徒弟名义招工。90年代后，劳动力市场形成，企业招工双向选择，订立劳动合同，企业主与工人成为雇佣关系。

### 劳动工资

民国时期，店员、手工业者的工资发放制度有计日制和计时制，中华人民共和国成立前夕，工资以谷物支付。中华人民共和国成立后，职工工资采用计件工资、等级工资，少数不能按件计酬的工种依然采用计时工资。1954年以后，集体企业职工计酬方法是，先民主评定底分，然后按底分计酬。以10分为最高标准，评为9分者，每天报酬按9折计算，其余类推。集体承包的业务，所得的劳动报酬（工钱）在提取税金、公积金、公益金后，按出工天数乘以劳动底分计酬。个人承接的业务，工钱本人收取，然后按规定向企业缴纳管理费、公积金、公益金后，余下为个人所有。

1985年工资改革，企业实行工资总额增长与经济效益挂钩、职工晋升工资与劳动成果挂钩、职工奖励工资与完成考核指标挂钩。1993年，在股份制企业中，职工既是劳动者，又是企业出资者，股份制企业实行利益共享、风险共担机制，分配方式实行按劳分配和按股份分红相结合。民营企业招收的农民工，工资根据企业与劳动者签订的合同或口头协议，以按件计酬为主也有由企业和企业工会进行集体协商确定工资的，职工工资按工龄、职称、岗位分档定级，对企业贡献大者实行奖金调节。企业职工工资不得低于市政府规定的最低社会平均工资标准，经多次调整，至2019年，宁波市职工最低社会平均工资标准为每月2010元，非全日制工作的最低小时工资标准为18.4元。

## 第四节　安全生产管理

安全生产管理，运用行政、法律、经济和教育等手段，协调社会经济发展与安全生产的关系。

企业安全生产历来受历届党委、政府所重视。20世纪80年代初，随着乡镇企业的蓬勃发展，企业安全生产管理列入乡镇政府年度工作考核的一项重要指标，政府或企业主管部门一般每年与各村（社区、企事业单位）签订安全生产责任状。2018年郭巨街道成立后，设立公共安全监督管理所，抓基层安全员教育培训，定期、随机抽查相结合开展安全生产检查，对安全生产执行不力的单位和相关责任人进行约谈或实施相应的处罚。各企业设安全生产管理员，明确安全生产责任制，制定并落实安全生产管理规章制度，对员工开展安全生产培训，建立安全生产档案。

# 第七篇 商业

郭巨商贸始于宋代，盛于明初。明洪武二十年（1387）后，郭巨古城十字街已是商铺林立，商贸活动频繁，且逢五、十为集市日，十分热闹。境内渔盐、茶叶、糟酒等产品就地易换。尤至嘉靖初年（1522年）前后，有日本、葡萄牙大批商人船队至双屿港开展商贸活动，才有农副产品出口贸易，随之大量“洋货”开始涌入，境内商贸活动更加活跃。后因时代及战争等因素，郭巨商贸也时起时落。

中华人民共和国成立初期，政府为稳定物价，安定人民生活，实施粮食征购、酒类专卖、组织日用工业品下乡等一系列措施。第一个五年计划开始，粮、油、棉等实行统购统销，其他农副产品分类实行统一收购、派购、订购、预购和自由购等政策，平衡供需。1958年，通过对私营商业社会主义改造，引导小商贩走合作化道路，形成以国营商业为主导、集体商业为辅助、个体商业与集市贸易为补充的社会主义统一市场。

中华人民共和国成立后在计划经济年代里（1951年至1992年10月），供销社是境内最具影响力的商业机构。

1976年后，随着改革开放的全面开展，经济的发展，国家逐步取消粮油等统购统销与派购政策，计划经济向社会主义市场经济转变，增强了国有商业、集体商业活力。同时，发展个体商业与集市贸易，扩大商品流通。20世纪90年代末，国有、集体商业全面转制。2019年，境内商业以民营、个体商户为主；既有传统的线下实体店铺，又有网上店铺；各类商品丰富、市场繁荣。

# 第一章　经营体制

中华人民共和国成立前，境内商业多以个人或合伙经营。中华人民共和国成立后，个体私营商业随着不同历史时期的政策调整，大体经历了清理整顿、利用限制、改造恢复、持续发展四个阶段。1953 年以后以国有供销社、集体商业合作社为主。1961 年起几经变革，又形成国有为主、集体为辅、少量个体商业之体制。1979 年后，个体、集体商业得到较大发展。1998 年，境内供销社等集体商业和食品采购站、粮站等国有商业完成改制，境内国有、集体商业不复存在，境内主要以民营、个体商户为主。

## 第一节　民国前商业概况

明洪武二十年（1387），信国公汤和筑郭巨城后，城内就有了东、南、西、北 4 条主要街道，历经明、清两朝至民国，郭巨十字街商业日趋繁华，老字号“安记”店，由郇隘扎马虞家人独资创办于清道光六年（1826），自产“木莲醇”酒销往外地，开染坊染土布、印花棉被，开油坊榨油，生意兴隆，为十字街商业老大。又据光绪元年（1875）《镇海县志》记载，逢五逢十是郭巨集市日，附近乡民携带各种农副产品、手工艺品、海货等前来赶集。每逢集市日卖商品的吆喝声，卖艺的锣鼓声不绝于耳，十字街头热闹非凡。

民国 26 年（1937），抗日战争波及浙江，海上运输困难，郭巨原有几家土产商（茶叶、薯粉、金柑）被迫停业。民国 27 年（1938），沪杭沦陷，有个人贩运西药（称跑单帮）至郭巨封口，获利颇丰。民国 28 年（1939），镇海封口，单帮停办，郭巨市场暗淡。民国 29 年（1940），定海为日寇所占，日本侵略军舰艇封锁定海海面，见海上船只，即鸣枪命船只停靠接受检查，后将船员用大铅丝串起来抛入大海，将船烧毁；但仍有单帮冒生命危险从定海运来货物到宁波销售，郭巨成为集散地，时商贾云集。虽该年久旱，粮荒严重，然郭巨市场仍热闹，客栈、饮食以及时兴商品繁荣一时，可惜好景不长，未经一年，宁波沦陷，单帮断绝。

民国 28 年（1939），蒋介石为打内战，滥发钞票，造成通货膨胀。同年，汉奸汪精卫在日占区大发“储备票”，一元抵二元。抗战后期，国民党发行“关金券”，一元抵法币 20 元。1948 年 8 月 19 日，南京政府为掠夺老百姓钱财，又发行“金圆券”，一元抵法币 3 元，原法币成废纸。在恶性通货膨胀下，物价一日三变，人民叫苦连天。金圆券发行前，米价法币每石 18.82 元，到第二年 3 月 18 日止，米价每石涨到 10 万元左右，上涨近 5000 倍。在物价飞涨期间，郭巨人商品交易复古原始，以货易货并以“食谷”为等价物，以避货币贬值；但机关部队要用金圆券，商店只好收受，挑着一捆捆金圆券去柴桥进货。中华人民共和国成立前夕，金圆券已无处使用，老百姓调侃：“储备票，叫汝赔，关金券一元作 20 元，贴满墙壁无所谓。”

## 第二节 国有商业

郭巨、峙头供销社自1958年至1978年曾二度属国有商业机构（详见本章第四节供销合作社）。1992年前，境内还有郭巨粮站、峙头粮站、郭巨食品购销站、峙头食品购销站4家国营商业。

**食品购销站** 1975年12月1日，全国生猪实行统一收购、统一屠宰、统一销售，供销社生猪购销业务移交给镇海县食品公司，县食品公司在郭巨设立食品站，并设郭巨食品站峙头点。

郭巨食品购销站址设凤山路南影剧院西侧，郭巨食品购销站峙头点址设峙头供销社旁。食品站主营肉类、生猪、禽蛋购销业务。隶属镇海县食品公司。1985年肉类市场放开后，实行议价购销，食品购销站实行承包责任制。1990年肉类禽蛋市场完全放开，食品购销站关闭。

**粮站** 1953年，国家对粮食实行了统购统销，郭巨镇、峙头乡分别成立了粮食管理所（后简称粮站）。郭巨镇粮站开设在东门戴家祠堂。1973年迁建至老碶头，建筑面积1060平方米。峙头乡粮站开设在中宅张三余，建筑面积900余平方米。两粮站均属县粮食局领导，主营大米、面粉、食油、杂粮等销售和粮食（稻谷、番薯干）的征购。1985年，中共中央、国务院发布《关于进一步活跃农村经济市场的十项政策》，取消粮食统购，改为“合同定购”；1986年国务院对“合同定购”的提法改为“粮食合同定购”，实行粮食购销（价格）双轨制运行办法。1993年1月1日起在全省范围内“放开粮食购销和价格”，粮食市场全面放开后，停止使用粮票。粮站实行承包责任制，自主经营，自负盈亏，接受粮管所必要的政策性管理和业务监督。后各粮站关闭。

## 第三节 集体商业

1956年，境内小商贩组成合作小组，有饮食、理发、水作、百货副食店等，时郭巨商业网点不足，县社从外区调来42户“下伸户”，其中17户调往农村（梅山、上阳），25户在郭巨城内，充实各合作小组，时都属集体商业。

1958年实现人民公社化，商业合作小组并入人民公社供销部，1961年10月撤销人民公社供销部后，并入供销社，归入国有商业。

1962年10月，合作小组退出供销社，重建郭巨合作商店、峙头合作商店，下设合作小组若干个。时供销社设综合商店，负责对各合作商店具体业务的管理、商品批发。为扶持合作商业，巩固发展集体经济，供销社在货源方面给予合作商店以一定照顾，除香烟被列为代销商品外，其余商品都转为经销，给予批零差价，同时引导合作商店增加集体积累。“文化大革命”期间，合作商店被视作“资本主义尾巴”，在经营上受到种种限制，规定合作商店不准经营批发业务、不准超范围经营、不准增加人员、不准在集市和到外地采购、不准超过规定活动地区、不准任意增设营业网店、不准违反国家价格政策的“七不准”。同时把酒、煤油、食糖等主要商品由经销改为代销，合作商店处于“吃不饱、饿不死、长不大”的状态。1972年，合作商店和合作小组由郭巨区供销社接收，改为生产大队代销店。下伸小商贩到各大队开小店，使农民在本大队能买到日常生活用品。不仅贯彻了为农业服务的方针，也解决了小商贩就业的问题，地区之间商业网点余缺也得到了合理的调剂。这次商业网点调整后，大多数下伸农村的小商贩收入比原来拥挤在集镇时增加25%以上。

1978年后，党和政府明确提出合作商业是社会主义商业的组成部分。允许合作商店多渠道进货；供销社适当降低批发数量起点；计划商品和热门商品事先确定分配比例或适当照顾；烟酒商品由代销一律改为经销；资金确有困难的商店，供销社给予铺底或在联合公积金中酌情借支。在经营上改“七不准”为“七放宽”：经营范围、经营地区、经营比重、经营品种、经营渠道、经营网点、经营方式放宽，使合作商业恢复了元气。时境内合作商店的职工达七八十人。

1982年始，各合作商店采取不同形式的经营责任制：专业承包、按利计奖、营业定额、工资浮动、定率计酬、净利拆账、综合承包、费用分摊、定额到人等，使责权利紧密结合，充分调动职工的经营积极性，破除大锅饭弊端。由只向供销社综合商店进货（综合商店设有肩挑手拉的送货员），扩大至从外地进货，使商品更加丰富、流转更快，更好地满足了群众需求。

1984年10月，对合作商店进行改革，成立郭巨合作商业公司（简称“二商公司”），境内合作商店与供销社彻底脱钩，使合作商业逐步形成一个完整的经济实体。1989年以后，合作商店全面推行“责任承包、资产租赁，包干上缴”政策。

1998年初，根据北仑区人民政府《参加社会基本养老保险的通知》文件精神，合作商业开始转制。次年年底完成拍卖重组，合作商业解体。男职工55周岁以上，女职工45周岁以上的，办理一次性退休、退养手续。

## 第四节　供销合作社

1950年10月，郭巨供销社筹建，境内农民踊跃入股，郭巨镇第一批入股1296户，峙头乡入股715户。每股2万元旧币（合现币2元）；同时，建立理事会和监事会，于1951年1月1日正式开张营业。郭巨供销社营业地点在城隍庙对面的安记街面房子（原荆志万房子），周厚甫任主任，员工5人。共二层楼房两间，平房四间。开业当天，供应的只有盐、酱油、老酒、棉油、米醋等六七种商品（这些商品从柴桥徒步用扁担挑来）。到1951年下半年，供应商品扩大到毛巾、火柴、牙刷牙膏、肥皂等生活日用品；食糖、黑枣等干果食品；同时设立了棉布部；秋收时，开展了番薯粉收购业务，业绩相当出色，代购推销薯粉5万千克，薯渣4万千克。同期，位于中宅火叉嘴头的峙头供销社也相应建立。

1954年11月，郭巨供销社成为县供销社属下六个区级供销社之一（简称郭巨区社）。下辖梅山、上阳、白峰、峙头四个乡供销社（1953年底，仰岛湾庙里江峰乡供销社并入郭巨供销社）。

1955年以后，郭巨（区）供销社在郭巨这块土地上发挥“发展经济、保障供给”的主渠道作用，业务经营范围逐渐扩大，在西街设立生活商店、副食商店、日用杂品商店、棉布商店，在南街设立水产商店、肉店、水作商店，在石沿设立生产商店，在霓虹路设采购商店，在凤山路设立食品收购站，在大涂塘沿巴山下设立棉花收购站。各乡分社都设有相应的柜部。境内商贸业务量，供销社占了80%以上。1961年，郭巨区社增设国营百货、工业器材、食品、饮服等商店。1974年，在老城隍庙地址上建三层商业大楼，建筑面积900平方米。20世纪80年代初，郭巨供销社开办食品加工厂，1985年产值26.9万元，利润6.7万元，从业人员41人。1985年12月，投资84万元建成供销社冷库，建筑面积823平方米，在新碶头建海鲜收货码头，向渔民直接收购水产品。1990年，投资40万元建成西街南侧营业大楼，建筑面积1269平方米。

1985年，郭巨区供销社商品零售总额1669万元，农副产品收购总额358万元，利润45万元，社员股金分红20万元。自有流动资金156万元，固定资产186万元。在职职工达308人（包括各乡供销社）。

为农服务是供销社的办社宗旨。早在20世纪50年代初就开设了农业生产资料供应部和采购商店，举办商品展销会，为农民供应锄头、犁等农具；六七十年代开始供应种子、化肥、农药等农资；收购番薯粉、柑橘、茶叶、番茄等各类农产品；设立综合商店为各大队的代销店采购、批发供应商品。

境内供销社自建立起至解体经历了集体所有制转全民所有制至个体私有制多次的所有制体制变革。1951年至1958年，供销社为农民入股的集体所有制性质。1958年9月人民公社化时，供销社、公私合营商店、合作商店（小组）、个体小贩合并组成人民公社供销部，实行“人员和资产下放，计划、流动资金统一管理，财政包干”政策，改制为国营商业体制。1961年10月撤销人民公社供销部，根据中共中央《关于商业工作问题的决定》，恢复供销社集体所有制性质。1966年2月，供销社系统并归镇海县商业局，又改为全民所有制。1983年，恢复供销社集体所有制性质，发动社员再次入股。1992年，供销社推行“四放开”（经营、用工、分配、价格放开）政策，1993年11月，郭巨供销社对全社9个柜组、120名职工实行“抽资承包经营责任制”，峙头供销分社推行生产资料集体承包，生活资料柜组个人风险抵押承包。1997年下半年，境内供销社固定资产拍卖给个人，郭巨区社为232位职工购买了社会保险，至此，历经48年零6个月的郭巨供销社解体。

### 附录：郭巨供销社商品展览会上，手工业农具很受农民欢迎

1954年2月9日《宁波大众》报道，镇海郭巨供销合作社召开了商品展览会。会前，采购来了稻桶、畚斗、河泥夹等三十种竹器，粪桶、水桶等三十种木器，以及其他铁器农具、家具等共五十多种，进行试销。试销结果，两天时间，二十九种手工业品就被购买一空，八只粪桶、四只水桶、四百根锄头杆、七十把竹椅等农具和家具在展览会的第一天就全部卖光了。郭巨一村农民蔡伏云卖出二百七十斤番薯粉之后，就买进一担水桶、一担粪桶、一只猪食桶、一只洗碗桶、二十根锄头杆等。他高兴地说：“合作社想我们所想，我要买的东西，他们都办了，货色好，价钱又便宜，牢靠又好用。”展览会的第一天，就销出六百多万元的手工业农具和家具，比原来每天的平均营业额要扩大三十二倍。目前该社决定成立生产资料供应部，扩大手工业品的供应，更好地为冬季生产和春耕的准备工作服务，帮农民争取在今年打更多粮食支援国家建设。

## 第五节　民营商业

中华人民共和国成立前，境内商业属私营。从业人员主要由乡间农、渔民组成，多为小本经营，利甚微，经营方式多以肩挑叫卖为主。明时，境内已有开设店铺的个体商户。清时，古城民营商业已很繁华。民国时，郭巨十字街有各类个体、合伙店铺54家。

中华人民共和国成立后，由于区、镇党政机关设在城内，百姓生活又处和平环境，境内商贸逐步恢复兴起，一批新老商户逐渐开业，商业得以重振。1954年5月，基层供销社“停止扩展网点”，并对民营零售商采取“着重市场安排、私营改造”方针，调整批、零差价和地区差价，并在税收政策上适当予以照顾，稳定市场零售价格，以利私商改造，使民营商店能“面广吃稀、饱而不饥、以旺养淡、保本薄利”。时，境内民营商业户有增无减。

1956年，境内开始“一化三改造”运动，对全体民营工商户进行社会主义改造，至1958年人民公社化后，境内个体私营商业基本完成社会主义改造，组成合作商店或合作小组，一部分过渡到供销社，成为供销社分布各大队的代购代销店。

“文化大革命”期间，个体私营商业作为“资本主义尾巴”被取缔，原设各大队的私人烟酒店也一律改为供销社或合作商店的代购代销店，个体私营商业一度濒于绝迹。

1978 年党的十一届三中全会后，国家允许发展个体私有经济。时供销社收回原发放给各代购代销店铺的资金，变代销店为独立经营的个体私营销店。一时间，个私商店纷纷开业。1984 年，郭巨西门菜市场建成投用，个体商户、个体摊贩大量增加。1985 年调查数据表明，郭巨镇境内有个私商户 288 家，计 357 人，其中（纯）商品零售店 76 家、饮食服务店 30 家、水产店铺 30 家、水作店铺 15 家、肉摊 4 家，修理店铺 28 家、缝纫店铺 19 家、理发店铺 14 家、三卡车运输 14 户。至 1998 年，境内供销社等集体商业和食品采购站、粮站等国有商业完成改制，境内全是个私民营商业。

据白峰市场监督所提供的数据分析，2000 年至 2019 年的 19 年里，境内新注册民营（纯）商业市场主体 462 家，平均每年新增注册 23 户，2017 年起，每年新增注册 60 户以上，其中 2019 年新增 81 户。

郭巨人在境外的民营商业规模也十分可观。在北仑各街道的集镇和城区乃至宁波、舟山等市区，常能见“郭巨海鲜”“郭巨大食堂”等店招店牌，更有郭巨人的灯具店铺开到全国各地各大中城市，甚至开到了俄罗斯、阿联酋等海外国家和地区。

2019 年，境内注册的民营纯商业户 543 户，其中注册资本在 100 万以上的商业企业有 32 家。

### 2000—2019 年度境内每年新增民营商业市场主体注册一览

表 7-1-1　　单位：家

| 年份 | 副食及日用品等批发零售业 | 日用品等批发零售业 | 五金机械设备及生产资料等批发零售业 | 合计 |
|---|---|---|---|---|
| 2000 | 8 | 4 | 1 | 13 |
| 2001 | 2 | 2 | 1 | 5 |
| 2002 | 3 | 1 | 3 | 7 |
| 2003 | 5 | 3 | 1 | 9 |
| 2004 | 3 | 2 | — | 5 |
| 2005 | 11 | 4 | 2 | 17 |
| 2006 | 8 | 12 | 8 | 28 |
| 2007 | 13 | 7 | 1 | 21 |
| 2008 | 4 | 6 | — | 10 |
| 2009 | 7 | 6 | — | 13 |
| 2010 | 3 | 3 | — | 6 |
| 2011 | 6 | 7 | 2 | 15 |
| 2012 | 18 | 2 | — | 20 |
| 2013 | 5 | 12 | — | 17 |
| 2014 | 5 | 10 | 2 | 17 |
| 2015 | 5 | 15 | 3 | 23 |
| 2016 | 10 | 16 | — | 26 |
| 2017 | 16 | 43 | 7 | 66 |
| 2018 | 13 | 45 | 5 | 63 |
| 2019 | 30 | 30 | 21 | 81 |
| 合计 | 175 | 230 | 57 | 462 |

说明：数据来自白峰市场监督所。

## 2019年郭巨街道注册的商业主体一览

表7-1-2　　单位：家

| 行业类别 | 数量 | 行业类别 | 数量 |
|---|---|---|---|
| 成品油批发、零售 | 4 | 电子、家用电器批发、零售 | 6 |
| 灯具及配件批发、零售 | 26 | 建材批发、零售 | 25 |
| 服装批发、零售 | 43 | 日用品批发、零售 | 174 |
| 副食及日用品批发、零售 | 112 | 生产资料批发、零售 | 12 |
| 工艺品批发、零售 | 6 | 生熟畜产品批发、零售 | 12 |
| 水果蔬菜批发、零售 | 23 | 水产品批发、零售 | 33 |
| 化妆品零售 | 6 | 文具用品、书刊批发、零售 | 13 |
| 家具批发、零售 | 2 | 五金、机械、塑料及配件批发、零售 | 46 |

## 2019年郭巨街道注册资本100万元以上商业企业一览

表7-1-3　　单位：万元

| 企业名称 | 成立时间 | 注册资本 | 经营范围 | 经营地址 |
|---|---|---|---|---|
| 宁波雄镇沙业有限公司 | 2019.3 | 500 | 建筑材料、金属材料、五金交电、汽车配件、塑料制品、装潢材料、木材的批发、零售；预制构件及新型建材的制造、加工、批发、零售 | 长坑村石水缸 |
| 宁波国溢电子有限公司 | 2018.7 | 500 | 电子产品、五金交电、建筑材料、金属材料、化工产品、办公家具、日用品、塑料制品、服装、鞋帽的批发、零售 | 菜场路221号1幢 |
| 宁波港鑫东方能源有限公司 | 2018.2 | 3000 | 石油制品、化工原料及产品（除危险化学品）、燃料油、沥青、润滑油、蜡油的批发、零售 | 菜场路221号1幢 |
| 小侬香（宁波）酒业有限公司 | 2018.8 | 300 | 食品经营 | 兴巨路71号 |
| 宁波市拓诺进出口有限公司 | 2018.6 | 300 | 自营和代理各类货物和技术的进出口业务；生物质颗粒、日用品、服装、鞋帽、服饰、工艺品、厨卫设备、机械设备、电子产品、水果的批发、零售 | 西门外霓虹路33号 |
| 宁波盛泰机电科技有限公司 | 2017.7 | 300 | 汽车涂装设备、汽车零部件、仪器仪表、五金交电、金属材料、密封材料、日用品的批发、零售 | 菜场路221号5幢 |
| 宁波磊记水产有限公司 | 2018.3 | 280 | 食品经营；牛肉、冷冻肉制品、鲜活水产品、初级农产品、日用品的批发、零售 | 大斗门96-1号 |
| 宁波市北仑区白峰盛达沙石场 | 2006.6 | 220 | 沙石批发、零售 | 盛岙村 |
| 宁波起泓机电设备有限公司 | 2019.8 | 200 | 机电设备、金属材料、环保材料、五金交电、钢材、电线电缆、文具、办公用品、机械设备、电子产品、电讯器材、电动工具、家用电器、焊接产品的批发、零售；机电设备、阀门、电子元器件、仪器仪表的销售 | 路亭村菜场路221号5幢2-3号楼 |

续表 7-1-3

| 企业名称 | 成立时间 | 注册资本 | 经营范围 | 经营地址 |
| --- | --- | --- | --- | --- |
| 宁波圆满建材有限公司 | 2009.1 | 150 | 建筑材料、沙石、装潢材料、金属材料、化工原料及产品、塑料原料及制品、日用品、五金、机电设备的批发、零售；预制构件制造 | 盛岙村庙横头 11 号 |
| 宁波北仑博臣能源贸易有限公司 | 2014.4 | 1400 | 燃气设备的批发、零售、租赁与技术服务 | 路亭村菜场路 221 号 |
| 宁波市梵木良品家居用品有限公司 | 2018.1 | 120 | 家居用品、日用品、皮革制品、办公用品、工艺品、软木制品、竹制品、藤制品、文具用品、家具、厨房用品、陶瓷、玻璃器皿、装饰材料、建筑材料、室内装饰材料、水性涂料的批发、零售；一类医疗器械、二类医疗器械的批发、零售 | 南门村海云堂下 93 号 |
| 宁波隆屿商贸有限公司 | 2019.12 | 1000 | 建材材料、沙石、普通机械设备的销售，普通机械设备的租赁 | 菜场路 221 号 |
| 宁波华灿国际贸易有限公司 | 2012.1 | 1000 | 建筑材料、沙石、钢材、交通器材、教学仪器、家用电器及配件、塑料制品、手动工具、模具、化工原料及产品、服装、鞋帽、手套、纺织原料、针纺织品、文体用品、印刷器材及用品、健身器材、橡胶制品、纸浆、包装材料、床上用品、厨具、皮革制品、金属制品、日用品、办公用品、普通机械设备及配件、电机、汽车配件、五金交电、家具、工艺品、化妆品、玩具、灯具、金属材料、电子产品、计算机及耗材、计算机软件、电线电缆、电子元器件、制冷设备、通信设备、仪器仪表、打印设备及耗材、数码产品、实验室设备、网络游戏点卡、船舶配件的批发、零售 | 北街 8 号 8 幢 102 室 |
| 宁波康冠电器科技有限公司 | 2018.7 | 1000 | 家用电器研发；电子设备研发；节能设备研发；五金件、家用电器、卫浴用品、整体橱柜、厨房用具、家具、家用电器及零配件的批发、零售 | 路亭村菜场路 221 号 |
| 宁波季梁工贸有限公司 | 2019.9 | 100 | 建材、服装、鞋帽、饰品、纺织品、家居用品、日用品、箱包、床上用品、数码产品、电子产品、工艺品、家具、化妆品、汽车用品、办公用品、母婴用品、户外用品、装饰材料、五金产品、汽车配件、摩托车配件、园艺用品的批发、零售 | 汪家弄 13–4 号 |
| 宁波市北仑区现代电脑有限公司 | 2000.10 | 100 | 打字复印，计算机、软件及辅助设备、复印机、办公设备、办公用品、体育文化用品、建材、电子监控设备的零售、批发 | 双岙村小岙里 59–2 号 |
| 宁波市北仑区郭巨恒创建材经营部 | 2017.12 | 100 | 建筑沙石、水泥制品的批发、零售 | 路亭村菜场路 221 号 |
| 宁波滨海辉宏建材有限公司 | 2012.11 | 100 | 建筑材料、沙石料、水暖器材、陶瓷制品、卫浴用品、化工原料及产品、金属材料、电机、针纺织品的批发、零售；普通机械设备的制造、加工、批发、零售 | 南门村大斗门 111 号 |

续表 7–1–3

| 企业名称 | 成立时间 | 注册资本 | 经营范围 | 经营地址 |
|---|---|---|---|---|
| 宁波优思凡国际贸易有限公司 | 2016.5 | 100 | 日用品、厨房用具、家具、桌椅、灯具、帐篷、伞、秋千、玩具、皮革制品、橡胶制品、汽车零部件、金属材料及制品、木材及木制品、矿产品、化工原料及产品、工艺品、五金产品、塑料制品、电子元器件、电子产品、针纺织品、文具、办公用品、服装、户外用品、食品、婴幼儿用品的批发、零售 | 小涂田 1–1 号 |
| 宁波银极塑业有限公司 | 2019.9 | 100 | 塑料制品、电子信息材料、化工原料、五金交电、化妆品、日用品、工艺品、包装材料、装饰材料、机械设备、金属材料、电子产品的批发、零售及网上销售 | 路亭村菜场路 221 号 5 幢 |
| 宁波商友塑料科技有限公司 | 2013.3 | 100 | 塑料合成材料助剂的研发；塑料原料及制品的批发、零售 | 南门村小涂田 50 号 |
| 宁波市得豪机械有限公司 | 2019.9 | 100 | 普通机械设备、磨具、磨料、机电配件、工业刀具、化工产品（除危化品）的批发、零售 | 路亭村菜场路 221 号 5 幢 |
| 宁波正玖机电设备有限公司 | 2018.1 | 100 | 电机、普通机械设备及配件、五金交电、化工原料及产品、日用品、服装鞋帽、办公用品、金属材料、建筑材料、电子产品、矿产品、焦炭的批发、零售 | 南门村埠漕头 45–7 |
| 宁波鼎名轩贸易有限公司 | 2019.6 | 100 | 包装材料、胶带、纸箱、办公文具用品、电动清洁机械设备、真空吸尘器、洗衣机、家用电器、箱包、服装服饰、鞋帽、手套、化妆品、日用品的批发、零售 | 路亭村菜场路 221 号 3 幢 |
| 宁波市北仑区白峰宁克沙场 | 2011.7 | 100 | 一般经营项目：黄沙批发、零售 | 盛岙村杨家府 45 号 |
| 宁波龙吉平贸易有限公司 | 2015.7 | 100 | 消防设备、建筑材料、化工原料、保温及防水材料、电线电缆、交通设施、管道及配件、阀门、灯具、日用品、服装、鞋帽的批发、零售；煤炭批发 | 兴巨路 52–2 号 |
| 宁波市北仑区潇栩消防器材经营部 | 2015.5 | 100 | 消防设备、建筑材料、保温及防火材料、电线电缆、交通设施、管道及配件、阀门、灯具、劳保用品的批发、零售，消防设备的维修服务 | 南门村霓虹路 40 号 |
| 宁波峙科商贸有限公司 | 2019.8 | 100 | 家用电器、日用品、家居用品、厨房用品、饰品、工艺品、纺织品、餐具、五金交电、箱包、皮革制品、化妆品、电子产品、玩具、家具、健身器材、服装、户外用品、汽车用品、汽车配件、茶具的批发、零售 | 东港新村 14 幢 105 室 |
| 宁波鼎梁贸易有限公司 | 2019.4 | 100 | 服装、鞋帽、化妆品、日用品包装材料、办公用品、普通机械设备、家用电器、箱包的批发、零售 | 菜场路 221 号 2 幢 |
| 宁波凌佩贸易有限公司 | 2016.9 | 100 | 五金交电、机械设备及配件、机电产品、消防设备、电子元件、标准件、包装材料、橡塑制品、玻璃制品、不锈钢制品、铝合金制品、建材、金属材料、通信材料、管道、阀门、电线电缆、照明电器、厨房用具、日用品、针纺织品、服装、鞋帽、皮革制品、文化用品、化工原料及产品、润滑油、砂石的批发、零售 | 双岙村 33–3 号 |
| 宁波众兴五金制品有限公司 | 2019.8 | 100 | 五金工具、灯具、管道、家用电器、工作服、手套、鞋帽、日用品的批发、零售。 | 菜场路 221 号 3 幢 |

说明：数据来自白峰市场监督所。

# 第二章　商业经营

商业经营含生产资料经营、生活资料经营、农副产品经营等方面。20 世纪 50 年代初至 1985 年，商业经营由国家计划经济宏观调控，多数生产、生活资料由供销社专营，实行凭票限量供应，时，粮票、布票、油票、烟票、糖票、肥皂票等各种商品票证多达数十种。农副产品皆由当地供销社购销经营。

1984 年 10 月 20 日，中共十二届三中全会通过了《中共中央关于经济体制改革的决定》，计划经济逐渐向有计划的商品经济转化，生产资料、生活资料和农副产品购销随之逐步市场化。2019 年，境内商业经营的主体是个体工商户；商业网点以传统的线下实体店铺为主，互联网上店铺开始兴起；各类商品丰富、市场繁荣。

## 第一节　生产资料经营

中华人民共和国成立前，农业生产资料由私营商业经营；1951 年境内建立供销合作社起，生产资料由供销合作社经营。1984 年始，全国计划经济体制逐步向有计划的商品经济过渡时期，实行多渠道经营。20 世纪 90 年代初期，社会主义市场经济地位基本确立，生产资料经营完全由市场决定。

### 农业生产资料

**化肥**　1954 年，供销社始行计划供应化肥。次年起，除计划分配外，粮、棉、油、兔毛、禽蛋等农副产品实行化肥奖售或换购。70 年代开始供应各种化肥。1984 年起实行多渠道经营，有平价、议价（比平价高 30% ～ 50%）、高价（高出平价 1 倍多）三种销价。1986 年复归供销社专营。1993 年，化肥敞开供应。

**农药**　1953 年，供销社始销“六六六”粉、“二二三”乳剂农药。翌年，增销硫酸铜、鱼藤精、棉油萘乙酸等。1957 年，化学农药紧缺，农民采楝树叶、鸡屎树叶浸汁治虫。1960 年起，陆续增供“乐果”“敌敌畏”“敌百虫”“西力生”“赛力散”“稻瘟净”“1605”“1059”等农药 40 余种，试用除草醚、二甲四氯化学除草剂。1980 年，调购“叶蝉散”“速杀丁”等进口农药及国产甲铵磷农药。因为农药有毒，各大队设专管员，拆零购买。

**塑料薄膜**　1954 年开始推广供应尼龙薄膜覆盖育秧、育苗，防止春寒烂秧，保证实现早稻早插；后又扩大到番薯、蔬菜、瓜果等作物育苗和越冬，供应量逐年增加。1983 年起推广地膜覆盖水稻育秧和棉花育苗，这一新技术为广大农民所接受，1984 年大面积推广使用，时年，郭巨供销社销售农用塑料薄膜达 9200 千克。

### 工业生产资料

中华人民共和国成立前，境内居民购买铜、铁、锡等工业生产资料，须到柴桥、宁波、舟山、镇海等地商店购买。中华人民共和国成立后，金属材料均由镇海县计委计划分配，物资部门负责供应。手工业所需金属材料，早期多由供销社回收废旧金属安排供应。1978 年后，机电设备、化工原料等工业生产资料由供销社经营。1985年后，随着个体工商企业的兴起，五金配件、煤炭、柴油、钢铁等各种工业生产资料开始多渠道、多门类、多品种供应市场，利于境内乡镇工业的发展。

**煤炭**　1957年，煤炭由供销社为主供应。1967年饮食服务业和城镇居民用煤实行定量供应。1975年后，因农村砖瓦业发展，煤炭供应量成倍增加。1978年8月，企业用煤定量供应。1979年1月实行按产品消耗定额，节约原煤1吨奖励4元，节约焦炭1吨奖励8元。以缓解煤炭供应不足。1981—1985年境内共调入协作议价煤2000多吨。

**柴油**　1958年起用油指标下放，由供销社供应。1963年改由国营商业经营，优先保证农渔业生产需要，按计划供应。1972年8月起，按内燃机实际用油卡记录数据折核供应。1978年1月后，用油单位按核定定额凭证定点分批购买。1981年4月，渔业供油实行渔油挂钩，各生产大队统配定量包干使用。1982年供应议价柴油。1983年1月，对农民个人或联户购置农机具所需柴油实行定量供应。1984年，仪价柴油敞开供应。2005年，大型农机具、小型渔船实行一定量的柴油价格补贴，这一政策延续至今。

### 建筑材料

中华人民共和国成立前，境内居民所需建筑材料，如水泥、玻璃、元钉、铁丝等，须到柴桥、宁波等地购买。砖瓦、石灰多为当地自行烧制。

**砖瓦**　中华人民共和国成立前，农民建房青砖、龙骨砖、本瓦、砖皮，均有本地土窑烧制。1975年，郭巨公社砖瓦厂建立，用轮窑生产红砖、平瓦，所生产的砖瓦交由镇海化建公司按计划分配供应郭巨地区五个公社，凭票供应。时年生产砖瓦1500万块，使一度供应紧缺的状况得以缓解。20世纪80年代中期，农村建房兴起，砖瓦市场逐步放开，红砖价格平价每块3.35分，议价每块5分。90年代起，周边城市房地产业开始兴起，境内各村新办砖瓦轮窑厂11家，砖瓦市场完全放开，至90年代末，空心砖销售价格达每块0.37元，实心砖0.27元。2002年后，因穿山港区开发建设和国家对耕田的严格保护政策，境内郭巨砖瓦厂等10余家砖瓦轮窑厂相继关闭，继而在盛岙占草田和南门村泥沙头开办水泥砖厂。

**水泥**　中华人民共和国成立后，属统配物资，由供销社凭票限量供应。1964年起，各生产队兴建水泥晒场，水泥用量逐渐扩大。1977年11月镇海县水泥厂投产，境内水泥供应由县计委统一分配，农村建房封墙还多用石灰、河泥、黄泥作刀灰，水泥仍供不应求。20世纪80年代后，水泥货源丰富，实行多渠道供应。1985年郭巨供销社供应计划内外水泥809吨。90年代后，水泥敞开供应。

## 第二节　生活资料经营

### 肉类

中华人民共和国成立前，境内有肉摊3家，销量甚少，且带有季节性。1954年12月后，居民凭肉票供应猪肉，每人每月0.25～0.50千克。农村以生产合作社为单位，自养自宰自销。1956年7月，实行派购派养政策。1959年6月，采取“卖猪留肉”办法，集体单位投售每头猪发给36%肉票，部队发给40%肉票，个人每售一头猪发5千克肉票。1961年12月，实行投售奖励政策，凭生猪投售斤量数按比例发放肉票。1964年，改派购为计划收购，农民每投售一头生猪（合净肉35千克），可奖售饲料票25千克、化肥3千克、布票0.66米。1972年3月实行统一收购，调拨销售，严禁商贩屠工经营，鼓励农民养猪，发放生猪预购定金，并向生猪饲养专业户、重点户提供仔猪，优先供应水泥、木料等建筑材料修建猪舍。1975年12月1日，全国生猪实行统一收购、统一屠宰、统一销售，供销社生猪购销业务移交给镇海县食品公司，县食品公司在郭巨设立食品站，并在峙头中宅设点。20世纪70年代末，开始实行生猪派购合同。

鼓励农民积极养猪，时公社（大队）相继办起“百猪场”。1985年取消生猪派购任务，实行合同收购和市场多渠道经营，个体猪肉摊贩多了起来，猪肉市场活跃。二十世纪六七十年代过年时，境内农村居民习惯以生产队为单位，统一杀猪，供应春节需要，价格随行就市，羊、鸡、鹅等肉类农村居民以自养食用为主。

## 水产品

1951年，水产品由私行、冰商经营。1956年成立县水产品供销公司，境内水产品由郭巨供销社水产部经营。1978年后，水产品供应实行派购和议购相结合，过年时，供销社向境内各大队（生产小队）派发大黄鱼、带鱼、乌贼等水产品，后由各生产队按家庭户人口数分销。1983年调整派购政策，由原来12种水产品减少至大黄鱼、带鱼等主要鱼类。1985年，取消派购，水产品市场放开。

## 副食烟酒

**食糖** 中华人民共和国成立初期，食糖由供销社食品商店零售。1959年民用凭票供应，居民每人每月50克，农民减半。1961年古巴白砂糖每千克8元，高价敞开供应。1965年恢复平价供应，每人每月定量。1984年后食糖敞开销售。

**卷烟** 由供销社烟酒商店、代销店零售。1960年4月，按吸烟人数凭证定量供应，每月10～15包。1961年减为每月4包。过年每户供应2包。1963年11月，7种卷烟高价敞开供应。至1965年5月，除“中华”“牡丹”“前门”“飞马”“上游”“五一”等仍高价敞开供应外，其余平价敞开供应。1981年，省内产烟凭票供应，其余敞开供应。1987年卷烟全部敞开供应。1995年后高档烟增加，有“大红鹰”“利群”“中华”等。

**酒类** 境内乡间酒类多为白酒（俗称烧酒）、白糯米酒两类。20世纪80年代前，境内农民多有过年前自酿白糯米酒、平时烧白酒吃的习惯。中华人民共和国成立后，酒类实行专卖。除允许农户小量自制自饮用外，余皆由供销社批发、零售。各村由指定服务网点（代销店）代售。1960年实行凭票供应。次年，各类酒（含果汁酒）实行高价敞开销售。1965—1980年，凭票定量供应黄酒，限量每月每户1.5千克。1980年后酒类供应量增加，黄酒凭票供应取消。1987年后，各类酒均敞开供应。

## 棉布

1952年前有半数农户自己植棉、纺纱织布（称“自做布”）。是年4月后，棉花、棉布由供销社代销。1954年9月起，实行棉花棉布统购统销，居民凭布票供应。结婚、生育、死亡均有少量棉布票补发。1960年8月，床单、棉毛衫等9种针织品亦凭布票供应。毛巾、汗衫、背心、棉毯、绸缎凭购货证不限量供应。1982年后，居民穿着衣料转向化纤、呢绒、绸缎，棉布销售量下降。1983年12月1日，纺织品结束30年凭票供应历史。1995年后，各种款式成衣逐年增多，居民服装一般直接购买成衣。

## 百货日杂

**百货** 1955年，由供销社主营，各代销店代销。1959年起到“文化大革命”期间，由于商品短缺，肥皂、火柴、火油、热水瓶、电池等日常生活用品定量凭票供应。1962年1月起，对26种百货商品凭购货券选购。1963年货源增加，凭证凭券供应百货商品由原来43种减至13种。1980年起肥皂、火柴等日用百货都敞开供应。

**五金交电化工日用品** 中华人民共和国成立初，由供销社零售。农民、渔民所需犁耙、锄头、船钉等由个体打铁店（铺）锻制、零售。1962年，自行车高价销售。民用元钉、铁丝、人力车配件等凭证购买。纯碱按户限量供应。1965年，自行车改平价销售；元钉、铁丝、纯碱敞开供应。1977年，木罗丝、小苏打、油漆等紧缺商品实行限量供应。20 世纪 70 年代末，自行车、缝纫机等均凭票供应。1984 年，经销体制改革，拓宽批零业务，五金交电、化工日用品全部敞开供应。

**日杂用品** 1950 年 6 月至 1952 年 4 月，由个体私营商店零售供应。1952 年 5 月由供销社经营。1961 年，公社大食堂解散，农民户户砌灶，一时铁锅、烫锅供不应求，采取以旧换新，凭票（证）购买。1963 年供求趋缓。1976 年后，市场行销熟铁锅、铝锅。1980 年后，开始行销高压锅、电饭煲等。1995 年后，微波炉、电烤箱、电炖锅等家电餐具也逐渐进入百姓之家。

中华人民共和国成立前，粗细瓷碗多来自宁波、江西等地。镇海当地缸窑亦有土制粗瓷碗钵，但产量不多，质量粗糙，销量甚少。1961 年，农村公共食堂停办，农户缺碗，由供销社调购白瓷碗，一度凭票限量供应。1964 年敞开销售。1970 年后，市场畅销花碗彩盆。20 世纪 80 年代，热销景德镇、唐山名瓷细碗，精制搪瓷盆取代部分瓷碗。其间，郭巨供销社从穿山、宁海、奉化、绍兴等地缸窑厂采购大量的用来储粮、腌咸菜等各类缸、坛、埕等容器供应市场。1990 年后，各种款式和质地的餐具及生活日用品应有尽有。

# 第三节 农副产品收购

民国时期，农户收获的农副产品，留足自食自用部分外，大多就近相互交易，自产自销；或肩挑背驮翻山越岭去柴桥销售；或以物易物，倚重乡间货郎、行贩。兽皮、鸡毛、鹅毛等废旧物品，一般都由货郎上门收购，或兑糖或兑针线火柴、胭脂花粉及烟丝、烟卷等。

中华人民共和国成立后，农村土特产、农副产品、废旧物品皆由当地供销社购销经营，供销社在大涂塘沿巴山下设棉花收购站，专收棉花。在霓虹路设采购商店，收购兔毛、茶叶、柑橘、药材、薯粉、番茄等农副产品。供销社还专设废旧物品收购部，专门收购蓖麻、白棕（剑麻）、油桐、乌桕、羽毛、禽畜产品的毛皮、兽骨以及小杂粮等农副产品。20 世纪 90 年代末，由个体私营废品收购店（站）收购。

## 棉花

中华人民共和国成立初期，境内有少量棉地。1952 年，供销社与棉农签约，发放预购定金以每千克皮棉合 7.5 ～ 8 千克大米比价收购；1954 年起实行棉花统购，禁止棉农上市交易。1956 年后，棉农向供销社投售皮棉，除按市价付现款，还发给奖售布票、粮票、油票、化肥票。20 世纪 60 年代，郭巨公社在大涂塘沿巴山下设立棉花收购站，峙头公社在中宅开设棉花收购站，脱籽后打包运往棉纺厂。供销社努力扶持生产队发展棉花生产，向棉农发放预购定金、优先供应化肥、推广良种、推广先进技术、优先供应薄膜等。1985 年后，境内棉地多改为养殖塘，养殖对虾、鱼类、贝壳类等，棉花种植面积大幅度减少。

## 茶叶

茶叶生产是境内传统产业。中华人民共和国成立前，茶叶加工全靠纯手工制作。中华人民共和国成立后，各大队建立山林队，垦荒造梯地，增加茶叶种植面积，开设茶叶粗制所。供销社专设茶叶辅导员，辅导社员生产茶叶。

1960 年，郭巨供销社收购站设立茶叶收购专柜，收购经各山林队初加工后的茶叶，送穿山茶厂精加工。1967 年，境内供销社共收购茶叶 12 吨，1981 年增至 184 吨，增加了 14 倍。20 世纪 90 年代，路亭村、尖岭岙村及部分个体户批量种植生产加工成绿茶，自行销售。2019 年，境内茶叶种植面积 21.3 公顷，产量 60.58 吨。

### 番薯粉

俗称山粉。境内番薯种植面积很大，农民习惯将鲜番薯磨成渣过滤出薯粉，部分薯粉加工成粉丝。中华人民共和国成立前，薯粉由农民挑到柴桥等地去卖。1951 年，郭巨供销社代购推销薯粉 5 万千克，薯渣 4 万千克。1955—1957 年，郭巨供销社共收购薯粉 5.0794 万担。1958 年以后，薯粉由郭巨公社淀粉厂直接收购，加工成粉丝。20 世纪 80 年代初实行家庭联产承包责任制后，村集体不再加工粉丝，转由个人加工点加工生产薯粉。至 2019 年，仍有个体户零星加工少量薯粉，多为家庭自用，也供应市场。

### 金柑橘子

境内柑橘生产历史悠久。中华人民共和国成立后，各大队扩大柑、橘种植面积，引进并推广金弹、罗纹、牛奶（又名金枣）三大优良金柑品种，所产柑橘由供销社收购，1967 年收购 7 吨，1980 年收购 120 吨。大部分柑橘销售至舟山、奉化食品厂加工成罐头。

# 第三章　粮油购销

中华人民共和国成立初期，粮食自由购销。1953—1992 年，粮油实行计划经济体制下的统购统销制度。1993 年 1 月 1 日起，粮油实行在需求总量控制下的市场供应，购销价格放开，取消统购和计划供应，停止使用各种粮油票证，粮油购销走向完全的市场化。

## 第一节　粮油管理

中华人民共和国成立前，境内无粮食专营和管理机构，农民多自耕自食，只有少数富户出粜粮食，除售于本地缺粮户外，大多由米贩子去柴桥、大碶市场贩销。少数需粮户就近向余粮户籴米，粮价随行就市。1950 年 7 月，建立中央公粮镇海县分库，委托乡村供销合作社代购代销粮食。

1953 年，国家对粮食实行了统购统销，郭巨镇、峙头乡分别成立了粮食管理所（后称粮站），负责粮油购销管理与储运。取代供销社的粮油代购代销职能。“文化大革命”期间，粮油经营管理机构多次撤并调整。

1993 年 11 月，粮油市场全面放开，为搞活粮油市场，增强粮油市场竞争力，境内粮站开始实行粮油销售承包责任制，自主经营，自负盈亏。未几年，郭巨、峙头粮站全部关闭。至 2019 年底，境内有民营粮油销售店 50 家，还有规模较大的加贝、新东方、福润万家等超市亦有粮油销售业务。

# 第二节 粮食统购统销

1953年11月，中央政务院颁布《关于实行粮食的计划收购和计划供应的命令》。在农村对余粮户实行计划收购（下称统购）；对城市居民和农村缺粮户实行计划供应（下称统销）；实行由国家严格控制粮食市场，严禁私商自由经营粮食，实行在中央统一管理下，由中央和地方政府分工负责管理粮食。境内郭巨镇、峙头乡人民政府分别召开农民代表大会，广泛深入宣讲粮食统购统销的目的意义和政策。在提高认识、统一思想的基础上，采取群众自报、民主评议办法，分户落实统购统销政策。

## 粮食“三定”

1955年，国家实行粮食“三定”（定产、定购、定销）政策，按上两年粮食平均产量为核定产量基数即定产，农户的“定购”“定销”指标，按照核定的产量减去农民口粮、种子粮、饲料粮（简称三留粮）和应缴公粮后，余粮户的“统购”任务，一般应占余粮数量的80%～90%，扣除公粮、三留粮后的不足部分予以定销对农民的口粮标准及分配；规定以乡为单位，年人均稻区余粮户为252.5千克原粮，缺粮区为247.5千克。到户则根据人口多少、年龄大小、劳力强弱等消费量不同确定。测定定购任务后一定三年不变；定销一年一定。完成定购任务后，农民对余粮可自由处理。“三定”后，遇到丰年增购或抵销不超过增产部分的40%。新开荒地自收获之年起，三年不计产、不计购、不抵销。乡商品粮户口居民实行凭票定量供应。因峙头境内属全山区，时，长坑村因土地少又无稻田，不但没有粮食征购任务，国家还定销三个月的口粮（发米票），并用一定量的番薯干兑换大米。时峙头境内各村粗细粮比例一般在3∶7至4∶6。

1954—1956年农业实现合作社期间，以原“三定”为基数，以社为单位总计购销量，国家不再直接与社员订购订销，社员之间余缺由各农业社自行调剂平衡。

1958年，改“三定”为分级包干，购销差额管理，国家对农业社实行购销包干五年不变，增产不增购，减产不减免。是年建人民公社，适逢“大跃进”“浮夸风”，因虚报产量而频频变更购销任务，购了“过头粮”，造成农民“三留粮”严重不足。1961年又遇严重旱灾，再加上公社化时大办公共食堂，食堂管理不善，前吃后空，粮食普遍超支。时境内大多数生产大队发生粮食困难，不得不实行“低标准”“瓜菜代”，多数生产大队“毁林垦荒”，砍掉果木，扩种薯麦，以补口粮不足。

1962年，实行粮食按劳分配加照顾政策，全面停办公共食堂，号召“生产自救、节约度荒”。同时，对统购粮食奖售棉布、针织品、食糖、香烟、肥皂等工业品，鼓励余粮队及时完成统购任务（有些奖售政策一直沿用至1980年后）。嗣后，几次调整粮食征购基数，纠正购“过头粮”、留粮偏紧及政策多变等弊端，以使粮食生产形势逐年好转。1964年后，响应毛主席“备战、备荒、为人民”“深挖洞，广积粮”号召，各生产队建立储备粮制度，除在生产队储备外，还可在粮站代储（称代储粮）。一般每个生产队少则几千斤，多则几万斤。1979年后，贯彻中共十一届三中全会精神，调整粮食征购基数，减轻农民负担，让农民“休养生息”，对境内的全山区、半山区为发展林特产，退垦还林及番薯产区，减购增销。1981年，按照中央指标，再次调减粮食征购基数。1983年，各生产大队、生产队陆续实行家庭联产承包责任制，粮食购销实行新包干政策，农民售粮积极性高涨。1985年4月起，取消统购任务，改为议价收购。1986年以后，食油敞开供应。1993年1月1日起，粮食市场放开，国家除按合同继续收购粮食外，销售取消票证和限量。

## 收购价格

1949—2006年，国家粮油收购价格，在不同历史时期，有市场收购价、统购价、合同定购价（也称比例价）、指导价及议购价。

### 1954—1992年境内主要粮食国家统购价格一览

表7-3-1　　　　单位：元/50千克

| 年份 | 早籼谷 | | 晚粳谷 | | 晚糯谷 | | 二棱大麦 |
|---|---|---|---|---|---|---|---|
| | 统购价 | 价外补贴 | 统购价 | 价外补贴 | 统购价 | 价外补贴 | |
| 1954 | 7.20 | — | 8.50 | — | 9.00 | — | 6.30 |
| 1955 | — | — | 8.30 | — | 8.40 | — | — |
| 1956 | — | — | — | — | 8.90 | — | 6.45 |
| 1957 | — | — | — | — | 9.20 | — | — |
| 1961 | 8.70 | — | 9.90 | — | 11.10 | — | 8.00 |
| 1964 | — | — | — | — | 12.00 | — | — |
| 1966 | 9.70 | — | 11.30 | — | 13.00 | — | 9.50 |
| 1979 | 11.70 | — | 13.40 | — | 15.90 | — | 11.40 |
| 1984 | — | — | — | — | 14.90 | — | 12.50 |
| 1985 | 15.50 | — | 18.80 | 2.70 | 20.90 | 3.20 | — |
| 1987 | 17.00 | — | 20.55 | 2.70 | 24.20 | 3.20 | — |
| 1989 | 22.20 | 3.74 | 26.60 | 2.70 | 31.70 | 3.20 | — |
| 1992 | 24.60 | — | 31.80 | 3.74 | 36.90 | 3.74 | — |

1993年1月1日起，放开粮食购销和价格，粮食收购为指导价（市场形成价）。收购价实行一年一价和一季一价（一市一价）的办法。完成定购任务以外和退出定购品种的粮食，生产者可以自由上市，价格由市场确定。完成合同定购任务后，农民尚有余粮继续出售给国家的，粮食部门开展议购，议购价略低于市场价。

### 1993—2006年境内主要粮食国家收购价格一览

表7-3-2　　　　单位：元/50千克

| 年份 | 早籼谷 | | | 晚粳谷 | | | 晚糯谷 | | |
|---|---|---|---|---|---|---|---|---|---|
| | 指导价 | 价外补贴 | 农资补贴 | 指导价 | 价外补贴 | 农资补贴 | 指导价 | 价外补贴 | 农资补贴 |
| 1993 | 30.00 | — | — | 45.00 | — | — | 47.00 | — | — |
| 1994 | 44.00 | 3.74 | 4.00 | 54.00 | 7.00 | 14.00 | 54.00 | 7.00 | — |
| 1995 | 44.00 | 3.74 | 12.26 | 54.00 | 3.74 | 12.26+5 | 57.00 | 3.74 | 14.00 |
| 1996 | 64.26 | 3.74 | — | 79.26 | 3.74 | — | 81.26 | 3.74 | — |
| 1997 | 64.26 | 3.74 | — | 79.26 | 3.74 | — | 81.26 | 3.74 | — |
| 1998 | 61.06 | 3.74 | — | 75.26 | 3.74 | — | 78.26 | 3.74 | — |

续表 7-3-2

| 年份 | 早籼谷 | | | 晚粳谷 | | | 晚糯谷 | | |
| --- | --- | --- | --- | --- | --- | --- | --- | --- | --- |
| | 指导价 | 价外补贴 | 农资补贴 | 指导价 | 价外补贴 | 农资补贴 | 指导价 | 价外补贴 | 农资补贴 |
| 1999 | 52.00 | 6.00 | — | 60.00 | 4.00 | — | 63.00 | 4.00 | — |
| 2000 | 44.00 | 10.00 | — | 60.00 | 3.00 | — | 65.00 | 3.00 | — |
| 2001 | 54.00 | — | — | 66.00 | 4.00 | — | 67.00 | 4.00 | — |
| 2002 | 50.00 | 4.00 | — | 53.00 | 9.00 | — | 55.00 | 9.00 | — |
| 2003 | 50.00 | 6.00 | — | 60.00 | 9.00 | — | 63.00 | 9.00 | — |
| 2004 | 77.00 | 6.00 | — | 85.00 | 9.00 | — | — | — | — |
| 2005 | 74.00 | 7.00 | — | 88.00 | 10.00 | — | — | — | — |
| 2006 | 74.00 | 7.00 | — | 88.00 | 10.00 | — | — | — | — |

## 1986—2003 年境内主要粮食议购价格一览

表 7-3-3　　单位：元 /50 千克

| 年份 | 早籼谷 | 晚粳谷 | 晚糯谷 | 啤酒大麦 | 年份 | 早籼谷 | 晚粳谷 | 晚糯谷 | 啤酒大麦 |
| --- | --- | --- | --- | --- | --- | --- | --- | --- | --- |
| 1986 | 10.05 | 22.00 | 28.35 | 28.00 | 1995 | 60.00 | 88.00 | 93.00 | — |
| 1987 | 22.00 | 27.00 | 31.00 | 28.00 | 1996 | 68.00 | 85.00 | 88.00 | — |
| 1988 | 28.35 | 38.00 | 43.00 | 27.00 | 1997 | 61.00 | 69.00 | 73.00 | — |
| 1989 | 40.00 | 52.00 | 53.00 | 40.00 | 1998 | 59.00 | 69.00 | 72.00 | — |
| 1990 | 36.50 | 38.00 | 41.00 | 36.00 | 1999 | 52.00 | 60.00 | 63.00 | — |
| 1991 | 36.50 | 38.50 | 46.00 | 49.00 | 2000 | 44.00 | 60.00 | 65.00 | — |
| 1992 | 22.00 | 33.00 | 46.00 | 35.00 | 2001 | 48.00 | 66.00 | 67.00 | — |
| 1993 | 30.00 | 45.00 | 47.00 | — | 2002 | 50.00 | 60.00 | — | — |
| 1994 | 50.00 | 75.00 | 78.00 | — | 2003 | 50.00 | 60.00 | — | — |

### 销售价格

1953—2006 年，粮油销售价格经历了定量供应价、农村销售价、行业供应价、议价和市场形成价。1963 年 9 月前按统销供应价。之后提高到与收购价持平。

## 1951—1992 年境内主要粮油销售价格一览

表 7-3-4　　单位：元 /50 千克

| 年份 | 标二籼米 | 标二粳米 | 标二糯米 | 标准面粉 | 二棱大麦 | 玉米 | 大豆 | 薯干 | 菜油 | 棉油 |
| --- | --- | --- | --- | --- | --- | --- | --- | --- | --- | --- |
| 1951 | 10.45 | — | — | — | — | — | — | — | — | 41.00 |
| 1952 | 11.58 | — | — | 19.97 | — | — | — | — | 43.00 | 44.00 |
| 1953 | 11.58 | — | — | — | — | — | — | — | 43.10 | 49.50 |
| 1954 | 10.95 | 12.50 | 13.45 | 16.70 | — | — | — | — | 52.50 | 52.00 |

续表 7-3-4

| 年份 | 标二籼米 | 标二粳米 | 标二糯米 | 标准面粉 | 二棱大麦 | 玉米 | 大豆 | 薯干 | 菜油 | 棉油 |
|---|---|---|---|---|---|---|---|---|---|---|
| 1955 | 10.95 | 12.50 | 13.40 | 17.00 | — | 7.90 | — | — | 56.00 | 51.00 |
| 1956 | 10.95 | 12.50 | 13.80 | 17.00 | 7.40 | 7.90 | 12.90 | 7.10 | 56.00 | 51.00 |
| 1957 | 10.95 | 12.50 | 13.80 | 17.00 | 7.40 | 7.90 | 15.00 | 7.10 | 62.50 | 51.00 |
| 1958 | 10.95 | 12.50 | 13.80 | 17.00 | 7.30 | 7.90 | 15.00 | 7.10 | 62.50 | 51.00 |
| 1959 | 10.95 | 12.50 | 13.80 | 17.00 | 7.30 | 7.90 | 15.00 | 7.10 | 62.50 | 51.00 |
| 1960 | 10.95 | 12.50 | 13.80 | 17.00 | 7.30 | 7.90 | 15.00 | 7.10 | 72.00 | 51.00 |
| 1961 | 10.95 | 12.50 | 13.80 | 17.00 | 7.30 | 7.90 | 15.00 | 7.10 | 72.00 | 65.00 |
| 1962 | 10.95 | 12.50 | 13.80 | 17.00 | 7.30 | 7.90 | 15.00 | 7.10 | 72.00 | 65.00 |
| 1963 | 10.95 | 12.50 | 13.80 | 17.00 | 7.30 | 7.90 | 15.00 | 7.10 | 72.00 | 65.00 |
| 1964 | 10.95 | 12.50 | 13.80 | 17.00 | 7.30 | 7.90 | 15.00 | 7.10 | 75.00 | 68.00 |
| 1965 | 12.20 | 12.50 | 16.30 | 17.00 | 8.00 | 8.70 | 16.10 | 8.00 | 75.00 | 68.00 |
| 1966 | 13.80 | 12.50 | 18.70 | 17.00 | 9.50 | 9.60 | 16.30 | 9.20 | 75.00 | 68.00 |
| 1985 | 25.10 | 28.80 | 33.50 | 31.00 | — | — | — | — | 138.00 | 101.00 |
| 1991 | 35.90 | 40.60 | 47.60 | 35.50 | — | — | — | — | 227.00 | 210.00 |
| 1992 | 36.00 | 42.00 | 51.00 | 39.00 | — | — | — | — | 208.00 | 190.00 |

说明：1985 年、1991 年为比例价加费用。

## 第三节　粮油储运　加工

### 储运

民国以前，境内无固定大型粮库，百姓储粮多用缸、柜、壁仓，鲜薯大多刨丝晒干贮存。1964 年后，各生产大队普建储备粮库。1975 年新建郭巨公社粮站，建筑面积 1945 平方米，其中库房面积 1580 平方米，总占地面积 3250 平方米，仓储量 3160 余吨。峙头公社建粮站 900 余平方米作为储备粮库，仓储量 1800 余吨。1985 年，因地方产粮剧增，仓储矛盾突出，对各粮库分别通过翻桩、加高粮堆等办法，挖掘库容潜力。1981 年郭巨粮站评为省级粮食系统五好先进集体，粮库全部达到“四无”（无虫、无霉、无鼠、无雀）粮仓标准。

### 加工

**粮食加工**　明清以来，境内农民加工粮食，一直以木砻、石臼、石磨作工具。民国后期，郭巨汪家祠堂首建机器轧米厂，为本地居民或外客加工稻谷，每 50 千克加工费 0.5 元。1958 年公社化以后，各生产大队先后开办轧米厂，定期为本大队社员加工粮食。1962 年后，境内社员口粮均由各大队轧米厂加工。木砻、碾子、石磨等旧式粮食加工工具逐步废弃。至 1985 年国家取消粮食统购政策后，20 世纪 80 年代中期起，各大队集体轧米厂逐渐停办，轧米加工、年糕加工由个体户经营，时有手拉车拉着 3 匹马力柴油机为动力的流动轧米机至各村落轧米。

2002 年始，境内水稻种植面积为零，稻田均种植花木，境内已无流动轧米机，居民直接向粮店或超市购大米。

### 1985 年、1990 年境内粮油加工机械设备一览

表 7-3-5　　单位：台

| 年份 | 郭巨镇 | | | 峙头乡 | | |
| --- | --- | --- | --- | --- | --- | --- |
| | 轧米机 | 磨粉机 | 榨油机 | 轧米机 | 磨粉机 | 榨油机 |
| 1985 | 13 | 17 | 3 | 14 | 24 | 2 |
| 1990 | 29 | 53 | 8 | 17 | 25 | 3 |

**油脂加工**　民国 18 年（1929），郭巨老碶头开办木制榨油厂，为境内最早的油脂加工作坊；加工费由菜籽饼粕充抵。1941 年榨油厂遭日本侵略军飞机轰炸毁灭。不久，北门荆志范在埠漕头又开一家私人老油坊。时出油率为每百斤油菜籽出油 33 斤，加工费由菜籽饼粕充抵。1954 年后，境内农民生产的油菜籽由国家统购，由柴桥江南油脂厂统一加工，按规定发给农民菜油票。1985 年起，国家取消油菜籽统购，粮油市场开放，是年，境内有个体油脂加工坊 5 家，为客户来料加工或以菜籽兑菜油。1990 年油脂加工坊达 11 家。农户食用油基本上都是自产油菜籽后去榨油坊榨油。2006 年后，境内油菜籽种植面积大幅减少，榨油坊随之锐减。

## 第四节　粮油票证

粮油票证是国家为了实行粮油计划管理而印发的供应凭证。其时，严格控制城镇人口，并建立供应分户清册。在办理“四变”（出生、死亡、迁进、迁出）手续时，必须审查户口准迁和粮食供应转移证件，按规定给予办理和建立“户粮”关系，及时做好人口增减定量变更登记、调整，按规定做好票证的发放和回收。发放票证，坚持“宁少不脱档”的原则。

### 粮票

1954年首次使用购粮券，7月改用购粮证。1955年发行全国通用粮票和浙江省粮票。省内粮票又分定额、农村、周转、品种交换、奖售、侨汇、粮食专用券及军用供给粮票等若干种。1993 年停止使用各种粮票。

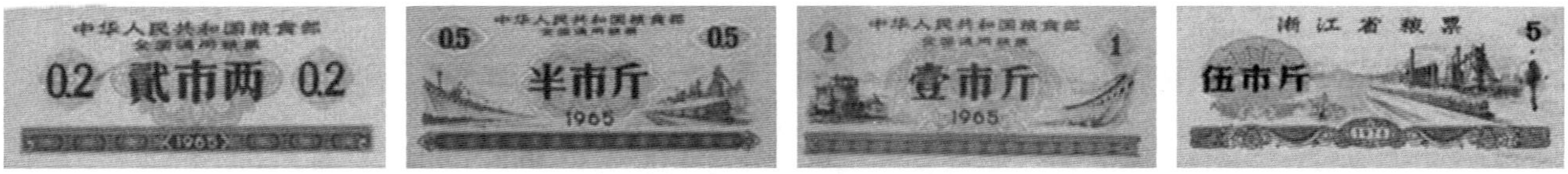


粮票（组图）

### 食油票

自食油凭票供应起，境内流通的食油票有浙江省流动人口食油票、浙江省流动食油票、浙江省侨汇食油供应券，以及城乡居民油票，其他油票由县区自印发行，如农村油票、节日油票等。

食油票（组图）

### 粮油票证管理

票证管理要经过领发、回收、保管、登记、结报、上缴和销毁等程序，做到专人承办，严格安全防范措施。1993 年 1 月，取消流通近 40 年的粮油票证。

流动粮油票证（组图）

## 第五节　饲料供应

1953 年实行粮油统购统销后，粮油类饲料归粮食部门经营。由于境内禽、畜饲养量大，饲料供应日趋紧张。1955 年实行粮食“三定”，确定留料政策，肉猪每头留饲料粮 50 千克。1960 年 10 月，国家收购肉猪每头奖励饲料粮 10 千克。1963 年规定牛交配、母牛产犊及公猪、母猪均奖售饲料粮，但标准多次

饲料票（组图）

变动。1979年改为按农户投售稻谷或生猪头数结算到户。1982年收购每百斤淡水鱼奖售饲料粮10千克。1983年，取消各项奖售补助饲料粮办法。饲料主要供应农村畜禽饲养专业户。

1985年3月，调整农村粮油购销政策后，计划供应平价饲料的范围逐步缩小，议价供应饲料粮逐年增加。到1992年，议价供应饲料粮已占境内饲料销售总量的85%。1993年全部实行议价饲料供应。2000年后，饲料供应市场化。至2019年境内尚有2家规模较大的饲料供应店。

# 第四章　商贸网点

民国前，在境内除少量仔猪、雏鸡、雏鹅、鱼货、木柴交易外，其他农副产品均由需方向多余方上门自由交易，无固定交易场所和基础设施，均为肩挑叫卖的销售形式。民国时期，境内商业渐趋繁华，民国29年（1940），郭巨十字街有各类店铺54家，多为南货店、杂货店、肉店、染坊、酒坊等。1951年底，建郭巨镇供销社和峙头乡供销社，境内始有规模较大的固定商品交易场所。1986年建西门菜场；1989年5月建峙头菜场；农副产品交易也有了固定场所。随着改革开放和商品经济的发展，郭巨商业街逐渐由古城移至灯具城，新东方等大型超市相继入驻，境内商业进入了一个新的发展阶段。

## 第一节　商业街　店铺　超市

### 商业街

明洪武二十年（1387），信国公汤和构筑郭巨城时，设置了城内东、西、南、北4条主要街道，相交于城中心，呈十字形。东、西街宽5米，全长300米；南、北街宽4米，全长490米。民国时期，郭巨十字街有各类店铺54家，尤以西、南大街为多，民国至20世纪70年代末，为郭巨地区商贸集聚区。

20世纪90年代，郭巨形成灯具特色产业和灯具市场，以灯具城十字街头为中心，新建街路4条，南北走向的兴巨路350米，是灯具城的中心街路；东西走向的教场路250米、凤山路300米、霓虹路280米，4条街路两侧全是灯具及相关产业店铺，时灯具城一带店铺家数不下500家，吸引了宁波甚至温州、苏州、广州等各地客户前来郭巨经商、进货，为有史以来郭巨境内商贸最为繁荣时期。

1997年灯具业外迁后，灯具市场逐渐萎缩。经2017年的小城镇环境综治，郭巨城区面貌焕然一新，商贸环境再次得到极大改善，新城区一带以销售生活、生产资料为主要商品和居民生活服务为主要项目的商贸服务活动又是一片繁荣的景象，2019年，新城区四条主街商铺达240余家。

**2019年郭巨新（老）城区商业街店铺分布一览**

表7-4-1

| 商业街名称 | 起讫点 | 街长（米） | 街宽（米） | 商店（家） |
|---|---|---|---|---|
| 老城西街 | 十字街头至西门口 | 180 | 6 | 26 |
| 老城南街 | 十字街头至南门三江口 | 280 | 4.5 | 11 |

续表 7-4-1

| 商业街名称 | 起讫点 | 街长（米） | 街宽（米） | 商店（家） |
| --- | --- | --- | --- | --- |
| 新城凤山路 | 东港社区至云巨广场 | 220 | 6 | 71 |
| 新城教场路 | 邮电所至郭巨学校 | 180 | 16 | 41 |
| 新城兴巨路 | 云巨广场至新汽车站 | 450 | 20 | 120 |
| 新城霓虹路 | 影剧院至兴巨路 | 270 | 7 | 9 |

## 店铺

**民国时店铺** 民国时，郭巨十字街有各类店铺 54 家，尤西大街为多，南大街次之，东街、北街较少。东大街有大德堂药店、怀德堂、剃头店、棉布店 4 家店铺。西大街有戴记恒兴五金杂货店、汪记亨泰百货起作店、烟酒店、南货店、纸张店、邮政箱行、医药局、德生堂药店、干鲜货店、剃头店、张记饭店、协和综合商店、水产肉类豆制品店、铜匠店等 27 家。南大街有恒丰肉店、冯复泉染坊、南货店、协源行、轧米厂、贯器店、棉布店、烟酒百杂店、山货公益行、米店、豆腐店等店铺 22 家。北大街有许记箍桶店、张记铁匠铺、戴恒新杂货店等 7 家。

**郭巨（峙头）供销社（合作商店）店铺** 1951 年，郭巨、峙头供销社成立。1956 年，对私营工商业实施社会主义改造，成立合作商店，组织肩挑叫卖的个体工商业者为合作商店成员。时郭巨供销社（合作商店）店铺主要分布在郭巨十字街头的西大街，西街南侧自东向西有百杂店、布店、药店等，北侧有副食店、理发店、照相店等；南街有水产商店、肉店等。1974—1978 年，郭巨供销社原地拆建三层楼房 3 幢和 1 幢两层楼，建筑面积约 4000 平方米，至 20 世纪 80 年代中期，西街有副食店、旅馆、百杂店、棉布店、照相馆、新华书店，南街有水产商店、肉店、药店、豆腐店；霓虹路设有采购商店，在石沿设生产商店。

峙头供销社设在中宅火叉嘴头，主要店铺有副食、百杂、棉布、水产、猪肉、书店等柜台。1989 年实行承包责任制，供销社、合作商店都转制为个人承包的店铺。

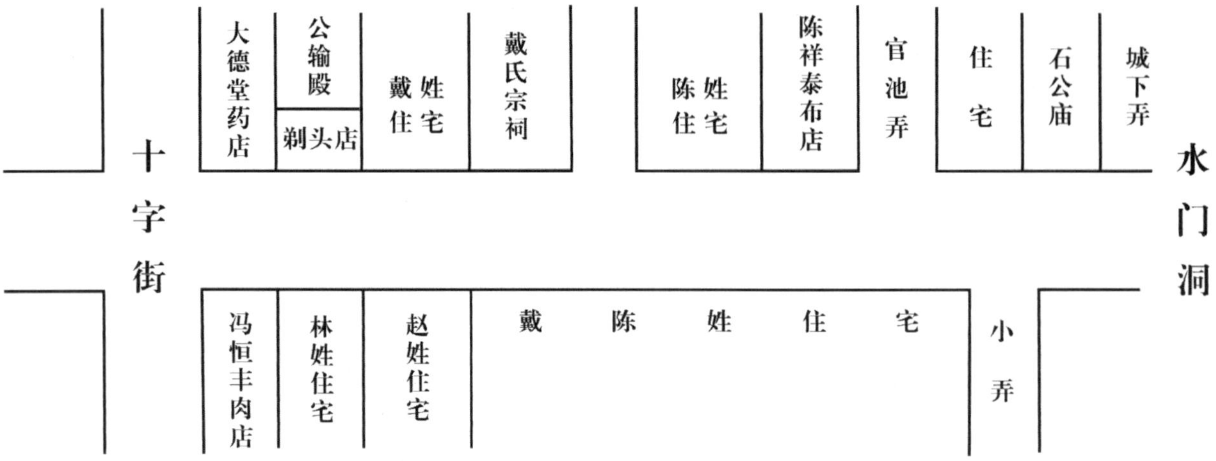


图 2 民国时期东大街商店示意图

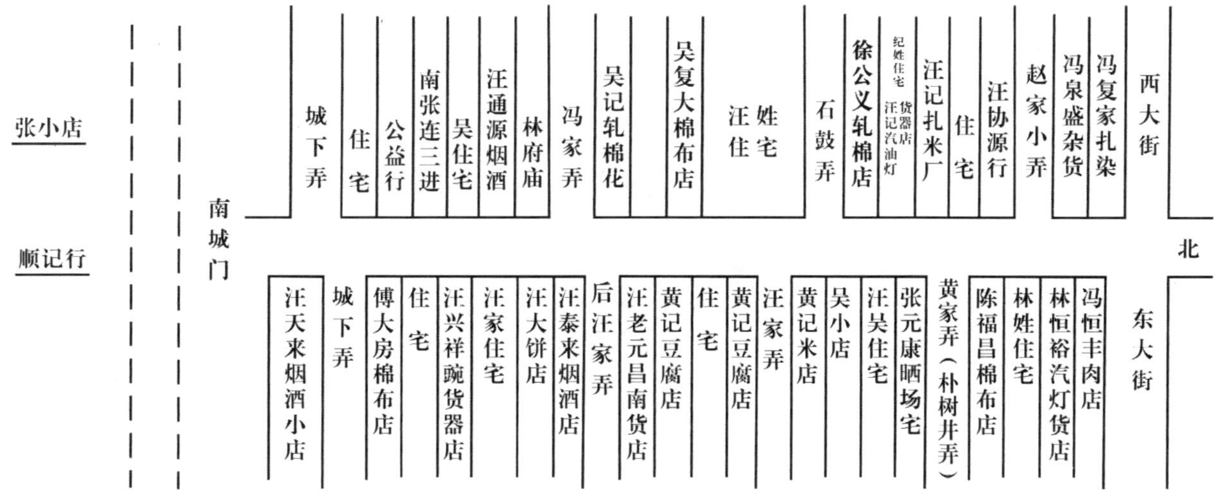


图 3 民国时期南大街商店示意图

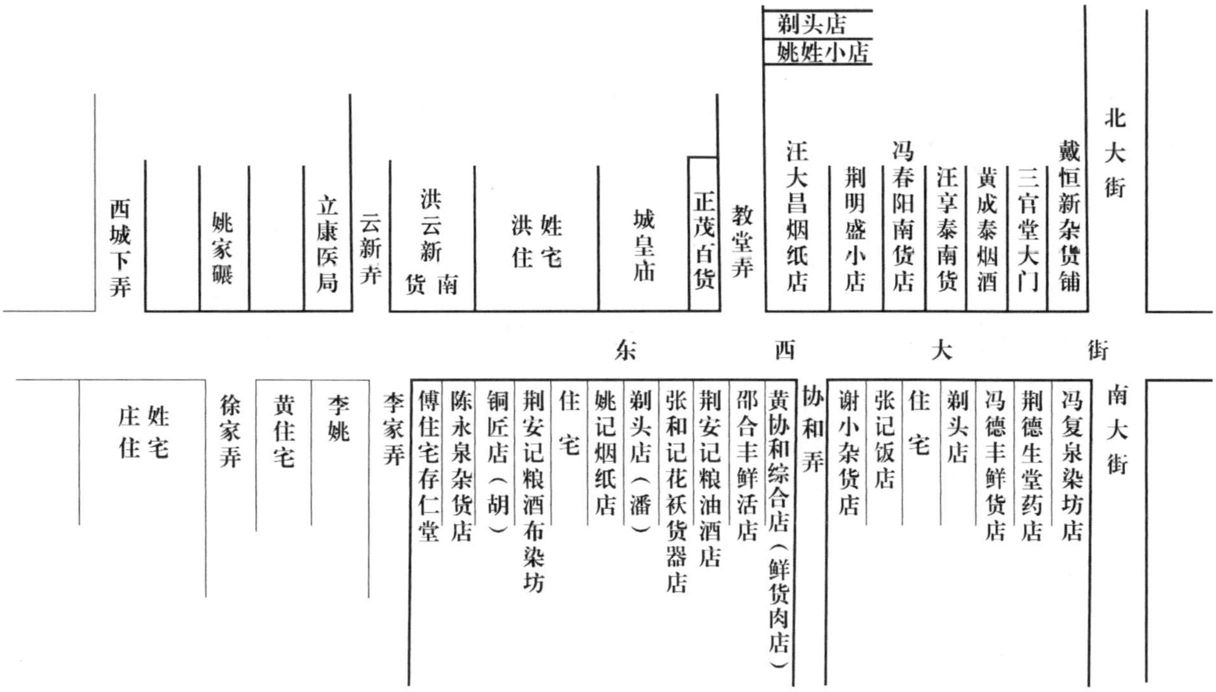


图 4 民国时期西大街商店示意图

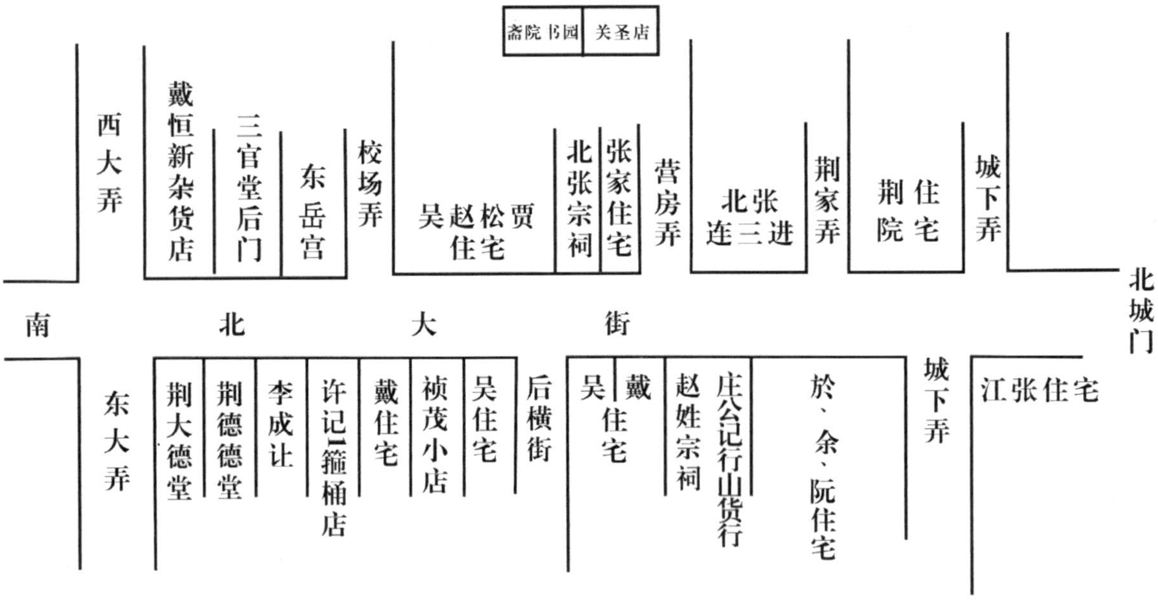


图 5　民国时期北大街商店示意图

## 超市

以食品和日用品为主要经营品种、开架售货的销售方式、低费用高周转为经营特色、自助服务一次结算为经营方式的连锁超市于 20 世纪 90 年代后期开始发展，2000 年后，境内先后入驻有加贝超市、新东方超市、福润万家等超市。

加贝超市

**加贝超市**　位于老城区十字街西北，是北仑加贝集团分店，2008 年设立。占地面积 240 平方米，货物以副食、日用品、家电为主，有冷冻食品专柜。

**新东方精品生活超市**　2011 年设立，位于兴巨路西侧。后搬到兴巨路东侧，是一家私营合资商业企业，占地面积 800 平方米。货物以副食、蔬果、肉类、水产品、日用品、家电为主，货值 250 万元。营业员 10 人。

**福润万家生鲜超市**　位于兴巨路西侧，占地面积 900 平方米，2017 年开业。为二层大型超市，货物品种同新东方超市，营业员 8 人。

2019 年，全街道有工商户店铺 684 家，其中 60% 集中在郭巨新老城区。

新东方精品生活超市

福润万家生鲜超市

## 第二节 集贸市场

中华人民共和国成立前，老城区虽有不少店铺，也有集市日，农户除少量仔猪、雏鸡、雏鹅、鱼货、木柴上市交易外，其他农副产品一般都由贩客上门收购或邻居间相互买卖。

1953 年后，供销社多次召开初级市场物资交流会，促进市场繁荣。1958 年 10 月“公社化”后，郭巨十字街头集市贸易关闭。1961 年根据省有关规定，集市贸易逐步恢复。“文化大革命”期间受“割资本主义尾巴”风殃及，集市濒临闭歇。

1978 年十一届三中全会后，集贸市场不断完善，集市贸易不断发展。

### 郭巨西门菜市场

1978 年后，农村集市贸易开始活跃，影响交通、市容的郭巨十字街头摊头集市越来越不适应集市贸易发展的需要。1984 年 5 月，投资 10 万元，在西门护城河上建西门菜市场，钢架式结构，玻璃钢屋面，面积 1600 平方米，150 个摊位，日客流量约 1500 人次。

### 郭巨菜市场

1992 年，于凤山路与兴巨路间迁建郭巨菜市场，总投资 300 万元，建筑面积 3417 平方米，铅皮棚顶，摊位 154 个，营业用房 47 间，停车场 750 平方米，市场管理员 5 人。销售水产品、海鲜、肉禽蛋、果蔬、副食品、粮油等，涨网货是郭巨菜市场的特色产品。2006 年成交额 5274 万元。2007 年，郭巨菜市场进行了第一次改造，由开放式改建成为封闭型。针对蔬菜、肉类、水产、土特产经营区域节水、节电等以及其他陈旧设施进行改造提升。拆建成钢结构框架式菜市场，并改造了营业房、管理房、停车场等附属设施。2018 年菜场再次装修，摊位增加到 226 个，停车场扩展到 2100 平方米，并装了 32 个摄像头。2019 年，增设老年（70 岁以上）摊位，免收摊位费。菜场辐射周边 10 多个村，服务近 2 万居民。2012 年度，郭

郭巨菜市场

巨菜市场被浙江省政府评为省文明示范农贸市场。

### 中宅菜场

中宅菜场建于1988年，址中宅里塘畈乡政府北侧，钢架式结构，玻璃钢屋面，面积300余平方米，服务峙北各村尤中宅、上宅、沙湾村及企事业单位。2005年，随中宅及周边村的征地拆迁而撤销。

### 华峙菜场

华峙菜场建于20世纪80年代末，址华峙村老胡家，钢架式结构，玻璃钢屋面，面积200余平方米，服务华峙、谢家岙、后墩、轮江等村民。2004年，随华峙及周边村的征地拆迁而撤销。

### 城内农贸市场

2005年，为消除影响环境卫生的郭巨十字街周边的街头路边摊头，为老城区居民买菜提供方便，在现西街停车场位置设立了城内农贸市场，有80多个店铺、摊位，2010年撤销。

# 第八篇　现代服务业

境内现代物流业随着2004年5月穿山港区集装箱码头及穿山疏港高速公路、宁波穿山港铁路等基础设施的建成投用而兴起。2019年，穿山港区集装箱吞吐量实现1030万标准箱，货物吞吐量达1.1535亿吨。每天进出境内的槽罐车有500余辆，以集卡车为主的车流量日均达1万多辆。

境内房地产业始于20世纪90年代郭巨灯具城开发。2002年以来，随着穿山港区的开发建设，境内14个村被整体拆迁，助推了境内房地产业的兴起和发展。

以“浙东阳台”“山海风情”“古韵郭巨”“美丽乡村”为主题,以“住农家屋、吃农家菜、干农家活、享农家乐”为特色，乡村文旅业在境内开始兴起，并已形成浙江省美丽乡村风景线之“北仑区山海郭巨风景线”。

# 第一章　现代物流业

2004年5月，随着穿山港区四期集装箱码头3号泊位建成投用，后续五期集装箱码头、液化天然气接卸站等码头相继建成投用，穿山疏港高速公路、宁波穿山港铁路的建成，北仑第三集装箱有限公司、中海浙江宁波液化天然气有限公司、宁波港鑫东方仓储燃供有限公司等一批临港企业的落户，开启了境内现代物流业大幕。至2019年，穿山港区先后开通集装箱国际近洋、远洋干线70余条，集装箱年吞吐量实现1030万标准箱，年货物吞吐量达1.1535亿吨。以集卡车为主的境内高速公路日均车流量达1万多辆。

2004年起，先后有宁波港国际物流有限公司、宁波珉钧物流有限公司、宁波迅远危险品运输有限公司等物流公司进驻郭巨，使境内由传统的交通运输和仓储业，快速向现代港口物流业转型升级。2019年，境内物流仓储企业达到22家，形成了适应宁波穿山港区快速发展的水陆交通现代运输体系，成为宁波舟山港集装箱运输的核心港区，长三角国际物流中心的重要组成部分和浙江省物流中心的重要枢纽。

## 第一节　物流基础设施

### 物流仓储

随着境内现代物流业的快速发展，物流仓储产业相应兴起。2019年，境内拥有物流仓储企业22家，多数以中小企业为主，注册资金总额达67291万元。在穿山港区北岸形成了中海浙江宁波液化天然气有限公司、中海油浙江新能源有限公司、宁波港鑫东方仓储燃供有限公司、北仑第三集装箱公司等物流仓储企业群。至2019年，有液化天然气储罐6座，总容量96万立方米，功能储油罐28座，总容积31.8万立方米。液氧、液氮、液氩等工业液化气储罐6座，总容量8万立方米。

**2019年境内物流仓储企业一览**

表8-1-1

| 序号 | 单位详细名称 | 成立年份 | 单位注册地（经营地址） | 注册资金（万元） |
| --- | --- | --- | --- | --- |
| 1 | 宁波港国际物流有限公司 | 1994 | 北仑区白峰集翔路8号 | 37996 |
| 2 | 宁波市华源物流有限公司 | 2003 | 菜场路221号2幢2-3号楼203室 | 3000 |
| 3 | 宁波港鑫东方燃供仓储有限公司 | 2006 | 北仑区郭巨长浦 | 2030万美元 |
| 4 | 中海油浙江新能源有限公司 | 2013 | 菜场路221号1幢3号楼214室 | 2995 |
| 5 | 宁波珉钧物流有限公司 | 2013 | 大涂塘村新碶头方门2-1号 | 1000 |
| 6 | 宁波市安速物流有限公司 | 2015 | 郭巨北街8号8幢307室 | 150 |
| 7 | 宁波正和装卸服务有限公司 | 2015 | 菜场路221号5幢2-3号楼119室 | 100 |
| 8 | 宁波欣丰仓储服务有限公司 | 2015 | 北街8号8幢206室 | 200 |

续表 8-1-1

| 序号 | 单位详细名称 | 成立年份 | 单位注册地（经营地址） | 注册资金（万元） |
| --- | --- | --- | --- | --- |
| 9 | 宁波金茶马智慧国际物流有限公司 | 2016 | 菜场路 221 号 1 幢 3 号楼 103 室 | 800 |
| 10 | 宁波市港宝物流有限公司 | 2017 | 菜场路 221 号 1 幢 3 号楼 106 室 | 500 |
| 11 | 宁波沃龙斌物流有限公司 | 2018 | 双岙村小岙里 32 号 | 50 |
| 12 | 宁波义正物流有限公司 | 2018 | 菜场路 221 号 1 幢 3 号楼 208 室 | 500 |
| 13 | 宁波盈泰物流有限公司 | 2018 | 菜场路 221 号 1 幢 3 号楼 204 室 | 500 |
| 14 | 宁波义正物流有限公司 | 2018 | 菜场路 221 号 1 幢 3 号楼 208 室 | 500 |
| 15 | 宁波巢安物流有限公司 | 2019 | 菜场路 221 号 5 幢 2-3 号楼 103 室 | 800 |
| 16 | 宁波飞亿物流有限公司 | 2019 | 菜场路 221 号 2 幢 2-3 号楼 201 室 | 800 |
| 17 | 宁波国弘国际物流有限公司 | 2019 | 菜场路 221 号 5 幢 2-3 号楼 105 室 | 800 |
| 18 | 宁波弘图物流有限公司 | 2019 | 菜场路 221 号 5 幢 2-3 号楼 104 室 | 800 |
| 19 | 宁波雷闻物流有限公司 | 2019 | 菜场路 221 号 3 幢 1-2 号楼 203 室 | 800 |
| 20 | 宁波怡轩国际物流有限公司 | 2019 | 菜场路 221 号 3 幢 1-2 号楼 206 室 | 800 |
| 21 | 宁波英红国际物流有限公司 | 2019 | 菜场路 221 号 5 幢 2-3 号楼 114 室 | 800 |
| 22 | 宁波智堃物流有限公司 | 2019 | 菜场路 221 号 5 幢 2-3 号楼 101 室 | 800 |

## 物流堆场

物流堆场作为码头的配套设施，是港口物流的重要组成部分，在衔接海陆运输、提高船舶装卸效率、促进港口物流发展等方面发挥着重要作用。

**集装箱堆场**　2004 年 12 月，宁波港吉码头经营有限公司在穿山港区建造危化品堆场，1 号、3 号空箱堆场，1 号、3 号重箱堆场。2005 年，宁波港国际集装箱综合发展总公司在穿山港区建造 1 至 4 号空箱堆场。至 2006 年，穿山集装箱港区共有专用集装箱堆场 16 个，总面积 66.5 万平方米。2010 年，华盛物流有限公司在尖岭岙村贵富山新建集装箱堆场，堆场面积 1.2 万平方米。2012 年 1 月，宁波珉钧物流有限公司在大涂塘村（方门 2-1 号）新建珉钧一号集装箱堆场，堆场面积 12 万平方米，堆存能力 2.4 万个

穿山港集装箱港区集装箱堆场

标准箱。此外境内还有中健、新碶头、小方门等中小型集装箱堆场若干处。

**2006 年穿山港集装箱港区集装箱堆场一览**

表 8–1–2

| 港区 | 公司名称 | 堆场名称 | 面积（平方米） | 建造时间 |
|---|---|---|---|---|
| 穿山港区（四、五期） | 宁波港吉码头经营有限公司 | 危险品堆场 | 12898 | 2004.12 |
| | | 1 号空箱堆场 | 21300 | 2004.12 |
| | | 2 号空箱堆场 | 17300 | 2005.7 |
| | | 3 号空箱堆场 | 21300 | 2004.12 |
| | | 4 号空箱堆场 | 17300 | 2005.7 |
| | | 1 号重箱堆场 | 114500 | 2004.12 |
| | | 2 号重箱堆场 | 114500 | 2005.7 |
| | | 3 号重箱堆场 | 114500 | 2004.12 |
| | | 4 号重箱堆场 | 114500 | 2005.7 |
| | | 冷藏箱堆场 | 26000 | 2005.1 |
| | 宁波港国际集装箱综合发展总公司 | 1 号空箱堆场 | 21158 | 2005 |
| | | 2 号空箱堆场 | 21158 | 2005 |
| | | 3 号空箱堆场 | 19506 | 2005 |
| | | 4 号空箱堆场 | 17548 | 2005 |
| | | 1 号拆装箱库 | 6000 | 2004 |
| | | 2 号拆装箱库 | 6000 | 2005 |

**散杂货堆场** 光明散杂货码头堆场，2012 年 1 月启用。码头占地面积 29.7 万平方米，其中港区堆场面积 9.6 万平方米，分 4 个堆场，堆存能力以煤炭计为 50 万吨，由宁波光明码头有限公司经营。中宅煤炭码头堆场，2012 年 5 月投入运营，后方 1# ～ 6# 场地有效堆存面积 25.6 万平方米，设计堆存能力 200 万吨。此外，在双屯至洋涨峙头嘴一带的矿产开采企业还有面积可观的矿产石子堆场。

## 物流停车场

2012 年 6 月，宁波北仑绿能物流发展有限公司注册成立，在郭巨街道中宅社（西山）建有用地面积约 4 公顷的液化天然气槽罐车停车场，能同时停放 260 余辆液化天然气槽罐车，于 2012 年 10 月投入运营。

郭巨外畈集卡车停车场

郭巨外畈集卡车停车场占地面积424亩，规划停车位2200个。

## 第二节　物流运输

境域经济以临港大工业为依托，港口物流为重点，不断完善港口物流支撑系统，宁波舟山港穿山港区四、五期集装箱码头和中宅、光明大宗散杂货码头成为境内物流重要集散地，形成了穿山港区、穿好高速公路（疏港高速）、穿山港铁路、沿海中线公路等畅通便捷的海陆交通网络，孕育了区域性现代港口物流业的高速发展，物流运输企业随之大幅增加。至2019年末，境内注册登记和经营的物流运输企业31家，其中注册资金在500万元以上的物流运输规模企业19家。物流运输企业多以中小企业为主，货物运输多为集装箱专用运输，其次是危化货物（液化天然气、油品）运输，多数物流运输企业注册有普通货物仓储业务。企业规模较大的有华源物流有限公司、华安恒盛物流有限公司。

**2019年境内注册的物流运输规模企业一览**

表8-1-3　　　　单位：万元

| 序号 | 单位详细名称 | 成立年份 | 单位注册地 | 注册资金 |
|---|---|---|---|---|
| 1 | 宁波市华源物流有限公司 | 2003 | 菜场路221号2幢2-3号楼203室 | 3000 |
| 2 | 宁波华安恒盛物流有限公司 | 2005 | 菜场路221号1幢3号楼102室 | 2000 |
| 3 | 宁波迅远危险品运输有限公司 | 2010 | 谢家岙村 | 1500 |
| 4 | 宁波港供海运有限公司 | 2010 | 北街8号8幢305室 | 500 |
| 5 | 宁波金茶马智慧国际物流有限公司 | 2016 | 菜场路221号1幢3号楼103室 | 800 |
| 6 | 宁波市港宝物流有限公司 | 2017 | 菜场路221号1幢3号楼106室 | 500 |
| 7 | 宁波义正物流有限公司 | 2018 | 菜场路221号1幢3号楼208室 | 500 |
| 8 | 宁波盈泰物流有限公司 | 2018 | 菜场路221号1幢3号楼204室 | 500 |
| 9 | 宁波义正物流有限公司 | 2018 | 菜场路221号1幢3号楼208室 | 500 |
| 10 | 宁波安迅达集装箱运输有限公司 | 2019 | 菜场路221号2幢2-3号楼205室 | 1000 |
| 11 | 宁波巢安物流有限公司 | 2019 | 菜场路221号5幢2-3号楼103室 | 800 |
| 12 | 宁波飞亿物流有限公司 | 2019 | 菜场路221号2幢2-3号楼201室 | 800 |
| 13 | 宁波国弘国际物流有限公司 | 2019 | 菜场路221号5幢2-3号楼105室 | 800 |
| 14 | 宁波弘图物流有限公司 | 2019 | 菜场路221号5幢2-3号楼104室 | 800 |
| 15 | 宁波雷闻物流有限公司 | 2019 | 菜场路221号3幢1-2号楼203室 | 800 |
| 16 | 宁波怡轩国际物流有限公司 | 2019 | 菜场路221号3幢1-2号楼206室 | 800 |
| 17 | 宁波英红国际物流有限公司 | 2019 | 菜场路221号5幢2-3号楼114室 | 800 |
| 18 | 宁波智堃物流有限公司 | 2019 | 菜场路221号5幢2-3号楼101室 | 800 |
| 19 | 北仑区穿港货运有限公司 | 2019 | 南门村大井跟29号 | 500 |

### 主要物流企业简介

**宁波北仑绿能物流发展有限公司**　宁波经济技术开发区控股有限公司下属物流发展有限公司的全资

中宅西山槽罐车停车场

子公司，市企性质。2012年6月筹建成立，注册资金1746万元，公司经营地址位于郭巨街道中宅，建设用地约4万平方米，10月投入试运营，设计能满足260余辆液化天然气槽罐车同时停放，是境内唯一一家新能源基地企业。基地安检站内设停车区、综合服务区、放空区等，为中海油液化天然气接收站配套提供槽罐车的停车、安检、充装卡办理、运管网信息录入等一站式服务。2019年，公司总产值达到1200万元，利润为600万元，上缴税金450万元。

**宁波市华源物流有限公司** 成立于2003年7月15日，注册资金3000万元。经营道路普通货运、汽车普通货物联托运服务、仓储服务、金属材料、建筑材料、沙石批发零售、散装水泥中转、码头装卸服务等。

**宁波市华安恒盛物流有限公司** 成立于2005年7月22日，注册郭巨街道路亭村，注册资金2000万元，经营道路普通货运、经营性危化货物运输、货物专用运输（集装箱）、国内货运代理、仓储、配载等。

## 第三节 快递物流

南宋建炎四年（1130），建郭巨驿站。时足以说明境内已有公文、信件来往。一般公文、信件由信使步行送达，重要“急件”由信使骑马送达。

清末郭巨古城设有信柜，民国4年（1915），郭巨西街设有邮政箱行，代办各类邮政业务。

20世纪50年代境内邮政开办有包裹业务，但包裹由邮差随信函件送达，并非专送，与现代快递相比较“慢”。境内现代快递物流开办最早的是邮政部门的邮政快递，1990年开办。2017年8月，极兔速递北仑服务部在郭巨设点。至2019年，境内（教场路、兴巨路）先后开办了邮政、百世、菜鸟、极兔四家快递公司网点，从业人数15人。

**2019年境内快递物流企业一览**

表8-1-4

| 序号 | 企业名称 | 经营地址 | 成立时间 | 备注 |
|---|---|---|---|---|
| 1 | 郭巨邮政支局 | 教场路6号 | 1990 | 邮政快递郭巨点 |
| 2 | 北仑郭巨利利物流信息咨询服务部 | 兴巨路136号 | 2017.8 | 极兔速递郭巨点 |
| 3 | 北仑郭巨小郭物流信息咨询服务中心 | 兴巨路100号 | 2018.10 | 菜鸟驿站郭巨点 |
| 4 | 百世快递郭巨网点 | 兴巨路82号 | 2020.10 | 百世快递郭巨点 |

# 第二章　房地产业

旧时境内房屋除公廨、地方办学堂及寺庙等少量公产外，均属私有，亦有少量族祠。商贸店铺多集中于古城“十字街”，沿街而设，其产权亦为私有。民居一般为一二层的砖石木结构，峙头山区多为垒石墙、草屋等。

中华人民共和国成立初，政府接管地方公产，没收特定对象部分房产，经社会主义私房改造和单位自建等，公产增多。20 世纪 70 年代后，境内农民自建房大增，但多为砖木结构的平房，80 年代后，农民普遍在原址拆建砖混结构二层楼房；教育、卫生、商贸服务以及机关事业单位用房建设兴起。90 年代后，实施城镇住房制度改革，公房出售，单位集资建房，建立住房公积金制度，实行住房商品化。1994 年，扩大郭巨古城区规模，在西门外拓建郭巨灯具城，境内现代房地产业开始兴起。2002 年以来，随着穿山港区的开发建设，境内 14 个行政村被整体拆迁，政府通过迁建安置（79 户）、调产安置（747 户）、货币安置（2443 户）、建造老年房（1337 套）四种方式，解决拆迁户住房的安置，推动了房地产业的快速发展。

## 第一节　投资开发

### 房地产用地

中华人民共和国成立后，土地属国家和集体所有，建设用地无偿、无限期提供给使用单位。经生产大队（村）审批，农民可在本村规划地块农村集体土地上建造住房。1987 年 1 月 1 日，《中华人民共和国土地管理法》正式实施，土地使用制度开始改革，农民在农村集体土地上建造住房需经县级土地管理部门审批。

20 世纪 90 年代初，北仑区土地交易市场刚建立，在当时土地市场发育相对不完善的情况下，对土地使用权的出让只以协议出让为主，时各部门兴建集资房，郭巨中小学教师公房（城隍庙郭巨大会堂原址），属国有土地，由郭巨镇政府将此地块协议划拨给学校用地；又 1994 年，郭巨镇政府为兴建灯具城，报区人民政府批准，获 3.1 万平方米农村集体土地协议出让使用权，由当时的成开房地产公司开发建设。

2002 年，国家规定对经营性用地（含商品房建设用地）一律采用招标、拍卖、挂牌方式出让国有土地使用权。是年起，境内开始了大规模的港口开发建设，政府通过征用农村集体土地，使土地属性变为国有，一为企业提供工业用地，二为房地产公司提供建设用地，通过招标方式出让国有土地使用权。2002—2019 年，境内出让用于拆迁户调产安置房用地 2 宗，由兴隆房地产公司开发建造“怡峰家园”和“东香茗园”，用于（调产方式）安置拆迁户住房。共建造商品房 1786 套，约计面积 48.7 万平方米。出让用于迁建安置用地 1 宗（司沿陈家）；用于老年人安置房用地 7 宗（司沿陈家、门浦隔山王家、尖岭岙于家岭下、大岭下村、福民狗湾 2 宗、司沿大岙）。

## 1994—2019年境内房地产经营性用地出让情况表

表8-2-1　　单位：万平方米

| 年份 | 地点 | 用途 | 出让面积 |
|---|---|---|---|
| 1994 | 郭巨西门外 | 灯具城 | 33.90 |
| 2002 | 福民村狗湾 | 谢家岙村拆迁户迁建及老年安置房 | 2.30 |
| 2004 | 白峰司沿陈家 | 大屯自然村、光明王家自然村、长浦村迁建安置及老年安置房 | 2.00 |
| 2004—2006 | 白峰司沿沿亭 | 怡峰家园A、B、C块 | 4.46 |
| 2007—2008 | 门浦隔山王家 | 中宅等八个拆迁村老年安置房 | 12.90 |
| 2009 | 尖岭岙于家岭下 | 尖岭村拆迁户老年安置房 | 0.36 |
| 2010 | 大岭下村山头泽 | 大岭下村拆迁户老年安置房 | 0.10 |
| 2013 | 白峰官庄 | 东香茗园 | 10.90 |
| 2013—2019 | 福民村狗湾 | 华峙村拆迁户老年安置房 | 2.62 |
| 2017 | 白峰司沿大岙 | 小屯自然村、长坑村移民安置房 | 3.40 |
| 2019 | 福民村狗湾 | 洋涨村老年安置房 | 0.46 |

## 房地产开发

**开发规模**　1992年至1997年，成开公司开发建设位于西门外的郭巨灯具城，主要开发建设了兴巨路老碶头至大山头和教场路两侧的商住两用房及菜场、灯具城城门等，开发用地总面积达3.1万平方米，建筑总面积达4.3725万平方米。郭巨中学、信用社、农业银行、邮电大楼等公用建筑亦由各单位相继开发建设。2003年，在白峰司沿陈家开发建设长浦村、双屯村大屯自然村、光明村王家自然村老年安置房和迁建安置房，用地面积2万平方米，建成迁建安置房59套、老年安置房82套。2005—2008年，在白峰门浦村隔山王家建造后墩、竹湾、花船、上宅、中宅、沙湾、光明及联合村的老年安置房和村办公用房，该地块开发用地总面积达19.2万平方米，建筑总面积达5万平方米，建成老年安置房808套。2004—2006年，在白峰司沿沿亭地块建设怡峰家园，用于中宅等村拆迁户的调产安置，用地面积达4.46万平方米，建筑总面积达10.71万平方米，建成商品住宅房1031套。2012年，东香茗园建成入住，用地面积10.9万平方米，建筑面积19.1854万平方米，建成商品住宅房1755套。

## 2002—2017年境内住宅小区房产开发情况表

表8-2-2

| 小区名称 | 地址 | 住宅楼（幢） | 住宅套数（套） | 竣工时间 |
|---|---|---|---|---|
| 谢家岙新村 | 福民狗湾 | 11 | 101 | 2002 |
| 峙北新苑老年房 | 白峰司沿郑家 | 14 | 82 | 2004 |
| 怡峰家园 | 白峰司沿沿亭 | 25 | 1031 | 2005.1—2006.11 |
| 东港新村 | 门浦隔山王家 | 46 | 808 | 2007.7—2012.12 |
| 尖岭岙村老年房 | 尖岭村于家岭脚下 | 4 | 44 | 2009 |
| 东香茗园 | 白峰官庄 | 54 | 1755 | 2012.3 |

续表 8-2-2

| 小区名称 | 地址 | 住宅楼（幢） | 住宅套数（套） | 竣工时间 |
| --- | --- | --- | --- | --- |
| 大岭下村老年房 | 大岭下村山头泽 | 1 | 4 | 2011.12 |
| 华峙村老年房 | 福民村狗湾 | 7 | 225 | 2014.12 |
| 峙北新村 | 白峰司沿大岙 | 7 | 94 | 2017.6 |

**住宅房结构**　迁建安置住宅房建筑占地面积分大、中、小户套型，分别为 115 平方米、100 平方米、87 平方米，楼层为 3 层，砖混结构，套型结构多为第一层一厅一厨一卫、第二和第三层为二室一卫一阳台、室内步阶一至三层。老年安置房楼层为二层砖混结构，每户室建筑面积 40 ～ 50 平方米，多为二室一厅一厨一卫套型结构。怡峰家园和东香茗园住房为底层车库、5 层加阁楼、坡屋顶的框架结构，套型平均面积一般为 110 平方米，套型结构多为三室一厅一厨二卫。

## 建筑施工

**建筑队伍**　二十世纪八九十年代，农村个人建房多聘用做手艺的泥水匠、木匠等个体工匠。也有经工商注册登记的集体性质的建筑施工企业，有峙头、郭巨建筑工程队，承接企事业等单位的房屋建筑，时对建筑施工企业的资质还没有明确的要求与规定。1998 年，成开公司房地产开发部产值 350 万元，郭巨工程队职工 30 人，产值 274 万元。2019 年，境内没有具有房屋建筑施工资质的企业。只有土建工程队 37 家，注册从业人数 95 人，若参与房产工程招标，须挂靠有资质企业，中标后自行组织施工队，并向挂靠单位缴纳管理费。

**建筑设备**　1990 年前，已使用推土机、压路机、挖掘机、混凝土搅拌机、筛沙机、振动机、轧石机、电钻、电锯、电刨等施工机械，脚手架主要用毛竹搭建，并配有钢管井字架，所配卷扬机作为施工现场垂直运输机械。20 世纪 90 年代后，陆续普及使用安全网、钢管脚手架、标准井字架、塔吊、打桩机、混凝土泵车、汽车吊等施工机械设备。

**建筑施工**　20 世纪八九十年代，房屋建筑高度普遍在四层以下，砖混结构，局部空斗墙，满堂式或条形基础，未打桩，混凝土现场拌制，采用预制多孔楼板，单位房屋窗户一般是钢窗，个人房屋窗户一般是木窗。1993 年起，住宅房屋建筑升为 5 层，实心墙体，基础开始采用水泥搅拌桩、沉管灌注桩、钻孔桩，窗户多使用铝合金窗，逐步推广塑钢门窗。2000 年起，预制多孔板取消，改用现浇混凝土。建筑结构大多采用砖混与框架相结合形式，普遍使用塑钢门窗。2001 年起，房屋建筑结构以混凝土现浇框架为主。2004 年起，房屋建筑施工全面使用混凝土厂直供的商品混凝土，既加快了施工进度又确保了工程质量。2006 年，随着国家节能政策出台，开始实施建筑节能，房屋建筑外墙、屋顶采用保温砂浆等施工材料，窗户使用真空双层玻璃，个别住宅小区安装太阳能集中采热等节能措施。

# 第二节　物业管理

## 物业管理企业

境内物业管理起步较晚，住宅小区物业管理基本上是行政化、福利型管理。随着房屋产权多元化发展趋势进一步加快，2004 年 7 月，境内首家物业管理企业——北仑东部物业成立，对怡峰家园进行物业管理。2016 年，宁波市北仑区东端物业服务有限公司成立，对东香茗园、郭巨街道办事处及规模较大的企业实施专业化、经营性的物业管理。至 2019 年，境内有 2 家物业管理企业。

## 2019 年境内物业管理企业一览

表 8-2-3　　　　单位：万元

| 企业名称 | 成立时间 | 注册资本 | 经营范围 | 经营地址 |
|---|---|---|---|---|
| 北仑区东汇物业服务有限公司 | 2016.1.4 | 50 | 物业服务，绿化养护，保洁服务，房屋维修 | 郭巨街道凤山路 1 号 |
| 北仑区东端物业服务有限公司 | 2016.12.9 | 90 | 物业服务 | 郭巨街道福民村狗湾 72 号 |

### 房产中介服务

境内房产中介服务起步较晚。境内从事房地产中介服务者，起初，多在北仑、小港、柴桥等地设点经营，2005 年后，随着境内房地产开发兴起，部分房产中介服务者移居境内开展房产中介营销活动。至 2019 年，境内有房产中介工商户 3 家，从业人员 20 人左右。

# 第三章　旅游业

21 世纪 10 年代以来，随着国家乡村振兴战略的实施，特别是 2016 年郭巨街道成立以来，街道出台开办民宿奖励性政策等措施，倾力开发“山海风情”“古韵郭巨”“美丽乡村”为主题，以“住农家屋、吃农家菜、干农家活、享农家乐”等为主要项目的乡村文旅业，积极开发景点（景区）线路等旅游资源，建设旅游设施，举办“元宵踩街”“年俗文化节”“农耕文旅节”“桃花节”“非遗一日游”等活动，将乡村田园风光、乡土民俗文化、乡村民居和村落文化与现代旅游度假、休闲娱乐相结合，开启了一种全新的乡村文旅模式。2013 年“元宵踩街”被评为首批宁波市优秀传统节日文化活动；2019 年、2020 年度福民村、大岭下村先后获评省级美丽乡村特色精品村。2020 年度“北仑区山海郭巨风景线”获评浙江省美丽乡村风景线。至 2019 年，境内为省级 AAA 景区街道，有 AAA 级景区村庄 1 个、AA 级景区村庄 1 个、A 级景区村庄 1 个。

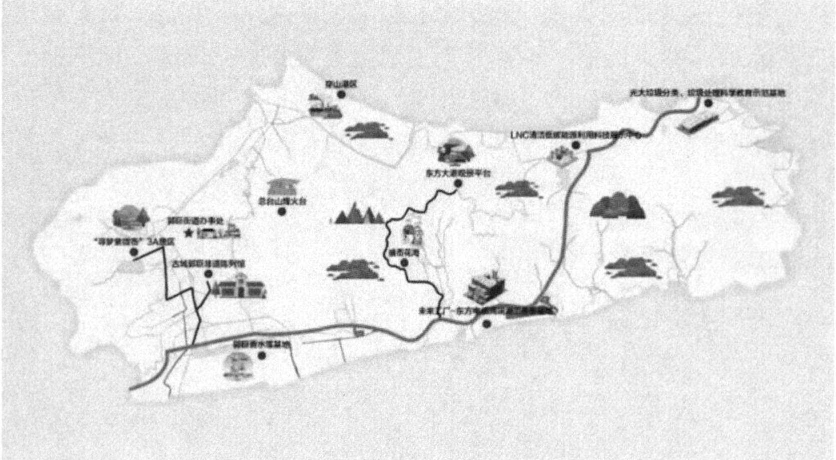


滨海文旅风情线（郭巨段）导图

# 第一节　郭巨十景

## 总台烽火

总台山烽火台始建于明洪武二十年（1387），海拔 309.2 米，时称三塔山台，清升总台，由郭巨千户所掌管。石屋为兵丁哨所，结构独特，保存完好。烽火台为明时抗倭、清时抗英传递军情信息，一有敌情，日烟夜火，互相接应，通报军情。1997 年列为省级文物保护单位。

## 云隐钟声

云隐寺位于城北总台南麓之云岭山冈，海拔 239 米，始建于宋建炎四年（1130），为郭巨最早之寺院。因山冈终日云雾缭绕，竹木成荫，寺得此名。正山门高大雄伟，拾级而上，天王殿、大雄宝殿、前后左右厢房数十间；善男信女数人，长住寺院修行；寺院冬暖夏凉，甘泉叮咚，钟声悠悠，吸引众多善男信女前来朝拜。北门外小涂岙、华峙东岙盘山水泥公路直达寺门口。

总台山烽火台

云隐寺

## 海云观日

海云寺位于南门外观妙山上，始建于明初，原名海云堂，1993 年改堂称寺。现有大雄宝殿、天王殿、缅甸玉卧佛和东西厢房 35 间，常住和尚近十人，香火兴旺。南观大海，海天一色；东观日出，早霞冉冉升起染红海面。晚清贡生汪赞述游海云堂诗曰："江水长流青峙浦，晴岚遥锁白云湾。千家烟火窗中见，一叶风帆海上还。"

## 古城遗迹

郭巨古城始建于明洪武二十年（1387），为明时抗倭、清时抗英的浙东海防要塞。古城历经战火沧桑，城廓虽失，但十字街、30 多条弄堂纵横贯通形似棋盘的古城、通往蔡家山头墩 32 级步阶、徵波门（南门）城门残垣、凤凰山北麓城墙残垣、石鼓弄石鼓、化子井等古井、东门护城河、明清建筑走马楼、戴家大屋等都是郭巨古城的遗迹。

海云寺

汪家走马楼

## 金色港湾

位于宁波舟山港穿山集装箱港区，西起牛轭港东口，东至竹湾垒石岗。港区腹地由原华峙、谢家岙、后墩、竹湾四村山岙构成，形似半椭圆，纵深千米，防洪堤为岸线，长3740米。港区高大桥吊林立、巨轮靠泊装卸、200万平方米的集装箱堆场群错落有致，桥吊数字化吊卸、堆高机堆箱、集卡装运，港区一派繁荣景象。夜间，港区灯光灿烂似金色港湾，总台山烽火台遗址是其最佳的观光点。

## 紫微亲水

群山环绕、碧波湖水、景色秀丽的紫微湖位于紫微岙。游艇环湖观光，湖边垂钓，亲水游步道绕湖而行2.3千米，沿途景观节点、廊亭憩息，湖岸烧烤野炊，湖旁还有300余年的古香樟、保留完好的赵氏家族四合院“三多”门坊。每年7月紫薇大道两侧紫薇花开似锦，令人赏心悦目。紫微湖畔经常举办“寻梦紫微岙·青年音乐节”等大型文体活动，尽情体验亲水、休闲慢生活。

金色港湾

紫微亲水

## 花海湿地

花海湿地位于郭巨外畈塘田南侧沿海中线峙北连接线一带。总面积2000余亩。4月，金灿灿的百亩油菜花竞相开放，邀客赏花游玩踏青、漫步花海拍照留念，尽享春天气息。7至11月，百亩香水莲竞相绽放，远远望去，连成一片，黄的、紫的、红的各色香水莲花亭亭玉立在叶面之上争奇斗艳，像是一盏盏漂浮在水中的璀璨花灯耀眼夺目，美不胜收。看工人采摘香水莲花，品上一口香水莲花茶，临行买上鲜花、莲花茶。夏天，近千亩水稻绿油油一片在微风中波浪起伏；秋天，沉甸甸的金黄稻穗在收割机声中唱着丰收的赞歌；若能赶上“农耕文旅节”，还能让小朋友们体验用镰刀割稻、打稻机脱粒等早时稻田农事、丰收的喜悦。千亩芦苇塘在清风的吹拂下摇曳着婆娑。花海湿地四季皆美景。

## 盛岙花园

盛岙花园坐落于盛岙村迷马岭南侧山坡上。园地面积8万平方米，有500多种植物，其中1800余株牡丹花，涵盖红、黄、蓝、粉、白等9种色系，有太阳、紫云殿、火鸟、七福神等100余个品种。还有千余株百年月季、五百余株玫瑰、上万株五颜六色的蔷薇花等。三月映山红，四月牡丹和芍药，五月月季和蔷薇，六七月绣球与玫瑰，八月桂花香，十月芙蓉花，十一月看红枫变色、月季绽放，盛岙花园四季有花。

花海湿地

盛岙花园

## 半岛风车

自穿山半岛总台山一路向东至乌峙山一带，30座风电塔群错落有致矗立在各山巅上。18号塔基，轮毂高度65米，转轮直径77米的大风车直耸云霄，硕大的风叶呼呼作响；建造风电时所开辟的道路现成全长24千米的总台山森林游步道，可访浙东海防遗址总台山烽火台，俯瞰穿山港码头、螺头水道、峙头洋，风电塔群、田园风光。

## 岭下桃源

大岭下村是省级美丽乡村特色精品村。每到桃花盛开和桃子成熟季节，大岭下百亩桃园吸引了众多游客慕名前来观赏、采摘与打卡。漫步在2000米长的溪边亲水步道上，可见桃花溪、桃花庵、中心水景公园、生态河埠头和美化的民居外立面，亭子、流水、竹林小道、青山绿水景色别致的花园式村落。

半岛风车

岭下桃源

## 第二节　旅游设施与服务

### 旅游线路

**山海（大港）风情线**　线路：盛岙杨家府至总台山到峙头山。主景点：盛岙花园、半岛风车、总台烽火、金色港湾、云隐钟声、览城阁。

**港口工业线**　线路：穿山港区北岸集装箱四期码头一路向东至固废处置站再到南岸。主景点：集装箱港区（近景）狗爬岭观光点、中宅煤炭码头、液化天然气接收站码头及储罐群、光明散杂货码头、光鑫东方燃油储罐群、光大垃圾分类处理科学教育示范基地、固废垃圾处置、未来工厂东方电缆等沿海工业带。

**古韵郭巨线**　线路：自西门村文化礼堂经云衢广场、海云寺、汪家弄、十字街头、东门护城河、东港社区。主景点：非遗陈列馆、非遗体验馆、老物件陈列室、海云寺、南城门遗址、汪家弄、半月井、32 级步阶、城隍庙、十字街、东门护城河、凤凰山北麓城墙残垣。

**美丽乡村线**　线路：紫微岙经大岭下至郭巨湿地花田多彩农业示范基地。主景点：紫薇大道、紫微亲水、“三多”门坊、古树名木、岭下桃源、花海湿田。

### 农家乐　民宿　餐饮

至 2019 年，境内农家乐 3 家，宾馆 8 家，餐饮（饭店）32 家，其中正餐服务 7 家，快餐服务 4 家，小吃店 19 家，饮品店 2 家。

阿苏姐农家乐，位于郭巨街道盛岙村杨家府 15 号，提供食宿。美御之家，位于郭巨街道盛岙村杨家府 51 号，提供食宿。盛岙新明水果种植场位于盛岙村毛弄坑，秋天，可去橘子林寻野趣，自助采摘大丰橘。

城区兴巨路、教场路菜场附近和郭巨码头周围有较多的餐饮小吃店，可以品尝新鲜的小海鲜——郭巨涨网货。

**2019 年境内住宿业一览**

表 8-3-1

| 企业名称 | 成立时间 | 经营地址 |
|---|---|---|
| 北仑区郭巨朝山宾馆 | 2017.2.28 | 郭巨街道兴巨路 43 号 |
| 北仑区白峰东方宾馆 | 2006.9.27 | 郭巨街道兴巨路 178 号 |
| 北仑区郭巨荣巨客栈 | 2018.2.1 | 郭巨街道福民村岙口 12-2 号 |
| 北仑区郭巨永新旅社 | 2006.8.21 | 郭巨街道新碶头 19-1 号 |
| 北仑区白峰蓝庭宾馆 | 2011.8.3 | 郭巨街道兴巨路 999 号西起第六间 |
| 北仑区白峰凤山宾馆 | 2007.5.8 | 郭巨街道兴巨路 176 号西首第一间 |
| 北仑区郭巨天圣宾馆 | 2013.2.20 | 郭巨街道兴巨路 83 号 |
| 北仑区白峰六横客栈 | 2005.9.16 | 郭巨街道新碶头 20 号 |

### 旅游产品

**涨网货**　近海捕捞的各类海鲜，包括传统的涨网、串网、扳网及涂货，以新鲜可口而著名，深受广大游客的喜爱，也是各地食客奔往郭巨的一大乐趣。郭巨涨网货远近闻名，区内老食客每逢初二、十六“大水头潮”前来抢购涨网货。

**海婆婆海产品**　主要经营各类海鲜水产品，其特色将海鲜产品加工晒鲞，鲜香可口，且便于携带和保存。同时境内有几家水产品加工厂，加工鱼片、鱿鱼丝和节日海鲜大礼包等。

**阿姐宁年糕**　生产经营传统美食小吃，主要有各类花色年糕、点心，还有民间流行的传统美食金团、麻糍、米馒头、老鼠团、灰汁团及各类糕点，既绿色环保，又有传统“老味道”，深受消费者欢迎。

**木莲醇酒**　百年传承、祖传秘方、纯粮酿制，醇香、味甘，质量上乘，价格实惠，是宴庆和馈赠的上等佳品。

# 第四章　社会服务业

中华人民共和国成立前，境内商业服务业的诸多店铺为“夫妻”店，有洗染店、理发店、箍桶店、大饼油条店（摊）、饮食小吃店等；串街走巷吆喝流动服务的有磨剪刀、铲菜刀、补缸补碗、修伞、剃头等。中华人民共和国成立后，随着社会的发展和进步，社会服务业的内容亦随之丰富。

20 世纪 80 年代以来，社会服务业适应时代潮流，发展较快，行业门类不断扩展，自行车、摩托车修理业兴起，进入 21 世纪以来，广告、中介、家政服务、洗车等新兴行业兴起。餐饮、住宿向高档次升级、向农家乐发展；照相业原先的黑白照渐成“怀旧”，转向彩色扩印和婚纱摄影；理发业增设摩面、修眉、离子烫等美容项目；修理业不再局限于修配钥匙、钟表、自行车，触角延伸至各类家电、电瓶车和汽车、电脑、手机等高端产品。

## 第一节　旅馆　餐饮业

### 旅馆业

20 世纪 60 年代末，郭巨供销社在“十字街头”办起了郭巨首家旅馆。有 25 张床位，4 名服务员。改革开放后，民营住宿旅馆业得到发展，郭巨灯具业兴旺时期，也是旅馆业最为兴旺时期。进入 21 世纪，随着境内穿山港区的开发建设，外来建设者逐年增加，境内旅馆业有所恢复。2019 年，境内有宾馆 8 家（详见本篇第三章第二节旅游设施与服务）。

### 餐饮业

1965 年，郭巨合作商店在郭巨“十字街头”开设饮食商店，主营面包、面条、年糕、豆浆、油条、点心、糖糕、熟肉等。“双夏”（夏收夏种）期间还定制加工水塔糕、油煎大饼、面包、金团等花色品种，有职工 11 人。20 世纪 80 年代后期，郭巨合作商店饮食店转制为个体经营。现境内餐饮业以饭店、小吃店、快餐店居多。海鲜是境内饭店的特色风味，较有名气的是 90 年代的新碶头老太婆饭店。2019 年底，境内各类餐饮店有 42 家。

## 2019 年郭巨餐饮服务业一览

表 8-4-1　　单位：万元

| 企业名称 | 核准日期 | 注册资本 | 主要经营范围 | 经营地址 |
|---|---|---|---|---|
| 北仑区郭巨百芳饭店 | 1997.2.18 | 2 | 餐饮服务 | 兴巨路 127 号 |
| 北仑区白峰百姓饭店 | 2000.1.1 | 0.2 | 餐饮服务 | 菜市场 A-14 号 |
| 北仑区白峰江滨饭店 | 2001.12.24 | 0.03 | 餐饮服务 | 大涂塘新碶头 18 号 |
| 北仑区白峰悦壬饭店 | 2007.5.14 | 2 | 餐饮服务 | 菜市场 A-5-6 号 |
| 北仑区白峰老牌海鲜馆 | 2010.7.1 | 10 | 餐饮服务 | 汽渡码头 21-1 号 |
| 北仑区白峰勤博饭店 | 2012.11.6 | 2 | 餐饮服务 | 兴巨路 139 号 |
| 北仑区白峰仟佰回包子店 | 2013.10.14 | 0.3 | 餐饮服务 | 兴巨路 159 号 |
| 北仑区白峰汪郁饭店 | 2014.12.1 | 1 | 餐饮服务 | 教场路 42 号 |
| 北仑区郭巨冯信熟食店 | 2014.12.4 | 1 | 餐饮服务 | 教场路 28 号 |
| 北仑区白峰和芬拉面店 | 2014.12.11 | 3 | 小餐饮 | 教场路 40 号 |
| 北仑区白峰圣旺小吃店 | 2015.1.16 | 0.3 | 餐饮服务 | 教场路 30 号 |
| 北仑区白峰曹二娃饭店 | 2015.7.24 | 5 | 小型餐馆 | 兴巨路 3-10 号 |
| 北仑区白峰阿群小吃店 | 2015.11.19 | 8 | 小餐饮 | 兴巨路 163 号 |
| 北仑区白峰苏行农家菜馆 | 2016.6.16 | 10 | 热食食品制售 | 盛岙村杨家府 15 号 |
| 北仑区白峰海之美快餐店 | 2016.6.23 | 3 | 热食食品制售 | 大涂塘方门 2-2 号 |
| 北仑区郭巨国云小吃店 | 2016.9.12 | 2 | 餐饮服务 | 兴巨路 155 号 |
| 北仑区郭巨飘鸿小吃店 | 2016.10.24 | 0.3 | 小餐饮 | 教场路 76 号 |
| 北仑区郭巨许豪小吃店 | 2016.12.22 | 1 | 餐饮服务 | 兴巨路 169 号 |
| 北仑区郭巨鹰飞蛋糕店 | 2017.3.10 | 2 | 餐饮服务 | 兴巨路 158 号 |
| 北仑区郭巨爱芳蛋糕店 | 2017.9.8 | 5 | 餐饮服务 | 教场路 29 号 |
| 北仑区郭巨仙巨小吃店 | 2017.9.13 | 1 | 餐饮服务 | 凤山路 6 号 |
| 北仑区郭巨梦儿小吃店 | 2017.9.14 | 8 | 餐饮服务 | 凤山路 54 号 |
| 北仑区郭巨昌杰早餐店 | 2017.9.14 | 5 | 餐饮服务 | 凤山路 95 号 |
| 北仑区郭巨振虎小吃店 | 2017.9.19 | 5 | 餐饮服务 | 兴巨路 170 号 |
| 北仑区郭巨志华小吃店 | 2018.3.15 | 0.2 | 餐饮服务 | 教场路 71 号 |
| 北仑区郭巨麦笼香早餐店 | 2018.5.28 | 5 | 餐饮服务 | 菜市场 A9 营业房 |
| 北仑区郭巨群芳小吃店 | 2018.8.17 | 1 | 餐饮服务 | 枫江路 425 号 |
| 北仑区时在香川湘菜馆 | 2018.8.23 | 30 | 餐饮服务 | 兴巨路 3-16 号 |
| 北仑区郭巨宋陈牛肉汤店 | 2018.10.31 | 8 | 餐饮服务 | 兴巨路 3-10 号 |
| 北仑区郭巨蛋煲农家乐 | 2018.11.13 | 5 | 餐饮服务 | 盛岙庙横头 20-1 号 |
| 北仑区郭巨本琼小吃店 | 2019.1.3 | 1 | 餐饮服务 | 校场路 65 号 |
| 北仑区郭巨力旺小吃店 | 2019.2.19 | 1 | 餐饮服务 | 西街 1 号 |
| 北仑区白峰天天美食城 | 2019.3.11 | 3 | 餐饮服务 | 兴巨路 130 号 |
| 北仑区郭巨信木早餐店 | 2019.3.29 | 5 | 餐饮服务 | 凤山路 95 号 |
| 北仑区郭巨老罗饭店 | 2019.4.2 | 10 | 餐饮服务 | 兴巨路 121 号 |
| 北仑区郭巨独乐乐餐饮店 | 2019.5.8 | 5 | 餐饮服务 | 霓虹路 87 号 |
| 北仑区郭巨蒸的好小吃店 | 2019.6.24 | 5 | 餐饮服务 | 教场路 48 号 |
| 北仑区郭巨冯善根小吃店 | 2019.7.31 | 2 | 餐饮服务 | 兴巨路 123 号 |

续表 8-4-1

| 企业名称 | 核准日期 | 注册资本 | 主要经营范围 | 经营地址 |
| --- | --- | --- | --- | --- |
| 北仑区郭巨家荣小吃店 | 2019.10.21 | 8 | 餐饮服务 | 教场路 36 号 |
| 郭巨任氏淮南牛肉汤店 | 2019.11.12 | 10 | 餐饮服务 | 兴巨路 171-1 号 |
| 北仑区郭巨唐老师农家乐 | 2020.4.14 | 5 | 餐饮服务 | 尖岭岙大坑岙 26 号 |
| 北仑区白峰丙姣小吃店 | 2020.7.25 | 2 | 小型餐馆 | 兴巨路 125 号 |

## 第二节　修理业

清朝至民国间，境内只有修补铁锅、修锁等铜匠（担）5 人，有补缸、补碗匠 4 人，挑着工具沿村吆喝，为农户修补碎碗漏缸。20 世纪 60 年代开始境内修理业开始兴起。

### 车辆修理

20 世纪 70 年代初，境内自行车逐渐增多，为 80 年代结婚三大件之一，80 年代末，基本普及至农户家庭。电管站、广播站等部分单位用三轮摩托车作工程用车，于是便有了自行车、摩托车修理店；进入 90 年代，境内“三卡”（机动三轮车）等交通运输工具大量增加，进入 21 世纪，电瓶车开始替代自行车、摩托车，小轿车开始进入农民家庭，于是自行车、摩托车修理店增加了电瓶车、“三卡”修理，汽车修理店也开始出现。自 1983 年 2 月，境内稍有名气的铜匠胡秀勉注册宁波市北仑区郭巨中街黑白铁修理店以来，至 2019 年，境内有注册的电瓶车、摩托车、自行车修理店达 131 家，汽车维修店 7 家。2002 年至 2019 年，陆续新增车辆修理店 131 家（其中上述部分车辆修理店注册后现歇业而未办理注销手续，或为用工登记所需而注册未实际营业）。

### 生活用品、家用电器修理

**生活用品修理**　早在中华人民共和国成立初，境内就有日用品修理作坊和挑担走村吆喝上门修理的游业者，时民间亦有“新三年、旧三年、缝缝补补又三年”“新阿大、旧阿二、破阿三、烂阿四”等俗语，描述了人们生活用品使用现状和勤俭持家的传统美德。2019 年境内还有注册的生活用品修理店 12 家，其中多为服装缝补改制、补鞋等。

**家用电器修理**　20 世纪 80 年代始，收音机、电视机、电冰箱、空调等各类家用电器开始进入境内百姓家庭，家用电器修理业应运而生。1993 年，西门村王善君注册宁波市北仑区郭巨西门善军电器修理店。2000 年至 2019 年间，注册家用电器修理店为 22 家。至 2019 年，境内注册有家用电器修理店 9 家，另有空调、钟表、手机零售修理店 7 家。

**2019 年境内家用电器修理店一览**

表 8-4-2

| 企业名称 | 法定代表人 | 成立时间 | 经营范围 | 经营地址 |
| --- | --- | --- | --- | --- |
| 郭巨勛亮空调安装服务部 | 倪　雄 | 2019.3 | 空调设备的安装、维修及配件销售 | 北门村桥头 18 号 |
| 白峰铭明电脑维修部 | 汪旭明 | 2013.5 | 电脑、家用电器、打印机、手机维修 | 兴巨路 96 号 |
| 白峰洪振家用电器修理店 | 杨洪春 | 2013.9 | 家用电器修理 | 西街 27 号 |

续表 8-4-2

| 企业名称 | 法定代表人 | 成立时间 | 经营范围 | 经营地址 |
|---|---|---|---|---|
| 白峰永祥电器维修店 | 汪永祥 | 2006.11 | 家用电器维修 | 兴巨路 7 号 |
| 白峰乐颂家电维修部 | 张世存 | 2011.12 | 家用电器维修 | 盛岙村太和里 |
| 白峰西门善军电器修理店 | 王善君 | 1993.9 | 家用电器修理 | 西门村 |
| 郭巨世永电器维修店 | 胡世永 | 2002.4 | 家用电器维修、零售，空调安装 | 西门村霓虹路 15 号 |
| 郭巨光荣电机修理店 | 袁光荣 | 2003.12 | 电机修理 | 福民村 56 号 |
| 白峰圣浩电机修理店 | 汪圣浩 | 1993.8 | 电机、电器修理 | 郭巨老碶头 |

## 第三节　广告设计　房屋装修业

### 广告设计

境内广告设计服务业起步较晚，2014 年始有广告设计公司注册，至 2019 年境内注册的广告设计公司 13 家。主要经营范围有：广告设计、制作、安装、发布。制作电脑图文、宣传栏、工艺品、车体、墙体广告、条幅的设计制作，海报文本装订，电脑割字，广告牌、标识、标牌制作，喷绘写真、雕刻，灯箱、电子显示屏制作；还有展览、会务、庆典礼仪、音响、场景布置、摄像及视频制作、网络技术等服务。

**2019 年境内注册的广告企业一览**

表 8-4-3　　单位：万元

| 企业名称 | 法定代表人 | 成立日期 | 注册资本 | 经营范围 | 经营地址 |
|---|---|---|---|---|---|
| 白峰张力广告服务部 | 袁玲燕 | 2014.6 | 30 | 广告牌灯箱、LED 显示屏的制作、维修，发光字制作，门面设计 | 大涂塘村 29-1 号 |
| 白峰杰玛广告设计部 | 徐　雁 | 2015.6 | 1 | 广告设计、制作、安装、发布 | 大涂塘村塘东 30 号 |
| 郭巨灯城广告服务部 | 张　建 | 2016.11 | 5 | 广告设计、制作、发布，图文制作，宣传栏、工艺品、车体、墙体广告、条幅的设计、制作，海报文本装订，电脑割字，广告牌、标识、标牌制作，喷绘写真、雕刻，灯箱、电子显示屏制作、安装，打字复印，广告材料零售，展示展览服务，会务服务，庆典礼仪服务，室内外装饰服务 | 南门村冯家弄 18-9 号 |
| 郭巨凯建广告服务部 | 朱　凯 | 2016.12 | 5 | 广告设计、制作、发布，图文制作，宣传栏、工艺品、车体、墙体广告、条幅的设计、制作，海报文本装订，电脑割字，广告牌、标识、标牌制作，喷绘写真、雕刻，灯箱、电子显示屏制作、安装，打字复印，展示展览服务，会务服务，庆典礼仪服务，室内外装饰服务 | 东门村夹溪新村 105 号 |

续表 8-4-3

| 企业名称 | 法定代表人 | 成立日期 | 注册资本 | 经营范围 | 经营地址 |
|---|---|---|---|---|---|
| 宁波志合文化传播有限公司 | 路凤广 | 2017.4 | 100 | 文学、美术创造与表演艺术；文化艺术交流活动策划；企业形象设计；会务服务；展览展示服务；庆典礼仪服务；图文设计制作；网站建设与维护；工艺品、服装、饰品、室内外装饰的设计；建筑设计咨询服务 | 路亭村菜场路 221 号 1 幢 3–114 室 |
| 郭巨瑞翔广告设计服务部 | 林波杰 | 2017.8 | 8 | 广告设计、制作、发布服务，路牌、灯箱制作，商务庆典的会场布置服务 | 西门村湾里 37 号 |
| 郭巨榧榧艺术工作室 | 黄永飞 | 2017.9 | 50 | 图文设计制作；广告设计、代理；广告制作 | 大涂塘村里窑厂 |
| 郭巨渊洲广告设计服务部 | 汪万夫 | 2017.10 | 2 | 广告设计、制作 | 大岭下村 70 号 |
| 郭巨齐翔广告服务部 | 王益光 | 2017.11 | 5 | 广告设计、制作、发布，图文制作，宣传栏、工艺品、车体、墙体广告、条幅的设计、制作，海报文本装订，电脑割字，广告牌、标识、标牌制作，喷绘写真、雕刻，灯箱、电子显示屏制作、安装，打字复印，展示展览服务，会务服务，庆典礼仪服务，室内外装饰服务 | 北门村北门外 128 号 |
| 郭巨优逸广告服务部 | 张　建 | 2017.11 | 5 | 广告设计、制作、发布，图文制作，宣传栏、工艺品、车体、墙体广告、条幅的设计、制作，海报文本装订，电脑割字，广告牌、标识、标牌制作，喷绘写真、雕刻，灯箱、电子显示屏制作、安装，打字复印，展示展览服务，会务服务，庆典礼仪服务，室内外装饰服务 | 南门村冯家弄 18–8 号 |
| 郭巨艺亿广告服务部 | 杨莎莎 | 2017.11 | 5 | 广告设计、制作服务 | 南门村冯家弄 18–7 号 |
| 宁波阳子标识有限公司 | 欧阳阳 | 2018.11 | 100 | 标识、标牌设计、制作；文学、美术创造与表演艺术；电脑图文设计、制作；企业形象策划；展览展示服务；摄影服务；公关活动策划；室内装潢设计；建筑设计；景观设计；文化艺术交流活动的组织、策划；动漫设计；广告设计、制作、代理及发布；会务服务；商务信息咨询；企业管理咨询服务 | 尖岭岙村李家 37–2 号 |
| 北仑区元标光影科技工作室 | 戴卓琳 | 2019.3 | 10 | 摄像及视频制作服务；摄影扩印服务；平面设计；广告设计、代理；广告制作；广告发布 | 北门村教堂弄 9 号 |

## 室内装修

随着人民生活水平的提高和房地产业的兴起，室内装修业得到快速发展，2019 年境内注册的室内装修公司 9 家，相关的还有装饰材料店 4 家、金属门窗制造店 7 家、木材店 3 家、油漆店 4 家、五金塑料水管店 4 家、石料加工厂 3 家，且有大量的个体房屋装修工匠（包括泥工、木工、水电工、油漆工 358 人）从事装修行业。主要经营室内装饰装修、工程设计施工、陈设软装设计、照明设备、防盗门窗的安装；建筑外墙装饰、景观，园林绿化设计施工；建筑智能化、幕墙工程施工；地基与基础工程、上下水管道、外墙防水、各类管线安装维修等。

**2019 年境内室内装饰企业一览**

表 8-4-4　　单位：万元

| 企业名称 | 成立日期 | 注册资本 | 经营范围 | 经营地址 |
|---|---|---|---|---|
| 郭巨绿典环保材料商行 | 2016.12 | 50 | 环保材料的制造、加工、零售，室内外装饰工程的设计、施工 | 兴巨路 39 号 |
| 白峰玖巨装潢工程部 | 2012.6 | 5 | 室内外装潢服务，上下水管道、室内外电力线路、照明设备的安装 | 西门村塘东 93 号 |
| 郭巨凌瀚建筑装潢部 | 2017.5 | 10 | 室内装潢、外墙防水、绿化服务，装潢材料、日用品的批发、零售 | 大涂塘村老碶头 12 号 |
| 宁波聚哲建筑工程有限公司 | 2019.1 | 100 | 各类工程建设活动；住宅室内装饰装修；建设工程设计。门窗制造加工等 | 大涂塘塘东 45-1 号 |
| 郭巨涂城装潢工程服务中心 | 2017.7 | 10 | 室内外装修工程施工，强弱电设备安装、维修，太阳能光伏产品研发，土建工程施工 | 大涂塘村老碶头 75-2 号 |
| 宁波星品建筑装饰工程有限公司 | 2015.7 | 1000 | 室内外装饰工程、地基与基础工程、园林绿化工程设计、施工；空调、水电安装、维修；建筑材料批发、零售 | 郭巨北街 8 号 8 幢 104 室 |
| 郭巨耀凯装修服务部 | 2019.7 | 50 | 室内外装饰工程设计、施工；房屋维修工程施工；照明设备安装；建筑材料批发、零售 | 东门村城下弄 43 号 |
| 郭巨唯道装饰设计工作室 | 2015.12 | 5 | 室内外装饰设计、施工 | 北门外 206 号 |
| 宁波星恒建筑装饰设计有限公司 | 2018.2 | 100 | 室内装饰装修工程设计、施工；建筑外墙装饰设计，景观设计，室内陈设软装设计；饰品批发、零售；园林绿化服务；机电设备安装、建筑智能化工程、建筑幕墙工程施工 | 小涂田 1-3 号 |

# 第四节　其他服务业

## 美发美容

美发美容自古有之。男子理发称剃头，女子称剪头发，偶尔也会绞面。七月初七（七夕节）有木槿叶洗头习俗。民国时期，境内有理发从业人员 20 余人，有固定理发店，有分地段上门服务的。1958 年底，公社成立理发合作社，各大队都设有理发店，时村民理发不付钱，理发员每理 1 个人发计 1 分工分，回队结算，后取消。20 世纪 80 年代起，创新出现“吹、烫、染、焗发”热。90 年起，个体理发户进一步增加，出现美发、美容、发屋、发廊等店面招牌，服务项目亦逐渐增多。至 2019 年，全街道有理发店（包括美发美容）18 家，从业人员 24 人。开展洗发、理发、吹风、染发、焗油、烫发、美容等多项业务。

## 家政服务

随着生活节奏的加快，家政服务业应运而生。家政、保洁服务业主要有保姆、育婴师、护理工、钟点工等服务；室内外保洁，内外墙清洗、垃圾清运、下水管道清污、疏通与维修等；代送煤气、饮用水等服务。至 2019 年，境内注册成立家政保洁服务有限公司、个体工商户共 8 家。

### 2019 年境内家政服务企业一览

表 8-4-5　　单位：万元

| 企业名称 | 成立日期 | 注册资本 | 经营范围 | 经营地址 |
|---|---|---|---|---|
| 郭巨孟益保洁服务部 | 2018.1 | 30 | 保洁服务 | 南门村大井跟 28 号 |
| 郭巨晓蕾家政服务部 | 2018.6 | 1 | 家政服务 | 东门村官路弄 36 号 |
| 宁波裕盛保洁服务有限公司 | 2017.8 | 300 | 保洁服务，内外墙清洗，下水管道清污、疏通，建筑垃圾清运服务，城市生活垃圾经营性清扫、收集、运输、处理服务 | 南门村大井跟 73-1 号 |
| 北仑区百佳环保服务部 | 2019.9 | 10 | 室内空气污染检测及治理服务，空气净化保洁服务，家政服务、保洁服务 | 东门村官路弄 3-1 号 |
| 北仑区洁多保洁服务有限公司 | 2016.11 | 68 | 保洁服务，绿化服务，家政服务，下水道疏通服务 | 新碶头 19-2 号 |
| 郭巨晓飞保洁服务部 | 2019.3 | 2 | 保洁服务 | 东门村 21 号 |
| 郭巨舒贤保洁服务部 | 2018.2 | 20 | 保洁服务，建筑垃圾、生活垃圾清运，花木种植，园林绿化，搬家服务 | 北门村教堂弄 11-5-1 号 |
| 郭巨雪波家政服务部 | 2017.6 | 1 | 家政服务 | 路亭村菜场路 201 号 |

## 照相摄影

1958 年，区供销社在郭巨“十字街头”西侧开设的照相馆为境内首家照相馆，时为居民拍摄黑白照片和胶卷冲印洗业务。1984 年供销社照相馆业务转制由个人承包经营。1989 年，供销社照相馆业务承包人在凤山路新开办郭巨艺术照相馆，主营拍照、黑白照片胶卷印洗。20 世纪 90 年代后增加摄像服务，为大型会议、嫁娶婚礼等活动摄影、录像。21 世纪初起，采用数码摄影、用喷墨打印机打印彩色照片服务，并用电脑软件开展了对损坏的纸质旧照片的修复服务。至 2019 年，境内照相店仅此 1 家，从业人员 2 人。并兼营打字、复印、钟表、眼镜修理等业务。

## 修锁配钥匙

20 世纪 60 年代始，境内先后开办修锁配钥匙店 5 家。纵观配钥匙工艺，从 60 年代的手工锉，到 80 年代的电动机砂轮磨，发展到 21 世纪初的电脑程序控制下的自动铣削配制。至 2019 年境内钥匙锁修配店仅存 1 家。

## 手机零售修理

境内最早使用手机在 20 世纪 90 年代初，第一代手机即模拟移动电话，形如“龙骨砖”，俗称“大哥大”，零售价在 2 万～ 3 万元，只有少数“老板”才用得起。2000 年，手机基本普及并逐渐替代座机电话。2009 年，智能手机开始普及。手机的流行与普及，催生了手机的零售与维修业。2012 年以来，境内注册的手机零售、维修店 7 家。

## 咨询服务

21 世纪 10 年代以来，信息咨询服务业在境内兴起。至 2019 年，境内注册的咨询服务工商户达 22 家。其中企业管理、商务信息咨询服务 5 家，物流信息咨询服务 3 家，健康信息咨询服务 10 家，其他信息咨询服务 4 家。

# 第九篇　金融　财税

中华人民共和国成立前，乡村征收赋税皆由县衙经营。清雍正年间（1723—1735），官府征粮，当堂设柜，从县衙户粮书吏中选清书者经办，曰“柜书”。乾隆年间（1736—1795),各庄设“庄书”,代理赋税征收事务,庄书从中收取“规费”。民国年间，废庄书制，乡公所承办6种地方自治征税（营业牌照税、使用牌照税、屠宰税、房捐、警捐、筵席税），所得税额上缴县署。

中华人民共和国成立后，根据农村税源分散的特点，1956年起改变以“块”为主、“条”“块”结合的征管方式，逐年推行以“条”为主，以“块”为辅，“征、管、查”三体合一的征管模式。1987年始，税收征管与稽查分离。1994年9月，贯彻国家分税制改革，实行国税与地税分离。2018年，国税、地税机构合并。

中华人民共和国成立后，乡、镇财政收支主要由县财政科根据定编人员按计划拨款。1958年初，建立乡、镇级财政，未几即废，由县财政科直管。1986年，郭巨镇和峙头乡建立财政所。乡（镇）财政收支、税收分成的财税管理体制几经多次改革。

1954年创办郭巨、峙头农村信用合作社，1979年设立中国农业银行北仑分行郭巨办事处，1987年设立郭巨邮政储蓄所，在境内开展各项金融业务。20世纪80年代起，境内建立乡（镇）保险委员会，开办各项保险业务。

# 第一章　金融

中华人民共和国成立前，境内没有金融机构。境内贫困户在青黄不接或因病、因灾等急需用钱时，往往到柴桥典当或钱庄办理典押、借款业务。1950年春，成立郭巨工商联合会，开始从事简易金融业务。1954年境内成立信用合作社（简称信用社），1957年设中国人民银行镇海县支行郭巨营业所，1979年成立农业银行郭巨营业处。2005年成立邮政储蓄银行北仑郭巨支行，开展各项金融业务。20世纪80年代起，境内开办各项保险业务。

## 第一节　金融机构

### 中华人民共和国成立前的金融业

**典当**　俗称“当店”或“当铺”。境内贫困户在青黄不接或因病急需用钱时，往往到柴桥典当办理典押借款，典押质物主要为衣物、首饰、古玩等。质物期限一般是18个月，月息2分，质物逾期没当。抗日战争后闭歇。

**钱庄**　由当地财力雄厚的富户开设或合资经营。钱庄一般经营存、放、汇业务及买卖公债、证券等。存款分活期、定期、同业存款3种；放款分活放、定放（6个月）、同业拆入、往来透支4种，民国37年（1948）关闭。

### 中华人民共和国成立后的金融业

1950年春，中国人民银行镇海县办事处组织范云乔等人为下乡流动服务队，来郭巨下乡上门服务，发放农业生产个人贷款。1953年春，人民银行镇海办事处在十字街头原德生堂设立郭巨营业所。

**信用社**　1954年4月，境内郭巨、峙头、霞峙、盛厚四乡相继成立信用社，首任社主任分别是：张瑞尧、张布芳、冯金水、张品甫。各社设立理事会、监事会两套组织。1956年，撤销霞峙、盛厚社，并入郭巨、峙头两个信用社，社主任分别是：汪其德、张布芳。1958至1960年，人民公社化时期，境内扩设东门、西门、华峙、峙南、峙北五个信用社，社主任分别是：吴林甫、赵安甫、沃森全、郑志唐、张布芳。1961年以后，境内复设郭巨、峙头两个信用社。

**郭巨信用社**　前身为1953年春在郭巨十字街口（原德生堂）设立的中国人民银行镇海办事处郭巨营业所和1951年成立的郭巨工商联合会。1954年7月4日，组织农民自愿入股，成立郭巨信用社，时有入社农户2114户。1958年，称郭巨公社信用部，总部与人民银行郭巨营业所合署办公，以管理区设分部，下设东门、西门、华峙、峙南、峙北五个信用社分部。1961年复设郭巨、峙头公社二个信用社。20世纪60年代，在郭巨南街（石鼓弄北侧）新建三间三层楼房作营业办公大楼，建筑面积380平方米。1973年，信用社机构下延，部分生产大队设信用社服务站，委托大队代办员代理部分信用社存、取款业务。1977—1983年，又新发展1709户社员入股，农户占社员总股70.5%。1992年7月，因扩镇并乡成立郭巨镇信用社，周昌甫任主任，下设1个分社（分社址在中宅村的原峙头信用社）、2个储蓄所（南门、福民村)、7 个信用服务站（后墩、谢家岙、华峙、双岙、盛岙、联合、洋涨村)。1989 年，信用社全面推行经营承包责任制。1994 年，在郭巨老碶头新建营业大楼（兴巨路 120 号），占地面积 990 平方米，建筑面积 1573 平方米。2003 年 5 月，郭巨镇信用社并入白峰镇信用社，称白峰信用社郭巨办事处。2016 年 8 月，复称郭巨街道信用社。2018 年 11 月 8 日，更名为宁波北仑农村商业银行股份有限公司郭巨支行。2019 年 12 月，有员工 15 人，其中助理经济师 3 人。1995 年，郭巨信用社获评浙江省农村信用社存款“百强信用社”荣誉单位。

北仑农商银行郭巨分行

**峙头信用社**　1954 年 4 月，成立峙头信用社，张布芳任主任，社址中宅村张三余，时入社农户 1271 户。1958 年底，并入郭巨人民公社信用部，称峙头公社郭巨信用社分部。1961 年社员发展至 1717 户，占全乡农业户数 85%。1984 年，新建信用社营业大楼，址置中宅峧外，二层楼共 3 间，建筑面积 350 平方米。1992 年 5 月，因扩镇并乡撤销，并入郭巨信用社，称郭巨信用社峙头分社，时有 2 名营业员，办理存取款业务，不再办理信贷业务。2005 年，中宅村域因天然气接收站项目被征地拆迁，郭巨信用社峙头分社随之撤销。

**中国农业银行郭巨支行**　前身为 1953 年春在郭巨十字街口（原德生堂）设立的中国人民银行镇海办事处郭巨营业所。1956—1957 年、1964—1965 年，人民银行和农业银行曾两次分合。1979 年 11 月，中国农业银行镇海县支行将原人民银行郭巨营业所划为农行分支机构。时农业银行郭巨营业所址在郭巨南街（石鼓弄南侧)。20 世纪 80 年代，原地拆建三间三楼。1994 年 7 月，迁址西门外霓虹路新建五间三楼营业大楼，建筑面积 650 平方米，时称农业银行郭巨办事处，正式职工增至 15 人。2003 年 8 月，因扩镇并乡，并入农业银行白峰分理处，设农业银行白峰分理处郭巨储蓄所。2012 年，迁址至郭巨兴巨路 131 号。2019 年，农业银行郭巨储蓄所有职工 6 人。

**郭巨邮政储蓄所**　址郭巨凤山路邮电大楼内，使用建筑面积 210 平方米。1987 年成立，时为郭巨邮电支局新增的一项居民储蓄业务。2004 年邮电分营后，储蓄业务由郭巨邮政支局经营。2019 年，储蓄所从业人员 6 名，吸蓄余额 27600 万元。主要业务有：居民储蓄、理财、保险，代销国债、基金等业务。

农业银行白峰分理处郭巨储蓄所

郭巨邮政储蓄所

## 第二节　金融业务

### 郭巨、峙头信用社金融业务

1955 年，信用社始向各互助合作社开办农业生产资料贷款业务。是年，开办新式农具贷款。时推广打稻机等新式农具，由供销社落实销售对象，信用社解决资金贷款。人民公社化后，存、贷业务皆由公社信用部统一办理，存贷差额或上缴人民银行县支行，或由县支行补助。时农村合作社、供销社、信用社为巩固、发展、壮大农村集体经济，帮助农民走上合作化道路作出了重要的贡献。农民感慨：自从农村有了合作社，改变了小农经济“瓦上霜”；有了供销社，取缔了中间剥削的投机商；有了信用社，打击了高利贷盘剥差价商。1961 年，农村资金紧张，且遇严重自然灾害，为减轻公社和各生产大队负担，国家降低农贷利率，由原 6% 降至 4%。翌年，银行为控制货币发行，对生产队不发放设备性贷款，规定信用社主要做好社员个人贷款工作，并接受业务主管部门委托，发放育林基金、繁殖耕牛、回乡下乡人员安置、贫困社员养猪养羊等贷款项目。“文化大革命”期间，一度冻结农贷。1975 年，农贷重点支持农田基本建设。是年，信用社发放贷款顺序为：社员贷款、农业生产费用贷款、社队企业生产费用贷款、农业生产设备费用贷款、社队企业设备贷款。农业生产设备费用贷款执行低息政策。1978 年起，社队企业设备贷款也实行低息。同时，为照顾贫困生产队，发放部分专项无息贷款。是年，信用社逐步配备专职信贷员，开展信贷业务。

### 1954—1977 年郭巨、峙头信用社机构及主要业务数据一览

表 9-1-1

| 年份 | 机构情况 | | 固定资产（元） | 股金（元） | 存款（元） | | 贷款（元） | | 盈亏（元） |
|---|---|---|---|---|---|---|---|---|---|
| | 主任姓名 | 职工人数（人） | | | 合计 | 其中：储蓄 | 发放数 | 余额 | |
| 1954 | 张瑞尧 | 2 | | 1605 | 8847 | 8847 | 39222 | 3922 | 28 |
| 1955 | 阮中科<br>张布芳<br>张品甫 | 6 | — | 3625 | 71767 | 71767 | 30119 | 7733 | 820 |
| 1956 | 张布芳<br>汪其德 | 4 | 63 | 5718 | 76021 | 60442 | 10881 | 69777 | 1223 |
| 1957 | | 5 | 32 | 8808 | 30696 | 18562 | 48820 | 47510 | −249 |
| 1958 | 张布芳<br>赵安夫<br>吴林夫 | 6 | 86 | 8340 | 41580 | 28633 | 87382 | 25863 | −245 |
| 1959 | | 6 | 86 | 8340 | 41580 | 28633 | 87382 | 25863 | −245 |
| 1960 | | 6 | 86 | 8340 | 41580 | 28633 | 87382 | 25863 | −245 |
| 1961 | 张惠耀<br>张布芳 | 4 | 86 | 8340 | 41580 | 28633 | 87382 | 25863 | −245 |
| 1962 | 张布芳<br>郑庆连 | 7 | 168 | 9979 | 111497 | 59551 | 98007 | 74173 | −616 |
| 1963 | | 7 | 323 | 9997 | 122362 | 29747 | 69152 | 68308 | 990 |
| 1964 | 郑庆连<br>张布芳 | 7 | 1040 | 10219 | 150363 | 44998 | 86326 | 63263 | 1103 |

续表 9–1–1

| 年份 | 机构情况 |  | 固定资产（元） | 股金（元） | 存款（元） |  | 贷款（元） |  | 盈亏（元） |
|---|---|---|---|---|---|---|---|---|---|
|  | 主任姓名 | 职工人数（人） |  |  | 合计 | 其中：储蓄 | 发放数 | 余额 |  |
| 1965 | 张布芳<br>郑庆连 | 7 | 1214 | 10276 | 246774 | 43454 | 8162 | 96511 | −240 |
| 1966 |  | 7 | 1653 | 10292 | 303931 | 39319 | 140400 | 123705 | −89 |
| 1967 |  | 7 | 4248 | 10294 | 231422 | 74223 | 146985 | 160871 | 322 |
| 1968 |  | 7 | 4602 | 10403 | 457154 | 54715 | 138985 | 148768 | −5991 |
| 1969 |  | 7 | 4602 | 10418 | 350782 | 33043 | 125078 | 157172 | −6028 |
| 1970 |  | 7 | 4813 | 10420 | 252934 | 28951 | 3113 | 188337 | −162 |
| 1971 |  | 7 | 4854 | 10422 | 459916 | 43844 | 4379 | 136212 | −4527 |
| 1972 |  | 7 | 5066 | 10416 | 460242 | 62785 | 15840 | 135577 | −3059 |
| 1973 |  | 7 | 5268 | 10418 | 435386 | 91919 | 65674 | 117485 | −5954 |
| 1974 |  | 7 | 5278 | 10418 | 544360 | 81370 | 222940 | 128114 | 1518 |
| 1975 |  | 7 | 6490 | 10418 | 765873 | 102183 | 100456 | 133209 | 3320 |
| 1976 |  | 7 | 6702 | 10418 | 631541 | 99651 | 141803 | 160819 | 1092 |
| 1977 |  | 7 | 7554 | 10418 | 609835 | 107222 | 200758 | 187731 | 716 |

说明：上述数据来自北仑档案馆《镇海县信用社业务统计资料汇辑（1954 年至 1977 年）》。

20 世纪 80 年代，为适应农村商品生产发展，农村信贷重点支持“三户”（专业户、重点贫困户、承包户），促使农民进入运输、商业、家庭工业、饮食等行业进行生产经营活动。同时，对乡镇企业尤其对创汇企业和贫困村村办企业给予大力支持。郭巨、峙头信用社重点对郭巨大华灯具厂、峙头冷冻厂（成开公司）、峙头拆船厂等一些规模较大的乡镇企业，帮助扶持筹资（融资），使上述企业得以扩大规模快速发展，成为当时北仑区域内有较大影响力的企业和行业，在境内乡镇企业发展史上留下了浓墨重彩的一笔。1988 年，银根紧缩，为加强信贷管理，对乡（镇）办企业贷款在信贷总规模内严控专业指标；对信用社信贷资金实行两项比例管理，以制约乡镇办企业贷款大幅增加。

## 1988—1993 年郭巨、峙头信用社各项贷款年末余额一览

表 9–1–2　　单位：千元

| 年份 | 郭巨 |  |  |  |  |  | 峙头 |  |  |  |  |  |
|---|---|---|---|---|---|---|---|---|---|---|---|---|
|  | 承包户贷款 | 集体贷款 | 乡镇流动资金贷款 | 乡镇固定资产贷款 | 个体工商贷款 | 合计 | 承包户贷款 | 集体贷款 | 乡镇流动资金贷款 | 乡镇固定资产贷款 | 个体工商贷款 | 合计 |
| 1988 | 419 | 290 | 1948 | 200 | 68 | 2925 | 495 | 19 | 2702 | 23 | — | 3239 |
| 1989 | 449 | 351 | 2688 | 54 | 155 | 3697 | 487 | 2085 | 3991 | 3 | — | 6566 |
| 1990 | 867 | 275 | 3893 | — | 174 | 5209 | 581 | 114 | 4383 | — | — | 5078 |
| 1991 | 1220 | 621 | 4077 | — | 186 | 6104 | 714 | 245 | 4463 | — | — | 5422 |
| 1992 | 3007 | 811 | — | 10612 | 175 | 14605 | — | — | — | — | — | — |
| 1993 | 3853 | 869 | 14935 | — | 153 | 19810 | — | — | — | — | — | — |

说明：1. 上述数据来自北仑档案馆《北仑区信用社业务统计资料汇辑（1988 年至 1993 年）》。2.1992 年后，峙头并入郭巨。

## 1988—1993 年郭巨、峙头信用社乡镇企业流动资金贷款放收余一览

表 9-1-3　　单位：千元

| 年份 | 郭巨 | | | 峙头 | | |
|---|---|---|---|---|---|---|
| | 发放 | 收回 | 余额 | 发放 | 收回 | 余额 |
| 1988 | 4297 | 3239 | 1948 | 5232 | 3244 | 2702 |
| 1989 | 6889 | 6149 | 2688 | 9585 | 8296 | 3991 |
| 1990 | 10207 | 9002 | 3893 | 21709 | 21317 | 4383 |
| 1991 | 14636 | 14452 | 4077 | 20033 | 19953 | 4463 |
| 1992 | 38539 | 36467 | 10612 | — | — | — |
| 1993 | 132264 | 127940 | 14935 | — | — | — |

## 1988—1993 年郭巨、峙头信用社承包户贷款放收余一览

表 9-1-4　　单位：百元

| 年份 | 郭巨 | | | 峙头 | | |
|---|---|---|---|---|---|---|
| | 发放 | 收回 | 余额 | 发放 | 收回 | 余额 |
| 1988 | 4833 | 4313 | 4195 | 4377 | 3376 | 4951 |
| 1989 | 7608 | 7310 | 4493 | 4250 | 4334 | 4868 |
| 1990 | 17485 | 13306 | 8673 | 6680 | 5735 | 5811 |
| 1991 | 26162 | 22632 | 12203 | 6623 | 5299 | 7135 |
| 1992 | 45194 | 34465 | 30069 | — | — | — |
| 1993 | 49284 | 40820 | 38532 | — | — | — |

## 1988—1993 年郭巨、峙头信用社存款一览

表 9-1-5　　单位：千元

| 年份 | 郭巨 | | | 峙头 | | |
|---|---|---|---|---|---|---|
| | 个人存款 | 集体存款 | 合计 | 个人存款 | 集体存款 | 合计 |
| 1988 | 2878 | 1500 | 4378 | 469 | 1007 | 1476 |
| 1989 | 4741 | 1176 | 5917 | 552 | 926 | 1478 |
| 1990 | 7475 | 1225 | 8700 | 1028 | 982 | 2010 |
| 1991 | 9623 | 2294 | 11917 | 1460 | 1710 | 3170 |
| 1992 | 14111 | 4464 | 18575 | — | — | — |
| 1993 | 19193 | 3705 | 22898 | — | — | — |

说明：1992 年后，峙头并入郭巨。

20 世纪 90 年代，实行《信用社农户联保贷款管理办法》，发放农村种植业和养殖业贷款、个体工商户经营贷款，促进了种养殖业和个体经营业的发展。以后，对种养殖大户、农村专业户在信贷方面予以大力支持，以调动农业大户、专业户生产积极性，促进农村多种经营发展，产业结构的调整。1991 年，郭巨信用社存款规模超亿元。

## 1988—1993 年郭巨、峙头信用社（代办点）存放收余额一览

表 9-1-6　　单位：百元

| 年份 | 郭巨 | | | | 峙头 | | | |
|---|---|---|---|---|---|---|---|---|
| | 储蓄余额 | 贷款 | | 其中代办点余额 | 储蓄余额 | 贷款 | | 其中代办点余额 |
| | | 放 | 收 | | | 放 | 收 | |
| 1988 | 1120 | 1840 | 1743 | 302 | 518 | 438 | 276 | 82 |
| 1989 | 1237 | 2012 | 3214 | 706 | 586 | 285 | 250 | 53 |
| 1990 | 1775 | 5338 | 399 | | 1628 | 496 | 373 | 100 |
| 1991 | 2569 | 6607 | 5019 | 1931 | 2195 | 1248 | 1157 | 100 |
| 1992 | 6562 | 4095 | 4626 | 280 | — | — | — | — |
| 1993 | 10201 | 3641 | 5495 | 3000 | — | — | — | — |

说明：1992 年后，峙头并入郭巨。

## 1988—1993 年郭巨、峙头信用社股金公积金及基金一览

表 9-1-7　　单位：百元

| 年份 | 郭巨 | | | | | 峙头 | | | | |
|---|---|---|---|---|---|---|---|---|---|---|
| | 股金 | 公积金 | 信贷基金 | 专用基金 | 财产基金 | 股金 | 公积金 | 信贷基金 | 专用基金 | 财产基金 |
| 1988 | 147 | −79 | 66 | 478 | 283 | 59 | 37 | 24 | 460 | 310 |
| 1989 | 147 | −88 | 445 | 586 | 403 | 59 | 53 | 122 | 442 | 344 |
| 1990 | 147 | 88 | 487 | 921 | 477 | 59 | 95 | 158 | 706 | 417 |
| 1991 | 147 | 169 | 1458 | 1097 | 2914 | 59 | −348 | 323 | 787 | 970 |
| 1992 | 206 | 182 | 2179 | 2981 | 3430 | — | — | — | — | — |
| 1993 | 206 | 251 | 3029 | 3922 | 20050 | — | — | — | — | — |

说明：1992 年后，峙头并入郭巨。

21 世纪初以来，信贷扶持大中专毕业生、失土农民、青年创业。2002 年始，随着穿山港区的开发建设，峙北各村陆续拆迁，大量企业落户境内，建设、拆迁资金大量涌入，郭巨信用社抓住这一历史机遇，主动做好服务，使信用社业务发展具有一定规模，2004 年，郭巨信用社拥有各项存款 1.4293 亿元，其中个人储蓄 9647 万元。各项贷款 1.3670 亿元，其中农业贷款 1129 万元，企业贷款 3871 万元，存、贷规模明显增加。积极为境内小微企业、股份制公司、特色产业、（民居民宿、农家乐、种养殖经营户）发展提供资金支持，促进农民多渠道创业再就业。开办网上银行业务。

## 2016—2019 年郭巨信用社（农商银行）存贷规模一览

表 9-1-8　　单位：万元

| 年份 | 总存款 | 对私存款 | 对公存款 | 年末贷款 |
|---|---|---|---|---|
| 2016 | 31533.38 | 21335.95 | 10197.43 | 9181.47 |
| 2017 | 44845.03 | 25466.11 | 19378.93 | 3522.03 |
| 2018 | 53820.06 | 30339.27 | 23480.79 | 8687.62 |
| 2019 | 67804.04 | 39530.10 | 28273.93 | 13907.36 |

## 中国农业银行郭巨办事处金融业务

业务范围：办理人民币存款、贷款、结算业务；办理票据贴现；代理发行、兑付政府债券；代理收付款项及代理保险业务；代理开放式基金；办理黄金买卖业务；外汇存款；外汇汇款；外币兑换；经银行业监督管理机构批准的其他业务。

### 1980—1990年农业银行郭巨办事处存款余额年末累计一览

表9-1-9　　单位：万元

| 年份 | 各项存款 | 企事业单位存款 | 集镇储蓄 | 一般存款 | 其他存款 |
|---|---|---|---|---|---|
| 1980 | 6297.79 | 567.97 | 363.56 | 1303.29 | 4062.97 |
| 1981 | 2437.26 | 510.51 | 450.07 | 1363.47 | 113.21 |
| 1982 | 3429.74 | 623.56 | 601.47 | 2057.55 | 147.16 |
| 1983 | 3888.32 | 641.28 | 752.68 | 2236.93 | 257.43 |
| 1984 | 5153.33 | 1023.83 | 935.70 | 2829.55 | 364.25 |
| 1985 | 6469.01 | 1729.55 | 1477.67 | 2769.54 | 492.25 |
| 1986 | 9325.73 | 2367.14 | 1967.52 | 4297.83 | 693.24 |
| 1987 | 9209.38 | 2537.43 | 2347.82 | 3813.71 | 510.42 |
| 1988 | 7168.49 | 2587.61 | 2536.78 | 1592.68 | 451.42 |
| 1989 | 6520.72 | 2122.34 | 2784.95 | 1247.94 | 365.49 |
| 1990 | 10564.21 | 2555.85 | 4445.79 | 2871.29 | 691.28 |

### 1980—1990年农业银行郭巨办事处贷款累计发放一览

表9-1-10　　单位：万元

| 年份 | 各项贷款 | 工业贷款 | 一般商业贷款 | 乡镇企业贷款 | 农业贷款 | 农副产品收购 | 其他贷款 |
|---|---|---|---|---|---|---|---|
| 1980 | 2720.43 | 144.76 | 1982.65 | 537.93 | 38.09 | — | 17 |
| 1981 | 2635.91 | 192.94 | 1994.20 | 414.01 | 19.76 | — | 15 |
| 1982 | 3013.91 | 146.20 | 2302.16 | 532.12 | 23.43 | — | 10 |
| 1983 | 3046.42 | 224.78 | 2154.68 | 523.53 | 137.43 | — | 6 |
| 1984 | 4730.65 | 392.71 | 2999.93 | 1279.98 | 48.03 | — | 10 |
| 1985 | 5003.85 | 450.25 | 2393.36 | 1476.03 | 39.99 | 644.22 | — |
| 1986 | 2607.70 | 541.63 | 563.57 | 1083.38 | 41.84 | 377.28 | — |
| 1987 | 3408.53 | 894.62 | 633.80 | 1540.34 | 38.15 | 251.62 | 50 |
| 1988 | 2652.27 | 1099.25 | 915.60 | 5.46 | 5.56 | 576.40 | 50 |
| 1989 | 2682.47 | 1054.84 | 846.10 | 335.79 | 42.84 | 402.90 | — |
| 1990 | 2673.72 | 899.32 | 990.70 | 303.57 | 104.63 | 375.50 | — |

## 第三节　通用货币

境内曾流通银两、银币、铜币、镍币和纸币。民国时期流通货币以法币、金圆券为代表。抗日民主政府曾发行“兑换券”。中华人民共和国成立后，人民币为唯一流通货币。2020 年 8 月，中国人民银行在京津冀、长三角等地区试点使用数字人民币。

### 银两

银两分元宝、银锭、碎银。清代末期和民国初期铸造银圆后，银两逐渐消失，民国 22 年（1933）4 月，国民政府命令“废两改圆”，禁止银两流通。

### 银圆

银圆俗称“大洋”“洋钱”“番饼”，由国外流入，最多为墨西哥“鹰洋”。清末、民国初，流通清铸龙洋与北京政府铸“孙洋”（开国纪念币）“袁洋”（铸有袁世凯头像）。银铸辅币称银角子，面额有壹角、贰角两种。宣统二年（1910），清政府定银圆为国币；民国 3 年（1914），北洋政府又公布银圆为国币。民国 22 年（1933），南京政府确立“银本位”货币制度，并流通“船洋”（铸有孙中山像）。民国 24 年（1935）宣布“法币政策”，废止银圆。民国 37 年（1948），国民党政府又铸制一批银圆流通市场。中华人民共和国成立后，禁止银圆投机贩卖。

宣统元宝

银圆（袁洋）

大清铜币

20 银毫

### 铜钱、铜圆

铜钱又称铜钿，历代均有制造。清代及民国初，境内沿用清代制钱。铜圆出现后，铜钱逐渐淘汰。铜圆又称铜板，始于清光绪年间（1875—1908）。境内流通铜圆以当十为主。3 枚为 1 分，10 分折 1 银角。抗日战争开始后，铜圆多被销溶。民国 29 年（1940）后，铜圆消失。

廿分

拾分

贰仙

壹仙

大清铜币

半圆

## 镍币、铝币

民国初年，曾流通铸有袁世凯头像的面值五分镍币。民国 24 年（1935）实行法币政策后，一度用镍币为辅币，有五分、拾分、廿分三种。镍币正面为孙中山像，背面为古代布币图案。民国 28—33 年，尚流通有一分、五分、拾分铝币。抗日战争开始后，均逐渐停止使用。

## 法币

法币（组图）

民国 24 年(1935)11 月,国民政府规定以中央、中国、交通等国家银行所发行的纸币为法币。面额有壹分、伍分、壹角、贰角、壹圆、伍圆、拾圆等。当时境内流通的还有四明、实业、浙江地方等银行发行的纸币。民国 27 年（1938）8 月，公布中国交通银行发行纸币按票面以 9 折计算。民国 31 年起，由中央银行独家发行法币。法币发行始与银圆等值，面额最高为拾圆。民国 36 年（1947）12 月，浙江省银行镇海办事处奉令宣布 8 种新币上市，法币面额迅速增大，币值猛跌，后法币发行最高面额达 500 万圆,贬值到 600 万圆法币等于 1 个银圆。

## 临时兑换券

民国 34 年（1945）4 月,临时流通兑换券,系是年 3 月后镇海县抗日政府印钞厂制,票面有壹角、贰角、伍角、壹圆和伍圆 5 种，限镇海县境内通行。壹圆券相当于 1 市斤大米价值。9 月底，新四军浙东游击纵队奉命北撤，由抗日民主政府用粮食或棉花兑回，临时兑换券集中烧毁。

## 关金券

即海关金单位兑换券，民国 31 年（1942），国民政府在内地发行。抗日战争胜利后大量流入境内，1 元关金券折法币 20 元。

## 金圆券

民国 37 年（1948）8 月，国民党政府改革币制，由中央银行发行金圆券，停止法币流通，以 1∶300

金圆券（组图）

万元限期收兑；同时强制收兑民间金银、外币。金圆券标榜为金本位货币，原定含金量为0.22217克。初期最高面额为拾圆，2元等于1银圆。民国38年（1949）4月，面额最高为100万元，贬值至24万元等于1银圆。

## 人民币

1949年5月，境内解放后即流通人民币，7月，中国人民银行镇海县支行建立，宣布人民币为唯一合法货币，禁止其他货币流通。为稳定社会，收兑金圆券，比价为1∶25.6万元。采取经济和行政措施，肃清旧通货，运用新统币，稳定金融物价，建立统一人民币市场。

**第一套人民币**　1948年12月1日中国人民银行成立时，开始发行第一套人民币，当时发行面值为壹圆、贰圆、伍圆、拾圆、伍拾圆、壹佰圆、贰佰圆、伍佰圆、壹仟圆、伍仟圆、壹万圆、伍万圆12种纸币。

**第二套人民币**　1955年3月1日，由中国人民银行发行，主币面额有壹圆、贰圆、叁圆、伍圆、拾圆5种纸币；辅币有壹分、贰分、伍分、壹角、贰角、伍角6种纸币。与第一套人民币比值为1∶10000。4月1日起停止老版币流通。1957年12月1日，发行壹分、贰分、伍分3种铝合金硬币。

1964年4月15日，人民银行限期收回由苏联代印的叁圆、伍圆、拾圆3种面额的人民币，5月15日起停止收兑。其余贰圆、壹圆、贰角、壹角分别在1967年11月、1971年11月、1973年8月、1976年12月银行执行只收不付。2006年8月31日，中国人民银行公告，2007年4月1日起，壹分、贰分、伍分纸币停止流通。

**第三套人民币**　1962年4月20日，中国人民银行发行第三套人民币，面额为壹角、贰角、伍角、壹圆、贰圆、伍圆、拾圆共7种纸质主辅币，比价未变。1972年尼克松访华时，当外国记者问周恩来总理中国有多少钱时，周总理回答：十八元八角八。风趣地说明了第二套人民币的面额。

1980年4月15日，人民银行发行壹圆、伍角、贰角、壹角4种铜镍合金硬币。第三套人民币从1967年12月至2000年7月人民银行分别执行只收不付，是流通时间较长的一套人民币。

**第四套人民币**　中共十一届三中全会后国家实行改革开放，国民经济快速发展，市场不断繁荣，社会商品零售额持续增长，要求货币发行总量和券别结构与之相适应。1987年4月25日，国务院决定，4月27日由中国人民银行发行第四套人民币，主币面额有壹圆、贰圆、伍圆、拾圆、伍拾圆、壹佰圆6种纸币；辅币有壹角、贰角、伍角3种纸币。采取一次公布、分次发行。4月27日，首发伍拾圆和伍角纸币。1988年5月10日发行壹佰圆、贰圆、壹圆和贰角纸币。1988年9月22日发行壹角、伍圆、拾圆纸币。1992年6月1日发行壹角、伍角纸币和壹圆铝镁、铜锌、钢芯镀镍合金硬币。

**第五套人民币**　1999年10月1日，中国人民银行发行第五套人民币，共8种面额纸币：壹佰圆、伍拾圆、贰拾圆、拾圆、伍圆、壹圆、伍角、壹角。

**数字人民币**　是数字形式的法定货币，和纸钞硬币等价。由中国人民银行发行，2020年4月开始内部试点测试，2020年8月在京津冀、长三角等地区试点，即境内为试点地区之一。

# 第四节　货币支付方式

长期以来，硬币、纸币的实体流转是境内老百姓购买商品、服务的传统货币（现金）支付方式。

20世纪90年代后期，境内逐渐出现消费者用银行卡在商户POS机上“刷卡”进行支付的新型支付方式。交易金额较大的则通过银行转账或票据支付。

进入21世纪，现代计算机技术和通信技术实现了以电子信息传递形式的货币流通和支付方式，即网络支付（又称线上支付）。特别是随着移动互联网、智能手机的普及，境内居民可通过网上银行、手机银行、支付宝、微信、云闪付等设施和平台进行货币电子化支付。境内居民在菜场等实体商店购物、服务消费，通常通过扫支付宝或微信钱包二维收款码进行支付；也可通过支付宝或微信钱包的转账功能进行支付。在网上购物，则可通过支付宝等第三方支付平台进行支付。通过支付宝、微信钱包等第三方支付平台支付水费、电费、煤气费等生活费，给手机话费充值等。

## 第五节　民间借贷

亲友、邻里间借贷自古有之。重利借贷，农村更盛。除春耕播种、添置农具、天灾人祸等急需借贷外，还有婚丧喜庆、人情往来需之，亦有向亲友、商铺或当典借贷、赊账、抵押者，其中不乏高利盘剥。早期，境内传统借贷方式有：

### 纠会

为民间亲朋好友经济互助之俗，利息较高。急需用款发起者称“会首”，被邀参加者称“会脚”。会脚的多寡视总金额而定，有 10 人、12 人、24 人不等。会期有一月（月会）、一季（季会）、一年（年会）。贫民和村妇纠会多属小额，一月一轮，俗称“月月红”。“头会”会费属发起人所得，会脚顺序的确定一般有两种方法：一是事先抓阄排定会次，称“座会”；另一种是每会（或三个月、半年、一年）临时掷骰子，点数多者为当会（已取过款者不参加掷骰子），称“摇会”。无论年会、月会，或座会、摇会，皆推选“会中”主持其事，俗称“会证”，类似现代的“公证人”。末会结束，举办会酒，以表示顺利大吉。纠会之习在中华人民共和国成立后一度沉寂，近几年又有兴起，利息高于银行，目的多为筹集资金以解燃眉之急。

### 典押

以实物作抵押而借款，境内民间旧时较为流行。经济困难者以土地、房屋等固定资产作抵押，托中间人作保，写具押契，抵期 1 年、5 年、10 年不等，到期归还本息，取回押契；逾期不取，即为断契，所押财产归押主所有。此类借贷形式在中华人民共和国成立后被禁绝。

### 高利贷

中华人民共和国成立前，民间借贷利率甚高，名目繁多。一曰“庄息”，即以钱庄利息，息以日计，每百元日息 2%；二曰“当息”，以当店利率，以月计息，一般为 2 分利；三曰“印子钱”，以百元计息，月息 2% ～ 4%；四曰“三月一加对”，借贷 10 元，3 个月连本带息还 20 元，6 个月还 40 元，12 个月还 120 元。此类高利贷在中华人民共和国成立后被取缔。

### 放青苗

中华人民共和国成立前，借贷除现金外，还有借钱还粮、借粮还钱等形式，尤以春荒时节放青苗最甚。即在春耕时节，农民向地主借粮、借钱，以青苗作抵押，春借 50 千克粮，秋收还 60 千克；春借薯干等杂粮 50 千克，秋后还稻谷 50 千克；或以市价七折放粮款，秋后还谷。此类借贷在抗日战争至解放战争时期，因货币贬值而特别流行，中华人民共和国成立后被禁绝。

农村合作化之后，上述高利贷活动在境内基本禁绝。20 世纪 60 年代初的三年困难时期，又曾一度抬头。1964 年，农村开展社会主义教育运动，打击高利贷活动，政府规定凡月息超过 1.5% 即为高利贷，并予以打击。20 世纪 80 年代改革开放以后，随着市场经济的发展，民间借贷又趋活跃，农民造楼房、结婚、经商、做实业等急需钱款，有的向亲友借款，这种借贷不付利息，纯属互相帮助；也有的通过亲友介绍，向有余钱的人家借款，利息由双方协商，一般比银行贷款高，有的月息高达 2 ～ 3 分。八九十年代，境内乡（镇、村）办企业、个体企业迅猛发展，有些企业为了开发新项目、扩大生产或进行技改，急需大量资金投入，通过向社会及本单位职工集资的方式筹措资金，集资款的利息略高于银行贷款。1991 年，最高人民法院规定民间借贷利率最高不得超过银行贷款利率的四倍，各种形式的民间借贷大量出现，有的甚至相互转借或拆借，形成了当时较为盛行的“三角债”。21 世纪初，各类线上线下理财机构大量涌现，有的理财机构常以高利息为诱饵，大量吸纳民间资本聚财，一旦资金链断裂败露，致贪小便宜的财民遭受本金不归的损失，虽这类机构和人员受到了法律制裁，但给社会和金融市场带来了不稳定因素。2015 年，最高人民法院明确借贷年利率超过 36% 的，不受法律保护。

# 第六节　保险

中华人民共和国成立前，境内没有保险业务。1985 年境内成立中国人民保险公司（简称中国人保）镇海县支公司郭巨、峙头代理所，配设专职保险业务员 1 名，负责办理境内各项保险业务。2019 年，太平、平安、天安、泰康、大众、安邦等 10 多家保险公司在北仑成立各自的子公司或营销服务部，在境内开展车辆险、财产险、人寿险等 100 多个险种的保险业务。

## 承保

亦称投保。中国人保镇海县支公司设立后，境内保险业务仅结合银行抵押放款附属开展，办理财产强制保险，普通火险、货物运输险及耕牛保险 4 种。1956 年扩大保险面，险种增至 15 种。1980 年后新增企业、家庭财产险及机动车险 3 种。1982 年，保险公司贯彻保险工作“为生产服务，为群众服务”和“坚持自愿”原则，在人民银行和农业银行配合下，将工作重点逐渐移向农村，拓展保险业务，同时逐年扩大险种，时境内各类保险业务由乡（镇）保险代理所经办。90 年代开始，保险业务发展迅速，政府扶持力度加大，各类保险公司大量涌入境内。仅中国人保业务险种有：农村政策性住房保险（政府贴 70%，个人自负 30%），农村小额意外保险，每人每年缴费 25 元，意外、自然死亡，赔偿 0.2 万～ 5 万元。宁波市老年人意外保险，60 ～ 80 岁，每人每年缴费 35 元，80 岁以上可免费参保。2013 年，恢复养殖（水产、家禽等）、种植（水稻、瓜果、蔬菜等）保险业务。2019 年，保险险种发展到四大类 100 多个。中国人保北仑支公司白峰服务所承保金额 89.54 万元。

## 赔付

亦称理赔。坚持“以条款为准绳，以事实为依据”方针，全面贯彻“主动、迅速、准确、合理”原则，做好保险理赔工作。一旦出险，保险业务员做到第一时间介入、迅速查勘、准确理单、合理赔付到位。2019 年，中国人保北仑支公司白峰服务所理赔金额 24.98 万元。

# 第二章　财政

中华人民共和国成立初期，乡、镇财政收支主要由县财政根据定编人员按计划拨款，乡、镇财政按规定记好收支账，按期向上级结报、审讫。1958 年初，建立简易乡、镇级财政，未几即废，由县财政直管。1986 年，根据财政部《关于颁发乡（镇）财政政策办法通知》精神，郭巨镇和峙头乡正式建立财政所，总揽全乡、镇财政收支，乡、镇财政管理渐趋规范。从此，两乡镇财政逐年从补助型向增长型转变，并保持健康、持续、稳定的发展趋势。2016 年，设郭巨街道财政所，具体业务受区财政局委托并领导。

## 第一节　机构

中华人民共和国成立后，乡级财政由镇海县财粮科实行统收统支。1958 年 10 月，郭巨人民公社（指郭巨大公社）置财政金融部，设财政员，不久停止。1966 年，境内各公社始设财政预算编制组织。1986 年 1 月，郭巨镇和峙头乡分别建立乡镇财政组，由乡镇长兼任组长，设副组长、会计、出纳各 1 人，为财政组成员，业务受区财政局指导。1992 年郭巨镇、峙头乡合并为郭巨镇，设郭巨镇财政所。财政所主要职责：贯彻执行党和国家方针、政策，促进全镇商品经济和社会公益事业发展，支持全镇物质文明和精神文明建设；严格执行国家财政预决算制度，负责编制本镇财政年度收支预决算，一年一度向镇人民代表大会报告，按时办理预算内外资金收支报解、结算工作；受上级财税机关委托，负责征收或代收农业税、农村特产税、农村工商税和其他财政收入，及时完成本乡应承担的国家财税任务；管好用好列入镇政府财政管理的各项预算内外资金收支；纠正和制止各部门、各单位向企业和农民的不合理摊派，督促和指导镇属各部门建立、健全财务管理制度。2003 年 8 月，郭巨、白峰两镇合并为白峰镇，置白峰镇财政所。2016 年 7 月，分设郭巨街道办事处，设郭巨街道财政所，负责境域财政收支管理。

## 第二节　财政体制

### 北仑建区前财政体制变迁

中华人民共和国成立初期，实行“高度集中、统收统支”的财政管理体制。时境内无乡级财政，一切财政税务直属县财粮科，乡政府干部经费支出逐月向县报结。1954 年，国家改革财政体制，根据“统一领导、分级管理”的原则，采取“划税分成，固定比例，支出包干”的财政体制。

1958 年 10 月，建公社财政后，设收支科目，县对公社实行财政收支包干，即公社（管理区）干部工资按月向县实报，三项经费（公杂费、差旅费、邮电通信费）实行“定额包干、超支不补、结余留用”体制，然未几即废。

1963—1973 年，执行“定收定支，收支不挂钩，超收不分成，超支不补，短收不承担的经济责任”制度。

1966 年，郭巨、峙头两个公社开始编制财政预算，分“固定性支出”和“经常性支出”两种向县报送月底会计报表，由县财政拨款。

1974—1975 年，执行“定收定支，收支不挂钩，总额分成，下年度使用”制度。1976 年执行“定收定支，收支挂钩，总额分成，一年一定”制度。

1977 年执行“定收定支，收支挂钩，超收分成，一年一定”的体制。

1980 年起试行“划分收支，分级包干”的体制。

1985 年初实行“划分税种、核定收入、分级包干”的财政体制。预算管理权仍集中于县财政和各主管部门，乡预算内资金实行“统收统支”，即收入全额上缴县财政，支出由县财政统一拨付给主管部门，再由主管部门拨到乡或各基层单位。

## 北仑建区后财政体制

1985 年 7 月，郭巨境域划归北仑区（1987 年 7 月前称滨海区）后，加强对乡（镇）财政的管理和扶持。

1986 年 1 月 13 日，滨海区人民政府发文，从 1986 年 1 月 1 日起，全面建立乡（镇）财政，并作为财政体制改革一项重要任务。设乡财政组后，区对乡镇按“统一领导，分级管理”的原则，划定乡镇财政的收支范围，确定“以 1984 年、1985 年两年平均收入为基数，定收定支，超收分成，结余留用，超支不补，收入上解，支出下拨，一年一定”的财政体制。

1989 年，调整乡镇财政的收入包干基数和超基数分成比例。包干基数为 1987 年、1988 年两年的“三税”（产品税、增值税、营业税）及固定收入的决算数的平均数。超基数分成比例郭巨、峙头乡、均按 12%比例分成。城市维护建设税按 1%比例征收的，全额返还；按 5%征收的，大集体以下部分返还 80%，大集体以上（含大集体）返还 20%。赌博罚没收入：郭巨、峙头乡、均按 2%比例返还。农林特产税按 15%比例返还。耕地占用税按 2.5%返还。

1994 年 1 月 1 日起，改包干制为分税制。核定乡镇地方固定收入以 1993 年实绩为基数，递增 7.3%，超收按一定比例返还和专项补助。

1996 年，实行“核定地方税收基数，超收分成，专项分成”的财政管理体制。以 1995 年固定收入、专项收入实绩为基数，递增率为 10%。支出基数以 1995 年区财政下达数为基数，以 1995 年在编的乡镇人员的工资及政策性增支数为增加数。固定收入超基数部分以不同乡镇按 45%、35%分成。专项收入分成：个人所得税，白峰镇基数内按 50%分成，超基数部分按 8%分成。此乡镇财政体制一定 3 年。

2001 年，实行“划分收支，核定基数，比例递增、收入共享、超收多分”的乡镇财政体制。固定收入基数以 1999 年实绩数定率环比增长，确定郭巨镇年递增率为 7%。基数内郭巨镇为 30%分成。超基数郭巨镇留成 70%。专项收入以不同项目、乡镇类别按基数内、外划分不同比例分成。

2003 年，实行“划分收支、分类分成、定额上解（定额补助）、转移支付、自求平衡”的乡镇分税制财政体制。乡镇级固定收入：扣除 20%后全额留成。各乡镇比上年可用财力增加部分中的 20%作为统筹资金，由区财政集中调度，统一用于乡镇转移支付资金，以弥补相对困难乡镇财力的不足。农业税正税、农林特产税收入按农村税费改革支付办法执行。

2006年后，区对街道、乡镇实行新一轮财政体制，一定5年不变。上一轮分税制政策不变，核定新的补助、上解基数。

## 第三节　财政收支

中华人民共和国成立以来，郭巨境域因处山区、半山区，工商业较落后，经济收入以农副业为主，因缺乏稳固的收入基础财源，地方固定税收增长速度缓慢，财政收支入不敷出，收入中的部分来源靠上级补助，属补助型财政。80年代，乡镇企业兴起，特别是1992年扩镇并乡后，郭巨镇财政收入增长幅度较大，基本做到年度收支平衡、略有结余，从补助型财政转变为增长型财政，并保持健康、持续、稳定的发展趋势。

2016年8月，成立郭巨街道，2019年，街道财政收入达到12396万元，支出10290万元。

街道成立前，乡、（镇）财政收支，主要由国家预算内资金收支、财政预算外资金收支、自筹资金收支三部分组成。国家预算内资金收入，主要是按体制划给乡（镇）财政，经办工商三税（产品税、增值税、营业税）、城乡个体所得税、城市维护建设税、农业税（2004年后取消）、农林特产税及其他收入。其支出主要包括一般公共服务费、公共安全、文化体育、科学技术费、教育、卫生、社会保障和就业、环境保护和城乡社区事务费、农林水事务费、工商业金融事务、交通运输以及其他事业费支出。财政预算外资金收支，主要包括教育附加收入和其他收入。此项收入一般用于维护公共设施、扶持小型企业、支援农业生产和农、林、水事业发展、文教体卫及计划生育事业、行政机关经费等支出，尤以补充教育事业经费为主。乡、镇自筹资金收支，主要是乡（镇）办企业（事业）上缴收入、土地征用费收入、乡（镇）政府统筹教育和广播电视集资及其他收入，自筹资金一般均属有计划、有目标筹集，其支出亦大多属对口使用，尤以社会公益事业费用为主。

### 2019年度郭巨街道一般公共预算收支决算录入表

表9-2-1　　　　单位：万元

| 预算科目 | 决算数 | 预算科目 | 决算数 |
|---|---|---|---|
| 一、税收收入 | 3997 | 一、一般公共服务支出 | 2561 |
| 增值税 | 1845 | 二、外交支出 | 0 |
| 企业所得税 | 1799 | 三、国防支出 | 0 |
| 个人所得税 | 150 | 四、公共安全支出 | 17 |
| 资源税 | 0 | 五、教育支出 | 1962 |
| 城市维护建设税 | 508 | 六、科学技术支出 | 0 |
| 房产税 | −367 | 七、文化旅游体育与传媒支出 | 4 |
| 印花税 | 62 | 八、社会保障和就业支出 | 728 |
| 城镇土地使用税 | 0 | 九、卫生健康支出 | 20 |
| 土地增值税 | 0 | 十、节能环保支出 | 0 |
| 车船税 | 0 | 十一、城乡社区支出 | 1127 |
| 耕地占用税 | 0 | 十二、农林水支出 | 332 |
| 契税 | 0 | 十三、交通运输支出 | 0 |
| 烟叶税 | 0 | 十四、资源勘探信息等支出 | 0 |
| 环境保护税 | 0 | 十五、商业服务业等支出 | 0 |

续表 9-2-1

| 预算科目 | 决算数 | 预算科目 | 决算数 |
|---|---|---|---|
| 其他税收收入 | 0 | 十六、金融支出 | 0 |
| 二、非税收入 | 358 | 十七、援助其他地区支出 | 0 |
| 专项收入 | 358 | 十八、自然资源海洋气象等支出 | 0 |
| 行政事业性收费收入 | 0 | 十九、住房保障支出 | 411 |
| 罚没收入 | 0 | 二十、粮油物资储备支出 | 0 |
| 国有资本经营收入 | 0 | 二十一、灾害防治及应急管理支出 | 0 |
| 国有资源（资产）有偿使用收入 | 0 | 二十二、预备费 | 0 |
| 捐赠收入 | 0 | 二十三、其他支出 | 0 |
| 政府住房基金收入 | 0 | 二十四、债务付息支出 | 0 |
| 其他收入 | 0 | 二十五、债务发行费用支出 | 0 |
| 一般公共预算收入 | 4355 | 一般公共预算支出 | 7162 |
| 上级补助收入 | 6743 | 上解上级支出 | 4355 |
| 待偿债置换一般债券上年结余 | 0 | 调出资金 | 0 |
| 上年结余 | 0 | 债务还本支出 | 0 |
| 调入资金 | 0 | 补充预算周转金 | 0 |
| 债务（转贷）收入 | 0 | 安排预算稳定调节基金 | 34 |
| | | 援助其他地区支出 | 0 |
| 动用预算稳定调节基金 | 452 | 待偿债置换一般债券结余 | 0 |
| 接受其他地区援助收入 | 0 | 年终结余 | 0 |
| | — | 其中：净结余 | 0 |
| 收入总计 | 11551 | 支出总计 | 11551 |

**2017—2019 年郭巨街道财政收支基本信息一览**

表 9-2-2 单位：万元

| 年度 | 一般公共预算（预算内） | | | 代管资金（预算外） | | |
|---|---|---|---|---|---|---|
| | 收入 | 支出 | 收支正负 | 收入 | 支出 | 收支正负 |
| 2017 | 6061 | 6061 | 0 | 2554.9 | 2391.8 | 163.1 |
| 2018 | 6501 | 6501 | 0 | 2702.3 | 3981.7 | −1279.4 |
| 2019 | 7162 | 7162 | 0 | 5200.9 | 3129.0 | 2071.9 |

# 第四节 国债 债券

## 国债

中共十一届三中全会以后的 1981 年，通过《中华人民共和国国库券条例》，国家开始发行国库券，对象是企事业单位、政府机关、团体、部队、农村富裕社队和个人，当年未分配个人认购任务，年息 4%；1982 年扩大到个人认购，个人认购的利息为 8%；期限 10 年，从第六年起每年还本 20%，境内学校公立教师个人认购 200 元至 500 元不等。1983 年、1984 年国库券面额为 5 元、10 元、50 元、100 元 4 种。1985

年，单位、个人利息改为5%、9%。1986年起，调整年息，单位的为6%，个人的为10%，均不计复利。对1985年后发行的国库券，个人持有的可以贴现，单位的可以凭证申请抵押贷款，偿还期限为10年，从第6年起还本20%，国库券的兑付工作从1986年开始。1992年起由银行承购包销。截至1997年，连续发行了17年。1987年，中国发行了3年期的重点建设债券，发行对象是地方政府、地方企业、机关团体、事业单位和城乡居民，发行总额为55亿元。1988年，中国发行了2年期国家建设债券，发行对象为城乡居民、基金会组织、金融机构和企事业单位，发行额为80亿元。

2018年发行的储蓄式国债，3年期国债利率都是4%，5年期国债利率都是4.27%。记账式国债的票面利率是由国债承购包销团成员投标确定的，按市场利率决定收益。2018年，中国共发行国债3.5万亿元。

### 债券

2018年，地方政府债券发行4.2万亿元，金融债券发行5.3万亿元，政府支持机构债券发行2530亿元，资产支持证券发行1.8万亿元，同业存单发行21.1万亿元，公司信用类债券发行7.3万亿元。截至2018年12月末，债券市场托管余额为86.4万亿元。

# 第三章　税务

近代，境内税收大致分田赋（农业税）、盐税、货物税、营业税、所得税、地方税和杂捐杂税7类。清同治元年（1862），开办厘金。

民国初期，田赋、厘金（统捐）多被地方军阀截留，各地自定章程，征收苛捐杂税，税政混乱。

中华人民共和国成立后，实行高度集中统一的管理体制，各地不准自定捐税，地方只有经上级主管部门批准，才有对灾区生产自救、烈军属和贫民组织的生产、手工业社（组）以及地方税的减免权。以后，根据各个时期经济社会发展变化，按照“统一领导，分级管理”原则，税政管理及税制作多次变革。1994年，按照统一税法、公平税负、简化分权的原则，再一次对工商税制进行全面改革。2018年，根据《深化党和国家机构改革方案》，国税地税机构合并。

## 第一节　机构

1931年后，省财政厅设鄞县统税总局，镇海常设招宝山、澥浦2分局；临时设柴桥、穿山、郭巨3分局。

1949年10月，郭巨区税务所成立，农业税和契税由县财粮科直管。

1973年，财政、税务联合办公，隶属县财政税务局。1975年，财政、税务分离办公，单独成立郭巨区税务所，所址西街城隍庙（区公所大楼内），管辖郭巨、峙头、白峰、上阳、梅山5个公社的税务工作。

1985年，郭巨区税务所专职税务干部增至22人，并在郭巨镇、峙头乡、梅山乡、上阳乡、白峰乡设税务专管点，各点人员配置2～5人不等。1986年，郭巨区撤销，郭巨区税务所迁至白峰，更名白峰税务所，境内仍设白峰税务所郭巨镇、峙头乡税务专管点。1992年，峙头乡税务专管点撤销。

1994年9月，税务系统分设国税、地税机构，设白峰国税所、白峰地税所，管辖境内税务工作。

2001年6月，白峰国税所撤销，境内国税由区国税局管理局管辖。

2003年，白峰地税务所撤销，境内地税由北仑区财政税务局第三（柴桥）税务所负责征管。

2018年7月，北仑区国税、地税机构合并，境内税务由北仑区税务局柴桥税务所负责征管。

# 第二节　农业税

中华人民共和国成立初期，浙江省人民政府颁布《1949年征收农业税暂行办法》，规定每户占有土地数分16级，以土地好坏分甲、乙、丙、丁4等，分别制定每亩应纳税额。1950年9月，政务院颁布《新解放区农业税暂行条例》，正式废除民国时期田赋制度，建立农业税，亦称公粮。根据当时土地占有情况，采取差额较大的全额累进税制，税率分40级。农业收入计算以土地常年产量为标准，地方附加不得超过正税的15%。1952年土地改革后，农村土地占有情况发生根本变化，1952年和1953年，政务院修改《新解放区农业税暂行条例》，实行差额较小的全额累进税制，税率分24级。1958年6月，国家颁布《中华人民共和国农业税条例》，同时制定《农业税条例施行细则》，废除累进税制，实行比例税制。根据土地自然条件、当地耕作水平和正常年景产量情况，评定计税产量，依照规定税率计征，全国的平均税率为15.5%，浙江为16%。农业税征收价格是根据国家确定的粮食价格标准统一规定的。其间，国家实行了几次大的减免政策，20世纪60年代初发生自然灾害后，大幅度调减了农业税。1979年到1983年实行起征点减免。1985年开始对贫困地区减免。1978年到1996年对农业税征收价格作了8次调整；即1979年、1985年、1987年、1988年、1989年、1992年、1994年、1996年的调整。农业税征收价格的调整并不等于农业税征收细粮任务的调整，农业税细粮任务自60年代以来未作过调整，即农业税负担绝对额长期稳定不变。但农业税的实际负担率是逐年下降的。全国实征农业税正税、附加占农业实际产量的比例，国民经济恢复时期为13%,“一五”时期为11.6%,“二五”时期为11.9%,1963年到1965年平均为7.5%,“三五”时期为6.4%,“四五”时期为5.4%,“五五”时期为4.2%,“六五”时期为3%,“七五”时期为2.9%,“八五”时期不到2.9%。

1958年到1983年人民公社化期间，境内的农业税由生产队为单位缴纳，1983年实行家庭联产承包责任制后，农业税由家庭为单位缴纳。2004年1月1日起，国务院开始实行减征或免征农业税的惠农政策，2006年1月1日起，废止《中华人民共和国农业税条例》，境内农民彻底告别了缴纳农业税的历史。

农业税以征收现粮为主，缺粮队（户）征收代金，代金价格按国家稻谷收购价（为依据）折算。1955年以前，现粮以国营贸易公司收购稻谷中等价格为准：代物（棉花）、代金（缺粮代金）价格，1953年前为每百斤7.5元（新人民币），1954年为7.9元，1955年为7.6元。1956年、1957年现粮、代物7.6元，代金7.5元。1963年起，随着粮食和棉花收购价格调整，1966—1978年，现粮早籼谷9.7元、晚粳谷11.3元、山区杂粮（薯干）9.2元。代物按种植面积比例计价征收。种植面积50%以上的8.1元，20%～50%的8.8元，20%以下的9.25元。代金9.25元。1979—1983年，现粮调整为早稻谷11.7元、晚粳谷13.4元、薯干11元。1980—1983年，代物不分种植面积比例，调整为10.5元。1983年底实行家庭联产承包责任制，农业税恢复以家庭户为单位缴纳。1984年起，农业税改为实物征收，货币结算。1984—1985年不分现粮、代物、代金，统一折征人民币，10月底前为11.7元，1985年11月1日起为13.4元，后改为15.5元。1987年、1988年代金稻谷标准价每百斤17元，1989年22.1元，1990年、1991年22.2元，1992年24.6元，1993年28.2元，1994年46元，1995年56.26元，1996年64.26元，2001年46元。

### 民国 36 年（1947）境内各项土地正、附税税额一览

表 9-3-1

| 科则 | 正税税额 | | 附税税额 | | 合计 |
|---|---|---|---|---|---|
| | 上期 | 下期 | 上期 | 下期 | |
| 民田 | 0.117 | 0.038 | 0.333 | 0.050 | 0.538 |
| 民地 | 0.103 | 0.032 | 0.311 | 0.042 | 0.488 |
| 山 | 0.003 | — | 0.080 | — | 0.083 |
| 蓄荡 | 0.053 | — | 0.158 | — | 0.211 |
| 荒荡 | 0.023 | 0.009 | 0.111 | 0.012 | 0.155 |
| 上沙田 | 0.075 | — | 0.268 | — | 0.343 |
| 中沙田 | 0.053 | — | 0.158 | — | 0.211 |

### 1950—1985 年境内农业税正、附税税额一览

表 9-3-2

| 年份 | 1950 | 1952 | 1957 | 1963 | 1965 | 1979 | 1985 |
|---|---|---|---|---|---|---|---|
| 占实际产量比重（%） | 19.30 | 17.90 | 13.90 | 9.00 | 7.27 | 5.23 | 3.81 |

### 1950—1985 年境内农业税附加税一览

表 9-3-3

| 年份 | 1950 | 1951 | 1952—1954 | 1955 | 1956 | 1957 | 1961—1962 | 1963 | 1964—1985 |
|---|---|---|---|---|---|---|---|---|---|
| 税率占正税的比重 % | 15.1 | 20.0 | 停征 | 5.0 | 7.5 | 10.0 | 10.0 | 10.0 | 15.0 |

## 第三节　工商各税

### 中华人民共和国成立前工商税收

清同治元年（1862），浙江开办厘金，境内主要征收茧捐、茶厘捐等。民国时期征收的工商税收项目有盐税、厘金和统捐、统税和货物税、所得税和利得税、遗产税、营业税、地方捐税等。

**盐税**　民国 2 年（1913）12 月公布《盐税条例》，盐税不列入地丁征收，次年春，改为按担收。民国 30 年（1941）盐税改以量征收为以价征收。

### 民国时期境内各类盐税税额一览

表 9-3-4　　　　单位：万元

| 类别 | 民国 11 年（1922） | 民国 18 年（1929） | 民国 20 年（1931） | | | 民国 28 年（1939） | | |
|---|---|---|---|---|---|---|---|---|
| | 正税 | 正税 | 正税 | 附加 | 合计 | 正税 | 附加 | 合计 |
| 引地食盐税 | 1.50 | 1.50 | 2.85 | 2.15 | 5.00 | 2.85 | 3.55 | 6.40 |
| 近场轻税 | 0.60 | 0.60 | 1.00 | 0 | 1.00 | 1.00 | 1.40 | 2.40 |
| 渔业用盐税 | 0.20 | 0.20 | 0.30 | 0 | 0.30 | 0.30 | 0 | 0.30 |

### 1958—1984 年境内各类盐税税额一览

表 9-3-5　　　　单位：元 / 担

| 类别 | 1958.7.1 | 1960.9.1 | 1961.4.1 | 1966.8.1 | 1978.11.1 | 1979.12.1 | 1984.5.1 | 1984.5.15 |
|---|---|---|---|---|---|---|---|---|
| 食盐 | 8.1 | 7.92 | 7.49 | 7.29 | 7.21 | 国营盐场 7.21 集体盐场 6.92 | | 6.92 |
| 渔盐 | 2.1 | 1.86 | 1.4 | 1.2 | 1.2 | 国营盐场 1.20 集体盐场 1.055 | | 1.20 |
| 农牧盐 | 3.24 | 3 | 2.54 | 2.34 | 2.34 | 国营盐场 2.34 集体盐场 2.195 | | 2.34 |
| 工业盐 | 0 | 0 | 0 | 0 | 0 | 0 | 酸碱制革 0.65 制皂 3.25 | |

**厘金和统捐**　清同治元年（1862），浙江开办厘金，境内主要有茧捐、茶厘捐。民国初期称统捐，民国 20 年（1931）1 月裁撤，开征货物税和营业税。

**统税和货物税**　民国 31 年（1942）3 月，境内开征茶叶统税，次年 3 月增竹木、皮毛、陶瓷、纸箱 4 种。由于物价上涨，民国 30 年（1941）9 月，由原从量定额税率改为 2.5% ～ 8% 不等的从价比例税。民国 35 年（1946）8 月，又增化妆品税、国产烟酒税和矿产税，合称货物税。

**营业税**　民国 20 年（1931）6 月国民政府颁布《营业税法》，原有牙帖捐税、当帖捐税、屠宰税改征营业税，税率提高至 0.2% ～ 10%。1938 年 3 月调整为 25%。次年又调整为 35%。民国 36 年（1947）5 月国民政府颁布《特种营业税法》，银行、信托、保险等 7 个行业税率按营业收入额征 1.5%，营业收益额征 4%，制造业征 0.75%。

**地方捐税**　民国 2 年（1913），境内开征烟酒营业牌照税，每年分 1 月、7 月两次征收。民国 4 年（1915）1 月开征屠宰税，猪每头收大洋 3 角、羊 2 角、牛 1 元。民国 27 年（1938）7 月，按营业额计算改征普通营业牌照税。次年，征收范围扩大至所有行业。

## 中华人民共和国成立后工商税收

1950 年全国税收统一，7 月，境内开征的有货物税、工商业税（营业税、所得税、临时商业税）、盐税、存款利息所得税、印花税、屠宰税、车船使用牌照税等。1953 年根据“保证税收，简化手续”原则，合并货物税、营业税、印花税，改征商品流通税。税制修正后，境内征收的工商税收项目有商品流通税、工商业税、屠宰税、牲畜交易税、车船使用牌照税、利息所得税等。1958 年 9 月，取消商品流通税，单独设立工商统一税。1962 年开征集市交易税，1965 年 9 月停征。1973 年 1 月全面试行工商税，将原工商统一税及其附加、车船使用牌照税、屠宰税和盐税合并。1974 年 7 月，停征车船使用牌照税，税制进一步简化。1983 年起分步实施利改税，国营企业由上缴利润改缴所得税。1 月 1 日开征能源、交通、重点建设基金税。3 月 1 日恢复征收牲畜交易税。10 月 1 日开征建筑税。境内农村专业户经营工业、商业、交通运输、建筑安装、修理、饮食、服务业的收入和生产销售的农、林、牧、渔产品按《工商税务条例（草案)》的规定征收工商税。

1984年，执行国务院《国营企业第二步利改税试行办法》，10月起，对内资企业实行新税制，将工商税按照征收对象分为产品税、增值税、营业税和盐税；原来的工商所得税分别改征集体企业所得税、个体工商业户所得税；先后开征资源税、奖金税、个人收入调节税等。建立了以流转税和所得税为主体，其他各税相配合的复合税制。

1994年，按照统一税法、公平税负、简化分权的原则，再一次对工商税制进行全面改革，在总体保持原税负的基础上，内资、外资企业统一实行以增值税为主、消费税和营业税为辅的流转税制；在降低原有所得税税率的基础上，内资企业实行统一的所得税制，实行税利分流，税后还贷，税后承包；将原有的个人收入调节税、个人所得税和个体工商户所得税加以合并，制定统一的个人所得税，进一步调整和完善地方税收体系。

2000年后，工商税税种有少量调整，境内主要征收的有流转税类（含增值税、消费税、营业税、工商统一税、工商税、产品税）、所得税类（含企业所得税、外商投资企业所得税、个人所得税、国有企业所得税、国有企业调节税、集体企业所得税、个体工商户所得税、私营企业所得税、中外合资经营企业所得税、个人收入调节税）、资源税类（含资源税、城镇土地使用税、土地增值税、盐税）、财产和行为税类（含印花税、房产税、车船使用税、牲畜交易税、屠宰税）、特定目的税类（含城市维护建设税、教育费附加、建筑税、固定资产投资方向调节税、奖金税、车辆购置税）共6大类。2019年，为扶持小微企业发展，国家税务总局关于小规模纳税人免征增值税政策有关征管问题的公告（〔2019年〕第4号），明确月销售额未超过10万元（以1个季度为1个纳税期的，季度销售额未超过30万元）的企业，免征增值税。

## 1950—1994年境内主要工商税税种一览

表9-3-6

| 税种 | 征收时间 | 税种 | 征收时间 | 税种 | 征收时间 |
|---|---|---|---|---|---|
| 货物税 | 1950—1957 | 工商税 | 1973—1984 | 事业单位奖金税 | 1986—1990 |
| 工商业税 | 1950—1957 | 个人所得税 | 1980.09—1990 | 集体企业奖金税 | 1986—1990 |
| 印花税 | 1950—1957<br>1988.10—1990 | 增值税 | 1982.12—1990 | 个体工商业户所得税 | 1986—1990 |
| 利息所得税 | 1950—1958 | 烧酒特别税 | 1982—1990 | 个人收入调节税 | 1987—1990 |
| 屠宰税 | 1950—1958 | 国营企业调节税 | 1983—1990 | 私营企业所得税 | 1988—1990 |
| 车船使用牌照税 | 1950—1985 | 国营企业所得税 | 1983—1990 | 筵席税 | 1988—1990 |
| 盐税 | 1950—1990 | 产品税 | 1984.10—1990 | 调节税 | 1989—1990 |
| 棉纱统销税 | 1951—1952 | 营业税 | 1984.10—1990 | 特别消费税 | 1989—1990 |
| 商品流通税 | 1953—1957 | 建筑税 | 1984—1990 | 资源税 | 1994年起 |
| 牲畜交易税 | 1953—1990 | 国营企业奖金税 | 1985—1990 | 企业所得税 | 1994年起 |
| 工商统一税 | 1958—1990 | 集体企业所得税 | 1986.1—1990 | 个人所得税 | 1994年起 |
| 工商所得税 | 1958—1984 | 车船使用税 | 1986.10—1990 | — | — |
| 集市交易税 | 1962—1965 | 房产税 | 1986.10—1990 | — | — |

## 2019 年 18 个税种明细一览

表 9–3–7

| 序号 | 性质 | 税种 | 纳税人 | 征税对象（计税依据） | 税率 |
|---|---|---|---|---|---|
| 1 | 货物和劳务税 | 增值税 | 境内销售货物或者提供加工、修理修配劳务，销售服务、无形资产、不动产以及进口货物的单位和个人 | 销售、进口货物，提供加工、修理修配服务、销售服务、无形资产、不动产 | 13%、9%、6%<br>征收率 3%、5% |
| 2 | | 消费税 | 境内生产、委托加工和进口应税消费品的单位和个人，以及国务院确定的销售应税消费品的其他单位和个人 | 和高端消费有关：烟、酒、高档化妆品、贵重首饰及珠宝玉石、高尔夫球及球具、高档手表、游艇<br>和高耗能有关：鞭炮焰火、小汽车、成品油、摩托车、实木地板、电池、涂料、一次性筷子 | 从价定率、从量定率、复合计税 |
| 3 | | 车辆购置税 | 在中国境内购置应税车辆的单位和个人 | 购置的汽车、摩托车、电车、挂车和农用运输车 | 10% |
| 4 | | 关税 | 进口货物的收货人、出口货物的发货人、进境物品的所有人 | 出口的货物、进境物品 | 从价定率、从量定率、复合计税 |
| 5 | 所得税 | 企业所得税 | 居民企业和非居民企业 | 居民企业取得的按照税法规定计征的应纳税所得的 | 居民企业为 25%，非居民企业为 20%、25% |
| 6 | | 个人所得税 | 居民纳税人 | 从中国境内和境外取得的所得 | 综合所得：3% ～ 45% 的超额累进税率、经营所得：5% ～ 35% 的超额累进税率、利息、股息、红利所得，财产租赁所得、财产转让所得和偶然所得，适用比例税率，税率为 20% |
| | | | 非居民纳税人 | 从中国境内取得的所得 | |
| 7 | 财产和行为税 | 土地增值税 | 转让国有土地使用权、地上的建筑物及其附着物并取得收入的单位和个人 | 转让房地产所取得的增值额 | 四级超率累进税率（30%、40%、50%、60%） |
| 8 | | 房产税 | 中国境内城市、县城、建制镇和工矿区范围内房屋的产权所有人 | 城市、县城、建制镇和工矿区范围内房屋 | 自用：房产余值 ×1.2%、出租：租金 ×12%、个人出租住房：租金 ×4% |
| 9 | | 城镇土地使用税 | 中国境内城市、县城、建制镇、工矿区范围内使用土地的单位和个人 | 纳税人实际占用的土地面积 | 大城市为 1.5 ～ 30、中等城市为 1.2 ～ 24、小城市为 0.9 ～ 18、县城、建制镇、工矿区为 0.8 ～ 12、单位：元 /（米$^2$·年） |

续表 9-3-7

| 序号 | 性质 | 税种 | 纳税人 | 征税对象（计税依据） | 税率 |
| --- | --- | --- | --- | --- | --- |
| 10 | 财产和行为税 | 耕地占用税 | 中国境内占用耕地（包括其他农用地）建房或者从事非农业建设的单位或者个人 | 实际占用的耕地（包括其他农用地）面积 | 不同地区实行有差别的幅度税额 |
| 11 | | 契税 | 在中国境内转移土地、房屋权属、承受的单位和个人 | 成交价格或交换价格差额 | 3% ~ 5%、个人购买唯一住房，＜ 90 平方米 1%、≥ 90 平方米 1.5%、个人购买第二套＜ 90 平方米 1%、≥ 90 平方米 2%、（北上广深暂不实施购买第二套住房优惠） |
| 12 | | 资源税 | 在中国领域及管辖海域开采应税矿产品或者生产盐的单位和个人 | 原油、天然气、煤炭等能源矿、金属矿、非金属矿、盐、水资源 | 按不同的自然资源实行定率或定额征收，例如：原油、天然气为销售额的 5% ~ 10% |
| 13 | | 车船税 | 在中国境内应税车辆、船舶的所有人或者管理人 | 车辆和船舶 | 不同幅度的定额税率 |
| 14 | | 印花税 | 在中国境内设立、领受应税凭证的单位和个人 | 设立、领受应税凭证 | 比例税率或定额税率 |
| 15 | | 城市维护建设税 | 缴纳增值税、消费税的纳税的单位和个人 | 纳税人实际缴纳的增值税、消费税 | 市区：7%、县城、镇：5%、其他：1% |
| 16 | | 烟叶税 | 境内按规定收购烟叶的单位 | 收购烟叶实际支付的价款总额 | 20% |
| 17 | | 船舶吨税 | 自中国境外港口进入境内港口的船舶 | 船舶 | 实行定额税率，包括优惠税率和普通税率 |
| 18 | | 环境保护税 | 在中国领域和中国管辖的其他海域，直接向环境排放应税污染物的企业事业单位和其他生产经营者 | 《环境保护税税目税额表》《应税环境污染物和当量值表》规定的大气污染物、水污染物、固体废物和噪声 | 全国统一定额税和浮动定额税结 |

# 第四节　其他税

## 中华人民共和国成立前税收

**契税**　民国 30 年（1941），国民政府修订民国 3 年（1914）颁布的《契税条例》，增加交换、赠予两个税目，税率定卖契 10%、典契 6%、交换契 4%、赠予契 10%、契纸费 2 元。民国 31 年（1942）5 月，财政部颁布《契税条例》，又增分割、占有两个税目，税率提高为卖契 15%、典契 10%、交换契 6%，赠予契 15%、分割契 6%。

**房捐和警捐**　房捐始于清代，民国 17 年（1928）6 月，公布《浙江省店屋捐、住房捐章程》，营业用房店屋捐按租价征收 15%，房主、房客各负担一半，充警察经费。民国 30 年（1941）5 月，行政院公布《房捐征收通则》，税率规定出租房按租价征收 5%，自用房按房价征收 0.5%。民国 32 年（1943）3 月，税率调整为出租营业用房按租价征收 20%，自有营业用房按房价征收 2%，出租住房征收 10%，自有住房征收 1%。警捐为浙江省单行税种，税率征收与房捐相同。

**山地收益捐**　民国 32 年（1943）开征，以山地产品为征税对象，税率为 5%。

**杂税**　民国时期，杂税主要有牙帖和当帖捐税、战时消费税和消费特税、钱业捐、迷信捐、广告捐、交易税、证券交易税、棉麻营业专税、货物附加税、蚕业专款捐等。

### 中华人民共和国成立后主要税收

**契税**　1950 年 3 月政务院公布《契税暂行条例》，1952 年公布《修正浙江省契税暂行条例实施细则》，税率为卖契按卖价征收 6%，典契按典价征收 3%，赠予契按现值征收 6%，交换契按交换差价征收 6%，由房屋买主、承典人、差价付款人完纳契税。

**特种消费行为税**　1950 年开征。1953 年取消，改征文化娱乐税。1966 年 11 月停征。

**渔业税**　1956 年 4 月开征渔业税，限海产鱼类、虾、蟹、海蜇。集体渔业生产单位、水产企业按销售收入总额的 8% 计征，个体渔民按 9% 计征。1966 年 8 月起，投售给国营水产公司者征收 5%（1972 年改为 3%），卖予其他单位或个人者征收 8%。1985 年 5 月起，规定渔民至市区港口投售水产品，免征渔业税。

**个人收入调节税**　1986 年 9 月，国务院发布《中华人民共和国个人收入调节税暂行条例》。应税项目包括 8 项：工资、薪金收入；承包、转包收入；劳务报酬收入；财产租赁收入；专利权转让、专利实施许可和非专利技术的提供、转让取得的收入；投稿、翻译取得的收入；利息、股息、红利收入以及经财政部确定征税的其他收入。实行分类课征制。其主要目的是调节公民个人之间的收入水平，体现社会公平。

## 第五节　税务管理

中华人民共和国成立初期，货物税采取核定征收和起用征收两种方法，营业税按国营、私营、个体分别采取查账征收、民主评议、定期定额三种方法。1956 年起，私营企业实行公私合营，改作查账征收。1979 年起，个体户逐年增多，营业范围不断扩大，对重点行业、规模较大个体户，采用自报公议和由税务所核定征收。

根据农村税源分散的特点，自 1956 年起，改变过去以“块”为主、“条”“块”结合的管理方式，逐步推行以“条”为主、以“块”为辅的形式，税收“征、管、查”三合一。1987 年始，税收“征管”与“稽查”分离，单独成立稽查组，进一步加强税收检查。

1985 年北仑建区后，继续实行分级税收管理权限。1994 年起实行分税制，将原税制合并简化，分中央税、地方税及中央与地方共享税。税务机构分设国家税务局、地方税务局，国家税务机关负责征收中央税、中央与地方共享税；地方税务机关征管营业税、所得税等。

国税机关征收的税种为增值税、消费税、铁道部门（银行、保险公司）缴纳的部分营业税、中央企业所得税、地方和非银行金融企业所得税、企业所得税（2002 年 1 月 1 日后新设立的企业）、外商（含港、澳、台）投资企业和外国企业所得税、储蓄存款利息个人所得税、证券交易印花税、海洋石油企业缴纳的资源税、车辆购置税等。

地税机关征管的主要税种有营业税（除银行、铁路、保险集中缴纳部分）、企业所得税（不含地方金融企业）、个人所得税、城镇土地使用税、固定资产投资方向调节税、城市维护建设税、房产税、车船使用税、土地增值税、印花税、资源税、屠宰税。由财政部门征收的农业税类有农业税、农林特产税、耕地占用税。

2018 年，根据《深化党和国家机构改革方案》，国税、地税机构合并。

据 1991 年 10 月 3 日的《北仑政讯》第 39 期内参显示：郭巨镇加强对个体灯具业的税收管理。时全镇有注册的集体、个体灯具厂（店）400 多家，其中个体 160 余家，并有相当一部分无证生产，擅自外销，逃税漏税。针对这一情况，镇政府会同区财税、工商等部门协商决定，并报区政府同意，从 9 月 1 日起，将灯具销售税率从 15% 降至 10%、8%。短短 20 天灯具经营户向税务部门开具销售额 53.2 万元税务票据，缴纳税额 3.805 万元。1995 年 10 月 5 日，北仑区政府在郭巨镇政府召开区长现场办公会议，落实郭巨灯具城灯具行业的税率优惠政策，灯具行业税率从原 14% 调整为 8%。减轻灯具企业压力。

# 第十篇 政治

1919年五四运动以后，境内一些进步知识分子，受马克思主义启迪，积极组织发动人民群众参加反帝爱国运动，从此，新文化、新思想运动在郭巨境内逐步兴起。1921年7月，中国共产党诞生后，境内一些进步青年、教师通过学习《新青年》《向导》等革命刊物，开始接受和传播马克思主义。

1937年，境内以贺灏群为代表的一批进步青年，投身于抗日救亡运动并先后加入了中国共产党。1940年，峙头乡率先建立境内第一个中共党支部，开展抗日宣传，建立抗日武装，打击了境内外日伪势力。1946年始中共地下党员罗德生等在境内组建农会，发展中共地下党员。1949年5月29日，郭巨全境解放。1954年3月，各乡相继建立中共党组织，境内中共党组织不断发展壮大。

公社（乡、镇）人民代表大会履行宪法和法律赋予的各项职权，受理和督办议案、建议、意见及人民群众来信来访，发挥地方国家权力机关的作用，决定经济、社会、人大工作方面的重大事项。

中华人民共和国成立后，境内历届政府认真履行政府职能，努力完成各个历史时期的各项任务。特别是十一届三中全会以来，坚持以经济建设为中心，坚持改革开放，逐步实现从管理型向服务型政府的转变，实施可持续发展战略和乡村振兴战略，促进经济和社会事业持续、健康发展，人民生活水平不断提高。

政协联络委履行政治协商、民主监督的职能，为经济社会发展献计献策。

境内群众团体较多，中华人民共和国成立前就有工会、农会等。中华人民共和国成立后，先后组建贫下中农协会、中国共产主义青年团、少年先锋队、妇女联合会、老年协会等各类社会团体。他们在各个历史发展阶段一直发挥着重要的作用。

# 第一章　中国共产党

中华人民共和国成立前，中国共产党在境内活动处于秘密状态。组织开展了一系列抗日宣传、发展地方武装、打击日伪势力、组织农会、举办农民夜校、开展减租减息等活动。

中华人民共和国成立后，中国共产党在境内的组织不断发展壮大，宣传、贯彻、执行党和国家各个时期的路线、方针、政策、法律法规及上级党组织的决议等，成为社会主义事业的领导核心。领导境内人民开展社会主义革命和建设，带领人民发展经济，建设和谐社会，全面奔向小康社会；组织领导工、青、妇等群众团体开展工作；负责辖区人民武装、统一战线、社会综合治理等事务；做好对干部和党员的教育、培养、考核、监督及基层党组织工作，完成党在各个时期的各项工作任务。至 2019 年，境内共有中共党员 1102 名。

## 第一节　中华人民共和国成立前党组织在境内活动

中国共产党在境内活动始于抗日战争时期，1931 年“九一八”事变后，抗日战争全面开始。1935 年 12 月，峙头乡上宅进步教师贺灏群等，积极响应“一二•九”运动，组织数百名师生举行抗日救亡大游行，联合编印宣传反对内战、一致抗日的《镇海呼声》，印发后在社会上影响极大。次年 6 月 19 日，国民党县长率军警逮捕贺灏群、张启达等 10 多名教师。次日学生请愿，罢课抗议。经多方营救及舆论力量，被捕教师获释。1937 年，贺灏群加入中国共产党。次年 8 月下旬任中共镇海县工作委员会（简称“县工委”）委员。1941 年，贺灏群任峙头乡乡长期间，发展党员 3 名，建立中共峙头乡支部并任支部书记。1938—1942 年间，境内张玉森（南门村）、戴育范（东门村）、张森林（南门村）、周万明（北门村）等人先后秘密加入中国共产党。1948 年初，贺灏群组织青年贺金财、陈阿多、周春林三人加入江南武工队，参加袭击大碶警察所等战斗。1946 年 6 月 21 日，以徐小玉为纵队长的定海除奸大队在峙头改编为中共领导的浙东第四自卫纵队，是当时由中共领导并在境域建立根据地的第一支地方武装。

## 第二节　中华人民共和国成立后党组织的沿革及负责人

1949 年 5 月 29 日，中国人民解放军二十二军解放郭巨境域，11 月，建立人民民主政权。1950 年 6 月，中共郭巨区委成立，辖昆亭、梅东、梅西、上阳、下阳、白峰、三江、霞峙、盛厚、峙头、郭巨十乡一镇。境内除峙头乡外，郭巨镇、盛厚乡、霞峙乡还没有建立中国共产党（简称“中共”）组织。至 1954 年 6 月，中共郭巨区委下辖的各乡（镇）先后开始建立中共党组织（党支部）。

1954 年 6 月，建立中共郭巨镇支部，书记张乾卿。

1954 年 12 月，复建中共峙头乡支部，书记乐渭水。

1955 年 2 月，建立中共盛厚乡支部，书记陆全成。

1954 年 4 月，建立中共霞屿乡支部，书记姚绪永。

1956 年初，组织机构调整，郭巨镇、峙头乡分别建立中共总支部。霞屿、盛厚 2 个乡及各村党组织，按行政区划并入郭巨、峙头党总支。霞屿、盛厚乡 2 个党支部撤销。

1958 年 8 月，中共中央作出《关于在农村建立人民公社问题的决议》。10 月，建立中共郭巨人民（大）公社管理委员会，下设东门、西门、峙北、峙南、华峙、渔业 6 个大队（管理区）党总支。1961 年 9 月，郭巨大公社及各大队（管理区）撤销，复设郭巨、峙头人民公社党委。

1966 年秋，“文化大革命”运动波及境内，各公社党组织受到冲击，被迫停止活动。1968 年 5 月，建立公社革命委员会，实行党的“一元化”领导。1969 年恢复党组织活动，各公社建立党的核心小组。1983 年 10 月，取消公社体制，恢复乡、镇建制。中共郭巨公社委员会、中共峙头公社委员会分别改称中共郭巨乡委员会、中共峙头乡委员会（简称乡、镇党委）。

1985 年 10 月，撤镇海县，划建宁波市镇海区、滨海区（北仑区）。中共郭巨镇、峙头乡党委隶属滨海（北仑）区委管辖。

1992 年 5 月，撤销峙头乡并入郭巨镇，同时撤销中共峙头乡委员会，建立新的中共郭巨镇委员会。

2003 年 6 月，为了统一领导和协调郭巨、白峰区域开发建设，中共北仑区委决定撤销中共郭巨镇、白峰镇委员会，成立中共北仑东部城区委员会，履行原郭巨、白峰两镇党委职能。8 月，根据浙江省人民政府《关于宁波市北仑区行政区划调整的批复》文件精神，郭巨镇并入白峰镇，撤销中共北仑东部城区委员会，建立新的中共北仑区白峰镇委员会。

2016 年 8 月，根据《浙江省人民政府关于宁波市北仑区部分行政区域调整的批复》和《宁波市北仑区人民政府关于白峰行政区划调整的通知》文件，撤销白峰镇建制，分设白峰街道和郭巨街道，同时成立中共北仑区委郭巨街道工作委员会（简称党工委）。8 月 12 日，召开郭巨街道成立大会，并举行党工委授牌仪式，北仑区委书记马卫光向街道党工委书记周国程授牌。时郭巨街道党工委所属基层党组织有党委 2 个、党总支 4 个、党支部 46 个、党员 1102 名。

郭巨街道党工委授牌仪式

## 1954 年 6 月至 2003 年 6 月中共郭巨镇（公社、乡、大队）组织历届领导人名表

表 10–1–1

| 组织名称 | 姓　名 | 职务 | 任职时间 | 说明 |
|---|---|---|---|---|
| 郭巨镇党支部 | 张乾卿 | 书记 | 1954.6—1955.5 | |
| | 黄月庆 | 书记 | 1955.5—1956.2 | |
| 郭巨乡党总支 | 张瑞尧 | 书记 | 1956.3—1957.7 | |
| | 郑如青 | 书记 | 1957.7—1958.9 | |
| | 姚开商 | 副书记 | 1956.3—1958.1 | |
| | 林阿康 | 副书记 | 1956.3—1958.4 | |
| | 张瑞尧 | 副书记 | 1957.7—1958.9 | |

续表 10-1-1

| 组织名称 | 姓　名 | 职务 | 任职时间 | 说明 |
|---|---|---|---|---|
| 西门大队（管理区）党总支 | 黄美棠 | 书记 | 1958.1—1959.4 | |
| | 乐渭水 | 副书记 | 1958.1—1959.4 | |
| | 张月明 | 副书记 | 1958.1—1959.4 | |
| 东门大队（管理区）党总支 | 张瑞尧 | 书记 | 1958.1—1959.4 | |
| | 赵其丁 | 副书记 | 1958.1—1959.4 | |
| 郭巨大队（管理区）党总支 | 姚绪永 | 书记 | 1959.4—1959.7 | |
| | 周钱章 | 副书记 | 1959.7—1959.7 | |
| | 黄美棠 | 副书记 | 1959.4—1959.7 | |
| | 张月明 | 副书记 | 1959.4—1959.7 | |
| 郭巨镇党委 | 朱纯青 | 书记 | 1959.7—1959.12 | |
| | 周钱章 | 副书记 | 1959.7—1959.12 | |
| | 汪行舟 | 副书记 | 1959.7—1959.12 | |
| | 张亚菊（女） | 副书记 | 1959.7—1959.12 | |
| 郭巨镇党总支 | 朱纯青 | 书记 | 1959.12—1960.2 | 1959 年 12 月，由镇党委改建 |
| | 李金祥 | 书记 | 1960.3—1961.9 | |
| | 周钱章 | 副书记 | 1959.12—1960.1 | |
| | 汪行舟 | 副书记 | 1959.12—1960.1 | |
| | 张亚菊（女） | 副书记 | 1959.12—1961.2 | |
| | 项友根 | 副书记 | 1961.2—1961.9 | |
| 华峙大队（管理区）党总支 | 史生元 | 书记 | 1958.10—1959.2 | |
| | 张瑞尧 | 书记 | 1959.4—1961.2 | |
| | 郑国来 | 书记 | 1961.2—1961.9 | |
| | 朱信态 | 副书记 | 1958.10—1959.5 | |
| | 徐阿桂 | 副书记 | 1959.5—1961.9 | |
| | 阮世友 | 副书记 | 1960.8—1961.9 | |
| | 乐渭水 | 副书记 | 1961.5—1961.9 | |
| 郭巨渔业大队（管理区）党总支 | 钱德兴 | 书记 | 1958.10—1959.6 | |
| | 黄月庆 | 书记 | 1959.7—1960.4 | |
| | 周国良 | 副书记 | 1958.10—1960.4 | |
| 郭巨人民公社党委 | 杜乾恩 | 书记 | 1962.6—1964.4 | |
| | 沈志邦 | 书记 | 1964.4—1968.6 | |
| | 沈志邦 | 副书记 | 1961.10—1964.4 | |
| | 张亚菊（女） | 副书记 | 1961.10—1968.6 | |
| 郭巨公社党委 | 朱纯青 | 书记 | 1970.5—1976.10 | |
| | 张亚菊（女） | 副书记 | 1970.5—1973.6 | |
| | 陈志清 | 副书记 | 1971.9—1973.3 | |
| | 郁全鲁 | 副书记 | 1973.2—1976.10 | |
| | 郑国来 | 副书记 | 1973.6—1976.10 | |
| 中共郭巨镇（乡、公社）委员会 | 朱纯青 | 书记 | 1976.10—1978.1 | |
| | 张根甫（兼） | 书记 | 1978.1—1980.6 | |

续表 10-1-1

| 组织名称 | 姓 名 | 职务 | 任职时间 | 说明 |
|---|---|---|---|---|
| 中共郭巨镇（乡、公社）委员会 | 孙行腾（兼） | 书记 | 1980.6—1981.3 | |
| | 周土华 | 书记 | 1981.3—1982.3 | |
| | 吴世态 | 书记 | 1982.3—1985.10 | |
| | 郁全鲁 | 副书记 | 1976.10—1978.5 | |
| | 郑国来 | 副书记 | 1976.10—1978.8 | |
| | 朱全宝 | 副书记 | 1978.1—1979.3 | |
| | 包良法 | 副书记 | 1979.3—1980.8 | |
| | 陈世华 | 副书记 | 1979.3—1981.3 | |
| | 汪永祥 | 副书记 | 1979.1—1982.3 | |
| | 张明德 | 副书记 | 1981—1985.10 | |
| | 张云仙（女） | 副书记 | 1982.3—1983.2 | |
| | 张祥利 | 副书记 | 1983.7—1985.4 | |
| | 卢国富 | 副书记 | 1985—1989.10 | |
| 中共郭巨镇委员会（第六届） | 吴世态 | 书记 | 1985.1—1986.5 | |
| | 张德礼 | 书记 | 1986.5—1987.12 | |
| | 张明德 | 副书记 | 1985.10—1987.1 | |
| | 卢国富 | 副书记 | 1985.10—1987.12 | |
| | 汪永祥 | 副书记 | 1987.1—1987.12 | |
| 中共郭巨镇委员会（第七届）（1988.1—1990.3） | 张德礼 | 书记 | 1988.1—1989.10 | |
| | 孙良洲 | 书记 | 1989.10—1990.3 | |
| | 卢国富 | 副书记 | 1988.1—1989.10 | |
| | 汪永祥 | 副书记 | 1988.1—1989.10 | |
| | 张明德 | 副书记 | 1989.10—1990.3 | |
| 中共郭巨镇委员会（第八届）（1990.3—1992.5） | 孙良洲 | 书记 | 1990.3—1992.5 | |
| | 张明德 | 副书记 | 1990.3—1992.5 | |
| | 王剑成 | 副书记 | 1990.3—1992.5 | |
| 中共郭巨镇委员会（第八届续）（1992.5—1993.1） | 孙良洲 | 书记 | 1992.5—1992.11 | 党委委员：姚慧贞（女）、梅云成、贝祖宏、汪智伟、沈国富 |
| | 王万恒 | 书记 | 1992.11—1993.1 | |
| | 王国锋 | 副书记 | 1992.5—1993.1 | |
| | 张明德 | 副书记 | 1992.5—1993.1 | |
| 中共郭巨镇委员会（第九届）（1993.1—1996.1） | 王万恒 | 书记 | 1993.1—1994.9 | 党委委员：姚慧贞（女）、梅云成、贝祖宏、沈国富、汪智伟、应国来、王富国、赵卫星、徐行芬（女） |
| | 王国锋 | 书记 | 1994.9—1995.10 | |
| | 胡国荣 | 书记 | 1995.10—1996.1 | |
| | 王国锋 | 副书记 | 1993.1—1994.9 | |
| | 张明德 | 副书记 | 1993.1—1996.1 | |
| | 应国来 | 副书记 | 1994.9—1995.10 | |
| | 张信华 | 副书记 | 1995.10—1996.1 | |

续表 10–1–1

| 组织名称 | 姓　名 | 职务 | 任职时间 | 说明 |
| --- | --- | --- | --- | --- |
| 中共郭巨镇委员会（第十届）（1996.1—1998.12） | 胡国荣 | 书记 | 1996.1—1998.9 | 党委委员：王富国、赵卫星、梅云成、徐行芬（女）、汪智伟、张根祥、朱斌荣、郑加和 |
| | 应国来 | 书记 | 1998.9—1999.1 | |
| | 张明德 | 副书记 | 1996.1—1997.1 | |
| | 张信华 | 副书记 | 1996.1—1996.6 | |
| | 卢　俊 | 副书记 | 1997.1—1998.9 | |
| | 赵卫星 | 副书记 | 1997.1—1998.9 | |
| | 乐静毅 | 副书记 | 1998.9—1998.12 | |
| | 王兆恩 | 副书记 | 1998.9—1998.12 | |
| 中共郭巨镇委员会（第十一届）（1999.1—2002.1） | 应国来 | 书记 | 1999.1—2001.10 | 党委委员：张根祥、朱斌荣、徐行芬（女）、郑加和、梅云成、徐群（女）、周飞群、董旭亮、乐美良、郑立平、张友钧 |
| | 沈恩东 | 书记 | 2001.10—2002.1 | |
| | 王兆恩 | 副书记 | 1999.1—2002.1 | |
| | 乐静毅 | 副书记 | 1999.1—2001.10 | |
| | 薛　琪（女） | 副书记 | 2001.10—2002.1 | |
| 中共郭巨镇委员会（第十二届）（2002.1—2003.6） | 沈恩东 | 书记 | 2002.1—2003.6 | 党委委员：张根祥、周飞群、郑加和、董旭亮、付忠杏 |
| | 王兆恩 | 副书记 | 2002.1—2003.6 | |
| | 薛　琪（女） | 副书记 | 2002.1—2003.6 | |

## 2016 年 8 月至 2022 年 8 月中共郭巨街道工作委员会领导人名表

表 10–1–2

| 姓　名 | 职务 | 任职时间 | 说明 |
| --- | --- | --- | --- |
| 周国程 | 书记 | 2016.8—2016.11 | 党工委委员：邱益君、章春华（女）、李凯松、乐耀光、徐幸召、孙平波、吴海翔（女）、张方、罗佰文、黄经纬 |
| 张永广 | 书记 | 2016.11—2019.1 | |
| 沈冬梅（女） | 书记 | 2019.1—2022.3 | |
| 乐　伟 | 书记 | 2022.3— | |
| 沈冬梅（女） | 副书记 | 2016.8—2019.1 | |
| 刘达峰 | 副书记 | 2019.1—2019.12 | |
| 乐　伟 | 副书记 | 2020.5—2022.3 | |
| 史　旭 | 副书记 | 2016.8—2017.12 | |
| 童振捷 | 副书记 | 2016.8—2019.12 | |
| 顾艳艳（女） | 副书记 | 2019.1—2022.3 | |
| 乐耀光 | 副书记 | 2019.12— | |
| 尉　涛 | 副书记 | 2022.3— | |

## 1954年12月至1958年9月中共岐头乡支部（总支）书记、副书记名表

表10-1-3

| 组织名称 | 姓　名 | 职务 | 任职年月 | 说明 |
|---|---|---|---|---|
| 岐头乡党支部 | 乐渭水 | 书记 | 1954.12—1956.2 | 1954年12月复建 |
| 岐头乡党总支 | 陆全成 | 书记 | 1956.3—1957.4 | 1956年3月，由原岐头乡和霞岐、盛厚2个乡的部分村合并建立 |
| | 姚绪永 | 书记 | 1957.4—1958.5 | |
| | 张乾卿 | 书记 | 1958.5—1958.9 | |
| | 乐渭水 | 副书记 | 1956.3—1958.8 | |
| | 戴志芳 | 副书记 | 1956.3—1957.12 | |
| | 陆全成 | 副书记 | 1957.4—1958.9 | |

## 1958年10月至1961年9月岐头境内党组织领导人名表

表10-1-4

| 组织名称 | 姓　名 | 职务 | 任职时间 | 说明 |
|---|---|---|---|---|
| 岐北大队（管理区）党总支 | 陆全成 | 书记 | 1958.10—1960.9 | 1958年10月建立，1960年9月撤销 |
| | 郑正云 | 副书记 | 1959.5—1959.6 | |
| | 王宝全 | 副书记 | 1959.7—1960.9 | |
| | 阮忠科 | 副书记 | 1959.11—1960.1 | |
| 岐南大队（管理区）党总支 | 邬岳卿 | 书记 | 1958.10—1959.4 | 1958年10月建立，1960年9月撤销 |
| | 曹哉茂 | 书记 | 1958.4—1960.9 | |
| | 李炳照 | 副书记 | 1958.10—1959.10 | |
| | 邬岳卿 | 副书记 | 1959.4—1959.7 | |
| | 沈成洲 | 副书记 | 1960.9—1960.9 | |
| 岐头大队党总支 | 曹哉茂 | 书记 | 1960.9—1961.9 | 1960年9月由岐北、岐南2个大队合并建立，1961年9月撤销 |
| | 陆全成 | 副书记 | 1960.9—1961.9 | |

## 1961年10月至1992年5月中共岐头公社（乡）委员会历届领导人名表

表10-1-5

| 组织名称 | 姓　名 | 职务 | 任职时间 | 说明 |
|---|---|---|---|---|
| 岐头人民公社党委 | 曹哉茂 | 书记 | 1961.10—1968.6 | |
| | 周钱章 | 副书记 | 1961.10—1963.6 | |
| | 阮世友 | 副书记 | 1961.10—1968.6 | |
| 岐头公社党委 | 应志康 | 书记 | 1970.5—1973.3 | 党委委员：丁信法、顾国义、周福康、姚信祥（不脱产）、江金莲（女、不脱产） |
| | 陈志清 | 书记 | 1973.3—1976.10 | |
| | 阮世友 | 副书记 | 1970.5—1973.11 | |
| | 陆全成 | 副书记 | 1973.2—1976.10 | |
| | 史生元 | 副书记 | 1973.2—1976.10 | |

续表 10-1-5

| 组织名称 | 姓　名 | 职务 | 任职时间 | 说明 |
|---|---|---|---|---|
| 中共峙头公社委员会 | 陈志清 | 书记 | 1976.10—1978.5 | 党委委员：陈国来、周福康、顾国义、顾彩新、张荣斌、鲁耐定、沈双珠、贺岳定 |
| | 郁全鲁 | 书记 | 1978.5—1980.9 | |
| | 应国来 | 书记 | 1980.9—1985.10 | |
| | 陆全成 | 副书记 | 1976.10—1978.7 | |
| | 史生元 | 副书记 | 1976.10—1979.5 | |
| | 应国来 | 副书记 | 1978.5—1980.9 | |
| | 顾国义 | 副书记 | 1979.10—1985.10 | |
| | 张德礼 | 副书记 | 1980.8—1982.3 | |
| 中共峙头乡委员会（第六届） | 应国来 | 书记 | 1985.10—1987.12 | 党委委员：贺岳定、梅卫国、李建国 |
| | 顾国义 | 副书记 | 1985.10—1987.12 | |
| | 鲁耐定 | 副书记 | 1986.5–1987.10 | |
| | 吴布根 | 副书记 | 1987.10—1987.12 | |
| 中共峙头乡委员会（第七届）（1988.1—1990.3） | 应国来 | 书记 | 1988.1—1988.8 | 党委委员：梅卫国、李建国 |
| | 张祥安 | 书记 | 1989.2—1990.3 | |
| | 顾国义 | 副书记 | 1988.1—1989.10 | |
| | 吴布根 | 副书记 | 1988.1—1988.8 | |
| | 张祥安 | 副书记 | 1988.8—1989.2 | |
| | 马志君 | 副书记 | 1989.10—1990.3 | |
| | 张信华 | 副书记 | 1989.10—1990.3 | |
| 中共峙头乡委员会（第八届）（1990.3—1992.5） | 张祥安 | 书记 | 1990.3—1991.8 | 党委委员：张亚元（女）、张仕仙 |

# 第三节　党代表大会

## 中共郭巨镇（公社、乡）党代表大会

1961 年 8 月 20 日，第一届中共郭巨人民公社党员代表大会召开（从本届始计届），至 2002 年 1 月，共历 11 届。

### 中共郭巨镇（公社、乡）历届党员代表大会一览

表 10-1-6　　单位：人

| 届次 | 时间 | 地点 | 正式代表人数 | | 列席代表 | 会议主要内容 |
|---|---|---|---|---|---|---|
| | | | 应到 | 实到 | | |
| 一届一次 | 1961.8.20 | 供销社大仓库 | 40 | 40 | — | 听取和审议公社党委工作报告，选举产生中共郭巨人民公社第一届委员会书记、副书记、委员 |
| 二届一次 | 1964.10.10 | 公社会堂 | 100 | — | — | 听取和审议上届委员会工作报告，选举产生中共郭巨公社第二届委员会书记、副书记、委员 |

续表 10-1-6

| 届次 | 时间 | 地点 | 正式代表人数 | | 列席代表 | 会议主要内容 |
|---|---|---|---|---|---|---|
| | | | 应到 | 实到 | | |
| 三届一次 | 1970.5.15 | 公社会堂 | 120 | — | — | 听取和审议中共郭巨人民公社党委工作报告。选举产生中共郭巨公社第三届委员会书记、副书记、委员 |
| 四届一次 | 1981.6.29 | 公社三楼会议室 | 154 | — | 24 | 听取和审议中共郭巨公社第三届委员会工作报告，选举产生中共郭巨公社第四届委员会书记、副书记、委员 |
| 五届一次 | 1983.7.8 | 公社三楼会议室 | 138 | — | 40 | 听取和审议上届党委《认真总结经验教训、努力开创新局面》工作报告，选举产生中共郭巨乡第五届委员会书记、副书记、委员 |
| 六届一次 | 1987.3.1 | 镇三楼大会堂 | 117 | — | 25 | 听取和审议上届党委《团结一致、艰苦奋斗、把郭巨建设成繁荣昌盛的社会主义新农村》工作报告，选举产生中共郭巨镇第六届委员会书记、副书记、委员 |
| 七届一次 | 1990.3.1—2 | 镇影剧院 | 91 | — | 10 | 听取和审议上届党委工作报告，选举产生中共郭巨镇第七届委员会书记、副书记、委员。选举产生北仑区第二届党代会代表 11 人 |
| 八届一次 | 1993.1.9 | 镇影剧院 | 85 | — | 18 | 听取和审议上届党委工作报告，选举产生中共郭巨镇第八届委员会书记、副书记、委员、纪律检查委员会。选举产生北仑区第三届党代会代表 13 人 |
| 九届一次 | 1996.1 | 镇大会堂 | 90 | 90 | — | 听取和审议镇上届委员会工作报告和镇纪委的工作报告，选举产生中共郭巨镇第九届委员会书记、副书记、委员（委员 8 人）、纪律检查委员会（委员 5 人） |
| 十届一次 | 1999.1.12—13 | 镇大会堂 | 75 | 74 | — | 听取和审议镇上届委员会工作报告和镇纪委的工作报告，选举产生中共郭巨镇第十届委员会书记、副书记、委员（委员 8 人），纪律检查委员会（委员 5 人） |
| 十一届一次 | 2002.1.12—13 | 镇大会堂 | 70 | — | — | 听取和审议中共郭巨镇十届委员会工作报告，听取和审议镇纪律检查委员会工作报告，选举产生中共郭巨镇第十一届委员会委员书记、副书记、委员（7 人），纪律检查委员会（委员 3 人） |

## 中共北仑区委郭巨街道工作委员会党代表大会

街道党工委每年度召开一次党员代表大会，报告党工委履行年度工作和完成区委中心工作任务情况。党工委班子由区委（组织部）直接任命。

## 2016—2019 年中共郭巨街道党代表大会一览

表 10-1-7

| 年份 | 时间 | 地点 | 代表人数（人） | 会议主要内容 |
|---|---|---|---|---|
| 2016 | 2016.12.9 | 一楼大会堂 | 57 | 通过党工委年度工作报告，选举北仑区第九届党代会代表 13 名 |
| 2017 | 2018.1.26 | 一楼大会堂 | 56 | 通过党工委年度工作报告，票决云衢广场等 12 个民生项目 |
| 2018 | 2019.1.28 | 一楼大会堂 | 53 | 通过党工委年度工作报告，票决老小区改造等 10 个民生项目 |
| 2019 | 2020.2.2 | 一楼大会堂 | 56 | 通过党工委年度工作报告，票决精品旅游线提升等 10 个民生项目 |

### 中共峙头公社（乡）党员代表大会

1961 年 10 月，中共峙头人民公社第一届党代表大会召开（从本届始计届），至 1990 年 3 月，共历 7 届。

## 中共峙头公社（乡）历届党代表大会一览

表 10-1-8

| 届次 | 时间 | 地点 | 会议主要内容 |
|---|---|---|---|
| 一届一次 | 1961.10 | 公社会堂 | 听取和审议中共峙头公社党委工作报告，选举产生中共峙头公社第一届委员会 |
| 二届一次 | 1964.10 | 公社会堂 | 听取和审议中共峙头公社第一届委员会工作报告，选举产生中共峙头公社第二届委员会 |
| 三届一次 | 1970.5 | 公社会堂 | 听取和审议中共峙头公社第二届委员会工作报告，选举产生中共峙头公社第三届委员会 |
| 四届一次 | 1980.9 | 公社会堂 | 审议和通过中共峙头公社第三届委员会工作报告，选举产生中共峙头公社第四届委员会 |
| 五届一次 | 1983.10 | 乡政府会堂 | 听取和审议上届党委工作报告，选举产生中共峙头乡第五届委员会和出席中共镇海县第六届党代会代表 |
| 六届一次 | 1987.3 | 乡政府会堂 | 听取和审议上届党委工作报告，选举产生中共峙头乡第六届委员会和出席中共北仑区首届党代会代表 |
| 七届一次 | 1990.3.12 | 乡政府会堂 | 会议审议和通过上届党委工作报告，选举产生中共峙头乡第七届委员会和出席北仑区第二届党代会代表（5 名） |

# 第四节　党务工作

### 组织工作

中华人民共和国成立初期，1954 年，在农村互助合作运动中发展贫雇农积极分子入党。在“土改”“镇反”运动中，结合“三反”（反贪污、反浪费、反官僚主义）及农村合作化运动，吸收一批积极分子加入中共组织。1964 年至 1966 年 7 月，在“小四清”“大四清”运动中，又有一批积极分子加入中共组织。“文化大革命”初期，各级党组织的活动一度停止。1974 年，在“批林批孔”运动中，党内不同程度地出现“突击入党、突击提干”的现象。1975 年，按照中共中央有关文件精神，境内各人民公社整顿党的组织，纠正“双突”中存在的问题。1978 年冬至 1985 年，境内乡（公社、镇）党委会对党组织进行了多次整顿，开展“统一思想，整顿作风，加强纪律，纯洁组织”农村整党；全面纠正“文化大革命”及其以前的“左倾”错误，宣传、贯彻、落实党的政策，为一批遭受江青反革命集团迫害的干部群众平反。从 1985 年起，境内各乡（镇）党委注重把改革开放中涌现出来的先进分子吸收入党。1988 年，各乡（镇）党委在共青团员和优秀青年中培养入党对象，使党员发展工作进入规范化轨道。1989 年起，每年度开展对党员的民主评议活动。是年，郭巨镇党委下属有党支部 42 个，党员总数 571 人，其中女党员 38 人，年度发展新党员 7 人。党员分布情况为农村 338 人、企业 83 人、事业单位 150 人。1991 年底，峙头乡党委下属党支部总数 19 个，党员总数 192 人，其中女性党员 23 人，年度发展新党员 6 人。进入 20 世纪 90 年代，中共党员的发展工作贯彻“控制数量，提高质量”的原则，严把入口关，所有入党积极分子都必须参加党组织的培训，进行理想、信念和党的基本知识教育，入党时必须由上级组织派人找本人谈话。这一时期，一批既能坚持中国共产党理想、信念和宗旨，又能适应社会主义市场经济体制，并能全心全意为人民服务的优秀分子充实到党的队伍中。

2014 年，中共中央办公厅印发《中国共产党发展党员工作细则》，提出了“控制总量、优化结构、提高质量、发挥作用”党员发展工作的总要求，对入党积极分子和发展对象的培养教育考察提出了新要求，细化了在流动人员中发展党员的要求，进一步严格了预备党员审批权限。

2016 年郭巨街道党工委成立后，坚持党建引领，建立“红岸线党建”“烽火党建”联盟及街道、峙北党群服务中心等平台，做好“党建 +”文章。结合郭巨实际量身定制组织开展“三行（洁行里弄、善行乡村、知行集镇）郭巨，党员争先”学习实践活动；实施“英才回归”计划，举办“学习古圣贤，培育新乡贤”等主题活动，打好引、育、管、用“组合拳”，努力打造一支涵盖第一书记、优秀村干部、新乡贤、创业能手、返乡大学生、实用技术人才队伍。坚持廉政教育常态化、干部监督规范化、提升效能制度化，深入推进党员干部作风建设，形成开拓进取、干事创业的良好氛围。

郭巨街道党群服务中心

## 1994—2019 年境内党组织、党员基本情况表

表 10–1–9

| 年份 | 支部总数（个） | 党员总数（人） | 女性党员（人） | 发展党员（人） |
|---|---|---|---|---|
| 1994 | 57 | 802 | 78 | 10 |
| 1998 | 47 | 847 | 94 | 16 |
| 2019 | 71 | 1102 | 258 | 15 |

## 2019年底中共郭巨街道工作委员会基层组织一览

表10-1-10　　单位：人

| 类型 | 党组织名称 | 组织个数 | | | 党员人数 | | |
|---|---|---|---|---|---|---|---|
| | | 党委 | 党总支 | 党支部 | 党委 | 党总支 | 党支部 |
| 合计 | | 2 | 4 | 46 | 299 | 225 | 1102 |
| 非公企业 | 中共光大环保能源（宁波）有限公司支部委员会 | — | — | 1 | — | — | 16 |
| | 中共宁波海港联宏装卸服务有限公司支部委员会 | — | — | 1 | — | — | 3 |
| | 中共标准工业集团宁波北仑零件厂支部委员会 | — | — | 1 | — | — | 4 |
| | 中共宁波臻德环保科技有限公司支部委员会 | — | — | 1 | — | — | 5 |
| | 中共宁波市北仑宁舟汽渡有限公司支部委员会 | — | — | 1 | — | — | 3 |
| | 中共宁波东达装卸有限公司支部委员会 | — | — | 1 | — | — | 4 |
| 事业 | 中共宁波市北仑区郭巨街道第四支部委员会 | — | — | 1 | — | — | 10 |
| 机关 | 中共北仑区郭巨街道机关总支部委员会 | — | 1 | — | — | 45 | — |
| | 中共北仑区郭巨街道第一支部委员会 | — | — | 1 | — | — | 16 |
| | 中共北仑区郭巨街道第二支部委员会 | — | — | 1 | — | — | 11 |
| | 中共北仑区郭巨街道第三支部委员会 | — | — | 1 | — | — | 18 |
| 社会组织 | 中共北仑区郭巨街道烽火总支部委员会 | — | 1 | — | — | 64 | — |
| | 中共北仑区郭巨街道烽火第一支部委员会 | — | — | 1 | — | — | 32 |
| | 中共北仑区郭巨街道烽火第二支部委员会 | — | — | 1 | — | — | 32 |
| 社区 | 中共北仑区郭巨街道东港社区委员会 | 1 | — | — | 127 | — | — |
| | 中共北仑区郭巨街道东港社区第一支部委员会 | — | — | 1 | — | — | 16 |
| | 中共北仑区郭巨街道东港社区第二支部委员会 | — | — | 1 | — | — | 15 |
| | 中共北仑区郭巨街道东港社区第三支部委员会 | — | — | 1 | — | — | 24 |
| | 中共北仑区郭巨街道东港社区第四支部委员会 | — | — | 1 | — | — | 16 |
| | 中共北仑区郭巨街道东港社区第五支部委员会 | — | — | 1 | — | — | 17 |
| | 中共北仑区郭巨街道东港社区第六支部委员会 | — | — | 1 | — | — | 13 |
| | 中共北仑区郭巨街道东港社区第七支部委员会 | — | — | 1 | — | — | 20 |
| | 中共北仑区郭巨街道东港社区第八支部委员会 | — | — | 1 | — | — | 6 |
| | 中共宁波市北仑区郭巨街道峰南社区委员会 | 1 | — | — | 172 | — | — |
| | 中共北仑区郭巨街道峰南社区第一支部委员会 | — | — | 1 | — | — | 40 |
| | 中共北仑区郭巨街道峰南社区第二支部委员会 | — | — | 1 | — | — | 32 |
| | 中共北仑区郭巨街道峰南社区第三支部委员会 | — | — | 1 | — | — | 19 |
| | 中共北仑区郭巨街道峰南社区第四支部委员会 | — | — | 1 | — | — | 35 |
| | 中共北仑区郭巨街道峰南社区第五支部委员会 | — | — | 1 | — | — | 19 |
| | 中共北仑区郭巨街道峰南社区第六支部委员会 | — | — | 1 | — | — | 27 |
| 村 | 中共北仑区郭巨街道东门村总支部委员会 | — | 1 | — | — | 59 | — |
| | 中共北仑区郭巨街道东门村第一支部支部委员会 | — | — | 1 | — | — | 37 |
| | 中共北仑区郭巨街道东门村第二支部支部委员会 | — | — | 1 | — | — | 22 |
| | 中共宁波市北仑区郭巨街道北门村总支部委员会 | — | 1 | — | — | 57 | — |
| | 中共北仑区郭巨街道北门村第一支部委员会 | — | — | 1 | — | — | 37 |
| | 中共北仑区郭巨街道北门村第二支部委员会 | — | — | 1 | — | — | 20 |

续表 10-1-10

| 类型 | 党组织名称 | 组织个数 | | | 党员人数 | | |
|---|---|---|---|---|---|---|---|
| | | 党委 | 党总支 | 党支部 | 党委 | 党总支 | 党支部 |
| 村 | 中共北仑区郭巨街道南门村支部委员会 | — | — | 1 | — | — | 49 |
| | 中共北仑区郭巨街道西门村支部委员会 | — | — | 1 | — | — | 48 |
| | 中共北仑区郭巨街道路亭村支部委员会 | — | — | 1 | — | — | 29 |
| | 中共北仑区郭巨街道大涂塘村支部委员会 | — | — | 1 | — | — | 41 |
| | 中共北仑区郭巨街道福民村支部委员会 | — | — | 1 | — | — | 40 |
| | 中共北仑区郭巨街道尖岭岙村支部委员会 | — | — | 1 | — | — | 42 |
| | 中共北仑区郭巨街道大岭下村支部委员会 | — | — | 1 | — | — | 35 |
| | 中共北仑区郭巨街道谢家岙村支部委员会 | — | — | 1 | — | — | 29 |
| | 中共北仑区郭巨街道华峙村支部委员会 | — | — | 1 | — | — | 48 |
| | 中共北仑区郭巨街道盛岙村支部委员会 | — | — | 1 | — | — | 48 |
| | 中共北仑区郭巨街道双岙村支部委员会 | — | — | 1 | — | — | 38 |
| | 中共北仑区郭巨街道洋涨村支部委员会 | — | — | 1 | — | — | 21 |
| | 中共北仑区郭巨街道联合村支部委员会 | — | — | 1 | — | — | 26 |
| | 中共北仑区郭巨街道长浦村支部委员会 | — | — | 1 | — | — | 8 |
| | 中共北仑区郭巨街道双屯村支部委员会 | — | — | 1 | — | — | 15 |
| | 中共北仑区郭巨街道长坑村支部委员会 | — | — | 1 | — | — | 16 |

## 2019 年郭巨街道各村（社区、经济合作社）书记、主任、董事长名表

表 10-1-11

| 村、社区、社 | 书记 | 主任 | 董事长 | 村、社区、社 | 书记 | 主任 | 董事长 |
|---|---|---|---|---|---|---|---|
| 大涂塘村 | 郑岳定 | 郑岳定 | 郑岳定 | 盛岙村 | 朱耐康 | 朱其恩 | 朱耐康 |
| 西门村 | 林布安 | 汪再康 | 林布安 | 联合村 | 朱光存 | 顾平国 | 朱光存 |
| 东门村 | 赵盛国 | 郑加兴 | 赵盛国 | 洋涨村 | 陈国成 | 俞世态 | 陈国成 |
| 北门村 | 姚贤雷 | 傅月群 | 姚贤雷 | 长浦村 | 张态岳 | 梅祖仙 | 张国成 |
| 南门村 | 汪拥军 | 乐海平 | 汪拥军 | 双屯村 | 张财元 | 张财元 | 张财元 |
| 尖岭岙村 | 唐福民 | 应国平 | 唐福民 | 长坑村 | 张振夫 | 张成康 | 张振夫 |
| 路亭村 | 黄小波 | 贾明华 | 黄小波 | 中宅社 | 峰南社区党委书记林海云 | — | 马慧敏 |
| 双岙村 | 蔡亚裕 | 郑伟明 | 蔡亚裕 | 上宅社 | | — | 贺元良 |
| 谢家岙村 | 杨海忠 | 梅建勋 | 杨海忠 | 沙湾社 | | — | 张信龙 |
| 福民村 | 蔡祖群 | 赵其忠 | 蔡祖群 | 光明社 | | — | 张行岳 |
| 大岭下村 | 黄良鸿 | 朱信安 | 黄良鸿 | 花船社 | | — | 梅友章 |
| 华峙村 | 张贤君 | 胡宏伟 | 张贤君 | 竹湾社 | | — | 梅和平 |
| 东港社区 | 黄海平 | 汪旭儿 | | 后墩社 | | — | 李祖伏 |
| 峰南社区 | 林海云 | 王　英 | | 渔业队 | 徐世安 | — | 徐世安 |

## 2019年底中共郭巨街道党员学历基本情况表

表10–1–12　　　　　　　　　　　　　　　　　　　　　　　　单位：人

| 项目 | | 党员总数 | 预备党员数 | 女性党员数 | 少数民族 | 学历情况 | | | | | |
|---|---|---|---|---|---|---|---|---|---|---|---|
| | | | | | | 研究生 | 大学本科 | 专科 | 中专 | 高中中技 | 初中及以下 |
| 总计 | | 1102 | 15 | 258 | 12 | 14 | 198 | 152 | 35 | 264 | 439 |
| 一、在岗职工 | | 363 | 8 | 141 | 12 | 14 | 163 | 106 | 9 | 71 | 0 |
| 公有制单位 | 合计 | 114 | 0 | 35 | 1 | 8 | 56 | 25 | 3 | 22 | 0 |
| | 党政机关工作人员 | 20 | / | 7 | / | 4 | 14 | 2 | / | | / |
| | 事业单位管理人员 | 31 | / | 2 | 1 | 3 | 21 | 5 | / | 2 | / |
| | 事业单位专技人员 | 5 | / | 3 | / | / | 4 | 1 | / | / | / |
| | 企业管理人员 | 2 | / | 1 | / | / | 2 | / | / | / | / |
| | 企业专业技术人员 | 1 | / | 1 | / | / | 1 | / | / | / | / |
| | 工勤技能人员 | 55 | / | 21 | / | 1 | 14 | 17 | 3 | 20 | / |
| | 农民工 | 3 | / | 3 | / | / | 3 | / | / | / | / |
| 非公企业 | 合计 | 244 | 8 | 105 | 11 | 6 | 106 | 80 | 6 | 46 | 0 |
| | 管理人员 | 10 | 1 | 3 | / | 2 | 2 | 3 | / | 3 | / |
| | 专业技术人员 | 11 | 2 | 2 | / | 1 | 3 | 5 | | 2 | / |
| | 工勤技能人员 | 223 | 5 | 100 | 11 | 3 | 101 | 72 | 6 | 41 | / |
| | 农民工 | 53 | 2 | 34 | / | 1 | 49 | 1 | 1 | 1 | / |
| 社会组织 | 合计 | 5 | 0 | 1 | 0 | 0 | 1 | 1 | 0 | 3 | 0 |
| | 管理人员 | 1 | / | / | / | / | / | 1 | / | / | / |
| | 专业技术人员 | 0 | / | / | / | / | / | / | / | / | / |
| | 工勤技能人员 | 4 | / | 1 | / | / | 1 | / | / | 3 | / |
| | 农民工 | 0 | / | / | / | / | / | / | / | / | / |
| 二、农牧渔民 | | 377 | 4 | 37 | / | / | 9 | 25 | 3 | 112 | 228 |
| | 外出务工经商人员 | 6 | / | 1 | / | / | 1 | / | / | 4 | 1 |
| 三、军人、武警 | | 0 | / | / | / | / | / | / | / | / | / |
| 四、学生 | | 0 | / | / | / | / | / | / | / | / | / |
| 五、离退休人员 | | 285 | / | 53 | / | / | 1 | 7 | 21 | 67 | 189 |
| 六、其他 | | 77 | 3 | 27 | / | / | 25 | 14 | 2 | 14 | 22 |

## 2019年底郭巨街道中共党员年龄情况表

表10–1–13　　　　　　　　　　　　　　　　　　　　　　　　单位：人

| 分类 | 党员人数 | 30岁及以下 | 31～35岁 | 36～40岁 | 41～45岁 | 46～50岁 | 51～55岁 | 56～60岁 | 61～65岁 | 66～70岁 | 71岁及以上 |
|---|---|---|---|---|---|---|---|---|---|---|---|
| 合计 | 1102 | 173 | 96 | 76 | 56 | 68 | 59 | 87 | 100 | 129 | 258 |
| 公有制单位 | 114 | 18 | 19 | 32 | 12 | 17 | 7 | 9 | 0 | 0 | 0 |
| 非公企业 | 244 | 136 | 56 | 15 | 17 | 15 | 3 | 2 | 0 | 0 | 0 |
| 社会组织 | 5 | 1 | 0 | 0 | 1 | 1 | 1 | 1 | 0 | 0 | 0 |

续表 10-1-13

| 分类 | 党员人数 | 30岁及以下 | 31～35岁 | 36～40岁 | 41～45岁 | 46～50岁 | 51～55岁 | 56～60岁 | 61～65岁 | 66～70岁 | 71岁及以上 |
|---|---|---|---|---|---|---|---|---|---|---|---|
| 农牧渔民 | 377 | 5 | 9 | 14 | 18 | 27 | 30 | 50 | 51 | 71 | 102 |
| 离退休人员 | 285 | 0 | 0 | 0 | 0 | 0 | 10 | 12 | 49 | 58 | 156 |
| 其他 | 77 | 13 | 12 | 15 | 8 | 8 | 8 | 13 | 0 | 0 | 0 |

## 宣传教育工作

1950—1952年，境内各级党组织组织“抗美援朝，保家卫国”形势报告。1953年，学习宣传党在社会主义过渡时期总路线、总任务。1954年，组织各界群众学习、宣传第一部《中华人民共和国宪法》。1955年秋，组织群众学习、宣传毛泽东《关于农业合作化问题》。1958年，广泛宣传“鼓足干劲，力争上游，多快好省地建设社会主义”总路线和人民公社。1960年，开展社会主义教育运动，宣传坚持总路线、“大跃进”、人民公社“三面红旗”，掀起“以粮为纲，以农副业为中心”的竞赛活动。1961年，广泛宣传发展国民经济的“调整、巩固、充实、提高”八字方针和中共中央《农村人民公社工作条例（草案）（即六十条）》等文件精神，落实三级所有（公社、大队、生产队）、队（生产队）为基础的基本核算制度。1964年，宣传工业学大庆、农业学大寨、全国学习人民解放军，开展争做“四好生产队”“六好社员”群众运动。是年底，宣传以“清账目、清工分、清物资、清仓库”（简称“小四清”）为主要内容的社会主义教育运动的意义和做法。1965年5月，开展清政治、清经济、清组织、清思想的“四清”运动，至1966年7月结束。1964—1965年，组织干部群众学习《毛泽东选集》，结合社会主义教育运动进行“反修防修”的宣传教育。1966年，掀起宣传学习“县委书记的好榜样——焦裕禄”的热潮。“文化大革命”开始后，宣传部门的正常工作受到干扰，党的宣传工作被严重扭曲，大鸣、大放、大字报、大辩论盛行一时，形形色色的“学习班”遍及各条战线，“无产阶级专政下继续革命”理论混淆了思想战线的是非界限。1976年1月至9月，学习宣传“唐山大地震”英烈事迹。举办对毛泽东、朱德、周恩来3位“伟人”的各类悼念活动。1976年10月6日，中共中央一举粉碎江青反革命集团，境内掀起“揭、批、查”江青反革命集团运动。1978年10月，组织党员开展“关于真理标准问题”大讨论，宣传贯彻实事求是的思想路线。1979年，学习宣传中共十一届三中全会公报精神，深刻理解“解放思想，实事求是，团结一致向前看”的思想路线的精神实质。1981年7月，组织全体党员和各级干部学习《关于建国以来党的若干历史问题的决议》，以该决议精神统一干部群众的思想。1982年10月，以“五讲、四美、三热爱”为主要内容，开展创建文明村、文明单位活动。1983年1月，境内各公社开展“计划生育宣传月”活动，大力提倡一对夫妇只生一个孩子。2月起，传达学习中共中央《当前农村经济政策的若干问题》，组织干部深入生产队，落实家庭联产承包责任制。1985年，宣传贯彻落实中共中央《关于进一步活跃农村经济的10项政策》，进一步完善和发展家庭联产承包责任制。1986年，学习宣传中共中央《关于社会主义精神文明建设指导方针的决议》，开展全面整党，至12月底结束。1987年，向广大党员进行坚持党的四项基本原则教育，巩固和发展安定团结的政治局面。年底，在各村进行以刹赌博风、刹封建迷信风、刹婚丧大操大办风为重点的移风易俗宣传教育活动。1989年，开展坚持四项基本原则、反对资产阶级自由化的教育。1992年，学习宣传邓小平南方谈话精神。1994年10月，开展农村党的基本路线教育，农村“路教”工作组进驻有关村，时间为一个月。1996年，干部群众学习《关于加强社会主义精神文明建设若干重要问题的决议》，学习江泽民“三个代表”重要思想。1997年，开展庆祝香港回归爱国主义宣传活动。1998年，宣传弘扬“万众一心，众志成城，不怕困难，顽强拼搏，坚韧不拔，敢于胜利”的抗洪救灾精神。12月，举办“迎澳门回归”宣传教育活动。2000年6月，开展“双思教育、固本强基”教育工作。2003年，宣传动员境内民众抗击“非典”。2006年初，开展正确树立社会主义“荣辱观”的主题教育，倡导“八荣八耻”社会主义荣辱价值观（以热爱祖国为荣，以危害祖国为耻；以服务人民为荣，以背离人民为耻；以崇尚科学为荣，以愚昧无知为耻；以辛勤劳动为荣，以好逸恶劳为耻；以团结互助为荣，以损人利己为耻；以诚实守信为荣，以见利忘义为耻；以遵纪守法为荣，以违法乱纪为耻；以艰苦奋斗为荣，以骄奢淫逸为耻）。2007年，组织开展创建全国文明城市宣传活动。2008—2011年，组织国庆60周年、北仑建区25周年、建党90周年等系列重大主题宣传教育活动；开展争创生态镇、文明镇、卫生镇、文化强镇活动；宣传“奥运”、抗震救灾英雄人物事迹。2012—2018年，组织机关干部围绕“为民、务实、清廉”主题，反对“四风”（形式主义、官僚主义、享乐主义、奢靡之风）和服务群众这两条主线，建立完善学习教育制度，推进机关干部“走村不漏户，户户见干部”活动，落实离开“案头”走向“田头”熟悉“户头”的联系群众制度，落实“最多跑一次”改革，畅通为民服务“最后一公里”；建设新时代文明实践站（点、所），开展新时代文明实践行动；持续推进农村文化礼堂建设和非遗文化传承保护；开展环境整治、垃圾分类、五水共治等宣传教育活动；开展扫黑除恶专项斗争。2019年，开展“不忘初心、牢记使命”主题教育。

## 纪检工作

**机构设置** 1987年，建立中共郭巨镇、峙头乡纪律检查委员会组织，镇、乡纪检组织由党群副书记（兼任纪委书记）、组织委员、专职信访员3人组成。1992年1月，建立中共郭巨镇纪律检查委员会，设纪委正、副书记和专职干事。2016年8月，郭巨街道成立后，复建中共郭巨街道纪律检查工作委员会（简称街道纪工委）。负责对辖区党员的党纪党规、党员干部行为的监督管理，受理纪检、信访，查处违纪案件。设街道专职纪工委书记。

### 1992—2003年中共郭巨镇纪律检查委员会书记、副书记名表

表10-1-14

| 职务 | 姓　名 | 任期 | 说明 |
| --- | --- | --- | --- |
| 书记 | 王剑成 | 1992.1—1992.6 | 第八届 |
| 书记 | 张明德 | 1992.6—1993.1 | |
| 副书记 | 梅云成 | 1992.6—1993.1 | |
| 书记 | 张明德 | 1993.1—1996.1 | 第九届 |
| 副书记 | 梅云成 | 1993.1—1996.1 | |
| 书记 | 梅云成 | 1996.1—1996.8 | 第十届 |
| 书记 | 朱斌荣 | 1996.8—1997.1 | |
| 书记 | 张根祥 | 1997.1—1998.12 | |
| 副书记 | 林全定 | 1996.1—1998.12 | |
| 书记 | 张根祥 | 1999.1—2001.10 | 第十一届 |
| 书记 | 薛　琪（女） | 2001.10—2002.1 | |
| 书记 | 薛　琪（女） | 2002.1—2003.6 | 第十二届 |
| 副书记 | 许海芳（女） | 2003.1—2003.6 | |

## 2016—2019 年中共郭巨街道纪律检查委员会书记、副书记名表

表 10-1-15

| 职务 | 姓　名 | 任期 |
| --- | --- | --- |
| 书记 | 乐耀光 | 2016.8—2019.12 |
| 书记 | 吴海翔（女） | 2019.12— |
| 副书记 | 黄铭月（女） | 2017.10—2019.12 |

**党风党纪教育**　1954—1960 年，配合统购统销、互助合作、农村整党，查处抢购套购、私分粮食、强迫命令、破坏互助合作、投机倒把、贪污腐化等典型案件。“文化大革命”期间，党组织受到严重冲击，党风党纪教育被迫停止。20 世纪 80 年代，组织党员上党课、过组织生活、观看《警钟》《权钱交易启示录》等党纪教育片、举办党纪知识竞赛等，学习贯彻中共中央《关于党内政治生活的若干准则》，开展反腐败宣传教育。1986 年 6 月始，分三个阶段开展第二期第四批农村整党，历时 5 个月，郭巨镇、峙头乡共 752 名党员参加整党，占农村党员总数的 98.6%，受到党纪处分 5 名。2000 年以来，制定并学习贯彻《党员干部廉洁自律规定》《“艰苦奋斗、廉洁从政”主题教育实施意见》等党纪党风廉政建设文件；组织境内党员干部学习《中国共产党党内监督条例》《中国共产党纪律处分条例》等文件，通过开办学习班、观看警示教育片、图片展览等形式，抓好党员干部的警示教育，教育干部不得违反规定收受礼金、有价证券等；完善加强公车管理，防止、杜绝公款旅游和公车私用；建立干部个人财产申报制度。组织开展“讲学习、讲政治、讲正气”“从我做起，对我监督，由我负责”为主要内容的党纪党风廉政系列教育。2012 年以后，组织干部、党员学习遵守中央八项规定和省、市“十个不准”。坚持“老虎苍蝇一起打”“把权力关进制度的笼子里”、狠刹“四风”等。2016 年以来，试行“会前 10 分钟廉政微党课”“每周一钉一提醒”等方式，增强教育的感染力和实效性。街道纪工委对机关、事业单位工作纪律、公务接待、公车管理、工作考核等开展监督检查，促进干部队伍作风效能提振；对工作时间炒股玩游戏、变相公款吃喝、收礼送礼等踩踏作风红线的问题常抓不懈；强化保障小微权力清单制度深化实施，统筹发挥一季一次“清风督查”和三资办日常监督作用，保持对村级工程建设、大额资金使用、经济合同签订等长期督导；建立健全街道、村级工程廉政风险防控体系，制定出台《郭巨街道公共交易监督管理办法（试行）》；倡导清廉、好乡风、好家风、好家训等廉政文化，推进“清风郭巨”廉政文化品牌建塑。保持惩治腐败高压态势，着力净化基层政治生态。

**案件查处**　1963 年，对 1958 年前后的整风运动、反右派斗争、“大跃进”运动、农村人民公社化运动中处理的案件进行甄别平反、落实政策。1980 年，实事求是地处理“文化大革命”中的遗留问题，平反历史遗留冤假错案。1993 年至 2003 年 7 月，境内纪委受理纪检信访件 70 余件，查处党员违纪案件 36 起，其中，开除党籍 4 起，移交司法机关处理 3 起。严重警告、警告 32 起，纪委在查处违纪案件中，重点追究贪污受贿、玩权渎职、腐化堕落的党内腐败分子。2016 年 8 月至 2019 年 12 月，郭巨街道纪工委共受理案件 50 起，处分违纪党员 10 人，其中开除党籍 2 人（判刑 1 人），留党察看 1 人，严重警告 1 人，警告 6 人。

## 第五节　郭巨区委、区公所

### 郭巨区委

1950年6月，调整区乡建置，从柴桥区析出郭巨区，建郭巨区委，驻地郭巨西街（城隍庙），下辖郭巨、上阳、梅山、昆亭4个乡和穿山乡部分村。7月，分小乡时，辖郭巨、峙头、盛厚、霞峙、山江、白峰、上阳、梅西、梅东、昆亭10个乡镇。

1956年2月撤区并乡，保留郭巨区委，辖郭巨、峙头、白峰、上阳、梅山5个乡党总支。

**1956年4月至1958年10月郭巨区委下属乡、村党组织一览**

表10-1-16

| 党总支名称 | 合并前乡镇（村）名称 | 乡镇变更情况 |
| --- | --- | --- |
| 江峰乡 | 白峰乡、山江乡、霞峙乡（三、四村）、大榭神马村 | 后改白峰乡 |
| 峙头乡 | 峙头乡、盛厚乡、霞峙乡（五、六村） | 后改峙头乡 |
| 郭巨乡 | 郭巨镇、霞峙乡（一、二村） | 1956年4月前称镇 |
| 上阳乡 | 上阳乡、下阳乡 | 后改上阳乡 |
| 梅山乡 | 梅西乡、梅东乡 | 后改梅山乡 |

1958年10月，实行人民公社化，改区建制为大公社管理委员会，郭巨区委改称郭巨人民公社党委，时郭巨人民公社党委辖郭巨东门、郭巨西门、峙北、峙南、华峙、白峰、小门、上阳、下阳、梅西、梅东、渔业12个大队（管理区）党总支。1961年4月，复设郭巨区，郭巨人民公社党委复称郭巨区委，辖郭巨、峙头、白峰、上阳、梅山5个公社党委。1965年5月，撤销郭巨区并入柴桥区，郭巨区委随之撤销。1972年5月，复设郭巨区同时复建郭巨区委，辖郭巨、峙头、白峰、上阳、梅山5个公社党委。1985年7月撤镇海县设镇海区、滨海区（1987年10月滨海区更名为北仑区），郭巨区委隶属滨海区委，辖郭巨、峙头、白峰、上阳、梅山5个乡镇党委。1985年11月，撤销郭巨区，郭巨区委更名为中共北仑区郭巨工作委员会（简称工委），办公地点迁至白峰镇。1987年1月，郭巨工委撤销。下辖乡、镇党委由北仑区委直管。

**1951年3月至1985年10月中共郭巨区委党组织负责人名表**

表10-1-17

| 姓　名 | 职务 | 任职时间 |
| --- | --- | --- |
| 周财兴 | 书记 | 1951.3—1951.11 |
| 苑书龙 | 书记 | 1951.11—1952.11 |
| 王基芳 | 书记 | 1952.12—1953.9 |
| 张恒绪 | 书记 | 1954.12—1956.4 |
| 周财兴 | 副书记 | 1950.5—1951.3 |
| 杨敬田 | 副书记 | 1953.7—1954.4 |
| 张恒绪 | 副书记 | 1954.4—1954.12 |
| 张玄峰 | 副书记 | 1954.9—1955.12 |

续表 10-1-17

| 姓　名 | 职务 | 任职时间 |
|---|---|---|
| 杨如张 | 副书记 | 1954.12—1956.4 |
| 张恒绪 | 书记 | 1956.4—1956.6 |
| 杨如张 | 书记 | 1956.8—1958.9 |
| 吕书斌 | 第一书记（兼） | 1958.1—1958.9 |
| 杨如张 | 副书记 | 1956.4—1956.8 |
| 唐继胜 | 副书记 | 1956.12—1958.5 |
| 朱兴荣 | 副书记 | 1956.12—1958.5 |
| 王通根 | 副书记 | 1957.8—1958.9 |
| 吕书斌 | 书记 | 1958.10—1959.4 |
| 王通根 | 书记 | 1959.4—1961.9 |
| 王通根 | 副书记 | 1958.10—1959.4 |
| 郑如青 | 副书记 | 1958.10—1961.9 |
| 张乾卿 | 副书记 | 1958.10—1961.9 |
| 朱纯青 | 副书记 | 1958.10—1961.9 |
| 唐继胜 | 副书记 | 1958.10—1960.1 |
| 蔡复宝 | 副书记 | 1960.2—1961.9 |
| 姚绪永 | 副书记 | 1960.2—1961.9 |
| 王通根 | 书记 | 1961.9—1965.5 |
| 郑如青 | 副书记 | 1961.9—1965.5 |
| 张乾卿 | 副书记 | 1961.9—1965.5 |
| 朱增基 | 筹建人 | 1972.5—1972.10 |
| 朱增基 | 书记 | 1972.10—1976.10 |
| 朱增基 | 书记 | 1976.10—1978.1 |
| 沈志邦 | 书记 | 1978.1—1981.5 |
| 孙行腾 | 书记 | 1981.5—1982.9 |
| 王林康 | 书记 | 1985.1—1985.9 |
| 张根甫 | 副书记 | 1977.8—1980.6 |
| 孙行腾 | 副书记 | 1980.3—1981.5 |
| 李修岳 | 副书记 | 1981.6 1984.4 |
| 张瑞尧 | 副书记 | 1982.3—1985.1 |
| 张瑞尧 | 副书记（主持工作） | 1982.9—1985.1 |
| 姚维岳 | 副书记 | 1984.5—1985.10 |

## 1985 年 11 月至 1987 年 1 月中共郭巨工作委员会领导人名表

表 10-1-18

| 姓　名 | 职务 | 任职时间 |
|---|---|---|
| 姚维岳 | 副书记 | 1985.11—1985.11 |
| 林仕松 | 副书记 | 1985.12—1987.1 |

说明：先后担任委员的有：卢德怀、王万存、林仕松、沈双珠（女）、陈锡根、汪永祥等。

## 郭巨区公所

宣统三年至民国19年（1911—1930），设郭巨区自治公所。住所由郭巨所城旧千总署（武衙门）改设，有前宸屋三间，后宸屋三间，左右屋各一间，后厨房一间。

1950年6月，从柴桥区析出郭巨区建区公所，辖郭巨、峙头、盛厚、霞峙、山江、白峰、上阳（1951年5月划建下阳乡）、梅西、梅东、昆亭10个乡镇。1956年2月，撤销郭巨区。1961年4月复设郭巨区同时复建郭巨区公所，辖郭巨、峙头、白峰、上阳、梅山5个公社。1965年5月撤销郭巨区公所，其所辖5个公社划归柴桥区管辖。1972年5月复设郭巨区，复建郭巨区委但未复建郭巨区公所。1983年11月，复建郭巨区公所，辖郭巨、白峰、峙头、上阳、梅山5个乡镇（郭巨区面积143.13平方千米，66个行政村，188个自然村，20448户，61405人。耕地52663亩，山地88297亩）。1984年，郭巨区委、区公所有编制干部17人。1985年11月，撤郭巨区，郭巨区公所改称北仑区郭巨办事处。1987年1月郭巨办事处撤销，所辖区域由北仑区人民政府直接管辖。

20世纪80年代，郭巨区委、区公所存续期间，置行政事业单位有郭巨区财税所、工商所、派出所、法庭、农技站、水利会、区工办、区中心小学、郭巨区中心卫生院等。企业单位有郭巨区供销社、区粮管所等。区委、区公所撤销后，行政派出机构相继撤销。

### 1950年5月至1956年2月郭巨区公所所辖乡、镇一览

表10-1-19

| 划区时乡镇名称 | 分乡（合并）后乡镇名称 | 乡镇变更情况 |
|---|---|---|
| 郭巨镇 | 郭巨镇、霞峙乡、盛厚乡、峙头乡 | 山江乡由白峰、上阳2乡部分村划建，1951年5月，上阳乡分为上阳、下阳两乡 |
| 穿山乡（部分村） | 白峰乡、山江乡 | |
| 上阳乡 | 上阳乡、下阳乡 | |
| 昆亭乡 | 昆亭乡 | |
| 梅山乡 | 梅东乡、梅西乡 | |

### 1951—1956年郭巨区公所区长、副区长名录表

表10-1-20

| 职务 | 姓　名 | 任职时间 |
|---|---|---|
| 区长 | 王学荣 | 1951.11—1953.9 |
| 区长 | 张玄峰 | 1953.10—1955.12 |
| 副区长 | 贺灏群 | 1950.5—1951.11 |
| 副区长 | 孙继中 | 1952.8—1954.7 |
| 副区长 | 王通根 | 1954.8—1956.4 |
| 副区长 | 周钱章 | 1954.10—1956.4 |

## 1958 年 10 月至 1961 年 9 月郭巨人民公社管理委员会主任、副主任名表

表 10-1-21

| 职务 | 姓　名 | 任职时间 |
| --- | --- | --- |
| 主任 | 王通根 | 1958.10—1959.4 |
| 主任 | 郑如青 | 1959.4—1961.9 |
| 副主任 | 郑如青 | 1958.10—1959.4 |
| 副主任 | 曹恒新 | 1958.10—1960.1 |
| 副主任 | 姚绪永 | 1958.10—1959.4 |
| 副主任 | 乐志法 | 1958.10—1961.9 |
| 副主任 | 沈金花（女） | 1958.10—1961.9 |
| 副主任 | 沈成洲 | 1958.10—1959.7 |
| 副主任 | 杨　辉 | 1958.10—1958.11 |
| 副主任 | 姚绪永 | 1959.7—1960.1 |
| 副主任 | 唐继胜 | 1960.1—1960.4 |
| 副主任 | 汪行舟 | 1960.1—1960.4 |
| 副主任 | 张亚菊（女） | 1961.2—1961.9 |
| 副主任 | 林阿康 | 1961.2—1961.9 |
| 副主任 | 李善扬 | 1961.2—1961.9 |

## 1961 年 9 月至 1962 年 12 月郭巨区公所区长、副区长名表

表 10-1-22

| 职务 | 姓　名 | 任职时间 |
| --- | --- | --- |
| 区长 | 郑如青 | 1961.9—1962.12 |
| 副区长 | 朱纯青 | 1961.9—1962.12 |

## 1983 年 10 月至 1985 年 11 月郭巨区公所领导人名表

表 10-1-23

| 职务 | 姓　名 | 任职时间 |
| --- | --- | --- |
| 区长 | 姚维岳 | 1984.6—1985.10 |
| 副区长 | 陈锡根 | 1984.6—1985.10 |

## 1985 年 11 月至 1987 年 1 月郭巨办事处主任、副主任名表

表 10-1-24

| 职务 | 姓　名 | 任职时间 |
| --- | --- | --- |
| 主任 | 姚维岳 | 1985.11—1985.11 |
| 副主任 | 陈锡根 | 1985.7—1987.1 |

# 第二章　人民代表大会

乡镇人民代表大会是基层的地方国家权力机关，在区（县）人大常委会指导下开展工作。

1953年后，境内各乡、镇（郭巨镇、峙头乡、霞峙乡、盛厚乡）相继召开农民代表会议，建立了人民政权。经过剿匪、反霸、减租减息、土地改革，加强了民主政权建设。1954年3月开始，实行乡镇人民代表大会制度，人民代表大会代表均由选民直接选举产生，人民代表构成具有广泛性、先进性。但在“文化大革命”期间乡镇人民代表大会制度被迫中止。

公社（乡、镇）人民代表大会履行宪法和法律赋予的各项职权，发挥地方国家权力机关的作用，决定经济、社会、人大工作方面的重大事项；受理和督办议案、建议、意见及人民群众来信来访；组织代表开展活动等。在坚持和完善人民代表大会根本政治制度，建立和发展社会主义民主政治、健全社会主义法治工作中发挥了职能作用。

2016年8月，成立郭巨街道，同时设立宁波市北仑区人民代表大会常务委员会郭巨街道工作委员会。

由于境域行政区域历经多次调整和变更，自1954年3月至2002年1月郭巨境域召开人民代表大会14届次；自1954年3月至1992年5月峙头境域召开人民代表大会9届次。

## 第一节　代表选举

1953年3月，《中华人民共和国选举法》颁布。9月，境内各乡人民政府先后成立选举委员会，实施人民代表大会代表选举工作。选民登记和全国第一次人口普查同时进行，代表名额由乡选举委员会按照各村（单位）人数多少分配，代表候选人由各村（单位）民主协商确定，召开选民大会以等额选举方式选出人民代表。第一次人民代表大会代表选举工作于次年3月20日结束。“文化大革命”期间，人民代表大会制度被迫中止。1980年7月，根据1979年7月第五届全国人民代表大会第二次会议通过的《中华人民共和国地方各级人民代表大会和地方各级人民政府组织法》《中华人民共和国全国人民代表大会和地方各级人民代表大会选举法》规定，恢复公社人民代表大会制度。1982年，第五届全国人民代表大会第五次会议通过《中华人民共和国宪法》和《地方各级人民代表和地方各级人民政府组织法》修正案，决定将人民公社改为乡、镇。1983年10月，境内各乡镇设立乡镇人民代表大会制度，建立乡镇人民政府。

1984年5月，境内乡镇成立选举委员会，卢国富任郭巨镇选举委员会主任，顾国义任峙头乡选举委员会主任。1992年9月，郭巨镇选举委员会主任孙良久。2002年10月，郭巨镇选举委员会主任沈恩东。乡镇（公社）选举委员会负责本级和上一级人民代表大会代表选举工作，至2003年8月，郭巨镇（乡、公社）共进行人大代表换届选举14次；至1992年5月，峙头乡（公社）共进行人大代表换届选举9次。

2016年8月，设立郭巨街道，建立北仑区人大郭巨街道工作委员会，负责区级人大代表选举及代表活动工作。2016年12月，北仑区第九届人民代表大会代表换届选举，郭巨街道分5个选区，登记选民20885人，依法联名提出代表候选人20名，协商确定正式候选人18名，各选区按4选3或3选2的差额进行选举，选举产生北仑区第九届人大代表13名，其中党政干部代表4人（区级机关插选代表2人），基层代表 9 人，女性代表 4 名。参选选民 20827 人，选民参选率 99.7%。

## 北仑区第九届人民代表大会代表郭巨街道选举情况表

表 10-2-1

| 序号 | 选区 | 选举单位 | 发榜（登记）选民数（人） | | 现有（参选）选民数（人） | | 参选率（%） | |
|---|---|---|---|---|---|---|---|---|
| | | | 单位 | 选区 | 单位 | 选区 | 单位 | 选区 |
| 合计 | | | 20885 | 20885 | 20827 | 20827 | | 99.7 |
| 1 | 第 87 选区 | 洋涨村 | 712 | 4532 | 712 | 4520 | 100 | 99.7 |
| 2 | | 盛岙村 | 1151 | | 1148 | | 99.7 | |
| 3 | | 双岙村 | 883 | | 876 | | 99.2 | |
| 4 | | 南门村 | 1786 | | 1784 | | 99.9 | |
| 5 | 第 88 选区 | 东门村 | 1136 | 4325 | 1131 | 4315 | 99.6 | 99.8 |
| 6 | | 西门村 | 1012 | | 1012 | | 100 | |
| 7 | | 北门村 | 862 | | 861 | | 99.9 | |
| 8 | | 路亭村 | 566 | | 565 | | 99.8 | |
| 9 | | 大涂塘村 | 749 | | 746 | | 99.6 | |
| 10 | 第 89 选区 | 福民村 | 753 | 4320 | 752 | 4313 | 99.9 | 99.8 |
| 11 | | 大岭下村 | 332 | | 331 | | 99.7 | |
| 12 | | 尖岭岙村 | 752 | | 750 | | 99.7 | |
| 13 | | 华峙村 | 1979 | | 1976 | | 99.8 | |
| 14 | | 谢家岙村 | 504 | | 504 | | 100 | |
| 15 | 第 90 选区 | 峰南社区 | 224 | 4130 | 227 | 4122 | 101.3 | 99.8 |
| 16 | | 后墩村 | 1008 | | 1008 | | 100 | |
| 17 | | 光明村 | 506 | | 503 | | 99.4 | |
| 18 | | 中宅村 | 511 | | 509 | | 99.6 | |
| 19 | | 沙湾村 | 617 | | 616 | | 99.8 | |
| 20 | | 上宅村 | 756 | | 752 | | 99.5 | |
| 21 | | 花船村 | 181 | | 179 | | 98.9 | |
| 22 | | 竹湾村 | 327 | | 328 | | 100.3 | |
| 23 | 第 91 选区 | 东港社区（郭巨集体户） | 1416 | 3578 | 1407 | 3557 | 99.4 | 99.4 |
| 24 | | 联合村 | 754 | | 746 | | 98.9 | |
| 25 | | 长坑村 | 316 | | 315 | | 99.7 | |
| 26 | | 双屯村 | 181 | | 179 | | 98.9 | |
| 27 | | 长浦村 | 215 | | 215 | | 100 | |
| 28 | | 渔业队 | 109 | | 109 | | 100 | |
| 29 | | 街道机关 | 50 | | 50 | | 100 | |
| 30 | | 城管中队 | 3 | | 5 | | 166.7 | |
| 31 | | 边防派出所 | 17 | | 18 | | 105.9 | |
| 32 | | 郭巨学校 | 44 | | 44 | | 100 | |
| 33 | | 郭巨幼儿园 | 28 | | 28 | | 100 | |
| 34 | | 卫生院 | 18 | | 18 | | 100 | |

续表 10-2-1

| 序号 | 选区 | 选举单位 | 发榜（登记）选民数（人） | | 现有（参选）选民数（人） | | 参选率（%） | |
|---|---|---|---|---|---|---|---|---|
| | | | 单位 | 选区 | 单位 | 选区 | 单位 | 选区 |
| 35 | 第 91 选区 | 电信 | 1 | 3578 | 1 | 3557 | 100 | 99.4 |
| 36 | | 邮政 | 10 | | 10 | | 100 | |
| 37 | | 信用社 | 8 | | 8 | | 100 | |
| 38 | | 农业银行 | 4 | | 4 | | 100 | |
| 39 | | 光大环保 | 83 | | 83 | | 100 | |
| 40 | | 海湾重工 | 124 | | 120 | | 96.8 | |
| 41 | | 港鑫东方 | 70 | | 70 | | 100 | |
| 42 | | 臻德环保 | 8 | | 8 | | 100 | |
| 43 | | 北仑固废 | 41 | | 41 | | 100 | |
| 44 | | 浙江 LNG | 49 | | 49 | | 100 | |
| 45 | | 工业气体 | 29 | | 29 | | 100 | |

## 第二节　代表大会

1954 年 3 月，境内郭巨镇、霞屿乡、盛厚乡、峙头乡分别召开乡镇第一届人民代表大会第一次会议。

1958 年 10 月，乡镇人民代表大会改称人民公社社员代表大会。1983 年 10 月，复称乡镇人民代表大会。乡镇人民代表大会主要议程是：听取和审议政府工作报告；听取和审议财政决算、预算报告；选举正、副乡镇长等。1985 年 8 月撤县划区后，郭巨镇、峙头乡人民代表大会延续原届次。1992 年 5 月，峙头乡并入郭巨镇。郭巨镇人民代表大会延续原届次。

2003 年 8 月，行政区域再次调整，撤销郭巨镇并入白峰镇。郭巨镇人大代表资格、大会主席团正、副主席法定职务自行终止。

2016 年 8 月，撤销白峰镇建制，分设白峰、郭巨两街道。郭巨街道成立后，北仑区人大常委会郭巨街道工作委员会（简称人大郭巨街道工委）由北仑区人大常委会于 2016 年设立挂牌。人大郭巨街道工委设主任、副主任各 1 名。建立郭巨街道居民议事会，居民议事会议事的主要内容：听取和讨论人大街道工委年度工作计划、街道办事处年度工作计划及其完成预决算、国有资产管理、重大项目推进、民生实事项目实施、环境状况和环境保护目标完成情况的报告；听取和讨论区行政、监察、司法机关派驻街道的工作机构（以下简称派驻机构）工作情况报告；对街道办事处或派驻机构开展工作评议；票决推荐街道民生实事项目；就群众反映强烈的热点、难点问题开展询问；收集梳理人民群众对街道工作的意见建议。街道居民议事会一般每年召开 2 次，有议事员 51 名（包括辖区内的各级人大代表）。居民议事员的选聘采用村（社区）、机关、事业、企业党组织推荐或居民 10 人以上联名推荐产生，经资格审查，街道党工委批准同意确定名额并向社会公告。

## 郭巨镇（乡、公社）历届人民代表大会会议情况表

表 10-2-2

| 届别 | 建制名称 | 召开时间 | 召开地点 | 会议主要议题 |
|---|---|---|---|---|
| 一届一次会议 | 郭巨镇 | 1954.3.5 | 七村（官路弄汪家堂屋） | 贯彻党在农村工作方针，依靠贫农，团结中农，打击“地、富、反”；开展农业、手工业和资本主义工商业的社会主义改造；选举正、副乡镇长 |
| | 霞峙乡 | 1954.3.5 | — | |
| 二届一次会议 | 郭巨乡 | 1956.3.2 | 四大队（罗家） | 撤小乡并大乡，建立合作社，选举正、副乡长 |
| 三届一次会议 | 郭巨公社 | 1958.10.1 | 大操场 | 撤乡，建立管理区，郭巨人民公社成立大会 |
| 四届一次会议 | 郭巨公社 | 1961.7.2 | 大会堂 | 贯彻权力下放，实行大包干政策；听取审议公社管委会工作报告；选举公社正、副主任 |
| 五届一次会议 | 郭巨公社 | 1968.6 | 郭巨中学 | 听取审议公社管委会工作报告；步骤开展农业学大寨运动；选举公社正、副主任 |
| 六届一次会议 | 郭巨公社 | 1980.11.18 | 公社政府三楼会议室 | 听取审议公社管委会工作报告；选举公社管委会主任、副主任 |
| 七届一次会议 | 郭巨公社 | 1982.4.1 | 公社三楼会议室 | 听取审议乡政府工作报告；选举正、副乡长 |
| 八届一次会议 | 郭巨乡 | 1984.7.12 | 乡政府三楼会议室 | 审议乡政府工作报告；选举正、副乡长；通过提案审查报告 |
| 九届一次会议 | 郭巨镇 | 1987.5.10 | 镇政府三楼会议室 | 审议镇政府工作、任期目标报告；讨论审议九年制义务教育、计划生育有关规定等建议草案；选举正、副镇长。通过人民陪审员名单 |
| 十届一次会议 | 郭巨镇 | 1990.3.31 | 影剧院 | 审议政府工作报告；财政预决算报告；选举产生镇人民代表大会主席团常务主席、正、副镇长 |
| 十一届一次会议 | 郭巨镇 | 1993.1.11 | 影剧院 | 审议人大主席团报告、政府工作报告、财政预决算报告；选举镇人民代表大会主席团常务主席、正、副镇长 |
| 十二届一次会议 | 郭巨镇 | 1996.1.20—21 | 镇政府会议室 | 审议政府工作报告、人大主席团工作报告、财政预决算报告；选举镇人大主席、正、副镇长 |
| 十三届一次会议 | 郭巨镇 | 1999.1 | 镇政府会议室 | 审议政府工作报告、人大主席团工作报告、财政预决算报告；选举镇人大主席、正、副镇长 |
| 十四届一次会议 | 郭巨镇 | 2002.1 | 镇政府会议室 | 审议政府工作报告、人大主席团工作报告、财政预决算报告；选举镇人大主席、正、副镇长 |

## 岭头乡（公社）历届人民代表大会会议情况表

表 10-2-3

| 届别 | 建制名称 | 时间 | 地点 | 会议主要议题 |
|---|---|---|---|---|
| 一届一次 | 岭头乡 | 1954.3 | 乡政府会议室 | 贯彻党在农村工作方针，依靠贫农，团结中农，打击“地、富、反”，开展农业、手工业和资本主义工商业的社会主义改造；选举乡长、副乡长 |
| | 盛厚乡 | 1954.3 | — | |
| 二届一次 | 岭头乡 | 1956.3 | 乡政府会议室 | 审议乡政府工作报告，建立农业合作社；选举乡长、副乡长 |
| 三届一次 | 岭头公社 | 1961.1 | 公社会议室 | 贯彻权力下放，实行大包干政策。选举公社管委会主任、副主任 |
| 四届一次 | 岭头公社 | 1968.7 | 公社会议室 | 审议公社管委会工作报告；步骤开展农业学大寨运动；选举公社管委会主任、副主任 |
| 五届一次 | 岭头公社 | 1980.11 | 公社会议室 | 审议公社管委会工作报告；逐步建立家庭联产承包责任制；选举公社主任、副主任 |
| 六届一次 | 岭头乡 | 1984.7 | 乡会堂 | 审议乡政府工作报告；选举正、副乡长 |
| 七届一次 | 岭头乡 | 1987.12 | 乡会堂 | 审议乡政府工作报告；通过乡规民约、人民陪审员；选举乡长、副乡长 |
| 八届一次 | 岭头乡 | 1990.3 | 乡会堂 | 审议政府工作报告、财政预决算报告；选举乡人代会主席团常务主席、乡长、副乡长 |
| 九届一次 | 岭头乡 | 1990.3 | 乡会堂 | 审议政府工作报告、财政预决算报告；选举乡人代会主席团常务主席、乡长、副乡长 |

## 郭巨镇（街道）、岭头乡历届人民代表大会主席、常务主席、副主席名表

表 10-2-4

| 机构名称 | 姓　名 | 职务 | 任职年月 | 说明 |
|---|---|---|---|---|
| 郭巨镇人大主席团 | 张明德 | 常务主席 | 1990.3—1991.4 | 兼职 |
| | 孙良洲 | 常务主席 | 1991.4—1992.5 | 兼职 |
| | 王万恒 | 常务主席 | 1993.1—1995.1 | |
| | 王国锋 | 常务主席 | 1995.1—1996.1 | |
| | 马志君 | 副主席 | 1994.1—1999.1 | 专职 |
| | 张明德 | 主席 | 1996.1—1997.1 | 兼职 |
| | 胡国荣 | 主席 | 1997.1—1999.1 | 兼职 |
| | 应国来 | 主席 | 1999.1—2001.10 | |
| | 沈恩东 | 主席 | 2002.1—2003.8 | |
| | 马志君 | 副主席 | 1999.1—2001.10 | 专职 |
| | 郑立平 | 副主席 | 2002.1—2003.8 | |
| 北仑区人大常委会郭巨街道工作委员会 | 柴建军 | 主任 | 2016.8— | 专职 |
| | 袁兆良 | 副主任 | 2019.6— | 专职 |
| 岭头乡人大主席团 | 张祥安 | 常务主席 | 1990.3—1991.8 | 兼职 |

## 第三节　代表活动

20世纪80年代之前，乡、镇人大代表除参加代表大会外，一般不开展小组活动。1985年后，境内乡(镇)人大代表小组活动逐步趋于经常化、制度化、规范化。每季度一次或两个月一次代表小组会，学习文件、交流情况、听取审议乡（镇）政府工作报告，开展走访、视察活动，向政府及有关部门提出意见和建议。1988年，郭巨、峙头两乡镇代表小组先后集体活动12次，参加视察的代表92人次。代表们通过对经济、教育、卫生、交通等方面的调研视察，提出意见、建议38条，其中有35条被政府有关部门采纳。1991年，制定代表活动日、调查视察、联系选民等制度，先后对土管、计生、水利、教育、卫生、治安等方面情况进行调查视察。1996年4月9日，区人大组织区有关部门和部分区、镇人大代表通过查、听、看、问形式，对郭巨镇行政执法情况进行全方位检查。1999年，部分代表向选民汇报履行代表职责情况。2001年，开展对部分人大代表的述职评议活动。

2016—2019年，代表活动注重政府实事、民生工程、议案督查。2018年3月23日，郭巨街道人大工委为来自各村、社区、股份经济合作社和企事业单位的32名“民情联络员”颁发聘书，并进行首次培训活动。

## 第四节　代表议案建议

1993年郭巨镇第十一届人民代表大会后，代表议案建议工作更为重视，大会对每次会议期间收到的各项议案建议，人大主席团及时进行分析梳理，编号登记，然后转政府办理。镇政府主要领导每年就议案落实情况，专题召开镇长办公会议，确定解决的实施方案，在镇财政相对薄弱的情况下，挤出财力，安排资金，用于议案提出的民生实事工程项目，并将办理意见和落实情况用政府文件形式，答复给每个议案领衔代表。镇人大跟踪、督查责任单位办结全过程，从而做到件件议案、建议有着落。

2016年8月，郭巨街道成立后，街道人大工委坚持强化职能、健全制度、体察民情、服务大众。建立代表接待活动日制度、民情联系员工作制度、选民意见建议街道办事处主任签发办理制度、代表学习培训活动制度、代表“双员制”联系制度等。有针对性地选择群众普遍关心的热点、难点、焦点问题进行监督、落实，做好党委、政府的“参谋”。2017年10月，街道人大工委出台民生实事项目会商会议票决制度，会商会议成员由街道“二代表一委员”（区党代表、区人大代表、区政协委员22人）和部分选民代表（部分村、社区书记）组成，票决项目向“二代表一委员”征集后，由街道“二代表一委员”票决确定，人大街道工委跟踪监督，街道办事处组织实施。

## 2016—2019年人大郭巨街道工委代表活动、议案建议情况

表10-2-5

| 年份 | 代表活动 | | 意见建议收集答复办结（条） | | | | | | 提交大会建议 |
|---|---|---|---|---|---|---|---|---|---|
| | 次数 | 人次 | 条数 | 当场答复 | 书面答复 | 村、社区 | 街道 | 上级部门 | |
| 2016 | 4 | 17 | 30 | 6 | 11 | 6 | 5 | 2 | — |
| 2017 | 8 | 38 | 58 | 12 | 19 | 16 | 7 | 4 | 11 |
| 2018 | 12 | 45 | 83 | 16 | 18 | 32 | 11 | 6 | 5 |
| 2019 | 10 | 42 | 64 | 11 | 10 | 30 | 8 | 5 | 4 |
| 合计 | 34 | 142 | 235 | 45 | 58 | 84 | 31 | 17 | 20 |

## 2018年度郭巨街道民生实事会商会议票决项目

表10-2-6　　单位：万元

| 序号 | 项目名称 | 总投资额 | 完成时间 | 项目内容 |
|---|---|---|---|---|
| 1 | 大岭下溪坑整治工程 | 800 | 2018.12 | 紫微岙片区美丽乡村建设，大岭下村溪坑整治及游步道、中心水景公园、主要节点提升等 |
| 2 | 大涂塘路整治及“云衢广场”建设工程 | 1500 | 2018.12 | 路面白改黑、三线下地、雨污水管道铺设、路段景观提质升档、云衢广场和停车场建设等 |
| 3 | 老白洋线湾里段街景整治工程 | 550 | 2018.12 | 雨污水管道改造，道路白改黑，三线整治，道路两侧街景外立面提质升档 |
| 4 | 街道垃圾中转站（南门）建设及垃圾分类工程 | 300 | 2018.12 | 完善环境卫生基础设施，创建省卫生街道，垃圾中转站（南门）管理用房建设，垃圾分类、收集、压缩、清洗设施建设 |
| 5 | 沿海中线周边环境提升工程 | 200 | 2018.12 | 沿海中线沿线涉及尖岭岙—大岭下—紫微岙—盘洋岙—大涂塘村的房屋外立面提质升档等 |
| 6 | 紫微岙水系整治工程 | 300 | 2018.1 | 提升紫微岙水库周边环境和紫微岙片区美丽乡村建设。沿紫微岙水库新建宽1.5米、长1300米亲水步道 |
| 7 | 双岙路口环境整治工程 | 50 | 2018.5 | 提升沿海中线双岙村路口景观，该村两个路口整治，设立“双岙村”标志，种植银杏树等 |
| 8 | “宜养”爱老服务工程 | 45 | 2018.12 | 助老结对服务扩大到120对，爱心食堂扩大送餐范围，增设老年养生茶室、老年理发点、老年洗衣点等 |

## 2019年度郭巨街道民生实事会商会议票决项目

表10-2-7　　单位：万元

| 序号 | 项目名称 | 总投资额 | 完成时间 | 项目内容 |
|---|---|---|---|---|
| 1 | 老小区改造工程 | 150 | 2020.6 | 东港社区老小区房屋、路面、墙面、屋面修补等，总建筑面积约2.5万平方米 |
| 2 | 云衢路新建工程 | 9560 | 2020.12 | 双向四车道沥青路面，双跨简支梁桥梁1座，混凝土柱木斗拱屋盖牌楼1座 |

续表 10-2-7

| 序号 | 项目名称 | 总投资额 | 完成时间 | 项目内容 |
| --- | --- | --- | --- | --- |
| 3 | “弄堂文化”建设工程 | 200 | 2019.12 | 通过文字、图片、小景观，在西街、南街600米弄堂沿线，把历史、文化、生活节点串联成线，展示构建古城老底子、老生活、老味道活态记忆，古城街景、弄堂外立面提质升档 |
| 4 | 上台岙公墓地配套道路工程 | 297 | 2019.12 | 南起排洪渠，北接混凝土村道，路宽5米，四级公路，设计时速20千米/小时 |
| 5 | 厕所新建改造工程 | 100 | 2019.12 | 新建公共厕所5座，部分改造提升 |
| 6 | 南门河（半塘段）水系沟通工程 | 103 | 2019.12 | 拓宽河道长98米、宽15～20米，控制河底高程为-1.0米，两岸干砌、浆砌石挡墙护岸，拆除阻水桥梁1座，新建净宽5米、跨度2×8米交通桥一座，配套建机耕路长81米、面宽5米 |
| 7 | 东门、双岙村污水终端工程 | 130.1 | 2019.12 | 对东门、双岙村的污水终端进行提升。清掏池污，改造终端处理工艺，新增风机房和标准化运维设施等 |

# 第三章　人民政府

1949年5月29日，郭巨全境解放，随之完成接管乡、镇旧政权。8月，各乡镇人民政府相继建立。此后，由于行政区划及组织体制变动，乡、镇（公社、街道）政府名称及隶属关系几经更迭。2016年8月，设北仑区人民政府郭巨街道办事处。

中华人民共和国成立后，境内历届政府在党的领导下，认真履行政府职能，努力完成各个历史时期的各项任务。特别是十一届三中全会以来，坚持以经济建设为中心，坚持改革开放，在建设有中国特色社会主义和实现伟大的中国梦实践中，开拓创新，与时俱进，逐步实现从管理型政府向服务型政府的转变，实施可持续发展战略和乡村振兴战略，促进经济和社会事业持续、健康发展，人民生活水平不断提高。

## 第一节　机构沿革

### 民国前郭巨镇（乡）政府

清宣统三年（1911），郭巨乡从镇隅析出，至中华人民共和国成立，郭巨乡（镇）建置一直沿用。民国24年（1935）实行保甲制以来至中华人民共和国成立，郭巨镇（乡）政府先后历任五任镇长。1935年第一任镇长荆志范，1938年第二任镇长荆朴山，1940年第三任镇长冯鲁生，1947年第四任镇长任士华（因政局混乱，不久遇刺身亡），1948年第五任镇长汪志锐（中华人民共和国成立后被镇压）。

### 郭巨乡人民政府

1949年5月29日，郭巨解放。10月，成立郭巨乡人民政府。设乡长、指导员、副乡长各一名。隶属柴桥区管理。下辖12个村（郭巨街道境域）。

## 郭巨镇人民政府

1950 年 7 月，从郭巨乡析出郭巨镇，成立郭巨镇人民政府。设镇长、副镇长、农会主任各一名。辖南门、西门、北门、东门、大涂塘 5 个村（时路亭、北门为同一村）。

## 郭巨镇（乡）人民委员会

1954 年 3 月，成立郭巨镇人民政府委员会。1956 年 2 月，郭巨镇改称郭巨乡人民委员会，设乡长 1 名、副乡长 3 名（其中 2 名为非脱产群众代表）。下设若干工作委员会和监察委员会。

## 郭巨人民公社管理委员会

1958 年 10 月，原郭巨区范围成立郭巨人民公社（俗称大公社），同时成立郭巨人民公社管理委员会（简称管委会），公社下设大队（管理区），郭巨大公社有 12 个大队，其中郭巨境域有东门、西门、华峙、渔业大队。1961 年 4 月，撤销管委会和管理区，成立郭巨人民公社管理委员会（时俗称小公社，下辖 14 个大队）。

## 郭巨人民公社革命委员会

1968 年 7 月，成立郭巨人民公社革命委员会（简称革委会）。1980 年 11 月，恢复公社人民代表大会制，公社革委会改称公社管委会。设主任 1 名、副主任 2 名。

## 郭巨乡人民政府

1983 年 10 月，取消人民公社，政社分设，恢复乡镇建制，郭巨公社复称郭巨乡人民政府，所辖生产大队亦改称村民委员会。郭巨乡下辖 14 个村。

## 郭巨镇人民政府

1985 年 4 月，郭巨复称镇。同年 8 月 9 日，国务院批准撤销镇海县，并入宁波市，以甬江为界，北为镇海区，南为滨海区。郭巨镇隶属滨海区（1987 年 1 月更名北仑区）管辖。1992 年 5 月，扩镇并乡，峙头乡并入郭巨镇。

2003 年 8 月，根据《关于北仑区行政区划调整的批复》文件，撤销郭巨镇，郭巨镇并入白峰镇。

## 郭巨街道办事处

2016 年 7 月，根据《浙江省人民政府关于宁波市北仑区部分行政区划调整的批复》《宁波市人民政府关于北仑区部分行政区划调整的批复》和《宁波市北仑区人民政府关于白峰行政区划调整的通知》文件，撤销白峰镇建制，在此区域设立白峰街道和郭巨街道。新建北仑区人民政府郭巨街道办事处。2016 年 8 月 12 日，郭巨街道办事处挂牌。

2016 年 8 月，郭巨街道办事处授牌仪式

## 峙头乡人民政府

1950 年 7 月，从郭巨乡析出峙头乡，同时成立峙头乡人民政府。辖 7 村。

1956年2月，成立峙头乡人民委员会，辖12个村。

1958年10月，郭巨大公社有12个大队，其中峙头境域有峙北、峙南2个大队。1960年9月，峙北、峙南大队合并成立峙头大队。

1961年4月，撤销郭巨大公社分设小公社，建峙头人民公社管理委员会。

1968年6月，成立峙头人民公社革命委员会（简称革委会）。1980年11月，复称峙头人民公社管理委员会。

1983年10月，政社分设，恢复乡镇建制，改称峙头乡人民政府。1992年5月，扩镇并乡，峙头乡并入郭巨镇，峙头乡人民政府撤销。

### 霞峙乡人民政府

1950年7月，从郭巨乡析出霞峙乡，同时成立霞峙乡人民政府。辖6村。1956年2月撤销。所辖村并入郭巨乡。

### 盛厚乡人民政府

1950年7月，从郭巨乡析出盛厚乡，同时成立盛厚乡人民政府。辖5村。1956年2月撤销。所辖双岙村划归郭巨乡，其余村并入峙头乡。

## 第二节 乡（公社、镇、街道）历任领导

1949年5月29日，境域解放。中国人民解放军22军接管郭巨、峙头。10月，成立郭巨乡人民政府，乡长冷三元，指导员王学荣。1950年7月，从郭巨乡析出的郭巨镇、峙头乡、霞峙乡、盛厚乡分别成立各乡(镇)人民政府，郭巨镇镇长胡家钧，峙头乡乡长洪志夫，霞峙乡乡长袁赓生，盛厚乡乡长朱信良。1950年底，中国人民解放军奉命撤离，各乡（镇）正副乡（镇）长由县政府任命，后改为乡（镇）人民代表大会选举产生。2016年8月设立街道后，办事处主任、副主任由区人民政府任命。

### 1949—2003年郭巨乡（镇、公社）历任人民政府领导人名表

表10-3-1

| 机构名称 | 职务 | 姓　名 | 任期 | 说明 |
|---|---|---|---|---|
| 郭巨乡人民政府 | 乡长 | 冷三元 | 1949.10—1950.1 | |
| | 乡长 | 王万春 | 1950.1—1950.6 | |
| | 指导员 | 王学荣 | 1949.11—1950.5 | |
| | 副乡长 | 黄克根 | 1949.10—1950.3 | |
| 郭巨镇人民政府 | 镇长 | 胡家钧 | 1950.7—1952.8 | |
| | 镇长 | 朱信泉 | 1952.11—1953.11 | |
| | 镇长 | 张乾卿 | 1954.3—1955.5 | |
| | 镇长 | 黄美棠 | 1955.5—1956.2 | |
| | 副镇长 | 乐元芳 | 1950.7—1951.4 | |
| | 副镇长 | 张慈云 | 1951.5—1952.5 | |

续表 10-3-1

| 机构名称 | 职务 | 姓　名 | 任期 | 说明 |
|---|---|---|---|---|
| 郭巨镇人民政府 | 副镇长 | 董国庆 | 1952.5—1953.11 | |
| | 副镇长 | 戴新玉（女） | 1953.3—1954.3 | |
| | 副镇长 | 张乾卿 | 1953.10—1954.3 | |
| | 副镇长 | 黄月庆 | 1954.3—1956.2 | |
| | 副镇长 | 黄美棠 | 1954.11—1955.5 | |
| 郭巨乡人民委员会 | 乡长 | 黄美棠 | 1956.3—1958.9 | |
| | 副乡长 | 刘联新 | 1956.3—1957.5 | |
| | 副乡长 | 张月明 | 1956.3—1958.9 | 群众代表 |
| | 副乡长 | 俞美菊（女） | 1956.10—1958.4 | 群众代表 |
| | 副乡长 | 林阿康 | 1958.4—1958.9 | |
| | 副乡长 | 叶龙书 | 1958.4—1958.9 | |
| 郭巨人民公社管理委员会（大公社） | 主任 | 王通根 | 1958.10—1959.4 | |
| | 主任 | 郑如青 | 1959.4—1961.9 | |
| | 副主任 | 郑如青 | 1958.10—1959.4 | |
| | 副主任 | 曹恒新 | 1958.10—1960.1 | |
| | 副主任 | 姚绪永 | 1958.10—1959.4 | |
| | 副主任 | 乐志法 | 1958.10—1961.9 | |
| | 副主任 | 沈金花（女） | 1958.10—1961.9 | |
| | 副主任 | 沈成洲 | 1958.10—1959.7 | |
| | 副主任 | 杨　辉 | 1958.10—1958.11 | |
| | 副主任 | 姚绪永 | 1959.7—1960.1 | |
| | 副主任 | 唐继胜 | 1960.1—1960.4 | |
| | 副主任 | 汪行舟 | 1960.1—1960.4 | |
| | 副主任 | 张亚菊（女） | 1961.2—1961.9 | |
| | 副主任 | 林阿康 | 1961.2—1961.9 | |
| | 副主任 | 李善扬 | 1961.2—1961.9 | |
| 郭巨人民公社管理委员会 | 主任 | 沈志邦 | 1961.10—1964.4 | |
| | 主任 | 项友根 | 1964.4—1968.6 | |
| | 副主任 | 黄美棠 | 1961.10—1968.6 | |
| | 副主任 | 项友根 | 1961.10—1964.4 | |
| | 副主任 | 汪行舟 | 1961.10—1962.6 | |
| | 副主任 | 乐谓水 | 1962.6—1963.9 | |
| | 副主任 | 顾忠伟 | 1962.6—1965.4 | |
| | 副主任 | 郁全鲁 | 1966.2—1968.6 | 群众代表 |
| 郭巨公社革命委员会 | 主任 | 朱纯青 | 1969.1—1976.10 | |
| | 副主任 | 张亚菊（女） | 1968.7—1969.1 | 主持工作 |
| | 副主任 | 张亚菊（女） | 1969.1—1973.6 | |
| | 副主任 | 胡信义 | 1968.7—1970 年 | 群众代表 |
| | 副主任 | 唐静夫 | 1968.12—1970.3 | |
| | 副主任 | 陈志清 | 1971.9—1973.2 | |

续表 10-3-1

| 机构名称 | 职务 | 姓 名 | 任期 | 说明 |
| --- | --- | --- | --- | --- |
| 郭巨公社革命委员会 | 副主任 | 郁全鲁 | 1973.2—1976.10 | |
| | 副主任 | 郑国来 | 1973.6—1976.10 | |
| 郭巨公社革委会（续） | 主任 | 朱纯青 | 1976.10—1978.1 | |
| | 主任 | 张根甫（兼） | 1978.1—1980.6 | |
| | 主任 | 孙行腾（兼） | 1980.6—1980.11 | |
| | 副主任 | 郁全鲁 | 1976.10—1978.5 | |
| | 副主任 | 郑国来 | 1976.10—1978.8 | |
| | 副主任 | 包良法 | 1979.3—1980.8 | |
| | 副主任 | 陈世华 | 1979.3—1980.11 | |
| | 副主任 | 汪永祥 | 1979.10—1980.11 | |
| 郭巨公社管委会 | 主任 | 张明德 | 1980.11—1983.7 | |
| | 副主任 | 乐渭水 | 1980.11—1983.7 | |
| | 副主任 | 张祥利 | 1980.11—1983.7 | |
| | 副主任 | 张素君（女） | 1980.11—1983.7 | |
| 郭巨乡人民政府 | 乡长 | 张祥利 | 1983.7—1985.4 | |
| | 副乡长 | 乐渭水 | 1983.7—1983.12 | |
| | 副乡长 | 吴谱根 | 1983.7—1985.4 | |
| | 副乡长 | 冯贻南 | 1984.7—1985.4 | |
| | 副乡长 | 郑纪伦 | 1984.7—1985.4 | |
| | 镇长 | 卢国富 | 1985.4—1985.9 | |
| | 副镇长 | 冯贻南 | 1985.4—1985.9 | |
| | 副镇长 | 郑纪伦 | 1985.4—1985.9 | |
| 郭巨镇人民政府 | 镇长 | 卢国富 | 1985.10—1987.12 | |
| | 副镇长 | 郑纪伦 | 1985.10—1987.5 | |
| | 副镇长 | 冯贻南 | 1985.10—1987.12 | |
| | 副镇长 | 张荣斌 | 1986.5—1987.5 | |
| | 副镇长 | 汪金祥 | 1987.5—1987.12 | |
| 郭巨镇人民政府（续，1988.1—1990.3） | 镇长 | 卢国富（续） | 1988.1—1989.10 | 九届 |
| | 副镇长 | 冯贻南（续） | 1988.1—1990.3 | |
| | 副镇长 | 汪金祥（续） | 1988.1—1989.5 | |
| | 镇长 | 孙良洲 | 1989.10—1990.3 | |
| | 副镇长 | 丁汉章 | 1989.10—1990.3 | |
| 郭巨镇人民政府（1990.3—1992.5） | 镇长 | 孙良洲 | 1990.3—1991.4 | 十届 |
| | 副镇长 | 冯贻南 | 1990.3—1992.5 | |
| | 副镇长 | 王剑成 | 1990.3—1991.4 | |
| | 副镇长 | 丁汉章 | 1990. 3—1992.4 | |
| | 镇长 | 张明德 | 1991.4—1992.5 | |
| | 副镇长 | 汪智伟 | 1991.4—1992.5 | |
| | 副镇长 | 鲁耐定 | 1991.4—1992.5 | |
| | 副镇长 | 赵卫星 | 1992.4—1992.5 | |

续表 10-3-1

| 机构名称 | 职务 | 姓　名 | 任期 | 说明 |
|---|---|---|---|---|
| 郭巨镇人民政府（1992.5—1993.1） | 镇长 | 王国锋 | 1992.5—1993.1 | 峙头乡并入郭巨镇 |
| | 副镇长 | 马志君 | 1992.5—1993.1 | |
| | 副镇长 | 应国来 | 1992.5—1993.1 | |
| | 副镇长 | 王剑成 | 1992.5—1993.1 | |
| | 副镇长 | 刘亚飞 | 1992.5—1993.1 | |
| 郭巨镇人民政府（1993.1—1996.1） | 镇长 | 王国锋 | 1993.1—1996.1 | 十一届 |
| | 副镇长 | 沈国富 | 1993.1—1995.1 | |
| | 副镇长 | 应国来 | 1993.1—1996.1 | |
| | 副镇长 | 刘亚飞 | 1993.1—1996.1 | |
| | 副镇长 | 郑世国 | 1993.1—1996.1 | |
| | 副镇长 | 贝祖宏 | 1995.1—1996.1 | |
| 郭巨镇人民政府（1996.1—1999.1） | 镇长 | 胡国荣 | 1996.1—1997.1 | 十二届 |
| | 镇长 | 卢　俊 | 1997.1—1999.1 | |
| | 副镇长 | 王富国 | 1996.1—1998.9 | |
| | 副镇长 | 郑世国 | 1996.1—1999.1 | |
| | 副镇长 | 乐可福 | 1996.1—1999.1 | |
| | 副镇长 | 张信华 | 1996.1—1996.9 | |
| | 副镇长 | 梅云成 | 1997.1—1999.1 | |
| 郭巨镇人民政府（1999.1—2002.1） | 镇长 | 乐静毅 | 1999.1—2001.10 | 十三届 |
| | 副镇长 | 杨天标 | 1999.1—2000.1 | |
| | 副镇长 | 梅云成 | 1999.1—2002.1 | |
| | 副镇长 | 徐行芬（女） | 1999.1—2000.1 | |
| | 副镇长 | 乐可福 | 1999.1—2000.1 | |
| | 副镇长 | 周飞群 | 2000.1—2002.1 | |
| | 副镇长 | 徐群（女） | 2000.1—2001.10 | |
| | 副镇长 | 郑立平 | 2000.1—2001.10 | |
| | 副镇长 | 乐美良 | 2001.1—2001.10 | |
| | 镇长助理 | 徐　群（女） | 1999.3—2000.1 | |
| | 镇长助理 | 乐美良 | 1999.3—2001.1 | |
| 郭巨镇人民政府（2002.1—2003.8） | 镇长 | 王兆恩 | 2002.1—2003.8 | 十四届 |
| | 副镇长 | 周飞群 | 2002.1—2003.8 | |
| | 副镇长 | 张友均 | 2002.1—2003.8 | |
| | 副镇长 | 张根祥 | 2002.1—2003.8 | |

## 2016年8月至2022年8月郭巨街道办事处领导人名表

表 10-3-2

| 机构名称 | 职务 | 姓　名 | 任职时间 | 备注 |
|---|---|---|---|---|
| 郭巨街道办事处 | 主任 | 沈冬梅（女） | 2016.8—2019.1 | |
| | 主任 | 刘达峰 | 2019.1—2019.12 | |

续表 10–3–2

| 机构名称 | 职务 | 姓 名 | 任职时间 | 备注 |
|---|---|---|---|---|
| 郭巨街道办事处 | 主任 | 乐 伟 | 2020.5—2022.3 | |
| | 主任 | 顾艳艳（女） | 2022.3— | |
| | 副主任 | 郑德华 | 2016.8— | 2020 年 2 月新疆挂职 |
| | 副主任 | 胡 刚 | 2016.8— | |
| | 副主任 | 张 正 | 2020.8— | |

## 1950 年 9 月至 1992 年 5 月峙头乡（公社）历任人民政府领导人名表

表 10–3–3

| 机构名称 | 职务 | 姓 名 | 任期 | 说明 |
|---|---|---|---|---|
| 峙头乡人民政府 | 乡长 | 洪志夫 | 1950.9—1953.9 | |
| | 乡长 | 贺贤臣 | 1953.9—1955.2 | |
| | 副乡长 | 张云浩 | 1950.10—1951.8 | |
| | 副乡长 | 刘宝德 | 1951.8—1953.3 | |
| | 副乡长 | 张乾卿 | 1953.3—1953.9 | |
| | 副乡长 | 陈家训 | 1953.9—1955.2 | |
| | 副乡长 | 乐渭水 | 1955.2—1956.2 | |
| 峙头乡人民委员会 | 乡长 | 李炳照 | 1956.3—1957.3 | |
| | 乡长 | 邬岳卿 | 1957.3—1958.9 | |
| | 副乡长 | 许信昌 | 1956.3—1957.4 | |
| | 副乡长 | 张品富 | 1956.3—1958.9 | 群众代表 |
| | 副乡长 | 冯全娥（女） | 1956.10—1958.3 | 群众代表 |
| | 副乡长 | 李炳照 | 1957.3—1958.9 | |
| | 副乡长 | 顾留福 | 1958.4—1958.6 | |
| | 副乡长 | 贺永芳 | 1958.6—1958.9 | |
| 峙头人民公社管理委员会 | 主任 | 周钱章 | 1961.10—1963.6 | |
| | 主任 | 陆全成 | 1963.6—1968.6 | |
| | 副主任 | 陆全成 | 1961.10—1963.6 | |
| | 副主任 | 刘祖荫 | 1961.10—1966.2 | |
| | 副主任 | 史生元 | 1962.6—1968.6 | |
| 峙头公社革命委员会 | 主任 | 陆全成 | 1968.6—1969.4 | |
| | 主任 | 应志康 | 1970.5—1973.3 | |
| | 主任 | 陈志清 | 1973.3—1976.10 | |
| | 副主任 | 丁信法 | 1968.6—1974.5 | |
| | 副主任 | 阮世友 | 1968.8—1973.11 | |
| | 副主任 | 贺士夫 | 1968.6—1969.3 | 群众代表 |
| | 第一副主任 | 应志康 | 1969.4—1970.5 | |
| | 副主任 | 陆全成 | 1969.4—1976.10 | |
| | 副主任 | 张信岳 | 1969.5—1972.3 | 群众代表 |
| | 副主任 | 史生元 | 1973.2—1976.10 | |

续表 10-3-3

| 机构名称 | 职务 | 姓 名 | 任期 | 说明 |
|---|---|---|---|---|
| 峙头公社革命委员会 | 主任 | 陈志清 | 1976.10—1978.5 | |
| | 主任 | 郁全鲁 | 1978.5—1980.9 | |
| | 副主任 | 陆全成 | 1976.10—1978.7 | |
| | 副主任 | 史生元 | 1976.10—1979.5 | |
| | 副主任 | 应国来 | 1978.5—1980.9 | |
| | 副主任 | 顾国义 | 1979.10—1980.11 | |
| | 副主任 | 张德礼 | 1980.8—1980.11 | |
| 峙头公社管委会 | 主任 | 张德礼 | 1980.11—1982.3 | |
| | 主任 | 顾国义 | 1982.7—1983.7 | |
| | 副主任 | 张荣斌 | 1980.11—1983.7 | |
| | 副主任 | 郑国来 | 1980.11—1981.5 | |
| | 副主任 | 马志君 | 1982.7—1983.7 | |
| 峙头乡人民政府 | 乡长 | 顾国义 | 1983.7—1985.9 | |
| | 副乡长 | 张荣斌 | 1983.7—1985.9 | |
| | 副乡长 | 梅布康 | 1983.7—1984.5 | |
| | 副乡长 | 张仕仙 | 1984.7—1985.9 | |
| | 副乡长 | 贺岳定 | 1985.4—1985.9 | |
| | 乡长 | 顾国义 | 1985.10—1987.12 | |
| | 副乡长 | 张荣斌 | 1985.10—1986.5 | |
| | 副乡长 | 张仕仙 | 1985.10—1986.5 | |
| | 副乡长 | 贺岳定 | 1985.10—1986.5 | |
| | 副乡长 | 邬文明 | 1986.5—1987.12 | |
| | 副乡长 | 马志君 | 1987.5—1987.12 | |
| | 乡长 | 顾国义 | 1988.1—1989.10 | |
| | 副乡长 | 邬文明 | 1988.1—1989.10 | |
| | 副乡长 | 马志君 | 1988.1—1989.10 | |
| | 乡长 | 马志君 | 1989.10—1992.5 | |
| | 副乡长 | 李建国 | 1990.3—1992.5 | |
| | 副乡长 | 郁志杰 | 1990.3—1992.5 | |

## 1950 年 7 月至 1956 年 2 月霞峙乡、盛厚乡历任人民政府领导人名表

表 10-3-4

| 机构名称 | 职务 | 姓 名 | 任期 | 备注 |
|---|---|---|---|---|
| 霞峙乡人民政府 | 乡长 | 袁赓生 | 1950.7—1951.3 | 1950 年 7 月，从郭巨乡析出，1956 年 2 月撤销 |
| | 乡长 | 刘和高 | 1951.4—1952.5 | |
| | 乡长 | 严锡彪 | 1952.6—1952.10 | |
| | 乡长 | 袁赓生 | 1952.10—1953.11 | |
| | 乡长 | 姚绪永 | 1954.3—1954.9 | |
| | 乡长 | 李炳照 | 1954.9—1956.2 | |

续表 10-3-4

| 机构名称 | 职务 | 姓 名 | 任期 | 备注 |
| --- | --- | --- | --- | --- |
| 霞峙乡人民政府 | 副乡长 | 陈家训 | 1950.7—1951.3 | 1950 年 7 月，从郭巨乡析出，1956 年 2 月撤销 |
| | 副乡长 | 严锡彪 | 1951.3—1952.6 | |
| | 副乡长 | 黄德兴 | 1952.6—1953.2 | |
| | 副乡长 | 刘联新 | 1953.3—1953.7 | |
| | 副乡长 | 张慈云 | 1953.8—1953.11 | |
| | 副乡长 | 李炳照 | 1954.3—1954.9 | |
| | 副乡长 | 胡如根 | 1954.3—1955.10 | |
| | 副乡长 | 王榴英（女） | 1955.5—1955.11 | |
| | 副乡长 | 林阿康 | 1955.3—1956.2 | |
| 盛厚乡人民政府 | 乡长 | 朱信良 | 1950.8—1951.5 | 1950 年 7 月，从郭巨乡析出，1956 年 2 月撤销 |
| | 乡长 | 戴志芳 | 1951.5—1956.2 | |
| | 副乡长 | 郑鹏彪 | 1950.7—1951.5 | |
| | 副乡长 | 戴志芳 | 1950.11—1951.5 | |
| | 副乡长 | 陆全成 | 1951.3—1952.6 | |
| | 副乡长 | 李阿毛 | 1952.7—1953.5 | |
| | 副乡长 | 沃安清 | 1953.5—1956.2 | |
| | 副乡长 | 许信昌 | 1955.3—1956.2 | |

1950 年 7 月，郭巨镇、峙头乡、霞峙乡、盛厚乡成立后，设村 23 个，其中郭巨境域 5 个，峙头境域 7 个，霞峙境域 6 个，盛厚境域 5 个，首任村长 23 人。

## 1950 年 7 月境域各村首任村长名表

表 10-3-5

| 乡镇名称 | 村名称 | 村长姓名 |
| --- | --- | --- |
| 郭巨镇 | 一村（大涂塘） | 虞厚恩 |
| | 二村（西门） | 蔡文夫 |
| | 三村（东门） | 戴富全 |
| | 四村（北门、路亭） | 张根云 |
| | 五村（南门） | 汪成福 |
| 峙头乡 | 一村（竹湾、花船） | 梅悦林 |
| | 二村（上宅） | 贺如生 |
| | 三村（中宅） | 干永财 |
| | 四村（沙湾） | 周财富 |
| | 五村（光明） | 张德生 |
| | 六村（长浦、大屯） | 张永生 |
| | 七村（小屯、长坑） | 张宣和 |
| 霞峙乡 | 一村（福民、大岭下） | 蔡阿连 |
| | 二村（尖岭岙） | 应仰章 |
| | 三村（华峙） | 胡三生 |

续表 10-3-5

| 乡镇名称 | 村名称 | 村长姓名 |
|---|---|---|
| 霞峙乡 | 四村（华峙） | 胡大财 |
| | 五村（谢家岙） | 胡德华 |
| | 六村（厚墩） | 陈仁夫 |
| 盛厚乡 | 一村（双岙） | 郑志唐 |
| | 二村（盛岙） | 张品夫 |
| | 三村（联合） | 吴正全 |
| | 四村（联合） | 吴林生 |
| | 五村（洋涨） | 吴阿品 |

## 第三节　施政纪略

### 施政概况

二十世纪五六十年代，境内党和政府领导农民开展土地改革，实现“耕者有其田”和镇压反革命运动，组织农民走合作化道路，先后成立互助组、合作社（低级社、高级社）、人民公社，开展兴修水利，平整改良农田，筑塘围地等。

二十世纪七八十年代，贯彻中央“无农不稳、无工不富、无商不活”的十二字方针。特别是党的十一届三中全会以后，全面实行改革开放，建立家庭联产承包责任制，积极扶持和大力兴办社（队）办企业，发展集体经济，发展农村商品经济，调整产业结构，扶持各类农村专业户，增加农民收入。

20 世纪 90 年代开始，境内乡镇企业异军突起，个体经济蓬勃兴起，尤其是灯具行业成为郭巨特色产业，灯具产品营销遍及全国大、中城市，甚至销往国外和地区，政府应时开发建设郭巨灯具城，协调有关部门采取降税优惠政策。兴旺时期，境域内外有各类大小灯具店（厂）800 家，从业人员 5000 人，年产值达 100 亿元。这是郭巨经济发展最旺盛时期。进入 21 世纪，支持实施北仑区的宁波港“东进”战略，服务穿山港区的开发建设；随着一批规模较大的央企、国企和民营企业相继落户，促进并带动了境内地方工业发展和农业产业结构全面优化升级，农村逐步形成了以花木为主导的各类专业户，2019 年境内从事花木生产 1471 户，种植面积 4414 亩（不含境外）；实施乡村振兴战略，建设紫微岙等美丽乡村；发展文旅业，建设浙东山海风情古镇。

### 郭巨街道施政纪略

2016 年 8 月郭巨街道成立后，政府主动适应新常态化要求，拉高干事创业标杆，以城乡品质、民生福祉、社会治理、生态文明、组织保障五大提升为抓手，全面打赢小城镇环境综合整治、征地拆迁、美丽乡村建设攻坚战，实施乡村振兴战略，经济社会各项事业保持持续、稳步、健康发展，较好完成了各项目标任务，先后通过省市剿灭劣Ⅴ类水、污水零直排、全省首批小城镇环境综合整治达标创建单位的考核验收，获“浙江省卫生街道”“浙江省美丽乡村示范乡镇”“浙江省小城镇环境综合整治行动省级样板”“宁波市无违建街道”等荣誉。

**服务重大项目促进经济发展**　完成华峙穿山铁路支线红线内房屋拆迁扫尾工作；华峙地块、王家安全填埋场、郭巨综合文化中心、云衢路等项目征迁工作顺利完成；协助中海油工业气体有限公司宁波液化天然气冷能空分二期项目完成审批、东方电缆项目入库、海湾重工项目扩建用地、兴升混凝土有限公司甬股挂牌上市等服务事宜；根据《穿山半岛总体开发规划》，支持实施宁波舟山港“东进”战略，开发建设穿山港区，服务中海油浙江液化天然气接收站、北仑固废处置站、光大国际环保、集装箱煤炭散杂货、港鑫东方等临港企业，发展海洋、码头、物流经济；服务沿海大通道交通圈建设，完成沿海中线峙北连接线公路、穿山疏港高速公路、穿山港铁路建设，使北仑东部大开发战略在境内取得了实质性进展。

**实施小城镇环境综合整治**　2016—2018 年，贯彻实施“三改一拆”（改造旧住宅小区、旧厂区、城中村，拆除违法建筑）、“两整两提”（市场综合整治、小微企业整合、河道水质提标、居住环境提升）、“五水共治”（治污水、防洪水、排涝水、保供水、抓节水）等专项行动，加大环境综合整治力度。其间，政府先后投入资金 1.3 亿元，实施城区兴巨路等道路“白改黑”，城区道路、街景外立面提质升档，建设背街小弄，新建（扩建）停车场 6 处，新增停车位 466 个，实行雨、污水管分离，“三线”（电力、通信、广电）落地，新建郭巨车站（迁址），新建云衢广场，城镇设施得到提升、环境面貌得到改善。获浙江省 2018 年小城镇环境综合整治达标街道、2018 年小城镇环境综合整治省级样板街道称号。

**实施乡村振兴战略**　2016 年，实施产业振兴，发挥港口优势，大力引进发展港口型经济；出台全域乡村旅游设施建设（开办民居民宿、农家乐）优惠政策，鼓励支持百亩花园、百亩香水莲、百亩桃园、百亩油菜花等农旅基地建设，举办“大岭下桃花节”，实施“湿地花田”市级多彩农业基地规划，发展农旅混合农业。培育“阿姐宁”年糕、“海婆婆”水产品等多家本地农业品牌企业。

实施文化振兴，挖掘、弘扬郭巨“非遗”文化和古城遗迹，传承“马灯、舞龙、鼓阁、抬阁、跳蚤会”等民俗文化项目，举办烽火古韵年俗文化节等，将元宵踩街打造成了宁波市优秀传统节日文化活动项目，广泛开展广场文化，建设农村文化礼堂。

实施人才振兴，出台鼓励政策和措施，培养引进各类人才，动员“郭商、乡贤回归”，参与家乡建设。

实施生态振兴，整治东门大河、西门大河、大岭下溪坑等水利设施，实施“河长制”、垃圾分类回收、修建公共厕所、停车场，倡导绿色低碳环保，践行“绿水青山就是金山银山”理念，促进人与自然和谐共生，建设宜居、宜业的生态环境。

实施组织振兴，整合强化基层组织，选配选强村（社区）领导班子，发挥党建引领，规范党风廉政建设责任制，加强党对农村工作的领导。

**推进美丽乡村建设**　2017 年，完成福民村紫薇大道一期、二期和亲水步道工程，实施村庄环境整治，打造秀丽紫微湖，青山绿水绕村间，紫微岙片区已建设成为境内亮丽的风景线和出彩的文化名片。整治建设大岭下溪坑游步道、中心水景公园和生态河埠头，整洁平坦的村道，统一美化的房屋外立面，亭子、流水、竹林小道，景色别致的村落，映入眼帘的百亩桃花园，把大岭下村庄的美点缀得淋漓尽致。2019 年，尖岭岙村实施“兰美尖岭”新农村建设，完成村域路、桥、公共设施提升，房屋外立面美化等，提升农村人居环境。整治东门、西门大河等主要水线，修建生态河埠头，实施小城镇环境综合整治全域推进，建设“湿地花田”市级多彩农业基地。抓规划，治环境，创特色，见成效，郭巨街道正在全力推进宜居宜业的美丽乡村建设。

**惠民生提效能**　2018 年，新建郭巨社区卫生服务中心、郭巨公交车站，改造居民集资楼老旧小区，小城镇环境综合整治，重点民生实事工程项目每年由居民议事会票决产生，政府组织实施，惠及民生。开展扫黑除恶专项斗争，社会治安环境综合治理。搭建社情民意快速反映处理平台“郭情通”，整合便民服务中心资源，大力推进“最多跑一次”改革，坚持为民服务宗旨，提高政府办事效能。

## 第四节　政府公共管理服务

政府公共管理服务机构的设置和人员配备随经济和社会的发展而变化和完善。在中华人民共和国成立以后的计划经济年代，政府机构职能几乎包揽统管一切经济事务。而20世纪90年代以来，中国社会主义市场经济建立并不断完善，政府公共管理服务也开始转移到维护经济秩序、维护社会公平与正义、对经济实行宏观调控等方面。

### 政府机构设置

中华人民共和国成立初期（1949—1958年），乡镇政府不设内部机构，设书记、乡（镇）长，配备数名专职甚至是不脱产的工作人员，分管民政、公安、财政、粮食、调解等事务。人民公社化时期，设公社正副书记、管理委员会主任及副主任若干，配备生产建设、财政、粮食、民政、文教卫生、治安、民兵、调解等专职、兼职甚至是不脱产的工作人员。“文化大革命”时期（1966—1976年），公社革命委员会取代了原有的党政领导机构，设政治组、生产组、保卫组、办事组，公社革命委员会由群众组织负责人、当地驻军负责人和革命领导干部三方面人员结合而成(简称三结合)。进入20世纪80年代,复设乡镇政府，乡镇机构设置根据经济社会发展需要一般设有工办、农办、政法办、武装部、财政所、文卫办、工青妇、计生办、联防队等科室及部门。人员配备有所增加,但人员身份（性质）有区别,除正式编制的乡镇干部外，工办、农办、联防队等部门配有一定数量的集体性质编制的干部和办事员。90年代末，有脱产干部和自配干部之分（吃国家供应粮的为脱产干部，农业定粮的为自配干部）。进入21世纪，乡镇机关干部及工作人员分为国家公务员、事业编制和自聘人员，干部及工作人员数量不断增加。

2018年，按照宁波市委乡镇街道机构改革要求，北仑区出台《宁波市北仑区街道党政机关主要职责内设机构和人员编制规定》，2019年，郭巨街道办事处设有：党政综合办公室（人大常委会办公室）、党建工作办公室、发展服务办公室（农业农村、综合统计办公室）、社会治安综合治理办公室、社会事务管理办公室（社会保障与救助服务站、退役军人服务站）、财政管理办公室、综合信息指挥室、城乡建设管理办公室（重点工程办公室）、公共安全监督管理所，在编机关干部48名（国家公务员22名、事业编制26名），自聘工作人员110名。

### 政府机构职能

**党政综合办公室（人大常委会办公室）** 负责街道党工委、办事处的日常行政管理工作；做好人事、文秘、接待、后勤、信息、统计、档案、调研、督查和便民服务工作；联系联络人大、政协工作。

**党建工作办公室**　负责街道机关的日常党务和行政事务管理工作；做好文秘、接待、后勤、信息、档案、调研、督查等工作；负责做好人民武装工作，组织实施兵员征集和退伍军人安置等工作；做好纪检、监察、组织、宣传、统战、民族宗教、群团等工作；联系联络人大、政协工作；按权限抓好干部队伍建设、党员发展教育工作；负责做好社区建设工作，依法指导村（居）民委会工作；加强对各类社会组织的扶持、引导和管理。

**发展服务办公室（农业农村、综合统计办公室）** 负责管理经济工作，编制执行本辖区经济和社会发展计划；负责辖区内重大的经济建设和公共设施项目开发的协调工作；协调解决经济发展中的突出问题；检查监督所属经济组织经营状况，保护各种经济组织的合法权益；大力发展第三产业；指导企业生产经营管理等工作；负责科技人才、企业经营管理人才开发引进；做好农业科技推广、市场信息服务等工作；搞好农业资源开发和保护；负责土地综合规划、开发管理和农田水利基本建设；做好多种经营的规划、引导，推进农业产业化进程；深化农村改革，指导村级财务管理和农村经营管理工作。

**社会治安综合治理办公室** 负责辖区内法治教育、人民调解、法律服务、治安保卫、外来人口和特殊人群管理、出租屋管理、突发事件应急处置等社会管理综合治理工作，维护社会稳定；负责统筹协调进驻中心办公的社会管理、平安建设、公共服务等方面的工作。

**社会事务管理办公室（社会保障与救助服务站）** 负责做好辖区内教育、卫生、计划生育、文化、体育等方面的管理及便民服务工作，协助做好区域内宣传、文化和精神文明建设工作；负责做好社会保险、失业和离退休人员管理和服务、就业管理和服务等劳动和社会保障相关管理和便民服务工作；协助做好劳动关系协调、劳动争议调解处理工作；负责做好人民武装工作，组织实施兵员征集和退伍军人安置等工作。

**财政管理办公室** 负责编报财政预（决）算草案，管理预算资金，管理机关、事业资产和财务；负责基本建设资金管理和预（决）算审核；指导、协调、监督农村合作组织的财务管理工作；受基层组织建设办公室委托，做好相关财务审计和经济责任审计工作。

**综合信息指挥室** 依托街道综合指挥室工作平台，通过网格化管理和基层社会服务管理综合信息系统，负责辖区内社会治理和网格事项的信息汇总、综合研判、流转督办、绩效评估等工作；负责协调处置、反馈区社会治理综合指挥平台分流交办的事项；负责统筹、协调、指挥、监督各执法主体开展联合执法和综合整治活动；负责区级职能部门派驻机构的统筹协调、考核督办工作。形成服务联办、事务联管、执法联动、问题联处、绩效联考的工作闭环，构建集综治工作、市场监管、综合执法、便民服务“四个平台”及党群服务等功能于一体的基层社会治理综合指挥体系和行政执法协调指挥机制。

**城乡建设管理办公室（重点工程办公室）** 协助区政府有关部门做好城乡建设、水利、生态环境、新农村及各项公益事业等方面的工程建设监管及公共资源交易（招投标）工作；负责辖区内市容环卫、园林绿化、综合整治等管理工作；负责做好征地、拆迁、安置以及重点工程、重大项目等开发建设配套服务工作。

**公共安全监督管理所** 负责实施公共安全综合监督管理，建立健全并落实公共安全考核责任制，督促辖区内各类安全隐患整改措施的落实，配合安监局、公安分局、市场监管局等相关部门，对辖区内潜在的安全问题进行检查，对存在的问题及时告知相关部门，并配合部门开展检查处理等监督管理工作。

## 公共管理服务机构及职能

**街道党群服务中心** 2019 年成立，址设东港社区，为境内 1102 名党员和群众提供服务。党群服务中心面向党员、基层干部、入党积极分子和周边群众开展党务政策咨询、办理党内业务、传播党建理论知识、提供党员政治生活的场所。其主要工作是开展党代表联络群众、帮扶生活困难党员群众、提供并组织党员志愿者服务指导“两新”组织党建工作和本区域党员服务网络的建设、提供便民政务直通服务、受理反映社情民意、推进城乡区域化党建工作等。

峙北党群服务中心，2018 年 6 月成立，址设峙北中宅，为峙北 18 家临港企业（含 3 家非公企业）、535 名党员提供服务。下辖 3 个党委、1 个党总支、8 个党支部、2 个临时性功能型支部党组织。

**街道、村（社区）便民服务中心** 郭巨街道成立前，白峰街道郭巨片便民服务中心址设西门口（东港社区内）。2016 年 8 月街道成立后，迁至狗湾 77 号（街道办事处大院内），主要职能是办理涵盖民政、社保、就业等 100 多项政府便民服务项目，并推行最多跑一次等服务承诺，方便群众办事，提高办事效率。各村、社区都相应设立便民服务中心。

**殡葬管理所** 殡葬管理所成立于 2016 年 8 月，负责管理境内殡葬、墓地、坟墓拆迁与安置等工作。2002 年至 2019 年共拆迁安置坟墓 834 座。

**社会救助服务站** 联合民政、慈善机构、残疾人联合会社会保障等部门（机构）对境内生活困难家庭或个人实施救助。社会救助项目现有：最低生活保障家庭、最低生活保障边缘家庭、支出型贫困家庭、单独立户的重度残疾人、重特大疾病患者等。社会救助对象主要有：特困无劳动能力的供养人员、事实无人抚养的儿童和临时救助对象等。

**退役军人服务站** 2018 年成立街道退役军人服务站，主要服务项目有：组织入伍欢送、退伍迎接及立功报喜等活动；引导培养优秀退役军人进村、社两委班子；动态掌握退役军人就业状况及需求，及时向退役军人推送就业招聘信息，组织退役军人参加就业推介会；按政策做好困难退役军人申请、审核、上报等工作，开展困难帮扶。做好来访接待、咨询服务，全面掌握诉求，维护退役军人权益；走访慰问退役军人家庭，关心他们生活，“八一”、春节期间走访慰问实行“全覆盖”等。

**矛调中心** 全称是社会纠纷矛盾调处化解中心。2019 年底成立，址设福民村办公楼。由法院、公安、司法、工商、城管等部门和社会人士等若干人组成，属社会治安综合治理办公室管辖。矛调中心的主要职责是：接待来访和受理来信来电，提供法律、政策服务；指导、调处社会各类矛盾纠纷；促进社会和谐稳定。以减缓纠纷矛盾集中到法院，满足纠纷矛盾解决方式的多元化需求。

# 第四章 政协联络委

郭巨街道政协委员由党组织推荐，经北仑区政协同意，并发给聘书。街道设政协联络委，负责人由街道党工委宣传统战委员兼任。2019 年，街道有区政协委员 4 人。政协委员履行政治协商、民主监督的职能，向党政机关提出合理化建议，视察农村、工厂，为经济社会发展献计献策。

## 第一节 主要职责

一、凝聚辖区政协委员的集体智慧，形成群体合力，做好对委员的服务和管理，调动委员履行政协职能的主动性、积极性和能动性，有组织、有计划、有成效地发挥每个委员的作用。

二、组织和推动委员加强学习，熟悉政协业务，掌握党的方针政策和法律法规，提高每个委员的政治和业务素质，不断提高委员的参政议政能力。

三、履行政治协商、民主监督的职能。组织政协委员视察调研农村、工厂、学校、卫生、社区、民生等各行各业工作，为经济社会发展、民生福祉、行政服务、新农村建设建言献策。

四、办好委员之家，组织委员列席街道党代会，参与街道重大事项的票决，参与街道和村（社区）政治、经济、文化、社会及生态文明建设的协商讨论，积极出谋划策。

## 第二节 主要活动

组织境内政协委员调研、撰写、提交议案；参加每年度的街道民生实事项目会商票决会议，督导议案及民生实事票决项目的落实执行情况；参加街道居民议事会、街道政情通报会；组织委员到区内外考察，拓宽视野，增进友谊，联络感情；关注民生项目，开展“清洁家园”“关爱外来民工”“美丽乡村建设”“文明城市创建”等专题视察活动；设立社情民意驿站，办好“民生议事堂”，做好社情民意的直报工作；开展政治、经济、社会、文化等方面的课题调研，为政府建言献策。每个委员每年做到“五个一”：即撰写一件有质量的提案、反映一则有分量的社情民意信息、提出一条有价值的建议、参加一次有影响的调研视察、办好一件有意义的实事。

# 第五章　社会团体

20 世纪 50 年代初，境内始建农会、共青团、妇女联合会等群众团体，60 年代始建工会。各类群众团体在公社（乡、镇）党委、政府的领导下，围绕党在各个时期的中心任务和各自的章程、职责开展工作。一直以来，他们成为党和政府联系、团结各界群众的桥梁和纽带，为境域政治、经济、文化建设及改革开放和社会经济发展，文化繁荣贡献了各自的力量。

## 第一节　人民团体

### 总工会

民国 33 年（1944）前后，境内少数手工业者参加镇海县政府管辖的江南百作、砖瓦业工会。民国 36 年（1947）底，大部分手工业者参加县总工会所属的行业工会。境内有砖瓦、篾竹、泥水、石作、脚夫、船员、理发、木匠等手工业者参加。1949 年 5 月境域解放后，旧时各工会自行解散。

1952 年 9 月 4 日，成立镇海县总工会并召开首届会员代表大会。20 世纪 60 年代末，境内郭巨区中心学校最先建立工会组织，境内教师可申请入会，并在各校建立工会小组。70 年代末，峙头公社中心学校成立工会组织。1985 年底，境内学校工会隶属北仑区教育工会。1994 年 4 月，成立郭巨镇工会工作委员会，隶属北仑区总工会。7 月，召开郭巨镇第一届工会会员代表大会，选举张明德任工会主席。后相继成立镇机关工会、镇企业联合工会。2003 年并入白峰镇工会，选举薛琪为工会主席。2016 年 10 月，郭巨街道总工会成立，选举张勇任工会主席。至 2019 年底，全街道共有基层工会 20 家，会员 1946 人。

2016 年 10 月，郭巨街道总工会成立仪式

工会组织在上级工会和同级党组织领导下，围绕党在各个时期的中心任务开展活动。依据《中华人民共和国工会法》和《中国工会章程》，履行工会“维护、建设、参与、教育”的四项社会职能；对职工进行思想教育，关心职工生活福利；组织职工学习文化。党的十一届三中全会后，组织职工开展争当先进生产（工作）者和创建文明班、组竞赛，开展“五创”（创优、创新、创先进、创汇、创佳绩）劳动竞赛；组织职工参与改革，提合理化建议；建立职工俱乐部、职

（教）工之家，开展职工业余文体活动；通过建立职（教）代会等形式参与单位的民主管理；贯彻、实施《中华人民共和国劳动法》，指导、帮助职工签订劳动合同，参与劳动争议调处，运用法律手段帮助、维护职工合法权益。

2016年，街道工会成立后，打造服务职工新品牌，依托峙北党群服务中心站点，实现对区域企业、职工党群的“一站式服务”，组织开展各类技能比赛、文化活动等，提升企业影响力和职工的凝聚力。

## 中国共产主义青年团

1951年6月，郭巨镇、峙头乡、霞峙乡、盛厚乡分别建立新民主主义青年团支部。1956年3月后，因撤区并乡，行政区划调整，境内郭巨、峙头乡分别建立新民主主义青年团支部。1958年10月，新民主主义青年团改称共产主义青年团（简称共青团），设共青团公社委员会（简称公社团委）。时郭巨（大）公社团委下辖境内6个团支部（西门、东门、华峙、峙南、峙北、渔业大队团支部）。1961年10月，郭巨、峙头公社分别召开第一次团员代表大会，选举产生共青团郭巨、峙头公社第一届委员会。“文化大革命”期间，团组织被“红代会”取代。1972年恢复团组织。1983年10月，成立共青团郭巨区委，团区委书记李建国，时辖郭巨、峙头、白峰、上阳、梅山五个乡镇团委。1992年5月，峙头乡并入郭巨镇，改建共青团郭巨镇委员会（镇团委）。2003年5月，郭巨镇撤销，镇团委随之撤销。2016年10月，成立共青团北仑区郭巨街道工作委员会，团工委下辖团支部32个，其中村团支部11个，社区团支部2个，企业团支部11个，机关单位团支部8个，共有团员344人。

共青团组织历来是中国共产党的后备军和得力助手。20世纪50年代，主要是带领团员、青年参加生产建设和农村互助合作化运动，组织青年团员突击队参加兴修水利建设，开展创建“五好团支部”（学习好、工作好、身体好、道德品质好、遵守纪律好）等活动。80年代，组织青年团员开展“五讲、四美、三热爱”（讲文明、讲礼貌、讲卫生、讲秩序、讲道德；心灵美、语言美、行为美、环境美；热爱祖国、热爱社会主义、热爱中国共产党）活动；开展新长征突击手竞赛活动，带领广大青年团员在四个现代化建设中建功立业。进入21世纪，围绕重点工程项目建设和重要工作任务，开展“争创青年文明号、争当青年岗位能手”竞赛活动，在完成急、难、险、重任务中，发挥团员青年的生力军和突击队作用。广泛组织团员青年参加各类志愿服务活动，成为郭巨烽火志愿队伍的主力军。在组织建设上，开展党建带团建、“党团共建月”活动，吸收优秀青年加入中国共产党，在非公有制企业建立团总支或团支部，组织开展适合青年特点的文化娱乐活动，每年举办青年歌手大奖赛；通过峙北党群服务中心平台，举办“缘来由你”文娱活动，为未婚大龄青年牵线搭桥。多形式、多平台灵活开展对青年团员的思想政治教育，2005年，在总台山烽火台遗址组织开展纪念中国抗日战争胜利、反法西斯战争胜利60周年暨总台山烽火台遗址修复落成仪式；2019年，举办“不忘初心、牢记使命”等团日主题活动。

2016年后，街道团委依托郭巨“党建联盟”，广泛动员团员青年为家乡建设发光发热，涌现出优秀青年全国“劳模”竺士杰和“青春助拆队”青年志愿者服务队等，建设“青年驿站”、创建团建品牌，发扬“党有号召，团有行动”的优良传统，使广大青年团员在实现中华民族伟大复兴的中国梦进程中发挥突击队、先锋队的作用。

### 郭巨、峙头公社（乡、镇、街道）历届共青团团委书记名表

表10-5-1

| 名称 | 姓　名 | 职务 | 任职时间 |
|---|---|---|---|
| 郭巨公社（乡、镇） | 袁银祥 | 团委书记 | 1962.6—1964.9 |
| | 林金定 | 团委书记 | 1964.10—1973.10 |
| | 戴永才 | 团委书记 | 1973.10—1981.5 |

续表 10-5-1

| 名称 | 姓　名 | 职务 | 任职时间 |
|---|---|---|---|
| 郭巨公社（乡、镇） | 张信伟 | 团委书记 | 1981.6—1981.10 |
| | 林和群 | 团委书记 | 1981.10—1983.8 |
| | 张信华 | 团委书记 | 1983.9—1984.10 |
| | 陈金德 | 团委书记 | 1984.11—1986.10 |
| | 郑惠群（女） | 团委书记 | 1988.10—1990.8 |
| | 虞东祥 | 团委书记 | 1990.8—1991.10 |
| | 黄群声 | 团委书记 | 1991.10—1993.9 |
| | 俞宏侃 | 团委书记 | 1993.10—1995.9 |
| | 陈贤锋 | 团委书记 | 1995.10—1997.2 |
| | 丁俊杰 | 团委书记 | 1995.2—1999.4 |
| | 许海芳（女） | 团委书记 | 1999.5—2001.2 |
| | 付忠杏 | 团委书记 | 2001.2—2002.12 |
| 郭巨街道 | 黄铭月（女） | 团工委书记 | 2016.8—2017.10 |
| 峙头公社（乡） | 张敏杰 | 团委书记 | 1973.10—1981.5 |
| | 鲁耐定（兼） | 团委书记 | 1981.6—1983.10 |
| | 邬文明 | 团委书记 | 1983.11—1985.12 |
| | 李建国（兼） | 团委书记 | 1986.1—1988.2 |
| | 郁志杰 | 团委书记 | 1988.3—1992.5 |

**中国少年先锋队（简称少先队）** 1951 年底，各村始建儿童团。儿童团围绕农村中心工作，开展宣传活动，配合民兵站岗放哨。1954 年，境内各学校分别建立中国少年先锋队，儿童团自行消失。“文化大革命”时期，“红小兵”取代少先队。1978 年，恢复少先队组织，各学校设少先队大队部，班级设中队部，中队部下设若干小队。大队部和中队部各设由老师兼任的辅导员 1 人，“文化大革命”期间，聘任军、工、农代表为校辅导员。每年 10 月 13 日为建队日。20 世纪 80 年代，对少先队员以思想政治教育为主，开展“五讲四美三热爱”“学雷锋学赖宁”“继承先烈遗志，争做革命事业接班人”等主题教育。90 年代，贯彻落实《中小学生日常行为规范》和《中小学生守则》，开展“三小”（小发明、小创造、小论文）竞赛活动，1991—1996 年，郭巨镇中心小学少先队大队部开展“蓖麻王”培育活动，向中国农科院种子库等单位提供“苏洪 8 号”优良新品种近 200 千克，培育蓖麻王活动被评为浙江省第三届青少年生物百项活动优秀奖。进入 21 世纪，开展“八耻八荣”社会主义荣辱观教育，开展争创“红领巾示范学校”“红旗中队”等活动。2019 年底，郭巨学校设少先队大队 1 个、中队 12 个、少先队员 351 名、少先队辅导员（教师兼职）13 名。

## 妇女团体

1951 年土地改革，境内各乡每村均建妇女代表大会（简称妇代会），属农民协会组织的一部分，配合土改、反霸斗争，开展妇女工作。1953—1956 年，宣传贯彻《中华人民共和国婚姻法》，揭露批判封建包办婚姻，倡导婚姻自由，简化婚礼。20 世纪 60 年代初，郭巨、峙头公社建立妇女联合会（简称妇联），组织妇女同胞上夜校识字扫文盲。70 年代，组织妇女突击队、铁姑娘队、女民兵排，充分发挥妇女在社会主义建设中的半边天作用。1978 年党的十一届三中全会后，妇联组织妇女参加经济建设，开展农工商多种经营、计划生育宣传服务等。进入 21 世纪，在境内大范围的征地拆迁情况下，成人学校组织妇女参加各种职业技能培训班，使妇女们掌握有一技之长，实现转岗再就业，在家政服务等第三产业领域参与现代化建设，涌现了“阿姐宁”年糕、“海婆婆”海产品等郭巨特色农产品。2016年街道成立以来，街道妇联组织妇女参与社会事务管理；带领妇女开展“巾帼创业就业行动”，依托郭巨女能手协会、特色姐妹驿站，助推“郭巨阿姐宁”年糕等品牌做大做强，引入乡村美食体验理念，实现妇女居家就业、弹性就业；建立“海娃”工作室，给留守儿童、困难儿童送温暖；宣传、普及有关妇女儿童的法律和法规知识，维护社会稳定、推进依法治国。

2019年12月，街道妇联下辖村妇联16个、社区妇联3个、单位妇联4个。入会妇女（年满18周岁以上）9323人。

**郭巨乡（公社、镇、街道）历届妇联主任（主席）名表**

表10–5–2

| 姓　名 | 职务 | 任职时间 | 说明 |
|---|---|---|---|
| 戴新玉 | 妇联主任 | 1956.3—1956.6 | |
| 周爱姣 | 妇联主任 | 1956.7—1957.9 | |
| 张兰青 | 妇联主任 | 1957.10—1958.8 | |
| 沃玉青 | 妇联主任 | 1958.10—1959.10 | |
| 张亚菊 | 妇联主任 | 1960.11—1973.2 | 兼 |
| 薛丽芳 | 妇联主任 | 1973.3—1978.6 | |
| 张素君 | 妇联主任 | 1978.6—1983.6 | |
| 黎纪萍 | 妇联主任 | 1984.7—1986.10 | |
| 姚慧贞 | 妇联主任 | 1986.10—1991.4 | |
| 李亚萍 | 妇联主任 | 1991.7—1994.9 | |
| 张亚元 | 妇联主任 | 1994.10—1995.10 | |
| 林优晨 | 妇联主任 | 1996.4—2003.5 | |

**峙头公社（乡）历届妇联主任（主席）名表**

表10–5–3

| 姓　名 | 职务 | 任职时间 |
|---|---|---|
| 顾彩新 | 妇联主任（兼） | 1958.3—1980.10 |
| 沈双珠 | 妇联主任（兼） | 1980.11—1983.10 |
| 张亚元 | 妇联主任 | 1983.11—1991.12 |

## 科学技术协会

1986年，郭巨镇、峙头乡分别成立科学技术协会（简称科协），由各乡、镇党委副书记兼任协会主席，工办、农办主任兼任副主席，一名农技人员任秘书长，在境内居住的居民、单位职工、能工巧匠热心于科普工作的，均可申请加入协会。1992年5月扩镇并乡后，成立郭巨镇科普协会。科协的宗旨：贯彻“科学技术是第一生产力”的思想，普及、推广科学技术，培养科技人才，壮大科技队伍；对公民开展科普知识宣传，提高公民科学素养；将现代信息技术等科技资源推广应用至生产、工作、生活、学习等各个领域，促进经济和社会的发展。20世纪八九十年代，南非波尔山羊引进繁殖等科技推广项目在境内落户。

### 侨胞联谊会

郭巨街道侨胞联谊会（简称侨联）于2017年成立，选举会长周亚锋、副会长张菊飞、秘书长张嘉义。侨联积极为数学家施展到清华大学、中科院等国内大学、研究所讲学、研究做好联络服务工作，积极动员他归国服务报效祖国，经过五六年来坚持不懈的动员工作，施展终于2021年归国，任职于中科院应用数学研究所（施展1967年5月出生，郭巨中宅人，是世界前沿概率论数学家、国际顶级数学论文审稿人、特级教授。归国前任职于法国居里马里大学）。2019年，街道侨联联谊对象居住在国外有88名，主要分布在美国、英国、澳大利亚等14个国家和地区，国内居住的眷属有78户。

### 工商业联合会

2002年9月，成立郭巨镇工商业联合会（简称商会），时19家乡镇企业入会，选举周秀成为商会会长。2016年8月，郭巨街道成立后，街道以“郭商”联谊会形式，为遍及国内各大中城市及国外经商的“郭商”们建立“朋友圈”，搭起“连心桥”、共绘“同心圆”，“乡贤回归”共谋郭巨经济社会发展良策。

2017年1月，“郭商”联谊会在街道大会议室举行

## 第二节　群众团体

### 农民团体

**农民协会**　中华人民共和国成立前，境内曾建有农民协会（简称农会）。农会为实现“永田权”“二五”减租坚持斗争。中华人民共和国成立后解体。

1951年初，在土地改革和民主建政基础上，郭巨、峙头、霞峙、盛厚乡所属各村先后成立农会，凡年满18周岁男女劳动力（除地、富、反、坏阶层外）都可加入农会组织。农会在动员翻身农民当家作主、配合政府开展剿匪反霸、土地改革、保卫土改胜利成果、组织互助合作、恢复和发展生产等方面发挥重大作用。1956年3月，调整区划并乡时，各乡农会撤销。

#### 1949—1956年郭巨镇、峙头乡、霞峙乡、盛厚乡各村农会主任名表

表10-5-4

| 郭巨境域 | | 峙头境域 | |
|---|---|---|---|
| 村别 | 农会主任姓名 | 村别 | 农会主任姓名 |
| 大涂塘 | 王信夫、姚绪永 | 长坑 | 张位久 |
| 西门 | 赵生夫、汪信章 | 双屯 | 李信财 |
| 东门 | 江连生、阮文全 | 长浦 | 张振祥、张振友 |
| 北门 | 张志云、张乾文、徐明才 | 光明 | 王利香、王振德、张财德 |
| 南门 | 夏云来、冯成杨、戴明华 | 沙湾 | 张士清、周财富 |
| 路亭 | 李阿炳 | 中宅 | 马勇生、马华生、谢连根 |

续表 10-5-4

| 郭巨境域 | | 峙头境域 | |
| --- | --- | --- | --- |
| 村别 | 农会主任姓名 | 村别 | 农会主任姓名 |
| 双岙 | 汪瑞才 | 上宅 | 贺世仁 |
| 福民 | 黄成品 | 花船 | 梅宏友 |
| 大岭下 | 黄成品 | 竹湾 | 梅悦林、梅瑞祥 |
| 尖岭岙 | 应仰章、俞小宽 | 盛岙 | 张卫星、张品夫、张德裕 |
| 华峙 | 郑新柄、冯金水、孙明振、何信群 | 联合 | 吴正全、吴林生、吴宝元 |
| 谢家岙 | 张信夫、梅生章 | 洋涨 | 俞万庆 |
| 后墩 | 陈阿四、戴连夫、周水全 | — | — |

**贫下中农协会** 1964 年，根据中共中央关于重新划分阶级队伍的指示，在社会主义教育运动中，郭巨、峙头公社所属各大队先后建立贫下中农协会(简称贫协会)。1965 年 2 月，贫协会配合农村社会主义教育“四清”运动（清政治、清思想、清组织、清经济），开展反对投机贩卖、贪污盗窃和封建迷信活动，协助各级干部监督、管制（地主、富民、反革命分子、坏分子）四类分子发挥重要作用。1968 年 9 月，县革命委员会成立，郭巨、峙头相继成立公社“革委会”，各大队“贫协会”改称“贫代会”。“文化大革命”期间，贫代会派代表进工厂、进学校，参与管理。“文革”后贫代会取消。

**渔民协会** 1951 年，郭巨区成立渔民协会，以渔业大队为基础，吸纳境内从事渔业生产者入会，后因渔业生产规模逐年减少，至 20 世纪 80 年代初自行解体。

## 计划生育协会

1989 年，郭巨镇、峙头乡分别成立计划生育协会（简称计生协会），所辖村（社区）均相应建立计生协会。乡（镇）计生协会负责人由乡、镇（公社）政府任命，设计生协会理事会会长、副会长、秘书长、常务理事、理事等，聘请一名德高望重的老干部担任名誉会长。2017 年 1 月，成立郭巨街道计划生育协会，选举街道党工委书记周国程为协会会长，文卫副主任章春华为协会秘书长，下辖 19 个村（社区）计生协会，各村（社区）书记为协会会长，妇女主任为协会秘书长。协会主要职能：宣传人口与计划生育的法律、法规、政策、条例、人口理论等；普及计划生育、性与生殖健康等科学知识；协调社会力量开展计划生育，为育龄人群提供优生优育等措施，帮助育龄人群解决在计划生育方面碰到的各种实际困难和后顾之忧；指导各村（社区）计生协会开展工作等。

## 关心下一代工作委员会

关心下一代工作委员会（简称关工委），是以离退休老同志为主体、党政有关部门和群众团体负责人参与，以关心、教育、培养青少年为目标的群众性组织。2003 年，郭巨镇关工委成立，2017 年复建郭巨街道关工委，设主任 1 名，常务副主任 1 名，下设办公室，设办公室主任 1 名。关工委主任由镇（街道）党群副书记兼任，办公室主任负责日常工作，成员由团委、妇联、文化、教育、司法等部门及村、社区负责人、老同志代表组成。主要职能：对青少年进行思想道德、科普知识、法治宣传、国防教育、心理健康

2019 年 8 月，郭巨街道关工委组织“五老”人员和留守儿童参观霞浦张人亚纪念馆

教育等，建立社会、学校、家庭三结合教育体系，培养、关心青少年健康成长。2019年，街道关工委在郭巨学校设立关爱留守儿童工作站，有被关爱儿童12人，并由郭巨退教协会教师结对关爱，由宁波市关工委“甬润童心”关爱儿童组织给予经费资助，工作站活动每年至少4次，关爱留守儿童工作站为街道关工委特色项目。

## 老龄工作委员会　老年人协会

1992年5月，成立郭巨镇老龄工作委员会（简称老龄委），由镇党委主管，下设办公室，设主任1名。1996年11月，成立郭巨镇老年协会，王万存任会长。各村（社区）建立老年协会，同时成立镇、村二级老年体育协会，时有会员2933人。2016年7月，复建郭巨街道老龄工作委员会。老龄委主要职能：落实老龄法规、政策；整合社会资源，强化全社会敬老、爱老、尊老、助老的道德意识，维护老年人合法权益。组织开展适合老年人身心健康特点的各项活动。2019年12月，街道老龄委下辖村（社区）老年协会26个，有会员7677人。

## 文体协会

2016年9月，成立郭巨街道文体协会。下辖郭巨街道书画协会、戏曲曲艺协会、武术协会、民间文艺协会、写作协会。各协会设会长和秘书长。

## 红十字会

2017年8月，召开郭巨街道红十字会成立暨第一次代表大会，选举会长1名、副会长3名、秘书长1名、常务理事15名，章春华为会长。红十字会以志愿者为主力军，发扬人道、博爱、奉献精神，开展一系列避灾、救灾、应急救护、防病知识为内容的宣传、普及培训；宣传、推动无偿献血工作；募捐爱心善款，开展赈济灾民、助医、助困、助学等爱心活动，为困难群众提供人道主义救助和服务。

## 残疾人联合会

1992年8月，成立郭巨镇残疾人联合会（简称残联）。2017年12月，复建郭巨街道残疾人联合会并召开第一次代表大会，选举王晓全为残联理事长。残联主要职责：动员全社会发扬人道主义精神，理解、尊重、关心、帮助残疾人，促进残疾人平等参与社会生活；鼓励残疾人坚持爱国主义和乐观主义，自尊、自信、自强、自立，以为社会贡献力量为宗旨。开展一系列关心残疾人的康复、教育、就业、文化、体育、科研、社会服务及福利事业。逢年过节对困难残疾人进行慰问、送温暖活动。2019年，郭巨街道申领残疾证1254人，其中一级、二级、三级、四级残疾证人数分别为96人、160人、265人、733人。街道残联为4户残疾人家庭进行无障碍设施改造，户均改造费用8000元；为83位残疾人配置轮椅、假肢等辅助器具；助学9人，3.7万元；医疗救助支付19万元；发放护理补贴126万元，生活困难补助66万元。

## 北仑新四军历史研究会郭巨分会

2018年，北仑新四军研究会郭巨街道分会成立，戴永才任分会会长，设理事2名，有会员10人。新四军研究会以发掘、研究发生在境内一带的战事特别是明清抗倭、抗日战争、解放战争期间的战事线索为主要内容，传承、弘扬先烈精神，为爱国主义教育、国防教育、艰苦奋斗传统教育等提供教育素材和地方红色历史记忆。

## 郭巨街道乡贤联谊会

由热心服务本街道经济社会发展的乡贤自愿组成，2019年成立。本会接受业务主管单位区委统战部、

2019 年，郭巨街道乡贤促进会成立仪式

社团登记管理机构北仑区民政局的监督管理。旨在广泛联络在郭巨街道的乡贤，搭建交流平台，增进友谊，在业务范围内开展各项活动，拓展社会服务、繁荣乡贤文化、化解社会矛盾、维护社会稳定，“共谋、共建、共治、共享”美好幸福家园。本会实行个人会员制，个人会员为户籍、祖籍、原籍或直系姻亲关系在郭巨（包括因品德、才学为乡人推崇敬重的本土精英，因求学、工作而离乡的外出精英）以及在郭巨投资创业有德行、有才能、有声望、有影响、热心社会工作的贤达人士，有会员十余人。设会长、副会长、秘书长，会员大会每届 5 年，理事会每年召开一次会议。

## 志愿者协会

2000 年团中央发起成立中国青年志愿者协会，并规定 3 月 5 日为中国青年志愿者服务日。从此，志愿者组织、活动普遍开展。至 2019 年，境内各团体、村（社区）、企事业单位及各行业已组建有烽火义工、“一人一技”服务队、应急联防卫士、绿手指、气管家、8060 帮帮团、海娃之家、洁美 8 号等 30 支常态化活动志愿者队伍，参与常态化活动的志愿者 1126 人。其中峰南社区有烽火志愿服务中心等 11 支志愿者队伍，244 名志愿者。东港社区有海娃之家等 7 支志愿者队伍，185 名志愿者。峙北各企业志愿服务队 7 支，415 名志愿者。各志愿者队伍在“垃圾分类”“清洁家园”“关爱留守儿童”“居家养老”等服务活动中彰显了“奉献、友爱、互助、进步”的志愿服务精神。

# 第十一篇 军事 公安 司法

郭巨地处浙东沿海，为抗倭抗英抗法抗日前哨，历来为海防要地。明时，为抵御外敌入侵，建千户所城、总台山烽火台、巡检司（司城）等军事设施，屯兵设戎置镇，明嘉靖时，屡与倭寇于浙东海战，郭巨首当其冲；清时，英法军侵犯；20世纪40年代，日本侵略军侵占蹂躏，境内人民深受战乱之苦。郭巨总台山烽火日烟夜火，传送战事讯情，使倭贼胆惊。郭巨军民抗击外敌、爱国卫乡的英勇事迹与抗争精神浩然千秋。抗日战争和解放战争时期，有中共领导的武装组织在境内开展对敌斗争。1949年5月29日，中国人民解放军二十二军兵分两路，在大涂岭、尖岭与国民党部队发生激战，歼灭国民党残部，郭巨境域解放。中华人民共和国成立后，有部队驻防，建有营房、坑道、码头等军事设施。

1950年7月，设郭巨派出所。1955年4月，设郭巨边防哨所（简称边防）。各个历史时期，派出所在管理社会治安、维护公共秩序、保护人民群众生命财产安全、守卫一方平安、同犯罪分子作斗争等方面作出重大的贡献。

1961年8月，郭巨、峙头公社成立人民武装部，负责地方武装工作和民兵工作，开展全民国防教育。

1985年7月，郭巨镇、峙头乡分别建立司法所，在化解人民内部矛盾，预防和减少犯罪，调处疑难、复杂民间纠纷方面发挥了重要作用。

# 第一章　战事

郭巨地处穿山半岛最东端，有浙东门户之称，战略位置十分重要，为抗倭抗英抗法抗日前哨。明时，境内有千户所城、总台山烽火台等军事设施，扼象山港，卫宁绍，守浙东门户，历来为海防军事要地。明嘉靖时，境内军民奋起抗击倭寇。清时，奋勇抗击英、法入侵者，取得了一个又一个保卫战的胜利。抗日战争和解放战争期间，峙头为徐小玉游击队、定象游击抗日自卫第五大队的根据地，峙头一带屡有游击战斗发生。

## 第一节　抗击外侮

### 明代抗倭

据志书记载，倭寇始于元末明初，盛于明嘉靖年间。长达200年的倭寇之患，对浙江沿海地区的进攻、骚扰就达200余次，小规模的侵扰更是不计其数。地处穿山半岛的郭巨、峙头老百姓和浙江其他沿海地区一样，深受倭患之害，苦不堪言。

明朝时，江浙、福建倭战频繁，郭巨、峙头沿海遂成抗倭前沿。明洪武二十年（1387），朝廷派“信国公”汤和筑郭巨城，建千户所，在郭巨三塔山（现称总台山）之巅设烽堠。烽堠相望声息，昼烟夜火，互相接应。

嘉靖十九年（1540），海盗李光头等勾结倭寇盘踞双峙港为巢，其羽翼王直分队劫掠海上商船，屡掠浙东，倭势日猖。

嘉靖二十七年（1548），都御史朱纨巡检浙江，委福建都指挥卢镗等率兵船进攻双屿港，歼倭寇数百人，捣毁其军事设施，擒李光头，追俘许栋，许栋党王直集余众遁窜。卢镗毁去李、许等在双屿（峙）港的设施及船舰，并用木石将双屿（峙）港堵塞，沉重打击了勾结倭寇的匪贼。

嘉靖二十八年（1549）七月，海盗王直勾结象山、大嵩、郭巨等地沿海倭寇，侵扰穿山半岛，郭巨、上阳损失最为惨重。是年十月，海盗陈思盼引倭寇一百余人，再次窜入上阳道头抢劫，两个村民分别向穿山和郭巨千户所守军报警。因郭巨、穿山千户所兵力不足，在总台山起烽火向定海卫告急，定海卫指挥刘隆急速率兵支援，陈思盼闻讯落海而逃。

嘉靖三十一年（1552）二月，王直杀死广东走私集团头目陈思昐后，叩定海关献捷，并求通商，官方不允，王直怀恨益深，入关夺船，被福建捕盗王端士率兵击退，转移至沥港，再度勾结倭寇，骚掠沿海。定海卫指挥佥事樊懋驻守郭巨所。六月二十日，王直同党邓文俊率贼众攻郭巨所，樊懋与守御指挥魏英一道登城巡视，商议破贼之计。半夜，雷雨大作，倭寇乘夜半雷雨攻郭巨所城，先以草人用竹竿试探，待城上守卫稍松懈后蜂拥入城。樊懋急忙督兵与倭贼急战于大涂塘上，力竭而亡，终年52岁。魏英率所部与倭寇巷战至天明，倭贼大败，从北门逃遁。

嘉靖三十二年（1553）闰三月，王直勾结各岛倭寇，大举进犯浙江沿海各地，陷象山，焚掠慈溪、昌国乡镇。参将俞大猷等追捣沥港倭巢，把总张四维驻龙山，黎秀驻郭巨，遥为呼应，王直败走。四月，倭寇又犯定海，都司刘恩追至破于芦花港口（今属普陀）。五月，倭寇200余人又进犯郭巨，此时，守将黎秀远离郭巨正在芦花港（今普陀）剿倭，郭巨城内只有几十个守兵，无法与倭寇抗衡，倭寇烧、抢、杀、掠，郭巨城陷入一片火海之中。朝廷命张经总督剿倭军务，加之郭巨百姓奋起反击，倭寇见势逃海。

嘉靖四十年（1561）大批倭船频频登劫象山、奉化诸县及大嵩郭巨等地数十处，总制胡宗宪督诸军抗击。四月，大小倭船20余只、倭贼50余人，又攻郭巨城。郭巨所守御指挥向桂，率官兵用矢石、火器，打死倭贼30余人。倭贼不退，屯扎在郭巨校场，拆毁附近的坟墓和草屋，以扰乱民心。后在夏家山用绞梯30多张，布梯攻打，形势十分危急。“指挥向桂督率官兵都茂功等奋勇死战，打死倭贼不计”。倭贼势穷力孤，纷纷下船逃去。五月，又有倭船5只、倭贼300余人，攻郭巨城。指挥向桂、百户都茂功等督率郭巨所官兵，各用矢石、火器等奋勇击敌，终于再次打退倭贼，保卫了郭巨城。

嘉靖三十年（1551）起，抗倭名将俞大猷、卢镗、戚继光等先后到镇海率领沿海一带军民英勇奋战。至嘉靖四十五年（1566），倭患才基本平息。郭巨军民同仇敌忾，奋力抗倭的史实被载入史册。

## 清朝抗英

清道光二十年(1840)2月,英国发动侵华战争。同年6月21日,英侵华军总司令懿津及海军司令伯麦,率英舰40余艘及士兵4000名，抵达广东洋面，第一次鸦片战争在广东爆发。7月5日，英军向浙沿海挺进，炮击定海城，次日侵占定海县城。7月10日，英舰封锁镇海口。

清道光二十一年（1841）1月27日，道光帝下旨对英宣战。3月20日，停泊在峙头洋的英轮“佩斯汤基•伯曼基”号，在峙头盛岙、升螺圆山附近洋面游弋，船长威林士德等坐舢板登岸，当地乡民严鹤林、李永杨等人待其上岸，俘获威林士德等人。后送到镇海大营，被两江总督裕谦下令斩杀。裕谦动员乡勇、船户、水手等抗击英军，严禁沿海乡民向英军供给淡水、茶叶和食物。

清道光二十一年（1841）8月，英政府改派璞鼎查再次侵华，率兵舰20艘、载火炮668门，武装轮船14艘、载炮56门，后勤保障供给船9艘、测量船和运输船多艘，陆战兵万余人，大举向浙东沿海发起进攻。9月12日，英船赖拉号航行至峙头海面，赖拉号大副温里等20余人，在郭巨盛岙上岸侦察。郭巨乡民俘获温里等2人，杀伤数人。16日，英海军少校格劳弗等率130名侵略军，火烧盛岙大屋里，又袭击双岙和郭巨城，进行血腥报复，经守备黄梦赉率兵击退。23日，英轮1艘、兵舰9艘驶抵镇海黄牛礁洋面。镇海城乡按户出丁、协同防御。26日，英舰船20余艘，士兵3000余人，进犯定海，经六昼夜浴血奋战，死难惨烈，三总兵力战殉国。英军杀人放火的暴行，激起了郭巨人民的强烈反抗。

## 捣毁双屿港盗巢

双屿港,位于六横、佛渡岛之间。明朝属定海（今镇海县）郭巨所管辖,是船只停泊、避风的深水良港。

嘉靖初年(1522年前后),已有日本、葡萄牙大批商人船队至双屿港,视为殖民地。闽人李光头(李七)、徽人王直等百余人，与外商勾结一同走私。日本海商和倭寇盘踞双屿，以为巢穴。这些“商人”诱骗良民到双屿港参与走私贸易活动。朱纨在《朱中丞臂余集》中记载:“双屿江海洋天险，叛贼纠引外夷，涤结巢穴，名则市贩，实则劫掳，有些嗜利无耻之徒，交通接济，有力者自出资本，无力者它展称贷，有谋者诓领官银，无谋者质当人口，有势者扬旗出入，无势者投托假借，双桅三桅，连樯往来。”这说明当时双屿港走私贸易已十分频繁、猖獗。

嘉靖十九年（1540），海盗李光头等勾结倭寇，盘踞双峙港为巢，其羽翼王直分队劫掠海上商船，倭势日猖。

明嘉靖二十一年（1542），虽派吏速捕，终告失败。后来自西洋、南洋、东南亚、非洲等国商贩与土匪、当地官僚、绅士勾结，双屿港已成亚洲地区走私贸易中心。葡人克勤克俭鲁斯记载:“它要得到领土，妄图把双屿为他们殖民地”，他们在岛上建筑房屋、码头、公路、商店、仓库等。还设议事厅，有市长、承审员、议员、司法官等7人，配有懂七八种语言的裁判员（顾问）等组成地方行政机构。葡海盗宾托在《游记》中写道："双屿港人口总有3000多，其葡人占半多，房屋馆舍上千座，天主教堂2所，医院2所，天妃宫10余间。"

双屿港贸易走私日趋泛滥，时有国际海盗、日本倭寇的掠夺抢劫，给沿海人民造成严重危害。商盗在双屿修筑防御工事，制造双桅大船，倭寇抢劫海疆不靖，殖民者气焰傲慢，对明政府构成严重威胁。他们身长鼻高、猫眼鹰嘴、卷发赤须（郭巨人叫他们红毛鬼），他们伪装成教徒，分批在郭巨登陆，这些人还剽劫抢掠、杀人放火、掠去农妻、无恶不作。朱纨在《哨报夷船事》中记载："今据前因，为照海寇勾引各夷，中据双屿，相传二十余年。"

明嘉靖二十七年（1548）4月，都御史朱纨巡检浙江，委福建都指挥卢镗，领各部率兵船进攻双屿港，歼倭寇数百人，捣毁其军事设施，擒李光头，追俘许栋。（王直率余众窜，此后勾结倭寇，屡掠浙东）。当地农民也奋勇参战，会游泳者，潜水凿沉船底，敌阵大乱，纷纷入海逃跑。这时从温州方向来的明将魏一恭，率水师密切配合，杀数百匪，大胜，擒大窝主顾良玉、祝良贵、刘奇等14人，擒贼首许六、姚大总，烧毁天妃宫营房及战舰，贼巢自此荡平。这次双屿港战斗后，一个葡萄牙海盗说："一支6万的兵力和300以上船只，在5小时内把这个居留地双屿港打成了废墟。包括12000名基督教徒被俘，35艘大船、42艘小艇和800葡萄牙金币被焚。"（胡宗宪：《筹海图编》卷5本19页）。战斗结束，朱纨也亲自上岛巡视，为长远计，朱纨与卢镗一起聚木石填塞港口，使贼舟不得入。朱纨获胜后兴奋之余，赋诗一首赠卢镗："梅江双龙伏，桃洋一斧开。旌旗麾日月，金鼓驾风雷。挥毫云影动，酿酒浪头回。送至图南溟，云中起将台。"

## 第二节　抗日战争

郭巨是日本帝国主义侵华战争中深受其害的地区之一。1931年9月，"九一八"事变爆发后，镇海以教育界为主，掀起了抗日救国浪潮。境内以贺灏群（上宅村人）为代表的一批进步爱国教师，创办《镇海呼声》，组织师生示威游行，广泛发动群众，开展抗日救亡运动。

1938年，一支抗日救亡政工队来郭巨，驻城隍庙，人数虽少，但影响很大，向当地民众宣传抗日救国道理。同年春，由县文教系统组织的流动施教团5人（中共党员和进步青年），团长李价民来郭巨，宿"三官堂"。他们生活艰苦、作风优良、工作活跃，吸收16岁以上青年免费读夜校，组织学生唱抗日歌曲，晚饭后上街走巷，深入群众宣传抗日，使老百姓进一步认识侵略者的残暴和抗日军民大无畏的斗争精神，激发郭巨民众的抗日热情。

1940年秋，日本侵略军对舟山群岛进行大规模"清乡"扫荡。国民党定海县县长苏本善率部再次退居镇海县柴桥地区。中共定海县工委书记王烈钧（又名王起）利用与苏本善的统战关系，在柴桥地区组织了定海国民兵团随军服务队，队员20余人，队长王烈钧，队内建有中共支部，书记杨鉴青。该队实际上是共产党领导的一个政治工作团体。全队分为3组，分别在柴桥、霞浦、郭巨等地对民众进行抗日宣传。是年冬，因国民党反共日烈，该队除少数人调出外，大部分被迫随苏部去武义受训。

1940年5月，日本侵略军飞机轰炸郭巨城，炸毁房屋372.5间，炸死2人，炸伤5人。12月6日，日本侵略军舰艇从碧澜嘴向郭巨南门开炮20余发，炸死3人，炸伤4人。戴月香、戴荷香姐妹俩均被击中腹部，戴月香击断肚肠身亡，汪忠维双脚被弹片击断致残。一发炮弹打进南门汪玉庠家中灶间，其兄汪永祥伤及头颈，当场死亡，年仅16岁。其爷汪宗维65岁，两只脚趾被打断，送医院抢救回生，后成残疾。

1941年4月19日，日本侵略军分别在小港黄瓦跟、金鸡山等地强行登陆，守军第194师第581团刁君岳全连官兵在竺山头力战殉国。沦陷后的10天内，日本侵略军在霞浦、柴桥、郭巨等地杀害杀伤百姓

150余人，烧毁民房、店铺1300余间。

1941年4月24日上午，3架日本侵略军飞机空袭郭巨城，投弹20余枚，烧毁民房347间，82户居民无家可归。同日18时，4架日本侵略军飞机又向郭巨城内投炸弹，顷刻，从城南到城北一片火海，南门汪家连三进烧毁并烧死2人（汪家阿展嫂和瞎眼嫂，年60余岁），南街三处被炸，夷为平地，当场烧死徐阿连父。受害最严重有三处：凉亭下至傅大房，凉亭至十字街，南门冯家弄至纪家，被毁房屋达数十间。27日，日本侵略军再窜郭巨，在南门冯家搜获一本《三民主义》，即烧毁民房24间，受害8户，死妇女1人。在中街汪国夫家发现有子弹壳，又烧毁民房12间，并将汪国夫抓走。12月14日，日本侵略军舰艇炮击郭巨城，炸死居民2人，炸毁民房10余间，同时炮毁停泊在郭巨新碶头木帆船3艘。

1942年，定海东区警察队（长枪队）已发展到100余人，部队活动在峙头、郭巨、大碶一带。7月，改名为定象游击指挥部抗日自卫第五大队（简称定象五大队），在峙头上宅设立办事处，后迁至华峙。办事处的任务是筹集、供应五大队的粮食和军需物资。

1944年9月，盟军在抗日战争时期帮助中国抗日，一架日本侵略军飞机在峙头洋面上空被美空军击落，日本侵略军飞行员跳伞后被当地渔民俘解至郭巨转送宁海。

1945年初，盟军美国飞机轰炸舟山日本侵略军营地，一机被日本侵略军炮弹击伤，美飞行员降落在峙头洋小猫附近洋面，由长坑村渔民救送至县政府。

### 专记：长坑4村民勇救美国飞行员

1945年6月的一个午后，长坑村渔民在海面上摇着舢板撩海蜇，不久，远处海面上空传来隆隆的响声，抬头发现舟山上空飞来了黑压压的机群，足有几十架，只见飞机从高到低，从远到近在空中盘旋着、俯冲着，还不时听到轰隆隆的响声。不一会，村民看到一架飞机的尾部冒着白烟长着尾巴似的从空中俯冲下来。有人高喊着："飞机着火了，飞机上掉下什么东西了？""有人跳伞了！降落伞浮在海面上了。"人们看见白色的伞团在海面上漂浮着。这时在长坑村海边撩海蜇的张阿可、张仁相也发现了这一切，他俩边高喊着快去救人边摇船赶去，旁边的村民张本元、张二飞也应声摇船赶去。

当4人驶船赶到出事地点时，空中的机群不见了，只见2架飞机仍然在低空盘旋，好像在寻找什么，张阿可等4人先后把小船摇到飞行员落水的地方，花了很大的力气把落在救生筏里挣扎的人救了上来，发现原来是美国飞行员，他们迅速载着被救的飞行员返回，从龙冲嘴上岸，由张阿可、张本元两人搀扶爬着崎岖的山路，到长坑岙底张阿可家里。第二天，民国政府郭巨乡乡长吴正才来到长坑，看望被救的美国飞行员，并派人护送到镇海县政府。

## 第三节 解放战争

### 徐小玉游击队在峙头一带的活动

1947年4月下旬，徐小玉把队伍拉到镇海峙头，成立除奸大队，有100余人，徐小玉任大队长，梁阿岳、张月清为大队附。徐小玉治军严明，与战士约法三章：不准抢老百姓财物，不准打骂老百姓，不准奸淫妇女。徐小玉带领除奸大队在镇东、鄞东一带进行收税、征粮和缴枪活动。他多次拒绝国民党的拉拢诱惑，想方设法寻找共产党。1947年6月21日，定海除奸大队缴获霞浦镇公所警备班长、短枪9支后，在峙头改编为中共领导的浙东第四自卫纵队，徐小玉任纵队长，毛子明、张月清为纵队附，曹一新为参谋长。

1948年秋，徐小玉的“舟支”和国民党部队在盛岙炮台冈激战遗址

1947年7月，浙东第四自卫纵队发展到170多人，徐小玉对部队进行了整编，组建了3个中队和警卫班、海防队，并把岙头作为根据地，按照解放区的政策，建立了税收制度，实行“劫富济贫”。当时的宁波《时事公报》曾这样描述自卫纵队：“徐小玉股盘踞镇海县郭巨、峙头2处，对于境内住户草木不犯，并施小恩小惠，与奸匪之手腕迥然不同。”1947年9月上旬，国民党浙江省主席沈鸿烈委任浙保第一纵队长王拂尘为四明绥靖区驻柴桥“剿匪”副指挥官，王拂尘坐镇柴桥，指挥浙保1000余人，在镇、鄞、奉、象、宁（海）等保警队的配合下，围剿浙东第四自卫纵队。徐小玉亲率自卫纵队在镇东一带与敌周旋。9月11日，徐小玉带纵队在峙头花船村宿营时，被敌人四面包围，在敌我力量悬殊的情况下，徐小玉指挥自卫纵队的指战员打退敌人的多次进攻，坚持了整整9个多小时后，趁黑夜突围，他和40多位指战员乘小钓船撤往舟山群岛，同时布置芦瑞元、梅耐青等人留峙头继续隐蔽战斗。后自己由周游陪同去了苏北，在苏北解放区参观学习了近二个月后，华中军区授予徐部舟山群岛游击支队番号，委任徐小玉为支队长、江之铭为副支队长、王博平为政治部主任。1948年1月6日，徐小玉率部在金塘洋面活捉并处决了金塘派出所所长顾仁甫。1月10日，又率部在展茅与芦花港之间的塔岭进行伏击，击毙了定海县保警第三中队中队长王雪瑜。2月28日，袭击了田螺峙盐务税警队，击毙盐警1人、俘盐警30余人，缴获长短枪20余支。3月底，华中军区决定设立舟山群岛游击支队司令部，委任徐小玉为司令，派张大鹏（化名李兆祥）任副司令、王博平为政治部主任，还给支队司令部配备了机枪、冲锋枪。1948年秋，“舟支”和国民党部队又一次在峙头盛岙村开战，但“舟支”仅100余人，国民党部队却有近2000人。最终“舟支”退至村内黄栀坑占据了制高点，在盛岙炮台冈和中宅村照南岗与敌激战三天三夜后，终因敌众我寡，山上缺水，徐小玉率大部分队员往东撤退，经长浦登船回舟山，一部分则往西藏身在花船、竹湾，剩余被打散的一些队员，则就近隐蔽于中宅附近。1948年8月28日，徐小玉率“舟支”指战员108人，从庙子湖撤往苏北，华中海委决定把“舟支”改编成舟山大队，由徐小玉任大队长。1949年4月21日，徐小玉带领舟山大队随人民解放军百万雄师参加了渡江战役，编入华东海军第一纵队，成为中国人民解放军首批海军。不久，徐小玉和原“舟支”部分指战员奉命参加解放舟山群岛战役。

## 东总副总队长江之铭在峙头遇害

1948年8月23日，东海游击总队（简称“东总”），与数倍于己的国民党军队在六横岛进行浴血奋战，因寡不敌众分散突围。王起、江之铭带十几名队员从六横岛突围至定海临城，9月底，从临城的鳌头浦乘船撤到峙头黄石门（光明村），由保长张惠吉接待。王起、江之铭带十几名战士到峙头后，分散队员配合地下党开展武装斗争，“东总”干部陈阿多等人将王起、江之铭和他们的警卫员刘阿昌、徐阿定4人安排住在花船梅林才家的一间空屋里。不久，“东总”特务中队小分队12人在正副队长胡云庭、刘友夫带领下来到峙头，此时的胡云庭已叛变投敌。

1948年10月13日上午，王起去上宅买豆腐，村民梅知华奶奶看见有5个陌生人从东道岗朝花船走来，就叫徐阿定、刘阿昌去看看，徐阿定见来人是胡云庭等人，便对梅知华奶奶说是自己人。不一会儿，胡云庭等一伙匪徒径直来到了梅林才家门口，走在最前头的胡云庭见江之铭在屋里，便点点头示意后面的匪徒，一个叫王飞龙的匪徒突然一枪击中站在门口的江之铭警卫员徐阿定，徐阿定当场牺牲，匪徒们开始慌乱的向屋里的江之铭射击，其中一枪击中了江之铭的右臂，负伤的江之铭趁乱冲出后门，想爬上后山坡突围，因后门外恰是高坎，便纵身一跃攀着一颗树枝，却因桠树枝断裂跌下，这时，众匪徒齐向江之铭射击，江之铭身中数弹牺牲。残暴的叛徒还用带缺的大钩刀斩下了江之铭的头颅，胡云庭提着江之铭的头颅，从沙湾乘船，向舟山东管庙的国民党刑警队队长吴世昌报功去了。第二天，花船村民将江之铭（用糯米制成头颅）和徐阿定烈士遗体分别用棺木安葬在峙头花船村沙湾山平石岸墩，中华人民共和国成立后，当地政府就地为江之铭和徐阿定烈士建墓并立碑。1989 年 2 月，舟山市人民政府将江之铭和徐阿定烈士的遗骨移至舟山烈士陵园。为纪念在峙头遇害的江之铭烈士，2013 年 9 月，白峰镇人民政府在戴家岙烈士陵园立有江之铭、徐阿定烈士墓碑。

## 解放郭巨

1949 年 5 月 26 日，镇海县城解放。时国民党军第 87 军、浙江省保安团、各地国民党自卫队残部陆续麇集郭巨地区，候船撤往舟山，国民党军第 87 军第 220 师、第 208 师在柴桥、郭巨据山负隅顽抗。27 日，人民解放军第 64 师、第 65 师、第 66 师所属第 190 团、第 191 团、第 193 团、第 196 团、第 197 团继续追歼国民党军残部。28 日，人民解放军继续向郭巨方向进击，击溃中岭山顽敌第 208 师，敌大部向梅山撤退，小部经山防岭退败到大涂岭。29 日，解放军兵分两路，一路从下龙泉、双石人山、沿梅山港经上阳凉亭、方门、新碶头至双岙、盛岙，俘镇海县自卫队人枪 20 余。另一路第 66 师一部追歼中岭山残敌至大涂岭，敌残部仓皇阻击，战斗激烈，下午二时，敌第 662 团一营不支电告师部求援，敌只派民夫背弹增援。五时许，敌残部兵溃，弃阵逃撤庞衙岙，据山顽抗，后经马婆撤退至梅山岛。同时第 66 师一部追歼敌第 208 师残敌于大涂庙，与顽敌残部激战，消灭大部顽敌，亦牺牲 3 名解放军战士（3 名无名烈士埋葬于暗山垅）。后又兵分两路，解放军第 193 团追击向凤凰山后撤的顽敌，一炮摧毁凤凰山头大碉堡，解放军攻取凤凰山后，国民党军残部兵溃弃阵，从方门乘船舰逃撤。另一路向华峙方向进军，直至云隐寺山巅。六时许，两路大军 300 余人胜利云集郭巨城，宣告郭巨解放战斗结束，郭巨全域解放。是役，人民解放军俘、毙国民党军近 800 人，缴获轻重机枪 30 余挺、其他枪支 400 余支、六〇炮 3 门、榴弹筒 10 支。

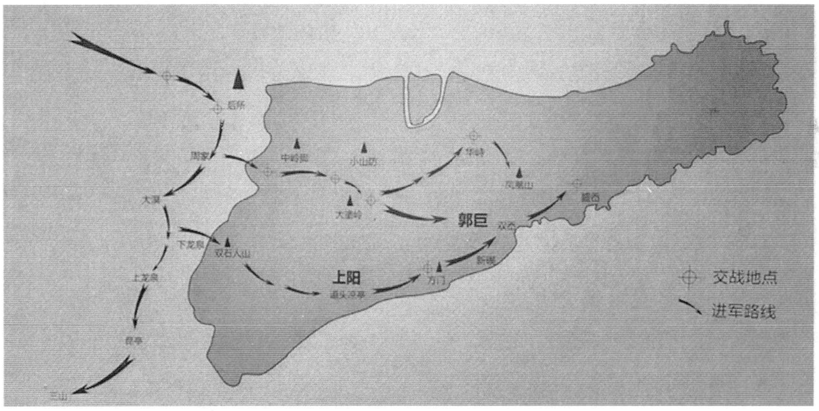


解放穿山半岛进军路线示意图

## 国民党飞机轰炸郭巨城

1949 年农历十月初三，国民党飞机三架，从舟山方向飞来，分三批九架次对郭巨进行轰炸。上午 8 时左右，第一批 3 颗炸弹 2 颗落在城隍庙前，1 颗钻入十字街的汪家地面未炸，当时城隍庙前五间房破坏严重，被炸死 3 人（做豆腐黄志云、崔白眼（外地人）、虞孝位）；2 颗炸弹落在安记，店屋 6 间被炸，附近民房损坏 20 余间。中午 10 时左右，第二批又三架国民党飞机向西城下河边落弹 2 颗，荆明盛家毁房 4 间，炸死赵智房两老，另两个老人受惊，当夜死去；2 颗炸弹落在城门上，炸坍北城门，压死躲在城门下 6 人（冯阿成、江其明母、赵阿才、阮文才、三梅、舟山人二个、张其文母）。下午 2 时许，第三批国民党飞机又向老油车投弹 4 颗，炸毁房屋 14 间，赵才香一只手肩被炸飞在屋檐上致死，致其妻精神病发作。该日，国民党飞机在郭巨城共投下炸弹 18 颗，炸死贫民 14 人、炸毁房屋 57 间、损坏民房百余间。

## 地下武装斗争

1945年9月底，新四军浙东纵队和地方民主政府的党、政、军人员奉命北撤，留少数人员坚持斗争。是年，国民政府调集兵力3万余人，向以四明山为中心的各抗日民主根据地大规模“清剿”，抓捕、杀害抗日地方干部，强迫民兵等抗日群众登记自首。不久，坚持敌后斗争的中共地下党员，遵照上级党委指示，组建武装力量，与国民党反动派开展针锋相对的斗争。民国36年起，在中共“三东工委”（后改称东海工委）领导下，组建武装，开展小型武装斗争。

**柴桥缴枪** 1947年8月19日，浙东第四自卫纵队袭击柴桥警察所及镇自卫队，缴获轻机枪1挺、长短枪30余支。

**大碶缴枪** 1948年2月22日，大碶市日，余力行、罗德生率江南武工队和当地中共党员、积极分子10余人，奇袭大碶警察所，毙警察1名，缴获轻机枪1挺、步枪13支、子弹数百发。战斗中，武工队2人受伤，贺金才（上宅村人）负伤被捕，后被枪杀于大碶。

## 剿匪肃特

1949年6月，柴、郭地区战斗后，人民解放军第22军侦察营留驻关毛陈，继又移驻洋沙溪、官庄、黄石门（光明村），捕获汪小章、沃银水等散匪。1950年5月，定海解放，驻江南前线部队外调，土改、抗美援朝开始，匪特活动猖獗。县独立营对峙头地区实施专驻围剿，广大乡村干部、民兵积极投入剿匪反特斗争。峙头乡干部、民兵在黄石门配合部队歼灭凤祥匪股。1951年3月，宁波军分区侦察队入驻郭巨，5月，在山防村击溃陈祖荫匪股，俘其2人。至1952年，柴、郭地区共消灭击溃匪特18股（部）、500余人，计击毙20余人、俘350余人，收缴轻机枪9挺、自动步枪3支、冲锋枪7支、卡宾枪16支、各式短枪100余支、步枪120支及手榴弹、子弹、军用物资若干。县公安局与区、乡政府捕获散匪70余人，缴获各类枪支近100支。柴、郭地区股匪被消灭。在剿匪肃特战斗中，解放军侦察队副班长严银根牺牲，独立营牺牲战士2人、负伤3人，民兵牺牲1人、伤2人。

## 境内被剿灭的匪股

**国防部青年救国军团第一突击支队** 1949年2月成立，队员140余人，在柴桥、郭巨两区活动，盘踞郭巨所城，征粮征款。7月，经人民解放军第22军侦察营及第66师围剿，残部退往梅山岛，后撤台湾。

**国民党军统三一八九部队** 队员近60人，常在象山南韭山、镇海郭巨等处活动。1950年11月，在峙头乡黄石门（光明村）被镇海独立营及民兵歼灭。

**三一八九部队独立分队** 1950年4月成立，队员7人，活动在峙头长坑、小屯、黄石门等地。1950年6月，在双屯嘴截劫人民解放军米船1艘，杀害解放军7人、船工3人，劫去大米1.5万千克。1951年6月，在黄石门被镇海独立营及民兵歼灭。

**三一八九部队沿海支队暗杀组** 1950年6月成立，队员5人，隐蔽于峙头寺基岗小庵，杀害寺湾村农会主任周阿品、后墩村村长陈阿四。1950年12月，被镇海独立营及民兵歼灭。

**北渔山王框部海上派遣队** 1952年1月，由北渔山派出组建，队员12人，转入峙头洋，截劫装有猪肉、北货之大帆船3艘，至大榭岛洋面，被柴桥区警卫班及大榭岛民兵封锁，4名匪徒在长腰剑被船工擒获，8名被民兵俘获。

**东南反共救国军沿海支队** 队员20余人，常活动于峙头黄石门（光明村）、柳树田（联合村）一带。1950年8月，被镇海独立营剿灭。

**东南反共救国军海上行动队** 1950年9月组成，队员12人，系北渔山王枢部派出，在中街列岛、普陀洋面活动。1951年4月下旬，窜入峙头山区活动，经宁波军分区侦察队堵剿，俘2人。漏网潜伏之匪年底被镇海独立营捕获。

**八十七军镇海行动队**　系国民党军第 87 军情报人员组合，队员 30 余人，在峙头升螺（联合村）一带活动。1949 年 7 月中旬，经人民解放军第 22 军侦察营围剿，大部被俘。

### 专记：峙头除奸记

1948 年 10 月 13 日，东海游击总队副总队长江之铭在花船遭叛徒胡云庭等匪徒的突然袭击，不幸牺牲。为尽快消灭叛徒，王起在穿山半岛最东边的长坑村开展除奸行动，他把自己作诱饵，诱敌上钩。时夜，胡云庭带着手下 10 余名匪徒，摸到王起（长坑村）宿夜的屋外，其中 3 名匪徒潜入屋内实施枪杀。只听墙角柜后猛然枪声响起，两个匪徒应声倒地，一个慌忙逃出门外，大喊“中计了！”此时，在屋外蹲守的胡云庭正想带匪徒逃命，只听得王起一声猛喝：“除掉叛徒，为牺牲的同志报仇！为江之铭同志报仇！”他和队员们射出的子弹像雨点一样击中匪徒，胡云庭也中了一枪，落荒而逃，游击队员们穷追不舍，一直追到悬崖边，胡云庭掉入峙头洋淹没在海浪之中。这场诱敌伏击除奸战，清除了叛徒头子胡云庭，消灭了他手下十几个匪徒，打击了敌人的嚣张气焰，使东海游击总队在峙头一带站稳了脚跟。（后记：叛徒胡云庭中枪后，从悬崖上掉到海里，但并没有死，爬上岸后，逃至外地隐居下来。直到解放后，经群众检举揭发被逮捕，后公审枪决）。

# 第二章　军事

郭巨为浙东海上门户，历来为海防要地。宋、明以后，为抵御外敌入侵，境内建有千户所城、总台山烽火台、城寨、巡检司等军事设施和机构，屯兵设戎置镇。总台山的烽火，使侵略者胆惊。郭巨军民抗击外敌、爱国卫乡的英勇事迹与抗争精神浩然千秋。

## 第一节　机构　驻军

### 古代军事建置与驻军

**海内西寨巡检司**　南宋嘉定七年（1214），移建乌崎头，其地称司城岙，额士军 240 人，其中海内巡检司、白峰巡检司两寨各设 120 人。宝庆年间（1225—1227）尚存 170 人。元大德八年（1304），元军 300 人驻定海（镇海），在今北仑白峰、海内寨驻军，各有弓兵 20 名。

后人戴鸿济有诗：

峙南小岙号司城，宋代曾屯海寨兵。
春雨原田禾添盛，秋风故郭芦花倾。
沙堤过客留人迹，山上樵吟杂鸟声。
多少往来船外泊，放帆转舵待潮平。

**霞屿寨城** 明洪武初建于霞峙岭巅，时有屯兵。

**郭巨千户所** 明洪武二十年（1387），信国公汤和拓城建定海卫。辖郭巨、大嵩两千户所。郭巨千户所，辖十百户所，设正千户、副千户、镇抚、百户等官16员，司吏1员，额设旗军1120名，本卫贴守军60余名，战船10艘。下辖烽堠6台：高山、三塔、土泽、观山、梅山、虾蝀。三塔山台矗峙最高，因设总台。城西北角营房弄设武衙门。

## 民国时期驻军

**镇海县保安大队** 又称保警队，为地方武装。1946年初，由县自卫大队等部整编建立。下属三个中队，其第三中队，1947年秋扩建，队员100余名，常驻新碶、柴桥，一个分队驻郭巨。

**定象保安总队第五大队** 为沦陷期间敌后游击队。定象保安总队第五大队原系定海洞岙区警察大队，1941年冬进入峙头，隶属中共三东（镇东、鄞东、奉东）工委领导。洞岙区长吕道英兼大队长，大队附吴志先，指导员徐长海，人员100余名，分编两个中队。活动于定海、镇海及鄞东沿山一带，第一中队驻峙头，队长吴志先（兼），指导员陈大江；第二中队驻紫石大溟，队长吕芳，指导员徐长海（白峰小门人）。中队建有中共党支部，并在峙头、大碶设办事处。在峙头上宅设办事处，后迁至华峙，李有土任办事处主任。办事处的任务是筹集、供应五大队的粮食和军需物资。办事处下属还有一个医务所和一个修械所，医务所有医官乐骥骅、护士邢志义（乐与邢为夫妻）等，修械所负责人姓王，温州人。另外，还有几个加工衣服的裁缝，以及几个加工稻谷的临时工。1943年10月，国民党军第三战区向浙东抗日民主武装全面进攻，中共三东工委决定将第五大队撤至四明山根据地。驻峙头的第一中队抵四明山后编为新四军浙东纵队第五支队第三大队第二中队。驻紫石大溟的第二中队，因中队长俞磊峰叛变（俞原属汪伪王继能部），吴志先、徐长海遇害，其部被定海国民兵团收编。

**浙东第四自卫纵队** 为中共领导的抗日武装。纵队长徐小玉，队员百余人，活动于峙头、郭巨、柴桥一带。1947年2月，收编舟山庙子湖、展茅等地群众武装百余人改建为“锄奸大队”，移驻峙头，后郭巨警察所11人携武器投诚。6月，由中共华中工委、华中军区收编为浙东第四自卫纵队，队员发展至200余人。同年9月中旬，在峙头花船炮台冈遭国民党浙保第一总队及镇、鄞两县保警队“围剿”。激战后，徐小玉率20余人突围，去定海马目，后改名为舟山群岛游击支队。

**东海游击总队** 为中共领导的抗日武装。1947年10月，中共浙东工委派余力行来江南上阳与三东工委委员陈志达、特派员罗德生等组建江南武工队，队员7人。次年2月，发展至10余人。2月下旬袭击大碶警察所后移至定海。3月，扩编为第五大队，再与舟山支队分离出来的部分人员合编成立东海游击总队，简称“东总”。活动于岱山、桃花、六横一带。1948年，遭国民党军陆海空大“清剿”。8月，“东总”在六横突围后，分3路开展反“清剿”斗争。9月，总队政治委员王起、副总队长江之铭率一部约16人抵达峙头，开展肃奸剿匪游击战。10月由于叛徒出卖，江之铭及其警卫员被害。

**长江部队** 为国民党部队。1949年5月，屯兵郭巨，置一个连级单位，总部设城内戴家，主要召集大量民工，在尖山头、华峙岭、大岭下、岙门口、庞衙岙一带挖战壕、筑工事，作备战防御准备。这支部队系国民党军前线守备部队，活动于柴桥、郭巨地区。与解放郭巨时，遇解放军在郭巨大涂岭、尖岭、华峙、大涂庙激战后，弃阵溃逃梅山。

## 中华人民共和国成立后军事建制与驻军

1950年6月，人民解放军陆军约50名官兵进驻郭巨，借宿老碶头村民堂前、“阁登”，并在“西塘角”炮轰国民党舰艇一艘。因当时战事吃紧，赴舟山群岛作战，扎营只有10天。

1950年8月，人民解放军陆军一个骑兵部队（一个排）进驻郭巨，因战马繁多，需要喂草、遛马、洗刷，不适宜在城内驻扎，只能选择老碶头、下峧、官路弄、小涂岙等地，离山较近、草料充足、水源清洁、粪便处理便捷等地方，建马舍扎营，官兵宿附近村民堂前，就地砌灶做饭。一早上，接上级命令，立即转移赴战，此屯郭巨近二月。

**3860部队郭巨边防哨所** 中华人民共和国成立初期，中国人民解放军3860部队在境内设防，称边防公安军，隶属省公安厅边防保卫局镇海分局。1952年，边防局改为边防军，隶属公安第17师，亦称710部队。1955年4月，710部队改称边防第18团，亦称“3860部队”，境内设有郭巨边防哨所，驻郭巨新碶头。1962年撤离，归宁波军分区警备第2团。

1980年，又设边防哨所，改为现役（连级编制）。1994年12月撤防。2004年4月，重建郭巨边防派出所（营级编制）。2018年12月，由武警边防部队边防派出所转制为地方公安派出所（称宁波市公安局北仑分局郭巨派出所）。

1955年8月，人民解放军一支“雷达”部队进驻郭巨老碶头，有士兵20余人，住汪家堂前，办公室设在郑祥庆家堂前。主要设备有联体式“雷达”、拆卸式长方体框架天线、移动式直流发电装置等，通过“雷达”扫描数据汇总，自动打印成册，为上级军事机关提供军事情报，实行陆海空联防。1957年10月撤离，进驻郭巨2年余。

**37711部队** 1974年4月，在境内组建海军。盛岙村毛弄坑驻司令部（师级），黄栀坑驻一个教导大队（团级）。联合村寺湾驻水陆两栖部队（连级）。洋涨村司城岙驻1个团部，村口东边（现称后勤）驻后勤供给部（连级），小司基（司城岙）驻卫生队，小岙驻机械连，小礁岙驻汽车连，大礁岙也驻有部队。1985年3月始，因部队裁军，有的撤销，有的整编后移驻奉化。

**海军东海舰队直属第一工程建筑处** 1969年，人民解放军一支先遣部队进驻峙头（峙南），开始测量、筹建部队营房，当时部队租住在当地老百姓家里，归东海舰队后勤部建制领导。1971年移驻峙南，其中技大二队驻盛岙凤巴。1981年1月，改称海军工程兵建筑第6团。1983年4月，整编为海军东海舰队直属第一工程建筑处，移驻宁波市江东区。1985年9月，该处移交部队，后整编撤销。

1976年，部队驻峙头、郭巨。不久后因调防相继撤离。

**街道（公社、乡、镇）人民武装部** 1961年8月，郭巨、峙头公社成立人民武装部（简称“人武部”）。人武部是与街道（公社、乡、镇）党工委、街道办事处同级的军事机构，编制隶属同级机关，定员、任免和业务归属县（区）人武部，接受同级党政机关和区人武部双重领导，是同级党的军事部门兼同级人民政府的兵役工作机构。其主要职责是：负责本区域的民兵组织建设、政治建设、军事训练和武器装备管理；组织带领民兵完成战备执勤任务，配合公安部门维护社会治安，发动和组织民兵参加两个文明建设，开展“以劳养武”活动，完成急难险重任务；战时组织带领民兵参军参战，支援前线；负责本区域的征兵工作和预备役士兵、军官登记统计工作；会同有关部门进行战争潜力调查，做好相关的动员准备工作；协同预备役部（分）队落实参训人员，做好兵役管理、动员集结等工作；协助有关部门开展全民国防教育，做好退伍军人的安置和烈军属的优抚工作；协助部队做好本区域的军事设施保护工作，完成地方党委、政府和上级军事机关交给的其他工作任务。

退役军人服务站

### 1961—2003 年历任郭巨镇（乡、公社）人民武装部正副部长名表

表 11-2-1

| 职务 | 姓　名 | 任职时间 | 职务 | 姓　名 | 任职时间 |
|---|---|---|---|---|---|
| 部长 | 汪行舟 | 1961.8—1963.7 | 副部长 | 张敏杰 | 1995.10—1997.2 |
| 部长 | 袁银祥 | 1963.7—1972.4 | 副部长 | 贺国元 | 1997.2—2000.10 |
| 部长 | 王万存 | 1972.4—1979.3 | 副部长 | 李建国 | 2001.1—2003.5 |
| 部长 | 张明德 | 1979.5—1980.11 | — | — | — |
| 部长 | 吴布根 | 1980.12—1984.5 | — | — | — |
| 部长 | 贺岳兴 | 1984.5—1988.10 | — | — | — |
| 部长 | 汪智伟 | 1988.10—1998.6 | — | — | — |
| 部长 | 郑家和 | 1998.10—2003.5 | — | — | — |

### 1968—1991 年历任峙头乡（公社）人民武装部部长名表

表 11-2-2

| 姓　名 | 任职时间 |
|---|---|
| 刘祖英 | 1968.1—1970.1 |
| 丁信法 | 1970.2—1973.5 |
| 张荣斌 | 1979.10—1985.12 |
| 梅卫国 | 1986.5—1988.8 |
| 张仕仙 | 1989.2—1991.12 |

### 2016—2019 年历任郭巨街道人民武装部正副部长名表

表 11-2-3

| 职务 | 姓　名 | 任职时间 | 职务 | 姓　名 | 任职时间 |
|---|---|---|---|---|---|
| 部长 | 李凯松 | 2016.8—2019.1 | 副部长 | 曾国良 | 2017.2—2019.12 |
| 部长 | 孙平波 | 2019.8— | — | — | — |

## 第二节　海防设施

### 宋明寨堠

**海内西寨巡检司城**　南宋嘉定七年（1214）徙乌崎头，建巡检司兵寨，其驻地称司城岙，岙内筑有泥城墙，城周 140 丈。中华人民共和国成立初，城垣完整，1964 年为建设需要，大部分拆除，依山部分尚存。20 世纪 70 年代初，解放军一个营级单位入驻，城墙残垣基本上消失。司城岙位于郭巨东南 8.6 千米，东近小司基，南濒峙头洋，与六横岛隔海相望，北靠窝坑山，岙口东西长 0.6 千米。倚山面海，岙呈 C 字形。

**霞峙巡检司城**　明洪武年间（1368—1398），在郭巨霞峙岭岭巅（今华峙与尖岭岙两村交界岭巅），建有霞峙巡检司城，泥城墙周围 140 丈（合 460 米），南开 1 门，上建谯楼，时有屯兵。今泥城墙残垣尚存。

## 总台山烽火台

烽火台

在郭巨北门外总台山顶。始建于明洪武二十年（1387），时称三塔山台，清代沿用，升总台。下辖高山、土泽、观山、梅山、虾庥五个烽火台。台基平面呈方形，立面呈梯形，上边长 7 米，下边长 8 米，高 3.7 米。台基四周墙体用块石垒筑，中间用沙土夯实。台基中部建石屋，面阔 2.8 米，进深 2.5 米，高 1.82 米。9 根石柱直接埋入台基内，柱顶开凿子母口，上托石檩条，屋顶悬山式，屋面用条石盖铺，条石跟石檩条榫卯结构相连。石屋四壁用乱石垒筑，开南门。其建筑结构十分独特，保存基本完整。总台山烽火台是浙东抗倭前沿，由郭巨千户所掌管，东与舟山朱家尖烽火台隔海遥望，西与后所、镇海口的招宝山烽火台相呼应，遇有敌情日放黑烟，夜烧火光，互通军情。总台山烽火台在抗倭时期起到重要作用。1997 年 8 月，列为浙江省文物保护单位。

## 郭巨千户所城

明洪武二十年（1387），朝廷派信国公汤和所建。周长 488 丈，高 1.9 丈，基宽 1 丈，辟有 4 门：徽波、崇秀、吉安、水门（东系水门，后堵塞）。各门上筑有楼，外设吊桥，罗以月城。有雉堞 920 垛，警铺 13 所，敌楼 9 座。西门有瞭望台，西、北、东城墙外有护城河。备置战船 10 艘。武衙门驻古城西北角营房弄，占地面积约 800 平方米，有平房 6 间，二层楼房 3 间，建筑面积约 550 平方米，民国初改办学校。千户所最高指挥使为郭巨汪氏先人，延续十二世，长达 258 年。

## 郭巨所城汛

驻郭巨，辖台 4 处、汛地 1 处：东山台，驻郭巨台岙；总台山台，驻郭巨城北；箬雷山台，驻白峰南；虾庥山台，驻上阳虾庥；庥头汛，驻上阳庥头。

## 炮台

明代始，境内山岗建有多处炮台，其址现称炮台冈，时是抗击倭寇的战略制高点。乾隆《镇海县志》载，清康熙四年（1665），郭巨沿海山麓配置行营炮一尊，铜百子炮一尊。

**盛岙炮台冈**　位于盛岙、上宅、花船三村交界的山岗上，故亦称上宅炮台冈、花船炮台冈。明嘉靖年间（1522—1566）山巅建有烽堠。

**东山炮台冈**　位于碧澜嘴东山山岗。

**上炮台冈**　位于石沿炮台冈，海拔 166 米。

**下炮台冈**　位于盘象岙山巅，明时曾建烽堠，海拔 244.6 米。

**光明炮台冈**　位于光明村，明时在村东侧王家及西侧小黄石门外山嘴山上均建有炮台，炮台周围筑有坑道，至今仍有明显残垣。

## 校场

明洪武年间，位于古城西门外（郭巨幼儿园一带地块），建有校场，占地面积约 8000 平方米（12 亩），时为训练士兵和检阅部队的场所。至今郭巨人仍习惯称此地为校场底，向西延伸的道路称校场路。

小盛岙山嘴碉堡

### 碉堡

20世纪70年代初，盛岙驻军在小盛岙山嘴建有碉堡，石料混凝土结构，呈圆形，高2.5米，外延直径3米，壁厚0.3米，设有多个枪炮口，结构十分坚固。

### 坑道

**盛岙东山（大冲里后山）坑道** 20世纪70年代初，由驻军部队修建，长70米、宽6米、高6米，为部队战备弹药储备仓库。部队撤离废弃，当地村民在坑道内种植蘑菇。

**联合鳓鱼坑坑道** 20世纪70年代初，由驻军部队修建，长120米、宽3.5米、高3米，连接鳓鱼坑水库大坝，管控水库启闭器（至今完好），管理水库战备用水。

**洋涨大岙山嘴、外山脚坑道** 共3座，20世纪70年代初，由驻军部队修建，宽3.5米、高4.5米、长60～150米，都为战备需要而建，其中大岙山嘴坑道内部宽敞面积大，部队撤离废弃后，当地村民在坑道内修建山洞冷库。坑道出口直通至小司基山脚。

### 防空洞

1959—1960年，为防御盘踞在台湾的国民党军反攻大陆，根据国家“深挖洞、广积粮、不称霸”“备战备荒为人民”的战略思想，境内各村以民兵为骨干，在住宅附近的山麓，家家户户挖有防空洞，便于战事防御、人员转移和物资储备。

### 国防公路

1972年5月，修建郭巨至司城岙战备公路，为沙石路面，长10.66千米。1984年，延伸至洋涨后勤，长2.04千米，1985年，延伸后勤至岙底，长1.5千米，全长14.2千米。

## 第三节 兵役

境内实行的兵役制皆是各个历史时期全国制定的兵役法规。自宋迄清，至民国初期，实行不同的兵役制度。

### 募兵制

民国前期，用募兵制扩充兵额，柴桥镇设有募丁办事处，具体由境内各保办理募丁，后集中于乡，编号押送至验收处。此制延续至民国22年（1933）。

### 征兵制

民国22年（1933）6月，国民政府颁布《兵役法》，民国25年（1936）3月，始行征兵制。各乡、保调查壮丁，登记入册，18～35岁编为甲级壮丁，36～45岁编为乙级壮丁。规定每年3月、8月、12月上旬分期抽壮丁。编号抽签，中签体检合格者即征为兵丁，民国35年（1946）重新颁布《兵役法》，规定男青年满 18 岁服役，45 岁退役。当时适龄青年大都不愿应征去打内战，纷纷逃役，但有钱人可出钱缓役或买壮丁替代，实为抓兵制（抓壮丁），被抓服役者多为从事农业、手工业之贫苦青年。各保还借此向各户摊派壮丁费，作被抓壮丁的安家费，或作雇壮丁充保内应征名额之费用。

民国 27 年（1938），国民政府短期内训练了一批军事干部，后分赴各乡镇抓壮丁，郭巨分队长王建德随之实行“三丁抽一”征兵制，扩充抗日兵源。壮丁按期缴纳“壮丁费”。分甲、乙、丙三等，甲级交谷 20 千克，乙级 10 千克，丙级 5 千克，所收缴来的谷数以万计，一年或一期用 3500 千克谷买个新兵，以搪塞任务，并且还时常以“抽签”为名抲壮丁。

## 志愿兵役制

1950年，开始实行志愿兵役制。1951年抗美援朝时，境内适龄青年纷纷报名参加中国人民志愿军。期间，境内有 59 名适龄青年报名参加志愿军，至 2019 年，境内尚健在的志愿军老兵 10 人。

## 义务兵役制

1955 年，国家颁布《中华人民共和国兵役法》，开始实行义务兵役制。义务兵征集工作一般每年进行一次，少数年份征集两次，在春冬季或夏冬季进行。凡年满 18 周岁的公民，都有依法服兵役的义务和权利。1984 年 5 月，贯彻实施第二部《中华人民共和国兵役法》，实行义务兵役制为主体的义务兵与志愿兵相结合、民兵与预备相结合的兵役制，超期服役满 5 年已成为专业骨干的，按本人意愿可改为志愿兵，继续服役 8 ～ 12 年。此后，第二部《中华人民共和国兵役法》根据 1998 年 12 月 29 日第九届全国人大常委会第六次会议、2009 年 8 月 27 日第十一届全国人大常委会第十次会议、2011 年 10 月 29 日第十一届全国人大常委会第二十三次会议通过的决议进行了修正。

《中华人民共和国兵役法》的实施，有力地推进了国防建设，激发了广大适龄青年为国防事业踊跃参军的热情。2003—2019 年，郭巨镇（街道）有多名青年先后应征入伍。

据统计，境域志愿兵、义务兵参加各类保家卫国战役 13 人，其中牺牲 1 人，追认为革命烈士，立功 4 人。

### 境域退役军人参战人员一览

表 11-2-4

| 姓　名 | 出生日期 | 户籍地 | 战役时间 | 战役名称 |
|---|---|---|---|---|
| 张志清 | 1919.8 | 盛岙村 | 1942—1948 | 闽江、兰溪抗日战斗 |
| 张森林 | 1922.1 | 南门村 | 1951.7 | 抗美援朝战争 |
| 陈如良 | 1930.7 | 东港渔业小组 | 1951.7 | 抗美援朝战争 |
| 马祥法 | 1931.8 | 东港北门小组 | 1951.7 | 抗美援朝战争 |
| 胡宝香 | 1922.7 | 华峙村 | 1951.7 | 抗美援朝战争 |
| 俞永兴 | 1942.1 | 尖岭岙村 | 1969.3 | 珍宝岛自卫反击战 |
| 胡沛员 | 1943.12 | 双岙村 | 1964.8 | 抗美援越战争 |
| 李国友 | 1958.5 | 后墩社 | 1979.2 | 对越自卫反击战 |
| 汪正安 | 1958.9 | 南门村 | 1979.2 | 对越自卫反击战 |
| 张信良 | 1955.11 | 光明社 | 1979.2 | 对越自卫反击战 |
| 张加法 | 1957.3 | 大涂塘村 | 1979.2 | 对越自卫反击战 |
| 汪信忠 | 1957.12 | 南门村 | 1979.2 | 对越自卫反击战 |
| 张幸福 | 1955.8 | 北门村 | 1979.2 | 对越自卫反击战 |

历年来，街道（乡、公社、镇）武装部每年征兵时，动员广大适龄青年踊跃报名参军，坚持好中选优、

优中选强，将优秀青年输送到部队保家卫国，涌现了在对越自卫反击战中英雄牺牲的后墩村李国友革命烈士，大批现役军人在部队立功受奖。

**境内历年现役军人立功一览**

表 11-2-5

| 姓　名 | 出生时间 | 入伍时间 | 户籍地 | 立功类别 | 主要事迹 |
|---|---|---|---|---|---|
| 吴永模 | 1928.11.29 | 1951.3 | 双岙村 | 三等功二次 | 在军事学习中，一贯勤学苦练并能克服困难 |
| 袁昌忠 | 1930.10.22 | 1951.12 | 大涂塘村 | 三等功一次 | 学习刻苦认真，从不叫苦，并能耐心帮助他人 |
| 贯利明 | 1936.4.6 | 1955.12 | 路亭村 | 三等功一次 | 工作积极责任心强 |
| 张敏未 | 1937.1.31 | 1956.3 | 光明社 | 三等功三次 | 在工作中成绩突出 |
| 宋万明 | 1940.1.3 | 1959.1 | 东港社区 | 三等功一次 | 在职期间被评为先进干部 |
| 陆左良 | 1937.11 | 1960.3 | 尖岭岙村 | 三等功一次 | 工作积极，技术过硬 |
| 张明金 | 1938.8.6 | 1961.8 | 盛岙村 | 三等功一次 | 在工作中成绩突出 |
| 阮忠秀 | 1943.1.12 | 1963.2 | 北门村 | 三等功一次 | 在工作中成绩突出 |
| 胡友章 | 1946.12.9 | 1965.3 | 华峙村 | 三等功一次 | 工作表现突出 |
| 史永康 | 1951.12.8 | 1969.12 | 双岙村 | 三等功一次 | 工作积极，塌方时为保证人民安全，做出重大贡献 |
| 戴立军 | 1955.10.26 | 1974.12 | 东港社区 | 三等功一次 | 在工作中成绩突出 |
| 张卫国 | 1956.6.18 | 1976.3 | 东港社区 | 三等功一次 | 在抢救国家财产时不怕牺牲，成绩显著 |
| 张国祥 | 1957.8.17 | 1976.3 | 光明社 | 三等功一次 | 值班时发现战友驾驶的飞机着陆时未放起落架，遂迅速报告了指挥员，从而化险为夷 |
| 张信良 | 1955.11.5 | 1976.12 | 光明社 | 三等功一次 | 对越自卫反击战中，不怕苦，不怕死，积极完成战斗任务，功绩显著 |
| 蔡伟群 | 1958.5.25 | 1978.4 | 福民村 | 三等功一次 | 勇挑重担，危险时刻冲在前 |
| 汪正安 | 1960.11 | 1979 | 南门村 | 一等功一次 | 在对越自卫反击战中，拔掉敌人堡垒，俘敌1人，缴获许多资料，为后续部队开辟前进道路 |
| 干华尧 | 1962.11.20 | 1980.1 | 双岙村 | 三等功一次 | 工作积极主动，训练成绩显著，荣获先进战士 |
| 纪猛德 | 1964.12.1 | 1983.1 | 南门村 | 三等功一次 | 工作积极主动，在完成多项任务中发挥共产党员的表率作用 |
| 龚建新 | 1976.4.5 | 1994.12 | 峰南社区 | 三等功一次 | 认真负责，不折不扣完成工作任务 |
| 张海良 | 1977.6.23 | 1996.12 | 东港社区 | 三等功一次 | 在工作中成绩突出 |
| 陈　龙 | 1976.9.12 | 1996.12 | 西门村 | 三等功一次 | 在工作中成绩突出 |
| 蔡齐峰 | 1978.12.11 | 1996.12 | 大岭下 | 三等功一次 | 在工作中成绩突出 |

## 预备役制

1956年1月，始建预备役制。退伍军士和士兵编为一类预备役，30岁以下为第一等，40岁以下为第二等。退伍军官按军衔级别规定的年龄，编为一等或二等预备役军官。1968年后，预备役登记中止。1980年12月，恢复预备役登记。1984年后，民兵与预备役相结合。18岁以上登记应征公民，除服现役外，编入民兵组织；退伍士兵，未满35岁的编入民兵组织。其中，基干民兵（18～28岁）为一类预备役，普通民兵（29～35岁）为二类预备役。1985年，恢复士兵预备役登记、统计、核对工作。1992年，根据省政府和省军区的部署，在全区范围内开展地方与军队专业对口技术人员预备役登记工作。2000年始，统一按总参谋部颁发的《退伍军人管理系统》进行登记管理。

# 第四节　民兵

民防自古有之，明嘉靖年间，境内乡民组织乡兵、团练抗击倭寇。民兵在社会主义革命和建设中，带头完成生产和各项任务，担负着战备执勤，保卫边疆，维护社会治安的重任，时刻准备着参军参战，抵抗侵略，保卫祖国。

## 民兵组织

中华人民共和国成立初期，境内郭巨、峙头、霞峙、盛厚4乡分别建立民兵组织，乡设中队、村设分队、自然村设小队。1950年，郭巨镇成立武装队，队长陈家训、陈财心，骨干队员40人。1952年，改为郭巨民兵总队，设队部于十字街口（冯鲁生房），有民兵通讯联络站，队长汪文祥、郁洪州，指导员汪其德。各村设民兵分队。民兵大部分是农民，白天劳动，晚上巡逻放哨，夜间民兵大队部轮流值勤，维持地方治安，经常配合边防部队去柴桥、三山、峙头等地剿匪，保卫刚建立的人民民主政权。1953年9月，郭巨三村阮中科作为全国先进民兵代表，到北京观国庆典礼。1961年，西门村汪文祥（郭巨民兵联络站站长）作为先进民兵代表，出席国庆观礼及全国先进民兵表彰大会，受到毛主席接见，并授赠半自动步枪一支，"文化大革命"后上交县人武部。

1953年底，根据《民兵组织暂行条例》，凡18～40周岁的男性公民，都有义务参加民兵组织。其中18～25周岁男性公民、18～35岁复员军人，按规定编为基干民兵，定期接受训练，作为国防后备力量。

1958年9月，郭巨大公社成立民兵团，公社党委书记任政治委员，公社社长任团长，人武部部长任副团长，大队（管理区）建民兵营，下设连、排，并组建尖刀班、基干班、普通班。1961年郭巨、峙头公社改编民兵营，人武部部长任营长，生产大队编民兵连、基干排或班。当时，按照"全民皆兵""大办民兵师"要求，凡年龄合格的男、女公民（除地、富、反、坏、右分子和残疾人员外）均应加入民兵组织。

1981年调整民兵组织，由原来普通民兵、基干民兵、武装民兵三种组织，改为普通民兵、基干民兵两种组织。女性公民只编普通民兵。

1985年，为适应军警民联防需要，民兵组织成立应急小分队，应急小分队在抢险救灾和节日战备值班等方面发挥积极作用。

2016年郭巨街道成立，民兵组织设有4个专业技术分队和1个应急分队。至2019年，共有在编基干民兵132人。其中：一个区级应急分队班10人，街道级一个排30人，战备海防值勤分队80人，两个海防哨所班12人。普通民兵连21个，人员1450人。北仑区人民武装部不定期对街道民兵组织进行点验。

## 民兵训练

中华人民共和国成立初期，民兵军事训练由县人民武装部组织，参训对象限于中队长以上干部。1958年9月，大公社建立人武部后，民兵训练由大公社人武部组织，民兵连长训练仍由县人武部负责。

1958年8月26日，郭巨乡民兵60多人，参加"三七"战防炮专业训练，受训时间168小时，经考核参训全员成绩良好。平时民兵训练根据"劳武结合"原则，训练一般利用农闲时间，为期7～10天。训练内容有步枪、轻重机枪射击，手榴弹投掷、地雷爆破以及战术、通信、防化等科目。

1964年底，实行郭兴福教学方法训练民兵。1970年，开展游泳训练。1971年，开展夜间拉练等特殊训练。1985年起，基干民兵训练由区集中进行，并建立考核、登记、发证制度。普通民兵训练由乡、村负责，要求进行队列、跑步、瞄准、射击等课目训练。2003年后，民兵训练主要是在镇人武部组织和领导之下，定时进行民兵常规训练。

## 民兵活动

民兵在土地改革、镇压反革命、社会主义建设的各个历史时期中，配合当地驻军剿匪反特、支援前线、管制地主及反革命分子，开展土改运动；抢险救灾，在急、难、险工作中发挥突击带头作用。20 世纪 80 年代建立“青年民兵之家”、90 年代建立“民兵俱乐部”、2018 年建立“老兵谈心室”、退伍军人服务站，开展形式多样的活动。

**剿匪** 中华人民共和国成立初期，国民党反动派被赶出大陆，舟山群岛还未解放，盘踞在舟山的蒋匪残余经常流窜郭巨、峙头沿海一带，勾结地主、恶霸残害人民。郭巨、峙头组织民兵成立剿匪队，在沿海高山日夜放哨。1951 年 6 月 15 日，舟山大陈岛的 7 个海匪在峙头乡长坑村石水缸登陆，土匪中有当地人 2 人，名叫李彩元、陈祖英，匪徒的行踪很快被守卫在海岸线上的民兵发现，并迅速报告了解放军。16 日，民兵和当地驻军对土匪进行围剿，活捉 4 人、击毙 2 人。土匪陈祖英在围剿中躲进山林中，在山里饿了 7 天，于 22 日夜十时半，偷偷跑到峙头乡上宅村民兵贺小毛家（贺小毛与陈祖英为表兄弟关系），贺小毛知道陈祖英是土匪，就一边叫家人招待，一边叫隔壁伯父去报告解放军，后将该匪活捉。1952 年冬天的一个夜里，民兵发现郭巨大斗门方向有一股土匪出没，便立即出动伏击，不到四小时，将土匪活捉。中华人民共和国成立以来，郭巨民兵先后配合部队及人民武装警察，出动参加剿匪作战 46 次，打死打伤土匪 21 人、活捉 21 人，缴获轻机枪 1 挺，卡宾枪 3 支、冲锋枪 1 支、步枪 7 支、手枪 5 支、子弹 3000 余发、手榴弹 30 余枚、刺刀 20 余把、钢盔 10 余顶。

1951 年 7 月 5 日，《宁波时报》报道了峙头民兵给毛主席的一封信，信中向毛主席汇报了峙头民兵配合解放军诱捕 7 名武装匪特的经过。

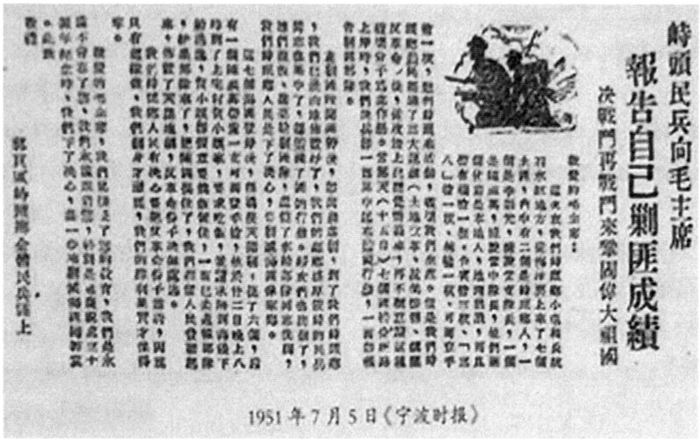
峙頭民兵向毛主席
報告自己剿匪成績
敬愛的毛主席：
郭巨區峙頭鄉全體民兵謹上
1951 年 7 月 5 日《宁波时报》

1951 年 7 月 5 日，《宁波日报》报道峙头民兵给毛主席的一封信

1962 年 6 月《宁波大众》报道：穿山半岛上的宁波市郭巨区紧贴着祖国的东海，那里有一支坚强民兵武装。这支民兵武装自从 1950 年建立以来，十二年如一日，在历次剿匪、抗台风暴雨、巡逻值勤中，自觉维护地方治安、守卫海防。曾多次被评为省、市民兵先进集体单位，先后派代表汪文祥、阮忠科到北京出席全国民兵代表会和庆祝“十一”观礼代表团。历年来，获得奖旗、奖状 18 件，涌现出大批“五好民兵”，成为海防前线的一面红旗。

**支前** 1949 年镇海解放初期，境内各村民兵积极配合区、乡政府和当地驻军征借公粮、支援前线等工作。次年，境内民兵参加修筑宁穿公路、运炮简易公路。5 月，为配合人民解放军解放舟山群岛，境内民兵成立救援队全力支援前线，主要有筹集军粮、运送战地物资、占领战略要地、救援战地伤员、保障后勤供给。解放战争期间，民兵救援队先后出动 25800 余人次，支援郭巨、峙头沿海一带解放军作战。1949 年 9 月，境域人民支援解放舟山，在六横、朱家尖设支前站，上阳设总站，郭巨成立支前民工站，物资从上阳朱夹岙落船运往舟山。1951 年 11 月，郭巨民兵与柴桥、大碶等地民兵一起到舟山群岛修筑小巨至大巨码头沿岛国防公路 50 ～ 60 千米。

**抢险救灾** 1953 年郭巨遭受大旱，民兵奋战一个多月，积极开展灾后自救，恢复生产，减少损失，并组织一批抗旱突击手，帮助劳动力弱的群众车水抗旱。1956 年 8 月 1 日，特大台风袭击境内，是夜，郭巨区委要把紧急通知和抗台电池连夜送到十里外的盛岙，当时把这项任务交给了民兵联络站，民兵汪文样、冯水祥两人毫不犹豫，顶着十二级台风、暴雨，在漆黑夜里，连滚带爬，把通知和电池按时送到了目的地。

1958年上半年，郭巨发洪水，郭巨水库有被冲垮、4000多亩水稻田面临被水淹没的险情，在这紧要关头，以民兵为骨干的抢险大军，战洪水、抢时间，修好并加固水库堤坝，保护了稻田和群众财产。

2005年，郭巨遇罕见“麦莎”“卡努”双台风特大自然灾害，民兵不畏危险，始终奋战在防台抗灾第一线，保卫人民群众生命财产安全，并组织民兵参加区抢险应击分队，支援余姚等重灾区的抗灾抢险。

## 第五节　兵灾

抗日战争期间，日本侵略军给郭巨人民造成了重大创伤。为充分揭露日本侵略军罪行，勿忘历史，2006年10月，郭巨专门成立调查小组，历时两个多月，实地走访调查境内老干部、亲身经历者和历史资料收藏爱好者近百余人，对境内遭受日本侵略军飞机及炮舰轰炸和日本侵略军残暴百姓生命财产罪恶行径进行调查，下述为调查采访记录整理。

**郭巨城**　1941年农历三月二十八日上午8时，4架日本侵略军飞机向郭巨城内投炸弹，顷刻，城区从南到北一片火海。南门汪家连三进房屋被烧并烧死2人，南街3处被炸，尤其以凉亭下到傅大房、凉亭墩到十字街、南门冯家弄到纪家，损毁最为严重，被毁户数及房屋间数不计其数，据事后统计，该日轰炸，共投下炸弹16枚，86户无家可归，347间房屋被毁。第二天，侵略军入城掳掠财物、粮食、家禽，一翻译带着几个日本侵略军，走进南街冯家弄冯式汉家，日本侵略军用火枪向祖堂柴堆开枪烧房，冯妻为抢财产被日本侵略军一枪击中并推入火堆中烧死。此一烧殃及邻居18户、烧毁房屋36间。这伙日本侵略军又到南街十字街口汪国富家烧屋2户12间。经调查小组调查考证，1941年4月24日，日本侵略军飞机轰炸郭巨城损毁房屋451间。

### 1941年4月24日日本侵略军飞机轰炸郭巨城损毁房屋一览

表11-2-6

| 住户姓名 | 房屋名称 | 损毁房屋（间） | 住户姓名 | 房屋名称 | 损毁房屋（间） |
|---|---|---|---|---|---|
| 汪全林 | 楼房3幢 | 6 | 汪梅芳 | 二平一弄 | 3 |
| 汪依房 | 楼房5幢 | 14 | 祖堂 | 二平 | 2 |
| 汪菊香 | 楼房3幢 | 6 | 汪如山 | 一楼 | 2 |
| 周宝初 | 楼房5幢 | 12 | 汪成英 | 一楼一平一弄 | 4 |
| 汪兰云 | 二楼一平 | 5 | 汪月生 | 三平一弄 | 4 |
| 汪家祖堂 | 二平 | 2 | 汪厚臣 | 三平 | 3 |
| 汪来仁 | 楼房3幢 | 6 | 汪阿奎 | 二平一弄 | 3 |
| 汪天云 | 二楼三平一弄 | 8 | 祖堂 | 四平 | 4 |
| 汪雨庭 | 二楼三平 | 7 | 汪果定 | 三平 | 3 |
| 汪和村 | 一楼五平 | 8 | 汪成刚 | 二楼店一平 | 5 |
| 汪阿全 | 五平一弄 | 6 | 汪仕章 | 二平 | 2 |
| 汪雪孝 | 三平 | 3 | 汪氏 | 三楼 | 6 |
| 瞎眼婆 | 三平 | 3 | 汪申章 | 二楼一平 | 5 |

续表 11-2-6

| 住户姓名 | 房屋名称 | 损毁房屋（间） | 住户姓名 | 房屋名称 | 损毁房屋（间） |
|---|---|---|---|---|---|
| 汪邦富 | 三平一弄 | 4 | 汪阿哉 | 二楼一平 | 5 |
| 汪从新 | 三楼一平 | 7 | 汪忠维 | 五楼二弄 | 7 |
| 碾米屋 | 二平 | 2 | 汪忠珠 | 五楼二弄 | 7 |
| 汪耐章 | 二平 | 2 | 吴世文 | 二楼一平 | 5 |
| 汪吉仙 | 三平一弄 | 4 | 复大 | 七楼一平 | 15 |
| 祖堂 | 二平 | 2 | 汪弥哉 | 五楼二弄 | 7 |
| 汪天赐 | 二平 | 2 | 汪定恒 | 五楼二弄 | 7 |
| 祖堂 | 二平 | 2 | 徐阿利 | 六平一弄 | 7 |
| 汪阿更 | 三平 | 3 | 徐云生 | 六平一弄 | 7 |
| 汪阿章 | 三平 | 3 | 徐玉林 | 六平 | 6 |
| 汪阿利 | 五平 | 5 | 汪定章 | 平屋一院 | 18 |
| 汪成法 | 三平 | 3 | 吴才根 | 平屋一院 | 7 |
| 汪小山 | 二平一弄 | 3 | 吴尧昌 | 四平 | 4 |
| 汪七房 | 六平 | 6 | 吴彩香 | 七平 | 7 |
| 通源店 | 一平 | 1 | 汪瑞章 | 平屋一院 | 6 |
| 老元昌 | 四平一弄 | 5 | 戴更华 4 户 | 十二楼十一平 | 33 |
| 汪才夫 | 三平 | 3 | 怀德堂药店 | 三楼 | 6 |
| 汪本全 | 三平 | 3 | 李永康 | 一楼 | 2 |
| 汪阿林 | 三楼 | 6 | 许有全 | 二楼 | 4 |
| 汪阿明 | 三楼 | 6 | 鲁班殿 | 三楼 | 6 |
| 三官堂 | 十六平 | 16 | 吴永模 4 户 | 平屋一院 | 16 |
| 东岳宫 | 十平 | 10 | 周元夫 7 户 | 楼房一院 | 20 |
| 关圣殿（小学） | 十九平 | 19 | — | — | — |

**大涂塘村**　1939 年，大涂塘村村民李三成，在小港做长工，被抓去当壮丁，经小港孔墅庙参加训练后，送往部队途中在孔墅岭脚下被日本侵略军机枪射死。1940 年 8 月 1 日晚上 7 时，大涂塘村村民蒋忠林、曹惠林、林阿土的三艘运输船停泊在郭巨新碶头，日本侵略军舰艇向三艘帆船开炮数发，恐怕船内有人未死，又驾二艘小汽艇驶近帆船，用火枪烧毁三艘帆船。10 日，日本侵略军上岸烧毁大涂塘窑厂 2 座。1940 年 9 月，村民袁世位驾船去下山装运烧石灰的贝壳时，遇日本侵略军小炮艇，日本侵略军将袁世位等船工拖入船舱用铁钉钉牢，将船一同烧毁。

**南门村**　1940 年 12 月 6 日 12 时许，日本侵略军舰艇在碧澜嘴向郭巨城开炮 20 余发，其中一发打进汪永祥家中，击中汪颈部当场死亡，其祖父汪忠维双脚被打断致残。另一发击中乐嘉孝家，其妻戴月香肚肠被打断死亡，乐嘉孝及三岁儿子乐美康受伤；戴荷香被弹片击中腹部，露出肠子，治愈后致残。1941 年 4 月 24 日 8 时许，4 架日本侵略军飞机在南门外小塗田投弹，其中一颗落到汪家弄，将南街东首汪家弄汪桂章、汪厚章等 9 户 17 间半房子及屋内财产烧为废墟；一颗落到吴家大屋，南街西首吴家到石鼓弄汪志升、吴耐久、吴家茂等 15 户 69 间房屋全部烧毁。

**北门村**　1941 年 4 月 24 日，日本侵略军飞机轰炸郭巨，其中一颗炸弹投到十字街戴姓大楼，因大楼仓库内贮藏有煤油，炸弹爆炸引发大火，致三官堂、公输殿、郭巨小学等 4 家公产的 33 间房屋及吴姓大合院、周元夫、许有泉等 18 户 70 余间民房全部烧毁。村民张乾善被日本侵略军飞机机枪扫射身亡。汪成助从外面回家在家门口被弹片击中死亡。

**华峙村** 1940年，村民胡如夫被抓壮丁充军江西，被日本侵略军打死。1942年，7名日本侵略军从海上登陆，抢去家禽数十只、鸡蛋一篮，老百姓都逃上山隐蔽。

**谢家岙村** 1943年，村民傅开仁、梅阿庆被抓壮丁，后杳无音讯。

**后墩村** 1939年，村民冯富仁在舟山酱油厂做工时，被日本侵略军残酷杀害，时年22岁。

**花船村** 1939年，村民张保庆、张仁根被抓壮丁，时年20余岁，以后没有音讯。1940年10月，梅丙财父亲的一艘载重量为5吨的帆船停泊在滩涂上，被日本侵略军舰艇发现后用火枪烧毁。

**双岙村** 1939年11月7日，村民陆能赢，时31岁，在双岙海口边山上采摘金柑，发现自家的牛出走了，把牛拉回来时，被舰艇上的日本侵略军用机枪扫射打死。

**上宅村** 1938年，村民贺惠清的运输船在吴淞洋面遇上日本侵略军舰艇，日本侵略军将5个男船工当场杀死，2个妇女被糟蹋后逃回。1942年底，柴桥牙膏厂一艘帆船停泊在上宅海边，被日本侵略军发现，连击数炮，直至完全被毁。

**沙湾村** 1940年秋后，日本侵略军飞机向村里投了4枚爆炸弹，村民陈祖祥、陈阿毛的五间屋被掀翻。又日，日本侵略军又发现滩涂上有帆船，就用舰艇炮击，将2艘船烧毁。1941年上半年，日本侵略军汽艇3艘，由沙湾嘴头上岸，20多名日本侵略军进村掳掠去大量财物。

**光明村** 1939年，村民李祥根家的一艘载重量为20吨帆船被日本侵略军发现后击毁。时黄石门岙（光明村）有10多艘帆船到沿海各岛走运输，从1939年起，被日本侵略军舰艇发现一艘，击毁一艘。1940年，数名日本侵略军乘木船登上光明村，老百姓都逃往后山，日本侵略军掠去大量鸡蛋和家禽。同年4月，日本侵略军炮艇炮击后上岸，把村民停泊在大火叉的11艘运输船和渔船用火枪烧毁。

**联合村** 1942年夏天某日，日本侵略军在柳树田码头上岸，进村入户，抢掠财物，王氏妻子（38岁）逃不及躲在床下，被日本侵略军发现后强奸。

**洋涨村** 1939年，日本侵略军在洋涨村先后上岸两次，村民都逃上松树山避难，日本侵略军掠去大量家禽、猪羊、禽蛋等财物。1939年冬，村民俞民德雇用同村俞雨生，用船装松毛过洋去卖，遇日本侵略军舰艇，日本侵略军将松毛船烧毁，俞雨生被推下海丧命。1940年春，村民张阿友、林安德、张道根的三艘大捕船，被日本侵略军舰艇发现后，全部被烧掉，林安德被机枪打死，时年23岁。

**长坑村** 1939年4月，村民张万南家父的一艘三道桅运输船，在均棚港被日本侵略军凿穿船底沉入海中。8月，长坑村为了防止船只受损，就把全村24艘渔船（包括运输船）汇集在村口船坞里隐藏，结果仍被日本侵略军发现，用火枪把24艘船全部烧光。

日本侵略军侵华战争中种种惨无人道的罪恶行径，罄竹难书。郭巨人民不会忘记，历史不会忘记。

# 第三章　公安

中华人民共和国成立前，境内社会治安由镇海县警察局柴桥分所管辖。中华人民共和国成立后，1950年7月，境内设立郭巨派出所，1955年4月，建郭巨边防哨所，1962年撤离，1976年9月，复设郭巨边防派出所。派出所管理境内社会治安、打击刑事犯罪、管理户政，有力保障了境内人民合法权益不受侵犯，确保了全域社会稳定，人民群众安全感大幅提高。

## 第一节　机构

### 郭巨派出所

1950年7月，镇海县公安局在境内设立郭巨派出所，驻西门庄家。1958年末，郭巨派出所撤销。1983年3月，复设郭巨派出所，驻地郭巨十字街（城隍庙区委楼）。2006年底，郭巨派出所并入白峰派出所，驻白峰城区峰城路。

### 郭巨边防派出所

1955年4月，中国人民解放军3860部队在郭巨建边防哨所，驻地郭巨新碶头，1962年撤离。1976年9月，复设郭巨边防派出所，1980年，改为武警现役连级建制，管辖郭巨、峙头、上阳、梅山4乡（镇）。1994年12月撤防，2004年4月，重新组建郭巨边防派出所（现役营级建制），驻地迁置宁舟路（老碶头27号）。2018年12月，由武警边防部队（边防派出所）转制为地方公安派出所，称宁波市公安局北仑分局郭巨派出所，配置人员34人，其中民警11人，辅警23人。管辖面积63平方千米，海岸线32千米，下辖2个社区，19个行政村，常住人口2.4万人，其中户籍人口2.1万人，外来人口0.3万人。

郭巨派出所

2006年至2019年，先后获国家级公安系统先进单位2次、省市级先进单位20次，集体三等功3次，个人二等功1人次、三等功20人次，国家级先进个人4人次、省级20人次、市级210人次。

## 第二节　镇压反革命

中华人民共和国成立初期，境内匪患严重，对抗人民政府，杀害解放军、农会干部及群众，抢劫财物，敲诈勒索，一些恶霸造谣惑众。根据政务院、最高人民法院《关于镇压反革命活动的指示》和中央人民政府公布的《惩治反革命条例》，1950年底，结合土地改革、抗美援朝，开展镇压反革命运动，实行镇压与宽大相结合的政策，镇压和处理一批罪大恶极的反革命分子，运动至1953年9月结束。其间，境内共判处反革命分子、恶霸地主、不法分子死刑78人，判处有期徒刑多人。

## 第三节　打击刑事犯罪

1983—1987年，分三个战役开展严厉打击各类刑事犯罪（简称“严打”）统一行动，打掉境内流氓团伙1个，镇压为首头目1人，以遏制刑事犯罪活动。1987年初，又开展为期一个月的“反盗窃”专项斗争，敦促违法犯罪分子投案自首5人，免予刑事处罚9人。

1990年3月，开展为期2个月的“破大案、打流窜、挖团伙、追逃犯”的“严打”斗争，打掉一批流氓犯罪分子，并开展反盗窃、打抢劫春季“严打”统一行动。1993年6至9月，开展“三打一禁”（打击刑事犯罪、打击偷盗扒窃、打击卖淫嫖娼、禁赌）行动，翌年3月，再次开展“三打一禁”行动。1995年4月28日，北仑区人民法院在郭巨镇影剧院召开“公判大会”，宣判故意杀人犯郭巨镇南门村汪某死刑，执行枪决。

2002—2003年，开展打击拐卖妇女专项斗争；开展“破案追逃”和反扒窃专项行动及“反盗窃、禁黄毒”专项行动。

2004—2006年，集中打击抢劫、盗窃、赌博违法犯罪专项行动；开展汽车、摩托车、电瓶车“三乱”整治和治安乱点整治工作。党的十八大以来，全国范围开展惩除腐败斗争。2018年，开展“扫黑除恶”专项行动，重点打击黑社会性质的团伙、“保护伞”“路匪、村霸”，震慑犯罪，促进社会稳定和社会风气明显好转。2009—2019年，郭巨派出所共破获刑事案件258起，打击犯罪分子77人。

**平息“4·30”特大刑事案**　1993年4月30日凌晨2时20分至3时，东门村村民周某（刑释不久）夜闯东门村支部书记吴某家索取财物，周与吴等人厮打，周当场被吴打死。事后，吴某之兄到郭巨派出所投案。区公安分局干警即赴现场调查并将尸体解剖。次日，在个别人煽动下，部分不明真相群众起哄，把周尸体抬上郭巨街头，向政府示威，造成极坏影响。5月2日上午9时25分，事态继续发展，少数起哄群众打着“强烈要求政府严惩杀人凶手”的横幅，抬着棺材上街进行示威，当晚，区委、区政府主要领导赶赴现场将事态平息。吴某之兄也得到了法律的惩治。

**郭巨边防派出所破获“5·21”抢劫案**　2008年5月21日晚，犯罪嫌疑人谷某等3名歹徒持刀对郭巨福民加油站财会室实施抢劫，加油站员工即报警，郭巨边防派出所干警接警后立即奔赴现场，双方经过激烈搏斗，两名持刀歹徒当场被边防派出所官兵擒获，主犯谷某负案逃离现场，两名边防民警负轻伤。经过审查、追击布控，连续奋战七天七夜，辗转三省七地，5月29日，郭巨边防派出所民警在浙江湖州警方配合下，将刚到该地落脚的主犯谷某一举抓获。“5·21”抢劫案3名犯罪嫌疑人全部落网。郭巨边防派出所被宁波市公安局授予“集体三等功”。

## 第四节　社会治安管理

中华人民共和国成立初期，境内各乡相继成立治保组织，设治保主任1名，委员2名（均兼职）。“文化大革命”期间，废除治保组织，改称“群众专政指挥部”。1974年夏，复建治保组织并建治安联防队。1984年，建郭巨、峙头乡政法办公室，由一名副镇（乡）长分管，各村设治保主任。1987年实施《中华人民共和国治安管理处罚条例》。1986年，村治保委员会与调解委员会成员一体化。2006年3月1日起施行《中华人民共和国治安管理处罚法》。2019年，街道设有综合信息指挥室，下设平安法治办公室，598个视频监控点位结合公安天眼系统全方位立体式监控境内重点场所；郭巨派出所配置民警11人、辅警23人。2009—2019年，郭巨派出所查处治安案件434起，处罚308人。

### 禁毒

1952年7月，县成立禁毒委员会，严禁吸毒、贩毒、非法种植罂粟，采取逮捕、管教、收缴、罚没等措施。2019年，查获境内吸食毒品20人次，均落实强制监禁、解毒、管控、随访等措施。

### 禁赌

赌博恶习，历代流传，屡禁不止。中华人民共和国成立后，经过20余年的禁赌，赌博基本禁绝。1980年后，随着麻将等赌具上市出售，赌风又起，参与者逐年增多等。赌徒常以娱乐为名，在宾馆、酒吧、棋牌室聚赌，并且赌博形式多样化，有的甚至“上山打游击”，把赌场开到深山冷岙里，危及家庭和睦与社会治安秩序。1982 年 1 月，开展禁赌工作，举办禁赌学习班，召开群众大会，采取抓赌头、赌棍、收缴赌具、罚没赌资等措施。近年来赌博活动仍有发生，年年禁赌，一直禁而不止，难以根治。

### 公共场所、特种行业、危险物品管理

1984 年，为保卫国庆 35 周年安全，整顿民爆物品管理工作，收缴一批流散社会的民爆物品，对生产（使用）民爆物品的企业，以镇、乡为单位，设立专用仓库，确定专人负责。2001—2015 年，北仑民爆公司在洋涨设立配送点，对岐头一带采石企业使用的爆炸物品实行定量审批、定点供应、定时专人配送。2019 年，被列入郭巨派出所特种行业治安管理的行业场所宾馆业 7 家、民宿 1 家、危化品企业 4 家。全部检验合格，并核发治安许可证。

## 第五节　户政管理

### 户籍人口管理

民国时期，户口属民政部门管理。民国 18 年（1929），实行村里邻闾制，村落区域为村，市集区域为里，5 户为邻，5 邻为闾，户口以村、里为单位建立登记簿册，凡出生、死亡、婚姻、继承、分居、迁徙等项变动，户主须在 5 日内向村、里申报登记。民国 19 年（1930），废除村里制，改为乡镇制。民国 24 年（1935），实行乡镇保甲制，以保为户口管理辖区，保长兼户口管理员，凡出生、死亡、迁徙、外出、来客，户主向甲长申报，甲长转报保长登记入册。每保将 18 岁以上、45 岁以下的男性编成壮丁名册。乡镇设户籍干事，专管户籍变化统计工作，督促保甲委员会整理门牌、复查户口、填报户贴、确定户长。民国 33 年（1944），制发国民身份证，至民国 38 年（1949）先后共制发 4 批。

中华人民共和国成立后，户政管理由公安部门主管。1950 年，按照民国时期留存的户口资料，由户主申报，进行人户登记调查。1953 年开展第一次全国人口普查。1954 年 5 月，执行县公安局制定的《户口管理办法》，对出生、死亡、结婚、离婚、迁移的户口进行审核登记。1956 年进行变动登记。1964 年培训户口管理员，公社、大队设兼职管理员，配合完成第二次全国人口普查。1982 年第三次全国人口普查时，公社设人口普查办公室，时境内户口归属郭巨派出所管理，2003 年 5 月至 2019 年，归属郭巨边防派出所（2019 年 1 月 1 日，改制称郭巨派出所）管理。

中华人民共和国成立后，国家实行计划经济，将户籍属性划分为农业户口和非农业户口（又称城镇居民户口）。以后，出台过一些“农转非”政策，1987 年，北仑区对在山区任教的中专毕业以上学历的在编教师（非农业户口）出台优惠政策，若教师配偶一方是农业户口的，其子女可随父母另一方申报（或转）非农业户口。1992 年 9 月，北仑区政府实行“蓝印户口”（属当地需要、当地受益、当地负责、当地有效的城镇居民户口）。1999 年，持“蓝印户口”居民转为非农户口。2003—2006 年底，土地征用的农村户口可办理“农转非”，但具体人数不详。2014 年 7 月 30 日，国务院公布《关于进一步推进户籍制度改革的意见》，明确建立城乡统一的户口登记制度，取消农业户口与非农业户口之区分，统一登记为居民户口。2016 年 9 月 30 日，境内取消农业户口和非农业户口家庭之区分，统称为家庭户。

### 外来人口管理

1985年7月，以村（社区）为单位，由派出所对外来人口进行统一登记、管理。1992年下半年，根据县公安局将暂住人口管理工作与基础大排查工作结合起来，实施上门登记、发函调查、突击清查的管理办法，对“三无”（无固定工作、无固定住所、无暂住证）人员和可疑对象通过摸底排查，登记造册，依法处理。

2002年以来，随着穿山港区的开发建设，沿海一带各大型企业的落户，境内外来务工人口猛增。公安派出所转变外来人口管理办法，实行打击与保护、管理与服务并重的管理理念和模式：一是加强企业内部对暂住人口的管理，通过健全管理网络，公正公平处理劳资纠纷，使企业内部形成和谐之风，使外来人口深感温暖，以维护社会稳定，促进经济发展。二是建立“外来人口之家”，以实现外来人口的自我管理、自我教育、自我约束。三是强化出租房管理，进行出租房登记，建立出租户对租住的外来人员的治安管理负责制。至2019年，全镇在册外来人口3000余人。

### 居民身份证颁发

1986年7月，全境范围内进行第一代居民身份证核发工作，区发证办对境内各村（社区）和单位，进行全面的户口核对和身份照片质量检查验收。至1987年12月，第一代居民身份证颁发工作全面结束。1989年始，发放临时身份证，对年满16周岁以上、常住户口待定的公民（指持有户口迁移证，复员、退伍、转业证件，刑满释放、解除劳动教养证明，但因种种原因未落实常住户口的公民）、居民身份证丢失、损毁尚未补领到证件的人，经办理申领临时身份证手续后，予以发放。2003年6月，颁布《中华人民共和国居民身份证法》。2004年7—10月，为配合换发第二代居民身份证，全镇开展户口核对工作，核对率达100%。2005年4月起，集中换发第二代居民身份证。

## 第六节　交通安全管理

### 管理机构

境内交通安全管理原属县交通局负责。1987年10月，划归北仑区公安分局交通警察大队管辖。1991年，设白峰交警中队，负责境内交通事故处理。1986年1月，区交通局在白峰设立公路运输管理所，负责境内公路及设施管理养护、公路运输安全管理等。1988年3月，区交通局在白峰设立交通道路管理所（简称交管所），负责境内交通道路车辆运输管理和行政执法等。

### 路面管理

1988年，开展“治三乱、清五场、压事故、保畅通”的道路专项治理。1989年，整治境内简易机动车乱停乱放问题，突出整治“三多一差”（简易机动车手续不齐多、乱停乱放多、超载超重多、驾驶员素质差）。1990年，对境内非机动车和人力二轮货车进行检验、换发新牌证。1995年，开通“122”交警报警电话，方便群众报警。2004年5月《中华人民共和国道路交通安全法》颁布实施。2019年底，白峰交管所管辖境内的主要路段有：沿海中线（方门至尖岭隧道口）12.7千米；沿海中线岭北连接线（新碶头至中宅）13.5千米；白洋公路（华峙至洋涨）23.2千米；白中公路（华峙至中宅）9.3千米；中宅至长坑公路6.5千米。合计管辖公路长度65.2千米。

## 2016—2019 年郭巨境域路面管理情况表

表 11-3-1

| 年份 | 纠正违章机动车辆（辆） | 暂扣车辆（辆） | 扣证、记证、撤证（本） |
|---|---|---|---|
| 2016 | 5780 | 150 | 120 |
| 2017 | 7250 | 180 | 150 |
| 2018 | 9420 | 220 | 190 |
| 2019 | 12920 | 280 | 330 |

### 车辆管理

车辆管理主要是车辆发牌发证、转籍和检验。1984 年后，车辆参加第三者责任保险及客车旅客意外伤害保险。车辆转让只准 3 次。车辆年检须经交警大队安全组初检合格，由车辆监理部门复检，合格者发给年检合格证，3 次检验不合格的车辆，一律办理报停手续。3 年不按期参加年检，收回牌证、注销档案。1997 年，成立区非机动车管理所，新购自行车、助动车、人力三轮车和小三轮车凭购车发票办理登记，发给牌照和行驶证。2004 年 5 月始，停止对自行车、人力三轮车的登记上牌制度。2019 年末，白峰交警中队管理境内机动车辆 6194 辆，其中货车 532 辆、小轿车 5577 辆、摩托车 85 辆。机动车驾驶员 6215 人，其中汽车驾驶员 6130 人、摩托车驾驶员 85 人。

### 交通事故处理

1987 年，执行《浙江省道路交通事故处理工作规程》和《浙江省交通事故伤残确定范围》，规定工作程序为事故及事故分责、事故处理分工、事故现场鉴定及对责任人处理、裁决（裁定）与申诉、复议、复查等。

## 2016—2019 年郭巨境域道路交通事故一览

表 11-3-2

| 年份 | 事故总数（起） | 事故处理情况（起） | | 死亡（人） | 受伤（人） | 直接经济损失（万元） |
|---|---|---|---|---|---|---|
| | | 自行处理 | 上报事故 | | | |
| 2016 | 458 | 80 | 4 | 1 | 4 | 2.1 |
| 2017 | 485 | 70 | 5 | 2 | 5 | 2.2 |
| 2018 | 495 | 75 | 5 | 2 | 5 | 2.5 |
| 2019 | 476 | 90 | 3 | 0 | 3 | 2.3 |

## 第七节 消防管理

民国时期，境内有民间义务消防组织，人员来自各行各业，一旦发生火情，以鸣锣为号，迅速赶赴现场扑救。各点备有拗揿（人力水泵）、大木桶、水桶、斧、锯、扁担、水带等灭火工具，全部费用由乡绅、股商捐助。此类消防组织一直存在至中华人民共和国成立。

中华人民共和国成立初期，农村消防由村、社管理，没有专业消防组织。1965 年，郭巨、峙头公社均组建消防队，实行义务消防员制。开展“防火防盗、人人有责”的宣传教育，贯彻“以防为主、以消为辅”的消防方针。各村实行冬夜值更，提醒家家户户小心火烛。1975 年，公社消防队由公社联防队兼管，配有消防泵、水带、手拉车等消防工具和设备。2019 年，境内消防安全由柴桥、春晓消防中队负责值勤、管辖。街道有专职消防队 1 个，水管消防车 1 辆；企业专业消防队 2 个，穿山港区消防中队和液化天然气接收站消防队，穿山港区消防中队拥有 3 辆消防车，其中 1 辆泡沫水管消防车、1 辆干粉水管消防车、1 辆水管消防车。村、社区义务消防队 16 个，共有专、兼职消防队员 102 人，每队都配备三轮车、水带、水枪、消防栓扳手、灭火器、消防斧、消防战斗服、防毒面具等。2009—2019 年，街道消防队接警 216 次，出动消防车 220 辆次、警力 1100 人次。

穿山港区消防中队

液化天然气接收站消防队

# 第四章 司法

中华人民共和国成立初期，司法工作由镇海县人民法院兼管。1985 年 7 月，分别建立郭巨镇、峙头乡司法办公室。1986 年，各村设人民调解委员会。2017 年 3 月，复设郭巨街道司法所。司法所承担协助街道依法治理、行政执法检查与监督指导人民调解工作、组织开展普法宣传和法治教育、参与社会治安管理等工作职能。

## 第一节　机构

中华人民共和国成立初期，境域司法工作由镇海县人民法院兼管。

### 司法所（办公室）

1981 年 2 月，镇海县设立司法局后，郭巨、峙头公社各配设司法助理员 1 名。1985 年 7 月，郭巨镇、峙头乡分别设立司法办公室（后改建司法所），设专职司法调解员 1 名，成员 2 ～ 3 人。1986 年，乡镇及各村设调解委员会，协助司法办开展工作。20 世纪 90 年代初，改建镇司法所。2017 年 3 月，复设街道司法所，配置编制、自配人员各 3 名，办公地址在街道大院内，由区司法局和街道双重领导。具体负责人民调解、法治宣传、帮教安置等司法行政工作。

### 郭巨法庭

1984 年筹建，驻址白峰镇枫江路，占地面积 700 平方米，建有二层楼房 5 间、平房 3 间，建筑面积 664.8 平方米。1985 年正式挂牌郭巨人民法庭，首任庭长郁全鲁，时有编制法官 5 人。受理郭巨、峙头、白峰、上阳、梅山五个乡镇辖区内民事诉讼，偶尔受理刑事诉讼案件。配合辖区乡镇开展司法调解工作，维护一方社会稳定。1994 年撤销并入柴桥法庭。

## 第二节　法治宣传

中华人民共和国成立后，为配合党和政府在各个时期的中心工作，采用印发宣传资料，编写黑板报、墙报，组织广播讲座、法律咨询、电视录像、法律知识竞赛等形式，宣传国家法律法规，提高全民法治意识，增强遵纪守法观念。1986 年起，国家实施五年一个周期的“普法”教育。自 2001 年起，每年的 12 月 4 日为全国法制宣传日。

### “一五”普法（1986—1990 年）

1986 年，郭巨镇、峙头乡相继成立普法教育领导小组，组织辖区内干部群众学习“八法一条例”，即《中华人民共和国宪法》《中华人民共和国刑法》《中华人民共和国刑事诉讼法》《中华人民共和国民法通则》《中华人民共和国民事诉讼法》《中华人民共和国继承法》《中华人民共和国兵役法》《中华人民共和国治安管理处罚条例》。1989 年 9 月 11 日，郭巨镇召开《中华人民共和国土地管理法》实施细则培训暨全民国土观念宣传教育动员大会，全镇共产党员、各村负责人 500 余人参加。

### “二五”普法（1991—1995 年）

开展以《中华人民共和国宪法》为核心、专业法为重点的教育，宣传 30 多部法律法规。“二五”期间，乡、镇司法所举办各类村（社区、单位、企业）干部法治教育专题培训班，学习相关法律知识，受教育面达 90% 以上。

### “三五”普法（1996—2000年）

重点开展《中华人民共和国合同法》《中华人民共和国未成年人保护法》《中华人民共和国国防法》等法律法规学习，建立健全乡、镇领导干部学法日，建立干部法律知识培训考试登记制度，分发《农村普法资料》到每户家庭。是年，青少年法制学校相继在郭巨、峙头中小学建立。

### “四五”普法（2001—2005年）

开展以《中华人民共和国交通安全法》《中华人民共和国食品卫生法》等为重点的普法教育，开办模拟法庭，组织村民观看《法与德》电视栏目，发放区普法办编印的《公民常用法律知识问答》至各家庭。2003年“非典”肆虐，发放区司法局编印的《中华人民共和国传染病防治法》《中华人民共和国食品卫生法》等宣传小册子。2002年后，配合镇党委、政府及有关职能部门中心工作，开展土地征用、房屋拆迁、信访等相关的法律法规宣传教育工作，以维护社会稳定为目标的针对性法治宣传教育。

### “五五”普法（2006—2010年）

2006年，开展农村“法治宣传你与我”问卷调查，在郭巨灯具城、盛岙村等地相继展出法治宣传图板48块，发放《中华人民共和国宪法》、《中华人民共和国治安管理处罚法》、工伤保险条例、反邪教宣传资料等法治宣传资料，提供法律咨询服务85人次，并开展以“安全生产宣传月”“崇尚科学、关爱生命、反对邪教”等为主题的法制宣传教育活动。

### “六五”普法（2011—2015年）

深入学习宣传民法和商法、行政法、经济法、社会法、刑法、诉讼与非诉讼程序法等方面的法律，在全社会形成学法、守法、用法的良好法治氛围，充分发挥法律在经济社会发展中的规范、引导、保障作用。普法的主要形式是“六进”：进机关，提高管理服务水平；进学校，推进青少年法律素质教育；进企业，促进企业依法、诚信经营；进社区，促进和谐社区建设；进村寨，促进社会主义新农村建设；进军营，提高法治化管理水平、依法治军。

### “七五”普法（2016—2020年）

重点学习宣传习近平总书记关于全面依法治国的重要论述、《中华人民共和国宪法》、中国特色社会主义法律体系、党内法规等。运用公共活动场所电子显示屏、服务窗口触摸屏、公交移动电视屏、手机屏等，推送法治宣传教育内容。运用微信、微博、微电影等多媒体、互联网传播平台开展普法活动。

## 第三节 人民调解

中华人民共和国成立前，社会治安由警察分所负责管理，内部民事纠纷还由族长、长辈和德高望重者调解处理。弱势群体、贫苦穷人，往往只能委曲求全。

中华人民共和国成立后，党和政府十分重视人民调解工作。1950年民主建政后，郭巨、峙头、霞峙、盛厚四乡及各村分别建立调解组织。1956年，调解、治保组织合并，1965年又分设。1982年2月人民调解工作归县司法局管理。1989年，实施《人民调解委员会组织条例》。人民调解工作坚持“调防结合、以防为主”的工作方针，坚持“大调解、大服务”思想，动员多方力量对人民内部矛盾进行预防、控制、化解和调处的综合治理，形成“点、线、面”结合、“责、权、利”联动的人民调解工作制度体系，有力地维护了境内社会稳定。

新时期的人民调解工作，始终把为群众排忧解难放在首位，学习、倡导“枫桥经验”，做到“大事化小，小事化了”，当好“老娘舅”，把矛盾纠纷解决在萌芽状态，化解在基层，促进调解委员会规范化建设。至2019年，全街道建立人民调解委员会21个，其中街道级1个、村级18个、社区2个，共有调解员69人，基本形成街道、村（社区）、自然集居点三级调解网络。完善制度建设，对调解工作实行“一案一档”制度、人民调解协同制度、“诉调对接”制度、司法和“110”联动调解制度、信访接待制度等。

**2016—2019年郭巨街道司法所调解处理案例情况表**

表11-4-1

| 年份 | 调解案例（件） | | | | | | | | | | | 成功件数（件） | 成功率（%） |
|---|---|---|---|---|---|---|---|---|---|---|---|---|---|
| | 合计 | 婚姻 | 继承 | 赡养 | 家庭 | 宅基 | 债务 | 劳资 | 邻里 | 伤害 | 历史遗留 | | |
| 2016 | 8 | 1 | 1 | 1 | — | 1 | — | — | 1 | 2 | 1 | 5 | 62.5 |
| 2017 | 9 | 1 | — | 2 | 1 | | 1 | 1 | 1 | 2 | — | 7 | 77.8 |
| 2018 | 10 | 1 | — | 1 | 1 | 1 | 1 | 2 | 1 | 2 | — | 7 | 70.0 |
| 2019 | 12 | — | — | 1 | — | 2 | 2 | 1 | 3 | 3 | — | 10 | 83.3 |

## 第四节　法律服务　帮教安置

### 法律服务

21世纪以来，司法所重视对外来人口集居地法律援助网点建设，不定期地到外来人口集居地，设立法律援助联络点，聘请法律援助工作联络员，现场进行法律服务，进一步畅通法律援助渠道。加强法律援助中心窗口建设，落实便民服务措施，保障困难群众平等享用法律资源。开通“12348”网上咨询系统，完善法律援助工作机制，规范操作程序，加强动态跟踪、监督，做实、做好、做强政府的“民心工程”。健全对律师和基层法律工作者从业管理机制，贯彻落实新修订的《中华人民共和国律师法》；组织律师参与信访接待工作和担任政府法律顾问，引导律师参与劳动争议、征地拆迁、环境保护等方面的群体性涉法案件调处工作；组织引导律师、法律工作者参与劳资纠纷、工伤事故调处和法律咨询等民生服务。2016—2019年，司法所共受理法律援助5件、法律咨询205件、信访接待调处386件。

### 帮教安置

1997年，北仑区公安分局将安置帮教工作移交给区司法局。是年，郭巨镇建立以党群书记为组长，政法副镇长、派出所所长为副组长，司法所、民政、团委、妇联等各系统负责人为成员的帮教安置领导小组，由此形成安置帮教组织网络化。2002年，贯彻《浙江省归正人员安置帮教工作办法》，落实司法所长首谈制度、结对帮教、回籍人员随访等10项制度。2006年，推行归正人员A、B、C分类管理。2016—2019年，共落实帮教人员51人，帮教率100%。监管吸毒（戒毒）人员40人次。

# 第十二篇　教育　科技

古时，境内有学塾（义塾、私塾）等教育场所。云衢书院创办于清咸丰二年（1852）。清光绪末年，废科举、兴学堂，云衢书院改办云衢学堂，但乡村仍以私塾居多。民国元年（1912），推行“壬子学制”。是年，云衢学堂改名为云衢学校，时乡村私塾与小学一度并存，唯私塾收学童已不排斥女性。

中华人民共和国成立后，贯彻“学校向工农开门，教育为生产服务”的办学方针，境内贫下中农子弟入学率猛升。20世纪60年代初，倡导多种形式办学，将学校办到家门口，境内各大队均办小学，公社办中学。“文化大革命”期间，教育事业受害严重，教育质量下降。1976年后，教育秩序恢复，1978年恢复高考制度。20世纪70年代末基本普及初等教育。1986年秋，开始全面实施九年制义务教育。2005年，实现高中教育普及。

中华人民共和国成立后，为扫除青壮年中的文盲，举办识字班、夜校、耕读学校等各种形式的速成识字扫盲班。20世纪70年代末，境内开始对成人开展农村实用技术、职业技能和学历提升培训。21世纪初，全面开展农村社区教育，提升民众的综合素养。

境内的科学技术演变和发展主要是通过科协和科普协会组织，开展一系列的科普宣传与科技培训，引进、推广新品种、新农机具、新技术为主。进入21世纪，各经济实体的科研创新意识不断增强，境内科技事业方兴未艾。

# 第一章　教育

境内有记载的旧学有书院、学塾两类，多为启蒙教育而设，其办学形式和教学内容与近代教育不可类比。清咸丰二年（1852），里人汪莹等10人捐资兴建云衢书院，宣统二年（1910），改办云衢学堂。至民国三十六年（1947）境内有中心国民学校1所、保国民学校5所。

中华人民共和国成立后，为扫除青壮年文盲，举办识字班、夜校、耕读学校等。20世纪70年代，学校办到家门口，境内各大队均办小学，公社办中学。20世纪70年代末基本普及初等教育。1986年秋，开始实施九年制义务教育，1998年达到高标准普及九年制义务教育和高标准扫除青壮年文盲的要求。

1976年，境内有小学22所，小学带帽初中6所，中学2所。20世纪80年代中期，开始撤点并校，调整学校布局结构，以提高教育资源效益和教育质量。2006年7月，峙头学校并入郭巨小学。2012年8月，郭巨小学与郭巨中学合并为九年一贯制的郭巨学校。

20世纪50年代初，境内各大队始办托儿所，"文化大革命"期间曾一度停办，70年代初恢复，80年代初幼儿教育事业得到加速发展。

20世纪80年代初，境内公社中心学校配备专职教师开展成人教育。1997年，开办郭巨镇成人中等文化技术学校。2006年起，全面开展农村社区教育，以提高境内民众的综合素养。

2019年秋，郭巨中心幼儿园共有6个班级，128名学生，29名教职工。郭巨学校共有18个班级，学生479人，教职工61人。

## 第一节　书院　学塾

### 书院

书院为理学家与学者讲学之所。原是研究学问，讲求身心修养，后重习八股文，成为参加科举考试的预备学校。云衢书院在郭巨所城崇秀门外枕山之麓，清咸丰二年（1852），里人汪莹、汪继述、戴绍唐、戴声沛、荆起容、姚运中、张世槐、张世则等10人捐资购枕山之麓地兴建，为正屋3间，左右厢房各3间，学使张锡唐题额"云衢书院"，作为文人集合座谈、月试之所。祠后复捐资置田3亩余。宣统二年（1910），改办云衢学堂。

### 学塾

明清时期有坐馆、村塾、族塾、私塾、义学、义塾等。坐馆系家境富裕者聘请教师在家教读子弟；村塾和族塾是地方宗族捐助钱财，聘师设塾，以教贫寒子弟；私塾则系塾师在家收授生徒，且较为盛行。义学、义塾由个人或地方公款资助设立，学童不限一家一族，带有慈善性质。学塾以"忠孝为本，经史之学为基"。教师一般由未入贡的秀才或有学问的人士担任，重熟读背诵轻释义。民国时期，盛岙私塾由张祝英在盛岙大屋里自己家里举办，学生十几人，因学生程度不一，故先生对学生实行个别教授、个别考查，教学内容主要有"七字蒙求"，以识字、长知识为目标。清末，尖岭岙有两家私塾，境内规模较大的村落如中宅、华峙都办过私塾，郭巨城内私塾更多。

## 第二节　幼儿教育

### 起步与发展

1953—1954 年，境内农业生产合作社兴办托儿所。1958 年，“人民公社化”初期，为解放妇女劳动力，浙江省提出“迅速实现 90% 的幼儿入园”要求，时郭巨、峙头公社各生产大队纷纷开办简易幼儿园，聘当地妇女当保育员。1961 年国民经济困难时期，各大队幼儿园、托儿所陆续停办，到 1964 年恢复。“文化大革命”初期，境内各大队幼儿园、托儿所又停办，至 1973 年又恢复。

1981 年 3 月，贯彻“全国托幼工作会议”精神，幼儿教育贯彻实施国家、集体、个人一起办园方针，境内幼教事业开始发展。1982 年 9 月，郭巨区中心学校创办学前班，3 个班级，110 个学生。1983 年 9 月，峙头乡中心学校创办学前班，1 个班级，23 个学生。其间，境内的南门、华峙、福民、后墩、双岙等小学先后开办过附设学前班。郭巨区中心学校和峙头乡中心学校附设的学前班后来演变为郭巨镇中心幼儿园和峙头乡中心幼儿园，至 2004 年前各小学附设的幼儿（学前）班全部停办。峙头中心幼儿园亦随峙头学校并入郭巨镇中心学校而停办。

2000 年 9 月，洋涨村俞苏慧创办民办性质的西门幼儿园，时 3 个班级，5 名教师，八九十个学生。2013 年，为发展集体性质的郭巨中心幼儿园，整合教育资源，提高教育资源效益，西门幼儿园撤并关停，政府给予设备设施等补偿经费。

#### 1985 年境内幼儿园一览

表 12-1-1

| 园名 | 创办时间 | 创办时 | | | 1985 年 | | | | |
|---|---|---|---|---|---|---|---|---|---|
| | | 班级数（个） | 幼儿数（人） | 负责人 | 班级数（个） | 幼儿数（人） | 教职工数（人） | 负责人 | 建筑面积（平方米） |
| 郭巨镇中心幼儿园 | 1982.9 | 3 | 110 | 顾孟云 | 3 | 108 | 4 | 顾孟云 | 1000 |
| 峙头乡中心幼儿园 | 1983.9 | 1 | 23 | 杨兰珍 | 1 | 25 | 2 | 杨兰珍 | 200 |

#### 1993 年境内学校附设学前班一览

表 12-1-2

| 学校 | 地址 | 创办时 | | | | 1993 年 | | | | 停办时间 |
|---|---|---|---|---|---|---|---|---|---|---|
| | | 时间 | 班级数（个） | 幼儿数（人） | 教工数（人） | 班级数（个） | 幼儿数（人） | 教工数（人） | 负责人 | |
| 郭巨镇中心 | 路亭 | 1982.9 | 4 | 173 | 6 | 0 | — | — | — | — |
| 峙头乡中心 | 中宅 | 1983.9 | 1 | 40 | 1 | 2 | 72 | 2 | 张银康 | 2003.7 |
| 华峙小学 | 华峙 | 1983.9 | 1 | 21 | 1 | 1 | 45 | 1 | 蔡志康 | 2003.7 |
| 南门小学 | 南门 | 1983.9 | 1 | 40 | 2 | 0 | / | / | / | 1992.9 |
| 后墩小学 | 后墩 | 1986.9 | 1 | 20 | 1 | 1 | 17 | 1 | 陈明星 | 1998.7 |

续表 12-1-2

| 学校 | 地址 | 创办时 | | | | 1993 年 | | | | 停办时间 |
|---|---|---|---|---|---|---|---|---|---|---|
| | | 时间 | 班级数（个） | 幼儿数（人） | 教工数（人） | 班级数（个） | 幼儿数（人） | 教工数（人） | 负责人 | |
| 福民小学 | 福民 | 1983.9 | 1 | 30 | 1 | 1 | 50 | 1 | 姚伯寅 | 2003.7 |
| 双岙小学 | 双岙 | 1986.9 | 1 | 18 | 1 | 0 | — | — | — | 1999.7 |
| 盛岙小学 | 盛岙 | 1987.9 | 1 | 24 | 1 | 1 | 28 | 1 | 胡雪峰 | 1997.7 |
| 洋涨小学 | 洋涨 | 1987.9 | 1 | 17 | 1 | 1 | 21 | 1 | 王赛娥 | 2001.7 |

## 1993 年境内幼儿园一览

表 12-1-3

| 学校 | 地址 | 班级数（个） | 幼儿数（人） | 教工数（人） | 负责人 | 教师学历 | |
|---|---|---|---|---|---|---|---|
| | | | | | | 高中及以上（人） | 初中及以上（人） |
| 郭巨镇中心幼儿园 | 路亭 | 10 | 443 | 15 | 姚冬香 | 10 | 5 |
| 峙头中心幼儿园 | 中宅 | 2 | 72 | 2 | 张银康 | 1 | 1 |
| 华峙小学幼儿园 | 华峙 | 2 | 72 | 2 | 杨宇峰 | — | 2 |
| 南门幼儿园 | 南门 | 1 | 20 | 1 | 戴素珍 | — | 1 |
| 后墩小学学前班 | 后墩 | 1 | 19 | 1 | 姚仕英 | — | 1 |
| 福民小学学前班 | 福民 | 1 | 50 | 1 | 赵文珠 | — | 1 |
| 双岙小学学前班 | 双岙 | 1 | 22 | 1 | 胡信美 | — | 1 |
| 盛岙小学学前班 | 盛岙 | 1 | 28 | 1 | 胡雪峰 | — | 1 |
| 洋涨小学学前班 | 洋涨 | 1 | 21 | 1 | 王赛娥 | — | 1 |
| 姚惠花幼儿园 | 大涂塘 | 1 | 20 | 1 | 姚惠花 | — | 1 |
| 宁波灯具厂幼儿园 | 西门外 | 1 | 18 | 2 | 戴信定 | — | 2 |
| 东升幼儿园 | 东街 | 1 | 40 | 1 | 戴存耀 | — | 1 |

## 2012 年境内幼儿园一览

表 12-1-4

| 园名 | 创办年月 | 性质 | 园址 | 班级数（个） | 幼儿数（人） | 教职工数（人） | 园主任或负责人 | 占地面积（平方米） | 建筑面积（平方米） |
|---|---|---|---|---|---|---|---|---|---|
| 镇中心幼儿园 | 1982.9 | 集体 | 校场底 | 8 | 236 | 29 | 乐亚琴 | 2666 | 1766 |
| 西门幼儿园 | 2000.9 | 民办 | 西门外 | 3 | 87 | 5 | 俞苏慧 | 2700 | 1800 |

## 1999—2019 年部分年份郭巨幼儿园教职工学历、专业技术职称一览

表 12-1-5　　　　　　　　　　　　　　　　　　　　　　　　　单位：人

| 年份 | 教职工总数 | 其中专任教师数 | 专任教师学历 | | | | | 专业技术职称 | | |
|---|---|---|---|---|---|---|---|---|---|---|
| | | | 本科及以上 | 专科 | 中专高中 | 中专高中以下 | 合格学历（%） | 中级 | 初级 | 未评级 |
| 1999 | 9 | 9 | — | — | 2 | 7 | — | — | — | 9 |
| 2000 | 10 | 10 | — | — | 10 | — | — | — | — | 10 |
| 2002 | 12 | 9 | — | 2 | 7 | — | — | — | — | 9 |
| 2003 | | 9 | — | 2 | 7 | — | — | — | — | 9 |
| 2007 | 24 | 15 | 1 | 10 | 4 | — | — | — | 6 | 9 |
| 2009 | 26 | 16 | 2 | 11 | 3 | — | — | — | 6 | 10 |
| 2012 | 29 | 18 | 3 | 15 | — | — | 100 | — | — | — |
| 2013 | 28 | 16 | 4 | 12 | — | — | 100 | — | 7 | 9 |
| 2014 | 28 | 16 | 4 | 12 | — | — | 100 | — | 13 | 3 |
| 2015 | 31 | 16 | 4 | 12 | — | — | 100 | — | 13 | 3 |
| 2016 | 27 | 15 | 5 | 10 | — | — | 100 | 1 | 14 | — |
| 2017 | 28 | 16 | 6 | 10 | — | — | 100 | 1 | 15 | — |
| 2018 | 28 | 16 | 5 | 11 | — | — | 100 | 2 | 14 | — |
| 2019 | 28 | 16 | 7 | 9 | — | — | 100 | 2 | 14 | — |

## 保教工作

**学制**　境内幼儿园始办时不分班，后按幼儿年龄分大、中、小班。1982 年后，乡（镇）中心幼儿园按岁编班，入园年龄为 3 至 6 周岁，小学附设的学前班招收 6 周岁儿童，经一年学前教育后送入小学。1986 年实施九年制义务教育后，幼儿入园年龄调整为 3 至 5 周岁，但因学额不足并照顾 3 周岁以下的幼儿入园，故也常以两种或三种年龄编为混合班。

**课程**　1952 年秋季，执行教育部颁发的《幼儿园暂行规程（草案）》，教养科目有体育、语言、认识环境、图画、手工、音乐、计算，不进行识字教学，不举行测验，组织开展创造性游戏，寓思想品德教育于娱乐之中。1957 年，开始注重幼儿的作息与活动，保证幼儿有足够的睡眠和户外活动时间，控制每天作业次数，逐步克服“小学化”重作业轻游戏及“放羊式”等现象。

“文化大革命”期间的幼儿园（班），无教学大纲、无教材、无教学计划，幼儿教育处于无序状态。

1979 年，教育部颁布《城市幼儿园工作条例（试行草案）》，课程体现了分科教学、以教师为中心，指导幼儿绘画、制作玩具、演讲和开展文娱体育活动比赛等。

1982 年，逐步施行教育部制定的《幼儿园教育纲要（试行草案）》，使用教育部编《幼儿园教材》和教育挂图，教育内容有生活习惯、体育活动、思想品德、语言、常识、计算、音乐、美术 8 个方面，通过游戏体育活动、上课、劳动、娱乐和日常生活等各种活动来完成教养任务。

1989 年，教育部颁布《幼儿园工作条例（试行草案）》，课程改革注重幼儿情感、态度、能力、知识、技能五大领域的全面发展。2015 年颁布的《幼儿园工作条例》，除发展幼儿的五大领域外，学校有自主开设课程的权利，更注重以儿童为中心，更符合幼儿的年龄特点。

### 2019 年郭巨幼儿园小班课程表

表 12-1-6

| 时间 | 周一 | 周二 | 周三 | 周四 | 周五 |
|---|---|---|---|---|---|
| 上午 | 自主晨间锻炼 | 沙水区 | 娃娃家 | 户外写生 | 自主晨间锻炼 |
| | 主题活动：语言 | 主题活动：科学 | 主题活动：语言 / 健康 | 主题活动：数学 | 主题活动：社会 |
| | 班级区域 | 班级区域 | 户外活动 | 户外活动 | 杂货铺 + 图书室 |
| 下午 | 音乐游戏 | 分享阅读 | 美术游戏 | 户外建构 | 周末活动 |
| | 大船游戏 | 户外活动 | 自主游戏 | 散步 | 户外活动 |

### 2019 年郭巨幼儿园中班课程表

表 12-1-7

| 时间 | 周一 | 周二 | 周三 | 周四 | 周五 |
|---|---|---|---|---|---|
| 上午 | 户外建构 | 自主晨间锻炼 | 自主晨间锻炼 | 自主晨间锻炼 | 沙水区 |
| | 主题活动：语言 | 主题活动：社会 | 主题活动：数学 | 主题活动：语言 / 健康 | 主题活动：科学 |
| | 户外活动 | 艺创室 | 娃娃家 | 班级区域 | 户外活动 |
| 下午 | 美术游戏 | 分享阅读 | 图书 + 科探 | 音乐游戏 | 周末活动 |
| | 户外活动 | 户外活动 | 大船游戏 | 自主游戏 | 自主游戏 |

### 2019 年郭巨幼儿园大班课程表

表 12-1-8

| 时间 | 周一 | 周二 | 周三 | 周四 | 周五 |
|---|---|---|---|---|---|
| 上午 | 娃娃家 | 自主晨间锻炼 | 自主晨间锻炼 | 自主晨间锻炼 | 户外建构 / 写生 |
| | 主题活动：语言 / 社会 | 主题活动：数学 | 主题活动：语言 | 主题活动：数学 / 健康 | 主题活动：科学 |
| | 户外活动 | 沙水区 | 艺创室 | 班级区域 | 大船游戏 |
| 下午 | 美术游戏 | 图书 + 科探 | 音乐游戏 | 分享阅读 | 周末活动 |
| | 自主游戏 | 户外活动 | 户外活动 | 自主游戏 | 户外活动 |

## 第三节　小学教育

### 发展历程

清咸丰二年（1852）云衢书院创办。光绪三十四年（1908），改办云衢公学，地址位于所城十字街附近的城隍庙，约有学生 60 人。宣统二年（1910），云衢公学改称云衢学堂，第二年学堂搬迁至千户所衙门。1912 年，云衢学堂又改名为云衢学校。是年，国民政府颁布《普通教育暂行办法》，小学校分初等、高等两种。民国 5 年（1916），云衢学校改名区立云衢国民学校。民国 21 年（1932）12 月，国民政府公布《小学法》，推行义务教育，开办简易小学和短期小学，整顿、改革农村私塾，以满足学龄儿童入学之需。民国 29 年（1940）秋，国民政府颁布《国民教育实施纲领》，开始推行国民教育制度。初等小学改为保国民学校（简称“保校”）。

民国 32 年（1943），区立云衢国民学校更名郭巨镇中心国民学校。民国 33 年（1944），政府组织强迫入学委员会，限令学龄儿童入学，学生人数增加，初等教育得到发展。至民国 36 年（1947）第一学期，境内有小学 6 所，其中心国民学校（郭巨所城）1 所，5 所保校，分别是第一、二、三保（校址设汪氏宗祠），第六保（校址设大涂庙），第七保（霞峙，校址设华峙镇首庙），第十二保有小学 2 所（盛岙小学校址设大屋里祖堂，双岙小学），共有班级 9 个，学生 336 人，教职员 10 人。

1949 年 5 月，境域解放，人民政府接管旧公立、私立学校，整顿和改造小学教育，贯彻"学校向工农开门，教育为生产服务，师生为人民服务"办学方针；废除党义等课，增设政治课，取消训育制度。学校大多遗留私塾、学堂复式教学形式。

1953 年，贯彻"整顿巩固、重点发展、提高质量、稳步前进"方针，停止春季招生，暂停 1952 年推行的五年制。1956 年，小学改为公立学校。1958 年因"大炼钢铁""大办农业"等社会活动频繁，小学师生投入生产劳动与政治活动时间甚多。1962 年贯彻"调整、巩固、充实、提高"方针，部分公立学校转为民办。1963 年，郭巨境内在群众自愿原则下创办民办小学。1964 年倡导多种形式办学，境内始办简易小学，9 月改称耕读小学，有早晚班、半日班、午班、包教包学、全日制学校附读等。大涂庙小学、花船小学等校办过耕读小学。

1966 年下半年，"文化大革命"开始，境内学校"停课闹革命"，耕读小学停办，或并入全日制小学。继而出现校长、教师被批斗的混乱局面，正常教学秩序被打乱达一年之久。1967 年下半年复课闹革命，缩短学制为 5 年，强调"以阶级斗争为主课"，取消历史、地理、音乐、美术等课，一度以"毛主席语录"代替语文、政治课，以唱"语录歌"代替音乐课，并以劳动代替教学。1968 年，境内公办小学下放到生产大队去办，"学校办到家门口"，"贫下中农毛泽东思想宣传队"（简称贫宣队）进驻学校，实行由贫下中农管理学校，大批公办教师按祖籍"回队任教"。"文化大革命"期间，教育质量降低，教育事业受到严重破坏。1969 年，郭巨、峙头公社境内的各个大队均办有小学。

## 1966 年郭巨公社学校基本情况表

表 12-1-9

| 校名 | 班级数（个） | | | 学生数（个） |
|---|---|---|---|---|
| | 公立 | 民办 | 合计 | |
| 郭巨区校 | 22 | 0 | 22 | 1124 |
| 福民完全小学 | 1 | 5 | 6 | 289 |
| 华峙完全小学 | 0 | 6 | 6 | 228 |
| 后墩完全小学 | 1 | 2 | 3 | 105 |
| 五星完全小学 | 0 | 2 | 2 | 85 |
| 双岙初级小学 | 0 | 2 | 2 | 99 |
| 大涂塘初级小学 | 1 | 1 | 2 | 105 |

## 1969 年郭巨公社小学基本情况表

表 12-1-10

| 校名 | 校址 | 负责人 | 班级数（个） | 学生数（人） | 教工数（人） |
|---|---|---|---|---|---|
| 合计 | — | — | 54 | 1949 | 72 |
| 一大队小学 | 大涂塘 | 齐小康 | 3 | 121 | 4 |

续表 12-1-10

| 校名 | 校址 | 负责人 | 班级数（个） | 学生数（人） | 教工数（人） |
|---|---|---|---|---|---|
| 二大队小学 | 校场底 | 孙亚梅 | 5 | 178 | 7 |
| 三大队小学 | 戴家祖堂 | 吴布模 | 6 | 229 | 8 |
| 四大队小学 | 路亭（区校原址） | 洪翠月 | 5 | 204 | 7 |
| 五大队小学 | 南门 | 周毓敏 | 8 | 305 | 10 |
| 七大队小学 | 路亭（区校原址） | 姚志杰 | 3 | 109 | 4 |
| 后墩小学 | 后墩 | 陈明星 | 4 | 129 | 5 |
| 华峙小学 | 华峙 | 唐梦琪 | 6 | 249 | 8 |
| 五星小学 | 谢夹岙 | 梅珠凤 | 3 | 85 | 4 |
| 新民小学 | 福民 | 傅良骥 | 3 | 108 | 4 |
| 六大队小学 | 尖岭 | 朱世祥 | 3 | 79 | 4 |
| 岭下小学 | 大岭下 | 顾爱兰 | 2 | 46 | 3 |
| 双岙小学 | 双岙 | 郑山崇 | 3 | 107 | 4 |

1976 年后，拨乱反正，教育事业得到恢复和发展。20 世纪 70 年代末实现普及初等教育，学龄儿童入学率达 99%。

## 1976 年郭巨公社小学基本情况表

表 12-1-11

| 校名 | 校址 | 占地面积（平方米） | 建筑面积（平方米） | 班级（个） | 学生数（人） | 教职工数（人） |
|---|---|---|---|---|---|---|
| 合计 | — | 13109 | 5525 | 52 | 2037 | 75 |
| 五七联办小学 | 路亭村 | 3808 | 1785 | 14 | 596 | 23 |
| 五大队小学 | 南门村 | 2400 | 875 | 7 | 296 | 10 |
| 一大队小学 | 大涂塘 | 667 | 273 | 4 | 156 | 5 |
| 新民小学 | 福民 | 1440 | 600 | 3 | 124 | 4 |
| 六大队小学 | 尖岭岙 | 360 | 148 | 3 | 116 | 4 |
| 岭下小学 | 大岭下 | 400 | 120 | 2 | 44 | 3 |
| 华峙小学 | 华峙 | 2200 | 898 | 7 | 281 | 10 |
| 五星小学 | 谢家岙 | 233 | 163 | 3 | 96 | 4 |
| 后墩小学 | 后墩 | 827 | 293 | 5 | 185 | 7 |
| 双岙小学 | 双岙 | 774 | 370 | 4 | 143 | 5 |

1985 年，贯彻《中共中央关于教育体制改革的决定》，实行“分级办学和分级管理”体制。是年，境内有小学 20 所，其中乡镇中心小学 2 所，完全小学 5 所，初级小学 13 所，共 68 班，学生 1825 人。有复式班小学 13 所，21 个班，学生 384 人，分别占学校、班级、学生总数的 65%、31%、21%。学龄儿童入学率为 98. 99%。

1986 年秋始，境内全面实施九年制义务教育。

## 1986年郭巨镇小学基本情况表

表12–1–12

| 校名 | 创办年份 | 校址 | 学校负责人 | 占地面积（平方米） | 建筑面积（平方米） | 班级数（个） | 学生数（人） | 教职工数（人） |
|---|---|---|---|---|---|---|---|---|
| 合计 | — | — | — | 12585 | 5296 | 38 | 1332 | 68 |
| 镇中心学校 | 1910 | 路亭村 | 周毓敏 | 4246 | 2346 | 14 | 610 | 36 |
| 后墩小学 | 1951 | 后墩 | 陈明星 | 533 | 300 | 3 | 94 | 4 |
| 华峙小学 | 1940 | 华峙 | 赵雄伟 | 2113 | 698 | 5 | 154 | 7 |
| 谢家岙小学 | 1950 | 谢家岙 | 顾金杏 | 427 | 185 | 1 | 25 | 1 |
| 福民小学 | 1931 | 福民 | 蔡志康 | 1333 | 310 | 5 | 180 | 7 |
| 南门小学 | 1969 | 南门村 | 唐梦琪 | 2000 | 660 | 5 | 162 | 8 |
| 双岙小学 | 1943 | 双岙 | 张式琴 | 1400 | 555 | 3 | 67 | 3 |
| 大涂塘小学 | 1950 | 大涂塘 | 史绿漪 | 533 | 242 | 2 | 40 | 2 |

## 1986年峙头乡小学基本情况表

表12–1–13

| 校名 | 创办年份 | 校址 | 学校负责人 | 占地面积（平方米） | 建筑面积（平方米） | 班级数（个） | 学生数（人） | 教职工数（人） |
|---|---|---|---|---|---|---|---|---|
| 合计 | — | — | — | 8265 | 3417 | 27 | 495 | 38 |
| 乡中心学校 | 1950 | 中宅 | 张银康 | 2047 | 1255 | 5 | 146 | 12 |
| 上宅小学 | 1951 | 上宅 | 罗亚琴 | 486 | 250 | 1 | 23 | 1 |
| 沙湾小学 | 1951 | 沙湾 | 王珊娣 | 580 | 154 | 1 | 19 | 1 |
| 光明小学 | 1951 | 光明 | 张金友 | 687 | 165 | 2 | 30 | 2 |
| 长浦小学 | 1951 | 长浦 | 张文娟 | 160 | 37 | 1 | 11 | 1 |
| 双屯小学 | 1968 | 大屯 | 陈美飞 | 300 | 30 | 1 | 8 | 1 |
| 长坑小学 | 1950 | 长坑 | 张文光 | 273 | 64 | 1 | 16 | 1 |
| 花船小学 | 1964 | 花船 | 史一飞 | 113 | 74 | 1 | 7 | 1 |
| 竹湾小学 | 1952 | 竹湾 | 梅月英 | 246 | 114 | 2 | 30 | 2 |
| 盛岙小学 | 1947 | 盛岙 | 张佈定 | 1600 | 692 | 5 | 97 | 7 |
| 联合小学 | 1952 | 升螺 | 周信康 | 373 | 294 | 3 | 38 | 4 |
| 洋涨小学 | 1951 | 洋涨 | 汪圣善 | 1400 | 288 | 4 | 70 | 5 |

1987年，境内率先在北仑区域内开始实施撤点并校工作，撤沙湾小学并入峙头乡中心学校。2006年7月，峙头学校（时称郭巨第二小学）并入郭巨小学，至2007年9月，撤销华峙小学并入郭巨小学，至此境内仅有一所郭巨小学。

1998年，实现高标准普及九年制义务教育，入学率99.90%，巩固率100%。

2012年秋，郭巨小学与郭巨中学合并为九年一贯制的郭巨学校，校舍为合并前的郭巨中学，时郭巨小学有14个班级、427名学生、41名教职工。

2019年，境内小学只有郭巨学校的小学部，小学部共12个班级、313名学生、专任教师27名。校园面积 13073 平方米，建筑面积 10120 平方米。

## 郭巨公社（乡、镇）小学变迁一览

表 12-1-14

| 校名 | 创办时 | | | 校舍迁建情况 | 校名变更情况 | 学校撤并（销）时情况 | | |
|---|---|---|---|---|---|---|---|---|
| | 年份 | 校址 | 校长 | | | 时间 | 校长或负责人 | 并入学校校名 |
| 云衢书院（郭巨中心小学） | 清咸丰二年（1851） | 路亭（枕山） | 戴声榜 | 1964 年建二层教学楼 1 幢，1984 年折建 858 平方米三层教学楼 1 幢，1992 年新建 720 平方米三层教学楼 1 幢，1997 年新建 750 平方米三层教学楼 1 幢，2004 年折建 942 平方米三层综合楼 1 幢 | 清咸丰二年（1852）创办云衢书院，宣统二年（1910）改称云衢学堂，民国 5 年（1916）改称区立云衢国民学校，1932 年改称郭巨小学，1943 年改称郭巨镇中心国民学校。中华人民共和国成立后改称郭巨区中心学校，公社化期间称郭巨公社五七联办小学，1978 年复称郭巨区中心学校，1985 年改称郭巨镇中心小学，2004 年更名为郭巨小学，2012 年 8 月与郭巨中学合并为九年一贯制郭巨学校 | 2012 年 8 月与郭巨中学合并，2014 年 7 月迁址郭巨中学 | 乐　军 | 郭巨学校 |
| 南门小学 | 1969 | 南门 | 周毓敏 | | 公社化期间称五大队小学，1984 年改称南门小学 | 1992.9 | 唐梦琪 | 郭巨镇中心学校 |
| 福民小学 | 1931 | 福民 | | 1996 年迁址新建 800 平方米三层教学楼 | 公社化期间称反帝小学、新民小学，1984 年复称福民小学，1997 年改称福鹰小学 | 2003.9 | 张文光 | 郭巨镇中心学校 |
| 华峙小学 | 1940 | 华峙庙 | 胡仰唐 | 1994 年迁址新建 1000 平方米三层教学楼 | 1995 年改称华联小学 | 2007.9 | 朱立峰 | 郭巨镇中心学校 |
| 大涂塘小学 | 1950 | 大涂塘 | 曹琴娥 | — | 公社化期间称一大队小学，1984 年复称大涂塘小学 | 1989.9 | 胡灵仙 | 郭巨镇中心学校 |
| 双岙小学 | 1943 | 双岙 | 张素青 | — | — | 2002.9 | 胡信美 | 郭巨镇中心学校 |
| 后墩小学 | 1951 | 后墩 | 金岳英 | — | — | 1998.9 | 陈明星 | 华峙小学 |
| 谢夹岙小学 | 1950 | 谢夹岙 | 李文梅 | — | 公社化期间改称五星小学，1985 年复称谢夹岙小学 | 1989.9 | 顾金杏 | 华峙小学 |
| 六大队小学 | 1969 | 尖岭 | 朱世祥 | — | — | 1982.9 | 朱世祥 | 新民小学 |
| 岭下小学 | 1969 | 大岭下 | 顾爱兰 | — | — | 1979.9 | 顾爱兰 | 新民小学 |

## 峙头境内小学变迁一览

表 12-1-15

| 校名 | 创办时 | | | 校舍迁建情况 | 校名变更情况 | 学校撤并时情况 | | |
|---|---|---|---|---|---|---|---|---|
| | 年份 | 校址 | 校长 | | | 时间 | 校长 | 并入学校校名 |
| 峙头学校 | 1950 | 中宅(张三余) | 张作昉 | 1985 年新建 500 平方米二层教学楼 | 前曾称峙北小学、中宅小学。1958 年称峙头公社中心学校，“文化大革命”期间称中宅小学，1978 年复名峙头公社中心学校，1983 年称峙头乡中心学校，1992 年与初中合并为峙头学校，1996 年称郭巨镇第二小学 | 2006.9 | 姚成伟 | 郭巨小学 |
| 盛岙小学 | 1947 | 盛岙大屋里（祖堂） | 叶茂松 | 1992 年原址折建 635 平方米三层教学楼和教师宿舍楼各 1 幢 | 前曾称峙南小学 | 2003.9 | 张永峰 | 郭巨小学 |
| 联合小学 | 1952 | 联合升螺庙 | 刘利芳 | 1990 年迁址村大会堂新建 216 平方米二层教学楼 | — | 2001.9 | 梅亚娣 | 盛岙小学 |
| 洋涨小学 | 1951 | 洋涨（村庙） | 张祖根 | 1990 年原址折建 410 平方米二层教学楼 | — | 2002.9 | 张福康 | 郭巨小学 |
| 花船小学 | 1964 | 花船（队屋） | 王珊娣 | — | — | 1988.9 | 王珊娣 | 竹湾小学 |
| 竹湾小学 | 1952 | 竹湾（祖堂） | 曹琴娥 | — | — | 1993.9 | 梅月英 | 峙头学校 |
| 上宅小学 | 1951 | 上宅庙 | 胡秉乾 | 1980 年迁建校舍 | — | 1988.9 | 施亚娣 | 峙头乡中心 |
| 沙湾小学 | 1951 | 沙湾(岭脚下) | 张燕云 | 1973 年迁址会堂旁新建平房 | — | 1987.9 | 王珊娣 | 峙头乡中心 |
| 长坑小学 | 1950 | 长坑 | 张泉源 | — | — | 1991.9 | 张国平 | 双屯小学 |
| 长浦小学 | 1951 | 长浦（长柄） | 张月峰 | — | 前曾称长柄小学 | 1991.9 | 张亚萍 | 双屯小学 |
| 双屯小学 | 1968 | 双屯（大屯） | 胡亚宏 | 1991 年迁址村大会堂建 350 平方米二层教学楼 | — | 1996.9 | 张海燕 | 峙头乡中心 |
| 光明小学 | 1951 | 黄石门杨府庙 | 张士芳 | 1973 年迁址中透新建的平房 | 前曾称黄石门小学 | 1989.9 | 张雁群 | 峙头乡中心 |

### 学制与课程

清光绪二十九年(1903)，颁布“癸卯学制”，小学堂分初等、高等两级。初等小学堂 7 岁入学，修业 5 年，设修身、读经讲经、国文、算术、历史、地理、格致、体操 8 门必修科课程。高等小学堂学制 4 年，设修身、读经讲经、国文、算术、中国历史、地理、格致、图画、体操 9 科。

民国元年（1912），颁布“壬子学制”，以留意儿童身心发展、培养国民道德基础、授以生活所必需知识技能为宗旨。初等教育分初等、高等两段，修业年限分别为 4 年、3 年（即“四、三”制）。废除读经讲经，格致改称理科。初等小学校课程设修身、国文、算术、手工、图画、唱歌、体操 7 科。女生加缝纫课。高等小学校设修身、国文、算术、本国历史、地理、理科（博物、理化）、手工、图画、体操等 9 科。男生加农科或商科，女生加缝纫课。

民国 4 年（1915），提出“爱国、尚武、崇实、法孔孟、重自治、戒躁进”教育宗旨。课程设置基本与 1912 年同。1919 年改修身为公民。1920 年实行新学制，改国文为国语，各教科书改用语体文。

民国 11 年（1922），教育部公布《学校系统改革令》，修业年限定 6 年，初级小学 6 岁入学，学制 4 年，高级小学学制 2 年。初小增设社会、自然两科，改手工、图画为工用艺术和形象艺术。授课时间改以“分钟”计算。每周授课初小前 2 年为 1080 分钟，后 2 年 1260 分钟，高小 1440 分钟。

民国 17 年（1928），增设童子军科目。1929 年，实施《小学课程暂行标准》，推行党化教育，改公民为党义，高级增设三民主义。1932 年，实施《小学课程标准》，取消党义课，将党义内容融入国语、社会、自然等学科。另设公民训练及卫生课。

民国 25 年（1936），修正小学课程标准，将低、中年级的社会、自然合并为常识，四年级起加授珠算；高年级的社会科分公民、历史、地理 3 科；低年级的美术、劳作合并为工作科，音乐、体育合并为唱游科；取消卫生课。

中华人民共和国成立初，沿用“四、二分段制”，废除公民、童子军科，一二年级设国语、美术、唱游等科；三四年级设国语、算术、常识、体育、音乐、美术等科；五六年级设国语、算术、历史、地理、自然、体育、美术、音乐等科。低、中、高三段每周分别为 24、25、29 学时。每节课时 45 分钟。学生每周活动时间初级 340 分钟，高级 450 分钟。

## 1951 年境内“四二分段制”小学课程及每周课时安排一览

表 12-1-16　　单位：课时

| 科目名称 | 一至四年级每周课时数 | | | | 五至六年级每周课时数 | |
|---|---|---|---|---|---|---|
| | 一年级 | 二年级 | 三年级 | 四年级 | 五年级 | 六年级 |
| 每周总课时 | 24 | 24 | 25 | 26 | 29 | 29 |
| 语文 | 12 | 12 | 12 | 12 | 10 | 10 |
| 算术 | 5 | 5 | 6 | 7 | 7 | 7 |
| 自然 | — | — | — | — | 3 | 3 |
| 历史 | — | — | — | — | 3 | 3 |
| 地理 | — | — | — | — | 2 | 2 |
| 体操 | 2 | 2 | 2 | 2 | 2 | 2 |
| 唱歌 | 3 | 3 | 3 | 3 | 1 | 1 |
| 美工 | 2 | 2 | 2 | 2 | 1 | 1 |

说明：一二年级语文包含常识，四至六年级数学包含珠算，美工包括图画、劳作。

1955 年 9 月，施行教育部颁布的《小学教学计划》，强调基本生产技术教育、劳动教育和体育教育，强调减轻过重的课业负担和提高质量。全学年上课总周数从 38 周减到 34 周。生产劳动列入课外活动内容。

1958 年，加设生产劳动课。时因“大炼钢铁”“大办农业”等活动频繁，师生投入政治活动和生产劳动时间甚多，课堂教学时间未能保证。

1960 年，施行浙江省教育厅颁发的《全日制小学教学计划》，小学课程分思想政治教育、文化科学知识和生产劳动三大类。增设政治课、生产劳动和自修课，小学生参加生产劳动时间相对减少（四年级以上每周 4 小时）。全学年授课时间农村 36 周，城镇 37 周。

1963 年，执行《全日制小学暂行工作条例（草案）》，全日制小学保证全年有 9 个半月的教学时间。1964 年，执行省教育厅颁发的《农村简易小学计划（草案）》，农村简易小学学制 4 年，全年教学时间一般为 8 个月，开设语文、算术、农会、周会 4 科，加强应用文和珠算教学。

## 1963 年境内执行《全日制小学教学计划》小学课程一览

表 12-1-17　　　　单位：课时

| 科目名称 | | 各年级每周课时数 | | | | | |
|---|---|---|---|---|---|---|---|
| | | 一年级 | 二年级 | 三年级 | 四年级 | 五年级 | 六年级 |
| 每周总课时 | | 28 | 28 | 30 | 30 | 31 | 32 |
| 周会 | | 1 | 1 | 1 | 1 | 1 | 1 |
| 语文 | 讲读 | 12 | 12 | 11 | 11 | 8 | 8 |
| | 作文 | | | 2 | 2 | 2 | 2 |
| | 写字 | 3 | 3 | 3 | 3 | 2 | 2 |
| 数学 | 算术 | 6 | 6 | 7 | 8 | 7 | 8 |
| | 珠算 | — | — | — | — | 2 | 1 |
| 历史 | | — | — | — | — | 2 | 2 |
| 地理 | | — | — | — | — | 2 | — |
| 自然 | | — | — | — | — | 1 | 2 |
| 生产常识 | | — | — | — | — | — | 2 |
| 体育 | | 2 | 2 | 2 | 2 | 2 | 2 |
| 音乐 | | 2 | 2 | 2 | 2 | 1 | 1 |
| 图画 | | 1 | 1 | 1 | 1 | 1 | 1 |
| 手工 | | 1 | 1 | 1 | — | — | — |

说明：四年级以上学生，每学年劳动半个月。

“文化大革命”期间，教学计划被打乱，教学时间无保证。一度以“毛主席语录”代替语文，政治课唱“语录歌”代替音乐课，强调“阶级斗争为主课”，取消历史、地理、音乐等学科。

1978 年，执行部颁《全日制中、小学教学计划（草案）》，小学学制统一为 5 年。

1981 年 9 月，区、公社中心小学实施部颁的《全日制五年制小学教学计划（修订草案）》。课程设思想品德、语文、数学、外语（视条件开设）、自然、地理、历史、体育、音乐、美术、劳动 11 科。

1983 年秋，学制又改，按各乡（镇）总班级数二分之一执行省颁《六年制小学教学计划（试行草案）》，每节课时 40 分钟，全年上课时间 34 周，复习考试 4 周，机动 2 周。未改制年级，继续执行《全日制五年制小学教学计划（修订草案）》，至 1988 年秋完成 6 年制过渡。

1986 年秋，全面实施九年制义务教育。即小学生 6 周岁入学，小学 6 年，初中 3 年。

2002 年后，试行国家课程、地方课程和校本课程。校本课程是以满足学生需求和体现学校办学理念与特色为目的而开发的课程。郭巨小学开发编写了《篆刻》《乡土情·烽火魂》等校本教材，开设了篆刻课程；开发了太极功夫扇、舞龙、马灯等拓展性课程；对学生进行家乡史教育、地方民俗文化传承教育。

**2019 年郭巨学校小学部课程一览**

表 12-1-18 单位：课时

| 课程 | 一年级 | 二年级 | 三年级 | 四年级 | 五年级 | 六年级 |
|---|---|---|---|---|---|---|
| 每周总课时 | 26 | 26 | 30 | 30 | 30 | 30 |
| 道德与法治 | 2 | 2 | 2 | 2 | 2 | 2 |
| 语文 | 9 | 9 | 7 | 7 | 6 | 6 |
| 数学 | 5 | 5 | 4 | 4 | 4 | 4 |
| 英语 | — | — | 3 | 3 | 3 | 3 |
| 科学 | 1 | 1 | 2 | 2 | 3 | 3 |
| 体育与健康 | 4 | 4 | 3 | 3 | 3 | 3 |
| 音乐 | 2 | 2 | 2 | 2 | 2 | 2 |
| 美术 | 2 | 2 | 2 | 2 | 2 | 2 |
| 信息技术 | — | — | 1 | 1 | 1 | 1 |
| 综合实践 | 1 | 1 | 2 | 2 | 2 | 2 |
| 拓展课程 | 1 | 1 | 2 | 2 | 2 | 2 |

## 学籍管理

中华人民共和国成立之初，县教育行政部门对学业考查、升级、留级、毕业等作新的规定。

**学业考查** 分平时、学年、毕业考查 3 种，成绩一般采用百分记分法。

**操行考查** 由班主任会同科任教师，根据生活指导准则，就儿童平时行为，经常记分，每两个月总结一次，用评语指出儿童优缺点。

**升、留级** 修完一学年，各科及格者准予升级；不合格者，由教师负责予以补习；补习后，语文、算术仍有一科不及格，或其他科目有两科不及格的予以留级。超龄儿童成绩特别优秀者，经考查合格，得予超升一级。

**毕业** 修完小学课程，操行和学业及格的准予毕业，由校长签发毕业证书，报县人民政府教育行政部门备案。

**休学、转学或退学** 因身体或家庭特殊情况，不能继续学习的可要求休学、转学或退学。

1963 年，执行《全日制小学暂行工作条例（草案）》，语文、算术两科每学期举行 1 至 2 次阶段考试和 1 次学期考试，其他课程只举行学期考试。学业不及格者，跟班试读。

1964 年，按《浙江省小学生学业成绩考查评定办法及升留级、毕业标准（修订稿）》规定，语文、算术进行学期考试，并作为升、留级标准，历史、地理、自然以及教改试点的常识课，可进行期中考试，但不记分，也不进行期末考试，体育、图画只学不考，语、数学期成绩评定，平时与期末比例为 6∶4。

1965 年，执行省教育厅关于取消一些不合理规章制度通知，不机械地计算学期考试与平时成绩 40% 与 60%（或 30% 与 70%）比例分配，贯彻重在平时及发展观点来衡量学生成绩，并取消补考制度。

“文化大革命”时期，一度取消考试及升留级等制度，凡修业期满，均可毕业。

70 年代末，教学规章制度逐步复立，但不足龄儿童提前入学多，留级多，毕业后回校复习多。1980 年后，县文教局促使各校建立学籍管理制度，统一“五册”（学龄儿童名册、在校生名册、流动学生名册、毕业生名册、12 至 15 周岁儿童少年名册）。重读生控制在 5% 内。

1984 年，县教育局制定《关于普及初等教育基本要求的暂行规定》，规定各乡（镇）“四率”指标。要求各校控制流生，控制不足龄儿童提前入学，控制留级，控制毕业生“回炉”。

1985 年初，县教育局颁发《加强小学教育管理的意见》，区、乡（镇）中心学校建立教学档案室，配置兼职档案管理员。

1991 年，实施义务教育学籍卡，2005 年起，施行义务教育电子学籍卡。

## 第四节　普通中学教育

### 发展历程

郭巨初级中学创办于 1956 年 7 月，时校名镇海县第八初级中学。1959 年郭巨初级中学新办民办初中 2 班，学生 79 人，教职工 4 人。1962 年，郭巨初级中学调整为县属公立学校。

1966 年下半年起，学校“停课闹革命”，批判所谓 17 年来“教育黑线专政”，揪斗校长教师，学校秩序大乱。1968 年，贫下中农毛泽东思想宣传队（简称“贫宣队”）进驻学校，以“阶级斗争为主课”，教育质量下降。

1969 年 9 月，“复课闹革命”“学校办到家门口”。是年秋，创办峙头公社初级中学，1973 年春，郭巨中学开办两年制普通高中，1974 年秋，创办峙头高中。境内的南门小学、华峙小学、盛岙小学、洋涨小学分别开办过附设初中班，至 1988 年境内小学附设初中班全部撤销。

**境内初级中学（小学附设初中班）开（停）办情况表**

表 12-1-19

| 校名 | 开办时 | | | | | | 停办时 | |
|---|---|---|---|---|---|---|---|---|
| | 校址 | 开办时间 | 班级（个） | 学生（人） | 教工（人） | 校长或负责人 | 停办时间 | 校长或负责人 |
| 郭巨初级中学 | 西门 | 1956.7 | 2 | 53 | 4 | 柯照铉 | — | 康海东 |
| 峙头初级中学 | 中宅 | 1969.9 | 1 | 40 | 2 | 邵忠明 | 1996.7 | 张银康 |
| 华峙小学附设初中 | 华峙 | 1969.9 | 1 | 24 | 2 | 唐梦琪 | 1986.7 | 吴谱模 |
| 南门小学附设初中 | 南门 | 1975.9 | 2 | 70 | 4 | 周毓敏 | 1980.7 | 周毓敏 |
| 盛岙小学附设初中 | 盛岙 | 1974.9 | 1 | 35 | 2 | 张布定 | 1981.7 | 张布定 |
| 洋涨小学附设初中 | 洋涨 | 1975.9 | 1 | 20 | 2 | 史永康 | 1979.7 | 汪圣善 |
| 双岙小学附设初中 | 双岙 | 1976.9 | 1 | 45 | 2 | 傅良骥 | 1977.7 | 傅良骥 |
| 联办小学附设初中 | 联办 | 1976.9 | 3 | 156 | 6 | 洪翠月 | 1981.7 | 周兴坝 |

说明：1992 年秋峙头初级中学与峙头乡中心合并为九年一贯制的峙头学校。2012 年秋郭巨初级中学与郭巨小学合并为九年一贯制的郭巨学校。

## 境内高级中学开（停）办基本情况表

表 12-1-20

| 校名 | 开办时 | | | | | | 停办时 | |
|---|---|---|---|---|---|---|---|---|
| | 校址 | 开办时间 | 班级（个） | 学生（人） | 教工（人） | 校长或负责人 | 停办时间 | 校长或负责人 |
| 郭巨高级中学 | 西门 | 1973.2 | 1 | 63 | 8 | 金龙土 | 1987.7 | 徐建龙 |
| 峙头高级中学 | 中宅 | 1974.9 | 1 | 42 | 5 | 俞崇高 | 1978.7 | 俞崇高 |

1978 年调整和整顿初中，初中学制恢复为三年制。控制改革高中，1978 年秋，停办峙头中学高中部，高二仅有的一个班级转至柴桥中学。1985 年秋，郭巨中学普高停止招生。

## 1977—1978 年境内中学（含小学带帽初中）基本情况表

表 12-1-21

| 校名 | 校址 | 占地面积（平方米） | 建筑面积（平方米） | 初中部 | | | 高中部 | | |
|---|---|---|---|---|---|---|---|---|---|
| | | | | 班级数（个） | 学生数（人） | 教职工数（人） | 班级数（个） | 学生数（人） | 教职工数（人） |
| 郭巨中学 | 西门 | 4290 | 1851 | 7 | 345 | 21 | 5 | 283 | 13 |
| 峙头中学 | 中宅 | 2228 | 690 | 6 | 244 | 13 | 2 | 60 | 4 |
| 华峙学校 | 华峙 | 2200 | 897 | 4 | 168 | 7 | — | — | — |
| 南门学校 | 南门 | 2400 | 875 | 6 | 286 | 12 | — | — | — |
| 盛岙学校 | 盛岙 | 320 | 121 | 2 | 70 | 4 | — | — | — |
| 洋涨学校 | 洋涨 | 1200 | 310 | 1 | 25 | 2 | — | — | — |

## 1985 年境内中学基本情况表

表 12-1-22

| 校名 | 班级数（个） | | 学生数（人） | | 校长或负责人 | 教工数（人） | | 校园面积（平方米） | 建筑面积（平方米） |
|---|---|---|---|---|---|---|---|---|---|
| | 初中 | 高中 | 初中 | 高中 | | 合计 | 专任教师 | | |
| 郭巨中学 | 15 | 1 | 670 | 59 | 王才根 | 36 | 22 | 5169 | 3720 |
| 峙头乡初级中学 | 6 | — | 277 | — | 张荣选 | 14 | 14 | 2800 | 1000 |

1984 年 2 月 11 日，镇海县委、县政府做出《关于改革中等教育结构，搞好普教工作的若干规定》。规定要求尽快普及初等教育，狠抓中等教育改革。

1985 年，贯彻《中共中央关于教育体制改革的决定》，实行“分级办学和分级管理”体制，境内中学的办学单位为乡（镇）政府，区教育局行使人事和业务管理职能。

1986 年 4 月，滨海区一届人大三次会议决议：1986 年 7 月 1 日起，全区 20 个乡（镇）同时实施九年制义务教育。区委、区政府决定投入教育基建经费 220 万元，并确定峙头乡等 4 个山区及边远乡为投资重点，1987 年，峙头乡初中易地新建建筑面积为 1200 平方米的教学楼和 1000 平方米的学生宿舍楼。

1986 年 9 月，境内实施九年制义务教育，即初中 3 年、小学 6 年。1989 年，北仑区成为全省 12 个首批基本普及九年制义务教育县（区）之一，境内初中普及率为85%，比1986年提高32.2%。

1992年，峙头乡初中与峙头乡中心学校合并为九年一贯制的峙头学校。1995年秋，峙头学校初中部撤销。

1993年，区、镇政府投资250万元，郭巨中学易地灯具城西侧新建校区，1996年9月，建筑面积达3980平方米、校园面积达1.33万平方米的郭巨中学新校舍投入使用。是年，又投入10万元，建成3200平方米田径运动场。

1998年，境内初中入学率100%，巩固率97.84%，高标准通过省双基（基本普及九年制义务教育、基本扫除青壮年文盲）评估验收。

2006年，郭巨中学校园面积增至15180平方米，建筑面积增至8935平方米，有12个班级、462个学生、40名教职工（其中专任教师36人）。

2012年秋，郭巨小学并入郭巨中学成为九年一贯制的郭巨学校，时初中部有6个班级、179名学生、28名教职工，其中专任教师22名。2013年总投资2500万元的教学楼原地拆建投入使用。

2019年，境内中学只有郭巨学校的初中部。初中部6个班级、166个学生，全校共有教职工61名，其中初中部专任教师21名。校园面积1.3073万平方米，建筑面积1.012万平方米。

## 1980—1996年境内中学基本情况表

表12-1-23

| 年份 | 班级数（个） | | | 学生数（人） | | | 教职工数（人） | |
|---|---|---|---|---|---|---|---|---|
| | 郭巨中学 | | 峙头中学 | 郭巨中学 | | 峙头中学 | 郭巨中学 | 峙头中学 |
| | 高中 | 初中 | 初中 | 高中 | 初中 | 初中 | | |
| 1980 | 4 | 6 | 6 | 216 | 314 | 247 | 33 | 13 |
| 1981 | 4 | 9 | 6 | 228 | 526 | 229 | 40 | 13 |
| 1982 | 4 | 9 | 4 | 243 | 527 | 165 | 43 | 9 |
| 1983 | 3 | 10 | 4 | 165 | 584 | 193 | 42 | 9 |
| 1984 | 2 | 11 | 5 | 111 | 635 | 218 | 49 | 12 |
| 1985 | 1 | 14 | 5 | 71 | 739 | 219 | 49 | 12 |
| 1986 | 1 | 14 | 6 | 59 | 701 | 271 | 49 | 14 |
| 1987 | — | 15 | 5 | — | 707 | 197 | 50 | 12 |
| 1988 | — | 12 | 3 | — | 549 | 102 | 53 | 11 |
| 1989 | — | 11 | 2 | — | 449 | 68 | 38 | 8 |
| 1990 | — | 11 | 2 | — | 464 | 98 | 39 | 8 |
| 1991 | — | 13 | 3 | — | 614 | 140 | 46 | 11 |
| 1992 | — | 15 | 4 | — | 824 | 158 | 48 | 10 |
| 1993 | — | 17 | 3 | — | 862 | 110 | 47 | 7 |
| 1994 | — | 17 | 2 | — | 868 | 64 | 50 | 5 |
| 1995 | — | 17 | 2 | — | 947 | 64 | 48 | 5 |
| 1996 | — | 18 | — | — | 971 | — | 49 | — |

## 1997—2019 年郭巨中学（郭巨学校初中部）基本情况表

表 12-1-24

| 年份 | 班级数（个） | 学生数（人） | 教职工数（人） | | 年份 | 班级数（个） | 学生数（人） | 教职工数（人） | |
|---|---|---|---|---|---|---|---|---|---|
| | | | 小计 | 其中专任教师 | | | | 小计 | 其中专任教师 |
| 1997 | 18 | 926 | 56 | 45 | 2009 | 11 | 334 | 36 | 35 |
| 1998 | 15 | 774 | 50 | 43 | 2010 | 9 | 277 | 33 | 31 |
| 1999 | 15 | 724 | 48 | 40 | 2011 | 7 | 212 | 28 | 27 |
| 2000 | 16 | 786 | 48 | 41 | 2012 | 6 | 179 | 22 | 22 |
| 2001 | 17 | 863 | 50 | 44 | 2013 | 6 | 170 | 21 | 21 |
| 2002 | 18 | 873 | 47 | 41 | 2014 | 5 | 149 | 16 | 16 |
| 2003 | 18 | 820 | 50 | 44 | 2015 | 5 | 139 | 16 | 16 |
| 2004 | 16 | 678 | 51 | 45 | 2016 | 5 | 149 | 17 | 17 |
| 2005 | 14 | 560 | 46 | 42 | 2017 | 6 | 173 | 19 | 19 |
| 2006 | 12 | 462 | 40 | 36 | 2018 | 6 | 200 | 22 | 22 |
| 2007 | 11 | 395 | 37 | 36 | 2019 | 6 | 166 | 21 | 21 |
| 2008 | 11 | 392 | 37 | 36 | — | — | — | — | — |

### 学制与课程

1953 年秋起，试行部颁的《中学教学计划（修订草案）》，初中设语文、数学（算术、代数、几何）、物理、化学、生物（植物、动物）、卫生常识、历史（中国古代史、世界古代史）、地理（自然地理、中国地理、世界地理）、中国革命常识、外语、体育、音乐、图画等课程。每周教学时数第一学年 30 学时，第二、三学年 32 学时，总时数 3352 学时。1954 年秋，初中停设外语课。1957 年秋，恢复外语课，并在第三学年增设农业基础知识课。

1958 年，开展勤工俭学活动，生产劳动列入教学计划，增加各年级生产劳动时间。1959 年，执行省教育厅颁发的《浙江省全日制普通中学暂行教学计划》，将课程分为政治思想教育（占总教时 19% 左右）、文化科学知识教育（占总教时 55% 左右）、生产劳动和体育（占总教时 26% 左右）三大类。初中学生每周上课、活动、自修总时数 55 节。

1961 年秋，郭巨全日制公立初中改为“二・三・七”制初中（将 2 个月假期、1 个月劳动、9 个月学习制度，改为 2 个月假期、3 个月劳动、7 个月学习制度）。

1963 年，郭巨公立初中恢复原学制。执行全日制中学新教学计划，政治课（包括时事政策教育）占总学时 1/4，按年级分别设置政治常识、经济常识、辩证唯物主义常识等课程。初三开设生产知识课，中学生每年规定参加劳动 1 个月。文化课注重语文、数学和外语教学。

1965 年秋，贯彻教育部发的《关于调整和精简中小学课程的通知》，调整和精简后每周上课总时数，初一从 33 学时减为 31 学时，初二、初三从 34 学时减为 30 学时。

“文化大革命”复课期间，以“阶级斗争为主课”，开展学工、学农、学军活动，砍裁、合并许多课程与教学内容，取消考试，班级实行军事连排编班，一度改秋季为春季招生，学制改为初高中“二•二”制。

1978 年，遵照部颁的《全日制十年制中小学教学计划（试行草案）》规定，学制改为初中三年，高中二年。1982 年 10 月，境内初中（附设初中）、高中试行浙江省全日制二类教学计划。

1992 年,《九年义务教育全日制小学、初级中学课程计划（试行）》（简称《义务教育课程计划》）颁布后，初中选修课的开设范围进一步扩大。

2002 年后，试行国家课程、地方课程和校本课程。郭巨中学开发了“亲青港湾”校本课程。

## 1984 年境内初中课程及周课时安排一览

表 12-1-25　　单位：课时

| 科目 | 一年级 | 二年级 | 三年级 | 科目 | 一年级 | 二年级 | 三年级 |
|---|---|---|---|---|---|---|---|
| 每周总课时 | 30 | 31 | 31 | 历史 | 3 | 2 | — |
| 政治 | 2 | 2 | 2 | 地理 | 3 | 2 | — |
| 语文 | 6 | 6 | 6 | 生物 | 2 | 2 | — |
| 数学 | 5 | 6 | 6 | 生理卫生 | — | — | 2 |
| 外语 | 5 | 5 | 5 | 体育 | 2 | 2 | 2 |
| 物理 | — | 2 | 3 | 美术 | 1 | 1 | 1 |
| 化学 | — | — | 3 | 音乐 | 1 | 1 | 1 |

## 2007 年郭巨初中课程及周课时安排一览

表 12-1-26　　单位：课时

| 科目 | 一年级 | 二年级 | 三年级 | 科目 | 一年级 | 二年级 | 三年级 |
|---|---|---|---|---|---|---|---|
| 每周总课时 | 33 | 33 | 33 | 体育与保健 | 3 | 3 | 3 |
| 思想品德 | 2 | 2 | 2 | 音乐 | 1 | 1 | 1 |
| 语文 | 5 | 5 | 5 | 美术 | 1 | 1 | 1 |
| 数学 | 4 | 4 | 4 | 信息技术 | 2 | 2 | 2 |
| 英语 | 4 | 4 | 4 | 综合实践 | 3 | 3 | 3 |
| 科学 | 4 | 4 | 4 | 地方课程 | 1 | 1 | 1 |
| 历史与社会 | 3 | 3 | 3 | — | — | — | — |

## 2019 年郭巨学校初中部课程及周课时安排一览

表 12-1-27　　单位：课时

| 科目 | 七年级 | 八年级 | 九年级 | 科目 | 七年级 | 八年级 | 九年级 |
|---|---|---|---|---|---|---|---|
| 每周总课时 | 34 | 34 | 34 | 体育与保健 | 3 | 3 | 3 |
| 道德与法治 | 2 | 2 | 2 | 音乐 | 1 | 1 | 1 |
| 语文 | 5 | 5 | 5 | 美术 | 1 | 1 | 1 |
| 数学 | 4 | 5 | 4 | 信息技术 | 2 | 2 | 1 |
| 英语 | 4 | 4 | 4 | 综合实践 | 3 | 1 | 3 |
| 科学 | 4 | 5 | 5 | 地方课程 | 1 | 1 | 1 |
| 历史与社会 | 3 | 3 | 3 | 劳动技术 | 1 | 1 | 1 |

# 第五节　中等职业技术教育

1985 年秋学期，郭巨中学始招职业高中班（简称“职高”），学制 2 年，开设有机械制图、烹饪专业，共毕业 5 届、6 班、212 名学生，至 1991 年停办。

### 1985—1990 年郭巨中学职业高中教育一览

表 12-1-28

| 学年度 | 专业设置 | 招生数 | | 在校数 | | 毕业数 | | 专业教师（人） |
|---|---|---|---|---|---|---|---|---|
| | | 班级（个） | 人数（人） | 班级（个） | 人数（人） | 班级（个） | 人数（人） | |
| 1985—1986 | 机械制图 | 1 | 47 | 1 | 47 | — | — | 1 |
| 1986—1987 | 机械制图、烹饪 | 1 | 47 | 2 | 93 | 1 | 45 | 2 |
| 1987—1988 | 烹饪、机械制图 | 2 | 66 | 2 | 110 | 1 | 45 | 2 |
| 1988—1989 | 机械制图 | 1 | 39 | 2 | 98 | 2 | 59 | 1 |
| 1989—1990 | 机械制图、烹饪 | 1 | 31 | 2 | 70 | 1 | 38 | 2 |
| 1990—1991 | 烹饪 | — | — | 1 | 25 | 1 | 25 | 1 |

1996 年秋，郭巨中学复招职高财会专业班，1997 年秋学期，财会班高二年级划归郭巨成人学校。

1997 年秋学期，郭巨成人中等文化技术学校开设全日制职高班，学制 2 年。设有财会专业高一、高二年级各 1 班，1998 年秋学期增招文秘专业班。1998 年，郭巨成人学校筹款购置 386 型号计算机 20 台。至 2001 年停办，共毕业 5 班，毕业学生 159 人。

### 1996—2001 年境内职业高中教育一览

表 12-1-29

| 学年度 | 学校 | 专业设置 | 招生数 | | 在校数 | | 毕业数 | | 专业教师（人） |
|---|---|---|---|---|---|---|---|---|---|
| | | | 班级（个） | 人数（人） | 班级（个） | 人数（人） | 班级（个） | 人数（人） | |
| 1996—1997 | 郭巨中学 | 财会 | 1 | 28 | 1 | 28 | — | — | 2 |
| 1997—1998 | 郭巨中学、成人学校 | 财会 | 1 | 30 | 2 | 58 | 1 | 27 | 6 |
| 1998—1999 | 郭巨成人学校 | 财会、文秘 | 2 | 58 | 3 | 85 | 1 | 26 | 5 |
| 1999—2000 | 郭巨成人学校 | 财会、文秘 | 1 | 30 | 3 | 85 | 2 | 54 | 5 |
| 2000—2001 | 郭巨成人学校 | 财会 | — | — | 1 | 26 | 1 | 26 | 5 |
| 2001—2002 | 郭巨成人学校 | 财会 | — | — | 1 | 26 | 1 | 26 | 4 |

# 第六节　成人教育

## 扫除文盲

中华人民共和国成立初，乡、村和农民协会组织冬学。1952 年，80% 以上冬学转为常年民校，组织知识青年和教师参加扫盲工作，举办速成识字扫盲班，组办工农速成初等学校。1955—1956 年，组织包教包学、送教上门、田间识字小组、妇女识字小组等多种形式开展扫盲教育。

“文化大革命”开始后，各类成人学校停办，文盲率回升。1970 年，各地开办政治夜校。1972 年，恢复农村文化夜校，继续开展扫盲工作。

1979 年，郭巨、峙头公社分别建立工农业余教育领导小组，郭巨区中心学校、峙头公社中心学校均配备业余教育专职干部。贯彻镇海县革委会《关于尽快扫除文盲，大力发展农民业余教育的通知》，进行群众性文化普查，有 1/4 大队办业余文化夜校。

### 1980 年境内基本扫除文盲情况验收汇总表

表 12-1-30　　单位：人、%

| 单位 | 农业人口总人数 | 12 至 40 周岁少、青、壮年农民 | | | | |
|---|---|---|---|---|---|---|
| | | 总人数 | 非文盲人数 | 非文盲率 | 文盲半文盲数 | 文盲率 |
| 全县 | 401324 | 207787 | 194400 | 93.57 | 13387 | 6.43 |
| 郭巨乡 | 13896 | 7678 | 7336 | 95.50 | 342 | 4.50 |
| 峙头乡 | 6896 | 3388 | 3059 | 90.30 | 329 | 9.70 |

### 1984 年境内基本扫除文盲情况复核汇总表

表 12-1-31　　单位：人、%

| 单位 | 农业人口总人数 | 12 至 40 周岁少、青、壮年农民 | | | | |
|---|---|---|---|---|---|---|
| | | 总人数 | 非文盲人数 | 非文盲率 | 文盲半文盲数 | 文盲率 |
| 全县 | 350833 | 207977 | 199138 | 95.8 | 8839 | 4.2 |
| 郭巨乡 | 14532 | 8546 | 8089 | 94.7 | 457 | 5.3 |
| 峙头乡 | 7014 | 3995 | 3606 | 90.3 | 389 | 9.7 |

### 1985 年初境内 12 至 40 周岁人群文化程度表

表 12-1-32　　单位：人、%

| 乡镇名 | 总数 | 高中 | 初中 | 小学 | 文盲半文盲 | 非文盲 | 非文盲率 |
|---|---|---|---|---|---|---|---|
| 郭巨乡 | 8546 | 294 | 3046 | 4749 | 457 | 8089 | 94.7 |
| 峙头乡 | 3995 | 187 | 1126 | 2293 | 389 | 3606 | 90.3 |

1989 年，郭巨镇、峙头乡政府分别与北仑区政府签订扫盲指标责任书并成立扫盲工作领导小组，把

扫盲任务落实到单位和个人。1993 年，郭巨镇 15 ～ 43 周岁的青壮年共 12016 人，其中文盲半文盲 314 人，非盲率提高到 97.387%。通过省“两基”（基本普及九年制义务教育，基本扫除青壮年文盲）评估验收。

1998 年，境内 1949 年 10 月 1 日以后出生的年满 15 ～ 45 周岁人口总数为 11972 人，文盲半文盲 133 人，非盲率 98.89%，通过市“两高”（高标准普及九年制义务教育，高标准扫除青壮年文盲）评估验收，扫除文盲工作告一段落。

2013 年，根据《浙江省教育厅关于进一步加强扫盲工作的通知》《关于印发〈北仑区进一步加强扫盲教育三年行动计划〉的通知》文件精神，通过“一帮一”、集中培训、送教进村等方式开展了新时期扫盲工作。又鉴于 2010 年第六次人口普查登记时，部分村未对普查对象变化了的学历信息作变更，本着实事求是的原则，2016 年初，各村对登记在册的文盲对象的文化程度逐一核查，确认其中 2014 名在册文盲的文化程度已不属于文盲对象，并由当地派出所据核查名册修改了相关居民文化程度信息一栏。

## 2013—2019 年境内扫除文盲情况表

表 12-1-33

| 单位 | 2015 年底在册人口数 | 2013 年初在册文盲人口数 | 2013 年初在册文盲率 | 2013 年初 16～65 岁文盲人数 | 2013 年初 16～65 岁文盲率 | 2013—2019 年脱盲人数 | 2016 年核减脱盲人数 |
|---|---|---|---|---|---|---|---|
| 北门村 | 1007 | 91 | 0.090 | 22 | 0.022 | 1 | 62 |
| 大岭下村 | 399 | 69 | 0.173 | 32 | 0.080 | 2 | 52 |
| 大涂塘村 | 898 | 88 | 0.098 | 17 | 0.019 | 0 | 65 |
| 东港社区 | 1789 | 86 | 0.048 | 23 | 0.013 | 0 | 54 |
| 东门村 | 1318 | 79 | 0.060 | 5 | 0.004 | 4 | 51 |
| 福民村 | 892 | 102 | 0.114 | 27 | 0.030 | 3 | 84 |
| 后墩村 | 1218 | 54 | 0.044 | 12 | 0.010 | 1 | 37 |
| 华峙村 | 2445 | 247 | 0.101 | 75 | 0.031 | 51 | 138 |
| 尖岭岙村 | 953 | 51 | 0.054 | 8 | 0.008 | 2 | 25 |
| 路亭村 | 677 | 55 | 0.081 | 9 | 0.013 | 0 | 39 |
| 南门村 | 2091 | 295 | 0.141 | 85 | 0.041 | 35 | 218 |
| 双岙村 | 1067 | 229 | 0.215 | 116 | 0.109 | 109 | 122 |
| 西门村 | 1183 | 117 | 0.099 | 27 | 0.023 | 3 | 79 |
| 谢家岙村 | 606 | 58 | 0.096 | 7 | 0.012 | 1 | 16 |
| 渔业队 | 124 | 35 | 0.282 | 14 | 0.113 | 0 | 29 |
| 光明村 | 623 | 86 | 0.138 | 35 | 0.056 | 24 | 51 |
| 花船村 | 221 | 47 | 0.213 | 18 | 0.081 | 8 | 41 |
| 联合村 | 933 | 176 | 0.189 | 84 | 0.090 | 49 | 101 |
| 沙湾村 | 786 | 163 | 0.207 | 90 | 0.115 | 51 | 102 |
| 上宅村 | 918 | 239 | 0.260 | 125 | 0.136 | 58 | 153 |
| 盛岙村 | 1444 | 198 | 0.137 | 89 | 0.062 | 83 | 111 |
| 双屯村 | 225 | 34 | 0.151 | 9 | 0.040 | 0 | 30 |
| 洋涨村 | 903 | 218 | 0.241 | 129 | 0.143 | 50 | 102 |
| 长坑村 | 382 | 58 | 0.152 | 14 | 0.037 | 2 | 46 |
| 长浦村 | 273 | 78 | 0.286 | 34 | 0.125 | 10 | 58 |

续表 12-1-33

| 单位 | 2015 年底在册人口数 | 2013 年初在册文盲人口数 | 2013 年初在册文盲率 | 2013 年初 16～65 岁文盲人数 | 2013 年初 16～65 岁文盲率 | 2013—2019 年脱盲人数 | 2016 年核减脱盲人数 |
|---|---|---|---|---|---|---|---|
| 中宅村 | 618 | 127 | 0.206 | 59 | 0.095 | 15 | 108 |
| 竹湾村 | 410 | 48 | 0.117 | 19 | 0.046 | 7 | 40 |
| 合计 | 24403 | 3128 | 0.128 | 1184 | 0.049 | 569 | 2014 |

## 成人职业技术教育

1980 年始，工农教育改称成人教育。农村成人教育重点向实用技术培训转移。根据本地农村产业实际，采用长短结合、课堂与现场结合的办班形式，开展了海（淡水）产品养殖、果木（花木）栽培与管理、蔬菜种植与管理、畜牧养殖、农机驾驶与维护、小型船舶安全驾驶等农业实用技术培训。

2002 年起，郭巨成人学校为宁波市百万家庭计算机网络普及教育工程定点培训单位之一，对境内居民免费开展了计算机网络普及教育达 2000 余人。2017 年起，百万家庭计算机网络普及教育工程调整为千场万人智能手机操作技能普及教育工程，通过送教到村、中心城区设教学点等方式对境内中老年人开展智能手机操作技能普及培训。2017—2019 年，白峰成人学校在东港社区、峰南社区、尖岭岙村、盛岙村、双岙村设点，为中老年人智能手机操作技能普及培训达 180 余人。

2003 年，北仑区政府印发《关于开展被征地人员职业培训工作的若干意见》和《关于开展农民培训工作的实施意见》，区政府设立被征地人员安置就业办公室（简称“区就业办”）并安排专项资金用于被征地人员培训补贴。开展针对被征地人员（又称“失地农民”）和农村富余劳动力转移的再就业职业技能培训，境内重点开展了计算机操作员、服装缝制工、中西式面点师、育婴员等项目的职业资格证书培训。2013 年起，被征地人员和农村富余劳动力转岗再就业职业技能培训对象调整为参加社会保险人员，培训经费调整为由社会保险险种中的失业保险基金支付。2007—2019 年，境内被征地人员和农村富余劳动力参加由白峰成人学校举办的转岗再就业、在岗职业技能提升培训达 1166 人次。

### 2007—2019 年郭巨境内居民参加职业技能培训一览

表 12-1-34

| 年份 | 培训项目 | 人数（人） | 年份 | 培训项目 | 人数（人） |
|---|---|---|---|---|---|
| 2007 | 服装设计定制工 | 104 | 2011 | 服装制作工 | 52 |
| 2007 | 计算机中初级操作员 | 41 | 2012 | 服装制作工培训 | 51 |
| 2008 | 服装设计定制工 | 103 | 2013 | 中式面点师 | 21 |
| 2008 | 计算机中初级操作员 | 26 | 2013 | 园林绿化 | 59 |
| 2008 | 中式面点师 | 27 | 2014 | 西式面点师 | 18 |
| 2009 | 服装设计定制工 | 99 | 2014 | 育婴员 | 22 |
| 2009 | 计算机中初级操作员 | 30 | 2014 | 计算机操作员 | 13 |
| 2010 | 服装设计定制工 | 60 | 2015 | 西式面点师 | 33 |
| 2010 | 计算机中初级操作员 | 42 | 2016 | 育婴员 | 20 |
| 2010 | 园林绿化培训班 | 31 | 2017 | 智能手机操作 | 75 |
| 2011 | 计算机操作员 | 102 | 2017 | 育婴员 | 22 |

续表 12-1-34

| 年份 | 培训项目 | 人数（人） | 年份 | 培训项目 | 人数（人） |
|---|---|---|---|---|---|
| 2018 | 智能手机班 | 75 | 2019 | 西式面点师 | 10 |
| 2018 | 育婴员 | 30 | — | — | — |

2004 年始，农村成人教育培训重点实施三项工程：一是以专业户、种田大户和农村基层骨干为主要对象的农民绿色证书培训工程；二是 45 岁以下青年骨干农民为主要对象的新世纪青年农民科技培训工程，输送优秀农民进高等学校进修；三是以单项性农业新技术、新品种推广和实用技术为主要内容的农民科技培训工程。

### 成人学历提升培训

2002 年春学期，郭巨镇成人学校举办了首届成人高中（函授、村干部为主要对象）学历教育班。2003 年秋学期，郭巨镇成人学校并入白峰镇成人学校后，“双证制”（学历证书和技术证书）成人高中学历教育继续每年春、秋学期招生，户籍在北仑区内学员的培训费用全由区财政补贴。2010 年起免费培训对象扩大至户籍在北仑区外的外来务工人员。至 2019 年底，共毕业 32 期，境内居民注册就读“双证制”成人高中班学员 556 人，其中毕业 516 人。

2006 年春季学期至 2014 年，白峰镇成人学校开办成人大专函授学历教育，开设有物流和财会两个专业，分别毕业 8 届、9 届，境内居民考入就读成人大专班学员 285 人，其中毕业 280 人。

2009 年春季学期起，白峰街道成人学校开办成人大专（本科）网络学历教育。至 2019 年底，境内居民考入就读成人大专（本科）网络学历教育学员 224 人，其中毕业 224 人。

## 第七节　社区教育　老年教育

### 社区教育

2007 年 9 月 6 日，北仑区首次社区教育工作会议召开以后，境内农村社区教育工作在白峰镇社区教育协调委员会领导下全面开展。各村（社区）均建立了以书记为校长的村民（市民）学校，各村民（市民）学校陆续配备了桌椅、笔记本电脑、数字投影仪等教学培训设备设施，落实了各村民（市民）学校的社区教育管理员，对村民（市民）开展了政策形势、法律知识、家庭教育等社会生活类教育培训；健康保健、常见病防治、健身舞（操）等健康促进类教育培训；书画、器乐戏曲等休闲娱乐类教育培训；计算机操作与网络普及教育、中老年人智能手机操作技能普及等工作生活实用技能类等方面培训活动。在深入全面开展教育培训活动基础上，开展了学习型单位（行政村、社区、企业、家庭、共同体）创评工作，东港社区的“总台山历史文化研究会”“养生茶室”分别于 2014 年、2017 年被评为区级优秀学习共同体；开展百姓学习之星评选工作、示范村民（市民）学校创评工作、社区教育特色项目和特色课程开发建设工作、社区教育进农村文化礼堂工作等，涌现了竺士杰等全国百姓学习之星典型；成功开发了“总台山文化”（2011 年全国社区教育合格实验项目、2019 年宁波市终身教育品牌项目）等社区教育特色（品牌）项目；建设了“郭巨民俗”（2018 年全国优秀特色文化课程三等奖）等社区教育特色课程；境内居民年受教育人次占常住人口数的比例由 2007 年的 57% 提高到 2019 年的 115%。10 多年来，形式多样、内涵丰富的社区教育在境内全面深入发展，极大地提升了境内居民综合素养。

## 2007—2014 年境内村民（市民）学校建设情况表

表 12-1-35

| 单位 | 村民（市民）学校建设 | | | | 区学习型社区（村）评定年份 |
| --- | --- | --- | --- | --- | --- |
| | 创建年份 | 设备设施情况 | 星级 | 星级评定年份 | |
| 东港社区 | 2007 | 投影仪、笔记本电脑、桌椅 100 套 | 区示范 | 2007 | 2006 |
| 峰南社区 | 2014 | 投影仪、笔记本电脑、桌椅 100 套 | 区示范 | 2014 | 2014 |
| 东门村 | 2007 | 投影仪、笔记本电脑、桌椅 60 套 | — | — | 2009 |
| 西门村 | 2007 | 投影仪、笔记本电脑、桌椅 100 套 | 区示范 | 2008 | 2007 |
| 南门村 | 2007 | 投影仪、笔记本电脑、桌椅 100 套 | — | — | 2008 |
| 北门村 | 2007 | 投影仪、笔记本电脑、桌椅 60 套 | — | — | — |
| 路亭村 | 2007 | 投影仪、笔记本电脑、桌椅 100 套 | — | — | — |
| 大涂塘村 | 2007 | 投影仪、笔记本电脑、桌椅 60 套 | — | — | 2008 |
| 尖岭村 | 2007 | 投影仪、笔记本电脑、桌椅 50 套 | — | — | 2008 |
| 双岙村 | 2007 | 投影仪、笔记本电脑、桌椅 60 套 | 区示范 | 2009 | 2009 |
| 华峙村 | 2007 | 投影仪、笔记本电脑、桌椅 50 套 | — | — | 2008 |
| 盛岙村 | 2007 | 投影仪、笔记本电脑、桌椅 60 套 | 区示范 | 2010 | 2010 |
| 福民村 | 2007 | 投影仪、笔记本电脑、桌椅 60 套 | — | — | 2011 |
| 大岭下村 | 2009 | 投影仪、笔记本电脑、桌椅 60 套 | — | — | 2010 |
| 中宅村 | 2007 | 桌椅 60 套 | — | — | 2012 |
| 联合村 | 2008 | 桌椅 60 套 | — | — | — |
| 洋涨村 | 2008 | 桌椅 60 套 | — | — | — |

## 2011—2014 年境内各村（社区）村民（市民）学校社区教育开展情况表

表 12-1-36

| 单位 | 2011 年度 | | 2012 年度 | | 2013 年度 | | 2014 年度 | |
| --- | --- | --- | --- | --- | --- | --- | --- | --- |
| | 受教育人次 | 受教育率（%） | 受教育人次 | 受教育率（%） | 受教育人次 | 受教育率（%） | 受教育人次 | 受教育率（%） |
| 东港社区 | 2779 | 126 | 3569 | 162 | 5066 | 230 | 3263 | 148 |
| 峰南社区 | — | — | 1668 | 139 | 1113 | 93 | 2461 | 98 |
| 东门村 | 754 | 75 | 798 | 80 | 771 | 77 | 544 | 54 |
| 西门村 | 1620 | 135 | 1624 | 136 | 1014 | 85 | 824 | 69 |
| 南门村 | 793 | 50 | 717 | 45 | 726 | 46 | 878 | 55 |
| 北门村 | 432 | 58 | 440 | 59 | 625 | 83 | 575 | 77 |
| 路亭村 | 336 | 49 | 248 | 36 | 422 | 61 | 372 | 54 |
| 大涂塘村 | 410 | 45 | 410 | 45 | 403 | 45 | 474 | 53 |
| 尖岭村 | 423 | 65 | 260 | 40 | 92 | 14 | — | — |
| 双岙村 | 631 | 73 | 371 | 43 | 310 | 36 | 1414 | 165 |
| 华峙村 | 734 | 37 | 515 | 26 | 1021 | 51 | 771 | 39 |
| 中宅村 | 789 | 121 | 554 | 85 | 739 | 95 | — | — |

续表 12-1-36

| 单位 | 2011 年度 | | 2012 年度 | | 2013 年度 | | 2014 年度 | |
|---|---|---|---|---|---|---|---|---|
| | 受教育人次 | 受教育率（%） | 受教育人次 | 受教育率（%） | 受教育人次 | 受教育率（%） | 受教育人次 | 受教育率（%） |
| 盛岙村 | 559 | 72 | 1060 | 136 | 739 | 95 | 787 | 101 |
| 洋涨村 | — | — | — | — | 366 | 92 | 230 | 31 |
| 联合村 | 443 | 143 | 460 | 148 | — | — | — | — |
| 福民村 | 453 | 129 | 153 | 44 | 210 | 60 | 466 | 133 |
| 大岭下村 | 378 | 94 | 170 | 42 | 91 | 23 | 312 | 78 |

## 2015—2019 年境内各村（社区）村民（市民）学校社区教育开展情况表

表 12-1-37

| 单位 | 2015 年度 | | 2016 年度 | | 2017 年度 | | 2018 年度 | | 2019 年度 | |
|---|---|---|---|---|---|---|---|---|---|---|
| | 受教育人次 | 受教育率（%） | 受教育人次 | 受教育率（%） | 受教育人次 | 受教育率（%） | 受教育人次 | 受教育率（%） | 受教育人次 | 受教育率（%） |
| 东港社区 | 2975 | 135 | 1588 | 72 | 2656 | 121 | 3585 | 219 | 1619 | 95 |
| 峰南社区 | 1993 | 80 | 2089 | 84 | 2178 | 87 | 2204 | 88 | 1149 | 41 |
| 东门村 | 635 | 47 | 555 | 41 | 744 | 55 | 744 | 58 | 704 | 65 |
| 西门村 | 821 | 67 | 877 | 72 | 1060 | 87 | 1420 | 120 | 856 | 130 |
| 南门村 | 895 | 42 | 828 | 38 | 569 | 26 | 576 | 28 | 1818 | 110 |
| 北门村 | 734 | 70 | 867 | 83 | 1068 | 102 | 764 | 77 | 612 | 60 |
| 路亭村 | 363 | 53 | 367 | 53 | 469 | 68 | 381 | 57 | 577 | 87 |
| 大涂塘村 | 300 | 33 | 387 | 43 | 651 | 72 | 272 | 31 | 398 | 60 |
| 尖岭村 | 295 | 30 | 258 | 27 | 693 | 72 | 728 | 78 | 693 | 55 |
| 双岙村 | 403 | 39 | 905 | 87 | 1001 | 97 | 626 | 60 | 1158 | 163 |
| 华峙村 | 642 | 26 | 1255 | 52 | 1264 | 52 | 1037 | 43 | 1291 | 54 |
| 盛岙村 | 939 | 66 | 905 | 64 | 1732 | 122 | 1414 | 99 | 711 | 142 |
| 洋涨村 | 223 | 26 | 361 | 42 | — | — | — | — | — | — |
| 福民村 | 570 | 63 | 588 | 65 | 517 | 57 | 493 | 57 | 510 | 60 |
| 大岭下村 | 322 | 80 | 437 | 109 | 656 | 164 | 595 | 51 | 449 | 140 |

## 2019 年境内各村（社区）村民（市民）学校各类人群受训情况表

表 12-1-38

| 学校名称 | 常住人口数 | 培训总人次 | 培训人次占常住人口比例（%） | 其中按培训对象分（人次） | | | | | | |
|---|---|---|---|---|---|---|---|---|---|---|
| | | | | 老年人 | 青少年 | 妇女 | 农民 | 外来人口 | 干部党员 | 残疾人 |
| 东港社区 | 1706 | 1619 | 95 | 1058 | 65 | 227 | 0 | 0 | 287 | 0 |
| 峰南社区 | 2800 | 1149 | 41 | 765 | 304 | 701 | 281 | 33 | 192 | 0 |
| 大涂塘 | 658 | 398 | 61 | 181 | 0 | 0 | 0 | 0 | 111 | 0 |
| 西门 | 658 | 856 | 130 | 0 | 53 | 0 | 600 | 0 | 203 | 0 |

续表 12-1-38

| 学校名称 | 常住人口数 | 培训总人次 | 培训人次占常住人口比例（%） | 其中按培训对象分（人次） | | | | | | |
|---|---|---|---|---|---|---|---|---|---|---|
| | | | | 老年人 | 青少年 | 妇女 | 农民 | 外来人口 | 干部党员 | 残疾人 |
| 东门 | 1085 | 704 | 65 | 320 | 0 | 464 | 308 | 2 | 239 | 10 |
| 北门 | 1015 | 612 | 60 | 406 | 0 | 544 | 529 | 0 | 85 | 36 |
| 南门 | 1650 | 1818 | 110 | 596 | 0 | 1586 | 1818 | 0 | 123 | 0 |
| 尖岭岙 | 446 | 693 | 155 | 484 | 6 | 484 | 691 | 0 | 0 | 32 |
| 路亭 | 664 | 577 | 87 | 276 | 0 | 217 | 84 | 0 | 0 | 0 |
| 双岙 | 710 | 1158 | 163 | 78 | 0 | 237 | 258 | 0 | 50 | 0 |
| 华峙 | 2400 | 1291 | 54 | 988 | 0 | 860 | 1291 | 0 | 228 | 0 |
| 福民 | 850 | 510 | 60 | 290 | 0 | 361 | 198 | 0 | 135 | 21 |
| 大岭下 | 320 | 449 | 140 | 329 | 0 | 345 | 320 | 2 | 85 | 81 |
| 盛岙 | 500 | 1411 | 282 | 844 | 0 | 890 | 1030 | 0 | 0 | 0 |

## 2011—2019 年境内社区教育项目（课程、论文）建设成果一览

表 12-1-39

| 类型 | 名称 | 获奖情况 | 评奖单位 |
|---|---|---|---|
| 项目 | “烽火魂乡土情”总台山文化品牌 | 全国社区教育实验项目验收合格项目 | 中国社区教育专业委员会 |
| 项目 | 烽火魂乡土情·总台山文化 | 2019 年宁波市终身教育品牌项目 | 宁波市教育局 |
| 项目 | 村转居中的“文化教育养老”实验 | 宁波市成人（社区）教育特色培训项目三等奖 | 宁波市教育局 |
| 课程 | 烽火魂乡土情 | 全国社区教育特色课程 | 中国社区教育专业委员会 |
| 课程 | 郭巨民俗 | 全国农村成人（社区）教育优秀传统文化特色课程三等奖 | 中国成人教育专业委员会 |
| 课程 | 郭巨民俗 | 宁波市终身教育地方特色教材（读本）二等奖 | 宁波市教育局 |

## 老年教育

2012 年 2 月 26 日，白峰镇政府下发《关于成立白峰镇东港新村老年教育学校的通知》。它是境内第一所面向峰南社区 8 个拆迁村 1200 多位老年人集居区的老年教育学校。该老年教育学校建成后，起先由白峰社区教育中心为主管理，每年给老年人送去法律时政、养生保健等至少 6 期讲座，组织举办健身舞（操）、戏曲器乐等方面的教育培训活动。2014 年峰南社区成立后，东港新村老年教育学校由峰南社区管理。2016 年，在白峰社区教育中心的资助下购置 15 台计算机，建成了老年人数字化学习中心，并对区域内的老年人开展了计算机网络、智能手机操作技能等培训，由白峰社区教育中心和峰南社区共同开发的“拆迁安置老年公寓文化教育养老实验”获评区社区教育特色培训项目一等奖，宁波市优秀学习共同体案例评选一等奖。

2017 年 4 月，北仑区委办公室下发《区委办公室、区政府办公室关于进一步加强老年大学教育工作的实施意见（试行）》。2017 年秋，白峰街道社区老年大学成立并在郭巨街道东港社区设立教学点，开设

了智能手机专业班；2018 学年，新开设大合唱、器乐二胡 2 个专业班；2019 学年，又新开设 2 个专业班，共计 5 个班级，有学员 92 名。

2017 至 2019 年，白峰社区教育中心在东港社区、尖岭岙村、盛岙村、双岙村等地设点为老年人开办智能手机操作技能普及培训，共培训学员 180 名。

**2019 年老年大学东港社区教学点办班情况表**

表 12-1-40

| 班级（专业）名称 | 学员人数 |
|---|---|
| 初级舞蹈班（二年级） | 21 |
| 合唱班（二年级） | 24 |
| 二胡班（二年级） | 15 |
| 初级舞蹈班（一年级） | 17 |
| 戏曲越剧班（一年级） | 15 |

# 第八节　教育管理体制改革

## 管理体制改革

1961 年，村校及部分完小转为民办，未转民办完小设有民办班。办学资金以集体筹集为主，国家补助为辅。此类学校（班）接受教育主管部门及当地公社、大队双重领导。

1963 年 3 月，教育部颁发《全日制中（小）学暂行工作条例（草案）》，提出中、小学实行“当地党委和主管教育行政部门领导下的校长负责制”。大公社小学恢复区校，管理区小学改制为公社中心小学。

1966 年初，调整学校领导体制，各级小学和公立初中都由当地公社党委领导。“文化大革命”期间，取消校长负责制，改为“革命委员会制”，实施“农村公办小学下放大队办”，贫下中农管理学校。

1978 年 7 月，撤销区、社教育革命办公室，复建区、社中心学校。全日制学校实行党支部领导下的校长分工负责制，学校一切重大问题须经党支部讨论决定。

1980 年，党政职能逐步分开。区、社中心学校建立教职工代表会制，实行民主办校。

1985 年，贯彻《中共中央关于教育体制改革的决定》，实行“分级办学和分级管理”体制。初中、小学和幼儿园受乡镇政府和区教育局双重领导，教师由区教育局统一管理和调配，教育经费根据核定数，由区财政按月拨给乡镇政府管理使用，不足部分由乡镇政府统筹解决。鼓励村、企业和社会捐资赠物办学。实行政府财政拨款为主和征收教育事业费附加、勤工俭学、社会捐资兴学等多渠道集资办学机制。“分级办学和分级管理”体制激发了乡村办学积极性，峙头乡境内出现了乡村集资新建学校教学楼的热潮。1985 年，峙头乡政府集资新建峙头乡中心学校教学楼；第二、三年双屯村、联合村分别将各自村大会堂拆建成教学楼；1988 年，洋涨村橡胶塑料厂厂长陈财春为主出资原址拆建洋涨小学教学楼；1989 年，原址拆建盛岙小学教学楼，峙头乡校舍面貌可谓一年一个样，当时峙头百姓中有这么一句话“村里最好的房子是学校”。作为穷乡办教育的典型，乡党委书记应国来被评为浙江省绿叶奖，在宁波市首个教师节庆祝大会上，峙头乡文卫乡长李建国作尊师重教典型经验交流发言。1986 年 10 月，宁波市九年制义务教育现场会在峙头乡举行。

2001 年，根据《中共中央、国务院关于进行农村税费改革试点工作的通知》《国务院关于进一步做好农村税费改革试点工作的通知》要求，改由过去的乡级政府和当地农民集资办学为区政府主办和管理农村义务教育。教育经费纳入区级财政，建立教育经费保障机制。中小学教师工资由区级财政按国家规定标准及时足额发放。

## 调整学校布局结构

**撤除小学附设学前班**　1986年，境内有小学附设学前班12班，在班幼儿398人，占境内小学总班数和总人数的18%和22%。通过兴办乡镇集体幼儿园，至2003年，境内小学附设学前班先后全部撤除。

**撤除小学附设初中班**　1977—1986年，陆续撤销境内盛岙、洋涨、华峙、南门、双岙、联办6所小学的附设初中班。

**撤点并校**　1987年，境内率先在北仑区内实施撤点并校工作，撤沙湾小学并入峙头乡中心学校。1987—1993年，峙头境内撤并小学7所，小学班均学生数、校均学生数从1987年的18人、41人上升到1993年的28人、110人。1989—1992年，郭巨境内撤并小学3所，小学班均学生数、校均学生数从1989年的35人、178人，上升到39人、298人。至2001年，长达半个多世纪小学复式班教学形式宣告结束。1992年，峙头乡中心学校与峙头乡初中合并为九年一贯制的峙头学校，2006年7月，峙头学校（时称郭巨第二小学）并入郭巨小学，至2007年9月，撤销华峙小学并入郭巨小学，境内小学仅有一所郭巨小学。至2012年秋，郭巨小学与郭巨中学合并为九年一贯制的郭巨学校，境内中小学仅有一所郭巨学校。

### 峙头境内小学撤点并校时情况表

表12-1-41

| 校名 | 撤点并校时间 | 并入学校校名 | 建筑面积（平方米） | 占地面积（平方米） | 校长或负责人 | 班级（个） | 学生（人） | 教师（人） |
|---|---|---|---|---|---|---|---|---|
| 花船小学 | 1988.9 | 竹湾小学 | 74 | 113 | 王珊娣 | 1 | 6 | 1 |
| 竹湾小学 | 1993.2 | 峙头学校等 | 114 | 250 | 梅月英 | 1 | 7 | 1 |
| 上宅小学 | 1988.9 | 峙头乡中心 | 250 | 486 | 施亚娣 | 1 | 21 | 1 |
| 沙湾小学 | 1987.9 | 峙头乡中心 | 154 | 580 | 王珊娣 | 1 | 19 | 1 |
| 长坑小学 | 1991.9 | 双屯小学 | 50 | 334 | 张国平 | 2 | 26 | 2 |
| 长浦小学 | 1991.9 | 双屯小学 | 37 | 160 | 张亚萍 | 1 | 9 | 1 |
| 双屯小学 | 1996.9 | 峙头乡中心 | 338 | 530 | 张海燕 | 1 | 3 | 1 |
| 光明小学 | 1989.9 | 峙头乡中心 | 165 | 687 | 张雁群 | 1 | 29 | 1 |
| 联合小学 | 2001.9 | 郭巨镇中心盛岙小学 | 250 | 450 | 梅亚娣 | 1 | 6 | 1 |
| 洋涨小学 | 2002.9 | 郭巨小学 | 642 | 1439 | 张福康 | 1 | 10 | 2 |
| 盛岙小学 | 2003.9 | 郭巨小学 | 940 | 1510 | 张永峰 | 5 | 53 | 6 |
| 峙头学校 | 2006.9 | 郭巨小学 | 2654 | 6490 | 姚成伟 | 4 | 43 | 6 |

### 1989—2007 年郭巨境内小学撤点并校时情况表

表 12-1-42

| 校名 | 撤点并校时间 | 并入学校校名 | 撤点并校时 | | | |
| --- | --- | --- | --- | --- | --- | --- |
| | | | 校长或负责人 | 班级（个） | 学生（人） | 教师（人） |
| 后墩小学 | 1998.3 | 华峙小学 | 陈明星 | 2 | 30 | 2 |
| 华峙小学 | 2007.9 | 郭巨小学 | 朱立峰 | 2 | 28 | 3 |
| 谢家岙小学 | 1989.9 | 华峙小学 | 顾金杏 | 1 | 27 | 1 |
| 福民小学 | 2003.9 | 郭巨小学 | 张文光 | 6 | 94 | 8 |
| 南门小学 | 1992.9 | 郭巨小学 | 唐梦琪 | 4 | 132 | 6 |
| 双岙小学 | 2002.9 | 郭巨小学 | 胡信美 | 1 | 7 | 1 |
| 大涂塘小学 | 1989.9 | 郭巨小学 | 胡灵仙 | 2 | 39 | 2 |

## 第九节　教师队伍

### 教师资质

清末，境内学堂教职工由学董会及堂长聘任，延聘地方宿儒或外地名士到学堂讲学。

民国初，小学教师多数为私塾塾师。

中华人民共和国成立后，人民政府选调初、高中毕业生到境内担任公立小学教师，民办小学教师大多来自原私塾塾师（后称“老民办教师”）。

20 世纪 60 年代末，学龄儿童增多，教育事业发展，而“文化大革命”期间师范院校停办，农村学校多从生产队知识青年中聘请教师（这部分教师后被称为“新民办教师”），教师文化素质参差不齐。

70 年代初开始，师范学校逐渐增多，师范毕业生在境内任教也逐渐增多。1978 年后，民办教师通过中师（高师）函授、报考师范院校、民办教师转为公办教师和 1982 年的民办教师队伍考核整顿，辞退民办教师 12 名（其中峙头 6 名、郭巨 6 名），并执行省政府关于不得吸收新民办教师的规定，民办教师数量逐渐减少，公办教师比例逐年增加，境内教师素质逐步提高。1984 学年度，峙头乡中小学 52 名教职员中专任教师 49 名，有合格学历的占 44.9%；郭巨乡中小学 123 名教职员中专任教师 96 名，有合格学历的占 42.7%。境内小学专任教师学历合格率由 1978 年的 31% 提高到 1988 年的 68%、2008 年的 100%；初中专任教师学历合格率由 1978 年的 14% 提高到 1988 年的 51%、2008 年的 100%。

1988 年，首次实施教师职称评定，峙头乡小学有 25 名教师参评，评定小学高级教师 1 人、一级教师 22 人、二级教师 2 人；峙头乡初中有 7 名教师参评，评定中学二级教师 3 人、三级教师 4 人；郭巨小学参评教师 59 人，评定小学高级教师 7 人、一级教师 34 人、二级教师 18 人；郭巨中学参评教师 35 人，评定中学一级教师 9 人、二级教师 16 人、三级教师 10 人。

2019 年底，郭巨学校 48 名中、小学专任教师中，小学教师 27 名，其中硕士研究生 1 名、本科 22 名、专科 4 名，中级职称 16 名、初级职称 9 名，未定级 2 名；中学教师 21 名，其中硕士研究生 1 名，本科 20 名，高级职称 4 名、中级职称 9 名、初级职称 5 名，未定级 3 名。全校高、中、初级教师占专任教师比例分别为 8.3%、52.1%、29.2%，全校有中共党员 26 名。

## 工资待遇

中华人民共和国成立初，实行折实工资制，每折实单位为人民币5角左右，小学教师月折实工资一般为70千克大米。1952年，小学教师一般每月110工资分，代课教师75～95工资分（每工资分折2角2分）。1953年，折发现款，小学教师月工资一般20余元。

1956年4月，全国进行首次工资改革，实行货币工资制，改革后的小学教师月平均工资由30元（新人民币）增至39元。中学教师月工资44～74元，职员41～53元，工友26～34元。

“文化大革命”期间，小学公办教师回队任教，工资改为工分加补贴。

1979年10月起，实行班主任津贴，中学每月5～7元，小学4～6元，民办教师减半计发。

1981年，贯彻国务院“首先给中、小学教职工调整工资的决定”，教职工普加一级工资，中学教师月均工资50.9元，小学教师47.8元，幼儿园教师47元，民办教师每人年补50元。

1985年，全国改革中小学教职工工资制度，实行以职务工资为主要内容的结构工资制（分基础工资、职务工资、工龄津贴、奖励工资4个部分），并实行教龄津贴。

2003年起，增发教师年度考核奖。2006年，境内教师人均月收入3645.4元，是1985年的45.4倍。2007年起，全区义务教育段教师统发奖金基数1.6万元，统发奖金上限为2.2万元。2009年起，义务教育段学校教师实行绩效工资，70%基础性绩效工资由区财政统一发放，30%奖励性绩效工资由学校根据考核结果进行发放。

2010年，北仑区率先在全市实行幼儿园自聘合格教师工资补差方案，经区、乡镇与学校三方补差后，中级、初级、尚未有职称但持证的幼儿园教师人均年收入分别达到4.8万元、4.3万元、2.8万元。

2019年，郭巨学校各职称教师年平均收入（除去五险一金、个税各类扣除）为：高级职称17.6万元，中级职称16.5万元，初级职称15万元。

## 福利待遇

**病产假、婚丧假和探亲假** 1951年，县人民政府规定，教师患病和女教师做产享受病产假待遇。1953年9月，女教师产假由45天增至56天（1984年起增至90天，难产和双胞胎另加14天）。1958年起，公办教师享受探亲假。1985年7月，丧假扩大到死者女婿、儿媳妇。

**公费医疗** 1952年12月起，公办教师实行公费医疗制度。1964年，实行公立学校教职工子女统筹医疗制度。

**离、退休制度** 1956年1月，开始执行公办教职工离退休、退职制度。1979年至1982年一度实行离、退休教职工子女顶替招工制度。

**丧葬费、遗属抚恤金** 1953年起，对因公牺牲、致残及病故教职工，按国家规定标准发给丧葬费、补助费及遗属抚恤金。

**教师家属、子女“农转非”** 1984年，镇海县委规定：教龄在20年以上的中教三级、小教二级（1985年，“农转非”扩大到中教四级、小教三级），家在农村的配偶和15周岁以下子女，允许将户粮迁往所在地城镇落户，或就地转为非农业人口，供应商品粮，境内“农转非”约10人内。1993年，中级职称以上专业技术人员的配偶、子女可“农转非”，时境内十几名教师配偶、子女“农转非”。

**各种补贴** 1985年起，包括峙头乡等全镇海县9个山区、海岛教师享受人月均5元生活津贴。1986年，政府、学校、个人“三结合”办法（区和乡镇各负担25%，学校和个人负担50%）集资建造教师住房。郭巨中心小学和郭巨中学分别于1992年、1990年集资建造教师宿舍楼各1000平方米，其中供郭巨中心小学和郭巨中学教师使用的成套房分别为9套、12套，基本解决教师中的无房户和缺房户。

## 社会地位

1938年，政府定孔子诞生日（农历八月二十七日）为教师节，提倡尊师重教。1983年起，浙江省对任教30年以上教师颁发荣誉证书。1985年1月，全国人大决定每年的9月10日为教师节。2018年教育部、人力资源和社会保障部对在乡村学校任教30年以上教师颁发荣誉证书。

1958—2019年，境内获全国优秀教师称号1人，省优秀教师（教育工作者）4人，浙江省春蚕奖8人，省优秀少先队辅导员2人。市优秀教师（校长、教育工作者）8人，宁波市"红烛奖"1人，宁波市十佳师德楷模（师德先进个人）2人，市优秀班主任（少先队辅导员）3人（详见人物篇）。

### 1978—2018年部分年份境内中小学专任教师学历一览

表12-1-43　　单位：人

| 学历 | 1978年 | 1988年 | 2008年 | 2018年 |
|---|---|---|---|---|
| 小学 | | | | |
| 本科毕业及以上 | 0 | 0 | 18 | 20 |
| 专科毕业 | 0 | 0 | 12 | 4 |
| 中师高中毕业 | 22 | 64 | 9 | — |
| 中师高中肄业及初师初中毕业 | 39 | 24 | — | — |
| 初师初中肄业以下 | 10 | 6 | — | — |
| 合格学历占总数（%） | 31.00%（郭巨境内） | 68.09% | 100% | 100% |
| 初中 | | | | |
| 本科毕业及以上 | 1 | 3 | 24 | 22 |
| 专科毕业本科肄业 | 4 | 20 | 12 | — |
| 中师高中毕业及以下 | 30 | 22 | — | — |
| 合格学历占总数（%） | 14.29%（郭巨境内） | 51.11% | 100% | 100% |
| 高中（职高） | | | | |
| 本科毕业及以上 | 2 | 1 | — | — |
| 专科毕业本科肄业 | 7 | 4 | — | — |
| 中师高中毕业及以下 | 4 | 2 | — | — |
| 合格学历占总数（%） | 15.38%（郭巨中学） | 14.29% | — | — |

### 1980—2000年部分年份峙头境内小学教职工情况表

表12-1-44　　单位：人、%

| 年份 | 教职工总数 | 公办教师数 | 民办教师数 | 代课教师数 | 专任教师数 | 专任教师学历情况 | | | |
|---|---|---|---|---|---|---|---|---|---|
| | | | | | | 大学专科及以上 | 中师高中 | 高中以下 | 合格学历 |
| 1980 | 42 | 11 | 31（民＋代） | — | 39 | — | 18 | 21 | 46.2 |
| 1982 | 40 | 18 | 22 | — | 37 | — | 20 | 17 | 54.1 |
| 1985 | 37 | 21 | 9 | 7 | 33 | — | 18 | 15 | 54.5 |
| 1986 | 38 | 22 | 5 | 11 | 34 | — | 16 | 18 | 47.1 |

续表 12-1-44

| 年份 | 教职工总数 | 公办教师数 | 民办教师数 | 代课教师数 | 专任教师数 | 专任教师学历情况 | | | |
|---|---|---|---|---|---|---|---|---|---|
| | | | | | | 大学专科及以上 | 中师高中 | 高中以下 | 合格学历 |
| 1987 | 38 | 22 | 2 | 14 | 21（公） | — | 16 | 5 | 76.2 |
| 1988 | 38 | 25 | 1 | 12 | 35 | — | 24 | 11 | 68.6 |
| 1989 | 38 | 26 | — | 12 | 34 | — | 24 | 10 | 70.6 |
| 1990 | 42 | 27 | — | 15 | 24（公） | — | 21 | 3 | 87.5 |
| 1991 | 39 | 27 | — | 12 | 26（公） | 1 | 21 | 4 | 84.6 |
| 1992 | 42 | 38 | — | 4 | 36（公） | — | 33 | 3 | 91.7 |
| 1993 | 43 | 37 | — | 6 | 35（公） | — | 32 | 3 | 91.4 |
| 1994 | 33 | 32 | — | 1 | 29（公） | — | 26 | 3 | 89.7 |
| 1995 | 33 | 32 | — | 1 | 29（公） | — | 26 | 3 | 89.7 |
| 1996 | 33 | 31 | — | 2 | 28（公） | — | 25 | 3 | 89.3 |
| 1997 | 31 | 29 | — | 2 | 26（公） | — | 25 | 1 | 96.2 |
| 2000 | 26 | 23 | — | 3 | 23 | — | 18 | 1 | 95.7 |

说明：上表专任教师栏中（公）指公办教师。（民＋代）指民办教师和代课教师。

## 1978—2008 年部分年份郭巨境内小学教职工情况表

表 12-1-45　　　　单位：人、%

| 年份 | 教职工总数 | 公办教师数 | 民办教师数 | 代课教师数 | 专任教师数 | 专任教师学历情况 | | | |
|---|---|---|---|---|---|---|---|---|---|
| | | | | | | 大学专科及以上 | 中师高中 | 高中以下 | 合格学历 |
| 1978 | 80 | 34 | 44 | 2 | 71 | — | 22 | 49 | 31.0 |
| 1980 | 63 | 36 | 27 | — | 58 | — | 19 | 39 | 32.8 |
| 1982 | 63 | 38 | 23 | 2 | 56 | — | 20 | 36 | 35.7 |
| 1985 | 68 | 52 | 14 | 2 | 54 | — | 26 | 28 | 48.1 |
| 1986 | 68 | 56 | 8 | 4 | 51 | — | 27 | 24 | 52.9 |
| 1987 | 69 | 59 | 5 | 5 | 53 | — | 33 | 20 | 62.3 |
| 1988 | 73 | 65 | 4 | 4 | 59 | — | 40 | 19 | 67.8 |
| 1989 | 77 | 62 | 9 | 5 | 61 | — | 42 | 19 | 68.9 |
| 1990 | 76 | 64 | 9 | 2 | 52 | — | 36 | 16 | 69.2 |
| 1991 | 76 | 66 | 9 | — | 58 | — | 44 | 14 | 75.9 |
| 1992 | 77 | 69 | 8 | — | 61 | — | 48 | 13 | 78.7 |
| 1993 | 70 | 70 | — | — | 62 | — | 51 | 11 | 82.3 |
| 1994 | 72 | 71 | — | — | 62 | — | 52 | 10 | 83.9 |
| 1995 | 74 | 73 | — | 1 | 64 | — | 59 | 5 | 92.2 |
| 1996 | 76 | 75 | — | 1 | 66 | 1 | 60 | 5 | 92.4 |
| 1997 | 74 | 74 | — | — | 64 | 1 | 59 | 4 | 93.8 |
| 1998 | 69 | 69 | — | — | 63 | 3 | 56 | 4 | 93.7 |
| 1999 | 67 | 67 | — | — | 61 | 6 | 52 | 4 | 95.1 |

续表 12-1-45

| 年份 | 教职工总数 | 公办教师数 | 民办教师数 | 代课教师数 | 专任教师数 | 专任教师学历情况 | | | |
|---|---|---|---|---|---|---|---|---|---|
| | | | | | | 大学专科及以上 | 中师高中 | 高中以下 | 合格学历 |
| 2000 | 67 | 65 | — | 2 | 62 | 14 | 45 | 3 | 95.2 |
| 2001 | 80 | 80 | — | — | 78 | 18 | 56 | 4 | 94.9 |
| 2002 | 73 | 73 | — | — | 69 | 19 | 50 | — | 100.0 |
| 2003 | 65 | 65 | — | — | 61 | 24 | 37 | — | 100.0 |
| 2004 | 64 | 64 | — | — | 61 | 28 | 33 | — | 100.0 |
| 2005 | 57 | 57 | — | — | 55 | 36 | 19 | — | 100.0 |
| 2006 | 51 | 51 | — | — | 49 | 36 | 13 | — | 100.0 |
| 2007 | 41 | 41 | — | — | 40 | 31 | 9 | — | 100.0 |
| 2008 | 40 | 40 | — | — | 39 | 30 | 9 | — | 100.0 |

## 1988—2008 年部分年份境内小学专任教师专业技术职称一览

表 12-1-46　　单位：人

| 年份 | 峙头片 | | | | | | 郭巨片 | | | | | |
|---|---|---|---|---|---|---|---|---|---|---|---|---|
| | 小计 | 中学高级 | 小学高级 | 小学一级 | 小学二级 | 未评级 | 小计 | 中学高级 | 小学高级 | 小学一级 | 小学二级 | 未评级 |
| 1988 | 22 | — | 1 | 12 | 3 | 6 | 59 | — | 3 | 33 | 14 | 9 |
| 1989 | 22 | — | 1 | 11 | 3 | 7 | 61 | — | 3 | 34 | 14 | 10 |
| 1990 | 24 | — | 1 | 10 | 9 | 4 | 52 | — | 3 | 26 | 21 | 2 |
| 1991 | 26 | — | 2 | 11 | 9 | 4 | 58 | — | 3 | 27 | 19 | 9 |
| 1992 | 36 | — | 2 | 11 | 8 | 15 | 61 | — | 4 | 27 | 15 | 15 |
| 1993 | 35 | — | 5 | 8 | 7 | 15 | 62 | — | 6 | 28 | 17 | 11 |
| 1994 | 29 | — | 6 | 5 | 14 | 4 | 62 | — | 8 | 24 | 25 | 5 |
| 1995 | 29 | — | 7 | 8 | 13 | 1 | 64 | — | 12 | 21 | 23 | 8 |
| 1996 | 28 | — | 6 | 7 | 9 | 6 | 66 | — | 15 | 15 | 30 | 6 |
| 1997 | 26 | — | 5 | 9 | 10 | 2 | 68 | — | 21 | 26 | 16 | 8 |
| 1998 | | — | | | | | 63 | — | 24 | 26 | 16 | 3 |
| 1999 | | — | | | | | 61 | — | 21 | 27 | 11 | 2 |
| 2000 | 23 | — | 9 | 8 | 3 | 3 | 62 | — | 23 | 32 | 3 | 4 |
| 2001 | | — | | | | | 78 | — | 28 | 40 | 2 | 8 |
| 2002 | | — | | | | | 69 | — | 25 | 32 | 3 | 9 |
| 2003 | | — | | | | | 61 | — | 26 | 27 | 1 | 7 |
| 2004 | | — | | | | | 61 | — | 31 | 17 | 8 | 5 |
| 2005 | | — | | | | | 55 | — | 32 | 15 | — | 8 |
| 2006 | — | — | — | — | — | — | 49 | — | 27 | 13 | — | 9 |
| 2007 | — | — | — | — | — | — | 40 | — | 23 | 16 | — | 1 |
| 2008 | — | — | — | — | — | — | 39 | — | 23 | 15 | — | 1 |

## 1997—2019年郭巨小学教职工学历、专业技术职称一览

表12-1-47 单位：人、%

| 年份 | 教职工总数 | 其中专任教师数 | 专任教师学历 | | | | | 专任教师专业技术职称 | | | | |
|---|---|---|---|---|---|---|---|---|---|---|---|---|
| | | | 本科及以上 | 专科 | 中专高中 | 中专高中以下 | 合格学历 | 中学高级 | 小学高级 | 小学一级 | 小学二级 | 未评级 |
| 1997 | 51 | 44 | — | — | 43 | 1 | 97.7 | — | 11 | 16 | 11 | 6 |
| 1998 | 49 | 42 | — | 1 | 40 | 1 | 97.6 | — | 12 | 17 | 12 | 1 |
| 1999 | 50 | 44 | — | 4 | 39 | 1 | 97.7 | — | 15 | 19 | 9 | 1 |
| 2000 | 48 | 44 | — | 12 | 31 | 1 | 97.7 | — | 16 | 22 | 3 | 3 |
| 2001 | 47 | 44 | — | 12 | 31 | 1 | 97.7 | — | 14 | 24 | 1 | 5 |
| 2002 | 44 | 40 | — | 15 | 25 | — | 100 | — | 14 | 20 | 2 | 4 |
| 2003 | 48 | 44 | 1 | 18 | 25 | — | 100 | — | 18 | 21 | 1 | 4 |
| 2004 | 46 | 43 | — | 21 | 22 | — | 100 | — | 22 | 11 | 8 | 2 |
| 2005 | 45 | 43 | 2 | 29 | 12 | — | 100 | — | 25 | 12 | — | 6 |
| 2006 | 45 | 43 | 6 | 27 | 10 | — | 100 | — | 24 | 11 | — | 8 |
| 2007 | 41 | 40 | 12 | 19 | 9 | — | 100 | — | 23 | 16 | — | 1 |
| 2008 | 40 | 39 | 18 | 12 | 9 | — | 100 | — | 23 | 15 | — | 1 |
| 2009 | 42 | 41 | 23 | 9 | 9 | — | 100 | — | 22 | 16 | — | 3 |
| 2010 | 37 | 36 | 20 | 9 | 7 | — | 100 | 1 | 21 | 11 | — | 3 |
| 2011 | 31 | 30 | 18 | 8 | 4 | — | 100 | 1 | 16 | 11 | — | 2 |
| 2012 | 28 | 27 | 18 | 6 | 3 | — | 100 | — | 15 | 9 | — | 3 |
| 2013 | 31 | 27 | 19 | 5 | 3 | — | 100 | — | 16 | 9 | — | 2 |
| 2014 | 29 | 26 | 18 | 6 | 2 | — | 100 | — | 12 | 12 | — | 2 |
| 2015 | 29 | 27 | 19 | 6 | 2 | — | 100 | — | 14 | 11 | — | 2 |
| 2016 | 27 | 25 | 18 | 7 | — | — | 100 | 1 | 13 | 11 | — | — |
| 2017 | 27 | 25 | 19 | 6 | — | — | 100 | 1 | 15 | 9 | — | — |
| 2018 | 26 | 24 | 20 | 4 | — | — | 100 | 1 | 14 | 7 | — | 2 |
| 2019 | 29 | 27 | 23 | 4 | — | — | 100 | | 16 | 9 | — | 2 |

## 1978—1997年部分年份郭巨初中教职工情况表

表12-1-48 单位：人、%

| 年份 | 教职工总数 | 公办教师数 | 民办教师数 | 代课教师数 | 专任教师数 | 专任教师学历情况 | | | | |
|---|---|---|---|---|---|---|---|---|---|---|
| | | | | | | 本科及以上 | 专科 | 中专高中 | 中专高中以下 | 合格学历 |
| 1978 | 40 | 20 | 20 | — | 35 | 1 | 4 | 29 | 1 | 14.3 |
| 1980 | 36 | 30 | 5 | 1 | 25 | — | 3 | 15 | 4 | 12.0 |
| 1982 | 37 | 30 | — | 6 | 21（公） | — | 6 | 14 | 1 | 28.6 |
| 1985 | 45 | 34 | 8 | 3 | 28（编） | 1 | 9 | 11 | 7 | 35.7 |

续表 12-1-48

| 年份 | 教职工总数 | 公办教师数 | 民办教师数 | 代课教师数 | 专任教师数 | 专任教师学历情况 | | | | |
|---|---|---|---|---|---|---|---|---|---|---|
| | | | | | | 本科及以上 | 专科 | 中专高中 | 中专高中以下 | 合格学历 |
| 1986 | 46 | 32 | 6 | 8 | 19（公） | 1 | 7 | 10 | 1 | 42.1 |
| 1987 | 50 | 36 | 6 | 8 | 29（公） | 1 | 14 | 9 | 5 | 51.7 |
| 1988 | 53 | 47 | — | 6 | 34（公） | 3 | 15 | 14 | 2 | 52.9 |
| 1989 | 38 | 37 | — | 1 | 26（公） | 2 | 13 | 9 | 2 | 57.7 |
| 1990 | 39 | 36 | — | 3 | 24（公） | 3 | 14 | 7 | — | 70.8 |
| 1991 | 46 | 42 | — | 4 | 30（公） | 5 | 18 | 6 | 1 | 76.7 |
| 1992 | 48 | 41 | — | 7 | 31（公） | 4 | 23 | 3 | 1 | 87.1 |
| 1993 | 47 | 42 | — | 5 | 28（公） | 4 | 20 | 3 | 1 | 85.7 |
| 1994 | 50 | 44 | — | 6 | 35（公） | 3 | 28 | 3 | 1 | 88.6 |
| 1995 | 48 | 46 | — | 2 | 35（公） | 2 | 30 | 2 | 1 | 91.4 |
| 1996 | 49 | 49 | — | — | 39 | 2 | 34 | 2 | 1 | 92.3 |
| 1997 | 56 | 56 | — | — | 45 | 3 | 37 | 4 | 1 | 88.9 |

说明：上表专任教师栏中（公）系指公办教师。

## 1978—1994 年部分年份峙头初中教职工情况表

表 12-1-49　　单位：人、%

| 年份 | 教职工总数 | 公办教师数 | 民办教师数 | 代课教师数 | 专任教师数 | 专任教师学历情况 | | | | |
|---|---|---|---|---|---|---|---|---|---|---|
| | | | | | | 本科及以上 | 专科 | 中专高中 | 中专高中以下 | 合格学历 |
| 1980 | 15 | 10 | 5 | — | 14 | — | — | 13 | 1 | 0 |
| 1982 | 9 | 8 | 1 | — | 9 | — | — | 9 | — | 0 |
| 1985 | 12 | 7 | 5 | — | 12 | — | 3 | 9 | — | 25.0 |
| 1986 | 14 | 10 | 4 | — | 14 | — | 3 | 11 | — | 21.4 |
| 1987 | 13 | 11 | 1 | 1 | 11 | — | 3 | 8 | — | 27.3 |
| 1988 | 11 | 8 | — | 3 | 11 | — | 5 | 6 | — | 45.5 |
| 1989 | 8 | 6 | — | 2 | 8 | — | 3 | 5 | — | 37.5 |
| 1990 | 8 | 7 | — | 1 | 7 | — | 5 | 2 | — | 71.4 |
| 1991 | 11 | 9 | — | 2 | 8 | — | 5 | 3 | — | 62.5 |
| 1992 | 10 | 9 | — | 1 | 7 | — | 4 | 3 | — | 57.1 |
| 1993 | 7 | 6 | — | 1 | 5 | — | 2 | 3 | — | 40.0 |
| 1994 | 5 | 5 | — | — | 4 | — | 1 | 3 | — | 25.0 |

说明：1995 年 7 月停办。

## 1997—2019 年部分年份郭巨初中教职工学历、专业技术职称一览

表 12-1-50 单位：人、%

| 年份 | 教职工总数 | 其中专任教师数 | 专任教师学历 | | | | | 专任教师专业技术职称 | | | | |
|---|---|---|---|---|---|---|---|---|---|---|---|---|
| | | | 本科及以上 | 专科 | 中专高中 | 中专高中以下 | 合格学历 | 中学高级 | 中学一级 | 中学二级 | 中学三级 | 未评级 |
| 1997 | 56 | 45 | 3 | 37 | 4 | 1 | 88.9 | — | 13 | 12 | 1 | 19 |
| 1998 | 50 | 43 | 4 | 33 | 5 | 1 | 86.0 | — | 18 | 11 | 1 | 13 |
| 1999 | 48 | 40 | 5 | 31 | 4 | — | 90.0 | — | 18 | 12 | — | 10 |
| 2000 | 48 | 41 | 9 | 29 | 3 | — | 92.7 | 1 | 11 | 15 | — | 14 |
| 2001 | 50 | 44 | 11 | 29 | 4 | — | 90.9 | 1 | 16 | 15 | — | 12 |
| 2002 | 47 | 41 | 12 | 25 | 4 | — | 90.2 | — | 12 | 17 | — | 12 |
| 2003 | 50 | 44 | 21 | 22 | 1 | — | 97.7 | — | 13 | 22 | — | 9 |
| 2004 | 51 | 45 | 23 | 21 | 1 | — | 97.8 | — | 10 | 29 | — | 6 |
| 2005 | 46 | 42 | 25 | 17 | — | — | 100 | — | 13 | 25 | — | 4 |
| 2006 | 40 | 36 | 22 | 14 | — | — | 100 | — | 14 | 20 | — | 2 |
| 2007 | 37 | 36 | 26 | 10 | — | — | 100 | — | 15 | 19 | — | 2 |
| 2008 | 37 | 36 | 24 | 12 | — | — | 100 | — | 19 | 15 | — | 2 |
| 2009 | 36 | 35 | 23 | 12 | — | — | 100 | 1 | 21 | 13 | — | — |
| 2010 | 33 | 31 | 24 | 7 | — | — | 100 | 1 | 18 | 11 | — | 1 |
| 2011 | 28 | 27 | 21 | 6 | — | — | 100 | 2 | 14 | 10 | — | 1 |
| 2012 | 22 | 22 | 18 | 4 | — | — | 100 | 2 | 12 | 8 | — | — |
| 2013 | 21 | 21 | 18 | 3 | — | — | 100 | 2 | 11 | 7 | — | 1 |
| 2014 | 16 | 16 | 14 | 2 | — | — | 100 | 2 | 7 | 7 | — | — |
| 2015 | 16 | 16 | 14 | 2 | — | — | 100 | 2 | 7 | 6 | — | 1 |
| 2016 | 17 | 17 | 16 | 1 | — | — | 100 | 1 | 8 | 7 | — | 1 |
| 2017 | 19 | 19 | 18 | 1 | — | — | 100 | 1 | 8 | 8 | — | 2 |
| 2018 | 22 | 22 | 22 | — | — | — | 100 | 2 | 9 | 9 | — | 2 |
| 2019 | 21 | 21 | 21 | — | — | — | 100 | 3 | 10 | 5 | — | 3 |

# 第十节　教育经费　勤工俭学

### 教育经费

民国前，境内私塾教育经费均由私人、氏族捐资或筹募。

民国时期，公立学校经费来源于学田田租、学校基金利息、各项迷信会产收入、学杂费、上级教育部门补助费及捐税补助费等。民国 29 年（1940），推行国民教育后，增征学谷捐、置产附捐、店住屋捐及筵席捐，由田赋征收处代征。

中华人民共和国成立初期，公办学校经费全部由县政府拨给；民办学校经费主要由当地乡政府筹集，不足部分靠学费和勤工俭学收入抵充。

1969年春季起，学校全部下放到大队办，教师回队任教，工资采取到大队记工分办法。县财政拨发一部分经费，其余均由公社、大队筹集。

1983年，境内学校统一由县教育局管辖，仍实行“两条腿”办学方针，70%的教育经费由县财政专项拨款，30%由乡（公社）自筹。

1985年，贯彻《中共中央关于教育体制改革的决定》，实行“分级办学和分级管理”体制。高中段学校教育经费由区下拨。初中、小学的教育经费，根据核定数，由区财政按月拨给乡镇政府管理使用，不足部分由乡镇政府统筹解决。实行政府财政拨款为主和征收教育事业费附加、勤工俭学、社会捐资兴学等多渠道集资办学机制。是年起，境内陆续对布局调整后中小学校校舍进行拆建改造，所需经费以乡（镇）、村筹集为主，教育局补助为辅，峙头乡初中、峙头乡中心学校、双屯、联合、盛岙、洋涨、华联、福民小学、郭巨区中心学校和郭巨中学的校舍先后进行了拆建或易地新建。

2001年起，农村义务教育按照国家规定的“实行在国务院领导下，由地方政府负责，分级管理，以县为主的体制”。教育经费全额纳入区级财政，教师工资由区级财政按国家规定标准及时足额发放，中小学公用经费每年按学生人数由区财政拨付学校。2019年，生均公用经费标准为：初中生1600元／人、小学生1200元／人。

### 勤工俭学

20世纪70年代初起，境内规模较大的学校先后开办了经济性质为全民所有制的校办工厂、校办农场。1973年，郭巨中学始办“镇海县郭巨中学五七工厂”，主营电视器材配件生产。1985年，转胶木配件生产，销售总额10.28万元，利润总额1.23万元，利润率11.96%，职工31人，人均产值3316.1元，人均创利396.7元。1989年，转产塑料粉笔盒、吸尘粉笔揩、日光灯启辉器，年产值61180元，利润4580元。郭巨联办小学校办厂开办于1977年，生产铁丝弹簧，当年总产值为1768元，纯收入908元。郭巨公社南门学校五七工厂，主营塑料包装袋加工。1974年，峙头中学师生在鳓鱼坑垦荒0.6公顷山地种植茶树、番薯。1976年，峙头中学开办峙头灯泡厂，生产管形白炽电灯泡。1984年7月，转产多孔电源插座、电热杯等电器产品。20世纪80年代中后期，各校办工厂改制或停办。

## 第十一节　学校选介

### 郭巨幼儿园

郭巨幼儿园创办于1981年8月，集体所有制单位，园所驻郭巨区中心学校内，教职员工3名，中班、小班、小小班各1班，学生30多人，负责人顾孟云。1983年，迁址东门村戴家祠堂。1989年，因园所属危房而迁至东门村庄家三楼。1996年，迁址校场底即原郭巨中学教学楼。2012年，政府投资1200万元，原址拆建园所。2016年12月，由白峰幼儿园分园调整为独立园，园长金必静。2017年8月，提升为辖区中心幼儿园，转制为公益二类事业单位。

2019年郭巨幼儿园

2007年，获评宁波市第五批乡镇示范幼儿园、宁波市现代化达纲学校。2008 年，获评省二级（四星级）幼儿园。2020 年，获评省一级（五星级）幼儿园。

2019 年，幼儿园占地面积 2912 平方米，建筑面积 3026 平方米，户外活动面积 1297 平方米，室内体育活动场地总面积 915 平方米，户外大型玩具充足，园内功能室、电教设备齐全，能充分支持幼儿进行各类活动。有 6 个班级，135 名幼儿，29 名教职员工均持证上岗。其中 5 名在编教师；3 名一级教师；专任教师 18 名，专职保健医生 1 名，后勤人员 10 名。

## 郭巨小学

咸丰二年（1852），郭巨里人汪莹等捐资购枕山（今河边山）之麓建“品”字形讲堂三间，创办云衢书院，校长戴声榜。光绪三十四年（1908）院址迁城隍庙并改名“云衢公学”，时有学生 40 名左右。宣统二年（1910）改称云衢学堂。民国元年（1912）改称云衢学校。民国 3 年（1914）后迁址武衙门，此时，始有女生入学。民国 5 年（1916）改称云衢国民学校。1932 年，改称郭巨小学，学生增至近百人。1943 年改称“郭巨镇中心国民学校”。

中华人民共和国成立后，更名为郭巨区中心学校，学生近 300 人。1958 年发展到 18 个班级，近千名学生，教职工 30 名左右。“文化大革命”期间（1969 年），学校被分成五所大队办小学，1971 年 3 月，四所大队办小学（二、三、四、七大队）并校联办“郭巨公社五七联办小学”。1978 年 8 月复名郭巨区中心学校。时小学 21 班，附设初中 6 班，在校生 1234 名（其中小学生 948 名，初中生 286 名）。1986 年，更名为郭巨镇中心学校，1992 年更名为郭巨镇中心小学，2004 年更名为郭巨小学。2012 年 6 月，班级 15 个，在校学生 450 人，教职工 40 人，其中专任教师 30 人，中、高级职称教师占专任教师总数的 56.7%。2012 年 8 月，撤销郭巨小学，与郭巨中学合并为九年一贯制的郭巨学校，校址为当时的郭巨中学。

学校校舍分别于 1984 年、1992 年、1997 年、2003 年进行了拆建、扩建，至 2012 年，学校占地面积 4692 平方米，校舍建筑面积 4183 平方米。学校建有校园网络系统、现场直播功能的演播厅，多媒体教学进教室。

进入 21 世纪以来，学校重视特色（精品）课程建设，2003 年起，开发打造“篆刻”特色校本课程，该课程于 2012 年获评宁波市优秀校本课程，2013 年获评第二届浙江省义务教育精品课程。多名师生的篆刻作品在省、市获奖。与此同时，学校于 2009 年以后相继开发舞龙、功夫扇、马灯等郭巨非遗项目的传承。

多年来，学校相继获得了全国省市少先队红旗大队、中国书画教育特色学校、浙江省艺术教育特色学校、宁波市示范性文明学校、宁波市现代化建设达纲学校等荣誉称号。

## 郭巨中学

郭巨中学始创于 1956 年 7 月，校址郭巨西门外校场底，校名镇海县第八初级中学，时仅一个班，53 名学生，4 名教职工，校长柯照铉。1958 年更名为宁波市郭巨初级中学，扩至三个班，教职工 10 余人。1963 年更名为镇海县郭巨初级中学，1987 年更名为北仑区郭巨中学。2012 年 8 月，撤销郭巨中学，与郭巨小学合并成九年一贯制的北仑区郭巨学校。

1973 年 2 月至 1987 年秋，开办普通高中，共毕业 12 届，毕业学生 1000 余名，时任校长金龙土。1985 年至 1996 年，曾开办机械制图、烹饪、财会专业职业高中班，共招收职高 7 届，毕业学生 240 余名。

1999 年郭巨中学

1978年暑期，教学用房（平房）原址拆建成二层教学楼，1981年升至三层，教学楼总建筑面积1458平方米。1993年始，在灯具城西侧新建校舍，一期投资150万元，建造了面积为2869平方米的五层教学楼，校园占地面积14200平方米，1996年9月迁址启用新校舍。至1999年，相继扩建实验楼、办公楼、食堂、生活楼，校舍建筑面积增至8000多平方米，建成3200平方米的塑胶田径运动场。

2007年来，学校在留守儿童教育、青春健康教育方面被列为国家基础教育实验中心“十一五”期间重点课题《中国学校心理健康教育行动研究》实验学校，多项课题研究成果获国家、省、市级奖项。学校获宁波市现代化达纲学校等荣誉。

20世纪90年代到21世纪初，初中教学班始终维持在16个到18个，学生700到近千名。随着境内的征地拆迁和城市化进程加快，生源不断缩小，2011年，仅有7个班级212名学生，31名教职工，其中专任教师27名，专任教师中硕士研究生1名，中、高级职称教师16名，占专任教师总数的59.3%。

## 郭巨学校

2012年8月，由郭巨小学、郭巨中学合并设立，为九年一贯制学校，校址为原郭巨中学。时有班级20个（其中初中6个，小学14个），在校学生606名（其中初中生179名，小学生427名），教职工总数69名，其中在编在岗专任教师49名。

郭巨学校

2012年，拆除原郭巨中学办公楼、实验楼、生活楼，投资2500万元，于2013年原址建成教学楼和综合楼各1幢，2014年，建成面积为1008平方米的室内体育馆，时校园占地面积13073平方米，校舍建筑面积10120平方米，校内辟有“至善农场”。

学校以“云衢至善”为办学理念，培养“品性善良、技艺擅长、善于学习”的灵秀少年为办学目标，坚持“留守学生教育、民俗文化传承、小班化教学”的办学特色。相继获得了浙江省义务教育标准化学校、宁波市教育系统关心下一代工作品牌单位、全国中小学中华优秀文化艺术传承学校（传承项目：篆刻）等荣誉。

2019年，全校有教职工63人，在编在岗专任教师48名（小学部27名，初中部21名），其中硕士研究生学历2名，大学本科学历42名，大学专科学历4名，高级职称教师3名，中级职称教师25名，中、高级职称教师占专任教师总数的52.1%，区级及以上骨干教师8名、教坛新秀15名。

## 峙头乡中心学校

其前身是创办于1950年的中宅小学（一度曾称峙北小学），时校址在中宅岵里，校长张作昉，1个班级，40名学生。1958年，改称峙头公社中心小学，“文化大革命”期间改称中宅小学，1978年复建峙头公社中心学校，迁址中宅岵外。1983年10月更名为峙头乡中心学校。1985年，原地新建500平方米二层教学楼，学校建筑总面积1255平方米，占地面积2047平方米。1992年与峙头

峙头乡中心教学楼

乡初中合并为九年一贯制的岭头学校。

## 岭头中学

岭头中学创办于1969年9月，校址中宅岭外，校舍为二幢平房，建筑面积450平方米，校园占地面积1200平方米，校长邵忠明，初中1个班级，40名学生。1974—1976年，师生在学校旁边山坡上挖地基建造平房校舍二幢，增加建筑面积690平方米，增加占地面积1200平方米。1986年，易地新建面积为1200平方米的教学楼和1000平方米的学生宿舍楼。

岭头学校原岭头中学

1974年9月，创办（二年制）高中，1个班级，42名学生，校长俞崇高，1978年7月停办，共招生四届，毕业三届，毕业学生120余名，最后一届学生高二年级时转至柴桥中学毕业。1976年，初一年级招生三班，招生168名，是岭头初中招生最多的年份。1986年，6个班级，271名学生，14名教师。1992年，与岭头乡中心学校合并为九年一贯制岭头学校。1995年7月，岭头学校初中部停办。

## 岭头学校

1992年，由岭头乡中心学校与岭头乡初中合并设立，为九年一贯制学校。时校舍总面积2654平方米，校园占地面积6490平方米，时任校长张银康。1995年7月，初中部停办。1996年，更名为郭巨镇第二小学，隶属于郭巨小学管理。2006年7月，郭巨第二小学并入郭巨小学，至此，岭头境内无学校。

中华人民共和国成立后，岭头学校教育事业不断发展，提高了边远山区人民的文化教育水平，特别是20世纪70年代以来，岭头初中、高中的创办，满足了时为穷乡僻壤、边远山区的岭头百姓子女求读中学的愿望，为地方经济和社会发展培养了一批人才，其中相当一部分毕业生走上教育工作岗位，服务本地教育事业继续培养人才。80年代以来，当地政府十分重视教育事业，学校教师狠抓“四率”（入学率、巩固率、升学率、普及率），翻山越岭上门家访，苦口婆心动员流生返校读书。作为穷乡办教育的典型，1986年10月，宁波市九年制义务教育现场会在岭头乡举行。

## 郭巨成人中等文化技术学校

前身为创办于1985年的郭巨镇成人教育中心，时配成人教育专职教师一名，教师编制在郭巨镇中心学校。1997年，更名为郭巨镇成人中等文化技术学校，学校实行“三独立”，独立的法人资格；独立的校园，校址郭巨西门外校场底原郭巨中学实验楼，学校占地面积2300平方米，建筑面积2000平方米；经费独立。校长张银康。在编教师7名，设全日制职业高中财会、文秘专业班。岭头片和郭巨片各有一名成人教育专职干部，其编制仍分别在郭巨第二小学和郭巨镇中心学校。同年挂牌成立中共郭巨镇委员会党校。

郭巨成校

学校成立以来，于1998年高标准地完成了区域内青壮年中的文盲扫除工作。是年，学校购入计算机10台。是年，挂牌郭巨镇老年学校。2000年，建立郭巨镇高等教育自学考试联络站。2001年，获评浙江省一级成人学校。2003年开始，开展对失地农民的转岗再就业职业技能培训；累计毕业财会、文秘专业职高生5班，学生159人。

2003年秋，郭巨成人学校撤并入白峰镇成人中等文化技术学校。2019年，复建郭巨街道成人中等文化技术学校，将原郭巨派出所（霓虹路120号）拆建成校舍，用地面积1200平方米，总建筑面积2100平方米。

# 第二章　科技

明末清初，境内农产品加工业已具相当水平。民国时期，农户开始使用改良织布机织布。中华人民共和国成立后，开始运用动力碾米兼营发电，农业上引进水稻新品种进行试验与繁育。

境内有组织、有计划、有目标的科技活动，始于20世纪50年代初期，农作物良种引进、繁育与推广；组建科技机构，开始一系列的科普宣传与科技培训，引进、推广新型农机具、新技术。80年代末，在“科学技术是第一生产力”的理论指导下，科技活动向纵深发展，科技人员队伍不断壮大。进入21世纪，实施“科教兴农”“科教兴工”“科教兴镇”战略，大力培育科技示范基地，大力推广应用现代信息技术，工业、农业、卫生、教育等领域的科技成果不断涌现。

## 第一节　科普宣传

中华人民共和国成立后，境内科普宣传活动主要形式有举办科普画廊、科普讲座、科技展览、科技表演；编发科普资料、开办技术夜校、编写科技黑板报、放映科技电影和幻灯等。1964年举办科教影片展播，放映《预防病从口入》等影片。1965年举办破除封建迷信图片展览。

1979年后，境内各中学和镇（乡）中心小学开展青少年科技活动，相继建立空模、航模、无线电测向和数学、物理、化学、天文、地理、生物及计算机等各项兴趣小组。组织学生开展科技小发明、小创造活动；举办科技竞赛、科技制作成果展览、科技讲座；放映科技电影和录像等，启迪青少年学生从小爱科学、学科学、用科学。20世纪八九十年代，峙头乡中心小学的航模小组在北仑区内比赛中频频获佳绩。

20世纪90年代后，境内科普宣传活动更加频繁，宣传媒体和工具更加先进，区、镇科协多次在郭巨灯具城举办科普进农村咨询宣传活动，分发科普资料，“科技兴农”“科技兴工”“科技兴镇”“科学技术是第一生产力”观念逐步深入人心。1990年起，每年的11月份为学校科学月活动，其间，开展各种形式的科技活动，举行科技活动成果展评。1991年，郭巨镇中心小学兴趣小组开展蓖麻王培育活动，1991至1996年间，还进行了“苏洪8号”“苏鄂10号”“观赏蓖麻”培育对比实验，向中国农科院种子库等单位无偿提供“苏洪8号”优良新品种近200千克，培育蓖麻王活动被评为浙江省第三届青少年生物百项活动优秀奖。1999年，镇科协编发科技简报10期；举办各类农技短训班14期，其中：粮食生产技术5期，柑橘栽培技术3期，水产养殖技术3期，农机维修与安全驾驶3期，会计、统计4期；更换科技宣传窗4期，开通科技广播 2 档，放映科技录像 2 次；订阅各类科技杂志、科技报纸 8 种 170 份；组织农业实用技术知识书面竞赛，并组队参加北仑区竞赛获得全区第一名，又代表北仑区参加市级比赛获三等奖。

2006 年，境内的东港社区、大涂塘村、联合村、盛岙村、尖岭村、福明村、双岙村、东门村、西门村、谢家岙村、南门村、华峙村 12 个村（社区）建设了科普宣传窗。可展览标准图版总计 81 块。是年，双岙村、华峙村、福民村被授予北仑区科普示范村称号。

## 第二节 科技机构

### 农业技术推广站

1955 年后郭巨区建立农业技术推广站（简称农技站），“文化大革命”期间，区农技站撤销。1973 年 5 月复建。1961 年起，分别建立郭巨、峙头公社农技站。农技站负责本区域范围内的粮食作物、经济作物、畜牧兽医等技术、良种的引进、试验、示范、推广、指导以及调研、培训等工作，各农技站配备农技干部若干名，60 年代后期，各大队普遍配备植保员，测报病虫害，指导农民及时防治农作物病虫害。1983 年，公社农技站改称乡（镇）农技站，下设林特站和畜牧兽医站。

### 农机管理站

1978 年 10 月，境内分别建立郭巨公社、峙头公社农机管理站，主要管理农机、农电，负责农业机械试验、推广、管理工作。

### 农业综合服务中心

20 世纪 70 年代以来，郭巨、峙头公社农业办公室下设农技站、林特站、农机站、水利站、多种经营站并配备农技员、林特员、农机员、水利员。农技员主要负责粮食作物新品种、栽培新技术的推广与普及；林特员主要负责果木新品种引进、栽培技术培训、利用嫁接等技术改良果木品种等，90 年代末，引进茶叶“乌牛早”新品种在路亭村试种并在境内多个村得到种植推广；农机员负责农机、小型船舶管理和农机、小型船舶驾驶人员培训，推广和应用农业机械工作；水利员负责农田灌溉与排涝、水利设施建设与维护等工作。2013 年，建立白峰镇农业综合服务中心，管理原农业办公室下设的农技站、林特站、农机站、水利站、多种经营站及各系农技专业人员。

### 科学技术协会

1983 年，郭巨镇成立科学技术协会（简称镇科协）。镇科协的主要工作任务：举办科普讲座，编发科普资料，开展科技培训，交流科普经验；引进并推广优良品种、新型农机具和新技术；推进企业技术改革等。

## 第三节 科技队伍

### 专业技术人员

20 世纪 50—70 年代，境内专业技术人员数量极少，且学历与技术级别不高。1980—1981 年，先后成立县级工程技术、农业、统计、会计、经济技术等职称评定委员会和专业技术职称评定小组，开始评定专业技术职称。1984 年开始教师系列的职称评定。

2019 年境内有各类专业技术人员 211 人。其中工程技术人员 6 人，农业技术人员 117 人，卫生技术人员 7 人，教育人员 43 人，会计人员 36 人，统计人员 2 人，经济人员 1 人。

### 2019 年境内专业技术人员情况表

表 12-2-1　　单位：人

| 专业分类 | 数量 | 专业分类 | 数量 |
|---|---|---|---|
| 总计 | 211 | 四、教育人员 | 43 |
| 一、工程技术人员 | 6 | 高级教师 | 4 |
| 工程师 | 1 | 中级教师 | 25 |
| 助理工程师 | 3 | 初级教师 | 14 |
| 技术员 | 2 | 五、会计人员 | 35 |
| 二、农业技术人员 | 117 | 会计师 | 1 |
| 农艺师 | 3 | 助理会计师 | 3 |
| 助理农艺师 | 5 | 会计员 | 31 |
| 技术员 | 109 | 六、统计人员 | 2 |
| 三、卫生技术人员 | 7 | 统计员 | 2 |
| 副主任医师 | 2 | 七、经济人员 | 1 |
| 主治医师 | 3 | 经济员 | 1 |
| 医师、医士 | 2 | — | — |

## 农民专业技术队伍

1989 年始，北仑区开展农民专业技术人员职称评定工作，以后每隔两年评定一次，评定范围分农业、林业、水产、水利、农电、土管、盐业 7 个专业，由区农职称评定工作办公室审定，报省农民技术人员职称评定工作办公室批准，颁发省级证书。2004 起，评定范围扩大到非公有制农业行业。2005 年，境内有农民专业技术人员 130 人，助理技术员 11 人，技术员 111 人，助理农艺师 5 人，农艺师 3 人。2019 年，农业技术人员 117 人。

### 2005 年境内农民技术员情况表

表 12-2-2　　单位：人

| 村别 | 合计 | 其中：按职称分类 | | | | 其中：按行业分类 | | | | |
|---|---|---|---|---|---|---|---|---|---|---|
| | | 助理技术员 | 技术员 | 助理农艺师 | 农艺师 | 农业 | 电工 | 畜牧 | 林特 | 其他 |
| 盛岙村 | 4 | 0 | 4 | 0 | 0 | 4 | 0 | 0 | 0 | 0 |
| 联合村 | 3 | 0 | 3 | 0 | 0 | 3 | 0 | 0 | 0 | 0 |
| 洋涨村 | 3 | 1 | 2 | 0 | 0 | 2 | 1 | 0 | 0 | 0 |

续表 12-2-2

| 村别 | 合计 | 其中：按职称分类 | | | | 其中：按行业分类 | | | | |
|---|---|---|---|---|---|---|---|---|---|---|
| | | 助理技术员 | 技术员 | 助理农艺师 | 农艺师 | 农业 | 电工 | 畜牧 | 林特 | 其他 |
| 竹湾村 | 3 | 1 | 2 | 0 | 0 | 2 | 1 | 0 | 0 | 0 |
| 花船村 | 2 | 0 | 2 | 0 | 0 | 2 | 0 | 0 | 0 | 0 |
| 上宅村 | 5 | 0 | 4 | 1 | 0 | 5 | 0 | 0 | 0 | 0 |
| 中宅村 | 4 | 0 | 3 | 1 | 0 | 2 | 1 | 1 | 0 | 0 |
| 沙湾村 | 3 | 0 | 3 | 0 | 0 | 3 | 0 | 0 | 0 | 0 |
| 光明村 | 2 | 0 | 2 | 0 | 0 | 2 | 0 | 0 | 0 | 0 |
| 长坑村 | 2 | 1 | 1 | 0 | 0 | 1 | 1 | 0 | 0 | 0 |
| 双岙村 | 1 | 1 | 0 | 0 | 0 | 1 | 0 | 0 | 0 | 0 |
| 南门村 | 10 | 1 | 9 | 0 | 0 | 9 | 1 | 0 | 0 | 0 |
| 北门村 | 13 | 1 | 12 | 0 | 0 | 10 | 2 | 0 | 0 | 1 |
| 西门村 | 11 | 1 | 10 | 0 | 0 | 11 | 0 | 0 | 0 | 0 |
| 东门村 | 9 | 0 | 8 | 1 | 0 | 7 | 0 | 1 | 0 | 1 |
| 路亭村 | 9 | 1 | 8 | 0 | 0 | 9 | 0 | 0 | 0 | 0 |
| 大涂塘村 | 9 | 1 | 7 | 1 | 0 | 7 | 0 | 0 | 2 | 0 |
| 福民村 | 10 | 0 | 8 | 0 | 2 | 6 | 0 | 0 | 4 | 0 |
| 大岭下村 | 6 | 1 | 5 | 0 | 0 | 3 | 1 | 0 | 1 | 1 |
| 尖岭村 | 10 | 0 | 8 | 1 | 1 | 3 | 2 | 2 | 3 | 0 |
| 华峙村 | 3 | 1 | 2 | 0 | 0 | 3 | 0 | 0 | 0 | 0 |
| 后墩村 | 5 | 0 | 5 | 0 | 0 | 1 | 0 | 4 | 0 | 0 |
| 谢家岙村 | 3 | 0 | 3 | 0 | 0 | 3 | 0 | 0 | 0 | 0 |
| 合计 | 130 | 11 | 111 | 5 | 3 | 99 | 10 | 8 | 10 | 3 |

2003年，建立农业科技信息员队伍，农技信息员主要从农业龙头企业、专业合作经济组织、主导产业的产销专业大户中挑选，境内落实农技信息员5名。信息员的主要任务：一是信息收集，通过计算机网络收集涉及农业、农村的实用技术、市场信息、产业政策、农产品供求等信息，拓展农业信息源，为自身的产销经营和决策服务；二是信息服务。每个信息员必须联系当地10个以上农户，经常与他们互通信息、帮助查询、了解相关的农业信息，做好信息员的信息辐射和示范带动作用。

## 2005年境内种植养殖科技示范户情况表

表 12-2-3

| 种植养殖项目 | 户数 | 种植养殖面积或数量 |
|---|---|---|
| 海水养殖 | 31 | 101.27 公顷 |
| 水果种植 | 19 | 36.87 公顷 |

续表 12-2-3

| 种植养殖项目 | | 户数 | 种植养殖面积或数量 |
|---|---|---|---|
| 花卉种植 | | 30 | 138.20 公顷 |
| 畜牧 | 羊 | 3 | 555 头 |
| | 鹿 | 1 | 38 头 |
| | 鸽 | 1 | 4700 只 |
| | 猪 | 5 | 1874 头 |
| | 牛 | 2 | 52 头 |

## 第四节　科技培训与推广

### 科技培训

镇科协利用镇成人学校教育资源，对境内农民开展各类农业技术培训。2000 年起，为培养懂技术、善经营、会管理的农民骨干队伍，开展了农民绿色证书培训工作。镇成人学校根据境内农业种植养殖结构状况，每年举办对虾（梭子蟹）等海水（淡水）产品养殖、鸡（猪）等畜牧养殖、花木（果木）种植、大棚蔬菜种植、农机维修与安全驾驶等各类农业技术培训。

2003 年起，成人学校对境内失土农民开展了计算机操作员职业资格证书培训，至 2010 年，累计培训达 1500 人。2004 年 4 月起，境内开展了规模空前的“计算机网络知识普及教育工程”培训活动，至 2012 年 12 月底，免费培训 2000 多人。

2017 年 4 月起，成人学校在东港社区、峰南社区、尖岭村、盛岙村、双岙村设点开办“中老年人智能手机操作技能普及培训工程”，至 2019 年底，累计免费培训 7 期、208 人。

### 新型农机具推广

1957 年推广脚踏打稻机，改变了几百年来沿用的稻桶脱粒法。1958 年 2 月，试行双轮双铧犁耕田，因畜力不配套，未能推广。6 月，引进 12 匹马力蒸汽机轧米（后改柴油轧米机）。20 世纪 60 年代中期，引进江西产“12 型”手扶拖拉机。1970 年后，引进“东方红”中型拖拉机，均主要用于耕田和货物运输，随后境内大量购进手扶拖拉机，农忙时用于耕田，农闲时搞运输，基本结束了用牛耕田的历史。1974 年，试行 3 马力柴油打稻机，后大面积推广。20 世纪 70 年代中期，农用电通到各大队后，电动打稻机替代了柴油打稻机。

2006 年，境内推广使用水稻联合收割机，南门村纪国平引进一台日本产洋马牌半喂入式联合收割机，该机能满足倒伏作物、湿烂田块等不同条件下水稻收割的需要。是年，在华峙村、后墩村、福民村、东门村推广了微耕机，该机重量轻，操作方便、一机多用，能除草、除虫、整田、碎土、旋耕培土、翻犁、开沟、施肥、播种等。2019 年，微耕机在花木种植户中已得到广泛的推广使用。

### 新品种开发引进推广

**茶叶新品种引进与推广**　20 世纪 90 年代初，尖岭岙、路亭等村最早引进“乌牛早”等优良早茶品种，并大面积推广，2000 年，优质龙井茶叶面积增至 100 余亩。1999 年，尖岭岙村在低山缓坡上成片开发荒山及荒废的山旱地，2001 年，种植乌牛早、浙农 113、菊花春、平湖特早、白茶等七种优质茶树 500 亩，推动茶叶提早上市，为境内茶农带来显著的经济效益。

**荞头新品种引进试种** 1998年，郭巨镇引进荞头新品种，试种面积17公顷，总产量86吨，总收入8.6万元，加工成品销售产值达65万元。

**引进繁育南非波尔山羊** 1997年，通过浙江省农科院引进一只南非波尔山羊第一代种羊饲养在东门村，该项目列入北仑区科协“金桥工程”。1999年又从省农科院引进9只（价值6万元）南非波尔山羊第二代种羊，连同1997年引进的种羊在后墩村饲养并与本地羊繁育。2000年，南非波尔山羊专业养殖户已发展至5户，其中最多的一户养殖了200只。南非波尔山羊体重可达125千克至150千克，且肉质鲜、品质好，经济效益较高。

**引进养殖海狸鼠** 2000年，从江苏南通引进第一批海狸鼠100对在后墩村养殖。海狸鼠集作药材、工业皮革制品、制作画笔及油刷和食用于一体，用途广泛，经济效益高，该项目列入区科技星火致富项目。

**引进养殖獭兔** 2000年，引进獭兔，养殖规模达1000只以上，至2001年，獭兔养殖大户15户，规模达10000只以上，其中最多的户养殖量达2000只以上，是年，还专题举办了特种动物獭兔养殖技术培训班。

**引进试养梅花鹿** 2002年，华峙村村民冯晔从吉林省公主岭市鹿场引进梅花鹿40头，总投资50万元，养殖圈栏面积约2亩，通过精心饲养，当年已产仔鹿2头。梅花鹿全身都是宝，其产品是名贵的营养品和名贵的药材。

**引进试种推广洛阳牡丹** 2005年，郭巨冯善根引进试种0.28公顷近100个品种的洛阳牡丹，2006年举办了首届牡丹展暨郭巨牡丹园开园仪式。2006年，冯善根在北仑农业园区开发牡丹园，种植3公顷100多个品种的洛阳牡丹。2013年至2017年，冯善根又在浙江省台州仙居开发牡丹园，种植面积达312公顷，品种达300多种，为仙居县农业龙头企业。2019年在盛岙迷马岭至杨家府一带的低山缓坡上，由中营风电公司开发建设、郭巨冯善根为技术顾问的盛岙花园面积达8公顷，牡丹种植品种达150多种，数量达1.5万株。

**后墩村特种动物养殖示范园** 2000年，后墩村新建特种动物养殖示范区，内有波尔羊10头，海狸鼠20只，獭兔200只，美国七彩山鸡800只，蚂蚁等，2001年，有波尔羊20只，海狸鼠150只，獭兔1000只。时该特种动物示范园区在北仑区内尚属首家。

**引进推广种植紫鹃等绿化用花木品种** 2000年期间，境内农业调整种植结构，引进紫鹃、毛鹃、珊瑚、红叶石楠等城镇社区、道路绿化用花木品种，每年对花木种植户举办花木种植技术与花木市场行情培训班。境内耕地和部分山脚旱地几乎都调整为花木种植，2019年，境内花木种植户1007户，境内种植面积达182公顷，有的农户在省内外承包上百亩农地种植花木，境外种植面积达340公顷，紫鹃亩产年收入达3万元。近20年来，花木种植给境内农民带来了不菲的收入。

## 新技术推广

**育秧技术推广** 1965年，试行推广塑料薄膜小畦半旱育秧法成功，此法具有秧龄期短、出苗率高、苗壮整齐、烂秧少的优点，一改几百年传统落后育秧法，1968年起，大面积推广。20世纪70年代初，为减少秧田面积，推广小苗带土移栽新技术。90年代后期，试行水稻轻型栽培技术（俗称“抛秧”）成功。21世纪初，试行轻型栽培技术的另一种方法——直播，即种子吐白后直接播撒，具有减轻劳动强度、提高生产效益、节省成本等诸多优点。

**地膜覆盖栽培新技术在棉花上的应用** 棉花地膜覆盖栽培新技术于1983年在境内推广应用。该技术具有提高土温，促进根系发达，叶面积增大，改善土壤理化性状，促进棉花生长发育，壮苗早发、早结桃、早熟、棉桃大，缓和劳动力矛盾等优点，并增加皮棉产量27.2%。

**黄花梨开心型矮化栽培技术试验推广** 20世纪90年代初开始，境内镇（乡）农技站大量引进高产、高效益水果新品种，如黄花梨、翠冠梨、宫内柚柑等，填补了境内的果品空白。至2019年科技示范基地有黄花梨125亩，胡柚70亩，黑李40亩，杨梅100亩，宫内柚柑25亩。并对西门村种植的黄花梨进行栽培技术试验，实施矮化栽培，台湾式开心型整形技术修剪和果子套袋管理，提高了境内生产的黄花梨的质量和产量，平均株产净增5千克，且果子汁多味甜，圆浑硕大，色泽好，硬钉少，质量优，经北仑区科协科教股、农技总站、科委联合考评论证，该项技术可以大面积推广应用。

**油菜散直播技术推广** 1998年下半年，在镇农办主导下试验推广油菜散直播技术，散直播油菜71亩，平均亩产量达到135.5千克，每亩净收益为233.50元，该项技术具有成本低、产量高、籽粒饱满等优点，为大面积推广起了样板作用。

**再生稻示范推广** 1997起，在郭巨镇竹湾村开展再生稻试种并示范推广至峙北各村，缓解了峙北水田缺水的矛盾，保证了种粮面积，产量也逐年提高。至1999年，境内有再生稻面积550亩，第一季早稻亩产358千克，比常规早稻亩产增19.5千克，晚稻亩产155千克，虽因前季早稻成熟推迟，晚季稻分蘖减少，产量降低，但成本低，经济效益比常规稻高，再生稻推广荣获宁波市科技成果推广三等奖。

## 第五节 科技成果

### 农业科技

1999年，郭巨镇再生稻种植示范推广获宁波市科技成果推广三等奖。

### 教育科研

近十多年来，郭巨学校在教育科研方面取得了可喜成果，小学部重在篆刻文化、校园文化、民俗文化以及综合实践活动课程的研究，初中部重在“留守学生”心理问题及思想道德建设有效途径的研究与实践。共有21项课题研究成果在市级以上获奖，其中国家级1项，省级2项，市级18项（其中2项获宁波市人民政府基础教育成果奖）。

**2008—2017年境内教师获市级以上教育科研成果奖一览**

表12-2-4

| 课题名称 | 课题单位 | 课题主要负责人 | 获奖级别 | 授奖单位 | 获奖年份 |
|---|---|---|---|---|---|
| 农村小学篆刻特色课程建设的研究与实践 | 郭巨小学 | 乐 军<br>姚成伟 | 市学校艺术教育教学成果二等奖 | 市教育局 | 2008 |
| 农村小学篆刻教学校本化的研究 | 郭巨小学 | 乐 军<br>姚成伟等 | 市基础教育教育教学研究课题一等奖 | 市教育局 | 2009 |
| 小学校魂文化的培育与铸造研究 | 郭巨小学 | 乐 军 | 市德育课题三等奖 | 市教科所 | 2010 |
| 农村“留守学生”思想道德建设有效途径的研究 | 郭巨中学 | 康海东<br>张林等 | 市德育成果二等奖 | 宁波市教科所 | 2008 |
| 农村“留守学生”思想道德建设有效途径的研究 | 郭巨中学 | 康海东<br>张林等 | 省创新教育研究会优秀科研成果一等奖 | 省教科院、省创新教育研究会 | 2009 |

续表 12-2-4

| 课题名称 | 课题单位 | 课题主要负责人 | 获奖级别 | 授奖单位 | 获奖年份 |
| --- | --- | --- | --- | --- | --- |
| 农村初中“留守学生”心理干预研究 | 郭巨中学 | 朱海燕 | 宁波市三等奖 | 市教科所 | 2009 |
| 农村初中“留守学生”心理健康现状及对策研究 | 郭巨中学 | 康海东 | 宁波市三等奖 | 市教科所 | 2010 |
| 农村初中“留守学生”心理健康现状调查及干预研究—以郭巨中学为例 | 郭巨中学 | 康海东 | 浙江省二等奖 | 省教科院、省创新教育研究会 | 2010 |
| 农村初中“留守学生”心理健康现状调查及干预研究—以郭巨中学为例 | 郭巨中学 | 康海东 | 全国优质教育成果一等奖 | 国家基础教育实验中心、中国教育学会 | 2010 |
| 留守学生的学习问题研究 | 郭巨中学 | 尚荣波 | 宁波市二等奖 | 市教科所 | 2010 |
| 农村中学生“低俗言行”的现状调查和对策研究 | 郭巨中学 | 张烁标 | 宁波市三等奖 | 市教科所 | 2010 |
| 农村初中留守学生“青春课堂”教育服务研究 | 郭巨中学 | 康海东 | 宁波市三等奖 | 宁波市教科所 | 2011 |
| 留守儿童心理问题研究 | 郭巨学校 | 康海东 | 宁波市一等奖 | 市教育学会 | 2012 |
| 中学生“体育道德”教育有效途径研究 | 郭巨学校 | 张烁标 | 宁波市三等奖 | 市教科所 | 2012 |
| 留守学生学习习惯现状的调查及研究 | 郭巨学校 | 康海东 | 宁波市二等奖 | 市教育学会 | 2012 |
| 农村初中留守学生心理弹性的调查研究 | 郭巨学校 | 张　林 | 宁波市二等奖 | 市教育学会 | 2012 |
| 基于“体育器材实施标准”开展学校阳光一小时运动的应用研究 | 郭巨学校 | 张烁标 | 宁波市三等奖 | 市学校装备管理与电化教育中心 | 2013 |
| 建设“梦想社团”，助推中学生正能量的实践研究 | 郭巨学校 | 张烁标 | 宁波市二等奖 | 市教科所 | 2014 |
| 中小学“校园一小时运动”评价机制的校本探索 | 郭巨学校 | 张烁标 | 宁波市一等奖 | 市教科所 | 2015 |
| 区域综合实践活动课程领导的实践研究 | 郭巨学校 | 乐素芬<br>姚成伟等 | 市第十届基础教育教学成果奖一等奖 | 市政府 | 2017 |
| “校园一小时运动”综合评价改革的实践研究 | 郭巨学校 | 张烁标 | 市第十届基础教育教学成果奖二等奖 | 市政府 | 2017 |
| 农村幼儿园省编课程园本化的路径研究 | 郭巨幼儿园 | 金必静 | 宁波市一等奖 | 市教科所 | 2019 |

# 第十三篇 文化 体育 卫生

境内的文化活动始于宋，盛于明，民国时期盛衰交替。中华人民共和国成立后，文化事业得到发展，一些带有封建迷信和腐朽没落的文化逐渐消失，代之以进步、文明、健康的新文化。虽历“文化大革命”的十年曲折，但经拨乱反正，得到恢复发展。改革开放后，随着人民生活水平的不断提高，文化体育事业得到重视和发展，各类文化体育机构和设施不断建立和完善，文体团队日益增多，文体活动日益丰富多彩，在传承非遗文化的同时，广场文化、村落文化等群众性文体活动蓬勃兴起，极大地丰富了境内民众的精神文化生活。

20世纪90年代末，境内镇、村二级老年体育协会成立，每年举办老年人体育运动会。进入21世纪，境内广场文体活动广泛开展，武术协会等文体协会纷纷成立。2008年起，每年的8月8日为全民健身日，健步走、广场舞、传统文体活动马灯舞等文体活动丰富多彩，居民的运动保健观念认识的提高和体育事业的重视与发展，促进了居民体质的增强。

中华人民共和国成立前，郭巨缺医少药，以祖传中医或民间中草药治病，在城隍庙边只有一爿小中医药店。百姓患病苦捱，或求神拜鬼，或雇工用摇篮将病人抬到柴桥去求医，急病途中殒命，无钱求医服药以致延误诊治而死亡者甚多。由于医疗卫生条件差，传染病常发生，产妇因难产或产后染病而死亡的屡见不鲜，婴儿死亡率也相当高。中华人民共和国成立后的1952年，郭巨建卫生所。20世纪60年代起，郭巨中心卫生院成为宁波专署“把医疗卫生工作重点放到农村去”的一个扶持单位，医疗卫生事业得到较快发展。同期境内各大队普遍建立合作医疗站，培养“赤脚医生”，80年代中后期是郭巨中心卫生院最为兴旺的时期，为时镇海江南的一所重点医疗机构，职工多达53人，其中卫技人员47人。2016年后，郭巨街道社区卫生服务中心在开展基本医疗门诊的同时，提供预防保健、健康教育、计划生育、康复等综合性服务，并对慢性病、重症病人、孕产妇等重点人群主动提供相应的公共卫生服务和契约式家庭医生制服务。

# 第一章　文化

明代，境内有东升社、南薰社、平安会、春云社等民间业余器乐演奏会社组织，亦称“吹行”，成员多为农民、小贩或手工业者，逢庙会、灯会、节日、婚丧喜庆应邀参加演奏。明末清初，境内已有大型文化活动，如行庙会、灯会、闹元宵等，并有抬阁、龙灯、马灯、车子灯等舞蹈表演。

中华人民共和国成立后，文化事业得到重视。20世纪50年代末，境内建立文化站，开展群众性文化活动，郭巨公社建立半农半艺公社文工团，广播事业得到发展。70年代，郭巨、峙头公社相继办起电影队。80年代，电视事业得到发展。进入21世纪，境内各村（社区）纷纷建立文艺团体，全面推进农村文化礼堂建设工作；古韵郭巨年俗文化节、村晚等广场文化精彩纷呈，文化娱乐活动丰富多彩；元宵踩街大巡游等非物质文化遗产得到传承和发展，涌现了一批郭巨非遗传承人和以农民画家汪宝华为代表的书画爱好者。文化事业得到了迅速发展。

## 第一节　机构　设施

### 农村文化礼堂（俱乐部）

20世纪50年代初期，为配合土地改革、抗美援朝、合作化等运动，郭巨、峙头乡部分村建立农村俱乐部，在节日农闲期间自编、自导、自演古今戏曲，丰富群众业余文化生活。70年代，各大队设立“民兵之家”“青年之家”，活动内容与俱乐部大体相同，节目以“革命样板戏”为主。90年代起，境内各村（社区）老年活动中心相继普遍建立，还设有康乐球、乒乓球、棋类等活动场所。进入21世纪以来，各村（社区）文化活动中心相继建立。2012年起，宣传部门陆续在各村（社区）推进农村文化礼堂建设工作，把农村文化礼堂建设成了一个集思想道德建设、文体娱乐活动、知识技能普及于一体的农村文化综合体。是年，东港社区率先建成文化礼堂。2019年9月，西门村获评省五星级农村文化礼堂。

西门村文化礼堂

## 2019年底郭巨街道各村（社区）农村文化礼堂建设情况表

表13-1-1

| 单位 | 文化礼堂 | | | | 村民（市民）学堂 | | | |
|---|---|---|---|---|---|---|---|---|
| | 建成年份 | 面积 | 座位数 | 星级 | 建成时间 | 面积 | 座位数 | 星级 |
| 东港社区 | 2012 | 500 | 200 | 3 | 2008 | 120 | 120 | 区级示范市民学校 |
| 盛岙村 | 2014 | 1030 | 400 | 3 | 2007 | 100 | 60 | 区级示范村民学校 |
| 双岙村 | 2015 | 1000 | 300 | 2 | 2007 | 100 | 60 | 区级示范村民学校 |
| 大岭下村 | 2016 | 1000 | 400 | 3 | 2007 | 100 | 60 | — |
| 西门村 | 2017 | 800 | 260 | 4 | 2007 | 120 | 120 | 区级示范村民学校 |
| 路亭村 | 2017 | 1000 | 800 | 3 | 2007 | 100 | 80 | — |
| 尖岭岙村 | 2018 | 1200 | 480 | 3 | 2007 | 100 | 60 | — |
| 谢家岙村 | 2018 | 1000 | 300 | 3 | 2018 | 100 | 50 | — |
| 东门村 | 2018 | 1000 | 400 | — | 2007 | 100 | 60 | — |
| 北门村 | 2019 | 1200 | 1000 | — | 2007 | 100 | 600 | — |
| 峰南社区 | — | — | — | — | 2012 | 100 | 60 | — |

### 文体站

1959年3月，境内建立县属郭巨区文化站，指导农村俱乐部，开展群众文化活动，1965年撤站，1979年复建，1985年底撤站。郭巨公社文化站，1981年6月建立；峙头公社文化站，1982年3月建立。各文化站配工作人员1名，负责指导乡村文化工作。1983年，改称乡文化站。各乡文化站还相继成立电影放映队、业余文艺队、图书室、通讯报道组、录像队等组织，开展文化娱乐、文艺宣传等活动。2003年8月扩镇并乡后，成立郭巨镇文化站。2016年6月，复建郭巨街道文体站，同时建立郭巨老年体育站。站址设郭巨菜场路221号，内有图书室、舞蹈室等设施设备，工作人员5名。

### 影剧院（大会堂）

1960年，在古城武衙门废墟上新建郭巨大会堂，座位数800个，1988年拆除，原址建造中小学教师楼。1988年，政府筹资45万元，在西门外新建郭巨影剧院，建筑面积1130平方米，可容纳观众867人，灯光、

郭巨街道文化站

郭巨影剧院

音响等设备齐全，是电影放映、文娱演出及重大庆典活动的主要场所。2019 年，原址拆建郭巨文化活动中心。1982 年，中宅峧外新建峙头公社大会堂，座位数 797 个。七八十年代，境内绝大多数大队均建有大会堂。

20 世纪 50 年代，郭巨图书馆初设于十字街头手工业楼上，后移至郭巨大会堂，出租书籍。1981 年，建郭巨公社图书室，201 平方米，3895 册藏书量，报刊 28 种。1984 年，建峙头公社图书室，10 平方米，1800 册藏书量，报刊 5 种。工作人员各 1 人。2016 年，郭巨街道成立后，复建郭巨街道文体站图书室，配图书管理员 1 名。2019 年，有图书 1.5 万册，图书室面积 300 平方米，阅读座位 100 个。

2006 年起，白峰街道文体站指导各村陆续建立“农家书屋”（图书室）。2012 年，双岙村农家书屋获“全国示范农家书屋”称号。2019 年底，境内共有“农家书屋”（图书室）12 个，图书 9056 册。在北仑第三集装箱公司、郭巨边防派出所、光大环保三家单位设立有北仑流通图书站。

**2019 年境内农家书屋（图书室）建设情况表**

表 13-1-2

| 序号 | 书屋名称 | 图书（册） | 面积（平方米） | 座位（个） | 报刊（种） | 是否纳入图书流通站 |
|---|---|---|---|---|---|---|
| 1 | 双岙村农家书屋 | 2500 | 30 | 30 | 15 | 是 |
| 2 | 谢家岙村农家书屋 | 1500 | 20 | — | 10 | 否 |
| 3 | 大岭下村农家书屋 | 500 | 10 | — | 5 | 否 |
| 4 | 尖岭岙村农家书屋 | 500 | 20 | — | 5 | 否 |
| 5 | 福民村农家书屋 | 500 | 20 | — | 5 | 否 |
| 6 | 盛岙村农家书屋 | 1050 | 20 | 10 | 5 | 否 |
| 7 | 东门村农家书屋 | 100 | 10 | — | 7 | 否 |
| 8 | 南门村农家书屋 | 806 | 20 | — | 6 | 否 |
| 9 | 西门村农家书屋 | 600 | 20 | 20 | 6 | 否 |
| 10 | 北门村农家书屋 | 1200 | 20 | 25 | 17 | 否 |
| 11 | 路亭村农家书屋 | 100 | 25 | 25 | 10 | 否 |
| 12 | 大涂塘村农家书屋 | 100 | 20 | — | 5 | 否 |

### 云衢广场

云衢广场伴随着郭巨小城镇环境综治于 2019 年建成投入使用。广场占地面积 6000 多平方米，配套建设 60 个停车位的停车场一处、公厕 1 座，仿古长廊一处，演出舞台一个，周边绿化面积 1000 平方米，云衢广场的服务可覆盖周边 1 个社区和 6 个村。项目总投资 1300 万元。

## 第二节　文艺团体

明代，境内就有东升社、南薰社、平安会、春云社等民间业余器乐演奏会社组织，亦称“吹行”。旧时，逢年过节，由农民、手工业者、渔民等组成的业余演出组织，开展舞龙、舞狮、马灯、车子灯等活动。

中华人民共和国成立后，各村成立农民剧团，自编、自导、自演群众喜闻乐见的节目。1958 年冬，郭巨公社建立半农半艺公社文工团，节目有配合时政的《刘胡兰》等，常赴三碶浦等水利工地、工厂、农村宣传演出。1959 年 8 月，郭巨文工团王万道创作的《拾袋记》在《浙江日报》等报刊上发表。创作、演出的小戏《拾袋记》曾在宁波地区会演中获奖，1962 年解散。

“文化大革命”期间，境内各公社、大队相继建立“毛泽东思想宣传队”，配合形势进行宣传演出活动，移植革命样板戏《沙家浜》《红灯记》等。

1980 年，再次成立剧团并改名“郭巨越剧团”，学习邱隘“以厂养戏”的经验，向社办厂借来 5000 元，招考人员，聘请导演。排演节目有《三篙恨》《辕门斩子》《王老虎抢亲》《春草闯堂》等 10 余部，除在本地演出外，还活跃于宁波郊县和舟山等地，1985 年解散。团员林碧峰成为杭州越剧团主要演员，先后在电视剧《狂生徐文长》《奇侠》任角，十集越剧电视剧《天之骄女》中饰演武则天，并出访日本。

21 世纪，境内各村（社区）文艺团体相继建立，各级各类文化活动丰富多彩。各文艺团体经常开展文化走亲活动，在各级各部门组织的各项庆典活动中展演。2016 年 8 月郭巨街道成立后，9 月 28 日，郭巨街道举行书画协会、郭巨街道戏曲曲艺协会、郭巨街道民间文艺协会、郭巨街道写作协会成立大会，选举产生了各协会会长、副会长、秘书长和理事。至 2019 年底，郭巨街道（社区、村）共建有文艺团队 37 支，有队员 749 名。

### 2019 年底郭巨街道村（社区）文艺团队情况表

表 13–1–3

| 团体名称 | 成立年份 | 活动场所 | 负责人 | 队员人数（人） |
|---|---|---|---|---|
| 西门村舞蹈团队 | 2007 | 西门村村委会 | 姚继峰 | 16 |
| 西门村民俗团队 | 2009 | 西门村村委会 | 姚继峰 | 95 |
| 东门村文艺团队 | 2007 | 村老年活动中心 | 吴信土 | 50 |
| 北门村舞蹈队 | 1996 | 村广场 | 李珊娜 | 20 |
| 北门村洋鼓队 | 2013 | 村老年活动中心 | 黄素娥 | 16 |
| 北门村腰鼓队 | 1997 | 村老年活动中心 | 黄金素 | 18 |
| 北门村舞龙队 | 1992 | 村老年活动中心 | 黄信祥 | 20 |
| 南门村威风锣鼓队 | 2008 | 村文化活动中心 | 汪伟东 | 30 |
| 南门村鼓阁民乐队 | 2007 | 村文化活动中心 | 汪伟东 | 12 |
| 南门村舞龙队 | 1995 | 村文化活动中心 | 张万国 | 14 |
| 尖岭岙村戏曲队 | 2010 | 村文化礼堂 | 袁文达 | 12 |
| 尖岭岙村洋鼓队 | 2010 | 村小山公园 | 陈亚娟 | 18 |
| 尖岭岙村腰鼓队 | 2010 | 村小山公园 | 黄素月 | 16 |
| 尖岭岙村马灯队 | 2010 | 村老年活动中心 | 朱文龙 | 14 |
| 尖岭岙村器乐队 | 2010 | 村文化礼堂 | 黄忠良 | 6 |
| 路亭村洋鼓队 | 2003 | 村文化礼堂 | 贾亚文 | 12 |
| 路亭村舞蹈队 | 2006 | 村文化礼堂 | 黄素珍 | 12 |
| 路亭村舞狮队 | 2012 | 村文化礼堂 | 贾亚文 | 20 |
| 路亭村秧歌队 | 2012 | 村文化礼堂 | 蔡晓芬 | 18 |
| 路亭村舞龙队 | 1993 | 村文化礼堂 | 贾德群 | 18 |
| 双岙村舞蹈队 | 2006 | 村文化礼堂 | 蔡亚裕 | 12 |
| 谢家岙村白鼓队 | 2015 | 村文化活动中心 | 胡雪云 | 12 |
| 谢家岙村腰鼓队 | 2019 | 村文化活动中心 | 张　燕 | 10 |
| 谢家岙村广场舞队 | 2019 | 村文化活动中心 | 张　燕 | 15 |

续表 13-1-3

| 团体名称 | 成立年份 | 活动场所 | 负责人 | 队员人数（人） |
|---|---|---|---|---|
| 华峙文艺团队 | 2006 | 华峙老年活动中心 | 张贤君 | 36 |
| 福民村舞龙队 | 2009 | 村文化礼堂 | 赵其炳 | 20 |
| 福民村腰鼓队 | 2009 | 村文化礼堂 | 陈玲燕 | 13 |
| 盛岙村老年舞蹈队 | 2017 | 村文化礼堂 | 张海峰 | 10 |
| 盛岙村美女舞蹈队 | 2016 | 村文化礼堂 | 张海峰 | 12 |
| 盛岙村乡村腰鼓队 | 2017 | 村文化礼堂 | 张海峰 | 10 |
| 东港社区戏曲队 | 2007 | 社区活动中心 | 应夏萍 | 32 |
| 东港社区舞蹈队 | 2004 | 社区活动中心 | 应夏萍 | 20 |
| 东港社区舞龙队 | 2006 | 社区活动中心 | 应夏萍 | 15 |
| 峰南社区腰鼓队 | 2014 | 居家养老服务站 | 梅佩连 | 13 |
| 峰南社区戏曲队 | 2014 | 居家养老服务站 | 林亚玲 | 41 |
| 峰南社区舞蹈队 | 2014 | 居家养老服务站 | 张亚平 | 21 |
| 峰南社区舞龙队 | 2014 | 居家养老服务站 | 陈光生 | 20 |
| 大岭下村舞蹈队 | 2008 | 村文化礼堂 | 李　媛 | 18 |
| 大岭下村腰鼓队 | 2008 | 村文化礼堂 | 李　媛 | 13 |
| 大岭下村男子舞龙队 | 1992 | 村文化礼堂 | 黄国祥 | 12 |
| 大岭下村女子舞龙队 | 2017 | 村文化礼堂 | 李　媛 | 12 |

## 2019 年郭巨街道大型文艺活动舞台演出情况表

表 13-1-4

| 序号 | 时间 | 活动名称 | 地点 | 主办 / 承办 / 参加 |
|---|---|---|---|---|
| 1 | 2019.12.28 | “聚力两整两提　共建美丽城镇”郭巨街道元旦晚会 | 郭巨影院 | 主办 |
| 2 | 2019.12.28 | 第七届“欧宜—HOY”奖学（育）金颁发仪式暨迎新文艺汇演 | 郭巨影院 | 主办 |
| 3 | 2019.1.25 | “烽火古韵”郭巨街道第三届年俗文化节·送戏下乡 | 华峙、峰南 | 主办 |
| 4 | 2019.1.23 | “郭巨味道”民间文艺展演暨海鲜年货大派对 | 云衢广场 | 主办 |
| 5 | 2019.2.19 | “郭巨庙会”大型民间文艺踩街巡游 | 郭巨中学、郭巨城区 | 主办 |
| 6 | 2019.3.7 | “鲜香郭巨·风味”郭巨街道第二届乡村厨艺大赛 | 云衢广场 | 主办 |
| 7 | 2019.3.4 | 郭巨“烽”火举起来了，学雷锋广场活动 | 云衢广场 | 主办 |
| 8 | 2019.4.7 | “鲜香郭巨·花秀”快闪活动 | — | 主办 |
| 9 | 2019.4.19 | “烽火青春·巨美之声”青年歌手大赛 | 云衢广场 | 主办 |
| 10 | 2019.4.28 | “青年北仑·潮起穿山港”五一文艺汇演 | 云衢广场 | 主办 |
| 11 | 2019.5.30 | 庆祝新中国成立 70 周年暨郭巨学校第三届校园十佳歌手大赛 | 郭巨影院 | 主办 |
| 12 | 2019.5.29 | “光辉 70 载·童心跟党走”郭巨街道六一文艺演出 | 云衢广场 | 主办 |
| 13 | 2019.6.28 | “我和我的祖国”主题合唱大赛 | 北仑影院 | 主办 |
| 14 | 2019.6.29 | “光辉 70 载·奋进新时代”郭巨街道“七一”晚会 | 郭巨影院 | 主办 |
| 15 | 2019.7.19 | 北仑海享大舞台郭巨专场演出 | 北仑影院 | 主办 |
| 16 | 2019.8.6 | 舞比快乐北仑区电信杯广场舞大赛 | 富邦广场 | 参加 |

续表 13-1-4

| 序号 | 时间 | 活动名称 | 地点 | 主办 / 承办 / 参加 |
|---|---|---|---|---|
| 17 | 2019.8.7 | “光辉 70 载·我为祖国添光彩”郭巨街道首届广场舞大赛 | 云衢广场 | 主办 |
| 18 | 2019.9.26 | “垃圾分类我给力·美丽北仑我受益”主题活动 | 北仑小山公园 | 参加 |
| 19 | 2019.9.11 | “月动庐江 情满军营”91112 部队慰问演出 | 部队礼堂 | 参加 |
| 20 | 2019.9.16 | 庆祝新中国成立 70 周年文艺演出暨军地共建签约仪式 | 仰岛湾部队 | 参加 |
| 21 | 2019.9.20 | 庆祝中华人民共和国成立 70 周年老年合唱团红歌快闪活动 | 云衢广场 | 主办 |
| 22 | 2019.9.23 | 郭巨街道“庆祝新中国成立 70 周年书画展” | 云衢广场 | 主办 |
| 23 | 2019.9.23 | “祖国妈妈生日快乐”迎国庆儿童大地画活动 | 云衢广场 | 主办 |
| 24 | 2019.9.29 | “光辉 70 载·奋进新时代”迎国庆文艺晚会 | 云衢广场 | 主办 |
| 25 | 2019.9.29 | 2019 爱心大篷车走亲活动（4 场） | 春晓昆亭 | 承办 |
| 26 | 2019.9.25 | “砥砺奋进四十载·同心筑梦红码头”庆祝建国 70 周年合唱比赛 | 北仑影院 | 参加 |
| 27 | 2019.11.9 | 舞比快乐宁波市电信杯广场舞大赛 | 宁波文化广场 | 参加 |
| 28 | 2019.11.15 | 北仑区第二十四届群众文艺调演（音乐、舞蹈） | 北仑影院 | 参加 |
| 29 | 2019.11.28 | “三美郭巨”开馆仪式 | 谢家岙村 | 主办 |
| 30 | 2019.12.27 | 郭巨街道北门村元旦文艺晚会 | 北门村 | 主办 |

## 1983—2019 年境内文艺创作获奖作品一览

表 13-1-5

| 年份 | 类别 | 作品名称 | 作者 | 赛事名称 | 奖项 | 主办单位 |
|---|---|---|---|---|---|---|
| 1983 | 美术书法类 | 花鸟 | 汪宝华 | 省首届工人、农民书画展 | 入选 | 省文化厅、美协 |
| 1996 | | 行书 | | 浙江省农民书法比赛 | 三等奖 | 省书法研究会 |
| 1997 | | 农民画 | | 市现代民间绘画展·香港回归 | 二等奖 | 市群艺馆 |
| 2000 | | 牡丹 | | 中国书画艺术博览 | 入选 | 中国艺术家大型辞典丛书编委 |
| 2002 | | 猫 | | 全国“嘉翰杯”中老年书画大赛 | 铜奖 | 中国书画报天津嘉翰画院 |
| 2004 | | 花鸟 | | 全国“盛世兴林”书画展 | 入选 | 中国林业书法家协会 |
| 2005 | | 猫 | | 宁波市社区文明风采书画赛 | 优秀奖 | 市民政局、文明办、文广局 |
| 2006 | | 牡丹 | | 全国社区文明风采书画赛 | 纪念奖 | 全国万家社区图书室活动组委会 |
| 2007 | 美术书法类 | 花鸟 | 汪宝华 | “燃情岁月”全国老干部、老将军、老专家、工人劳模书画作品邀请展 | 金奖 | 北京华夏国艺书画院、当代中老年书画艺术研究会 |
| 2008 | | 三虎图 | | 全国大型老年书画艺术“北京奥运”邀请展 | 金奖 | 北京宝廷轩书画院 |
| 2011 | | 双虎图 | | 中国老年书画展“华表奖” | 金奖 | 北京中国老年书画展大赛组委会 |
| 2012 | | 龙戏珠 | | 宁波市龙年画龙“群星画龙点睛” | 铜奖 | 市文化馆、市非遗保护中心 |
| 2017 | 非遗类 | 港城新象 | 朱立峰 | 宁波市优秀农民画、剪纸作品大赛 | 铜奖 | 市民间文艺家协会民间艺术研究会 |
| | | 北仑港新象 | | 2017 浙江省剪纸艺术大奖赛 | 铜奖 | 省民间文艺家协会 |

续表 13-1-5

| 年份 | 类别 | 作品名称 | 作者 | 赛事名称 | 奖项 | 主办单位 |
|---|---|---|---|---|---|---|
| 2017 | 美术书法类 | 红梅 | 汪宝华 | | 一等奖 | 中共宁波市委组织部 |
| 2018 | 美术书法类 | 篆刻 | 陈刚 | “陆维钊奖”浙江省第八届中青年书法篆刻展 | 入展 | 省书法家协会 |
| 2018 | 美术书法类 | 篆刻 | 陈刚 | 纪念叶一苇先生100周年诞辰浙江省篆刻大展 | 入展 | 省书法家协会 |
| 2018 | 小品 | 舞动的红丝带 | 邱红等 | 宁波市第六届戏剧小品、小戏、曲艺会演 | 创作铜奖 | 市文化广电新闻出版局 |
| 2018 | 非遗类 | 桐庐印象 | 朱立峰 | 2017浙江省“绿水青山潇洒桐庐”剪纸大赛 | 二等奖 | 省文化馆 |
| 2019 | 非遗类 | 青瓷智慧长青 | 朱立峰 | “江浙之巅剑瓷龙泉”剪纸艺术作品展 | 三等奖 | 省文化馆、龙泉市文广局、省民间艺术研究会 |
| 2019 | 非遗类 | 共享和平发展 | 朱立峰 | 庆祝新中国成立70周年浙江省剪纸作品邀请展 | 入选 | 省文化馆、省民间艺术研究会 |
| 2019 | 非遗类 | 祝福新中国七十华诞 | 朱立峰 | 庆祝新中国成立70周年浙江省剪纸作品邀请展 | 入选 | 省文化馆、省民间艺术研究会 |
| 2019 | 音乐舞蹈类 | 城弄 | 邱红等 | 北仑区第二十四届群众文艺调演（音乐、舞蹈） | 创作金奖 | 区文化广电新闻出版局 |
| 2019 | 音乐舞蹈类 | 晒鲞 | 邱红等 | 北仑区第二十四届群众文艺调演（舞蹈） | 创作银奖 | 区文化广电新闻出版局 |

## 2016—2019年郭巨街道文艺团体参加区及区以上各类比赛获奖情况表

表 13-1-6

| 参赛时间 | 团体名称 | 作品名称 | 赛事名称 | 获奖情况 | 主办单位 |
|---|---|---|---|---|---|
| 2016.10 | 郭巨街道合唱团 | 我爱这蓝色的海洋 | 第五届中国宁波国际港口文化节 | 银奖 | 区文化广电新闻出版局 |
| 2016.12 | 郭巨街道舞蹈队 | 爷爷木偶人 | 北仑区第二十二届群众文艺调演（音乐、舞蹈） | 创作银奖 | 市文化广电新闻出版局 |
| 2018.6 | 古韵舞蹈队 | 幸福新起点 | 我们的“2018”北仑区排舞大赛 | 银奖 | 区文化广电新闻出版局、区总工会 |
| 2018.5 | 峙北职工合唱团 | — | 北仑区劳模先进表彰暨“放歌新时代”全区第三届职工合唱大赛 | 银奖 | 区文化广电新闻出版局、区总工会 |
| 2018.6 | 郭巨街道舞蹈队 | 红船向未来 | “2018”北仑区排舞大赛 | 银奖 | 区文化广电新闻出版局、区总工会 |
| 2018.10 | 郭巨街道舞蹈队 | 舞动的红丝带 | 宁波市第六届戏剧小品、小戏、曲艺会演 | 第二名 | 市文化广电新闻出版局 |
| 2019.12 | 郭巨街道舞蹈队 | 城弄 | 北仑区第二十四届群众文艺调演（音乐、舞蹈） | 创作金奖、表演金奖 | 区文化广电新闻出版局 |
| 2019.12 | 郭巨街道舞蹈队 | 晒鲞 | 北仑区第二十四届群众文艺调演（舞蹈） | 创作银奖、表演银奖 | 区文化广电新闻出版局 |

# 第三节　民间文艺

## 民间音乐

**器乐**　主要有丝竹乐和吹打乐，曲牌有《梅花三弄》《细则》《将军令》《得胜调》《仪仗谱》《九连环》《凤妆台》等10余首。吹打乐《将军令》，以吹奏唢呐为主，加上锣、钹等打击乐演奏，迎神赛会等较大场合，也加入丝竹乐演奏，为渲染气氛，常用尖号（目莲号）吹出“引子”，以壮声势。丝竹乐《凤妆台》《细则》，演奏乐器有三弦、琵琶、箫、笛、笙、扬琴、二胡，称“文乐”，逢迎神赛会等场合，增板胡等音量较大乐器烘托气势，也有击打瓷碗、盆、杯等以增柔音色的。

**小调**　即俚曲。曲调多由外地流入，有《马灯调》《无锡景》《五更调》《孟姜女》《怨郎五更调》《杨柳青》《醒世曲》《长工叹》等20余种，唱者多为农民、手工业者、渔民等，在新春佳节跟随各类花灯挨户伴唱。词曲通俗，为群众喜闻乐见。

## 民间舞蹈

**舞龙**　又称戏龙灯。人们为求风调雨顺，盛行“请龙行会”之类仪式，舞龙习俗也由之传承。龙首、龙尾以竹木为骨架，糊上纸、布，加以彩绘。龙身用长条布幅绘上龙鳞，镶以裙边。每隔4～5尺为一节，撑以竹圈，一般9～13节，每节一人执持长木棍舞动，随乐曲节奏生动活泼地表现各种姿态。境内东港社区和郭巨学校的母子舞龙队2006年建立以来，在北仑区级以上大型活动中表演并多次获奖。

**大头舞**　又称大头和尚，多为2或4人扮演。表演者戴面具，穿彩服，摇蒲扇，作姿作态，亦有表演“打城隍”“柳翠烧香”等简单剧情的。

**铰链相**　又称打连厢（莲湘）、打花棍，2或3人表演。舞者手持竹制串铜钿花棍，作“8”字型穿插铰链舞蹈，配乐器或伴唱。

**纱船**　又称船灯。用竹、木、布、纸扎糊成船形，由儿童扮成古装少女，负船而行，也可由另一人扮渔翁或船夫，持桨同舞，配锣鼓、丝竹，伴唱《荡湖船》等小调。

**车子灯**　又称车子舞。车子灯相传在隋炀帝游江南时传入浙东，后作为沿海人民抗倭筹集资金、传达军情方式，逐渐演变成节日喜庆娱乐活动。20世纪30年代，郭巨有“东升”“南熏”“平安”“春云”4个车子灯社，享誉穿山半岛。车子灯制作材料与纱船同，扎成比成人高的彩轿，两侧下画车轮状，一人化装在内负“车”行走，或两车并舞，以锣鼓、乐器伴奏，随音乐节奏悠悠晃动，犹如迎着波浪行驶之船，具有浓郁江南水乡气息。

**马灯**　马灯舞起源于宋时“泥马渡康王”传说，后演变成浙东地区颇具群众性的民间习俗，俗称“跑马灯”。马灯用竹、布扎马头状挂腹前，另制马尾挂臀后，由十二三岁男女孩童扮演，涂脂化装，可数马并驾，或进或退，步履轻快，腰胯稳健，表现马的跑跳等动作中展示了人的一种振奋乐观、勇往直前精神。其伴奏音乐“马灯调”，男女老少皆能吟唱。

**高跷**　相传古人为采集树上野果，在脚上绑长棍演变而来的一种活动，故历史久远。郭巨等地年轻高跷手，能脚踩一米多高木枝在泥泞水田里行走自如。高跷主要在迎神庙会时表演，20世纪50年代后则在庆祝丰收、欢度春节等时表演。

**造趺**　始于清道光十九年（1839），穿山村民出游鄞县庙会觉新奇而引入，后流传于郭巨、梅山、三山等地。造趺即造型、造脸（画脸谱）之意。初期由男女少年扮成“八仙”等古装人物，骑于成人肩膀之上并不表演，故又称“马嘟嘟”。后由艺人创造双肩立童之技，使造趺艺术大为增色，但仍无表演。民国元年（1912）后才有唱念做打之形式，故有肩胛戏之称。肩上孩子称天盘，地上成人称地伴，地伴需用脚步配合天盘之表演。

**跳蚤会**　跳蚤会系从福建传入的双人舞，因其表演幽默风趣，深受群众欢迎。初期，跳蚤会仅为表现男女逗趣、调情之意（女角由男性反串），后由舟山艺人引入“济公戏火神”故事，赋予消灾降福之内涵。因在农历十二月廿三祭灶时表演，故跳蚤会又有“跳灶会”之称。

**红毛狮子**　相传明清时，浙东一带盗贼猖獗，为抗盗贼侵害，民众勤习武艺。在抗击盗贼时，村民们打扮身披红毛之狮以壮威，盗贼击退后，狮子便成为村民节日喜庆娱乐工具。

## 民间戏曲

**唱文书**　清同治十年（1871），郭巨南门有位唱文书艺人李朝旺，从小学艺，刻苦钻研，学得一口好唱腔，不论老小生、小旦、花旦，表演得淋漓尽致，功夫不凡，她的拿手好书《送花楼会》，有独特风格，文必正的跪梯送花，霍定金小姐出课，丫鬟的传达，各人口腔，从不差错，台词用土话，插科打诨，以诙谐的语言和动作引人发笑。后场赵阿堂，专弹三弦，技艺精湛。民国20年（1931）李朝旺去世后，由赵阿堂自弹自唱，“文化大革命”时期，赵隐居于育王寺，1966年逝世。

**唱武书**　民国28年（1939），东门陈阿四，文化虽浅，但记忆力强，从他人处听书后牢记不忘，其书有“张勇打擂”“包公案”等。唱时，随剧情摆开武功姿势，刮桌打凳，虽无师传授，但才尽艺绝，发挥殆尽，日场唱春夏秋三季，夜场唱夏夜，没有后场，用小桌一张，或人家屋檐下，或十字街头，听众自愿付钱。

**滩簧**　民国初，郭巨人叫串客，由天台人腰机师傅阿堂发起，手工业者组成，自娱自乐，不收钱财，冬闲晚上，在城隍庙戏台演出，戏腔夹杂方言土话，有的内容比较庸俗。中华人民共和国成立后，人民政府重视文艺改革，对讲白唱腔滩簧加以改进，称为“甬剧”，演出有教育意义的戏剧，如“半把剪刀”“小姑贤”等。

**绍兴高调**　清光绪二十九年（1903），郭巨戴有香发起农民业余班，唱“绍兴高调”，节目有“龙虎斗”等。

**唱走书**　走书是民间表演艺术中乡土气息浓郁、独具风格的曲艺形式。初期为一人独唱，后演变为一唱一和，二胡、扬琴等多种乐器伴奏，每曲落调时伴“哎哎哩啊”和音，其曲调有二三十种，唱书有《东汉》《西汉》《隋唐》《杨家将》等几十部古代长篇书目，还有《敌后武工队》《野火春风斗古城》《黑凤》等现代书目。盛岙张亚琴、郭巨小老五、汪康章等是境内蛟川、翁州走书有名艺人。

**唱新闻**　唱新闻是流传于浙东民间的曲艺。演唱者皆为盲女瞽男，内容多是街头巷尾流传的古今故事和流行小调。艺人常于夏夜纳凉场所，手持小鼓小锣，边敲击边演唱。曲调有头调（基本调）、词调、哭调等，唱词以通俗、易懂、上口、连续押韵为特色，常唱的有《三县并审祝玉英》《顾鼎臣》《借红灯》《金生弟》等10余部书。

**木偶戏**　俗称“杖头人案”“下弄上”“小戏文”。清末从定海传入，木偶头部如茶杯大小，用木杆作手脚，冠戏帽、套彩服以标志人物角色。舞台宽1～2米，三面围以布幔。演出时将木偶上身伸出布幔，牵动木杆作举、舞、打、斗等动作，演毕插于围架上。操纵木偶需3～5人，后场2人，唱腔以京徽曲调为主，配以锣鼓、丝竹等乐器。旧时多演出于祠堂、渔场，中华人民共和国成立后进入会堂及书场。剧目有《火焰山》《三盗芭蕉扇》《三打白骨精》《珍珠塔》《狸猫换太子》《宝莲灯》等。另有一类小型木偶戏，舞台不足1米，仅由1人用手指套木偶演唱，脚踩锣鼓，多为灾病者演还愿戏。

## 民间故事

民间故事大多为神话、历史传说、人物故事和笑话，富有地方特色，如境内有“宋高宗逃难到郭巨及其趣事”“甘露庵的兴衰与石鼓传说”“桃花老龙的传说”“郭巨庞衙岙的传说”“仙姑赐雨的传说”“描龙的传说”“峙头十八嘴”等民间故事。

**歌谣**　主要有劳动歌（田歌、山歌、渔歌、行业歌）、时政歌、仪式歌、情歌、生活歌、儿歌、历史传说歌及杂歌，以农民田头山歌最为普遍。除劳动歌和儿歌无固定曲谱外，其余大多依附民间小调曲谱，即兴而作进行演唱。如境内流传的有“咯咯翁”“上轿歌”“车水拜假堂”“摇呀摇”等歌谣。

## 民间书画　剪纸　篆刻

境内较有声望的民间书画爱好者有南门村汪宝华、西门村纪家三兄弟（纪才训、纪才君、纪才国）、双岙村俞荣华等，汪宝华以画虎闻名，同时也十分擅长画花鸟和古典人物，作品《三虎图》参加全国大型老年书画艺术“北京奥运邀请展”荣获金奖，参加全国、省、市各级书画展作品达近百幅；纪才训擅长楷书，漆匠出身的纪才君擅长画花鸟，纪才国擅长画虎。

前童风韵

尖岭村的朱立峰擅长剪纸，为浙江省民间文艺家协会会员，《前童风韵》等3件作品获浙江省“千年古镇”剪纸艺术展二等奖，入编《浙江民间剪纸集》和《浙江剪纸四十年》作品集，2020年获评“宁波市十大剪纸艺术家”称号。

北门村陈刚擅长篆刻，为浙江省书法家协会会员、宁波市书法家协会篆刻创作委员会委员、北仑区书法家协会副主席，多幅作品参加全国、省各级篆刻展。21世纪初至10年代，他是郭巨小学篆刻兴趣小组的指导老师，篆刻成了当时郭巨小学的特色校本课程之一。

## 专记：农民画家汪宝华

汪宝华，又名汪闻声，男，汉族。1923年9月出生于郭巨南门村，自幼酷爱书画，年轻时常给庄户人家画床匾年画之类而名扬闾里，晚年开始临摹名家佳作。他矢志不渝，潜心自学，痴醉于画图之中，渐渐地成了为人尊敬的古镇乡贤、农民画家。

他在生活中寻求创作源泉，山水人物，花鸟走兽，田园逸品，无不涉猎，小件大作，皆入佳作，将自然形态与物景转化为个体认知和个性表达。他以画虎闻名，同时也十分擅长画花鸟和古典人物。其画作擅于在民间中取材，在生活中立题，刻意于构图、着色的选择上质朴自然，贴近大众，其作品可谓雅俗共赏，饶有生活情趣，深受群众喜爱。

汪宝华现为北仑区美协会员，从1996年到2016年，共创作各种作品计5581幅，是个高产画家。作品《三虎图》曾获全国大型老年书画艺术“北京奥运”邀请赛金奖等几十个奖项，参加全国、省、市各级书画展作品达近百幅，曾在北仑、宁波等地多次举办个人画展或联展，2017年《农民画家汪宝华作品集》出书。

汪宝华作画

汪宝华作品

## 第四节　文化活动

### 庙会戏

中华人民共和国成立前，境内多数宫、殿、庙在神主诞期演戏祀神祈福。剧目多宣扬忠君扶朝，除邪扶正，因果报应。庙会戏中还愿戏和同行戏亦有演大型木偶戏的。其费用由庙产开支和庙脚弟子负担，还愿戏与同行戏则由还愿者支付和同业公摊或乐助。

### 行庙会

迎神赛会俗称行庙会或行会。郭巨人行庙会盛行于明朝，将城隍、东岳大帝等神祇出巡保境与庆祝抗倭胜利游行相结合。庙会时令多在农闲期间，二月初八至初十日，三天，最后一天初十是礼拜会的迎神会期。若遇城隍庙演六日六夜“灯头戏”，则称礼拜会，故郭巨人有一句老话：“戏文隔礼拜，人客团团挨”。

行会仪仗队列始是旗锣开道，随后清道旗、皂隶 4 ～ 6 名，继为“肃静”“回避”及神衔等执事牌，后有一方红、黄、蓝、白、黑色旗阵。神轿以东岳宫灵公菩萨出殿为先导，其后东升社、南熏社、平安会、春云社依次跟上，各社有彩画彩灯、鼓阁、抬阁、莲灯、花篮等，押后由“东岳大帝”出殿坐轿。神轿后随万民伞，前簇后拥。庙会队列长达 2 ～ 3 华里，所到处各宗祠摆爵献敬神，同时在该处表演节目。入夜排夜街，会长半边城，满城灯光辉煌，鼓乐笙笛铳炮连天，大街小巷尽是看灯的人头，一直到下半夜东方发白方休。（为什么夜会要到天亮方散会？因戏文隔礼拜，家家户户都有远亲来看戏看灯，晚上住宿有困难，只好行会到天亮吃过早饭后回家去。）

行会路线是从东岳宫开始，出南门过埠漕嘴头，至大涂塘，到大山头，过西门路亭进西门，至东门石公庙，过官池弄，向北门转入荆家弄，过教堂弄到城隍庙再转入协和弄至冯家弄，过南门凉亭，弯入南门城下弄，至汪家弄大晒场，出北口到十字街散会。”

行庙会内容大致有：

**鸣器**　炮担，扎有彩球弧形扁担挑铁皮箱两只，盛火药、铁炮，挑担快行为先导，至爵献处，放礼炮10余响，示会列将到。旗锣，直径2尺余，拴于雕龙木杠，后垂绸绣旌旗，杠尾垂挂大秤砣，一人担肩而行，锣响一组13下，音响震数里。放铳，铳杆长约1米，三管一束，灌以火药，一般列在会列之首和神轿之前。每组六七人，每到闹地，放铳鸣响。

**鼓阁**　有“船鼓”和“抬阁”。船鼓为2人抬行方柜式鼓架，上置竹片作架，扎彩球花环，配置锣、琴、笛等乐器。亦有黄杨雕刻、用骨嵌镶的大鼓阁，4人抬行，配有管弦乐队，乐曲高雅。抬阁乃用一口长方形木柜作底盘，8人抬，8人扶，盘上有5～7个儿童固定于三节高铁架上，扮演古装戏《渭水河》《大闹九江口》等帝王将相英雄豪杰形象。

**旗伞**　旌旗、圆伞。旌旗有大、中、小、长方、正方、三角等形状，五彩缤纷。大纛旗杆高3丈，一人撑竿，两人拉绳，每到大河岸边，表现蹈旗武功，民谚“越大旗”出自此。伞均为圆顶黄罗伞，绣花佩丝穗。

**灯具**　有联灯和排灯。联灯分九连、十八连、廿四连等种，用玻璃彩绘灯罩置于木制梯形框架内。廿四连灯高达2丈，重上百斤，由壮汉一人双手握联灯底盘，力举胸前，前后4支长竿支撑，缓步而行。排灯，灯具横排，盏数较少。

**特技**　踏高跷，跷木高约1丈左右，人数不定，化装表演《唐僧取经》《铁公鸡》《乌龙院》等剧中人物。闪锐叉，每班10人左右，头裹布巾，上身赤裸，模拟京剧舞台枪花动作。甩火篮，用铜制碗形火篮2只，中拴4～5尺长绳，用双手甩舞，显现各种圆形图像，晚上点燃炭火，呈现各种弧状火带。舞龙，一般10余节，最长有24节，每节由一青壮年支撑，龙头还配1～2人拄持，在爵献前或街上起舞，后发展有珠龙，全身用彩色珠子串成龙鳞，在阳光下闪闪发亮。舞狮，又称狮舞，一般由2人藏身在假狮身内，一舞头，一操尾，在一扮武士执彩球者逗引下，模仿狮子形象动作，如搔痒、舔毛、打滚、抖毛、跳跃、跌扑、翻腾等，配合锣鼓进行舞蹈。也有单人饰舞小狮者。造跌（或作“皂夫”），两人为一对，由10岁左右儿童扮演各种戏剧人物，站于成人肩上，称“天盘”或“上盘”，肩负者称“地盘”或“下盘”，负童而走，随锣鼓节奏，模拟戏剧动作，上下配合默契。

## 元宵踩街

郭巨人闹元宵民俗活动早于明朝盛行。一般从正月十三夜开始上灯（谓上灯夜），到正月十八夜落灯（谓落灯夜），延续五天。其间东门石公庙、南门林府庙、西门城隍庙、北门东岳宫等祠庙街巷皆悬灯结彩，还有走马灯吊在店铺门前，谓盛灯。夜幕降临，人们敲锣打鼓，提着造型各异的的龙灯、走马灯、白象灯、鲤鱼灯、荷花灯、兔子灯和各种历史人物灯，行走各庙，照得街巷如同白昼，即行灯会。元宵节晚上举行民间文艺大巡游，表演具有地方特色的抬阁、鼓阁、马灯舞、舞龙、舞狮、跳蚤舞、踩高翘、狮子白象窜等民间活动。锣鼓声声、丝竹悠扬，男女老少上街观灯，街道两旁人山人海，欢声笑语，煞是热闹！

元宵踩街

闹元宵活动可谓是郭巨一项历久弥新的民俗文化传统项目，特别是郭巨灯具城建成以来，每次元宵踩街活动期间，灯具城一带的巡游路线两侧人山人海，吸引周边十里八乡成千上万的群众前来观看。2013年2月21日，北仑区元宵踩街大型民俗文化活动在郭巨举办。是年，“郭巨元宵踩街行会”获“宁波市优秀传统节目文化活动”称号。2019年元宵踩街活动有近2万名现场观众，还有10万名网民通过网络直播观看，抬阁、响器木偶、跳蚤会、马灯舞、母子舞龙、秧歌舞等15支踩街巡游队伍的750名表演者伴随着锣鼓唢呐声与围观群众的呐喊声，从郭巨学校出发，一路经过灯具城、信用社、南门（大斗门）、东门河道、北门、菜场路（郭巨文化活动中心）至东港社区结束，为广大市民送去元宵佳节的祝福。

### 乡村厨艺大赛

近年来，境内涌现了“海婆婆”“阿姐宁年糕”等本土美食品牌，为传承美食文化并发展之，2018年，街道组织举办了首届乡村厨艺大赛。2019年3月7日，“鲜香郭巨·烽味”第二届乡村厨艺大赛在云衢广场隆重举行，大赛分专业组和业余组，共26支队伍参赛，最终，“二姐大食堂”和张菊梅分获专业组和业余组冠军，还评选了最佳创意奖、最佳品相奖、最佳传承奖、最佳人气奖、最佳烽味奖五个单项奖。

### 烽火古韵年俗文化节

首届“烽火古韵”年俗文化节于2017年1月举办。第三届郭巨街道“烽火古韵”年俗文化节开幕式暨“聚力两整两提，共建美丽城镇”2019年元旦文艺会演于2018年12月28日在郭巨影院举行，展示郭巨小海鲜、鲜花产业、传统美食、传统技艺捏糖人等“鲜香郭巨”年货大派对暨民间文艺展演于2019年1月中旬在云衢广场举行。

2019年，家庭厨艺大赛

2019年，鲜香郭巨年俗文化节

### 广场文化

20世纪80年代初，随着城镇建设发展和居民生活改善，境内群众自发开展跳广场舞、打太极拳、练腰鼓和舞剑等健身活动。郭巨城区人们大多集中在东港社区、影剧院广场等地开展文体活动。进入21世纪，各村普遍开辟了广场舞等文体活动场所。2009年4月28日，中央电视台“心连心”艺术团带着党中央、国务院的亲切问候，在宁波港穿山港区集装箱五期码头8号泊位，为广大工人献上一场主题为“扬帆起航”的盛大文艺演出。2018年，云衢广场建成投用以来，街道大型活动诸如乡村厨艺大赛、烽火古韵年俗文化节、家庭文化节等都在此举行，广场文化内容和形式日趋丰富多彩，成为街道文化活动主平台。

### 村落文化

20世纪80年代，中央接连下达有关活跃农村文化生活的指示，公社（乡镇）文化站承担村落文化示范和辅导之责。宣传、文化部门着力在村落文化中推进“一个活动室、一个广播室、一个阅报栏、一块黑板报、一个室外活动场地和一个业余宣传员”（即六个一）建设。1998年6月区政府召开全区村落文化现场会，掀起发展村落文化的热潮。2005 年 12 月，西门村获宁波市村落文化建设示范点称号。2006 年起，境内各村（社区）相继建立村民（市民）学校，农村社区教育开始在境内兴起，已涌现出以西门村民俗文化为特色的一批示范村民（市民）学校，开发并打造了以宁波市终身教育品牌项目《烽火魂 · 乡土情 总台山文化》为代表的一批社区教育特色项目。2010 年 4 月，西门村荣获宁波市农村种文化活动先进村称号。2012 年开始，宣传部门在各村（社区）开展“农村文化礼堂”建设和星级评定工作。2017 年 12 月，路亭村在村文化礼堂率先举办村晚。2019 年度，在村文化礼堂举办村晚的还有北门村、盛岙村、尖岭岙村等。

2009 年 4 月 28 日，中央电视台心连心艺术团到穿山港演出现场

2019 年 12 月 30 日，北门村村晚

### 校园文化

中华人民共和国成立后，校园文化趋于活跃，各校组织学生开展读书活动，成立兴趣小组等，但“文化大革命”期间遭到破坏，至 20 世纪 80 年代才得到恢复。1989 年，郭巨中学组织航模、文艺、球类、象棋等 20 余个兴趣小组，郭巨镇中心小学开设了五大类（体育类，含球类、棋类；乐器舞蹈类，含电子琴、二胡、笛子、鼓乐队、声乐、舞蹈等；编制类，含编织、绣花、钩针、服装梅花等；手工美术类，含剪纸、手工工艺、风筝、美术字、雕刻等；其他类，含打字、烹饪、书评、朗诵等）36 个兴趣小组，丰富校园文化。峙头乡中心学校在峙头冷冻厂资助下组建了鼓乐队。2003 年起，郭巨镇中心学校开发“篆刻”特色校本课程，2018 年 2 月被教育部命名为第二批“全国中小学中华优秀文化艺术传承学校”（传承项目：篆刻）。2009 年起，郭巨小学开展太极功夫扇普及培训。是年成立非遗舞龙社团，十多年来，该社团与东港社区巾帼舞龙队组成母子龙亮相街道及区（市）级各类活动，多次参加舞龙争霸赛获佳绩。2013 年郭巨学校成立马灯社团。2012 年起，开办云衢讲堂。

## 第五节 墙体文化

墙体文化是农村文化的一大特色，中华人民共和国成立后的较长一段时期内以墙体油漆标语的形式展示在境内各个村庄房屋墙面上。20 世纪 80 年代后期始，横幅标语、广告牌标语、LED 屏标语、影视标语等形式多样的墙体文化先后出现，并逐渐增多。进入 21 世纪，墙体文化一般图文并茂，讲求环境美观与协调。墙体文化显示了各个时代的符号和最强音，其内容随时代形势及党和国家的工作重点任务而变更。

中华人民共和国成立初，“打土豪，分田地”“没有共产党就没有新中国”等墙头标语随处可见。抗美援朝时的“雄赳赳，气昂昂，跨过鸭绿江”的墙头标语，鼓舞着境内青年人踊跃参加志愿军。20世纪50年代末至60年代初“大跃进”时期，以振奋人心、鼓舞斗志为主要内容的标语出现在墙头上，如“鼓足干劲、力争上游、多快好省地建设社会主义”“自力更生、艰苦奋斗”“大办钢铁、大办粮食”“人民公社好”等标语。1966年上半年“文化大革命”开始后，“千万不要忘记阶级斗争”“打倒牛鬼蛇神”“打倒封资修”“打倒走资派”“造反有理，革命无罪”“高举毛泽东思想伟大旗帜”“大海航行靠舵手，干革命靠毛泽东思想”等标语铺天盖地，随处可见，不仅墙上有大字标语，甚至在一些房前屋后的墙面上也写满毛主席语录。1978年12月，中国共产党第十一届中央委员会第三次全体会议后，开启了中国改革开放的新进程，农村开始实行家庭联产承包责任制，墙上就出现了“农村联产承包责任制好”“勤劳致富”等标语。80年代初，实行计划生育，出现了“一对夫妇只生一个”“生男生女一个样”“少生优生，幸福人生”等墙头标语。21世纪初，“古韵郭巨”非遗文化、“绿水青山就是金山银山”“垃圾分类，家乡更美”“不忘初心、牢记使命”“社会主义核心价值观”等标语以图文形式用喷绘布装饰墙体；村史村情、村规民约等布置在各村的文化礼堂墙体上。

## 第六节　广播　影视　新闻

### 广播

1958年，郭巨公社广播站在刚建成的郭巨人民大会堂成立，站长黄志文。1988年，在郭巨西门外新建广播电视大楼，时广播线路总长25千米，喇叭总数850只。峙头公社广播站建于1969年，负责人张永昌。广播线路总长54千米，喇叭总数1025只。1975年，峙头乡广播站置小型柴油发电机，解决了停电中断广播问题。1993年峙头广播站随峙头乡并入郭巨镇而撤销，时2名工作人员分流至郭巨广播电视站。各广播站初建时，广播喇叭为高音喇叭，每村主要路段立柱架设，后采用舌簧喇叭，安装于每户房子门窗上方，广播站配置播音员1人，外线工2人。主要设备有扩音机、录音机、控制台及备用发电机。播送节目有新闻、文艺、农艺、气象等节目，日播音3次。1985年底起，乡镇广播站主要转播区站信号，不定期播出本乡（镇）新闻。1992年，乡镇广播站改称乡镇广播电视站。2003年，郭巨广播电视站随郭巨镇并入白峰镇而撤销，时工作人员7名，其中6人分流至白峰广播电视站。

### 电影

1970年，峙头公社首办8.75毫米电影队。1975年，峙头公社电影队使用16毫米映机放映，映机型号：F16—4型，简称轻16型。1971年1月10日晚上，第一场名为《伏击战》的电影在峙头公社长浦大队露天放映，自备发电机供电，放映员张安康、戴定桓、孙三财。70年代，电影队要配合政治运动自制宣传用的幻灯片，于电影放映前播放。时有放映员2人，每月为每个大队巡回放映电影二场次，每月放映28场次。各大队负担电影放映费每场5元至16元不等，人口最多的盛岙大队每场放映费为16元。放映员工资按社办企业职工工资标准由公社负责发放。1985年起，峙头电影队使用16毫米映机放映，取消了到各村巡回放映制度，电影队也开始自负盈亏，以峙头公社大会堂、盛岙部队会堂（均免费使用）为主要放映点，也有办喜（丧）事人家出资放映的，每月约放映15场左右。1992年峙头电影队解散。1985年前，郭巨电影队去双岙、后墩、华峙等大队轮映。1985年，郭巨电影队使用35毫米映机放映。1988年，西门外影剧院投用后，以影剧院为主要放映点。

20 世纪 70 年代，村落文化严重匮乏，加之电影拷贝量少，境内居民常看“跑片”（晚上在一个村庄放映完一部电影的第一个拷贝后，由专人骑自行车送达下一个村庄放映点再行放映，同一部电影拷贝在同一个晚上要在二个甚至三个不同的村庄里放映，也有一个村庄放映完一部电影后，放映员骑着自行车，载着放映机和电影拷贝到下一个四五里甚至近十里外的村庄再行放映，有时待最后一个点电影放映结束可能已是清晨二三点钟了，这就称之为“跑片”）那个年代，常看的“跑片”电影多是革命京剧样板戏。

### 电视

1987 年，在路亭村河边山岗新造了电视转播台，接收转播中央电视台节目，郭巨境内居民可在自家房屋边安装天线接收信号收看电视。峙北峙南一带居民接收来自舟山电视台的信号，但电视信号较弱。1988 年，在郭巨西门外新建广播电视大楼，1992 年 10 月，郭巨境内开通有线电视，能收看 7 套电视节目。随后峙头境内各村陆续相继开通有线电视，至 1996 年末，除长坑、双屯村外，境内 23 个村都能收看有线电视，电视用户数 6667 户，占境内家庭总户数 7059 户的 94%，覆盖人口 20948 人。1997 年后，郭巨镇有线电视光缆与区联网，可传输 13 套电视节目信号。2000 年，电视入户率达 98%，有线电视频道增至 24 套。2003 年，郭巨广播电视站并入白峰广播电视站。2006 年 1 月起，电视频道达 40 套。2007 年 7 月 26 日，境内长坑、双屯两村为全区最后开通有线电视的村，26 户居民免收视听费。至此，境内实现有线电视“村村通”。

### 新闻

20 世纪 80 年代，郭巨、峙头公社文化站设专职新闻信息报道员 1 人。进入 21 世纪后，随着互联网的普及、多媒体平台的大量涌现，特别是各单位通过互联网自建网站、推出微信公众号、视频号等，及时向社会发布新闻信息，时称信息社会。各企事业单位、街道机关各办公室都配有兼职新闻信息报道员，镇（街道）宣传办负责新闻信息报道工作，设专职报道员，并对由机关、学校、社区、村、企业等单位人员组成的兼职报道员队伍每年进行业务培训，实施对单位和兼职新闻信息报道员的新闻报道工作的考核与奖励制度。

## 第七节　文物

### 总台山烽火台

总台山烽火台遗址位于郭巨街道北门外的总台山山顶，海拔 309.2 米。据民国《镇海县志》载，“总台山烽火台始建于明洪武二十年（1387），时称三塔山，下辖高山、土泽、观山、梅山、虾康五个烽火台，（总台山烽火台）设旗军以瞭望信息，昼烟夜火互相接应……瞭望独远，故设总台。”明朝中叶以来，当地军民抗倭、抗英、抗法等反侵略战争的狼烟从这里燃起，总台山烽火台石屋是当地军民不畏强暴英勇抗击外敌入侵的历史见证。1994 年 11 月，总台山烽火台石屋被北仑区人民政府确定为区级文物保护单位，区级爱国主

夕阳西下的郭巨总台山烽火台

义教育基地；1997 年 6 月，被浙江省人民政府确定为省级文物保护单位。2005 年 5 月，白峰镇人民政府对总台山烽火台遗址进行了修复。2007 年 3 月，被宁波市人民政府列为市级爱国主义教育基地。2013 年 10 月 31 日，总台山烽火台史迹陈列室暨非物质文化遗产陈列馆在东港社区落成，陈列室面积 90 平方米，内分序厅、山海相接·千户所城、抗倭英豪·烽火总台、风华郭巨·非遗存珍和尾声部分，陈列有抗倭名将卢镗、俞大猷、戚继光等图片，陈列室通过图像、文字、实物、宣传画册、微视频等形式，介绍总台山烽火台抗倭斗争的历史及爱国主义教育活动开展情况。

### 北门村教堂弄耶稣教堂

2012 年 6 月 12 日被列入第十三批区级文物保护点。（详见社会篇宗教章基督教节）。

## 第八节　非物质文化遗产

郭巨历史源远流长，早在新石器时代晚期，境内大岭下已有人类生息，明洪武二十年（1387），筑郭巨千户所城。先民们在这片土地上下海捕鱼、上山垦荒、筑塘围地、居住繁衍。丰厚的历史积淀，孕育了种类繁多、风格独特、丰富多彩的非物质文化遗产并代代相传。2021 年 6 月，郭巨入选宁波市“非遗文化传承保护示范区”建设行列。

### 非遗申报

进入 21 世纪以来，在郭巨西门村汪玉庠、林布安等非遗文化爱好者的努力下，郭巨非遗文化挖掘与传承工作有了很大的起色。2006 年至 2012 年间，郭巨的鼓阁、抬阁、跳蚤会、马灯、车子灯、响器木偶入选北仑区非遗名录，2015 年至 2018 年间，抬阁、跳蚤会、马灯、车子灯、响器木偶入选宁波市非遗名录。2011 年 6 月，北仑区评选十大优秀非物质文化遗产传承基地和十大最受群众喜爱的非物质文化遗产，郭巨抬阁榜上有名。2013 年，郭巨西门村汪玉庠、林布安被评为第二批“浙江省优秀民间文艺人才”。2015 年，郭巨村成功申报为宁波市市级历史文化名村。2017 年，西门村获宁波市民间文艺大赛“高手在人间”银奖。

**2019 年境内北仑区非物质文化遗产申报情况表**

表 13–1–7

| 项目名称 | 申报单位 | 申报时间 | 传承基地 | 传承人 | 项目分类 | 批次 | 公布文号 |
|---|---|---|---|---|---|---|---|
| 鼓阁 | 西门村委会 | 2006.12 | 西门村委会 | 赵信昌 | 音乐 | 一 | 仑政〔2006〕121 号 |
| 跳蚤会 | | 2006.12 | | 李根荣 | 舞蹈 | 一 | 仑政〔2006〕121 号 |
| 马灯 | | 2008 | | 林布安 | 舞蹈 | 二 | — |
| 车子灯 | 西门村委会 | 2006.12 | 西门村委会 | 赵信昌 | 舞蹈 | 一 | 仑政〔2006〕121 号 |
| 响器木偶 | | 2012.6 | | 纪昌德 | 传统戏剧 | 四 | 仑政〔2012〕49 号 |
| 郭巨抬阁 | | 2012.6 | | 汪玉庠 | 民俗 | 四 | 仑政〔2012〕49 号 |

## 2019 年境内宁波市非物质文化遗产申报情况表

表 13–1–8

| 项目名称 | 申报单位 | 时间 | 传承基地 | 传承人 | 分类 | 批次 | 公布文号 |
|---|---|---|---|---|---|---|---|
| 跳蚤会 | 西门村委会 | 2018.5 | 西门村委会 | 李根荣 | 传统舞蹈 | 五 | 甬政发〔2018〕40 号 |
| 马灯 | | 2018.5 | | 林布安 | 传统舞蹈 | 五 | 甬政发〔2018〕40 号 |
| 车子灯 | | 2018.5 | | 赵信昌 | 传统舞蹈 | 五 | 甬政发〔2018〕40 号 |
| 响器木偶 | | 2015.6 | | 纪昌德 | 传统戏剧 | 四 | 甬政发〔2015〕60 号 |
| 郭巨抬阁 | | 2015.6 | | 汪玉庠 | 民俗 | 四 | 甬政发〔2015〕60 号 |

响器木偶表演

响器木偶传承基地

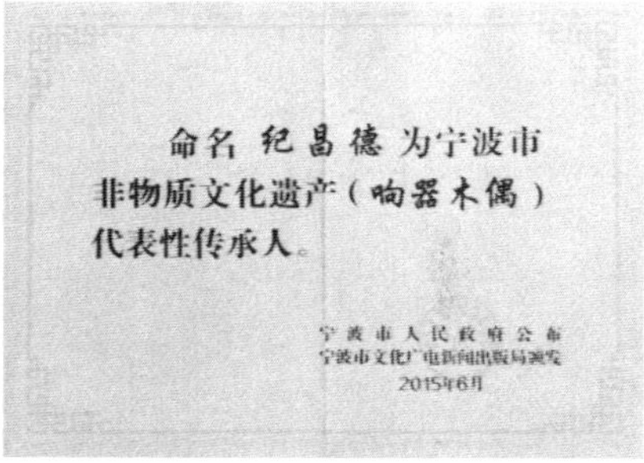


2015 年，命名纪昌德为响器木偶传承人

### 非遗名录

1989 年，由北仑区民间文学集成办公室编纂出版的《中国民间文学集成浙江省宁波市北仑区（故事•歌谣 • 谚语）卷》中收录了“挑柴桥担（歌谣）”等几十种郭巨非物质文化遗产。

2006 年，由姚祯祥、戴更华等编纂的《郭巨简志》中，介绍了郭巨名的由来、元宵节及庙会等风俗、民间故事和传说等非物质文化遗产。

2011 年，《郭巨民俗》编委会编印了《郭巨民俗》一书。《郭巨民俗》主要介绍了郭巨的人文历史和抗倭故事，汇集了郭巨及周边地区风俗习惯和谚语民谣，诠释了郭巨地区脍炙人口的方言和老话，还将发生在郭巨的旧闻趣事和部分非物质文化遗产收录其中，是一本了解郭巨风土人情、非物质文化遗产的通俗读物。

2012 年，由宁波市文化广电新闻出版局编纂出版的《宁波市非物质文化遗产大观 • 北仑卷》中收录了郭巨抬阁、马灯、车子灯等几十种民间艺术、民间文学、传统技艺、民间习俗非物质文化遗产。

综上书籍，收录有关郭巨非物质文化遗产包括民间文学、民间手工技艺、民间舞蹈、民间信仰等 13 个大项共 83 种郭巨非物质文化遗产名录如下：

## 2019 年境内非物质文化遗产一览

表 13–1–9

| 类别 | 名称 | 类别 | 名称 |
|---|---|---|---|
| 民间文学 | “塌东京、留峙头”的传说 | 民间文学 | 木匠住倒屋（歌谣） |
| 民间文学 | 挑柴桥担（歌谣） | 民间文学 | 难字歌（歌谣） |

续表 13-1-9

| 类别 | 名称 | 类别 | 名称 |
|---|---|---|---|
| 民间文学 | 长工苦（歌谣） | 民间舞蹈 | 车子灯 |
| 民间文学 | 乡谚童谣等十首 | 民间舞蹈 | 狮子白象舞 |
| 民间文学 | 桃花老龙的故事 | 民间舞蹈 | 舞龙 |
| 民间文学 | 鮸鱼姑娘 | 民间舞蹈 | 火连星炮担 |
| 民间文学 | 龙潭拾铜锣的奇遇 | 民间音乐 | 鼓阁 |
| 民间文学 | 沈国公破风水 | 民间民俗 | 郭巨抬阁 |
| 民间文学 | 峙头十八嘴 | 传统戏剧 | 响器木偶 |
| 民间文学 | 戴家大屋的来历 | 民间舞蹈 | 高跷 |
| 民间文学 | 八十年前的郭巨市场 | 消费习俗 | 坐火柜 |
| 民间文学 | 民国时期郭巨城商店布局 | 消费习俗 | 造屋 |
| 民间文学 | 郭巨——中国之最碑记 | 生产商贸习俗 | 造船 |
| 民间文学 | 宋高宗逃难到郭巨及其趣事 | 生产商贸习俗 | 出海捕鱼 |
| 民间文学 | 甘露庵的兴衰与石鼓弄传说 | 生产商贸习俗 | 商店经商 |
| 民间文学 | 郭巨庞衙岙的传说 | 生产商贸习俗 | 农业生产 |
| 民间文学 | 描龙的传说 | 岁时节令 | 春节习俗 |
| 民间文学 | 人有良心天赐金人的传说 | 岁时节令 | 元宵节习俗 |
| 民间文学 | 仙姑赐雨的传说 | 岁时节令 | 清明节习俗 |
| 民间文学 | 请井头姑娘习俗 | 岁时节令 | 端午节习俗 |
| 民间文学 | 郭巨古诗二首 | 岁时节令 | 七夕习俗 |
| 民间文学 | 济公吃肉吐金漆 | 岁时节令 | 中秋节习俗 |
| 民间文学 | 鲎的传说 | 岁时节令 | 重阳节习俗 |
| 民间文学 | 罗隐变石蟹 | 岁时节令 | 冬至节习俗 |
| 民间文学 | 蛇精变剑 | 岁时节令 | 立夏习俗 |
| 民间文学 | 老鼠头，像葡萄（儿歌） | 岁时节令 | 除夕 |
| 民间文学 | 六月荷花朵朵开（儿歌） | 人生礼俗 | 郭巨婚嫁习俗 |
| 民间文学 | 车水拜家堂（儿歌） | 人生礼俗 | 祝寿 |
| 民间文学 | 囡要啥人抱（儿歌） | 人生礼俗 | 长辈逝世 |
| 民间文学 | 郭巨老话与谚语 | 人生礼俗 | 满月、百日、周岁 |
| 民间手工技艺 | 灰汁团制作 | 人生礼俗 | 坐月子 |
| 民间手工技艺 | 蓑衣编织 | 民间信仰 | 请井头姑娘习俗 |
| 民间手工技艺 | 渔网编织 | 民间信仰 | 祭田公田婆习俗 |
| 民间手工技艺 | 手工弹棉花 | 民间信仰 | 请屙缸姑娘 |
| 民间手工技艺 | 布鞋缝制 | 民间信仰 | 拜十殿阎王 |
| 民间手工技艺 | 米馒头制作 | 民间信仰 | 拜灶跟菩萨 |
| 民间手工技艺 | 年糕制作 | 民间信仰 | 七月七，槿树叶洗头 |
| 民间手工技艺 | 草鞋编制 | 民间信仰 | 祭灶 |
| 民间手工技艺 | 麻糍制作 | 民间信仰 | 炮担 |
| 民间手工技艺 | 搡箩绳 | 民间知识 | 艾草驱蚊 |
| 民间舞蹈 | 跳蚤会 | 其他 | 分家 |
| 民间舞蹈 | 马灯 | — | — |

## 郭巨非物质文化遗产陈列馆（郭巨总台山烽火台史迹陈列馆）

陈列馆位于郭巨街道东港社区公共服务中心。前身为郭巨总台山烽火史迹陈列室，由白峰镇党委和政府建设，2007 年 10 月 25 日在白峰镇东港社区落成。展室面积 90 平方米。陈列室通过图片、文字、实物、影像等多种方式，系统介绍了总台山烽火台在明初浙东抗倭时期的历史地位和作用，介绍了抗倭将领的生平业绩，发挥着爱国主义教育作用。2013 年 6 月 9 日，白峰镇党委、政府又投入 120 万元扩建场馆，并改名为郭巨非物质文化遗产陈列馆及总台山烽火史迹陈列馆。陈列馆面积 320 平方米，共设“山海相接·千户所城”“抗倭英豪·烽火总台”“风华郭巨·非遗存珍”三个主题展厅，以文字、图片、视频、实物模型展示等多种方式向人们展现了郭巨城历史上的繁盛辉煌、抗倭硝烟中的丰功伟绩以及传承发展的非遗经典。

## 郭巨非物质文化遗产体验馆

体验馆位于西门村老大会议室，面积 300 平方米，2017 年启用。可参观、体验市级非遗郭巨抬阁、响器木偶、车子灯、马灯，其中响器木偶有七品芝麻官等 16 个道具，车子灯 2 只，马灯 30 匹，抬阁、鼓阁、链灯、花篮一套。

## 郭巨老物件陈列馆

陈列馆位于西门村文化礼堂，面积 250 平方米，陈列有农业生产工具、手工业生产用具、家庭生活用具、捕鱼用具、文化用具、书籍及票证等 200 余件农耕时代的老物件。并编写有《郭巨老物件》读本。

## 非遗项目和课程开发

《烽火魂·乡土情总台山文化》获评 2011 年全国社区教育合格实验项目、2019 年宁波市终身教育品牌项目；2019 年，街道社区教育中心和西门村共同开发的《老物件》读本，《老物件·锁住光阴的故事》获评北仑区社区教育特色项目二等奖。《烽火魂·乡土情》获评 2010 年全国社区教育特色课程，反映郭巨民俗风情、民间故事和传说的社区教育读本《郭巨民俗》获 2018 年宁波市终身教育地方特色教材（读本）二等奖、2018 年全国农村社区教育优秀传统文化特色课程三等奖。

郭巨非物质文化遗产陈列馆

郭巨老物件陈列馆

2020年，郭巨非遗一日游云衢广场活动现场

**郭巨非遗一日游**

为传承弘扬郭巨非物质文化遗产，自2017年起，郭巨街道组织开启了一年一度的郭巨非遗一日游活动。2018年，以青少年阵地教育走进文化礼堂之“非遗之旅”为主题，来自霞浦、小港、柴桥、郭巨街道四所假日学校的160余名师生在西门村体验了马灯、响器木偶、鼓阁、抬阁等非遗项目的表演。2019年，主题为“浓情端午·走进郭巨”，云衢广场上“抬阁”等非遗表演吸引游人驻足观看，体验活动亲子家庭的孩子和家长们参观烽火台石屋遗址等。

# 第二章　体育

境内体育活动历史久远。明清时期，为抵御海盗，民众体育以习武为主。中华人民共和国成立后，响应毛主席“发展体育运动，增强人民体质”的号召，有组织的群众体育活动逐步兴起，尤其是学校体育得到迅速发展。20世纪80年代各公社（乡）建立了文体站，后又建立老年人体育协会，全民体育活动有了专门工作机构。进入21世纪，运动健身理念深入人心，全民健身运动蓬勃开展，各类体育组织相继建立，体育活动全面开展。每晚跳跳广场舞已为民众尤为广大中老年人首选的主要健身项目，镇（村）二级每年举办老年运动会，各类体育赛事活动也明显增多。2019年，全街道各村（社区）有业余体育团队31个，组织举办街道级及以上体育活动14场次，组织承办街道级及以上体育赛事8场次，组队参加区级及以上体育赛事14场次。

## 第一节　群众体育

### 活动内容与比赛

中华人民共和国成立前，民间传统体育以习武为主。明代，群众为防盗抗倭而习武自卫。武术有“闹天堂”“宋江拷”“洪拳”“边城”“小人十八”“雨伞十八”“板凳十八”“猴拳”等，师徒相传。练武器械有长矛、大刀、乌风棍、大流星、双斧。民间偶有武术表演。

民国27年（1938），由县流动施教团策划指导，曾组织过一次全县性各乡（镇）群众体育比赛，郭巨镇设赛跑项目，参加人数50余众，起点三官堂，绕凤凰山一周，以最早到达终点的10人为获胜者，奖跑鞋一双。

1952年，镇海县人民政府组织了全县性全民体育比赛，设拔河、赛跑、挑重、篮球等赛项，参赛选手200余人。郭巨镇蔡伏祥挑沙袋、孙锡安跳高、黄美堂挑重等15位选手及项目参赛，郭巨队获拔河赛冠军。是年，郭巨队选手汪世生、汪宝芷（大涂塘）、董永才（路亭村）、周明星（东门村）、蔡志香（福民村）、曹正夫（厚墩村）等 7 人出席省体育运动大会参加拔河比赛再次夺冠。

1982 年，郭巨、峙头公社分别举行了首届农民运动会，选拔运动员参加县、市、省举办的农民运动会。时郭巨区组篮球队参赛，夺得县运会篮球赛项目第四名。

90 年代末，镇、村二级老年协会成立以后，老年体育协会也相继成立，且镇、村二级每年举办老年人体育运动会，项目设置以飞镖、投环、立定投篮、仿保龄球、夹弹子等趣味性体育项目为主。2002 年 3 月、2005 年 3 月，双岙村、谢夹岙村分别建成门球场并成立老年门球队。

1997 年 11 月，郭巨镇举办首届全民运动会，项目设 100 米、立定跳远、拔河 3 项。1999 年，郭巨镇被评为省体育先进乡镇。

2008 年 5 月 22 日，第二十九届奥运火炬传递宁波站起跑仪式在境内穿山港四期集装箱码头隆重举行。省委常委、市委书记、市人大常委会主任巴音朝鲁，市长毛光烈等领导出席仪式。7 时许，北京奥组委官员余钟夫从火种灯中引出圣火，点燃第一支“祥云”火炬，递交给巴音朝鲁，巴音朝鲁将火炬庄重地递交给首棒奥运火炬手竺士杰，竺士杰手擎火炬，开始了奥运圣火“和谐之旅——宁波东方港城之路”的传递。20 名火炬手在 6 名护跑手护卫下完成爱心和激情的圣火传递，千余名观众在穿山港集装箱码头高举国旗、奥运旗帜，为奥运火炬手加油。7 时 50 分，奥运圣火离开北仑，转场前往宁波市区、杭州湾跨海大桥传递。

进入 21 世纪，随着各村（社区）的广场文体活动场地普遍建立，诸如广场舞、太极拳等广场全民体育健身活动广泛开展；早晨爬总台山游步道，晚饭后走上几千步，每日运动健身已成为居民的一种生活习惯。2008 年起，每年的 8 月 8 日为全民健身日，期间街道组织老年人健步走、广场舞比赛等活动；在各种节日庆祝活动中，舞龙、舞狮、秧歌舞、马灯舞、跳蚤会等各种传统文体活动项目也会精彩表演。居民的运动保健观念认识的提高和体育事业的重视与发展，促进了居民体质的增强。

2016 年，郭巨街道文体协会成立，同时成立了郭巨街道武术协会。嗣后，每年组织举办或组队参加诸如登山、拔河、广场舞、象棋、武术等多项赛事。2017 年 5 月 7 日，由郭巨街道和区文化广电新闻出版局主办的郭巨街道第二届“总台山”杯徒步大会暨“徒步宁波”系列活动在总台山休闲游步道举行，来自宁波各县（市、区）户外运动协会的 154 名徒步爱好者及 33 户家庭参加了比赛。比赛设徒步组和亲子组两条线路，徒步组起点为盛岙村，终点为总台山烽火台，全程约 6000 米。亲子组起点为盛岙村，穿过村庄至 17 号风机，再绕回至起点，全程约 4000 米。2017 年 2 月 10 日，北仑区龙狮争霸嘉年华活动在北仑银泰城举行，来自全区 10 个街道的 15 支龙狮队伍共闹元宵，郭巨街道东港社区巾帼舞龙队获得一等奖。

2019 年，郭巨街道有体育辅导站点 44 个，辅导员 98 人，体育活动中心 15 个，体育活动经费达 110

2008 年 5 月 22 日，奥运火炬传递宁波站起跑仪式在穿山港集装箱码头举行

2019 年 3 月 23 日，乡村大力士拔河比赛

万元。27个村（社区、合作社）均建有老年体协协会，会员6550人，街道和12个村（社区）分别举办了老年人运动会，经常锻炼的老年人5500人，占老年人总数的74%；举办培训班110期次，参加1850人次；举办单项比赛活动29场次；参加612人次，承办区级体育赛事4场次。

## 2016—2018年郭巨街道组织开展体育活动情况表

表13-2-1

| 活动名称 | 活动地点 | 活动时间 |
|---|---|---|
| “健康郭巨”迎新年登山比赛 | 总台山游步道 | 2017.1 |
| 第二届“总台山杯”健身徒步大会暨“徒步宁波” | 总台山游步道 | 2017.5.7 |
| 2017年郭巨街道首届武术交流展演 | 郭巨街道影剧院 | 2017.5.17 |
| 郭巨街道第一届“安康杯”职工篮球 | 郭巨学校室内球场 | — |
| 郭巨街道大型广场健身舞展演 | 郭巨学校操场 | 2017.8.8 |
| 郭巨街道“喜迎十九大，足出新未来”职工足球赛 | 富邦广场 | 2017.10 |
| 参加“全国老年人健步走大联动” | 郭巨学校 | 2017.11.11 |
| 2018年环保登山活动 | 总台山 | 2018.3.23 |
| 双岙村第四届“长寿杯”门球赛 | 北仑大桥下 | 2018 |
| 全国老年人健康齐步走大联合活动 | 郭巨学校操场～环城 | 2018.11.1 |

## 2019年郭巨街道承办街道及区级、参加市级体育赛事情况表

表13-2-2

| 承办/参加 | 级别 | 时间 | 地点 | 活动名称 |
|---|---|---|---|---|
| 承办 | 街道 | 1.8 | 郭巨影剧院 | 2018年武术展演 |
| 承办 | 街道 | 3.23 | 郭巨学校 | “烽火·聚力”乡村大力士拔河比赛 |
| 承办 | 街道 | 7.5 | 液化天然气接收站篮球馆 | 2019年“篮动海岸·安得有你”趣味篮球赛 |
| 承办 | 区级 | 7.13 | 银泰城九峰厅 | 市首届全运会选拔赛暨区第五届职运会飞镖赛 |
| 承办 | 区级 | 8.23 | 白峰盛威体育馆 | 市首届全运会选拔赛暨区第五届职运会柔力球赛 |
| 承办 | 区级 | 10.27 | 郭巨学校 | 市首届全运会选拔赛暨区第五届职运会拔河赛 |
| 承办 | 区级 | 11.1 | 郭巨学校 | “郭巨杯”宁波市健身气功站点联赛邀请赛 |
| 参加 | 市级 | 9.28 | 宁波梁祝文化园 | “龙腾中华”宁波市百龙大赛决赛 |
| 参加 | 市级 | 11.14 | 余姚全民健身中心 | 宁波市首届全民运动会拔河总决赛 |

## 2016—2019年郭巨街道体育运动队参加区及以上各类比赛获奖情况表

表13-2-3

| 时间 | 赛事名称 | 奖项 | 主（承）办单位 |
|---|---|---|---|
| 2016 | 省第二届女子体育节羽毛球团体赛 | 三等奖 | 省第二届女子体育节组委会 |
| 2016.11 | 区第七届运动会拔河赛（混合团体） | 第五名 | 区第七届运动会组委会 |
| 2017 | 北仑区中老年兜球比赛 | 第二名 | 北仑区体育局、体育总会 |
| 2017.5 | 北仑区中老年地掷球比赛 | 金奖 | 北仑区体育局、体育总会 |
| 2017.7 | 北仑区中老年气排球比赛 | 银奖 | 北仑区体育局、体育总会 |

续表 13-2-3

| 时间 | 赛事名称 | 奖项 | 主（承）办单位 |
|---|---|---|---|
| 2017.11 | “宇丰环保杯”区健身气功站点联赛总决赛健身气功·太极养生杖（团体） | 第二名 | 北仑区体育局、体育总会 |
| 2017.11 | “宇丰环保杯”北仑区健身气功站点联赛总决赛健身气功·五禽戏（团体） | 第二名 | 北仑区体育局、体育总会 |
| 2018 | 区门球大赛 | 一等奖 | 北仑区体育局、体育总会 |
| 2018 | 区第四届“长寿杯”门球赛 | 第一名 | 区体育总会、郭巨文化站 |
| 2018.10 | 区全民健身大联赛暨区第四届职运会健身气功比赛健身气功·太极养生杖（团体） | 一等奖 | 北仑区体育局、区总工会 |
| 2018.7 | 浙江省第五届舞龙锦标赛暨宁波市群众舞龙大赛 | 银奖 | 浙江省体育总会 |
| 2019 | “郭巨杯”市健身气功站点联赛邀请赛健身气功·导引养生功十二法（团体） | 三等奖 | 区文化和广电旅游体育局、区总工会、郭巨街道办事处 |
| 2019.6 | 市首届全民运动会选拔赛暨区全民健身大联赛第五届职工运动会舞龙比赛 | 金奖 | 北仑区文化和广电旅游体育局、区总工会 |
| 2019.8 | 市首届全运会选拔赛暨区全民健身大联赛第五届职工运动会柔力球（套路）比赛 | 二等奖 | 北仑区文化和广电旅游体育局、区总工会 |
| 2019.10 | 首届全民运动会选拔赛暨区全民健身大联赛第五届职工运动会拔河赛 | 第四名 | 北仑区文化和广电旅游体育局、区总工会 |
| 2019.11 | “郭巨杯”宁波市健身气功站点联赛邀请赛健身气功·十二段锦（团体） | 一等奖 | 区文化和广电旅游体育局、区总工会、郭巨街道办事处 |
| 2019.11 | “郭巨杯”宁波市健身气功站点联赛邀请赛健身气功·气舞（团体） | 一等奖 | 区文化和广电旅游体育局、区总工会、郭巨街道办事处 |
| 2019.11 | “郭巨杯”宁波市健身气功站点联赛邀请赛健身气功·太极养生杖（团体） | 二等奖 | 区文化和广电旅游体育局、区总工会、郭巨街道办事处 |

## 活动场所与设施

1954 年，在南门火烧场建立了郭巨第一个篮球场，从此各单位青年常开展比赛。20 世纪 70 年代始，盛岙、联合、洋涨驻军部队建设有篮球场，地方单位与部队官兵经常组织篮球友谊赛。至 2018 年底，由文化部门负责为各村（社区）购置安装的健身器材有 41 套，计 394 件，每套器材内有三方位单杠、双联太空漫步器、双联晃板等 8 至 10 个健身器件；有篮球架（场）7 套（处），计 14 件。各村（社区）自行建设开辟文体活动广场，以满足广大群众健身锻炼所需。至 2019 年末，境内各村（社区）有室外健身广场 12 处，面积达 3 万平方米。

2005 年，白峰镇政府在投资修复总台山遗址的同时，修筑北门外总台山上的盘山公路及健身游步道。2009 年，建设凤凰山公园及健身路径等体育活动设施；2013 年 7 月，境内总台山综合户外健身游步道对外开放。该健身游步道东起长坑，西至总台山烽火台，全长 24.56 千米，为北仑区内最长的综合健身步道。此综合健身步道原是风电施工时道路，后用沥青铺就步道宽约 2 米。步道蜿蜒于青山间，沿途有 30 多座风机，远眺海面群岛，俯瞰穿山港区码头，美不胜收。2014 年，郭巨总台山森林步道被市旅游局评为市级徒步运动休闲旅游基地。2018 年，以创建小城镇建设为契机，街道投资 1300 万元，在郭巨老碶头附近建成了面积达 6000 平方米的云衢广场，这些都为群众性体育活动的开展创造了良好的条件。

### 2019年底郭巨街道主要体育活动场所与设施一览

表13-2-4　　　　单位：平方米

| 场所名称 | 地址 | 面积 | 设施名称 | 数量 |
|---|---|---|---|---|
| 云衢广场 | 郭巨老碶头 | 6000 | — | 1处 |
| 文体活动中心 | 郭巨街道文体站 | 3000 | 乒乓球室、羽毛球场、篮球场、舞蹈房 | 各1个 |

### 2019年底郭巨街道各村（社区）体育活动场所一览

表13-2-5

| 村（社区） | 室外健身广场面积（平方米） | 室外活动场地（个） | | | | | 室内活动场地面积 | 室内活动场地（个） | | | |
|---|---|---|---|---|---|---|---|---|---|---|---|
| | | 篮球场 | 灯光篮球场 | 门球场 | 健身场地 | 健身公园 | | 乒乓球台 | 棋牌室 | 器乐室 | 农村文化礼堂 |
| 大涂塘村 | | / | / | / | 1 | 1 | — | | — | — | 1 |
| 西门村 | 200 | / | / | / | 1 | — | 1010 | 2 | 1 | 2 | 2 |
| 东门村 | — | / | / | / | — | — | — | — | — | — | 1 |
| 北门村 | 1500 | 1 | / | / | 1 | | 800 | — | 1 | — | 1 |
| 南门村 | 2500 | / | / | / | 1 | 1 | 100 | 1 | 1 | — | 1 |
| 尖岭岙村 | 1000 | 1 | 1 | / | 5 | 1 | 600 | 2 | 2 | — | 1 |
| 路亭村 | 1000 | 1 | / | / | 1 | — | 100 | 1 | 1 | — | 1 |
| 双岙村 | 1000 | 1 | / | 1 | 6 | 1 | 500 | 1 | 1 | — | 1 |
| 谢家岙村 | 1500 | 1 | / | / | 1 | 1 | 150 | 1 | 1 | — | 1 |
| 华峙村 | 1000 | / | / | / | — | — | 1000 | — | — | — | 1 |
| 福民村 | 500 | 1 | / | / | — | 1 | — | 2 | 2 | — | 1 |
| 大岭下村 | 2000 | / | / | / | — | — | 1000 | — | — | — | 1 |
| 盛岙村 | 2000 | 1 | / | / | 2 | — | 1200 | — | 2 | — | 1 |
| 联合村 | 500 | / | / | / | — | — | 400 | — | 1 | — | 1 |
| 峙东社区 | 3500 | 1 | / | / | 2 | — | 1200 | — | 0 | — | 1 |
| 中宅社 | 580 | / | / | / | 1 | 1 | 220 | 1 | 2 | 1 | — |
| 上宅社 | 150 | / | / | / | 2 | — | 400 | 1 | 4 | — | — |
| 沙湾社 | 80 | / | / | / | 1 | — | 50 | — | 1 | — | — |
| 光明社 | 80 | / | / | / | 2 | — | 40 | — | 1 | — | — |
| 花船社 | 90 | / | / | / | 3 | — | 80 | — | 2 | — | — |
| 竹湾社 | 90 | / | / | / | — | — | 230 | — | 1 | — | — |
| 后墩社 | 90 | / | / | / | 1 | — | 100 | — | 1 | — | — |
| 东港社区 | 200 | — | — | / | 1 | — | 50 | — | 1 | — | 1 |
| 峰南社区 | 300 | 1 | 1 | — | 3 | — | 100 | 1 | 0 | 1 | 1 |

## 体育运动队

20世纪80年代前，境内无业余体育运动队，有赛事临时组队。90年代始组建少数业余体育运动队。

2019 年，全街道各村（社区）都建有业余体育团队，有舞龙、马灯舞、健身舞、腰鼓、太极拳、拔河等各类业余体育团队 31 个。

**2019 年郭巨街道业余体育运动队一览**

表 13-2-6　　　　单位：人

| 村（社区） | 运动队名称 | 队长 | 队员数 | 村（社区） | 运动队名称 | 队长 | 队员数 |
|---|---|---|---|---|---|---|---|
| 东港社区 | 巾帼女子舞龙队 | 周亚锋 | 20 | 南门村 | 威风锣鼓队 | 汪伟东 | 30 |
| | 舞蹈队 | 应夏萍 | 15 | | 舞龙队 | 张万国 | 14 |
| 峰南社区 | 腰鼓队 | 梅佩连 | 13 | 尖岭岙村 | 洋鼓队 | 陈亚娟 | 18 |
| | 舞蹈队 | 张亚平 | 21 | | 腰鼓队 | 黄素月 | 16 |
| | 舞龙队 | 陈光生 | 20 | | 马灯队 | 朱文龙 | 14 |
| 盛岙村 | 老年舞蹈队 | 张海峰 | 10 | 路亭村 | 洋鼓队 | 贾亚文 | 12 |
| | 美女舞蹈队 | 张海峰 | 12 | | 舞蹈队 | 黄素珍 | 12 |
| | 拔河队 | 朱其恩 | 15 | | 舞狮队 | 贾亚文 | 20 |
| | 乡村腰鼓队 | 张海峰 | 10 | | 秧歌队 | 蔡晓芬 | 18 |
| 双岙村 | 舞蹈队 | 胡雪云 | 12 | | 舞龙队 | 贾德群 | 18 |
| 西门村 | 抬阁、马灯、响器木偶等民俗队 | 汪玉痒<br>林布安<br>纪昌德 | 95 | 谢家岙村 | 白鼓队 | 胡雪云 | 12 |
| | 舞蹈队 | 姚继峰 | 16 | | 腰鼓队 | 张　燕 | 10 |
| 北门村 | 舞蹈队 | 李珊娜 | 20 | | 广场舞队 | 张　燕 | 15 |
| | 北门村洋鼓队 | 黄素娥 | 16 | 福民村 | 舞龙队 | 赵其炳 | 20 |
| | 北门村腰鼓队 | 黄金素 | 18 | | 腰鼓队 | 陈玲燕 | 13 |
| | 北门村舞龙队 | 黄信祥 | 20 | — | — | — | — |

## 第二节　学校体育

### 体育教学

民国初期，仅设体操课。民国 12 年（1923）始设体育课。

中华人民共和国成立后，体育为必修课，且每天安排课外活动，开展晨间或课间广播体操。1954 年推行第一套广播体操，1973 年推行第五套少儿广播体操。“文化大革命”期间，体育教学一度被军训活动代替，以队列训练、野营拉练、投弹等为主，体育课外活动停顿。1979 年后，执行教育部颁布《中小学体育工作暂行规定》和《体育教学大纲》，学校开展“达标”训练和测试。1979—1984 年，开展“两课、两操、两活动”（每周 2 节体育课，每天上午一次广播体操，上下午课间眼保健操各 1 次，每周 2 次课外体育活动）体育教学活动。1986 年，幼儿园开始每天做幼儿广播体操，户外活动不少于 2 小时，之后，幼儿园添置攀登架、游戏滑梯、投掷玩具等体育器械。2001 年始，幼儿园举行家园亲子运动会。20 世纪 80 年代起，郭巨区中心学校、峙头乡中心学校、郭巨中学、峙头中学分别成立有男子、女子篮球队、田径队、排球队等。1992 年起，施行《中小学生体育合格标准实施办法》。1993 年，施行《浙江省初中毕业生升学考试体育手册》列田径、铅球、立定跳远 3 项为考试科目。1995 年 7 月，贯彻实施国家《全民健身计划纲要》。2005 年 9 月，实施体育新课程表，小学一、二年级每周设体育课 4 节，小学三年级至初中各年级每周 3 节，使《体育与保健》理论与体育锻炼结合起来，提高学生身体素质。2019 年，郭巨学校有专职体育教师 4 人。

## 达标活动

1975 年，国家体委公布《国家体育锻炼标准》，境内各中小学逐步开展达标活动。1985 年，郭巨学校小学生达标率 72.6%、初中生达标率 70%。2019 年学生体质健康测试，郭巨学校小学部合格率为 99.0%，中学部合格率为 90.6%。

## 体育竞赛

1971 年至 2019 年，境内各中小学先后举办过 119 届（次）学校运动会。其中峙头学校自 1975 年起共举办过 25 届中小学生运动会，郭巨小学自 1974 年至 2006 年间共举办过 30 届小学生运动会，2006 年至 2012 年间共举办过 14 届体育节。郭巨中学自 1971 年至 2012 年间共举办过 42 届中学生运动会，2012 年合并后的郭巨学校至 2019 年共举办过 8 届体育节。1988—2018 年，郭巨学校（含郭巨镇中心学校、郭巨中学）共派出 80 批次学生参加区及区以上教育系统举办的学生体育比赛和北仑区全民运动会，先后获得多个奖项。

### 1988—2018 年郭巨学校（含郭巨镇中心、郭巨中学）运动队参加区级及以上体育比赛成绩一览

表 13-2-7

| 年份 | 举办单位 | 比赛项目 | 获奖单位 | 获奖名次 |
|---|---|---|---|---|
| 1988 | 区教育局区体委 | 区第三届中小学生田径运动会 | 郭巨镇中心学校 | 小学组团体第一名 |
| | | | 郭巨中学 | 初中组团体第七名 |
| 1989 | 区教育局区体委 | 区第四届中小学生田径运动会 | 郭巨镇中心学校 | 小学组团体第五名 |
| 1990 | 区教育局区体委 | 区第五届中小学生田径运动会 | 郭巨镇中心学校 | 小学组团体第六名 |
| | | | 郭巨中学 | 初中组团体第五名 |
| | | 区初中生排球赛 | 郭巨中学 | 初中组女子第四名 |
| | | 区中小学生越野跑比赛 | 郭巨中学 | 初中组男团第五名、初中组女团第二名 |
| 1991 | 区教育局区体委 | 区中小学生越野跑比赛 | 郭巨镇中心学校 | 小学组团体第一名 |
| | | 区第六届中小学生田径运动会 | 郭巨镇中心学校 | 小学组团体第四名 |
| | | | 郭巨中学 | 初中组团体第四名 |
| 1992 | 区教育局区体委 | 区第七届中小学生田径运动会 | 郭巨镇中心小学 | 小学组团体第三名 |
| | | 区中小学生越野跑比赛 | 郭巨镇中心小学 | 小学组团体第一名 |
| | 市体育局 | 市中小学生举重比赛 | 郭巨中学 | 初中组团体第五名、体育道德风尚奖 |
| | 区教育局区体委 | 区初中生排球赛 | 郭巨中学 | 初中组女子第四名 |
| | | 区中小学生乒乓球比赛 | 郭巨中学 | 初中组男团第四名 |

续表 13-2-7

| 年份 | 举办单位 | 比赛项目 | 获奖单位 | 获奖名次 |
|---|---|---|---|---|
| 1993 | 区教育局区体委 | 区小学生足球比赛 | 郭巨镇中心小学 | 小学组男子第二名 |
| | | 区第八届中小学生田径运动会 | 郭巨镇中心小学 | 小学组团体第二名 |
| | | 区中小学生越野跑比赛 | 郭巨镇中心小学 | 小学组团体第一名 |
| | 市体育局 | 市第十二届全运会青少年部举重赛 | 郭巨中学 | 男子第二名、女子第二名 |
| 1994 | 区教育局区体委 | 区第九届中小学生田径运动会 | 郭巨镇中心小学 | 小学组团体第三名 |
| | | 区中小学生冬季环城跑比赛 | 郭巨镇中心小学 | 小学组团体第一名 |
| | | | 郭巨中学 | 初中组团体第五名 |
| 1995 | 区教育局区体委 | 区第十届中小学生田径运动会 | 郭巨镇中心小学 | 小学组团体第二名 |
| | | 区中小学生冬季环城跑比赛 | 郭巨镇中心小学 | 小学组团体第二名 |
| | | | 郭巨中学 | 初中组团体第六名 |
| 1997 | 区教育局、区体委 | 区第十二届中小学生田径运动会 | 郭巨镇中心小学 | 小学组团体第七名 |
| | | 区中小学生排球比赛 | 郭巨镇中心小学 | 小学组男子第三名 |
| | | 区中小学生冬季越野赛 | 郭巨镇中心小学 | 小学组团体第六名 |
| | 区教育局教育工会 | 区教职工排球比赛 | 郭巨中学 | 初中组男子第三名 |
| 1998 | 区教育局区体委 | 区中小学生排球比赛 | 郭巨镇中心小学 | 小学组女子第二名 |
| | | | 郭巨镇中心小学 | 小学组男子第四名 |
| | | 区中小学生冬季越野赛 | 郭巨镇中心小学 | 小学组团体第二名 |
| 1999 | 区教育局区体委 | 区中小学生篮球比赛 | 郭巨镇中心小学 | 小学组女子第六名 |
| | | 区中小学生冬季越野赛 | 郭巨镇中心小学 | 小学组团体第五名 |
| | 区教育局教育工会 | 区教职工篮球赛 | 郭巨镇中心小学 | 男子组第二名 |
| 2000 | 区政府 | 区第三届全民运动会（青少年部）长跑赛 | 郭巨镇中心小学 | 小学组团体第一名 |
| 2001 | 区教育局区体委 | 区中小学生冬季越野跑比赛 | 郭巨镇中心小学 | 小学组团体第二名 |
| 2002 | 区教育局区体委 | 区中小学生冬季越野跑比赛 | 郭巨镇中心小学 | 小学组团体第三名 |
| 2003 | 区教育局 | 区中小学生冬季越野赛 | 郭巨镇中心小学 | 小学组团体第三名 |
| 2004 | 区政府 | 区第四届全运会（青少年部）乒乓球赛 | 郭巨小学 | 小学女团第六名 |
| | | 区第四届全运会（青少年部）围棋比赛 | 郭巨小学 | 小学团体第六名 |
| 2004 | 区政府 | 区第四届全运会（青少年部）排球赛 | 郭巨小学 | 小学组团体第三名、体育道德风尚奖 |
| | | 区第四届全运会（青少年部）篮球赛 | 郭巨小学 | 小学男子组第一名 |
| | 区教育局教育工会 | 区教育系统教职工男女混合排球赛 | 郭巨小学 | 第二名 |
| 2005 | 区教育局 | 区中小学生篮球联赛 | 郭巨小学 | 小学组男子第二名 |
| | | | 郭巨小学 | 小学组女子第一名 |
| | | 区中小学生围棋比赛 | 郭巨小学 | 小学组团体第四名 |
| | | 区中小学生中国象棋赛 | 郭巨小学 | 小学组团体第六名 |

续表 13-2-7

| 年份 | 举办单位 | 比赛项目 | 获奖单位 | 获奖名次 |
|---|---|---|---|---|
| 2006 | 区教育局 | 区中小学生篮球赛 | 郭巨小学 | 小学组男子二等奖、女子二等奖 |
| | | 区中小学生排球赛 | 郭巨小学 | 小学组第三名、体育道德风尚奖 |
| | | 区第十三届中小学生棋类比赛 | 郭巨小学 | 围棋团体第三名 |
| | 区教育局教育工会 | 区中小学教职工跳长绳比赛 | 郭巨小学 | 第一名 |
| | 区教育局 | 区中小学生风筝比赛 | 郭巨中学 | 初中组团体第六名 |
| | | 区中小学生篮球比赛 | 郭巨中学 | 初中组女子二等奖、初中组男子三等奖 |
| 2007 | 市体育局市教育局 | 市第十五届运动会（青少年部）散手比赛 | 郭巨小学 | 金牌 |
| | | 市第十五届运动会（青少年部）拳击比赛 | 郭巨小学 | 银牌 |
| | 区教育局 | 区中小学生篮球比赛 | 郭巨中学 | 初中组女子一等奖、初中组男子三等奖 |
| | | 区中小学生篮球联赛 | 郭巨小学 | 小学组男子三等奖、小学组女子三等奖 |
| | | 区第十四届中小学生棋类比赛 | 郭巨小学 | 围棋团体第五名 |
| 2008 | 区教育局文体局 | 区第五届全运会（青少年部）围棋比赛 | 郭巨小学 | 小学组团体第五名 |
| 2009 | 市体育局市教育局 | 市中小学拳击比赛 | 郭巨小学 | 团体第二名、体育道德风尚奖 |
| | 区教育局教育工会 | 区教职工排球比赛 | 郭巨小学 | 第二名 |
| 2010 | 区教育局 | 区中小学生排球比赛 | 郭巨小学 | 小学组第五名 |
| | | 区中小学体育节校园自编操比赛 | 郭巨小学 | 小学组二等奖 |
| | | 区初中生篮球比赛 | 郭巨中学 | 男子二等奖 |
| 2011 | 市政府 | 市第十六届运动会（青少年部）拳击比赛 | 郭巨小学 | 第一名 1 项、第二名 1 项、第三名 4 项 |
| | 区教育局 | 区中小学校园自编操 | 郭巨小学 | 小学组三等奖 |
| | | 区中小学生篮球联赛 | 郭巨中学 | 初中组男子三等奖 |
| 2012 | 区教育局 | 区第六届全民运动会青少年部排球比赛 | 郭巨小学 | 小学组第五名 |
| | | 区中小学自编操比赛 | 郭巨中学 | 初中组二等奖 |
| 2013 | 区教育局 | 区中小学生篮球联赛总决赛 | 郭巨学校 | 小学组女子第六名 |
| | | 区中小学自编操比赛 | 郭巨学校 | 初中组三等奖 |
| 2016 | 区第七届运动会组委会 | 区第七届运动会青少年部排球比赛 | 郭巨学校 | 小学男子组第三名、初中女子组第六名 |
| 2018 | 区教育局 | 区中小学生排球比赛 | 郭巨学校 | 小学女子组第五名、初中男子组第五名 |
| | 省体育局省体协 | 浙江省第五届舞龙锦标赛 | 郭巨学校 | 儿童自选套路银奖、传统套路铜奖 |
| | 区体育局 | 区首届体育明星选秀大赛（舞龙） | 郭巨学校 | 优秀奖 |

# 第三章 卫生

中华人民共和国成立前，郭巨缺医少药，以祖传中医或民间中草药治病。荆扑山、荆达庆等在城隍庙边开办一所小中医药店。百姓患病苦捱或求神拜鬼，富人患病雇工抬摇篮到柴桥求医，急病途中殒命，苦不堪言。

中华人民共和国成立前后，境内有1家较稳定的药店，主要经销中草药饮片（包括中成药膏、丹、丸、散），也兼营人丹、十滴水、消治龙、苏打、红药水之类，迎合中医配方和群众购药。1952年建郭巨卫生所。20世纪60年代后，郭巨中心卫生院成为宁波专署“把医疗卫生工作重点放到农村去”的一个扶持单位，同期建立村级合作医疗站，培养赤脚医生，境内医疗卫生事业得到较快发展。80年代中后期是郭巨中心卫生院最兴旺的时期，也是当时镇海江南的一所重点医疗机构，职工多达53人，其中卫技人员47人。至90年代末，郭巨镇卫生院住院人次逐渐减少，基本医疗以门诊为主，并提供预防保健、健康教育、计划生育、康复等综合性服务。2016年后，迁建郭巨街道社区卫生服务中心，组建社区责任医师团队，对慢性病、重症病人、孕产妇等重点人群主动提供相应的公共卫生服务，同时推行契约式家庭医生制服务。

## 第一节 医疗机构

### 郭巨街道社区卫生服务中心

郭巨街道社区卫生服务中心的前身是郭巨卫生所、郭巨区中心卫生院。1952年，在郭巨西门基督教堂设立郭巨卫生所，3间楼房，楼下门诊，楼上作职工宿舍和病房，负责人张菡轩，医师方西耕，卫技人员6名，设内科、外科、产科。1953年在西门外路亭下造卫生所，平房二幢。1957年原地拆建成二层楼房，增设中医伤科。1958年，郭巨卫生所改称郭巨公社卫生院。1963年改名为郭巨区中心卫生院，下辖岐头、上阳、梅山、白峰公社卫生院，院长严厚芳，作为宁波专署把“医疗卫生工作重点放到农村去”的一个扶持单位，医疗卫生事业得到较快发展，1965年10月，宁波专署拨X光机、心电图机各1台，拨款1万元建造手术室，并从宁波一院抽调内、外科医生各1名加强郭巨区卫生院医疗队伍。1979年迁址郭巨福民村石沿，新建医疗用房2幢，1幢为门诊楼和医技科室，另1幢为住院楼，总建筑面积5000平方米，住院部有床位40张，职工增至53人，其中卫技人员47人，80年代中后期是郭巨中心卫生院最兴旺的时期，也是当时镇海江南的一所重点医疗机构。1986年，为方便城内群众，在城内西街傅家曾设立过小医院。1992年，迁回至西门村校场路118号（原西门外卫生院旧址），医疗用房面积757平方米，改称郭巨镇卫生院。1996年3月30日，原址新建的门诊楼落成，建筑面

郭巨街道社区卫生服务中心

积 1220 平方米。2003 年，郭巨镇建制撤销，政府对地处偏僻、规模较小的郭巨卫生院保留全民所有制性质，采取了独立核算、差额补助的扶持政策，当年病床缩减至 18 张，职工 25 人。2005 年 9 月，改名为白峰镇卫生院郭巨分院。2018 年 11 月，改称郭巨街道社区卫生服务中心，主任胡磊。2020 年 11 月 29 日，位于郭巨街道兴巨路西、郭巨公交车站北地块的郭巨街道社区卫生服务中心竣工投用，总用地面积 7.42 亩，总建筑面积 3338.9 平方米，主要建设有基本医疗业务、健康体检、预防保健、职工生活、计划生育工作、120 急救站用房等，新增医疗设备 26 台，价值达 420 万元，其中 50 万元以上 3 台，总投资约 5300 万元。2020 年，诊疗科目有：预防保健科、全科医疗科、内科、外科、妇产科、妇科、妇女保健科、儿科、儿童保健科、眼科、耳鼻咽喉科、口腔科、皮肤科、精神科、传染科、急诊医学科、康复医学科、医学检验科、医学影像科、中医科、中西医结合科。卫技人员 22 名，管理和工勤人员 3 名。

## 峙头卫生院

峙头卫生院位于原峙头乡中宅村峧外。1954 年，由白峰联合诊所派 3 名卫技人员开业，为白峰联合诊所峙头分所。1956 年后独立核算，有职工 4 人，门诊仅设西医科、妇产科和小外科，负责人王守孟。20 世纪 60 年代，改称峙头公社卫生所，调入大中专毕业的卫技人员 4 名。1972 年，职工增至 7 人，其中本科生西医师 1 人，中专生的医士、助产士 4 人，中医士 2 人。开设西医内外科、中医内科、妇产科。医疗仪器有小型 X 光机 1 台等，化验室开展三大常规检查，设有简易病床 3 张。1984 年改称峙头乡卫生院。1985 年有职工 6 人，其中医师 2 人，护士 1 人，无职称人员 3 人。1990 年，原地拆建医疗用房 2 层楼 1 幢，面积 400 平方米。1992 年，改称郭巨镇卫生院峙头分院，职工减至 2 人，维持一般门诊和原峙头乡境内的卫生防疫工作。2003 年，改称白峰镇峙头卫生院，职工 2 人。2005 年 11 月，因液化天然气接收站项目，随周边村的拆迁而撤销。

## 村卫生机构（组织）

**保健站** 20 世纪 50 年代，各农业生产合作社设有农村保健站，一般配保健员 1 人，每位保健员配有一只木制的保健箱，内有消毒棉花、红药水、碘酒、胶布、十滴水、人丹等简单药械，药械费用由农业生产合作社开支，为社员医治小伤小病、消毒包扎和进行预防接种。保健员身背保健箱和社员一起出工劳动，社员发生外伤或有不适，即在田间给予治疗。

**合作医疗站** 20 世纪 60 年代初，境内各个大队陆续建立合作医疗站，保健员改称“赤脚医生”。70 年代中期，境内每个大队都开办有合作医疗站（保健站），有赤脚医生 75 名，每个大队平均有 2 名以上赤脚医生，通过几年的实践和上级医疗部门对赤脚医生的定期培训，赤脚医生已能诊治农村常见病和多发病。

福民村卫生室

**农村卫生室** 农村实行家庭联产承包责任制后，1982 年，合作医疗站改称农村卫生室，赤脚医生改称乡村医生，由村委会为乡村医生提供卫生室用房及必要的设备，村民诊病不收挂号费和手续费。20 世纪 90 年代初，区卫生部门对农村卫生室进行全面整顿提高，加强了对乡村医生的培训和管理，进行业务考核，实行执业许可证制度，要求卫生室至少有诊疗室、药房和治疗室三间医疗用房，配有必需的药物和器材，乡村医生管理纳入规范化轨道，达到三级医疗预防网的要求。1996 年末，境内 17 个村有 19 个医疗站，乡村医生 22 人，覆盖人口 19405 人。

2004 年，境内有核准的农村卫生室 14 家：后墩村、华峙村、东门村、西门村、路亭村、南门村、联合村、双岙村、谢家岙村、福民村、大涂塘村、北门村、尖岭岙村、盛岙村。

2019年，境内有农村卫生室10家，乡村医生10名。

### 2019年郭巨街道农村卫生室和乡村医生一览

表13-3-1

| 卫生室名称 | 地址 | 医生姓名 | 等级 |
|---|---|---|---|
| 华峙村卫生室 | 郭巨街道华峙村 | 孙丁华 | 无 |
| 谢家岙村卫生室 | 郭巨街道谢家岙村 | 黄云佳 | 无 |
| 双岙村卫生室 | 郭巨街道双岙村海口78号 | 胡成选 | 无 |
| 华峙村卫生室 | 郭巨街道华峙村老胡家36号 | 胡志明 | 无 |
| 福民村卫生室 | 郭巨街道大岭下村 | 汪红益 | 乙等 |
| 路亭村卫生室 | 郭巨街道西街70号 | 黄君娣 | 无 |
| 南门村卫生室 | 郭巨街道南街26号 | 张万康 | 无 |
| 东香茗苑卫生室 | 郭巨街道枫江路441号 | 顾正昌 | 无 |
| 大涂村卫生室 | 郭巨街道大涂塘老碶头121号 | 戴方立 | 无 |
| 西门村卫生室 | 郭巨街道塘东41号 | 黄义平 | 无 |

## 互联网诊疗

20世纪10年代起，随着“互联网+医疗”的发展，医保支付的放开，对于行动不便、病情稳定的慢性病复诊医保患者，可以做到不出家门，享受远程在线门诊、医保在线支付、药品配送入户的服务。还有“互联网+家庭医生签约”系统的正式上线，使得已完成家庭医生签约的居民，可在网上进行家医续签，这样，无论是线上还是线下，签约居民都能享受一对一的健康咨询、预约转诊、慢性病随访、健康管理、延伸处方等服务。

## 专记：乡村医生戴方立

戴方立，男，1954年4月9日出生，郭巨东门村人。初中毕业后，17岁就开始做赤脚医生，18岁时，在郭巨东门村十字街头开办卫生室，其间先后在梅山盐场和郭巨卫生院培训学习。24岁时师从丁良翰。现卫生室设在大涂村老碶头。

戴方立主治疮毒、烫伤及“缠身龙”等各种皮肤病。“缠身龙”多发于胸背部、腰部或头面部，戴方立治疗过的“缠身龙”病人中，有的长在耳朵里面，有的长在眼皮上，甚至还有人长在肛门位置，但他从未失手过。治疮毒“胀面蕾”（痤疮）等药膏是他用草药自己琢磨调制的。

戴方立以治疗疮毒、烫伤及各类皮肤病见长，不仅在郭巨、白峰一带家喻户晓，在舟山沈家门、六横的名气也很大。

## 第二节　医疗设备　技术　队伍

### 医疗设备

1952 年，刚设立的郭巨卫生所医疗器械仅有听诊器、血压计、体温表和一套产科接生器械。1954 年，县政府从辛成中学调拨一架 1000 倍显微镜给郭巨卫生所开展三大常规和脑脊液等检查。1965 年 10 月，宁波专署将郭巨区卫生所列为农村重点卫生院建设，拨给 300 毫安 X 光机 1 台，心电图机 1 台，拨款 1 万元建造手术室。20 世纪 70 年代后期郭巨区中心卫生院和峙头乡卫生院装备有基本医疗器械，至 1982 年郭巨区中心卫生院的放射、检验、消毒等常规仪器设备渐趋完备。1985 年，郭巨区中心卫生院有 X 光机 1 台、显微镜、电冰箱、电泳仪、分光光度机、万分之一分析天平、心电图机、综合手术床、综合产床、纤维胃镜等医疗设备。2005 年，郭巨镇卫生院有 3200 黑白 B 超 1 台，1206 心电图机 1 台，BC—3000 血球分析仪、优利特 100A 尿液分析仪各 1 台，XD—811 半自动生化仪 1 台，双通道血凝仪 1 台，超声多普勒监护仪 1 台，XG501—5500mAX 光机 1 台和牙科综合治疗台 1 套。

2020 年，郭巨街道社区卫生服务中心新的医疗用房启用的同时，新增医疗设备 26 台，价值达 420 万元，其中 50 万元以上 3 台。

**2020 年郭巨街道社区卫生服务中心设备一览**

表 13-3-2　　　　单位：台、万元

| 序号 | 使用科室 | 设备名称 | 数量 | 单价 | 金额 |
|---|---|---|---|---|---|
| 1 | 检验 | 全自动生化仪（进口）+ 水处理 | 1 | 75.0 | 75.0 |
| 2 | 检验 | 尿液分析 + 尿沉渣分析仪 | 1 | 18.0 | 18.0 |
| 3 | 放射 | DR 数字化 X 射线摄影系统（含干式相机） | 1 | 82.0 | 82.0 |
| 4 | 放射 | 口腔全景 X 射线拍片机（进口） | 1 | 25.0 | 25.0 |
| 5 | 超声 | 彩色多普勒超声仪（进口） | 1 | 120.0 | 120.0 |
| 6 | 口腔 | 口腔综合治疗台 | 1 | 10.0 | 10.0 |
| 7 | 五官 | 耳鼻喉综合治疗台 | 1 | 5.0 | 5.0 |
| 8 | 五官 | 全自动电脑验光仪（进口） | 1 | 9.0 | 9.0 |
| 9 | 五官 | 非接触眼压计（进口） | 1 | 12.0 | 12.0 |
| 10 | 急诊 | 除颤监护仪 | 1 | 3.8 | 3.8 |
| 11 | 急诊 | 自动除颤仪 AED（进口） | 1 | 3.5 | 3.5 |
| 12 | 急诊 | 多参数心电监护仪 | 2 | 1.5 | 3.0 |
| 13 | 妇儿保 | 母婴监护仪 | 1 | 2.8 | 2.8 |
| 14 | 中医康复 | 颈腰椎牵引床（进口） | 2 | 7.5 | 15.0 |
| 15 | 中医康复 | 低周波治疗仪（进口） | 2 | 2.8 | 5.6 |
| 16 | 中医康复 | 智能中药熏蒸仪（双臂） | 1 | 2.5 | 2.5 |
| 17 | 中医康复 | 中医体质辨识仪 | 1 | 2.8 | 2.8 |
| 18 | 医生组 | 可移动手术无影灯 | 1 | 1.5 | 1.5 |
| 19 | 特检 | 24 小时动态心电图 | 1 | 9.0 | 9.0 |
| 20 | 特检 | 24 小时动态血压仪 | 1 | 3.0 | 3.0 |

续表 13-3-2

| 序号 | 使用科室 | 设备名称 | 数量 | 单价 | 金额 |
|---|---|---|---|---|---|
| 21 | 特检 | 十二导联心电图机 | 1 | 2.7 | 2.7 |
| 22 | 急诊 | 液压可升降抢救床 | 2 | 2.5 | 5.0 |
| 23 | 急诊 | 可视视频喉镜 | 1 | 3.8 | 3.8 |
| 24 | 急诊 | 全自动洗胃机 | 1 | 1.2 | 1.2 |
| 25 | 急诊 | 单臂外科塔 | 1 | 1.6 | 1.6 |
| 26 | 妇科 | 高级妇科诊查床 | 1 | 2.0 | 2.0 |

## 医疗技术

**中医** 民国以来至中华人民共和国成立前，专科较有声望的中医有顾银生骨科。1956 年郭巨卫生所聘用祖传骨伤科顾银生坐诊，为抢救独树一帜的治骨伤医术，特让他的小儿子顾文星夫妻一起随父学医，并由卫生所医生辅导学习生理解剖基础知识。同年还请柴桥大胡村世传中医胡桂昂坐诊中医内科。80 年代，郭巨区中心卫生院配中医专职人员 3 人，开设中药房，1990 年后，郭巨镇卫生院开设中医专科门诊。2020 年启用的新院舍特设独立诊疗区域的特色中医馆，面积 280 多平方米，馆区设有中医科、中医骨伤科、针灸推拿室、中药房等科室，能开展中药饮片、针灸、推拿、拔罐、敷贴、刮痧、熏洗、骨伤八大项、四十多小项的中医适宜技术以及三伏贴、生长贴、穴位注射、小针刀等特色治疗项目。20 世纪 60 年代末期，农村合作医疗站赤脚医生广泛应用中草药为群众治病，中医针灸也普遍应用，形成了一个应用中医中药治病的高潮期。

**内科** 1954—1955 年，郭巨卫生所的医士们在医师李书田的带领下，先后启用显微镜开展实验诊断，开展三大常规以及脑脊液常规、痰常规、脓液检查。经染色镜下直观致病菌，包括白喉、结核、脑膜双球菌、肺炎双球菌、口腔文生氏螺旋体、梭形杆菌、微丝幼、疟原虫以及各种寄生虫卵，这在当时可算最有力的辅助诊断，使治疗有了科学依据。如找到疟原虫，可避免将高热昏迷者误诊为“乙脑”，从骨髓像能避免将白血病患者误诊为“伤寒”等。

1958 年前后，全县钩端螺旋体病流行。郭巨公社卫生所李书田等在危急情况下试用青霉素加支持疗法使该病得以控制治愈，李书田还总结了在治疗过程中对赫塞默反应的处理经验，宁波市卫生局将此经验在慈溪、余姚推广，挽救了大量患者。

**外科** 20 世纪 60 年代初，外科医生水祥隆从市一院调入郭巨区卫生所。1963 年，开辟固定手术室，能开展如阑尾炎切除、斜疝修补、输卵管结扎、大隐静脉结扎等下腹部外科手术。1972 年，郭巨区卫生院专款建成手术室及配套的洗手和无菌贮藏室等，施行胆囊和胃切除等部分上腹部手术。70 年代后，胡加春毕业分配至郭巨区卫生院，院内外科力量得以逐步加强。1983 年，郭巨区卫生院开设肛肠外科。

**妇产科** 20 世纪 50 年代郭巨卫生所初建时，有一位助产士。60～70 年代，妇产科有挽救大批难产产妇、保证母婴安全，改造旧产婆、培养新法接生员、大幅降低新生儿破伤风，开展计划生育等三大主要工作。郭巨区卫生院的全体医生是内科、外科、妇产科、化验科“个个捞得起”的全能手。

**口腔科** 20 世纪 60 年代郭巨有茅志祥牙科，医治牙病和镶牙等。1990 年，郭巨中心卫生院汪文翰从防保科转入口腔门诊，专事拔牙及口腔炎症等诊疗。

**放射科** 1965 年 10 月，宁波专署拨给郭巨区卫生所 300 毫安 X 光机 1 台。20 世纪 80 年代，郭巨区中心卫生院配备拍片与胃肠钡剂造影设备。从事放射专业人员 1 名。

**检验科** 1955 年，郭巨卫生所从辛成中学调来一架日产 1000 倍显微镜，并配置血球计数板、吸管、试管、试剂等，开始开展血、尿、粪三大常规和脑脊液等检查。

### 医疗队伍

1952 年，郭巨卫生所设立时，有卫技人员 6 名。1965 年，市一院抽调内外科医生各 1 名充实到郭巨卫生院工作。1972 年，郭巨中心卫生院有职工 22 人，其中卫技人员 18 人，含西医师 4 人，中医 1 人，医士 5 人，护士、助产士 7 人，药剂士 1 人。

**1985 年郭巨、峙头卫生院医务人员、床位情况表**

表 13-3-3

| 医疗机构名称 | 床位数（张） | 医务人员（人） | | | | | | | | | | | | | |
|---|---|---|---|---|---|---|---|---|---|---|---|---|---|---|---|
| | | 总计 | 卫技人员 | | | | | | | | | | | 管理人员 | 工勤人员 |
| | | | 合计 | 中医师 | 西医师 | 中医士 | 西医士 | 护士 | 助产士 | 西药剂士 | 检验技士 | 检验员 | 其他初卫人员 | | |
| 郭巨中心卫生院 | 40 | 53 | 46 | 2 | 7 | 1 | 8 | 12 | 7 | 2 | 3 | 1 | 3 | 4 | 3 |
| 峙头乡卫生院 | — | 6 | 6 | — | — | — | 2 | — | 1 | — | — | — | 3 | — | — |

2003 年，郭巨卫生院职工 25 人，其中主治医师 4 人，医师、医士 14 人，主治中医师 1 人，护师、护士 6 人。

2019 年，郭巨街道社区卫生服务中心有职工 25 人，其中卫技人员 22 人，含中医师 2 人，西医师 4 人，护士 7 人，西药剂士 4 人，检验技士 2 人，初卫人员 2 人，管理人员 1 人。年度家庭医师服务签约数达 3728 人，管理高血压患者 2420 人、糖尿病患者 661 人、心脑血管患者 247 人、肿瘤患者 328 人，重点人群体检率 60% 以上。境内有农村卫生室 10 家，乡村医生 10 名。

## 第三节　公共卫生

### 爱国卫生运动

民间历来有除夕“掸尘”、端午节悬艾蓟、喷雄黄酒、农历七月七“槿树叶洗头”等辟邪除虫传统卫生习惯。民国期间，虽常开展夏令卫生宣传活动，但收效甚微。1952 年 4 月，镇海县成立卫生防疫委员会（次年改为爱国卫生运动委员会），开展爱国防疫群众运动。境内各乡普遍发动大扫除，订立爱国卫生公约，扑灭“五毒”（鼠、蚊、蝇、虱、臭虫）。1956 年提出除“四害”（老鼠、麻雀、蚊子、苍蝇）为爱国卫生运动中心内容，1958 年掀起了以除“四害”为中心爱国卫生运动高潮。1960 年 3 月，执行中共中央《关于卫生工作的指示》，注意卫生工作有利于生产、工作、学习，标本兼治，突击与经常相结合，同时将“四害”中“麻雀”代以“臭虫”。1965 年，农村结合积肥，开展“两管五改”（饮水与粪便管理，改良水源、厕所、畜圈、炉灶和环境）工作，提倡将露天粪缸“小段集中，远离水源，加盖搭棚，定期灭蛆”，十年动乱期间，爱国卫生运动处于低潮。1978 年重建爱国卫生运动委员会时，郭巨猪屙街“臭名远扬”，境内农村垃圾堆积、粪缸罗列路旁、沟渠不通、死畜腐物浮沉其间。故以整治环境卫生“脏、乱、差”为重点，恢复每年元旦、春节、“五一”、国庆节前突击搞卫生和检查制度；1982 年开展“五讲、四美、三热爱”活动，爱国卫生运动与创建文明单位相结合。1990 年，清除了境内所有露天粪缸。2001 年，实施区爱国卫生运动委员会制定的《农村环境整治三年规划》，开展全面创建卫生镇（街道）活动。2016 年分设后的郭巨街道，多举措整治乡村环境卫生，成立街道环卫站，持续开展了“三行郭巨　党员争先”（洁行里弄、善行乡村、知行集镇）和“巨美星期天”（每月的第二个星期天，党支部书记带领党员、群众开展环境整治主题党日活动）活动，2018 年 12 月，郭巨街道成功创评为宁波市级卫生街道。

## 饮水改良

境内居民自古饮用山坑水、山塘水、井水、河水、天落水。一遇天旱，即深夜担桶去山坑水潭守夜一瓢一瓢地舀水，饮用“黄泥浆水”。1967 年大旱，郭巨东门外两村民上台岙水坑担水时，不慎从半山翻落殒命。老百姓饮水难，民间称喝的是“苦水”。

20 世纪 60 年代开始，推行一村一塘（井）和打灶边井，境内各自然村落都至少挖有一饮用水井。

1982 年建郭巨公社水厂，水取自紫微岙小二型水库，供水范围为城内各企事业单位、城区六个村和福民村。水厂建成初期，有 80 立方米 / 小时快滤池 1 个，320 立方米高位滤水池 1 个。1995 年新建 120 立方米 / 小时改正型澄清池 1 座，360 立方米 / 小时过滤池 1 座，320 立方米清水池 1 个，职工 11 人，其中化验员 1 人。1986 年，峙头建造水厂，水取自中宅水库，供水对象为中宅村居民、乡政府所在地企事业单位及峙头冷冻厂。

1996 年末，境内 7 个村饮用自来水，用户 2358 户，7359 人享用；但仍有 18 个村、4469 户家庭、14049 人饮用井水；饮其他水 1 个村（长坑村）、232 户、732 人。

2006 年，白峰镇政府投资 300 万元，启动郭巨城区二次水改一期工程项目，对郭巨城区片自来水管道进行改造（因原自来水管型号杂，使用已达 27 年，老化严重，管路上多处漏水，自来水损耗达 73%，导致流量小，水压低，且水管内常流出锈水）。2007 年 11 月 28 日工程竣工。水改后，境内东门、南门、西门、北门、路亭、大涂塘、福民、尖岭岙、大岭下 9 个村 3500 户居民的自来水水质明显改善，自来水损耗率减少到 5%。

2013 年 6 月，北仑区政府、白峰镇政府启动郭巨二次水改二期工程，总投资 4767 万元，解决郭巨片 14 个村（社区）的 7616 户居民及企业用水难问题。10 月中旬，宁波大管网自来水在双岙村、盛岙村开始试通水，境内居民喝上干净放心的自来水，彻底改变了过去“春天吃泥水，夏天吃臭水，秋冬吃脏水”，旱天吃“黄泥浆水”和吃“毒水”（农药污染）状况。

2019 年，在郭巨南门村东山设立宁波市自来水有限公司北仑供水分公司白峰所，主要生产设备设施

自来水公司郭巨泵站

为 7 个加压泵房，负责对郭巨和白峰街道境内各企事业和居民供水，有所务人员 22 名，郭巨街道办证中心设有营业点。郭巨境内单位和个人用户共 9700 户，年用水量达 180 万吨。

## 五水共治

五水共治是指治污水、防洪水、排涝水、保供水、抓节水，由浙江省委十三届四次会议（2013 年 11 月 29 日）提出。“五水共治”是根据浙江“水乡”省情和公众亲水诉求，深入贯彻“八八战略”的具体行动，是建设“美丽浙江”的战略重点，对于推进经济、政治、文化、社会和生态文明建设都具有重要意义。

**污水治理**　2013 年 1 月，境内在东门村建成第一个农村生活污水处理终端，至 2019 年底，已在双岙等八个村建成 15 个污水处理终端，排水体制为雨污分流，日处理污水能力达 1270 吨，受益 2659 户家庭。

### 2019 年底境内农村生活污水治理设施运行情况表

表 13-3-4

<table>
<tr><th>序号</th><th>村名</th><th>自然村名</th><th>治理模式</th><th>处理工艺</th><th>终端个数（个）</th><th>日处理能力（米³/天）</th><th>竣工时间</th><th>受益户数</th></tr>
<tr><td rowspan="3">1</td><td rowspan="3">双岙</td><td>大岙</td><td rowspan="4">接户终端</td><td>厌氧＋人工湿地</td><td>1</td><td>115</td><td rowspan="3">2013.9</td><td rowspan="3">206</td></tr>
<tr><td>海口</td><td></td><td>1</td><td>15</td></tr>
<tr><td>岙底</td><td>厌氧</td><td>1</td><td>45</td></tr>
<tr><td>2</td><td>华峙</td><td>安置房地块</td><td rowspan="2">厌氧＋人工湿地</td><td>1</td><td>150</td><td>2016.3</td><td>374</td></tr>
<tr><td>3</td><td>路亭</td><td>郭巨学校西侧</td><td rowspan="2">沿河截污纳管终端</td><td>1</td><td>150</td><td>2013.7</td><td>233</td></tr>
<tr><td>4</td><td>东门</td><td>东门河东侧</td><td>厌氧</td><td>1</td><td>500</td><td>2013.1</td><td>1504</td></tr>
<tr><td>5</td><td>福民</td><td>紫微岙</td><td rowspan="4">接户终端</td><td rowspan="9">厌氧＋人工湿地</td><td>1</td><td>100</td><td>2019.12</td><td>110</td></tr>
<tr><td>6</td><td>西门</td><td>派出所对面</td><td>1</td><td>84</td><td>2019.12</td><td>95</td></tr>
<tr><td rowspan="2">7</td><td rowspan="2">大岭下</td><td>溪坑边</td><td rowspan="2">2</td><td>22</td><td>2019.4</td><td rowspan="2">98</td></tr>
<tr><td>指挥部</td><td>9</td><td>2019.4</td></tr>
<tr><td rowspan="5">8</td><td rowspan="5">尖岭岙</td><td>上黄家火弄</td><td rowspan="5">接户终端</td><td rowspan="5">5</td><td>14</td><td>2019.4</td><td rowspan="5">245</td></tr>
<tr><td>下黄家火弄</td><td>11</td><td>2019.4</td></tr>
<tr><td>大坑岙</td><td>9</td><td>2019.4</td></tr>
<tr><td>袁家</td><td>27</td><td>2019.4</td></tr>
<tr><td>李家</td><td>19</td><td>2019.4</td></tr>
<tr><td colspan="4">小计</td><td>—</td><td>15</td><td>1270</td><td>—</td><td>2659</td></tr>
</table>

**河长制**　2018 年进一步完善街道、村、小微水体三级河长体系，对辖区 38 千米河道实现河长制全覆盖，明确河长 17 名，小微水体长 12 名，对排查出的 16 处沿河污水口实行“一口一策”专项整治，对三条街道级河道定期实施水质监控，完成污水零直排区街道创建，持续抓好城区污水管网建设、截污纳管、清淤疏浚、河溪拓宽等综合治理工作。全年完成河道治理 15.5 千米，清淤量 11.7 万立方米，共投入建设资金约 2300 万元，河道水质不断提标。

## 2019 年郭巨街道境内主要河道河长一览

表 13-3-5

| 河道名称 | 河长姓名 | | 坐落位置 | 河道长度（米） |
| --- | --- | --- | --- | --- |
| | 街道 | 村 | | |
| 西门大河 | 沈冬梅 | 杨海忠　郑岳定 | 尖岭岙—新碶头碶 | 3892 |
| 郭巨护塘河 | 刘达峰 | 郑岳定　林布安 | 碧澜嘴—西门大河 | 2443 |
| 碧澜嘴河 | 柴建军 | 汪拥军 | 南门河碶—碧澜嘴闸 | 1100 |
| 四期排洪渠 | 顾艳艳 | 张贤君 | 张西岙—华峙外海碶 | 1500 |
| 南门河 | — | 童振捷 | 东门河—碧澜嘴河 | 1046 |
| 双岙河 | — | 徐幸召 | 双岙岙里—小岙碶 | 938 |
| 郭巨上横河 | — | 章春华 | 上畈—下畈农田 | 1730 |
| 华峙河 | — | 乐耀光 | 华峙水库—进港公路 | 1294 |
| 上台岙河 | — | 郑德华 | 上台岙水库—白洋线 | 510 |
| 埠头下直河 | — | 郑德华 | 村庄—郭巨护塘河 | 1116 |
| 东门河 | — | 胡　刚 | 山脚—南门河 | 1075 |
| 盛岙河 | — | 张　勇 | 农田—出海闸 | 1350 |
| 郭巨下横河 | — | 汪拥军 | 码头公路—碧澜嘴河 | 1856 |
| 倒跳浦河 | — | 郑岳定 | 石灰场—郭巨护塘河 | 1160 |
| 双岙塘河 | — | 蔡亚裕 | 养殖塘—出海闸 | 2487 |
| 中河 | — | 郑岳定 | 中畈矸—西门大河 | 702 |
| 岭头河 | — | 张贤君 | 水库—村庄 | 692 |
| 华峙支河二 | — | 胡宏伟 | 华峙河—西区排洪渠 | 655 |
| 外畈上横河 | — | 汪拥军 | 农田—埠头下直河 | 1081 |
| 外畈下横河 | — | 汪拥军 | 农田—埠头下直河 | 1860 |

### 厕所革命

长期以来，境内农户家庭室内放粪桶，户外是露天粪缸、石槽和路边茅厕。农民把人畜粪便作为农作物主要肥料，春季雨水多，粪缸外溢，粪水遍地，臭气冲天；夏秋季蝇蛆成团乱滚，苍蝇蚊子满天飞，传染病流行，严重影响身体健康，甚至危及生命。

尖岭岙公共厕所

**粪便管理**　中华人民共和国成立后，政府重视爱国卫生工作，贯彻预防为主的卫生工作方针。1965 年，党中央发出通知，在农村结合积肥，开展“两管五改”工作。其时，境内血吸虫病流行，县政府倡导建造蓄粪池和厕所，但因习惯势力和经济滞后等原因未能在境内推广、巩固。随后，倡导露天粪缸小型集中，远离水源(30米以外)，加盖搭棚，定期灭蛆等办法，郭巨城区几个村的实施效果较好，但未能在其他村得到普及。

1978年，爱国卫生运动深入开展以治理脏、乱、差为重点的农村环境卫生整治活动。粪便革命从生产化肥开始，引导农民使用化肥，减少用人粪便当肥料。20世纪90年代起，随着卫生公厕、卫生户厕建设的推进，露天粪缸渐被消灭。

**改厕** 农村室内粪桶（无盖）当厕所，长期沿袭。既臭且脏，苍蝇满屋飞，蛆虫满地爬。20世纪90年代起，随着初级卫生保健工作的推进，各单位、村开始建设卫生公厕；境内居民在自建楼房时，普遍建设有卫生户厕。2016年至2019年，境内建设标准三格式卫生公厕17座。2019年，境内共有卫生公厕30多座。卫生户厕率达100%。

**2019年郭巨街道境内公共厕所分布一览**

表13–3–6

| 序号 | 所在村、社区 | 地点（位置） | 建筑面积（平方米） | 坑位（个） | 化粪池 | 修建年份 | 标准等级 |
|---|---|---|---|---|---|---|---|
| 1 | 盛岙 | 乾坑23号 | 18 | 5 | 三格式 | 2016 | B |
| 2 | 盛岙 | 凤巴 | 20 | 5 | 三格式 | 2012 | B |
| 3 | 大岭下 | 村委旁 | 30 | 6 | 三格式 | 2013 | A |
| 4 | 福民 | 紫微岙 | 53.7 | 7 | 三格式 | 2019 | A |
| 5 | 谢家岙 | 老年会旁 | 20 | 4 | 三格式 | 2013 | B |
| 6 | 尖岭岙 | 朱家八组 | 58 | 6 | 三格式 | 2019 | A |
| 7 | 尖岭岙 | 村委旁 | 20 | 3 | 三格式 | 2016 | B |
| 8 | 东门 | 村委旁 | 20 | 6 | 三格式 | 2002 | B |
| 9 | 双岙 | 大岙里177号 | 20 | 4 | 三格式 | 2006 | B |
| 10 | 南门 | 大斗门 | 60 | 6 | 三格式 | 2018 | A |
| 11 | 城区 | 湿地公厕 | 61 | 6 | 三格式 | 2018 | 三星级 |
| 12 | 城区 | 车站公厕 | 74 | 11 | 三格式 | 2018 | 三星级 |
| 13 | 城区 | 云衢公厕 | 68 | 16 | 三格式 | 2018 | 三星级 |
| 14 | 城区 | 凤山路公厕 | 48 | 6 | 三格式 | 2018 | A |
| 15 | 城区 | 大桥下公厕 | 32 | 6 | 三格式 | 2017 | A |
| 16 | 城区 | 西街公厕 | 30 | 4 | 三格式 | 2017 | A |
| 17 | 城区 | 粮站公厕 | 35 | 6 | 三格式 | 2012 | A |
| 18 | 城区 | 舟渡公厕 | 68 | 13 | 三格式 | 2019 | A |

## 垃圾分类

随着人们生活水平提高、各项消费的增加，垃圾产量日益增长，导致环境状况日益加重。20世纪90年代末起，境内开始在郭巨城区推行生活垃圾统一回收、集中填埋，并在双岙村大坑里设垃圾填埋场。2013年，该垃圾填埋场砌筑挡墙作最后一次扩容，由于是简易堆放填埋，导致周边臭气蔓延，污染土壤和海边水体，于2016年停止使用。其他生活垃圾继而运往位于境内长浦村的光大环保能源有限公司作焚烧发电处置。

2019年10月1日起,《宁波市生活垃圾分类管理条例》正式施行。2019年4月起,境内实行垃圾分类、统一回收、生活垃圾统一运往光大环保能源有限公司作焚烧发电处置（郭巨城区和峰南社区每天产生的生活垃圾约20吨）。至2019年底，境内城区设立垃圾投放点68处，投放垃圾桶168只，投放垃圾智能回收箱7个，垃圾清运车9辆，聘用垃圾分类投放监督员10名，卫生保洁员34名。而境内农村的日常卫生保洁和生活垃圾清运由各村负责，2018年境内农村新发放418只分类垃圾桶，2019年底，盛岙等13个村共聘用保洁员29人。

## 食品卫生

中华人民共和国成立后，先后制定并执行《镇海县管理有关卫生商业暂行法则》（1952年）、《镇海县饮食行业（摊贩）卫生管理实施细则》（1963年）、《关于加强水产品卫生管理细则》（1972年）、《关于加强食品卫生管理，禁止销售不洁饮食品暂行规定》（1981年）。1983年7月起实施《中华人民共和国食品卫生法》。

1972年起，规定每年小满至秋分不得销售咸蟹、泥螺。1983年起，个体食品店摊猛增，1985年区卫生局制订《饮食行业卫生许可证发放办法》，规定卫生合格才准登记开业。每年夏秋季节组织食品卫生大检查，平时抽查。1978年至1979年，沿海地区发生食用织纹螺中毒死亡事件。为此，政府公告禁食织纹螺。

## 学校卫生

中华人民共和国成立后，学校卫生工作由卫生、教育、体委等部门共同督促实施。各中、小学校均有兼职保健老师。学校卫生主要工作为：开设卫生课，进行健康教育；进行学生生长和健康状况调查；防治常见病；进行教室采光照明调查；饮食、饮水和营养卫生指导以及体育锻炼指导等。1982年，制订县中、小学学生生长发育标准。1987年，郭巨小学学生视力不良率为8%左右，郭巨中学初中生视力不良率为15%左右。2019年郭巨学校小学生的视力不良率为45.0%，初中生的视力不良率为78.1%；小学生肥胖率为8.38%，初中生肥胖率为6.09%。

进入21世纪，学校重视食堂卫生管理，一是落实“五常法”，二是实施透明厨房制度，食堂各区域安装监控，食堂大厅大屏幕上可实时查看炊事员操作规范并与食监所联网，接受家长、食监所等公众的监督；三是把食堂卫生安全纳入食监所食安管理。在学生饮用水管理方面，一是采用向有资质单位租赁直饮设备，二是定期更换滤芯，送水样检查，三是日常消毒、清洗。教室照明由教育局统一采购安装照明设备，并由卫生部门监督检测；每天上、下午两次眼保健操。

### 2019年郭巨学校、郭巨幼儿园学生健康检查情况

表13-3-7

| 项目 | 初中生 | 小学生 | 幼儿园学生 |
|---|---|---|---|
| 学生数（人） | 197 | 322 | 127 |
| 体检学生数（人） | 197 | 322 | 127 |
| 营养不良率（%） | 7.61 | 5.59 | |
| 肥胖率（%） | 6.09 | 8.39 | 0.79 |
| 视力不良率（%） | 78.17 | 45.31 | 15.75 |
| 恒牙龋患率（%） | 15.23 | 41.61 | 55.91 |
| 沙眼患病率（%） | 0 | 0 | |
| 平均因病缺课天数 | 51/197 | 58/322 | |

## 第四节　疾病防治

民国期间，县域境内霍乱大流行7次，分别是民国4年（1915）、22年（1933）、26年（1937）、29年（1940）、31年（1942）、35年（1946）、37年（1948）。疟疾流行4次，分别是民国28年（1939）、35年（1946）、37年（1948）、38年（1949）。还有流行性脑脊髓膜炎（流脑）、伤寒痢疾、肺结核等传染病也曾连年流行。疫病流行期间，出现“岁谷不登，疫病大作，藉尸郊野”“患者上吐下泻，不逾时殒命，死者上百人”的悲惨情景。1916年、1928年民国政府先后颁发传染病管理法规及《种痘条例》，在民间布种牛痘，预防天花，收到成效。中华人民共和国成立后，政府卫生部门针对各类传染病发生和流行及时防治，尤注重预防接种和儿童计划免疫，效果良好，1984年开始实行儿童计划免疫，1985年北仑区建卫生防疫站，郭巨卫生院设防疫科。是年，境内卡介苗、脊灰糖丸苗、百日咳白喉破伤风混合制剂、麻疹疫苗（俗称“四苗”）单苗接种率及覆盖率均在85%以上，提前实现卫生部提出的目标，传染病发病率明显下降。

### 传染病防治

1955年7月，卫生部公布管理传染病18种，后增至25种。其中霍乱（古典型）中华人民共和国成立后已绝迹，天花自1950年以来未曾发生。流脑、麻疹、乙脑、钩端螺旋体病、疟疾、病毒性肝炎一段时间内曾在境内局部地区流行。

**霍乱**　清同治十三年（1874），镇海全县大疫。民国4年（1915）霍乱大流行，境内一南张人把疫棺抬到老碶头沙塘安葬，与虞姓家只一墙之隔，结果虞家一家6口死亡5人，此疫时长70天，死90余人。民国26年（1937），霍乱流行。郭巨人黄氏在梅山摘棉花，于八月初二染病回家，其子黄宝生服侍母仅二天，母子均逝去，隔壁邻居卫青父母过来帮忙，二天后也相继去世，后进邻居的仁来为其抬棺也染病死去；有人请大山头的阿五公帮忙，丧事毕回家仅一夜吐泻死亡，其子和侄子亦相继辞世，不到10天，死去8人；有下峧人去黄仁来家探病，染病回家死了3人；半塘周家人往下峧探病亦死数人。从半塘至南门，城中人口稠密，饮用水均由井内汲取，病人脏物洗涤后的污水倾倒井边，交叉传染，以陆家最剧。那时城中每天有人死亡，造成无人抬棺，只得高价雇用，夜无行人，日未落山，户户关门，无事不外出，干农活先探听山上有否棺木停放，人心惶惶，青壮年者都避疫外出，此疫时达3月之久，死者120余人。1942年霍乱流行连续2个月，柴桥、郭巨一带死亡600余人。

**病毒性肝炎**　20世纪70年代开始流行。1985年发病率60.3/万人。1988年因食用受甲肝病毒污染的毛蚶，引起暴发流行，为发病高峰年，发病率为216.6/万人。1989年以后，应用甲肝免疫制剂后，年发病率呈下降趋势。乙肝疫苗纳入计划免疫，对阻断母婴垂直传播、降低新生儿带毒率或发病率作用明显。

**伤寒、副伤寒**　20世纪90年代后，出现5次较大规模流行，分别在1990年、1993年、1997年、2001年、2004年，年发病率在0.561/万人～1.696/万人之间，平均发病率为3.431/万人。每年春节前后是境内伤寒、副伤寒疫情高发季节，根据流行病学调查，疫情发生与居民生吃、半生吃涂产、贝壳类水产品有密切关系。经多年的疫情系统观察，北仑区病例多呈散发型，为此，区有关部门加强了对疫情监测和分析。2004年，制订《北仑区伤寒、副伤寒防治方案》，对全区伤寒、副伤寒防治工作提出规范措施。其重点防治措施有：利用各种媒体开展伤寒、副伤寒防治知识的宣传教育；引导群众养成良好的生活方式和卫生习惯，做到勤洗手，吃熟食，不喝生水，不生吃或半生吃贝壳类海产品，不用河水洗菜洗餐具；加强市场流通食品的监测力度，提高对辖区内供水单位、农贸市场用水、餐饮业的监督检查力度；及时处理初诊中的疑似病例，向病家宣传相关防治知识，发放消毒药品，指导病家做好隔离消毒工作。

**结核病**　民国期间此病流行，死亡率高，中华人民共和国成立后患者大为减少。主要防治措施为：建立北仑区防痨网（1985 年），配置防痨人员，接种卡介苗，设立结核病诊治和报告指定医院，实施正规化疗全程管理和病家访视常规监测制度。1984 年和 1990 年先后两次在郭巨峙头抽样调查，结核病患病率分别为 14.6/ 万人、41.2/ 万人。涂阳患病率分别为 7.3/ 万人、16.5/ 万人。80% 的结核病人来自农村，发病年龄以青壮年为主，流动人口逐年增加对传播起到推波助澜的作用，男性患病率明显高于女性。2001 年，国务院颁布《2001—2010 年全国结核病防治规划》。是年，成立北仑区结核病控制项目办公室，落实归口管理和督导治疗，实行治疗费用“收、减、免”。

**性病**　中华人民共和国成立后严禁嫖娼，对性病患者隔离治疗，性病锐减，至60年代初绝迹。80年代初，性病重新传入境内。2003 年，发现本地艾滋病人 1 例，系郭巨人，原有血友病史，曾多次输血及使用血制品。2019 年，据北仑区疾控中心报告，境内居民中有艾滋病人 15 例。主要防治措施为建立性病疫情报告制度，开展 HIV 和梅毒监测，进行宣传教育，培训专业防治队伍；HIV 检测实验室有北仑区疾控中心、北仑人民医院两家。

**传染性非典型肺炎（简称“非典”）**　2002 年底至 2003 年秋，全国多地相继发现一种新型传染病“非典”，省、市、区政府发出紧急命令，境内各单位立即行动，采取严防“非典”传入境内的 6 项措施：（1）成立预防“非典”工作领导小组，指挥协调各单位、各部门开展“非典”防治工作，成立相应的工作组，制订防治应急预案，明确各部门职责，实行群防群控。（2）加强疫情监测网络建设，做到“横向到边，纵向到底”。乡村医生一旦发现发热呼吸道病人，做好登记入册，送到郭巨卫生院发热门诊进行鉴别诊断，如为可疑病人，急送宗瑞医院或宁波开发区中心医院。（3）实行“非典”疫情日报告和零报告制度。（4）对医疗人员进行强化培训，对疑似病例或医学观察病例采取现场控制措施。（5）对来自广东、北京等疫区人员进行登记入册，并做好医学观察。（6）对交通工具和重点公共场所每日进行消毒。由于境内政府防控工作到位，措施严密有力，境内未发现“非典”疑似病例。

**新型冠状病毒引起的肺炎（简称新冠肺炎）**　2019 年底，新冠肺炎疫情出现后，为打赢这场疫情防控家园保卫战，郭巨街道第一时间成立领导小组，设立防控指挥部，每日对重点区域和关键环节开展疫情排查监测，全体干部停止休假。由于防控工作到位，措施严密有力，境内未发现“新冠肺炎”病例和无症状感染者。

截至北京时间 2020 年 11 月 12 日，根据美国约翰斯—霍普金斯大学统计数据表明，全球累计确诊 52274070 例，其中死亡 1286790 例；美国累计确诊新冠肺炎病例 10404354 例，累计死亡 241808 例；中国新冠肺炎累计确诊 92364 例，其中境外输入 3654 例，累计死亡 4749 人。

2020 年 10 月，印度发现新冠病毒变异毒株“德尔塔（Delta）”并向其他国家扩散。2021 年 11 月，新冠病毒变种（B.1.1.529）奥密克戎（Omicron）在南非等非洲国家蔓延并向其他国家扩散。2021 年初，境内开始接种“新冠肺炎”疫苗，至 2021 年 12 月“新冠肺炎”疫苗接种率达 55%。

## 地方病防治

**血丝虫病**　俗称“大脚疯”。属寄生虫病。中华人民共和国成立前，境内山区散发流行，1950 年调查，阳性率（微丝蚴，下同）9.4%。1972—1975 年，血检阳性率郭巨盛岙为 5.4%。主要防治措施：结合农田建设，填平污水沟、池，改建畜舍，推行药物喷洒灭蚊法，普遍使用蚊帐，并对晚期血丝虫病人开展医治，发病率显著下降。1979 年阳性率降至 0.026%。1984 年经省卫生厅确认境内基本消灭血丝虫病。1996 年底，实现消灭血丝虫病。以后每年对居民进行血丝虫感染率抽样调查，未发现微丝蚴感染者。

**钩虫病**　此病在境内普遍流行，以蔬菜、棉花产区为重点。1958年普查，阳性率为16.2%，以青壮年最高。1973 年普查，阳性率为 8.99%。通过反复防治及农民生产条件改善，农用化肥增多，使用新鲜人粪和赤脚下地干活者减少，钩虫病患者逐年减少。1979 年阳性率降至 7.31%，1992—2012 年均为零。

**血吸虫病** 也叫“大肚子病”，属寄生虫病，血吸虫卵寄生在钉螺内，侵入人体后，专侵肝、脾等脏器，病人到了晚期，腹大如鼓却瘦骨嶙峋。钉螺多生长繁殖于阴暗潮湿地、污水沟渠、河道里等。1955 年冬天，毛泽东主席发出了“一定要消灭血吸虫病”的号召，1956 年 1 月，镇海县成立防治血吸虫病五人领导小组，境内大面积开展查灭钉螺行动，开展查病治病，同时通过“修筑灭螺带”“开新沟、填老沟”“清理污水沟渠”“管理粪便”等杀灭钉螺的方法，切断传播源和途径。

**疟疾** 俗称冷热病。流行历史久远，发病率较高。民国 28 年（1939）、35 年、37 年和 38 年流行甚广。1954 年发病率为 32.367/ 万人，经过对临床病人治疗、休止期病人抗复发预防服药，1981 年发病率降到 1/ 万人以下，流行得到控制。1989 年，经省卫生厅确认北仑区基本消灭疟疾。然因国内部分地区疟疾疫情尚未得到控制，近年输入性病例仍有发现。

**其他疾病** 1984 年调查，镇海县内地方性甲状腺肿（俗称粗脖子、大项颈病）患病率 1.39%，地方性氟中毒患病率 0.18%，均不属流行区。

1960—1962 年，因营养不良造成的浮肿病、儿童营养不良症、妇女闭经及肠原性青紫病等在境内普遍发生，患浮肿病约有 200 余人，也有死亡。当时采用医疗、营养、休息三结合方法防治，如服用黄豆粉与米糠合成的“营养粉”和青松毛糖浆等中草药制剂。1963 年后，随着政策调整、生产恢复发展，人民生活改善，这些疾病随之减少。1970 年后基本消灭。

### 计划免疫

民国时期，有偿接种牛痘、注射霍乱和伤寒菌苗，但普及率低，以农村为甚。中华人民共和国成立后，政府关心人民身体健康，全面推行免费预防接种。生物制剂有牛痘苗、伤寒、副伤寒活菌苗、鼠疫活菌苗、卡介苗、白喉类毒素、百日咳菌苗、流行性乙型脑炎疫苗、百白破三联苗、脊髓灰质炎糖丸减毒活疫苗（脊灰糖丸疫苗）、副霍乱菌苗、钩端螺旋体菌苗、麻疹减毒活疫苗、破伤风类毒素、炭疽菌苗、斑疹伤寒、流脑菌体菌苗及流脑多糖体菌苗等 18 种。1983 年，境内镇、乡卫生院建立接种门诊。1984 年开始实行儿童计划免疫保偿制度。1985 年，境内卡介苗、脊灰糖丸疫苗、百日咳白喉破伤风混合制剂、麻疹单苗接种率在 85% 以上，提前实现卫生部提出的目标。1989 年始接种有偿疫苗，后有计划地开展水痘、B 型流感嗜血杆菌等疫苗接种。2002 年，乙肝疫苗纳入计划免疫。2004 年，儿童计划免疫卡介苗、脊灰糖丸疫苗、百日咳白喉破伤风混合制剂、麻疹疫苗、乙肝疫苗接种率 99.9%；流脑、乙脑接种率 90% 以上；甲肝、麻腮风接种率 85% 以上；水痘、B 型流感嗜血杆菌菌苗接种率 80% 以上。2019 年，境内儿童乙肝疫苗、卡介苗、脊灰糖丸、百日咳、麻疹、A 群流脑、乙脑疫苗（减毒）、甲肝疫苗接种率均达到 100%。

## 第五节 妇幼保健

### 妇女保健

**新法接生** 中华人民共和国成立前，分娩由产婆接生，也有自生自接。20 世纪三四十年代新法接生率不到 10%，婴儿死亡率 300‰左右，俗谚：“生得多，死得多”。“妇女生小人，一只脚棺材外，一只脚棺材内。”1951 年推行新法接生，培训接生员，实施“一躺三消毒”操作要求（即躺着生，接生员的手、产妇会阴、产包器械消毒）。1972 年，镇海县“五七”工农兵学校举办一期赤脚医生助产班，境内若干名赤脚医生参加培训。70 年代始，加强产科管理，普及住院接生，郭巨五大队等大队亦设立产室。1980 年，新法接生率 99%，住院接生率 91.1%，并部分实行剖腹产。1993 年，取缔郭巨镇华峙、盛岙 2 村个体接生员，北仑区内结束个体接生和家庭接生现象。

**婚前检查** 1986年，郭巨卫生院定期开设婚前检查门诊。1992年8月，北仑区妇幼保健所推行婚前检查和优生、新婚保健指导。2003年10月1日，新《婚姻登记条例》施行，规定婚前医学检查由必检改为自愿。并加强婚检宣传，实施免费婚检等措施。

**孕妇围产期保健** 20世纪70年代，境内开始孕期检查、产后访视。80年代起，全面推广优生优育，致力提高人口素质。1983年建立孕产妇保健卡，实行定期产科检查，减少妊娠期并发症和难产发生。1985年10月，郭巨、峙头卫生院开设妇保门诊，由妇产科医生、兼职妇保医生开展围产期保健，实施早孕登记、建立联系卡、优生咨询、产后访视制度。当年住院接生率96%，新法接生率99.9%，孕产妇系统保健卡率90.5%，产前检查率90.6%，产后访视率93.6%，围产儿死亡率22.6‰。2005年8月，开展三体综合症、神经管畸形等疾病的产前筛查，对阳性孕妇追踪随访，以降低新生儿先天缺陷发生。2019年，境内户籍人口中，孕产妇124人。产妇产检123人，率99.2%；产检≥5次117人，率94.4%，新法接生和住院率均为100%，孕产妇系统管理117人，率94.4%，产后访视122人，率98.4%。住院分娩活产数123人，剖宫产活产数43人。

**计划生育技术指导** 民国时期，境内人口生育处于自然状态，早婚、早育、多生现象普遍。中华人民共和国成立初，受“多子多福、重男轻女”等旧观念影响，人口出生率高，1956年后实施计划生育技术指导。1966年，实行计划生育。1999年，郭巨设计划生育服务站。

**妇女病防治** 1974年起，对即将结婚的女青年进行婚检，对育龄妇女进行妇科疾患检查。1985年起，每三年进行一次妇女病普查，2000年后改为每两年进行一次，并对妇女开展二癌（宫颈癌、乳腺癌）免费普查。2019年，境内20～64岁妇女病筛查率30.7%，二癌筛查率30.7%，妇女常见病患病率13.1%，阴道炎患病率10.6%，急性宫颈炎患病率1.2%，尖锐湿疣患病率0%，子宫肌瘤患病率1.2%，宫颈癌患病率10.619/万人，乳腺癌患病率7.079/万人，卵巢患病率0%。

## 儿童保健

20世纪50年代起，重点防治危害儿童健康传染病。80年代后，贯彻《三岁前儿童保健教养大纲》，逐步推行儿童保健系统管理。境内各乡卫生院每年儿童节前后对幼托机构、学校儿童进行健康检查和缺陷矫治，按时对儿童进行计划免疫接种，并建立学生健康卡。对12岁以下儿童，免费驱除蛔虫。2006年，实施儿童免费保健服务，对境内7岁以下儿童免费体检，倡导母乳喂养。2019年，境内户籍6个月内婴儿母乳喂养率88.57%，纯母乳喂养率57.14%，新生儿访视率96.75%，7岁以下儿童健康管理率97.33%，3岁以下儿童保健覆盖率97.87%，3岁以下儿童系统管理率97.27%。

# 第十四篇　社会

新石器时代晚期，大岭下焦山坑已有人类活动遗迹。唐时，有零星居民散居山麓。明初建所城时，人口剧增。中华人民共和国成立前，由于贫穷落后，医疗条件差，加上战乱等因素，人口增长缓慢。中华人民共和国成立后，经济发展、社会安定、人民生活水平提高，医疗卫生条件改善，人均寿命增长，人口增长迅猛。1953年7月境内有人口14182人，1982年7月为23325人，29年间增加9142人，年均增加315人，年均增长率为2.22%。20世纪80年代始，境内人口增长势头趋缓，人口自然增长率呈波动型下降，由60年代的近千分之三十降至90年代的千分之四上下，2000—2019年，境内人口自然增长率继续下降且呈负增长趋势，人口自然增长率年均为-0.19‰。

明洪武年间郭巨建城，22个指挥使及1120个士兵驻扎下来后，境内姓氏大增。21世纪初以来，外来人口增加，2019年派出所登记的暂住人口为3212人，与户籍人口之比为0.137∶1，加上婚姻等因素，姓氏呈不断增多趋势，1987年统计有姓氏131个，2019年，境内共有姓氏282个。

中华人民共和国成立前，由于农业生产十分落后，境内多数农民生活困苦，若遇台风、干旱、疫病等自然灾害更是苦不堪言，只得借高利贷或逃荒乞讨度日。中华人民共和国成立后，农民分得土地，经济和社会事业不断发展，生活逐步得到改善。20世纪80年代始，随着改革开放和社会主义市场经济的发展，境内居民收入水平一改过去长期低缓增长状况，农村居民人均年收入由1979年的124元，提高到2019年的11600余元。居民衣食住行、教育、医疗条件明显改善，生活质量和健康水平不断提高，境内居民生活迈入小康社会水平。

中华人民共和国成立后，民政工作坚持“以民为本、为民解困、为民服务”宗旨，不断完善和加强拥军优属、救济扶贫、婚丧改革、社会保障等方面工作，确保社会各阶层特别是弱势群体的利益，让四十多年来的改革开放成果惠及全体人民。

中华人民共和国成立前，境内为多代同堂的多人直系家庭结构。中华人民共和国成立后，开始向由父母、子女组成的小型家庭转变。各宗族坚持修谱，捐钱建宗祠（祖堂），以纪念先祖。

佛教、道教传入境内甚早。明初郭巨城东南西北街上各有一庙。后境内各村庄都建有庙宇。清光绪二十八年（1902），基督教传入境内之后渐有发展。“文化大革命”时期，寺宇庵庙大多被挤占或拆除。1978年后，落实宗教政策，寺庙、教堂多重修重建，并恢复佛事和宗教活动。

境内人民勤劳质朴、民风淳厚，因地处海滨，先民以捕鱼和种植养殖为业，对天神、海神多有敬畏。中华人民共和国成立后，封建生产关系彻底变革，民情风俗大变，崇尚科学，男女平等，婚姻自由，陋风敛迹。

郭巨方言土语属吴语太湖片明州小片，与舟山、鄞州等地差异甚微。因为郭巨话多以降调结尾，故给人以“石骨铁硬”的感觉，但仍具有明显的群众语言生动性、形象性和通俗性。

# 第一章　人口

新石器时代后期，境内已有人类生息，使用石器进行渔耕生产。唐时，有零星居民散居山麓。明洪武二十年（1387），建千户所城，时人口剧增。第一次人口普查时（1953 年），境内人口已超万人（14182 人）；21 世纪 60 年代末，境内人口达 2 万人；2019 年，全街道户籍人口 23428 人。

居民世居于境内三十多个岙间及涂地上。20 世纪初至 10 年代，随着宁波港穿山港区的开发建设，境域内穿山半岛北部、东部及东南部的居民迁居至白峰街道等地。现居民多集居于郭巨城区。2019 年，境内人口密度每平方千米 372 人。

1964 年，男女性别比为 107.3∶100，2019 年降为 94.7∶100。2011 年以来，人口自然增长率呈现负增长，人口的老龄化问题严重。2019 年，户籍人口中 60 周岁及以上老年人 7655 人，占户籍人口的 32.6%。

随着穿山港区开发建设的推进，外来人口大幅增长，1990 年登记暂住人口为 112 人，2019 年为 3212 人，暂住人口占户籍人口的 13.7%。

## 第一节　人口普查

中华人民共和国成立后，于 1953 年、1964 年、1982 年、1990 年、2000 年、2010 年开展 6 次全国人口普查。境域历次普查总人口分别是：

第一次人口普查：总人口 14182 人，其中郭巨镇 5784 人，峙头乡 2740 人，霞峙乡 3446 人，盛厚乡 2212 人。

第二次人口普查：总人口 18118 人，其中郭巨公社 12563 人，峙头公社 5555 人。比第一次人口普查时净增 3936 人，增长 27.75%，年均增长率 22.52‰。

第三次人口普查：总人口 23326 人，其中郭巨公社 16336 人，峙头公社 6990 人。比第二次人口普查时增 5208 人，增长 28.74%，年均增长率 14.13‰。

第四次人口普查：总人口 23334 人，其中郭巨镇 16658 人，峙头乡 6676 人。比第三次人口普查时增 9 人，增长 0.04%，年均增长率 0.05‰。

第五次人口普查：总人口 22799 人，比第四次人口普查时减少 535 人，增长 -2.29%，年均增长率 -2.32‰。

第六次人口普查：总人口 24821 人，比第五次人口普查时净增 2022 人，增长 8.87%，年均增长率 8.53‰。

**境内 1—6 次全国人口普查基本情况表**

表 14-1-1

| 普查次数 | 普查时间 | 普查户数 | 人口数（人） | | | |
|---|---|---|---|---|---|---|
| | | | 合计 | 男 | 女 | 性别比（女=100） |
| 第一次 | 1953.7 | 3358 | 14182 | 8631 | 6861 | 125.80 |
| 第二次 | 1964.7.1 | 3829 | 18118 | 9372 | 8746 | 107.16 |
| 第三次 | 1982.7.1 | 6581 | 23326 | 11878 | 11448 | 103.77 |
| 第四次 | 1990.7.1 | 7437 | 23334 | 11869 | 11465 | 103.52 |
| 第五次 | 2000.11.1 | 8010 | 22799 | 11860 | 11298 | 104.97 |
| 第六次 | 2010.11.1 | 9987 | 24821 | 12135 | 12686 | 95.70 |

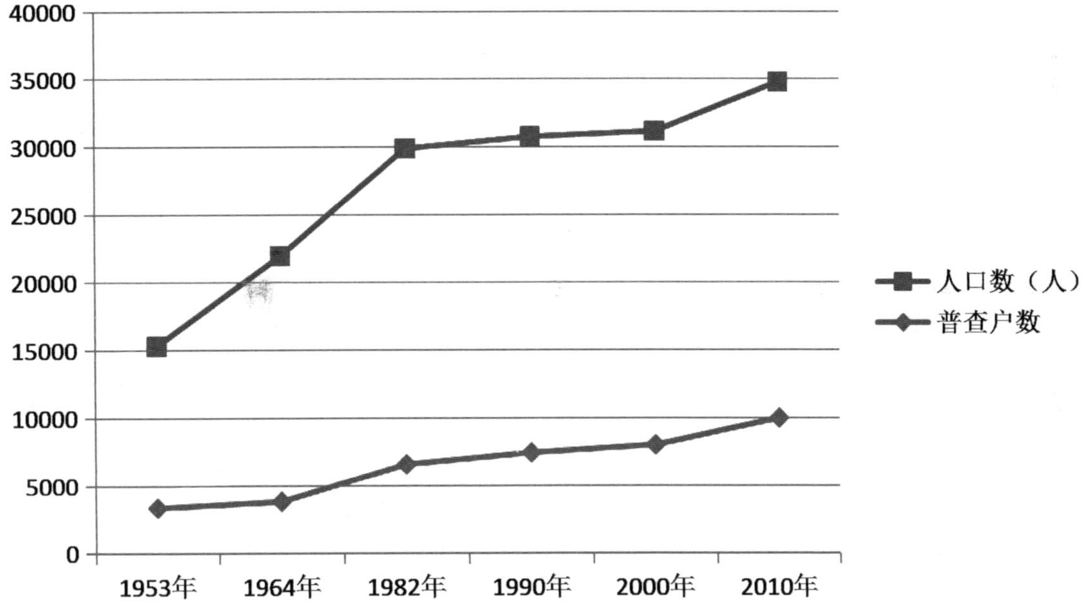


图 6 境内 1—6 次全国人口普查变化示意图

# 第二节 人口变迁

## 人口变动

1984 年 7 月，在郭巨大岭下村焦山坑，考古发掘出土有段石锛等文物，证明早在新石器时代后期，境内已有人类生息使用石器进行渔耕生产。

唐时，有零星居民散居山麓。宋高宗南迁，中原人民为避金兵之乱，逃向南方，并从明州（今宁波）向东迁徙，依山傍水（海滩）建舍筑庐，遂成村落，以周姓为最，住北门外小馒头山；其次有山头蔡家、河边山郭家、凤凰山郁家等。

明洪武二十年（1387），朝廷派信国公汤和，命22名指挥使为建城使者，郭巨建千户所城，各姓封授职位，时人口剧增。

明嘉靖三十二年（1553）后，倭寇几次犯境，郭巨城陷，军民惨遭杀害。清顺治十四年（1657），为争夺舟山之南鲁明王据地，封锁抗清义军，迁徙郭巨居民于内地。康熙十八年（1679）展复旧界，修筑城池，复民旧居，居民陆续重返。

郭巨历经了南宋和明洪武二十年建千户所城时的二次大规模人口迁徙，清顺治十四年至康熙十八年间的人口外迁和回迁。建千户所城时的22名指挥使姓氏为姚、沈、张、蔡、戴、荆、陆、李、泰、庞、纪、赵、吴、康、汪、林、陈、褚、白、黄、邱、田。如今，境内与这22名指挥使姓氏相关联的人口数如下表，氏族中，人丁兴旺的10个姓是张、汪、赵、陈、黄、李、吴、戴、蔡、姚。

### 2019年境内与建郭巨千户所城时22名指挥使姓氏相关联的人口

表14-1-2

| 序号 | 2019年时境内姓氏位次 | 人口数（人） | 建郭巨所城时22名指挥使姓氏 | 2019年在境内户籍人口中的占比（%） |
|---|---|---|---|---|
| 1 | 1 | 4417 | 张 | 18.85 |
| 2 | 3 | 1128 | 汪 | 4.81 |
| 3 | 4 | 996 | 赵 | 4.25 |
| 4 | 5 | 986 | 陈 | 4.21 |
| 5 | 6 | 923 | 黄 | 3.94 |
| 6 | 7 | 857 | 李 | 3.66 |
| 7 | 8 | 701 | 吴 | 2.99 |
| 8 | 14 | 526 | 戴 | 2.25 |
| 9 | 15 | 521 | 蔡 | 2.22 |
| 10 | 16 | 471 | 姚 | 2.01 |
| 11 | 21 | 321 | 林 | 1.37 |
| 12 | 30 | 155 | 陆 | 0.66 |
| 13 | 38 | 87 | 纪 | 0.37 |
| 14 | 39 | 84 | 荆 | 0.36 |
| 15 | 46 | 63 | 邱 | 0.27 |
| 16 | 47 | 62 | 庞 | 0.26 |
| 17 | 49 | 60 | 沈 | 0.26 |
| 18 | 110 | 7 | 泰 | 0.03 |
| 19 | 125 | 5 | 田 | 0.02 |
| 20 | 135 | 4 | 康 | 0.02 |
| 21 | 130 | 4 | 白 | 0.02 |
| 22 | 206 | 1 | 褚 | 0.001 |

解放后至20世纪80年代，境内人口持续增长，1953年，境内户籍人口14182人，1963年达17942人，1982年为23325人，1992年达24583人，1992—2016年，保持在24500人上下。1953年至1982年的29年里，境内户籍人口年均增长率为17.31‰，1982至2019年的37年里年均增长率仅有0.12‰。2019年，全街道户籍人口23428人。

## 1967 年、1987 年、2003 年、2019 年峙头境内各村（大队、社）家庭户、人口一览

表 14-1-3

| 村（大队） | 1967 年 | | 1987 | | 2003 | | 2019 | |
|---|---|---|---|---|---|---|---|---|
| | 家庭户数 | 人口数 | 家庭户数 | 人口数 | 家庭户数 | 人口数 | 家庭户数 | 人口数 |
| 合计 | 1265 | 6070 | 2211 | 7126 | 2478 | 7250 | 2462 | 7292 |
| 盛岙 | 210 | 1078 | 389 | 1240 | 469 | 1194 | 452 | 1408 |
| 联合 | 135 | 665 | 255 | 783 | 270 | 770 | 185 | 857 |
| 洋涨 | 136 | 639 | 226 | 792 | 218 | 712 | 298 | 893 |
| 长浦 | 49 | 226 | 79 | 273 | 99 | 728 | 97 | 244 |
| 双屯 | 48 | 207 | 74 | 236 | 70 | 189 | 75 | 228 |
| 长坑 | 70 | 281 | 105 | 342 | 114 | 279 | 126 | 376 |
| 中宅 | 119 | 544 | 215 | 681 | 223 | 627 | 213 | 572 |
| 上宅 | 161 | 791 | 255 | 828 | 311 | 832 | 303 | 863 |
| 沙湾 | 125 | 581 | 225 | 713 | 282 | 738 | 284 | 715 |
| 光明 | 120 | 563 | 197 | 634 | 202 | 594 | 202 | 572 |
| 花船 | 34 | 180 | 66 | 220 | 67 | 179 | 79 | 193 |
| 竹湾 | 58 | 315 | 125 | 384 | 153 | 408 | 148 | 371 |

说明：数据来自北仑档案馆峙头公社（乡）人口年报。

## 1974 年、1985 年、2003 年、2019 年郭巨境内各村（大队、社）家庭户、人口一览

表 14-1-4

| 村（大队） | 1974 年 | | 1985 年 | | 2003 年 | | 2019 年 | |
|---|---|---|---|---|---|---|---|---|
| | 家庭户数 | 人口数 | 家庭户数 | 人口数 | 家庭户数 | 人口数 | 家庭户数 | 人口数 |
| 合计 | 3402 | 14378 | 5676 | 16873 | 5579 | 16335 | 6114 | 15621 |
| 大涂塘 | 227 | 948 | 317 | 1015 | 355 | 920 | 333 | 890 |
| 西门 | 365 | 1419 | 538 | 1546 | 497 | 1224 | 445 | 1175 |
| 东门 | 380 | 1445 | 533 | 1567 | 565 | 1378 | 502 | 1275 |
| 北门 | 337 | 1081 | 427 | 1326 | 415 | 1069 | 383 | 976 |
| 南门 | 508 | 2178 | 737 | 2374 | 844 | 2189 | 771 | 1996 |
| 尖岭岙 | 187 | 784 | 265 | 874 | 324 | 841 | 335 | 910 |
| 路亭 | 146 | 814 | 268 | 846 | 265 | 691 | 258 | 650 |
| 双岙 | 146 | 851 | 264 | 960 | 345 | 930 | 357 | 1025 |
| 后墩 | 264 | 1099 | 347 | 1194 | 440 | 1201 | 463 | 1129 |
| 谢家岙 | 120 | 560 | 170 | 619 | 246 | 652 | 223 | 558 |
| 华峙 | 428 | 1892 | 589 | 2016 | 806 | 2170 | 880 | 2264 |
| 福民 | 160 | 723 | 237 | 827 | 325 | 869 | 315 | 840 |
| 大岭下 | 76 | 365 | 126 | 413 | 152 | 383 | 150 | 385 |
| 渔业队 | 58 | 219 | 71 | 170 | — | — | 58 | 115 |
| 东港社区 | — | — | 787 | 1126 | — | 1818 | 641 | 1433 |

说明：数据来自北仑档案馆郭巨公社（镇）人口年报。

## 1953—1955 年郭巨镇、峙头乡户籍人口变动一览

表 14-1-5

| 年份 | 郭巨镇 | | | | | 峙头乡 | | | | |
|---|---|---|---|---|---|---|---|---|---|---|
| | 总户数（户） | 户籍人口（人） | 比上年净增（人） | 男（人） | 女（人） | 总户数（户） | 户籍人口（人） | 比上年净增（人） | 男（人） | 女（人） |
| 1953 | 1303 | 5784 | — | 2973 | 2811 | 659 | 2740 | — | 1430 | 1310 |
| 1954 | 1288 | 6060 | 276 | 3114 | 2946 | 730 | 2859 | 119 | 1498 | 1361 |
| 1955 | 1295 | 6074 | 14 | 3126 | 2048 | 708 | 2925 | 66 | 1530 | 1375 |

## 1953—1955 年霞峙乡、盛厚乡户籍人口变动一览

表 14-1-6

| 年份 | 霞峙乡 | | | | | 盛厚乡 | | | | |
|---|---|---|---|---|---|---|---|---|---|---|
| | 总户数（户） | 户籍人口（人） | 比上年净增（人） | 男（人） | 女（人） | 总户数（户） | 户籍人口（人） | 比上年净增（人） | 男（人） | 女（人） |
| 1953 | 833 | 3446 | — | 1754 | 1692 | 642 | 2212 | — | 1164 | 1068 |
| 1954 | 826 | 2694 | -752 | 1908 | 1786 | 541 | 2351 | 139 | 1241 | 1110 |
| 1955 | 848 | 3707 | 1013 | 1919 | 1788 | 545 | 2346 | -5 | 1230 | 1116 |

## 1956—1981 年部分年份郭巨公社（乡、镇）户籍人口变动一览

表 14-1-7

| 年份 | 总户数（户） | 其中农户（户） | 总人口数（人） | 比上年净增（人） | 其中农业人口数（人） |
|---|---|---|---|---|---|
| 1956 | 1708 | 1334 | 9106 | — | 6528 |
| 1957 | 1420 | — | 9717 | 611 | — |
| 1958 | — | — | 9737 | 20 | — |
| 1959 | — | — | 9713 | -24 | — |
| 1960 | — | — | 9919 | 206 | — |
| 1961 | 2537 | 2025 | 11098 | 1179 | 9072 |
| 1962 | 2778 | 2217 | 12064 | 966 | 9943 |
| 1963 | 2740 | 2200 | 12468 | 404 | 10394 |
| 1964 | 2660 | 2207 | 12791 | 323 | 11526 |
| 1965 | 2713 | 2261 | 13169 | 378 | 11010 |
| 1966 | 2749 | 2322 | 13405 | 236 | 11581 |
| 1967 | 2797 | 2237 | 13655 | 250 | 11854 |
| 1968 | 2998 | 2442 | 13928 | 273 | 11893 |
| 1969 | 3056 | 2683 | 13985 | 57 | 12750 |
| 1970 | 3187 | 2841 | 14395 | 410 | 12910 |
| 1971 | 3322 | 3168 | 14561 | 166 | 13835 |
| 1972 | 3358 | 3224 | 14732 | 171 | 13945 |

续表 14–1–7

| 年份 | 总户数（户） | 其中农户（户） | 总人口数（人） | 比上年净增（人） | 其中农业人口数（人） |
|---|---|---|---|---|---|
| 1973 | 3372 | 3325 | 14845 | 113 | 14034 |
| 1974 | 3576 | 3365 | 14978 | 133 | 14124 |
| 1975 | 4082 | 2494 | 15181 | 203 | 14477 |
| 1976 | 4293 | 3749 | 15345 | 164 | 14441 |
| 1977 | 4387 | 3841 | 15590 | 245 | 14666 |
| 1978 | 4489 | 4028 | 15788 | 198 | 14870 |
| 1979 | — | 4076 | 15967 | 179 | 14855 |
| 1980 | 4349 | — | 16156 | 189 | — |
| 1981 | 4573 | — | 16255 | 99 | 14948 |

## 1982—1991 年部分年份郭巨公社（乡、镇）户籍人口变动一览

表 14–1–8

| 年份 | 总户数（户） | 总人口数（人） | 比上年净增（人） | 其中农业人口数（人） | 男（人） | 女（人） |
|---|---|---|---|---|---|---|
| 1982 | 4618 | 16336 | 81 | 14976 | 8291 | 8045 |
| 1983 | 5555 | 16735 | 399 | 14844 | 8425 | 8310 |
| 1985 | 6254 | 16892 | — | 15399 | 8575 | 8317 |
| 1986 | 6156 | 17000 | 108 | 14884 | 8627 | 8373 |
| 1987 | 6383 | 17144 | 144 | 15171 | 8724 | 8420 |
| 1988 | 6060 | 17228 | 84 | 15277 | 8747 | 8481 |
| 1989 | 6144 | 17368 | 140 | 15405 | 8799 | 8569 |
| 1990 | 6227 | 17429 | 61 | 15475 | 8874 | 8555 |
| 1991 | 6190 | 17393 | −36 | 15954 | 8877 | 8516 |

## 1963—1991 年部分年份峙头（乡）户籍人口变动一览

表 14–1–9　　　　单位：人

| 年份 | 总户数 | 总人口 | 比上年净增 | 其中农业人口 | 男 | 女 | 年份 | 总户数 | 总人口数 | 比上年净增 | 其中农业人口 | 男 | 女 |
|---|---|---|---|---|---|---|---|---|---|---|---|---|---|
| 1963 | 1192 | 5474 | — | — | — | — | 1982 | 1965 | 7099 | 85 | 6966 | 3659 | 3440 |
| 1964 | 1169 | 5555 | 81 | 5180 | 2875 | 2680 | 1983 | 2027 | 7151 | 52 | 7014 | 3678 | 3473 |
| 1974 | 1533 | 6634 | — | 6548 | 3425 | 3209 | 1984 | 2029 | 7125 | −26 | 7008 | 3683 | 3452 |
| 1975 | 1605 | 6704 | 70 | 6618 | 3471 | 3233 | 1985 | 2137 | 7148 | 23 | 7081 | 3688 | 3460 |
| 1976 | 1692 | 6761 | 57 | 6671 | 3491 | 3270 | 1986 | 2219 | 7194 | 46 | 7365 | 3715 | 3479 |
| 1977 | 1712 | 6796 | 35 | 6705 | 3511 | 3285 | 1987 | 2287 | 7256 | 62 | 7138 | 3742 | 3513 |
| 1978 | 1762 | 6858 | 62 | 5762 | 3529 | 3329 | 1988 | 2435 | 7269 | 13 | 7155 | 3761 | 3508 |
| 1979 | 1804 | 6920 | 62 | 6829 | 3554 | 3366 | 1989 | 2527 | 7238 | −31 | 7130 | 3761 | 3401 |
| 1980 | 1886 | 6989 | 69 | 6927 | 3587 | 3402 | 1990 | 2565 | 7270 | 32 | 7152 | 3816 | 3454 |
| 1981 | 1923 | 7014 | 25 | 7898 | 3611 | 3406 | 1991 | 2585 | 7296 | 26 | 7174 | 3830 | 3466 |

## 1992—2019 年境内户籍人口变动一览

表 14-1-10

| 年份 | 总户数（户） | 其中农户（户） | 总人口数（人） | 比上年净增（人） | 其中农业人口（人） | 男（人） | 女（人） |
|---|---|---|---|---|---|---|---|
| 1992 | 8812 | — | 24583 | — | 22575 | 12643 | 11940 |
| 1993 | 8726 | 7901 | 24560 | −23 | 22570 | 12632 | 11928 |
| 1994 | 8279 | 7829 | 24537 | −23 | 22714 | 12577 | 11960 |
| 1995 | 8279 | 7705 | 24537 | 0 | 22714 | 12577 | 11960 |
| 1996 | 8213 | — | 24365 | −172 | 23449 | 12515 | 11850 |
| 1997 | 8177 | 7474 | 24617 | 252 | 22725 | 12438 | 12179 |
| 1998 | 8144 | — | 23929 | −688 | 22043 | 12286 | 11643 |
| 1999 | 8100 | 7359 | 23612 | −317 | 21694 | 12101 | 11511 |
| 2000 | 8010 | — | 23158 | −454 | 20894 | 11860 | 11298 |
| 2001 | 8038 | 7337 | 23846 | 688 | 20962 | 11688 | 12158 |
| 2002 | 8223 | — | 24185 | 339 | 22592 | 11980 | 12205 |
| 2003 | 9027 | — | 23085 | −1100 | 22592 | 11618 | 11467 |
| 2004 | 9271 | 8148 | 23294 | 209 | — | 11546 | 11648 |
| 2005 | 9473 | — | 23709 | 415 | — | 11797 | 11912 |
| 2006 | 9622 | — | 24181 | 887 | — | 11929 | 12202 |
| 2007 | 9330 | — | 24240 | 59 | 21241 | 11973 | 12267 |
| 2008 | 9722 | — | 24544 | 304 | — | 12064 | 12480 |
| 2009 | 9712 | — | 24737 | 193 | — | 12120 | 12617 |
| 2010 | 9987 | — | 24821 | 84 | — | 12135 | 12686 |
| 2011 | 9593 | — | 24799 | −22 | — | 12116 | 12683 |
| 2012 | 9510 | 7922 | 24747 | −52 | — | 12048 | 12699 |
| 2013 | 9423 | 7845 | 24679 | −68 | 15855 | 12008 | 12671 |
| 2014 | 9387 | — | 24648 | −31 | — | 11977 | 12671 |
| 2015 | 9402 | 7732 | 24727 | 79 | 22490 | 12025 | 12702 |
| 2016 | 9295 | 7811 | 24483 | −244 | — | 11906 | 12577 |
| 2017 | 9220 | 8052 | 24148 | −335 | — | 11738 | 12410 |
| 2018 | 9096 | 8014 | 23757 | −391 | 15770 | 11537 | 12210 |
| 2019 | 9009 | 7977 | 23428 | −329 | 15570 | 11396 | 12032 |

## 人口自然增长

中华人民共和国成立前，人口高生育率，高死亡率，人口自然增长率低。新中国成立后，人民安居乐业、医疗条件改善，人口自然增长率提高。计划生育推行后，呈低生育、低死亡状态，高人口自然增长率得到控制。20 世纪 60 年代，郭巨公社境内人口自然增长率在 20‰以上。20 世纪 70 年代后期推行计划生育，提倡一对夫妇最多生育两个孩子，人口自然增长率降到 10‰上下；80 年代后，提倡一对夫妇生育一个孩子，人口自然增长率继续下降，90 年代，境内人口自然增长率下降至 4‰上下。进入 21 世纪，境内人口自然增长率继续下降且呈负增长趋势，2000—2019 年，人口自然增长率年平均为 -0.19‰。2016 年国家放开二胎政策，即一对夫妇可生育两个孩子，境内人口自然增长率仍继续下降，2016—2019 年，人口自然增长率年平均降至 -2‰，2019 年，达 -3.03‰。

## 1963—1991 年部分年份郭巨公社（乡、镇）户籍人口自然增长一览

表 14-1-11　　单位：人、‰

| 年份 | 户籍人口 | 出生数 | 出生率 | 死亡数 | 死亡率 | 自然增长数 | 自然增长率 |
|---|---|---|---|---|---|---|---|
| 1963 | 12468 | 583 | 46.76 | 100 | 8.02 | 483 | 38.74 |
| 1964 | 12791 | 437 | 34.16 | 70 | 5.47 | 367 | 28.69 |
| 1965 | 13169 | 454 | 34.47 | 96 | 7.29 | 358 | 27.19 |
| 1966 | 13405 | 416 | 31.03 | 89 | 6.64 | 327 | 24.39 |
| 1967 | 13655 | 304 | 22.26 | 65 | 4.76 | 239 | 17.50 |
| 1968 | 13928 | 345 | 24.77 | 79 | 5.67 | 266 | 19.10 |
| 1969 | 13985 | 386 | 27.60 | 64 | 4.58 | 322 | 23.02 |
| 1970 | 14395 | 356 | 24.73 | 89 | 6.18 | 267 | 18.55 |
| 1971 | 14561 | 324 | 22.25 | 77 | 5.29 | 247 | 16.96 |
| 1972 | 14732 | 288 | 19.55 | 62 | 4.21 | 226 | 15.34 |
| 1973 | 14845 | 224 | 15.09 | 53 | 3.57 | 171 | 11.52 |
| 1974 | 14978 | 179 | 11.95 | 55 | 3.67 | 124 | 8.28 |
| 1975 | 15181 | 261 | 17.19 | 63 | 4.15 | 198 | 13.04 |
| 1976 | 15345 | 222 | 14.47 | 70 | 4.56 | 152 | 9.91 |
| 1977 | 15590 | 239 | 15.33 | 86 | 5.52 | 153 | 9.81 |
| 1978 | 15788 | 286 | 18.12 | 88 | 5.57 | 198 | 12.54 |
| 1979 | 15967 | 241 | 15.09 | 87 | 5.45 | 154 | 9.64 |
| 1980 | 16156 | 226 | 13.99 | 72 | 4.46 | 154 | 9.53 |
| 1981 | 16255 | 287 | 17.66 | 61 | 3.75 | 226 | 13.90 |
| 1983 | 16735 | 291 | 17.39 | 95 | 5.68 | 196 | 11.71 |
| 1985 | 16892 | 181 | 10.72 | 91 | 5.39 | 90 | 5.33 |
| 1986 | 17000 | 230 | 13.53 | 78 | 4.59 | 152 | 8.94 |
| 1987 | 17144 | 332 | 19.37 | 100 | 5.83 | 232 | 13.53 |
| 1988 | 17228 | 269 | 15.61 | 101 | 5.86 | 168 | 9.75 |
| 1989 | 17368 | 292 | 16.81 | 89 | 5.12 | 203 | 11.69 |
| 1990 | 17429 | 222 | 12.74 | 85 | 4.88 | 137 | 7.86 |
| 1991 | 17393 | 169 | 9.72 | 96 | 5.52 | 73 | 4.20 |

## 1967—1991 年部分年份峙头公社（乡）户籍人口自然增长一览

表 14-1-12　　单位：人、‰

| 年份 | 户籍人口 | 出生数 | 出生率 | 死亡数 | 死亡率 | 自然增长数 | 自然增长率 |
|---|---|---|---|---|---|---|---|
| 1967 | 6102 | 203 | 33.27 | 30 | 4.92 | 173 | 28.35 |
| 1969 | 6305 | 156 | 24.74 | 29 | 4.60 | 127 | 20.14 |

续表 14-1-12

| 年份 | 户籍人口 | 出生数 | 出生率 | 死亡数 | 死亡率 | 自然增长数 | 自然增长率 |
|---|---|---|---|---|---|---|---|
| 1970 | 6415 | 141 | 21.98 | 34 | 5.30 | 107 | 16.68 |
| 1972 | 6530 | 112 | 17.15 | 43 | 6.58 | 69 | 10.57 |
| 1973 | 6619 | 116 | 17.53 | 33 | 4.99 | 83 | 12.54 |
| 1974 | 6634 | 82 | 12.36 | 63 | 9.50 | 19 | 2.86 |
| 1975 | 6704 | 89 | 13.28 | 79 | 11.78 | 10 | 1.49 |
| 1976 | 6761 | 92 | 13.61 | 27 | 3.99 | 65 | 9.61 |
| 1977 | 6796 | 104 | 15.30 | 47 | 6.92 | 57 | 8.39 |
| 1978 | 6858 | 129 | 18.81 | 43 | 6.27 | 86 | 12.54 |
| 1979 | 6920 | 110 | 15.90 | 29 | 4.19 | 81 | 11.71 |
| 1981 | 7014 | 129 | 18.39 | 30 | 4.28 | 99 | 14.11 |
| 1982 | 7099 | 160 | 22.54 | 54 | 7.61 | 106 | 14.93 |
| 1983 | 7151 | 117 | 16.36 | 60 | 8.39 | 57 | 7.97 |
| 1984 | 7125 | 89 | 12.49 | 63 | 8.84 | 26 | 3.65 |
| 1986 | 7194 | 125 | 17.38 | 32 | 4.45 | 93 | 12.93 |
| 1987 | 7256 | 143 | 19.71 | 43 | 5.93 | 100 | 13.78 |
| 1988 | 7269 | 115 | 15.82 | 61 | 8.39 | 54 | 7.43 |
| 1989 | 7238 | 105 | 14.51 | 49 | 6.77 | 56 | 7.74 |
| 1990 | 7270 | 106 | 14.58 | 41 | 5.64 | 65 | 8.94 |
| 1991 | 7296 | 101 | 13.84 | 50 | 6.85 | 51 | 6.99 |

## 1992—2019 年境内户籍人口自然增长一览

表 14-1-13　　单位：人、‰

| 年份 | 户籍人口 | 出生数 | 出生率 | 死亡数 | 死亡率 | 自然增长数 | 自然增长率 |
|---|---|---|---|---|---|---|---|
| 1992 | 24583 | 238 | 9.68 | 146 | 5.94 | 92 | 3.74 |
| 1993 | 24560 | 245 | 9.98 | 157 | 6.39 | 88 | 3.58 |
| 1994 | 24537 | 304 | 12.39 | 142 | 5.79 | 162 | 6.60 |
| 1995 | 24537 | 304 | 12.39 | 142 | 5.79 | 162 | 6.60 |
| 1996 | 24365 | 290 | 11.90 | 163 | 6.69 | 127 | 5.21 |
| 1997 | 24617 | 294 | 11.94 | 149 | 6.05 | 145 | 5.89 |
| 1998 | 23929 | 161 | 6.73 | 191 | 7.98 | −30 | −1.25 |
| 1999 | 23612 | 147 | 6.23 | 164 | 6.95 | −17 | −0.72 |
| 2000 | 23158 | 143 | 6.17 | 162 | 7.00 | −19 | −0.82 |
| 2001 | 23846 | 118 | 4.95 | 150 | 6.29 | −32 | −1.34 |
| 2002 | 24185 | 106 | 4.38 | 157 | 6.49 | −51 | −2.11 |
| 2003 | 23085 | 198 | 8.58 | 171 | 7.41 | 27 | 1.17 |
| 2004 | 23294 | 197 | 8.46 | 142 | 6.10 | 55 | 2.36 |
| 2005 | 23709 | 185 | 7.80 | 156 | 6.58 | 29 | 1.22 |
| 2006 | 24181 | 206 | 8.52 | 145 | 6.00 | 61 | 2.52 |
| 2007 | 24240 | 180 | 7.43 | 165 | 6.81 | 15 | 0.62 |

续表 14-1-13

| 年份 | 户籍人口 | 出生数 | 出生率 | 死亡数 | 死亡率 | 自然增长数 | 自然增长率 |
|---|---|---|---|---|---|---|---|
| 2008 | 24544 | 211 | 8.60 | 137 | 5.58 | 74 | 3.01 |
| 2009 | 24737 | 201 | 8.13 | 180 | 7.28 | 21 | 0.85 |
| 2010 | 24821 | 195 | 7.86 | 161 | 6.49 | 34 | 1.37 |
| 2011 | 24799 | 180 | 7.26 | 186 | 7.50 | −6 | −0.24 |
| 2012 | 24747 | 199 | 8.04 | 180 | 7.27 | 19 | 0.77 |
| 2013 | 24679 | 161 | 6.52 | 163 | 6.60 | −2 | −0.08 |
| 2014 | 24648 | 156 | 6.33 | 125 | 5.07 | 31 | 1.26 |
| 2015 | 24727 | 182 | 7.36 | 178 | 7.20 | 4 | 0.16 |
| 2016 | 24483 | 194 | 7.92 | 211 | 8.62 | −17 | −0.69 |
| 2017 | 24148 | 152 | 6.29 | 188 | 7.79 | −36 | −1.49 |
| 2018 | 23757 | 137 | 5.77 | 204 | 8.59 | −67 | −2.82 |
| 2019 | 23428 | 115 | 4.91 | 186 | 7.94 | −71 | −3.03 |

## 人口机械迁移

改革开放后，人口流动增加，人口迁出以外出求学、务工经商、参军为主，迁入以开发拆迁、婚嫁随迁、外来务工为主。2003 年，净迁增率 13.91‰，为历年最高。1992—2019 年，境内人口迁出大于迁入，迁入 3219 人，迁出 3542 人，净迁增 -323 人，净迁增率年平均为 -0.48‰。近几年，净迁增率呈高负增长趋势，2018 年净迁增率达 -13.43‰。

### 1967—1991 年部分年份峙头公社（乡）户籍人口机械迁移一览

表 14-1-14　　　　单位：人、‰

| 年份 | 户籍人口 | 迁入 | | 迁出 | | 净迁增 | |
|---|---|---|---|---|---|---|---|
| | | 人数 | 迁入率 | 人数 | 迁出率 | 人数 | 净迁增率 |
| 1967 | 6102 | 41 | 6.72 | 59 | 9.67 | −18 | −2.95 |
| 1970 | 6415 | 5 | 0.78 | 0 | 0.00 | 5 | 0.78 |
| 1972 | 6530 | 35 | 5.36 | 87 | 13.32 | −52 | −7.96 |
| 1973 | 6619 | 40 | 6.04 | 34 | 5.14 | 6 | 0.91 |
| 1974 | 6634 | 31 | 4.67 | 45 | 6.78 | −14 | −2.11 |
| 1975 | 6704 | 66 | 9.84 | 54 | 8.05 | 12 | 1.79 |
| 1976 | 6761 | 68 | 10.06 | 76 | 11.24 | −8 | −1.18 |
| 1977 | 6796 | 58 | 8.53 | 80 | 11.77 | −22 | −3.24 |
| 1978 | 6858 | 72 | 10.50 | 96 | 14.00 | −24 | −3.50 |
| 1979 | 6920 | 72 | 10.40 | 91 | 13.15 | −19 | −2.75 |
| 1981 | 7014 | 91 | 12.97 | 125 | 17.82 | −34 | −4.85 |
| 1982 | 7099 | 85 | 11.97 | 106 | 14.93 | −21 | −2.96 |
| 1983 | 7151 | 67 | 9.37 | 76 | 10.63 | −9 | −1.26 |
| 1984 | 7125 | 45 | 6.32 | 87 | 12.21 | −42 | −5.89 |
| 1986 | 7194 | 60 | 8.34 | 104 | 14.46 | −44 | −6.12 |

续表 14-1-14

| 年份 | 户籍人口 | 迁入 | | 迁出 | | 净迁增 | |
|---|---|---|---|---|---|---|---|
| | | 人数 | 迁入率 | 人数 | 迁出率 | 人数 | 净迁增率 |
| 1987 | 7256 | 64 | 8.82 | 102 | 14.06 | −38 | −5.24 |
| 1988 | 7269 | 57 | 7.84 | 107 | 14.72 | −50 | −6.88 |
| 1989 | 7238 | 98 | 13.54 | 182 | 25.15 | −84 | −11.61 |
| 1990 | 7270 | 76 | 10.45 | 114 | 15.68 | −38 | −5.23 |
| 1991 | 7296 | 30 | 4.11 | 56 | 7.68 | −26 | −3.56 |

## 1992—2019 年境内户籍人口机械迁移一览

表 14-1-15　　单位：人、‰

| 年份 | 户籍人口 | 迁入 | | 迁出 | | 净迁增 | |
|---|---|---|---|---|---|---|---|
| | | 人数 | 迁入率 | 人数 | 迁出率 | 人数 | 净迁增率 |
| 1992 | 24583 | 47 | 1.91 | 52 | 2.12 | −5 | −0.20 |
| 1993 | 24560 | 73 | 2.97 | 48 | 1.95 | 25 | 1.02 |
| 1994 | 24537 | 58 | 2.36 | 51 | 2.08 | 7 | 0.29 |
| 1995 | 24537 | 58 | 2.36 | 51 | 2.08 | 7 | 0.29 |
| 1996 | 24365 | 50 | 2.05 | 64 | 2.63 | −14 | −0.57 |
| 1997 | 24617 | 12 | 0.49 | 39 | 1.58 | −27 | −1.10 |
| 1998 | 23929 | 40 | 1.67 | 74 | 3.09 | −34 | −1.42 |
| 1999 | 23612 | 48 | 2.03 | 91 | 3.85 | −43 | −1.82 |
| 2000 | 23158 | 25 | 1.08 | 76 | 3.28 | −51 | −2.20 |
| 2001 | 23846 | 38 | 1.59 | 74 | 3.10 | −36 | −1.51 |
| 2002 | 24185 | 32 | 1.32 | 76 | 3.14 | −44 | −1.82 |
| 2003 | 23085 | 399 | 17.28 | 78 | 3.38 | 321 | 13.91 |
| 2004 | 23294 | 190 | 8.16 | 73 | 3.13 | 117 | 5.02 |
| 2005 | 23709 | 202 | 8.52 | 84 | 3.54 | 118 | 4.98 |
| 2006 | 24181 | 188 | 7.77 | 46 | 1.90 | 142 | 5.87 |
| 2007 | 24240 | 347 | 14.32 | 301 | 12.42 | 46 | 1.90 |
| 2008 | 24544 | 193 | 7.86 | 36 | 1.47 | 157 | 6.40 |
| 2009 | 24737 | 156 | 6.31 | 25 | 1.01 | 131 | 5.30 |
| 2010 | 24821 | 95 | 3.83 | 28 | 1.13 | 67 | 2.70 |
| 2011 | 24799 | 81 | 3.27 | 36 | 1.45 | 45 | 1.81 |
| 2012 | 24747 | 82 | 3.31 | 28 | 1.13 | 54 | 2.18 |
| 2013 | 24679 | 56 | 2.27 | 28 | 1.13 | 28 | 1.13 |
| 2014 | 24648 | 80 | 3.25 | 183 | 7.42 | −103 | −4.18 |
| 2015 | 24727 | 83 | 3.36 | 192 | 7.76 | −109 | −4.41 |
| 2016 | 24483 | 134 | 5.47 | 361 | 14.74 | −227 | −9.27 |
| 2017 | 24148 | 156 | 6.46 | 455 | 18.84 | −299 | −12.38 |
| 2018 | 23757 | 222 | 9.34 | 541 | 22.77 | −319 | −13.43 |
| 2019 | 23428 | 74 | 3.16 | 351 | 14.98 | −277 | −11.82 |

# 第三节　人口分布与密度

## 居住地分布

境内先民散居于岙间，依山傍溪近滩；筑塘围涂后渐移居至滨海涂地，境内三十多个岙间曾有过住民。明洪武二十年（1387），建郭巨千户所城，大涂塘、半塘涂地上住民大增。21 世纪 10 年代，随着宁波港穿山港区的开发建设，境域内穿山半岛北部、东部及东南部的洋涨、联合共 14 村均被征地整体拆迁，被征地居民主要迁居至白峰街道峙北新苑、怡峰家园，东港新村、东香茗园、峙北新村等安置小区。2019 年，境内户籍人口 23428 人，多集中居住于郭巨城区，东港社区、大涂塘、东门、南门、西门、北门、路亭村及洋涨、联合二个拆迁村部分居民在郭巨城区买房居住的人口约占全街道户籍人口的 40%，被拆迁村（长浦、双屯、光明、沙湾、中宅、上宅、花船、竹湾、后墩、联合、长坑）在上述安置小区居住人口约占全街道户籍人口的 24%，居住在盛岙、双岙二村的人口占 10%。尖岭岙、大岭下、福民村一带居住人口约占 11%。

## 人口密度

20 世纪 50 至 70 年代，境内人口密度持平衡增加状态，每 10 年增 60 人 / 平方千米左右，80 年代以后，增速减缓；原峙头公社（乡）境内的人口密度明显低于同期原郭巨公社（乡、镇）境内的人口密度，人口密度相差约一半多。2019 年，境内人口密度每平方千米 372 人，比 1953 年的每平方千米 250 人，增加 122 人。

### 1953—2019 年部分年份境内人口密度一览

表 14–1–16

| 年份 | 总人口（人） | 面积（平方千米） | 人口密度（人 / 平方千米） |
|---|---|---|---|
| 1953 | 14182 | 56.82 | 250 |
| 1964 | 18346 | 56.82 | 323 |
| 1974 | 21612 | 56.82 | 380 |
| 1985 | 24040 | 56.82 | 423 |
| 1994 | 24537 | 56.82 | 432 |
| 2004 | 23294 | 56.82 | 410 |
| 2014 | 24648 | 63.00 | 391 |
| 2019 | 23428 | 63.00 | 372 |

### 1964 年、1974 年、1985 年、1991 年境内人口密度一览

表 14–1–17

| 年份 | 郭巨公社（乡、镇） | | | 峙头公社（乡） | | |
|---|---|---|---|---|---|---|
| | 人口（人） | 面积（平方千米） | 人口密度（人 / 平方千米） | 人口（人） | 面积（平方千米） | 人口密度（人 / 平方千米） |
| 1964 | 12791 | 29.42 | 435 | 5555 | 27.4 | 203 |
| 1974 | 14978 | 29.42 | 509 | 6634 | 27.4 | 242 |

续表 14-1-17

| 年份 | 郭巨公社（乡、镇） | | | 峙头公社（乡） | | |
| --- | --- | --- | --- | --- | --- | --- |
| | 人口（人） | 面积（平方千米） | 人口密度（人/平方千米） | 人口（人） | 面积（平方千米） | 人口密度（人/平方千米） |
| 1985 | 16892 | 29.42 | 574 | 7148 | 27.4 | 261 |
| 1991 | 17393 | 29.42 | 591 | 7296 | 27.4 | 266 |

# 第四节　年龄　性别　民族构成

## 年龄构成

**年龄分组人口比例**　据六次人口普查和2019年境内人口数据统计，自第三次人口普查起，境内少儿人口比重明显下降，老年人口比重上升。0—14岁少年儿童人口，1953年5495人，占总人口的38.7%；1964年7860人，占43.4%；1982年5819人，占25.8%；1990年5340人，占22.9%；2000年3208人，占18.4%；2010年1837人，占9.4%；2019年1852人，占7.9%。60岁以上老年人口，1953年887人，占总人口6.3%；1964年1059人，占5.8%；1982年1885人，占8.4%。1990年2705人，占11.6%。2000年，3298人，占18.9%。2010年4421人，占22.6%。2019年7655人，占32.8%。

### 1953年第一次全国人口普查境内户籍人口年龄构成一览

表14-1-18　　单位：人

| 年龄段（岁） | 霞峙乡 | | | 盛厚乡 | | | 峙头乡 | | | 郭巨镇 | | | 合计 |
| --- | --- | --- | --- | --- | --- | --- | --- | --- | --- | --- | --- | --- | --- |
| | 小计 | 男 | 女 | 小计 | 男 | 女 | 小计 | 男 | 女 | 小计 | 男 | 女 | |
| 合计 | 3446 | 1754 | 1692 | 2212 | 1164 | 1048 | 2740 | 1430 | 1310 | 5784 | 2973 | 2811 | 14182 |
| 0—4 | 612 | 308 | 304 | 375 | 194 | 181 | 488 | 235 | 253 | 1041 | 552 | 489 | 2516 |
| 5—9 | 418 | 209 | 209 | 285 | 151 | 134 | 307 | 160 | 147 | 690 | 361 | 329 | 1700 |
| 10—14 | 301 | 153 | 148 | 185 | 97 | 88 | 234 | 129 | 105 | 559 | 298 | 261 | 1279 |
| 15—19 | 325 | 174 | 152 | 204 | 116 | 83 | 285 | 165 | 120 | 513 | 264 | 249 | 1327 |
| 20—24 | 320 | 156 | 164 | 185 | 99 | 86 | 274 | 150 | 124 | 457 | 247 | 210 | 1236 |
| 25—29 | 287 | 146 | 141 | 194 | 98 | 96 | 213 | 108 | 105 | 401 | 189 | 212 | 1095 |
| 30—34 | 230 | 125 | 105 | 153 | 78 | 75 | 185 | 102 | 83 | 329 | 168 | 161 | 897 |
| 35—39 | 165 | 81 | 84 | 131 | 72 | 59 | 131 | 69 | 62 | 314 | 159 | 155 | 741 |
| 40—44 | 176 | 92 | 84 | 119 | 68 | 51 | 139 | 66 | 73 | 285 | 144 | 141 | 719 |
| 45—49 | 163 | 86 | 77 | 117 | 59 | 58 | 149 | 80 | 69 | 274 | 138 | 136 | 703 |
| 50—54 | 146 | 77 | 69 | 86 | 43 | 43 | 102 | 52 | 50 | 253 | 123 | 130 | 587 |
| 55—59 | 116 | 68 | 48 | 62 | 33 | 29 | 90 | 48 | 42 | 227 | 125 | 102 | 495 |
| 60—64 | 93 | 40 | 52 | 61 | 26 | 35 | 70 | 35 | 35 | 184 | 93 | 91 | 408 |
| 65—69 | 50 | 20 | 30 | 23 | 18 | 10 | 42 | 17 | 25 | 107 | 52 | 55 | 222 |
| 70—74 | 29 | 14 | 15 | 20 | 8 | 12 | 15 | 6 | 9 | 79 | 32 | 47 | 143 |
| 75—79 | 13 | 4 | 9 | 10 | 3 | 7 | 12 | 6 | 6 | 46 | 19 | 27 | 81 |
| 80—84 | 2 | 1 | 1 | 2 | 1 | 1 | 3 | 2 | 1 | 20 | 7 | 13 | 27 |

续表 14–1–18

| 年龄段（岁） | 霞屿乡 | | | 盛厚乡 | | | 屿头乡 | | | 郭巨镇 | | | 合计 |
|---|---|---|---|---|---|---|---|---|---|---|---|---|---|
| | 小计 | 男 | 女 | 小计 | 男 | 女 | 小计 | 男 | 女 | 小计 | 男 | 女 | |
| 85—89 | 0 | 0 | 0 | 0 | 0 | | | 0 | 0 | 5 | 2 | 3 | 5 |
| 90—94 | 0 | 0 | 0 | 0 | 0 | 0 | 1 | 0 | 1 | 0 | | | 1 |

## 第 2—4 次全国人口普查境内户籍人口年龄构成一览

表 14–1–19　　单位：人

| 年龄段（岁） | 屿头公社（乡） | | | 郭巨公社（乡、镇） | | |
|---|---|---|---|---|---|---|
| | 第二次人普（1964 年） | 第三次人普（1982 年） | 第四次人普（1990 年） | 第二次人普（1964 年） | 第三次人普（1982 年） | 第四次人普（1990 年） |
| 合计 | 5555 | 6250 | 6678 | 12563 | 16315 | 16658 |
| 0—4 | 909 | 535 | 558 | 1789 | 1342 | 1332 |
| 5—9 | 885 | 466 | 521 | 1967 | 1134 | 1244 |
| 10—14 | 702 | 738 | 432 | 1610 | 1604 | 1253 |
| 15—19 | 514 | 1060 | 479 | 1222 | 2097 | 1066 |
| 20—24 | 329 | 643 | 697 | 784 | 1423 | 1431 |
| 25—29 | 436 | 566 | 650 | 1010 | 1891 | 1649 |
| 30—35 | 374 | 367 | 659 | 782 | 1541 | 1706 |
| 35—39 | 318 | 292 | 547 | 716 | 1014 | 1639 |
| 40—44 | 268 | 327 | 447 | 602 | 737 | 1244 |
| 45—49 | 200 | 337 | 279 | 473 | 746 | 785 |
| 50—54 | 181 | 281 | 293 | 442 | 723 | 727 |
| 55—59 | 156 | 214 | 315 | 390 | 602 | 678 |
| 60—64 | 96 | 141 | 262 | 271 | 468 | 615 |
| 65—69 | 94 | 131 | 200 | 260 | 373 | 498 |
| 70—74 | 45 | 81 | 166 | 107 | 292 | 339 |
| 75—79 | 41 | 42 | 88 | 107 | 186 | 238 |
| 80—84 | 4 | 22 | 54 | 28 | 102 | 144 |
| 85—89 | 3 | 6 | 26 | 3 | 30 | 56 |
| 90—94 | 0 | 1 | 5 | 0 | 9 | 14 |
| 95—99 | 0 | 0 | 0 | 0 | 1 | 0 |
| 100 以上 | 0 | 0 | 0 | 0 | 0 | 0 |

## 第 5—6 次全国人口普查及 2019 年境内户籍人口年龄构成一览

表 14–1–20　　单位：人

| 年龄段（岁） | 第五次人普（2000 年） | 第六次人普（2010 年） | 2019 年 | 年龄段（岁） | 第五次人普（2000 年） | 第六次人普（2010 年） | 2019 年 |
|---|---|---|---|---|---|---|---|
| 合计 | 17454 | 19553 | 23369 | 5—9 | 999 | 502 | 572 |
| 0—4 | 618 | 762 | 506 | 10—14 | 1591 | 573 | 774 |

续表 14-1-20

| 年龄段（岁） | 第五次人普（2000 年） | 第六次人普（2010 年） | 2019 年 | 年龄段（岁） | 第五次人普（2000 年） | 第六次人普（2010 年） | 2019 年 |
|---|---|---|---|---|---|---|---|
| 15—19 | 802 | 843 | 725 | 60—64 | 830 | 1307 | 2112 |
| 20—24 | 604 | 1406 | 832 | 65—69 | 826 | 911 | 2034 |
| 25—29 | 1060 | 1156 | 1195 | 70—74 | 723 | 722 | 1441 |
| 30—34 | 1383 | 1157 | 1700 | 75—79 | 496 | 711 | 817 |
| 35—39 | 1606 | 1440 | 1677 | 80—84 | 275 | 463 | 619 |
| 40—44 | 1603 | 1901 | 1559 | 85—89 | 115 | 233 | 425 |
| 45—49 | 1699 | 1889 | 1680 | 90—94 | 28 | 61 | 171 |
| 50—54 | 1276 | 1733 | 2185 | 95—99 | 5 | 12 | 32 |
| 55—59 | 915 | 1770 | 2309 | 100 以上 | 0 | 1 | 4 |

**年龄构成类型** 对照国际通用人口年龄类型的划分标准，境内户籍人口年龄类型由 1953 年、1964 年的年轻型和 1982 年的成年型，于 1990 年开始向老年型过渡，2019 年少儿系数低至 7.9%，而老年系数和人口老化指数高达 23.7%、299.3%。人口老龄化问题相当严重。

### 历次人口普查及 2019 年境内人口年龄类型变化情况表

表 14-1-21

| 项目 | 国际通用人口年龄类型标准 | | | 人口年龄构成 | | | | | | |
|---|---|---|---|---|---|---|---|---|---|---|
| | 年轻型 | 成年型 | 老年型 | 1953 年 | 1964 年 | 1982 年 | 1990 年 | 2000 年 | 2010 年 | 2019 年 |
| 少儿系数（%） | 40 以上 | 30—40 | 30 以下 | 39.1 | 43.4 | 25.8 | 22.9 | 18.4 | 9.4 | 7.9 |
| 老年系数（%） | 5 以下 | 5—10 | 10 以上 | 3.4 | 3.8 | 5.7 | 7.8 | 14.4 | 15.9 | 23.7 |
| 人口老化指数（%） | 15 以下 | 15—30 | 30 以上 | 8.6 | 8.8 | 21.9 | 34.3 | 76.9 | 169.5 | 299.3 |
| 年龄中位数（岁） | 20 以下 | 20—30 | 30 以上 | | | | | | | |

说明：少儿系数，指 0—14 岁人口与总人口的比重。老年系数，指 65 岁以上人口与总人口的比重。老化指数，指 65 岁以上人口与 0—14 岁人口之比。年龄中位数，指从不满周岁起累计人数达到总人口一半的年龄点。

境内人口再生类型，已从 20 世纪 50—70 年代的增加型向 80 年代及以后至现在的稳定型转化，但近十年的低生育率，少儿人口比重的大幅减少，致境内人口出现负增长，人口数量的基本平衡靠老龄人口的增加来支撑，增加人口的生产应引起足够重视。

## 性别构成

1953 年境内男性 7639 人，占户籍人口的 51.95%，男女性别比为 108.1∶100；1964 年男性 9732 人，占户籍人口的 53.64%，男女性别比为 107.3∶100；1982 年男性 11950 人，占 50.99%，性别比为 104.0∶100。1990 年男性 12690 人，占 51.38%，性别比为 105.7∶100。2000 年男性 11860 人，占 51.21%，性别比为 105.0∶100。2010 年，男性 12135 人，占 48.89%，性别比为 95.7∶100。2019 年男性 11396 人，占 48.64%，性别比为 94.7∶100。自 2004 年以来，境内户籍人口中女性人数反超男性，并反超比例在逐渐扩大中，其中一个原因是 60 岁以上的老龄人口中，女性人口数明显多于男性。

### 1953—2019 年境内部分年份户籍人口性别比例一览

表 14-1-22　　单位：人

| 年份 | 户籍人口 | 男性 | | 女性 | | 性别比 |
|---|---|---|---|---|---|---|
| | | 人口 | 占比（%） | 人口 | 占比（%） | （女 = 100） |
| 1953 | 14186 | 7369 | 51.95 | 6817 | 48.05 | 108.1 |
| 1964 | 18346 | 9372 | 53.64 | 8746 | 47.67 | 107.3 |
| 1974 | 21612 | 11161 | 51.64 | 10451 | 48.36 | 106.7 |
| 1979 | 22887 | 11755 | 51.36 | 11132 | 48.64 | 105.6 |
| 1982 | 23435 | 11950 | 50.99 | 11485 | 49.01 | 104.0 |
| 1987 | 24400 | 12466 | 51.09 | 11933 | 48.91 | 104.5 |
| 1990 | 24699 | 12690 | 51.38 | 12009 | 48.62 | 105.7 |
| 1995 | 24537 | 12577 | 51.26 | 11960 | 48.74 | 105.2 |
| 2000 | 23158 | 11860 | 51.21 | 11298 | 48.79 | 105.0 |
| 2003 | 23085 | 11618 | 50.33 | 11467 | 49.67 | 101.3 |
| 2004 | 23294 | 11546 | 49.57 | 11648 | 50.00 | 99.1 |
| 2005 | 23709 | 11797 | 49.76 | 11912 | 50.24 | 99.0 |
| 2006 | 24181 | 11929 | 49.33 | 12202 | 50.46 | 97.8 |
| 2007 | 24240 | 11973 | 49.39 | 12267 | 50.61 | 97.6 |
| 2008 | 24544 | 12064 | 49.15 | 12480 | 50.85 | 96.7 |
| 2009 | 24737 | 12120 | 49.00 | 12617 | 51.00 | 96.1 |
| 2010 | 24821 | 12135 | 48.89 | 12686 | 51.11 | 95.7 |
| 2011 | 24799 | 12116 | 48.86 | 12683 | 51.14 | 95.5 |
| 2012 | 24747 | 12048 | 48.68 | 12699 | 51.32 | 94.9 |
| 2013 | 24679 | 12008 | 48.66 | 12671 | 51.34 | 94.8 |
| 2014 | 24648 | 11977 | 48.59 | 12671 | 51.41 | 94.5 |
| 2015 | 24727 | 12025 | 48.63 | 12702 | 51.37 | 94.7 |
| 2016 | 24483 | 11906 | 48.63 | 12577 | 51.37 | 94.7 |
| 2017 | 24148 | 11738 | 48.61 | 12410 | 51.39 | 94.6 |
| 2018 | 23757 | 11537 | 48.56 | 12210 | 51.40 | 94.5 |
| 2019 | 23428 | 11396 | 48.64 | 12032 | 51.36 | 94.7 |

## 民族构成

境内人口以汉民族为主。1953 年第一次全国人口普查，均为汉族。以后，因婚嫁、经济活动、投亲落户等，陆续迁入少数民族。1964 年第二次全国人口普查，有 1 个少数民族，计回族 1 人。1982 年第三次人口普查，有少数民族 2 个，共计 2 人。1990 年第四次普查，有少数民族 1 个，共 2 人。2000 年第五次普查，少数民族增加到 6 个，共计 40 人。2019 年有少数民族 16 个，共计 82 人。

### 1964—2019 年部分年份境内少数民族人口构成一览

表 14-1-23　　　　单位：人

| 年份 | 人口数 | 少数民族及人数 |
|---|---|---|
| 1964 | 1 | 回族 1（女 1） |
| 1982 | 2 | 回族 1（女 1）、侗族 1（女 1） |
| 1990 | 2 | 回族 2（女 2） |
| 2000 | 40 | 回族 1（女 1）、苗族 1（男 1）、彝族 15（男 13 女 2）、侗族 1（女 1）、土家族 21（男 10 女 11）、佤族 1（男 1） |
| 2019 | 82 | 黎族 2、畲族 3、苗族 7、土家族 21、布衣族 5、瑶族 1、壮族 21、仡佬族 5、回族 5、满族 3、彝族 3、蒙古族 1、朝鲜族 2、白族 1、哈尼族 1、达斡尔族 1 |

## 第五节　文化程度

中华人民共和国成立后，上冬学、办夜校，经过扫盲识字教育，境内农民文化程度逐渐提高。1964 年全国第二次人口普查显示，7 岁以上人口中，文盲半文盲、小学、初中、高中（中专）、大专以上文化程度人口之比为 487∶465∶38∶8.8∶0.09，文盲半文盲占 12 岁及以上人口数的 48.7%。20 世纪 70 年代末，基本实现初等教育普及。1986 年实施九年制义务教育。1998 年，通过宁波市"高标准普及九年制义务教育、高标准扫除青壮年文盲" 验收。由文化人口向高中以上文化程度转变，2001 年实现高中教育普及。2000 年全国第五次人口普查显示，境内 6 周岁以上人口中，文盲半文盲、小学、初中、高中（中专）、大专以上文化程度人口之比为 0.37∶1.92∶1∶0.17∶0.2。2010 年，文盲、半文盲人口为 1528 人，所占比重分别由 1964 年的 48.7%、1982 年的 21.4%、1990 年的 17.8% 降至 2010 年的 8.03%。2019 年，小学及以上学历人口 19068 人，占 6 周岁及以上年龄人口 96.7%。文盲半文盲 652 人，占 6 周岁及以上年龄人口 3.3%。

受教育程度男性高于女性，2000 年各类文化程度中男女比例：大专及以上文化程度为 1∶0.55；高中 1∶0.82 初中 1∶0.87；小学 1∶0.91。文盲及半文盲人口数女性高于男性，比例为 1∶2.31。

### 1964 年第二次全国人口普查境内人口文化程度一览

表 14-1-24

| 文化程度 | 人数（比重） | 郭巨公社 | 峙头公社 | 合计 |
|---|---|---|---|---|
| 人口数 | | 12563 | 5555 | 18118 |
| 12 岁以下不在校儿童 | 人数（人） | 3531 | 1764 | 5295 |
| | 占人口数比重（%） | 28.1 | 31.8 | 29.2 |
| 7 ~ 12 岁不在校儿童 | 人数（人） | 996 | 514 | 1510 |
| | 占人口数比重（%） | 7.9 | 9.3 | 8.3 |
| 不识字 | 人数（人） | 2820 | 1689 | 4509 |
| | 占 12 岁及以上人口数百分比（%） | 22.4 | 30.4 | 24.9 |

续表 14-1-24

| 文化程度 | 人数（比重） | 郭巨公社 | 峙头公社 | 合计 |
|---|---|---|---|---|
| 初识字 | 人数（人） | 1084 | 650 | 1734 |
| | 占12岁及以上人口数百分比（%） | 8.6 | 11.7 | 9.6 |
| 初小 | 人数（人） | 3286 | 1023 | 4309 |
| | 占12岁及以上人口数百分比（%） | 26.2 | 18.4 | 23.8 |
| 高小 | 人数（人） | 1346 | 313 | 1659 |
| | 占12岁及以上人口数百分比（%） | 10.7 | 5.6 | 9.2 |
| 初中 | 人数（人） | 388 | 103 | 491 |
| | 占12岁及以上人口数百分比（%） | 3.1 | 1.9 | 2.7 |
| 高中 | 人数（人） | 100 | 13 | 113 |
| | 占12岁及以上人口数百分比（%） | 0.8 | 0.2 | 0.6 |
| 大专 | 人数（人） | 11 | 0 | 11 |
| | 占12岁及以上人口数百分比（%） | 0.1 | 0 | 0.06 |

**第三至第六次全国人口普查境内6岁及以上人口文化程度一览**

表 14-1-25 单位：人、%

| 人普次别 | 境域 | 6岁及以上人口数 | 大专及以上 | | 高中（中专） | | 初中 | | 小学 | | 文盲半文盲 | |
|---|---|---|---|---|---|---|---|---|---|---|---|---|
| | | | 人数 | 占比 | 人数 | 占比 | 人数 | 占比 | 人数 | 占比 | 人数 | 占比 |
| 第三次 | 合计 | 21113 | 31 | 0.15 | 808 | 3.83 | 4784 | 22.66 | 10973 | 51.97 | 4517 | 21.39 |
| | 郭巨公社 | 14762 | 30 | 0.20 | 579 | 3.92 | 3517 | 23.82 | 7534 | 51.04 | 3102 | 21.01 |
| | 峙头公社 | 6351 | 1 | 0.02 | 229 | 3.61 | 1267 | 19.95 | 3439 | 54.15 | 1415 | 22.28 |
| 第四次 | 合计 | 21170 | 60 | 0.28 | 1051 | 4.96 | 5621 | 26.55 | 10674 | 50.42 | 3764 | 17.78 |
| | 郭巨镇 | 15146 | 47 | 0.31 | 813 | 5.37 | 4228 | 27.91 | 7639 | 50.44 | 2419 | 15.97 |
| | 峙头乡 | 6024 | 13 | 0.22 | 238 | 3.95 | 1393 | 23.12 | 3035 | 50.38 | 1345 | 22.33 |
| 第五次 | 境内 | 16640 | 88 | 0.53 | 818 | 4.92 | 4780 | 28.73 | 9177 | 55.15 | 1777 | 10.68 |
| 第六次 | 境内 | 20755 | 810 | 3.90 | 2041 | 9.83 | 7603 | 36.63 | 8633 | 41.59 | 1667 | 8.03 |

说明：第六次人口普查数据按2010年度白峰镇常住人口总数郭巨片区人口占比计算，郭巨占58.93%。

# 第六节 劳动力结构

中华人民共和国成立后至20世纪70年代末，郭巨境内除少数劳动力从事盐业、渔业外，主要从事农业，从事篾匠、木匠、泥水匠、漆匠、石匠等手工业者一般都亦工亦农，多数不脱离农业生产。1978年12月党的十一届三中全会后，随着经济体制改革逐步深入，乡村企业发展，农村实行家庭联产承包，劳动力结构发生很大变化。1985年，郭巨镇和峙头乡从事农业7519人，占劳动力总数的58.88%；从事工业3279人，占25.24%。1990年全国第四次人口普查数据显示，境内在业人口14367人，占常住人口23334的61.57%，其中，从事农林牧副渔业的9523人，占在业人口的40.81%；务工的3363人，占14.41%；从事建筑业的16人，占0.06%；从事交通运输邮电通信业的586人，占2.51%；从事商业、房地产和公用事业的111人，占0.48%；从事文教卫体业的287人，占1.23%；在党政机关团体及金融保险业的有175人，占 0.75%。1995 年，境内从事工业 2556 人、建筑业 515 人、商饮服务业 1288 人、交通运输业 646 人，合计 5005 人，占劳动力总数的 34.49%；务农劳动力 5491 人，下降至 37.84%，其他行业 3165 人，占劳动力总数的 21.81%。2000 年，境内 13892 名劳动力中，从事农、林、牧、水产养殖业 1580 人，占 11.37%，其中 60 岁以上老年劳动力占多数；工业 2647 人，占 19.05%，其他（包括建筑、商业、运输、医疗、教育、金融、社会服务）5305 人，占 38.18%，外出 4360 人（主要是灯具从业人员），占 31.38%。

**1981—2000 年部分年份境内劳动力结构一览**

表 14-1-26　　单位：人

| 年份 | 劳动力总数 | 农林牧渔业 | 矿业 | 工业 | 建筑业 | 商贸服务业 | 交通运输业 | 其他 |
|---|---|---|---|---|---|---|---|---|
| 1981 | 14453 | 7328 | 276 | 3160 | 339 | 468 | 232 | 480 |
| 1985 | 12991 | 7519 | | 3178 | 271 | 159 | 357 | 1230 |
| 1986 | 13022 | 6930 | | 3248 | 442 | 331 | 389 | 1672 |
| 1987 | 13587 | 7666 | | 3276 | 384 | 260 | 418 | 1386 |
| 1988 | 13894 | 7072 | | 3383 | 615 | 279 | 477 | 2068 |
| 1989 | 13974 | 7783 | | 2892 | 723 | 330 | 453 | 1793 |
| 1990 | 14068 | 8362 | | 2746 | 463 | 405 | 416 | 1675 |
| 1991 | 14280 | 8480 | | 2573 | 592 | 397 | 393 | 1827 |
| 1992 | 14261 | 7708 | | 2365 | 500 | 882 | 399 | 2467 |
| 1993 | 14531 | 5950 | | 2841 | 347 | 819 | 534 | 3671 |
| 1994 | 14509 | 5491 | | 2556 | 515 | 1288 | 646 | 3165 |
| 1995 | 14509 | 5491 | | 2556 | 515 | 1288 | 646 | 3165 |
| 1996 | 14686 | 5123 | | 2891 | 404 | 1696 | 543 | 3130 |
| 2000 | 13892 | 1580 | | 2647 | 329 | 1331 | 560 | 3285 |

## 第七节　平均寿命及长寿人口

### 平均寿命

中华人民共和国成立前，人民生活水平低下，医疗条件差，寿命不长，鲜见长寿老人。故有“年满花甲是福，人生七十古来稀”之说。中华人民共和国成立后，社会经济发展，人民生活水平不断提高，医疗卫生条件明显改善，居民平均寿命不断增长，故境内群众流传着这样的顺口溜：“过去人生 70 古来稀，现在 70、80 不稀奇，60 还是小弟弟，90 身体健，100 岁也常见。”1989 年，郭巨镇死亡 83 人，其中男 44 人、女 39 人，平均死亡年龄为 69.2 岁，男性平均死亡年龄 67.93 岁，女性平均死亡年龄 70.64 岁，另有 6 人因死亡时年龄不详未统计在内。2019 年，郭巨街道死亡 190 人，其中男性 114 人、女性 76 人，平均死亡年龄为 80.03 岁，其中，男性平均死亡年龄 77.72 岁，女性平均死亡年龄 83.5 岁。30 年间，境内平均死亡年龄增长了 10.8 岁。

## 1989年郭巨镇死亡人口年龄情况表

表14-1-27 单位：人

| 年龄 | 死亡人口 | | | 年龄 | 死亡人口 | | |
|---|---|---|---|---|---|---|---|
| | 小计 | 男 | 女 | | 小计 | 男 | 女 |
| 6 | 1 | — | 1 | 71 | 1 | 1 | — |
| 21 | 1 | — | 1 | 72 | 2 | — | 2 |
| 24 | 1 | 1 | — | 73 | 1 | 1 | — |
| 29 | 1 | 1 | — | 74 | 5 | 3 | 2 |
| 40 | 4 | 2 | 2 | 76 | 1 | — | 1 |
| 44 | 4 | 1 | 3 | 77 | 3 | 3 | — |
| 47 | 2 | 2 | — | 78 | 3 | — | 3 |
| 50 | 1 | 1 | — | 79 | 2 | 2 | — |
| 54 | 2 | 1 | 1 | 80 | 4 | 3 | 1 |
| 55 | 1 | — | 1 | 81 | 1 | — | 1 |
| 56 | 3 | 2 | 1 | 82 | 4 | 1 | 3 |
| 57 | 1 | — | 1 | 83 | 1 | 1 | — |
| 59 | 1 | — | 1 | 84 | 2 | 1 | 1 |
| 61 | 4 | 4 | — | 85 | 9 | 3 | 6 |
| 62 | 1 | 1 | — | 86 | 2 | 1 | 1 |
| 64 | 1 | 1 | — | 88 | 4 | 1 | 3 |
| 65 | 1 | 1 | — | 91 | 2 | — | 2 |
| 68 | 1 | 1 | — | 93 | 2 | 2 | — |
| 70 | 2 | 2 | — | 100 | 1 | — | 1 |

## 2019年郭巨街道死亡人口年龄情况表

表14-1-28 单位：人

| 年龄 | 死亡人口 | | | 年龄 | 死亡人口 | | | 年龄 | 死亡人口 | | |
|---|---|---|---|---|---|---|---|---|---|---|---|
| | 小计 | 男 | 女 | | 小计 | 男 | 女 | | 小计 | 男 | 女 |
| 14 | 1 | — | 1 | 60 | 1 | 1 | — | 71 | 4 | 1 | 3 |
| 15 | 1 | 1 | — | 61 | 1 | 1 | — | 72 | 5 | 3 | 2 |
| 31 | 1 | — | 1 | 62 | 1 | 1 | — | 73 | 2 | 2 | — |
| 37 | 1 | 1 | — | 63 | 1 | 1 | — | 75 | 5 | 4 | 1 |
| 50 | 1 | 1 | — | 64 | 3 | 3 | — | 76 | 10 | 8 | 2 |
| 51 | 2 | 2 | — | 65 | 3 | 2 | 1 | 77 | 4 | 1 | 3 |
| 53 | 1 | 1 | — | 66 | 3 | 3 | — | 78 | 3 | 2 | 1 |
| 55 | 1 | 1 | — | 67 | 2 | 1 | 1 | 79 | 3 | 1 | 2 |
| 57 | 1 | 1 | — | 68 | 3 | 3 | — | 80 | 6 | 5 | 1 |
| 58 | 1 | 1 | — | 69 | 3 | 2 | 1 | 81 | 12 | 9 | 3 |
| 59 | 1 | 1 | — | 70 | 1 | 1 | — | 82 | 9 | 7 | 2 |

续表 14-1-28

| 年龄 | 死亡人口 | | | 年龄 | 死亡人口 | | | 年龄 | 死亡人口 | | |
|---|---|---|---|---|---|---|---|---|---|---|---|
| | 小计 | 男 | 女 | | 小计 | 男 | 女 | | 小计 | 男 | 女 |
| 83 | 9 | 5 | 4 | 89 | 7 | 5 | 2 | 95 | 4 | 2 | 2 |
| 84 | 3 | — | 3 | 90 | 9 | 7 | 2 | 96 | 3 | 2 | 1 |
| 85 | 7 | 4 | 3 | 91 | 4 | 1 | 3 | 97 | 5 | 1 | 4 |
| 86 | 9 | — | 9 | 92 | 6 | 5 | 1 | 98 | 4 | 2 | 2 |
| 87 | 8 | 3 | 5 | 93 | 3 | 2 | 1 | — | — | — | — |
| 88 | 5 | 2 | 3 | 94 | 7 | 1 | 6 | — | — | — | — |

## 老龄人口

第一、第二、第三次人口普查，境内60周岁及以上老年人分别为143人、1059人和1885人，分别占普查人口的1.2%、5.85%和8.35%。1990年，第四次人口普查，60周岁以上老年人2705人，占普查人口的11.59%，进入老龄化社会。第五、第六次人口普查，60周岁以上老年人占普查人口17.45%、22.61%。2019年，户籍人口中60周岁及以上老年人7655人，占户籍人口的32.67%。老龄人口中女性多于男性。

### 境内部分年份60岁以上老年人口一览

表 14-1-29　　单位：人

| 年份 | 合计 | 其中 | | | | | | | | | | | | | | | |
|---|---|---|---|---|---|---|---|---|---|---|---|---|---|---|---|---|---|
| | | 男 | 女 | 60 ~ 69岁 | | | 70 ~ 79岁 | | | 80 ~ 89岁 | | | 90 ~ 94岁 | | | 95岁以上 | | |
| | | | | 小计 | 男 | 女 | 小计 | 男 | 女 | 小计 | 男 | 女 | 小计 | 男 | 女 | 小计 | 男 | 女 |
| 1990 | 2291 | 1114 | 1177 | 1576 | 779 | 797 | 415 | 232 | 183 | 280 | 98 | 182 | 19 | 5 | 14 | 1 | 0 | 1 |
| 2000 | 3298 | 1587 | 1711 | 1656 | 882 | 774 | 1219 | 548 | 671 | 390 | 150 | 240 | 28 | 7 | 21 | 5 | 0 | 5 |
| 2010 | 4411 | — | — | 2208 | — | — | 1433 | — | — | 696 | — | — | 61 | — | — | 13 | — | — |
| 2019 | 7655 | — | — | 4146 | — | — | 2258 | — | — | 1044 | — | — | 171 | — | — | 36 | — | — |

## 长寿老人

1990年，境内90岁以上长寿老人有20人，2000年33人，2010年74人。2019年，90岁以上长寿老人有207人，是30年前的10倍，其中95岁以上有30人，且有6位百岁老人，最长寿者102岁。1986年至2019年末有百岁（虚岁）老人18人。

### 2019年郭巨街道95周岁以上长寿老人名表

表 14-1-30

| 姓　名 | 性别 | 年龄 | 出生年月 | 家庭住址 |
|---|---|---|---|---|
| 熊国邦 | 男 | 98 | 1922.1.6 | 大涂塘村 |
| 蔡仁利 | 男 | 95 | 1925.8.25 | 大涂塘村 |

续表 14-1-30

| 姓　名 | 性别 | 年龄 | 出生年月 | 家庭住址 |
|---|---|---|---|---|
| 李孝娥 | 女 | 95 | 1925.9 | 西门村 |
| 吴翠菊 | 女 | 98 | 1922.8.1 | 东门村 |
| 张阿彩 | 女 | 96 | 1924.6.5 | 东门村 |
| 汪宝华 | 男 | 97 | 1923.9 | 南门村 |
| 张宝兴 | 男 | 96 | 1924.1 | 南门村 |
| 吴小鲁 | 男 | 96 | 1924.12 | 南门村 |
| 陆翠兰 | 女 | 96 | 1924.2 | 南门村 |
| 朱明惠 | 男 | 95 | 1925.11 | 尖岭岙村 |
| 阮杏云 | 女 | 95 | 1925.9 | 尖岭岙村 |
| 赵翠香 | 女 | 95 | 1925.8 | 尖岭岙村 |
| 林瑞娣 | 女 | 98 | 1922.11 | 尖岭岙村 |
| 张文春 | 女 | 97 | 1923.12 | 路亭村 |
| 汪土财 | 男 | 100 | 1920.9 | 双岙村 |
| 朱如根 | 男 | 98 | 1922.6 | 双岙村 |
| 何宝来 | 男 | 98 | 1922.1 | 双岙村 |
| 史家根 | 男 | 96 | 1924.3 | 双岙村 |
| 梅生才 | 男 | 100 | 1920.11.5 | 谢家岙村 |
| 胡爱云 | 女 | 100 | 1920.5 | 华峙村 |
| 胡修定 | 男 | 97 | 1923.9 | 华峙村 |
| 张翠连 | 女 | 98 | 1922.8 | 华峙村 |
| 赵信财 | 男 | 98 | 1922.9 | 福民村 |
| 周云香 | 女 | 102 | 1918.1.9 | 联合村 |
| 谢月仙 | 女 | 97 | 1923.12 | 峙北新苑 |
| 张翠文 | 女 | 102 | 1918.4.18 | 东港新村 |
| 张阿菊 | 女 | 101 | 1919.10.24 | 东港 |
| 王彩英 | 女 | 98 | 1922.3 | 沙湾 |
| 贺世英 | 女 | 99 | 1921.3.19 | 花船 |
| 乐金娥 | 女 | 95 | 1925.2 | 门浦 |

## 1986—2019 年末境内百岁（虚岁）老人一览

表 14-1-31

| 村（社区） | 姓　名 | 性别 | 生卒年月 | 家庭住址 |
|---|---|---|---|---|
| 长坑村 | 胡爱梅 | 女 | 1882.10.11—1986.1.19 | 长坑村 |
| 南门村 | 戴姣林 | 女 | 1882.12.19—1983.9.23 | 南门村 |
| 路亭村 | 张世英 | 女 | 1888.11.11—1988.3.9 | 路亭村 |
| 华峙村 | 胡姣娣 | 女 | 1908.11—2010.4 | 华峙村 |
| 尖岭岙村 | 黄贵夫 | 男 | 1913—2014 | 尖岭岙村 |

续表 14-1-31

| 村（社区） | 姓　名 | 性别 | 生卒年月 | 家庭住址 |
|---|---|---|---|---|
| 华峙村 | 胡珊生 | 男 | 1916.10—2018 | 华峙村 |
| 联合村 | 张贵凤 | 女 | 1916—2017 | 联合村 |
| 联合村 | 王东林 | 男 | 1912—2013.2.7 | 联合村柳树田 |
| 双屯村 | 林阿雪 | 女 | 1913.2.7-2013 | 东港新村 |
| 西门村 | 赵阿瑞 | 女 | 1913.4—2013.12.8 | 西门村 |
| 沙湾村 | 史妙英 | 女 | 1913.10.21-2013 | 东港新村 |
| 西门村 | 张春花 | 女 | 1914.8—2015.12.25 | 西门村 |
| 中宅村 | 张阿菊 | 女 | 1919.10.24—2020.3.7 | 东港新村 |
| 中宅村 | 张翠文 | 女 | 1917—2019 | 中宅村 |
| 联合村 | 周云香 | 女 | 1918.1.9— | 联合村 |
| 华峙村 | 胡爱云 | 女 | 1919— | 华峙村 |
| 双岙村 | 汪土材 | 男 | 1920.09— | 双岙村 |
| 谢家岙村 | 梅生才 | 男 | 1920.11.5— | 谢家岙村 |

## 第八节　人口管理

境内计划生育工作起步于 20 世纪 60 年代，70 年代后期推行一对夫妇最多生两个孩子的人口政策。1980 年，按国务院计划生育公开信要求，提倡一对夫妇只生育一个孩子。1982 年，计划生育列入基本国策，实行严格“生育政策和人口计划”双轨制。1985 年开始，实行“双农独女户”可以生育两个孩子政策。90 年代后期推行按政策生育和节育方法知情选择。2000 年，境内进入稳定生育水平，人口发展步入低出生、低死亡、低增长轨道。2016 年，国家放开二孩政策，即一对夫妇可生育两个孩子。

### 生育状况

中华人民共和国成立前，生育任其自然，早婚、早育、多生情况十分普遍，人口呈高出生、高死亡、低增长状态，有“生生一眠床，死死一河塘”之说。

中华人民共和国成立初期，社会安定，医疗事业发展，又长期受“多子多福”“传宗接代”传统思想影响，一度宣传“人多力量大”，评选多子女妇女为“光荣妈妈”，人口出生率上升，人口增长较快。1959—1960 年，人口生育呈现低谷状态。1963 年，境内人口出生率 46.76‰，为新中国成立后出生率最高年份。1964—1971 年，境内出生率介于 22‰～34‰，1972—1997 年出生率降至 10‰～20‰，进入 21 世纪，人口出生率在 10‰以下。2019 年，人口出生率 4.91‰，人口出现负增长，人口自然增长率为 -3.03‰。

### 晚婚晚育

1963 年，提出晚婚晚育。1965 年，提出生育第二个孩子要间隔 4 ～ 5 年。晚婚通常指男年满 25 周岁、女年满 23 周岁的初婚为晚婚。已婚妇女 24 周岁以上或晚婚后怀孕生育第一个孩子为晚育。1983 年，郭巨、峙头公社青年的晚婚率分别为 91.1%、76.79%；2007 年，境内青年的晚婚率为 69.53%。

### 1983—2007 年部分年份境内青年晚婚情况表

表 14-1-32

| 年份 | 境域 | 结婚对数（对） | 晚婚对数（对） | 晚婚率（%） |
|---|---|---|---|---|
| 1983 | 郭巨乡 | — | — | 91.10 |
| 1983 | 峙头乡 | — | — | 76.79 |
| 1984 | 郭巨乡 | — | — | 85.53 |
| 1990 | 郭巨镇和峙头乡 | 225 | 173 | 76.89 |
| 1992 | 郭巨镇 | 171 | 129 | 75.44 |
| 1998 | 郭巨镇 | 117 | 76 | 64.96 |
| 2003 | 郭巨镇 | 54 | 42 | 77.78 |
| 2007 | 境内 | 128 | 89 | 69.53 |

## 政策措施

1972 年提倡晚（晚婚）、稀（间隔生育）、少（一个不少、二个正好、三个多了），1979 年实行一对夫妇只生育一个孩子的鼓励政策，发给独生子女父母光荣证。1982 年，计划生育被定为基本国策，并写入宪法。按《浙江省计划生育条例（试行）》，大力推行晚婚晚育，提倡一对夫妇只生育一个孩子，对农村确有实际困难的按政策有计划安排生育第二个孩子。1985 年，按省《浙江省计划生育条例》规定，推行“双农独女户”再照顾生育一个孩子的政策，并规定：女方在 24 周岁以后生育、1 周岁以下的独生子女，每年可享受保健费 30 ～ 50 元；农村独生子女家庭，在承包土地、划给自留山、调整自留地和安排建房用地等方面给予照顾。1996 年，出台《关于贯彻〈浙江省计划生育条例〉的若干规定》，规定照顾再生育对象生育间隔：山区 4 周年、平原地区 6 周年。

2001 年，《中华人民共和国人口与计划生育法》以及 2002 年新修订的《浙江省人口与计划生育条例》出台后，计划生育工作步入法制轨道。2003 年，将独生子女父母奖励费全部调整到 100 元 / 年，“双农独女户”办理不再生育手续的，一次性奖励 2000 元；未婚独生子女发生意外伤残死亡，夫妻未再生育的，给予一次性 1 万元养老补助。2005 年 8 月，区政府按市政府规定，对本区农业户籍人口未缴纳社保金的、1973 年来没有违反计划生育政策、现存 1 个子女或子女死亡现无子女的，年满 60 周岁以上（含 60 周岁），按每人每月 80 元（2009 年 1 月起提高至每人每月 100 元）的标准发放奖励扶助金，直到亡故。2006 年，把终身未生育的夫妇列入奖励扶助范围。2016 年，国家放开二孩政策，即一对夫妇可生育两个孩子。

2017 年，郭巨街道向 1494 户家庭发放计划生育利益导向奖励费，金额 24.14 万元；2018 年发放计生利益导向奖 1242.5 户，金额 20.125 万元；2019 年发放计生利益导向奖 948.5 户，金额 14.885 万元。

1981—2015 年部分年份境内计划生育情况表

表 14-1-33 单位：人

| 年份 | 境域 | 已婚育龄妇女人数 | 计划内生育 | | | | 计划外生育 | | | | 一孩 | |
|---|---|---|---|---|---|---|---|---|---|---|---|---|
| | | | 一孩人数 | 二孩人数 | 合计 | 计划内生育符合率（%） | 一孩人数 | 二孩人数 | 多孩人数 | 合计 | 人数 | 一孩率（%） |
| 1983 | 郭巨乡 | 3235 | 214 | 5 | 219 | 77 | 0 | 49 | 16 | 65 | 214 | 75 |
| 1983 | 峙头乡 | 1215 | 63 | 4 | 67 | 57 | 0 | 46 | 4 | 50 | 63 | 54 |
| 1984 | 郭巨乡 | 4647 | 153 | 9 | 162 | 81 | 0 | 34 | 4 | 38 | 153 | 77 |
| 1990 | 郭巨乡 | 3783 | 163 | 47 | 210 | 99 | 0 | 3 | 0 | 3 | 163 | 77 |
| 1990 | 峙头乡 | 1593 | 75 | 26 | 101 | 95 | 0 | 5 | 0 | 5 | 75 | 71 |
| 1992 | 郭巨镇 | | 210 | 43 | 253 | 99 | 0 | 3 | 0 | 3 | 210 | 82 |
| 2003 | 郭巨镇 | 5168 | 129 | 13 | 142 | 96 | 1 | 4 | 0 | 5 | 130 | 88 |
| 2004 | 境内 | 5094 | 193 | 17 | 210 | 97 | 3 | 3 | 1 | 7 | 196 | 90 |
| 2005 | 境内 | 5301 | 175 | 12 | 187 | 100 | 0 | 0 | 0 | 0 | 175 | 94 |
| 2007 | 境内 | 4935 | 153 | 20 | 173 | 97 | 2 | 3 | 0 | 5 | 155 | 87 |
| 2011 | 境内 | 4638 | 168 | 18 | 186 | 97 | 3 | 3 | | 6 | 171 | 89 |
| 2012 | 境内 | 4591 | 170 | 22 | 192 | 97 | 0 | 5 | 0 | 5 | 170 | 86 |
| 2013 | 境内 | 4406 | 180 | 21 | 201 | 98 | 3 | 2 | 0 | 5 | 183 | 89 |
| 2014 | 境内 | 4341 | 187 | 30 | 217 | 100 | 0 | 0 | 0 | 0 | 187 | 86 |
| 2015 | 境内 | 3922 | 179 | 30 | 209 | 99 | 0 | 2 | 0 | 2 | 179 | 85 |

### 管理队伍

1973 年，公社配备计划生育专职干部，各生产大队的计划生育工作由大队妇女主任负责。1983 年后各生产队配备了计划生育联络员。1985 年，郭巨镇、峙头乡分别成立计划生育办公室，由一名副乡长分管，配专职干部 1 名，境内各村都有计划生育领导小组。1989 年郭巨镇、峙头乡分别成立计划生育协会（简称计生协会），协会会长由乡（镇）政府任命，后改为会员代表大会选举产生。各村计生协会相继成立。1996 年起，郭巨镇计生协会由文卫办主管，文卫副镇长兼任会长。2018 年 1 月，复建郭巨街道计划生育协会，计生工作由社会事务办管理。

## 第九节 人口流动

1959 年开始，为了支援社会主义建设，境内一部分农村青年响应县委、县政府号召赴宁夏地区（简称“支宁”）。60 年代以来，一部分城镇知识青年（简称“知青”）上山下乡到境内插队落户。这是中华人民共和国成立以来除参军入伍外，党和政府有组织、有领导的几次人口转移，涉及面广、范围大，后因生活环境不适应等诸多因素，大部分返回家乡。21 世纪以后，随着穿山港区开发建设的推进，境内外来人口大幅增长。

## 支宁

1959 年 3 月，经过层层发动、自愿报名、身体检查、组织审批，境内有 35 名农村青年赴宁夏回族自治区支援经济建设。

### 1959 年境内支援宁夏人数一览

表 14-1-34　　单位：人

| 公社 | 大队 | 人数 | | |
|---|---|---|---|---|
| | | 小计 | 男 | 女 |
| 合计 | | 35 | 20 | 15 |
| 郭巨 | 大涂塘 | 2 | 0 | 2 |
| | 西门 | 2 | 1 | 1 |
| | 东门 | 1 | 1 | 0 |
| | 南门 | 5 | 2 | 3 |
| | 尖岭岙 | 3 | 2 | 1 |
| | 东港社区 | 1 | 0 | 1 |
| | 路亭 | 3 | 2 | 1 |
| | 双岙 | 4 | 2 | 2 |
| | 谢家岙 | 1 | 1 | 0 |
| | 华峙 | 3 | 2 | 1 |
| | 福明 | 1 | 0 | 1 |
| | 渔业 | 1 | 1 | 0 |
| 峙头 | 中宅 | 1 | 1 | 0 |
| | 长坑 | 1 | 1 | 0 |
| | 盛岙 | 6 | 4 | 2 |

## 知青

1964 年开始，广大城镇知识青年积极响应党中央的号召，到农村接受贫下中农再教育。至 1972 年，境内共接收来自上海、杭州及县内外知识青年 250 名，分别到境内的 19 个大队插队落户。

1971 年 10 月，郭巨 10 名知识青年去黑龙江梧桐河国营农场支边。其中 7 人分配到农场，3 人分配到林场，1978 年，全部返回家乡郭巨。

### 1972 年前知识青年在境内插队落户人数一览

表 14-1-35　　单位：人

| 公社 | 大队 | 人数 | 公社 | 大队 | 人数 |
|---|---|---|---|---|---|
| 合计 | | 250 | 郭巨 | 华峙 | 34 |
| 郭巨 | 大涂塘 | 14 | | 福明 | 12 |
| | 西门 | 22 | | 大岭下 | 8 |
| | 东门 | 28 | | 后墩 | 13 |

续表 14-1-35

| 公社 | 大队 | 人数 | 公社 | 大队 | 人数 |
|---|---|---|---|---|---|
| 郭巨 | 北门 | 29 | 峙头 | 盛岙 | 1 |
| | 南门 | 33 | | 双屯 | 1 |
| | 尖岭岙 | 13 | | 长坑 | 1 |
| | 路亭 | 14 | | 中宅 | 4 |
| | 双岙 | 14 | | 沙湾 | 1 |
| | 谢家岙 | 6 | | 竹湾 | 2 |

### 外来人口

外来人口指在本地户籍管理部门办理了暂住手续，其户籍仍在原居住地的人员。境内外来人口最早较多的在东部长坑一带开采矿石企业上班。随着穿山港区开发建设的推进，境内外来人口大幅增长，1990年为112人。2019年为3212人，暂住人口占户籍人口的13.7%，且多居住在集翔小区（四期、五期集装箱码头职工宿舍）和华峙村一带在临港、码头企业上班的职工，住郭巨城区的外来人口以经商打工为业，人数不多。与北仑区域内的暂住人口占户籍人口的79%比例相比，境内外来人口占比不多。

**1990—2019年部分年份境内外来暂住人口一览**

表 14-1-36　　单位：人

| 年份 | 暂住人口 | 年份 | 暂住人口 |
|---|---|---|---|
| 1990 | 112 | 2009 | 3221 |
| 1997 | 62 | 2010 | 3311 |
| 2000 | 1390 | 2016 | 3601 |
| 2004 | 1359 | 2017 | 3097 |
| 2005 | 1447 | 2019 | 3212 |

## 第十节　侨胞及港澳台居民

2019年底，郭巨街道居民中有归国华侨3人、归国留学人员25人。郭巨街道居民在国外及港澳台地区的亲属63人，其中华侨30人、留学生16人、港澳居民3人、台胞14人。在国外的亲属居住在11个国家和地区，以居住在美国为最多，达15人。

## 2019年郭巨街道居民在国外及港澳台地区的亲属及国外归国人员一览

表14-1-37　　　　单位：人

| 村（社区） | 华侨 | 留学生 | 港澳居民 | 台胞 | 归国华侨 | 归国留学人员 | 村（社区） | 华侨 | 留学生 | 港澳居民 | 台胞 | 归国华侨 | 归国留学人员 |
|---|---|---|---|---|---|---|---|---|---|---|---|---|---|
| 合计 | 30 | 16 | 3 | 14 | 3 | 25 | 华峙 | 0 | 3 | 0 | 1 | 2 | 3 |
| 大涂塘 | 0 | 1 | 3 | 0 | 0 | 4 | 福民 | 1 | 0 | 0 | 0 | 0 | 2 |
| 西门 | 4 | 0 | 0 | 0 | 0 | 4 | 盛岙 | 2 | 0 | 0 | 0 | 0 | 0 |
| 东门 | 1 | 4 | 0 | 0 | 0 | 3 | 联合 | 1 | 0 | 0 | 0 | 0 | 0 |
| 北门 | 0 | 2 | 0 | 8 | 0 | 1 | 洋涨 | 3 | 0 | 0 | 0 | 0 | 0 |
| 南门 | 8 | 0 | 0 | 0 | 0 | 0 | 中宅 | 4 | 0 | 0 | 0 | 0 | 1 |
| 尖岭岙 | 1 | 2 | 0 | 0 | 0 | 3 | 上宅 | 0 | 0 | 0 | 0 | 0 | 0 |
| 路亭 | 0 | 0 | 0 | 3 | 0 | 0 | 光明 | 0 | 0 | 0 | 2 | 0 | 0 |
| 双岙 | 1 | 0 | 0 | 0 | 1 | 1 | 花船 | 0 | 0 | 0 | 0 | 0 | 2 |
| 谢家岙 | 0 | 1 | 0 | 0 | 0 | 0 | 后墩 | 0 | 0 | 0 | 0 | 0 | 1 |
| 东港社区 | 3 | 2 | 0 | 0 | 0 | 0 | 双屯 | 1 | 0 | 0 | 0 | 0 | 0 |
| 峰南社区 | 0 | 1 | 0 | 0 | 0 | 0 | 长浦 | 0 | 0 | 0 | 0 | 0 | 0 |

## 2019年郭巨街道在国外的华侨、留学生情况表

表14-1-38　　　　单位：人

| 村（社区） | 华侨 | | | | | | | | | 留学生 | | | | | | | |
|---|---|---|---|---|---|---|---|---|---|---|---|---|---|---|---|---|---|
| | 小计 | 美国 | 新加坡 | 西班牙 | 阿联酋 | 荷兰 | 法国 | 澳大利亚 | 加拿大 | 小计 | 美国 | 英国 | 法国 | 日本 | 加拿大 | 意大利 | 澳大利亚 |
| 合计 | 30 | 12 | 3 | 1 | 3 | 1 | 1 | 4 | 5 | 16 | 3 | 3 | 1 | 2 | 2 | 1 | 4 |
| 大涂塘村 | 0 | 0 | 0 | 0 | 0 | 0 | 0 | 0 | 0 | 1 | 0 | 0 | 0 | 1 | 0 | 0 | 0 |
| 西门村 | 4 | 2 | 0 | 0 | 0 | 0 | 0 | 2 | 0 | 0 | 0 | 0 | 0 | 0 | 0 | 0 | 0 |
| 东门村 | 1 | 1 | 0 | 0 | 0 | 0 | 0 | 0 | 0 | 4 | 2 | 1 | 0 | 0 | 0 | 0 | 1 |
| 北门村 | 0 | 0 | 0 | 0 | 0 | 0 | 0 | 0 | 0 | 1 | 0 | 0 | 0 | 0 | 0 | 0 | 1 |
| 南门村 | 8 | 3 | 2 | 0 | 0 | 0 | 0 | 1 | 2 | 0 | 0 | 0 | 0 | 0 | 0 | 0 | 0 |
| 尖岭岙村 | 1 | 0 | 0 | 1 | 0 | 0 | 0 | 0 | 0 | 3 | 1 | 0 | 0 | 1 | 0 | 1 | 0 |
| 双岙村 | 1 | 0 | 0 | 0 | 1 | 0 | 0 | 0 | 0 | 0 | 0 | 0 | 0 | 0 | 0 | 0 | 0 |
| 谢家岙村 | 0 | 0 | 0 | 0 | 0 | 0 | 0 | 0 | 0 | 1 | 0 | 0 | 0 | 0 | 1 | 0 | 0 |
| 华峙村 | 0 | 0 | 0 | 0 | 0 | 0 | 0 | 0 | 0 | 3 | 0 | 1 | 1 | 0 | 0 | 0 | 1 |
| 福民村 | 1 | 1 | 0 | 0 | 0 | 0 | 0 | 0 | 0 | 0 | 0 | 0 | 0 | 0 | 0 | 0 | 0 |
| 盛岙村 | 2 | 2 | 0 | 0 | 0 | 0 | 0 | 0 | 0 | 0 | 0 | 0 | 0 | 0 | 0 | 0 | 0 |
| 联合村 | 1 | 0 | 0 | 0 | 0 | 1 | 0 | 0 | 0 | 0 | 0 | 0 | 0 | 0 | 0 | 0 | 0 |
| 洋涨村 | 3 | 0 | 0 | 0 | 0 | 0 | 0 | 1 | 2 | 0 | 0 | 0 | 0 | 0 | 0 | 0 | 0 |
| 中宅 | 4 | 1 | 0 | 0 | 2 | 0 | 1 | 0 | 0 | 0 | 0 | 0 | 0 | 0 | 0 | 0 | 0 |
| 双屯 | 1 | 1 | 0 | 0 | 0 | 0 | 0 | 0 | 0 | 0 | 0 | 0 | 0 | 0 | 0 | 0 | 0 |
| 东港社区 | 3 | 1 | 1 | 0 | 0 | 0 | 0 | 0 | 1 | 2 | 0 | 0 | 0 | 0 | 1 | 0 | 1 |
| 峰南社区 | 0 | 0 | 0 | 0 | 0 | 0 | 0 | 0 | 0 | 1 | 0 | 1 | 0 | 0 | 0 | 0 | 0 |

## 专记：庙里人

**庙里人来历** 堕民，又称怯邻户、丐户，俗称庙里人，指元明清时期，浙江境内受歧视的一部分平民。堕民起源，众说纷纭。但据史籍记载及民俗学者考证，多以为堕民起源于南宋初，金兵大举南侵，宋将焦光瓒率部不战而降。金兵既退，焦部为时人所不齿，被贬为堕民。明太祖颁禁令：堕民不得出仕做官；不准有土地为农耕种；不准为商贾作买卖；不可与一般百姓人家婚配，令其自相配偶；不准高谈阔论，无权过问人间事务；不准与普通百姓争斗。在这样的禁令下，堕民没有自己的住房，多数寄居在庙里，本地百姓俗称为庙里人。解放前，柴郭一带的庙里人，多数姓潘，也有姓顾、姓王等。

民国元年（1912），遵南京临时政府令，革除旧制陋习，解放“堕民”。但解放得并不彻底，解放前夕，境内仍有相当多的庙里人（堕民）仍在从事着庙里人行当。

中华人民共和国成立后，庙里人同其他劳苦大众一样翻身得解放，社会地位平等，土改时他们分得了房子和田地，可以从事各种工作，孩子可以上学读书，一千多年来的“堕民”枷锁终被彻底打碎。

**庙里人的谋生与行当** 民国前，由于庙里人不能从事“士工农商”，为了生计，境内庙里人从事一些被人看不起的行当。

庙里人的男人们从事的谋生行当有：在婚丧事务中“吹吹打打”；陪新郎，教新郎婚礼上的礼节；农历年底到各家各户吹上一曲“满堂红”或“将军令”，为主人家“讨彩头”；庙会时做木偶戏；在早稻收割时，为田里正在收割早稻的农户送茶水等；也有从事理发的；走村串户阉鸡、阉猪的基本上都是庙里人。而这些行当收入的多少，全要看主人高兴与否。庙里人的男人们所从事的这些行当用他们自己的话来说，叫“吃筲箕冷饭，背杀头罪命。”

庙里人的女人们从事的谋生行当主要是做“送娘子”，故境内称庙里人的女人们为“送娘子”。“送娘子”给新娘子“开面”，随花轿到夫家，教新娘子在婚礼上的各种礼节；农历过年时，“送娘子”肩背花袋，挨家挨户向女主人分送些缝衣针、鞋面布等东西，而各家各户的女主人会回送其几斤年糕等，积少成多，有的“送娘子”们收到回馈的年糕多得吃不完。故此也流传下了一句老话：庙里人吃着“老官人”，用着“老官人”。

# 第二章 姓氏

境内姓氏成族时间参差，郭、蔡、郁、周等族宋朝已从外地迁入，居住在山麓上。明洪武年间郭巨建城，22 个指挥使及 1120 个士兵驻扎下来后，境内姓氏大增。随着开发建设加快，外来人口增加，加上婚姻等因素，姓氏呈不断增多趋势。2019 年，境内共有姓氏 282 个，其中 1000 人以上人口的有 3 个（张、胡、汪），人口数最多的为张姓，占全街道总人口数的 19.53%。

# 第一节　姓氏构成

## 姓氏构成

据 2019 年 12 月调查统计，境内共有姓氏 282 个。其中 1000 人以上人口 3 个（张、胡、汪），共 7104 人，占全街道总人数的 30.32%。第一大姓张姓 4576 人，占全街道总人数的 19.53%。1 人姓氏 85 个。

### 2019 年底郭巨街道各姓氏人口数一览

表 14-2-1

| 人数（人） | 姓氏数（个） | 小计（人） | 各姓氏人数（人） |
| --- | --- | --- | --- |
| 总计 | 282 | 23428 | — |
| 1000 以上 | 3 | 7104 | 张 4576、胡 1400、汪 1128 |
| 500 ~ 999 | 12 | 8601 | 赵 996、陈 986、黄 923、李 857、吴 701、王 664、俞 650、贺 623、梅 617、周 537、蔡 514、戴 521 |
| 100 ~ 499 | 21 | 5007 | 姚 471、郑 422、冯 390、朱 383、孙 342、林 321、袁 313、杨 275、徐 249、何 223、乐 209、史 176、沃 170、谢 170、陆 155、傅 154、刘 151、顾 115、曹 113、贾 103、钟 102 |
| 50 ~ 99 | 20 | 1324 | 虞 94、纪 87、荆 81、江 78、阮 75、蒋 71、许 69、宋 68、鲁 66、邱 63、庞 62、郭 60、沈 60、罗 60、干 58、马 57、应 54、唐 54、邵 52、柴 52 |
| 10 ~ 49 | 47 | 949 | 郁 49、严 48、董 40、潘 39、丁 39、鲍 38、叶 36、励 34、吕 29、都 28、韩 26、方 24、夏 24、庄 24、任 23、邬 23、洪 11、余 20、毛 20、姜 20、梁 18、范 17、葛 17、金 16、高 16、付 16、谤 16、邓 15、龚 15、谭 15、钱 14、石 14、熊 13、杜 13、廖 13、肖 13、章 13、洪 12、施 12、程 12、彭 12、盛 12、曾 11、柳 10、童 10、奚 10、祝 10 |
| 2 ~ 9 | 94 | 358 | 舒 9、安 9、於 9、于 8、管 8、卢 8、段 7、秦 7、翁 7、尹 7、项 6、贝 6、崔 6、雷 6、龙 6、孟 6、戚 6、覃 6、魏 6、竺 6、厉 5、裘 5、田 5、伍 5、问 5、邢 5、翟 5、白 4、窦 4、巩 4、侯 4、惠 4、康 4、柯 4、赖 4、倪 4、齐 4、涂 4、万 4、韦 4、薛 4、左 4、毕 3、常 3、成 3、代 3、单 3、费 3、符 3、何 3、蹇 3、孔 3、楼 3、莫 3、聂 3、牛 3、欧 3、饶 3、陶 3、未 3、闻 3、易 3、卜 2、仇 2、顿 2、丰 2、苟 2、官 2、华 2、姬 2、吉 2、蒉 2、来 2、郎 2、路 2、麻 2、茅 2、穆 2、欧阳 2、冉 2、桑 2、施 2、汤 2、滕 2、文 2、胥 2、闫 2、印 2、应 2、游 2、遇 2、苑 2、甄 2、邹 2 |
| 1 | 85 | 85 | 别 1、艾 1、包 1、薛 1、仓 1、岑 1、尝 1、潮 1、车 1、褚 1、丛 1、党 1、樊 1、房 1、封 1、奉 1、甘 1、高 1、耿 1、观 1、汗 1、化 1、怀 1、皇甫 1、嵇 1、季 1、简 1、艽 1、焦 1、解 1、况 1、兰 1、蓝 1、郎 1、冷 1、黎 1、栗 1、连 1、练 1、凌 1、娄 1、祃 1、蒙 1、宓 1、密 1、闵 1、缪 1、山 1、商 1、尚 1、佘 1、前 1、乔 1、卿 1、丘 1、求 1、时 1、水 1、苏 1、谈 1、覃 1、潭 1、苒 1、钮 1、泮 1、曲 1、戎 1、铁 1、屠 1、温 1、山 1、辛 1、忻 1、宜 1、阎 1、尤 1、喻 1、岳 1、云 1、折 1、支 1、卓 1、祖 1、牟 1、饶 1 |

## 十大姓

据 2019 年 12 月调查统计，境内按人数多少排序的十个大姓为张、胡、汪、赵、陈、李、吴、黄、王、俞，共有人口 12881 人，占全街道总人数的 54.98%。其中张、汪、赵、陈、李、吴、黄七姓系明初建城 22 个指挥使落户后裔。

### 2019 年底郭巨街道姓氏人口数前十名及分布区域情况表

表 14–2–2

| 姓氏 | 人口数 | 占街道总人数（%） | 分布区域及人口数（人） |
|---|---|---|---|
| 张 | 4576 | 19.53 | 盛岙村 713、沙湾社 402、南门村 302、光明社 299、中宅社 208 |
| 胡 | 1400 | 5.98 | 华峙村 576、盛岙村 163、南门村 83、东港社区 59、谢家岙村 55 |
| 汪 | 1128 | 4.81 | 南门村 372、西门村 104、双岙村 149、东港社区 108、东门村 80 |
| 赵 | 996 | 4.25 | 福民村 287、华峙村 245、东门村 104、南门村 85、西门村 81 |
| 陈 | 986 | 4.21 | 后墩社 181、华峙村 89、东门村 86、沙湾社 76、联合村 61 |
| 黄 | 923 | 3.94 | 北门村 100、华峙村 93、尖岭村 91、东港社区 82、西门村 82 |
| 李 | 857 | 3.66 | 后墩社 257、尖岭村 107、西门村 70、南门村 48、华峙村 33 |
| 吴 | 701 | 2.99 | 联合村 162、南门村 98、东门村 92、东港社区 55、双岙村 55 |
| 王 | 664 | 2.83 | 联合村 91、光明社 89、中宅社 56、东港社区 44、峰南社区 41 |
| 俞 | 650 | 2.77 | 洋涨村 274、尖岭村 103、上宅社 44、厚墩社 29、双岙村 25 |

## 各村（社区）前三大姓

### 2019 年底郭巨街道各村（社区、社）前三大姓氏及人口数一览

表 14–2–3　　单位：人

| 村（社区、社） | 总人口数 | 姓氏数（个） | 第一大姓 | | | 第二大姓 | | | 第三大姓 | | |
|---|---|---|---|---|---|---|---|---|---|---|---|
| | | | 姓氏 | 人口数 | 占总人口数的（%） | 姓氏 | 人口数 | 占总人口数的（%） | 姓氏 | 人口数 | 占总人口数的（%） |
| 大涂塘村 | 890 | 64 | 黄 | 131 | 14.72 | 姚 | 103 | 11.57 | 汪 | 88 | 9.89 |
| 西门村 | 1175 | 91 | 蔡 | 157 | 13.36 | 汪 | 140 | 11.91 | 林 | 96 | 8.17 |
| 东门村 | 1271 | 84 | 戴 | 239 | 18.80 | 赵 | 104 | 8.18 | 吴 | 92 | 7.24 |
| 北门村 | 976 | 74 | 张 | 215 | 22.03 | 黄 | 100 | 10.25 | 姚 | 78 | 7.99 |
| 南门村 | 1996 | 98 | 汪 | 372 | 18.64 | 张 | 302 | 15.13 | 冯 | 195 | 9.77 |
| 尖岭岙村 | 901 | 78 | 袁 | 131 | 14.54 | 李 | 107 | 11.88 | 俞 | 103 | 11.43 |
| 路亭村 | 646 | 72 | 姚 | 63 | 9.75 | 陈 | 50 | 7.74 | 周 | 50 | 7.74 |
| 双岙村 | 1027 | 72 | 汪 | 149 | 14.51 | 史 | 82 | 7.98 | 沃 | 75 | 7.30 |
| 谢家岙村 | 558 | 56 | 张 | 116 | 20.79 | 杨 | 99 | 17.74 | 梅 | 73 | 13.08 |
| 华峙村 | 2236 | 104 | 胡 | 576 | 25.76 | 张 | 257 | 11.49 | 赵 | 245 | 10.96 |
| 福民村 | 829 | 80 | 赵 | 287 | 34.62 | 蔡 | 49 | 5.91 | 张 | 48 | 5.79 |
| 大岭下村 | 385 | 53 | 蔡 | 95 | 24.68 | 黄 | 64 | 16.62 | 汪 | 58 | 15.06 |

续表 14-2-3

| 村（社区、社） | 总人口数 | 姓氏数（个） | 第一大姓 | | | 第二大姓 | | | 第三大姓 | | |
|---|---|---|---|---|---|---|---|---|---|---|---|
| | | | 姓氏 | 人口数 | 占总人口数的（%） | 姓氏 | 人口数 | 占总人口数的（%） | 姓氏 | 人口数 | 占总人口数的（%） |
| 盛岙村 | 1408 | 94 | 张 | 713 | 50.64 | 胡 | 163 | 11.58 | 朱 | 70 | 4.97 |
| 联合村 | 857 | 76 | 张 | 193 | 22.52 | 吴 | 162 | 18.90 | 王 | 91 | 10.62 |
| 洋涨村 | 893 | 75 | 俞 | 274 | 30.68 | 张 | 168 | 18.81 | 郑 | 58 | 6.49 |
| 长浦村 | 243 | 30 | 张 | 179 | 73.66 | 贺 | 7 | 2.88 | 王 | 6 | 2.47 |
| 双屯村 | 228 | 33 | 张 | 154 | 67.54 | 王 | 10 | 4.39 | 俞 | 9 | 3.95 |
| 长坑村 | 376 | 61 | 张 | 270 | 71.81 | 陈 | 8 | 2.13 | 李 | 6 | 1.60 |
| 中宅村 | 567 | 55 | 张 | 280 | 49.38 | 王 | 56 | 9.88 | 鲁 | 41 | 7.23 |
| 上宅村 | 863 | 74 | 贺 | 346 | 40.09 | 张 | 168 | 19.47 | 俞 | 44 | 5.10 |
| 沙湾村 | 715 | 70 | 张 | 402 | 56.22 | 陈 | 76 | 10.63 | 孙 | 25 | 3.50 |
| 光明村 | 572 | 57 | 张 | 299 | 52.27 | 王 | 89 | 15.56 | 李 | 30 | 5.24 |
| 花船村 | 193 | 24 | 梅 | 123 | 63.73 | 张 | 18 | 9.33 | 王 | 9 | 4.66 |
| 竹湾村 | 376 | 47 | 梅 | 249 | 66.22 | 张 | 27 | 7.18 | 李 | 12 | 3.19 |
| 后墩村 | 1125 | 72 | 李 | 257 | 22.84 | 陈 | 181 | 16.09 | 张 | 108 | 9.60 |
| 东港社区 | 1433 | 118 | 张 | 139 | 9.70 | 汪 | 108 | 7.54 | 黄 | 82 | 5.72 |
| 峰南社区 | 519 | 114 | 王 | 41 | 7.90 | 张 | 35 | 6.74 | 李 | 29 | 5.59 |

## 第二节　郭巨前二十大姓氏渊源

### 张姓

据《新唐书·宰相世系表》所载:“黄帝子少昊青阳氏第五子挥为弓正，始制弓矢，子孙赐姓张氏。”从史料记载可见，挥曾是弓的发明者，其后以张为姓氏。晋代时，中原张氏始迁福建，此后又迁往广东、江浙等地。郭巨张姓渊源很广，从康熙年间开放海禁后，明末逃离战乱的人们返回郭巨，外来人员也先后迁入。盛岙、沙湾、光明、中宅、长坑等村张姓在康熙、乾隆年间（1736—1795）从霞浦迁入。郭巨城内张氏分南北二支，不同族，北张系明初筑城指挥使后裔，明洪武二十年（1387）由安徽迁入。南张为霞浦宝前张迁移而来。传说，明起南张第二代生一子一女，女嫁冯姓，仅一墙之隔，至第三代张氏无嗣，冯姓将子给张氏续嗣，至第四代张氏还给冯姓续嗣，从此称谓“张冯自己人”。而且张冯二姓排行统一使用。2019 年，境内张姓人口共 4576 人，占全街道总人口的 19.53%，列第一位。其中盛岙村 713 人、沙湾社 402 人、南门村 302 人、光明社 299 人、中宅社 208 人。

### 胡姓

胡姓源出于“妫”姓，与陈姓同宗，皆为舜的后裔胡公满的后代。胡公满受封于陈国，胡公满死后谥号为胡公，其后代一部分以国为姓，姓陈；另一部分以他的谥号为姓，姓胡。都源出周朝。胡氏南迁，始于西晋末年。胡氏的后代，从中原渡江南下安徽等地。华峙老胡家胡姓，清乾隆年间从柴桥迁入。盛岙杨家府胡姓，清乾隆年间从霞浦大胡迁入。2019 年，境内胡姓人口 1400 人，占全街道总人口的 5.98%，列第二位。胡氏多住华峙，其中华峙村 576 人、盛岙村 163 人、南门村 83 人、东港社区 59 人、谢家岙村 55 人。

## 汪姓

汪姓出自姬姓，是黄帝的直系子孙。上古时有汪芒国。汪姓在山东以邑为姓。历史上汪姓在南北方中心地带繁衍，其中山西省境内汪姓发展成一大望族。东汉末年，汪文和迁居新安（今安徽歙县），发展成为新安一带望族。唐代汪华封越国公，家族甚旺。宋代以后汪姓迅速繁衍，成为南方典型大姓。明洪武二十年（1387），始迁祖汪公友敬祖籍安徽，随信国公汤和造郭巨城，由此落籍居住。建文四年（1402），永乐与建文争夺政权，调郭巨指挥使同卫南京，汪氏鼻祖友敬公殉难，厥后袭印花世守，至九代赐明威将军，十代、十一代封武德将军。2019 年，境内汪姓人口 1128 人，列郭巨街道人口第三位。汪氏多住南门，其中南门村 372 人、双岙村 149 人、东港社区 108 人、西门村 104 人、东门村 80 人。

## 赵姓

赵氏出自嬴姓。嬴姓始祖是造父，是西周著名的驾驭马车能手，因助周穆王打败徐偃王叛乱立功，赐封赵城，造父族就称为赵氏。

郭巨赵氏原籍安徽，其先祖为明初筑郭巨城时指挥使，筑城后定居繁衍。嘉靖间倭祸，赵氏亦迁避内地，一支迁荆州，另一支迁四川。倭靖，赵氏仍回，散居。明万历年间（1573—1620）一支由郭巨南门分迁紫微岙。华峙赵家、岭头赵姓清乾隆年间从郭巨南门迁入，华峙西岸边赵姓清雍正年间（1723—1735）从福民迁入。2019 年，境内赵姓人口 996 人，占全街道总人口的 4.25%，列第四位。其中福民村 287 人、华峙村 245 人、东门村 104 人、南门村 85 人、西门村 81 人。

## 陈姓

陈姓出自姚姓或妫姓，舜帝后裔。商朝末年，商均后裔遏父（也称阏父）投奔周国，任陶正之官，因其制陶技艺精湛，深得周文王姬昌欢心。姬昌之子（周武王）灭商建周朝后，追封先贤遗民，把遏父儿子妫满封于陈（今河南淮阳），国号陈，以取代虞遂之后陈国，并将大女儿太姬嫁给他为妻。妫满死后，谥号为胡公，又称胡公满。今陈胡公妫满的墓在河南淮阳县柳湖旁。舜帝后裔妫满子孙有以国为姓，即为陈姓由来。陈满为陈氏得氏始祖。

东门陈氏，明洪武二十年（1387），始迁祖陈公讳祚由温郡（温州）迁入。嘉靖年间（1522—1566），分支由东门迁入后墩；路亭陈氏，先祖原居金华，清光绪年间（1875—1908），始迁祖陈公（讳失传）由盛垫桥迁入郭巨小涂岙居住。2019 年，境内陈姓人口 986 人，占全街道总人口的 4.21%，列第五位。其中后墩社 181 人、华峙村 89 人、东门村 86 人、沙湾社 76 人、联合村 61 人。

## 黄姓

黄姓出自嬴姓。帝舜时，部落首领伯益因助禹治水有功，故赐姓嬴，封于黄国。

明洪武二十年（1387），始迁祖黄仲彬由福建霞浦迁入，是 22 个建城指挥使之一。住郭巨之后，子孙繁衍，人口旺发。倭乱亦逃避内地，一支在鄞州西，谓江夏黄，一支在紫石乡，谓大溟黄。倭靖，重返郭巨，散居各村。华峙东岙黄姓，清雍正年间从柴桥东山门迁入。2019 年，境内黄姓人口 923 人，占全街道总人口的 3.94%，列第六位。其中北门村 100 人、华峙村 93 人、尖岭岙村 91 人、东港社区 82 人、西门村 82 人。

## 李姓

相传东夷少昊之后叫皋陶，因生在山东曲阜偃地，得偃姓，尧帝时担任大理职务（司法长官）。皋陶制定了五种刑罚，子孙世袭大理职务，一直经历了虞、夏、商三代，被人称理氏，以官为姓，因姓理氏。皋陶之后裔理徵，在商朝为官，因刚正不阿，直谏得罪商纣王而被处死，其妻带着幼子利贞，逃难至伊河流域“伊侯之墟”，吃“木子”保全性命。后到豫东在淮阳苦县落户。为感“木子”保命之功，改理氏为李氏。史载，李姓郡望以陇西为高，其一脉唐右散骑常侍李杞避朱温之难，由东都徙福建。传至惟寅公讳直清宋初再由福建徙奉化同山，是为始迁明州之一世祖。

李姓在秦汉时有人徙居到山西、四川等地，三国时再次向四处延伸，唐朝时有三次南徙。北仑李姓，祖籍皖西。宋末，十世祖信之由奉化江口徙定海（镇海）、崇邱新堰头（即小港李家），以后分徙至各地。郭巨李姓均是十世祖之后。后墩三塔岭下李姓，明末从柴桥东山门李家迁入；尖岭岙李姓，清乾隆年间从柴桥东山门李家迁入。2019 年，境内李姓人口 857 人，占全街道总人口的 3.66%，列第七位。其中后墩社 257 人、尖岭岙村 107 人、西门村 70 人、南门村 48 人、华峙村 33 人。

## 吴姓

吴姓源于姜姓，出自炎帝大臣吴权之后裔，属于以氏族名称或国名为氏。《中国姓氏大全》载：“传说中夏朝国王少康时有吴贺，其后有吴氏。”吴人所建氏族政权即吴，它在夏商时代一直存在。史籍《路史》中说：“商纣时亦有吴伯。”古吴族人的后裔，当为吴氏之源。源流二：源于姬姓，出自黄帝后裔古公亶父之子太伯（泰伯），属于以国名为氏。也是吴姓历史上记述的远古初祖。相传在周初，太伯、仲雍受到周王朝表彰，其后裔受封于吴，建立吴国，后世吴姓子孙则多把太伯、仲雍尊为得姓始祖。按照古史的记述，太伯仲雍所到达的荆蛮地区，就是今江苏南部太湖流域的无锡、苏州一带，征服了当地土著居民，建立吴国。

境内联合村柳树田吴姓，清康熙年间从霞浦田洋吴家迁入。郭巨东门吴氏，始迁祖吴公兄弟三人同来明州五乡。明正统年间（1436—1449），其中一太公由五乡迁居郭巨东门。2019 年，境内吴姓人口 701 人，占全街道总人口的 2.99%，列第八位。其中联合村 162 人、南门村 98 人、东门村 92 人、东港社区 55 人、双岙村 55 人。

## 王姓

王姓多以爵为氏，天子之后代多以王为姓，也有属于赐姓的。始祖太子晋，约生于鲁襄公八年（前565），本姓姬，名晋，字子乔，为黄帝第 42 世后人，曾避居太原。因直谏而被废为庶民。其后裔主要居住在太原（今属山西）等地。故天下王氏，源出太原。其姓由爵位而来，意指帝王之裔，后人尊太子晋为王氏“系姓始祖”。其中著名衍派为“开闽王”“琅琊王”“三槐王”等姓。

境内光明王姓，清康熙年间从塔峙迁入。2019 年，境内王姓人口 664 人，占全街道总人口的 2.83%，列第九位。其中联合村 91 人、光明社 89 人、中宅社 56 人、东港社区 44 人、峰南社区 41 人。

## 俞姓

俞姓源于姬姓，出自黄帝属臣跗之后，属于以物事称谓为氏。据史籍《通志•氏族略》和《史记》等记载，黄帝时有名医跗，医术高超，精于腧经之治，为经脉理论的奠基人。腧，为“脉之所注”，就是人们俗称的“穴道”，故而大家皆称名医跗为腧跗。古代“腧”与“俞”二字相通，后简笔写作俞。在俞跗后裔中，为光大先人的经典医术，多称为俞跗氏，后省文简化为单姓俞氏，世代相传至今，是古姓氏之一。

境内洋涨村俞姓，清康熙年间从大碶石湫迁入；尖岭岙村俞姓，清道光年间（1821—1850）从霞浦水俞村迁入。2019 年，境内俞姓人口 650 人，占全街道总人口的 2.77%，列第十位。其中洋涨村 274 人、尖岭岙村 103 人、上宅社 44 人、后墩社 29 人、双岙村 25 人。

## 贺姓

贺姓源于姜姓，出自东汉汝阴令庆仪曾孙庆纯之后，属于因避帝王之讳改姓为贺。贺氏在浙江绍兴一带是望族，故族人就以会稽为其堂号，都望纯有孙名贺齐，为三国时吴国大将军，齐之孙贺邵任中书令，邵之子贺修在西晋任太子太傅，由于仕宦等原因，始在江浙一带迁徙。大碶老贺家贺氏，明时从绍兴鉴湖迁来居住，后裔分迁至境内，上宅贺家贺姓，清康熙年间从大碶老贺家迁入。2019 年，境内贺姓人口 623 人，其中上宅社 346 人，占郭巨境内贺姓人口总数的 56%。

## 梅姓

梅姓出自子姓，殷商时有梅国，是殷的同姓封国，殷王太丁分封其弟弟于梅国（今安徽亳州市东南），后太丁封其为伯爵。于是世称梅伯。梅伯是位忠于国家、爱护百姓的王族。但到纣王时，因纣王残暴荒淫，致使国家败坏，百姓蒙受苦难。梅伯关心民生疾苦，见此心急如焚，多次劝纣王改邪归正，而纣王恼羞成怒，用刑将梅伯折磨至死。后周武王起兵，灭纣得天下，周武王追谥梅伯为主忠侯，并优待其子孙后代。梅伯子孙遂以封地为姓氏，世代姓梅。

境内竹湾梅姓于清康熙年间从柴桥东山门迁入；花船、谢家岙梅姓均于清乾隆年间从柴桥东山门迁入。2019 年，境内梅姓人口 617 人，其中竹湾社 249 人、花船社 123 人、谢家岙村 73 人，这三村占郭巨境内梅姓人口总数的 72%。

## 周姓

周姓是中国最古老的姓氏之一，相传周人祖先后稷本来居住在邰（今陕西武功县西南），夏末时公刘又迁往豳地居住。商朝后期，游牧民族戎和狄族不断侵袭周人，使得周人无法安居，古公亶父率领族人迁往周原（今陕西渭河平原一带），开荒耕种，兴建宗庙、宫殿，并修筑城墙，从此称周族。古公曾孙周武王建立周朝。秦昭王五十一年（前 256），秦国灭掉东周，将周赧王废为庶人，迁到惮狐（今河南临汝县西北）。当地百姓谓赧王是周家后代，称为周氏，史称正宗。春秋时，周公旦后代周公黑肩在周朝执政，其后代也称周氏。此外唐代避唐玄宗名讳，姬姓朝臣也改姓周，五代时后梁赐汭姓周。周姓世家大族居汝南郡。

郭巨小涂岙周家繁衍生息于建城之前，已有一千多年的历史了。半塘周家在清康熙年间从霞浦迁入。2019 年，周姓人口 537 人，占全街道总人口的 2.29%。其中后墩社 60 人、东门村 52 人、南门村 50 人、路亭村 50 人。

## 戴姓

戴姓源于子姓，出自商纣王之庶兄微子启，属于以谥号为氏。据史料记载，周公旦在平定“管、蔡、霍三监之乱”后，封微子启于旧都（今河南商丘南），建立宋国，建都商丘。微子启逝世后，其弟仲衍嗣位为宋公。传至宋国第十一位国君子，逝世后被谥为戴公，形成戴氏一族。宋国执政的华氏、乐氏、老氏、皇氏四族统称戴氏。另一说源于姬姓，出自春秋时姬姓诸侯国戴国，属于以国名为氏。据史料记载，春秋时期有戴国，在今河南省民权县东（或今河南省兰考县），鲁隐公九年（前 714）亡于郑国。其族人以国名“戴”为氏，形成戴氏的另支系。

明洪武二十年（1387），始迁祖戴公逵、戴公达两兄弟从奉化来建城，时弟为指挥使，住东门。繁族后分支有忠、世、方、寿、明数大房派，境内戴氏至今已 25 代，迁往全国各地及国外有 50 户之多。2019 年，境内戴姓人口 526 人，占全街道总人口的 2.25%。其中东门村 239 人。

## 蔡姓

南宋初，始迁祖蔡公（讳失传）与河边郭氏同属于南宋时避金兵难，逃至今西门村32步阶之山头上而居，故西门蔡氏俗称山头蔡，嗣后人丁兴旺。明末倭乱时，迁避于各地，一逃向福建山区，一向鄞西。郭巨的蔡氏自宋迄今已有900余年历史了。可谓郭巨早期居民之一。郭巨蔡氏分三支，西门村山头蔡氏，2019年有人口157人；另一支在大岭下，是明洪武年间从郭巨城内迁入，2019年人口95人；一支在石沿，是清乾隆年间从郭巨城内迁入，2019年人口49人。2019年，境内蔡姓人口521人，占全街道总人口的2.22%。

## 姚姓

姚姓源于舜帝姚重华。《通志•氏族略》记载："舜有二姓，曰姚曰妫。因之生而姓姚，因妫水之居而姓妫。"世代相传至今。史称姚氏正宗。得姓始祖虞观列入"五帝"之中。奉为华夏至圣。传其称号为有虞氏。姓姚，名重华，字都君，谥曰"舜"。帝舜从小受父亲瞽叟、后母和后母所生之子象的迫害，屡经磨难，仍和善相对，孝敬父母，爱护异母弟弟象，故深得百姓赞誉。舜曾辛勤耕稼于历山，渔猎于雷泽（今属山东菏泽），在黄河之滨烧制陶器，在寿丘（今山东曲阜）制作日用杂品，在顿丘（今河南浚县）、负夏（今山东兖州）一带经商做生意，品德高尚，民间威望崇高。

明洪武二十一年（1388），始迁祖姚某（名字失传）官指挥使，随信国公始居此，子孙于11代时，姚隅诰封"昭信"。及明末，倭乱，姚姓迁移，倭靖而回。据姚氏之家谱序言，郭巨居民遭倭乱大迁徙时，姚氏一支在五乡碶姚家墩落户，现有几百户；一支在鄞西湾塘落户，有近百人。大涂塘姚姓在明时从城内迁入；路亭村姚姓在清乾隆年间从城内迁入。2019年，境内姚姓人口471人，占全街道总人口的2.01%。其中大涂塘村103人、北门村78人、路亭村63人、东港社区64人。

## 郑姓

郑姓源于姬姓，出自周宣王之弟姬友封地郑国（今陕西华县一带），属于以国号为氏。郑氏远祖为郑桓公，得姓始祖郑鲁。《史书》记载："以国为氏，源于姬姓。"历史传说中农业神是后稷，其母有邰氏是炎帝后裔帝喾的元妃。《史记•五帝本纪》记载，帝喾高辛氏是黄帝曾孙，可证炎、黄两帝是郑姓"血缘始祖"。《史记•郑世家》《史记•十二诸侯年表》《新唐书•宰相世系表》均有记载：韩灭郑后，郑国幽公子鲁率族人东逃陈（淮阳）、宋（商丘）之间小城—启封故城避难。后裔思念先人，缅怀郑国，便以国为氏，姬姓改郑姓。

境内最早迁入的郑姓是柴桥郑氏。在宋哲宗年间（1086—1100），始迁祖郑公讳奕由杭州钱塘坞迁入海晏芦江（柴桥），遂成大族。2019年，境内郑姓人口422人，占全街道总人口的1.80%。其中洋涨村59人。

## 冯姓

冯姓出自姬姓，为姬昌之后，系承毕公高，始祖冯文孙。据《元和姓纂》和《广韵》记载，周文王姬昌第十五子毕公高后裔毕万之子追随晋文公立国，封为魏武子，得封魏地。公元前403年，周威烈王正式册封魏家为诸侯，其后人魏长卿一支受封于冯城。于是这一支子孙逐步放弃了毕、魏之姓，以邑为氏而改姓冯，史称冯氏正宗。而魏地的子孙则氏魏，故冯、魏两姓实为同一脉族。

南门冯姓于明洪武年间从余杭等地迁入。大井跟冯姓从城内分迁。2019年，境内冯姓人口390人，占全街道总人口的1.66%。其中南门村195人。

## 朱姓

朱姓源于帝喾时大臣朱虎后裔。属于以先祖名字为氏。朱虎为部落首领，系当时"八元"之一。盛夼朱姓，清康熙年间从霞浦山前朱家迁入，尖岭岙朱姓明末从郭隘柴楼迁入。2019 年，境内朱姓人口 383 人，占全街道总人口的 1.63%。其中盛岙村 70 人、尖岭岙村 47 人。

### 孙姓

孙姓出自姬姓，为周文王姬昌后代。卫康叔为周文王第八子。周公姬旦平定三监之乱后，封康叔于卫(今河南淇县朝歌)，成卫国始祖。春秋时，其八世孙姬或有功，被周平王赐为公爵，史称卫武公。卫武公有子名惠孙，惠孙之孙字武仲，把祖父惠孙之字作为姓氏，姓孙。后齐国内乱子孙奔往吴国，“孙武为吴将，其后也”。孙姓世居富春，至汉末有孙大帝。境内最早迁入的孙姓是柴桥后所孙氏，在明洪武二十七年(1394)，始迁祖孙公讳胜，由安徽定远安定乡沿河村迁入。

2019 年，境内孙姓人口 342 人，占全街道总人口的 1.46%。其中华峙村 173 人。

## 第三节　郭巨前二十大姓氏图腾

以下列举郭巨二十姓氏图腾。

**张姓图腾**　黄帝子少昊青阳氏第五子挥始制弓矢，子孙赐姓张氏。张姓图腾由“弓”和“长”组成。图腾像一个人手持盖天图。他手中所握的“弓”表示日升汤谷经中高天落入禺谷的形象符号，“弦”为地平线，代表日夜的分界线。日夜两个盖天图合起来就是浑天图，代表一整天。

**胡姓图腾**　胡姓是盘古氏（伏羲氏）以葫芦为图腾的族称。胡有古和月组成。“古”像一个“葫芦”，坛四周有水，上立竿（扶桑木）“十”，也就是后来的天干第一位“甲”，象征观测太阳。“月”即月亮。“胡”即观察日月运行。

**汪姓图腾**　汪姓图腾由水、灵台、鸟和防风氏的猪四部分组成。汪代表句芒的汤谷设立大山天齐建木观测日月历度。左为“河”、右为“豚”，为牧豚而富足之族。

**赵姓图腾**　赵是东夷民族少昊族团的一支伯赵氏的族称。由高大的巨人奔走的人形和在供案上供奉“肖”的图形组成。肖是玄鸟燕子的象形。赵是肖的繁体。

**陈姓图腾**　是太昊氏炎帝氏及其后裔的天文中心的象形。陈由“东”和“太阳升降的阶梯”组成。东为日在木中，此木又叫榑木、扶木、扶桑、若（叒）、建木。日在木下为杳，日在树顶为杲，日在地平为旦，日在山下为昏，日在午前午后为昃。古代陈仓为天文观测中心，亦是陈的首都。

张姓图腾

胡姓图腾

汪姓图腾

赵姓图腾

**黄姓图腾**　黄字的初文（最原始的本字）是一个象形字，中间的环状物，当系佩之体，即双珩之所合成，也就是璧，上面是用来缠系玉佩的佩衿，古代称“复”，上面的一横是玉衡，下面是二系垂。中间的璧，古代又叫“璜”。从字形上看，黄字像上古先民们身上经常佩饰的玉佩，它就是“璜”字的初文。可见，“黄”的最原始意思是指佩玉，在商、周青铜器文中，凡言赏赐佩玉，均用“黄”字。

**李姓图腾**　李姓是九黎民族之一的氏族的族称。皋陶是李姓的始祖。黎就是虎，又可以写作(豸里)、狸、理，通假谐音作李。李姓图腾由虎、木、子三部分组成。虎代表皋陶的祖先少昊，木代表皋陶玄鸟族的图腾，子是鸟卵，象征后代子孙。李姓图腾象征白虎少昊的后代。史载皋陶为大理；又传皋陶裔理征因谏商纣王被追杀、食李果充饥得救；因得“李”姓。

**吴氏图腾**　吴是吴氏的族称，是以句（读勾）芒玄鸟为图腾。由太阳和玄鸟“鸭头人身像”组成。句芒是太昊长子，为专门测量春分点的上古东方氏族。图腾中有太阳，表明吴人是太阳的崇拜者。

陈姓图腾

黄姓图腾

李姓图腾

吴姓图腾

**王姓图腾**　“人”头上一华冠，帝王。王姓是远古三苗之一的柯约耶劳的族称。王姓由天齐建木和盖天图组成。或者说是酋长戴了一顶半月形的钺斧天文仪器作成的王冠。

**俞姓图腾**　俞的本义是凿木造舟。起源于姬姓，出自黄帝属臣跗之后。跗医术高超，精于腧经之治。腧，为脉之所注，就是人们俗称的穴道，脉之端口。故而大家称名医为腧跗。腧与俞相通。后简笔写作俞跗。后裔姓俞。

**贺姓图腾**　贺是以耒、贝置于灵台祭祖礼天而成的姓氏图腾。姜姓别支，相传齐桓公后人庆封避刘庆改名为贺封，故而有贺姓。

**梅姓图腾**　梅有二义，一指桢楠、楠木，一种上等木材。另一指梅树，一种果树。果子称为梅子，可食。

王姓图腾

俞姓图腾

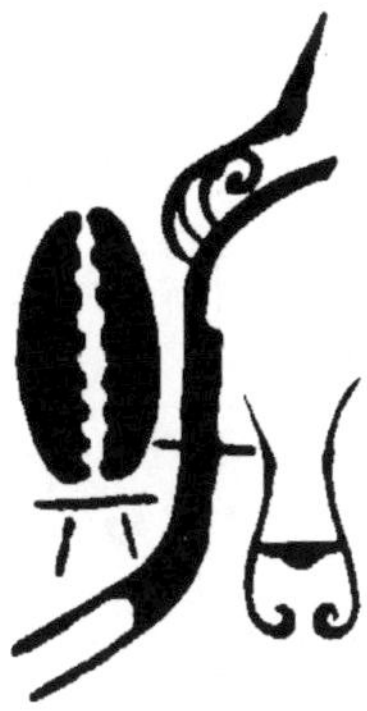

贺姓图腾

梅姓图腾

**周姓图腾** 本是周族人的族称，这个族称图腾记载了周族始祖后稷诞生的传说。周人的始祖弃刚出生时，他的母亲以为不吉祥，把他丢弃在冰上，被一只大鸟所救才得以不死，他的母亲感到非常奇怪，又把他抱了回来。后来，弃成为周人的农业始祖后稷。“周”与“稷”都是大鸟救弃的图腾记述。古文“周”是鸟和“田粟”的合文。

**戴姓图腾** 戴是三苗族民祭祀兵主蚩尤的族称。兵主蚩尤的祖先像为戴。戴由两部分组成，外面的“戈”代表兵器，即兵戈，为兵主战神的象征，下面是蚩尤的图腾像。下面的两只手表示供奉。“异”字上部的田，表示蚩尤头戴一个金属面具傩，因为他是三苗的祖先，在其头上插三根山雉羽毛，所以“异”与冀、翼、魌、傩为一字，是蚩尤头戴魁隗氏连山天齐阳鸟皇冠的象征。崇祀蚩尤即为“戴”，转为“爱戴”。姓缘由：供奉兵主蚩尤为戴。

**蔡姓图腾** 蔡姓是炎帝氏中的以长尾鸟为图腾的氏族的族称。因为这种鸟（叫山雉）生性好斗，直到斗死才肯罢休。蔡图腾由两个鸟的图形组成，右面的鸟是蔡的本字，左面的鸟代表炎帝的丹凤（即山雉）。蔡姓也是具有司天权的氏族，同样也是炎帝族的别称。周公封文王孙胡于蔡，称蔡钟，子孙以国为姓。

**姚姓图腾** 图腾中兆者为桃，炎帝氏夸父支以猴（举父）为图腾，以桃木为邓木，以桃棓为权杖，在桃林塞（灵宝）步天逐日，以阳平为桃都，以大桃木为日晷天杆。天杆日影运行作 S 形，即兆的儿，四季各有天地交午，记作 X 符，与儿合交作兆。桃都即姚虚，相传帝舜生于姚虚，得姚姓，实是夸父氏女系祖先的姓。虚是实之反，由于年代久远没落为墟，姚墟时为母系姚姓久居之废墟，也为今姚姓起源之地。

周姓图腾

戴姓图腾

蔡姓图腾

姚姓图腾

**郑姓图腾** 郑姓是炎帝祝融支以封建地为命名的族称，本为“酉”姓。郑由“酉”和“太阳运行的阶梯”组成。“酉”是仰韶时代的尖底瓶插在地上作为“酉时”（傍晚的时候）的观测仪器，很可能就是后代滴漏的原始形态。“酉”放在宫殿议事厅中柱下火塘（灶）前。“酉”后来演化为“尊”，所以“尊”又成为氏族族长的标志，在陶器时代相当于鼎，代表政权和权力，酉人居地为郑。

**冯姓图腾** 冯姓是牧马民族的族称，由两个马组成冯姓图腾，一匹马为雄马，一匹马是雌马。图腾左边的图案代表着牧马人手拿鞭子，牡牝二马繁衍为马群，代表牧马民族子孙的繁衍昌盛。

**朱姓图腾** 赤心木就是“朱”字的含义。始祖把赤心木叫做朱木，并把它当作本氏族的神而崇拜，认为自己就是这种神圣的朱木的后裔。于是，朱木便成为这个氏族的族徽和图腾，这个氏族便把自己称为“朱”氏族，久而久之，这一习俗被本氏族代代相承，并得到了周围其他氏族的普遍认同。于是，作为后世一部分朱姓的血缘先祖便形成了古老的朱氏族。

**孙姓图腾** 孙姓是弇（读淹）兹氏以玄鸟作为图腾的一支的族称。由跪着的老祖母弇兹氏和她生育的一大群玄鸟的后裔组成，表示子子孙孙世代绵延不绝，诒弄子孙，满溢天伦。

郑姓图腾

冯姓图腾

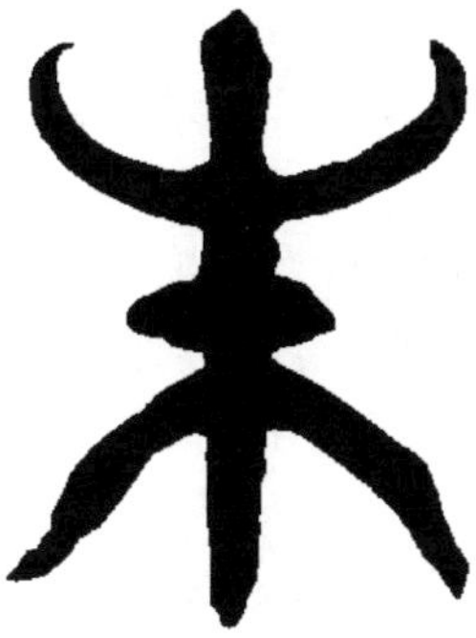

朱姓图腾

孙姓图腾

# 第三章　人民生活

中华人民共和国成立前，境内农民历来以务农、捕鱼和煮盐为主，少数人以手工艺谋生，而真正经商办实业的，只有寥寥数家富户。由于土地私有制，“耕者无其田”，人民生活大多难以解决温饱，遇到天灾人祸，乞讨逃荒者甚多。

中华人民共和国成立后，党和政府实行土地改革，农民有了自己的土地，生活逐步得到改善。但在30余年的计划经济时期，经济发展缓慢，人民生活水平徘徊不前。郭巨公社1955年到1979年24年间人均年收入最低为1958年57元，最高为1978年126元。

党的十一届三中全会以后，实行改革开放政策，土地实行家庭联产承包责任制，大力发展社会主义市场经济，大批农村剩余劳动力外出务工经商，或以独资、合资、股份合作经济及个体工商户等形式开办企业，经济持续快速增长，农民收入逐年提高；消费结构显著变化：饮食讲究营养美味，衣着追求名牌时尚，住房从狭小到宽敞豪华，出门从徒步、自行车、电瓶车到轿车。同时建立了社会保障制度，全体人民共享改革开放和经济发展的成果，过上了共同富裕的小康社会生活。

## 第一节　收入

中华人民共和国成立前，长期的封建土地私有制，致境内大部分土地集中在地主、富农家里，广大缺田少地的贫雇农只能向地主租种耕地或给地主做长工，收入甚少，生活极苦。放牛仔收入更是少得可怜，甚至“白吃饭”，只在回家过年时从东家家里领到15条年糕和15块芦稷饼。

中华人民共和国成立后，经过土地改革，农民拥有了土地，又经过互助合作社，推行先进农业生产技术，改良农产品品种，发展多种经济，农民收入逐年提高，但增长缓慢。1955年，郭巨公社社员分配人均65元，1979年，也只有124元。1960—1962年三年困难时期和1967年大旱，粮食大幅减产，1961年社员口粮分配低至人均164千克，粮食欠缺长期困扰着境内农民。

1978年党的十一届三中全会后，通过经济体制改革，落实土地承包责任制，调整农业种养殖结构，发展果木种植、水产养殖、畜牧养殖等多种经营，至80年代中期始出现年收入达万元家庭户。又随着乡镇企业发展，特别是八九十年代郭巨灯具、橡塑特色产业链及峙头冷冻厂的海产品养殖、捕捞、冷冻、加工产业链的形成，境内农民离土不离乡，经商、进厂、办企业，农民收入大幅度提高。进入21世纪以来的20年里，大力发展花木种植业，单位面积农地收入大幅度提高，2015年，境内人均收入11600元，花木专业户年入10万元屡见不鲜，而经商办企业人员的家庭年收入则在几十万元甚至几百万元，“郭巨灯具人”则是境内先富起来、最富有的一个群体。

## 1955—1979年郭巨乡（公社）经济收入及分配情况表

表14-3-1

| 年份 | 集体 | | 社员分配 | | 社员人均口粮（千克） |
|---|---|---|---|---|---|
| | 总收入（元） | 公共积累（元） | 总金额（元） | 人均（元） | |
| 1955 | 374275 | 14480 | 291154 | 65 | 243 |
| 1956 | 534286 | 9265 | 383464 | 68 | 248.5 |
| 1957 | 527906 | 27602 | 338877 | 70 | 237.5 |
| 1958 | 662635 | 35553 | 404858 | 57 | 289 |
| 1959 | 732582 | 10689 | 411219 | 64 | 208 |
| 1960 | 717749 | 24129 | 474067 | 82 | 203.5 |
| 1961 | 998617 | 33040 | 684808 | 70 | 164 |
| 1962 | 1200376 | 47259 | 805735 | 81 | 222 |
| 1963 | 1337876 | 75388 | 780338 | 74 | 227 |
| 1964 | 1474867 | 12364 | 991893 | 92 | 249.5 |
| 1965 | 1578544 | 109822 | 1056881 | 96 | 254 |
| 1966 | 1661115 | 167340 | 1101008 | 97 | 262 |
| 1967 | 1365511 | 66474 | 909084 | 78 | 190 |
| 1968 | 2036759 | 280337 | 1365598 | 114 | 255.5 |
| 1969 | 1867047 | 231845 | 1183604 | 94 | 245.5 |
| 1970 | 1882303 | 1723807 | 1193237 | 93 | 222.5 |
| 1971 | 2027409 | 181486 | 1329437 | 102 | 203 |
| 1972 | 2088459 | 172152 | 1366274 | 104 | 271 |
| 1973 | 2029547 | 171752 | 1304399 | 99 | 264 |
| 1974 | 2111382 | 205516 | 1375963 | 104 | 258 |
| 1975 | 2267219 | 240764 | 1447156 | 109 | 233 |
| 1976 | 2439593 | 261093 | 1439860 | 111 | 232 |
| 1977 | 2297757 | 246676 | 1345097 | 102 | 229 |
| 1978 | 2649272 | 284127 | 1641465 | 126 | 256 |
| 1979 | 2373154 | 195020 | 1470386 | 124 | 250.5 |

## 2003—2015 年部分年份境内各村居民人均年收入情况表

表 14-3-2　　　　单位：元

| 村别 | 2003年 | 2006年 | 2007年 | 2008年 | 2009年 | 2010年 | 2011年 | 2012年 | 2013年 | 2014年 | 2015年 |
|---|---|---|---|---|---|---|---|---|---|---|---|
| 大涂塘村 | 5030 | 8110 | 8210 | 8354 | 8922 | 9373 | 9879 | 9922 | 10522 | 10713 | 12100 |
| 西门村 | 4760 | 6815 | 8135 | 8814 | 8860 | 8910 | 10405 | 10425 | 10575 | 11000 | 11100 |
| 东门村 | 4423 | 6622 | 8044 | 8687 | 8710 | 8753 | 9117 | 9300 | 9775 | 9827 | 10300 |
| 北门村 | 4724 | 6226 | 6330 | 6970 | 8335 | 8485 | 8618 | 8929 | 9259 | 9379 | 9500 |
| 南门村 | 4639 | 6246 | 7032 | 7595 | 8306 | 8864 | 9726 | 10703 | 11606 | 12829 | 14300 |
| 尖岭岙村 | 4000 | 6532 | 8518 | 11538 | 12350 | 11967 | 13104 | 13780 | 13810 | 14500 | 14900 |
| 路亭村 | 4884 | 6600 | 7083 | 8015 | 8864 | 8955 | 8998 | 9081 | 9334 | 9411 | 10600 |
| 双岙村 | 4345 | 7906 | 7962 | 8022 | 8008 | 8066 | 9234 | 9341 | 9138 | 9860 | 10600 |
| 谢家岙村 | 5157 | 8009 | 8205 | 8100 | 8298 | 8307 | 8491 | 9947 | 9964 | 9982 | 10000 |
| 华峙村 | 3690 | 5160 | 5547 | 8212 | 6480 | 7130 | 8515 | 9626 | 10125 | 10484 | 10700 |
| 福明村 | 4500 | 6800 | 8007 | 5935 | 9046 | 9080 | 8137 | 9187 | 9200 | 9500 | 9700 |
| 大岭下村 | 4277 | 6869 | 7555 | 8610 | 10106 | 10863 | 9167 | 11568 | 13144 | 13678 | 13900 |
| 盛岙村 | 3534 | 4116 | 5046 | 7822 | 6512 | 8234 | 11030 | 7416 | 7967 | 9943 | 12700 |
| 联合村 | 4042 | 8200 | 6599 | 5330 | 7959 | 8466 | 11059 | 11643 | 11959 | 11973 | 12000 |
| 洋涨村 | 4284 | 5700 | 5827 | 6281 | 6956 | 7164 | 8929 | 8584 | 9603 | 9886 | 10000 |
| 长浦村 | 4434 | 5900 | 6220 | 6671 | 6760 | 7178 | 10461 | 7665 | 8634 | 7687 | 8000 |
| 双屯村 | 3496 | 7300 | 7546 | 6202 | 9016 | 9760 | 11732 | 11023 | 11058 | 11601 | 12600 |
| 长坑村 | 3548 | 8100 | 8547 | 10507 | 10034 | 10069 | 10467 | 12178 | 12338 | 15000 | 16100 |
| 中宅村 | 3896 | 7676 | 7893 | 9125 | 8392 | 10496 | 9568 | 11258 | 12006 | 13716 | 14600 |
| 上宅村 | 5691 | 6162 | 8191 | 8070 | 7641 | 12000 | 8500 | 10817 | 11071 | 11310 | 11600 |
| 沙湾村 | 3018 | 7032 | 7603 | 6878 | 9096 | 12034 | 10664 | 10563 | 10757 | 10956 | 11300 |
| 光明村 | 3613 | 7351 | 7657 | 6020 | 8100 | 8737 | 8187 | 9604 | 10256 | 10597 | 10700 |
| 花船村 | 4296 | 4700 | 5753 | 7683 | 6700 | 9474 | 7391 | 11526 | 11799 | 12234 | 12400 |
| 竹湾村 | 4002 | 6300 | 6432 | 8400 | 7614 | 7985 | 10686 | 235 | 10206 | 10335 | 10300 |
| 后墩村 | 4496 | 7944 | 8019 | 8100 | 8824 | 8856 | 12020 | 8655 | 9191 | 9483 | 10400 |

# 第二节　饮食

俗话说：民以食为天。饮食是居民的八大生活消费内容首位。中华人民共和国成立前境内农民主食番薯（鲜番薯、番薯干）、大米，番薯占全部食粮的60%～70%，辅以其他杂粮。副食品以自种的蔬菜为主，咸菜、腌冬瓜、苋菜梗、茄糊、小鱼鲓为常年下饭菜，鱼、肉、禽、蛋虽有自产，却舍不得自食，鱼肉仅在逢年过节时食用少许。

中华人民共和国成立后，生活逐渐改善。20 世纪 50 年代，番薯仍占主食的很大比例。60 年代初的困难时期，粮食歉收，饮食普遍是“低标准、瓜菜代”。20 世纪六七十年代，一些生活资料全要凭票凭证供应，并且数量很少，鱼、肉、禽、蛋仍甚少食用。80 年代起，实行家庭联产承包责任制后，粮食增产，所以基本主食大米，很少吃番薯，副食品亦有改善，农民开始讲究营养，逐步增加鱼、肉、禽、蛋的食用。

进入 21 世纪以来，生活水平极大提高，境内居民饮食营养丰富，鱼、肉、禽、蛋、牛奶进入百姓餐桌。人们更注重合理膳食，粮食粗细搭配，下饭菜荤素搭配。

## 第三节　服饰

穿着是居民的主要生活消费内容之一。20 世纪 70 年代前，农民衣着俭朴，一般多穿手工缝制自做的土布衫裤，很少穿洋纱衫裤。不少农民因无钱添置新装，衣着常打补丁，故有“新三年，旧三年，缝缝补补又三年”之说，只有外出做客或喜庆吉日穿得较好些。少数人家因无新衣，常向亲友“借衣作客”。农民上山干活，多穿草鞋山袜，雨天穿蓑衣、戴斗笠、打赤脚或拖木屐。闲时在家多穿千层布底鞋，冬天穿蚌壳式棉鞋。多数农民很少穿袜，只有在严寒的冬天季节，才穿土布袜。少数富有人家，男的穿长袍马褂，女的穿旗袍。

中华人民共和国成立后，服饰变化较大。20 世纪 50 年代起，穿自做布衫裤的减少，穿卡其布衣服的增多。列宁装、中山装、人民装相继流行。西式衬衫代替对襟短衫，西装裤代替囤头裤。开领大衣代替长袍。少数人雨天穿套鞋（橡胶雨鞋）。时男的戴解放帽、八角帽、工人帽、鸭舌帽。女的用色彩鲜明的方格巾兜头。

20 世纪 60 年代，服装比较单一，以蓝色中山装为主，男女服装仅在腰身、口袋上略有区分。“文化大革命”时期，草绿色军装成为时尚。时男女青年还一度风行草绿色军帽。70 年代，尼龙雨衣取代蓑衣；解放鞋取代草鞋、胎鞋；人们开始穿“的确良”衣服。80 年代起，除棉布类衣服外，化纤涤纶衣服也较普遍。呢、毛制服逐渐增多。服装款式趋多样化、个性化，样式新颖，色彩艳丽，品种繁多，有牛仔裤、滑雪衣、西装、猎装、茄克。女子的连衫裙、超短裙、喇叭裙、直筒裙、旗袍、迷你裙等裙装更是争奇斗艳，日新月异。服装从自己缝制到请师傅量体缝制。鞋子日趋多样，按质地可分胶鞋、皮鞋、塑料鞋，布鞋极少；按功能分，有登山鞋、旅游鞋、运动鞋、凉鞋、拖鞋、保暖鞋。女鞋还分低跟、中跟、高跟、坡跟等。20 世纪 90 年代兴穿夹克衫、羊毛衫、羽绒服，也穿西装。尼龙袜、锦纶袜、女式长筒丝袜、连裤袜，花样繁多，质地高档。不少农民下田干活穿高帮雨靴。妇女穿戴就尤为讲究，佩戴金银首饰者为数不少。到了 21 世纪，大多数人的衣着皆讲究牌子、款式、流行时尚。

## 第四节　住房

中华人民共和国成立前，境内农村居民住房多为石（垒石、块石）木结构矮平房，部分草房、土墙房，少有砖木结构房子；仅个别殷富大户建有堂屋楼房，院子铺石板，内有厢房、厅堂。郭巨古城区居民住房多为砖木结构二层楼房，十字街面基本上都是二层楼房。1941 年和 1949 年遭日本侵略军飞机和国民党飞机多次轰炸加之日本侵略军舰艇炮击和日本侵略军入城焚烧，古城区内明清时期房屋三分之一被毁。

二十世纪五六十年代，多数农户住房仍停留在修旧补漏状态，条件好一点的进行“包檐拖卜”扩大，草屋翻瓦屋，然甚少新建。70 年代起，新建房屋增多，以平瓦屋为主，但屋架较以往升高，或“包檐落水”，扩大用房面积。

20 世纪 80 年代，农村实行家庭联产承包责任制和乡镇企业兴起，居民收入增加，伴随青年人口高峰期到来，境内居民大量新建砖混结构的二层楼房，间有少数平房和三层楼房。90 年代起，建房质量比 80 年代更讲究，铝合金做门窗，马赛克墙面，置阳台，房内灶台、卫生、盥洗设备齐全。少数农户进城购买商品房。

六七十年代平房

进入 21 世纪以来，境内居民所建楼房更加讲究、漂亮，客厅间、卫生间、厨房间、卧室间、书房间各功能室均独立空间，室内地面铺木质地板或地砖，外墙面贴大理石或涂弹涂；有的建成别墅式，2019 年，福民村 99 户家庭的住房是别墅式，占全村家庭总户数 205 户的 48%。根据全国第五次人口普查资料统计，2000 年，郭巨镇平均每户住房 2.07 间；据对占家庭户总户数 10% 的 642 户家庭户住房调查显示，平房 222 户，占家庭户总户数的 34%，6 层以下楼房 420 户，占 66%；二十世纪八九十年代的 20 年里，78.7% 的家庭户新建了住房，且基本上都是二层楼房，新建住房面积占总面积的 87.3%。中华人民共和国成立前，境内居民住房面积人均 15 平方米，20 世纪 70 年代末，住房面积人均 25 平方米，2000 年第五次人口普查数据显示，境内常住人口住房面积人均 39.19 平方米，每户平均 3.78 间。

八九十年代楼房

二十一世纪别墅式住房

## 境内家庭户按住房建成时间分的住房状况表

表 14-3-3

| 建成时间 | 户数 | 占总户数（%） | 间数 | 占总间数（%） | 面积（平方米） | 占总面积（%） |
|---|---|---|---|---|---|---|
| 合计 | 642 | 100 | 1324 | 100 | 63860 | 100 |
| 1949 年以前 | 40 | 6.2 | 57 | 4.3 | 2590 | 4.1 |
| 1950—1959 年 | 5 | 0.8 | 5 | 0.4 | 190 | 0.3 |
| 1960—1969 年 | 17 | 2.6 | 24 | 1.8 | 872 | 1.4 |
| 1970—1979 年 | 75 | 11.7 | 122 | 9.2 | 4462 | 7.0 |
| 1980—1989 年 | 270 | 42.1 | 573 | 43.3 | 28564 | 44.7 |
| 1990—2000 年 | 235 | 36.6 | 543 | 41.0 | 27182 | 42.6 |

## 第五节 用品

中华人民共和国成立前，农户室内陈设简陋，只有少数殷富人家房中有大眠床、七弯凉床、三弯凉床、衣橱、被柜、踏床橱、房桌、提桶、锡瓶、锡酒壶、锡茶壶、蜡烛台、大小红脚桶、红茶盘等。厅堂有茶几、八仙桌、红木大椅子。一般人家房中家具不齐全，贫困户只有寥寥数件，买不起眠床睡搁铺，甚至睡地铺、钻草窝。

中华人民共和国成立后，随着生活水平提高，农户普添家具。20 世纪 70 年代逐渐使用搪瓷品、铝制品用具；收音机、自鸣钟开始进入农家；手表、缝纫机、自行车是境内绝大多数青年结婚必置的“三大件”。80 年代起，添置电器设备及大件家具者日增，黑白电视机、电冰箱和收录机成为了青年结婚必置的“新三大件”；房内装饰讲究气派，舒适。置三门大橱、食品橱、高低橱、床头橱、沙发、写字台、席梦思，或组合式家具。90 年代中期起，不少农户开始购置彩电、大屏幕电视机、电冰箱（柜）、空调、洗衣机、取暖器，安装热水器、净水器，人们普遍使用手机作为通信工具。

作为交通工具的自行车，90 年代几乎家家都有。至 21 世纪初，大多农户购置电瓶车或摩托车，农户更喜欢电瓶三轮车；年轻人购置私家小汽车。2019 年全街道共有私家车 7300 余辆，百户家庭拥有 80 辆，平均 3.2 人拥有一辆。

电脑、网络进入农家。在通信工具上，人们基本上都使用智能手机。家庭座机电话装机率降低。

# 第四章 民政

中华人民共和国成立前，境内虽无健全的民政机构，但民间慈善事业非常普遍。

中华人民共和国成立后，民政工作本着“以民为本、为民解困”和构建和谐社会的总要求，在基层民主选举、拥军优属、救济扶贫、社会福利、慈善事业、婚丧改革及其他民政事务等方面工作不断完善和加强。

## 第一节 村（居）民委员会选举

### 村民委员会选举

1983 年，境内举行第一次村级基层组织村民委员会选举。从 1983 年起计届至 2017 年，共历十一届（次）。1983 年，4 个村未按时进行第一届村民委员会选举，原因不详。2005 年第七届村民委员会换届选举时，中宅、上宅、沙湾、花船、竹湾、光明、后墩 7 个村因拆迁未进行换届选举。2014 年第十届和 2017 年第十一届村民委员会换届选举时，长坑、双屯 2 个村因拆迁未进行换届选举。

第 1 至 5 次村民委员会选举，先由选民投票选出村民代表，由村民代表民主协商推选出村民委员会主任、委员候选人名单，报上级选举委员会批准并公示，再由全体选民差额选举村民委员会主任、委员，得票超过半数者（按得票从高到低）始得当选。

第 6 次起，村民委员会主任、委员候选人由选民“海推”（俗称“海选”），按得票数推选出候选人，再由选民对候选人实行差额选举，过半数者（按得票从高到低）始得当选。前 4 次选举，选民于选举日按规定时间去投票站投票。第 5 次起，各选举单位还增设流动票箱，选民可自由选择投票方式投票。

2017 年 5 月 17 日为第十一届村民委员会换届选举日，本届选举产生村主任 16 人，委员 48 人。当选的 16 名主任中连任的 9 人，占 56%，当选的 48 人委员，连任的 20 人，占 41.7%；女性主任 1 名、委员 15 名，女性委员占 33.3%；村“两委会”班子成员交叉任职的 13 人，占委员总人数的 27.1%。

## 1983—2017 年境内村民委员会选举情况表

表 11-4-1

| 次别 | 年份 | 应选举村（个） | 因故暂不选举村（个） | 村委会成员 | | | | | |
|---|---|---|---|---|---|---|---|---|---|
| | | | | 人数（人） | 其中 | | | | |
| | | | | | 村主任（人） | 党员（人） | 党员占比（%） | 初中及以上文化程度（人） | 初中及以上文化程度占比（%） |
| 一 | 1983 | 25 | 4 | 87 | 21 | | | | |
| 二 | 1988 | 25 | 0 | 75 | 25 | | | | |
| 三 | 1993 | 25 | 0 | 75 | 25 | | | | |
| 四 | 1996 | 25 | 0 | 75 | 25 | | | | |
| 五 | 1999 | 25 | 0 | 75 | 25 | | | | |
| 六 | 2002 | 25 | 0 | 75 | 25 | | | | |
| 七 | 2005 | 25 | 7 | 54 | 18 | 40 | 74.1 | 42 | 77.7 |
| 八 | 2008 | 25 | 0 | 75 | 25 | 57 | 76.0 | 66 | 88.0 |
| 九 | 2011 | 25 | 0 | 75 | 25 | | | | |
| 十 | 2014 | 18 | 2 | 48 | 16 | 32 | 66.7 | 40 | 83.3 |
| 十一 | 2017 | 18 | 2 | 48 | 16 | 27 | 84.0 | | |

### 社区居民委员会选举

2004 年 12 月，东港社区进行社区居民委员会第一次选举。2013 年 10 月，峰南社区居委会成立。2017 年，郭巨街道东港社区和峰南社区举行换届选举，各选举小区经选民投票选出居民代表，民主协商推选居委会主任、委员候选人，再由居民进行投票，过半数者当选。投票采用投票站与流动票箱相结合方式，选民可自由选择投票方式。

## 境内社区居民委员会选举情况表

表 11-4-2

| 时间 | 参选社区 | 选民人数（人） | 居民代表（人） | 委员人数（人） |
|---|---|---|---|---|
| 2004.12 | 东港 | 1500 | 35 | 5 |
| 2007.9 | 东港 | 1550 | 49 | 5 |
| 2010.12 | 东港 | 1650 | 49 | 5 |
| 2013.6 | 东港 | 1650 | 49 | 7 |
| 2017.5 | 东港、峰南 | 3100 | 92 | 16 |

## 第二节 拥军优属

### 拥军优属

中华人民共和国成立以来，境内党和政府把拥军优属作为密切军民关系的大事常抓不懈。1952 年春节期间，郭巨镇人民政府成立拥军优属委员会，慰问当地驻军和军烈属。此后，每逢春节和八一建军节，党政主要领导分别带队慰问驻军，并召开军、政、民座谈会，军地双方相互征求意见，互提希望和要求。后又成立“双拥”领导小组，订立拥军优属公约，开展军民共建活动。20 世纪 70 年代，峙头公社主要领导每年慰问驻盛岙、洋涨部队官兵。2003 年前郭巨镇政府主要领导每年慰问驻仰岛部队官兵。2016 年，郭巨街道成立后，主要领导带队每年慰问仰岛驻军部队和海警大队官兵，密切军民关系、警民关系。

中华人民共和国成立初期，境内各级政府对烈军属实行优待粮食、代耕土地等政策。农业合作化后，改代耕土地为优待劳动工分，优待标准相当于一般农村社员生活水平。20 世纪 50 年代，境内各级共青团组织每年经常发动团员、青年帮烈军属掏番薯、收粮食及送柴草。70 年代中期，社队企业兴起，对烈军属、复员退伍军人给予优先安排在社队企业就业。1979 年，烈军属平均每户优待工分 50 ～ 60 工或现金 30 ～ 40 元。1981 年，优待标准为当地一个正劳动力在生产队劳动年收入的 1/2。1982 年，改优待工分为优待现金。1985 年，农村义务兵家属优待金不低于当地同等劳动力年收入的 50% ～ 70%。1994 年，农村义务兵家属优待金为每年 700 元。1996 年提到 3100 元。2000 年优待金为 5000 元。2003 年为 6000 元；2006 年为 10530 元；2019 年为 33662 元。2013 年后对义务兵直接发补贴费。2019 年现役军人依据城乡和学历差别每年发放补贴费 10 万～ 20 万元。

### 安置优抚

**安置** 1953 年起安置复员军人。1958 年起安置退伍军人。根据“从哪里来，到哪里去”原则和国家有关安置政策，乡镇人民政府给予复员、退伍军人给予优先安排就业的便利；参军时有职业的，恢复原有职业。部分退伍军人安置在乡镇企业工作，个别安置到乡政府机关。排级以上干部及参战（对越自卫反击战）战士安置至供销社、粮站、运输公司等单位就业。20 世纪 90 年代以后，随着我国市场经济体制的深入改革和发展，人才市场的建立和完善，复员退伍军人自主就业者，政府给予一次性补助金。2019 年，北仑区农村籍退役士兵自主就业一次性补助金 67324 元。

**优抚** 1951 年起，境内各乡人民政府对牺牲、病故的革命军人，民政部门向其家属发给《革命烈士证明书》《革命军人因公牺牲证明书》和《革命军人病故证明书》，并按照优抚条例给一次性抚恤粮 250 ～ 600 千克。1953 年改为发放一次性抚恤金。1985 年改为按直系亲属人数（含父母或抚养人、配偶、未成年子女）每月发给定期抚恤金。是年，抚恤金标准为：烈士和因公牺牲军人家属，每人每月 20 ～ 25 元，病故军人家属分别下浮 5 元。1988 年以后，多次提高抚恤金标准。1994 年人均每月 66.2 元。2005 年起，“三属”（指革命烈士家属、因公牺牲军人家属和病故军人家属）享受优抚金，取消抚恤金。

2019 年，郭巨街道重点优抚对象 21 名，其中烈属 2 户，伤残军人 2 人，经济困难的复员军人 12 人，带病退伍军人 5 名。给 294 名生活困难的农村籍退役士兵发放生活补助费。

## 2017—2019 年郭巨街道优抚金发放情况表

表 11-4-3

| 类别 | 合计金额（元） | 2017 年 | | 2018 年 | | 2019 年 | |
|---|---|---|---|---|---|---|---|
| | | 人数（人） | 金额（元） | 人数（人） | 金额（元） | 人数（人） | 金额（元） |
| 合计 | 2497189 | 23 | 568055 | 22 | 599933 | 21 | 1329201 |
| 三属 | 304920 | 2 | 99600 | 2 | 99780 | 2 | 105540 |
| 伤残军人 | 197184 | 2 | 67068 | 2 | 75837 | 2 | 54279 |
| 复员军人 | 1926073 | 13 | 378059 | 12 | 400988 | 12 | 1147026 |
| 带病退伍军人 | 69012 | 6 | 23328 | 6 | 23323 | 5 | 22356 |

## 北仑区义务兵家庭优待金、自主就业一次性经济补助金一览

表 11-4-4　单位：元

| 区域 | 义务兵家庭优待金 | 一次性经济补助金 | 一次性退役金 | 义务兵津贴费 | 合计 |
|---|---|---|---|---|---|
| 普通地区 | > 67324 | 67324 | > 9000 | > 25200 | > 168848 |
| 艰苦地区 | > 100986 | 67324 | > 9000 | > 25200 | > 202510 |
| 西藏地区 | > 201972 | 134646 | > 9000 | > 25200 | > 370820 |

说明：以上经费均按 2 年计算。

# 第三节　救灾救济

## 救灾

境内自然灾害主要是台风以及由台风引起的洪涝灾害，另外干旱、寒潮等灾害也较为常见。1971—2012 年严重影响境内台风有 34 次，其中超强台风 4 次。中华人民共和国成立后，凡发生自然灾害，人民政府均及时采取措施予以救助。

在诸多灾害中，尤以 1956 年“8•1”台灾所带来的损失最为惨重，台风正面袭击境内，风力 12 级以上，最大暴雨量 159 毫米。郭巨大塘、双岙外塘、盛岙外塘等一线海塘被冲垮 4500 米。稻田、棉地受淹，民房损失更为严重。灾后，各级政府立即组织灾民生产自救。供销社突击派员去江苏、上海和省内各地采购，购进计划外化肥、萝卜籽、石灰、毛竹以及元钉、铅丝、玻璃等房屋维修材料和农业生产资料，及时供应给受灾群众。同时向宁波专署申请到棉花出售预付款 14 万元，重点发放给棉花种植生产队。台风过后发动社员重修海塘。

1992 年，境内受 16 号、19 号台风影响，5 处海塘决堤，400 余公顷农田作物受淹，镇政府核拨救灾款 1 万余元。1997 年 8 月 18 日，11 号台风登陆温岭市，境内系重灾区。全镇 13 条海塘被冲垮 6300 米，400 公顷农田作物受淹，直接经济损失达 5000 余万元。郭巨镇民政办公室将区政府下拨的 5 万元救灾资金和 110 箱方便面及时送到灾民手中，市、区专项拨款 1500 万元用于郭巨、双岙海塘的修复工程。2005 年，遭 9 号“麦莎”和 15 号“卡努”两次强台风袭击，造成严重洪涝灾害，境内死亡 1 人，直接经济损失 3000 余万元，镇政府核拨救灾款 80 余万元。

### 救济

中华人民共和国成立初期，在春夏青黄不接时，政府从外地调入大米以低价出售，并组织生产自救度过灾荒。1953 年起，每年入冬前对缺少御寒衣服的困难户给予救济，或由县下拨专款和棉布、棉絮票证。1956 年起，对春荒断粮的困难户发放赈荒款。

1997 年 7 月起，境内实施低保政策，最低生活保障以差额补助、分级负担的形式实施，并对保障对象家庭中正在读中小学的学生，每年每人分别补助 400 元、200 元。2002 年 4 月，农村低保对象保障金增长 41%。2003 年 7 月，对低保对象中的重度残疾居民每人每月增发生活费 100 元。10 月 1 日起，调整农村低保标准，由原每人每月 100 元提高到每人每月 160 元。提高人口较少家庭的救助金额，两人户每人每月 170 元，独人户为 180 元，并实行差额补助；对低保对象中的残疾人、重度残疾人，每人每月分别增发 30 元和 60 元。70 周岁以上老人，每人每月增发 30 元。独生子女困难户在原低保标准基础上再增加 20% 的保障金。农村低保户还享受医疗补助，免缴农村大病医疗统筹费，减半缴纳有线电视收视费。低保家庭子女就读大学（大专）的每学年助学补助由原来的 2000 ～ 3000 元提高到 5000 元。2004 年后，救济工作开展得更加全面，救济金额标准也有所提高。2019 年，郭巨街道核准低保家庭 119 户 166 人。月补助标准每人每月 885 元。

**2017—2019 年郭巨街道最低生活保障情况**

表 11–4–5

| 年份 | 户数（户） | 人数（人） | 保障金金额（万元） | 人均 / 年（元） |
|---|---|---|---|---|
| 2017 | 113—126 | 149—167 | 114.0465 | 7200 |
| 2018 | 96—120 | 125—183 | 119.5328 | 7660 |
| 2019 | 111—128 | 149—183 | 131.2041 | 7900 |

## 第四节　社会福利

### “五保户”供养

中华人民共和国成立初期，农村鳏寡孤独无劳力农民主要靠社会扶助，辅以国家救济。农业合作化后集体积累增加，1958 年起，由大队负责“五保”，即保吃、保穿、保医、保住、保葬（孤儿保养）。后曾由公社集体供养，1962 年后又改分散到大队供养。20 世纪 80 年代始，改为集中供养和分散供养相结合，集中供养是由乡（镇）政府兴办敬老院，集中供养“五保”对象；分散供养是以乡（镇）统筹或村提留公益金供养为主体，并由乡（镇）政府或农村集体经济组织、受委托的抚养人和“五保”对象三方签订“五保”供养协议。1987 年，散居供养的“五保”老人由财政月补助生活费人均 340 元，1990 年为 480 元，1996 年为 800 元，1997 年“五保”户 28 户 31 人。2003 年实行敬老院与“五保”对象院户挂钩散居（视同集中供养）制度，散居对象财政补助生活费月人均 1470 元。2019 年，全街道有“五保”户 10 人，全部进入敬老院。财政补助生活费月人均 1800 元。

### 郭巨街道敬老院

1984 年 10 月，郭巨镇敬老院在小涂岙兴建，院长黄其香，院舍为一幢平房，建筑面积 300 平方米，占地面积 6000 平方米。2012 年，原址拆建 1 幢三层楼房，2016 年，增至 3 幢楼房，总建筑面积 2657 平方米。2019 年，收养老年人 72 人，其中“五保户”10 人，自费寄养 62 人，管理人员 2 人，护理人员 7 人，床位 100 张。设有活动室，大屏幕电视机、棋牌室等设备设施，配置有高压电蒸汽灶等厨具，宿舍内装备有电视机、空调、热水器等设备。

郭巨街道敬老院

### 峙头敬老院

1982 年 4 月，在今盛岙村怨马岭下兴办镇海县峙头公社敬老院，院长李祥根，院舍由原驻军部队 1 幢三层楼营房改建，装修 14 间宿舍及附属用房，设床位 30 张，收有 12 位“五保”老人入住，2 位管理人员。1994 年，并入郭巨镇敬老院。

### 老年公寓与老年人安置房

随着穿山港区的开发建设，自 2002 年至 2017 年，境内 14 个村被整体拆迁，尖岭岙、大岭下村部分自然村拆迁。期间，分别在郭巨福民村狗湾、白峰司沿村郑家、白峰门浦村隔山王家、白峰司沿村大岙、尖岭岙村于家岭脚、大岭下村山头泽共建造老年人安置房 1337 套。每套建筑面积 45 平方米左右。（详见第四篇穿山港区开发第五章第三节）。

华峙村老年公寓

峰南社区老年公寓

## 第五节　残疾人保障

### 福利企业

20 世纪 50 年代中期以后，境内始办社会福利工厂。1957 年，国家在税收及产、供、销方面出台了社会福利工厂的保护和扶持政策。1958 年，这类工厂增长较快。80 年代以后，随着商品经济的发展，社会福利生产单位逐步发展为社会福利企业。为扶持社会福利企业的发展，政府规定盲、聋、哑、四肢残疾（简称“四残”）人员占生产人员总数 35% 以上的可免缴所得税，超过 10% 未达 35% 的可减半缴纳所得税。时境内兴办的残疾人福利企业有峙头纸箱厂、郭巨汽动元件厂、惠业缝纫机零件厂，各厂各有残疾工人 10 名。

2016 年 10 月 10 日，民政部取消了福利企业资格认定工作，继而对安置残疾人的所有企事业单位和个体工商户，实行按纳税人安置残疾人数限额即征即退增值税的办法，促进残疾人就业。

### 残疾人待遇

2019 年，境内申领残疾证的残疾人共有 1254 人。

**2019 年底郭巨街道残疾证申领人数一览**

表 11-4-6　　单位：人

| 残疾类别 | 一级残疾 | 二级残疾 | 三级残疾 | 四级残疾 | 合计 |
|---|---|---|---|---|---|
| 合计 | 96 | 160 | 265 | 733 | 1254 |
| 视力 | 32 | 18 | 18 | 66 | 134 |
| 听力 | 22 | 15 | 73 | 386 | 496 |
| 言语 | 1 | 6 | 4 | 5 | 16 |
| 肢体 | 21 | 65 | 107 | 231 | 424 |
| 智力 | 5 | 14 | 21 | 17 | 57 |
| 精神 | 10 | 37 | 39 | 26 | 112 |
| 多重 | 5 | 5 | 3 | 2 | 15 |

**老年残疾人生活补助金**　2018 年，男满 60 周岁、女满 55 周岁未享受社保的老年残疾人申请享受生活补助金 783 人，补助标准为：一级和二级残疾人每人每月 100 元；三级和四级残疾人每人每月 70 元。

**护理补贴**　2019 年，生活困难的残疾人申请享受护理补贴共 350 人。护理补贴费分三档，一档：肢体、视力一级，精神、智力一级和二级；二档：肢体二级；三档：听力、言语一级和二级，视力二级，精神、智力三级和四级。护理补贴标准为：一档 540 元／月，二档 270 元／月，三档 135 元／月。

**残疾人基本生活保障金**　2019 年，丧失劳动力又未享受社保（土保）的残疾人申领基本生活保障金 33 人，基本生活保障金标准为 940 元／月人。

2018 年度，街道共发放生活困难残疾人补助金 67.41 万元、重度残疾人护理补贴款 121.1085 万元、残疾人社保补贴 34.3304 万元、医保医疗补助 34.3805 万元、春节和助残日慰问金 9 万元。另外申请辅助器：轮椅 10 把，门铃 5 副，安置假肢 1 人，免费实施白内障手术 19 人。

## 第六节　慈善事业

兴办慈善事业惠及弱势群体，历来是郭巨人的传统美德。旧时境内虽无慈善组织，但民间有办学校、建凉亭、施茶、施草鞋、造桥铺路、收养孤儿、收埋安葬等慈善义举。

中华人民共和国成立后，人民政府重视慈善事业，各部门和社会各界人士积极参与募集善款，救孤助残，赈灾扶贫。

1978 年党的十一届三中全会后，农村经济快速发展，农民生活明显提高，然而仍有部分农民因缺乏劳力、资金或遭天灾人祸，生活困难，单靠政府救济不能从根本上改变穷困。1986 年起，各级政府有计划地开展慈善扶贫工作，本着依靠集体、依靠群众，动员社会力量自愿参与慈善扶贫事业的原则，开展

“慈善一日捐”、村企结对扶贫帮困、冠名设立慈善基金等活动，辅之以国家补助，实施助学、助医、助困、助残等慈善事业，取得明显成效。

2012 年郭巨学校“欧宜—HOY 奖学（育）金”签约仪式

2012 年 10 月，宁波美博进出口有限公司董事长梅飞珍（谢家岙村人）出资 100 万元，在郭巨学校设立“欧宜—HOY 奖学（育）金”，每年从基金中拿出 10 万元用于奖励学生和教师。该基金由美博公司旗下的“欧宜进出口贸易有限公司”出资设立。南门村张伟善是一位在外做灯具生意的成功人士，2014 年 1 月 26 日，出资 100 万元，以其父亲张家全冠名设立“张家全慈善基金”，该基金主要用于帮助白峰镇困难群体的助医、助学、助困等。2017 年，广东中山古镇“雷蒙照明”总经理张惠芬（尖岭岙村人），得知郭巨街道正在实施小城镇环境整治，主动捐建街道主干道路灯 69 盏（价值约 6.9 万元），并亲自参与了路灯的设计调试和安装。

2018 年全街道收到慈善捐款 3.28 万元。助医 46 户，支付医药费 8 万元。助困 47 户，支付金额 5 万元。助学 13 人，支付金额 5.8 万元。2019 年收到慈善捐款 52.76 万元。

**2018—2019 年郭巨街道“慈善一日捐”一览**

表 11-4-7

| 年份 | 合计（万元） | 个人捐款 | | 单位 | |
|---|---|---|---|---|---|
| | | 人数（人） | 金额（万元） | 冠名基金（个） | 捐款（万元） |
| 2018 | 3.28 | 117 | 3.28 | — | — |
| 2019 | 52.76 | 148 | 2.76 | 村企结对 5 个 | 50 |

# 第七节　老龄工作

随着人民生活步入小康、医疗条件改善，境内老年人口比例急剧上升。2019 年全街道 60 岁以上人口有 7655 人，占街道总人口的 32.67%。郭巨街道已进入人口老龄化社会。

## 机构设施

20 世纪 90 年代初，郭巨镇建立老龄工作委员会，境内各村（社区）相继建立老年人协会。2016 年郭巨街道建立后，复建街道老龄工作委员会。至 2019 年，全街道有街道级老年人活动中心 1 个，社区老年人活动中心 2 个，各村（包括经济合作社）老年人活动中心 25 个。

## 权益保障

1988 年，省政府发布《浙江省保护老年人合法权益的若干规定》，并定每年重阳节为浙江省老人节。在老人节期间，乡镇（街道）老龄委及村（社区）老年协会组织不同形式的“满十祝寿”“金婚纪念”等活动。

镇（街道）领导慰问 90 岁及以上老年人。

2005 年，区政府规定 70 周岁以上的高龄老人享受多项优待服务项目：（1）低保和低收入高龄老人凭老龄人优待证及低保证或低收入证，免收 30% 的有线电视收视费，2019 年起，60 岁及以上老年人家庭的有线电视收视费全免。（2）独居高龄老人凭优待证，每月 10 元以下电话费全免，超过 10 元的减免。（3）宁波市公交总公司和北仑公交公司所属的所有公交线路，凭市高龄老人免费乘车卡（IC 卡），免费乘坐。（4）镇海渡（镇海—红联）及上梅渡（梅山一上阳）摆渡，实行双向免费。（5）在区属医院、街道、乡镇卫生院就诊，免收挂号费（包括急诊、复诊挂号费，不包括医疗费和专家门诊挂号费），并可优先就诊、划价、配药、化验、检查、住院等；（6）区、镇法律援助中心对符合法律援助条件的老年人及时提供法律援助，如其合法权益受到侵害提起诉讼、缴纳诉讼费确有困难的，可以缓缴、减缴或免缴。2006 年，按省政府文件规定，60 周岁以上老人可以领取优待证。

2019 年，全街道 80 周岁及以上高龄老人（户籍人口）享受高龄津贴的人数和标准分别为：1138 名 80 ～ 89 岁老人，每人每月享受高龄津贴 70 元；223 名 90 ～ 99 岁老人，每人每月 150 元；5 名 100 岁（99 周岁）以上老人，每人每月 600 元。

### 居家养老

2006 年，各村建立老年人居家养老服务中心，并开展联系结对活动。2016 年，街道老龄委会同各村、社区老年协会组织助老志愿者 485 人与 256 个重点照扶老人结对，经常去老人家里打扫卫生，帮老人洗衣服、洗脚、聊天、购物等，2019 年起，改为定期服务，每月一次，每次 2 ～ 3 小时。2011 年 8 月，东港社区首办老年人爱心食堂，并为行动不便的老年人开展送餐服务，让年老体弱的人吃上热菜热饭，老年人自负饭菜成本费。峰南社区和谢家岙村也分别于 2013 年、2016 年相继开办老年人爱心食堂。2016 年起，街道财政给予每家老年人爱心食堂以 4 ～ 5 万元不等的炊事员工资等费用补助。

### 丰富老年人精神文化生活

1990 年以后，各村（社区）老年人协会对老年人开展了各种形式的教育活动。2006 年 10 月，浙江省老年电视大学北仑分校成立后，当年底，境内各社区（村）老年人协会相继建立了“老年电大”，组织老年人于每周六上午八时集体收看浙江电视台老年大学课程，“老年电大”学员人手一本教科书。20 世纪 90 年代初，镇、村相继成立老年人体育协会，并每年举行镇、村（社区）二级老年人体育运动会。2019 年，全街道有老年体协会员 6550 人。各村（社区）共有老年文艺队伍 50 支，队员 600 余人。

### 关怀百岁老人

高龄老人历来受人尊敬。1990 年 2 月，省老龄工作委员会等部门发布《关于对百岁老人发放补助费的通知》，规定凡年满 100 周岁的老人，从 1990 年 1 月起，每人每月发生活补助费 25 元；1997 年 4 月提高到每人每月 100 元；2003 年 1 月提高到每人每月 200 元，后再度调整为每人每月 300 元。2019 年，境内有百岁老人 5 人，每人每月享受高龄津贴 600 元。高龄津贴经费由区财政支出。

## 第八节　婚丧改革

### 婚姻登记

1950 年 5 月前，男婚女嫁，不履行法律手续，全凭父母之命、媒妁之言。1950 年 5 月，《中华人民共和国婚姻法》颁布实施，人民政府实行婚姻登记制度，结婚、离婚皆需办理法律手续。登记工作初由县民政科委托柴桥区公所办理，1955 年起，改由乡镇（公社）人民政府办理。1981 年 1 月 1 日起施行新《婚姻法》，初婚年龄改为女 20 周岁，男 22 周岁，明确规定结婚应依法登记、办证。申请结婚登记时，男女双方需亲自到一方户口所在地婚姻登记管理机关申请结婚登记。且男女双方必须提供以下证件和证明：（1）户口证明（或户口簿）；（2）人事档案所在单位或者户籍所在地的村或居民委员会出具的婚姻状况证明书，并由驻村干部或居委会干部签字，到镇乡（公社）签章，对已离婚者，还必须带离婚证明书；（3）有关医疗机构出具的婚前健康检查证明；（4）免冠合影照片 4 张。

离婚必须具备以下手续：（1）当事人自愿离婚，必须双方亲自到一方户口所在地婚姻登记管理机关申请离婚登记。（2）申请离婚时必须提供下列证件和证明：户口证明（或户口簿）；人事档案所在单位或户籍所在地村委会或居委会出具的婚姻状况证明书；离婚协议书一式两份；结婚证明或者夫妻关系证明书；一寸照片每人 1 张。（3）婚姻登记机关对当事人离婚申请进行审查。自当事人提交所需证件、证明和离婚申请书 3 日起，符合离婚条件的，一个月内予以离婚登记。

2003 年 10 月 1 日，实行新《婚姻登记办法》，初婚者需符合法定婚龄，自愿婚检，凭户口本或身份证即可办理婚姻登记，离婚者需签订离婚协议。复婚手续同初婚登记。2007 年起，推进婚姻登记工作规范化、信息化，全部实现数字化管理，启用新版全省联网婚姻登记系统，避免重婚、骗婚等现象。

## 殡葬改革

境内旧俗素行木棺土葬，且多信风水。富裕人家重殓厚葬之风盛行，丧事丧仪繁琐、铺张，收丧礼、宴宾客、请僧尼、雇乐队、放鞭炮，列队送葬，喧闹游行；墓穴建造豪华，占地面积甚大，耗资颇巨，导致青山白化，土地资源浪费。

中华人民共和国成立之初，殓葬尚行旧俗，但丧事较民国时期简化。经过土地改革，广大群众接受了破除封建迷信、移风易俗的教育，改革丧葬习俗，节俭办理丧事逐步成为新风尚。1958 年平整土地，山上、旱地间旧墓大多数刨平，遗骨就地深埋。20 世纪 70 年代末，旧的丧葬习俗开始复活。

尖岭墓园

1985 年 2 月，国务院发布《关于殡葬管理的暂行规定》。1996 年 3 月，区政府印发《北仑区丧葬管理实施办法》，次年 11 月 1 日起，境内全面实施遗体火化制度。1998 年，禁止私设墓地，境内尖岭村于 1992 年先行开设经营性公墓地，占地面积 2 公顷。内有停车场，面积为 2000 平方米。2010 年，白峰镇在郭巨上台岙开设公益性公墓地，占地面积 2.2 公顷。此外，在盛岙村小盛岙、联合村柳树田、中宅村老厂后等处建有各村老坟拆迁公墓地。自实行火化之日起，灵车接送遗体，火化定点市殡仪馆。2012 年，出台《北仑区惠民殡葬政策实施办法》，接送遗体的灵车费、火化前的遗体停放服务、遗体火化费用等多项殡葬费用被免除。

# 第五章　社会保障

中华人民共和国成立前，劳动人民的生老病死无保障。中华人民共和国成立后，随着国家劳动制度改革的不断深化，社会保障制度逐步建立和完善，劳动人民的各种权益受到保护。1984 年始，境内着力构筑社会保障体系，分期实施养老保险、医疗保险、失业保险、工伤保险、生育保险。老有所养、病有所医，失业、工伤后生活受到保障，保险覆盖面逐年扩大。

## 第一节　养老保险

### 职工基本养老保险

1993 年 9 月，建立宁波市统一的企业职工基本养老保险制度，即社会统筹和个人账户相结合的制度。改变了养老保险费用由国家、企业包办的体制，实行国家、企业（单位）、个人三方共同负担。1997 年 12 月，宁波市颁发《关于宁波市城镇、县以下集体企业职工基本养老保险实施办法》，境内乡办企业分两步在正副厂长、书记和中层干部中实施社会养老保险制度。2000 年 5 月，村支部（总支）书记实行社会养老保险，确定月投保额为 227 元，其中乡、村两级负担 182 元，个人负担 45 元。

### 城乡居民社会养老保险

2010 年 1 月，实施城乡居民社会养老保险制度，由政府主导，居民自愿参保。城乡居民社会养老保险实行按年缴费，缴费标准为每年 100 元、300 元、500 元、800 元、1100 元、1400 元、1700 元、2000 元共 8 档。享受待遇由基础养老金、个人账户养老金和缴费年限养老金三部分组成。制度实施时，已年满 60 周岁人员，可直接按月领取基础养老金，基础养老金 2010 年每人每月为 80 元，2011 年为 110 元，2012 年为 140 元。2010 年社会养老保险扩大至乡镇企业全体职工和各类工商企业职工、个体劳动自由职业者以及无社会保险的城乡居民，投保额也有所提高。2010 年起，被征地人员养老保险转入城乡居民社会养老保险，2019 年买社保按月缴 637 元，缴足 15 年，退休后领每月 2000 元左右养老金。至 2019 年底，全街道有 5907 人按月领取社会养老保险金。

### 被征地人员养老保障金及生活补助

2003 年，实施被征地人员养老保险制度（简称“土保”），采取个人、集体和政府按比例缴费的办法。“土保”金设置一至三档缴费标准和待遇标准，至女满 55 周岁、男满 60 周岁时，参保人员可按月领取被征地人员养老保障金。后被征地人员养老保障金待遇标准逐年有所提高，至 2019 年，被征地人员养老保障金待遇为每人每月 740 元。2010 年起，被征地人员养老保障补缴养老保险费（需补足 15 年，15 年补缴额为 177066 元。50 ～ 59 周岁女性至退休前的月补缴额为 983.7 元，60 ～ 70 周岁补缴者按月补缴额 983.7 元打折扣，折扣率为 0.95 ～ 0.50）后可转入城乡居民社会养老保险。至 2019 年底，全街道有 3311 人享受“土保”政策。

## 2016—2019 年境内被征地人员养老保障金标准一览

表 14-5-1

| 年份 | 养老保障金（元 / 月） |
| --- | --- |
| 2016 | 650 |
| 2017 | 680 |
| 2018 | 710 |
| 2019 | 740 |

**生活补助**　土地被征用人员，未到退休年龄，可选择按月领取生活补助费或一次性领取安置补助费。1994 年标准为每人每月 100 元。以后结合宁波市区城镇居民最低生活保障标准变动作相应调整。2012 年为每人每月 419 元；2017 年为每人每月 565 元；2019 年每人每月补助 611 元。

# 第二节　医疗保险

### 城镇职工基本医疗保险

2001 年 1 月起实施《宁波市城镇职工基本医疗保险暂行规定》,参加医疗保险对象扩大到所有企业（国有、集体、合作制、外商投资、私营等各种所有制企业）、国家机关、事业单位、社会团体，民办非企业的事业单位职工，参加医疗保险人员必须先参加基本养老保险。非公企业职工的医疗保险自 2007 年开始实行。保险费用由用人单位和职工个人共同缴纳。职工未办理退休手续时，应连续缴纳基本医疗保险费。缴费年限不足 20 年的，应按当年缴纳基数一次性补足 20 年，方可享受退休人员基本医疗保险待遇。参加城镇职工基本医疗保险的由区社保处统一办理。

基本医疗保险实行定点医疗机构和定点零售药店管理，参保人员在社会保险机构定点的医疗机构就医、购药，也可以凭定点医疗机构开具的处方到定点药店购药，上述发生的费用由个人账户支付，个人账户不足的，由个人自付。参保人员住院发生的费用，在起付标准以下的，由个人账户支付或个人承担。在起付标准以上的、至最高支付限额以上的医疗费用主要由统筹基金支付，个人适当承担。

### 城镇居民基本医疗保险

2008 年，实施城镇居民基本医疗保险参保工作，每年交 600 ～ 900 元，B 档享受每年 3000 元门诊报销，A 档享受每年 4000 元门诊报销。住院报销比例按档确定。2009 年起，对居民参保人员的个人缴费部分，在市定基础上增加部分财政补贴，其中老年居民和婴幼儿增补 100 元 / 年，非从业人员增补 150 元 / 年，学生及未成年人增补 50 元 / 年。2011 年起改称城乡居民医疗保险，加入大病医疗保险。2019 年，参保缴费标准成年人 750 元 / 人，儿童 450/ 人，低保户免费参保。2019 年，全街道参加城乡居民医疗保险 12116 人。

### 新型农村合作医疗制度

新型农村合作医疗制度是由政府支持、引导、组织，农民自愿参加，个人、集体和政府多方筹资，以大病统筹为主的农民医疗互助共济制度。1968 年，境内各生产大队建立合作医疗制度。1998 年 1 月 1 日起实行农民大病医疗保险。参保对象为未参加城镇职工医疗保险的农业人口、城镇居民。参保时必须以户为单位，实行以户编证号的医疗保障制度。2004 年 7 月 1 日起，实施新型农村合作医疗和大病统筹医疗，农村居民均可参加。人均年参保费 90 元，其中个人出资 20 元，财政补贴 70 元，低保户免费参保。2011 年起新型农村合作医疗纳入城乡居民医疗保险。

## 第三节　工伤保险

为保障职工的人身安全，降低企业的工伤赔付风险，保护企业职工的合法权益，使其在遭受工伤事故时能够及时获得经济上的补偿，享受工伤保险待遇。

1995 年 1 月起，施行《宁波市北仑区职工工伤保险暂行办法》，范围和对象定为已参加离退休费社会统筹和养老保险的企事业单位的全体职工（包括“三资”企业的中方人员），1998 年 1 月施行《宁波市企业职工工伤保险暂行办法》，境内的国有、集体、私营、外商投资等各类企业被纳入工伤保险范围，工伤保险费用实行社会统筹，设立工伤保险基金。2002 年 8 月，区劳动局设立社保科，承担区内职工劳动能力鉴定、工伤认定的职责。2004 年，农民工参加工伤保险及工伤保险市统筹工作开始启动，工伤保险统一由区社保处办理。

## 第四节　失业保险

1986 年 10 月 1 日起，境内开始实施失业保险，参保对象为国有、集体企业中的固定职工和劳动合同制工人，机关、团体、事业单位中的合同制工人，内联企业中劳动关系在境内的职工。基金比例为每月按工资总额的 1% 缴纳。1996 年 1 月 1 日起，实施《浙江省职工失业保险条例》。参保对象扩大为国有、集体、股份制、合作、私营、外商合资、独资企业等合同制工人，基金缴纳由单位和个人两部分组成，其中单位按月工资总额的 1% 缴纳，个人按月平均工资的 0.5% 缴纳。1999 年 1 月 1 日后，失业保险再次调整，事业单位职工亦纳入保险对象，缴纳标准调整为单位按月工资总额的 2%，个人为月平均工资的 1% 缴纳，农民工本人不缴纳失业保险基金。

根据 2003 年《浙江省失业保险条例》的规定，实施失业保险征缴范围为所有企业、事业单位、社会团体、民办企事业、有雇工的城镇个体工商户及其形成劳动关系的职工、雇员均应参加失业保险。由区社保处统一办理。

## 第五节　生育保险

1995 年 1 月 1 日起，区政府《关于印发（宁波市北仑区女职工生育基金统筹暂行办法）的通知》文件施行，实施范围和对象定为已参加离退休费社会统筹和养老保险的企事业单位的全体职工（包括“三资”企业的中方人员）。2003 年 5 月 1 日，《宁波市城镇企业职工生育保险暂行办法》（市政府第 108 号令）施行，把城镇各类企业、民办企业单位及其职工纳入生育保险范畴。生育保险费用按照“以支定收，收支基本平衡”的原则实行社会统筹，建立生育保险基金。

# 第六章　婚姻家庭

中华人民共和国成立前，境内有早婚习俗，俗谚有“十七十八，上丁上甲”之说，即男子18岁就要娶亲，女子得出嫁，结婚生育。中华人民共和国成立后，《中华人民共和国婚姻法》规定结婚年龄男20周岁，女18周岁。1981年1月1日起，新《中华人民共和国婚姻法》公布施行，推行晚婚晚育，结婚年龄修改为男22周岁，女20周岁。

家庭结构从过去的几代大家庭组合，趋向父母子女一家的2～3人的小型化家庭，家庭人口减少。1990年第四次人口普查，二代户比例占72.77%，2010年第六次人口普查，一代户比例升至57.76%，二代户比例降至33.23%。

## 第一节　婚姻状况

中华人民共和国成立前，婚姻凭父母之命、媒妁之言，讲究门当户对，早生儿子早得福，故普遍早婚。一般男性十八九岁、女性十六七岁就结婚。还有领童养媳、入赘、换亲、典妻等劣俗，有的因家庭贫困而终身未娶，而富贵人家却可三妻四妾。女子丧偶须终身守寡，不得改嫁。中华人民共和国成立后，1950年5月1日颁布施行的新中国第一部婚姻法，废除了包办强迫、重婚纳妾、侵害妇女儿童权益的封建婚姻制度，建立了婚姻自由、一夫一妻、男女平等的新婚姻制度。20世纪70年代初以后，国家开始大力推行计划生育，倡导晚婚晚育。

据境内第三至第六次全国人口普查婚姻状况数据分析比较，15岁及以上年龄人口中，婚姻状况呈现三个方面的特征（1）男性未婚人口数高于女性。（2）有配偶比重女性稍高于男性。（3）女性丧偶比重高于男性约6个百分点。（4）离婚比重上升，男性离婚比重高于女性离婚比重。

**境内第三次、第四次全国人口普查婚姻一览**

表14-6-1　　　　单位：人

| 项目 | 第三次人口普查（1984年） | | | | | | 第四次人口普查（1990年） | | | | | |
|---|---|---|---|---|---|---|---|---|---|---|---|---|
| | 人数 | 比重（%） | 其中 | | | | 人数 | 比重（%） | 其中 | | | |
| | | | 男 | 比重（%） | 女 | 比重（%） | | | 男 | 比重（%） | 女 | 比重（%） |
| 15岁以上人口 | 17488 | 100 | 8900 | 100 | 8588 | 100 | 17994 | 100 | 9084 | 100 | 8910 | 100 |
| 未婚 | 4763 | 27.2 | 2777 | 31.2 | 1986 | 23.1 | 3251 | 18.1 | 2020 | 22.2 | 1231 | 13.8 |
| 有配偶 | 11469 | 65.6 | 5718 | 64.3 | 5751 | 66.9 | 13387 | 74.4 | 6616 | 72.8 | 6771 | 75.9 |
| 丧偶 | 1143 | 6.54 | 300 | 3.37 | 843 | 9.82 | 1217 | 6.76 | 325 | 3.58 | 892 | 10 |
| 离婚 | 113 | 0.65 | 105 | 1.18 | 8 | 0.09 | 139 | 0.77 | 123 | 1.35 | 16 | 0.18 |

## 境内第五次、第六次全国人口普查婚姻一览

表 14-6-2　　单位：人

| 项目 | 第五次人口普查（2000年） | | | | | | 第六次人口普查（2010年） | | | | | |
|---|---|---|---|---|---|---|---|---|---|---|---|---|
| | 人数 | 比重（%） | 其中 | | | | 人数 | 比重（%） | 其中 | | | |
| | | | 男 | 比重(%) | 女 | 比重(%) | | | 男 | 比重(%) | 女 | 比重(%) |
| 15岁以上人口 | 13780 | 100 | 7670 | 100 | 6110 | 100 | 15740 | 100 | 8235 | 100 | 7501 | 100 |
| 未婚 | 1290 | 9.4 | 980 | 12.8 | 310 | 5.1 | 2085 | 13.2 | 1340 | 16.3 | 745 | 10.0 |
| 有配偶 | 10830 | 78.6 | 6070 | 79.1 | 4760 | 77.9 | 12090 | 76.8 | 6395 | 77.8 | 5695 | 75.9 |
| 丧偶 | 1190 | 8.6 | 280 | 3.7 | 910 | 14.9 | 1250 | 7.9 | 285 | 3.5 | 965 | 12.9 |
| 离婚 | 470 | 3.4 | 340 | 4.4 | 130 | 2.1 | 315 | 2.0 | 215 | 2.6 | 100 | 1.4 |

## 2019年郭巨街道各村（社区、合作社）18岁以上人口婚姻一览

表 14-6-3

| 村别 | 项目 | 总人数（人） | 在总人数中占比（%） | 男性 | | 女性 | |
|---|---|---|---|---|---|---|---|
| | | | | 人数（人） | 占比（%） | 人数（人） | 占比（%） |
| 合计 | 合计 | 20805 | 100.0 | 10094 | 48.5 | 10711 | 51.5 |
| | 未婚 | 2984 | 14.3 | 1635 | 54.8 | 1349 | 45.2 |
| | 有配偶 | 15353 | 73.8 | 7615 | 49.6 | 7738 | 50.4 |
| | 其中再婚 | 497 | 2.4 | 258 | 51.9 | 239 | 48.1 |
| | 丧偶 | 1541 | 7.4 | 380 | 24.7 | 1161 | 75.3 |
| | 离婚 | 927 | 4.5 | 464 | 50.1 | 463 | 49.9 |
| 大涂塘村 | 合计 | 702 | 100.0 | 345 | 49.1 | 357 | 50.9 |
| | 未婚 | 110 | 15.7 | 58 | 52.7 | 52 | 47.3 |
| | 有配偶 | 466 | 66.4 | 233 | 50.0 | 233 | 50.0 |
| | 其中再婚 | 23 | 3.3 | 12 | 52.2 | 11 | 47.8 |
| | 丧偶 | 67 | 9.5 | 23 | 34.3 | 44 | 65.7 |
| | 离婚 | 35 | 5.0 | 18 | 51.4 | 17 | 48.6 |
| 西门村 | 合计 | 1155 | 100.0 | 585 | 50.6 | 570 | 49.4 |
| | 未婚 | 218 | 18.9 | 141 | 64.7 | 77 | 35.3 |
| | 有配偶 | 794 | 68.7 | 394 | 49.6 | 400 | 50.4 |
| | 其中再婚 | 20 | 1.7 | 8 | 40.0 | 12 | 60.0 |
| | 丧偶 | 100 | 8.7 | 22 | 22.0 | 78 | 78.0 |
| | 离婚 | 43 | 3.7 | 28 | 65.1 | 15 | 34.9 |
| 东门村 | 合计 | 1214 | 100.0 | 611 | 50.3 | 603 | 49.7 |
| | 未婚 | 238 | 19.6 | 138 | 58.0 | 100 | 42.0 |
| | 有配偶 | 849 | 69.9 | 424 | 49.9 | 425 | 50.1 |
| | 其中再婚 | 40 | 3.3 | 20 | 50.0 | 20 | 50.0 |
| | 丧偶 | 68 | 5.6 | 14 | 20.6 | 54 | 79.4 |
| | 离婚 | 59 | 4.9 | 35 | 59.3 | 24 | 40.7 |

续表 14-6-3

| 村别 | 项目 | 总人数（人） | 在总人数中占比（%） | 男性 | | 女性 | |
|---|---|---|---|---|---|---|---|
| | | | | 人数（人） | 占比（%） | 人数（人） | 占比（%） |
| 南门村 | 合计 | 1818 | 100.0 | 875 | 48.1 | 943 | 51.9 |
| | 未婚 | 225 | 12.4 | 133 | 59.1 | 92 | 40.9 |
| | 有配偶 | 1367 | 75.2 | 678 | 49.6 | 689 | 50.4 |
| | 其中再婚 | 41 | 2.3 | 24 | 58.5 | 37 | 90.2 |
| | 丧偶 | 162 | 8.9 | 37 | 22.8 | 125 | 77.2 |
| | 离婚 | 64 | 3.5 | 27 | 42.2 | 38 | 59.4 |
| 北门村 | 合计 | 976 | 100.0 | 459 | 47.0 | 517 | 53.0 |
| | 未婚 | 187 | 19.2 | 89 | 47.6 | 98 | 52.4 |
| | 有配偶 | 697 | 71.4 | 338 | 48.5 | 359 | 51.5 |
| | 其中再婚 | 12 | 1.2 | 5 | 41.7 | 7 | 58.3 |
| | 丧偶 | 65 | 6.7 | 20 | 30.8 | 45 | 69.2 |
| | 离婚 | 27 | 2.8 | 12 | 44.4 | 15 | 55.6 |
| 尖岭岙村 | 合计 | 771 | 100.0 | 367 | 47.6 | 404 | 52.4 |
| | 未婚 | 62 | 8.0 | 31 | 50.0 | 31 | 50.0 |
| | 有配偶 | 628 | 81.5 | 314 | 50.0 | 314 | 50.0 |
| | 其中再婚 | 8 | 1.0 | 4 | 50.0 | 4 | 50.0 |
| | 丧偶 | 56 | 7.3 | 9 | 16.1 | 47 | 83.9 |
| | 离婚 | 25 | 3.2 | 13 | 52.0 | 12 | 48.0 |
| 路亭村 | 合计 | 581 | 100.0 | 280 | 48.2 | 301 | 51.8 |
| | 未婚 | 62 | 10.7 | 34 | 54.8 | 28 | 45.2 |
| | 有配偶 | 420 | 72.3 | 210 | 50.0 | 210 | 50.0 |
| | 其中再婚 | 30 | 5.2 | 16 | 53.3 | 14 | 46.7 |
| | 丧偶 | 61 | 10.5 | 16 | 26.2 | 45 | 73.8 |
| | 离婚 | 38 | 6.5 | 20 | 52.6 | 18 | 47.4 |
| 双岙村 | 合计 | 1008 | 100.0 | 475 | 47.1 | 533 | 52.9 |
| | 未婚 | 201 | 19.9 | 104 | 51.7 | 97 | 48.3 |
| | 有配偶 | 699 | 69.3 | 336 | 48.1 | 363 | 51.9 |
| | 其中再婚 | 19 | 1.9 | 8 | 42.1 | 11 | 57.9 |
| | 丧偶 | 62 | 6.2 | 13 | 21.0 | 49 | 79.0 |
| | 离婚 | 46 | 4.6 | 22 | 47.8 | 24 | 52.2 |
| 谢家岙村 | 合计 | 496 | 100.0 | 242 | 48.8 | 254 | 51.2 |
| | 未婚 | 54 | 10.9 | 29 | 53.7 | 25 | 46.3 |
| | 有配偶 | 363 | 73.2 | 189 | 52.1 | 174 | 47.9 |
| | 其中再婚 | 22 | 4.4 | 11 | 50.0 | 11 | 50.0 |
| | 丧偶 | 46 | 9.3 | 6 | 13.0 | 40 | 87.0 |
| | 离婚 | 33 | 6.7 | 18 | 54.5 | 15 | 45.5 |
| 华峙村 | 合计 | 2214 | 100.0 | 1075 | 48.6 | 1139 | 51.4 |
| | 未婚 | 180 | 8.1 | 92 | 51.1 | 88 | 48.9 |
| | 有配偶 | 1806 | 81.6 | 903 | 50.0 | 903 | 50.0 |
| | 其中再婚 | 22 | 1.0 | 9 | 40.9 | 13 | 59.1 |

续表 14–6–3

| 村别 | 项目 | 总人数（人） | 在总人数中占比（%） | 男性 | | 女性 | |
|---|---|---|---|---|---|---|---|
| | | | | 人数（人） | 占比（%） | 人数（人） | 占比（%） |
| 华峙村 | 丧偶 | 148 | 6.7 | 44 | 29.7 | 104 | 70.3 |
| | 离婚 | 80 | 3.6 | 36 | 45.0 | 44 | 55.0 |
| 福明村 | 合计 | 808 | 100.0 | 400 | 49.5 | 408 | 50.5 |
| | 未婚 | 147 | 18.2 | 77 | 52.4 | 70 | 47.6 |
| | 有配偶 | 564 | 69.8 | 284 | 50.4 | 280 | 49.6 |
| | 其中再婚 | 32 | 4.0 | 16 | 50.0 | 16 | 50.0 |
| | 丧偶 | 64 | 7.9 | 18 | 28.1 | 46 | 71.9 |
| | 离婚 | 33 | 4.1 | 21 | 63.6 | 12 | 36.4 |
| 大岭下村 | 合计 | 331 | 100.0 | 165 | 49.8 | 166 | 50.2 |
| | 未婚 | 30 | 9.1 | 20 | 66.7 | 10 | 33.3 |
| | 有配偶 | 246 | 74.3 | 126 | 51.2 | 120 | 48.8 |
| | 其中再婚 | 14 | 4.2 | 7 | 50.0 | 7 | 50.0 |
| | 丧偶 | 23 | 6.9 | 4 | 17.4 | 19 | 82.6 |
| | 离婚 | 15 | 4.5 | 8 | 53.3 | 10 | 66.7 |
| 盛岙村 | 合计 | 1365 | 100.0 | 643 | 47.1 | 722 | 52.9 |
| | 未婚 | 348 | 25.5 | 173 | 49.7 | 175 | 50.3 |
| | 有配偶 | 852 | 62.4 | 422 | 49.5 | 430 | 50.5 |
| | 其中再婚 | 27 | 2.0 | 16 | 59.3 | 11 | 40.7 |
| | 丧偶 | 88 | 6.4 | 14 | 15.9 | 74 | 84.1 |
| | 离婚 | 77 | 5.6 | 34 | 44.2 | 43 | 55.8 |
| 联合村 | 合计 | 752 | 100.0 | 366 | 48.7 | 386 | 51.3 |
| | 未婚 | 103 | 13.7 | 68 | 66.0 | 35 | 34.0 |
| | 有配偶 | 514 | 68.4 | 247 | 48.1 | 267 | 51.9 |
| | 其中再婚 | 33 | 4.4 | 16 | 48.5 | 17 | 51.5 |
| | 丧偶 | 52 | 6.9 | 10 | 19.2 | 42 | 80.8 |
| | 离婚 | 50 | 6.6 | 25 | 50.0 | 25 | 50.0 |
| 洋涨村 | 合计 | 737 | 100.0 | 337 | 45.7 | 400 | 54.3 |
| | 未婚 | 68 | 9.2 | 28 | 41.2 | 40 | 58.8 |
| | 有配偶 | 501 | 68.0 | 243 | 48.5 | 258 | 51.5 |
| | 其中再婚 | 34 | 4.6 | 15 | 44.1 | 19 | 55.9 |
| | 丧偶 | 60 | 8.1 | 8 | 13.3 | 52 | 86.7 |
| | 离婚 | 74 | 10.0 | 31 | 41.9 | 43 | 58.1 |
| 长浦村 | 合计 | 222 | 100.0 | 106 | 47.7 | 116 | 52.3 |
| | 未婚 | 11 | 5.0 | 6 | 54.5 | 5 | 45.5 |
| | 有配偶 | 186 | 83.8 | 92 | 49.5 | 94 | 50.5 |
| | 离婚 | 4 | 1.8 | 2 | 50.0 | 2 | 50.0 |
| | 其中再婚 | 6 | 2.7 | 3 | 50.0 | 3 | 50.0 |
| | 丧偶 | 19 | 8.6 | 5 | 26.3 | 14 | 73.7 |
| 双屯村 | 合计 | 193 | 100.0 | 95 | 49.2 | 98 | 50.8 |
| | 未婚 | 24 | 12.4 | 16 | 66.7 | 8 | 33.3 |

续表 14-6-3

| 村别 | 项目 | 总人数（人） | 在总人数中占比（%） | 男性 | | 女性 | |
|---|---|---|---|---|---|---|---|
| | | | | 人数（人） | 占比（%） | 人数（人） | 占比（%） |
| 双屯村 | 有配偶 | 142 | 73.6 | 69 | 48.6 | 72 | 50.7 |
| | 其中再婚 | 7 | 3.6 | 4 | 57.1 | 3 | 42.9 |
| | 丧偶 | 15 | 7.8 | 1 | 6.7 | 14 | 93.3 |
| 长坑村 | 合计 | 309 | 100.0 | 148 | 47.9 | 161 | 52.1 |
| | 未婚 | 22 | 7.1 | 14 | 63.6 | 8 | 36.4 |
| | 有配偶 | 250 | 80.9 | 120 | 48.0 | 130 | 52.0 |
| | 其中再婚 | 15 | 4.9 | 15 | 100.0 | 0 | 0.0 |
| | 丧偶 | 23 | 7.4 | 10 | 43.5 | 13 | 56.5 |
| | 离婚 | 14 | 4.5 | 4 | 28.6 | 10 | 71.4 |
| 中宅社 | 合计 | 512 | 100.0 | 232 | 45.3 | 280 | 54.7 |
| | 未婚 | 57 | 11.1 | 21 | 36.8 | 36 | 63.2 |
| | 有配偶 | 394 | 77.0 | 197 | 50.0 | 197 | 50.0 |
| | 其中再婚 | 6 | 1.2 | 3 | 50.0 | 3 | 50.0 |
| | 丧偶 | 12 | 2.3 | 6 | 50.0 | 6 | 50.0 |
| | 离婚 | 49 | 9.6 | 8 | 16.3 | 41 | 83.7 |
| 上宅社 | 合计 | 742 | 100.0 | 381 | 51.3 | 361 | 48.7 |
| | 未婚 | 97 | 13.1 | 62 | 63.9 | 35 | 36.1 |
| | 有配偶 | 543 | 73.2 | 277 | 51.0 | 266 | 49.0 |
| | 其中再婚 | 16 | 2.2 | 7 | 43.8 | 9 | 56.3 |
| | 丧偶 | 56 | 7.5 | 14 | 25.0 | 42 | 75.0 |
| | 离婚 | 46 | 6.2 | 28 | 60.9 | 18 | 39.1 |
| 沙湾社 | 合计 | 645 | 100.0 | 313 | 48.5 | 332 | 51.5 |
| | 未婚 | 69 | 10.7 | 37 | 53.6 | 32 | 46.4 |
| | 有配偶 | 490 | 76.0 | 246 | 50.2 | 244 | 49.8 |
| | 其中再婚 | 15 | 2.3 | 8 | 53.3 | 7 | 46.7 |
| | 丧偶 | 55 | 8.5 | 17 | 30.9 | 38 | 69.1 |
| | 离婚 | 31 | 4.8 | 13 | 41.9 | 18 | 58.1 |
| 光明社 | 合计 | 521 | 100.0 | 256 | 49.1 | 265 | 50.9 |
| | 未婚 | 43 | 8.3 | 22 | 51.2 | 21 | 48.8 |
| | 有配偶 | 431 | 82.7 | 206 | 47.8 | 225 | 52.2 |
| | 其中再婚 | 18 | 3.5 | 10 | 55.6 | 8 | 44.4 |
| | 丧偶 | 31 | 6.0 | 18 | 58.1 | 13 | 41.9 |
| | 离婚 | 16 | 3.1 | 10 | 62.5 | 6 | 37.5 |
| 花船社 | 合计 | 174 | 100.0 | 83 | 47.7 | 91 | 52.3 |
| | 未婚 | 31 | 17.8 | 20 | 64.5 | 11 | 35.5 |
| | 有配偶 | 125 | 71.8 | 55 | 44.0 | 70 | 56.0 |
| | 其中再婚 | 2 | 1.1 | 1 | 50.0 | 1 | 50.0 |
| | 丧偶 | 9 | 5.2 | 2 | 22.2 | 7 | 77.8 |
| | 离婚 | 9 | 5.2 | 6 | 66.7 | 3 | 33.3 |

续表 14-6-3

| 村别 | 项目 | 总人数（人） | 在总人数中占比（%） | 男性 | | 女性 | |
|---|---|---|---|---|---|---|---|
| | | | | 人数（人） | 占比（%） | 人数（人） | 占比（%） |
| 竹湾社 | 合计 | 372 | 100.0 | 160 | 43.0 | 212 | 57.0 |
| | 未婚 | 37 | 9.9 | 22 | 59.5 | 15 | 40.5 |
| | 有配偶 | 305 | 82.0 | 133 | 43.6 | 172 | 56.4 |
| | 其中再婚 | 4 | 1.1 | 3 | 75.0 | 1 | 25.0 |
| | 丧偶 | 25 | 6.7 | 2 | 8.0 | 23 | 92.0 |
| | 离婚 | 5 | 1.3 | 3 | 60.0 | 2 | 40.0 |
| 后墩社 | 合计 | 647 | 100.0 | 335 | 51.8 | 312 | 48.2 |
| | 未婚 | 144 | 22.3 | 81 | 56.3 | 63 | 43.8 |
| | 有配偶 | 367 | 56.7 | 183 | 49.9 | 184 | 50.1 |
| | 其中再婚 | 18 | 2.8 | 12 | 66.7 | 6 | 33.3 |
| | 丧偶 | 87 | 13.4 | 42 | 48.3 | 45 | 51.7 |
| | 离婚 | 49 | 7.6 | 29 | 59.2 | 20 | 40.8 |
| 渔业社 | 合计 | 105 | 100.0 | 49 | 46.7 | 56 | 53.3 |
| | 未婚 | 3 | 2.9 | 1 | 33.3 | 2 | 66.7 |
| | 有配偶 | 87 | 82.9 | 42 | 48.3 | 45 | 51.7 |
| | 其中再婚 | 1 | 1.0 | 1 | 100.0 | 0 | 0.0 |
| | 丧偶 | 13 | 12.4 | 4 | 30.8 | 9 | 69.2 |
| | 离婚 | 1 | 1.0 | 1 | 100.0 | 0 | 0.0 |
| 东港社区 | 合计 | 1222 | 100.0 | 649 | 53.1 | 573 | 46.9 |
| | 未婚 | 171 | 14.0 | 101 | 59.1 | 70 | 40.9 |
| | 有配偶 | 994 | 81.3 | 535 | 53.8 | 459 | 46.2 |
| | 其中再婚 | 1 | 0.1 | 0 | 0.0 | 1 | 100.0 |
| | 丧偶 | 33 | 2.7 | 5 | 15.2 | 28 | 84.8 |
| | 离婚 | 24 | 2.0 | 8 | 33.3 | 16 | 66.7 |
| 峰南社区 | 合计 | 326 | 100.0 | 142 | 43.6 | 184 | 56.4 |
| | 未婚 | 42 | 12.9 | 17 | 40.5 | 25 | 59.5 |
| | 有配偶 | 273 | 83.7 | 119 | 43.6 | 154 | 56.4 |
| | 其中再婚 | 5 | 1.5 | 1 | 20.0 | 4 | 80.0 |
| | 丧偶 | 4 | 1.2 | 1 | 25.0 | 3 | 75.0 |
| | 离婚 | 7 | 2.1 | 5 | 71.4 | 2 | 28.6 |

## 第二节　家庭结构

### 家庭规模

中华人民共和国成立前，提倡多子多福，人丁兴旺，七八人家庭户不在少数；四世同堂，一户十几口人亦有。20 世纪 50 ～ 70 年代人口快速增长，每百户人口数随之增加。1953 年全国第一次人口普查时，郭巨镇平均每百户人口 444 人，峙头乡每百户人口 416 人。1964 年，郭巨、峙头公社平均每百户人口分别达474人、475人。

20世纪80年代后，随着计划生育政策的贯彻落实，“2+1”小家庭增多，4人以上家庭户减少，平均每百户人口数减少。1990年全国第四次人口普查时，境内平均每百户人口为311人。2010年全国第六次人口普查时，境内平均每百户人口为269人。1990年与2010年相比，家庭户口规模明显趋向小型化，1990年，3人户家庭比例最高，占总户数的32.27%，其次是4人户占28.29%。2010年，2人户家庭比例最高，占总户数的38.51%，1人户亦占总户数的23.01%，而3人户仅占24.35%，4人户只占8.51%。

## 1990年、2000年、2010年、2019年境内家庭户口规模一览

表14-6-4

| 年份 / 户口规模 | 1990年 | | 2000年 | | 2010年 | | 2019年 | |
|---|---|---|---|---|---|---|---|---|
| | 户数（户） | 所占比例（%） | 户数（户） | 所占比例（%） | 户数（户） | 所占比例（%） | 户数（户） | 所占比例（%） |
| 总户数 | 7437 | 100.00 | 6358 | 100.00 | 7595 | 100.00 | 8849 | 100.00 |
| 1人户 | 751 | 10.10 | 1186 | 18.65 | 1747 | 23.01 | 2124 | 24.00 |
| 2人户 | 1418 | 19.07 | 2070 | 32.56 | 2925 | 38.51 | 2128 | 24.05 |
| 3人户 | 2399 | 32.27 | 1833 | 28.83 | 1850 | 24.35 | 2447 | 27.65 |
| 4人户 | 2104 | 28.29 | 821 | 12.91 | 647 | 8.51 | 1217 | 13.75 |
| 5人户 | 638 | 8.57 | 360 | 5.66 | 360 | 4.75 | 605 | 6.84 |
| 6人户 | 107 | 1.43 | 67 | 1.05 | 52 | 0.69 | 239 | 2.70 |
| 7人户 | 20 | 0.27 | 9 | 0.14 | 9 | 0.12 | 65 | 0.73 |
| 8人户 | — | — | 10 | 0.16 | 3 | 0.04 | 24 | 0.27 |
| 9人户 | — | — | 2 | 0.03 | 2 | 0.02 | — | — |

## 家庭类别

1990年第四次人口普查时，境内家庭二代户占家庭户数的77.77%，2000年、2010年分别降至43.21%、33.23%。而一代户则由1990年的16.17%上升至2000年、2010年的44.45%、57.76%。

## 第四至第六次全国人口普查及2019年境内家庭户类别一览

表14-6-5

| 年份 | 平均每户（人） | 合计 | | 一代户 | | 二代户 | | 三代户 | | 四代户 | |
|---|---|---|---|---|---|---|---|---|---|---|---|
| | | 户数（户） | 占比（%） | 户数（户） | 占比（%） | 户数（户） | 占比（%） | 户数（户） | 占比（%） | 户数（户） | 占比（%） |
| 1990 | 3.11 | 6591 | 100 | 1066 | 16.17 | 4796 | 72.77 | 712 | 10.80 | 17 | 0.26 |
| 2000 | 3.1 | 6358 | 100 | 2826 | 44.45 | 2747 | 43.21 | 750 | 11.80 | 35 | 0.55 |
| 2010 | 2.69 | 7595 | 100 | 4387 | 57.76 | 2524 | 33.23 | 657 | 8.65 | 27 | 0.36 |
| 2019 | 2.66 | 8849 | 100 | 4252 | 48.05 | 3726 | 42.11 | 800 | 9.04 | 71 | 0.80 |

# 第七章　宗教

境内居民信佛教、基督教皆有，其中信佛教者居多。佛教、基督教均有寺院和教堂作为固定的活动场所，并有僧尼和教会神职人员主持其事。境内曾有道观，已消失。至 2019 年，有批准登记的开放宗教活动场所 3 处，教职人员 10 人。其中佛教寺院 2 处，有僧职人员 30 余人；基督教堂 1 处，基督教登记信徒 200 余人。有佛教民间信仰点庙宇 19 处。

## 第一节　佛教

境内佛教传入较早，宋建炎四年（1130），先贤汪氏已在云隐岗建敬神拜佛的香火堂，现称云隐寺。明初建所城时，西街建有城隍庙，南街建有林府庙，北街建有东岳宫，东街建有石公庙。建所城后，又建有海云寺、甘露庵、路亭庵等寺庵。境内各村落有大涂庙、白云庵、华峙镇首庙、上宅杨府庙、盛岙庙、升螺骑龙庙等寺庙。中华人民共和国成立后，多座寺庙改办学校。“文化大革命”期间，佛像法器被毁，寺庙或拆除或移作他用，公开的佛事活动停止。80 年代始恢复宗教活动。寺院的佛事活动一般有以下几种：一是僧尼师徒早晨、夜晚上殿诵经，晨钟暮鼓，为信徒做佛事；二是外出为丧家超度亡灵；三是逢佛诞举行祝颂仪式或办大型庙会。民间信徒每逢初一、月半到庙里烧香念佛，求佛保佑平安，祈求赐福；如逢病愈、高升、丰收等喜事，还要烧香还愿；如有丧事等要做佛事，普度亡灵；更多的是诵经吃素，劝人为善，修行来世。二十世纪五六十年代，中老年妇女还去天童、育王等地朝山进香，十分虔诚，有的要连续三五年。近年来境内信徒烧香更盛、路途更远，近的到普陀山，远的去五台山等“四大佛国”烧香拜佛已很普遍。至 2019 年，境内尚有寺院 2 座，村庙 19 座。有 14 座古庙、古宫、古堂毁于战火，或拆建成别的建筑。

### 寺庙简介

***海云禅寺***　位于南门外观妙山（旗山）上，坐北朝南，始建于明前期，初名海云堂。因观妙山低又小，此山名逐渐被人们遗忘，而以海云堂（山）代之。明成化十二年（1476），半塘筑成后，半塘形如旗杆，海云堂山形如大旗，后地图上标注称旗山。

1943 年 7 月，日本侵略军投放细菌弹，郭巨人民深受其害，短时间得病死亡人数 120 余人，海云堂设立战地医疗救护站进行救治。1950 年，舟山解放前夕，解放军驻守海云堂。1951 年，郭巨最早的卫生院设在海云堂内。土改时作公产分为民房，1955 年，住持释嘉仁，寺房 11 间，田地 1.9 亩，缅甸玉卧佛一尊。1966—1976 年“文化大革命”期间，寺院被毁。1986—1992 年，住持释通林，修复寺院。1990 年 4 月，经政府批准为开放宗教活动场所。1993 年 12 月，北仑区政府批准海云堂改名为海云禅寺。此后住持僧释果钊。1994—2006 年，释果钊先后筹资 200 余万元，兴建三圣殿、地王殿、天王殿、水陆坛、大雄宝殿及厢房 35 间，建筑面积达 2200 余平方米。2011 年，又筹资 500 余万元，重建大雄宝殿（拆了原天王殿），在寺前新建天王殿、山门、照壁和围墙等，建筑面积达 2500 余平方米，弘法功能日臻完善。

## 附：晚清贡生汪赞述诗

《游海云堂》

汪赞述

杖藜放步上高山，簇簇奇峰指顾间。
江水长流青峙浦，晴岚遥锁白云湾。
千家烟火窗中见，一叶风帆海上还。
闲共诸君乘船磴，竹林深处夕阳殷。

**云隐寺**　位于郭巨城北总台南麓之“云岭山冈”（古称杨家山），海拔239米，因山岗终日云雾缭绕，竹木成荫，由此得名。宋建炎四年（1130），先贤汪氏在山岗上垦种期间为敬神而建香火堂一间。后由住持僧达开募缘扩建佛殿，取名“云隐庵”，俗称“云里庵”。至清乾隆初期（1736），改庵为寺。清光绪二十六年（1900）又改寺为道观。1951年，道观拆除。1968年，北门村山林队在此废道观舍址上建屋四间，掘得晚清时石菩萨一尊，供奉其中。

1992年，华峙村汪素娥等发起在原址重修云隐寺。1993年，经北仓区政府批准，命名为“云隐寺”。1996年10月29日（农历九月十八日）举行开光仪式。汪素娥法名释法缘（尼僧），住持云隐寺。现有天王殿、大雄宝殿、观音殿、三圣殿等，厢房数十间，建筑面积1457平方米，占地面积2254平方米。北门外小涂岙、华峙东岙至寺门口，寺门口至山巅烽火台遗址，都修建有盘山水泥公路。

海云禅寺

云隐寺

**城隍庙**　位于郭巨古城西街，坐北朝南，洪武二十四年（1391），信国公汤和建，并立抗倭将领娄姓为庙中塑像。时规模较大，共有三进（殿），前殿是两层楼房，楼下有三道大门，中大门两边塑有四尊菩萨；中殿是戏台，高1.8米，正方形台面边长4.7米；东西两厢与前后殿相接，前殿和厢楼临天井一边都有回廊；后大殿塑娄菩萨，屋顶上塑有双龙戏珠，屋脊东、西面分别塑有“国泰民安”四个大字。庙内有石碑三块，每块长约2米，宽约1米，其中一块立在后大殿，两块分别嵌在前殿大门两侧墙里，东碑记载的是镇史，西碑记载了造城的指挥使。1951年，郭巨城隍庙改为粮站。1977年拆建为郭巨区委办公楼和供销社营业大楼。

1995年，在郭巨西门村蔡家山头墩的废弃仓库上重建郭巨城隍庙，前后两进，前进有戏台，后进为大殿。造庙之费用均由各村老年人自筹助入。庙内可容纳600～700人，时常有做佛事和越剧戏班子来演出，每次演戏、做佛事，人满整庙，热闹异常。

**杨公祠** 位于十字街口东北角，杨公是明代巡海副使杨瑄，围垦台岙塘、大斗门塘（半塘）、小斗门塘、大涂塘负责人，围田 3000 余亩，后民为感其德，建祠十字街。后因年久祠坍，改建为鲁班殿（也叫公输殿）。1941 年，鲁班殿遭日机轰炸，毁坏。中华人民共和国成立后原址建饮食商店。

**石公庙** 位于东街东端北首，塑像姓石，兄弟俩，排行二、三，故又称石三庙，不知何地人，明时有饥荒，石公以粮济贫，自己捧瓯饿死，民感德立庙。后改民房。

**林府庙** 原为广济侯王庙，位于南街。塑像是瑞安人姓林名友直，明代巡海有功之臣。庙前有凉亭，供行人休息避雨，暑时施茶，故亦称凉亭庙。“文化大革命”时拆庙建南门村办公大楼，菩萨请至妙山庙。

**东岳宫** 郭巨建城后，各门相继造庙，当时有汪、张、纪姓等热心人士组织十八兄弟会，尽义务到各地闹龙灯，积蓄资金，于郭巨北街西首，坐北朝南建了“东岳宫”，有正殿五间，右边小屋数间，为庙祝所住。正殿中间神位为东岳大帝塑像，用硬木雕刻，在需要菩萨起身时，只要执事人用手一拍大腿，此雕像就会自动站起，可穿衣换袍了。正殿右边是龙王殿，殿前外边两旁有泥塑黑白两无常，形象逼真，很吓人。左边厢间是“灵官殿”，人称“三只眼灵公”菩萨，谓周朝的黄飞虎元帅，用樟木雕像，其眼珠里装有弹簧，一触碰，两眼会立刻摆动，似活人一样。神龛两边有副对联，上联为“善恶难瞒三只眼”，下联为“奸邪莫挽一枝鞭”。1956 年，东岳宫作郭巨小学分部。70 年代，拆建造北门村老年活动中心。

**三官堂** 位于十字街钟楼西首，菩萨名不详，1941 年遭日机轰炸，毁坏。中华人民共和国成立后改建商场。

**关圣殿** 位于原云衢书院（武衙门）东，塑像是三国关公。1941 年，关圣殿、书院、武衙门同被日机炸毁，1958 年，该地建造郭巨公社“人民大会堂”；现为教师宿舍楼。

**小涂岙庙** 原称化子庙。据传，清时，小涂岙井内有毒蛇，百姓吃水中毒，有一叫化子能捉，他准备了涎水三桶，说：“我若抲到蛇后，请将三桶涎水冲我头上倒下。”后不幸中毒与蛇俱死，百姓为纪念他造庙立塑像，并改井名为“化子井”。

**路亭庵** 原称永庆庵，建于清道光四年（1824），位于西门外，坐北向南正殿五间，1927 年 6 月建西厢房两间。1930 年被火焚毁。1931 年，由住持僧月利化缘重建，因庵建在大路旁，故建造穿路凉亭一座，供行人休息避雨，暑时施茶，饥时施粥。故永庆庵又称路亭庵至今，路亭村亦由此得名。土改时，佛像被毁，改为木业工场，现改建为西门村老年活动中心。1997 年，僧人印存自己出钱购买小涂岙陈家平屋四间，占地 250 平方米，老百姓捐钱重建路亭庵。

**妙山庙** 位于大涂塘西侧石壁下，约建于 1840 年，菩萨姓孙。妙山庙占地面积约 300 平方米。曾在“文化大革命”时期被彻底拆除，1986 年重建。经过历年扩建，现占地面积增加到 600 平方米。清朝咸丰年

城隍庙

妙山庙

间（1851），郭巨百姓正遭受瘟疫之苦，处于水深火热之中，无钱看病，贫困交加。外地游医。孙某来此后，经常起早摸黑上山采草药，热心为百姓看病，终于控制了疫情，治愈了病人，但孙医生却积劳成疾去世。郭巨百姓为了纪念这位好心的孙医生，凑钱建造了三间庙堂，塑了一尊菩萨供奉至今。

现庙内还供奉有“文化大革命”时被拆除的凤山庙菩萨、林府庙菩萨和大涂庙菩萨。

**大涂庙** 又名福民庙。位于原尖山头大方池旁，现华峙村老年活动中心西边。庙神河南凤阳人，姓陈，名达述，字博堂，唐代初为都御史，官鄞邑，曾来视察郭巨。中华人民共和国成立后大涂庙办学校。1968 年，大涂庙周边的大岭下、福民、尖岭岙各自办学校，大涂庙房产被拆除，原址办郭巨轮窑厂，菩萨请到妙山庙。

**福民庙** 位于狗湾山后，建于 1995 年，现住持为安徽宿州市萧县人，姓王名长杰，法号法照，2005 年始住持福民庙兼顾白云庵佛事。福民庙有正大殿五间，厢房十六间，有一座约 60 平方米名为“熙春台”的戏台。占地面积约 800 平方米。庙里每年五次佛事，做戏每年一次，平时初一、十五香客较多。

**凤山庙** 位于老碶头凤凰山脚下，约建于 1940 年前，20 世纪 60 年代末拆除。菩萨请到妙山庙。

**龙王宫** 位于大涂塘西台岭墩半山腰中平台，向南三间，住道人。1945 年前后，住过游击队。后宫被烧毁。

**华峙镇首庙** 始建于华峙凤凰山左侧朝头山脚下，距今已有 300 余年，整体建筑坐东朝西，面积 800 余平方米，正大殿供奉于（於）玉（官至翰林院编修）菩萨，正大门背面设戏台，有翻楼、两侧厢房，庙右外边有外厢房若干间。

1940 年，自设华峙学校以来至“文化大革命”，庙内两侧厢房、翻楼等作为学校教室。1951 年土地改革至“文化大革命”期间，庙里菩萨及诸神塑像或被损毁或被移他处藏匿，庙产也曾作大队办公用房、医疗保健站等。1985 年，村民汪素娥主持重修镇首庙，有 2000 余村民及善男信女参与募捐，募集资金 3 万余元。2000 年，因宁波舟山港疏港高速建设需要，拆迁至华峙岭头火爬山重建。新的镇首庙于 2013 年 12 月竣工。建筑主体结构基本与原庙一致，面积 1000 余平方米，耗资 500 余万元，资金来源为拆迁补偿款和善男信女捐赠。

福民庙

华峙镇首庙

**双岙得胜庙** 位于海口，1886 年建庙，供奉的菩萨是抗倭将领俞德峰，故名得胜庙。1949 年，菩萨像被毁，庙改办学校，1973 年庙殿被拆除。2009 年，在大岙东山嘴（盛岙岭下）重建，面积约 300 平方米，民间自筹 36 万元，村出资 37 万元。正大殿为菩萨俞德峰，二侧有龙王菩萨、文昌菩萨、娘娘菩萨、文武侍群菩萨、财神菩萨、将军菩萨、三官菩萨、土地公公、土地婆婆。

**盛岙庙** 位于盛岙海口。据民国《镇海县志》记载（译文）：盛岙庙时属七图。相传庙中供奉的菩萨，姓包，不知其名。清康熙年间（1662—1722）有人在开垦山地的草木丛中发掘到一个石头炉子，坚硬质朴，认为它是千百年前传下的神物，于是在那里建造了一所神庙，并给那块山地取名叫庙同。嘉庆元年（1796），为首姓蔡的匪徒侵犯骚扰当地，神庙毁坏，后重建。道光二十一年（1841），当地遭到英军侵犯，神庙坍塌，而唯独石炉尚存完好。同治八年（1869），村里人张翘再次重建神庙。

“文化大革命”期间，菩萨像藏匿，戏台被拆除，庙产改办供销社。20世纪80年代初菩萨像复位，1995年2月重修，占地面积512平方米，四合院式，中轴线上依次为门厅、戏台、正殿，厢房分列左右，前进门厅、后厅正殿面阔各五间，厢房各三间。盛岙庙旧时格局已不完整，现有建筑总体保存较好，是北仑区典型的清代晚期庙宇建筑。

双岙得胜庙

盛岙庙

**升螺骑龙庙** 位于升螺岙门口正中部，清朝末年始建。“文革”期间菩萨像毁，庙产办小学，约1976年，原址拆建小学，庙址迁建到升螺橘子场。后因白洋线改造，2009年5月迁址到升螺外岭山脚下，建筑面积100平方米，建设资金43万元。

**谢家岙石门庙** 清乾隆年间（约1745年前后），来自福建的三兄弟于金、于银、于玉来到华峙、谢家岙、后墩一带视察地形，于玉时任翰林官职，他的俸禄施舍给当地贫困村民，后三兄弟分别在三村扎根住下来，老大于金住厚墩，老二于银住谢家岙，老三于玉住华峙，帮助三村村民开荒围塘造田，三兄弟深受当地村民拥护和爱戴，后人为纪念他们的功德，各村分别建庙塑菩萨供奉他们。谢家岙庙当时很小，后来有一艘装有木材来自福建的船只路过门口洋去上海时，突遇狂风，在伸手不见五指的黑夜，突见一盏明亮的灯，船老大以为前面有船前行，就跟着航行，不知不觉进入了滩涂，等船停下来后，这盏灯不见了，

升螺骑龙庙

谢家岙石门庙

天亮时风平浪静，船员上岸一看是座小庙，心里已明，昨晚神灯是菩萨显灵，于是他们把木材助了造庙，建成后称庙后山脚下的石门庙。1968 年因水库扩容所需，石门庙迁址碶头山（河边），建成一段时间后，庙改办谢家岙小学。1983 年，村民在五房头山腰重建 400 平方米石门庙。2016 年，因宁波穿山铁路支线建设所需，搬迁至龙岗山脚，2018 年 6 月竣工，大殿中间供奉于银菩萨，新石门庙建筑面积 560 平方米，总耗资 300 万元，资金来源由拆迁赔偿资金及广大善男信女资助而成。

**后墩庙**　清乾隆年间（约 1745 年前后），来自福建姓于名金的先人，在后墩繁衍生息，那时岙前海上常有迷航的船只，于金时常出海为迷航的船只领航，后人为纪念于金就在土墩上自筹资金建造后墩庙。初建时正殿三间，庙内供奉开山始祖于金神像。后人尊奉为后墩庙菩萨。清光绪年间（约 1905 年前后），又扩建正殿二间，二边廊屋各三间（廊屋上下二层），扩建前殿五间，正面有三道庙门，中间有戏台。庙门前有广场，全庙占地面积约 1300 多平方米，建筑面积 700 平方米。庙宇气势恢宏，雕梁画栋，屋顶四角塑有龙头，屋脊上四条龙身护庙。戏台上方三面画有三英战吕布、岳家军大战金兀术、诸葛亮借东风、戚继光抗倭、穆桂英挂帅等十多幅彩画。“文化大革命”期间，庙被拆除，庙址及材料用于建造后墩小学。1979 年，原址重修后墩庙三间，供奉于金菩萨。2006 年，因宁波港五期码头开发建设，后墩庙拆迁至曹家，新建正殿三间，前殿三间。2013 年，又拆迁至长坑猫岭脚下，重建庙宇正殿五间，两廊各三间，并建庙门、庙道场及附属房，总占地面积为 896.6 平方米，建筑面积 674.6 平方米。总投资约 200 万元。庙内供奉于金菩萨、后堂奶奶、小菩萨。两边有土地菩萨、财神菩萨、药王菩萨、四将菩萨，并供奉神船、神马及马夫菩萨。庙内设露天香火神龛。

厚墩庙

**状元庙（岭墩庙）**　位于大涂岭墩。原是一座土地庙，“文化大革命”时被毁，石菩萨被门浦村村民收藏。1980 年，门浦村与大岭下村村民集资修了 30 平方米的庙，供奉石菩萨。2002 年，大岭下村老年人集资 60 万元扩建，建筑面积 520 平方米，正殿五间，塑有五尊菩萨，中间为文昌菩萨。每年高考前，不少考生及家长前来祈祷。

**甘露庵**　位于狗山之中麓，始建于明弘治年（1503）。有山泉长年不断，泉甘而清，故名“甘露庵”。时拥有地产 175 亩，其中水田 45 亩、旱地 20 亩、毛竹林 110 亩。西北角建有庙院十余间，大殿有佛像，

甘露庵

白云寺

两厢有楼房，有花坛花草，有弈棋亭，地方清净，几个和尚，住持此庵。1958年拆庵，原址改办供销社食品厂。现为街道办事处所在地。大岭下村老年人于21世纪初，在美女山脚下建造起新甘露庵寺院，大殿六间，厢房十间，占地面积500平方米。

**白云寺** 位于尖岭岙村庵坑岭山脚下，原名白云庵，由岱山伟达和尚始建于清道光二十一年（1841）。道光三十年（1850），加建正大殿1间，左右厢房各3间。几年后，大岭下汪家上代富豪赞助，再次扩展大殿5间，厢房2间，挖井一口。土改时，四间房屋分给三户贫农作住房，后这三农户在其他地方新建住房，原址荒芜，房屋倒塌。1989年，原址重建白云庵。1997年，灵峰寺妙永和尚筹备，印僧法师主持扩建白云庵，并改名白云寺。经多次修缮扩建，现有正大殿五间，东西厢房楼各三间。雕像有释迦牟尼佛、济公活佛、十八罗汉、文殊菩萨、普贤菩萨、弥勒佛、韦陀菩萨、地藏菩萨、观音菩萨等。寺院占地面积2220平方米。

**紫金庵** 位于西门外湾里，建缝纫机厂时拆毁。

**紫微岙小庵** 中华人民共和国成立后改为民居，1980年拆庵改田，部分地方盖了民房。

**大善寺** 位于尖岭岙村大坑岙，建于清朝中晚期，20世纪50年代末拆毁。

**洋涨玄坛庙** 1994年建造，位于洋涨村岙底，建筑面积250平方米，资金来源主要靠村民个人赞助和村里资助，共有3间庙宇。

**洋涨聚宝庙** 清朝末年建造，位于洋涨村下透，建筑面积380平方米。1998年重修，资金来源主要靠村民个人赞助和村里资助，共有3间庙宇。

**上宅杨府庙** 坐落在上宅岙里东山脚下，始建于道光六年（1826），到光绪元年戏台建成后，占地面积达2亩多。庙宇由前后二进、明堂戏台、两廊看楼、后院和庙前广场组成。前进包檐，正门有“杨府庙”三个金漆大字，殿内两边站立四大金刚和神马。后进大殿五开间，中设暖阁，阁中正座阜安王——东京孝子唐魏，后坐二位娘娘和师爷，殿二厢站立文武判官和二位将军，前面东西两座坐着财神土地，后院设娘娘殿，上坐送子观音等四尊菩萨。

中华人民共和国成立初期，部分庙产改办学校，1979年，留下后进主庙四间，其余全部拆除建校。80年代，后进重修，仍为五开间。1995年，成开公司周秀成发起并出资，善男信女共同出钱助力，前进、两廊和戏台重新建造，并在清理杂物时发现刻有“杨府庙”和道光六年年庚的石香炉一只，现存庙中。2004年，庙宇再次装潢修建后，除戏台没有原来精致壮观外，其余部分恢复原貌。

2006年，因港口开发建设上宅村被整体拆迁，杨府庙随之拆除。2011年，在门浦上宅老年人安置地块重建上宅庙。2015年8月，经浙江省宗教协会批准，列入民间信仰活动场所。2016年3月，庙宇失火，同年10月修复。

洋涨玄坛庙

上宅杨府庙

**光明庙**　位于大黄石门中透，建于清道光年（1822），供奉杨六郎，故称杨府庙。坐南朝北，前后二进，前进搭有戏台，东西二边建有廊屋，中间是天井。占地面积约 800 平方米。庙里香火旺盛，光明村（黄石门）一直到长坑的香客都到杨府庙上香，特别是每月的初一、十五香客熙熙攘攘整夜不息。“文化大革命”期间，庙遭损坏，菩萨被毁。1969 年拆了前进，后进改办学校，20 世纪 70 年代末又改做生产队仓库。80 年代中期，原址重修庙宇。2009 年，因开发建设整村被拆迁，杨府庙迁建于光明村顾家山脚。建有房子五间，占地面积 500 平方米，建筑面积 240 平方米。重建费用由杨府庙赔偿款及光明村征地业主单位捐助。

**中宅小山庙**　位于外西山外碶头，2006 年，因开发液化天然气接收站项目，小山庙随中宅村的拆迁而拆迁。2011 年 6 月，在中宅老年人安置地块附近的门浦隔山王家善忠庵旁边重建，改称中宅平安庙。建筑面积 150 平方米，资金来源为原小山庙赔偿款和村民自筹款。

**竹湾新舞岭庙**　始建于道光六年（1826），地处竹湾村中心地段，占地面积约 800 平方米。“文化大革命”期间，庙遭破坏，菩萨被毁，最终留得庙屋三间，后该庙房曾办学校、作生产队仓库等。1985 年修复。2006 年，因穿山港区码头开发需要，于 2007 年拆迁至竹湾村的石坑门口，建筑面积约 325 平方米。

光明庙

竹湾新舞岭庙

**长坑新杨亭庙**　位于长坑山脚下海边。1952 年，迁建至长坑村东边山崖边。“文化大革命”期间，庙内供奉菩萨被拆除，庙屋改做小学。1973 年长坑小学建成，庙屋改作仓库使用。1989 年，原址修复做宗庙。称为新杨亭庙。出生的婴儿都要到庙里去报到，故亦称娘家庙。

**沙湾娘娘宫**　清朝末年（1895）建，占地面积 100 平方米，宫门口建有一六角凉亭。据传，中宅张三余日新老板家有一艘大船停泊于沙湾山嘴头，为祈求平安，日新老板在沙湾山嘴外碶头建造了娘娘宫，沙湾村民随缘乐助。该宫在“文化大革命”期间遭到严重损坏，菩萨被毁。80 年代中期，村民们集资在原址重修。2005 年 11 月，因建设液化天然接收站项目全村征迁，娘娘宫被拆除。2011 年在白峰门浦隔山王家重建沙湾娘娘宫，占地面积约 150 平方米。

## 第二节　道教

道教自东汉时传入境内。清光绪二十六年（1900）改云隐寺为道观，直属镇海隐德观，经惠明、正德等道士 80 余年不断募缘修扩，至中华人民共和国成立时，道观占地达 2 亩。1951 年，道观拆除，木料等用于扩建郭巨小学。

从事道教活动的道士分出家道士（在道观活动）与散居道士（即在家道士）。现郭巨境内无道观，道士都为散居道士。道士以道乐为特长，吹、拉、弹、唱、打、写、念一专多能，技艺精湛。法事活动“神”“道”兼做。

道家服务于喜庆场合，如订亲、结婚、满月、做寿、乔迁、开业等及民间节日、庙会等，演出十番锣鼓、十番吹打、江南丝竹及各种戏文。道家还服务于丧葬、荐亡、驱邪、做“斋醮”“道场”“谢红”等；道士头戴九经帽，身穿长领八卦衣，脚着双梁云鞋，手持法器，画符念咒，吹打吆喝。

中华人民共和国成立后，斋醮、道场、谢红等法事一度绝迹。20世纪80年代后，境内道士的法事活动日趋频繁。

## 第三节　基督教

基督教又称耶稣教，于清光绪二十一年（1895）传入郭巨，英国籍传教士郭全诚（G. E. Melcalfe）先租朱中元屋为教堂（位于现北门村教堂弄2号），后又买当时黄建生三间平屋为教堂，并于1896年翻建成楼房。光绪三十二年（1906），英国人伊丽莎白（女）到宁波传道，曾二次到郭巨。1958年教堂被民兵征用。“文化大革命”期间，教堂被封，圣经被毁。1980年3月复堂，执行“自治、自养、自立”三自政策。

郭巨城胡家院的胡聿忠及其家族最先认识并接受耶稣教，第二代为胡振庆，如今的第三代信徒为胡振庆的侄子胡嘉益。1985年起，境内另有教徒聚会点2处，一处在郭巨东河塘边，教徒150人，一处在盛岙，教徒50人。2003年重修郭巨北门村石地坎弄耶稣教堂，占地97平方米。2012年6月12日，郭巨北门村耶稣堂列入第十三批区级文物保护点。

2013年，由北仑基督教会投资建设，在尖岭岙村俞家新建郭巨基督教堂，投资300多万元，建筑面积1600平方米，礼拜堂分两层，每层可容纳250人做礼拜。2019年，有教徒200人左右，下辖2个聚会点。

# 第八章　宗谱　宗祠

2019年，境内共有13个姓氏宗谱。境内宗祠多毁于战火与火灾，部分宗祠于20世纪五六十年代移作他用或遭拆毁，现已无宗祠，尚有祖堂几十处。

## 第一节　宗谱

宗谱，又称族谱、祠谱、房谱、家谱等，是同宗共祖的男姓血亲集团，以特殊的形式记载本族世系和事迹的历史图籍。从清代至民国，郭巨境内民间各姓氏修编宗谱蔚然成风，每个宗族一般都修编族谱，故民间留存谱书为数甚多。中华人民共和国成立后，因受“左”的思想影响，谱书不受重视，多有散失，尤其在“文化大革命”期间，谱书被当作“四旧”（旧思想、旧文化、旧风俗、旧习惯）大都被毁。进入

20世纪80年代后，随着解放思想、实事求是思想路线的确立，一度受到压抑的谱牒研究重获关注。盛世修谱，谱载盛世，境内多个氏族始续修宗谱。宗谱多为嗣人撰写，也有请名流宿儒、达官要人执笔的。2019年，境内搜集到宗谱32册，涉及13个姓。

谱书对考证郭巨民居变迁、人口繁衍、历史人物都有一定作用。使后裔知昭穆、辨长幼、明家范、颂美德、扬贤行，是一个家族的重要文化遗产。宗谱所载族规、宗训，对族人和后辈有约束和教育作用。

完整的宗谱，大致包含以下内容：

谱名：为明血统，防乱宗，谱名一般包含里籍。

谱序：内容涉及修谱缘由、姓氏渊源、家族迁徙等，续修谱一般保存以前的谱序。

凡例：阐明修谱的原则和体例，少则几条，多则几十条。

遗像：刊载祖先及族中重要人物遗像及赞语。

恩荣录：登载皇帝对家族中官员、亲属、烈女等敕书、赐匾、赐碑等。

姓氏源流：考述本族姓氏来源、本姓历史、始祖、始迁祖、家族迁徙经过，各支派远近关系等。

祖训、族规、家法：各家族自己制定的约束、教化族人的宗族法规，包括爱国、立志、勤俭、好学、敬祖、孝亲、交友、助人、忠君、祭祖、禁赌、财产继承等。

祠堂：记载祠堂建筑图案、修建经过、规模、地理位置、祠堂内祖先牌位排列次序。

世系、世传：记载始祖至撰修该谱时，本家族各世代成员的名字、生卒年月、科第、妻室、子女、葬地等，是家谱中最重要、最本质的内容。

传记：又称行状、行述等，记载家族中重要人物，如忠臣、武将、学者、义士、孝子、义夫、节妇的主要事迹。

族产：家族集体财产，如坟地、祀田、义庄、学田、山林、房屋等数量、位置以及管理办法。

慈善与矜邺：族中事业有成者捐款成立基金会，助学及帮助困难的鳏寡孤独及残疾人，并列有实施细则。

契约：登载与族产有关的契据、文约、法律文据，宗族内部关于承嗣、分家等契约，买卖田地及房屋、邻里纠纷等文据。

坟墓：包括墓图、坟向，祖坟、各支派坟的地理位置，便于后人祭祖扫墓，“不忘祖先”。

艺文：收录族人著述、诗词、书法绘画、奏疏等。

学辈、排行、行第：记载族人世系人名的排行用语。

领谱字号：宗谱严禁公开，内部发行，印数按家族房数决定，多余一二部存放祠堂。各房领宗谱则按谱号领取，如“天地玄黄，宇宙洪荒”，并有记录，到时检查。

中华人民共和国成立前，族规都是重男轻女，男孩合规者均入谱，女孩一律不准入谱。解放后此规废除。

## 2019年底郭巨街道现存宗谱情况表

表14-8-1

| 村（社） | 谱牒名称 | 卷（册） | 修（续）谱时间 | 主修者 | 收藏者 |
|---|---|---|---|---|---|
| 西门村 | 林家家谱 | 两册 | 中华人民共和国成立前 | — | 林布法 |
| 西门村 | 李家家谱 | 一册 | 2006续修 | — | 李金华 |
| 西门村 | 纪家家谱 | 一册 | 中华人民共和国成立前 | — | 纪仁德 |
| 南门村 | 蛟川云巨汪氏宗谱 | 一册（卷三） | 1939年续修 | — | 汪永定 |
| 尖岭岙村 | 西袁氏家谱 | 全一册 | 2005年续修 | 袁勃 | 袁永堂 |
| 大涂塘村 | 西袁氏家谱 | 全一册 | 2005年续修 | 袁勃 | 袁仁兴 |
| 尖岭岙村 | 朱氏宗谱 | 一册 | 1936年续修 | — | 朱文龙 |

续表 14-8-1

| 村（社） | 谱牒名称 | 卷（册） | 修（续）谱时间 | 主修者 | 收藏者 |
|---|---|---|---|---|---|
| 尖岭岙村 | 黄氏族谱 | 一册 | 2008 年续修 | — | 黄其香 |
| 华峙村 | 芦江胡氏宗谱 | 全八册 | 明万历时期编修，2011 年续修 | 胡嘉翔 | 胡国相 |
| 华峙村 | 孙家族谱 | 一册 | 中华人民共和国成立前 | 孙丁海 | 孙丁海 |
| 华峙村 | 芦江胡氏宗谱 | 一册（卷 1） | 明万历时期编修，2011 年续修 | 胡嘉翔 | 胡修德 |
| 盛岙村 | 芦江胡氏宗谱 | 一册（卷四） | 2011 年续修 | 胡嘉翔 | 姚苏珠 |
| 盛岙村 | 张家家谱 | 一册 | 中华人民共和国成立前 | 张夏才 | 张福龙 |
| 联合村 | 吴家家谱 | 一册 | 1929 年续修 | 无考 | 吴安夫 |
| 中宅村 | 张家族谱 | 一册 | 20 世纪 80 年代 | 张普华 | 汪秀月 |
| 上宅村 | 蛟川贺氏 | 一册 | 中华人民共和国成立前 | 仰山撰 | 贺振雷 |

## 家规族训

**芦江（华峙）胡氏宗谱家范** 展祠墓、隆孝养、敦友爱、恤宗族、谨防闲、勤职业、励行检、省费用、戒争讼、御群下、慎嫁娶、俭奁妆。

**林家族谱宗训** 一、崇祀以敦孝思。二、睦邻以念同情。三、孝悌以肃家风。四、耕读以务本业。五、赈济以活贫苦。六、择配以选良家。七、勤俭以保家计。八、礼让以免争执。九、养性以嗜狂酒。十、谨言以慎枢机。

**纪家家训** 包括“四劝”（孝、善、读、耕）、“四惩”（忤逆不良、淫恶乱伦、戏谑祭祀、内政不修）、“四禁”（为奴婢、入衙门、做佛事、结义亲）、“三不惑”（僧道、鬼神、风水）、“七不祥”（兄弟失和、夫妻反目、妯娌不睦、欺尊凌卑、溺爱不明、偏听妇言、奴仆用事）。纪家家训总字数约 2 万字。

## 氏族排行

**境内源自霞浦张氏排行** 排行歌，前谱排行歌十八句，前八句推本厥初暨，卜宅霞浦缘，由不以取名；后十句，出句编号乃阴行也，对句取名，常字以前皆遵之，端字以后，悉以阴行取名，不可改正，以后逐字取名，其编号亦由此一字。（以下不以取名）

家世清河氏，厥音乃纳商。
宗支最繁衍，分阴布四方。
乌江发源远，苏奉行流长。
夤缘宅霞浦，所为避兵荒。

前谱排行：庚埙丙坡肇　始第谱中行　贤明方正广　世德道文昌　庆静元通泰　公宗克有常　端谦和惠敏　仁义嗣维章　继绪英才盛　辅君邦国长。

新编排行：承先侍令望　诒翼景余芳　体性忠为本　云初厚致祥。

现在用到“谦、和、惠、敏、仁、义、嗣、维、章、继”字排行。

**郭巨南门张氏排行** 世伦永昌会　文成锡万家　恒存仁义德　康华胜尧天　立基开骏业　垂后裕鸿图　积善留余庆　绵延泽久敷。现在用到“锡、万、家　恒、存、仁、义”字排行。

**芦江胡氏排行** 仁义礼智信肇基顺应启运享通福浩粤稽我祖来自青州官于有聿振嘉修图思其时咸景元佑继仕淳祥囤居斯就以燕翼子（华峙胡氏排行）。

**南门汪氏（蛟川云巨）排行** 大中之道　于世弥久　公卿子孙　必得其寿　嘉谟祖述　忠孝诚章　闻差（守）审（信）范　肃政纲常　洪及浩瀚　漫演深良　云礽兆亿　舄弈贞亨　进修循序　留心记益

昂达高明　知至物格　恒产素微　植德实基　淑能振景　谦和耘耔　承先裕后　起敬油然　少壮时习　守泽均贤　日庄处制　内受端持　汝怀克已　敏许造为　士夫存恕　志息自盈　谆纯戒慎　致昧服膺　坤阳生民　泰山同安　吾儒启迪　六艺宏宣　齐家期给　尚畚司农　务道本立　作勤有功　昭穆彝伦　兴仁录载　永慕音容　禋越如在　式言仲彻　俯仰合第　似绩显昂　佽敷来裔。现在用到第21—28个排行“忠孝诚章　闻羞（守）审（信）范”。

**郭巨东门戴氏排行**　《郭巨简志•戴氏》:“（戴氏）住东门。据下峻房谱查考，戴氏排行已完。2002年，新增续编戴氏排行二十代：继承根支　本源宏远　万春昌茂　仁惠永盛　再增长生。”

**联合柳树田吴氏排行**　祖生圣朝　文士世立　道启贤良　方正俊直　仁孝友爱　温恭秉哲　修齐平治　勋彰谋实　承裕宏基　聿钦□□　祥征位育　永□□□。（□表示因谱破损无法辨认）。现在用到“正、俊、直、仁、孝”字排行。

**尖岭岙村朱氏排行（前代十六字）**　开基礼义　孝悌其振　梦得嘉祥　立名兆之。（后代六十四字）尧天舜日　一万伯千　朝尚公卿　世德文良　明廷定大　忠茂太纯　兴邦宗国　绍崇孟子　立承亨贞　福寿全昌　宏显道仁　尔君如以　应秉思成　允用惟起　光正元士　永克先贤。现在用到后代六十四字中的“孟、子、立、承”字排行。

## 艺文选

### 芦江（华峙）胡氏宗谱诗文

#### 《保身保家论》

保身保家，各有其道。吾谓保家，莫先于保身。盖身之存亡，家之兴废系焉。世之家者身以外之物，虽锱铢亦所不捐。至于一身有限之精神，如穷人之朝不给夕。而拟其所为，比之富人之穷奢竭欲为尤甚。盖其平日逸豫自安，淫心日炽。而一遇酒色，遂不顾父母遗体，百般猖狂，不至于乐尽生悲不止。既劳其形，复竭其精，血气日就衰微。一遇疾病，格外忧虞，药饵甚至费百费千，而犹为不足，卒至身亡，家亦与之俱亡。即或不然，身死而假手他人，未有不终归于尽者，岂非身不保而家不亦不可保乎。知者知其然也，于人所共好之物，心未尝不好而不至。或过所业者，株田凿井；所嗜者，布帛菽粟。欲净则心自清，心清则神自旺，神旺则血气日充。寿至耄耋。药饵未尝入口，人见其精神矍铄，日享康宁。以为若人禀受独厚乃尔，岂知其兢兢惕惕，弗即于淫谋。所以保身之元，更有甚于保家之元也哉。吾尝谓，保家之元在于节用，保身之元在于节欲。要之，节用莫先于节欲，欲不节而用无从节，安见身不保而家可保乎？

# 第二节　宗祠

中华人民共和国成立前，境内各大姓氏宗族一般建有不同规模的宗祠（祠堂），郭巨城内有汪家、张家、戴家、黄家、赵家祠堂，城外有庞家祠堂。富裕裔孙捐赠给宗祠田地和山林，子孙读书经费由宗祠所支付。祠堂执权者多为德高望重的高年长者。族内有一定数量的公产，如田地和山林。族内定有族规，族人如有违规，族长有权进行处理。但是境内许多祠堂毁于战火与火灾。在“文化大革命”期间，祠堂被当成“四旧”，部分祠堂遭拆毁或移作他用。现境内已无祠堂，尚有祖堂几十处。

## 北门张氏宗祠

明洪武年间（1368—1398），始迁祖张某迁入郭巨北门繁族，于清光绪年间（1875—1908）由族人集资兴建张氏宗祠，正屋三间。堂名“明源堂”。中华人民共和国成立后，宗祠用作办识字班夜校。1958 年，改为民兵联络站。1966 年，祠堂作山林队仓库。“文化大革命”后期办轧米厂，嗣后用作锯板厂厂房。20 世纪 80 年代，锯板厂失火，宗祠被焚。后其地基作个人建房。

## 东门戴氏宗祠

明洪武二十年（1387），始迁祖戴逵、戴达，祖籍奉化，时弟为指挥使，随信国公汤和筑城戍边，后定居于此。繁族后分支有忠、世、方、寿、明数大房派。清光绪二十年（1894），建戴氏宗祠，地址郭巨东街中段北侧，为后扆三间。宣统二年（1910）续建前扆三间，时有徐沛禄作祠记。祠堂为七角屋，坐西朝东，正屋五间二弄，轩子三间一弄，大门双道，小门二道，木料质老、木硬，产自福建，明堂、走廊、中堂、弄堂都用红石板铺砌。中华人民共和国成立后，宗祠用作粮管所办公等用房。20 世纪 80 年代初归还村，后转卖给村民拆除建房。

## 赵氏宗祠

赵氏宗祠址北街东侧，建于清康熙十六年（1677），合族公建，为正屋三间，门房两间，族人赵宏贵创议，集捐改造，并添建前扆三间，戴西庚为祠记。20 世纪 60 年代做三大队（现东门村）仓库，“文化大革命”期间拆除，其地基作个人建房。

## 汪家宗祠

明洪武二十年（1387），始迁祖汪友敬，祖籍安徽，随信国公汤和筑郭巨城，由此落籍居住繁族。郭巨汪氏之初，有兄弟三，分智、仁、勇三大房。智房又分智大房长房派、次房派、三房派、四房派，智二房天房派、地房派、人房派，智三房、智四房；仁房分仁大房派、仁二房派、仁三房派；勇房则又有分支。汪氏宗祠建于清道光二十四年（1844），有正厅三间，前扆两间，宗人汪忠铭撰祠记。堂额“嗣徽堂”。上官赐旗杆两根，1940 年旗杆尚在宗祠大门两旁屹立。1957 年，宗祠用作轧米厂。1968 年遭火灾被焚。

## 黄家宗祠

黄氏宗祠于清嘉庆十六年（1811），由合族公建，为正屋三间，门房两间，族人运茂有记。堂额“凤舞堂”，汪鼎书。祠堂曾做过警察署。中华人民共和国成立后，祠堂用作粮管所仓库，20 世纪 50 年代末，粮管所撤销，堂被拆除，屋基地用于农户建房。

## 庞氏宗祠

始迁祖随兴国公汤和建郭巨城，遂定居于此，后子孙兴旺，人口众多，故有“庞半城、蔡半街”之称。因受明代太师庞洪之事牵连，族人分匿四处，隐姓埋名，郭巨城中遂无庞姓。曾建有庞氏宗祠，民国《镇海县志》载：“七图郭巨城外，清道光初建，正屋三间。”后改建为大涂塘村小学。

## 各家祖堂

**戴家聪睿房祖堂**　戴家老屋，位于东门村官池弄，坐西朝东。正屋三间两弄，前后两进。左右各有四间厢房。前面是红石板明堂，占地面积共 450 平方米。祖堂在前进中间。堂匾“戴氏聪睿房祖堂”。五柱七梁，俗称七角屋，面积 45 平方米。堂底设有神阁，供神像、祖宗牌位。是郭巨现存较好的祖堂之一。

**南张祖堂**　位于郭巨南街。南张房子连三进都有祖堂，且高大宽敞，每间面积40余平方米，修建于明初。前进祖堂因进出方便，使用频率最高，2019年，族人捐资2万元修缮。

**张和房祖堂**　位于南门村大井跟，坐西朝东，占地面积40余平方米。建于清末。2013年，族人捐资2万元重修，堂底设有神阁，供奉祖先牌位。

**罗家祖堂**　位于郭巨北街。坐西朝东，五间两弄，中间是宽敞的七角祖堂。占地面积50平方米。建于清朝光绪年间。历经风雨，现存良好。

**汪氏“智、仁、勇”祖堂**　1941年日本飞机轰炸郭巨时被毁。1944年，在族内长老建议下再修“智徽堂”“仁徽堂”“勇徽堂”。“智徽堂”2013年重修，耗资1.5万元。“仁徽堂”2017年重修，耗资6万元，有两块大理石刻着汪氏排行，并刻有重修时捐资账单。“勇徽堂”2005年重修，耗资2万元。

**黄家祖堂**　位于西街边。坐北朝南。连三进格局。约建造于明朝。前进祖堂占地50平方米。堂前上方挂有牌匾“嘉风惠泽”。历经风雨，现存完好。

**纪家祖堂**　纪家在郭巨南街，祖堂在最后进。占地面积50平方米。建于光绪年间。堂名“聚德堂”。2000年，20多家族人集资1万元重修。

**蔡家祖堂**　祖堂位于32级步阶之上。始建于宋朝。建所城时为部队粮食仓库。后经多次重修。堂名“望海堂”。占地面积40平方米。现存，供着祖先牌位。

**周家祖堂**　位于协和弄底、32级步阶下的周家四合院内，坐北朝南，建于清光绪年间。经多次修缮，现存较好。

戴氏聪睿房祖堂

汪家智徽堂

汪家仁徽堂

纪家聚德堂

# 第九章　习俗

郭巨滨海襟港，常得风气之先，一方水土，一方风情，先民们在长期的生产生活中，兴渔盐之利，行舟楫之便，对天神海神多有敬畏，在创造农耕文明的同时形成了独具郭巨地域特色的民情风俗。受长期的封建思想影响，境内民情风俗具有浓重的封建色彩。经戊戌变法、辛亥革命、五四运动，废科举，兴学校，易冠服，改跪拜，剪辫放足，封建伦理道德、礼仪习俗受到一定程度的冲击，然因风俗的稳定性、传承性，致陈习常和新礼并存，新俗中仍透着旧意。

中华人民共和国成立后，政府提倡移风易俗，陋俗恶习有的被清除，有的被取缔，封建婚姻制度被废除，婚姻自由、男女平等、尊老爱幼成为社会新风尚。“文化大革命”期间，因极左思潮所致，传统文化遭到破坏。经拨乱反正，优风良俗得以恢复。改革开放特别是进入21世纪以来，社会不断变革，地域城镇化，现代信息技术普及、智能化正在改变人们的生活生产方式，民情风俗随之发生变化，有些传统习俗被淡化，有些则被赋予了时代特色；有些低俗陋习仍不时沉渣泛起，也有大量新俗不断出现。在民俗文化得到传承和发展的同时，郭巨通过创建“非遗小镇”“山海风情古韵郭巨”等多种方式和途径传承非遗文化，改革陈规陋俗，树立社会新风尚。

## 第一节　亲属称谓

对亲属的称谓实为方言重要组成部分，早已约定俗成。境内的亲属的称谓基本与周边街道和舟山相同，差异甚微。自古以来，亲属的称谓严格遵从长幼辈分，颇为讲究，现在日常生活中则更显自然、随和。

### 血亲、姻亲成员称谓表

表14-9-1

| 亲缘关系 | | 俗称 | |
|---|---|---|---|
| 父系 | 曾祖父 | 太公 | 或皆称阿太 |
| | 曾祖母 | 太婆 | |
| | 祖父 | 阿爷、爷爷 | |
| | 祖母 | 阿娘、奶奶 | |
| | 父亲 | 阿爹、阿爸、爸爸、爹爹 | |
| | 伯父 | 阿伯、伯伯 | |
| | 伯母 | 阿姆、阿母 | |
| | 叔父 | 阿叔、阿大 | |
| | 叔母 | 阿婶、婶婶 | |
| | 姑母 | 父姊称姑嬷、妹称阿姑，也通称姑妈、姑姑 | |
| | 姑夫 | 姑丈、姑父 | |

续表 14-9-1

| 亲缘关系 | | 俗称 | |
|---|---|---|---|
| 母系 | 曾外祖父 | 太外公、太公 | 或皆称阿太 |
| | 曾外祖母 | 太外婆、太婆 | |
| | 外祖父 | 外公 | |
| | 外祖母 | 外婆 | |
| | 母亲 | 阿姆、姆妈、妈妈 | |
| | 舅父 | 舅舅、阿舅 | |
| | 舅母 | 舅母、舅妈 | |
| | 姨母 | 母姊称姨娘、母妹称阿姨 | |
| | 姨夫 | 姨爹、姨父 | |
| 夫妻 | 丈夫 | 老公、或冠以子女名称XX爸（爹）、也有称他爹（爸）；年轻人直呼其名，年老者称老头 | |
| | 妻子 | 老娍、或冠以子女名称XX娘（妈）、也有称他娘（妈）；年轻人直呼其名，年老者称老太伴 | |
| | 公公 | 阿公，现多随夫称爸爸、阿爸 | |
| | 婆婆 | 阿婆，现多随夫称姆妈、阿姆、妈妈 | |
| 夫系 | 丈夫的伯父母 | 伯公、伯婆 | 今多随丈夫称呼 |
| | 丈夫的叔父母 | 叔公、叔婆 | |
| | 丈夫的舅父母 | 舅公、舅婆 | |
| | 丈夫的姑父母 | 姑丈公、姑婆 | |
| | 丈夫的姨父母 | 姨丈公、姨婆 | |
| | 丈夫的兄弟 | 阿伯、阿叔 | 旧时多以子女辈份尊称对方，现多以兄弟姐妹相称 |
| | 丈夫的姐妹 | 阿姑 | |
| | 丈夫的兄嫂 | 妯娌间多以姐妹相称 | |
| | 丈夫的弟媳 | | |
| | 丈夫的姐妹夫 | 姑丈 | |
| | 丈夫兄弟的子女 | 儿子称阿侄；女儿称侄女 | 现多直呼其名 |
| | 丈夫姐妹的子女 | 儿子称外甥，女儿称外甥女 | |
| 妻系 | 岳父 | 丈人，现多随妻称爸爸、阿爸、阿爹 | |
| | 岳母 | 丈姆，现多随妻称姆妈、阿姆 | |
| | 妻子的伯父母 | 旧时多尊称为伯公、伯婆、舅公、舅婆……，现多随妻称呼 | |
| | 妻子的叔父母 | | |
| | 妻子的舅父母 | | |
| | 妻子的姑父母 | 旧时多尊称为伯公、伯婆、舅公、舅婆……，现多随妻称呼 | |
| | 妻子的姨父母 | | |
| | 妻子的兄弟 | 阿舅、或以兄弟相称 | |
| | 妻子的兄嫂、弟媳 | 舅姆，现多以姐妹相称 | |
| | 妻子的姐妹 | 妻姐称姨娘、妹称阿姨 | |
| | 妻子的姐妹夫 | 姨丈，连襟间多以兄弟相称 | |
| | 妻子兄弟的子女 | 儿子称内侄子或阿侄；女儿称内侄女或侄女。现在直呼其名 | |
| | 妻子姐妹的子女 | 儿子称外甥；女儿称外甥女。现在直呼其名 | |
| 兄弟姐妹 | 亲兄弟姐妹 | 兄弟大称哥、小称弟，姐妹大称姐、小称妹 | |

续表 14–9–1

| 亲缘关系 | | 俗称 |
|---|---|---|
| 堂表亲 | 堂兄弟 | 年龄相差不大者多直呼其名、或以兄弟姐妹称呼 |
| | 堂姐妹 | |
| | 表兄弟 | |
| | 表姐妹 | |

## 第二节　生活习俗

### 饮食习俗

**主食**　境内因山地多，普遍种番薯，秋末刨薯干。20 世纪 80 年代前，鲜番薯和番薯干占主食一半多，逢灾歉收则改饭为粥，或掺以菜、豆。20 世纪 80 年代后，一日三餐，以大米为主，不再掺食杂粮。早餐除吃泡饭外，还有牛奶、奶粉、面条、馄饨糕点等。现偶食鲜薯、南瓜、玉米等粗杂粮以讲究营养、平衡膳食。

**下饭**　中华人民共和国成立前后以蔬菜为主，咸齑、腌冬瓜、盐茄糊、萝卜干是长下饭。有鱼、虾、蟹浆、海蜇、泥螺、黄蛤、海苔等海产品。还有自制豆瓣酱作调料。至 20 世纪 80 年代，黄鱼、鳓鱼、带鱼遂成餐桌上的珍肴。肉、禽、蛋、淡水鱼相对增多。蔬菜有油菜、萘菜、砻莛、菠薐、荠菜、芹菜、黄豆芽、大头菜、莴苣、茭白、茄子、萝卜、豆、马铃薯、芋艿、竹笋等。拗鸡芋艿羹和大肠萝卜羹是境内红白喜事、请客吃饭，必不可少的传统菜肴。

**点心**　两餐间加食称“吃点心”。待客、请工匠和农忙季节多吃点心。米食点心有年糕、麻糍、汤果、圆子、粽子、汤团、金团、麻团、米馒头、灰汁团、水塔糕等。麦食点心有大饼、油条、馒头、包子、面条等。

**留冷饭娘**　因境内居民粮食一直欠缺，故中午燥饭不肯全吃完，留下一些冷饭作为“饭娘”，掺入下餐米中，以提高出饭率，此俗沿袭较久，今已不多见。

**两夹饭**　中华人民共和国成立前，食大米较少，多以番薯干为主食，锅内煮饭分两夹，一边放大米，一边放入番薯干，中间用冷饭夹开，使之不混合。吃饭时，有客来家，把大米饭盛给客人吃，薯干饭主人自食。今均食大米，此俗已废。

**煨粥**　农民习惯于头天晚上，把大米或番薯干加水置于甏内，埋入有炽热草木灰的火缸中，利用火缸余热煨粥，第二天作早餐用。此粥味甘甜，民间多喜食。现多用炖锅、电饭煲烧粥，此俗随之废弃。

**搭酱板**　“酱板”是酒酿的俗称，是境内农家的传统美食。用上等香糯米，数量因需而定，浸水数小时后，洗淘干净，置于锅中用柴火慢煮，煮熟后，把粒粒会爬、晶莹发亮的糯米饭盛入大团箯（竹编晒具）内，待米饭稍稍冷却，再将预先准备好的粉状白药粉拌入、调和均匀。以一斤糯米掺一两白药粉为宜。待饭凉透，即装入干净的缸内，堆实压紧，在饭中央留出一个直圆柱孔，加盖封存。上下、周围以棉絮、衣服等盖严保温。过一够昼（24 小时），待酒药发酵有醇香时，就可以开启缸盖，见中心圆柱孔处会沁出清醇的酒酿露来，酱板酒酿成了。

**做年糕**　境内大多数农户过年前都做年糕，用作过年时或来年当点心。年糕以粳米为原料，用水浸泡一昼夜后碾磨，然后沥干水分。将蒸熟后的粳米粉放在捣臼中搡（现用小钢磨轧烂），一人捣臼榔头搡年糕，一人翻米粉团，有“阿王搡年糕、出力不讨好”之说。后剁成片状切成块，待阴干晾燥（不能开裂），即可浸入水缸，随吃随取。只要中途换几次清水，就可存到翌年秋季。年糕吃法很多，有炒年糕、汤年糕、糖炒年糕、贴年糕、煨年糕等。

**米馒头、水塔糕**　将半粳半糯的水磨湿米粉，用自酿酱板作发酵糕，拌和白糖水，用酒盏舀水米粉一处一处置于蒸笼蒸熟，便成米馒头，若将水米粉平铺连片置于蒸笼蒸熟，后用刀切成长方形或棱形，便是水塔糕。逢年过节农家均要做些当点心请客。

**汤团、汤果**　过节吃汤团或汤果，是境内农村的传统风俗。圆形汤团用糯米粉做成，内嵌猪油芝麻白糖或其他馅子。汤果是将湿米粉搓成细长条，然后摘成一粒一粒的小圆球，在开水中烹煮。加上酱板，叫酱板汤果；与青菜一起烹煮，称菜汤果。

**灰汁团**　早稻收割时，用新早稻米磨成粉。再用新早稻草灰加水，沥出含有碱成分的汁水并与粉混合拌和，加少许黄糖捏成圆团，蒸熟，稍冷后即可食。团色淡黑，甜而有新米香，别具风味，是传统的农家时令食品。

**炒毛麸**　炒毛麸香甜淳朴，是当地传统美食。将早稻米淘洗后用井水浸泡数小时，俗称"发水"；然后将米粒放在阴凉通风处沥水摊晾，一段时间后米粒缩水变成干状，其状态称"粒管粒"；再用土灶翻炒，等炒到白中泛黄透出稻米香气时，用竹制饭筲箕盛起来，加入炒熟的芝麻、黄豆和干橘皮、山奈等辅料匀入炒米中，等到彻底冷却，拌上白砂糖，用石磨磨好即可。吃炒毛麸用小头粗的空竹管吸食。现这一传统已逐渐消失。

**油包**　也称"馒头"。馅子选肥厚之猪板油，去皮筋，掺和精制白糖制成颗粒状待用。用多种果仁、瓜子和糖瓜条等与白糖加工成盖糖，然后将板油粒与盖糖裹丸子，外裹面粉，揿压成扁圆状，蒸熟即可。还可根据不同需要在油包上盖印。多用于发丧、老人做寿、建房上梁等。

**麻糍　金团　青饼**　麻糍是用上等糯米和粳米，按比例掺和，放水中浸泡半天左右，然后磨成水磨粉。用布袋沥燥、刷成粉状，再用蒸笼蒸熟。出锅后倒入石臼，一人抡捣臼榔头搡，另一人不断翻动米团（现用小钢磨轧烂），后把搡好的糯米团放在洒满松花的桌子上慢慢擀成 1 厘米厚，再切成 10 厘米见方的饼状。

金团俗称"松花团"，即将搡好的米团裹入馅子，捏成团状，擂上松花粉，放进刻有花纹的模子里（金印）压成圆形饼状。金团的馅子分炒黄豆粉拌黄糖和炒芝麻粉拌白糖。金团印一般农家有备，印纹有麒麟送子、蟠龙或翔凤之类带有彩头的图案。正月客来，贴金团当点心。一般生日满十（满二十以上满十）或定媳受聘等喜事，也要金团作礼物馈赠。

清明节前后，农家采艾青嫩叶，煮泡后捣烂，与糯米团一起搡成的麻糍称"青麻糍"；做成的金团称"青金团"（擂松花粉的），青金团馅子有猪油芝麻馅、豆沙馅等；把搡好的青米团捏成圆饼状称"青饼"。清明时节，吃青饼、青团有一定彩头，青麻糍在清明祭祖时必备。

## 服饰习俗

**服装**　民国初，男子穿对襟短袄、短衫，着折叠犊鼻长裤，俗称叠腰裤。节日喜庆穿长袍。教师、职员、商绅等文人平日多着长衫。鱼民、鱼贩冬季套笼裤；农民、工匠加系百裥围裙。城镇妇女多穿旗袍，乡间妇女着大襟袄、大襟背心、长裤或系长裙，劳动时围布襕。春秋服装以夹为主，夏着单，冬穿棉，内加背心，外套罩衫。20 世纪 50 年代初，男女老幼竞穿"解放服"（即中山装和列宁装）。60 年代盛行青年装。"文化大革命"期间青年男女以穿军服为荣。80 年代起流行西装，但尚不习惯系领带。当前服装趋向多样化，有西装、中山装、茄克衫、猎装、牛仔装等。民国初，服装面料多土布，30 年代始用细布。60 年代起卡其、灯芯绒等流行。70 年代盛行涤卡、的确良等化纤及混纺品。80 年代起，不少人选用毛纺、呢绒、丝绸、皮毛及新颖化纤混纺品等衣料。

**帽子**　民国初，农民夏戴草帽，冬戴罗宋帽或毡帽，雨天戴笠帽。年轻女子不戴帽，或用头巾。老年妇女爱用"包头"，冬天亦戴青绒帽。小孩戴熨斗帽、狗头帽、项圈帽。20 世纪 50 年代流行"干部帽"（圆顶或八角有舌），70 年代盛行无徽军帽。80 年代起有工人帽、无舌绒帽、绒线帽、旅游帽等。

**鞋袜**　清末民初多穿自制布鞋，青年女子着绣花鞋，幼儿穿虎头鞋，农民及小贩平日多穿草鞋、蒲鞋，雨天多穿木屐，少数人穿钉靴、套鞋。20 世纪 40 年代后，着球鞋、套鞋者渐多，皮鞋偶见。50 年代兴穿胶鞋，但仍以布鞋为主。70 年代盛行塑料凉鞋。80 年代起，穿猪皮、羊皮、牛皮鞋及人造革皮鞋者渐多。后流行保暖鞋、旅游鞋。

20 世纪 30 年代前多着布袜，后着纱袜。60 年代起，国产化纤尼龙袜、弹力尼龙袜、卡普隆袜、尼龙毛巾袜等日渐取代纱袜。

**首饰** 民国时期，妇女多戴耳环。富裕人家多有一两件金、银、玉质等首饰，如戒指、手镯、钏、钗、簪等。富家男子也有戴金戒指的。少数人家给孩子戴银项圈、银（长命）锁。20 世纪 50 年代后，戴首饰渐少，特别在“文化大革命”期间，首饰在民间匿迹。60 ～ 70 年代以手表为饰物。80 年代以来，戴金银首饰者又渐增多。近几年来，戴金项链、金耳环，吊挂宝石，套手串、戒指者屡见不鲜，男女皆有。

**发型** 辛亥革命后，男子剪辫子剃光头，或留后脑发，剪平头。女子梳辫子，垂刘海，婚后盘髻插簪作 S 形，或为平肩发。20 世纪 50 年代后，女子多留双辫，60 年代改为短发，80 年代初又行披肩长发，80 年代后烫发广为流行，发型有蘑菇、沙爆等式。青年男子在 80 年代一度追求港式“长头发”和烫发。当前，发型样式渐趋多样化。

## 房屋和建房习俗

**房屋格局** 中华人民共和国成立前，境内贫困户房屋常以稻草、茅草、毛竹搭建，俗称“草厂”“草屋”。家境稍好一点的，屋面以编茅覆盖，四周以夯实黄泥为墙，或以碎瓦片、块石垒墙，泥地面，有栋、柱、梁为支撑骨架。柱下垫以石磉盘，以防腐烂。也有砖木结构的民宅，多为平屋或“畚斗楼”。大户望族数代共居，单独成幢，有三间、五间、七间之分。中堂间称“堂前”，婚丧喜事时作礼堂。旁留两弄堂，称几间几弄。屋前天井称“明堂”，可纳凉、晾晒。天井两旁厢房称“明轩”。正屋多坐北朝南。门额砖（石板）刻“高阳”“居之安”“紫气东来”等字样。正屋后再建两进房屋的称“连三进”。房屋进深以柱计数，有五架、七架之分。阁栅上面铺有木板，称搁板，其空间称“阁登”，有扶梯或可随意搬动的木梯上达。阁登一般作为谷仓，或堆放杂物。农家多在正屋旁附建单披顶的“披屋”或草舍，用作厨房、厕所、牛楗、猪舍或堆放农具杂物。

**选址定位** 建房请风水先生看风水定向，并确定建屋日期。房屋坐北朝南，但不能朝正南，一般稍向东偏或稍向西偏。因庙宇大殿朝正南，建屋正南向是对神不敬。定门向以东为上，称“紫气东来”，寄托祥瑞和美好。后墙不能靠河流溪水，认为水从后面流淌，会导致家不发。建房应单数成间，忌造双数，尤以四间最忌。不论贫富，厕所绝不能建在正屋的东西方。

**破土** 一年中除清明、冬至日可以任意动土外，其余日子动土须请阴阳先生拣日选辰。破土动工前，要祭祀土地菩萨。祭祀时，放礼炮以示隆重，一人执香领路，一人用锄头作挖土状，以示动工建宅。焚化“甲马”（绘有神像的黄彩纸），以祈施工中不出事故。开工先挖地槽放石头，打夯定基。

**上梁** 山墙砌好后，将正梁搁在山墙顶上称“上梁”。这是建房中最重要的环节。民间认为上梁顺利与否和建房后的生活相关联，因此上梁这天主人家加倍小心。上梁吉时一般定在月圆、涨潮时，取其阖家团圆、钱财如潮水涨进之意。上梁仪式隆重，梁的两头缠红布，俗称“缠梁红”。小型银钉、银梯置正栋上，在宁波话中“银”与“人”谐音，取其人丁兴旺、人丁节节高升之意。上梁前，作头师傅要唱“上梁歌”，俗称“浇梁”。主人家用红纸包钱送给工匠，接着作头师傅互相打过招呼，用绳子拉梁慢慢上柱端。梁的东端应高于西端而上，因东首为“青龙座”，西首为“白虎座”，白虎要低于青龙。此时鞭炮齐鸣，待正梁进榫内，抛下麻袋和馒头，子女、媳妇拉着一条红被面，把抛下的馒头接住，意为“传宗（种）接袋（代）”。凡抛到被外的，或有意抛向观望的人群，众人哄抢，称“抢上梁馒头”，表示吉利，俗称“抛梁”。此时最喜下雨，以应“及时下雨，生活富裕”之兆。晚上，还要请喝上梁酒，俗称“竖屋酒”。除泥水木匠外，邻居亲戚都要请来。上梁之日，四邻用红布作旗，挂在自家的屋脊上，以免被占风水。

**进屋**　房子造好举家迁入新居时，邀请亲朋好友吃“进屋酒”，一是庆贺乔迁之喜，二是祭祀神仙祖宗。时至今日，境内农村个人建房，上述习俗仍兴。

### 家用器具

**家具**　民国初，家具尚红色，新婚床红漆描金、雕花，联有踏床，上置小厨、马桶箱，称“大眠床”。后流行嵌骨雕花凉床，按其造型分三弯、七弯。房内有纱橱、幢箱、房前桌、方凳等，颜色由朱红渐行金黄。大多人家睡床或睡“火柜”（柜床高起，中如船舱，睡板下可置火盆取暖）。20 世纪 30 年代，盛行木架棚床。60 年代流行铁架床。70 年代多置木制高低床。80 年代初，婚房流行“24 只脚”（即高低床、三门大橱、五斗橱、灯橱、写字台、房桌）。“席梦思”床及沙发亦进入普通家庭。90 年代随着房屋建筑的现代化，室内家具与周围墙壁浑然一体，显示出新时代的装饰美。

**灶具**　20 世纪 80 年代前一般人家使用柴草作燃料的双眼灶，根据灶洞大小有大灶、小灶之分。大灶置尺八镬煮饭、烤野草（猪食）；小镬置尺六镬烧菜、蒸熟食，中间置一只汤锅，汤锅烧热水汤老酒。灶房置灰缸，俗称“火缸”，内贮热灰用于热水、煨粥、煨豆、烘尿布。另有水缸，庎厨。炊事用具有铁镬、镬盖、洗碗桶、挈档桶、拗斗、菜刀、砧板、镬铲等。80 年代中期起，煤气灶具进入农户家庭。

**家用电器具**　20 世纪 80 年代电视、冰箱进入农家。21 世纪初家用空调进入，洗衣机普遍使用，厨房配脱排油烟机、净水器、微波炉、电饭煲、消毒柜等，浴室装热水器。

### 日用器物

**食用器皿**　有砂锅、甑、甏、罐、碗、酒杯、茶盅（杯）、茶壶、酒壶、菜盆、碟、调羹、筷等，多用陶瓷制品；茶壶、酒壶传统为锡或紫铜制作。20 世纪 60 年代后改用铝壶。茶盅比碗小，上有盖下有托盘，瓷制，画花漆金。茶杯、酒杯原瓷制，现多玻璃杯。

**照明用具**　民国时期多用火油灯、蜡烛、菜油灯，20 世纪 20 年代后用美孚灯。70 年代初，境内居民用上电灯。灯具有白炽灯、日光灯。进入 21 世纪，广泛使用 LED 节能灯。式样有台灯、吊灯、壁灯、吸顶灯等，从单一照明趋向房内装饰。

**计时用具**　清代晚期，钟表始入极少数殷富人家，民国中后期有些商贾富户开始有自鸣钟（座钟、挂钟）、怀表。20 世纪 60 年代，闹钟盛行，继后盛行“上海”牌手表和“三五”牌台钟。80 年代起，机械手表普及，流行电子表，现今年轻男女大多不戴手表，以手机报时。

**书写用具**　20 世纪 30 年代前，书写用毛笔、石笔（石板）。40 年代，用毛笔、铅笔，少数人用钢笔。50 年代后钢笔普及。60 年代，新增圆珠笔。进入 21 世纪后，多用一次性水笔，电脑普及，用笔量减少，毛笔、砚台除书画爱好者外，多已不备。

## 第三节　生产习俗

### 农事

**敬牛**　俗有“小小一头牛，性命在里头”之说。农业生产上耕田、耙田、车水、碾米等重活全靠牛完成，所以农民视耕牛为同伴，饲养周到，似性命一样爱护。春耕开始给牛灌黄酒、喂鸡蛋、喂花饼（棉花籽饼），以增加营养；白天耕作劳累，晚上还要喂夜草，让它吃饱睡好，恢复体力。每夜给牛栏垫稻草，保持清洁干净。炎夏中午还把牛牵至树荫下纳凉，防止中暑。过冬称“关冬”，喂旱稻草，每天喂煮烂的花饼汤，有通肠润便的作用；晴天拴在向阳处取暖。大部分农户不吃牛肉，有的人家遇到牛死去，还进行土葬。

**孵秧子** 清明前后浸种称“秧子落缸”。秧子上放一张红纸，压一把镰刀，称“催芽”。秧子播下后，在竹竿上端缚一张灵峰戒牒，插在田角，祈求田公、田婆保佑不烂秧。去播种的人一定要吃饱，认为人饱了，长出的谷粒定会饱满。

**插秧** 第一天插秧，称为“开秧门”，主妇要备好饭菜酒肉，供家人和帮工者聚餐。餐间，每人要吃一个鸡蛋，意谓“讨彩头”。蹲下去拔秧，先用缚秧苗的稻草在秧田上面横扫几下，意谓防止“发秧疯”。发秧疯即手背发肿。插秧结束，称“关秧门”，有的户主绕田走一圈，拔一把秧苗带回家扔在门墙边，说是“秧苗认得家门，丰收由此进门”。结束那天的晚餐，主人家要宴请帮工者，称打“馓”。

**祭田公田婆** 一年4次。第一次在清明后下种前，择黄道吉日，点香焚纸，祭祀人站在秧田下方缺口的田塍上，朝田畈作揖行礼，祈祷田公田婆保佑秧苗壮大，后将香枝插于田塍，谓之“许愿”。第二次于开秧门前，摆供品及肉类于田塍，人仍站于秧田缺口，燃香祈祷，以保佑秧苗到稻田里快长，谓之“尝甜头”。第三次是夏至这一天，供酒肉饭菜于田头，并燃烧麦秆，祈语为“田公田婆保佑风调雨顺，无虫无灾，来日丰收，再来重谢”。有的穿蓑衣戴笠帽，以象征“求雨”。烧麦秆寓意赶害虫。最后一次是开镰收割之前，祭品丰盛，并摘谷穗插于供品上，以报答田公田婆保佑之恩，称“还愿”。平时，凡在田间就餐或吃点心之前，先撮一小块糕点或一小口米饭以祭祀田公田婆。

**积肥** 积人、猪、牛粪，捻河泥，削草皮烸焦泥，种芘花、草子，为传统积肥方式。每家农户必置屙缸一二只。六七十年代，农田主要施农家肥。80年代起主要用化肥，农民已很少积肥。

## 商业和手工业习俗

**讲吉利　重禁忌** 商家有正月初五五更祭财神之俗，称“接财神”。天亮开排门叫“开市”。开口第一句话说“恭喜发财”。晚上收市称“上排门”或“打烊”。祭神猪头称“利市”。猪舌头叫“赚头”。结账称“盘利”。年终在壁柜、货仓贴上用红纸写的“招财进宝”“黄金万两”等连体字。门上贴“生意兴隆通四海，财源茂盛达三江”等对联。

**拜师学艺** 旧时工匠多系祖传，少数出门拜师。学徒拜师须找“保头人”荐举，立“师徒合约”。学徒三年，供食宿，不计工钱，意外伤亡不关师傅。徒弟逢节要送礼，第一、二年帮工打杂为主，称“做下手”，半途被辞退，称“回汤豆腐干”。满师要办“满师酒”祭鲁班，学徒须向师傅、师母行三跪九叩大礼，师兄弟间斟酒庆贺。如外出求业，师父则赠工具。学徒满师后称“半壮”，其工钱只能拿师傅的半数。“半壮”在外工作或承接业务，不得抢师傅生意，否则叫“摘师傅帽子”，被同行责难。师徒亲如父子，婚丧喜庆、起屋造坟多主动相助。

## 渔业和航运业习俗

**造船** 造船讲究开工拣日子，新船造就祭祀天地神祇，下水举行仪式。船头画鹢鸟，称“鹢首”，象征善翔而不畏风。新船下海前用红布蒙住鸟（船）眼，下海时揭布启眼，船上披红，岸上敲锣打鼓放爆竹。船主在船头抛馒头，叫“发福”。

**海祭** 渔船、运输船出海称“开洋”，都办“开洋酒”。用猪头等祭品供奉海龙王。船回谢洋，则办“谢洋酒”。酒席盛差多寡，视渔汛丰歉而定。供奉时，向海中洒一杯酒和碎肉祭品少许，称“酬游魂”。

**船上忌讳** 一忌惊动龙王得罪鬼神，忌妇女跨越船头。忌有红、白事未满月者下船，忌在船靠岸时大声喊叫，以免“把野鬼引上岸”。开饭时，先向大海撒几粒米饭敬鬼神，称“结缘”。二忌不吉利言行，筷子不许搁碗上，讳搁船；忌七男一女同船过渡，意为“八仙过海”不吉利，遇到时，船上的人就故意说“今天船上有九个人”（一个指船关菩萨）以解忌；酒杯、羹匙不准翻放，讳翻船。船民争吵最忌用“碰石岩”“挖海底”“浮尸”“氽长江”等骂人话。吃鱼先吃头，意为“一头顺风”。称筷子为“撑篙”，羹匙叫“掏箭”，猪耳为“顺风”，均含吉利之意。

**救险捞尸**　船在航行中不幸触礁或漏水，先在船头侧插扫帚，再在桅顶挂起破衣，若是晚上则点火把，敲打面盆铁锅作为求救信号，以引起过往船只注意。海船都有抢险救人义务。如遇浮尸，捞尸时要将篷布蒙住船眼，以避邪气。捞尸体叫“捞元宝”，埋尸体叫“藏宝”。

## 第四节　相沿习俗

### 婚嫁习俗

**提亲**　旧时婚姻是父母之命、媒妁之言，青年男女不可私订婚姻、擅作主张，甚至连双方父母也不能亲自出面，需有媒人在其间穿针引线。配亲要看双方门第和贫富，即所谓“门当户对”。男方先请媒人到女家讨得女方“生辰八字”，再请算命先生排一排八字，看男女是否相克。如有相克，不能配婚。

**发送**　定亲时，男女双方互换庚帖，上写姓名、生辰八字、籍贯，用礼盒装上庚帖，送往对方。届时男方将金银首饰、绸缎、老酒、麻饼、金团及看似平常却寓意吉祥的“豆胖”（即米胖、年糕干胖、炒花生、松花黄豆、炒倭豆等）送至女方家中，另有桂圆、枣、莲子等雅称“元宝”包头，均是馈赠的礼物，俗称“送担”。女方要回赠“豆胖”。男家、女家双方都邀请亲戚到场喝订婚酒，俗称“发送酒”。是日，女方还应问明男方及其父母、挈郎和揭方巾福气婆的鞋子尺寸，提前预制，待结婚时赠予。

**贺礼**　订婚酒后，男家确定好“好日”日期后，请媒人向女家传送“日子书”。嗣后，男家、女家发请帖将办“好日酒”的日期告知各自的亲朋好友，同时分发喜饼喜糖，境内传统以定做麻饼当喜饼。男方还要将女家回的“豆胖”发给同族人和邻舍隔壁。亲友按亲疏关系送贺礼，五服之内可以不送礼。给女方送贺礼称“送嫁”，多为衣料、被单及日常用品等；送给男方的多为钱，或喜幛、喜轴，送钱一般在“好日”当天中午喝喜酒前，俗称“送人情”，届时男家设好“局房”，“局房”先生将贺礼登记在“人情簿”上，亦是为方便以后回礼。

**请吃酒**　男方结婚前准新郎要亲自去请舅父母、姑父母、姨父母，外公外婆和祖辈来吃喜酒，称“请吃酒”。

**搬嫁妆**　婚前，男方到女方家搬嫁妆。男方还要交女方父母一笔礼金，称“拆妆钿”。礼金多少，根据家境而定。男方要挑“望娘盘”担，主要有米馒头、活鹅、大块猪肉、有鳞对鱼、各色裹包及喜糖等。搬妆队伍先马桶再被褥后家具，排列有序，放炮送行，富裕之家有“十里红妆”之说。队伍到男方家，马桶担先进房，再将被褥放在床上，摆好器物，特邀父母双全的男孩在马桶内取出双红蛋和红鞋，小孩撒尿、吃蛋、穿鞋。

**飨喜**　新郎家要在结婚前一夜飨喜过夜，在堂前供上各种供品，一般 24 盘，多数人家还供上全副猪羊，祈求婚事圆满，家庭兴旺。

**开面**　亦称“开脸”“纹面”“纹脸”。即由送嫂用双线绞去新娘脸上的毫毛，剪去额发和鬓角，修眉毛扮妆。女子一生只开一次面，作为嫁人的标志，意思是开了面就不再是任性撒娇的姑娘，须是能吃苦耐劳的贤妻良母了。中午，女家办“开面酒”，宴请宾客。女家还要分浆板汤果给族人和邻居，俗称“开面汤果”。

**迎娶**　迎亲前一天，男方设酒席谢媒，并以甜汤果分赠邻里。入晚，新郎由“郎头”（亦称挈郎，指未婚少年）陪伴睡觉。迎亲之日，以花轿迎娶新娘。花轿由四人抬着前往，后随专侍新娘的送嫂。临到新娘家，女方放鞭炮迎接。女方亲友故意闭塞门户或设置障碍物，不让使者与彩轿入内，使者需向守门者分送香烟、糖果或钱币，称送“轿门红包”。此时，新娘按惯例拖延上轿时间俗称“挨上轿”。在迎亲者“三请”“四请”后，新娘起床梳妆，梳妆毕，其母喂“上轿饭”，把第一口“上轿饭”吐到爹娘床头，意示不忘父母养育之恩。穿霞帔、戴凤冠和戴红布（俗称“红盖头”），由其兄长“抱上轿”，如无兄长则由弟弟或其他亲人携袖导扶上轿，称“领上轿”。上轿时，母亲、姐妹等女眷均号哭相送，称“哭嫁”。新娘上轿坐定后，不可移动座位。座下放只铜火熄，内燃炭火及芸香。随轿需有两位男青年缓缓前行，称“压轿”。轿子将到，新郎家安排人前去接待。相遇时，男方向女方赠糕点，以示敬意。这时压轿者从火熄内点燃一袋芸香烟，称“接香火”。

**婚礼** 新娘和送亲队伍到了新郎家，新郎的亲朋也会“拦轿门”。新娘拿出糖钱后，大门打开，新娘才能进门进行拜堂仪式。拜堂仪式一般由村里或族里有威望的长辈主持。新娘由送嫂搀扶，踩着红地毯，缓步而行，步入堂前。此时新郎由两个挈郎陪同前来，新郎与新娘并立于堂前。拜堂开始，燃烛焚香，鸣放爆竹、奏乐，司仪唱曰：“跪拜，一拜天地，二拜高堂，夫妻对拜，送入洞房。”两挈郎捧花烛先导，新郎新娘踏着铺在地面的麻袋送入洞房。麻袋需 5 只，由送嫂前后交替，称“传宗接代、五代见面。”随后，新人开始宴请亲朋好友。喜宴后，新娘要给公公婆婆和男方的长辈“下茶”或称“敬茶”。长辈们要拿出茶钿给新娘子。新娘倒茶之前，其公公婆婆还要被亲朋捉弄，即给公公扮“扒灰佬”、给婆婆戴“羊角尖”等。敬茶毕，新娘子还要“出厨”，即新娘在厨工的帮助下，手握菜刀对着鸡鸭鱼肉斩，每斩一刀，嘴中都要念念有词，如“种稻有谷、生出儿子考大学”“夫妻要和睦、孝敬公婆是享福”等诸如此类的吉祥话，预示新娘在以后的家里会成为一位贤妻良母。

**喜宴** 结婚酒席一般延续一天，大户人家亦有三五天的。第一天搬嫁妆，称“杀猪便饭”，第二天为“正酒”，第三天称“散场酒”。正酒最为隆重，乐队（俗称“吹行”）奏迎宾曲。以舅为尊，坐中堂首位。新郎向诸宾客敬酒。酒席设新郎专席，称“贺郎酒”。席间由新娘向众位宾客敬酒。

**闹洞房** 是夜，亲朋好友用种种方法捉弄新郎新娘出洋相，借以取乐，并向新婚夫妇索取香烟或糖果，至深夜才结束，俗称“闹洞房”，亦称“吵房”。时有“新婚三日呒大小”“愈闹愈发”之说。次日凌晨，新婚夫妇起床后，亲朋家孩童涌入新房，寻找新郎新娘吃剩的“床头糕”。

**回门** 结婚次日，女家兄弟来看望出嫁的姐妹，男方要宴请阿舅。宴后，新娘新郎送阿舅回娘家，丈人丈母设宴招待“生头女婿”，称“回门”。旧时回门有结婚三日后的，也有满月回门省亲的。现“回门”一般都在婚后第二天。

**满月担** 结婚满一个月，女方父母要给女婿挑“满月担”。满月担有四洋盆菜肴及寓意早生贵子的枣、花生、桂圆、莲子及“龙凤金团”48 只。还有藤编针筐、剪刀、尺、针等。此后女儿方能在娘家宿夜。

**其他婚配习俗** 抱养幼女，待成年时才结婚，称“养生媳妇”（童养媳）。两家互换姐妹为妻，称“兑亲”。因生活贫困被迫将妻租给别人，称“典妻”，而典夫多以生育为目的。富家豪绅的男人可娶两至三房妻子，娶第二个开始称之“纳妾”，俗称“抬小老人”。还有未婚夫婿有病，迫女至男家“冲喜”，婿死，女子就成寡妇。富家子女早夭，移柩合葬为之冥配，称“阴配”。中华人民共和国成立后这些习俗概被废除。旧时寡妇若携子女再嫁，俗称“拖油瓶”。歧视赘婿，称“上门女婿”，在女家地位卑下。女的死了丈夫，另找男人进门，谓“进所夫”，被人指指点点。

## 生育习俗

**催生** 临产前，娘家要送金团、肉、鸡蛋、桂圆、核桃、糖等食品，做婴儿所需的衣裳、尿布等物，意在催生。农村多用担挑，俗称“催生担”。

**红房** 产妇称“红人”，月内不能串邻走舍。产房称“红房”，非侍值人员不进房内。长辈不进“红房”，意谓婴儿过早见长辈会“折福减寿”。现多在医院生产，此俗废。

**坐月** 又称做产做生姆。婴儿出世，娘家要送面条、红糖、肉、鱼、蛋、汤等物，供生姆娘补养身体，借以丰盈奶水，俗称“贺生担”，又称“生姆担”。亲友也要馈送一些菜肴及婴儿衣着之类，此俗今仍盛行。

**开口奶** 婴儿出生后，母亲先不喂奶，而向别的产妇讨奶吃，生男讨女婴之母乳，生女反之，称“开口奶”。喂奶前，先喂婴儿一口黄连汤，一为解毒，二是寓意先苦后甜。此俗已废。

**祭床公床婆** 产后第三天，在产妇床前供奉果茗，祭床公床婆。点香烛于米筛上，放12只“相谅盏”，两碗“盖糖饭”。祭毕，“相谅盏”分送邻居儿童，意谓长大后“相讲相谅”，和睦相处。此俗已废。

**满月** 婴儿出生满一个月，称“满月”，婴儿剃满月头，家长办满月酒庆贺。亲戚好友送礼志贺。其中，外婆家送各种菜肴及糕饼、红蛋、花生等；姨妈、舅母送有红黄蓝白黑五色结成的“长命锁”。

**开荤** 婴儿第一次进食，其父用鹅舌头擦几下婴儿的嘴唇，称“开荤”，意谓吃了公鹅冠瘤，以后跌倒时头会像公鹅一样昂起，不伤脸面。也有让婴儿舔鸡心的，意谓有好记性。

**留百岁毛** 婴儿出生100天时举行祝贺礼俗，拜祭“王母娘娘”，供以素食，为婴儿剃发。剃留百岁毛发，需由祖父抱着在堂前进行，在囟门及脑后留一撮头发，叫“百岁毛”。剃完头，给婴儿穿红着绿，由他人打开伞抱着，绕四邻走一圈，意为见世面，长大后能经风雨。

**取名** 旧时，由于怕孩子长不大，常用猫、狗等名称作为乳名，认为贱生长寿。正式取名也有带迷信色彩，请算命的排生辰八字，认为五行不全者用金木水土火等字或这些字作偏旁的字来命名；在族里，男婴论辈分取名。

**满周 拿周** 婴儿一周岁时，亲友多有馈送。外婆家要送由小到大五个等级的金团，称“五代见面”。周岁小儿开始学步，外婆送“虎头鞋”。虎头鞋用黄布精制，鞋头绣老虎头，虎额绣“王”字。虎是百兽之王，认为穿了可以壮胆驱邪。届时罗列百物，让孩子自取，以卜将来成就，名曰“拿周”，也叫“抓周”。

**寄拜** 旧时，接连生了几胎女孩后才生男孩，或者接连夭亡几个男孩后，又生男孩，家长怕重蹈覆辙，就让该男孩寄拜一个多子多福的人为干爹。有两家深交或恩泽，以儿女寄拜作为干亲，增进友谊。也有迷信子女“八字”不能永年或与父母冲克而出寄，承寄之后，寄拜者每逢节日，须向干父母送礼，受寄拜者也给寄拜者一些钱物。

**夜啼 喊魂** 旧时，婴儿夜哭不停，家长会认为鬼在作祟。用红纸写上“天赤赤，地黄黄，小儿夜哭在娘房，过路君子读一遍，一夜睡到大天亮”的谶语，趁无人看见时贴在路旁，以解婴儿夜哭。孩子因惊吓而闹病，在科学不发达的时代认为“丢了魂”，就将孩子抱到床跟前，点燃一支香，插在床头跟前，或插在扫帚柄上，祈求床公床婆或扫帚娘娘将失去的魂叫回来，俗称“喊魂”。

## 寿庆习俗

**做生（寿）** 男子庆祝30岁诞日称“做生”，但不称做寿。俗语“三十不做，四十不富”。“做生”时，办酒席请客，亲友送礼祝贺。40岁一般不做或提早一年庆祝，因四与“死”谐音。50岁后的寿诞一般由子女为父母“做生”，亲友主动祝寿，不发请帖，俗语“请吃酒，搲拜生”。60岁及以上老人的逢十寿辰，称“做大寿”，民间有“做九不做十”的习惯。如六十大寿在五十九岁做，为避“十全为满，满则招损”之讳。祝寿礼物有长（寿）面、油包（寿桃）、寿烛等，也有送银钱的。富贵人家设寿堂，挂灯结彩，张挂寿屏、寿幛，鼓乐吹打，演戏作乐。勤俭人家一般从简，劳苦人家不庆寿，所谓“穷人呒生日”。

**吃六十六块肉** 66岁时吃66块肉。肉由已嫁女儿孝敬父母，说吃后可望长寿。有民谚：“人到六十六，阎罗大王请吃肉”。

**阴寿** 为亡父母逢十祝冥寿，俗称“做十头”。仪式似生人做寿，亲朋也送糕、烛、面、桃等礼品，请念佛念“祐生经”。也有在寺院拜忏做佛事，以祝冥寿，至百岁止。

20世纪50年代后，寿庆崇尚俭朴。80年代后，寿庆大操大办之风又有兴起。近年来，为老人祝寿的方式逐渐多样化，老年协会为老年人集体祝寿，拍寿星合照，送生日蛋糕或礼物；子女陪老人旅游等。

## 丧葬习俗

**送终** 人弥留之际，子女跪床前，喂粥汤或桂圆汤。人一咽气即一齐号哭，同时焚香，念经，烧戒牒（路引），称为“送终”。人死后，家人即往村庙拈香，为亡人向阴司“报到”，并祈祷。替死者沐浴、理发、剪指甲、更衣。将床席、褥草放路旁烧毁，名曰“烸苦包”。

**报讣音** 着人遍赴近亲家报讣音，告知死讯及丧期、葬期等有关事宜，报丧者须倒挟雨伞，行至门前将伞柄朝下放置门外，以示凶信。

**设灵 陪尸** 尸体移入灵堂，点脚后灯，设灵牌，点烛摆供品。举行祭奠，俗称“吊孝”。晚上由家人陪尸，谓“守灵”。或请人诵经，称“念摊尸经”。依旧俗，不在家寿终者不得入堂，在屋外另搭帐篷。

**戴孝** 孝子孝孙穿麻衣、着蒲鞋，腰束草绳，头戴三梁冠，孝孙在檐上别一块圆形红布表示孝中有吉。侄子戴两梁草冠。远亲嫡亲均男戴白帽，女戴孝兜。本家晚辈穿麻衣，并以白布满鞋面，后嵌一方红布。凡参加丧礼的下辈，都应白线杂麻缠头颈，现渐以黑色臂章代之。

**入殓** 灵堂停尸 3 ～ 5 天，择吉时（一般为涨潮时）遗体移入棺材，称“入殓”或“入木”。以白布或帽子分送吊唁者，称“破孝”。亲戚临吊，俱送薄棉被，称送“重被”或“情被”。入木时，由嫡系子孙分批罗拜，亲子捧头扛脚移尸入棺，放上殉葬品，高呼品名及赠者姓名，叫做“报衣单”。报毕，将衣单焚烧，装入纸袋，放进死者口袋。盖棺前，由长子檐下跪问：“阿爸（妈）病好了否？”堂内另一子答：“好了！”接连三问三答，然后盖棺。

**出殡** 俗称“出丧”。日出前，将灵柩移出户外，先行“醮杠”。醮杠人一边醮酒一边念词，有对死者的悼念或赞评，或对儿孙的祝愿、对执事者送丧者的感谢。醮毕，随之抬棺上路，由女婿捧神主牌先导。燃香烛，引魂幡，孝子孝孙手持 2 尺长的哭丧棒扶棺躬身而行，宗亲、戚友等随后。吹奏哀乐，对锣双敲，沿途放炮仗，谓“引路炮”，散发纸钱，谓“买路钱”。抬灵柩停放时，用踩柱支住，不得着地，重耗人跪地朝前三拜，朝后三拜。逢过桥，孝子伏于桥上，让棺木从身上抬过，口叫 ×× 大人过桥，这叫“儿孙背过桥”，意为尊重“桥神”。一直送到墓地，叫“送上山”。灵柩去墓地之前，早派人去墓穴祭祀山神，称“开山”。到墓穴后，孝子率送葬众人列队先左后右绕灵柩和墓穴行三圈，启开墓盖板，用芝麻秆、黄豆秆点火烧之，谓“暖圹”。吃过坟头饭，然后将灵柩安放入墓，封闭墓盖，卸丧服。凡草冠、引魂幡及各种冥器皆烧之。执事者摆开一桌酒食祭土地神，叫“关山羹饭”。出殡回家循原路返回，送丧者一一跨过垫过灵柩的草捆火堆。到达灵堂送丧者依次参拜上堂羹饭。最后在灵堂供神，叫做“安圆”。安圆后，关上堂门，丧葬全部结束。

**做七 做百 做周年 做忌日** 人亡日起逢七办羹饭叫“做七”，称“头七”“二七”“七七”为“断七”，意即满 49 天。最慎重是做“五七”“六七”，由出嫁女回娘家来做，并念一堂经，俗称“六七饭”；至百日，祭祀叫“做百”；一周年再祭，称“做周年”；连做三年，谓“满孝”。“做百”和“周年”要请念伴念经以尽孝道，至亲也要前去悼念亡灵。以后每逢先人的生日、卒日拜羹饭祭祀称“做忌日”，直至满百后方止。

**造寿坟 夹寿材** 乡人习俗年老在世时造坟，称“造寿坟”。多请风水先生选择墓地，境内古风行合葬制，多造双穴坟。1997 年 11 月 1 日起，实行殡葬改革后，凡生前无寿坟者，一概葬于公墓，公墓的档次视死者的家庭经济条件而定。生前做棺材称“夹寿材”，时间多选在农历六月十二。实行殡葬改革后，此俗渐废。

旧俗丧葬仪式繁杂，摆阔气、讲场面，花费很大，贫家往往因此而负债。中华人民共和国成立后，丧葬旧俗有所改革，出现了简办丧事的新风。20 世纪 80 年代后，念佛伴灵、焚化纸钱、逢七祭奠者渐多。现开追悼会，送花圈、挽联，臂戴黑纱等现代治丧礼仪与披麻戴孝、穿白衣等旧俗共同流行，丧礼又趋铺张。

## 民事习俗

**分家析产** 兄弟皆成家立业，或弟虽未成年，但父母年届花甲，将已有田地产、房产、家具等分授给诸儿，让他们自立门户，简称分家。分家要请当地有名望、有文化的人写分书。分授人父亲、见分人舅舅或叔伯、受分人都要在分书上签字画押，分书才成立有效。分书内计明田地房屋家具归属；父母债权债务承袭；子女对父母的赡养；百年之后事宜等。女婿分家，丈母家要挑“分开馒头”。现分家析产称继承，根据法律执行。

**过继** 指本人无子而将兄弟之子或近族同辈之子转为已子。独子者不得出嗣。继子要经过族人讨论立下过继文书，有享受宗祧祭祀权和财产继承权。继承远房下代族人或领养外姓人作子的称为“爱继”。中华人民共和国成立后，须按《中华人民共和国收养法》法定程序办理合法收养手续。

## 第五节 岁时习俗

### 时令习俗

**春节** 农历正月初一，旧称元旦，辛亥革命后称春节。黎明即起，设香烛陈果饵祭灶神、祖先，开门放爆竹，称“开门炮”。大户人家早日悬历代祖先画像于中堂，并设祭祀供品，谓“供帧子”。全家穿新衣，讲吉利话。小孩先序拜家中长辈，再向邻居长者礼拜，叫“拜岁”。长辈向下辈祝福，给儿童分发糖果、糕点。长者赐以钱币，称“压岁钱”。长者一般多去寺庙烧香，称“拜菩萨岁”；也去祖坟祭拜，谓“拜坟头岁”。早饭素食，吃汤果、汤头、年糕等。是日一般不外出作客，在家与邻闾娱乐休息。旧俗初一不汲水、不洒扫、不乞火、不动刀剪，让日用器物也休息一天。未昏而眠，不点灯，睡前燃放爆竹。初二开始出门做客，称为“年”，向亲戚中长辈拜岁，亲友间互相请酒饭，闲话家常，祝贺新年。直至初五，农民始下地干活，商店开门营业。现国家规定从除夕开始假期，到正月初七上班。现民间通过电话、短信、微信等拜年问候渐成常态。

**元宵节** 农历正月十五为元宵节，亦称“上灯节”。乡民多食糯米汤团，意为“团团圆圆”。旧时多自制彩灯，晚上或悬挂屋檐，或小孩提灯外出游玩，各神庙张灯结彩祭神三日，叫“上灯”“摆祭”，也有请戏班演戏，到十八结束，称“落灯”。中华人民共和国成立后，“摆祭”俗废，闹花灯仍盛行。是夜乡间灯会游行，乡民晚餐后皆去观看。是夜农家还以火照田间，谓可除害虫，名曰“烧虫”；有的烧田塍草，田塍干草着火，犹如条条火龙，因名熚“火龙”。郭巨人闹元宵民俗活动早在明朝盛行。2013年，“郭巨元宵踩街行会”获“宁波市优秀传统节目文化活动”称号。

**清明** 本来是农历节气之一，后来演变为祭祀祖先、追念先贤的上坟祭祖节日。一般于春分后半月左右，在公历4月4日或5日。境内人们极重视清明祭祖扫墓，外出游子多及时回家，尽赤子思乡爱亲之情。亲人新亡三年内上新坟，供青麻糍、黑芝麻饭、鱼、肉、酒、菜，在清明正日到坟头除草、加土，竹挂纸钱，男女老幼参拜，并在家设酒馔祭祀，称“做清明羹饭”。三年后上坟，一般不带酒、菜，其余礼节如旧。现清明扫墓之俗犹存，祭品因人而异，纸钱多改为花圈。学校师生、机关团体集体组织祭扫烈士墓园，向先烈敬献花圈，以表达对先烈的缅怀之情。

**立夏** 农历节气，一般是公历5月5日或6日。有煮倭豆糯米饭，烤茶叶蛋之俗，称立夏饭、立夏蛋，并以乌笋（称脚骨笋）、软菜（莙荙）、鱼、肉等祭祖。祭毕，家人团聚而食。俗话说“立夏吃乌笋，吃之脚骨健”“立夏吃个蛋，气力大一万”。饭后称体重，叫称人，谓可防疰夏。外婆家给外孙送立夏蛋，用丝线编网袋装蛋挂在小孩胸前。手腕系丝织彩绦，叫“立夏须”，谓可防夏天疾病。农家以米粥、老酒滋补耕牛。现时做羹饭祭祖之俗仍盛行。

**端午节** 农历五月初五为端午节。俗有裹粽子，做米馒头祀祖先，送节礼，取菖蒲及艾条插门户，或削成人形染雄黄悬于床上，饮雄黄烧酒辟邪禳灾。小孩挂绸布香囊。在婴儿额、胸、手足、臀部涂雄黄。并用雄黄酒喷洒屋角，焚苍术、白芷以驱蚊。现时，饮雄黄酒、贴端午老虎、熏蚊烟等俗已改；吃粽子、插艾、女婿送节礼等仍存。

**七月半** 农历七月十五日为“中元”，俗称“鬼节”。旧时以新谷米、酒馔祭祖先，办“七月半羹饭”。和尚、道士诵经供佛，放焰口超度亡魂，称“盂兰盆会”。今寺庙还有放焰口，办羹饭祭祖之俗仍行。

**中秋节** 境内在农历八月十六过中秋节，缘由传说甚多，据《中国风俗辞典》“八月十六日”条目，说是南宋丞相史浩每年中秋必从京城（临安）回四明，与百姓共度佳节。有一年因骑马受伤，中途留宿绍兴，次日才赶到明州，百姓等史浩到后才过节，故改在十六补庆中秋，遂成定例，相沿至今。旧俗设酒馔祀祖，全家团聚吃汤果、月饼，亲友间以月饼相馈赠，或置酒赏月。此俗现仍存。

**重阳节** 农历九月初九，也叫重九。古人登高宴赏，饮茱萸酒、饮菊花酒、挑重阳担等习俗。境内民间有做米馒头、裹粽子祭祖或馈送亲友之习。1988 年起，浙江省定每年农历九月初九为“老人节”，2013 年 7 月 1 日起实施的《中华人民共和国老年人权益保障法》规定，“每年农历九月初九为老年节”。

**送灶神** 农历十二月二十三日夜，灶堂设果饵祭灶神，供品称“祭灶果”。另供清水、炒黄豆，用稻草扎草马一匹，送灶神上天奏本。

**除夕** 农历年末夜为除夕。除夕前数日洒扫堂室庭院，清除牛厩、猪栏、鸡窝、路沟，“掸尘”迎新。祀神、祀祖先叫“送年”，也称“谢年”。除夕聚家人宴食，谓之“分岁”。安灶神马于灶曰“接灶”。点烛焚香，长幼坐以达旦叫“守岁”。长辈赐孩童“压岁钱”。贴春联、易门神，称为“从新”。天未昏即点灯，谓之“接光”。入夜，燃放爆竹称“关门炮”，可辟邪。是夜，妇女忙于搓汤果，备菜肴以免来日动用刀砧。置米馒头或糯米团于秤、磨、刀、剪、筷、尺之上，以慰器物一岁之劳苦。也有挈灯笼遍照家中角落、米缸或谷仓，口中念念有词，“青龙盘谷仓，黄龙盘米缸”“缸缸满，甏甏满”之类的吉祥话。现在，节前大扫除、办年货、做年糕、做米馒头、搓汤果、分压岁钱、放花炮等俗仍存。自 1983 年始，中央电视台每年大年三十举办春节联欢晚会，人们在电视机前观看春节联欢晚会成为“守岁”习俗。

### 其他岁时习俗

**敲更** 古代把一夜分为 5 更，更夫击梆巡夜报时，称为“敲更”。冬天气候干燥，火种傍生，为防火，民间有敲更的习俗。每到晚上七时许就可以听到“笃笃”敲竹筒声及“寒冬腊月，小心烛火，灶前灶后，柴间灰堆，仔细看看”的叫喊声。此俗现已消失。

**腊八节** 农历十二月初八日为“腊八节”，用多种食材熬制的粥称“腊八粥”，又称“七宝五味粥”“佛粥”“大家饭”等，喝“腊八粥”是“腊八节”的习俗。腊八粥的传统食材包括大米、小米、玉米、薏米、红枣、莲子、花生、桂圆和各种豆类（如红豆、绿豆、黄豆、黑豆、芸豆等）。

## 第六节 信仰习俗

### 讲吉凶预兆

境内人们认为喜鹊之声有报喜之意；乌鸦之鸣为报凶；灯花爆有喜；蜘蛛悬丝挂和杯筷多置寓为兆客到；路上遇出丧棺材是有喜；梦中见财则有凶；鸟粪污头，脏水污衣将不吉；耳鸣是背后有人骂；眼皮男左女右跳为祸兆；鸡上屋预示火灾；半夜闻犬悲吠要死人等。

### 拜十庙 走十桥

农历正月初十，天不亮，妇女成群结队出发，身着素衣，腰系布襕，肩背黄袋，入庙点香、烧经、拜菩萨，买牒、盖印。传说牒是人死后到阴间的“出入证”。拜十庙事前要选择好所在地周边十座庙，设计好走十庙路线，不能走回头路，且最后一座庙，应该是到自己所在地的村庙里的菩萨前报到。

正月十四夜，妇女有“走十桥”的习俗，圆月初升，妇女肩挎香袋出门，每到一桥必焚香燃烛，然后三步一拜过桥，拜桥神是企盼桥神之助。“走十桥”不能走回头路，否则来生婚烟必受挫折。到第一桥桥头要念叨：“第一座是金桥，金打金锁金链条，风吹吹，浪漂漂，童男童女扶过桥”。接下来每过一桥分别冠以银、铜、铁、铝、石、木、竹、草、泥，主体经文大意不变，此俗在中华人民共和国成立后一度泯灭，近年又复萌，许多中青年妇女亦加入其中。

### 赶八寺

农历八月初八，老年妇女结队去八座寺院烧香拜佛，俗称“赶八寺”，因“八寺”与“八字”（意为人之命运）谐音。走八寺是为来世修一个好八字，祈祷下世自己和家人能平安长寿，故有“今生多烧八寺香，下世嫁个富贵郎”之谚。

### 地藏王生日

农历七月三十日为地藏王诞辰日。是夜，家家户户会在门上、屋檐下、小路边插上许多点燃的香棒，或陈果设茗祀地藏王。同时，各家儿童沿石板缝或在泥地上插地藏香，有的老妇还会到桥边点上香烛或烧一些纸钱，祈求家人平安。

### 请井姑　请厕姑

多于正月十四、十五夜进行，俗称“请井潭姑娘、请屙缸姑娘”，以卜年成丰歉及婚姻等，参与者多为年轻妇女，请者选定多年水井或粪缸，白天前往祝祷预约，晚上用一根筷子插在淘米箸箕上，上盖绉帕，由两姑娘抬到井旁或厕旁，焚香祈请至家，供于桌上，两姑娘左右两边以手指悬篱箕随之移动，桌面预先筛好沙土或米，作划以签，卜毕送回。此俗中华人民共和国成立后泯灭。

## 第七节　礼仪习俗

境内民间交往非常注重礼仪，见面招呼、作客、接客、求助、行路、让路等礼仪都有讲究，如遇亲朋熟人会点头笑、打躬作揖，说一句“饭吃过伐”，以示问候；作客主人不请不进卧室，不请不坐。主人接客交流时不打孩子，不随便打岔或插话，尤忌小孩多嘴。随着时代进步，除优良的社交礼仪被传承下来外，有些社交礼仪不断变革更新，如见面鞠躬改握手。20 世纪五六十年代招呼盛行称“同志”，70 年代称“师傅”“老师傅”，80 年代曾称“老板”“老板娘”。现今对年轻人则以“帅哥”“美女”呼之。

### 作客

俗称“做人客”。一般可分为拜望、拜访和谒见。拜望，多用于对长辈或平辈之间，登门拜望是尊重他人的礼貌行为。拜望时，要先在门外叩门或揿门铃，切忌过重过急，等主人喊“请进”后方可入内。拜访是对他人访问，应持尊重态度，请教问题时更要诚恳虚心。谒见时，对进见地位或辈分高的人，古代礼节要跪拜，辛亥革命后改为鞠躬或拱手。中华人民共和国成立后以握手代之。“告辞”是告别辞行的简称，是分别时的礼仪，一般用语言表达诚意。不辞而别是不礼貌的，如主人送你，要劝阻，曰“请留步”。作客时，可以带些礼品，不宜太贵重，谓“礼轻意重”。

## 待客

有客来访须真诚相待。客人有约到来时，应出迎等候，以示欢迎。客人进门后，主人要起身欢迎。如上级、长辈或同辈的，要主动上前握手。客人被请于客厅尊位落座，待客人坐下后自己方可坐下。“敬茶”是待客礼俗，敬茶通常以斟七分为敬，不宜过满，这是“酒满茶半”的道理。客人喝茶则以留少许为礼貌。客人来访时，主人有区别地更换不同的服饰，切勿穿睡衣、内裤。女的切忌蓬头散发、露胸。陪客是对来访者的欢迎和尊重，应自始至终，如确有急事离席时，应派人陪伴，并向客人致歉“失陪了”。送客时，要面带笑容，致言“欢迎常来”等语。还有一种答谢礼节，重要客人来访后，主人还要回访客人，有来无往则为失礼。回拜时切忌原物送还。

## 交友

人与人之间互相交往，以增进友情，须热情、亲切、友善。“一面之交”为首次见面的朋友；“莫逆之交”为情投意合、非常相好的朋友；“生死之交”为发过誓求同生共死的朋友；“忘年之交”是年岁差别大、行辈不同而情深意笃之朋友。反对酒肉朋友和心猿意马的狐朋狗友。

## 宴请

凡应酬、答谢、饯行、接风等宴请宾客，亦有主人亲自下厨，精心烹调菜肴，称为“家宴”。家宴亲切随便，能充分交流感情。除夕等团圆、合家欢聚的宴席叫做“合家欢”；设宴招待远道而来的家人或朋友称“洗尘”，意谓为其洗去路途风尘；为亲人好友远行设宴饯别送行，叫“饯行酒”。

## 礼貌用语

**敬词** 对别人说话，多用表敬之词，以示尊重与欢迎。如“请”，表示对人尊敬，曰“请进”“请坐”“请指教”“请原谅”“请帮忙”“请留步”等。“祝”，是向对方表示良好愿望，如“祝愿”“恭祝”等。“烦”，有劳、相烦他人，如“麻烦”“相烦”等。“贵姓”或“尊姓”是询问对方姓氏的尊称，对方应回答“敝姓某”或“免贵姓某”；对方问贵府、贵校、贵单位时，答“敝舍”“敝校”“敝单位”。“久仰”是仰慕已久今日初见的敬语。“久违”，即长时间离别，久别重逢用语。“后会有期”是告别语，表示以后还有相会日期，也可说“再见”。“您好”，亦作“你好”，是现代交际常用礼貌用语。“恭喜”，对新婚夫妇的恭贺，“恭喜发财”，祝贺对方增加财富，昔时多用于商家交往，现时成为人际交往中常用语。“谢谢”，表示别人对自己的好意和关心以示感谢。还有“辛苦”（劳驾）“惠顾”“借光”“光临”“高抬贵手”“一路平安”（顺风）等敬词。

**谦词** 与人交往中，表示本人谦逊态度的词语。如“失迎”，表示自己未亲自迎接或失迎，向对方表示歉意。“失敬”，表示自己礼貌不周失于致敬，自责谦词。“失陪”，正在陪客时有要事外出离开，向对方表示歉意。“指正”，即指教、订正。“抬举”，受到奖励、举荐、提拔的谦词，不用谦词为之不识抬举。“费心”，托人办事致谢对方客套话。“托福”，是回答别人向自己问候的客套话。“领教”，多用于接受别人教导或欣赏他人表演时的客套话。“错爱”，意为自己本无资格受爱怜，对方却施予了。“过奖”，表示自己所为不足挂齿。“见爱”“岂敢”“献丑”“效劳”“赏脸”“打扰”“恕罪”等都为谦意之词。

**称谓** 根据身份、地位不同，对人俗成的称呼，不当的称呼或以“喂”直呼，被视为缺乏教养不懂规矩。“前辈”，对年辈高、资历深的人称呼，如今也有称“老前辈”“革命前辈”。“先生”，自古使用范围很广，可用于称老师、父兄、饱学之士或称一般男子，旧时亦有称以相面、卜卦、演戏、行医、看风水等传统职业者为先生。“女士”，对成年女性的尊称，但多用于有地位、有文化的知识女性。“老丈”，对老年男性的尊称。“老”是对富有学识、德高望重者的敬词，如“老师”“老王”“老爸”“老先生”。“丈”为对长辈的敬词，如老丈人等。“大人”，古代对为官者尊称，如今只在书信中称长辈为某某大人。“仁兄”，对同辈人的敬爱之称，如“老兄”“尊兄”“贤兄”“长兄”等。“夫人”古时对为官者之妻称夫人，也有对已婚妇人称夫人。“阿姨”，对女性的称呼，在亲属中指母亲的姐妹，即姨母或姨妈。在非亲属中，凡与母亲年龄相仿的女性统称为阿姨，现今社交场合中，称年轻女性为阿姨已成为时尚；对幼儿园保育员或家庭保姆通称阿姨。“小姐”，对未婚年轻女性的称呼，旧时对有地位的未婚女性的尊称，现成贬称。“同志”，古代称志趣相同的人为同志。中华人民共和国成立后，“同志”一词为公民的通称，且并无年龄、地位之区别。“老师”，自古以来一直用作尊称对自己受业师、学界前辈、科举考官，均称老师；近代用作学生对师长的称呼。“师傅”（简写师父），对有专门技艺工匠的尊称，或门徒对教艺之师的专称，现今被用来对职业技艺年长者的称呼。“师兄”，对与同师求学、学艺者称师兄弟或师姐妹。“姑娘”，对未婚女子的泛称，当地俗称“小娘”。“老爷爷”，对老年男子的尊称。“贤内助”，对妻子的尊称意为贤惠能干之妻。“姑爷”，女婿的尊称，女儿之夫称“婿”，女婿还被岳父家人尊称为姑爷。对亲友父母的尊称为“令尊”“令堂”。对亲友子女的尊称为“令郎”“令媛”。自称古时座席，尊长在上坐、自己在下坐，故以“在上”称尊敬长辈和上司，而“在下”则谦虚自称。“学生”，今称在校学习的人，旧时“学生”本意为晚辈，使用面广，凡在师傅和有学问的人面前，不论平辈、晚辈均以“学生”谦称。“老朽”，老年人自称谦词，喻衰老陈腐之意。

# 第十章　地方语言

境内通行宁波话，是吴语的一种重要方言，属吴语太湖片明州小片，分布在浙江宁波、舟山及周边一带，各地方言十分接近，内部一致性很高。因为郭巨人说话多以降调结尾，故给人以“石骨铁硬”的感觉。中华人民共和国成立以来，随着普通话推广、文化教育普及、外来人口增加和新闻传播媒介等因素的影响，郭巨话逐渐向着普通话靠拢，特别是青少年一代所说的方言，既接近普通话的读音，又有大量新的词语流行，他们所说的方言代表新派郭巨方言，这是社会发展的表现，但他们中很多人已听不懂境内的老话，一些较古的读音和词语正在逐渐消失，这也可能给地方语言文化带来断层。本章记录世居境内的老年人所说的部分方言土语、谚话、歇后语和童谣四类。

## 第一节　方言

### 名词

**人客**　客人

**十三点**　喻说话做事出格的人

**三脚猫**　一知半解并不内行的人

**大人**　“大”音“驮”，多指父母

**大糊**　喻装疯卖傻的人

**大好佬**　有财势、有本事的人

**小娘**　未婚女孩

**小官人**　未婚男青年

**小气坯**　小气鬼

**奶花**　“花”音“欢”。婴儿

**宁**　人

**老健宁**　上了年纪的人

**半雌雄** 两性人
**饭桶** 形容只会吃饭不会做事人
**作头** 泥工等手工业者的工头
**泥水** 泥瓦匠
**郎中** 医生
**呆驮** 又称戆驮。傻瓜
**生头人** 陌生人
**半夜过** 半夜
**上敝** 上一段时间
**天亮头** 早晨
**上半日** 上午
**早半晌** 上午九、十点钟
**昼过** 中午
**下半日** 下午
**今密** 今天
**夜到** 晚上
**明朝** 明天
**后日** 后天
**后头来** 后来
**下饭** 菜肴
**大脚髈** 大腿
**小肠气** 疝气
**山粉** 番薯淀粉
**乌青** 皮肤内淤血，外表青色
**乌探** 地方
**六谷** 玉米
**天家** 天气
**天亮饭** 早饭
**手骨** 手；手臂
**日头** 太阳
**木屐** 木拖鞋
**火柜** 冬天内置热灰可取暖的木床
**火熜** 冬天取暖用的铜手炉
**火叉** 叉音穿，烧火拨柴用的铁条
**牙须** 胡子
**牛娘** 母牛
**风水** 台风
**半夜餐** 夜宵
**叫连** 蝉
**外鹅** 大雁
**头颈骨** 头颈；脖子
**头起家** 起先；刚才
**奶奶脯** 乳房
**尼朵皮** 耳朵
**田鸡奴奴** 蝌蚪
**电光灯** 手电筒
**白头輸** 鼻血
**白篮** 用篾编的圆形平底大容器
**边沿头** 边上，边缘
**龙光闪** 闪电
**买柴病** 疟疾
**上登** 上面
**后枪袋** 裤子后左、右侧口袋
**团荡** 举止失当，没有分寸的人
**地作货** 田地上出产的农副产品
**夹皮** 蛤
**夹箩** 一种编制细密的双层竹箩
**当中央** 当中
**戏文** 戏剧
**早瓠** 瓠子
**汗毛管** 汗毛孔
**汤锅** 两个灶眼之间的小水锅
**汤果** 糯米粉做的圆柱形无馅圆子
**灰蛋** 咸鸭蛋
**红毛瓶** 玻璃瓶
**老酒** 酒的通称，专指黄酒
**利市头** 猪头
**别采** 别的地方
**坑跟间** 厕所
**屁股脚** 胯骨
**帐子** 蚊帐
**庎橱** 放下饭和餐具的橱
**涨网货** 用涨网捕捉的海鲜
**虾皮弹** 虾蛄
**弹路** 跳鱼
**快口药** 消炎药
**扳锄** 狭长而厚实的重型锄头
**沙鏍** 锯齿状弯刀，割稻工具
**灶头** 灶；灶台
**纯米饭** 不加杂粮的米饭
**肚脐眼** 肚脐
**肚仙** 巫婆

**肚里货**　食用的禽畜内脏
**芦稷**　高粱
**花絮**　棉絮
**花佬**　妓女
**花癫**　想异性而精神失常的人
**辰光**　时候
**近横**　附近一带
**连底冰**　结到底的冰
**饭瓜**　南瓜
**鸡笼篰**　鸡舍；鸡窝
**夜快**　傍晚
**夜桶**　马桶
**夜饭**　晚饭
**炝蟹**　腌制过的梭子蟹
**担钩**　挑担时用的钩子
**拗斗**　舀水的木器，有柄有“嘴”
**松毛**　松叶；松枝
**板筛**　用来筛糠等的密孔器具
**河水鬼**　“鬼”音“举”。河中的鬼
**油绳**　麻花
**油包**　用猪油白糖等为馅的包子
**泥刀**　瓦刀，瓦工工具
**炒毛麸**　米炒熟后加配料磨成粉末
**肩胛头**　肩膀
**苗绳**　插秧用的准绳
**金柑**　金橘
**金团**　糯米粉做的饼状甜馅团子
**剃头**　理发
**屋落**　家；家里
**指末头**　手指
**昼饭**　中饭
**红毛番薯**　马铃薯、土豆
**活狲**　猴子
**活鬼**　鬼音举。鬼
**活灵**　灵魂
**点心时**　下午两三点
**点心饭**　下午三点左右吃的点心
**砖皮**　木椽上的薄砖片
**芘花**　紫云英
**络绳**　一种拇指粗的麻绳
**背脊骨**　脊音结。人的背部
**胖脯**　爆米花
**胡琴**　二胡
**草子**　黄花苜蓿
**草鸡**　母鸡的统称
**荡口杯**　漱口刷牙带柄的杯子
**虾孱**　龙头鱼
**蚂蚱**　蝗虫
**阁登**　阁楼，一般用来堆放杂物
**顺手**　右手
**香萬笋**　萬笋
**香瓜子**　葵花子
**鸦鹊**　喜鹊
**借手**　左手
**倭豆**　蚕豆
**家生**　工具；器具
**家计**　“家”音 guo。家产；家具
**料勺**　舀粪的长柄勺
**料理**　调味品
**柴角卵子**　松果
**桌凳**　桌子
**浆板**　糯米饭加甜酒曲配制的糊
**盐茄糊**　用盐腌制的茄子
**眠床**　床
**袖头子**　袖子
**被头**　被子
**被窠**　被窝
**贼骨头**　贼；小偷
**搂鸡贼**　“搂”音“窝”。偷鸡的人
**排销**　用来连接木板的竹钉
**排刷**　洗衣服的刷了
**淘剩**　剩余
**猪槽**　盛猪食的槽子
**笨贼佬**　笨蛋
**绿壳**　强盗
**聋彭**　聋子
**脚后跟**　脚跟
**脚骨**　脚；腿
**蛳螺**　螺蛳
**黑炭**　戏称皮肤极黑的人
**脚娘肚**　腿肚子
**脚蹄**　猪蹄

**愚猪** 猪
**摇皮** 合页，由两片金属组成
**楼登** 楼上
**矮凳** 凳子
**筷箸笼** 盛筷子的笼子
**腰子病** 肾炎
**蒲荠** 荸荠
**蜒蛛** 蜘蛛
**蓝药水** 紫药水
**雾露** 雾
**箬壳** 笋长成竹子后蜕下的壳
**辣茄** 辣椒
**辣火酱** 辣酱
**鲜白蟹** 鲜的梭子蟹
**搡风调** 爱搬弄是非的人
**瞎眼** 瞎子
**稻桶** 稻谷脱粒用的大木桶
**洗帚** 刷洗锅碗等用的小竹帚
**鞋蒲荠** 低能儿；痴傻的人
**甑** 音“增”。盛菜肴的陶器
**薄刀** 菜刀
**燥烤饭** 干米饭
**霜缸酱** 用蚕豆发酵后加工制成
**鲓头** 小海鱼干的总称
**簟匠** 篾工
**羹调** 调羹、汤匙
**灶跟** 厨房
**灶口地坑** 灶背后放柴和烧火地方。
**坑更间** 厕所
**牛楗间** 牛圈
**蛇卵** 精神不正常的人
**雪地蕻** 雪里蕻
**领头** 领子
**揩桌布** 擦桌子的抹布
**蛐蟢** “蟢”音“衣”。蚯蚓
**薀草** 生于河底的水藻

## 动词

**刁登** 赌气；刁难
**劝上轿** 耐心诱导
**呕** 叫，喊
**扎面子** 争光，露脸
**出鳖脚** 暗中中伤，私下暴露
**失眼** 走眼；看错
**对百筋** 伤劳筋骨；极不容易
**打泅** 游泳
**打横** 干零活；中途做别的事
**犯勿着** 不值得
**纠作** 整理、收拾；纠缠、整治
**轧** 挤
**会钞** 出钱付款
**传** 念叨
**关胎** 牲畜交配
**自晓得** 自己心里明白
**小苦** 受苦
**吃夹饼** 两头受指责
**吃赔账** 赔偿因疏忽造成的损失
**吃闷棍** 受了说不出的暗亏
**吃牌头** 吃批评，受指责
**好日** 结婚
**当值** 照顾；服侍
**肉痛** 心疼；舍不得
**肌心热** 发热
**百债** 纠缠不清、啰嗦、好捣乱
**讲大道** 聊天
**讲夜话** 说梦话
**驮** 拿
**傲** 夸赞
**伤阴骘** 暗中伤人
**串阵** 串来串去
**但被其** 随便其（他）
**伸懒势** “势”音“四”。伸懒腰
**冻进** 着凉
**听张** 听见
**呛鞥** 食物误入气管而咳嗽
**应嘴** 回嘴；顶嘴
**弄送** 欺侮；戏弄
**张** 窥看
**扭** 用手指使劲拧一小块皮肉
**扽** 音屯。手伸入洞孔摸东西
**呒设法** 没办法
**走人家** 串门

**刻忖**　厌恶；憎恶
**尚怕**　生怕；恐怕；担心
**抲**　握，用手拿；抓，捕捉
**柯跌**　摔跤
**担饭**　带饭菜；送饭菜
**担双身**　怀孕
**折乱话**　说谎
**拎勿清**　弄不清楚
**爬起**　起床
**直过**　收支相等
**话**　说；讲；批评；指责
**冒**　呕吐
**削**　用巴掌打（耳光）
**受委气**　受气，委屈
**哄闹热**　挤热闹
**挡**　扶
**浇身**　用毛巾擦洗上身
**烂腐**　烂掉；形容差、不好
**相**　看
**看相**　看中而希望得到
**罚愿**　赌咒、发誓
**背包袱**　承担后果
**背夜**　熬夜
**背耙**　上当
**退皮**　两相抵消
**顿一尚**　等一下
**顿点**　等下、停下
**减年成**　失色；削弱效果
**值钿**　疼爱
**套**　绕；走迂回而远的路
**恶奈何**　开恶玩笑
**恶弄送**　恶作剧
**倒大**　夫妻或恋爱对象女比男大
**捣亲**　从中捣乱，阻挠人家亲事
**捣鲠**　反对；阻挠
**积落**　积攒；积存
**脑算**　因疏忽而错算
**起风**　刮风
**造孽**　吵架
**顾野**　注意力不集中
**做无赖**　小孩肆意哭闹
**做乱梦**　做梦
**做对手**　做帮手
**做生活**　干活
**做队**　做伴人
**勒牢其**　拦住他
**笃知**　知道
**掼**　扔；用棍棒等打
**距倒**　跪倒
**游四门**　四处游荡
**睏失觉**　“觉”音“高”。睡过了头
**落雨**　下雨
**落霜**　结霜；霜冻
**落轧**　上当；中圈套
**落棺材**　走绝路，做无可奈何的事
**解板**　锯板；两人串通一起做的事
**触霉头**　运气不好，惹得没趣
**撒烂屙**　做事马虎、不负责任
**撮**　拾；捡
**撮纸头**　抓阄
**桠**　硬把东西送或卖给别人
**坌**　音笨。拨开土、灰等
**掐**　音“克”。用虎口紧紧按住
**打呵啤**　“呵啤”音“花酣”。打呵欠
**趱预支**　“趱”音“盏”。提前支取的钱
**赖孵**　“孵”音“部”。母鸡在窝里不下蛋
**掼锣砼**　撂挑子
**婆柴**　捆柴
**嫌贬**　嫌；不满
**火着**　“着”音“直”。着火，失火
**煤**　音“贼”。在油里炸；在水中煮
**鲍盐**　短时间腌一下

## 形容词

**一眼眼**　一点儿
**大度**　心胸宽广
**小结结**　身材小
**干剥剥**　干硬，缺少水分
**勿长毛**　“长”音“涨”。指人品不良
**勿落直**　行为不端正
**巴结**　勤快；主动地干
**心焦**　寂寞

**火热烔** “烔”音“同”。比较热
**长盂盂** 长长的
**乐胃** 舒服
**石钝** 刀口钝、不锋利
**旧那那** 陈旧
**正够** 完全足够
**犯关** 糟透、完蛋；有忧愁含意
**生辣** 瓜果不十分熟；菜炒得嫩
**扣扣好** 刚刚好
**老扣** 不多
**在行** “行”音“杭”。机灵；聪明
**好相量** 不多；有限
**红希希** 有点儿红
**老实头** 老实巴交
**肉割割** 心疼，舍不得
**两隔生** 黏合不紧，有隔阂
**冷刮刮** 冷，很凉
**吪结果** 没有好的结局
**吪落头** 心无分寸又口无遮拦
**屁轻** 很轻
**闷烗烗** “烗”音“白”。天气闷热
**净多没少** “少”音“小”。很多；过分地多
**单头重** 担子一头重，一头轻
**实惠** 朴实；实在
**拉倒** 算了；作罢
**油挪挪** 油腻
**泡汤** 落空，消失
**泡冲** 过度嬉闹；过度活跃
**直利利** 说话直率，不加修饰
**直拔头** 说话及考虑问题不周到
**空省** 宽敞；空闲
**细相** 细巧；好看；爱挑食
**闹热** 热闹
**厚层层** 厚厚的
**活络** 机灵；敏捷；灵活
**笃定** 心绪安定，做事有把握
**结棍** 结实强壮；厉害
**退过** 糟透、完蛋；算了
**退板** 差、不好
**倒爷笨** 越长越笨
**息息介** 安分；听话

**恶尖尖** 凶狠的样子
**坏吃** “坏”音“娃”。不好吃
**气息** 气味重
**汗酸臭** 汗酸味
**酸汪汪** ①酸臭味；②酸痛的感觉
**鱼腥气** 鱼的腥味
**生腥气** 食物不熟的气味或味道
**羊臊气** 羊肉的臊味儿
**火拔气** 拔音白。衣物烤焦的气味
**焦芽气** 食物烧焦的气味
**酒冒气** 饮酒后散发出的酒气
**药腥气** 中药的味儿
**热拆** 喻小孩忙，常弄坏东西
**笔尖** 很尖
**调直** 妥帖
**调大** 空闲；不忙
**贼老** 不嫩
**难熬** 难过；悲伤
**做家** “家”音 gùo，节省；节约
**停当** 稳重可靠；妥帖
**密擦紧** 很密；很紧
**推扳** 差；不好
**潜潜滚** “潜”读“踏”。沸水，形容火热
**混滚** 含混
**甜口** 有甜味
**甜嫩嫩** 有点儿甜
**眼孔浅** 气量小，妒忌心强
**粘胶胶** “胶”音“高”。黏黏的
**脚拉脚** 能力差不多，不相上下
**随势** 毫不费力，足以胜任
**领径** 方便；不复杂
**斯文** 文气；文雅
**湿扎扎** 有点湿；数量不多
**嗒嗒滴** 很湿，水往下滴；很穷
**硬伤** 本不该搞坏而搞坏
**落直** 品德端正；妥帖
**落位** 舒适
**锋快** 很锋利
**黑嫩** 很嫩
**勤力** 勤快
**煞辣** 言行泼辣，厉害

**煞格** 厉害；过瘾
**煞清爽** 很干净，很清楚
**蓝结结** 蓝蓝的
**错拼** 错开；对不上
**雷大** 很大
**慢拖拖** 运作缓慢
**腐哒哒** 又湿又黏糊；乱糟糟
**濑呵呵** 懒惰，不勤快
**滑溚溚** “溚”音“特”。滑滑的
**粗不拉剎** 粗糙，不光滑
**坌坌瘃瘃** “瘃”音“足”。不光滑，有颗粒
**散滔滔** 松散，不粘连
**两隔生** 黏合不紧，有隔阂
**软宕宕** ①柔软，不挺；②疲软无力
**忈黄** “音”拖“往”。食物很柔软
**崩脆** “崩”读去声。很脆
**辣酥** 非常酥；非常容易碎
**石硬** ①很硬；②副词，足足
**藤韧** 像藤一样柔韧，不易拉断
**韧结结** 韧韧的

## 代词

**介管** 这么；这么些
**老底子** 从前
**自家** 自己
**别人家** 别人
**别样告** “样”音“娘”。其他
**阿拉** 我们
**阿里** 哪里；什么地方
**侬** 你
**其** 他（她）
**和总** 全部
**该面** 那里
**该向** 那边
**荡头** 这里
**堂眼** 这里
**堂向** 这边
**道忙** 这次
**堂眼** 这里
**啥人** “啥”音“束”。谁
**格貌** 这样；那样

## 虚词

**大笔头** “大”音“驼”。大大地
**门门账** 理该；理当
**仍规** “仍”音“成”。依旧
**区煞** 幸亏；亏得
**反使** 反而
**交关** 很；非常；形容很多
**当忙** 随即；立刻
**有两遭** 有时候
**老老** 经常
**弄勿好** 也许；可能
**时眼** 挺；相当；形容许多
**时格** 老是；一直
**来该** 正在
**每遭** 经常
**定规** 坚决；硬是
**放命** 特别
**恨性命** 拼命；竭尽全力
**活被** 都怪；都因为
**差眼眼** 差一点点
**是话** 如果
**活节** 刚才
**派来** 原来
**省勒** 免得
**统整** 全部；都
**稍势** 稍微
**煞口** 着力地；不停地
**蓝板** 偶而
**赖花头** 有时候，偶尔
**防早** 提前；趁早
**聚头** 一道
**暴生** 起初；初次
**是会** 真的；果然
**格勒** 所以；怪不得

## 俗语

**一手落脚** 一人干到底
**三弄四弄** 居然；竟然
**千定万定** 千万；务必
**大面大德** 大面盘并有大器感觉

**大糊塔气** 傻里傻气

**大头壳子** 形如弥勒佛的头套面具

**大头和尚** 戴面具拿破扇逗乐的人

**小货铜钿** 私房钱

**乌风猛报** 强冷空气来时，那种乌云密布，北风呼啸态势

**乌贼膘肠** 目鱼内脏

**匆打记头** 突然

**心急慌忙** 慌乱，慌忙

**眼塞眼闭** 无指望了；死心

**水出烂糟** 瓜果饮食等湿且烂

**出脚夺手** 赤足露背

**出膊出乱** 赤身露体（裸体）

**半生里熟** 半生半熟

**可怜可相** 可怜巴巴

**头痛膨胀** 头痛并昏沉发涨的感觉

**对半夹起** 各一半

**生头陌脚** 陌生不熟悉

**白白力力** 徒然；没有效果和意义

**目察洞暗** 一片赤黑，无一丝亮光

**石骨铁硬** 坚硬；人品刚正

**伤心不拉** 遭受不幸，使人悲哀

**冰冷气出** 食物冷了；很冷清

**冰骨尸冷** 形容物体冷

**吃饭家生** 指赖以养家糊口的工具

**壮壮鱼头** 小梅鱼

**多嘴活狲** 贬称多嘴的人

**好模好样** 好端端

**异样骨得** 言行不一，令人反感

**杂七格勒** 花样繁多无序

**死蟹一只** 事已定局，毫无办法

**汗毛懔懔** “懔”音“领”。害怕汗毛伶仃；寒冷或恐惧时汗毛竖起喻惧怕

**灰尘膨蓬** 灰尘积累或灰尘飞扬

**百没零碎** 物体被打得粉碎

**红粉细白** 白嫩，营养充分

**红猛日头** 灿烂而灼热的太阳

**老三老四** 说话口气大，傲慢不虚心

**老三骨气** 好摆老资格

**老木仃冻** 年老反应迟钝

**血得斯红** 颜色很红

**行情行市** “行”音“杭”。形容很多

**西样怪气** 阴阳怪气

**讲勿落直** 双方意见始终不一

**阴阳先生** 以看相、占卜、相宅等为业的人，俗称“风水先生”

**两叔伯姆** “伯”音“拜”。两妯娌

**呆大刮气** 傻里傻气

**呒规蹈矩** 没有礼貌，没有规矩

**呒爹娘监训** 没有教养

**呒数莫账** 心中无数

**呒账得算** 算不出价值；不必细算价值

**呒清白头** 无缘无故

**呒角锄头** 说话没有分寸的人

**围身布裙** 干活时用的围裙

**油头骨气** 傻里傻气

**刮刮煞煞** 全部；一并

**咋西娘格** 怎么回事

**咋急煞** （心情焦急）怎么办

**和白烂摊** 把事或物搞一塌糊涂，无可收拾。

**和落三亩** 全部、所有

**和家老少** 全家人

**旺兴夹脚** 骄傲浮夸，做事莽撞

**明当响亮** 说话办事不隐讳

**油头铁脑** 不合情理，行为不检

**泥腥不拉** 食物不够新鲜和干净

**的角四方** 很方正

**顶头摸脚** 专心一意；径直

**候心老命** 竭尽全力

**哈答糊涂** 马马虎虎，糊里糊涂

**是介光景** 一定的时候

**歪嘴匹脚** 五官生得不够端正

**洋实无道** 不礼貌，不规矩

**活狲手脚** 手脚好动，闲不住

**烂腐塔气** 货物不好或事做得不好

**牵丝板凳** 参差不一，不统一

**绞七廿三** 胡搅蛮缠，不在理

**耐心耐相** 性情温和，有耐心

**背时背搭** 指人老过时、讲话啰嗦

**要紧得慢** 紧要；紧要处

**轻身翻气** 做事轻松

**顺埭过便** 顺便

**娘西娘倒**　骂人的程度深
**恶气倒出**　满腔怨怒
**拿话东西**　“拿”音“奶”，玩具
**爹头娘脚**　语无伦次，做事无序
**离爹离娘**　骂人不孝敬父母
**贼笨佬**　非常愚蠢
**透刮新鲜**　食物很新鲜
**铁色无厘**　完全一样
**铁丝克篓**　小气、一毛不拔
**断断落甩**　做事无条理，不细致
**痒麻色喽**　发痒的感觉
**眼壳子高**　看不起人
**眼屙结格**　黏着眼屎的邋遢相
**脚脚末头**　脚趾
**脚高脚低**　办事没准；高低不平走
**像煞是介**　自以为是
**雪白粉嫩**　肤色白皙细嫩
**割稻汛里**　稻子收割的季节
**犟头倔脑**　固执己见，听不进忠告
**滑里滑达**　物体易滑不易抓牢
**稀里罕啰**　言行出格，出乎常规
**乱话倒地**　说话不着边际
**黑骨死嫩**　物质新鲜，色泽好
**新出花样**　喜欢玩弄花样
**暗力薄胧**　光线暗
**滚天黑地**　烟雾、沙尘等遮天飞扬
**精光的滑**　光滑；空无所有
**糊朝糊落**　糊涂，乱来
**搔倒牌子**　不要面子，破罐破摔人
**燥粥内饭**　煮得又湿又烂的饭
**翻青倒白**　被折腾得很厉害

# 第二节　谚语

## 农事谚语

人要桂圆枣子，田要河泥草子。
儿好要靠娘，稻好要靠秧。
十年针松一根椽，十年檫树好打船。
大麦浇芽，油菜浇花。
勿到霜降先落霜，晚稻糯谷变砻糠。
冬牛要捂，春牛要露。
吃过谷雨饭，发风落雨要出畈。
芒种芒种，百样要种。
豆朗多荚，麦朗多叶。
若要牛出力，夜草喂巴结。
养鸡要勤，养鸭要腥，养鹅要青。
种树造林，莫过清明。
草子种三年，坏田变良田。
夏至杨梅满山红，小暑杨梅要出虫。
清明前后，种瓜点豆。
棉花勿打杈，光长柴火梗。
冬麦要压，越压越发。
种田种到老，勿忘河泥稻。
种子乱放，来年上当。
有水无肥一半谷，无肥无水朝天哭。
小猪要奔，大猪要梱。
二月清明鱼如草，三月清明鱼如宝。
姑娘怕选错女婿，种田怕慢了节气。
六月种芝麻，脑头一朵花。
立夏好种田，季节顶适宜。
白露白米米，秋风稻头齐。
秋分勿出头，割割翘喂牛。
处暑萝卜白露菜。
三露三伏，眼看稻熟。
西风种田，糶谷过年。

## 生活谚语

人怕老来穷，麦怕胎里空。
人老露筋，船老露钉。
人心隔肚皮，三爹六主意。
儿子像阿娘，银子好打墙。
儿子好，勿算好；媳妇好，才算好。
十二月廿八，呒纳办法。

三日勿吃咸畜汤，脚骨有眼酸汪汪。
三日勿吃鲜，蛳螺带壳咽。
三年饭讨过，官都勿想做。
三岁打娘娘会笑，廿岁打娘娘上吊。
上山怕虎，落海怕雾。
上磨肩胛，下磨脚底。
千层衣万层衣，勿及一层破花絮。
小头勿去，大头勿来。
小洞勿补，大洞吃苦。
小头耿耿响，大头勿管账。
勿到黄河心勿死，到了黄河出眼泪。
天晴带伞，肚饱带饭。
天亮吃饱，昼过吃好，夜到吃少。
廿年新妇廿年婆，再过廿年做太婆。
木匠走进三日烧，泥水走进三日挑。
牛怕上轭，人怕落轧。
冬天进补，夏天打虎。
冬吃萝卜夏吃姜，从来甭用看医生。
出门阿里，不及屋里。
只有看中意，呒纳做中意。
宁可买勿值，勿可买吃食。
生意做勿着一时，老婆抬勿着一世。
立夏吃只蛋，气力大一万。
先算后用，一世勿穷。
光棍做人活神仙，生起病来叫皇天。
吃饭防噎，走路防跌。
吃勿穷，穿勿穷，算计勿好一世穷。
后生怕激，老头怕逼。
好心犯恶意，石板压脚面。
有吃呒吃，莫庑朝西朝北。
有愁呒愁，愁六月呒日头。
死要面子活受罪。
死人臭一塌臭，活人臭塌塌臭。
老成人靠饭劲。
老酒糯米做，吃仔闲话多。
自家做做来勿及，人家做做勿中意。
自家笨，还要怪刀钝。
讲讲话话散散心，闷冬勿响要生病。
讲讲神仙阿爸，做做死蟹一只。
冷冷风里，穷穷家里。
听过勿如看过，看过勿如做过。
志气要争，门面要绷。
快活扑尸，难为肚子。
灶口地坑看老婆，越看越动火。
穷呒穷到底，富呒富到根。
鸡鹅鸭脚板，冻冻会冻惯。
卖柴老侬烧柴叶，卖菜老侬吃黄叶。
学好三年，学坏三天。

### 社交谚语

大王好见，小鬼难过。

听从佛法要饿煞，听从官法要打煞。勿怕官，只怕管。

前人就是后人眼，新船也是老船板。
窗槛钉子里触出。
天怕东风水，人怕床头鬼（音：居）。
呒没儿子挖牢牢，有了儿子气难淘。
天要落雨娘要嫁，大儿大女也勿怕。
活络活络，抢只铜勺，呆呆抢只镬盖。
贼好做，冷眼多。
眼观四方，耳听八方。
上半夜忖忖人家，下半夜忖忖自家。
人欺人，欺勿煞。天养人，壮得得。
出头椽子先烂。
聪明一世，懵懂一时。
纸头撮过，并无罪过。
咪咪笑，定定要。
嘻嘻哈哈勿生病，悔悔闹闹要送命。
隔笆撩菜秧，头颈生太长。
眼睛一眨，赖孵鸡娘变鸭。
跑过三关六码头，吃过奉化芋艿头。
各庙各菩萨，各人忏念法。
河水满，井水满，大河有水小河满。
河里车水漕里转。
上山叫勒好，下山应勒好。
见死不救勿是人，见蛇不打大恶人。
有种箣籽。
过头饭好吃，过头话难讲。
衙门八字开，有理无钱莫进来。
嫁出去的囡，泼出去的水。
真主意，假相量。看羹吃饭。
船到桥门自会直，勿是碰就是别。

贪小失大，贪嘴落夜。
只好欠恶霸，勿好欠众家。
来路神仙，要问当方土地。
儿孙自有儿孙福，烂泥菩萨住瓦屋。
廿岁囡勿由娘，廿岁儿子勿由爹。
差一步，差一渡。
一勿可赌食，二勿可赌力。
怕痛怕痒，做勿来外科医生。
财勿露白，露白要出脚。
做来铜钿万万年，赌来铜钿一蓬烟。
吃啥人饭，受啥人难。
穷人志气高，勿好亦会好。
人靠良心树靠根。
宁为乖人背包袱，勿为笨人出主意。
出身是你早，运道是我好。
吃着勿如坐着。
当面呒没接口令，后背气煞人。
一日两日是人客，三日四日是便客。
一只碗不会响，二只碗叮铛响。
人情做到底，送佛到西天。
人要好话听，佛要香火敬。
丈母一声呕，蛋壳一畚斗。
小来外婆家，中年丈母家，老来姐妹家。
为人勿做亏心事，不怕半夜鬼敲门。
勿讲一肚气，讲讲两肚气。
认理勿认人，帮理勿帮亲。
只好欠恶霸，勿好欠众家。
只好救急，勿好救穷。
对折拦腰掼，零头掳掳翻。
生头熟人客，装勒勿认得。
会赚铜钿多背债，会讲闲话多招怪。
有借有还，再借勿难。
老凑老，讲讲有味道。
舌头呒骨，随人嚼法。
带鱼吃肚皮，闲话讲道理。
树老根多，人老话多。
种田人讲节气，生意人讲和气。
娘舅大石头，闲话独句头。
请吃酒，掗拜生。
做做做勿煞，气气要气煞。
隔壁做贼，大家吓煞。
鲁班师傅造凉亭，还要拨小讨饭批评。
摆着和尚骂贼秃。
嘴巴快，多招怪。
贪贱买老牛，一年倒两头。
金窠银窠，勿如自家草窠。
屋里烧缸灶，外头充好佬。
要紧勿得慢，尿瓶挈只环。
绣花枕头烂草包，聪明面孔笨肚肠。
造孽劝开，夫妻劝拢。
菜蕻炒年糕，越吃越馋痨。
隔夜饭好吃，隔壁气难受。
嘴上无毛，办事勿牢。
白米饭吁狗，反转咬手。
好走弄眼，坏走开眼。
有借有还，借借勿难。
铜钱亦要，面孔亦要。

## 其他谚语

三兄四弟一条心，后山烂泥变黄金。
三分相貌七分扮，癞头扮来像小旦。
千年海底松，万年燥搁枫。
中药店里揩桌布，揩来揩去总是苦。
勿是侬财，勿落侬袋。
勿贪财，祸勿来。
勿怕别人看不起，只怕自家勿争气。
天上斑鸠，地上泥鳅。
天高勿算高，人心节节高。
开一头门，多一路风。
心急吃勿来热粥，火猛点勿着蜡烛。
日里讲勒夜里，菩萨还在庙里。
好省勿省，念佛送羹。
戏法人人会变，各有巧妙不同。
有眼不识泰山，灰堆坌出鸭蛋。
老蟹还是小蟹乖，小蟹打洞会转弯。
自家无用，还要埋怨祖宗。
讲讲勿相信，自家去打听。
呒没杀猪徒，也勿会吃带毛猪。
秀才不出门，知晓天下事。
夜做夜，豆腐慢慢卖。
奔奔前头，驮驮零头。
狗肉香，佛来张。

虱多勿痒，债多勿愁。
倒贴工钿白吃饭，生活拨侬学学惯。
恶人告状，先喊冤枉。
恶人自有恶人磨，杨辣自有蛤蚆拖。
捉漏趁天晴，读书趁年轻。
捉奸捉双，捉贼捉赃。
鸭肉骨头水塔糕，八月十六等勿到。
清明螺，壮如鹅；八月蛏，一根筋。
眼大无光，屋大无窗。
笨贼偷捣臼，偎人遮亮头。
铜锣响，脚底痒。
裁缝靠熨斗，鞋匠靠楦头。
甘庶越老越甜，竹笋越嫩越鲜。
撑船看船头，耕田看牛头。
轻担让重担，空手让扁担。

# 第三节　歇后语

母鸡守鸭蛋——枉费心机
白米饭喂狗——反咬一口
石板凳掼乌龟——硬碰硬
死马当活马医——试试看
江西人钉碗——自顾自
老鼠跳进白米缸——白吃白拿
老虎头上拍苍蝇——送死
老鹰拖小鸡——勿费力
老鸦嘴巴——勿吉利
过河拆桥——不留后路
阴沟里泥鳅——掀不起大浪
弄堂里背毛竹——直来直去
快刀斩乱麻——一切两断（段）
沙滩上走路——一步一个脚印
阿黄搡年糕——吃力勿讨好
扜勒牛头活饮水——硬做
狗眼看人穷——势利
空口讲白话——呒证呒据
苦竹根头出苦笋——苦到头
咸鱼放酱油——好省
屋山尖头开门——断六亲
挂羊头卖狗肉——有名无实
烂田翻捣臼——越陷越深
牯牛身上拔根毛——不在乎
皇帝勿急太监急——自作多情
眉毛胡子一把抓——主次勿分
桥倒压勿煞鲢鱼——呒心事
桥管桥，路管路——两勿搭界
眠床底下放鹞子——高勿起来
砻糠搓绳——起头难
贼出关门——迟了
铁秤砣落水——沉到底
脚底里擦油——溜得快
脚娘肚当米缸——做一日，吃一日
脚娘肚弹琵琶——吓煞
船头上跑马——走投无路
黄鼠狼看蒲样——吊煞
强盗扮书生——假装斯文
湿手遭米粉——甩勿掉
猢狲戴帽子——像煞有介事
蛳螺壳里做道场——地方小
裤脚筒敛仔等蛇咬——寻祸作孽
裤带头打结——记得牢靠
跑龙套出场——摇旗呐喊
摆勒和尚骂贼秃——指桑骂槐
擀面杖吹火——一窍不通
癞蛤蟆想吃天鹅肉——痴心妄想
翻转石头压脚面——自作自受
十枚指末头连排销——笨手笨脚
小和尚念经——有口呒心
小黄狗捧勒墙头登——抬举勿起
抬勒老婆忘勒娘——忘恩负义
树叶跌落怕头敲开——胆小怕事

# 第四节　童谣

**《摇到外婆桥》** 摇呀摇，摇到外婆桥。外婆来格纺棉花，舅舅来格摘枇杷。枇杷树边拗朵花，舅姆戴之超格超格走人家。

**《落雨嘞》** 落雨嘞，落雨嘞，小八拉丝开会嘞。落雨嘞，打烊嘞，蝙蝠老鼠开会嘞。要吃吃眼起，勿吃嘟咯超飞起，飞到山上做窠起。

**《十二月歌（一）》** 正月剥瓜子，二月放鹞子，三月下秧子，四月掹蛏子，五月割麦子，六月扇扇子，七月多蚊子，八月月饼嵌馅子，九月吃粽子，十月买栗子，十一月落雪子，十二月冻煞叫花子。

**《十二月歌（二）》** 正月啰唆过，二月芥菜大，三月拔茅针，四月拗乌笋，五月满街香，六月乘风凉，七月会牛郎，八月桂花黄，九月九重阳，十月煨鸡娘，十一月兑钱粮，十二月送年放炮仗。

**《火萤头》** 火萤头，夜夜来，陈家门口搭灯台。灯台破，墙门过，三千铜钿上宁波。宁波行里坐一坐，看见花生大落落，咬开一包壳；看见李子红通通，咬开一包虫。看见青果两头尖，还是买荸荠；荸荠扁窄窄，还是买甘蔗；甘蔗节打节，还是买广橘；广橘青盎盎，还是买金朋（石榴）；金朋像牙齿，还是买桃子；桃子半边红，还是买蒂红（柿子）；蒂红大舌头，还是买梨头；梨头一根柄，还是买大饼；大饼三层生，算来算去还是买花生。

**《姊姊抬去》** 笃笃笃，马墙角，姊姊抬去娘要哭。阿姆哎，勿哭喽，轿到堂前喽。大阿哥抱上轿，小阿哥送过桥，送到乌漆墙门好人家。窗门开开地板房，白骨嵌镶大眠床，金漆夜桶放叠床。新花棉被捂新郎，生出囡来老酒甏，生出儿子状元郎。

**《铁铁扳扳》** 铁铁扳扳，扳过南山，南山北麓，猪鬃买牛，牛蹄马脚，踢落地主够一脚。

**《问侬老公要勿要》** 两角辫子翘又翘，问侬老公要勿要。老公长，会打墙；老公矮，会掹蟹；掹来两只老毛蟹，一只吃，一只卖，顶好卖八（给）丈母娘。

**《侬要啥人抱》** 阿囡哎，侬要啥人抱？我要阿娘抱，阿娘腰骨伛勿倒；阿囡哎，侬要啥人抱？我要阿爷抱，阿爷胡须捋捋睏艾膏；阿囡哎，侬要啥人抱？我要阿姆抱，阿姆搭囡囡做袄袄；阿囡哎，侬要啥人抱？我要阿爹抱，阿爹出门赚元宝；阿囡哎，侬要啥人抱？我要阿姊抱，阿姊头发没梳好；阿囡哎，侬要啥人抱？我要阿哥抱，阿哥看牛割青草；阿拉阿囡呒人抱，摇篮里头去睏高。

**《勿吃阿拉土特产》** 勿吃阿拉土特产，要侬放落毛竹筷。三日勿吃咸齑汤，脚骨有眼酸汪汪。勿吃奉化芋艿头，难闯三关六码头。勿吃郭巨涨网货，乖人亦会变老呆大。

**《黄鼠狼告老鼠》** 老鼠尾巴像锉刀，老鼠眼睛像胡桃。前脚低，后脚高，身穿一件破棉袄，日里处处睏艾高，夜里做贼做强盗。黄鼠狼，看见告诉老爷道，老爷是噶话，你个赤佬也勿好！得人家生蛋鸡娘咬咬倒，害的两家公婆鸡狗鸡狗吵不好。

**《赖头皮》** 赖头皮，炒海蜓，一炒炒到海边沿，抬个老婆享享福，生出儿子像萝卜，酱油、麻油搵搵吃。

**《数星星》** 一颗星，格龙噔，两颗星，挂油瓶。油瓶漏，炒倭豆，倭豆香，炒生姜。生姜辣，掹水獭。水獭乌，掹鸪鸪。鸪鸪头上一个瘃，拷开三斗三升血。血做啥？血拷网。网做啥？网掹鱼。鱼做啥？鱼卖铜钿抬老婆，生个宝宝乐呵呵。

**《车水拜嫁堂》** 玲琅，车水拜嫁堂，四脚大眠床，掹根弹涂放放汤。公一碗，婆一碗，我搭小兄拼一碗。小兄借我白布衫，我借小兄金子耳朵珊。

# 第十五篇 人物 荣誉

郭巨街道境域依山傍海，人杰地灵，在漫长的历史长河中，养育了一代代名人、文人、武士。在古代，境内涌现出多名举人、秀才、诗人、医生等文人和武士。在近现代，境内英才辈出，有爱国御侮的将领，有抗日战争、解放战争的英烈，有社会主义建设的劳动模范，有科技战线上努力拼搏的知识分子。

中华人民共和国成立后，境内各乡（公社、镇）、村（社、大队）单位积极开展争创先进集体、先进个人活动，取得可喜成绩。

# 第一章　人物

本章记述人物遵循“生不立传”原则，主要收录郭巨籍或居留郭巨境内，对郭巨有重大贡献或有影响的故人作略传（8人）；为14名革命烈士立传，其中郭巨籍革命烈士5名，非郭巨籍牺牲在郭巨境内的革命烈士9名；在人物表节，古代人物列表（6人）；境内任副县（市、区）级以上干部（11人）和在部队任副团级以上干部（15人）及有高级专业技术职称、博士学历人员也分别列表（50人次）。缺漏定多，以待补遗。

## 第一节　人物略传

**汤和**（1326—1395）　字鼎臣，安徽濠州（今凤阳）人。与朱元璋同乡，长朱元璋三岁，南征北战，辅佐朱建立明朝江山，功绩显赫。洪武十一年（1378）进封归乡，颐养天年，并赐银建造中都邸，给汤和终身俸禄。是时，东南沿海倭患告急，朱元璋命汤和再次出山，平倭效国。时过三年，倭患有增无减。汤和不顾有过前嫌之将，任人唯贤，召来方国珍与子方鸣（方熟知海情）商议：(1）倭从海上来，吾等应造船必在海上歼之；(2）在海边描量距离，选地置所屯兵，贼扰可海陆并击之，使敌不得上岸；(3）近海民户中四丁选一为军戍守，州县发饷充赏。汤和不顾63岁高龄，第二次徙东南沿海，在浙东增设卫所，又筑起防倭城所59座，立定海卫，拓展城墙。洪武二十年（1387）率22指挥使，建郭巨千户所城。在三塔山（309.2米）上筑烽火台（清朝时升为总台）。汤和亲巡各地，赏罚分明，秣马厉兵，挥戈候敌。次年浙东防倭城所全成后，回朝复命。

**杨瑄**　明代官员，江西丰城人，景泰五年（1454）进士，天顺年间（1457—1464）任御史（监察官）。因向皇帝上疏直言，违抗旨意而被降职。几年后又升为浙江副御使，驻宁波，巡察部队纪律。杨瑄精通河渠、海塘、水利建筑，来郭巨千户所巡察，见海塘年久失修塌陷，他决定重修海塘。到成化十二年（1476），在郭巨共修筑台岙塘、半塘、小斗门塘、大涂塘4条海塘，海塘用泥石筑成，塘内侧栽有防护林。郭巨人民为纪念杨瑄，在十字街东北角建造杨公祠并塑像供奉。（摘自光绪《镇海县志》）

**樊懋**（1501—1552）　镇海人。抗倭功臣樊远玄孙。明嘉靖十七年（1538）袭定海卫指挥佥事，有才干。嘉靖三十一年（1552）掌郭巨所印。六月二十日，倭寇兵临城下，懋与守御指挥魏英登城墙巡守。贼乘夜半雷雨时，先用竹缚草人试探，待城上守卫松懈攻城。懋急督兵迎战于大涂塘上，力竭殉职。魏英仍率所部巷战，至天明，贼从北门遁。大吏以其勇敢战死上报，追赠指挥同知。

**俞大猷**（1503—1579）　字志辅，福建晋江人。明嘉靖十四年（1535）武进士，授参将。三十一年，倭寇扰浙东，奉调驻守宁、绍、台、温四郡。次年，王直勾结倭贼大举入寇定海关（今镇海），大猷率兵追捣烈港贼巢，并连败松门、普陀、昌国、临山、观海卫等处诸寇，擒斩四千，堕海死者不可胜计。贼自是不敢犯定海。越二年，升南直隶副总兵，士民请留不准，立生祠祀之。后以都督佥事充总兵官，镇守浙直（今浙江、江苏一部分），驻定海，时舟山之贼积岁不能下，大猷密遣裨将张四维纵火袭舟山之寇，斩首一百二十，晋升都督同知。大猷为将清廉，好谋持重，用兵四十余年未尚挫衄，屡建大功，与卢镗、戚继光并称抗倭名将。后总督胡宗宪受劾，委罪大猷“违节制，纵贼不追”以自解，致大猷入狱。获释后，转战闽广。卒后谥武襄。

**徐小玉**（1908.2—1955）　舟山展茅塘头人。1941年，任定海县政府特务队队长，在沈家门秘密策动一个班的伪军起义，还先后活捉了4名日本鬼子和2名翻译。抗日战争胜利后，他组织起武装队伍。1947年4月下旬，徐小玉部队到镇海峙头，成立除奸大队。1947年6月底，在峙头改编为中共领导的浙东第四自卫纵队并被委任为纵队长。徐小玉把峙头作为根据地，采取机动灵活的战术，率部转战宁波和舟山之间，与敌人进行多次激战。后华中军区授予徐小玉部队为舟山群岛游击支队的番号，委任徐为支队长，江之铭为副支队长，王博平为政治部主任。1948年秋，“舟支”又一次在峙头盛岙村黄栀坑山岗同国民党部队激战三天三夜后，终因敌众我寡，徐小玉率大部分队员往东撤退，经长浦登船回舟山。1948年8月28日，徐小玉率“舟支”指战员108人，从庙子湖撤往苏北，华中海委决定把“舟支”改编成舟山大队，由徐小玉任大队长。1949年4月21日，徐小玉带领舟山大队随人民解放军百万雄师参加了渡江战役，编入华东海军第一纵队，成为中国人民解放军首批海军。1949年5月，徐小玉任华东军区海军第一纵队舰务科科长，7月，调华东海军司令部情报处工作。不久，徐小玉和原“舟支”部分指战员奉命参加解放舟山群岛战役。1950年4月起，徐小玉先后任华东海军司令部情报处侦察科副科长、华东海军吴淞要塞司令部侦察科副科长等职。1955年3月，徐小玉在常州市的江苏省转业干部速成中学学习时病逝，享年47岁。

徐小玉

**贺灏群**（1909—1967）　峙头上宅人，又名贺全清。1925、1927年曾就读定海中学、民海中学，以参加学潮先后两次被校方开除。后在慈溪、镇海等地任小学教师。1936年任教蔚斗小学，因参与抗日救亡运动被国民党镇海当局逮捕关押42天。1938年任延陵小学校长，参加中国共产党。1941年由党指派出任峙头乡乡长。1943年形势恶化，与党组织失去联系，1945年任定象五大队办事处主任2个月，1946年7月重新入党。1949年5月镇海解放后历任乡指导员、副区长、县文教科长、县法院副院长、院长、县委文教部副部长、副县长等职。办事严肃公正，任法院院长期间，执法无私，亲属犯法，秉公判刑；不论职位如何变动，始终保持俭朴作风，子女多，妻子无工作，经济负担重，但宁可节衣缩食，生活清苦，从不向国家要求补助。副县长任上，谢绝一切亲属请托，连自己家属亦无一特殊照顾。20世纪50年代初，发现住房阁楼上藏有一批被国民党官员掠存家具，立即如数缴公。1962年负责市县分析迁县安置事宜，为其他住房困难干部筹划新建楼房3幢，而己则仍住无电灯装置的旧房。1965年患癌症病休治疗。1966年冬至1967年上半年“文化大革命”初期，县府主要领导受冲击，贺不顾病体劳累，承担接待工作，应付不间断的批斗、答辩，精疲力尽，仍坚持原则，敢于挑担。终以劳累过度病重而逝。

贺灏群

**张森林**（1922.10.12—2005.9）　郭巨南门村人。1940年9月底到江苏常熟地区参加新四军。1941年2月入党。1942年2月到新四军抗日行政学院学习。1943年初被分配到新四军联抗部任排长。1944年10月任苏中特务五团一营三连连长；1947年，任团侦察参谋，不久即调旅部任侦察参谋兼队长。1948年，升任72师司令部作战科作战参谋。1951年10月，任72师52团工兵营营长。1952年6月，任72师司令部作战科科长并提前入朝参加抗美援朝；1953年，朝鲜停战后重返72师216团任副团长；1954年4月，进南京军事学院基本系三期学习；1958年2月，毕业即调北京高等军事学院任军事教员。1982年12月退休。抗日战争时期，他参加过黄桥、泰兴、塘头等战役。解放战争时期，他随百万雄师在苏中连创七战

张森林

七捷，参加过涟水保卫战、孟良崮战役、淮海战役、渡江战役、解放长山岛战役等。抗美援朝时期，参加过上甘岭战役和夏季反击战等。1953 年冬，获朝鲜人民共和国二级独立自由勋章。1955 年被中央军委授予少校军衔。1988 年获中央军委独立功勋章。2005 年 9 月 20 日，因病在北京逝世。

**张志清**（1919.8—2012.8.3） 生于郭巨盛岙村一个书香破落家庭。幼小抱志刻苦勤学，立志教育救国。柴桥小学毕业后，考入慈溪锦堂师范就读。1937 年 7 月 7 日卢沟桥事变，抗日战争爆发，1938 年 2 月，为祖国毅然弃学从军，抗日救国，考入福建省干训所受训。1939—1940 年，历任闽保二旅司令部见习官、福建建宁抗敌自卫团司令部科员、永安县军事科员等职。1941 年 1 月，保送进黄埔军校三分校军官班第十期深造。1942 年 6 月—1945 年 8 月，历任闽保八团中尉排长、嵊绍师授区上尉模范队副，闽连江国民兵团司令部组员、队长副官等职，参加闽连江抗日战役，并营救 19 名家乡难民，后调 32 集团军突击总队任上尉连长，参加江山兰溪反攻日军战斗。1945 年 9 月，抗战胜利后，调入十军军官总队。1947 年转业警官，考入警官学校受训，毕业后历任南京警察厅、所长等职，为文官委任一级，军衔相当于中校级。1949 年 4 月妻病危，请假回家，大陆解放，任盛岙小学教师。1958 年 3 月被错划为右派，劳教 17 年，1987 年 5 月平反。

## 第二节 革命烈士

境内有郭巨籍革命烈士 5 名，外籍牺牲在郭巨的革命烈士 9 名，共为 14 人立传。其中，解放战争时期 10 人，抗美援朝 1 人，社会主义建设时期 2 人，中越边境自卫反击战 1 人。

### 郭巨籍革命烈士

**贺金财**（1917—1948） 男，上宅村人。1948 年初加入江南武工队。1948 年 2 月 22 日，在参加大碶警察所缴枪战斗中，贺金财冲在最前头，当他们用脚踢开警察所宿舍房门时，警察开枪打伤了他的右腿。武工队员们经过短暂的搏斗，终于将室内的警察制服，缴获了一挺机枪、十三支步枪和数百发子弹，取得了战斗的胜利。贺金财负伤后隐蔽在大碶砂石村炭窑中，负责背负贺金财去村外炭窑隐蔽的哑子虞柱青在遭到敌人殴打后引敌将贺捕获。贺在被俘的一个月中，多次遭到严刑逼供，他始终坚持不吐露实情。1948 年 3 月被敌杀害于大碶。

贺金财

**江德生**（1916-1954） 男，东门村人。中国人民解放军 0086 部队二支队二分队战士，在舟山普陀执行国防建设任务时牺牲。

**张湘生**（1932—1953） 男，北门村人。中国人民志愿军炮兵四十七团实习司机，在朝鲜金城里突围中牺牲。

**李国友**（1958—1979） 男，后墩村人。1977 年入伍，中国人民解放军 53046 部队 79 分队战士，共青团员。1979 年 2 月 20 日，在中越边境自卫反击战中牺牲。

**张大夫**（1954—1999） 峙头中宅人。1999 年 12 月 22 日下午 3 时许，中宅村火叉嘴山西坡发生山林火灾。时任中宅村村长张大夫立即拿起柴刀率先冲上山冈，开辟防火隔离带，由于风向突变，被山火吞噬。至第二天凌晨家人终于在火叉山嘴的山坡上找到张大夫的遗体。2000 年 11 月 15 日，浙江省人民政府批准张大夫为革命烈士。

张大夫

## 牺牲在郭巨的非郭巨籍革命烈士

江之铭

**江之铭**（1921—1948）　原名龙翔，安徽桐城县人。1947 年 1 月，任中国人民解放军舟山群岛游击支队（简称“舟支”）副支队长。1948 年 4 月，率领“舟支”30 余名指战员在定海县北蝉乡钓门村与“第五大队”合并成立东海游击总队（简称“东总”）并任副总队长。8 月，“东总”在六横岛上遭国民党陆海军两千余名兵力围攻，江之铭率领部队血战一天一夜，多次打退敌人进攻，在弹尽无援情况下，乘黑夜突围，转至峙头。10 月 13 日，在峙头花船村被叛徒偷袭，突围时不幸中弹牺牲。叛徒胡云庭还将其头颅砍下，挂在定海县东管庙前柱示众 7 天。江之铭牺牲后，当地群众把他安葬在峙头花船村沙湾山平石岸墩。1989 年舟山市政府将江之铭烈士墓迁至舟山烈士陵园。

**徐阿定**（？—1948）　浙江舟山岙山人，江之铭警卫员。1948 年 10 月 13 日，在峙头花船村被叛徒偷袭，与江之铭烈士一起不幸中弹牺牲。当地群众把他和江之铭一起安葬在峙头花船村沙湾山平石岸墩。1989 年舟山市政府将徐阿定烈士墓随江之铭烈士墓一块同时迁至舟山烈士陵园。

**王德荣**（1926—1950）　籍贯不详。中国人民解放军 79 支队一大队通讯员。1950 年，在郭巨剿匪时中敌人埋伏，牺牲在双岙。烈士墓地在双岙里岭水库旁。

**李敬德**（？—1949.5.29）　山东新中县人。中国人民解放军 23 军 68 师 204 团 1 营 2 连排长，1949 年，牺牲在解放郭巨的战斗中。

**刘傅山**（？—1949.5.29）　山东新泰人。中国人民解放军 23 军 68 师 204 团 1 营 2 连战士，牺牲在解放郭巨的战斗中。

**张有忠**（？—1949.5.29）　山东人，中国人民解放军 17 支队 3 大队 9 中队战士，1949 年，牺牲在解放郭巨的战斗中。

**黄士古**（1923—1949.10）　广东鹤山人，中国人民解放军 21 军 61 师炮营一连班长。1949 年 10 月，在郭巨剿匪战斗中牺牲。

**吴财喜**（1926—1949.10）　江苏人，中国人民解放军 21 军 61 师炮营战士，1949 年 10 月，在郭巨剿匪战斗中牺牲。

**王志成**（？—1949.9）　山东临北人，中国人民解放军 35 军 103 师炮兵团二营营长，在郭巨剿匪战斗中牺牲。

**无名烈士**　在解放郭巨战斗中，解放军分别从大涂岭、尖岭进军郭巨时，遭到驻守在大涂庙的国民党顽敌的机枪扫射，多名解放军战士牺牲，其中有七位无名烈士安葬在福民村暗山弄。

# 第三节　人物表

本节收录境内未入传的人物，简以列表。凡古代人物、祖籍栏内冠现在的村名，并补以小地名。全节共列人物 82 人。

## 郭巨境域古代名人表

表 15–1–1

| 姓　名 | 性别 | 祖籍　资历 |
|---|---|---|
| 袁玲久 | 男 | 尖岭岙人，武举人 |
| 袁成高 | 男 | 尖岭岙人，秀才 |
| 徐文彬 | 男 | 郭巨南街石鼓弄人，1774 年生。30 岁中秀才。将考举人时为父丁忧，至第三年，自己也过世，主考官得知，特赐石鼓一对，石凳一条 |
| 汪赞述 | 男 | 郭巨南街汪家人，1801 年生。道光十一年（1831）考中举人 |
| 戴声霈 | 男 | 郭巨东街戴家人，1819 年生。30 岁考中举人 |
| 汪　鼎 | 男 | 郭巨南街汪家人，秀才 |

## 副县（市区）级以上干部名表

表 15–1–2

| 姓　名 | 性别 | 出生年月 | 学历 | 祖籍 | 任职单位及主要职务 |
|---|---|---|---|---|---|
| 贺灏群 | 男 | 1909 | — | 上宅村 | 镇海县副县长 |
| 周万明 | 男 | 1926 | — | 北门村 | 镇海县副县长、北仑区人大常委会主任 |
| 张乾卿 | 男 | 1931 | — | 北门村 | 镇海县副县长、人大常委会主任 |
| 贺安鈇 | 男 | 1942 | — | 上宅村 | 水利部第六工程局局长 |
| 张　曦 | 男 | 1945.11 | — | 北门村 | 浙江省委常委、省委秘书长，浙江大学党委书记 |
| 黄建设 | 男 | 1952.11 | — | 大岭下村 | 青岛市纪检委副局级检察员 |
| 朱晓雄 | 男 | 1968.1 | 本科 | 东门村 | 北仑区人大常委会副主任 |
| 严士波 | 男 | 1969.5 | 本科 | 双岙村 | 宁波市鄞州区委常委、组织部部长、党校校长 |
| 蔡世杰 | 男 | 1971.1 | 本科 | 西门村 | 杭州湾新区管委会副主任 |
| 张海航 | 男 | 1971 | 本科 | 南门村 | 北仑区副区长 |
| 李　敏 | 男 | 1973 | 本科 | 尖岭村 | 浙江省委保密处处长 |

## 部队副团级以上干部名表

表 15–1–3

| 姓　名 | 性别 | 出生年月 | 祖籍 | 任职部队名称 | 职务或职称 | 任职时间 |
|---|---|---|---|---|---|---|
| 张森林 | 男 | 1922 | 南门村 | 72 师 216 团 | 副团长 | 1953—1954 |
| 张志江 | 男 | 1925 | 光明村 | — | 副师职 | — |
| 黄根华 | 男 | 1948.4 | 大涂塘村 | 宁波军分区后勤部战勤科 | 科长（副团级） | 1986—1991 |
| 张哉根 | 男 | 1950.9 | 盛岙村 | 陆军军医大学第二附属医院 | 技术 6 级（正师级） | 1999—2006 |
| 戴立军 | 男 | 1955.10 | 东门村 | 东海舰队司令部 | 正团职 | 1994—1997 |
| 梅知成 | 男 | 1952.5 | 竹湾村 | 浙江省消防指挥学校 | 校长（正团级） | 1990—1997 |
| 姚开心 | 男 | 1958.3 | 大涂塘村 | 39341 部队 | 副团长 | 1995—1998 |
| 张太宏 | 男 | 1958.6 | 中宅村 | 浙江省军区乔司农场 | 政委（正团级） | 1996.7—1997.9 |
| 胡国常 | 男 | 1958.12 | 华峙村 | 39344 部队 | 副师长 | 2000—2001 |

续表 15-1-3

| 姓　名 | 性别 | 出生年月 | 祖籍 | 任职部队名称 | 职务或职称 | 任职时间 |
|---|---|---|---|---|---|---|
| 张利成 | 男 | 1961.12 | 盛岙村 | 海军东海舰队航空兵 | 技术9级（副团级） | 1999—2002 |
| 张家群 | 男 | 1963.11 | 大涂塘村 | 公安海警学院训练基地 | 副主任（副团级） | 2003.3—2005.10 |
| 虞根堂 | 男 | 1966.4 | 大涂塘村 | 91857部队 | 副团长 | 2003—2006 |
| 汪海平 | 男 | 1967.12 | 南门村 | 东海舰队司令部37分队 | 技术6级（正师级） | 2013.12—2015.12 |
| 张静峰 | 男 | 1972.11 | 盛岙村 | 上海市消防局 | 技术9级（副团级） | 2013—2017 |
| 朱增选 | 男 | 1980.11 | 大涂塘村 | 37709部队 | 技术9级（副团级） | 1993—1996 |

## 高级知识分子名表

表 15-1-4

| 姓　名 | 性别 | 出生年月 | 祖籍 | 学（资）历 | 职称 | 任职单位 |
|---|---|---|---|---|---|---|
| 张鹤声 | 男 | 1932.7 | 华峙村 | 大学 | 教授、博导 | 同济大学热能工程系 |
| 姚申扬 | 男 | 1937.3 | 西门村 | 大学 | 高级工程师 | 炮兵学院 |
| 洪爱民 | 男 | 1937 | 北门村 | 大学 | 教授 | 浙江大学农业系 |
| 姚国胜 | 男 | 1940 | 西门村 | 大学 | 教授 | 天津大学物理系 |
| 徐荣明 | 男 | 1950 | 西门村 | 博士 | 主任医师 | 宁波第六医院 |
| 张敏杰 | 男 | 1950 | 中宅村 | 本科 | 研究员 | 浙江省社会科学研究院 |
| 张哉根 | 男 | 1950.9 | 盛岙村 | 专科 | 副主任医师副教授 | 陆军军医大学第二附属医院 |
| 谢国安 | 男 | 1956.1 | 南门村 | 本科 | 中学高级教师 | 郭巨学校 |
| 徐建龙 | 男 | 1956.8 | 北门村 | 本科 | 中学高级教师 | 宁波联合实验中学 |
| 张仁安 | 男 | 1957.8 | 上宅村 | 本科 | 中学高级教师 | 郭巨学校 |
| 蔡泽伟 | 男 | 1958.1 | 福民村 | 博士 | 教授 | 浙江工商职业技术学院 |
| 张银康 | 男 | 1958.9 | 盛岙村 | 本科 | 副研究员 | 北仑区白峰成人学校 |
| 蔡伟达 | 男 | 1960 | 福民村 | 博士 | 教授 | 金华市驻杭州办副主任 |
| 梅山虎 | 男 | 1961 | 花船村 | 本科 | 中学高级教师 | 北仑职业高级中学 |
| 林勇康 | 男 | 1963.1 | 西门村 | 博士 | 教授 | 美国波士顿花旗银行 |
| 虞群娥 | 女 | 1964.1 | 大涂塘 | 博士 | 教授 | 浙江金融学院 |
| 洪永忠 | 男 | 1964.1 | 宁波 | 本科 | 中学高级教师 | 郭巨学校 |
| 庞宁儿 | 男 | 1965.1 | 福民村 | 本科 | 主任医师 | 宁波大学附属医院 |
| 施　展 | 男 | 1965.8 | 中宅村 | 博士后 | 教授 | 中国科学院数学与系统学院 |
| 陈明华 | 男 | 1965.12 | 联合村 | 本科 | 中学高级教师 | 北仑职高 |
| 周　翼 | 男 | 1966 | 南门村 | 博士 | 教授 | 复旦大学经济系 |
| 夏世伟 | 男 | 1966 | 南门村 | 博士 | 高级工程师 | 某兵工舰船厂 |
| 黄伟标 | 男 | 1966.1 | 尖岭岙 | 博士 | 高级工程师 | 洛山矶医学院 |
| 蔡海俊 | 男 | 1966.2 | 福民村 | 博士 | 高级工程师 | 佛吉尼亚州计算机公司 |
| 李立军 | 男 | 1967 | 尖岭岙 | 博士后 | 高级工程师 | 加拿大 |
| 蔡君英 | 女 | 1967.7 | 尖岭岙 | 本科 | 中学高级教师 | 北仑区教育局 |
| 黄红军 | 男 | 1968 | 尖岭岙 | 博士 | 高级工程师 | 美国 |
| 俞小国 | 男 | 1969.3 | 北门村 | 博士 | 教授 | 哈工大 |
| 戴琼波 | 女 | 1970.9 | 南门村 | 本科 | 中学高级教师 | 华山小学 |

续表 15-1-4

| 姓　名 | 性别 | 出生年月 | 祖籍 | 学（资）历 | 职称 | 任职单位 |
|---|---|---|---|---|---|---|
| 汪飞琴 | 女 | 1970.9 | 南门村 | 本科 | 中学高级教师 | 绍成小学 |
| 张伟浩 | 男 | 1971.1 | 南门村 | 本科 | 中学高级教师 | 新碶中学 |
| 赵召军 | 男 | 1978.1 | 福民村 | 本科 | 中学高级教师 | 东海实验 |
| 姚汉芬 | 女 | 1971.12 | 路亭村 | 本科 | 中学高级教师 | 北仑职高 |
| 庞　苗 | 男 | 1972 | 大涂塘 | 博士 | 教授 | 浙江大学土木系 |
| 张亿昌 | 男 | 1972.9 | 北门村 | 本科 | 中学高级教师 | 华山小学 |
| 黄雷军 | 男 | 1974 | 尖岭岙 | 博士 | 教授 | 浙江农业大学 |
| 汪静艳 | 女 | 1974.11 | 大涂塘 | 本科 | 中学高级教师 | 北仑区教育局 |
| 傅赛君 | 女 | 1974.1 | 福民村 | 本科 | 中学高级教师 | 华山小学教科主任 |
| 张倍峰 | 女 | 1975.1 | 光明村 | 博士 | 教授 | 宁波大学建筑工程学院 |
| 郑　巧 | 女 | 1976.2 | 南门村 | 本科 | 中学高级教师 | 东海实验 |
| 赵小芬 | 女 | 1976.2 | 福民村 | 本科 | 中学高级教师 | 北仑职高 |
| 陈　波 | 男 | 1976.7 | 尖岭岙 | 研究生 | 中学高级教师 | 柴桥中学 |
| 胡　东 | 男 | 1976.7 | 宁波 | 本科 | 中学高级教师 | 郭巨学校 |
| 张　林 | 女 | 1978 | 宁波 | 本科 | 中学高级教师 | 郭巨学校 |
| 杨明杰 | 男 | 1978.2 | 华峙村 | 本科 | 中学高级教师 | 白峰学校 |
| 蔡绪光 | 男 | 1981.4 | 大岭下 | 本科 | 中学高级教师 | 东海实验 |
| 何　伟 | 男 | 1982.11 | 西门村 | 本科 | 中学高级教师 | 岷山学校 |
| 姚成伟 | 男 | 1983.7 | 北门村 | 本科 | 中学高级教师 | 郭巨学校 |
| 李　黎 | 女 | 1984.1 | 宁波 | 本科 | 中学高级教师 | 郭巨学校 |
| 谢佰奇 | 男 | 1990 | 南门村 | 博士 | 教授 | 美国亚特亚兰大理工大学 |

# 第二章　荣誉

收集 1956—2019 年，境内被授予市级以上各类先进集体 74 个单位次，其中国家级（部门）4 个单位次，省级（部门）28 个单位次，市级（部门）42 个单位次。被授予市级以上各类先进人物 85 人次，其中国家级（部门）14 人次，省级（部门）37 人次，市级（部门）34 人次。2014 年至 2019 年获评北仑好人 13 人次。

# 第一节 先进集体

## 境内获评国家级（部门）先进集体单位一览

表 15–2–1

| 受证单位 | 荣誉称号 | 发证单位 | 授予时间 |
|---|---|---|---|
| 郭巨镇中心小学 | 全国读书活动银奖 | 教育部 | 1994 |
| 郭巨镇中心小学 | 少先队全国红旗大队 | 团中央全国少工委 | 1995 |
| 郭巨边防派出所 | 创建模范党组织生活活动标兵单位 | 公安部边防管理局 | 2011 |
| 双岙村 | 2012 年全国示范农家书屋 | 新闻出版总署 | 2012.9 |

## 境内获评省级（部门）先进集体单位一览

表 15–2–2

| 受证单位 | 荣誉称号 | 发证单位 | 授予时间 |
|---|---|---|---|
| 郭巨乡 | 1956 年省水利模范单位 | 省人民委员会 | 1956 |
| 华峙第一生产队 | 1958 年度农业社会主义建设先进集体 | 省人民委员会 | 1959.2 |
| 后墩三队 | 1958 年度农业社会主义建设先进集体 | 省人民委员会 | 1959.2 |
| 郭巨妇女水库 | 1958 年度农业社会主义建设先进集体 | 省人民委员会 | 1959.2 |
| 郭巨华峙大队 | 1962 年度农业社会主义建设先进集体 | 省人民委员会 | 1963.1 |
| 郭巨公社三大队 | 1963 年度农业社会主义建设先进集体 | 省人民委员会 | 1964.3 |
| 郭巨粮管所 | 1981 年度省粮食商业财会五好先进单位 | 省人民政府 | 1982.2 |
| 大华灯具厂 | 1985 年度省劳动模范集体 | 省人民政府 | 1985.12 |
| 郭巨镇中心小学 | 浙江省少先队红旗大队 | 团省委、省教育厅、省少工委 | 1994.1 |
| 郭巨集贸市场 | 浙江省第二批规范化市场 | 省人民政府 | 1996.1 |
| 郭巨镇 | 浙江省先进体育乡镇 | 省体委 | 1999.12 |
| 东港社区 | 浙江省老龄工作先进单位 | 省老龄委 | 2004 |
| 郭巨边防派出所 | 集体三等功 | 公安部边防管理局 | 2007 |
| 谢家岙村 | 浙江省卫生村 | 省爱卫会 | 2008 |
| 双岙村 | 浙江省卫生村 | 省爱卫委 | 2009.12 |
| 郭巨边防派出所 | 模范党组织生活活动标兵单位 | 公安部边防管理局 | 2011 |
| 郭巨边防派出所 | 集体三等功 | 公安部边防管理局 | 2011 |
| 郭巨边防派出所 | 先进基层党组织 | 省公安厅 | 2011 |
| 西门村 | 浙江省第五批村级体育俱乐部 | 省体育局 | 2012 |
| 东港社区 | 浙江省城市体育先进社区 | 省体育局 | 2012 |
| 郭巨镇中心小学 | 浙江省艺术教育特色学校 | 省教育厅 | 2012.2 |
| 双岙村 | 五星级农家书屋 | 省新闻出版局 | 2013.12 |
| 尖岭岙村 | 浙江省善治示范村 | 省政府 | 2018 |
| 西门村 | 浙江省“五星级文化礼堂” | 省委宣传部 | 2019 |

续表 15-2-2

| 受证单位 | 荣誉称号 | 发证单位 | 授予时间 |
| --- | --- | --- | --- |
| 谢家岙村 | 浙江省首批善治示范村 | 省政府 | 2019 |
| 郭巨街道 | 省小城镇环境综合整治省级样板街道 | 省城乡环境综治领导小组 | 2019.1 |
| 北门村 | 省卫生村 | 省卫健委 | 2019.9 |
| 路亭村 | 省卫生村 | 省卫健委 | 2019.9 |

## 境内获评市级（部门）先进集体单位一览

表 15-2-3

| 受证单位 | 荣誉称号 | 发证单位 | 授予时间 |
| --- | --- | --- | --- |
| 郭巨公社三社 | 1958 年度宁波市农业先进集体 | 市委、市政府 | 1958.11 |
| 郭巨西门大队四连 | 1958 年度宁波市农业先进集体 | 市委、市政府 | 1958.11 |
| 郭巨华峙大队一连 | 1958 年度宁波市农业先进集体 | 市委、市政府 | 1958.11 |
| 郭巨公社三大队 | 1961 年度宁波市农业先进集体 | 市委、市政府 | 1962.1 |
| 峙头公社盛岙大队 | 1961 年度宁波市农业先进集体 | 市委、市政府 | 1962.1 |
| 郭巨公社五大队 | 1961 年度宁波市农业先进集体 | 市委、市政府 | 1962.1 |
| 大华灯具厂 | 1985 年度先进企业 | 市政府 | 1985.12 |
| 宁波灯具总厂 | 评为重点骨干企业 | 市政府 | 1991.2 |
| 郭巨镇中心小学 | 少先队宁波市红旗大队 | 团市委、市教委、市少工委 | 1993 |
| 郭巨镇中心小学 | 宁波市先进图书馆 | 宁波市教委 | 1997.12 |
| 郭巨镇中心小学 | 宁波市雏鹰红旗大队 | 团市委、市少工委 | 1997.1 |
| 郭巨镇中心小学 | 宁波市示范性文明学校 | 市教委 | 1999.12 |
| 谢家岙村 | 宁波市卫生村 | 市爱卫委 | 2005.12 |
| 西门村 | 宁波市村落文化建设示范点 | 市文化广电新闻出版局 | 2005.12 |
| 双岙村 | 村务公开民主管理示范村 | 市委、市政府 | 2006.3 |
| 南门村 | 2006 年市级文明村 | 市委、市政府 | 2006 |
| 双岙村 | 宁波市科普示范村 | 市科学技术协会 | 2006.12 |
| 双岙村 | 宁波市村落文化建设示范点 | 市文化广电新闻出版局 | 2007.04 |
| 郭巨小学 | 宁波市卫生先进单位 | 宁波市爱卫委 | 2007.12 |
| 谢家岙村 | 宁波市千村绿化工程示范村 | 市绿化委员会 | 2007.12 |
| 谢家岙村 | 宁波市文明村 | 市委、市政府 | 2007.12 |
| 双岙村 | 宁波市卫生村 | 市爱卫委 | 2009.3 |
| 南门村 | 2009 年市级卫生村 | 市爱卫委 | 2009.12 |
| 北仑环保固废处置有限公司 | 宁波市和谐企业创建先进单位 | 市委、市政府 | 2011 |
| 郭巨小学 | 宁波市首批艺术特色学校 | 宁波市教育局 | 2011.6 |
| 西门村 | 宁波市文化示范村（社区） | 市文化广播新闻出版局 | 2012 |
| 郭巨学校 | 市教育系统关心下一代工作集体 | 宁波市教育局 | 2013.12 |
| 郭巨学校 | 市教育系统关心下一代工作品牌单位 | 市教育局关工会 | 2016.12 |
| 郭巨边防派出所 | 平安护航 G20 杭州峰会先进集体 | 市政府 | 2016.11 |
| 峰南社区 | 宁波市民主法治示范社区 | 市委、市政府 | 2017.12 |
| 郭巨街道福民村 | 市文明村 | 市委、市政府 | 2018.3 |

续表 15-2-3

| 受证单位 | 荣誉称号 | 发证单位 | 授予时间 |
|---|---|---|---|
| 郭巨街道 | 宁波市卫生街道 | 市爱卫委 | 2018 |
| 峰南社区 | 市“五好”村（社区）关工委 | 市关工委 | 2018 |
| 谢家岙村 | 善治示范村 | 市政府 | 2019 |
| 大岭下村 | 五星级基层党组织 | 市委 | 2019 |
| 谢家岙村 | 宁波市民主法治示范村 | 市委法治办 | 2019.9 |
| 谢家岙村 | 五星级基层党支部 | 市委组织部 | 2019 |
| 尖岭岙村 | 先进基层党组织 | 市委组织部 | 2019 |
| 尖岭岙村 | 五星基层党组织 | 市委组织部 | 2019 |
| 盛岙村 | 市级卫生村 | 市爱卫委 | 2019 |
| 盛岙村 | 市级体育道德风尚奖 | 宁波市体委 | 2019 |
| 郭巨街道 | 先进乡镇（街道） | 市农村工作领导小组办公室 | 2019 |

## 第二节　先进人物

### 境内获评国家级（部门）荣誉称号人物名表

表 15-2-4

| 姓　名 | 性别 | 授予时工作单位 | 荣誉称号 | 授予单位 | 授予时间 |
|---|---|---|---|---|---|
| 阮中科 | 男 | 郭巨镇三大队 | 全国民兵模范 | 国防部 | 1953 |
| 汪文祥 | 男 | 郭巨公社二大队 | 全国民兵模范 | 国防部 | 1961 |
| 周玉菊 | 女 | 郭巨信用社 | 全国金融系统红旗手 | 财政部 | 1982 |
| 周玉菊 | 女 | 郭巨信用社 | 全国金融系统劳动模范 | 财政部 | 1984 |
| 周玉菊 | 女 | 郭巨信用社 | 全国金融系统巾帼劳动模范 | 财政部 | 1991 |
| 周毓敏 | 男 | 郭巨区中心小学 | 全国优秀教师 | 教育部 | 1995 |
| 张亚菊 | 女 | 北仑区政协 | 全国计划生育模范 | 计生委 | 1995 |
| 张亚菊 | 女 | 区计划生育协会 | 全国计划生育协会先进工作者 | 计生委 | 2003 |
| 李　伟 | 男 | 远东公司 | 第六届全国交通运输行业港口领域职业技能竞赛一等奖 | 交通运输部 | 2014 |
| 李　伟 | 男 | 远东公司 | 全国技术能手 | 人力资源和社会保障部 | 2014 |
| 李　伟 | 男 | 远东公司 | 全国青年岗位能手 | 共青团中央 | 2014 |
| 郑志南 | 男 | 港吉公司 | 全国交通技术能手 | 交通运输部、 | 2014 |
| 竺士杰 | 男 | 港吉公司 | 全国劳模 | 中共中央、国务院 | 2015 |
| 史　颖 | 男 | 港吉公司 | 全国工会经审工作优秀干部 | 全国总工会 | 2015 |

## 境内获省级（部门）荣誉称号人物名表

表 15-2-5

| 姓　名 | 性别 | 授于时工作单位 | 荣誉称号 | 授予单位 | 授予时间 |
|---|---|---|---|---|---|
| 王菊庭 | 女 | 郭巨信用社 | 省先进工作者 | 省人民委员会 | 1956 |
| 蔡志荣 | 男 | 郭巨西门农业社 | 省水利先进工作者 | 省人民委员会 | 1956 |
| 孙楚德 | 男 | 郭巨区中心小学 | 省社会主义建设积极分子 | 省人民委员会 | 1958 |
| 费尧章 | 男 | 郭巨供销社 | 省先进工作（生产）者 | 省人民委员会 | 1958 |
| 苏庭梁 | 男 | 郭巨区中心小学 | 省教育系统先进工作者 | 省人民委员会 | 1959 |
| 戴保华 | 男 | 郭巨文工团 | 省文化系统先进工作者 | 省人民委员会 | 1959 |
| 陈素玉 | 女 | 郭巨卫生院 | 省 1982 年先进护士 | 省卫生厅 | 1983 |
| 吴万元 | 男 | 郭巨供销社 | 省供销系统先进工作者 | 省供销社 | 1985 |
| 应国来 | 男 | 峙头乡政府 | 浙江省第四届绿叶奖 | 省人民教育基金会 | 1986 |
| 张立华 | 男 | 福民学校 | 浙江省第首届春蚕奖 | 省教育厅 | 1989 |
| 张布定 | 男 | 盛岙学校 | 浙江省第四届春蚕奖 | 省人民教育基金会 | 1991 |
| 张惠群 | 男 | 郭巨中学 | 浙江省第六届春蚕奖 | 省人民教育基金会 | 1993 |
| 周毓敏 | 男 | 郭巨镇中心小学 | 浙江省第七届春蚕奖 | 省人民教育基金会 | 1994 |
| 赵和芬 | 女 | 郭巨镇中心小学 | 浙江省 1992—1995 年义务教育教材试验先进工作者 | 省教育厅 | 1995 |
| 傅赛君 | 女 | 郭巨镇中心小学 | 省优秀少先队辅导员 | 省团委、省少工委 | 1997 |
| 郑威远 | 女 | 郭巨镇中心小学 | 浙江省第十届春蚕奖 | 省人民教育基金会 | 1997 |
| 王振明 | 男 | 郭巨中学 | 省优秀教师 | 省教育厅 | 1998 |
| 汪静艳 | 女 | 郭巨镇中心小学 | 浙江省第十三届春蚕奖 | 省人民教育基金会 | 2000 |
| 傅赛君 | 女 | 郭巨镇中心小学 | 浙江省第十四届春蚕奖 | 省人民教育基金会 | 2001 |
| 黄世波 | 男 | 郭巨镇中心小学 | 省优秀少先队辅导员 | 省团委、省少工委 | 2002 |
| 张仁安 | 男 | 郭巨小学 | 浙江省第十七届春蚕奖 | 省人民教育基金会 | 2004 |
| 钟振祥 | 男 | 白峰镇政府 | 浙江省农涵大先进个人 | 省科学技术协会 | 2008 |
| 王　辉 | 男 | 郭巨边防派出所 | 群众标兵先进个人 | 省公安厅 | 2009 |
| 柴静忠 | 男 | 郭巨边防派出所 | 世博安保个人三等功 | 公安部边防局 | 2010 |
| 王　辉 | 男 | 郭巨边防派出所 | 爱民固边先进个人 | 公安部边防局 | 2012 |
| 姚成伟 | 男 | 郭巨学校 | 浙江省教坛新秀 | 省人民教育基金会 | 2013 |
| 汪玉庠 | 男 | 西门村 | 优秀民间文艺人才 | 省委宣传部 | 2014 |
| 林布安 | 男 | 西门村 | 优秀民间文艺人才 | 省委宣传部 | 2014 |
| 王晓羽 | 男 | 郭巨边防派出所 | 爱民固边先进个人 | 公安部边防局 | 2015 |
| 黄世东 | 男 | 郭巨学校 | 省农村教师突出贡献奖暨浙江省优秀教师 | 省教育厅 | 2016 |
| 竺士杰 | 男 | 北仑第三集装箱有限公司 | 浙江工匠 | 省总工会 | 2017 |
| 竺士杰 | 男 | 港吉公司 | 宁波市优秀高技能人才 | 省政府 | 2017 |
| 竺士杰 | 男 | 港吉公司 | 浙江好人 | 省委宣传部、省文明办 | 2018 |
| 左利云 | 男 | 郭巨街道办事处 | 2018 年度省农业技术推广贡献奖 | 省委、省政府 | 2019 |
| 左利云 | 男 | 郭巨街道办事处 | 第十批省优秀农村工作指导员 | 省农业农村厅 | 2019 |

续表 15-2-5

| 姓 名 | 性别 | 授于时工作单位 | 荣誉称号 | 授予单位 | 授予时间 |
|---|---|---|---|---|---|
| 赵维君 | 男 | 郭巨派出所 | 新中国成立70周年大庆安保成绩突出个人 | 省公安厅 | 2019 |
| 沈冬梅 | 女 | 郭巨街道办事处 | 三八红旗手 | 省妇联 | 2019 |

## 境内获评市级荣誉称号人物名表

表 15-2-6

| 姓 名 | 性别 | 授予时工作单位 | 荣誉称号 | 授予单位 | 授予时间 |
|---|---|---|---|---|---|
| 沈志邦 | 男 | 郭巨公社 | 市1961年度劳动模范 | 市政府 | 1962 |
| 蒋伏根 | 男 | 郭巨公社五大队 | 市1961年度劳动模范 | 市政府 | 1962 |
| 许大昌 | 男 | 郭巨公社三大队 | 市1961年度劳动模范 | 市政府 | 1962 |
| 应仰章 | 男 | 郭巨公社六大队 | 市1961年度劳动模范 | 市政府 | 1962 |
| 汪夫才 | 男 | 郭巨公社双岙大队 | 市1961年度劳动模范 | 市政府 | 1962 |
| 李成生 | 男 | 郭巨公社后墩大队 | 市1961年度劳动模范 | 市政府 | 1962 |
| 周惠章 | 男 | 郭巨公社二大队 | 市1961年度劳动模范 | 市政府 | 1962 |
| 朱友香 | 男 | 郭巨公社岭下大队 | 市1961年度劳动模范 | 市政府 | 1962 |
| 汪保华 | 男 | 郭巨公社五大队 | 市1961年度劳动模范 | 市政府 | 1962 |
| 姚永发 | 男 | 郭巨公社渔业大队 | 市1961年度劳动模范 | 市政府 | 1962 |
| 周高明 | 男 | 郭巨公社盛岙大队 | 市1961年度劳动模范 | 市政府 | 1962 |
| 张正宝 | 男 | 郭巨公社盛岙大队 | 市1961年度劳动模范 | 市政府 | 1962 |
| 张亚仁 | 女 | 峙头学校 | 宁波市优秀班主任 | 市教育局 | 1986 |
| 罗亚琴 | 女 | 峙头乡中心 | 宁波市优秀教师 | 市教育局 | 1989 |
| 吴惠娟 | 女 | 郭巨镇中心学校 | 宁波市优秀教师 | 市教育局 | 1989 |
| 蔡如锋 | 男 | 郭巨镇中心学校 | 市优秀少先队辅导员 | 市教育局、团市委 | 1989 |
| 张银康 | 男 | 峙头学校 | 宁波市第二届“红烛奖” | 市教育局 | 1993 |
| 袁昌友 | 男 | 宁波灯具厂 | 宁波市特等劳动模范 | 市政府 | 1994 |
| 徐建龙 | 男 | 郭巨中学 | 王宽诚育才奖二等奖 | 王宽诚育才奖评委 | 1994 |
| 周毓敏 | 男 | 郭巨镇中心学校 | 宁波市十佳师德楷模 | 市教育局 | 1997 |
| 朱波臣 | 女 | 郭巨镇中心学校 | 宁波市学校艺术教育工作先进个人 | 市教育局 | 1997 |
| 傅赛君 | 女 | 郭巨镇中心学校 | 宁波市优秀少先队辅导员 | 市教育局、团市委 | 1997 |
| 傅赛君 | 女 | 郭巨镇中心学校 | 宁波市优秀教师 | 市教育局 | 1998 |
| 贾亚文 | 女 | 路亭村 | 宁波市优秀妇女干部 | 市妇女联合会 | 1999 |
| 张杏娣 | 女 | 郭巨中学 | 宁波市优秀教师 | 市教育局 | 2004 |
| 沃永利 | 男 | 郭巨小学 | 宁波市优秀教育工作者 | 市教育局 | 2004 |
| 王 辉 | 男 | 郭巨边防派出所 | 群众工作标兵、优秀共产党员 | 公安边防总队 | 2008 |
| 张仁安 | 男 | 郭巨学校 | 市农村中小学教师素质提升工程先进个人 | 市教育局 | 2008 |
| 卢航军 | 男 | 郭巨边防派出所 | 优秀团支部书记 | 公安边防总队 | 2008 |
| 吴智良 | 男 | 郭巨边防派出所 | 优秀党务工作者 | 公安边防总队 | 2009 |
| 乐 军 | 男 | 郭巨小学 | 市关心下一代先进工作者 | 市教育局 | 2009 |

续表 15-2-6

| 姓　名 | 性别 | 授予时工作单位 | 荣誉称号 | 授予单位 | 授予时间 |
|---|---|---|---|---|---|
| 蔡绪光 | 男 | 郭巨小学 | 宁波市师德先进个人 | 市教育工会 | 2010 |
| 蔡绪光 | 男 | 郭巨小学 | 宁波市优秀教师 | 市教育局 | 2010 |
| 郑杨芳 | 女 | 东港社区 | 宁波市最美妇联干部 | 市妇女联合会 | 2019 |

2014 年到 2019 年，北仑区文明办开展“北仑好人”评选活动，至 2019 年已评选出 26 批 351 名北仑好人，郭巨街道入选 13 人次。

## 2014—2019 年度境内获评北仑好人名表

表 15-2-7

| 批数 | 时间 | 单位 | 姓　名 | 主要事迹（好人类别） |
|---|---|---|---|---|
| 第五批 | 2014 | 东港社区 | 李胜娟 | 敬业奉献做好居民服务工作（敬业奉献） |
| 第六批 | 2015 | 东港社区 | 姚开松 | 带病照料瘫痪在床的妻子（爱亲和睦） |
| 第十批 | 2016 | 东门村 | 周　宁 | 助人为乐 |
| 第十三批 | 2016 | 东港社区 | 汪永定 | 敬业奉献 |
| 第十六批 | 2017 | 郭巨学校 | 黄世东 | 敬业奉献 |
| 第十八批 | 2018 | 峰南社区 | 林海云 | 敬业奉献 |
| 第十九批 | 2018 | 花船村 | 梅仁露 | 在服务老年人工作中成绩显著（孝老爱亲） |
| 第二十批 | 2018 | 东港社区 | 汪国祥 | 用快板形式宣传党的政策（敬业奉献） |
| 第二十一批 | 2018 | 东港社区 | 戴永才 | 在服务群团工作中成绩显著（敬业奉献） |
| 第二十二批 | 2019 | 东港社区 | 赵光明 | 敬业奉献 |
| 第二十三批 | 2019 | 东港社区 | 张杏姐 | 助人为乐 |
| 第二十四批 | 2019 | 尖岭岙村 | 朱文龙 | 敬业奉献 |
| 第二十五批 | 2019 | 校场路 | 朱国祥 | 见义勇为 |

# 丛录

一、碑记选
二、诗词选
三、歌谣
四、楹联
五、非遗文化选
六、党政文件选辑

# 一、碑记选

## 庙宇类

**云隐寺历史碑** 云隐寺位于郭巨城北总台山南麓之云里山冈（古称杨家山），海拔二百三十九米。宋建炎四年，因山冈终日云雾缭绕，竹木成荫，由此得名该寺。于清乾隆初期，由先贤汪氏在冈上垦种时，为敬神而建屋一间为家庵，名为云里庵。此后，由主持僧达开募缘扩展佛殿二间，改庵为寺。至清光绪年间改寺为道观，直属镇海隐德观（中略）。道元修建大殿三间，厢房二间，经历八十余载。从庵到寺，寺至观，整整三百余年，几经沧桑兴衰。

公元一九五一年拆观建校，寺变废墟。于一九六八年北门村山林队建屋时，掘得晚清石菩萨一尊，经查是菩萨显灵，有求必应，深得善男圣女不断朝拜，从此香火兴旺。

至一九九二年（壬申年），由护法居士汪素娥发起募缘，立志重建新殿，诚信感动八方善士。从此纷纷捐资献材塑佛，又有众多善男信女朝暮搬运基建材料，半年竣工。是年九月十九日为佛升座，开光时香客云集，盛况空前。于一九九三年六月廿六日，由浙江省宁波市北仑区人民政府正式批准，命名为云隐寺。特立此碑以志传。

住持僧　释法缘

*碑说：碑文记载了云隐寺兴建历史及修复经过。碑嵌墙，质大理石，高 160 厘米、宽 80 厘米。碑额“云隐寺历史牌”。碑文楷书。*

**海云禅寺传记** 海云禅寺位于浙东古镇——郭巨南门城外观山（旗山）上，始建于明前期，初名海云堂。因“海云皆水，上善若水”而得名，又因“海云观日出”出名，有浙东大陆第一寺之称。

郭巨地处浙东陆地最东端，历史悠久，人文荟萃，明朝即为镇海卫郭巨前所，乃抗倭之军事要塞。昔海云堂，为渔民出海返航、点灯示道；为船家避风补给、抵御天灾；为百姓传道解惑、祈福报平；为国家屯兵抗倭、守疆保土作出积极贡献。

陆止于此，海始于斯。海云堂，堂在旗山，山下有塘，塘前有海。南眺东海之波涛，北瞰郭巨之古城，西赏凤山之仙境，东为抗倭之校场。地不过五亩，宁静安谧；高不过百米，庄重清静，文人墨客，纷至沓来；善男信女，朝觐暮拜。悠悠五百春秋，佳话美谈无数。晚清贡生，郭巨人汪赞述有七律《游海云堂》记赞海云寺，诗云：

杖藜放步上高山，簇簇奇峰指顾间。江水长流青峙浦，晴岚遥锁白云湾。

千家烟火窗中见，一叶风帆海上还。闲共诸君乘船磴，竹林深处夕阳殷。

1943 年 7 月，日本侵略者投放细菌弹，郭巨人民深受其害，短时间得病死亡人数 120 余人。海云堂设立战地医疗救护站进行救治。

1949 年 5 月 14 日，蒋介石率蒋经国及部下坐炮艇由郭巨方门上岸，路经城隍庙，造访海云堂与老和尚合掌茶叙，执意留下功德款三块银圆，茶叙间流露出流连之情。后从青峙浦坐舰离去。

1950 年，舟山解放前夕，解放军驻守海云堂，设高倍望远镜进行瞭望观察。海云堂曾作为海防设施之一，为基干民兵驻扎和守望之地。

1951 年，郭巨最早的卫生院设在海云堂内。

1955 年，住持释嘉仁，有寺房 11 间，田地 1.8 亩，缅甸玉卧佛一尊。

1966—1976 年，“文革”动乱，寺院被毁。

1986—1992 年，住持释通林。

1990 年 4 月，经政府批准为开放宗教活动场所。

1993 年 12 月，释果钊任住持，海云堂改为海云寺。

1994 年—2006 年，果钊住持登山涉水，事必躬亲，先后筹资 200 余万元，兴建了三圣殿、地王殿、天王殿、水陆坛、大雄宝殿及厢房 35 间，建筑面积达 2200 余平方米。

2010 年 9 月，时任中国佛教协会副秘书长、九华山百岁宫方丈、果钊的恩师慧庆大和尚莅临海云寺，亲自指导弘法工作。

2011 年果钊住持再次筹资 500 余万元，重建大雄宝殿、新建山门、照壁和围墙等建筑 2500 余平方米，弘法功能日臻完善。

山不在高，有仙则名；水不在深，有龙则灵。欲视四周，瞰眼底之闹市；八面来风，逐心头之欲尘。觉岁月之倥偬，悟沧桑之浮沉。梵音清唱，心灵如洗。晨钟暮鼓，万念清空。拈花献佛，皆大欢喜。如

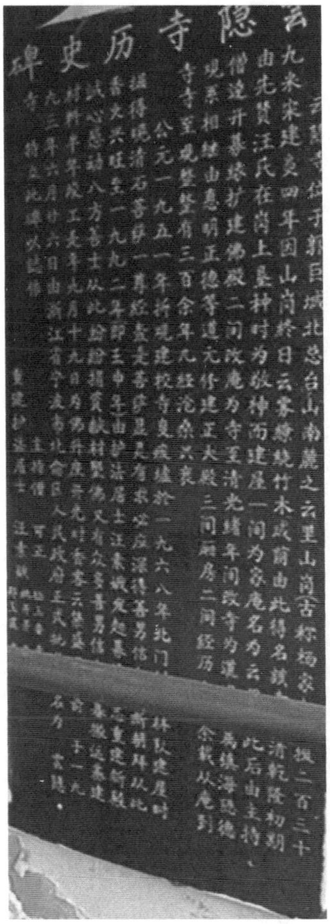


云隐寺历史碑

海云禅寺传记

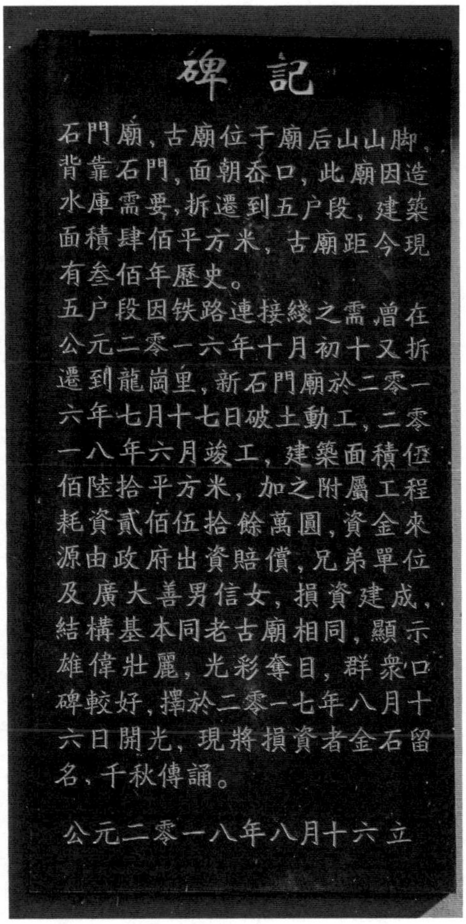


石门庙

今的海雲寺，法弘天下、道布十方、德及万众、仁惠人间。与高僧论诗论画论佛经，和大德品茶品味品人生，乃萋萋众生礼佛参学之净土！

弟子释果钊立贺财霖合家敬助

二零一八年五月六日

碑说：碑立于海云禅寺。碑质大理石，高 158 厘米、宽 100 厘米、厚 30 厘米。碑额“海云禅寺传记”。碑文隶书，记述了海云禅寺地理位置与修造之经过。

### 石门庙

石门庙，古庙位于庙后山山脚，背靠石门，面朝岙口，此庙因造水库需要，拆迁到五户头，建筑面积肆佰平方米，古庙距今现有叁佰年历史。

五户段因铁路连接线之需，曾在公元二零一六年十月初十又拆迁到龙岗里、新石门庙於二零一六年七月十七日破土动工，二零一八年六月竣工，建筑面积五佰陆拾平方米，加之附属工程耗资贰佰伍拾余万圆，资金来源由政府出资赔偿，兄弟单位及广大善男信女，捐资建成，结构基本同老古庙相同，显示雄伟壮丽，光彩夺目，群众口碑较好，择于二零一七年八月十六开光，现将捐资者金石留名、千秋传诵。

公元二零一八年八月十六立

碑说：碑立于龙岗里石门庙。碑质大理石，嵌墙。碑额“碑记”。碑文楷体，记述了石门庙迁移及建造之经过。

## 水库　海塘类

**紫微岙水库**　紫微岙水库工程碑记：紫微岙水库位于郭巨街道福民村，始建于 1956 年，水库集雨面积 1.83 平方千米，总库容 83.4 万立方米，正常库容 66.7 万立方米，是一座以灌溉为主的小（二）型水库。

工程由大坝、溢洪道及输水设施等组成，大坝分为主坝和副坝，主坝为心墙土坝，平面形状为“L”，坝顶长 375 米，顶宽约 3.0 米，副坝为均质土坝，坝顶长 133 米，顶宽约 4.0 米。正常蓄水位 10.80 米，设计洪水标准为 300 年一遇。2008 年进行除险加固，工程于 2008 年 11 月开工，至 2009 年 6 月完工，总投资 252 万元。

建设单位：白峰镇人民政府

设计单位：北仑区水利水电勘测设计所

监理单位：浙江东洲建设监理咨询有限公司

施工单位：丽水市汇力水电建设有限公司

运管单位：北仑区郭巨街道办事处

二零一七年五月立

碑说：碑立于福民村紫微岙水库坝。碑质大理石，碑额“紫微岙水库工程碑记”，碑文楷体。

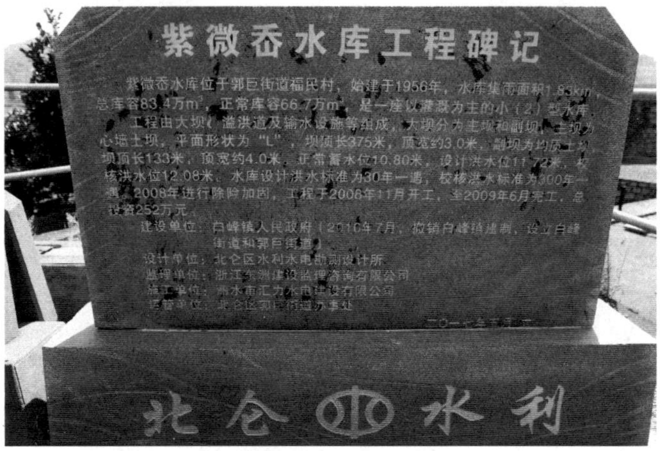


紫微岙水库工程碑记

**郭巨塘** 郭巨塘工程碑记：郭巨塘位于郭巨街道以南郭巨码头沿线，工程西起新碶头碶，东至郭巨新塘，海塘全长 1917 米，设计防浪墙顶高程 6.8 米（85 基准）。塘顶高程 6.0 米。塘上建有水闸 2 座、泵站 1 座，其中新碶头碶净宽为 4×4m，泵站规模 $8m^3/s$；埠头下碶 2×3m。本工程等别为Ⅲ等 3 级，主要建筑物（海堤、水闸与泵站）级别为 3 级，次要建筑物（排涝河）级别为 4 级，海塘、水闸防潮标准为 50 年一遇，设计高潮位为 4.12 米，设计排涝标准为 20 年一遇。工程于 2015 年 5 月起进行维修加固，至 2017 年 12 月完工。总投资约 4120 万元。

郭巨塘工程碑记

建设单位：宁波市北仑水利局工程建设指挥部

设计单位：宁波市水利水电规划设计研究院

监理单位：浙江东洲建设咨询有限公司

施工单位：浙江民威水利建设有限公司

运管单位：宁波市北仑区郭巨街道发展服务办

碑说：碑立于舟渡码头管理房左侧郭巨塘上。碑质大理石，碑额“郭巨塘工程碑记”。碑文楷体。

**峙南围涂工程盛岙新塘碑** 峙南围涂工程盛岙新塘碑记：盛岙新塘位于郭巨街道盛岙村，工程西起外山嘴闸，东至盛岙冷库，海堤全长 894.6 米，设计防浪墙顶高程 6.8 米（85 基准），塘顶高程 6.0 米。塘上建有闸泵工程 1 座，外山嘴闸净宽为 1×4m，泵站规模 $9m^3/s$。本工程等别为Ⅲ等 3 级，主要建筑物（海堤、水闸与泵站）级别为 3 级，次要建筑物（排涝河）级别为 4 级，海塘、水闸防潮标准为 50 年一遇，设计高潮位为 4.12 米，设计排涝标准为 20 年一遇。工程于 2008 年 4 月开，至 2011 年 9 月完工，峙南围涂工程二期总投资 2.09 亿元。

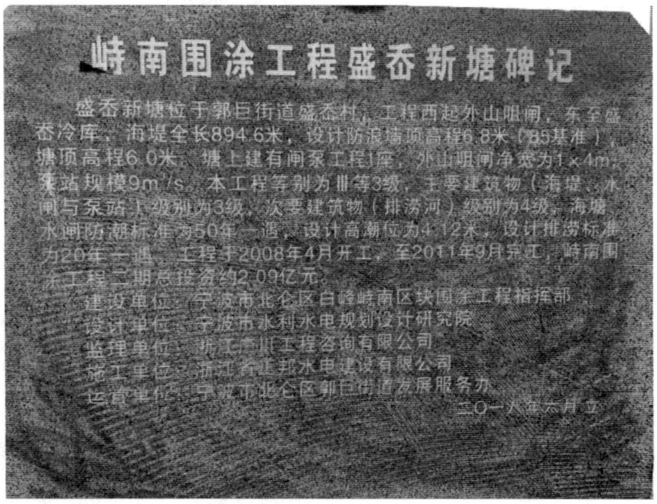

峙南围涂工程盛岙新塘碑记

建设单位：宁波市北仑区白峰峙南区块围涂工程指挥部

设计单位：宁波市水利水电规划设计研究院

监理单位：浙江广川工程咨询有限公司

运管单位：宁波市北仑区郭巨街道发展服务办

二〇一八年六月立

碑说：碑立于盛岙新塘外山嘴碶闸旁。碑质大理石，碑额“峙南围涂工程盛岙新塘碑记”。碑文楷体。

**郭巨总台山烽火台碑** 郭巨总台山海拔 309.2 米，同舟山群岛朱家尖隔海对峙，是浙东重要的军事要塞之一，山顶有烽火台遗址。烽火台建于明朝洪武二十年（1387），时称三塔山台。清朝沿用，升总台，下辖高山、土泽、观山、梅山、虾康五个烽火台。1997 年 8 月，总台山烽火台列为省级文物保护单位。总台山烽火台石屋建筑结构独特，台基四周墙体用块石垒筑，中间用沙土夯实，其上建石屋，用条石盖屋顶，石柱和石梁采用榫卯结合，四壁乱石垒筑，开南门，设有瞭望窗孔。目前石屋保存基本完整。

碑说：碑立于郭巨总台山山巅烽火台旁。碑质青石，碑文行书。碑系 1994 年维修时新建。

**总台山爱国林碑文记** 为庆祝中华人民共和国成立六十周年，区委统战部组织全区统战干部、民主党派、工商联和无党派人士，少数民族、宗教界人士，港、澳、台同胞和海外侨胞等各界人士来此种植爱国之林。特此立碑，以志永记。

巍巍总台　傲视东海　半岛屏障　浙东要塞
嘉靖年间　狼烟四起　倭寇侵犯　百姓遭灾
戍边兵民　同仇敌忾　浴血奋战　杀退狼豺
一九四九　换了人间　改革开放　方兴未艾
太平盛世　历史铭记　教育基地　千古永在
植树造林　责无旁贷　祭祀英灵　激励后代
凝心聚力　时不我待　爱我中华　继往开来

中共北仑区委统战部
二 OO 九年二月

总台山烽火台碑

碑说：碑立于郭巨街道总台山山巅。碑质黑大理石，碑额“爱国林碑文记”，魏碑体。碑文楷体与隶体，记载了为庆祝中华人民共和国成立六十周年，北仑区委统战部组织全区统战干部、民主党派、工商联等各界人士种植爱国林之经过。

**江之铭　徐阿定烈士碑**　（？—1948），江之铭，原名龙翔，安徽桐城人。于1947年由华中军区派到舟山群岛游击支队任副支队长。1948年4月初，东海游击总队成立时任副总队长。1948年8月，在六横率领战士突围，后与王起政委一起率部来到镇海岐头，10月13日，在花船被叛徒杀害，壮烈牺牲。

徐阿定烈士，江之铭副总队长警卫员。1948年10月13日同江之铭一起被叛徒杀害，壮烈牺牲。

白峰镇人民政府立

2013年9月

碑说：碑立于白峰街道白峰革命烈士陵园内。碑质黑大理石，高120厘米，宽62厘米，厚10厘米。碑文楷体，记载了江之铭、徐阿定烈士生平事迹。

江之铭、徐阿定烈士碑

# 二、诗词选

## 卜灯花词

今夜复卜灯，明夜复卜灯；
卜灯卜妾老，几朵灯花好？
郎心灯边风，吹花吹不红；
妾心灯上花，照郎到天涯。
劝风莫吹灯花灭，灯花不息心犹热。

作者：戴鋆，谱名声和，字瘦竹，郭巨人。清道光、咸丰年间诸生。

## 江上闻郭巨传失守怅然有作

战血昏沧海，惊传夷寇饶。
轻兵乘雨夜，利舸逐风潮。
一旦军容损，频年士气骄。
只今筹略者，谁似汉嫖姚？

作者：嘉靖三十二年（1553），兵部右侍郎、天一阁主人范钦。
背景：听闻郭巨失守，感慨之下写下的诗句。

## 自小庵至甘露庵小憩

一寺黏山臂，松门入路深。
古林荒塔屋，败草冷庵阴。
径曲藏僧趣，云疏漏水音。
读书当日地，幽境梦尝寻。

作者：戴鋆，谱名声和，字瘦竹，郭巨人。清道光、咸丰年间诸生。

## 登郭巨城外山

携杖碧云巅，苍茫落日悬。
江吞孤屿小，山裹一城圆。
世乱兵逃戍，民贫海作田。
西郊吾怕过，宿草满新阡。

作者：曹昌燮，光绪年间，游郭巨赋诗。

## 郭巨道中作

山行若穷倏得路，细蛇明灭窈且长。
淙淙水声草际出，谡谡松风衣背凉。
行客往往云起脚，居人处处石叠墙。
村翁迎我一笑乐，挈榼相对话斜阳。

## 至郭巨

山似彭城一面无，天光波翠树头铺。
铃声清脆碧空去，一幅乡村放鸽图。

作者：虞景璜（1862—1893），字澹初，清光绪八年（1882）举人。

# 三、歌谣

## 长工苦

正月节气正月中，肩背包袱去上工。
吃过三杯上工酒，又如西山黄鸡落鸟笼。
二月节气二月中，礼拜行会闹哄哄。
男女老少统来看，我做长工在田中。
三月节气春正浓，上坟下饭香喷喷。
十六大碗请东翁，吃剩碗汁请长工。
四月节气立夏中，上畈拔秧下畈种。
田钻蚂蟥来作弄，老板讲我欠种浓。
我种禾苗青又青，老板种田黄死弄。
五月节气端午到，桃子杨梅满山红。
赤子杨梅是东翁，红的杨梅请长工。
长工家里穷做穷，买来杨梅一大蓬。
小弟小兄叫对弄，牙子吃得宕宕动。
勿要侬灶酸杨梅梗乌咙（喉咙），
六月节气热烘烘，新拉沙尖快如锋。
先割指头后割稻，老板说我真无用。
七月节气天不凉，烈日当头汗流胸。
牛猛蚊虫飞弄来，要想息昼侬呒份。
八月桂花香喷喷，八月乌鸦雨朦朦。
穿勒蓑衣戴笠帽，耕耘秋田烂脚逢。
九月节气九重阳，馒头粽子派吃场。
送来送起乍客气，我吃芦稷粽子看看样。
十月季节秋收忙，种好菜子垃圾行。
一人当作两人用，早出晚归顶双工。
十一月季节冬种忙，油菜豆麦垄打垄。
吱咯吱咯便桶担，两只肩胳会挑烂。
十二月底好完工，完工月份阿光做。
汗血工钿养老小，十块点心一根毛巾送长工。
老板评我好长工，定要明年早上工。

# “劝人为善”老话

勿看二十姑娘妆，要看八十婆婆丧。
天怕雪后风，人怕老来穷。
吃勿穷用勿穷，算脚勿通一世穷。
庵堂寺院勿讲媳，洗衣埠头勿讲婆。
廿年姑娘廿年婆，过了廿年做太婆。
邻舍碗对碗，亲眷盘对盘。
人勿可貌相，水勿可斗量。
穷在闹市无人问，富在深山有远亲。
治国容易治家难，家家有本难念经。
一家不知一家事，清官难断家务事。
三兄四弟一条心，后山烂泥变黄金。
三兄四弟各条心，万贯家财化灰尘。
勤是摇钱树，俭是聚宝盆。
滴水变成河，积少会成多。
前人就是后人眼，新船亦是老船板。

# 捉夫谣

清·姚燮

江头白鸦拍烟起，飞飞呀呀入城里。
城鬼捉夫如捉囚，手裂大布蒙夫头。
锒铛锁禁钉室幽，铁钉插壁夫难逃。
板床尘腻牛血臊，碧灯射隙闻鬼嗥。
当官当夫给钱粟，鬼来捉夫要钱赎。
朝出担水三千斤，暮缚囚床一杯粥。
夫家无钱来赎夫，囚门顿首号妻孥。
阴风掠衣头发乱，飞虫唶领刀割肤，
谁来怜尔喉舌枯？

（录自《北仑区志》）

# 郭巨海鲜八咏

清·谢辅绅

## 乌贼

背翘一骨号螵蛸，无尾无鳞味最饶。
也识舞文称小吏，满囊墨渖水云描。

## 望潮

八脚齐垂一首圆，望潮八月贴涂田。
纵然多口阒无籁，聊把圈儿密密圈。

## 弹涂

状如蜥蜴跃江干，背上花纹数点攒。
生怕涂田泥滑滑，不嫌力小几回弹。

## 黄蛤

潮落沿涂撬若飞，儿童细认蛤斑微。
熟梅天气三霉后，个里凝脂满壳肥。

## 虾潺

白如嫩玉软如绵，张口红唇味倍鲜。
读到将军九骏颂，食单曾否入新编。

## 带鱼

网钓分名饫老饕，横江晓雾泛鱼舠。
白银连片长如带，衔尾而来未肯逃。

## 虾

戈剑森然似蟹螯，惯随水母涉波涛。
等闲压担论斤卖，不费江边草屩捞。

## 海蜇

蟦蛇分明血沫浮，全无脏腑亦无头。
以虾为目藏身巧，借尔灵心为我谋。

## 孟姜女

正月里来是新春，家家户户点红灯；
别家夫妻团圆聚，奴家夫君造长城。
二月里来暖洋洋，燕子双双过南洋；
新窝做得端端正，双双对对在画梁。
三月里来是清明，桃红柳绿正当春；
家家坟上飘白纸，孟姜女坟上冷清清。
四月里来养蚕忙，姑嫂双双去采桑；
桑篮挂在桑树上，一把眼泪勒把桑。
五月里来是黄梅，黄梅发水泪满腮；
家家田里秧苗栽，孟姜女田里是草堆。
六月里来热难挡，蚊子咬着痛断肠；
宁可咬奴千滴血，莫叮我夫万喜良。
七月里来秋风凉，人家窗前缝衣裳；
四季衣衫都缝齐，孟姜女家中是空箱。
八月里来雁门开，孤雁脚上带信来；
闲人嘴多说闲话，哪有人把寒衣送。
九月里来是重阳，重阳酿酒菊花香；
满满泻来无人吃，呒夫饮酒不成双。
十月里来上稻场，砻谷擦米纳官粮；
家家都有官粮纳，孟姜女只有身抵粮。
十一月里雪花飞，孟姜女千里送寒衣；
哭倒长城八百里，来见夫君喜良面。
十二月里来过年忙，家家户户喜洋洋；
人家杀鹅宰猪羊，孟姜女家中空荡荡。

## 难字歌

小曲好唱开口难，胡琴好拉定音难。
砻糠搓绳廾头难，砌屋容易打墙难。
木匠好做弹线难，篁匠好做劈篾难。
绣花容易配色难，樱桃好吃栽树难。
大鱼好吃捕鱼难，米饭好吃种田难。
农民好做把节难，上山容易下山难。
成家容易立业难，钞票会赚积蓄难。

倒退容易上进难，讲讲容易做做难。
万事只怕开头难，知难克难就勿难。

## 挑柴桥担

屋里精打光，柴桥做长行。
肩胛头当栈房，脚娘肚当米缸。
一月不去挑，全家闹饥荒。
木匠住倒屋，泥水屯漏屋。
箍桶瓶挈水，簟匠篮呒环。
卖柴老婆烧柴叶，种菜人家吃黄叶。

# 四、楹联

## 海云寺楹联

前殿：果有因因有果有果有因　心有佛佛即心心即是佛
神殿：海岸边立梵刹庄严光辉法界　云宇间显道场兴盛普度众生
大殿：海上生明月月时缺月时圆　佛法度众生生缘来生缘往
日出东海我迎春光第一缕　月伴祥云佛佑人间千万福
此处非仙境何用求长生保不老　其中有我佛却可澄禅道得净心

## 云隐寺楹联

前殿：云海霞光四大天王威灵护国　隐禅呗灵诸尊菩萨善德度人
大殿：白云青山有佳趣　林隐竹静问真禅

## 城隍庙楹联

大殿：今司镇邑东南地　永作衢城雨露天
有善不昌祖京有余殃殃尽必昌　有恶不灭祖宗有余德德尽必灭
立定脚跟那怕天风海浪　放开眼兴且看江水云山

## 盛岙庙楹联

神殿：老庙复建幸有乐善好施　胜迹长留可知群力无比
大殿：清洁人清洁心清清洁洁清世界　光明地光明路光光明明光新天

## 白云寺楹联

大殿：经声佛号唤回苦海迷路人　晨钟暮鼓警醒世间名利客

# 五、非遗文化选

## 抬阁

抬阁，也称为“流动的戏台”。是将化了浓妆、穿着鲜艳的古代戏剧服装并做出造型的孩童坐在阁上“戏台”的架子上，抬着在乡间四处巡游。抬阁多饰演《三国演义》《水浒传》和《西游记》等家喻户晓的传统故事中的人物，同时也穿插一些具有时代内容的题材。

郭巨抬阁明清时期自温州乐清地区传入，迄今已有300多年历史。一般阁床高约4米、宽约1.5米、深约1米。阁上有“戏台”式样，饰有各种古朴奇特的图案。表演时，抬阁由八个身强力壮的村民抬行，“戏台”上坐着四五个10岁左右扮演古装人物的孩童，均用绳带缚住，以防掉落。阁前有锣鼓或秧歌队簇拥前行，行会时，吹打乐随抬阁一起出现。所用曲子多为欢乐明快的《得胜令》《将军令》《四合如意》等曲牌。仪仗队伍数十米由60余人组成。人们一直用抬阁祈福，希望国泰民安、风调雨顺。

旧时，郭巨只有行大会时才出抬阁，数年一次。郭巨、舟山解放分别举行庆祝胜利大会时，曾有过表演，由郭巨南门汪姓七房中的汪留香（1903年出生，已故）制作。后曾一度中断。2008年，经西门村老年协会会长汪玉庠（83岁）等人努力，前后花了一百多天和四万多元，制作了抬阁。2009年2月9日，郭巨举行“古蕴•新港”闹元宵传统文艺大巡游活动，中断了60年之久的郭巨（西门村）抬阁，重新亮相。以后在每年元宵节行会队伍中大放异彩！

2015年郭巨抬阁被宁波市列入第四批非物质文化遗产名录。

录自《宁波市非物质文化遗产大观（北仑卷）》

郭巨抬阁

郭巨跳蚤会

# 跳蚤会

跳蚤会（又名跳灶会）系民俗舞蹈。其节奏短促，舞似跳蚤而得名。

跳蚤会始于清朝乾隆年间，起初舞蹈没有情节和人物，完全是逗趣娱乐。1922年前后，舟山定海白泉乡有位教书先生章孝善，把民间“济公斗火神”的故事编入其中，意在寄托人们“驱赶火神，祈求太平”的愿望。1953年，章孝善弟子何福志将此舞搬上舞台，意在向观众报平安。另一种说法是，农历年前，家家户户“祭灶”，并于灶前跳舞，故称“跳灶会”。50年代初，“跳蚤会”自定海白泉乡流传至沈家门渔港，又自沈家门传至镇海，主要流行于柴桥和郭巨一带。

郭巨跳蚤会，由大涂塘村村民刘佐祥专从舟山拜师学艺引入。服装道具：女角火神娘娘着珠冠红衫、赤绿花旦绣鞋，右手舞红手帕或敲竹板，左手撑朱红遮阳伞，眉清目秀、面桃色。男角济公，破帽、破鞋、破袈裟，胡子拉碴。行会表演时，女角火神由男子扮演，他穿着一袭红装，一跨步、一扭腰、一点地、一摆身，偶尔来一个“秋波”、“啵”个嘴巴，火神祝融三步一进，挑逗济公；济公出场时摇头晃脑，手执一把破蒲扇，疯疯癫癫，调戏火神，动手动脚中透着滑稽可笑之状。表演基本舞步为大八字步半蹲跳走式，男女主角脚步随锣鼓节奏跳跃式戏耍为主，男角在前，女角在后，女进男拦，女退男进，步似跳蚤，整个舞蹈，一人舞扇打洋伞，一人甩念珠在头顶上旋转，不时表演种种滑稽可笑的动作，舞蹈的伴奏乐器以锣、鼓、钹为主，给人以喜庆、愉悦和风趣之感，并富有浓厚的乡土气息。整套表演动作风趣幽默，令观众十分喜爱。

2006年，大涂塘村跳蚤会被列入第一批北仑区非物质文化遗产名录。2018年郭巨跳蚤会被宁波市列入第五批非物质文化遗产名录。

录自《宁波市非物质文化遗产大观（北仑卷）》

# 响器木偶

木偶戏，古称傀儡戏。流传于郭巨一带的响器木偶由俞明春等人发起创作，后由传四伙、黄金富二人传承而作，每年农历正月十五元宵节、二月庙会中巡游演出。2011年，六十多岁的西门村木匠纪昌德经多年摸索、回忆制作了响器木偶道具16个，木偶的头、手、脚用木头雕刻并着不同色彩的油漆，其身体各部位用木头、金属等连接，穿上鞋服戴上帽子，便成了一个响器木偶。同年，西门村组建了绝迹60多年的响器木偶表演队，有9个木偶扮演，其中1个县令，8个衙役。巡游时，每人各持一个木偶，根据乐曲的节拍有节奏地拉动绳索时，运用弹簧、轴承、滑轮、杠杆等机械工作原理可使木偶步调一致地表演各种动作并敲打响器，随之响起悦耳动听、惹人喜爱的器乐合奏音响。

2015年，郭巨响器木偶被宁波市列入第四批非物质文化遗产名录。

# 马灯舞

马灯舞，俗称串马灯。相传，南宋康王赵构被金兵追杀，逃至江边，无船可渡，正危急间，忽然江面上游来一匹白马，将康王（赵构）渡过江去。康王上岸后，投一破庙借宿，醒后却不见了白马，而只见庙前有匹汗流浃背的泥塑白马。康王认为救己渡江的就是此马，即封泥马为神马。后人为纪念此事，始有“跑马灯”活动。因此，马灯舞有着根深蒂固的传统，后在北仑民间演变流传至今，成为一项极具地方特色的民间文艺活动。

马灯用竹篾扎成骨架，然后用彩布蒙在马架上。表演时，马的前后身系在表演者腰上。马灯舞的表演者为五至十几个人不等（单数），一般由十二三岁的孩童扮演穆桂英、杨宗保、焦赞、孟良等戏剧中的历史人物。女童颈上戴风兜，两边鬓角插绒球，着或红或绿灯笼裤；男童颈上包彩色头巾，头巾下系英雄结，着对襟短衫。男女腰间系上竹编布马，脚蹬饰有绒球的彩鞋，手持糊以彩纸的竹条马鞭。马的颜色由赤、橙、黄、绿、青、蓝、紫、黑、白之分，红色为领衔马。表演时由二胡、笛子等器乐配合演奏“马灯调”。表演开始，敲一番大小铜锣，演马灯的孩童随着锣鼓的节奏，先跑一个圆场，再相对穿梭奔跑，孩童左手拎马头，右手执马鞭，在场地中随着锣鼓节奏踏着舞步，甩动马头颈，用舞蹈动作扬鞭穿插、圆场和变队形等动作。马灯队形有时直线前进，有时曲折舞步，有时交叉奔驰，有时昂首漫步，变换成龙门阵、梅花阵、蛇脱壳阵、剪刀阵、链绞阵等阵式。响器一停，乐队奏马灯调过门，舞蹈演员齐唱马灯调，二个“大头和尚”边舞蹈边与观众互动，收取“红包”或烟什。串马灯一般在春节前后一周，串街走巷，进村入户，串新屋、新房尤为讲究，甚有下海串船舶，上山串寿坟等。

马灯舞所用的伴奏音乐《马灯调》，是宁波地区特有的一种地方民间舞蹈小调，老少皆能吟唱，词多为七字四句，例如：新年马灯串门庭，一年四季保太平，风调雨顺好年景，五谷丰登财神进，嗳格仑登哎，五谷丰登财神进。

2018 年郭巨马灯舞被宁波市列入第五批非物质文化遗产名录。

录自《宁波市非物质文化遗产大观（北仑卷）》

响器木偶

郭巨马灯舞

# 车子灯舞

车子灯舞，是宁波地区流传甚广并较有特色的灯舞之一。相传，车子灯舞在隋炀帝游江南时传入浙东，曾作为沿海人民抗倭时筹集资金、传达军情和消息的工具，后来才慢慢地演变为节日娱乐表演的一种民间文化艺术。

车子灯用竹子做骨架，扎成高约 2 米、边长约 1 米的框架，框架旁用两条竹竿分别从两侧向后伸出做车把，再用绸缎等布料围住四周。布料以大红和紫红为主，继以绿、黄相衬，顶端四角装饰龙凤，向外挑出，意为“龙凤呈祥”。也有扎四只红色彩球样式，上下两沿镶上排须，车四面留一小窗，以方便表演者在内观察外面情况，车子四周写有“风调雨顺、国泰民安、五谷丰登、六畜兴旺”或“喜”等字样，有的描龙绣凤，绘制海浪、太阳等图案。轮廓周沿装上可遮风的半封闭式小油灯，以便夜间表演。

车子灯舞一般由两只车子灯成对同时表演，表演队伍鸣鼓奏乐，两人分别在各自车内负“车”行走，(车子离地约 0.1 米，以看不到表演者双脚为宜）或绕场起舞，或两车对串，动作以圆场台步、进三步、退三步、四方步为主，主要队形为绕八字形、S 形、走四角和穿中花等。同时，车子随着音乐有节奏地摆荡，呈现起伏和悠悠晃动，犹如水中迎浪行驶的船只，具有浓郁的江南水乡生活气息。表演时，各有一个大头娃娃穿长衫或彩色女装，手拿蒲扇，在车子左右前后不停跳舞、造势，或逗笑观众，或施之以礼，或用蒲扇驱赶拥挤进来的观众和小孩，其滑稽之状常引得观众捧腹大笑。

2018 年郭巨车子灯舞被宁波市列入第五批非物质文化遗产名录。

录自《宁波市非物质文化遗产大观（北仑卷）》

# 六、党政文件选辑

（所选文件，部分内容有删节）

## 关于北仑区行政区划调整的批复

甬政发〔2003〕83号

北仑区人民政府：

你区《关于要求调整北仑区部分乡镇行政区划的请示》（仑政〔2003〕77号）悉。根据《浙江省人民政府关于宁波市北仑区行政区划调整的批复》（浙政函〔2003〕107号）精神，经研究，同意北仑区乡镇行政区划作如下调整：

一、撤销新碶镇建制，以原镇的行政区域组建新碶街道。辖8个社区，24个建制村，办事处驻原新碶镇镇府路78号。

二、撤销小港镇建制，以原镇的行政区域组建小港街道。辖4个社区，45个建制村，办事处驻原小港镇中大道。

三、撤销霞浦镇建制，以原镇的行政区域组建霞浦街道。辖2个社区，23个建制村，办事处驻原霞浦镇霞浦中路22号。

四、撤销大碶镇建制，以原镇的行政区域组建大碶街道。辖5个社区，50个建制村，办事处驻原大碶镇镇兴路26号。

五、撤销柴桥镇建制，以原镇的行政区域划出上车门、上刘、邹溪、桂池、燕湾、干岙6个建制村，组建柴桥街道。辖4个社区，34个建制村，办事处驻原柴桥镇环镇北路4号。

六、撤销白峰镇、郭巨镇建制，以原两镇的行政区域组建新的白峰镇。辖2个社区，52个建制村，镇政府驻原白峰镇白峰村。

七、撤销三山乡建制，以原柴桥镇上车门、上刘、邹溪、桂池、燕湾、干岙6个建制村与原三山乡的行政区域合并组建春晓镇。辖18个建制村，镇政府驻原三山乡凤山村。

调整后的北仑区行政区划为2个镇1个乡6个街道。

请你们切实加强领导，严格按照国家有关法律、法规规定和“精简、效能”的机构设置原则，适时周密组织实施，妥善做好各项工作，确保行政区划调整工作顺利完成和社会稳定，促进当地经济、社会的发展。

宁波市人民政府

2003年8月22日

# 宁波市北仑区人民政府
# 关于同意撤销白峰镇上宅村等8个村民委员会的批复

仑政批〔2013〕35号

白峰镇人民政府：

你镇《关于要求撤销白峰镇上宅村等8个村行政建制的请示》（峰政〔2013〕95号）收悉，经区政府第25次常务会议研究，同意撤销白峰镇上宅村、中宅村、竹湾村、沙湾村、花船村、光明村、神马村、后墩村8个村民委员会，村民按居住地纳入相应社区居委会管理和服务。希你镇接文后，做好与相应社区居委会的衔接工作，同时，请区民政局做好指导工作。

此复

宁波市北仑区人民政府

2013年10月15日

# 关于要求撤销白峰镇上宅村等8个村行政建制的请示

北仑区人民政府：

根据中央、省、市、区关于进一步统筹城乡协调发展，加快农村全面小康社会建设，提前基本实现农业农村现代化的精神，为进一步理顺城乡管理体制，推动城镇化建设进程，促进资源合理配置，维护集体经济和群众的合法权益，确保社会经济的持续协调发展，白峰镇党委、政府深入贯彻落实区委、区政府《关于进一步推进撤村建居改革工作的若干意见》文件精神，按照分步实施，稳妥推进，成熟一个、撤并一个的思路，在对已全村整体拆迁、土地基本全部被征用、村经济合作社股份制改革完成的前提下，本着因地制宜、科学规划、尊重民意、依法办事的原则，对白峰镇上宅村、中宅村、竹湾村、沙湾村、花船村、光明村、神马村、后墩村8个村实施了撤村建（并）社区工作，先后组织进行党员、村民代表等走访座谈，并召开党员会议、村民代表会议，酝酿审议撤村方案，分发《告村民通知书》，广泛征求意见，绝大部分村民认为符合实际，同意撤村方案，并形成决议。为此，特报请区人民政府撤销上宅村、中宅村等8个村行政建制，其中神马村村民户籍统一转入怡峰社区居委会，其他7个村村民户籍统一转入新设立的峰南社区居委会。

以上请示妥否，望批复。

白峰镇人民政府

2013年9月26日

## 宁波市北仑区人民政府关于同意设立白峰镇峰南社区居委会的批复

仑政批〔2013〕34号

白峰镇人民政府：

你镇《关于要求设立白峰镇峰南社区居委会的请示》（峰政〔2013〕78号）收悉。经区政府第25次常务会议研究，同意设立白峰镇峰南社区居委会，该社区范围为东到进港公路至门浦村王家，南到门浦安置小区南端，西到上白线至六河路，北到枫江路。希你镇收文后，按照社区居委会建设标准和要求，进一步做好相关工作。同时，请区民政局做好指导工作。

此复。

宁波市北仑区人民政府

2013年10月15日

## 关于要求设立白峰镇峰南社区居委会的请示

峰政〔2013〕78号

北仑区人民政府：

为加速推进城市化进程，统筹城乡经济社会发展，特别是随着白峰官庄拆迁安置小区交付使用和撤村并居工作的推进，为充分考虑居民日常管理和服务的需要，要求设立峰南社区居委会，现将有关情况请示如下：

一、新设立社区居委会命名为白峰镇峰南社区居委会，按照2004年北仑区社区规划，其地处白峰镇区域的南部，因此命名为峰南社区居委会。

二、社区规模和范围东到进港公路——门浦村王家，南到门浦安置小区南端，西到上白线——六河路，北到枫江路，实际管辖为东香茗园一、二期小区1173房，3000人左右，辖区单位1个，即官庄幼儿园，以及门浦安置小区内后墩、中宅、竹湾、花船、上宅、沙湾、光明等原7个行政村1757户，4931人，纳入社区居委会管理。

三、社区用房和工作人员配置

社区的办公用房和活动中心设在枫江路445号，面积约1500平方米。但是新建社区公共服务中心难度较大，一是镇财政紧张，二是后墩等7个村整体拆迁主要是为服务峙北大工程项目，故建议参考大碶、霞浦街道撤村建居后社区办公用房作法，将峰南社区公共服务中心的建造列入2014年区财政投资项目。

社区居委会专职工作人员配备按照仑委办〔2009〕82号文件严格控制，优先在农村大学生工作者中录用配备，按照工作推进，已落实8名社区工作者，目前已开始运行，逐步理顺辖区内居民生活、户籍、治安、计划生育等方面关系，切实履行各项服务管理职能。以上请示妥否，请批复。

北仑区白峰镇人民政府

2013年7月10日

# 宁波市北仑区人民政府关于白峰镇行政区划调整的通知

仑政〔2016〕46号

各街道办事处，白峰镇人民政府，区政府、开发区管委会各部门、各直属单位，驻区垂直各单位：

根据《浙江省人民政府关于宁波市北仑区部分行政区划调整的批复》（浙政函〔2016〕95号）和《宁波市人民政府关于北仑区部分行政区划调整的批复》（甬政发〔2016〕71号）精神，撤销白峰镇建制，在此区域设立白峰街道和郭巨街道。

白峰街道：辖区面积49.06平方千米，下辖2个社区（峰城、怡峰）、12个行政村（白峰、新峰、司沿、港口、小门、门浦、官庄、上阳、下阳、太平、阳东、勤山），常住人口3.1万人，其中户籍人口2.1万人，外来人口1万人。2015年，该区域实现地区生产总值25.7亿元，街道办事处驻白峰龙口路43号。

郭巨街道：辖区面积63平方千米，下辖2个社区（东港、峰南）、18个行政村（洋涨、大涂塘、西门、东门、北门、南门、尖岭岙、大岭下、路亭、双岙、盛岙、谢家岙、福民、华峙、联合、双屯、长坑、长浦）、1个渔业队，常住人口2.9万人，其中户籍人口2.4万人，外来人口0.5万人。2015年该区域实现地区生产总值50.1亿元。街道办事处驻郭巨福民路77号。

白峰镇和区级有关部门要切实加强领导，严格遵循国家有关法律规定和“精简、统一、效能”的机构设置原则，严格按照国务院不新建政府性楼堂馆所、不增加、不增加“三公”经费的“约法三章”要求，精心组织，周密实施，积极稳妥地做好各项工作，抓紧落实调整事务，确保行政区划调整顺利进行和社会稳定。

北仑区人民政府

2016年07月21日

# 宁波市北仑区人民政府<br>关于同意郭巨街道优化调整部分行政村规模的批复

仑政批〔2020〕15号

郭巨街道办事处：

你街道《关于要求优化调整部分行政村规模的请示》（仑郭办〔2020〕29号）收悉。根据《中华人民共和国村民委员会组织法》的有关规定，经2020年8月19日区政府第72次常务会议研究，现批复如下：

同意撤销长坑村村民委员会、双屯村村民委员会，合并设立峙东社区居民委员会。峙东社区居民委员会管辖范围为东香茗园小区、司沿安置地块。社区办公地址为东香茗园公共服务中心。

收文后，街道要做好行政村规模优化调整的各项工作，各有关部门要做好相关调整和管理对接，理顺关系，增强村民对新落户地的归属感和认同感。同时，根据区有关规定，逐步配齐专职社区工作者，落实社区服务用房和居家养老用房，使新社区各项管理与服务工作顺利开展。

北仑区人民政府

2020年8月25日

## 郭巨街道办事处关于要求优化调整部分行政村规模的请示

北仑区人民政府：

根据《中华人民共和国村民委员会组织法》《浙江省地名管理办法》之规定，现就我街道部分行政村规模优化调整的事项请示如下：

一、开展村规模优化调整的必要性

我街道位于北仑区东部的穿山半岛，三面环海，东北隔峙头洋与舟山群岛相望，西邻白峰街道，西南与梅山、六横岛相峙，是中国长三角地区大陆的最东端。总面积 63 平方千米，辖 18 个村民委员会，其中 500 人以下的村 4 个。随着经济社会发展，所辖的一些村由于规模偏小，存在资源配置浪费严重、管理成本过高，村干部难选、基层组织建设弱化，发展后劲不足等问题，一定程度制约了经济的发展和新农村建设推进的步伐。开展村规模优化调整，有利于推进我街道社会治理体系和治理能力现代化和城乡统筹发展。

二、村规模优化调整工作情况

根据北仑区委、区人民政府的工作部署，我街道于 2020 年 5 月 1 日至 7 月 10 日，结合本街道实际，积极稳妥、有序和谐地开展村规模优化调整工作。从调查研究入手，通过深入宣传发动，在广泛听取各方意见的基础上制定本街道行政村规模优化调整方案。所涉及村通过召开了村务联席会议、党员大会、村民代表会议等多种方式，对村规模优化调整方案、资产处置方案以及合并后的新社区名称、社区办公地址等具体问题认真细致地进行酝酿、讨论，形成共识。最后按照法定程序由所涉各村村民会议表决通过了各村《村规模优化调整方案》。经调整，我街道共减少 2 个村，500 人以下的行政村规模调整幅度为 50%。

三、具体调整方案

撤销长坑村村民委员会、双屯村村民委员会，合并新设立峙东社区居民委员会，管辖范围为东香茗园小区、司沿安置地块，常住户数 1416 户，常住人口 4556 人。社区办公地址东香茗园公共服务中心。

以上请示妥否，请批复。

附件：1. 郭巨街道村规模优化调整方案

2. 所有涉及调整村的《关于村规模优化调整的请示》

3. 所有涉及调整村的《北仑区社区居民委员会命名审核表》

4. 新建社区区域图

郭巨街道办事处（盖章）

2020 年 7 月 29 日

## 关于加快推进农村土地承包经营权流转的实施意见

仑郭办〔2017〕34 号

各行政村（合作社）：

为进一步优化土地资源配置，推进农业适度规模经营，促进农业增效、农民增收和新农村建设，现就加快推进郭巨街道农村土地承包经营权流转（以下简称“土地流转”）工作，提出如下意见。

一、充分认识加快推进农村土地流转的重要意义

加快推进农村土地流转，是推进农业产业规模化，发展现代农业、休闲农业的必由之路。近年来，街道农村土地流转工作虽然取得了一定的成绩，但与现代农业的发展要求还不相适应，存在土地流转机制不健全。流转行为不规范，流转期限短、规模小等问题，与农业产业化、市场化之间的矛盾较为突出。因此，各村要进一步增强对推进土地承包经营权流转和规模经营重要性和紧迫性的认识，统一思想，提高认识，积极引导，规范管理，加快推进农村土地流转，促进全街道农业农村经济发展再上新台阶。

二、明确指导思想、总体目标和基本原则

推进农村土地流转的指导思想是：以党的十八大、十八届三中全会、中央一号文件精神为指针，以稳定农村土地承包关系为基础，以优化农业要素配置、提高农业生产效率、增加农民收入为目标，以“发展高效、生态、休闲郭巨新农业，打造优质、精品、绿色郭巨农产品”为方向，着力创新土地承包经营权流转机制，着力培育土地规模经营主体，不断完善推进农村土地流转保障体系，挖掘和整合本地现有农业资源，通过一段时间努力，使街道农村土地流转水平基本适应美丽乡村建设、休闲农业和现代农业发展要求。

总体目标：通过农村土地规范流转，与农业产业基地发展、新农村美丽乡村建设、土地整理、农田水利设施改造、标准农田建设等相结合，引导农业专业合作社、农业企业、规模户以及家庭农场等新型经营主体发展标准化规模化种植养殖产业，使全街道农村土地规模经营和农业产业化水平明显提升，土地利用率、产出率、农产品优质率和商品率得到提高。发挥本土农业文化，大力发展乡村休闲旅游产业。

基本原则：坚持农村基本经营制度原则。以家庭承包责任制为基础统分结合的双层经营体制，不得改变农村土地家庭承包经营制度；坚持“依法、自愿、有偿”原则，任何单位和个人都不得违背农户意愿，强迫流转；坚持集中连片、集约经营原则；坚持可持续发展原则，经营者不能损害生态和生产环境，不能搞掠夺式经营和随意改变土地的农业用途。

三、积极引导，加快推进农村土地流转和发展规模经营

（一）积极鼓励农村土地流转。鼓励农户通过转包、租赁、互换、股份合作等多种形式流转土地承包经营权。重点围绕本地农业区域布局规划，结合特色优势农业产业基地建设、休闲农业建设、农业科技示范园区及精品园建设、农业标准化示范基地和土地整理、农业综合开发等项目，积极引导从事一、二、三产业融合和小规模的兼业农户把土地承包经营权流转出来，实行集中开发规模经营。

（二）大力支持各类主体发展规模经营。街道安排专项资金用于扶持现代农业发展，鼓励有资金、懂技术、善经营、会管理的种养大户、家庭农场、农业龙头企业、农民专业合作社受让农户流转的土地，使主体向规模经营主体流转。对于流转期限5年以上并签订规范流转合同、经营面积50亩以上的经营主体，符合农业产业发展方向的，堆在发展设施农业、引进推广新品种新技术、推行标准化生产等方面予以扶持和奖励。

（三）积极探索农村土地股份合作制。鼓励农户以土地承包经营权入股的形式组建土地股份合作社，引导投资主体与流转土地的农户结成利益共同体。

四、加强管理，规范农村土地流转行为

农村土地承包经营权流转涉及农户的切身利益，政策性强，各村各有关部门必须加强指导和管理，确保农村土地流转规范有序，维护流转双方当事人的合法权益，促进农村生产力发展和社会和谐稳定。

（一）建立健全土地流转中介服务组织。街道成立郭巨街道农村土地流转服务中心，完善组织机构；落实专职农村经营管理员和信息员负责此项工作，积极开展土地流转供求信息发布、土地流转储备、委托流转等指导、协调和服务工作。各行政村成立土地流转服务站，各村村主任为本村土地流转服务站负责人，文书为信息员，各村小组长为信息资料收集员，村级服务站负责本村流转情况的调查、登记、交易、信息上报，指导合同签订、归档，并及时调解流转纠纷。

（二）规范流转程序。农村土地流转，必须在协商一致的基础上签订统一文本格式的书面流转合同（合同范本统一由街道土地流转服务中心提供），承包农户委托村社或者中介组织统一流转的，必须签订书面的委托流转协议。流转合同应报发包方和街道流转服务中心备案。村服务站和街道服务中心要加强对土地流转工作的管理和服务。

（三）维护承包农户的合法权益。土地流转的收益归承包方所有，任何组织和个人不得擅自截留、扣缴。流转费标准由当事人双方协商确定；集中统一流转的，可综合当地经济社会发展水平和土地产出等因素，采取招标、公开协商等方式确定。

（四）建立健全备案、登记和档案管理制度。村服务站要建立农户承包土地流转登记簿，对承包方提出的转包、出租、互换或其他方式流转承包土地的要求，应及时进行办理和登记备案，确保土地流转手续规范、程序合法、档案齐全，并报街道服务中心。街道服务中心要充分利用农村土地承包和流转管理网络平台（北仑区土地流转平台），分村建立农村土地承包经营权流转情况登记册，及时做好土地承包经营权流转情况登记、流转资料的收集、整理、归档和管理工作。

（五）妥善处置土地流转纠纷。对已流转的土地，街道三资代理服务中心牵头负责开展一次清理行动，手续不全的，要尽快补全；合同条款不清、标的显失公平的流转合同，要通过说服引导、利益平衡的办法引导双方修订合同，并及时做好备案、登记和归档工作。镇、村两级都要建立调解组织，解决土地流转中出现的矛盾和纠纷。

（六）涉及村集体所有的耕地、林地等须遵照农村“三资”管理办法和《北仑区农村基层小微权力清单及运行规范（试行）》等有关政策执行。

五、加大对农村土地流转和发展规模经营的扶持力度

（一）加大财政扶持力度。根据北仑区出台的关于进一步推进农村土地承包经营权流转的实施意见和上级有关精神，按照流转面积和工作量对各级服务站和信息员给予一定奖励和工作补贴。

（二）实行信贷、政策性农业保险等金融服务。依据土地流转面积和农业产业发展规模，结合郭巨农业产业发展规划实施意见，联系农业银行、信用社等金融机构，发挥郭巨街道农合联服务平台出台各种支农惠农政策。

（三）进一步强化服务。街道办事处、村（股份）经济合作社和农村土地流转服务组织要积极为流转双方提供流转土地供求信息、政策咨询、指导合同签订和流转协调等服务。

（四）加大对农业基础设施建设投入力度。加大土地整理、标准农田建设和特色休闲农业产业基地建设的力度，增加对农业基础设施的投入，并把土地整理、标准农田建设、特色农业、休闲农业、美丽乡村建设和农业综合开发项目与土地流转和规模经营紧密结合起来，对已形成规模经营的地方，可优先立项，并加大扶持力度。

（五）加大对农村劳动力非农技能的培训力度。利用街道社保办、成校和农民学校各种途径和方式，加大对农村劳动力非农技能的培训力度，提高农村劳动力非农就业能力，拓宽就业门路，促进农村劳动力向非农产业转移，向城镇转移，为农村土地承包经营权流转和规模经营稳定发展创造条件。

六、切实抓好土地流转工作监管工作

1. 加强领导，精心组织。街道、村两级须建立健全组织机构、成立领导班子、加强队伍建设、明确职责、积极鼓励和引导农户流转土地。

2. 制订政策，规范程序。各村要因地制宜，根据本村实际情况制定促进农村承包土地使用权流转工作方案，制定相关规章制度和流程，严格遵照相关法律法规和程序。

3. 强化指导和监管。村、街道两级严格把关，对申报的土地流转农户、流转面积、流转地块和流转合同等要严格审核把关，及时到村实地指导、检查与核对，防止虚报大户，联户申报，编造虚假土地流转协议等违规行为，一旦发现虚报面积、虚报大户、截留、冒领补助资金等情况，取消补助资格，并追

究有关人员的责任。确保土地流转工作规范开展和稳步推进。

郭巨街道办事处
2017年6月1日

## 郭巨街道乡村振兴发展壮大村级集体经济工作方案

仑郭办〔2018〕38号

为积极培育村级集体经济发展新动能，增强村级集体经济发展活力，实施乡村振兴战略，促进农村经济社会的持续稳定健康发展，根据北仑人民政府《关于进一步促进村级集体经济发展壮大的实施意见》，现结合郭巨实际，打好村级集体经济发展壮大2018—2020年三年攻坚仗，制定本实施方案。

一、工作目标要求

高举习近平新时代中国特色社会主义思想伟大旗帜，全面贯彻党的十九大精神，大力实施乡村振兴战略，以五大发展理念为引领，积极探索村级集体经济发展新途径、扶持新模式和运行新体制，加快实现富民强村目标。

具体目标要求：当年度村集体经济总收入增速高于上年全省村集体经济收入增速。到2018年底，所有村集体经济收入达到20万元以上，经营性收入达到10万元以上。到2019年底，所有村集体经济收入达到30万元，所有村经营性收入达到20万元以上，其中超30万元的村占总村数的90%。到2020年底，村集体经济收入超过100万元的村力争占总村数的65%，所有村经营性收入达到30万元以上。

二、因地制宜、转变思路、开拓创新谋求发展方略和途径

1. 稳步发展集体经济。激活各村三产用地指标，通过街道搭建平台，组建工作理事会，统筹谋划、统一规划和招商，建设市场、标准厂房等市场需要的二、三产集体经济发展用房，实现土地资源利益最大化和经济收入长效化；并鼓励有条件的村级组织，联合或者单独在优势地段合法建造和购置商业门面，出租增收；拟在华峙地块三产用地收益中每年提取1%～2%用于重点村补助。

2. 土地、店面房等资源激活和再挖掘。通过对集体所有的山地、渔塘、闲置厂房、店面房等资源进一步挖掘，盘活、合理开发，通过公开招投标方式出租，实现效益最大化；集体土地或村民闲置土地统一流转到村，进行统一规划，发展精品果蔬农业产业，提高土地产出率和利用率，增加集体收入。针对土地整理项目进行政府奖补增加村级集体收益；通过造地土地出租经营性收入增收。鼓励村集体通过统一流转，盘活村民荒废、闲置房屋及土地等，通过村搭建平台统一规划或打包招商发展。

3. 发展乡村旅游经济。鼓励村级组织充分利用当地特色资源，结合美丽乡村建设和基础设施建设，积极发展休闲农业、乡村旅游产业，走“生态兴村”“文化兴村”“旅游兴村”等发展新路子；围绕有基础、有特色、有潜力的非遗文化，创建非遗文化品牌，发展乡村特色文化旅游。

4. 发展合作服务经济。鼓励村集体经济组织组建农业、旅游、劳务或中介服务公司，引导和鼓励探索“村公司+企业（+农户）”合作发展模式，进行休闲农业开发、民宿民居乡村旅游开发等项目发展，同时可以以劳务承包方式提供园林市政绿化、养护、河道保洁、市政环卫道路水利等基础设施维护等服务创收。

5. 企业结对“造血”促增收。通过“企业+”模式，鼓励“浙商”“郭商”回归，企业注入资本通过合资、合作、合股等形式，与结对村一同开发村集体土地、民居民房，合理发展特色农业产业，参与美丽乡村建设，乡村民宿民居、健康养老、休闲观光、农家乐等。通过获得分成、土地租金等形式增加村集体经济收入；引导企业用房、用地、招工向结对村倾斜，持续提高村集体经营性收入；也可进行“新农人”“农创客”“青

创客”等人才培育、劳务服务多途径多举措联谊合作；发挥郭巨本地静脉产业园环保产业引导企业帮助农村开展环境综合整治，指导和开展垃圾分类，开展“污水、厕所、垃圾三大革命”，助力美丽乡村和景区化村庄创建。

6. 探索推行村集体委托管理服务。针对部分村资源缺乏、经济收入薄弱重点扶持村，在条件成熟和资产权益明确前提下，可通过签订委托短期动态管理服务协议，将街道内部分闲置国有资产、集体房屋、土地整理地块、征而未用地块等委托重点扶持村进行管理，由其负责委托期间内日常管理、维护、招商、农业开发以及出租等事宜，资产收益让渡增加村级经济。

三、加大村级集体经济发展额政策扶持

1. 加强财政支持。村级公益事业一事一议项目优先安排重点扶持村，并遵照《郭巨街道美丽乡村奖补办法》《郭巨街道休闲农业实施意见》对美丽乡村设村、休闲农业、农业品牌、村庄景区化创建村进行奖补。

2. 加大金融支持。鼓励引导本地金融机构如农业银行、信用社等对村集体经济组织经营或参股的项目提供优质金融服务，比如审批、基准利率，以及政府利息补贴等支撑。

3. 深化村企结对。扎实开展村企结对帮扶行动，鼓励峙北静脉产业园国企与街道辖区内重点扶持村进行结对，就农业产业、休闲农业、垃圾分类等开展多种形式的帮扶，助推发展壮大集体经济，到2020年底，大岭下、福民、路亭等6个结对村实现经营性收入30万元以上，东门、双岙、盛岙等7个村集体收入突破100万元。

四、提高村级集体经济经营管理水平

1. 加强村级集体资产管理。加强对村级“三资”（资产、资源、资金）的清理、登记、管理，逐村建立“三资”台账。村级集体资产发包出租，必须采用公开招标的方式，实现收益的最大化；村集体经营性物业资产不允许随意变更，不得对外提供担保，承包、租赁等形式不得超出本届村两委班子任期。

2. 规范村级财务管理。建立健全村级财务收支各项制度，严格收支审批，努力控制非生产性开支。街道“三资”办、纪委等部门严格把关村级财务收支程序，完善村财管理制度。建立健全农村财务管理制度和村务财务公开制度，及时、真实地公开相关信息。

3. 加强村级民主管理。认真落实三务公开制度，确保群众的知情权、参与权和监督权。充分发挥村务监督委员会作用，规范民主理财行为，对财务收支活动实行民主监督和管理。建立健全村集体经济民主决策机制，确保村集体经济健康发展。

五、工作措施

1. 坚持高位推动。成立由党委书记任组长，街道主任任第一副组长、其他班子成员任副组长的“郭巨街道乡村振兴发展壮大村级集体经济”工作领导小组（具体见附件1），负责研究处理村级集体经济发展壮大工作中的重大问题。领导小组下设办公室（设在发展服务办公室），负责发展壮大村级集体经济的日常工作。

2. 坚持责任到位。各村党支部书记要切实履行“第一责任人职责，切实抓好该项工作。各村要结合自身实际，拟定发展壮大集体经济的实施方案，明确各项举措的具体责任人，上报街道党委审核研究；由各村指导员做好政策、业务指导和全程跟踪监督，实行连片领导负责制。

3. 坚持严格考核和奖励制度。集体经济发展纳入村级组织年度目标管理考核范畴，加大赋分权重，与村“两委班子”成员年度绩效考核和绩效工资挂钩。对于未完成任务给予扣分，并取消评先评优资格；对于实现创收目标的村可以给予加分激励，同时，对于工作成效显著、翻身仗成绩突出的，可以给予一定奖励。

郭巨街道办事处

2018年7月10日

# 郭巨街道便民服务中心
# 深入推进“最多跑一次”暨“无差别全科受理”改革工作实施方案

仓郭办〔2018〕66号

为了深入推进“最多跑一次”改革，根据《关于切实做好全区“最多跑一次”改革工作的通知》（仑政〔2018〕39号）、《宁波市北仑区人民政府办公室关于深化“最多跑一次”改革全面推进“服务争效”的实施意见》（仑政办发〔2018〕1号）、《关于推进窗口无差别全科受理加强北仑区行政服务中心队伍建设的实施意见》（仑政办〔2018〕48号）等文件要求，制定本实施方案。

一、实施总体要求

高举习近平新时代中国特色社会主义思想伟大旗帜，全面贯彻党的十九大精神，以“精简、便民、高效”为基本原则，总结经验、大胆创新，深化“最多跑一次”改革，打造更加规范、高效、便民的审批服务，促进政府职能转变，增强群众和企业对改革的获得感和满意度。

二、主要任务

（一）增服务、提效能。实施服务大厅改造升级，将街道服务大厅改造为“无差别”受理窗口，开展人工窗口和智能化大厅相结合的“无差别”受理模式。鼓励群众和企业不到现场办事，充分使用网络申报，合理分流办事人群。鼓励群众和企业不到现场取证，进一步提高办件结果的快递服务，积极推进“零跑腿”审批。

“无差别”受理除可在网上申报事项外的所有事项，即在任何一个综合受理窗口均可受理所有事项。申请人提交的材料齐全且符合法定形式的，经综合受理窗口初审后予以受理，流转至“后台”审批，后台业务专员接到前台服务窗口转交的承诺事项有关材料后，应在规定时限内按程序完成审批（审核）、作出决定。对于即办件，推行网上受理审核，当即办结推送。属于当场不能办结的承诺事项，向申请人出具《受理通知单》，并在承诺时间内办结。加大窗口工作人员业务培训力度，打造素质过硬、业务过硬的“全科型”服务队伍。通过综合窗口“无差别”受理，使群众进“一个门”，到“一个窗”，就能办成“一件事”。

（二）推进各类政务服务事项向便民服务中心集中。以街道便民服务平台为主要平台，按照“应进尽进”的原则，除了受制于场地条件或客观原因不宜进驻的事项外，所有群众和企业办事事项原则上都能在便民服务平台办理，实现平台以外“无权力”，实现“一个窗口对外”。编制“标准化”办事指南，整合和优化权力运行“业务流”，建立动态调整机制。调整街道便民服务平台内设机构和办事大厅，设置电子政务服务平台和实体政务服务平台，完成事项的受理工作。按实际需求设置窗口，完善受理、办理运行机制，推进综合窗口“无差别”综合受理。同时配合区级层面已经形成的“受理—勘查—审批”三分离的审批模式履行好街道属地职责。

（三）全面推动政务服务网上办理，为推广网上受理打好基础。加快电子印章应用，配合推进数据共享交换。以“无差别”窗口为重点，深化资源整合，充分运用政务信息共享数据交换机制，破除信息壁垒，实现“一网通办”。

（四）建立联动机制，加快推进“最多跑一次”改革向基层延伸，推动街道便民服务平台和社区代办点建设，努力实现“就近跑一次”。以街道便民服务平台为中心，将事项预审、标准化管理、自助服务等向社区、村代办点辐射，通过审批“一站化”、管理“标准化”、服务“扁平化”，有效提高基层办事质量和服务水平。加快推进浙江政务服务网向基层社区延伸，推进落实政务服务“就近能办、同城通办”。推行“网格＋窗口”服务模式，创新拓展网格员代办职能，形成网格员服务代办新机制。

三、实施步骤

（一）准备阶段（2018 年 12 月底前）。根据区“无差别全科受理”方案，制定街道便民中心大厅“无差别全科受理”工作方案，并加强各窗口轮岗交流。

（二）实施进驻（2019 年 1 月底前）。完成部门人员、事项进驻，综合窗口逐步和部门人员事项对接。制定培训计划并完成相关培训，做好窗口调整以及专网专线等调整方案。

（三）整改提升（2019 年 2 月至 2019 年 3 月底前）。街道办公场地改造，在便民服务大厅改造设立 3 个“无差别”窗口，完成相关事项的流程再造和相关网络的调试工作，街道服务大厅正式对外实行“无差别”受理。

四、保障措施

（一）统一思想认识。全街道各社区、各部门要把深化“最多跑一次”工作，推行“无差别全科受理”作为转变政府职能、提高行政效能、改进机关作风、建设服务型政府的重要任务来抓，保质保量地完成办事事项向街道便民服务平台集中的任务。

（二）落实改革责任。郭巨街道“最多跑一次”改革专题组由街道党政办、综治办、发展服务办、社会事务办等部门组成，街道办事处党工委书记牵头抓总，街道党工委副书记具体分管，设立以党政办主任为办公室主任，街道便民服务中心负责人为常务副主任的街道“最多跑一次”改革办公室，负责具体组织实施。

（三）强化督查考核。开展专项督查，建立通报制度，定期通报进度。对于不认真履行职责，予以通报批评，责令限期整改。对工作不力、影响整体进程的部门，要严格执行责任追究机制，加大责任追究力度，确保工作落到实处、取得实效。

（四）加强宣传引导。充分利用微信公众号、手机 APP、宣传栏等宣传阵地，发布宣传信息，将改革情况准确通俗传达给群众和企业，提高群众知晓率和满意度，营造浓厚改革氛围，推动“最多跑一次”暨“无差别全科受理”改革深入开展。

郭巨街道办事处

2018 年 12 月 28 日

# 后 记

2019年4月，郭巨街道党工委、办事处决定编修《郭巨街道志》，并成立郭巨街道志编纂委员会及办公室，由四位退休老同志为主组成的编修人员，历时3年半，编写编纂大纲，数易其稿，今日定稿付梓。这是各级领导、专家及所有参编人员共同努力的结果。

首部《郭巨街道志》自2019年4月组建编纂机构至2023年5月评审定稿，其过程大体可分为四个阶段。第一阶段建立组织，动员准备。制定《郭巨街道志》编纂工作实施方案，建立由党工委书记任主任的街道志编纂委员会，召开街道志编纂动员大会，各村（社区、单位）明确落实街道志资料员并进行专题业务培训，编纂人员编写编纂大纲。第二阶段广征博采，征集资料。因郭巨历史悠久，要追溯的年代长、事件多；又行政区划多次变更，档案资料缺失又分散；而郭巨街道成立才二年余，街道档案室资料甚少。为此，我们根据编纂大纲和框架稿，有目标地通过各种方式和途径多维度获取编纂街道志所需的第一手资料。一是通过网购《镇海县农业志》等专业志书及文献、向北仑档案馆借阅文献资料、向区党史办等区有关部门获取最新行业志及文献等途径，共获取志书文献85部。二是赴各档案馆调阅获取历史档案3200余份，其中在白峰街道档案室单查阅房屋拆迁协议2500份并逐份录入相关数据。三是走访区级行业部门及境内企事业单位160多家。四是向境内村、社区、企事业等70多家单位征集调查资料2千余条。还征集到一些族谱和口碑资料。第三阶段分纂总纂，数易其稿。街道志大纲及篇目经三次修订后，编写人员分篇执笔。在编纂过程中，从卷帙浩繁的志书文献、历史档案中查阅志书文献85部约1600万字，历史档案3200份约270万字，上门走访、电话采访、微信联络社会各界人士500余人次。再经主编总纂，分篇修改数易其稿，写成征求意见稿。第四阶段征求意见，评审定稿。征求意见稿印发至各村（社区）、街道机关各办及编委会成员、社会各界有关人士等，广泛吸收、采纳各方面的意见和建议，主要是删减相关章节中部分重复内容，每位编写人员多次通稿研读琢磨修改，后经专家统稿、审稿，召开专家评审会，报区党史办审定，终于付梓出版。

《郭巨街道志》全面系统记述了郭巨境域自然、政治、经济、文化和社会的历史与现状，力求资料性、思想性、科学性相统一，既突出古代总台山烽火台、郭巨古城，当代郭巨灯具城、郭巨涨网货、开发穿山港区等地域特色；传承民情风俗、非遗文化等古韵郭巨的人文历史特色；农业、农村、农民变化，穿山港区开发等改革、开放、发展的时代特色，把握社会主义建设和改革开放的主旋律，又不回避客观存在的问题。努力使之为领导决策提供真实可靠的依据，为各方面专家学者研究地情和开发项目提供最基础、最可靠的信息和参考资料，为爱国主义教育提供生动的乡土教材，为海内外游子了解家乡、建设家乡提供乡情乡讯，为“山海风情小镇”建设提供丰厚的乡土文化资源，为后人留下一部存真求实、系统翔实的地方史料，彰显地方志的“存史、资政、教化”功能。

修志过程始终得到北仑区党史办领导的大力支持，为我们提供了大量的文献资料。街道党工委、办事处领导高度重视修志工作，从财力、人力上保障修志工作。街道机关各部门、各村（社区）和境内企事业单位为本志提供了大量资料和翔实数据。镇海区档案馆、北仑区档案馆、白峰街道档案室、白峰市场监督所、白峰交警中队、宁波航标处、北仑海关、穿山边防检查站、穿山海事处、北仑港航管理处、北仑区文化馆、气象局、交通局、自然资源和规划局、发改局、水利局、农业农村局、卫生防疫站等单位以及姚祯祥、戴更华、戴永才等老先生自发编写的《郭巨简志》《郭巨史话》也为本志提供了大量资料。志书卷首照片和插图部分采用了“古城郭巨”公众号等媒体上发表的照片，部分由宁波职业技术学院吴多泽拍摄。值此《郭巨街道志》定稿付梓之际，谨向所有关心、支持、参与本志书编纂的各级领导和同志们致以诚挚的敬意和衷心的感谢！

志载千秋，需要记载的历史事件纷繁浩杂，由于历史跨度大，资料积累少，又受编纂经验所限，疏漏和差错在所难免，恳请读者批评指正。

编者

2023 年 5 月